国家社会科学基金重大项目（课题编号：20&ZD157）研究成果

# 新时代我国西部中心城市和城市群高质量协调发展战略研究

曾 鹏 魏 旭 等著

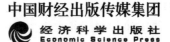

中国财经出版传媒集团

经济科学出版社
Economic Science Press

·北京·

**图书在版编目（CIP）数据**

新时代我国西部中心城市和城市群高质量协调发展战略研究/曾鹏等著 . -- 北京：经济科学出版社，2023.12

ISBN 978 - 7 - 5218 - 5277 - 6

Ⅰ . ①新… Ⅱ . ①曾… Ⅲ . ①城市群 - 协调发展 - 发展战略 - 研究 - 中国 Ⅳ . ①F299.21

中国国家版本馆 CIP 数据核字（2023）第 200273 号

责任编辑：李晓杰
责任校对：隗立娜 郑淑艳
责任印制：张佳裕

**新时代我国西部中心城市和城市群高质量协调发展战略研究**
曾 鹏 魏 旭 等著
经济科学出版社出版、发行 新华书店经销
社址：北京市海淀区阜成路甲 28 号 邮编：100142
教材分社电话：010 - 88191645 发行部电话：010 - 88191522
网址：www. esp. com. cn
电子邮箱：lxj8623160@ 163. com
天猫网店：经济科学出版社旗舰店
网址：http：//jjkxcbs. tmall. com
北京季蜂印刷有限公司印装
880 × 1230 16 开 48 印张 1500000 字
2023 年 12 月第 1 版 2023 年 12 月第 1 次印刷
ISBN 978 - 7 - 5218 - 5277 - 6 定价：198.00 元
（图书出现印装问题，本社负责调换。电话：010 - 88191545）
（版权所有 侵权必究 打击盗版 举报热线：010 - 88191661
QQ：2242791300 营销中心电话：010 - 88191537
电子邮箱：dbts@ esp. com. cn）

# 作者简介

曾鹏，男，1981年7月生，汉族，广西桂林人，中共党员。哈尔滨工业大学管理学博士，中国社会科学院研究生院经济学博士（第二博士学位），中央财经大学经济学博士后，经济学二级教授、正高级统计师，现任广西民族大学研究生院院长，重庆大学、广西大学、广西民族大学博士生导师，博士后合作导师。国家社会科学基金重大项目首席专家，教育部哲学社会科学研究重大项目首席专家，"广西五一劳动奖章""广西青年五四奖章"获得者，入选国家民委"民族研究优秀中青年专家"，国家旅游局"旅游业青年专家"，民政部"行政区划调整论证专家"和"全国基层政权建设和社区治理专家"，广西区党委、政府"八桂青年学者"，广西区政府"广西'十百千'人才工程第二层次人选"，广西区党委宣传部"广西文化名家暨'四个一批'人才"，教育厅"广西高等学校高水平创新团队及卓越学者"，广西区教育工委，教育厅"广西高校思想政治教育杰出人才支持计划"卓越人才，广西知识产权局"广西知识产权（专利）领军人才"等。

曾鹏教授主要从事城市群与区域经济可持续发展方面的教学与科研工作。主持国家社会科学基金项目5项（含重大项目1项、重点项目1项、一般项目1项、西部项目2项）、教育部哲学社会科学研究后期资助重大项目2项、省部级项目20项。出版《区域协调发展战略引领中国城市群新型城镇格局优化研究》《珠江—西江经济带城市发展研究（2010～2015）（10卷本）》《中国—东盟自由贸易区带动下的西部民族地区城镇化布局研究——基于广西和云南的比较》《区域经济发展数学模型手册：北部湾城市群的算例》《中西部地区城市群培育与人口就近城镇化研究》等著作12部（套）；在 *Journal of Cleaner Production*、《科研管理》、《自然辩证法研究》、《社会科学》、《国际贸易问题》、《农业经济问题》等SCI源期刊、EI源期刊、CSSCI源期刊、中文核心期刊上发表论文114篇，在省级期刊上发表论文25篇，在《中国社会科学报》《中国人口报》《中国城市报》《中国经济时报》《广西日报》的理论版上发表论文44篇，在CSSCI源辑刊、国际年会和论文集上发表论文26篇。论文中有1篇被SCI检索，有9篇被EI检索，有4篇被ISTP/ISSHP检索，有98篇被CSSCI检索，有3篇被《人大复印资料》《社会科学文摘》全文转载。学术成果获省部级优秀成果奖30项，其中，广西社会科学优秀成果奖一等奖2项、二等奖4项、三等奖8项；国家民委社会科学优秀成果奖二等奖1项、三等奖1项；商务部商务发展研究成果奖三等奖1项、优秀奖1项；团中央全国基层团建创新理论成果奖二等奖1项；民政部民政政策理论研究一等奖1项、二等奖5项、三等奖3项、优秀奖1项；广西高等教育自治区级教学成果奖二等奖1项。

魏旭，男，1994年4月生，汉族，河北黄骅人，中共党员，广西民族大学民族学博士，现任广西民族大学管理学院讲师，主要从事城市群与区域可持续发展、区域与城市生态环境系统工程等方面的教学与科研工作。参与国家社会科学基金项目4项（含重大项目1项、重点项目1项）、教育部哲学社会科学研究后期资助重大项目1项、广西科学基金面上项目1项、广西科技发展战略研究专项课题1项、广西人文社会科学发展研究中心委托项目1项。出版《知识产权特色小镇：知识产权链条与小城镇建设协同创新模式研究》《区域经济发展数学模型手册：北部湾城市群的算例》《城市行政区划优化理论与方法研究》等著作 3 部；在 *Journal of Cleaner Production*、《城市规划》、《人文地理》、《地理科学》、《河海大学学报·哲学社会科学版》、《科技进步与对策》、《统计与信息论坛》等期刊上发表论文 13 篇，在《中国人口报》《广西民族报》的理论版上发表论文 2 篇。论文中有 1 篇被 SCI 检索，有 11 篇被 CSSCI 检索。学术成果获广西社会科学优秀成果奖一等奖 1 项、三等奖 1 项；民政部民政政策理论研究一等奖 1 项、二等奖 2 项；国家知识产权局全国知识产权优秀调查研究报告暨优秀软课题研究成果三等奖 1 项；钱学森城市学金奖提名奖 1 项。

# 本书著作者

曾　鹏　魏　旭　唐婷婷　吴　倩　魏　然　程　寅
李　贞　黄晶秋　陈　意　池　晓　王家聪　梁立颖
李子婷　黄丽露　蒋晓昆　刘代彬　邢梦昆　汪　玥
王威峰　黄婉华　李洪涛　侯岚芬　庞钰凡　段至诚

# 序　一

改革开放以来，我国西部大开发、东北振兴及中部崛起等战略依次规划落实，中西部地区发展战略持续推进。中西部地区的开发不断扩大，生产力布局的重心也逐渐由沿海向内陆腹地转移。近年来，虽然中西部地区的发展速度较东部地区的差距日渐缩小，但东西部之间的绝对差距并没有因为中西部开发力度的加大而明显缩小，两者之间的核心—边缘结构还在强化。不平衡问题依然是区域经济发展最为严峻的问题。与此同时，中西部与东部地区之间存在的区际产业垂直分工格局并没有因为区域产业转移的加快而发生转变。为此，探讨中西部地区发展滞后的原因，对我国区域发展意义重大。新时代需要继续做好西部大开发，建设西部中心城市，充分利用中心城市的比较优势，并将其转化为综合优势。重视发展朝阳产业和高端产业，塑造文化内涵和品牌形象，培育经济增长点，努力使其建设成为国家中心城市，进而带动其余西部城市经济增长，助力建设社会主义现代化国家，推动区域均衡发展。

西部中心城市和西部城市群协调发展是西部积极发展的重要内容，实现西部地区高质量发展必须以西部中心城市和城市群高质量协调发展为基础。西部地区的发展出现了基础设施、产业布局以及社会发展之间的"内卷化"现象，人才、资本等要素不断被东部地区吸引而大量流失，致使其与东部地区之间的发展水平被持续拉大。《中共中央、国务院关于新时代推进西部大开发　形成新格局的指导意见》中鼓励重庆、成都、西安等加快建设国际门户枢纽城市，指出促进大中小城市网络化建设和推动城市群高质量发展，最大化发挥中心城市和城市群的核心引擎效用，助力西部大开发发展战略。

《中共中央关于制定国民经济和社会发展第十四个五年规划和二〇三五年远景目标的建议》指出，健全区域协调发展体制机制，完善新型城镇化战略；发挥中心城市和城市群带动作用，建设现代化都市圈。西部地区中心城市与城市群的发展是有机统一、互为依托、特色鲜明的，成渝双城地区经济圈、关中平原都市圈等将在新时代西部大开发中发挥重要引领作用，成为西部地区高质量发展的动力源。当前西部地区的中心城市或都市圈与东部地区还存在差距，城市空间发展潜力较大，西部地区中心城市或城市群自身辐射水平和经济提升能力将有助于激发西部的"双高"发展潜力。

目前，关于西部中心城市和西部城市群协调发展的研究仍然没有一个为大家所认同的理论体系。这也体现了区域协调发展与西部中心城市和城市群空间格局问题研究的繁杂和难度。一方面，我国西部中心城市和城市群研究区域范围广，涉及国际贸易，影响因素众多，资料获取、数据统计与分析研究都存在很大的阻碍。另一方面，西部中心城市和西部城市群协调发展问题研究涉及多个学科，特别是城市经济学、国际贸易学、发展经济学、城市规划学、地理经济学、区域经济学、产业经济学以及社会学、民族学等。

近年来，曾鹏教授等一直在关注着新时代西部中心城市和城市群协调发展问题。他们在广泛搜集国内外有关中心城市和城市群协调发展、基础设施协调发展、产业布局协调发展与社会发展协调发展等研究文献的基础上，研究西部中心城市和城市群高质量协调发展战略，重点探讨了西部中心城市和城市群高质量协调发展模式的作用机制、演化规律、实现路径、中心城市和城市群的经济空间格局评估、西部中心城市和城市群"基础设施"高质量协调发展、西部中心城市和城市群"产业布局"高质量协调发展、西部中心城市和城市群"社会发展"高质量协调发展以及基础设施、产业布局与社会发展高质量协调发展等内容。曾鹏教授等从中心城市和城市群经济空间格局出发，运用区域经济学理论、空间经济学理论、数量经济学理论构建"新时代西部中心城市和城市群高质量协调发展"模式，具有较强的系统性和创新性，有利于多元化、多角度开展西部中心城市和城市群协调发展的研究。同时，弥补了国内外学者研究区域协调发展、城市群问题时，多数以"发展"的评价代替对"协调"的评价，两方面研究相互割裂的不足。

这部著作体现了学术性、时代性和实践性的统一，反映了曾鹏教授等作者对现实深切关注、对学问孜孜以求的精神风貌。在本书出版之际，我欣然接受他们的请求，乐为此序。治学无止境，望曾鹏教授等作者在既得成果的基础上，继续发扬虚心好学的精神，与时俱进，不断攀登，在治学上达到更高的水平，取得更多、更丰硕的成果。

中国社会科学院学部委员、中国社会科学院大学
首席教授、博士研究生导师
2023 年 12 月

# 序　二

2019 年中央经济工作会议强调，要提高中心城市和城市群综合承载能力，我国经济下一阶段的发展将以中心城市和城市群为主要空间载体，推动产业优势互补，加速区域间要素流动，构建高质量发展的区域经济布局。这是对我国区域发展的新部署、新要求，是新时代解决"人民日益增长的美好生活需要"和"不平衡不充分的发展"之间矛盾的重要途径，对加快建设现代化经济体系、促进高质量发展、实现"两个一百年"奋斗目标，具有重大战略意义。

中心城市和城市群随着中国经济发展空间结构的深刻变化而逐渐演变成为承载发展要素的主要空间形式，区域协调发展战略也已上升为国家战略。党的十八大以来，我们在实践中愈来愈认识到，条件较好的中心城市要努力提升综合承载能力，也应该承载更多的产业和人口，并带动周边区域尤其是城市的发展，培育以城市群为主体形态的区域增长动力源，充分发挥各地各领域比较优势，引进新型技术进行创新发展，培育高质量发展的动力源，维系中心城市和城市群等经济发展优势区域的经济发展，并提升区域的人口承载能力以及社会经济承载能力。为此，新时代需要继续做好西部大开发，建设西部中心城市，充分利用中心城市的比较优势，并将其转化为综合优势。

但是，目前西部地区不平衡不充分问题依旧突出，东西部发展差距依然较大，这与缺乏系统、深入的理论指导有着直接的关系。曾鹏教授等正是结合区域协调发展与城市群发展，对我国西部中心城市和城市群展开了高质量协调发展的研究，第一次构建起"西部中心城市和城市群高质量协调发展"的模式及其实现路径，从空间经济学角度，研究区域经济系统，揭示区域经济运动规律，探索西部中心城市和城市群高质量协调发展的互动机制、演化规律、实现路径，取得了丰硕的成果。

本书观点鲜明，论证严密，既有学术价值，又有实践意义。重点探讨了西部中心城市和城市群高质量协调发展模式的作用机制、演化规律、实现路径、中心城市和城市群的经济空间格局评估、西部中心城市和城市群"基础设施"高质量协调发展、西部中心城市和城市群"产业布局"高质量协调发展、西部中心城市和城市群"社会发展"高质量协调发展以及基础设施、产业布局与社会发展高质量协调发展等内容，探寻西部中心城市和城市群高质量协调发展模式的具体实现路径。在研究中，通过丰富的理论和实证模型，构建和验证了西部中心城市和城市群高质量协调发展模式的作用机制，提出了切实可行的对策建议，具有很强的现实操作性，如文中所提出的促进西部中心城市和城市群高质量协调发展要分别从政治、经济、社会、文化等层面对政府任务、纵向的上下级政府间关系、横向的地方政府间关系、不同层级政府之间的斜向关系、完善多元主体参与机制进行展开，对西部中心城市和城市群高质量协调发展模式的实现具有直接的指导意义。

　　面对范围广、内容复杂的论题，本书或许还存在一些值得推敲的地方，有待进一步深化和完善，但总体而言不失为一项较高水平的研究成果。理论来源于实践，又反过来指导实践，在实践中发展并接受实践的检验。我相信本书对于有效解决中国区域不平衡不充分发展的现实困境，带动中小城市和小城镇发展，进而促进区域协调发展和缩小城乡差距，具有重要参考价值和理论支持意义。

山东大学经济研究院院长、长江学者特聘教授、博士研究生导师

2023 年 12 月

# 序　三

　　《中共中央、国务院关于新时代推进西部大开发形成新格局的指导意见》中鼓励重庆、成都、西安等加快建设国际门户枢纽城市，指出促进大中小城市网络化建设和推动城市群高质量发展，最大化发挥中心城市和城市群的核心引擎效用，助力西部大开发发展战略。在此背景下，进行西部中心城市和城市群高质量协调发展的研究，对于西部地区区域经济建设和城镇化发展具有很强的带动示范效应。研究如何实现西部中心城市和城市群高质量协调发展模式，无论学界还是实践工作部门都充满关注与期待。

　　曾鹏教授等撰写的《新时代我国西部中心城市和城市群高质量协调发展战略研究》，在"区域协调发展战略"和"发挥中心城市和城市群带动作用，建设现代化都市圈"作为党和国家区域发展的重大战略决策的大背景下，论证了西部中心城市和城市群高质量协调发展模式作为经济新常态下我国西部中心城市和城市群协调发展的重要方向。曾鹏教授等作者以西部中心城市和城市群高质量协调发展为研究对象，从理论层面对西部中心城市和城市群高质量协调发展模式的作用机理进行理论框架构建，对西部中心城市和城市群高质量协调发展模式的实现关系以及演化过程展开讨论研究，从而为"区域协调发展战略"和"发挥中心城市和城市群带动作用，建设现代化都市圈"提供关键的理论依据和现实依据。研究成果对于解决中国区域不平衡不充分发展的现实困境，带动中小城市和小城镇发展，进而促进区域协调发展和缩小城乡差距，具有重要的理论价值和现实意义。

　　本书在理论和实践上拓展了我国西部中心城市和城市群高质量协调发展问题的研究视野，综合运用定性分析和定量分析的方法，从基础设施高质量协调、产业布局高质量协调和社会发展高质量协调三个维度构建西部中心城市和城市群高质量协调发展模式的理论框架。通过对西部中心城市和城市群高质量协调发展模式进行实证检验，得到一个多元数据分析框架模型，模拟出西部中心城市和城市群高质量协调发展模式的作用机理。纵观全书，在研究方法、理论上和应用上都具备一定的创新性。

　　第一，从文献回顾的角度，寻找当前我国西部中心城市和城市群高质量协调发展中普遍存在的一系列突出问题产生的背景、原因和发展趋势，这些问题包括：发展不平衡不充分；由于地理环境、资源基础、产业结构以及生态环境的差异，经济发展较为薄弱；基础设施、产业布局以及社会发展之间的"内卷化"现象；西部农村对西部地区整体高质量发展的支撑动力不足等。

　　第二，对我国西部中心城市和城市群高质量协调发展模式展开理论框架分析。曾鹏教授等作者在界定我国西部中心城市和城市群高质量协调发展的内涵基础上，分析其特征和构成维度，阐释我国西部中心城市和城市群高质量协调发展模式的必要性和可行性，探析我国西部中心城市和城市群高质量协调发展模式的格局及趋势，总结我国西部中心城市和城市群高质量协调发展模式演化的一般规律，并构建出我国西部中心城市和城市群高质量协调发展模式演化过程理论框图。

第三，对我国西部中心城市和城市群高质量协调发展模式展开实证分析。通过对西部中心城市和城市群协调发展现状、中心城市和城市群基础设施协调发展、中心城市和城市群产业布局协调发展、中心城市和城市群的社会发展高质量协调发展开展测度研究，以构建多元分析框架数学模型的方法全方位、多角度地分析西部中心城市和城市群高质量协调发展模式的主要影响因素及发展过程中存在的突出问题。

第四，针对西部中心城市和城市群高质量协调发展模式进行现实分析。从制度顶层设计的角度，通过对我国西部中心城市和城市群相关政策的梳理，提出促进我国西部中心城市和城市群高质量协调发展的政策建议。从政治、经济、社会、文化等层面对政府任务进行分析，提出政府的动员、组织、规范、协调四项职能。从纵向的上下级政府间关系、横向的地方政府间关系、不同层级政府之间的斜向关系三个维度建立西部中心城市和城市群高质量协调发展战略实施中政府不同层级、不同部门的府际互动机制。基于西部中心城市和城市群基础设施协调、产业布局协调以及社会发展协调的研究结果，从完善多元主体参与机制、促进区域治理的科学有效、中心城市与城市群建设共进等方面，实现以国内大循环为主体，国内国际双循环的经济发展格局，共同促进西部中心城市与城市群高质量协调发展，调动中央和地方积极性、构建西部中心城市和城市群协调发展机制。

目前针对我国西部中心城市与城市群经济空间格局问题的研究尚未形成系统的理论总结，针对西部中心城市和城市群高质量协调发展的研究更是一个新课题。曾鹏教授等从区域协调发展战略出发，对西部中心城市和城市群高质量协调发展问题展开研究，并形成系统的理论体系，填补了关于西部中心城市和城市群高质量协调发展相关方面的理论空白，进一步丰富空间经济学、区域经济学等学科研究的理论内涵。通过展开西部中心城市和城市群高质量协调发展模式的实证分析，为政府科学合理落实区域发展战略，合理制定西部中心城市和城市群高质量协调发展指导方向提供了理论支撑。研究成果对于解决以城市群为核心的大中小城市和小城镇协调发展，区域经济协调发展，缩短地区间经济发展差距具有十分重要的决策参考价值。

在当前区域经济一体化的大环境中，提出立足现实的研究思路、实施方案和政策建议，定会为有关方面提供有益的借鉴和启示，引起活跃的讨论，促进西部中心城市和城市群高质量协调发展的研究。作为最先阅读这本书的读者，我很高兴将这本书推荐给广大读者，同时也对作者今后的发展，表示诚挚的祝愿。我想这也正是本书撰写的初衷。

哈尔滨工业大学发展战略研究中心主任、博士研究生导师
2023 年 12 月

# 前　言

　　党的十九大以来，推进我国生产力布局由沿海向内陆腹地拓展，加快中西部地区的开发建设，是党中央、国务院筹谋全局作出的重大战略部署，也是新时期我国扩大内需、推进区域协调发展的重大战略要求。然而，尽管21世纪以来我国加大了中西部地区的开发力度，但东西部间的差距没有明显缩小，东西部形成的核心—边缘结构还在强化。为此，探讨中西部发展滞后的原因，对我国区域发展具有十分重要的意义。同时，中国经济发展的空间结构不断发生着深刻变化，中心城市和城市群演变成为承载发展要素的主要空间形式，区域协调发展战略也已上升为国家战略。因此，新时代继续做好西部大开发工作，对于促进区域协调发展，开启全面建设社会主义现代化国家新征程，具有重要的现实意义和深远的历史意义。但是长久以来，西部地区基础设施、产业布局以及社会发展之间形成的"内卷化"现象严重，虽然诸如公路、铁路以及机场等在西部中心城市和城市群之间互动联系中起到重要连接作用的基础设施已经相对完善，但是西部地区长期以来的产业发展落后，使得西部产业发展对基础设施的实际需求与逐渐完善的基础设施建设之间不匹配现象严重，甚至由于东部地区发展的强吸引作用，西部地区的人才、资本等发展要素大量向外流入东部地区。在这样的情况下，进一步导致西部各城市的城市建设能力提升困难，社会发展动力迟缓，而这一结果又将导致通过扶植政策引进的人才与资本难以形成长期稳定的可持续发展，进而反作用于西部产业的发展，形成"内卷化"的恶性循环。因此，西部地区与东部地区发展差距将越来越大。目前我国西部地区正处在缩短与东部发展差距的关键期，西部地区如何把握好"双循环"新发展格局带来的新发展机遇，如何在战略的高度上制定长效发展机制，如何打破"内卷化"引发的人才、资本流失困局，如何吸引东部地区过剩发展能力等问题成为当前西部地区发展的关键。

　　基于上述战略意图，为响应党的十九届四中全会上针对我国城市群发展现状所提出的"提高中心城市和城市群综合承载与资源优化配合能力"会议精神，落实好"解决区域发展不平衡问题"重要指示，发挥好"中心城市和城市群"的支点作用，实现"西部大开发新格局，推动西部地区高质量发展并成为我国面对国际市场压力的重要经济增长极"目标，本书以国家社会科学基金重大项目"新时代我国西部中心城市和城市群高质量协调发展战略研究"（批准号20&ZD157）为依托，以城市空间理论、历史－地理唯物主义理论、新经济地理理论等理论为科学的理论基础，通过大量的实地调研，在对中心城市和城市群之间关系及空间构型理论机制进行分析的基础上，获取西部中心城市和城市群的空间构型（双国家中心城市为核心型城市群、单国家中心城市为核心型城市群、边疆省会城市为核心型城市群以及内陆省会城市为核心型城市群），并通过基础设施协调、产业布局协调以及社会发展协调三个维度构建起以"一个目标—两个循环—三个层级—四种类型"为基本架构的新时代我国西部中心城市和城市群协调发展战略体系。本书汇集了作者团队近 2 年来关于西部中心城市和城市群高质量协调发展研究的理论思考和实践经验。

　　本书各章著作者具体分工如下：第 1 章由曾鹏、魏旭撰写；第 2 章和第 3 章由曾鹏、吴倩撰写；第 4 章由魏旭、魏然、黄晶秋撰写；第 5 章由唐婷婷、李贞、吴倩、程寅、蒋晓昆撰写；第 6 章由曾鹏、魏旭、池晓、黄丽露、李子婷撰写；第 7 章由曾鹏、唐婷婷、陈意、黄丽露、刘代彬撰写；第 8 章由曾鹏、王家聪、魏旭撰写；第 9 章由曾鹏、梁立颖、魏旭撰写。

　　除此之外，在本书编写过程中，邢梦昆、汪玥等协助搜集了大量资料，王威峰、黄婉华等协助进行了数据整理和制图工作，李洪涛、侯岚芬、庞钰凡、段至诚等协助进行了排版和校稿工作。

　　作为一位从事城市群与区域可持续发展研究的科研工作者，研究新时代西部中心城市和城市群高质量协调发展战略是学术生涯中的重要尝试。由于对中心城市和城市群高质量协调发展研究等热点难点问题至今尚未达成共识，学术界、政治界和新闻界有不同的观点，又因为时间仓促，能力有限，本书提出的一些观点和看法可能失之偏颇，书中缺点难以避免，恳求广大同仁批评指正！在本书写作过程中，参考了许多专家学者的论著或科研成果，均在书中进行了注明，但仍恐有挂一漏万之处，诚请多加包涵。竭诚渴望阅读本书的同仁们提出宝贵意见！期望本书为西部地区抓住"双循环"新格局所带来的机遇，实现城市群高质量发展提供科学理论依据！

2023 年 12 月

# 目　　录

# 第1章 绪 论

## 1.1 研究背景与问题提出

### 1.1.1 研究背景

"十四五"时期，国内外发展环境发生重大转变，因此需要把我国的新发展格局放在国内外发展大势中去考量，审时度势谋发展，构建"以国内大循环为主体、国内国际双循环相互促进的新发展格局"。加之，在新冠疫情的冲击下，全球经济面临严峻挑战，中国宏观经济政策面临再次调整。构建高水平国内大循环，畅通中国大循环，带动国内国际双循环，将为中国在"国际市场紧缩、发展动力不足、内需亟待扩大"的经济环境下掀开经济发展新篇章提供战略支撑，我国经济发展格局迎来了"双循环"的"新时代"。

按照区域经济发展的一般规律，龙头城市的辐射带动作用决定了一个地区是否具备经济增长能力，珠三角、长三角、京津冀三大城市群的可持续快速发展就是最好的例证，因而探索西部地区发展规划不能离开对龙头城市的深度挖掘。目前，中心城市和城市群随着中国经济发展空间结构的深刻变化而逐渐演变成为承载发展要素的主要空间形式，区域协调发展战略也已上升为国家战略。为此，新时代需要继续做好西部振兴，建设西部中心城市，充分利用中心城市的比较优势，并将其转化为综合优势。重视发展朝阳产业和高端产业，塑造文化内涵和品牌形象，培育经济增长点，努力使其建设成为国家中心城市，进而带动其余西部城市经济增长，助力建设社会主义现代化国家，推动区域均衡发展，这将对推动我国高质量发展具有重要的现实意义和深远的历史意义。

长久以来，西部地区基础设施、产业布局以及社会发展之间形成的"内卷化"现象严重。虽然诸如公路、铁路以及机场等在西部中心城市和城市群之间互动联系中起到重要连接作用的基础设施已经相对完善，但是西部地区长期以来的产业发展落后，使得西部产业发展对基础设施的实际需求与逐渐完善的基础设施建设之间不匹配的现象严重。特别是在东部地区发展的强吸引作用下，西部地区内部的人才、资本等发展要素大量向外流出，进一步导致西部各城市的城市建设能力提升困难，社会发展动力迟缓。而这一结果又将导致通过扶植政策引进的人才与资本难以形成长期稳定的可持续发展，进而反作用于西部产业的发展，形成"内卷化"的恶性循环。因此，西部地区与东部地区发展差距将越来越大。目前我国西部地区正处在缩短与东部发展差距的关键期，西部地区如何把握好"双循环"新发展格局带来的新发展机遇，如何在战略的高度上制定长效发展机制，如何打破"内卷化"引发的人才、资本流失困局，如何吸引东部地区过剩发展能力等成为当前西部地区发展的关键。

新时代我国西部中心城市和城市群高质量协调发展，重要的前提是要明确目前我国在经历新冠疫情后，经济发展进入了"双循环"时代。经济发展的空间结构正在发生深刻变化，中心城市和城市群正在成为承载发展要素的主要空间形式，对于中心城市和城市群协调发展，我们必须适应新形势，谋划区域协调发展新思路。对于西部地区中心城市及城市群协调发展，中共中央、国务院印发的《关于新时代推进西部大开发形成新格局的指导意见》中明确指出：要加大西部开放力度，鼓励重庆、成都、西安等加快建设国际门户枢纽城市，推动西部地区高质量发展。基于新时代发展要求，要以长远的眼光来看待，加快形成以国内大循环为主体、国内国际"双循环"相互促进的新发展格局，通过"一带一路"倡议、高新技术创新等方式不断探索中国新的发展模式，同时，注重发挥产业优势，持续优化产业结构，扩大内需和转变消费能力，探索形成具有中国特色的发展路径。

城市发展主要以实现地理空间上的人口集聚和要素集聚为核心，通过资源共享和经济共享加深城市之间的交流合作，最终达到扩展国内市场并创造规模经济的目的。集聚性和流动性是影响未来中国城市发展和治理的两大空间特征。从某种程度上来看，城市发展不再局限于原来的地理空间，而是逐渐走向流动空间。近年来，全球经济一体化和区域经济一体化快速发展，城市倾向于朝着大城市规模和特大城市规模发展，向着"摊大饼"般方向扩张，这使得金融、技术、资金以及信息等风险持续加大。城市亟须优化资源配置布局、培育经济新动能和提升优势产业核心竞争力，落实企业复工复业复产工作，以更快的速度回升城市经济，补全各大中小城市发展短板，推进发展高质量经济。城市群都市圈化是城市化发展的必然趋势和科学规律，有利于人口和产业的区域集聚。为了更好地应对突发公共卫生事件，城市发展和城市治理需要快速实现中心城市和城市群的资源聚集、技术聚集和人口聚集，规划、调整和优化大城市、中心城市和城市群空间结构。同时，城市发展的总体方向要持续立足于以中心城市和优势地区为重点，以都市圈和城市群为主体形态，这既有利于要素的集聚，也是应对各种突发事件的重要选择。基于信息时代这个大环境，中国城市发展和治理必须集中有限的资源实现工业化和经济发展的线性目标，必须突破地理空间，充分考虑集聚的两种不同效应，有效处理好集聚性和流动性两者的关系，争取对"中心—外围"空间形态有所突破，由刚性空间形态逐渐走向柔性、多中心和网络化的空间格局。

党的十九届五中全会发布《中共中央关于制定国民经济和社会发展第十四个五年规划和二〇三五年远景目标的建议》，指出健全区域协调发展体制机制，完善新型城镇化战略；发挥中心城市和城市群带动作用，建设现代化都市圈。西部地区中心城市与城市群的发展是有机统一、互为依托、特色鲜明的。成渝双城地区经济圈、关中平原都市圈等将在新时代西部大开发中发挥重要引领作用，成为西部地区高质量发展的动力源。国际经验也表明，三种不同类型的城市（小城镇、中等城市、大城市），在国民经济发展中发挥着不同作用。其中，小城镇有利于内部规模经济的实现；中等城市促进地方化经济的实现；大城市促进城市化经济的实现。因为大城市具有多元化的工业生产和多元文化的特征，以及各种福利设施，所以能够吸引高素质人才，创新资源也更多集聚在大城市中。当前西部地区的中心城市或都市圈与东部地区还存在差距，城市空间发展潜力较大，西部地区中心城市或城市群自身辐射水平和经济能力提升将有助于激发西部的"双高"发展潜力。但是，西部地区内部之间差异较大，需分类指导、因地制宜。随着交通等基础设施日渐完善，西部地区各省突出短板的差异性显现出来，西部地区的产业结构、民族文化、资源禀赋均存在较大差异，因此对于西部地区中心城市以及城市群的研究应针对各省突出短板，分类指导。虽然西部地区经济社会发展在以习近平同志为核心的党中央领导下取得显著成果，但西部地区不平衡不充分问题依旧突出，东西部发展差距依然较大。因此，在新时代下要持续推进西部大开发，补足发展短板，拓宽防范和化解各种风险的渠道，有效缩小城乡收入差距，协调东西部产业和经济发展，这些在推进国家社会主义现代化和城市高质量发展方面具有深远的历史意义和重要的现实意义。

2019年中央经济工作会议强调，要提高中心城市和城市群综合承载能力，我国经济下一阶段的发展将以中心城市和城市群为主要空间载体，推动产业优势互补，加速区域间要素流动，构建高质量发展的区域经济布局。在我国城镇化发展进程中，应以大城市发展为重点还是以中小城市发展为主，社会各界对此有过很多的讨论。在一段时期内，我国城镇化的发展方针定位于积极发展中小城市、严格控制特大城市和大城市的发展规模。这在一定程度上造成了在区域发展过程中中心城市带动引领作用不足的局面，部分省会城市和副省级城市在自身发展和区域协调发展方面，出现了城市龙头作用发挥不够充分或城市功能发挥不够等问题。党的十八大以来，我们在实践中愈来愈认识到，条件较好的中心城市要努力提升综合承载能力，也应该承载更多的产业和人口，并带动周边区域尤其是城市的发展，培育以城市群为主体形态的区域增长动力源。2019 年 8 月，中央财经委员会第五次会议强调，区域协调发展在新形势下需要根据经济发展的客观规律对区域政策体系进行修订，规范要素流动范围，高效集聚资源，充分发挥各地各领域比较优势，引进新型技术进行创新发展，培育高质量发展的动力源，推动中心城市和城市群等经济发展优势区域的经济发展，并提升区域的人口承载能力以及社会经济承载能力。可见，中心城市和城市群之间的关系十分紧密，对二者之间关系的理论机制分析对本书构建新时代西部中心城市和城市群高质量协调发展战略具有重要的理论支撑作用。

### 1.1.2 问题提出

长期以来，西部地区的发展出现了基础设施、产业布局以及社会发展之间的"内卷化"现象，人才、资本等要素不断被东部地区吸引而大量流失，致使其与东部地区之间的发展水平被持续拉大。根据大卫·哈维的"空间正义"理论，目前我国西部地区正处在缩短与东部发展差距的关键期，西部地区如何把握好"双循环"新发展格局带来的新发展机遇，如何在战略的高度上制定长效发展机制，如何打破"内卷化"引发的人才、资本流失困局，如何吸引东部地区过剩发展能力等问题成为当前西部地区发展的关键。课题组认为，在城镇化发展水平较高的当下，西部农村对西部地区整体高质量发展的支撑动力显然不足，因此，解决上述问题的核心支撑点应该是西部中心城市和城市群的发展。同时，中心城市作为城市群发展的核心，其基础设施建设完善将通过其辐射带动作用不断向周围扩散，与城市群内其他市县的基础设施连通形成系统的城市群基础设施网络，西部城市群发展的骨骼则通过基础设施网络被搭建起来（见图 1-1）。例如交通基础设施不断完善带动中心城市，乃至其所辖县（市）逐渐形成产业发展的运输成本优势、区位优势，这在西部地区技术、人才等资源相对匮乏的情况下则显得尤为重要。因此，基础设施网络的不断完善，将带动城市群产业向中心城市迁移，逐渐形成特色优势产业，进而促进西部城市群产业布局的整体优化，为西部地区发展提供根本动力。在此过程中，随着产业转移，劳动力人口也将随之不断向产业发展水平较高的地区转移，从而带动相关地区的社会发展。与此同时，优势特色产业的不断发展将抑制西部地区人口、资本等要素的流失，实现人口就近城镇化，而人口就近城镇化的深入又将反作用于产

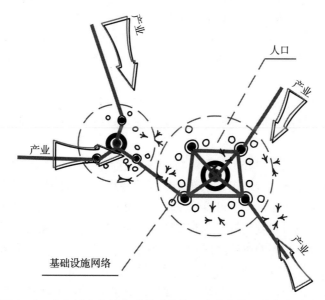

**图 1-1 中心城市和城市群基础设施、产业布局、社会发展关系**

业发展，人才流失的减少意味着劳动力素质的提高及人才的增多，这又为原本人才、技术优势不够明显的西部地区产业提供了新的动力，也将对城市群基础设施网络的建设提出更高的要求，拉动其不断完善。因此，本书认为所谓"高质量协调发展"的关键在于：基础设施是否能有效推动产业布局优化及社会发展？产业布局优化是否能在带动社会发展的同时拉动基础设施建设？社会发展是否促进人口就近城镇化进而推动城市群产业发展？

新时代我国西部中心城市和城市群高质量协调发展的根本原则，在于把握好西部地区中心城市和城市群的特点。以成渝城市群为例，《成渝城市群发展规划》中指出：①城市群内大城市（此处指人口百万以上的城市）数量较少，无法较好地分担核心城市职能，难以指导中小城市发展，辐射带动能力不足。②部分城市追求经济发展，开发强度超过自身承受范围，难以平衡耕地保护与城市建设用地扩张。不仅造成资源利用效率低下，还破坏人们日常的居住环境，影响整体环境质量，增加自然灾害发生概率，无法遏制生态系统退化趋势，故资源环境约束需要加快落实。③目前成渝城市群内尚未形成城际高速网络，还需完善对外运输通道。由于缺乏对沿江港口建设的统筹规划，三峡枢纽通过能力较低，以重庆、成都等为起点的中欧班列运输能力还需优化。④城市内地方保护与市场分割严重，市场信用体系不统一，没有完全破除行政壁垒，资源要素流通受阻，城市群一体化发展成本共担和利益共享机制尚未破题。⑤受地级城市发展制约，产业创新停滞不前，忽视了部分城市潜在的发展实力，亟须挖掘资源环境承载能力强、区位条件较好的城市。提高城市的能源与资源保障水平和信息基础设施网络，激发经济发展潜力，增强经济和人口集聚能力。⑥重庆、成都两个核心城市缺乏紧密的经济联系，未充分对接空间发展战略，基础设施建设协调程度低，产业分工协作不充分，需要继续健全两城市间的协调合作机制。《关中平原城市群发展规划》中也提出了"中心城市辐射带动作用不强，城市数量总体不足"以及"开放合作层次不高，体制机制障碍尚未完全破除"等突出问题。作为西部地区中具备国家中心城市的城市群，成渝城市群和关中城市群的突出问题也反映出了西部地区中心城市和城市群协调发展过程中的突出问题。整体来看，西部中心城市发展滞后导致我国区域结构调整缓慢；国家经济功能过于集中于东部导致西部中心城市经济不强。

在新时代我国西部中心城市和城市群基础设施高质量协调发展方面，城市基础设施作为城市可持续发展和生存的基础，是指为人们日常生活和城市生产给予基本保障的公共设施，能较好地衡量区域经济发展水平，在城市群发展进程中起"催化剂"作用，能加速区域经济一体化发展。虽然西部中心城市和城市群受制于发展理念、资源环境、区位条件等因素，相比东部地区城市群，其基础设施建设速度缓慢，劳动力素质较差，产业结构有待优化，区域经济发展质量低下，整体发展差距较大，这些因素成为长期影响社会、教育、文化、经济、环境的关键因素，但是，西部中心城市和城市群的基础设施建设也存在其独特的优势，例如，西部中心城市和城市群多数地区具备丰富的自然资源和农业资源，生态环境优良，环境承载能力较好。同时，西部中心城市和城市群基础设施还面临着中心城市的集聚效应不明显，基础设施落后，城市化进程缓慢，城市群基础设施管理和服务水平偏低，城市群基础设施建设缺乏法治保障等困难。由此可见，构建我国西部中心城市和城市群基础设施高质量协调发展战略的首要前提是厘清当前我国西部中心城市和城市群基础设施发展的现状以及存在的问题。

在新时代我国西部中心城市和城市群产业布局高质量协调发展方面，中国区域经济发展不平衡中，产业发展问题是目前西部地区缩短与东部地区发展差距亟须考虑的关键问题，区域经济发展的一个重点便是帮助欠发达地区实现产业可持续发展。在现阶段，西部地区经济发展中亟须优化产业布局，准确把握西部中心城市和城市群产业布局现状和问题，有助于发现西部城市群的特色优势产业。本书认为，只有避免与东部城市群之间和西部各城市群之间的产业布局同质化，通过针对性的政策或发挥其自身特色优势等方法推动西部中心城市和城市群产业布局的特色发展，才能有效促进西部地区经济社会发展。目前，多数西部地区以承接东部地区的产业转移为导向，加之西部产业基础较差，缺乏高效的生产协作网络，导致目前西部城市群产业布局缺乏特色，发展动力严重不足。

近年来，西部城市群借助保留的传统比较优势产品提升城市竞争力，通过创新使其长期保持着比较优势，并带动周边产业发展，在一定程度上提升了城市群内的产业发展水平。但是，发展特色产业才是持续支撑西部城市群区域经济发展的重要基础，一定程度上表明未来西部城市群产业布局或将面临的困难较大。可见，构建我国西部中心城市和城市群产业布局高质量协调发展战略的首要前提是厘清当前我国西部中心城市和城市群产业布局发展的现状以及存在的问题。

在新时代我国西部中心城市和城市群社会发展高质量协调发展方面，近年来，随着社会经济的快速发展和信息技术的进步，城乡收入差距持续加大，加之伴随社会前进面临的人口老龄化情况愈加严重，需要社会帮助的特殊困难群体不断扩张，福利需求成为必需品。社会发展（社会融合和社会福利）事业能直接对西部地区城乡居民的生活质量和生活水平产生影响，对扩大城市内需有利，在一定情况下还会激发特定地区的社会矛盾，直接关系着社会的和谐发展与稳定前进。因此，在现阶段和今后较长时间内，对社会发展事业的需求不断增加。可见，在目前以国内大循环为主体的"双循环"新发展格局下，了解西部地区中心城市和城市群社会发展现状及发现其问题所在，是巩固、发展、稳定边疆，推动"双循环"顺利运行的重要前提。西部地区在社会发展水平、资源环境、经济状况、地理位置等方面均与东部地区、东北部地区、中部地区存在差异，城市经济增长点较少，整体发展较为落后。在此情况下，国家制定地方政策，采取一系列措施推动西部地区社会发展和促进区域经济增长，通过西部可持续健康发展带动全国整体发展。因此，如何通过中心城市和城市群社会发展推动西部中心城市和城市群人口就近城镇化是本书拟解决的首要难题。城镇化进程不断推进，农村人口逐渐转移，城镇人口虽然增多但由于东部地区基础设施、产业发展以及社会福利等各个方面的高度发达，西部地区大量城镇化人口实际在向东部地区集聚，这就导致西部地区基础设施建设发展无法发挥应有效用。

基于上述研究，本书的总体问题是：在"双循环"的新时代背景下，面对我国西部中心城市和城市群的特点，我国需要建构什么样的区域发展理论才能系统深入地解释与全面准确地判断西部中心城市和城市群高质量协调发展的演化规律以及作用机理？如何探讨并得出西部发展滞后的原因，并且如何以中心城市和城市群的发展作为突破点？如何构建"西部中心城市和城市群高质量协调发展战略模式"才能有效地促进西部地区经济发展，解决国家经济功能过度集中于东部，区域结构调整缓慢的问题？

因此，本书以西部中心城市和城市群高质量协调发展为研究对象，首先从文献梳理的理论角度对我国西部中心城市和城市群的特点、西部中心城市和城市群高质量协调发展的演化规律及作用机理、西部发展滞后、国家经济功能过度集中于东部、区域结构调整缓慢等一系列突出问题产生的背景、原因和发展趋势展开讨论和研究。从理论层面对西部中心城市和城市群的演化规律及作用机理进行理论框架构建，对西部中心城市和城市群高质量协调发展战略模式展开研究。再从理论结合实际的角度出发，选取西部中心城市和城市群进行调查，结合其内在基础和外部挑战，研判西部中心城市和城市群存在突出问题的现实背景、原因和未来走向。通过实证研究的方法对西部中心城市和城市群经济空间格局评估、西部中心城市和城市群"基础设施"（电信基础设施、交通基础设施、基本公共服务、环境基础设施建设）高质量协调发展、西部中心城市和城市群"产业布局"（产业发展、产业结构）高质量协调发展、西部中心城市和城市群"社会发展"（人口迁移、人口流动、人口市民化）高质量协调发展以及基础设施、产业布局与社会发展高质量协调发展展开研究，对于新时代我国西部中心城市和城市群高质量协调发展战略的政策支持机制的构建，应该在战略模式构建的基础上，根据不同类型城市群的实证分析结果和实地调研情况，有所侧重地针对如何建立西部中心城市和城市群基础设施网络、如何发展特色优势产业以及如何提高中心城市社会福利等方面进行政策系统设计，构建起多维度下"去障—辅助—支持—激励—补贴"五位一体的政策支撑机制，为西部中心城市和城市群高质量协调发展战略模式提供理论依据和现实依据。

## 1.2　研究目的与意义

### 1.2.1　研究目的

本书以我国西部中心城市和城市群高质量协调发展为研究对象，通过对西部中心城市和城市群高质量协调发展模式进行文献分析、现实研判，构建西部中心城市和城市群高质量协调发展的理论框架，模拟西部中心城市和城市群高质量协调发展所存在的内在关系以及作用机理。本书进一步以实证检验的方式对西部中心城市和城市群经济空间格局评估、西部中心城市和城市群"基础设施"（电信基础设施、交通基础设施、基本公共服务、环境基础设施建设）高质量协调发展、西部中心城市和城市群"产业布局"（产业发展、产业结构）高质量协调发展、西部中心城市和城市群"社会发展"（人口迁移、人口流动、人口市民化）高质量协调发展以及基础设施、产业布局与社会发展高质量协调发展展开研究，得到一个多元实证分析框架。通过实证分析得出结论，提出较强的具有现实针对性和时效性的实践战略体系。

### 1.2.2　理论意义

第一，本书对新时代西部中心城市和城市群高质量协调发展的内涵、特征、构成维度以及可行性进行分析，深入探讨了西部中心城市和城市群高质量发展模式的实现路径及相互之间的关系，为政府科学合理地进行西部中心城市和城市群发展定位、选择战略指导方向提供了理论支撑。

第二，本书对新时代西部中心城市和城市群高质量协调发展模式演化一般规律、动力机制与演化过程进行分析，发现西部中心城市和城市群高质量协调发展战略与新型城镇格局之间存在相互促进的关系，随着区域协调发展，西部中心城市和城市群不断发育成熟，形成新一轮的新型城镇格局。本书对我国西部中心城市和城市群高质量协调发展战略的相关理论进行了补充，为政府系统全面地进行区域协调发展战略规划提供了理论支撑。

第三，本书对我国西部中心城市和城市群高质量协调发展战略模式演化过程和作用机制进行探讨，提出我国西部中心城市和城市群高质量协调发展战略模式的对策和路径，对于进一步丰富和发展区域经济学、空间经济学等学科研究的理论内涵，并为之提供研究案例具有重要的理论意义。

### 1.2.3　现实意义

第一，通过对照不同中心城市和城市群的空间构型，探究现阶段我国西部中心城市和城市群协调发展模式构建中存在的挑战以及阻碍我国西部中心城市和城市群协调的根源，揭示现阶段我国西部中心城市和城市群协调发展的现状和问题及其根源。

第二，通过对我国西部中心城市和城市群基础设施协调发展状况、空间分异特征进行评估，分析在政府作用与市场因素的影响下西部中心城市和城市群基础设施高质量协调发展的实现路径选择，构建出政府作用与市场因素双重影响下的西部中心城市和城市群基础设施高质量协调发展模式。

第三，通过对我国西部中心城市和城市群产业布局协调现状与问题进行分析，对城市群的产业优化、产业结构、产业空间分布、城市职能规划进行实证分析，针对我国西部中心城市和城市群的协调发展方向及实现路径，构建出政府作用与市场因素双重影响下的西部中心城市和城市群产业布局高质量协调发展模式。

第四，通过对我国西部中心城市和城市群社会发展协调现状与问题进行分析，对城市群的人口流动、社会网络、就近城镇化、人口布局优化进行实证分析，构建出政府作用与市场因素双重影响下的西部中心城市和城市群社会发展高质量协调发展模式。

## 1.3 研究对象、数据来源及主要内容

### 1.3.1 研究对象

通过参照国务院、国家发展和改革委员会以及各省（直辖市、自治区）级政府批复印发的 19 个城市群发展规划文件，确定中国的城市群分布状况，对包含优化提升五大国家级城市群（长三角城市群、珠三角城市群、京津冀城市群、长江中游城市群、成渝城市群），发展壮大五大区域级城市群（山东半岛城市群、粤闽浙沿海城市群、中原城市群、关中平原城市群、北部湾城市群）和培育发展九大地区级城市群（辽中南城市群、哈长城市群、滇中城市群、黔中城市群、晋中城市群、天山北坡城市群、兰西城市群、呼包鄂榆城市群、宁夏沿黄城市群）等在内的 227 个城市进行研究，具体研究对象如表 1-1 所示。

表 1-1　　　　　　　　　　　　城市群及所包含城市

| 区域 | 城市群 | 城市群包含城市 |
|---|---|---|
| 东北部 | 辽中南 | 沈阳市、大连市、鞍山市、抚顺市、本溪市、丹东市、锦州市、营口市、辽阳市、盘锦市、铁岭市、葫芦岛市 |
| | 哈长 | 哈尔滨市、齐齐哈尔市、大庆市、牡丹江市、绥化市、长春市、吉林市、四平市、辽源市、松原市、延边朝鲜族自治州 |
| 东部 | 京津冀 | 北京市、天津市、石家庄市、唐山市、秦皇岛市、保定市、张家口市、承德市、沧州市、廊坊市、邢台市、邯郸市、衡水市 |
| | 山东半岛 | 济南市、青岛市、淄博市、东营市、烟台市、潍坊市、威海市、日照市、枣庄市、济宁市、泰安市、滨州市、德州市、聊城市、临沂市、菏泽市 |
| | 长三角 | 上海市、南京市、无锡市、常州市、苏州市、南通市、盐城市、扬州市、镇江市、泰州市、杭州市、宁波市、嘉兴市、湖州市、绍兴市、金华市、舟山市、台州市、合肥市、芜湖市、马鞍山市、铜陵市、安庆市、滁州市、池州市、宣城市 |
| | 粤闽浙沿海 | 福州市、厦门市、莆田市、泉州市、漳州市、宁德市、温州市、汕头市、潮州市、揭阳市、汕尾市 |
| | 珠三角 | 广州市、深圳市、珠海市、佛山市、江门市、肇庆市、惠州市、东莞市、中山市 |
| 中部 | 晋中 | 太原市、晋中市、阳泉市、忻州市、长治市、吕梁市 |
| | 中原 | 晋城市、亳州市、郑州市、开封市、洛阳市、平顶山市、鹤壁市、新乡市、焦作市、许昌市、漯河市、商丘市、周口市 |
| | 长江中游 | 南昌市、景德镇市、萍乡市、九江市、新余市、鹰潭市、吉安市、宜春市、抚州市、上饶市、武汉市、黄石市、宜昌市、襄阳市、鄂州市、荆门市、孝感市、荆州市、黄冈市、咸宁市、长沙市、株洲市、湘潭市、衡阳市、岳阳市、常德市、益阳市、娄底市 |

续表

| 区域 | 城市群 | 城市群包含城市 |
|---|---|---|
| 西部 | 呼包鄂榆 | 呼和浩特市、包头市、鄂尔多斯市、榆林市 |
| | 成渝 | 重庆市、成都市、自贡市、泸州市、德阳市、绵阳市、遂宁市、内江市、乐山市、南充市、眉山市、宜宾市、广安市、达州市、雅安市、资阳市 |
| | 黔中 | 贵阳市、遵义市、安顺市、毕节市、黔东南州、黔南州 |
| | 滇中 | 昆明市、曲靖市、玉溪市、楚雄彝族自治州、红河哈尼族彝族自治州 |
| | 关中平原 | 运城市、临汾市、西安市、铜川市、宝鸡市、咸阳市、渭南市、商洛市、天水市、平凉市、庆阳市 |
| | 北部湾 | 湛江市、茂名市、阳江市、南宁市、北海市、防城港市、钦州市、玉林市、崇左市、海口市、儋州市 |
| | 宁夏沿黄 | 银川市、吴忠市、石嘴山市、中卫市 |
| | 兰西 | 兰州市、白银市、定西市、西宁市、海东市、临夏回族自治州、海北藏族自治州、海南藏族自治州、黄南藏族自治州 |
| | 天山北坡 | 乌鲁木齐市、克拉玛依市、昌吉回族自治州、吐鲁番市、伊犁哈萨克自治州、塔城地区 |

### 1.3.2　主要数据来源

一是社会经济数据。本书数据均来源于《中国城市统计年鉴》《中国城市建设统计年鉴》和各地区国民经济和社会发展统计公报，以及中国统计局官网和各省市统计局官网。需要特别说明的是，由于数据的可得性，研究数据中不包含县区级行政区、香港特别行政区、澳门特别行政区和台湾地区。

二是夜间灯光遥感数据。数据来源于佩恩公共政策研究所地球观测组（EOG）根据 VIIRS 月度数据制作的第 2 版本的 2012~2020 年全球年度灯光数据集（Annual VNL V2），在月度数据的基础上进一步过滤了生物质燃烧、极光和背景噪声等无关特征，选取使用该网站（下载地址为 https：//eogdata. mines. edu/products/vnl/）提供的 2020 年夜间灯光数据年度产品加以下载并分析处理。

三是基础地理信息数据。借助 ArcGIS 10. 8 软件对科技创新资源配置效率的空间格局进行展示，其中，矢量行政边界图来源于 2017 年国家基础地理信息中心提供的 1∶100 万中国基础地理信息数据，矢量城市群边界图借助 ArcGIS 10. 8 软件在行政边界图的基础上对相应城市群范围进行合并。

### 1.3.3　主要内容

从理论与现实研判的角度对我国西部中心城市和城市群高质量协调发展的内涵、特征、构成维度、必要性、可行性、格局、趋势及一般规律进行研究；从基础设施高质量协调、产业布局高质量协调、社会发展高质量协调三个维度构建我国西部中心城市和城市群高质量协调发展的理论框架；从实证检验的角度对我国西部中心城市和城市群高质量协调发展模式的空间格局评估、基础设施高质量协调发展、产业布局高质量协调发展和社会发展高质量协调发展展开研究。从理论结合实际的角度开展我国西部中心城市和城市群高质量协调发展模式的实现路径研究。本书主要分为以下几部分：

第一部分是理论综述部分。主要包括研究背景与问题的提出、研究目的与意义、研究内容与创新点、研究重点与研究方法、研究述评等，对所涉及的基本概念加以解释。从文献回顾的角度，寻找当前我国西部中心城市和城市群高质量协调发展中普遍存在的严重的不平衡不充分问题产生的背景、原因和发展趋势。由于地理环境、资源基础、产业结构和生态环境的差异，以及经济发展较为薄弱，西部地区的发展出现了基础设施、产业布局以及社会发展之间的"内卷化"现象，人才、资本等要素不断被东部地区吸引而大量流失，致使其与东部地区之间的发展水平被持续拉大，在城镇化发展迅速的当下，西部农村对西部地区整体高质量发展的支撑动力显然不足。从理论结合实际的角度，提出我国西部中心城市和城市群高质量协调发展是解决中国区域发展不平衡不充分问题的关键的理论与现实依据，并且结合我国西部中心城市和城市群高质量协调发展独有的特征，研判"我国西部中心城市和城市群高质量协调发展"模式的走向以及后续影响。

第二部分是研究的理论框架部分。在界定我国西部中心城市和城市群高质量协调发展内涵的基础上，分析其特征和构成维度，阐释我国西部中心城市和城市群高质量协调发展模式的必要性和可行性，探析西部中心城市和城市群高质量协调发展的格局和趋势，总结西部中心城市和城市群高质量协调发展演化的一般规律。通过对理论框架的构建，从新经济学角度分析西部中心城市和城市群高质量协调发展模式的内在机制和作用机理，通过对西部中心城市和城市群高质量协调发展模式的演化规律进行研究，可以对其形成、结构和影响因素进行全面分析，为实证模型的构建提供参考和依据。

第三部分是实证检验分析部分。通过对西部中心城市和城市群协调发展现状展开调查，不仅可以获取西部中心城市和城市群空间构型，还可以准确把握西部中心城市和城市群发展现状，为构建"一个目标—两个循环—三个层级—四种类型"的西部中心城市和城市群高质量协调发展模式提供现实基础。对中心城市和城市群基础设施协调发展状况、空间分异特征进行评估，然后结合对城市群进行实地调查的研究结果，总结西部中心城市和城市群基础设施高质量协调发展出现的实际问题。对中心城市和城市群产业布局协调发展状况、空间分异特征进行评估，总结西部中心城市和城市群产业布局高质量协调发展出现的实际问题，对中心城市和城市群社会发展协调发展状况、空间分异特征进行评估，结合对我国西部地区城市群进行的实地调查研究结果，总结西部中心城市和城市群社会发展高质量协调发展出现的实际问题。分析在政府作用与市场因素的影响下西部中心城市和城市群的基础设施、产业布局、社会发展高质量协调发展的实现路径选择，并针对西部中心城市和城市群的现状问题及实现路径，构建出政府作用与市场因素双重影响下的西部中心城市和城市群高质量协调发展模式。

第四部分是政策含义与建议部分。从制度顶层设计角度，通过对我国西部中心城市和城市群相关政策的梳理，提出促进我国西部中心城市和城市群高质量协调发展的政策建议。从政治、经济、社会、文化等层面对政府任务进行分析，提出政府的动员、组织、规范、协调四项职能。从纵向的上下级政府间关系、横向的地方政府间关系、不同层级政府之间的斜向关系三个维度建立西部中心城市和城市群高质量协调发展战略实施中政府不同层级、不同部门的实际互动机制。基于西部中心城市和城市群基础设施协调、产业布局协调以及社会发展协调的研究结果，从完善多元主体参与机制、促进区域治理的科学有效、中心城市与城市群建设共进等方面，实现以国内大循环为主体，国内国际双循环的经济发展格局为背景，共同促进西部中心城市与城市群高质量协调发展，调动中央和地方积极性、构建西部中心城市和城市群协调发展机制。

## 1.4　研究路线及研究方法

### 1.4.1　研究路线

本书的技术路线从文献梳理开始，包括国内外文献资料的搜集与整理，以及当前西部中心城市和城市群发展现状整理分析两个方面。在此基础上，构建目标指向明确、有科学性的西部中心城市和城市群高质量协调发展研究框架。分析我国中心城市和城市群之间关系及空间构型的理论机制，

学、管理学、社会学以及心理学等多个学科的研究成果，宏观上以实证方法为主导进行理论探讨，微观上以社会调查与个案访谈为辅助研究。本书采用了理论研究和实证研究相结合的方法，将西部中心城市和城市群协调发展置于其所处的特定的自然、社会、经济环境进行考察，从西部中心城市和城市群经济空间格局评估、基础设施高质量协调、产业布局高质量协调、社会发展高质量协调等多方面进行深入研究。

（1）文献研究方法。通过对文本、文献进行搜集、整理，分析西部中心城市与城市群高质量协调发展的研究现状和研究成果、发展趋势和存在问题。

（2）理论分析法。基于经济学、管理学、地理学等多学科理论分析法分析我国中心城市与城市群的空间构型，构建"西部中心城市和城市群高质量协调发展"模式的理论模型，得到西部中心城市和城市群高质量协调发展的作用机理。

（3）案例分析法。采用个人生活史调查法、半结构问卷调查法、深度访谈法和田野调查法等人类学定性研究方法，把握西部中心城市居民实际的生活状况、心理状况、家庭情况，深入了解西部中心城市人民的生活现状，由小见大地对西部中心城市与城市群协调发展的总体情况进行把握，并在此基础上确定西部中心城市与城市群的空间构型类型。

（4）实证研究法。基于夜间灯光数据，对我国城市群空间结构进行动态化模拟，精细化模拟城市群经济发展的空间格局的总体形态及其与经济发展的关系。运用数值模拟的方法，对西部中心城市和城市群基础设施协调发展、产业布局协调发展、社会发展协调水平进行动态评估。构建面板数据模型，探讨中心城市与城市群经济协调发展的关系，构建可达性模型，探讨西部中心城市交通基础设施网络与区域协调发展的关系机制，运用圈层结构和脱钩模型系统分析西部大开发战略实施以来西部城市群城市基本公共服务与城市群经济间的协调发展程度。运用双重差分模型，探讨西部中心城市环境保护工作在城市群发展中的作用。利用格兰杰因果检验、脉冲响应函数及方差分解模型，对西部中心城市和城市群关联度与城市群基础设施建设的关系进行计量分析。用比较劳动生产率、产业结构偏离度、偏离—份额分析 3 种方法对西部中心城市产业结构优化、升级的效益进行分析，计算不同的产业生态位，探讨西部中心城市城区产业空间重构的战略选择。通过建立西部中心城市职能评价指标体系，对西部城市群中 11 个中心城市进行西部中心城市职能评价，并运用空间表达和空间插值方法研究时空演化规律，通过计量模型探讨其与区域发展之间的关系。运用因子分析法，构建综合评价西部四种类型城市群产业布局合理化水平的评价体系，运用相关性分析法分别对影响西部四种类型城市群产业布局合理化程度的主要因素进行分析。基于社会网络分析，从网络密度、中心势等角度对西部四种类型的城市群人口网络的演变进行研究，利用面板数据和动态面板模型的系统 GMM 估计方法，基于西部城市群和城市规模考察中心城市社会服务质量对人口流动的影响。基于西部四种类型城市群流动人口动态监测数据，详细分析当前西部中心城市流动人口的社会保障现状及影响因素，运用统计数据和 GIS 空间分析方法，采用多种模型分别对西部四种类型下各城市群人口规模与增长、人口空间分布特征进行分析，在人口预测与适宜性评价的基础上优化和调控西部城市群人口结构空间布局。通过构建地理加权回归模型和多元回归模型模拟 $GDP_1$ 和 $GDP_{23}$，对中国城市群经济空间格局进行精细化分析。采用空间研究方法研究各城市群基础设施的空间聚集程度、空间结构类型和空间分布特征，并运用地理探测器分析基础设施的空间分异性。

（5）政策系统设计法。运用政策系统分析法，基于基础设施协调、产业布局协调以及社会发展协调三个维度，分析政府和市场因素下，有侧重地进行"四种类型"城市群空间构型下的我国西部中心城市和城市群高质量协调发展的实现路径，并进行设计分析，以此构建"一个目标—两个循环—三个层级—四个类型"基本架构下新时代我国西部中心城市和城市群高质量协调发展战略的政策支撑机制。

# 第2章 文献研究及相关理论基础

## 2.1 相关研究的文献计量分析

### 2.1.1 中心城市与城市群协调发展研究的文献计量分析

对中心城市与城市群协调发展领域中外文发文量进行统计分析。

首先，进入 WOS（Web of Science）数据库搜集外文研究数据，并使用其中的核心数据库（Web of Science Core Collection）进行检索，以防止检索搜集的 WOS 数据出现字段缺失问题，影响研究结果。检索式表达为：TS =（Urban agglomeration in western China）OR TS =（Urban belt）。语种：English。文献类型：Article。时间跨度为 1992 年 1 月 ~ 2021 年 7 月，检索时间为 2021 年 7 月 22 日；筛选获取的文献，对不相关的文献进行删除，保留有效文献共计 490 篇。接着在 CiteSpace5.7 中导入所得文献数据进行初步检验，作除重处理，最终得到 490 条 WOS 文献数据进行中心城市与城市群协调发展研究。

其次，进入中国知网数据库（CNKI）搜集中文研究数据，主要使用核心期刊及 CSSCI 期刊文献检索类型，检索式表达为：主题 = "西部城市群" OR 主题 = "西部城市" OR 主题 = "中心城市"。时间跨度为 1992 年 1 月 ~ 2021 年 7 月，检索时间为 2021 年 7 月 22 日；文献类型为 "期刊文献"；期刊限定为 "所有期刊"；共检索出文献 614 篇，筛选获取的文献，去除不相关的文献之后，保留有效文献共计 600 篇。接着在 CiteSpace5.7 中导入所得文献数据进行初步检验，软件运行结果良好，不存在数据丢失的现象，最终，进行中心城市与城市群协调发展领域文献计量分析的有效 CNKI 文献数据有 600 条。

将上述中心城市与城市群协调发展领域中的数据导出，按照文献的发文年份和发文数量对其进行信息整合，整合后利用 Excel 对其进行分析，进而得到 1992 年 1 月 ~ 2021 年 7 月的中心城市与城市群协调发展领域内外文文献与中文文献的发文数量的比较图，如图 2 - 1 所示。

中心城市与城市群协调发展领域的发文国家分析。

在文献计量的过程中，对文献国家进行分析，可以帮助学者们更好把握某一领域在国际上较为权威的国家。文献数据经过 CiteSpace5.7 软件处理后得到中心城市与城市群协调发展研究的国家共现网络关键节点，识别出该领域国际影响力较高的国家，一方面为相关学者在该领域研究中提供借鉴和指导，另一方面使学者清晰认识到自己国家在该领域研究中的国际地位，提供其今后的研究重点和指导研究方向。

在 CiteSpace5.7 软件中导入从 WOS 数据库搜集的数据，将节点类型栏设置为 "国家"，首选标准 N 设置为 50，其余设置采用默认值，其后将获取的数据结果整理成 Excel 表格，并提取 "国家" 和 "发文量" 两个字段下的数据，得到不同国家在中心城市与城市群协调发展领域发文排名。由于有较多国家发行文章，本书主要选取发文量 3 篇及 3 篇以上的国家，具体结果见图 2 - 2。从图中可以观察到，发达国家占据发文量排名前十国家的大部分。其中，中国在总发文量中存在 303

篇，居于第一位；美国在总发文量中存在 62 篇，居于第二位；英国在总发文量中存在 38 篇，居于第三位。

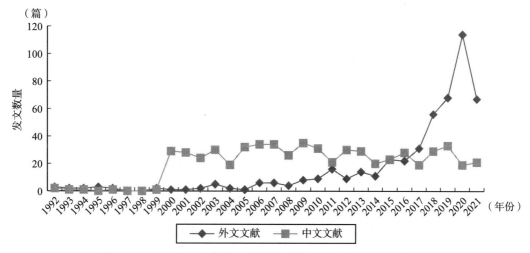

图 2 - 1　1992 ~ 2021 年中心城市与城市群协调发展领域文献分布

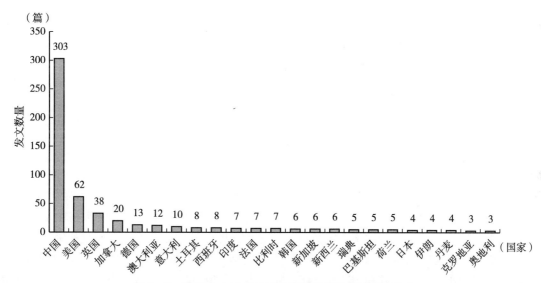

图 2 - 2　国际中心城市与城市群协调发展领域国家分布

在 CiteSpace5.7 软件中导入从 WOS 数据库搜集的数据，将节点类型栏设置为"国家"，首选标准 N 设置为 50，其余设置采用默认值，通过对其进行可视化分析，得到中心城市与城市群协调发展的国家知识图谱，如图 2 - 3 所示。

由图 2 - 3 可知，在中心城市与城市群协调发展的领域，中国处于核心地位，并且美国、英国、加拿大、德国、澳大利亚等国家与中国存在紧密的合作关系，由此研究认为，我国在中心城市与城市群协调发展领域中地位相对较高。

一般认为，经过 CiteSpace5.7 软件处理得到的数据结果，中心度数值越大代表着该节点的关键性越高，相反，中心度数值越小则代表着该节点的关键性越低，基于此，研究通过分析各个国家有关中心城市与城市群协调发展的发文中心性，获取不同国家在各个节点的关键性，用来评判两个国家之间合作关系的紧密程度。按照中心度大于 0.1 则视为关键节点的标准，得到外文中心城市与城市群协调发展领域的国家共现网络的关键节点，见表 2 - 1。

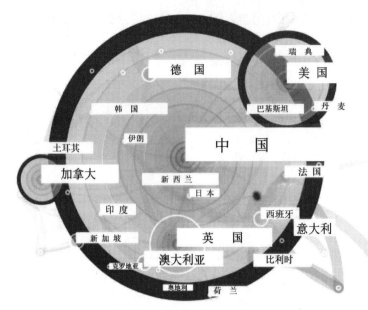

图 2 - 3　中心城市与城市群协调发展领域的国家共现图

表 2 - 1　　　　　　　　　　中心城市与城市群协调发展领域国家共现网络关键节点

| 频次 | 中心度 | 首次发表年份 | 国家 |
|---|---|---|---|
| 303 | 0.92 | 2002 | 中国 |
| 10 | 0.23 | 2008 | 意大利 |
| 62 | 0.21 | 1992 | 美国 |
| 20 | 0.14 | 2011 | 加拿大 |
| 5 | 0.11 | 2009 | 英国 |

　　由表 2 - 1 可以看出，在中心城市与城市群协调发展的研究中，只有 5 个国家的中心度大于 0.1，分别为中国、意大利、美国、加拿大、英国。因此，这 5 个国家在中心城市与城市群协调发展领域处于不同国家合作关系的网络关键节点。从这 5 个国家的数据来看，美国是研究该领域最早的国家，发文量居于总排名中的第二位，由此可见，美国在早期就已经重视中心城市与城市群的发展。除此之外，中国在该领域存在 303 篇文献，中心度高达 0.92，远远超过 0.1，表示中国研究中心城市与城市群协调发展领域已经趋于成熟，且在国际上具有的影响力和权威性较高。

　　中心城市与城市群协调发展领域的研究团体分析。

　　对中心城市与城市群协调发展领域的团队分析主要从作者和研究团队两个方面展开。一是外文文献方面，使用 CiteSpace5.7 软件对其进行共被引分析，其中，研究机构分析主要利用该软件进行合作网络分析；二是中文文献方面，主要通过合作网络分析数据。

　　首先，对中心城市与城市群协调发展领域外文文献的作者团队和机构进行分析。

　　关于中心城市与城市群协调发展领域外文文献的作者分析，在 CiteSpace5.7 软件中导入从 WOS 数据库搜集的数据，将节点类型栏设置为"引用作者"，首选标准 N 设置为 30。通过对图像进行修剪设置，以保证 CiteSpace5.7 软件运行后提取的图像较为简洁易读，故选中修剪栏下的"核心期刊"以及"修剪片状网"，其余设置采用默认值，通过对其进行可视化分析，得到中心城市与城市群协调发展领域外文文献作者共被引可视图，见图 2 - 4。

　　由图 2 - 4 可以看出，中心城市与城市群协调发展领域的作者中，共被引频次在国际上较高的作者主要为方创琳、刘勇、卢克·安塞林、龙华楼、李红、李阳、怀特汉德七人。导出 CiteSpace5.7 软件运行后的数据结果，在 Excel 表格中整理出中心城市与城市群协调发展领域外文作者共被引频次排名表，由于在 WOS 数据库中获取的数据量较大，而且在该领域中被引频次较高的作者一定程度上国际地位较高，因此，在表 2 - 2 中主要展示了被引频次较高的前三名作者。

由表 2 - 2 可以看出，在中心城市与城市群协调发展领域中，方创琳是被引频次最高的作者，其被引频次为 50 次，方创琳在过去 30 年内，被引频次最高的论文为《环渤海城市群 PM2.5 时空特征及影响因素分析》，探讨了城市群环境问题及污染物时空特征。刘勇是被引频次排名第二的作者，其被引频次为 42 次，刘勇在过去 30 年内，被引频次最高的论文为《基于单、多维组合测度的长江沿岸大城市扩张》。卢克·安塞林是被引频次排名第三的作者，其被引频次为 33 次，卢克·安塞林在过去 30 年内，被引频次最高的论文为《大学研究与高科技创新之间的地方地理溢出效应》。

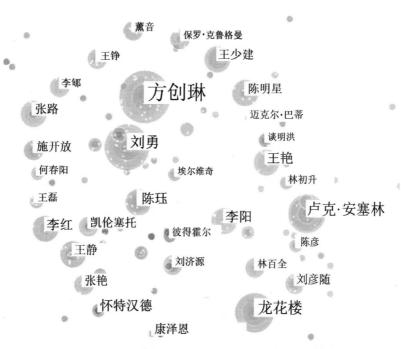

图 2 - 4　中心城市与城市群协调发展领域外文文献作者共被引可视图

表 2 - 2　　　　中心城市与城市群协调发展领域外文文献作者被引频次排名（前三）

| 作者 | 被引频次 | 被引频次最高的论文 |
| --- | --- | --- |
| 方创琳 | 50 | 《环渤海城市群 PM2.5 时空特征及影响因素分析》 |
| 刘勇 | 42 | 《基于单、多维组合测度的长江沿岸大城市扩张》 |
| 卢克·安塞林 | 33 | 《大学研究与高科技创新之间的地方地理溢出效应》 |

通过分析各个国家有关中心城市与城市群协调发展的作者共被引中心性，获取不同国家在各个节点的关键性，按照中心度大于 0.1 则视为关键节点的标准，得到中心城市与城市群协调发展领域外文文献的作者共被引网络的关键节点，见表 2 - 3。

表 2 - 3　　　　中心城市与城市群协调发展领域外文文献作者共被引网络关键节点

| 作者 | 被引频次 | 中心度 | 首次出现年份 |
| --- | --- | --- | --- |
| 马可·阿马蒂 | 11 | 0.35 | 2007 |
| 美国人口调查局 | 4 | 0.18 | 1992 |
| 彼得霍尔 | 16 | 0.10 | 1992 |

续表

| 作者 | 被引频次 | 中心度 | 首次出现年份 |
|---|---|---|---|
| 马克·安特罗普 | 4 | 0.10 | 2012 |
| 菲尔·奥尔门丁格 | 3 | 0.10 | 2007 |

　　由表 2 - 3 可以看出，马可·阿马蒂、美国人口调查局、彼得霍尔、马克·安特罗普、菲尔·奥尔门丁格与其他作者之间的关联度较高，由此产生了以这些作者为中心的多个学术研究联盟。基于以上分析，研究判断马可·阿马蒂、美国人口调查局、彼得霍尔、马克·安特罗普、菲尔·奥尔门丁格在中心城市与城市群协调发展领域中具有较高的权威性。

　　关于中心城市与城市群协调发展领域外文文献的研究机构团队分析，在 CiteSpace5.7 软件中导入从 WOS 数据库搜集的数据，将节点类型栏设置为"机构"，首选标准 N 设置为 30，其余设置采用默认值，通过对其进行可视化分析，得到中心城市与城市群协调发展领域外文文献的研究机构合作可视图，如图 2 - 5 所示。

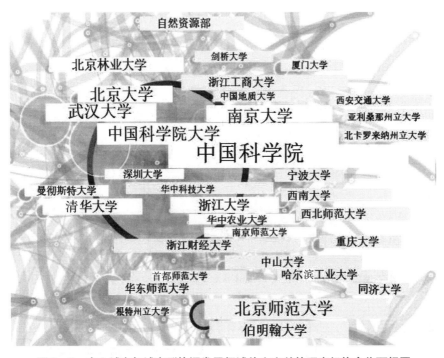

图 2 - 5　中心城市与城市群协调发展领域外文文献的研究机构合作可视图

　　由图 2 - 5 可以看出，中国科学院的发文量最高，排列第一。总的来说，各个机构之间的连线有 574 条，节点（节点代表发文机构）有 424 个，贡献网络密度为 0.0064，说明国际上对中心城市与城市群协调发展研究过程中，不同机构之间形成了较小的合作范围，合作力度较弱，所以不同机构之间需要加大合作交流，建立良好的机构合作机制，一起为研究中心城市与城市群协调发展作出贡献。

　　由表 2 - 4 可以看出，发文量较高的机构主要包括中国科学院、中国科学院大学、南京大学、北京师范大学、武汉大学、华东师范大学、北京大学、中山大学、浙江大学、伯明翰大学等十所高校。基于研究机构性质的角度展开分析，高校占据发文量的大部分，总体来讲，机构类型极其单一。由此可以看出，发文量较高的十所机构中，中国研究机构较多，说明我国在中心城市与城市群协调发展领域具有一定的权威性和代表性，且在中心城市与城市群协调发展领域具有较高的国际影响力。

表 2 - 4　　　　　　中心城市与城市群协调发展领域外文文献的发文量较高的机构（前十）

| 发文量（篇） | 机构名称 | 机构性质 | 地区 |
| --- | --- | --- | --- |
| 72 | 中国科学院 | 机构 | 中国 |
| 27 | 中国科学院大学 | 高校 | 中国 |
| 24 | 南京大学 | 高校 | 中国 |
| 18 | 北京师范大学 | 高校 | 中国 |
| 18 | 武汉大学 | 高校 | 中国 |
| 13 | 华东师范大学 | 高校 | 中国 |
| 12 | 北京大学 | 高校 | 中国 |
| 10 | 中山大学 | 高校 | 中国 |
| 10 | 浙江大学 | 高校 | 中国 |
| 10 | 伯明翰大学 | 高校 | 英国 |

其次，中心城市与城市群协调发展领域中文文献的作者和研究团队分析。

关于中心城市与城市群协调发展领域中文文献的作者分析，在 CiteSpace5.7 软件中导入从中国知网数据库搜集的数据，将节点类型栏设置为"作者"，首选标准 N 设置为 30。通过对图像进行修剪设置，以保证 CiteSpace5.7 软件运行后提取的图像较为简洁易读，故选中修剪栏下的"核心期刊"以及"修剪片状网"，其余设置采用默认值，并通过对其进行可视化分析，得到中心城市与城市群协调发展领域中文文献的作者合作可视图，见图 2 - 6。

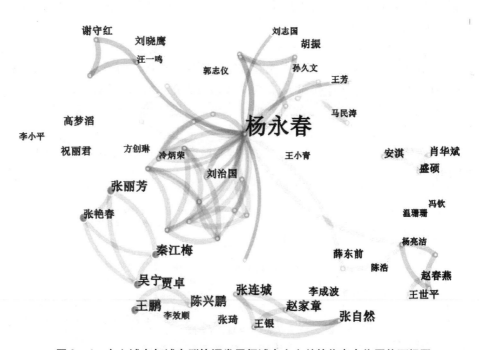

图 2 - 6　中心城市与城市群协调发展领域中文文献的作者合作网络可视图

由图 2 - 6 可以看出，发文量最高的作者是杨永春。总的来看，各个作者之间存在 1197 条连线，存在 1129 个节点（节点即作者），贡献网络密度为 0.0019，表示国内关于中心城市与城市群协调发展的研究尚不成熟，但各个作者之间具有一定的合作联系，整体上正逐步形成科研合作团队。从 CiteSpace5.7 软件中导出所得数据，整理得到发文量较高的作者，如表 2 - 5 所示。

表 2 - 5　　　　　中心城市与城市群协调发展领域中文文献高发文量作者（前十）

| 作者 | 发文量（篇） | 单位 |
|---|---|---|
| 杨永春 | 21 | 兰州大学 |
| 王鹏 | 5 | 兰州大学 |
| 赵家章 | 4 | 首都经济贸易大学 |
| 秦江梅 | 4 | 中国卫生部医药卫生科技发展研究中心 |
| 张丽芳 | 4 | 中国卫生部医药卫生科技发展研究中心 |
| 张自然 | 4 | 中国社会科学院经济研究所 |
| 张连城 | 4 | 首都经济贸易大学 |
| 陈兴鹏 | 4 | 兰州大学 |
| 贾卓 | 4 | 兰州大学 |
| 吴宁 | 4 | 中国卫生部医药卫生科技发展研究中心 |

由表 2 - 5 可知，国内对中心城市与城市群协调发展领域较为重要的学者有杨永春、王鹏、赵家章、秦江梅、张丽芳、张自然、张连城、陈兴鹏、贾卓、吴宁等人，与国外相比，在中心城市与城市群协调发展领域存在较高的发文量，代表着中国在该领域研究中相对比较成熟，因此，研究中心城市与城市群协调发展时，以上学者的文章可以重点借鉴参考。

关于中心城市与城市群协调发展领域的团队分析，在 CiteSpace5.7 软件中导入从中国知网搜集的数据，将节点类型栏设置为"机构"，首选标准 N 设置为 30。通过对图像进行修剪设置，以保证 CiteSpace5.7 软件运行后提取的图像较为简洁易读，故选中修剪栏下的"核心期刊"以及"修剪片状网"，其余设置采用默认值，通过对其进行可视化分析，得到中心城市与城市群协调发展领域中文文献的研究机构可视图，如图 2 - 7 所示。

由图 2 - 7 可以看出，发文量最高的机构是兰州大学资源环境学院，且与西北师范大学地理与环境科学学院、兰州大学西部环境教育重点实验室等多所研究机构交流合作紧密。总的来说，各个研究机构之间存在 250 条连线，存在 627 个节点（节点即研究机构），贡献网络密度为 0.0013，表示国内研究中心城市与城市群协调发展的研究机构之间存在较好的交流，联系紧密，不过不同机构之间仍需继续加强机构交流群体的建立。

将 CiteSpace5.7 软件中运行的数据导出，得到中心城市与城市群协调发展领域中文文献发文量排名前十的机构，如表 2 - 6 所示。

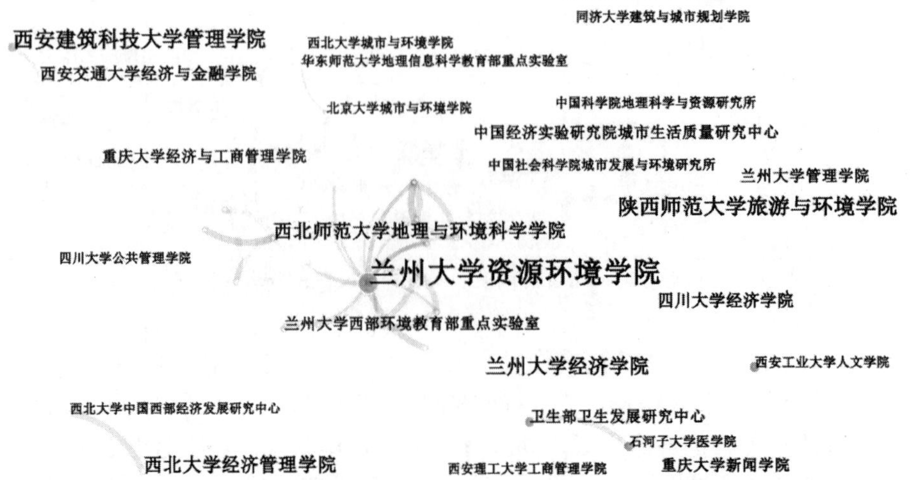

图 2 - 7　中心城市与城市群协调发展领域中文文献的机构合作可视图

表 2 - 6                                   中心城市与城市群协调发展领域中文文献的发文机构

| 发文量（篇） | 机构名称 | 机构性质 | 地区 |
| --- | --- | --- | --- |
| 21 | 兰州大学资源环境学院 | 高校 | 西北地区 |
| 9 | 西安建筑科技大学管理学院 | 高校 | 西北地区 |
| 9 | 陕西师范大学旅游与环境学院 | 高校 | 西北地区 |
| 7 | 兰州大学经济学院 | 高校 | 西北地区 |
| 6 | 西北大学经济管理学院 | 高校 | 西北地区 |
| 6 | 西北师范大学地理与环境科学学院 | 高校 | 西北地区 |
| 5 | 西安交通大学经济与金融学院 | 高校 | 西北地区 |
| 5 | 四川大学经济学院 | 高校 | 西南地区 |
| 4 | 重庆大学新闻学院 | 高校 | 西南地区 |
| 4 | 中国经济实验研究院城市生活质量研究中心 | 研究机构 | 华北地区 |
| 4 | 卫生部卫生发展研究中心 | 研究机构 | 华北地区 |
| 4 | 兰州大学西部环境教育部重点实验室 | 研究机构 | 西北地区 |
| 4 | 重庆大学经济与工商管理学院 | 高校 | 西南地区 |
| 4 | 兰州大学管理学院 | 高校 | 西北地区 |

由表 2 - 6 可以看出，发文量排名前三的研究机构主要包括陕西师范大学旅游与环境学院、兰州大学经济学院、西北大学经济管理学院（并列第二）、西北师范大学地理与环境科学学院。基于研究机构类型的角度展开分析，中文中心城市与城市群协调发展领域发文量排名前十位的机构，研究机构存在 3 所，高校存在 11 所，总体来说机构类型较为单一。因此，本书认为，研究机构和高校都是中心城市与城市群协调发展的研究主力，但高校相对更多一些。基于研究机构地域的角度展开分析，西北、西南、华北等地区是研究中心城市与城市群协调发展的中文研究机构的主要分布地，其他地区如华东、华中、华南等的研究机构关于中心城市与城市群协调发展的研究则相对较少。

对中心城市与城市群协调发展领域的权威期刊进行分析。分析中心城市与城市群协调发展的期刊分布，有利于相关学者准确识别和把握该领域中的权威期刊，从而对文献进行针对性的检索，不仅提高了检索效率，而且提升了检索文献的质量。在分析各个期刊时主要采用分析期刊共被引方式，同时分析中心城市与城市群协调发展领域共被引的中心度。通过分析期刊的转载量，探析各个期刊在中心城市与城市群协调发展领域的传输能力和信息储备能力。

首先，对中心城市与城市群协调发展领域的外文期刊进行分析。

本书在 CiteSpace5.7 软件中导入从 WOS 数据库搜集的数据，将节点类型栏设置为"引用期刊"，首选类型 N 设置为 30。通过对图像进行修剪设置，以保证 CiteSpace5.7 软件运行后提取的图像较为简洁易读，故选中修剪栏下的"核心期刊"以及"修剪片状网"，其余设置采用默认值，通过对其进行可视化分析，得到中心城市与城市群协调发展领域外文期刊共被引可视图，如图 2 - 8 所示。

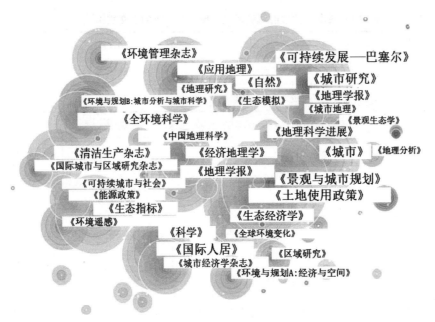

**图 2 - 8　中心城市与城市群协调发展领域外文期刊共被引可视图**

由图 2 - 8 可以看出，外文文献中有关中心城市与城市群协调发展的研究，主要集中在《景观与城市规划》（*Landscape and Urban Planning*）、《土地使用政策》（*Land Use Policy*）、《可持续发展——巴塞尔》（*Sustainability—Basel*）、《城市》（*Cities*）、《城市研究》（*Urban Studies*）、《国际人居》（*Habitat Int*）、《全环境科学》（*Science of the Total Environment*）、《清洁生产杂志》（*Journal of Cleaner Production*）、《生态指标》（*Ecological Indicators*）、《应用地理》（*Applied Geography*）、《地理学报》（*Journal of Geographical Sciences*）等 11 本期刊。其中，《景观与城市规划》《土地使用政策》两本期刊的引用频次明显高于其他期刊的引用频次，《景观与城市规划》主要刊发城市规划、城市景观、城市生态、城乡规划、地球科学、地理学、景观地理学、工程与材料、建筑环境与结构工程等方面的论文研究。根据 2015 年的期刊引证报告可知，该期刊 2015 年的影响因子为 3.037，在 46 种 SCI 期刊地球物理学（GEOGRAPHY，PHYSICAL）中排名第 10 名；《土地使用政策》主要刊发城市和农村土地利用的社会、经济、政治、法律、物理和规划等方面的论文研究，根据 2015 年的期刊引证报告可知，该期刊 2015 年的影响因子为 2.631，在 100 种 SSCI 期刊环境科学（Environmental Studies）期刊中排名第 10。

通过分析中心城市与城市群协调发展领域的期刊共被引中心性，获取不同国家在各个节点的关键性，按照中心度大于 0.1 则视为关键节点的标准，关键节点提取结果见表 2 - 7，得到中心城市与城市群协调发展领域的外文期刊共被引网络关键节点。

表 2 - 7　　　　　　　中心城市与城市群协调发展领域外文期刊共被引网络关键节点

| 被引频次 | 中心度 | 首次出现年份 | 期刊名称 |
| --- | --- | --- | --- |
| 24 | 0.41 | 1992 | 《美国地理学家联合会会刊》 |
| 50 | 0.32 | 1999 | 《国际城市与区域研究杂志》 |
| 75 | 0.16 | 1992 | 《环境与规划 A：经济与空间》 |
| 24 | 0.13 | 1992 | 《美国规划协会杂志》 |
| 5 | 0.12 | 1992 | 《美国社会学杂志》 |
| 135 | 0.11 | 1999 | 《城市》 |
| 55 | 0.1 | 1999 | 《区域研究》 |
| 8 | 0.1 | 2005 | 《农业、生态系统与环境》 |

由表 2 - 7 可以看出，《美国地理学家联合会会刊》《国际城市与区域研究杂志》《环境与规划
A：经济与空间》《美国规划协会杂志》4 本期刊的被引频次和中心度均较高，表明在中心城市与
城市群协调发展领域中，《美国地理学家联合会会刊》《国际城市与区域研究杂志》《环境与规划
A：经济与空间》《美国规划协会杂志》这 4 本期刊具有较高论文质量，权威性和知名度也相对较
高，是研究该领域需要重点参考的期刊。因此，本书认为《美国地理学家联合会会刊》《国际城市
与区域研究杂志》《环境与规划 A：经济与空间》《美国规划协会杂志》这 4 本期刊在中心城市与
城市群协调发展领域具备较高的国际地位，总体处于核心地位。

从发文集中度方面来看，在 CiteSpace5. 7 软件中导入从 WOS 数据库搜集的数据，将节点类型
栏设置为"来源"，首选标准 N 设置为 30，其余设置采用默认值。在 Excel 中导入运行结果并对期
刊名称进行计数，进而得到 1992 ~ 2021 年中心城市与城市群协调发展外文文献期刊分布，在表
2 - 8 中展示了外文发文量排名前十的期刊分布。

表 2 - 8　　　　　　　　1992 ~ 2021 年中心城市与城市群协调发展领域外文文献期刊分布（前十）

| 期刊名称（简称） | 发文量（篇） | 占比（%） |
| --- | --- | --- |
| 《城市结构》 | 9 | 1. 84 |
| 《景观与城市规划》 | 9 | 1. 84 |
| 《地理学报》 | 9 | 1. 84 |
| 《城市》 | 9 | 1. 84 |
| 《可持续发展》 | 8 | 1. 63 |
| 《中国地理科学》 | 8 | 1. 63 |
| 《土地使用政策》 | 7 | 1. 43 |
| 《城市规划与发展杂志》 | 6 | 1. 22 |
| 《清洁生产杂志》 | 5 | 1. 02 |
| 《应用地理》 | 4 | 0. 82 |
| 《城市地理》 | 4 | 0. 82 |
| 《公共科学图书馆·综合》 | 4 | 0. 82 |
| 《国际环境研究与公共健康期刊》 | 4 | 0. 82 |
| 《环境科学与污染研究》 | 4 | 0. 82 |
| 《交通地理杂志》 | 4 | 0. 82 |

由表 2 - 8 可以看出，统计中心城市与城市群协调发展领域的期刊发文量，排名居于前十的期
刊共计发文 94 篇，约占据总发文量的 19. 21%，并未表现出显著高于其他期刊的趋势，表示在中
心城市与城市群协调发展领域中各个期刊发文量较为均匀，暂未出现代表性期刊和形成较为稳定的
期刊群。总体来看，通过分析发文量排名前十的期刊发现，不同期刊之间的被引频次差别不大，因
此，基于发文量的角度展开分析，得出在中心城市与城市群协调发展领域中，还未形成具有较高权
威性的载文期刊。

其次，对中心城市与城市群协调发展领域中文文献的期刊进行分析。

由于通过中国知网中导出的论文文献数据，缺少"参考文献"字段，无法通过 CiteSpace 软件
对中国知网导出的论文文献数据进行共被引分析，因此，对于中心城市与城市群协调发展领域中文
文献的期刊分析，将从该领域期刊的发文量以及学科研究层次展开研究。

在 CiteSpace5. 7 软件中导入从中国知网数据库搜集的数据，将节点类型栏设置为"来源"，首
选标准 N 设置为 30。本书通过对图像进行修剪设置，以保证 CiteSpace5. 7 软件运行后提取的图像

较为简洁易读，故选中修剪栏下的"核心期刊"以及"修剪片状网"，其余设置采用默认值，在 Excel 中导入运行结果并对期刊名称进行计数，进而得到 1992~2021 年中心城市与城市群协调发展中文文献的期刊分布，在表 2-9 中展示了中文发文量排名前十的期刊分布。

表 2-9　　　　1992~2021 年中心城市与城市群协调发展领域中文文献期刊分布（前十）

| 期刊名称（简称） | 发文量（篇） | 占比（%） |
| --- | --- | --- |
| 《城市问题》 | 10 | 1.67 |
| 《干旱区资源与环境》 | 10 | 1.67 |
| 《经济地理》 | 10 | 1.67 |
| 《中国人口·资源与环境》 | 8 | 1.33 |
| 《人文地理》 | 8 | 1.33 |
| 《城市发展研究》 | 8 | 1.33 |
| 《城市规划》 | 8 | 1.33 |
| 《商业时代》 | 8 | 1.33 |
| 《经济体制改革》 | 7 | 1.17 |
| 《西北大学学报（自然科学版）》 | 7 | 1.17 |
| 《干旱区地理》 | 7 | 1.17 |

由表 2-9 可以看出，统计中心城市与城市群协调发展领域的期刊发文量，排名居于前十的期刊共计发文 91 篇，约占据总发文量的 15.17%，并未表现出显著高于其他期刊的趋势，表示在中心城市与城市群协调发展领域中各个期刊发文量较为均匀，暂未出现代表性期刊和形成较为稳定的期刊群。总体来看，通过分析发文量排名前十的期刊发现，不同期刊之间的被引频次差别不大，因此，基于发文量的角度展开分析，得出在中心城市与城市群协调发展领域的中文文献中，还未形成具有较高权威性的载文期刊。

将发文量排名前十的期刊导入 CiteSpace 中，检索出期刊的研究层次并对其进行分类，最终得到中心城市与城市群协调发展领域中权威性较高的期刊文献的研究层次，以便后续为不同类型期刊的深入研究和文献筛选提供独特见解，给予指导性建议，详细结果见表 2-10。

由表 2-10 可以看出，国内中心城市与城市群协调发展研究主要分布在基础研究（社科），其中，基础研究（社科）方面包括《城市问题》《干旱区资源与环境》《经济地理》《中国人口·资源与环境》《人文地理》《城市发展研究》《西北大学学报（自然科学版）》《干旱区地理》等期刊，因此，在进行中文中心城市与城市群协调发展的社会科学基础研究时，着重借鉴以上期刊所发的文献。行业指导（社科）方面包括《城市规划》《商业时代》等期刊，因此，在进行中文中心城市与城市群协调发展的行业规划指导研究时，着重借鉴以上期刊所发的文献。政策研究（社科）方面包括《经济体制改革》期刊，因此，在进行中文中心城市与城市群协调发展的政策研究时，着重借鉴以上期刊所发的文献。

表 2-10　　　　中心城市与城市群协调发展领域中文文献的核心期刊研究层次

| 研究层次 | 期刊名称 |
| --- | --- |
| 基础研究（社科） | 《城市问题》《干旱区资源与环境》《经济地理》《中国人口·资源与环境》《人文地理》《城市发展研究》《西北大学学报（自然科学版）》《干旱区地理》 |
| 政策研究（社科） | 《经济体制改革》 |
| 行业指导（社科） | 《城市规划》《商业时代》 |

　　通过对中、外文期刊的分析可知，在研究关于外文中心城市与城市群领域时，可以重点参考《城市结构》《景观与城市规划》《地理学报》《城市》等期刊所刊发的文章，中文期刊可重点参考《城市问题》《干旱区资源与环境》《经济地理》等期刊所刊发的文章。

　　对中心城市与城市群协调发展领域的重要研究成果进行分析。

　　通过分析中心城市与城市群协调发展领域的热点，能够较为直观地反映出中心城市与城市群协调发展领域的前沿问题和研究热点，从而精准把握这一领域的研究重点和难点，并填补目前在中心城市与城市群协调发展领域的学术空白，为后人研究奠定基础，同时为其今后的研究方向提供指导意见。

　　首先，对中心城市与城市群协调发展领域的外文重要文献进行分析，具体如下。

　　在 CiteSpace5.7 软件中导入从 WOS 数据库搜集的数据，节点类型栏选择“关键词”，首选标准 N 设置为 30，时间切片选择 2。其余设置采用默认值，经过可视化分析处理，得到中心城市与城市群协调发展领域的外文文献共被引运行图，并在运行图中选择“时间轴”的显示方式，如图 2-9 所示。

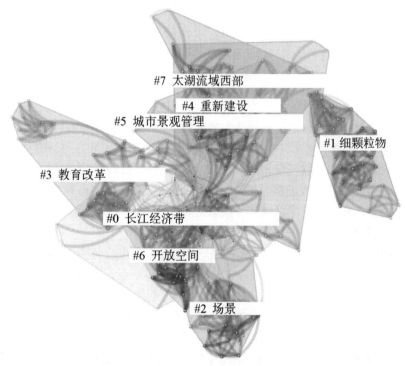

**图 2-9　中心城市与城市群协调发展领域外文文献共被引可视化鱼眼图**

　　由图 2-9 可以看出，中心城市与城市群协调发展领域共具有 8 个类别的外文高频关键词聚类，分别为长江经济带（Yangtze river economic belt）、细颗粒物（PM 2.5）、场景（scenarios）、教育改革（educational reform）、重新建设（redevelopment）、城市景观管理（urban landscape management）、开放空间（open space）、太湖流域西部（Western Taihu Lake watershed）。中心城市与城市群协调发展领域的研究热点主要由这 8 个类别表示。

　　通过分析中心城市与城市群协调发展的文献被引网络节点的中心性，获取不同国家在各个节点的关键性，按照中心度大于 0.1 则视为关键节点的标准，提取关键节点，未发现外文中心城市与城市群协调发展领域的文献被引网络的关键节点。基于此，本书认为，在中心城市与城市群协调发展领域中并未具有较高权威性的文献。

　　其次，对中心城市与城市群协调发展领域的重要中文文献进行分析，具体如下。

　　由于从中国知网中导出的文献数据信息有残缺，无法使用 CiteSpace 软件对其进行共被引分析，因此，在导出的中文领域中，对关于中心城市与城市群协调发展被引频次数据进行分析处理，被引频次排名前十的文献如表 2 – 11 所示。

表 2 – 11　　　　　　　　中心城市与城市群协调发展领域研究核心中文文献

| 排名 | 被引频次 | 作者 | 题目 |
|---|---|---|---|
| 1 | 192 | 张米尔 | 西部资源型城市的产业转型研究 |
| 2 | 140 | 贺爱忠、李韬武、盖延涛 | 城市居民低碳利益关注和低碳责任意识对低碳消费的影响——基于多群组结构方程模型的东、中、西部差异分析 |
| 3 | 93 | 马丽君、孙根年 | 中国西部热点城市旅游气候舒适度 |
| 4 | 89 | 王猛、王有鑫 | 城市文化产业集聚的影响因素研究——来自 35 个大中城市的证据 |
| 5 | 82 | 于斌斌、杨宏翔、金刚 | 产业集聚能提高地区经济效率吗？——基于中国城市数据的空间计量分析 |
| 6 | 77 | 李同升、程叶青 | 我国西部地区大中城市投资环境评价与分析 |
| 7 | 73 | 樊敏 | 中国城市群物流产业效率分析及发展策略研究——基于产业运作及联动发展视角 |
| 8 | 69 | 高梦滔、张颖 | 教育收益率、行业与工资的性别差异：基于西部三个城市的经验研究 |
| 9 | 67 | 许抄军、罗能生 | 中国的城市化与人口迁移——2000 年以来的实证研究 |
| 10 | 67 | 杨永春 | 中国西部河谷型城市的形成与发展 |

由表 2 – 11 可知，被引频次排名第一的是张米尔于 2001 年 8 月 21 日在《中国软科学》上发表的《西部资源型城市的产业转型研究》，被引频次为 192。被引频次排名第二的是贺爱忠、李韬武和盖延涛于 2011 年 8 月 28 日在《中国软科学上》发表的《城市居民低碳利益关注和低碳责任意识对低碳消费的影响——基于多群组结构方程模型的东、中、西部差异分析》。被引频次排名第三的是马丽君和孙根年于 2009 年 9 月 15 日在《干旱区地理》发表的《中国西部热点城市旅游气候舒适度》。

对中心城市与城市群协调发展领域的前沿热点进行分析。

通过对中心城市与城市群协调发展领域中的关键词分析和突变分析，可以直观地反映出该领域的研究热点和前沿，进而准确把握该领域的学术研究重点和难点，更加清晰地发现该领域的学术空白，为准确选择学术研究方向提供指导。

首先对中心城市与城市群保护领域研究热点进行分析。在 CiteSpace5. 7 软件中导入从 WOS 数据库搜集的数据，将节点类型栏设置为"关键词"，首选标准 N 设置为 30。通过对图像进行修剪设置，以保证 CiteSpace5. 7 软件运行后提取的图像较为简洁易读，故选中修剪栏下的"核心期刊"以及"修剪片状网"，其余设置采用默认值，通过对其进行可视化分析，得到中心城市与城市群保护领域外文文献关键词共现图后，选择"时间线显示"，采用关键词聚类，选择"LLR 对数极大近似率"（Log – Likeli-hood Ratio），在对图像进行调整后得到中心城市与城市群协调发展领域热点图，如图 2 – 10 所示。

由图 2 – 10 可以看出，中心城市与城市群协调发展领域外文文献共具有 9 个类别的高频关键词聚类，分别为政策（policy）、城市扩张（urban sprawl）、城市集聚（urban agglomeration）、绿色基础设施（green infrastructure）、生态基础设施（ecological infrastructure）、城市绿化带（green belt）、城市农业（urban agriculture）、边缘带（fringe belt）、城市形态（urban morphology）。中心城市与城市群协调发展领域外文文献的研究热点主要由这 9 个类别表示。根据软件运行得出的聚类视图，按照时间顺序梳理各个关键词，在此基础上提取有效关键词，最终在表 2 – 12 中列举出中心城市与城市群协调发展领域外文文献的热点脉络。

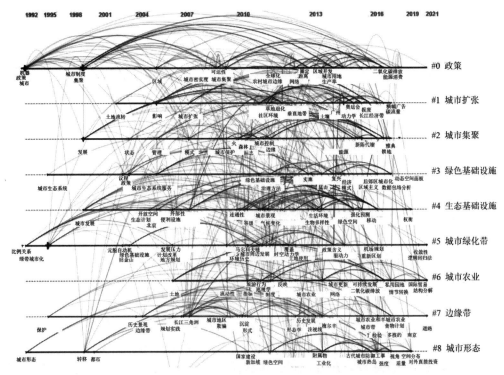

图 2 - 10　中心城市与城市群协调发展领域中文文献研究热点图

表 2 - 12　　　　　　　　　中心城市与城市群协调发展领域外文文献的热点脉络

| 年份 | 关键词 |
|---|---|
| 1992 | 城市、政策、绿化带、城市发展、城市形态 |
| 1995 | 城市化、生态、保护、城市生态系统 |
| 1999 | 中国、增长、集聚、迁移、城市增长、再开发、规划、城市地理 |
| 2000 | 趋势、汽油消费、都市 |
| 2002 | 吉林省、土地流转 |
| 2003 | 城市、政治、国家、议程、元胞自动机模型、绿色基础设施、旧金山 |
| 2004 | 边缘地带 |
| 2005 | 影响、面积、生态系统服务、管理、价值、北京、景观生态、开放空间、生态规划 |
| 2006 | 土地、空间、上海、城市形态、锈带、设计、创新、规划实践 |
| 2007 | 模式、土地利用、城市蔓延、城市热岛、城市规划、长江三角洲、框架、香港、热岛 |
| 2008 | 区域政策 |
| 2009 | 模型、蔓延、移民、可达性、评估方法、出行、风险因素、流动性、城市保护 |
| 2010 | 指标、指数、形态、城市面积、规模、森林、气温、模拟、降水、破碎、土耳其、火灾、连通性 |
| 2011 | 系统、可持续性、环境、土地利用变化、区域、治理、经济增长、转型、景观格局、元胞自动机、地理学、绿地、遥感、食品、建筑环境、信息、多样性、边缘化、农村、退化、景观规划、绿色基础设施、城乡一体化边缘、风险、城市遏制、伦敦、土地利用规划、公共卫生、绿地、空间规划、度量、绿道、马尔可夫链 |
| 2012 | 景观、气候变化、网络、河流、城市景观、形态、萎缩城市、社区、温度、都市区、全球化、后果、三角洲地区、城市区、政治经济、都市农业、改革后的中国、覆盖、时空动态、理性增长 |
| 2013 | 人口、生产力、进化、可持续发展、地带、生物多样性、分解、植被、绿色基础设施、化学成分、固定线、栖息地、季节变化、收入不平等、依附、历史发展、梅尔辛、种族主义、空气质量、大气气溶胶、土壤、城市环境、探索性空间数据分析、距离、工业化、细颗粒物、时空分布 |

| 年份 | 关键词 |
|---|---|
| 2014 | 动力学、扩张、驱动力、决定因素、城市扩张、空气污染、气象侦察战斗机、复兴、区域发展、土地覆盖变化、经济、广州、城市规模分布、污染、颗粒物、可吸入颗粒物、恢复、城市土地 |
| 2015 | 城市群、能源、排放、底特律、时间序列、消费、强度、夜间照明、气候、珠江三角洲、欧洲、承载力、废弃、岛屿、地中海地区、森林覆盖、衰退、流通、美国、新陈代谢 |
| 2016 | 质量、不平等性、前景、长江经济带、基础设施、区位、公共绿地 |
| 2017 | 二氧化碳排放、数据包络分析、空间格局、省份、驱动因素、产业集聚、政策含义、杭州湾、弹性 |
| 2018 | 长江经济带、能源消耗、二氧化碳排放、时空格局、夜间灯光数据、空间关联 |
| 2019 | 分类、运输、水、空间分布、贸易、外国直接投资 |
| 2020 | 效率、趋同、生态效率 |
| 2021 | 财政分权、国家发展计划、景观城市化、逻辑回归、风险评估、道路、应用进程管理器、国际贸易、绩效、熵方法、层次景观法、结构分解分析、站点、时空动态、城市蔓延 |

由表2-12知，2011年关于中心城市与城市群协调发展的研究热点关键词明显增多，代表着中心城市与城市群协调发展正式成为学术界的研究热点，学者们在这一时期主要是研究可持续性、绿色基础设施、经济增长、环境等方面。2013年学者们开始重视人口发展、空间分布、历史发展状况对中心城市与城市群协调发展的影响效应，表示在中心城市与城市群协调发展的领域中，不少学者逐渐将人类生活、产业结构、历史文化发展规划等因素列入中心城市与城市群协调发展的考虑范围；2015年学者们侧重于研究城市集聚、能源、消费、时间序列等方面，研究领域不断向整体城市发展进程与城市之间的合作协调和能源交换方面拓展，这表明学者们已经意识高效调整城市之间资源的重要性，通过促进资源交换，加快地区经济发展步伐，进而推进中心城市与城市群协调发展可持续发展和高质量协调；2018年学者们在重视二氧化碳排放的基础上，更加注重经济带、能源消费等方面的研究；2020年学者们关注于城市发展的效率问题，注重城市的聚集效应，这在一定程度上反映了国际上对中心城市与城市群协调发展的研究已经逐渐趋于成熟。然后，国内针对中心城市与城市群协调发展领域的研究热点分析。

在CiteSpace5.7软件中导入从WOS数据库搜集的数据，将节点类型栏设置为"关键词"，首选标准N设置为20。通过对图像进行修剪设置，以保证CiteSpace5.7软件运行后提取的图像较为简洁易读，故选中修剪栏下的"核心期刊"以及"修剪片状网"，其余设置采用默认值，通过对其进行可视化分析，得到中文中心城市与城市群研究关键词共现图后，选择"时间线显示"，采用关键词聚类，选择"LLR对数极大近似率"（Log-Likeli-hood Ratio），在对图像进行调整后得到中心城市与城市群协调发展领域中文文献热点图，如图2-11所示。

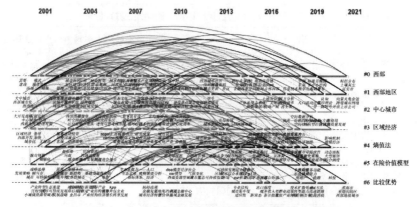

图2-11　中心城市与城市群协调发展领域中文文献热点图

由图 2-11 可以看出，中心城市与城市群协调发展领域共具有 7 个类别的高频关键词聚类，分别为西部、西部地区、中心城市、区域经济、熵值法、在险价值模型、比较优势。中心城市与城市群协调发展领域的研究热点主要由这 7 个类别表示。根据软件运行得出的聚类视图，按照时间顺序梳理各个关键词，在此基础上提取有效关键词，列举出中心城市与城市群协调发展领域中文文献的热点脉络，如表 2-13 所示。

表 2-13 中心城市与城市群协调发展领域中文文献热点脉络

| 年份 | 关键词 |
| --- | --- |
| 1992 | 高科技产业、区域经济结构 |
| 1993 | 城市市区 |
| 1994 | 城市地带 |
| 1996 | 美国城市史 |
| 1999 | 中国西部、河谷型城市、城镇体系 |
| 2000 | 西部地区、西部、城市化、西部大开发、中心城市、城市、西部开发、增长极、东部地区、区域经济、城市经济、发展、东部城市、建设、第三产业、中西部地区、小城镇、东部沿海地区、西部城市化、大开发战略、我国西部地区、区域性中心城市、大中城市、扩散效应、美国、演化、环渤海经济区、城市综合实力、大城市群、马太效应 |
| 2001 | 资源型城市、可持续发展、对策、城镇化、城市发展、城市规模、经济发展、特点、模式、大城市、作用、比较优势、生态建设、产业转型、非均衡战略、非农业人口、制造业 |
| 2002 | 西部城市、中小城市、成都市、矿业城市、城市贫困、原因、城市基础设施、发展战略、省会城市、农民工、反贫困、城市可持续发展、政策选择、房地产业、城市空间结构、城市规模结构、思路 |
| 2003 | 旅游业、信息化、综合评价、城市社区、经济效率、中等城市、社区建设、比较、城市经营、城市群体、城市扩张、复合生态系统、商业银行 |
| 2004 | 城市竞争力、产业结构、区域发展、全民健身、经营城市、县域经济、环境问题、经济转型、重庆 |
| 2005 | 经济增长、西安市、兰州市、因子分析、西安、西部民族地区、主成分分析、西部省会城市、重庆市、竞争力、成都、产业集群、城市人居环境、效率、中国西部地区、中国西部城市 |
| 2006 | 路径选择、民族地区、生态环境、评价、问卷调查、城市居民、天水市、技术创新、转型发展、集聚效应、平凉市、城市台、变化趋势、就业、城市土地、城乡一体化、机制、问题 |
| 2007 | 影响因素、指标体系、发展模式、罗马帝国、循环经济、生态城市、城市形象、出口依存度、资本依存度、生态承载力、供需关系、策略、人口增长、生态足迹、成渝经济区 |
| 2008 | 中国、西部中小城市、产业集群、公共图书馆、集约利用、整合、人口、模糊聚类分析、生态社区、经济、地方志工作、资源整合、城市人口、研讨会、协调发展 |
| 2009 | 城市群、空间结构、风景园林、Malmquist 指数、差异、外商直接投资、产业支撑、产业发展、城市营销、城市品牌、对策建议、文化产业、青少年、城市体系、流行病学、边缘化、乌鲁木齐市、旅游行为 |
| 2010 | 西部资源型城市、西部中心城市、在险价值模型（VAR 模型）、构建、风险评价、形成机制、城市流动人口、面板数据、城市融入 |
| 2011 | 城市电视台、电影业、奥斯卡、数据包络分析、金融增长极、气候变化、空间联系、低碳经济、电影产业、城市流 |
| 2012 | 城市国际化、新生代农民工、西部大城市、全要素生产率、城市生活质量、西部城市家庭 |
| 2013 | 空间分异、耦合协调度、环境、空间计量、专业化、多样化、社区卫生服务、东中西部城市、综合改革、比较研究、社区 |

| 年份 | 关键词 |
|---|---|
| 2014 | 新型城镇化、区域差异、华北西部、空气污染指数（API）、兰白西城市群、入境旅游、通勤时间、通勤空间、气象要素、城市网络、压力－状态－响应指标框架（PSR框架）、公共体育服务体系、大气污染、能源消费 |
| 2015 | 空间格局、景观格局、遥感、新常态、低碳城镇化、西部矿业城市 |
| 2016 | 城市出口、城乡收入差距、城市休闲化、空间溢出效应、土地利用效益、地区差异、吉林西部、泰尔指数、电子银行、城市绿色发展、耦合协调、城市商业银行 |
| 2017 | 区县（市）、幂律分布、创新资源、房价、空间杜宾模型 |
| 2018 | 城市经济韧性、发展路径、碳排放、熵值法 |
| 2019 | 成渝城市群、济南市西部新城、城市老年人、能源、环境库兹涅茨曲线、"一带一路"、核密度分析、经济集聚 |
| 2020 | 对外开放、生态安全、大数据 |
| 2021 | 热环境、高质量发展、高新区、Dagum基尼系数、治理、城市功能区 |

由表2-13可以看出，从2000年开始，关于中心城市与城市群的研究变多，在此之前，中心城市与城市群还未成为国内学术界的研究热点，但在2006年之后，有关中心城市与城市群的中文文献与外文文献数量不相上下，国内关于中心城市与城市群协调发展领域的研究变得相对成熟。2000年及以后，国内针对中心城市与城市群协调发展的研究热点关键词明显增多，并且注重实现"西部大开发"，主要集中在西部地区、城市化、中心城市、区域经济、小城镇、扩散效应、城市综合实力、大城市群、马太效应等方面，说明从2000年起中心城市与城市群已经成为国内学术界的研究热点之一。2002年，在国内中心城市与城市群协调发展领域，主要以省会城市、城市可持续发展、城市规模结构等热点关键词为主，说明此时学者们已经逐渐重视城市整体经济和社会发展的长期可持续推进。2008年，在国内中心城市与城市群协调发展领域，主要以产业集聚、资源整合、城市人口等热点关键词为主，说明学者们侧重于研究城市资源和产业聚集效应对城市长期发展的影响效应。2014年，新型城镇化、区域差异、空气污染指数、能源消费成为国内中心城市与城市群领域的热点关键词，说明学者们逐步发现环境、生态、能源等在中心城市与城市群进程实施过程中的重要影响作用，必须要保证城市的生态健康，倡导低碳经济，推动城市发展必须建立在可持续发展的基础上。2019年，"一带一路"、经济集聚成为国内中心城市与城市群领域的热点关键词，说明学者们注重"一带一路"政策，要在顺应国家持续发展的基础上实现经济集聚，推动地区区域经济协调。2021年，高质量发展、城市功能区成为国内中心城市与城市群领域的热点关键词，学者们不再只关注城市经济发展，如要实现城市可持续发展，就必须保证经济和生态环境和谐共存，共同推动城市实现高质量发展。

其次，对中心城市与城市群协调发展领域的研究前沿进行分析。

对研究前沿进行分析，一方面有利于了解未来发展趋势和分析目前科学研究的进展，另一方面有利于判断科学研究是否具有研究价值，决定了今后的研究方向。本章根据CiteSpace5.7软件的膨胀词测算结果，对词频变化率突变的关键词进行提取，然后分析中心城市与城市群协调发展的学术研究前沿。

在CiteSpace5.7软件中导入从WOS数据库搜集的数据，将节点类型栏设置为"关键词"，首选标准N设置为10，基于前文分析可知，中心城市与城市群协调发展研究正式成为国际上研究热点的时间定位于2011年，存在较短的时间跨度，为便于对研究结果进行清晰的认识，在此将时间区间设定为2011~2021年，其余设置采用默认值。经过可视化分析，获取中心城市与城市群协调发展领域外文文献关键词共现图，其后将突发性下的最短持续性设置为2，提取突变最少保持2年的关键词，得到表2-14。

表 2 - 14　　　　　　　　　　中心城市与城市群协调发展领域外文文献前沿术语

| 关键词 | 强度 | 初始年份 | 结束年份 | 2011～2021 年 |
|---|---|---|---|---|
| 政策 | 4.74 | 2016 | 2019 | |
| 动态 | 7.62 | 2018 | 2021 | |
| 地域 | 5.19 | 2018 | 2019 | |
| 土地 | 4.3 | 2018 | 2019 | |
| 二氧化碳排放 | 3.07 | 2018 | 2021 | |
| 影响 | 7.64 | 2019 | 2021 | |
| 中国 | 6.72 | 2019 | 2021 | |
| 城市化 | 4.75 | 2019 | 2021 | |
| 模式 | 4.03 | 2019 | 2021 | |
| 增长 | 2.49 | 2019 | 2021 | |

注："▬▬▬"为关键词频次突然增加的年份，"▬▬▬"为关键词频次无显著变化的年份。

由表 2 - 14 可知，在中心城市与城市群协调发展领域，2016 年以前并未出现相关的突现关键词，表示国际领域虽然 2016 年以前存在一些热点关键词，但是关于中心城市与城市群协调发展的研究从整体上来看还处于起步阶段，学术前沿也还未具有鲜明特征；2016～2017 年，中心城市与城市群协调发展领域外文文献突现关键词为政策（policy），说明在中心城市与城市群协调发展成为研究热点的初期，学者们相对比较重视国家对中心城市与城市群发展所作的政策决议的研究；2018～2019 年，中心城市与城市群协调发展领域外文文献突现关键词为动态（dynamics）、地域（area）、土地（land），说明这一时期学者们的研究重点为对特定区域或特定领域的发展进行研究，制定动态决策，使城市或城市群获得可持续发展；2019～2020 年，中心城市与城市群协调发展领域外文文献突现关键词为二氧化碳排放（$CO_2$ emission）、影响（impact）、中国（China）、城市化（urbanization）、模式（pattern）、增长（growth），说明这一时期学者们比较重视中国城市化、城市经济增长带来的环境污染问题，以探索一种适合城市高质量协调发展的模式。根据外文中心城市与城市群协调发展领域学术前沿的分析结果，大致得出，随着新时代的到来，学者们对于中心城市与城市群协调发展领域的前沿在于以动态的模式寻求中心城市与城市群的协调发展，在城市化发展过程中，要注重环境问题，践行绿色发展理念，遵循中心城市与城市群协调发展部署战略，倡导追求可持续发展和高质量发展，因此，本书认为，近些年关于研究中心城市与城市群协调发展的文献能对学者们研究该领域提供指导性建议，具有重要的参考价值。

在 CiteSpace5.7 软件中导入从中国知网数据库搜集的数据，将节点类型栏设置为"关键词"，首选标准 N 设置为 20，基于前文分析可知，中心城市与城市群协调发展研究正式成为国内学者研究热点的时间定位于 2000 年，存在较短的时间跨度，为便于对研究结果进行清晰的认识，在此将时间区间设定为 2000～2021 年，其余设置采用默认值。经过可视化分析，获取中心城市与城市群协调发展领域中文关键词共现图，其后将突发性下的最短持续性设置为 2，提取突变最少保持 2 年的关键词，见表 2 - 15。

表 2 - 15　　　　　　　　　　中心城市与城市群协调发展领域中文文献前沿术语

| 关键词 | 强度 | 初始年份 | 结束年份 | 2000～2021 年 |
|---|---|---|---|---|
| 城市化 | 6.41 | 2000 | 2004 | |
| 西部大开发 | 5.97 | 2000 | 2002 | |
| 西部开发 | 5.33 | 2000 | 2002 | |

续表

| 关键词 | 强度 | 初始年份 | 结束年份 | 2000～2021 年 |
|---|---|---|---|---|
| 增长极 | 4.34 | 2000 | 2002 | ▬▬▬▬▬▬▬▬▬▬▬▬▬▬▬▬▬▬▬▬▬ |
| 中心城市 | 4.2 | 2000 | 2007 | ▬▬▬▬▬▬▬▬▬▬▬▬▬▬▬▬▬▬▬▬▬ |
| 城市 | 3.64 | 2000 | 2003 | ▬▬▬▬▬▬▬▬▬▬▬▬▬▬▬▬▬▬▬▬▬ |
| 河谷型城市 | 3.36 | 2004 | 2007 | ▬▬▬▬▬▬▬▬▬▬▬▬▬▬▬▬▬▬▬▬▬ |
| 城市群 | 3.25 | 2009 | 2015 | ▬▬▬▬▬▬▬▬▬▬▬▬▬▬▬▬▬▬▬▬▬ |

注："▬▬▬"为关键词频次突然增加的年份，"▬ ▬ ▬"为关键词频次无显著变化的年份。

由表 2-15 可知，2000～2003 年，中心城市与城市群协调发展的中文文献突现关键词为城市化、西部大开发、西部开发、增长极、中心城市、城市，说明国内中心城市与城市群协调发展学术前沿在形成初期，不仅国家重视西部发展，学者们也着重关注西部大开发、城市化的诸多重要影响因素，以实现西部城市经济的快速发展；2004～2007 年，中心城市与城市群协调发展的中文文献突现关键词为河谷型城市，说明学者们将研究方向放在了受到河谷地形较为强烈地直接限制的城市主体，该类城市本身被迫朝着地形及河流走向发展，亟须学者们的发展建议；2009～2015 年，中心城市与城市群协调发展的中文文献突现关键词为城市群，说明学者们重视城市与城市之间的合作，关注城市群内部城市之间或城市群与城市群之间的优势互补，探寻共同推进城市高质量发展的有效的政策建议。

本书运用 CiteSpace5.7 软件，在 WOS 和中国知网数据库中检索出时间跨度为 1992～2021 年，关于中心城市与城市群协调发展的有效文献，并对其进行多方位分析，由此得出如下结论。

第一，根据国内外中心城市与城市群研究发文量统计分析得出的结论。通过研究发现，关于中心城市与城市群研究的中文文献发文量与外文文献不相上下，在 2016 年之前，中文文献每年发文量高于外文文献发文量，2016 年之后，外文文献发文量逐年上涨，并高于中文文献发文量，表示中心城市与城市群协调发展逐渐成为国内外的共同热点，在中国城市发展过程中处于重要地位。根据发文量统计结果可以看出，中国发文量居于第一位，在国际上位于核心地位，并形成了以中国为核心的研究群体。美国发文量排名第二，并且已经形成以美国为核心的关键节点，因此，我国关于中心城市与城市群的研究在国际上影响力较大。

第二，根据国内外中心城市与城市群研究团队分析得出的结论。通过研究发现，中心城市与城市群研究的外文作者共被引网络结构构件良好，并形成了以方创琳、刘勇、卢克·安塞林等为核心的多个学术联盟。但是对中心城市与城市群进行研究的研究机构多集中于高校，总体来看研究机构类型十分单一，并且中国和英国对于中心城市与城市群的研究规模相对较大，说明中国和英国高校在中心城市与城市群领域中具有较大的影响力。通过对中心城市与城市群研究中文作者共被引频次进行分析，发现杨永春、王鹏、赵家章、江梅、张丽芳、张自然、张连城、陈兴鹏、贾卓、吴宁是中心城市与城市群领域中的权威学者，同时，通过对中文发文机构的分析发现，我国针对中心城市与城市群研究的研究机构之间的合作交流力度非常低，各个研究机构之间应该建立研究机构交流群体，不断加强彼此之间的合作交流力度。

第三，根据国内外中心城市与城市群领域的权威期刊分析得出的结论。国外研究中心城市与城市群协调发展的期刊主要集中在《景观与城市规划》《土地使用政策》《可持续发展——巴塞尔》《城市》《城市研究》《国际人居》《全环境科学》《清洁生产杂志》《生态指标》《应用地理》《地理学报》等 11 本期刊，其中，《美国地理学家联合会会刊》《国际城市与区域研究杂志》《环境与规划 A：经济与空间》《美国规划协会杂志》这 4 本期刊在中心城市与城市群领域方面的论文质量较高，在该领域具有较高的知名度和权威性。国内研究中心城市与城市群协调发展的期刊主要集中在《城市问题》《干旱区资源与环境》《经济地理》《中国人口·资源与环境》《人文地理》《城市发展研究》《城市规划》《商业时代》《经济体制改革》《西北大学学报（自然科学版）》《干旱区地理》等期刊，在研究关于中心城市与城市群领域时，可以重点参考这些期刊。

第四，根据国内外中心城市与城市群研究重要文献分析得出的结论。国外对文旅深度融合新业态的研究大多集中在政策、城市扩张、城市群、绿色基础设施、生态基础设施、城市绿化带、城市农业、边缘带、城市形态等方面；国内对中心城市与城市群的研究大多集中在西部、西部地区、中心城市、区域经济、熵值法、在险价值模型、比较优势等方面。

### 2.1.2　中心城市与城市群基础设施协调发展研究的文献计量分析

对中心城市与城市群基础设施协调发展领域中外文发文量进行统计分析。

首先，进入 WOS 数据库搜集外文研究数据，并使用其中的核心数据库（Web of Science Core Collection）进行检索，以防止检索搜集的 WOS 数据出现字段缺失问题，影响研究结果。检索式表达为：TS =（Urban infrastructure）。语种：English。文献类型：Article。时间跨度为 1992 年 1 月 ~ 2021 年 7 月，检索时间为 2021 年 7 月 22 日；筛选获取的文献，对不相关的文献进行删除，保留有效文献共计 1141 篇。接着在 CiteSpace 中导入所得文献数据进行初步检验，作除重处理，最终得到 1139 条 WOS 文献数据进行中心城市与城市群基础设施协调发展研究。

其次，进入中国知网数据库搜集中文研究数据，主要使用核心期刊及 CSSCI 期刊文献检索类型，检索式表达为：主题 = "城市群基础设施"。时间跨度为 1992 年 1 月 ~ 2021 年 7 月，检索时间为 2021 年 7 月 22 日；文献类型为 "期刊文献"；期刊限定为 "所有期刊"；共检索出文献 774 篇，筛选获取的文献，去除不相关的文献之后，保留有效文献共计 750 篇。接着在 CiteSpace 中导入所得文献数据进行初步检验，软件运行结果良好，不存在数据丢失的现象，最终进行中心城市与城市群基础设施协调发展领域文献计量分析的有效 CNKI 文献数据有 750 条。

将上述中心城市与城市群基础设施协调发展领域中的数据导出，按照文献的发文年份和发文数量对其进行信息整合，整合后利用 Excel 对其进行分析，进而得到 1992 年 1 月 ~ 2021 年 7 月的中心城市与城市群基础设施协调发展领域内外文文献与中文文献的发文数量的比较图，如图 2 - 12 所示。

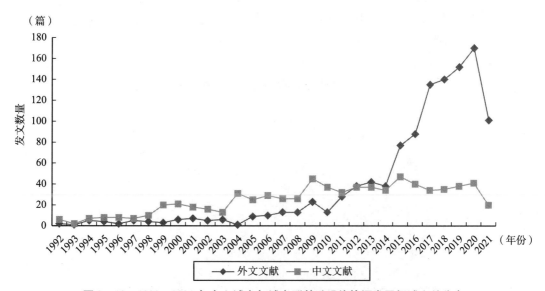

**图 2 - 12　1992 ~ 2021 年中心城市与城市群基础设施协调发展领域文献分布**

中心城市与城市群基础设施协调发展领域的发文国家分析。

在文献计量的过程中，对文献国家进行分析，可以帮助学者们更好把握某一领域在国际上较为权威的国家。文献数据经过 CiteSpace5.7 软件处理后得到中心城市与城市群基础设施协调发展研究的国家共现网络关键节点，识别出该领域中国际影响力较高的国家，一方面可以为相关学者在该领域研究中提供借鉴和指导，另一方面可以使学者清晰认识到自己国家在该领域研究中的国际地位，提供其今后的研究重点和指导其研究方向。

在 CiteSpace5.7 软件中导入从 WOS 数据库搜集的数据，将节点类型栏设置为"国家"，首选标准 N 设置为 50，其余设置采用默认值，其后将获取的数据结果整理成 Excel 表格，并提取"国家"和"发文量"两个字段下的数据，得到不同国家在中心城市与城市群基础设施协调发展领域发文量排名。由于有较多国家发行文章，本书主要选取发文量 10 篇及 10 篇以上的国家，具体结果见图 2 - 13。从图 2 - 13 中可以观察到，发达国家占据发文量排名前十国家的大部分。其中，美国发文 290 篇，居于第一位；英国发文 145 篇，居于第二位；中国发文 144 篇，居于第三位。

在 CiteSpace5.7 软件中导入从 WOS 数据库搜集的数据，将节点类型栏设置为"国家"，首选标准 N 设置为 50，其余设置采用默认值，通过对其进行可视化分析，得到中心城市与城市群基础设施协调发展的国家知识图谱，如图 2 - 14 所示。

由图 2 - 14 可知，在中心城市与城市群基础设施协调发展领域中，美国处于核心地位，中国处于次核心地位，并且美国、英国、德国、澳大利亚、意大利等国家与中国存在着紧密的合作关系，由此本书认为，我国在中心城市与城市群基础设施协调发展领域中地位相对较高。

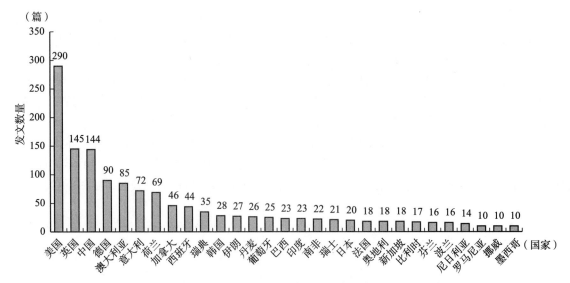

图 2 - 13　国际中心城市与城市群基础设施协调发展领域国家分布

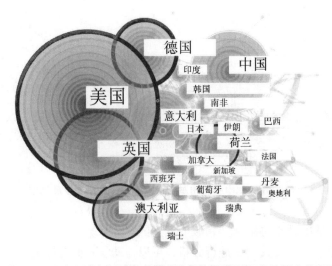

图 2 - 14　中心城市与城市群基础设施协调发展研究的国家共现图

通过分析各个国家有关中心城市与城市群基础设施协调发展的发文中心性，可以获取不同国家在各个节点的关键性，用来评判两个国家之间合作关系的紧密程度。按照中心度大于 0.1 则视为关键节点的标准，关键节点提取结果见表 2 - 16，得到中心城市与城市群基础设施协调发展领域的国家共现网络的关键节点。

表 2 - 16　　　　　　　　中心城市与城市群基础设施协调发展领域国家共现网络关键节点

| 频次 | 中心度 | 首次发表年份 | 国家 |
| --- | --- | --- | --- |
| 290 | 0.34 | 1994 | 美国 |
| 132 | 0.31 | 1998 | 英国 |
| 90 | 0.22 | 2003 | 德国 |
| 69 | 0.19 | 2007 | 荷兰 |
| 85 | 0.13 | 1998 | 澳大利亚 |
| 46 | 0.1 | 2002 | 加拿大 |

由表 2 - 16 可以看出，在中心城市与城市群基础设施协调发展领域，只有 6 个国家的中心度大于 0.1，分别为美国、英国、德国、荷兰、澳大利亚、加拿大。因此，认为这 6 个国家在中心城市与城市群基础设施协调发展领域处于不同国家合作关系的网络关键节点。从这 6 个国家的数据来看，美国是研究该领域最早的国家，发文量居于总排名中的第二位，由此可见，美国在早期就已经重视中心城市与城市群基础设施协调发展的发展。除此之外，中国在该领域存在 144 篇文献，但中心度低于 0.1，表示中国在中心城市与城市群基础设施协调发展领域的研究尚不成熟，且在国际上具有的影响力和权威性都较低。

中心城市与城市群基础设施协调发展领域的研究团体分析。

对中心城市与城市群基础设施协调发展领域的研究团队进行分析主要从作者和研究团队两个方面展开。一是外文文献方面，本书使用 CiteSpace5.7 软件对其进行共被引分析，其中，研究机构分析主要利用该软件进行合作网络分析；二是中文文献方面，主要通过合作网络分析数据。

首先，对中心城市与城市群基础设施协调发展领域外文文献的作者团队和机构进行分析。

关于中心城市与城市群基础设施协调发展领域外文文献的作者分析，在 CiteSpace5.7 软件中导入从 WOS 数据库搜集的数据，将节点类型栏设置为"引用作者"，首选标准 N 设置为 30。通过对图像进行修剪设置，以保证 CiteSpace5.7 软件运行后提取的图像较为简洁易读，故选中修剪栏下的"核心期刊"以及"修剪片状网"，其余设置采用默认值，通过对其进行可视化分析，得到中心城市与城市群基础设施协调发展领域外文文献的作者共被引可视图，如图 2 - 15 所示。

由图 2 - 15 可以看出，中心城市与城市群基础设施协调发展领域的作者共被引频次在国际上较高的作者主要为斯蒂芬·保莱特、斯蒂芬·格雷厄姆、祖拉斯、联合国、世界银行等，导出 CiteSpace5.7 软件运行后的数据结果，在 Excel 表格中整理出中心城市与城市群基础设施协调发展领域外文文献的作者共被引频次排名，由于在 WOS 数据库中获取数据量较大，而且在该领域中被引频次较高的作者或团体一定程度上国际地位较高，因此，在表 2 - 17 中主要展示了被引频次较高的前三名作者。

图 2 –15　中心城市与城市群基础设施协调发展领域外文文献的作者共被引可视图

表 2 –17　　　　　中心城市与城市群基础设施协调发展领域外文文献的作者被引频次排名（前三）

| 作者 | 被引频次 | 被引频次最高的论文 |
| --- | --- | --- |
| 斯蒂芬·保莱特 | 85 | 从多功能到多种生态系统服务　城市地区绿色基础设施规划中的多功能概念框架 |
| 斯蒂芬·格雷厄姆 | 84 | 构建优质网络空间：对基础设施网络与当代城市发展的思考 |
| 祖拉斯 | 83 | 城市绿色基础设施测绘：一种将土地利用和土地覆盖纳入人类主导系统测绘的新型景观方法 |

　　由表 2 –17 可以看出，在中心城市与城市群基础设施协调发展领域中，斯蒂芬·保莱特是被引频次最高的作者，其被引频次为 85 次，斯蒂芬·保莱特在过去 30 年内，被引频次最高的论文为《从多功能到多种生态系统服务　城市地区绿色基础设施规划中的多功能概念框架》。该论文认为，绿色基础设施和生态系统服务有利于改善城市发展环境，决定了城市规划的方向和政策决策。斯蒂芬·格雷厄姆是中心城市与城市群基础设施协调发展领域中被引频次排名第二的作者，其被引频次为 84 次，斯蒂芬·格雷厄姆在过去 30 年内，被引频次最高的论文为《构建优质网络空间：对基础设施网络与当代城市发展的思考》，斯蒂芬·格雷厄姆重点研究优质网络空间，将其与城市转型紧密联系，强调了基础设施在城市综合规划、消费空间建设和产业转型中的重要意义。祖拉斯是中心城市与城市群领域中被引频次排名第三的作者，其被引频次为 83 次，祖拉斯在过去 30 年内，被引频次最高的论文为《城市绿色基础设施测绘：一种将土地利用和土地覆盖纳入人类主导系统测绘的新型景观方法》，祖拉斯采用遥感、GIS 和数据简化技术来绘制英国大型城市地区的城市绿色基础设施元素，更加详细阐述了基础设施和城市社会生态发展的密切关系，并进一步加快了城市化发展进程。

　　通过分析各个国家有关中心城市与城市群基础设施协调发展的作者共被引中心性，获取不同国家在各个节点的关键性，按照中心度大于 0.1 则视为关键节点的标准，关键节点提取结果见表 2 –18，得到中心城市与城市群基础设施协调发展领域外文文献的作者共被引网络的关键节点。

表 2 – 18　　　中心城市与城市群基础设施协调发展领域外文文献的作者共被引网络关键节点

| 作者 | 被引频次 | 中心度 | 首次出现年份 |
| --- | --- | --- | --- |
| 欧盟委员会 | 62 | 0.26 | 2009 |
| 世界银行 | 69 | 0.15 | 1994 |
| 经济合作与发展组织 | 6 | 0.13 | 2000 |
| 联合国 | 71 | 0.11 | 1999 |
| 国家研究委员会 | 5 | 0.10 | 2006 |
| 联合国人居署 | 4 | 0.10 | 1994 |

　　由表 2 – 18 可以看出，欧盟委员会、世界银行、经济合作与发展组织、联合国、国家研究委员会、联合国人居署与其他作者之间的关联度较为紧密，由此产生了以以上作者为中心的多个学术研究联盟。基于以上分析，欧盟委员会、世界银行、经济合作与发展组织、联合国、国家研究委员会、联合国人居署在中心城市与城市群基础设施协调发展领域中具有较高的权威性。关于中心城市与城市群基础设施协调发展领域外文文献的研究机构团队分析，在 CiteSpace5.7 软件中导入从 WOS 数据库搜集的数据，将节点类型栏设置为 "机构"，首选标准 N 设置为 30，其余设置采用默认值，通过对其进行可视化分析，得到中心城市与城市群基础设施协调发展领域外文文献的研究机构合作可视图，如图 2 – 16 所示。

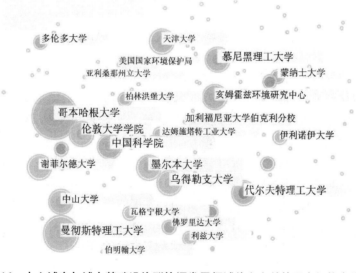

图 2 – 16　中心城市与城市基础设施群协调发展领域外文文献的研究机构合作可视图

　　由图 2 – 16 可以看出，发文量最高的是伦敦大学学院（UCL），居于第一位。总的来说，各个机构之间存在 1192 条连线，存在 747 个节点（节点代表发文机构），贡献网络密度为 0.0043，说明国际上在中心城市与城市群基础设施协调发展研究过程中，不同机构之间形成了较小的合作范围，合作力度较弱，所以不同机构之间需要加大合作交流，建立良好的机构合作机制，一起为中心城市与城市群基础设施协调发展作出贡献。

　　由表 2 – 19 可以看出，中心城市与城市群基础设施协调发展研究外文文献较高发文量的机构主要包括伦敦大学学院、哥本哈根大学、墨尔本大学、代尔夫特理工大学、乌得勒支大学、慕尼黑理工大学、曼彻斯特理工大学、中国科学院、中山大学、谢菲尔德大学、伊利诺伊大学、亥姆霍兹环境研究中心等 12 所机构。基于研究机构性质的角度展开分析，高校占据外文中心城市与城市群基础设施协调发展研究发文量的大部分，总体来讲，机构类型极其单一。由此可以看出，现阶段国际上研究中心城市与城市群基础设施协调发展的文章主要由高校承担。发文量较高的 12 所机构中，英国研究机构较多，说明英国在中心城市与城市群基础设施协调发展领域中具有一定的权威性和代表性，且在中心城市与城市群基础设施协调发展领域中具有较高的国际影响力。

表 2 – 19                    中心城市与城市群基础设施协调发展领域外文文献发文量较高机构

| 发文量（篇） | 机构名称 | 机构性质 | 地区 |
| --- | --- | --- | --- |
| 20 | 伦敦大学学院 | 高校 | 英国 |
| 16 | 哥本哈根大学 | 高校 | 丹麦 |
| 16 | 墨尔本大学 | 高校 | 澳大利亚 |
| 16 | 代尔夫特理工大学 | 高校 | 荷兰 |
| 14 | 乌得勒支大学 | 高校 | 荷兰 |
| 13 | 慕尼黑理工大学 | 高校 | 德国 |
| 13 | 曼彻斯特理工大学 | 高校 | 英国 |
| 13 | 中国科学院 | 机构 | 中国 |
| 12 | 中山大学 | 高校 | 中国 |
| 11 | 谢菲尔德大学 | 高校 | 英国 |
| 11 | 伊利诺伊大学 | 高校 | 美国 |
| 11 | 亥姆霍兹环境研究中心 | 机构 | 德国 |

其次，对中心城市与城市群基础设施协调发展领域中文文献的作者和研究团队进行分析。

关于中心城市与城市群基础设施协调发展研究中文文献的作者分析，在 CiteSpace5.7 软件中导入从中国知网数据库搜集的数据，将节点类型栏设置为"作者"，首选标准 N 设置为 30。通过对图像进行修剪设置，以保证 CiteSpace5.7 软件运行后提取的图像较为简洁易读，故选中修剪栏下的"核心期刊"以及"修剪片状网"，其余设置采用默认值，通过对其进行可视化分析，得到中心城市与城市群基础设施协调发展研究中文文献的作者合作可视图，如图 2 – 17 所示。

由图 2 – 17 可以看出，中心城市与城市群基础设施协调发展研究的中文发文量最高的是孙钰。总的来看，各个作者之间存在 1280 条连线，存在 1365 个节点（节点即作者），贡献网络密度为 0.0014，表示国内关于中心城市与城市群基础设施协调发展的研究尚不成熟，但各个作者之间具有一定的合作联系，整体上正逐步形成紧密的科研合作团队。导出 CiteSpace5.7 软件运行的结果，整理得到中心城市与城市群基础设施协调发展领域中文文献发文量较高的作者，如表 2 – 20 所示。

图 2 – 17    中心城市与城市群基础设施协调发展领域中文文献作者合作网络可视图

表 2 - 20　　　　　　　中心城市与城市群基础设施协调发展领域中文文献的高发文量作者

| 作者 | 发文量（篇） | 单位 |
| --- | --- | --- |
| 孙钰 | 16 | 天津大学管理与经济学部、天津商业大学公共管理学院 |
| 王丽英 | 7 | 天津财经大学学报编辑部 |
| 刘婷婷 | 5 | 上海同济城市规划设计研究院 |
| 戴慎志 | 5 | 同济大学建筑与城市规划学院 |
| 程敏 | 5 | 上海大学管理学院 |
| 崔寅 | 4 | 天津大学管理与经济学部 |
| 郜建人 | 4 | 重庆大学建设管理与房地产学院 |
| 秦俊武 | 4 | 中南财经政法大学金融学院 |
| 姚晓东 | 4 | 天津经济发展研究所 |
| 陶志梅 | 4 | 天津大学管理与经济学部、天津商业大学公共管理学院 |

　　由表 2 - 20 可知，国内对中心城市与城市群基础设施协调发展研究较为重要的学者有孙钰、王丽英、刘婷婷、戴慎志、程敏、崔寅、郜建人、秦俊武、姚晓东、陶志梅等人；与国外相比，国内在中心城市与城市群基础设施协调发展领域存在较高的发文量，代表着中国在该领域研究相对比较成熟，因此，研究中心城市与城市群基础设施协调发展时，以上学者的文章可以重点借鉴参考。

　　关于中心城市与城市群基础设施协调发展的研究团队分析，在 CiteSpace5.7 软件中导入从中国知网搜集的数据，将节点类型栏设置为"机构"，首选标准 N 设置为 30。通过对图像进行修剪设置，以保证 CiteSpace5.7 软件运行后提取的图像较为简洁易读，故选中修剪栏下的"核心期刊"以及"修剪片状网"，其余设置采用默认值，通过对其进行可视化分析，得到中心城市与城市群基础设施协调发展研究中文文献的研究机构可视图，如图 2 - 18 所示。

图 2 - 18　中心城市与城市群基础设施协调发展领域中文文献的机构合作可视图

　　由图 2 - 18 可以看出，中心城市与城市群基础设施协调发展领域发文量最高的机构是天津商业大学公共管理学院，且与天津经济发展研究部、天津大学管理与经济学部等多所研究机构交流合作紧密。总的来说，各个研究机构之间存在 497 条连线，存在 820 个节点（节点即研究机构），贡献网络密度为 0.0015，表示国内关于研究中心城市与城市群基础设施协调发展的研究机构之间存在较好的交流，联系紧密，不过不同机构之间仍需继续加强机构交流群体的建立。

将 CiteSpace 软件运行的数据导出，得到中心城市与城市群基础设施协调发展研究中文文献发文量排名前 10 位的机构，如表 2 - 21 所示。

表 2 - 21　　　　中心城市与城市群基础设施协调发展领域中文文献发文量较高的机构

| 发文量（篇） | 机构名称 | 机构性质 | 地区 |
| --- | --- | --- | --- |
| 12 | 天津商业大学公共管理学院 | 高校 | 华北地区 |
| 10 | 重庆大学建设管理与房地产学院 | 高校 | 西南地区 |
| 9 | 同济大学建筑与城市规划学院 | 高校 | 华东地区 |
| 9 | 天津大学管理与经济学部 | 高校 | 华北地区 |
| 7 | 天津大学管理学院 | 高校 | 华北地区 |
| 6 | 中南大学商学院 | 高校 | 华中地区 |
| 6 | 同济大学经济与管理学院 | 高校 | 华东地区 |
| 6 | 中国科学院大学 | 高校 | 华北地区 |
| 5 | 北京大学景观设计学研究院 | 高校 | 华北地区 |
| 5 | 南开大学经济学院 | 高校 | 华北地区 |
| 5 | 中南财经政法大学金融学院 | 高校 | 华中地区 |
| 5 | 上海大学管理学院 | 高校 | 华东地区 |

由表 2 - 21 可以看出，中心城市与城市群基础设施协调发展领域中发文量排名前三的研究机构分别为天津商业大学公共管理学院、重庆大学建设管理与房地产学院、同济大学建筑与城市规划学院、天津大学管理与经济学部（并列第三）。基于研究机构类型的角度展开分析，中心城市与城市群基础设施协调发展领域中文文献发文量排名前十的机构，均是高校，整体来说机构类型较为单一，因此，高校是中心城市与城市群基础设施协调发展的研究主力。基于研究机构地域的角度展开分析，华北、华东、华中、西南等地区是中心城市与城市群基础设施协调发展领域发表中文文献的研究机构的主要分布地，其他地区如西北、华南等地的研究机构关于中心城市与城市群基础设施协调发展的研究则相对较少。

对中心城市与城市群基础设施协调发展领域的权威期刊分析。分析中心城市与城市群基础设施协调发展的期刊分布，有利于相关学者准确识别和把握该领域中的权威期刊，从而对文献进行针对性的检索，不仅提高了检索效率，而且提升了检索文献的质量。在分析各个期刊时主要采用分析期刊共被引方式，同时分析中心城市与城市群基础设施协调发展领域共被引的中心度。通过分析期刊的转载量，探析各个期刊在中心城市与城市群基础设施协调发展领域的传输能力和信息储备能力。

首先，对中心城市与城市群基础设施协调发展研究外文文献的期刊进行分析。在 CiteSpace5.7 软件中导入从 WOS 数据库中搜集的数据，将节点类型栏设置为"引用期刊"，首选类型 N 设置为 30。通过对图像进行修剪设置，以保证 CiteSpace5.7 软件运行后提取的图像较为简洁易读，故选中修剪栏下的"核心期刊"以及"修剪片状网"，其余设置均选用默认值，通过对其进行可视化分析，得到中心城市与城市群基础设施协调发展研究外文文献的期刊共被引可视图，如图 2 - 19 所示。

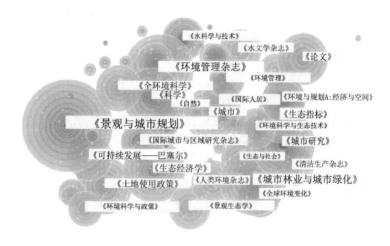

**图 2-19 中心城市与城市群基础设施协调发展领域外文文献的期刊共被引可视图**

由图 2-19 可以看出，外文文献中有关中心城市与城市群基础设施协调发展的研究，主要集中在《景观与城市规划》（*Landscape and Urban Planning*）、《环境管理杂志》（*Journal of Environmental Management*）、《城市林业与城市绿化》（*Urban Forestry & Urban Greening*）、《可持续发展——巴塞尔》（*Sustainability—Basel*）、《城市》（*Cities*）、《城市研究》（*Urban Studies*）、《土地使用政策》（*Land Use Policy*）、《科学》（*Science*）、《全环境科学》（*Science of The Total Environment*）、《论文》（*Thesis*）、《生态经济学》（*Ecological Economics*）、《生态指标》（*Ecological Indicators*）等 12 本期刊。其中，《景观与城市规划》《环境管理杂志》《城市林业与城市绿化》3 本期刊的引用频次明显高于其他期刊的引用频次，《景观与城市规划》主要刊发城市规划、城市景观、城市生态、城乡规划、地球科学、地理学、景观地理学、工程与材料、建筑环境与结构工程等方面的论文。根据 2015 年的期刊引证报告可知，该期刊 2015 年的影响因子为 3.037，在 46 种 SCI 地球物理学（GEOGRAPHY，PHYSICAL）中排第 10 名；《环境管理杂志》主要刊发资源质量、数量和可持续性、环境管理经济学、污染场地的修复、能源效率、废物处理和处置等方面的论文。根据 2015 年的期刊引证报告可知，该期刊 2015 年的影响因子为 2.723，在 221 种 SCI 环境科学（ENVIRONMENTAL SCIENCES）期刊中排第 58 名；《城市林业与城市绿化》主要刊发城市林业、植树造林、城市绿化、城市生态、城市卫生、城市农业、城市园艺、城市造林、社区林业等方面的论文，根据 2015 年的期刊引证报告可知，该期刊 2015 年的影响因子为 2.109，在 65 种 SCI 林业（FORESTRY）期刊中排第 32 名。通过分析中心城市与城市群基础设施协调发展领域的期刊共被引中心性，获取不同国家在各个节点的关键性，按照中心度大于 0.1 则视为关键节点的标准，得到中心城市与城市群基础设施协调发展领域的外文期刊共被引网络关键节点，见表 2-22。

**表 2-22　　　　　中心城市与城市群基础设施协调发展领域外文期刊共被引网络关键节点**

| 被引频次 | 中心度 | 首次出现年份 | 期刊名称 |
|---|---|---|---|
| 108 | 0.25 | 1995 | 《环境与规划 A：经济与空间》 |
| 10 | 0.19 | 2000 | 《美国地理学会会刊》 |
| 357 | 0.12 | 2006 | 《景观与城市规划》 |
| 39 | 0.11 | 1995 | 《美国规划协会杂志》 |
| 102 | 0.11 | 1998 | 《国际城市与区域研究杂志》 |
| 2 | 0.1 | 2000 | 《地球》 |
| 98 | 0.1 | 1993 | 《国际人居》 |
| 149 | 0.1 | 1995 | 《城市研究》 |

由表 2-22 可以看出，《环境与规划 A：经济与空间》《美国地理学会会刊》《景观与城市规划》《美国规划协会杂志》《国际城市与区域研究杂志》5 本期刊的被引频次和中心度均较高，表明在中心城市与城市群基础设施协调发展领域中，《环境与规划 A：经济与空间》《美国地理学会会刊》《景观与城市规划》《美国规划协会杂志》《国际城市与区域研究杂志》这 5 所期刊具有较高论文质量，权威性和知名度也相对较高，是研究该领域需要重点参考的期刊。因此，本书认为《环境与规划 A：经济与空间》《美国地理学会会刊》《景观与城市规划》《美国规划协会杂志》《国际城市与区域研究杂志》这 5 本期刊在中心城市与城市群基础设施协调发展领域中具备较高的国际地位，总体处于核心地位。从发文集中度方面来看，在 CiteSpace5.7 软件中导入从 WOS 数据库搜集的数据，将节点类型栏设置为"来源"，首选标准 N 设置为 30，其余设置采用默认值。在 Excel 中导入运行结果并对期刊名称进行计数，进而得到 1992~2021 年中心城市与城市群基础设施协调发展外文文献期刊分布，在表 2-23 中展示了外文发文量排名前十的期刊分布。

**表 2-23　　1992~2021 年中心城市与城市群基础设施协调发展领域外文文献的期刊分布**

| 期刊名称（简称） | 发文量（篇） | 占比（%） |
| --- | --- | --- |
| 《国际城市与区域研究杂志》 | 12 | 1.05 |
| 《国际人居》 | 11 | 0.97 |
| 《城市工程杂志》 | 10 | 0.88 |
| 《城市研究》 | 10 | 0.88 |
| 《城市》 | 10 | 0.88 |
| 《景观与城市规划》 | 9 | 0.79 |
| 《城市林业与城市绿化》 | 8 | 0.70 |
| 《清洁生产杂志》 | 8 | 0.70 |
| 《全环境科学》 | 7 | 0.61 |
| 《水文学杂志》 | 7 | 0.61 |
| 《环境管理杂志》 | 7 | 0.61 |

由表 2-23 可以看出，统计中心城市与城市群基础设施协调发展领域的外文期刊发文量，排名居于前十的期刊共计发文 99 篇，约占据总发文量的 8.68%，并未表现出显著高于其他期刊的趋势，表示在中心城市与城市群基础设施协调发展领域中各个外文期刊存在较为均匀的发文量，暂未出现代表性期刊和形成较为稳定的期刊群。总体来看，通过分析发文量排名前十的外文期刊发现，不同期刊之间的被引频次差别不大，因此，基于发文量的角度展开分析，得出在中心城市与城市群基础设施协调发展领域中，还未形成具有较高权威性的外文载文期刊。

其次，对中心城市与城市群基础设施协调发展领域中文文献的期刊进行分析。

由于从中国知网中导出的论文文献数据缺少"参考文献"字段，无法通过 CiteSpace 软件对中国知网导出的论文文献数据进行共被引分析，因此，对于中心城市与城市群基础设施协调发展研究中文文献的期刊分析，将从该领域期刊的发文量以及学科研究层次展开。

在 CiteSpace5.7 软件中导入从中国知网数据库搜集的数据，将节点类型栏设置为"来源"，首选标准 N 设置为 30。通过对图像进行修剪设置，以保证 CiteSpace5.7 软件运行后提取的图像较为简洁易读，故选中修剪栏下的"核心期刊"以及"修剪片状网"，其余设置采用默认值，在 Excel 中导入运行结果并对期刊名称进行计数，进而得到 1992~2021 年中心城市与城市群基础设施协调发展中文文献期刊分布，在表 2-24 中展示了发文量排名前十的中文文献期刊分布。

**表 2 - 24** **1992 ~ 2021 年中心城市与城市群基础设施协调发展领域中文文献的期刊分布**

| 期刊名称（简称） | 发文量（篇） | 占比（%） |
|---|---|---|
| 《城市发展研究》 | 16 | 2.13 |
| 《城市规划》 | 15 | 2.00 |
| 《城市问题》 | 11 | 1.47 |
| 《中国园林》 | 11 | 1.47 |
| 《规划师》 | 10 | 1.33 |
| 《软科学》 | 8 | 1.07 |
| 《现代城市研究》 | 8 | 1.07 |
| 《经济问题探索》 | 8 | 1.07 |
| 《统计与决策》 | 7 | 0.93 |
| 《城市规划学刊》 | 7 | 0.93 |
| 《价格理论与实践》 | 7 | 0.93 |
| 《中国人口·资源与环境》 | 7 | 0.93 |
| 《特区经济》 | 7 | 0.93 |
| 《建筑经济》 | 7 | 0.93 |
| 《经济地理》 | 7 | 0.93 |

由表 2 - 24 可以看出，统计中心城市与城市群基础设施协调发展领域的中文期刊发文量，排名居于前十的期刊共计发文 136 篇，约占据总发文量的 18.12%，并未表现出显著高于其他期刊的趋势，表示在中心城市与城市群基础设施协调发展领域中各个中文期刊存在较为均匀的发文量，暂未出现代表性期刊和形成较为稳定的期刊群。总体来看，通过分析发文量排名前十的中文期刊发现，不同期刊之间的被引频次差别不大，因此，基于发文量的角度展开分析，得出在中心城市与城市群基础设施协调发展研究的中文领域中，还未形成具有较高权威性的中文载文期刊。

将发文量排名前十的期刊导入 CiteSpace 中，检索出期刊的研究层次并对其进行分类，最终得到中心城市与城市群基础设施协调发展领域中权威性较高的期刊文献的研究层次，以便后续为不同类型期刊的深入研究和文献筛选提供独特见解，给予指导性建议，详细结果见表 2 - 25。

**表 2 - 25** **中心城市与城市群基础设施协调发展领域研究中文核心期刊研究层次**

| 研究层次 | 期刊名称 |
|---|---|
| 基础研究（社科） | 《城市发展研究》《城市问题》《软科学》《现代城市研究》《经济问题探索》《价格理论与实践》《中国人口·资源与环境》《特区经济》《建筑经济》《经济地理》 |
| 政策研究（社科） | 《统计与决策》 |
| 行业指导（社科） | 《城市规划》《中国园林》《规划师》《城市规划学刊》 |

由表 2 - 25 可以看出，国内中心城市与城市群基础设施协调发展研究主要分布在基础研究（社科），其中，基础研究（社科）方面包括《城市发展研究》《城市问题》《软科学》《现代城市研究》《经济问题探索》《价格理论与实践》《中国人口·资源与环境》《特区经济》《建筑经济》《经济地理》等期刊，因此，在进行中文中心城市与城市群基础设施协调发展的社会科学基础研究时，着重借鉴以上期刊所发的文献。行业指导（社科）方面包括《城市规划》《中国园林》《规划师》《城市规划学刊》等期刊，因此，在进行中文中心城市与城市群基础设施协调发展的行业规划指导研究时，着重借鉴以上期刊所发的文献。政策研究（社科）方面包括《统计与决策》期刊，因此，在进行中文中心城市与城市群基础设施协调发展的政策研究研究时，着重借鉴以上期刊所发的文献。

对中心城市与城市群基础设施协调发展领域的重要研究成果进行分析。

通过分析中心城市与城市群基础设施协调发展研究的热点，能够较为直观地反映出中心城市与城市群基础设施协调发展领域的前沿问题和研究热点，从而精准把握这一领域的研究重点和难点，并填补目前在中心城市与城市群基础设施协调发展领域的学术空白，为后人研究奠定基础，同时为其今后的研究方向提供指导意见。

首先，针对国外中心城市与城市群基础设施协调发展研究的重要文献进行分析。

在 CiteSpace5.7 软件中导入从 WOS 数据库搜集的数据，节点类型栏选择"关键词"，首选标准 N 设置为 30，时间切片选择为 2。其余设置采用默认值，经过可视化分析处理，得到中心城市与城市群基础设施协调发展研究的外文文献共被引运行图，并在运行图中选择"时间轴"的显示方式，得到可视化鱼眼图如图 2-20 所示。

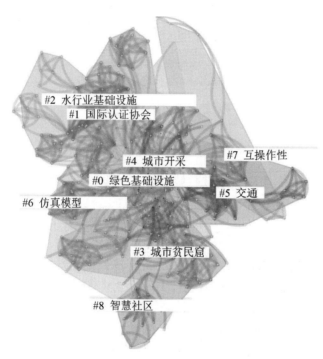

**图 2-20　中心城市与城市群基础设施协调发展领域外文研究共被引可视化鱼眼图**

由图 2-20 可知，中心城市与城市群基础设施协调发展领域外文文献共具有 9 个类别的高频关键词聚类，分别为绿色基础设施（green infrastructure）、国际认证协会（IPA）、水行业基础设施（water sector infrastructure）、城市贫民窟（urban slums）、城市开采（urban mining）、交通（traffic）、仿真模型（simulation models）、互操作性（interoperability）、智慧社区（smart community）。中心城市与城市群基础设施协调发展领域外文文献的研究热点主要由这 9 个类别表示。

通过分析中心城市与城市群基础设施协调发展的文献被引网络节点的中心性，可以获取不同国家在各个节点的关键性，按照中心度大于 0.1 则视为关键节点的标准，提取关键节点，未发现外文中心城市与城市群基础设施协调发展领域的文献被引网络的关键节点。基于此发现，在中心城市与城市群基础设施协调发展领域中并无具有较高权威性的文献。

其次，对中心城市与城市群基础设施协调发展领域中文重要文献进行分析。

由于从中国知网中导出的文献数据信息有残缺，无法使用 CiteSpace 软件对其进行共被引分析，因此，导出中文领域中，关于中心城市与城市群基础设施协调发展被引频次分析，如表 2-26 所示。

表 2 - 26　　　　　　　　　中心城市与城市群基础设施协调发展领域中文核心文献

| 排名 | 被引频次 | 作者 | 题目 |
|---|---|---|---|
| 1 | 389 | 刘经南、刘晖 | 连续运行卫星定位服务系统——城市空间数据的基础设施 |
| 2 | 324 | 苏雪串 | 城市化进程中的要素集聚、产业集群和城市群发展 |
| 3 | 318 | 倪鹏飞 | 中国城市竞争力与基础设施关系的实证研究 |
| 4 | 302 | 李秀辉、张世英 | PPP 与城市公共基础设施建设 |
| 5 | 277 | 张伟、车伍、王建龙、王思思 | 利用绿色基础设施控制城市雨水径流 |
| 6 | 274 | 张浩然、衣保中 | 基础设施、空间溢出与区域全要素生产率——基于中国 266 个城市空间面板杜宾模型的经验研究 |
| 7 | 267 | 俞孔坚、李迪华、刘海龙、程进 | 基于生态基础设施的城市空间发展格局——"反规划"之台州案例 |
| 8 | 251 | 邓小鹏、李启明、熊伟、袁竞峰 | 城市基础设施建设 PPP 项目的关键风险研究 |
| 9 | 206 | 俞孔坚、奚雪松、王思思 | 基于生态基础设施的城市风貌规划——以山东省威海市城市景观风貌研究为例 |
| 10 | 181 | 王俊豪、金暄暄 | PPP 模式下政府和民营企业的契约关系及其治理——以中国城市基础设施 PPP 为例 |

　　由表 2 - 26 可知，被引频次排名第一的是刘经南、刘晖于 2003 年 6 月 25 日在《武汉大学学报（信息科学版）》上发表的《连续运行卫星定位服务系统——城市空间数据的基础设施》，被引频次为 389。被引频次排名第二的是苏雪串于 2004 年 1 月 20 日在《中央财经大学学报》上发表的《城市化进程中的要素集聚、产业集群和城市群发展》，被引频次为 324。被引频次排名第三的是倪鹏飞于 2002 年 5 月 17 日在《中国工业经济》上发表的《中国城市竞争力与基础设施关系的实证研究》，被引频次为 318。

　　对中心城市与城市群基础设施协调发展领域的前沿热点进行分析。

　　通过对中心城市与城市群基础设施协调发展领域中的关键词分析和突变分析，可以直观反映出该领域的研究热点和前沿，进而准确把握该领域的学术研究，更加清晰地发现该领域的学术空白，为准确选择学术研究方向提供指导。

　　首先，对中心城市与城市群基础设施协调发展保护领域研究热点进行分析。

　　在 CiteSpace5.7 软件中导入从 WOS 数据库搜集的数据，将节点类型栏设置为"关键词"，首选标准 N 设置为 30。通过对图像进行修剪设置，以保证 CiteSpace5.7 软件运行后提取的图像较为简洁易读，故选中修剪栏下的"核心期刊"以及"修剪片状网"，其余设置采用默认值，通过对其进行可视化分析，得到中心城市与城市群基础设施协调发展保护研究外文文献关键词共现图后，选择"时间线显示"，采用关键词聚类，选择"LLR 对数极大近似率"（Log - Likelihood Ratio），在对图像进行调整后得到中心城市与城市群基础设施协调发展外文研究热点图，如图 2 - 21 所示。

　　由图 2 - 21 可以看出，中心城市与城市群基础设施协调发展领域外文文献共具有 8 个类别的高频关键词聚类，分别为城市（city）、水（water）、印度（India）、结构变形监测（交通运输工程、水利工程）（deformation monitoring）、绿色基础设施（green infrastructure）、互通性（interoperability）、城市规模（urban scale）、气候变化（climate change）。中心城市与城市群基础设施协调发展领域的外文文献研究热点主要由这 8 个类别表示。根据软件运行得出的聚类视图，按照时间顺序梳理各个关键词，在此基础上提取有效关键词，最终在表 2 - 27 中列举出外文中心城市与城市群基础设施协调发展学术研究的热点脉络。

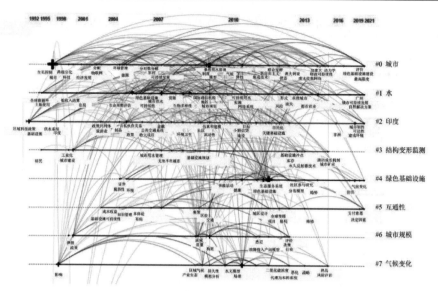

图 2-21 中心城市与城市群基础设施协调发展领域外文文献研究热点图

表 2-27　中心城市与城市群基础设施协调发展领域外文文献热点关键词脉络

| 年份 | 关键词 |
| --- | --- |
| 1992 | 基础设施 |
| 1994 | 地理信息系统 |
| 1995 | 土地利用、移民 |
| 1997 | 城市、基础设施融资 |
| 1998 | 影响、印度 |
| 2000 | 城市基础设施、政策、技术、美国、城市基础设施体系 |
| 2001 | 尼日利亚、住房 |
| 2002 | 多智能体系统 |
| 2003 | 网络、参与、投资、互联网 |
| 2004 | 快速填充 |
| 2005 | 政治、环境、能源、工具、脆弱性、生命周期评估、安全、交通、环境管理、知识管理、可持续基础设施 |
| 2006 | 城市化、可持续性、水、中国、绿色基础设施、城市、城市热岛 |
| 2007 | 管理、设计、可持续发展、保护、密度、城市蔓延、互操作性、城市供水、本体、拥挤、政府、城市设计、可持续城市发展、道路、私有化、人口、城市水管理 |
| 2008 | 生物多样性、卫生、废水、基础设施管理、信息城市、洪水 |
| 2009 | 模型、系统、治理、城市规划、框架、面积、绩效、指标、模式、交通、质量、过渡、流动性、排水、栖息地、位置、社区、模拟、规划、新陈代谢、决策支持系统、建筑、海堤、浪费、模型集成、耐久性、基础设施规划、自然灾害、工业生态、河流、生命周期理论、悉尼港、潮间带集合、海防结构、污染、激光、海洋、决策 |
| 2010 | 气候变化、弹性、健康、增长、气候、雨水管理、温度、供应、供水基础设施、极端降雨、体力活动、未来变化、城市排水、区域气候 |
| 2011 | 绿色基础设施、生态系统服务、空间、风险、流量、关键基础设施、成本、电力、城市生态、多标准分析、相互依存、级联故障、悉尼、可操作性、场景 |
| 2012 | 景观、植被、交通、州、澳大利亚、径流、城市森林、交通基础设施、雨水、景观建筑、形态、可持续城市、地震恢复力、死亡率 |

续表

| 年份 | 关键词 |
|---|---|
| 2013 | 创新、城市采矿、需求、规模、休眠、经济、偏好、维护、基础设施冷点、库存、瑞典、战略 |
| 2014 | 挑战、地点、趋势、类型、热舒适性、水管、加拿大、财务可持续性、废水搜集网络 |
| 2015 | 树木、适应性、城市绿色基础设施、生态系统、动力学、土地覆盖、户外热舒适、清洁发展、蔓延、可持续性过渡、热岛、风险评估、岩石、不确定性、碳储存、资源管理 |
| 2016 | 城市农业、非洲 |
| 2017 | 森林、进化、多样性 |
| 2018 | 效益、缓解、生态 |
| 2019 | 建设环境、智慧城市 |
| 2020 | 基于自然的解决方案、电动汽车、空气污染、适应气候变化、减排 |
| 2021 | 城市绿色、蓝绿色的基础设施、城市洪水、城市基础设施、开放空间、城市联系、城市分水岭、流动性基础设施、多功能性、叶面积指数、评估、广州、城市韧性、可达性、临界性、信息、支付意愿、机器学习、城市规划可持续发展、城市绿色基础设施、绿色基础设施实践、聚类分析、决定因素、屋顶、自然灾害、车站 |

由表 2 - 27 可以看出，中心城市与城市群基础设施协调发展的外文研究热点关键词在 2005 年明显增多，代表着中心城市与城市群基础设施协调发展正式成为学术界的研究热点，学者们在这一时期侧重于研究政策、环境、环境管理、可持续性设施等方面；2009 年，学者们逐渐观察到城市规划、设施规划、产业生态、模型集成在中心城市与城市群基础设施协调发展中的重要作用，这表明在中心城市与城市群基础设施协调发展的领域中，学者们开始将中心城市与城市群基础设施协调发展的发展与城市整体规划、基础设施布局、城市资源整合等相结合；2015 年，学者们开始重点研究城市绿色基础设施，进行相应的风险评估，关注城市群的动态发展以及可持续变迁，随着研究的深入，将碳储量、资源管理等纳入中心城市与城市群基础设施协调发展的进程当中，以通过资源交换、资源挖掘的方式将城市与城市群之间的优势充分探索出来，从而实现城市的可持续发展；2020 年，学者们在尊重自然的基础上研究城市群的高质量发展；2021 年，学者们关注城市的绿色空间发展、移动性基础设施、绿色基础设施发展等问题，注重城市的绿色发展，这在一定程度上反映了国际上对中心城市与城市群基础设施协调发展的研究逐渐成熟。

其次，针对国内中心城市与城市群基础设施协调发展领域的研究热点进行分析。

在 CiteSpace5.7 软件中导入从 WOS 数据库搜集的数据，将节点类型栏设置为"关键词"，首选标准 N 设置为 20。通过对图像进行修剪设置，以保证 CiteSpace5.7 软件运行后提取的图像较为简洁易读，故选中修剪栏下的"核心期刊"以及"修剪片状网"，其余设置采用默认值，通过对其进行可视化分析，得到中心城市与城市群基础设施协调发展研究中文文献关键词共现图后，选择"时间线显示"，采用关键词聚类，选择"LLR 对数极大近似率"（Log - Likeli-hood Ratio），在对图像进行调整后得到中心城市与城市群基础设施协调发展研究中文文献热点图，如图 2 - 22 所示。

由图 2 - 22 可以看出，中心城市与城市群基础设施协调发展领域中文文献共具有 8 个类别的高频关键词聚类，分别为城市基础设施建设、城市基础设施、基础设施、风景园林、城市群、协调发展、城市化、因子分析。中心城市与城市群基础设施协调发展领域中文文献的研究热点主要由这 8 个类别表示。根据软件运行得出的聚类视图，按照时间顺序梳理各个关键词，在此基础上提取有效关键词，最终在表 2 - 28 中列举出中心城市与城市群基础设施协调发展学术研究中文文献的热点脉络。

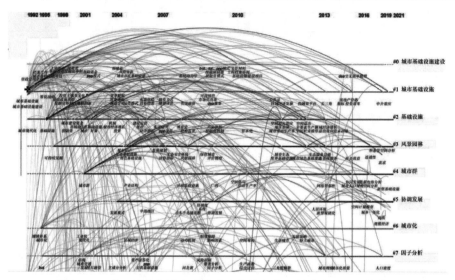

**图 2-22 中心城市与城市群基础设施协调发展领域中文文献热点图**

表 2-28              中心城市与城市群基础设施协调发展领域中文文献热点关键词脉络

| 年份 | 关键词 |
|------|--------|
| 1992 | 城市基础设施、城市基础设施建设、基础设施建设、基础设施投资、土地收益、城市现代化、旅客运输、发展轴、市政公用设施、成都市、大城市群 |
| 1993 | 城市规划、市政公用企业、工程规划 |
| 1994 | 浦东新区、城市综合开发、常州市 |
| 1995 | 城市化、市政基础设施、广州市、城镇体系、土地出让、建设－经营－转让（BOT）、收费标准、管理信息系统、城市化水平、存在的问题及对策、档案工作、公用基础设施、基本思路 |
| 1996 | 基础设施、城市基础设施项目、城市维护建设税、利用外资、筹资战略、哈尔滨市 |
| 1997 | 可持续发展、投融资体制、国民经济、长三角城市群、中西部城市、基础设施投入 |
| 1998 | 城市公共基础设施、基础设施融资、土地批租、城市可持续发展、湖北省、使用者收费 |
| 1999 | 投融资、建设、投融资体制改革、公私合作、投资主体、市场经济、私人资本、基础设施投融资体制、全社会固定资产投资、生产性基础设施、城市垃圾处理、基础设施供给 |
| 2000 | 市政债券、民间资本、创新、市场化、指标体系、投资者、对策建议、数字城市、市政基础设施建设、基础设施项目、社会评价、预测、经常性支出、城市发展、市场机制、长株潭、投资主体多元化、模型、城市建设资金、信息化 |
| 2001 | 城市群、城市、融资、土地利用、现代化、城市经营、体制创新、城市交通、发展、城市建设、政策建议、项目区分、筹融资、上海市、交通工程、工业化、结构 |
| 2002 | 对策、项目融资、城市竞争力、信息基础设施、长株潭城市群、PPP 模式、中国、公共物品、物流基础设施、城市群发展、浙江省、物流园区、寿险资金、发展战略 |
| 2003 | 绿色基础设施、非公有资本、北京市 |
| 2004 | 主成分分析、投资、交通、城市经济增长、福建省、发展模式、城市化进程、竞争机制、私营部门、公共基础设施项目、模式、城市环境基础设施、区域管治、资金来源、机制、轨道交通、城投公司 |
| 2005 | 绿色基础设施、生态基础设施、评价、城市市政基础设施、区域经济、城市设施、产业结构、构建、风险评价、城市设计、生态规划、运作模式、"反规划"、台州、风险分担 |
| 2006 | 经济增长、公共基础设施、时空演变、协整分析、珠江三角洲、地方政府、资产证券化、中部地区、建设运营、社会性基础设施、城乡基础设施、现状、景观结构、制度变迁、原则、有效供给、基础设施投融资、经济性基础设施、投资绩效 |

续表

| 年份 | 关键词 |
| --- | --- |
| 2007 | PPP 项目、评价指标体系、评价指标、北京、融资方式、中原城市群、因子分析法、绩效评价、实证研究、空间差异、景观规划 |
| 2008 | 风景园林、环境基础设施、系统动力学、河北省、政府监管、生态安全格局、规划、Malmquist 指数、负债融资、信息技术、动力机制、博弈论、山东半岛城市群 |
| 2009 | 协调发展、融资模式、因子分析、聚类分析、城市基础设施投资、评价模型、影响因素、策略、数据包络分析（DEA 模型）、城市旅游、投融资模式（BOT、TOT、PPP）、投融资问题、灰色关联分析法、两型社会、产出弹性、广西、可持续性、特许经营、制度保障、投融资模式、协调度、风险识别、市场化改革、绿色城市、系统、广西北部湾经济区、武汉城市圈、南宁市、投融资机制 |
| 2010 | 交通基础设施、集聚经济、空间布局、基础设施建设项目、劳动生产率、资本化、城市功能、珠三角、创新研究、文件材料、工程档案资料、城市空间增长、空间结构、制约因素、就业密度、生产函数、空间格局、综合评价 |
| 2011 | 景观基础设施、区域经济发展、绿色雨水基础设施、城市生态、公共品、空间溢出效应、生态城市、地区差异、废弃基础设施、三角模糊数、城市规划设计、城市关键基础设施、城市经济、城市劳动生产率、低影响开发 |
| 2012 | 城市绿色基础设施、全要素生产率、特大城市、空间杜宾模型、空间溢出、产权、城市治理、港口、城镇化、关中城市群、政府融资平台、直接融资、发展策略、政府规制、投融资平台 |
| 2013 | 新型城镇化、生态系统服务、智慧城市、城市规模、住房开发投资、生态服务功能、人居环境、产业政策、区域经济增长、网络外部性、长三角、城镇化道路、新型城市化、溢出效应 |
| 2014 | 京津冀、区域一体化、资本存量、城市化质量、内生性、基础设施融资平台、指标、基础设施融资银行、城市体系、制度设计、风险防范 |
| 2015 | 海绵城市、投资效率、长江中游城市群、土地财政、长江经济带、协同发展、雨洪管理、DEA 交叉效率模型、房地产价格、京津冀地区、城市人口规模、区域城市群、社会效益 |
| 2016 | 城市韧性、城市更新、供给水平、脆弱性、面板数据模型、城市规模分布、生态文明、承载力、空间计量模型、"丝绸之路"经济带 |
| 2017 | 连通性、城市基础设施绩效、数据包络分析、异质性、城乡一体化、空间分析、建成区 |
| 2018 | 基础教育设施、关键基础设施、市政基础设施规划、综合承载力、社区复兴、城市边缘区、城市基础设施系统 |
| 2019 | 长三角城市群、成渝城市群、双重差分法、中介效应、形态学空间分析、规模经济、需求、高铁、人口密度、可达性 |
| 2020 | 新基建、新型基础设施、铁路运输、快速城镇化、退出机制、标度律、空间的生产、渠道协同机制、一体化指数、全球化、城市经济韧性、绿色基础设施网络、交通可达性、宜居水平、大型交通基础设施、内需体系、策略互动、集聚效应、道路基础设施质量 |
| 2021 | 产业结构升级、产业升级、景观格局、新型基础设施建设、相互关系、"两新一重"、引力模型、规划设计 |

　　由表 2 - 28 可知，国内从 1992 年学者们便开始关注城市基础设施建设和城市现代化发展，尤其是重视市政公用设施的建设；2000 年以来，国内关于中心城市与城市群基础设施协调发展的研究侧重于研究数字城市、社会评价、市场机制、城市建设资金等方面，通过政府发布的政策和给予的资金支持，进行可行性分析，建立市场发展规划，制定有效的对策建议；2006 年，经济增长、时空演变、城乡基础设施、景观结构、投资绩效等成为中心城市与城市群基础设施协调发展领域的热点关键词，说明此时学者们逐渐关注城市群的空间结构，并重视中部地区的城市发展；2009 年，学者们重点从协调发展、影响因素、投融资问题、风险识别、市场化改革等角度研究中心城市与城市群基础设施协调发展，借助 DEA 模型、灰色关联分析法、投融资模式等进一步加深研究；2012 年，全要素生产率、空间杜宾模型受到学者们的广泛关注，学者们大多从空间溢出、政府规制的角

度加以研究；2013 年，学者们将眼光投入智慧城市的研究中，主要关注城市的生态服务、区域经济增长、新型城市化、溢出效应等多方面的研究；2016 年，国内中心城市与城市群基础设施协调发展领域的研究热点关键词包括城市韧性、城市更新、城市规模分布、生态文明、空间计量模型等，代表着学者们逐渐重视城市规模性发展和城市更新转型对城市长期可持续发展的促进作用；2020 年，社会经济发展到一定程度，国家不再只重视经济的快速发展，而是倡导绿色发展与经济发展并存，于是新型基础设施快速成为学者们重点研究方向，城市经济韧性、绿色基础设施网络成为影响城市发展的重要因素。

对中心城市与城市群基础设施协调发展领域的研究前沿进行分析。

对学术前沿分析一方面有利于了解未来发展趋势和分析目前科学研究的进展，另一方面有利于判断科学研究是否具有研究价值，决定了今后的研究方向。本书根据 CiteSpace5.7 软件的膨胀词测算结果，对词频变化率突变的关键词进行提取，然后分析中心城市与城市群基础设施协调发展的学术研究前沿。

在 CiteSpace5.7 软件中导入从 WOS 数据库搜集的数据，将节点类型栏设置为"关键词"，首选标准 N 设置为 10，基于前文分析可知，中心城市与城市群基础设施协调发展研究正式成为国际上研究热点的时间定位于 2005 年，存在较短的时间跨度，为便于对研究结果进行清晰的认识，在此将时间区间设定为 2005～2021 年，其余设置采用默认值。经过可视化分析，获取中心城市与城市群基础设施协调发展研究外文文献关键词共现图，其后将突发性下的最短持续性设置为 2，提取突变最少保持 2 年的关键词，得到表 2 - 29。

表 2 - 29　　　　　　中心城市与城市群基础设施协调发展领域外文文献前沿术语

| 关键词 | 强度 | 初始年份 | 结束年份 | 2005～2021 年 |
|---|---|---|---|---|
| 基础设施 | 9.23 | 2011 | 2017 | |
| 城市规划 | 6.6 | 2011 | 2015 | |
| 生物多样性 | 3.5 | 2012 | 2016 | |
| 网络 | 4.95 | 2013 | 2015 | |
| 土地使用 | 3.88 | 2013 | 2016 | |
| 水 | 5.21 | 2015 | 2017 | |
| 城市化 | 4.78 | 2015 | 2016 | |
| 系统 | 8.33 | 2017 | 2021 | |
| 影响 | 8.03 | 2017 | 2021 | |
| 管理 | 7.06 | 2017 | 2018 | |
| 绿色基础设施 | 6.93 | 2018 | 2021 | |
| 气候变化 | 3.75 | 2018 | 2021 | |
| 结构 | 9.35 | 2019 | 2021 | |
| 模型 | 5.96 | 2019 | 2021 | |

注："▬▬▬"为关键词频次突然增加的年份，"▭▭▭"为关键词频次无显著变化的年份。

由表 2 - 29 可知，在中心城市与城市群基础设施协调发展领域，2011 年以前并未出现相关的突现关键词，表示国际领域虽然在 2011 年以前存在一些热点关键词，但是关于中心城市与城市群基础设施协调发展的研究从整体上来看还是处于起步阶段，学术前沿也还未具有鲜明特征；2011～2016 年，中心城市与城市群基础设施协调发展外文研究文献突现关键词为基础设施（infrastructure)、城市规划（urban planning）、生物多样性（biodiversity）、网络（network）、土地使用（land use）、水（water）、城市化（urbanization），说明在中心城市与城市群基础设施协调发展成为研究热点的初期，学者们相对比较重视城市规划，旨在建立或完善城市基础设施网络，加速推进城市化发展；2017～2018 年，中心城市与城市群基础设施协调发展外文研究文献突现关键词为系统（system）、影响（impact）、管理（management），说明这一时期学者们的研究重点为通过重视城市资源、环境、制度管理，寻找城市发展的影响因素，更好优化城市结构，从而更快地实现城市高质量发展。2019～2021 年，中心城市与城市群基础设施协调发展研究外文文献突现关键词为绿色基础设施（green infrastructure）、气候变化（climate change）、结构（framework）、模型（model），说明这一时期学者比较重视绿色发展政策以及气候变化对中心城市与城市群基础设施协调发展的影响。根据中心城市与城市群基础设施协调发展领域外文文献研究前沿的分析结果，大致得出，随着新时代的到来，学者们对于中心城市与城市群基础设施协调发展领域研究的前沿在于通过规划城市绿色基础设施建设和规范城市产业结构布局，遵循中心城市与城市群基础设施协调发展战略部署，推进城市可持续发展，因此，近些年关于中心城市与城市群基础设施协调发展的文献能对学者们研究该领域提供指导性建议，具有重要的参考价值。

在 CiteSpace5.7 软件中导入从中国知网数据库搜集的数据，将节点类型栏设置为"关键词"，首选标准 N 设置为 20，研究将时间区间设定为 2000～2021 年，其余设置采用默认值，经过可视化分析，获取中心城市与城市群基础设施协调发展研究中文献词共现图，其后将突发性下的最短持续性设置为 2，提取突变最少保持 2 年的关键词，得到表 2－30。

表 2－30　　　　　　　中心城市与城市群基础设施协调发展领域中文文献前沿术语

| 关键词 | 强度 | 初始年份 | 结束年份 | 1992～2021 年 |
|---|---|---|---|---|
| 城市基础设施建设 | 18.79 | 1993 | 2005 | |
| 城市基础设施 | 10.3 | 1994 | 2007 | |
| 对策 | 3.72 | 2005 | 2012 | |
| 风景园林 | 3.89 | 2011 | 2014 | |
| 基础设施 | 4.9 | 2012 | 2013 | |
| 交通基础设施 | 3.53 | 2013 | 2021 | |
| 绿色基础设施 | 7.18 | 2016 | 2021 | |

注："▬▬▬"为关键词频次突然增加的年份，"▬▬▬"为关键词频次无显著变化的年份。

由表 2－30 可知，城市基础设施和城市基础设施建设是 1993～2005 年中心城市与城市群基础设施协调发展中文文献的突现关键词，表示在国内中心城市与城市群基础设施协调发展学术前沿形成初期，学者们已关注各种城市基础设施的建设发展，其对城市的重要性逐渐突出。2006～2012 年，中心城市与城市群基础设施协调发展的中文文献突现关键词为对策，说明学者们持续找寻高效的对策助力发展城市质量，推进城市化发展。2013～2015 年，中心城市与城市群基础设施协调发展的中文文献突现关键词为风景园林、基础设施、交通基础设施，可以看出交通设施在城市化发展过程中扮演的重要性作用。2016～2021 年，中心城市与城市群基础设施协调发展的中文文献突现关键词为绿色基础设施，说明学者们重视基础设施的绿色性，并与国家绿色发展理念相适应，绿色基础设施对中心城市与城市群基础设施协调发展的影响重大。

本书运用 CiteSpace5.7 软件，在 WOS 和中国知网数据库中检索出时间跨度 1992～2021 年、关于中心城市与城市群基础设施协调发展的有效文献，并对其进行多方位分析，由此得出如下结论。

第一，根据中心城市与城市群基础设施协调发展研究中外文文献发文量统计分析得出的结论。

通过研究发现，国内关于中心城市与城市群基础设施协调发展研究的发文量与外文文献数量不相上下，逐年递增，表示中心城市与城市群基础设施协调发展逐渐成为国内外的共同研究热点。根据发文量统计结果可以看出，美国发文量居于第一位，在国际上处于核心地位，并形成了以美国为核心的研究群体。中国发文量排名第二，并且已经形成以中国为核心的关键节点，因此，我国在中心城市与城市群基础设施协调发展的研究在国际上影响力较大。

第二，根据国内外中心城市与城市群基础设施协调发展研究团队分析得出的结论。中心城市与城市群基础设施协调发展研究外文文献的作者共被引网络结构构件良好，并形成了以斯蒂芬·保莱特、斯蒂芬格·雷厄姆、祖拉斯等为核心的多个学术联盟。但是对中心城市与城市群基础设施协调发展进行研究的研究机构多集中于高校，即研究机构类型十分单一，并且英国和荷兰对于中心城市与城市群基础设施协调发展的研究规模相对较大，说明英国和荷兰高校在中心城市与城市群基础设施协调发展领域中具有较大的影响力。通过对中心城市与城市群基础设施协调发展研究中文文献的作者共被引分析发现，孙钰、王丽英、刘婷婷、戴慎志、程敏、崔寅、郜建人、秦俊武、姚晓东、陶志梅是中心城市与城市群基础设施协调发展领域权威的学者，同时，通过对中文文献的发文机构的分析发现，我国针对中心城市与城市群基础设施协调发展领域的研究机构之间的合作交流力度较低，所以各个研究机构之间应该建立研究机构交流群体，不断加强彼此之间的合作交流力度。

第三，根据国内外中心城市与城市群基础设施协调发展领域的权威期刊分析得出的结论。国外研究中心城市与城市群基础设施协调发展的期刊主要集中在《景观与城市规划》《环境管理杂志》《城市林业与城市绿化》《可持续发展——巴塞尔》《城市》《城市研究》《土地使用政策》《科学》《全环境科学》《论文》《生态经济学》《生态指标》等12本期刊，其中，《环境与规划A：经济与空间》《美国地理学会会刊》《景观与城市规划》《美国规划协会杂志》《国际城市与区域研究杂志》这5本期刊在中心城市与城市群基础设施协调发展领域方面的论文质量较高，在该领域具有较高的知名度和权威性。国内研究中心城市与城市群基础设施协调发展的期刊主要集中《城市发展研究》《城市问题》《软科学》《现代城市研究》《经济问题探索》《价格理论与实践》《中国人口·资源与环境》《特区经济》《建筑经济》《经济地理》《统计与决策》《城市规划》《中国园林》《规划师》《城市规划学刊》等期刊，在研究关于中心城市与城市群基础设施协调发展领域时，可以重点参考这些期刊。

第四，根据国内外中心城市与城市群基础设施协调发展研究重要文献分析得出的结论。国外对中心城市与城市群基础设施协调发展的研究大多集中在城市、水、印度、结构变形监测（交通运输工程、水利工程）、绿色基础设施、互通性、城市规模、气候变化等方面；国内对中心城市与城市群基础设施协调发展的研究大多集中在城市基础设施建设、城市基础设施、基础设施、风景园林、城市群、协调发展、城市化、因子分析等方面。

### 2.1.3 中心城市与城市群产业布局协调发展研究的文献计量分析

中心城市与城市群产业布局协调发展领域中外文文献发文量统计分析。

首先，进入WOS数据库搜集外文研究数据，并使用其中的核心数据库（Web of Science Core Collection）进行检索，以防止检索搜集的WOS数据出现字段缺失问题，影响研究结果。检索式表达为：TS =（Urban agglomerations and industries）OR TS =（Urban agglomeration and industrial layout）。语种：English。文献类型：Article。时间跨度为1992年1月~2021年7月，检索时间为2021年7月22日；筛选获取的文献，对不相关的文献进行删除，保留有效文献共计569篇。接着在CiteSpace中导入所得文献数据进行初步检验，做除重处理，最终得到569条WOS文献数据进行中心城市与城市群产业布局协调发展研究。

其次，进入中国知网数据库搜集中文文献数据，主要使用核心期刊及CSSCI期刊文献检索

类型，检索式表达为：主题 = "城市群产业布局" OR 主题 = "城市群产业"。时间跨度为 1992
年 1 月 ~ 2021 年 7 月，检索时间为 2021 年 7 月 22 日；文献类型为"期刊文献"；期刊限定为
"所有期刊"；研究共检索出文献 1016 篇，筛选获取的文献，去除不相关的文献之后，保留有效
文献共计 1004 篇。接着在 CiteSpace 中导入所得文献数据进行初步检验，软件运行结果良好，不
存在数据丢失的现象，最终进行中心城市与城市群产业布局协调发展领域文献计量分析的有效
CNKI 文献数据有 1004 条。

　　将上述中心城市与城市群产业布局协调发展领域中的数据导出，按照文献的发文年份和发文数量
对其进行信息整合，整合后利用 Excel 对其进行分析，进而得到 1992 年 1 月 ~ 2021 年 7 月的中心城市
与城市群产业布局协调发展领域外文文献与中文文献的发文数量的比较图，如图 2 - 23 所示。

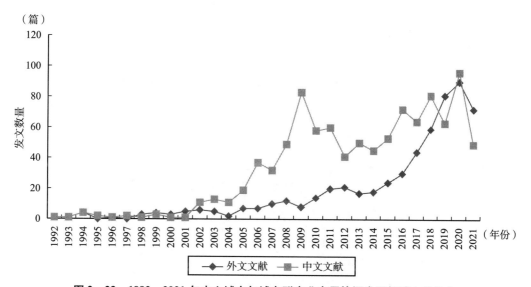

图 2 - 23　1992 ~ 2021 年中心城市与城市群产业布局协调发展领域文献分布

　　中心城市与城市群产业布局协调发展领域的发文国家分析。

　　在文献计量的过程中，对文献国家进行分析，可以帮助学者们更好把握某一领域在国际上较为
权威的国家。文献数据经过 CiteSpace5.7 软件处理后得到中心城市与城市群产业布局协调发展研究
的国家共现网络关键节点，识别出该领域中国际影响力较高的国家，一方面可以为相关学者在该领
域研究中提供借鉴和指导，另一方面可以使学者清晰认识到自己国家在该领域研究中的国际地位，
为其提供今后的研究重点和指导研究方向。

　　在 CiteSpace5.7 软件中导入从 WOS 数据库搜集的数据，将节点类型栏设置为"国家"，首选标准
N 设置为 50，其余设置采用默认值，其后将获取的数据结果整理成 Excel 表格，并提取"国家"和
"发文量"两个字段下的数据，得到不同国家在中心城市与城市群产业布局协调发展领域发文量排
名，本书主要选取发文量 3 篇及 3 篇以上的国家，具体结果见图 2 - 24。从图中可以观察到，发达
国家占据发文量排名前十国家的大部分。其中，中国在总发文量中存在 274 篇，居于第一位；美国
在总发文量中存在 142 篇，居于第二位；英国在总发文量中存在 52 篇，居于第三位。

　　在 CiteSpace5.7 软件中导入从 WOS 数据库搜集的数据，将节点类型栏设置为"国家"，首选标
准 N 设置为 50，其余设置采用默认值，通过对其进行可视化分析，得到中心城市与城市群产业布
局协调发展的国家知识图谱，如图 2 - 25 所示。

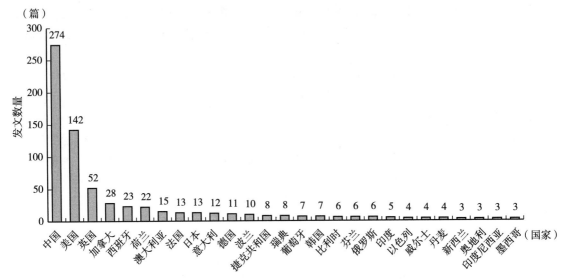

图 2-24　国际中心城市与城市群产业布局协调发展领域国家分布

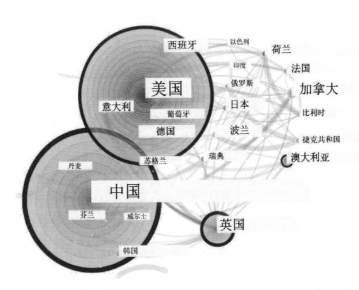

图 2-25　中心城市与城市群产业布局协调发展研究的国家共现图

由图 2-25 可知，在中心城市与城市群产业布局协调发展领域中，中国处于核心地位，并且美国、英国、加拿大、德国、意大利、日本、澳大利亚等国家与中国存在着紧密的合作关系，由此，本书认为我国在中心城市与城市群产业布局协调发展领域中地位相对较高。

通过分析各个国家有关中心城市与城市群产业布局协调发展的发文中心性，可以获取不同国家在各个节点的关键性，用来评判两个国家之间合作关系的紧密程度。按照中心度大于 0.1 则视为关键节点的标准，关键节点提取结果见表 2-31，得到外文中心城市与城市群产业布局协调发展领域的国家共现网络的关键节点。

由表 2-31 可以看出，在中心城市与城市群产业布局协调发展的研究中只有 6 个国家的中心度不小于 0.1，分别为中国、美国、英国、澳大利亚、波兰、加拿大。这 6 个国家在中心城市与城市群产业布局协调发展领域处于不同国家合作关系的网络关键节点。从这 6 个国家的数据来看，美国是研究该领域最早的国家，发文量居于总排名中的第二位，由此可见，美国在早期就已经重视中心城市与城市群产业布局协调发展的协调发展。除此之外，中国在该领域存在 274 篇文献，中心度达 0.46，远远超过 0.1，表示中国对中心城市与城市群产业布局协调发展的研究已经趋于成熟，且在国际上具有的影响力和权威性较高。

表 2 – 31                           中心城市与城市群产业布局协调发展领域国家共现网络关键节点

| 频次 | 中心度 | 首次发表年份 | 国家 |
|---|---|---|---|
| 274 | 0.46 | 2005 | 中国 |
| 142 | 0.35 | 1996 | 美国 |
| 46 | 0.3 | 1999 | 英国 |
| 15 | 0.13 | 2014 | 澳大利亚 |
| 22 | 0.1 | 1999 | 波兰 |
| 28 | 0.1 | 2000 | 加拿大 |

中心城市与城市群产业布局协调发展领域的研究团体分析。

对中心城市与城市群产业布局协调发展领域的团队分析主要从作者和研究团队两个方面展开。一是外文文献方面，研究使用 CiteSpace5.7 软件对其进行共被引分析，其中，研究机构分析主要利用该软件进行合作网络分析；二是中文文献方面，主要通过合作网络分析数据。

首先，对中心城市与城市群产业布局协调发展领域外文文献的作者团队和机构进行分析。关于中心城市与城市群产业布局协调发展领域外文文献的作者分析，在 CiteSpace5.7 软件中导入从WOS 数据库搜集的数据，将节点类型栏设置为"引用作者"，首选标准 N 设置为 30。通过对图像进行修剪设置，以保证 CiteSpace5.7 软件运行后提取的图像较为简洁易读，故选中修剪栏下的"核心期刊"以及"修剪片状网"，其余设置采用默认值，通过对其进行可视化分析，得到中心城市与城市群产业布局协调发展领域外文文献的作者共被引可视图，如图 2 – 26 所示。

由图 2 – 26 可以看出，中心城市与城市群产业布局协调发展领域的外文作者共被引频次在国际上较高的作者主要为爱德华·格莱泽、保罗·克鲁格曼、亚当·马歇尔、吉尔斯·杜兰顿、藤田正久、约翰·亨德森、约书亚·雅各布斯等，导出 CiteSpace5.7 软件运行后的数据结果，在 Excel 表格中整理出中心城市与城市群产业布局协调发展领域外文文献的作者共被引频次排名，由于在 WOS 数据库中获取的数据量较大，而且在该领域中被引频次较高的作者或团体一定程度上国际地位较高，因此，表 2 – 32 中主要展示了被引频次较高的前三名作者。

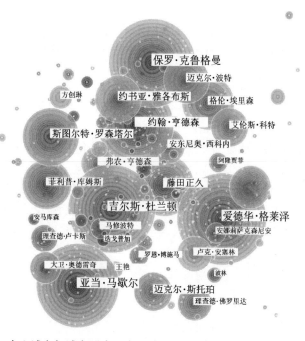

图 2 – 26   中心城市与城市群产业布局协调发展领域外文文献的作者共被引可视图

**表 2 – 32**　　　　　中心城市与城市群产业布局协调发展领域外文文献作者被引频次排名（前三）

| 作者 | 被引频次 | 被引频次最高的论文 |
| --- | --- | --- |
| 爱德华·格莱泽 | 146 | 《城市经济与创业》 |
| 保罗·克鲁格曼 | 129 | 《新经济地理：过去、现在和未来》 |
| 亚当·马歇尔 | 121 | 《城市层面的欧化：地方行动者、机构和多层次互动的动力》 |

　　由表 2 – 32 可以看出，在中心城市与城市群产业布局协调发展领域中，爱德华·格莱泽是被引频次最高的外文作者，其被引频次为 146 次，爱德华·格莱泽在过去 30 年内，被引频次最高的论文为《城市经济与创业》，该论文指出了城市经济发展对当地企业发展的重要性。保罗·克鲁格曼是被引频次排名第二的作者，其被引频次为 129 次，保罗·克鲁格曼在过去 30 年内，被引频次最高的论文为《新经济地理：过去、现在和未来》。亚当·马歇尔是被引频次排名第三的作者，其被引频次为 121 次，亚当·马歇尔在过去 30 年内，被引频次最高的论文为《城市层面的欧化：地方行动者、机构和多层次互动的动力》。

　　通过分析各个国家有关中心城市与城市群产业布局协调发展的外文作者共被引中心性，获取不同国家在各个节点的关键性，按照中心度大于 0.1 则视为关键节点的标准，得到中心城市与城市群产业布局协调发展领域外文文献的作者共被引网络的关键节点，见表 2 – 33。

**表 2 – 33**　　　　　中心城市与城市群产业布局协调发展领域外文文献的作者共被引网络关键节点

| 作者 | 被引频次 | 中心度 | 首次出现年份 |
| --- | --- | --- | --- |
| 美国人口调查局 | 6 | 0.27 | 1996 |
| 威廉·阿隆索 | 9 | 0.24 | 1993 |
| 欧振中 | 5 | 0.11 | 2003 |
| 阿什阿明 | 5 | 0.11 | 2000 |
| 经济合作与发展组织 | 5 | 0.11 | 1998 |
| 戴维·安杰尔 | 3 | 0.10 | 1996 |
| 丽贝卡·艾伦 | 3 | 0.10 | 1999 |

　　由表 2 – 33 可以看出，美国人口调查局、威廉·阿隆索、欧振中、阿什阿明、经济合作与发展组织、戴维·安杰尔、丽贝卡·艾伦等与其他作者之间的关联度较为紧密，由此产生了以以上作者为中心的多个学术研究联盟。基于以上分析，研究判断美国人口调查局、威廉·阿隆索、欧振中、阿什阿明、经济合作与发展组织、戴维·安杰尔、丽贝卡·艾伦在中心城市与城市群产业布局协调发展领域中具有较高的权威性。

　　关于中心城市与城市群产业布局协调发展领域外文文献的研究机构团队分析，在 CiteSpace5.7 软件中导入从 WOS 数据库搜集的数据，将节点类型栏设置为"机构"，首选标准 N 设置为 30，其余设置采用默认值，通过对其进行可视化分析，得到外文中心城市与城市群产业布局协调发展领域研究机构合作可视图，如图 2 – 27 所示。

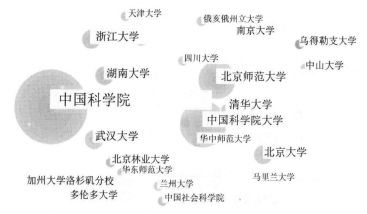

**图 2 – 27 中心城市与城市群产业布局协调发展领域外文文献的研究机构合作可视图**

由图 2 – 27 可以看出，发文量最高机构的是中国科学院。总的来说，各个机构之间存在 975 条连线，存在 657 个节点（节点代表发文机构），贡献网络密度为 0.0045，说明国际上在中心城市与城市群产业布局协调发展研究过程中，不同机构之间形成了较小的合作范围，合作力度较弱，所以不同机构之间需要加大合作交流，建立良好的机构合作机制，一起为研究中心城市与城市群产业布局协调发展作出贡献。

由表 2 – 34 可知，中心城市与城市群产业布局协调发展研究外文文献发文量较高的机构主要包括中国科学院、中国科学院大学、北京师范大学、浙江大学、北京大学、武汉大学、湖南大学、清华大学、南京大学、多伦多大学、北京林业大学、加州大学洛杉矶分校、中山大学、乌得勒支大学等 14 所高校。基于研究机构性质的角度展开分析，高校占据中心城市与城市群协调发展领域外文文献发文量的大部分，总体来讲机构类型极其单一。由此可以看出，现阶段国际上研究中心城市与城市群产业布局协调发展的文章主要由高校发表。发文量较高的 14 所机构中，中国研究机构较多，说明我国在中心城市与城市群产业布局协调发展领域中具有一定的权威性和代表性，且在中心城市与城市群产业布局协调发展领域中具有较高的国际影响力。

表 2 – 34　　　　　中心城市与城市群产业布局协调发展领域外文文献发文量较高机构

| 发文量（篇） | 机构名称 | 机构性质 | 地区 |
|---|---|---|---|
| 54 | 中国科学院 | 研究机构 | 中国 |
| 27 | 中国科学院大学 | 高校 | 中国 |
| 20 | 北京师范大学 | 高校 | 中国 |
| 16 | 浙江大学 | 高校 | 中国 |
| 13 | 北京大学 | 高校 | 中国 |
| 12 | 武汉大学 | 高校 | 中国 |
| 9 | 湖南大学 | 高校 | 中国 |
| 8 | 清华大学 | 高校 | 中国 |
| 7 | 南京大学 | 高校 | 中国 |
| 7 | 多伦多大学 | 高校 | 加拿大 |
| 7 | 北京林业大学 | 高校 | 中国 |
| 7 | 加州大学洛杉矶分校 | 高校 | 美国 |
| 7 | 中山大学 | 高校 | 中国 |
| 7 | 乌得勒支大学 | 高校 | 荷兰 |

其次，对中心城市与城市群产业布局协调发展领域中文文献的作者和研究团队进行分析。

关于对中心城市与城市群产业布局协调发展研究中文作者进行分析，在 CiteSpace5.7 软件中导入从中国知网数据库搜集的数据，将节点类型栏设置为"作者"，首选标准 N 设置为30。通过对图像进行修剪设置，以保证 CiteSpace5.7 软件运行后提取的图像较为简洁易读，故选中修剪栏下的"核心期刊"以及"修剪片状网"，其余设置采用默认值，通过对其进行可视化分析，得到中心城市与城市群产业布局协调发展领域中文文献作者合作可视图，如图 2 - 28 所示。

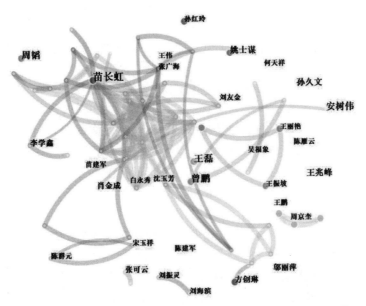

**图 2 - 28　中心城市与城市群产业布局协调发展领域中文文献作者合作网络可视图**

由图 2 - 28 可以看出，中心城市与城市群产业布局协调发展领域中文文献发文量最高的作者是苗长虹。总的来看，各个机构之间存在 1675 条连线，存在 1761 个节点（节点即作者），贡献网络密度为 0.0011，表示国内关于中心城市与城市群产业布局协调发展的研究尚不成熟，但各个作者之间具有一定的合作联系，整体上正逐步形成紧密的科研合作团队。导出 CiteSpace5.7 软件运行结果，整理得到中心城市与城市群产业布局协调发展领域发文量较高的中文作者，如表 2 - 35 所示。

**表 2 - 35　　　　中心城市与城市群产业布局协调发展领域中文文献的高发文量作者**

| 作者 | 发文量（篇） | 单位 |
|---|---|---|
| 苗长虹 | 9 | 河南大学环境与规划学院、教育部人文社会科学重点研究基地——河南大学黄河文明与可持续发展研究中心 |
| 周韬 | 8 | 河南科技大学经济学院 |
| 王磊 | 7 | 武汉大学中国中部发展研究院（区域与城乡发展研究院） |
| 安树伟 | 7 | 首都经济贸易大学城市经济与公共管理学院 |
| 曾鹏 | 7 | 广西民族大学民族学与社会学学院 |
| 王兆峰 | 6 | 湖南师范大学旅游学院 |
| 孙久文 | 6 | 中国人民大学经济学院、中国人民大学区域与城市经济研究所 |
| 姚士谋 | 6 | 中国科学院南京地理与湖泊研究所 |
| 李学鑫 | 5 | 商丘师范学院环境与规划系 |
| 邬丽萍 | 5 | 广西大学商学院 |

续表

| 作者 | 发文量（篇） | 单位 |
|---|---|---|
| 方创琳 | 5 | 中国科学院地理科学与资源研究所 |
| 肖金成 | 5 | 国家发展和改革委员会国土开发与地区经济研究所 |
| 张可云 | 5 | 中国人民大学应用经济学院、中国人民大学书报资料中心 |

由表 2-35 可知，国内对中心城市与城市群产业布局协调发展研究较为重要的学者有苗长虹、周韬、王磊、安树伟、曾鹏、王兆峰、孙久文、姚士谋、李学鑫、邬丽萍、方创琳、肖金成、张可云等人，与国外相比，国内在中心城市与城市群产业布局协调发展领域存在较高的发文量，代表着中国在该领域研究中相对比较成熟，因此，研究中心城市与城市群产业布局协调发展时以上学者的文章可以重点借鉴参考。

关于中心城市与城市群产业布局协调发展研究中文文献的团队分析，在 CiteSpace5.7 软件中导入从中国知网搜集的数据，将节点类型栏设置为"机构"，首选标准 N 设置为 30。通过对图像进行修剪设置，以保证 CiteSpace5.7 软件运行后提取的图像较为简洁易读，故选中修剪栏下的"核心期刊"以及"修剪片状网"，其余设置采用默认值，通过对其进行可视化分析，得到中心城市与城市群产业布局协调发展研究中文文献的研究机构可视图，如图 2-29 所示。

由图 2-29 可以看出，发文量最高的机构是中国科学院地理科学与资源研究所，且与中国科学院研究生院、北京大学城市与环境学院、首都经济贸易大学城市经济与公共管理学院等多所研究机构交流合作紧密。总的来说，各个研究机构之间存在 784 条连线，存在 1022 个节点（节点即研究机构），贡献网络密度为 0.0015，表明国内研究中心城市与城市群产业布局协调发展的研究机构之间存在较好的交流，联系紧密，不过不同机构之间仍需继续加强机构交流群体的建立。

将 CiteSpace 软件运行的数据导出，得到发文量排名前十的机构如表 2-36 所示。

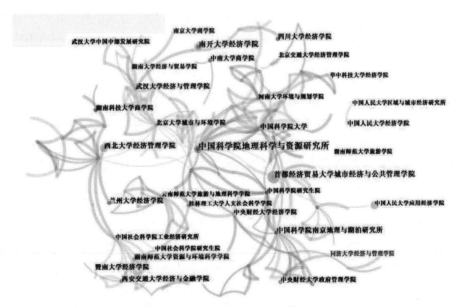

图 2-29　中心城市与城市群产业布局协调发展领域中文文献的机构合作可视图

表 2-36　　中心城市与城市群产业布局协调发展领域中文文献发文量较高的机构（前十）

| 发文量（篇） | 机构名称 | 机构性质 | 地区 |
|---|---|---|---|
| 19 | 中国科学院地理科学与资源研究所 | 研究机构 | 华北地区 |
| 14 | 首都经济贸易大学城市经济与公共管理学院 | 高校 | 华北地区 |

续表

| 发文量（篇） | 机构名称 | 机构性质 | 地区 |
|---|---|---|---|
| 13 | 南开大学经济学院 | 高校 | 华北地区 |
| 12 | 西北大学经济管理学院 | 高校 | 西北地区 |
| 10 | 中国科学院南京地理与湖泊研究所 | 研究机构 | 华东地区 |
| 9 | 西安交通大学经济与金融学院 | 高校 | 西北地区 |
| 9 | 兰州大学经济学院 | 高校 | 西北地区 |
| 9 | 武汉大学经济与管理学院 | 高校 | 华中地区 |
| 9 | 四川大学经济学院 | 高校 | 西南地区 |
| 9 | 中国科学院大学 | 高校 | 华北地区 |
| 9 | 暨南大学经济学院 | 高校 | 华南地区 |

由表 2 - 36 可以看出，发文量排名前三的研究机构主要包括：中国科学院地理科学与资源研究所、首都经济贸易大学城市经济与公共管理学院、南开大学经济学院。基于研究机构类型的角度展开分析，发文量排名前十的机构，研究机构有 2 所，高校有 9 所，总体来说机构类型较为单一，因此，研究机构和高校都是中心城市与城市群产业布局协调发展的研究主力，高校数量相对更多一些。基于研究机构地域的角度展开分析，华北、华东、华中、华南、西北、西南各地均存在研究中心城市与城市群协调发展的研究机构，针对中心城市与城市群产业布局协调发展进行研究的研究机构地理分布较为均匀。

对中心城市与城市群产业布局协调发展领域的权威期刊进行分析。

分析中心城市与城市群产业布局协调发展的期刊分布，有利于相关学者准确识别和把握该领域中的权威期刊，从而对文献进行针对性的检索，不仅提高了检索效率，而且提升了检索文献的质量。在分析各个期刊时主要采用分析期刊共被引方式，同时分析中心城市与城市群产业布局协调发展领域共被引的中心度。通过分析期刊的转载量，探析各个期刊在中心城市与城市群产业布局协调发展领域的传输能力和信息储备能力。

首先，对中心城市与城市群产业布局协调发展研究外文文献的期刊进行分析。

在 CiteSpace5.7 软件中导入从 WOS 数据库搜集的数据，将节点类型栏设置为 "引用期刊"，首选类型 N 设置为 30。通过对图像进行修剪设置，以保证 CiteSpace5.7 软件运行后提取的图像较为简洁易读，故选中修剪栏下的 "核心期刊" 以及 "修剪片状网"，其余设置采用默认值，通过对其进行可视化分析，得到中心城市与城市群产业布局协调发展研究外文文献的期刊共被引可视图，如图 2 - 30 所示。

由图 2 - 30 可以看出，外文文献中有关中心城市与城市群产业布局协调发展的研究，主要集中在《城市经济学杂志》（Journal of Urban Economics）、《城市研究》（Urban Studies）、《区域研究》（Regional Studies）、《美国经济评论》（American Economic Review）、《政治经济学期刊》（Journal of Political Economy）、《经济地理杂志》（Journal of Economic Geography）、《区域科学与城市经济学》（Regional Science and Urban Economics）、《经济地理学》（Economic Geography）、《区域科学杂志》（Journal of Regional Science）、《环境与规划 A：经济与空间》（Environment and Planning A：Economy and Space）、《清洁生产杂志》（Journal of Cleaner Production）、《经济与统计评论》（Review of Economics and Statistics）、《区域科学论文集》（Papers in Regional Science）、《城市》（Cities）、《经济研究评论》（Review of Economic Studies）等 15 本期刊。其中，《城市经济学杂志》《城市研究》《区域研究》3 本期刊的引用频次明显高于其他期刊的引用频次。《城市经济学杂志》主要刊发城市发展、城市经济等方面的论文研究，根据 2015 年的期刊引证报告可知，该期刊 2015 年的影响因子为 1.609，在 333 种 SSCI 经济学期刊中排第 63 名；《城市研究》主要刊发城市规划、城市问题、

区域发展等方面的论文研究，根据 2015 年的期刊引证报告可知，该期刊 2015 年的影响因子为 1.592，在 100 种 SSCI 环境科学期刊中排第 42 名；《区域研究》主要刊发区域经济、城市集聚等方面的论文研究，根据 2015 年的期刊引证报告可知，该期刊 2015 年的影响因子为 2.068，在 333 种 SSCI 经济学期刊中排第 41 名。

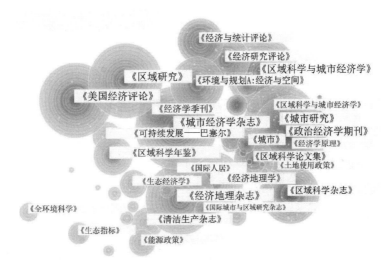

**图 2-30　中心城市与城市群产业布局协调发展领域外文文献的期刊共被引可视图**

通过分析中心城市与城市群产业布局协调发展领域的期刊共被引中心性，获取不同国家在各个节点的关键性，按照中心度大于 0.1 则视为关键节点的标准，得到中心城市与城市群产业布局协调发展领域外文文献的期刊共被引网络的关键节点，见表 2-37。

表 2-37　　　　中心城市与城市群产业布局协调发展领域外文文献的期刊共被引网络关键节点

| 被引频次 | 中心度 | 首次出现年份 | 期刊名称 |
| --- | --- | --- | --- |
| 18 | 0.34 | 1998 | 《美国社会学杂志》 |
| 4 | 0.23 | 1996 | 《行政科学季刊》 |
| 40 | 0.16 | 1999 | 《美国地理学家联合会会刊》 |

由表 2-37 可以看出，《美国社会学杂志》《行政科学季刊》《美国地理学家联合会会刊》3 本期刊的被引频次和中心度均较高，表明在中心城市与城市群产业布局协调发展领域中，《美国社会学杂志》《行政科学季刊》《美国地理学家联合会会刊》这 3 本期刊具有较高论文质量，权威性和知名度也相对较高，是研究该领域需要重点参考的期刊。因此，本书认为《美国社会学杂志》《行政科学季刊》《美国地理学家联合会会刊》这 3 本期刊在中心城市与城市群产业布局协调发展领域中具备较高的国际地位，总体处于核心地位。

从发文集中度方面来看，在 CiteSpace5.7 软件中导入从 WOS 数据库搜集的数据，将节点类型栏设置为"来源"，首选标准 N 设置为 30，其余设置采用默认值。在 Excel 中导入运行结果并对期刊名称进行计数，进而得到 1992~2021 年中心城市与城市群产业布局协调发展外文文献的期刊分布，在表 2-38 中展示了发文量排名靠前十的外文期刊分布。

**表 2-38　　1992~2021 年中心城市与城市群产业布局协调发展领域外文文献的期刊分布**

| 期刊名称（简称） | 发文量（篇） | 占比（%） |
|---|---|---|
| 《城市经济学杂志》 | 13 | 2.28 |
| 《区域研究》 | 11 | 1.93 |
| 《区域科学论文集》 | 11 | 1.93 |
| 《中国地理科学》 | 11 | 1.93 |
| 《城市研究》 | 8 | 1.41 |
| 《国际人居》 | 8 | 1.41 |
| 《区域科学杂志》 | 8 | 1.41 |
| 《经济地理杂志》 | 8 | 1.41 |
| 《区域科学与城市经济学》 | 7 | 1.23 |
| 《区域科学年鉴》 | 7 | 1.23 |
| 《发展与变化》 | 7 | 1.23 |
| 《可持续发展》 | 7 | 1.23 |

　　由表 2-38 可以看出，统计中心城市与城市群产业布局协调发展领域的期刊发文量，排名居于前十的期刊共计发文 106 篇，约占据总发文量的 18.63%，并未表现出显著高于其他期刊的趋势，表示在中心城市与城市群产业布局协调发展领域中各个期刊存在较为均匀的发文量，暂未出现代表性期刊和形成较为稳定的期刊群。总体来看，通过分析发文量排名前十的期刊发现，不同期刊之间的被引频次差别不大，因此，基于发文量的角度展开分析，得出在中心城市与城市群产业布局协调发展领域中，还未形成具有较高权威性的载文期刊。

　　其次，对中心城市与城市群产业布局协调发展领域中文文献的期刊进行分析。

　　由于通过中国知网中导出的论文文献数据，缺少"参考文献"字段，无法通过 CiteSpace 软件对中国知网导出的论文文献数据进行共被引分析，因此对于中心城市与城市群产业布局协调发展研究中文文献的期刊分析，将从该领域期刊的发文量以及学科研究层次展开。

　　在 CiteSpace5.7 软件中导入从中国知网数据库搜集的数据，将节点类型栏设置为"来源"，首选标准 N 设置为 30。通过对图像进行修剪设置，以保证 CiteSpace5.7 软件运行后提取的图像较为简洁易读，故选中修剪栏下的"核心期刊"以及"修剪片状网"，其余设置采用默认值，在 Excel 中导入运行结果并对期刊名称进行计数，进而得到 1992~2021 年中心城市与城市群产业布局协调发展中文文献期刊分布，在表 2-39 中展示了发文量排名靠前的期刊分布。

**表 2-39　　1992~2021 年中心城市与城市群产业布局协调发展领域中文文献的期刊分布**

| 期刊名称（简称） | 发文量（篇） | 占比（%） |
|---|---|---|
| 《经济地理》 | 21 | 2.09 |
| 《城市问题》 | 14 | 1.39 |
| 《经济问题探索》 | 13 | 1.29 |
| 《城市发展研究》 | 12 | 1.20 |
| 《地理科学进展》 | 11 | 1.10 |
| 《改革》 | 11 | 1.10 |
| 《统计与决策》 | 11 | 1.10 |
| 《科技管理研究》 | 10 | 1.00 |

| 期刊名称（简称） | 发文量（篇） | 占比（%） |
|---|---|---|
| 《长江流域资源与环境》 | 10 | 1.00 |
| 《商业研究》 | 9 | 0.90 |
| 《地域研究与开发》 | 9 | 0.90 |
| 《地理科学》 | 9 | 0.90 |
| 《特区经济》 | 9 | 0.90 |
| 《科技进步与对策》 | 9 | 0.90 |

由表 2 - 39 可以看出，统计中心城市与城市群产业布局协调发展领域的期刊发文量，排名居于前十的期刊共计发文 158 篇，约占据总发文量的 15.77%，并未表现出显著高于其他期刊的趋势，表示在中心城市与城市群产业布局协调发展领域中各个期刊存在较为均匀的发文量，暂未出现代表性期刊和形成较为稳定的期刊群。总体来看，通过分析发文量排名前十的期刊，不同期刊之间的被引频次差别不大，因此，基于发文量的角度展开分析，得出在中文中心城市与城市群产业布局协调发展领域中，还未形成具有较高权威性的载文期刊。

将发文量排名前十的期刊导入 CiteSpace 中，检索出期刊的研究层次并对其进行分类，最终得到中心城市与城市群产业布局协调发展领域中权威性较高的期刊文献的研究层次，以便后续为不同类型期刊的深入研究和文献筛选提供独特见解，给予指导性建议，详细结果见表 2 - 40。

**表 2 - 40　　　　中心城市与城市群产业布局协调发展领域研究中文文献的核心期刊研究层次**

| 研究层次 | 期刊名称 |
|---|---|
| 基础研究（社科） | 《经济地理》《城市问题》《经济问题探索》《城市发展研究》《地理科学进展》《长江流域资源与环境》《商业研究》《地域研究与开发》《地理科学》《特区经济》 |
| 政策研究（社科） | 《改革》《统计与决策》《科技管理研究》《科技进步与对策》 |

由表 2 - 40 可以看出，国内中心城市与城市群产业布局协调发展研究主要分布在基础研究（社科），其中，基础研究（社科）方面包括《经济地理》《城市问题》《经济问题探索》《城市发展研究》《地理科学进展》《长江流域资源与环境》《商业研究》《地域研究与开发》《地理科学》《特区经济》等期刊，因此，在进行中文中心城市与城市群产业布局协调发展的社会科学基础研究时，着重借鉴以上期刊所发的文献。政策研究（社科）方面包括《改革》《统计与决策》《科技管理研究》《科技进步与对策》等期刊，因此，在进行中心城市与城市群产业布局协调发展中文文献的政策研究时，着重借鉴以上期刊所发的文献。

通过对中、外文期刊的分析可知，在研究外文文献关于中心城市与城市群产业布局协调发展领域时，可以重点参考《城市经济学杂志》《区域研究》《区域科学论文集》《中国地理科学》等期刊所刊发的文章，中文期刊可重点参考《经济地理》《城市问题》《经济问题探索》《城市发展研究》所刊发的文章。

中心城市与城市群产业布局协调发展领域的重要研究成果分析。

通过分析中心城市与城市群产业布局协调发展研究的热点，能够较为直观地反映出中心城市与城市群产业布局协调发展领域的前沿问题和研究热点，从而精准把握这一领域的研究重点和难点，并填补目前在中心城市与城市群产业布局协调发展领域的学术空白，为后人研究奠定基础，同时为其今后的研究方向提供指导意见。

首先，针对中心城市与城市群产业布局协调发展研究的外文重要文献进行分析。

在 CiteSpace5.7 软件中导入从 WOS 数据库搜集的数据，节点类型栏选择"关键词"，首选标准 N 设置为 30，时间切片选择为 2。其余设置采用默认值，经过可视化分析处理，得到中心城市与城市群产业布局协调发展研究的外文文献共被引运行图，并在运行图中选择"时间轴"的显示方式，得到可视化鱼眼图，如图 2-31 所示。

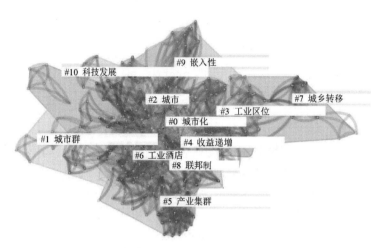

**图 2-31　中心城市与城市群产业布局协调发展领域外文研究共被引可视化鱼眼图**

由图 2-31 可以看出，中心城市与城市群产业布局协调发展领域外文文献共具有 11 个类别的高频关键词聚类，分别为城市化（urbanization）、城市群（urban agglomeration）、城市（cities）、工业区位（industrial location）、收益递增（increasing return）、产业集群（industrial clusters）、工业酒店（hotel industrial）、城乡转移（urban-rural shift）、联邦制（federalism）、嵌入性（embeddedness）、科技发展（technology development）。中心城市与城市群产业布局协调发展领域外文文献的研究热点主要由这 11 个类别表示。

通过分析中心城市与城市群产业布局协调发展的文献被引网络节点的中心性，可以获取不同国家在各个节点的关键性，按照中心度大于 0.1 则视为关键节点的标准，提取关键节点，得到中心城市与城市群产业布局协调发展领域外文文献的重要节点，具体结果见表 2-41。

表 2-41　　　　　　　中心城市与城市群产业布局协调发展领域外文文献的重要节点

| 被引频次 | 中心度 | 首次出现年份 | 期刊名称 |
| --- | --- | --- | --- |
| 2 | 0.19 | 2015 | 《意大利的空间集聚与生产率：面板平滑过渡回归方法》 |
| 4 | 0.18 | 2015 | 《集聚经济的实证研究》 |
| 4 | 0.16 | 2007 | 《分歧、分拆和底特律作为美国"汽车工业之都"的演变》 |
| 2 | 0.16 | 2009 | 《地理集中与垂直分化：来自中国的证据》 |
| 4 | 0.12 | 2013 | 《中国综合症：美国进口竞争的本地劳动力市场效应》 |
| 5 | 0.11 | 2016 | 《高铁与城市服务业集聚：来自中国长三角地区的证据》 |

由表 2-41 可以看出，关于中心城市与城市群产业布局协调发展领域的外文文献被引网络的关键节点，有 6 篇文章的中心度均大于 0.1，说明国外对中心城市与城市群产业布局协调发展领域的研究较为成熟，并具有较高权威性的文献。

其次，对中心城市与城市群产业布局协调发展领域中文重要文献进行分析。

由于从中国知网中导出的文献数据信息有残缺，无法使用 CiteSpace 软件对其进行共被引分析，因此，导出中文领域中，关于中心城市与城市群产业布局协调发展被引频次分析表，如表 2-42 所示。

表 2 - 42　　　　　　　　　中心城市与城市群产业布局协调发展领域核心中文文献

| 排名 | 被引频次 | 作者 | 题目 |
|---|---|---|---|
| 1 | 324 | 苏雪串 | 《城市化进程中的要素集聚、产业集群和城市群发展》 |
| 2 | 274 | 方创琳、祁巍锋、宋吉涛 | 《中国城市群紧凑度的综合测度分析》 |
| 3 | 213 | 薛东前、王传胜 | 《城市群演化的空间过程及土地利用优化配置》 |
| 4 | 203 | 张云飞 | 《城市群内产业集聚与经济增长关系的实证研究——基于面板数据的分析》 |
| 5 | 197 | 马晓河、胡拥军 | 《中国城镇化进程、面临问题及其总体布局》 |
| 6 | 177 | 叶耀明、纪翠玲 | 《长三角城市群金融发展对产业结构变动的影响》 |
| 7 | 174 | 朱江丽、李子联 | 《长三角城市群产业—人口—空间耦合协调发展研究》 |
| 8 | 172 | 许学强、程玉鸿 | 《珠三角城市群的城市竞争力时空演变》 |
| 9 | 171 | 张蔷 | 《中国城市文化创意产业现状、布局及发展对策》 |
| 10 | 169 | 吴福象、沈浩平 | 《新型城镇化、基础设施空间溢出与地区产业结构升级——基于长三角城市群 16 个核心城市的实证分析》 |

由表 2 - 42 可知，被引频次排名第一的是苏雪串于 2004 年 1 月 20 日在《中央财经大学学报》发表的《城市化进程中的要素集聚、产业集群和城市群发展》，被引频次为 324。被引频次排名第二的是方创琳、祁巍锋和宋吉涛于 2008 年 10 月 15 日在《地理学报》发表的《中国城市群紧凑度的综合测度分析》，被引频次为 274。被引频次排名第三的是薛东前和王传胜于 2002 年 4 月 10 日在《地理科学进展》发表的《城市群演化的空间过程及土地利用优化配置》，被引频次为 213。

对中心城市与城市群产业布局协调发展领域的前沿热点进行分析。

通过对中心城市与城市群产业布局协调发展领域中的关键词分析和突变分析，可以直观反映出该领域的研究热点和前沿，进而准确把握该领域的学术研究，更加清晰地发现该领域的学术空白，为准确选择学术研究方向提供指导。

首先对中心城市与城市群产业布局协调发展保护领域研究热点进行分析。

在 CiteSpace5.7 软件中导入从 WOS 数据库搜集的数据，将节点类型栏设置为"关键词"，首选标准 N 设置为 30。通过对图像进行修剪设置，以保证 CiteSpace5.7 软件运行后提取的图像较为简洁易读，故选中修剪栏下的"核心期刊"以及"修剪片状网"，其余设置采用默认值，通过对其进行可视化分析，得到中心城市与城市群产业布局协调发展保护研究外文文献的关键词共现图后，选择"时间线显示"，采用关键词聚类，选择"LLR 对数极大近似率"（Log - Likeli-hood Ratio），在对图像进行调整后得到中心城市与城市群产业布局协调发展外文研究热点图，如图 2 - 32 所示。

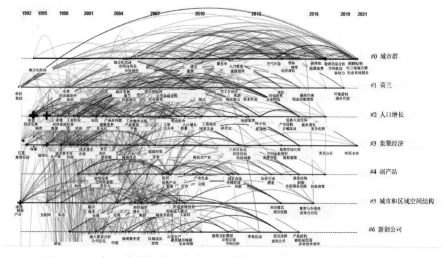

**图 2 - 32　中心城市与城市群产业布局协调发展领域外文文献研究热点**

　　由图 2－32 可以看出，中心城市与城市群产业布局协调发展领域外文文献共具有 7 个类别的高频关键词聚类，分别为城市群（urban agglomeration）、荷兰（the Netherlands）、人口增长（population growth）、集聚经济（agglomeration economies）、副产品（by-products）、城市和区域空间结构（urban and regional spatial structure）、新创公司（start-ups）。中心城市与城市群产业布局协调发展领域的外文文献研究热点主要由这 7 个类别表示。根据软件运行得出的聚类视图，按照时间顺序梳理各个关键词，在此基础上提取有效关键词，最终在表 2－43 中列举出中心城市与城市群产业布局协调发展学术研究外文文献的热点脉络。

表 2－43　　　　　　中心城市与城市群产业布局协调发展领域外文文献的热点关键词脉络

| 年份 | 关键词 |
|---|---|
| 1992 | 产业、创新、区位、城市群、区域、技术、发明、城市等级 |
| 1993 | 集聚经济 |
| 1994 | 城市、规模、经济发展、回报、本土化经济、变量、优势 |
| 1996 | 集聚、城市化、网络化、本地化、扩散 |
| 1998 | 增长、生产率、美国、面积、收益递增、移民、衰退、大学、泊松回归、流量 |
| 1999 | 企业、溢出、知识、经济地理、研究与发展、区域发展、生产性服务业、商业、城市集中、研发、英国、框架 |
| 2000 | 地理、经济、城市规模、市场、产业区位、选择、联动、设计、文化经济、巴黎 |
| 2001 | 影响、贸易、效率、城市面积、经济、外部经济、商业服务 |
| 2002 | 模型、绩效、制造业、城市、就业、外商直接投资、郊区化、邻近性、产品创新、都市区、一体化、成本 |
| 2003 | 中国、政策、多样性、竞争力、垄断竞争、发展中国家、租金、空间外部性、中国城市、联邦制、分工、生产体系、大都市内区位 |
| 2004 | 演化、竞争、空间集聚、新经济地理学、印度、区位理论 |
| 2005 | 地理集中度、外部性、均衡、纽约、空间自相关、城市体系、公共会计、荷兰、企业区位、城市化经济、集聚外部性 |
| 2006 | 集群、可持续性、管理、空间结构、城市发展、价格、媒体、洛杉矶、电信 |
| 2007 | 城市增长、转型、密度、区域增长、服务、世界、城市多样性、治理、国际移民、知识城市 |
| 2008 | 决定因素、动力学、工资、面板数据、地点、全球化、创意产业、人口、流动性、北京、文化产业、组织、空间演变、隔离、工人、运输成本、劳动力、电影、失业、技能、分散、公共基础设施、经济绩效、项目 |
| 2009 | 创业、专业化、质量、工业区、区域不平等、部门、人口增长、交通、欧盟、集聚经济、能源 |
| 2010 | 模式、土地利用、投资、绿色基础设施、劳动力市场、视角、知识溢出、专利引用、生命周期、产业生态、园区、生态、专利、监管 |
| 2011 | 进入、选择、分割 |
| 2012 | 不平等、贫困、能源效率、创造力、收益、口碑、旅游、产业多样性、吸收能力、城市形态、空间分析、生产率增长、全球城市、齐夫定律、灵活专业化 |
| 2013 | 可达性、国家、酒店业、非洲、氧－18、世界城市网络、信息技术、定价策略、中产阶级化、农业、舒适性、贫困、环境 |
| 2014 | 经济增长、污染、空气污染、消费、空间、艺术、协会 |
| 2015 | 系统、排放、创意阶层、指标、城市化、瑞典、新陈代谢 |
| 2016 | 集聚与外部性、越南、政策与应用 |
| 2017 | 二氧化碳排放、能源消耗、碳排放、长江三角洲、珠江三角洲、二氧化碳排放、强度、创意集群、品种、扩张、交通基础设施、共同区位、竞争优势、生态网络分析、城市新陈代谢、就业增长、环境质量、资源、转化 |

| 年份 | 关键词 |
|------|--------|
| 2018 | 空间格局、数据包络分析、层次分析 |
| 2019 | 环境调节、驱动力、分解、快速城市化 |
| 2020 | 气候变化 |
| 2021 | 生态系统服务、建设、细颗粒物、省、复杂系统、交通、城市可持续性、雾霾、工业用地、东南亚、制造业、可持续发展目标、大气污染、生态环境、协同效应、气候、库兹涅茨曲线、高铁、时空特征、城市群、长三角城市群集聚 |

由表 2 - 43 可以看出，从 1992 年开始，关于中心城市与城市群产业布局协调发展的外文研究热点关键词便较多，说明中心城市与城市群产业布局协调发展从一开始便是学术界的研究热点，在这一时期，学者们侧重于研究产业、创新、城市等级、城市群等方面。1999 年，学者们将目光放在经济地理学、区域可持续发展、城市集中度等方面，重视将经济地理学的知识运用在城市区域可持续发展和城市集中度等问题上，优化产业结构，以更好地实现城市经济的高质量发展。2002 年，学者们深入研究制造业、对外直接投资、城市化、产品创新、产业融合等对中心城市与城市群产业布局协调发展的推进作用，这表明在该领域中，学者们开始重点考虑对外投资对产品创新和产品融合的重要影响作用，有效推进城市化发展。2008 年，学者们重点关注文化产业、运输费用、公共基础设施、经济状况、动态化发展等方面的内容，合理整合各产业，挖掘产业优势，动态地推动城市可持续发展。2012 年，能源效率、产业多样性、吸收能力、城市空间形态、空间分析、生产率、弹性专业化在中心城市与城市群产业布局协调发展研究中备受关注，说明学者们在这一阶段结合城市空间形态和吸收能力，对城市产业空间进行整体性、系统性分析，提高能源使用效率，调整产业结构，优化产业布局。2017 年，学者们高度重视碳排放，尤其是二氧化碳的排放量，综合分析生态网络，提高环境质量，从而提升竞争优势。2021 年，在践行绿色发展理念的情况下，学者们在研究中心城市与城市群产业布局协调发展的过程中，充分考虑生态系统服务功能和气候变化，立足于在城市可持续发展的基础上实现城市集聚，调整产业结构，一定程度上说明了国际上关于中心城市与城市群产业布局协调发展的研究逐渐成熟。

其次，针对国内中心城市与城市群产业布局协调发展领域的研究热点进行分析。

在 CiteSpace5.7 软件中导入从 WOS 数据库搜集的数据，将节点类型栏设置为"关键词"，首选标准 N 设置为 20。通过对图像进行修剪设置，以保证 CiteSpace5.7 软件运行后提取的图像较为简洁易读，故选中修剪栏下的"核心期刊"以及"修剪片状网"，其余设置采用默认值，通过对其进行可视化分析，得到中文中心城市与城市群产业布局协调发展研究关键词共现图后，选择"时间线显示"，采用关键词聚类，选择"LLR 对数极大近似率"（Log - Likeli-hood Ratio），在对图像进行调整后得到中文中心城市与城市群产业布局协调发展研究热点图，如图 2 - 33 所示。

由图 2 - 33 可知，中心城市与城市群产业布局协调发展领域中文文献共具有 10 个类别的高频关键词聚类，分别为城市群、京津冀、长三角城市群、产业布局、三大城市群、产业集群、城市化、产业集聚、长株潭城市群、城镇化。中心城市与城市群产业布局协调发展领域的中文文献研究热点主要由这 10 个类别表示。根据软件运行得出的聚类视图，按照时间顺序梳理各个关键词，在此基础上提取有效关键词，最终在表 2 - 44 中列举出中心城市与城市群产业布局协调发展学术研究中文文献的关键词脉络。

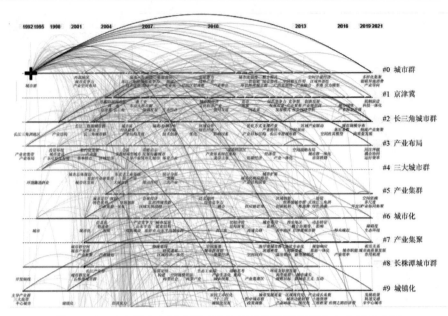

图 2－33　中心城市与城市群产业布局协调发展领域中文文献热点图

表 2－44　　　　　　　　中心城市与城市群产业布局协调发展领域中文文献关键词脉络

| 年份 | 关键词 |
| --- | --- |
| 1992 | 中心城市、开发轴线 |
| 1993 | 产业布局、长江三角洲地区、产业密集带、城市群体 |
| 1994 | 城市群、高新技术产业、中部城市群、支柱产业、高新技术、城市化进程、高新技术产业群、工业布局 |
| 1995 | 城市、环渤海地区 |
| 1996 | 第三产业 |
| 1997 | 空间模式 |
| 1998 | 开放模型、沪苏锡常地区、土地人口容载力 |
| 1999 | 产业结构、可持续发展、空间格局、城市建设 |
| 2000 | 城镇化、产业 |
| 2001 | 对策 |
| 2002 | 产业集聚、长株潭城市群、城市化、空间布局、产业群、工业化、河南省、城市竞争力、产业空间布局、经济一体化、城市化发展、城市群空间、城市群发展、城市经济、西部地区、城市产业群、思路、城市化水平 |
| 2003 | 长三角城市群、产业分工、长江三角洲、珠三角城市群、产业结构调整、资源型城市、长三角城市群、矿业城市、高速铁路、世界城市、产业链、长三角地区、集约化发展 |
| 2004 | 产业集群、京津冀、区域经济、产业发展、发展、半岛城市群、产业规划、大城市群、物流业、金融发展、产业带、信息化 |
| 2005 | 经济增长、中原城市群、长三角、一体化、珠三角、产业转型、比较优势、环鄱阳湖城市群、中部地区、三大城市群、产业效应、城市群建设、网络城市、城市圈、全球化、城镇体系、沿海城市群、优势互补、规划、实证分析、西部 |
| 2006 | 长江经济带、产业结构升级、产业转移、制造业、区域一体化、经济发展、辽宁中部城市群、文化产业、中部崛起、环渤海城市群、科学发展观、技术进步、主导产业、经济联系、第二产业、长株潭、珠江三角洲、路径选择、SWOT 分析、城市流、临港产业、城市组群、战略、GDP（国内生产总值）、展望、资源枯竭型城市、山东省、体制创新、中国城市群、城市化战略、东北老工业基地、经济整合、煤炭城市、区位熵灰色关联分析、产业结构与分工、多样化 |

续表

| 年份 | 关键词 |
| --- | --- |
| 2007 | 旅游业、武汉城市圈、协调发展、东北地区、产业支撑、产业竞争力、山东半岛、城市经济带、信息服务业、国际竞争力、物流产业 |
| 2008 | 两型社会、中国、山东半岛城市群、布局、区位熵、技术创新、空间结构、发展战略、评价指标体系、偏离 - 份额分析、演进、体育产业、专业化、城市发展、构建、就业结构、综合发展水平、集聚效应、空间分异、研究进展、空间整合、旅游环境承载力、区域经济一体化、武汉城市群、旅游产业集群、地域差异、人口城市化、产业创新、农业、川渝城市群、发展定位 |
| 2009 | 产业升级、优化、灰色关联分析、长株潭"3 + 5"城市群、两型产业、广西北部湾经济区、"两型社会"、旅游竞争力、空间规模效益、行政区划调整 |
| 2010 | 协同发展、影响因素、竞争力、分工、文化创意产业、服务业、产业生态化、产业整合、合作、集聚经济、城乡统筹、城市群经济、耦合、区位熵、综合竞争力、区域合作、港口群、绿色经济、农业产业、农民工市民化、"十二五"、空间集聚、城镇化发展、城市群规划、布局规划 |
| 2011 | 生产性服务业、价值链、环长株潭城市群、高速公路、河北省、城市流强度、竞合、浙中城市群、集聚度、低碳经济、发展阶段、集聚、空间演进、第三产业比重、产业集聚区 |
| 2012 | 长江中游城市群、广西北部湾、发展模式、产业多样化、产业结构高度化、产业专业化、低碳产业集群、相对熵、绿色基础设施、关中地区、泛长三角、现代产业体系、绿色竞争力、生态化、发展对策、产业对接、溢出效应、产业一体化 |
| 2013 | 京津冀城市群、新型城镇化、耦合协调度、旅游产业、滇中城市群、天山北坡城市群、现代化、社会网络分析、空间效应、要素流动、动态面板、EG 指数（空间集聚指数）、城市功能转型、情景分析、产业融合、上海、粤港澳 |
| 2014 | 成渝城市群、空间溢出、创意产业 |
| 2015 | 空间杜宾模型、引力模型、十大城市群 |
| 2016 | "丝绸之路"经济带、哈长城市群、市场潜能、基尼系数、城市空间联系、特大城市、产业效率、区域经济新格局 |
| 2017 | 产业转型升级、城市网络、雄安新区、相关多样化、城市职能、土地集约利用、产业价值链、"一带一路"、高技术产业 |
| 2018 | 粤港澳大湾区、生态效率、开发区、协同集聚、创新驱动、地理加权回归、城市规模分布、碳排放、产业结构变迁 |
| 2019 | 高质量发展、耦合协调、高质量、全球价值链、环境污染 |
| 2020 | 环境规制、长三角一体化、空间计量模型、异质性、泰尔指数、空间差异、功能分工、外商直接投资、门槛回归、空间计量、流通产业、流通业、经济规模 |
| 2021 | 产业协同集聚、新基建、新发展格局、合理化和高级化、拓扑优化、经济复杂度 |

　　由表 2 - 44 可以看出，从 2002 年开始，关于中心城市与城市群产业布局协调发展的研究变多，在此之前，中心城市与城市群产业布局协调发展还未成为国内学术界的研究热点；但在此之后，研究中心城市与城市群产业布局协调发展的中文文献数量与外文文献数量不相上下，国内关于中心城市与城市群产业布局协调发展领域的研究变得相对成熟。2002 年及以后，可以清楚看到，国内关于中心城市与城市群产业布局协调发展的研究热点关键词明显增多，逐渐侧重于研究产业集聚，大多集中在西部地区、城市竞争力、产业空间布局、经济一体化、城市化等方面，表明从 2002 年起，中心城市与城市群产业布局协调发展便深受国内学术界关注。2006 年，产业转移、中部崛起、城市流、临港产业、体制创新、区位熵灰色关联分析、产业结构与分工等成为国内中心城市与城市群产业布局协调发展领域的热点关键词，表明此时学者们已经注意到体制创新在优化城市产业布局中的重要作用，积极探索产业转移模式。2008 年，国内中心城市与城市群产业布局协调发展领域的

热点包括两型社会、区位熵、评价指标体系、集聚效应、空间分异、空间整合、产业创新、发展定位等，表明学者们逐渐开始探寻影响城市产业发展的因素，结合现代发展趋势，合理定位产业发展方向，推进城市化的有效实现。2016 年，学者们关注市场潜能、城市空间联系、产业效率、区域经济新格局等在中心城市与城市群产业布局协调发展中的关键作用，引入产业效率理论，构建区域经济新格局，加深城市空间联系。2018 年，学者们进一步考虑生态效率这一要素，关注协同集聚、创新驱动、地理加权回归、碳排放和产业结构变迁等中心城市与城市群产业布局协调发展研究热点关键词。2020 年，学者们从环境规制、异质性、空间差异、功能分工等方面综合考虑产业布局，借助空间计量模型、泰尔指数、门槛回归等进一步深入中心城市与城市群协调发展研究。2021 年，产业协同集聚、新基建、新发展格局、合理化和高级化、拓扑优化、经济复杂度成为国内中心城市与城市群产业布局协调发展领域的热点关键词，学者们拓展产业发展格局，以更合理化、高级化的方式实现产业协同集聚，例如与国家政策相适应，重点关注新基建方面的内容，推动实现城市的高质量发展。

对中心城市与城市群产业布局协调发展领域的研究前沿进行分析。

对研究前沿进行分析，一方面有利于了解未来发展趋势和分析目前科学研究的进展，另一方面有利于判断科学研究是否具有研究价值，决定了今后的研究方向。根据 CiteSpace5.7 软件的膨胀词测算结果，对词频变化率突变的关键词进行提取，然后分析中心城市与城市群产业布局协调发展的学术研究前沿。

在 CiteSpace5.7 软件中导入从 WOS 数据库搜集的数据，将节点类型栏设置为"关键词"，首选标准 N 设置为 10，基于前文分析，在此将时间区间设定为 1992～2021 年，其余设置采用默认值，经过可视化分析，获取中心城市与城市群产业布局协调发展研究外文文献关键词共现图，其后将突发性下的最短持续性设置为 2，提取突变最少保持 2 年的关键词，得到表 2－45。

表 2－45　　　　　　　中心城市与城市群产业布局协调发展领域外文文献前沿术语

| 关键词 | 强度 | 初始年份 | 结束年份 | 1992～2021 年 |
| --- | --- | --- | --- | --- |
| 地理环境 | 4.96 | 2008 | 2012 | |
| 地理集中度 | 5.47 | 2010 | 2015 | |
| 创新 | 3.48 | 2010 | 2016 | |
| 经济结构 | 6.99 | 2011 | 2017 | |
| 生产率 | 3.8 | 2013 | 2018 | |
| 位置 | 6.45 | 2015 | 2019 | |
| 工业 | 4.51 | 2015 | 2021 | |
| 块状经济 | 3.81 | 2015 | 2017 | |
| 聚集 | 6.85 | 2016 | 2017 | |
| 中国 | 16.92 | 2017 | 2021 | |
| 影响 | 10.64 | 2017 | 2021 | |
| 集聚 | 6.46 | 2017 | 2018 | |
| 城市化 | 13.93 | 2018 | 2021 | |
| 二氧化碳排放 | 6.61 | 2019 | 2021 | |

注："▬▬▬"为关键词频次突然增加的年份，"━━━"为关键词频次无显著变化的年份。

由表 2－45 可知，在中心城市与城市群产业布局协调发展领域，2008 年以前并未出现相关的突现关键词，表示国际领域虽然在 2008 年以前存在一些热点关键词，但是关于中心城市与城市群产业布局协调发展的研究从整体上来看还是处于起步阶段，学术前沿也还未具有鲜明特征；2008～2009 年，中心城市与城市群产业布局协调发展研究外文文献突现关键词为地理环境（geography），说明在中心城市与城市群产业布局协调发展成为研究热点的初期，学者们相对比较重视产业地理分布及产业发展环境的研究；2010～2015 年，中心城市与城市群产业布局协调发展研究外文文献突现关键词为地理集中度（geographic concentration）、创新（innovation）、经济结构（economy）、生产率（productivity），说明这一时期学者们的研究重点为通过产业创新，形成产业集聚，提高产品生产率，调整经济结构，促进城市区域经济发展；2016～2017 年，中心城市与城市群产业布局协调发展研究外文文献突现关键词为位置（location）、工业（industry）、块状经济（agglomeration economy）、聚集（cluster），说明这一时期学者们比较重视产业集聚程度对城市可持续发展的影响；2018～2021 年，中心城市与城市群产业布局协调发展研究外文文献突现关键词为中国（China）、影响（impact）、集聚（agglomeration）、城市化（urbanization）、二氧化碳排放（$CO_2$ emission），可以看出学者们在城市经济发展的基础上，逐渐重视环境带来的影响，从而更快地实现城市化。通过以上对外文中心城市与城市群产业布局协调发展领域的前沿分析，明显可以看出，学者们对于中心城市与城市群产业布局协调发展领域研究的前沿在于立足于实际产业发展，通过创新、整合的方式，推动产业聚集，基于绿色环境，遵循中心城市与城市群产业布局协调发展战略部署，倡导追求可持续发展和高质量发展，因此，近些年关于中心城市与城市群产业布局协调发展的文献能对学者们研究该领域提供指导性建议，具有重要的参考价值。

在 CiteSpace5.7 软件中导入从中国知网数据库搜集的数据，将节点类型栏设置为"关键词"，首选标准 N 设置为 20，基于前文可知，中心城市与城市群产业布局协调发展研究正式成为国内学者研究热点的时间定位于 2002 年，存在较短的时间跨度，为便于对研究结果进行清晰地认识，在此将时间区间设定为 2002～2021 年，其余设置采用默认值，经过可视化分析，获取中心城市与城市群产业布局协调发展研究中文文献关键词共现图后，其后将突发性下的最短持续性设置为 5，提取突变最少保持 5 年的关键词，得到表 2－46。

表 2－46　　　　　　中心城市与城市群产业布局协调发展领域中文文献前沿术语

| 关键词 | 强度 | 初始年份 | 结束年份 | 2002～2021 年 |
|---|---|---|---|---|
| 中原城市群 | 3.68 | 2005 | 2009 | |
| 新型城镇化 | 3.37 | 2013 | 2021 | |
| 城市群 | 23.02 | 2015 | 2021 | |
| 长三角城市群 | 11.56 | 2015 | 2021 | |
| 经济增长 | 11.09 | 2015 | 2021 | |
| 产业集聚 | 11.09 | 2015 | 2021 | |
| 长江中游城市群 | 10.61 | 2015 | 2019 | |
| 京津冀 | 8.28 | 2015 | 2021 | |
| 长江经济带 | 5.27 | 2015 | 2021 | |
| 长三角 | 4.08 | 2015 | 2019 | |
| 京津冀城市群 | 6.85 | 2016 | 2021 | |

注："▬▬▬"为关键词频次突然增加的年份，"▬　▬"为关键词频次无显著变化的年份。

由表 2－46 可以看出，在中文中心城市与城市群产业布局协调发展领域，2005 年以前并未出现相关的突现关键词，表示国内虽然 2005 年以前存在一些热点关键词，但是关于中心城市与城市群产业布局协调发展的研究从整体上来看还是处于起步阶段，没有形成鲜明的学术前沿。2005～2009 年，中心城市与城市群产业布局协调发展的中文文献突现关键词为中原城市群，表示在国内中心城市与城市群产业布局协调发展学术前沿形成初期，学者们重点关注中原城市群的产业布局，也进一步显示了中原城市群的发展离不开当地的产业优势。2013～2021年，中心城市与城市群产业布局协调发展的中文文献突现关键词为新型城镇化、城市群、长三角城市群、经济增长、产业集聚、长江中游城市群、京津冀、长江经济带、长三角、京津冀城市群，说明学者们持续研究长三角城市群、长江中游城市群、京津冀城市群等，从多个城市群综合研究产业集聚对城市群产业布局和城市经济增长的影响，增强文章的适用性与准确性。

本书运用CiteSpace5.7软件，在WOS和中国知网数据库中检索出时间跨度1992～2021年、关于中心城市与城市群产业布局协调发展的有效文献，并对其进行多方位分析，由此得出以下结论。

第一，根据国内外中心城市与城市群产业布局协调发展研究发文量统计分析得出的结论。研究发现国内关于中心城市与城市群产业布局协调发展研究的发文量与国外文献数量不相上下，逐年递增，在2018年，国内外文献数量均大幅度提升，表示中心城市与城市群产业布局协调发展逐渐成为国内外的共同热点，在中国城市发展过程中处于重要地位。根据发文量统计结果可以看出，中国发文量居于第一位，在国际上位于核心地位，并形成了以中国为核心的研究群体。美国发文量排名第二，并且已经形成以美国为核心的关键节点，因此，我国在中心城市与城市群产业布局协调发展的研究在国际上影响力较大。

第二，根据国内外中心城市与城市群产业布局协调发展研究团队分析得出的结论。中心城市与城市群产业布局协调发展研究外文文献的作者共被引网络结构构件良好，并形成了以爱德华·格莱泽、保罗·克鲁格曼、亚当·马歇尔等为核心的多个学术联盟。但是对中心城市与城市群产业布局协调发展进行研究的研究机构多集中于高校，即研究机构类型十分单一，并且中国和加拿大对于中心城市与城市群产业布局协调发展的研究规模性较大，说明中国和加拿大高校在中心城市与城市群产业布局协调发展领域中具有较大的影响力。通过对中心城市与城市群产业布局协调发展研究中文文献的作者共被引分析发现，苗长虹、周韬、王磊、安树伟、曾鹏、王兆峰、孙久文、姚士谋、李学鑫、邹丽萍、方创琳、肖金成、张可云是中心城市与城市群产业布局协调发展领域中具有一定影响力的权威性的学者，同时，通过对中文文献发文机构的分析发现，我国针对中心城市与城市群产业布局协调发展研究的研究机构之间的合作交流力度较低，各个研究机构之间应该加强彼此之间的合作交流力度。

第三，根据国内外中心城市与城市群产业布局协调发展领域的权威期刊分析得出的结论。国外研究中心城市与城市群产业布局协调发展的期刊主要集中在《城市经济学杂志》《城市研究》《区域研究》《美国经济评论》《政治经济学期刊》《经济地理杂志》《区域科学与城市经济学》《经济地理学》《区域科学杂志》《环境与规划A：经济与空间》《清洁生产杂志》《经济与统计评论》《区域科学论文集》（PAP REG SCI）、《城市》《经济研究评论》等15本期刊，其中，《美国社会学杂志》《行政科学季刊》《美国地理学家联合会会刊》3本期刊在中心城市与城市群产业布局协调发展领域方面的论文质量较高，在该领域具有较高的知名度和权威性。国内研究中心城市与城市群产业布局协调发展的期刊主要集中《经济地理》《城市问题》《经济问题探索》《城市发展研究》《地理科学进展》《长江流域资源与环境》《商业研究》《地域研究与开发》《地理科学》《特区经济》《改革》《统计与决策》《科技管理研究》《科技进步与对策》等期刊，在研究关于中心城市与城市群产业布局协调发展领域时，可以重点参考这些期刊。

第四，根据国内外中心城市与城市群产业布局协调发展研究重要文献分析得出的结论。国外对中心城市与城市群产业布局协调发展的研究大多集中在城市群、荷兰、人口增长、聚集经济、副产品、城市和区域空间结构、新创公司等方面；国内对中心城市与城市群产业布局协调发展的研究大多集中在城市群、京津冀、长三角城市群、产业布局、三大城市群、产业集群、城市化、产业集聚、长株潭城市群、城镇化等方面。

### 2.1.4　中心城市与城市群社会发展协调发展领域的文献计量分析

对中心城市与城市群社会发展协调发展领域外文文献发文量进行统计分析。

首先，进入 WOS 数据库搜集外文文献数据，并使用其中的核心数据库（Web of Science Core Collection）进行检索，以防止检索搜集的 WOS 数据出现字段缺失问题，影响研究结果。检索式表达为：TS = (Urban agglomeration and society) OR TS = (Urban agglomeration and public service) OR TS = (Urban agglomeration resources and environment) OR TS = (Urban agglomeration and social security) OR TS = (Urban agglomeration and Technology service) OR TS = (Urban agglomeration and Economic quality)。语种：English。文献类型：Article。时间跨度为 1992 年 1 月 ~ 2021 年 7 月，检索时间为 2021 年 7 月 22 日；筛选获取的文献，对不相关的文献进行删除，保留有效文献共计 544 篇。接着在 CiteSpace 中导入所得文献数据进行初步检验，作除重处理，最终得到 544 条 WOS 文献数据。

其次，进入中国知网数据库搜集中文研究数据，主要使用核心期刊及 CSSCI 期刊文献检索类型，检索式表达为：主题 = "城市群社会发展" OR 主题 = "城市群公共服务" OR 主题 = "城市群资源环境" OR 主题 = "城市群社会安全" OR 主题 = "城市群科技服务"。时间跨度为 1992 年 1 月 ~ 2021 年 7 月，检索时间为 2021 年 7 月 22 日；文献类型为"期刊文献"；期刊限定为"所有期刊"；共检索出文献 1217 篇，筛选获取的文献，去除不相关的文献之后，保留有效文献共计 1171 篇。接着在 CiteSpace 中导入所得文献数据进行初步检验，软件运行结果良好，不存在数据丢失的现象，最终得到有效文献数据共 1171 条。

将上述中心城市与城市群社会发展协调发展领域中的数据导出，按照文献的发文年份和发文数量对其进行信息整合，整合后利用 Excel 对其进行分析，进而得到 1992 年 1 月 ~ 2021 年 7 月的中心城市与城市群社会发展协调发展领域外文文献与中文文献的发文数量的比较图，如图 2 - 34 所示。

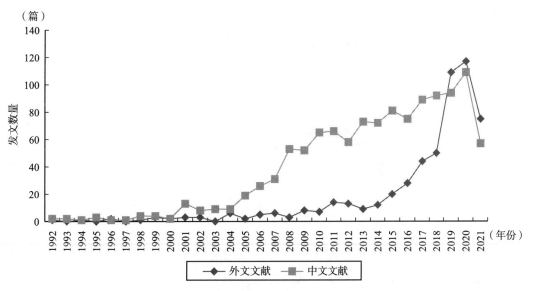

**图 2 - 34　中心城市与城市群社会发展协调发展领域文献分布**

对中心城市与城市群社会发展协调发展领域的发文国家进行分析。

在文献计量的过程中，对文献国家进行分析，可以帮助学者们更好地把握某一领域在国际上较为权威的国家。文献数据经过 CiteSpace5.7 软件处理后得到中心城市与城市群社会发展协调发展研究的国家共现网络关键节点，识别出该领域中国际影响力较高的国家，一方面为相关学者在领域研究中提供借鉴和指导，另一方面可以使学者清晰认识到自己国家在该领域研究中的国际地位，为其提供今后的研究重点和指导研究方向。

在 CiteSpace5.7 软件中导入从 WOS 数据库搜集的数据，将节点类型栏设置为"国家"，首选标准 N 设置为 50，其余设置采用默认值，其后将获取的数据结果整理成 Excel 表格，并提取"国家"和"发文量"两个字段下的数据，得到不同国家在中心城市与城市群社会发展协调发展领域发文量排名，由于有较多国家发行文章，本书主要选取发文量 3 篇及 3 篇以上的国家，具体结果见图 2 - 35。可以观察到，发达国家占据发文量排名前十国家的大部分。其中，中国在总发文量中存在 320 篇，居于第一位；美国在总发文量中存在 90 篇，居于第二位；英国在总发文量中存在 37 篇，居于第三位。

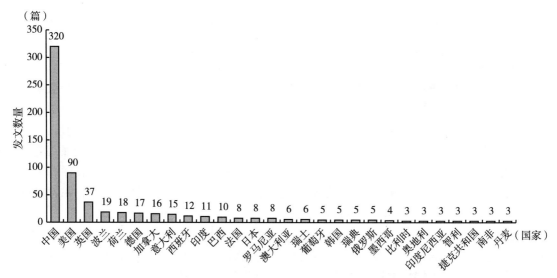

**图 2 - 35　国际中心城市与城市群社会发展协调发展领域国家分布**

在 CiteSpace5.7 软件中导入从 WOS 数据库搜集的数据，将节点类型栏设置为"国家"，首选标准 N 设置为 50，其余设置采用默认值，通过对其进行可视化分析，得到中心城市与城市群社会发展协调发展的国家知识图谱，如图 2 - 36 所示。

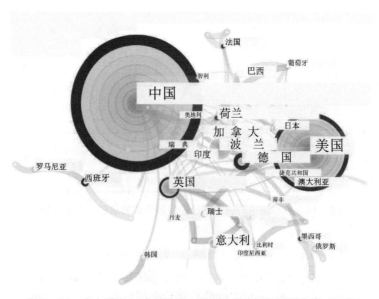

**图 2 - 36　中心城市与城市群社会发展协调发展领域的国家共现图**

　　由图 2 - 36 可知，在中心城市与城市群社会发展协调发展的领域中，中国处于核心地位，并且美国、德国、英国、荷兰、西班牙等国家与中国存在着紧密的合作关系，由此本书认为，我国在中心城市与城市群社会发展协调发展领域中地位相对较高。

　　本书通过分析各个国家有关中心城市与城市群社会发展协调发展的发文中心性，获取不同国家在各个节点的关键性，用来评判两个国家之间合作关系的紧密程度。按照中心度大于 0.1 则视为关键节点的标准，得到外文中心城市与城市群社会发展协调发展领域的国家共现网络的关键节点，见表 2 - 47。

表 2 - 47　　　　　　　　　　中心城市与城市群社会发展协调发展领域国家共现网络关键节点

| 频次 | 中心度 | 首次发表年份 | 国家 |
| --- | --- | --- | --- |
| 320 | 0.90 | 2007 | 中国 |
| 17 | 0.32 | 2004 | 德国 |
| 90 | 0.23 | 1996 | 美国 |
| 4 | 0.20 | 2011 | 墨西哥 |
| 32 | 0.19 | 1999 | 英国 |
| 12 | 0.13 | 2010 | 西班牙 |
| 8 | 0.13 | 2007 | 法国 |
| 18 | 0.11 | 1996 | 荷兰 |

　　由表 2 - 47 可以看出，在中心城市与城市群社会发展协调发展的研究中有 8 个国家的中心度大于 0.1，分别为中国、德国、美国、墨西哥、英国、西班牙、法国、荷兰。因此，这 8 个国家在中心城市与城市群协调发展领域处于不同国家合作关系的网络关键节点。从这 8 个国家的数据来看，美国和荷兰是研究该领域最早的两个国家，发文量分别居于总排名中的第二位和第五位，由此可见，美国和荷兰在早期就已经重视中心城市与城市群社会发展协调发展的协调发展。除此之外，中国在该领域存在 320 篇文献，中心度高达 0.9，远远超过 0.1，表明中国对中心城市与城市群社会发展协调发展的研究已经趋于成熟，且在国际上具有的影响力和权威性很高。

　　对中心城市与城市群社会发展协调发展领域的研究团体进行分析。

　　对中心城市与城市群社会发展协调发展领域的团队分析主要从作者和研究团队两个方面展开。一是外文文献方面，使用 CiteSpace5.7 软件对其进行共被引分析，其中，研究机构分析主要利用该软件进行合作网络分析；二是中文文献方面，主要通过合作网络分析数据。

　　首先，对中心城市与城市群社会发展协调发展领域外文文献的作者团队和机构进行分析。

　　关于中心城市与城市群社会发展协调发展领域外文文献的作者分析，在 CiteSpace5.7 软件中导入从 WOS 数据库搜集的数据，将节点类型栏设置为"引用作者"，首选标准 N 设置为 30。通过对图像进行修剪设置，以保证 CiteSpace5.7 软件运行后提取的图像较为简洁易读，故选中修剪栏下的"核心期刊"以及"修剪片状网"，其余设置采用默认值，通过对其进行可视化分析，得到中心城市与城市群社会发展协调发展领域外文文献作者共被引可视图，如图 2 - 37 所示。

　　由图 2 - 37 可以看出，中心城市与城市群社会发展协调发展领域的作者共被引频次在国际上较高的作者主要为方创琳、爱德华·格莱泽、保罗·克鲁格曼、卢克·安塞林、藤田美纪、吉尔斯·杜兰顿、王少建、张艳、王艳、彭建等，导出 CiteSpace5.7 软件运行后的数据结果，在 Excel 表格中整理出中心城市与城市群社会发展协调发展领域外文文献作者共被引频次排名表，由于在 WOS 数据库中获取数据量较大，而且在该领域中被引频次较高的作者或团体一定程度上国际地位较高，因此，在表 2 - 48 中主要展示了被引频次较高的前三名作者。

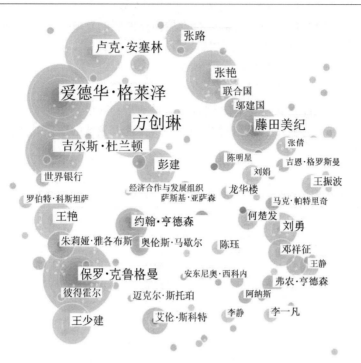

图 2 - 37　中心城市与城市群社会发展协调发展领域外文文献作者共被引可视图

表 2 - 48　　　中心城市与城市群社会发展协调发展领域外文文献作者被引频次排名（前三）

| 作者 | 被引频次 | 被引频次最高的论文 |
| --- | --- | --- |
| 方创琳 | 67 | 《自然和人为因素对中国城市雾霾污染的影响：空间计量经济学方法》 |
| 爱德华·格莱泽 | 65 | 《激励和社会资本：房主是更好的公民吗?》 |
| 保罗·克鲁格曼 | 54 | 《新经济地理：过去、现在和未来》 |

由表 2 - 48 可以看出，在中心城市与城市群社会发展协调发展领域外文文献中，方创琳是被引频次最高的作者，其被引频次为 67 次，方创琳在过去 30 年内，被引频次最高的论文为《自然和人为因素对中国城市雾霾污染的影响：空间计量经济学方法》。爱德华·格莱泽是被引频次排名第二的作者，其被引频次为 65 次，在过去 30 年内，被引频次最高的论文为《激励和社会资本：房主是更好的公民吗?》。保罗·克鲁格曼是被引频次排名第三的作者，其被引频次为 54 次，保罗克鲁格曼在过去 30 年内，被引频次最高的论文为《新经济地理：过去、现在和未来》。

通过分析各个国家有关中心城市与城市群社会发展协调发展的作者共被引中心性，获取不同国家在各个节点的关键性，按照中心度大于 0.1 则视为关键节点的标准，得到中心城市与城市群社会发展协调发展领域外文文献的作者共被引网络的关键节点，见表 2 - 49。

表 2 - 49　　　中心城市与城市群社会发展协调发展领域外文文献作者共被引网络关键节点

| 作者 | 被引频次 | 中心度 | 首次出现年份 |
| --- | --- | --- | --- |
| 美国人口调查局 | 6 | 0.11 | 1999 |

由表 2 - 49 可以看出，美国人口调查局与其他作者之间的关联度较为紧密，产生了以美国人口调查局为中心的学术研究联盟。基于以上分析，美国人口调查局在中心城市与城市群社会发展协调发展领域中具有较高的权威性。

关于中心城市与城市群社会发展协调发展领域外文文献的研究机构团队分析，在 CiteSpace5. 7 软件中导入从 WOS 数据库搜集的数据，将节点类型栏设置为"机构"，首选标准 N 设置为 30，其余设置采用默认值，通过对其进行可视化分析，得到中心城市与城市群社会发展协调发展领域外文文献的研究机构合作可视图，如图 2 – 38 所示。

**图 2 – 38　中心城市与城市群社会发展协调发展领域外文文献的研究机构合作可视图**

由图 2 – 38 可以看出，发文量最高的机构是中国科学院。总的来说，各个机构之间存在 543 条连线，存在 451 个节点（节点代表发文机构），贡献网络密度为 0.0054，说明国际上在中心城市与城市群社会发展协调发展研究过程中，不同机构之间形成了较小的合作范围，合作力度较弱，所以不同机构之间需要加大合作交流，建立良好的机构合作机制。

由表 2 – 50 可以看出，发文量较高的机构主要包括中国科学院、中国科学院大学、北京师范大学、武汉大学、北京大学、同济大学、清华大学、俄亥俄州立大学、北京林业大学、中山大学等 10 所研究机构或高校。基于研究机构性质的角度展开分析，高校占据中心城市与城市群社会发展协调发展领域外文文献发文量的大部分，总体来讲机构类型极其单一。由此可以看出，现阶段国际上研究中心城市与城市群社会发展协调发展的文章主要由高校发表。发文量较高的 10 所机构中，中国机构较多，说明我国在中心城市与城市群社会发展协调发展领域中具有一定的权威性和代表性，且在中心城市与城市群社会发展协调发展领域中具有较高的国际影响力。

表 2 – 50　　　　　中心城市与城市群社会发展协调发展领域外文文献发文量较高机构

| 发文量（篇） | 机构名称 | 机构性质 | 地区 |
| --- | --- | --- | --- |
| 69 | 中国科学院 | 研究机构 | 中国 |
| 40 | 中国科学院大学 | 高校 | 中国 |
| 26 | 北京师范大学 | 高校 | 中国 |
| 17 | 武汉大学 | 高校 | 中国 |
| 14 | 北京大学 | 高校 | 中国 |
| 12 | 同济大学 | 高校 | 中国 |
| 12 | 清华大学 | 高校 | 中国 |
| 10 | 俄亥俄州立大学 | 高校 | 美国 |
| 10 | 北京林业大学 | 高校 | 中国 |
| 9 | 中山大学 | 高校 | 中国 |

　　其次，中心城市与城市群社会发展协调发展领域中文文献的作者和研究团队分析。

　　关于中心城市与城市群社会发展协调发展研究中文文献的作者分析，在 CiteSpace5.7 软件中导入从中国知网数据库搜集的数据，将节点类型栏设置为"作者"，首选标准 N 设置为30。通过对图像进行修剪设置，以保证 CiteSpace5.7 软件运行后提取的图像较为简洁易读，故选中修剪栏下的"核心期刊"以及"修剪片状网"，其余设置采用默认值，并通过对其进行可视化分析，得到中心城市与城市群社会发展协调发展研究中文文献的作者合作可视图，如图 2–39 所示。

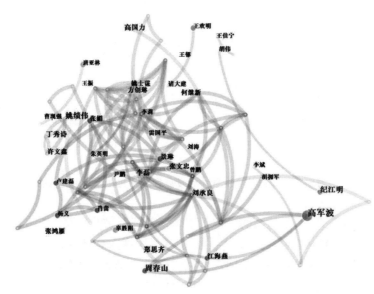

**图 2–39　中心城市与城市群社会发展协调发展领域中文文献的作者合作网络可视图**

　　由图 2–39 可以看出，中心城市与城市群社会发展协调发展领域中发文量最高的作者是高军波。总的来看，各个机构之间存在 2830 条连线，存在 2236 个节点（节点即作者），贡献网络密度为 0.0011，表示国内关于中心城市与城市群社会发展协调发展的研究尚不成熟，但各个作者之间具有一定的合作联系，整体上正逐步形成紧密的科研合作团队。导出 CiteSpace5.7 软件运行结果，整理得到中心城市与城市群社会发展协调发展领域中文文献发文量较高的作者，如表 2–51 所示。

表 2–51　　　　　　中心城市与城市群社会发展协调发展领域中文文献高发文量的作者

| 作者 | 发文量（篇） | 单位 |
| --- | --- | --- |
| 高军波 | 10 | 信阳师范学院城市与环境科学学院 |
| 纪江明 | 7 | 中共上海市委党校、上海行政学院 |
| 姚绩伟 | 7 | 湖南科技大学体育学院 |
| 周春山 | 7 | 中山大学城市与区域规划系 |
| 高国力 | 6 | 中国宏观经济研究院科研管理部 |
| 郑思齐 | 6 | 清华大学房地产研究所 |
| 李磊 | 6 | 天津大学管理与经济学部 |
| 刘承良 | 6 | 华中师范大学城市与环境科学学院 |
| 丁秀诗 | 6 | 湖南科技大学体育学院 |

续表

| 作者 | 发文量（篇） | 单位 |
|---|---|---|
| 许文鑫 | 5 | 福建师范大学体育科学学院 |
| 江海燕 | 5 | 广东工业大学建筑与城市规划学院、华南理工大学亚热带建筑科学国家重点实验室 |
| 景琳 | 5 | 成都中医药大学 |
| 方创琳 | 5 | 中国科学院地理科学与资源研究所、中国科学院大学资源与环境学院 |
| 张鸿雁 | 5 | 南京大学社会学系 |
| 张文忠 | 5 | 中国科学院地理科学与资源研究所区域可持续发展分析与模拟重点实验室 |
| 张媚 | 5 | 成都中医药大学 |
| 姚士谋 | 5 | 中国科学院南京地理与湖泊研究所、中国科学院流域地理学重点实验室 |
| 何继新 | 5 | 天津城建大学经济与管理学院 |

由表 2-51 可知，国内研究中心城市与城市群社会发展协调发展较为重要的学者有高军波、纪江明、姚绩伟、周春山、高国力、郑思齐、李磊、刘承良、丁秀诗、许文鑫、江海燕、景琳、方创琳、张鸿雁、张文忠、张媚、姚士谋、何继新等人，与国外相比，国内在中心城市与城市群社会发展协调发展领域存在较高的发文量，说明中国在该领域的研究相对比较成熟，因此，研究中心城市与城市群社会发展协调发展时以上学者的文章可以重点借鉴参考。

关于中心城市与城市群社会发展协调发展研究团队分析，在 CiteSpace5.7 软件中导入从中国知网搜集的数据，将节点类型栏设置为"机构"，首选标准 N 设置为 30。通过对图像进行修剪设置，以保证 CiteSpace5.7 软件运行后提取的图像较为简洁易读，故选中修剪栏下的"核心期刊"以及"修剪片状网"，其余设置采用默认值，通过对其进行可视化分析，得到中心城市与城市群社会发展协调发展领域中文文献的研究机构可视图，如图 2-40 所示。

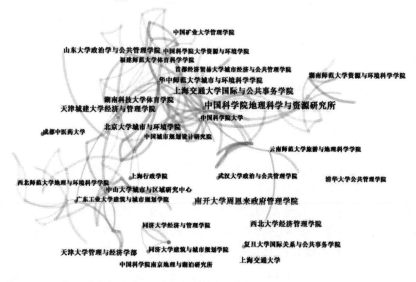

**图 2-40　中心城市与城市群社会发展协调发展领域中文文献的机构合作可视图**

由图 2-40 可以看出，中文文献中发文量最高的机构是中国科学院地理科学与资源研究所，且与中国城市规划学会、北京联合大学应用文理学院、浙江工业大学管理学院、中国科学院区域可持续发展分析与模拟重点实验室等多所研究机构交流合作紧密。总的来说，各个研究机构之间存在 1075 条连线，存在 1348 个节点（节点即研究机构），贡献网络密度为 0.0012，表明国内研究中心城市与城市群社会发展协调发展的研究机构之间存在较好的交流，联系紧密，不过不同机构之间仍需继续加强机构交流群体的建立。

将 CiteSpace 软件运行的数据导出，得到中心城市与城市群社会发展协调发展研究中文文献发文量排名靠前的机构，如表 2 – 52 所示。

表 2 – 52　　　　　　　　　中心城市与城市群社会发展协调发展领域中文发文机构

| 发文量（篇） | 机构名称 | 机构性质 | 地区 |
| --- | --- | --- | --- |
| 14 | 中国科学院地理科学与资源研究所 | 研究机构 | 华北地区 |
| 10 | 南开大学周恩来政府管理学院 | 高校 | 华北地区 |
| 10 | 上海交通大学国际与公共事务学院 | 高校 | 华东地区 |
| 8 | 天津城建大学经济与管理学院 | 高校 | 华北地区 |
| 8 | 西北大学经济管理学院 | 高校 | 西北地区 |
| 7 | 山东大学政治学与公共管理学院 | 高校 | 华东地区 |
| 7 | 华中师范大学城市与环境科学学院 | 高校 | 华中地区 |
| 7 | 湖南科技大学体育学院 | 高校 | 华中地区 |
| 7 | 北京大学城市与环境学院 | 高校 | 华北地区 |
| 7 | 上海交通大学 | 高校 | 华东地区 |
| 7 | 天津大学管理与经济学部 | 高校 | 华北地区 |

由表 2 – 52 可知，发文量排名前三的研究机构主要包括中国科学院地理科学与资源研究所、南开大学周恩来政府管理学院、上海交通大学国际与公共事务学院。基于研究机构类型的角度展开分析，发文量排名前十的机构，研究机构有 1 所，高校有 10 所，总体来说，机构类型较为单一，因此，研究机构和高校都是中心城市与城市群社会发展协调发展的研究主力，但高校相对更多一些。基于研究机构地域的角度展开分析，华北、华东、华中、西北等地区是研究中心城市与城市群社会发展协调发展的主要分布地，其他地区如西南、华南等的研究机构关于中心城市与城市群社会发展协调发展的研究则相对较少。

对中心城市与城市群社会发展协调发展领域的权威期刊进行分析。

分析中心城市与城市群社会发展协调发展的期刊分布，有利于相关学者准确识别和把握该领域中的权威期刊，从而对文献进行针对性地检索，不仅提高了检索效率，而且提升了检索文献的质量。在分析各个期刊时主要采用分析期刊共被引方式，同时分析中心城市与城市群社会发展协调发展领域共被引的中心度。通过分析期刊的转载量，探析各个期刊在中心城市与城市群社会发展协调发展领域的传输能力和信息储备能力。

首先，对中心城市与城市群社会发展协调发展研究外文文献的期刊进行分析。

在 CiteSpace5.7 软件中导入从 WOS 数据库搜集的数据，将节点类型栏设置为"引用期刊"，首选类型 N 设置为 30。通过对图像进行修剪设置，以保证 CiteSpace5.7 软件运行后提取的图像较为简洁易读，故选中修剪栏下的"核心期刊"以及"修剪片状网"，其余设置采用默认值，通过对其进行可视化分析，得到中心城市与城市群社会发展协调发展研究外文文献的期刊共被引可视图，如图 2 – 41 所示。

**图 2 - 41　中心城市与城市群社会发展协调发展领域外文期刊共被引可视图**

由图 2 - 41 可以看出，外文文献中有关中心城市与城市群社会发展协调发展的研究，主要集中在《城市研究》（*Urban Studies*）、《清洁生产杂志》（*Journal of Cleaner Production*）、《全环境科学》（*Science of The Total Environment*）、《生态指标》（*Ecological Indicators*）、《景观与城市规划》（*Landscape and Urban Planning*）、《可持续发展——巴塞尔》（*Sustainability—Basel*）、《国际人居》（*Habitat International*）、《城市》（*Cities*）、《土地使用政策》（*Land Use Policy*）、《城市经济学杂志》（*Journal of Urban Economics*）、《环境管理杂志》（*Journal of Environmental Management*）、《生态经济学》（*Ecological Economics*）、《美国经济评论》（*The American Economic Review*）等 13 本期刊。其中，《城市研究》《清洁生产杂志》《全环境科学》《生态指标》《景观与城市规划》5 本期刊的引用频次明显高于其他期刊的引用频次。《城市研究》主要刊发城市规划、城市问题、区域发展等方面的论文研究，根据 2015 年的期刊引证报告可知，该期刊 2015 年的影响因子为 1. 592，在 100 种 SSCI 环境科学（Environmental Studies）期刊中排第 42 名；《清洁生产杂志》主要刊发企业、政府、教育机构、地区、社会中的环境和可持续问题等方面的论文研究，根据 2015 年的期刊引证报告可知，该期刊 2015 年的影响因子为 3. 844，在 47 种 SCI 环境工程（Engineering，Environmental）期刊中排第 10 名；《全环境科学》主要刊发大气、水圈、生物圈、岩石圈、人类圈等有关全环境的原始研究成果等方面的论文研究，根据 2015 年的期刊引证报告可知，该期刊 2015 年的影响因子为 4. 099，在 221 种 SCI 环境科学（Environmental Sciences）期刊中排第 18 名；《生态指标》主要刊发生态环境各项指标和指数的开发和建模等方面的论文研究，根据 2015 年的期刊引证报告可知，该期刊 2015 年的影响因子为 3. 444，在 221 种 SCI 环境科学（Environmental Sciences）期刊中排第 34 名；《景观与城市规划》主要刊发城市规划、城市景观、城市生态、城乡规划、地球科学、地理学、景观地理学、工程与材料、建筑环境与结构工程等方面的论文研究，根据 2015 年的期刊引证报告可知，该期刊 2015 年的影响因子为 3. 037，在 46 种 SCI 地球物理学（Geography，Physical）中排第 10 名。通过分析中心城市与城市群社会发展协调发展领域的外文期刊共被引中心性，获取不同国家在各个节点的关键性，按照中心度大于 0. 1 则视为关键节点的标准，得到中心城市与城市群社会发展协调发展领域外文文献的期刊共被引网络的关键节点，见表 2 - 53。

表 2 - 53　　　中心城市与城市群社会发展协调发展领域外文文献的期刊共被引网络关键节点

| 被引频次 | 中心度 | 首次出现年份 | 期刊名称 |
|---|---|---|---|
| 35 | 0.25 | 1992 | 《区域科学年鉴》 |
| 6 | 0.14 | 2001 | 《美国社会学杂志》 |
| 18 | 0.14 | 1999 | 《国际城市与区域研究杂志》 |
| 2 | 0.13 | 2008 | 《兰德经济学杂志》 |
| 2 | 0.11 | 2011 | 《生态学报》 |
| 125 | 0.11 | 1999 | 《城市》 |
| 6 | 0.1 | 2000 | 《德国南部中心地原理》 |
| 7 | 0.1 | 1992 | 《专业地理学家》 |

由表 2 - 53 可以看出，《区域科学年鉴》《城市》《国际城市与区域研究杂志》3 本期刊的被引频次较高，表明在中心城市与城市群社会发展协调发展领域外文中，《区域科学年鉴》《美国社会学杂志》《国际城市与区域研究杂志》中心度较高，这 3 本期刊具有较高论文质量，权威性和知名度也相对较高，是研究该领域需要重点参考的期刊。因此，本书认为《区域科学年鉴》《美国社会学杂志》《国际城市与区域研究杂志》这 3 本期刊在中心城市与城市群社会发展协调发展领域中具备较高的国际地位，总体处于核心地位。

从发文集中度方面来看，在 CiteSpace5.7 软件中导入从 WOS 数据库搜集的数据，将节点类型栏设置为"来源"，首选标准 N 设置为 30，其余设置采用默认值。在 Excel 中导入运行结果并对期刊名称进行计数，进而得到 1992～2021 年中心城市与城市群社会发展协调发展领域外文文献的期刊分布，在表 2 - 54 中展示了发文量排名靠前的期刊分布。

表 2 - 54　　　　1992～2021 年中心城市与城市群社会发展协调发展领域外文文献期刊分布

| 期刊名称（简称） | 发文量（篇） | 占比（%） |
|---|---|---|
| 《城市研究》 | 13 | 2.39 |
| 《地理学报》 | 8 | 1.47 |
| 《城市》 | 7 | 1.29 |
| 《城市规划与发展杂志》 | 7 | 1.29 |
| 《可持续发展》 | 6 | 1.10 |
| 《清洁生产杂志》 | 6 | 1.10 |
| 《生态指标》 | 6 | 1.10 |
| 《国际环境研究与公共卫生杂志》 | 5 | 0.92 |
| 《国际人居》 | 5 | 0.92 |
| 《区域科学杂志》 | 4 | 0.74 |
| 《经济地理杂志》 | 4 | 0.74 |
| 《发展与变化》 | 4 | 0.74 |
| 《中国地理科学》 | 4 | 0.74 |
| 《区域科学年鉴》 | 4 | 0.74 |
| 《全环境科学》 | 4 | 0.74 |
| 《遥感》 | 4 | 0.74 |
| 《区域科学与城市经济学》 | 4 | 0.74 |
| 《土地使用政策》 | 4 | 0.74 |

由表 2 - 54 可以看出，统计中心城市与城市群社会发展协调发展领域的外文期刊发文量，排名居于前十的期刊共计发文 99 篇，约占据总发文量的 18.24%，并未表现出显著高于其他期刊的趋势，表示在中心城市与城市群社会发展协调发展领域中各个外文期刊存在较为均匀的发文量，暂未出现代表性期刊和形成较为稳定的期刊群。总体来看，通过分析发文量排名前十的外文期刊，不同期刊之间的被引频次差别不大，因此，基于发文量的角度展开分析，得出在中心城市与城市群社会发展协调发展领域中，还未形成具有较高权威性的外文载文期刊。

其次，对中心城市与城市群社会发展协调发展领域的中文期刊进行分析。

由于通过中国知网中导出的论文文献数据，缺少"参考文献"字段，无法通过 CiteSpace 软件对中国知网导出的论文文献数据进行共被引分析，因此对于中心城市与城市群社会发展协调发展研究中文文献的期刊分析，将从该领域期刊的发文量以及学科研究层次展开研究。

在 CiteSpace5.7 软件中导入从中国知网数据库搜集的数据，将节点类型栏设置为"来源"，首选标准 N 设置为 30。通过对图像进行修剪设置，以保证 CiteSpace5.7 软件运行后提取的图像较为简洁易读，故选中修剪栏下的"核心期刊"以及"修剪片状网"，其余设置采用默认值，在 Excel 中导入运行结果并对期刊名称进行计数，进而得到 1992 ~ 2021 年中心城市与城市群社会发展协调发展中文文献期刊分布，表 2 - 55 中展示了发文量排名靠前的期刊分布。

表 2 - 55　　　　1992 ~ 2021 年中心城市与城市群社会发展协调发展领域中文文献期刊分布

| 期刊名称（简称） | 发文量（篇） | 占比（%） |
|---|---|---|
| 《城市发展研究》 | 16 | 1.37 |
| 《城市问题》 | 15 | 1.28 |
| 《经济地理》 | 14 | 1.20 |
| 《城市规划》 | 11 | 0.94 |
| 《中国行政管理》 | 11 | 0.94 |
| 《生态经济》 | 11 | 0.94 |
| 《规划师》 | 10 | 0.85 |
| 《统计与决策》 | 9 | 0.77 |
| 《经济问题探索》 | 8 | 0.68 |
| 《宏观经济管理》 | 8 | 0.68 |
| 《地域研究与开发》 | 8 | 0.68 |
| 《人文地理》 | 8 | 0.68 |

由表 2 - 55 可以看出，统计中心城市与城市群社会发展协调发展领域的中文期刊发文量，排名居于前十的期刊共计发文 129 篇，约占据总发文量的 11.01%，并未表现出显著高于其他期刊的趋势，表示在中心城市与城市群社会发展协调发展领域中各个中文期刊存在较为均匀的发文量，暂未出现代表性期刊和形成较为稳定的期刊群。总体来看，通过分析发文量排名前十的中文期刊，不同期刊之间的被引频次差别不大，因此，基于发文量的角度展开分析，得出在中心城市与城市群社会发展协调发展领域中文文献中，还未形成具有较高权威性的载文期刊。

将发文量排名前十的期刊导入 CiteSpace 中，检索出期刊的研究层次并对其进行分类，最终得到中心城市与城市群社会发展协调发展领域中权威性较高的期刊文献的研究层次，以便后续为不同类型期刊的深入研究和文献筛选提供独特见解，给予指导性建议，详细结果见表 2 - 56。

由表 2 - 56 可以看出，国内中心城市与城市群社会发展协调发展研究主要分布在基础研究（社科），其中，基础研究（社科）方面包括《城市发展研究》《城市问题》《经济地理》《生态经济》《经济问题探索》《地域研究与开发》《人文地理》等期刊，因此，在进行中文中心城市与城市群社会发展协调发展的社会科学基础研究时，着重借鉴以上期刊所发的文献。行业指导（社科）方面包括《城市规划》《规划师》等期刊，因此，在进行中文中心城市与城市群社会发展协调发展的行业规划指导研究时，着重借鉴以上期刊所发的文献。政策研究（社科）方面包括《中国行政管理》《统计与决策》《宏观经济管理》等期刊，因此，在进行中心城市与城市群社会发展协调发展的政策研究研究时，着重借鉴以上期刊所发的文献。

表2-56　　　中心城市与城市群社会发展协调发展领域中文文献的核心期刊研究层次

| 研究层次 | 期刊名称 |
| --- | --- |
| 基础研究（社科） | 《城市发展研究》《城市问题》《经济地理》《生态经济》《经济问题探索》《地域研究与开发》《人文地理》 |
| 政策研究（社科） | 《中国行政管理》《统计与决策》《宏观经济管理》 |
| 行业指导（社科） | 《城市规划》《规划师》 |

通过对中、外文期刊的分析可知，研究中心城市与城市群社会发展协调发展领域时，外文期刊可以重点参考《城市研究》《地理学报》《城市》《城市规划与发展杂志》等期刊所刊发的文章，中文期刊可重点参考《城市发展研究》《城市问题》《经济地理》所刊发的文章。

对中心城市与城市群社会发展协调发展领域的重要研究成果进行分析。

通过分析中心城市与城市群社会发展协调发展研究的热点，能够较为直观地反映出中心城市与城市群社会发展协调发展领域的前沿问题和研究热点，从而精准把握这一领域的研究重点和难点，并填补目前在中心城市与城市群社会发展协调发展领域的学术空白，为后人研究奠定基础，同时为其今后的研究方向提供指导意见。

首先，对中心城市与城市群社会发展协调发展研究外文文献的重要文献进行分析。

在CiteSpace5.7软件中导入从WOS数据库搜集的数据，节点类型栏选择"关键词"，首选标准N设置为30，时间切片选择为2。其余设置采用默认值，经过可视化分析处理，得到中心城市与城市群社会发展协调发展研究外文文献的共被引运行图，并在运行图中选择"时间轴"的显示方式，得到可视化鱼眼图如图2-42所示。

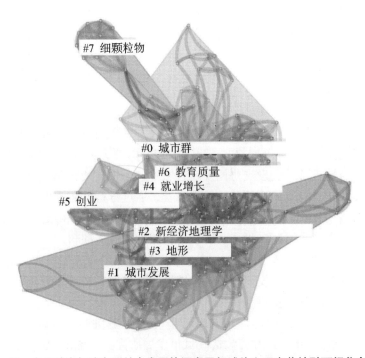

图2-42　中心城市与城市群社会发展协调发展领域外文研究共被引可视化鱼眼图

由图 2 - 42 可以看出，中心城市与城市群社会发展协调发展领域外文文献共具有 8 个类别的高频关键词聚类，分别为城市群（urban agglomeration）、城市发展（city growth）、新经济地理学（new economic geography）、地形（geography）、就业增长（employment growth）、创业（entrepreneurship）、教育质量（education quality）、细颗粒物（PM 2.5）。中心城市与城市群社会发展协调发展领域的外文文献研究热点主要由这 8 个类别表示。

通过分析中心城市与城市群社会发展协调发展的外文文献被引网络节点的中心性，可以获取不同国家在各个节点的关键性，按照中心度大于 0.1 则视为关键节点的标准，提取关键节点，未发现中心城市与城市群社会发展协调发展领域外文文献被引网络的关键节点。基于此得出，在中心城市与城市群社会发展协调发展领域中并无具有较高权威性的文献。

其次，对中心城市与城市群社会发展协调发展领域重要中文文献进行分析。

由于从中国知网中导出的文献数据信息有残缺，无法使用 CiteSpace 软件对其进行共被引分析，因此导出中文领域中，关于中心城市与城市群社会发展协调发展被引频次分析表，如表 2 - 57 所示。

表 2 - 57　　　　　　　　　　中心城市与城市群社会发展协调发展领域中文文献核心文献

| 排名 | 被引频次 | 作者 | 题目 |
|---|---|---|---|
| 1 | 353 | 夏怡然、陆铭 | 《城市间的"孟母三迁"——公共服务影响劳动力流向的经验研究》 |
| 2 | 208 | 马慧强、韩增林、江海旭 | 《我国基本公共服务空间差异格局与质量特征分析》 |
| 3 | 208 | 刘晓丽、方创琳 | 《城市群资源环境承载力研究进展及展望》 |
| 4 | 205 | 李虹、邹庆 | 《环境规制、资源禀赋与城市产业转型研究——基于资源型城市与非资源型城市的对比分析》 |
| 5 | 200 | 郑卫东 | 《城市社区建设中的政府购买公共服务研究——以上海市为例》 |
| 6 | 197 | 马晓河、胡拥军 | 《中国城镇化进程、面临问题及其总体布局》 |
| 7 | 195 | 张大维、陈伟东、李雪萍、孔娜娜 | 《城市社区公共服务设施规划标准与实施单元研究——以武汉市为例》 |
| 8 | 185 | 孔祥 | 《城市社区体育公共服务体系建设的供给主体及实现路径》 |
| 9 | 169 | 陈伟东、张大维 | 《中国城市社区公共服务设施配置现状与规划实施研究》 |
| 10 | 155 | 高军波、周春山、王义民、江海燕 | 《转型时期广州城市公共服务设施空间分析》 |

由表 2 - 57 可知，被引频次排名第一的是夏怡然和陆铭于 2015 年 10 月 15 日在《管理世界》发表的《城市间的"孟母三迁"——公共服务影响劳动力流向的经验研究》，被引频次为 353。被引频次排名第二的是马慧强、韩增林和江海旭于 2011 年 2 月 26 日在《经济地理》发表的《我国基本公共服务空间差异格局与质量特征分析》，被引频次为 208。被引频次排名第三的是刘晓丽和方创琳于 2008 年 9 月 15 日在《地理科学进展》发表的《城市群资源环境承载力研究进展及展望》，被引频次为 208。

对中心城市与城市群社会发展协调发展领域的前沿热点进行分析。

通过对中心城市与城市群社会发展协调发展领域中的关键词分析和突变分析，可以直观地反映出该领域的研究热点和前沿，进而准确把握该领域的学术研究，更加清晰地发现该领域的学术空白，为准确选择学术研究方向提供指导。

首先对中心城市与城市群社会发展协调发展领域研究热点进行分析。

在 CiteSpace5.7 软件中导入从 WOS 数据库搜集的数据，将节点类型栏设置为"关键词"，首选标准 N 设置为 30。通过对图像进行修剪设置，以保证 CiteSpace5.7 软件运行后提取的图像较为简洁易读，故选中修剪栏下的"核心期刊"以及"修剪片状网"，其余设置采用默认值，通过对其进行可视化分析，得到中心城市与城市群社会发展协调发展研究外文文献关键词共现图后，选择"时间线显示"，采用关键词聚类，选择"LLR 对数极大近似率"（Log – Likeli-hood Ratio），在对图像进行调整后得到中心城市与城市群社会发展协调发展研究热点图，如图 2 – 43 所示。

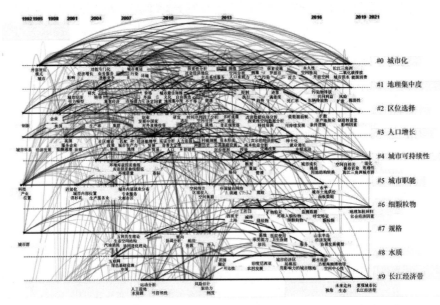

**图 2 – 43　中心城市与城市群社会发展协调发展领域外文文献研究热点**

由图 2 – 43 可以看出，中心城市与城市群社会发展协调发展领域外文文献共具有 10 个类别的高频关键词聚类，分别为城市化（urbanization）、地理集中度（geographic concentration）、区位选择（location decision）、人口增长（population growth）、城市可持续性（urban sustainability）、城市职能（urban function）、细颗粒物（PM2.5）、规格（size）、水质（water quality）、长江经济带（Yangtze River Economic Belt）。中心城市与城市群协调发展领域的外文文献研究热点主要由这 10 个类别表示。根据软件运行得出的聚类视图，按照时间顺序梳理各个关键词，在此基础上提取有效关键词，最终在表 2 – 58 中列举出中心城市与城市群协调发展领域外文文献的热点脉络。

由表 2 – 58 可以看出，中心城市与城市群社会发展协调发展的外文文献研究热点关键词在 2002 年增长明显，代表着中心城市与城市群社会发展协调发展正式成为学术界的研究热点，学者们在这一时期侧重于研究可城市化、全球化、信息技术、亚中心、都市经济、引力模型等方面；2009 年，学者们逐渐重视可持续发展、效率、对外直接投资、经济地理、溢出部分、均衡、融合、人口发展在中心城市与城市群社会发展协调发展的重要影响作用，这表明在中心城市与城市群社会发展协调发展的领域中，学者们开始将中心城市与城市群社会发展协调发展与人类生活、资本投资、产业融合相结合；2014 年，学者们开始重点进行大气污染、废弃物排放、环境库兹涅茨曲线等方面的研究，随着绿色发展理念的深入，环境因素成为城市社会发展最重要的影响因素之一，旨在推进城市可持续发展；2018 年，学者们在重视二氧化碳排放的基础上，采用面板数据分析，研究城市能源消费，突破城市发展局限性，推动城市可持续发展；2021 年学者们考虑新冠疫情对城市经济的损害，重点关注珠三角、长三角等城市群，研究绿色景观、环境、绿色设施对城市发展的影响。这在一定程度上反映了国际上对中心城市与城市群社会发展协调发展的研究逐渐趋于成熟。

表 2 - 58　　　　　　　　　中心城市与城市群社会发展协调发展领域外文文献热点脉络

| 年份 | 关键词 |
|---|---|
| 1992 | 城市群、区域、区位、创新、产业、城市等级、技术 |
| 1994 | 经济发展 |
| 1996 | 城市、模式、递增收益、外部性、市场、规模、城市增长 |
| 1999 | 增长、地区、美国、业务、公司 |
| 2000 | 集聚、经济 |
| 2001 | 影响、政府 |
| 2002 | 洛杉矶、郊区化、纽约、大都市区、全球化、信息技术、中心、副中心、城市经济、引力模型、邻近性 |
| 2004 | 城市化、经济增长、质量、生产率、集聚经济、移民、生活、选择、租金、治理 |
| 2005 | 生产性服务业、公共会计、垄断竞争 |
| 2006 | 中国、政策、城市、交通、地理信息、网络、集群、巴西、水质 |
| 2007 | 模型、地理、绩效、市场潜力、环境质量、城市增长、知识 |
| 2008 | 环境、污染、城市蔓延、效益、水资源、遥感 |
| 2009 | 可持续性、决定因素、指标、效率、外国直接投资、基础设施、贸易、发展中国家、生活质量、经济地理、演化、新经济地理学、创业、溢出、未来、就业、均衡、整合、成本、价格、人口增长、外商直接投资 |
| 2010 | 人口、地理集中度、美国、欧洲、自然舒适度、理念、区位决策、文化 |
| 2011 | 空气质量、气候变化、资源、不平等性、城市群、城市规模、舒适性、城市发展、欧洲社会、城市规划、属性值、齐夫定律 |
| 2012 | 土地利用、生态系统服务、系统、健康、驱动力、获取、风险评估、生态系统、地表、验证、房屋所有权、土地利用变化、结构、空间集群 |
| 2013 | 景观、可达性、工业化、区域不平等、投资、西班牙、气球、地球、上海、圈定 |
| 2014 | 空气污染、排放、管理、蔓延、趋势、框架、环境库兹涅茨曲线、拥堵 |
| 2015 | 可持续发展、服务业、生态环境、细颗粒物、库兹涅茨曲线、波兰、死亡率、可吸入颗粒物 |
| 2016 | 土地利用变化、土地、开放空间、挑战、大数据、颗粒物、社区、覆盖 |
| 2017 | 扩张、动力学、前景、城市化、城市水、杭州湾、人口暴露、状态、气溶胶 |
| 2018 | 能源消耗、二氧化碳排放、长三角、风险、空间自相关、中国城市、未来方向、面板数据分析、脆弱性、城市可持续发展、都市农业、股本、郊区、城市规模分布、二氧化碳排放、创意阶层、生态 |
| 2019 | 碳排放、影响因素 |
| 2021 | 长江经济带、可持续发展、人类健康、国家发展规划、萎缩城市、城市绿地、建设、景观城市化、耦合协调度、评价体系、地理加权回归、绿色基础设施、气候、覆盖变化、模拟、居民、保护、机器学习、社会经济因素、新型冠状病毒肺炎、退化、层次景观方法、能源、连通性、珠三角城市群、流动性、长三角城市群 |

其次，对中心城市与城市群社会发展协调发展领域中文文献的研究热点进行分析。

在 CiteSpace5.7 软件中导入从 WOS 数据库搜集的数据，将节点类型栏设置为"关键词"，首选标准 N 设置为 20。通过对图像进行修剪设置，以保证 CiteSpace5.7 软件运行后提取的图像较为简洁易读，故选中修剪栏下的"核心期刊"以及"修剪片状网"，其余设置采用默认值，通过对其进行可视化分析，得到中心城市与城市群社会发展协调发展研究中文文献关键词共现图后，选择"时间线显示"，采用关键词聚类，选择"LLR 对数极大近似率"（Log - Likeli - hood Ratio），在对图像进行调整后得到中文中心城市与城市群社会发展协调发展研究热点图，如图 2 - 44 所示。

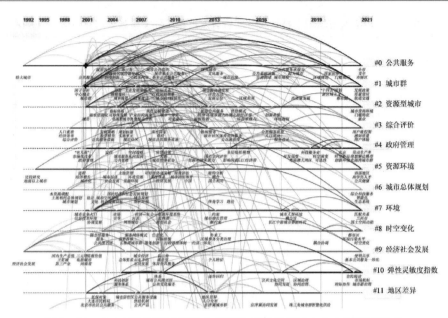

**图 2 - 44　中心城市与城市群社会发展协调发展领域中文文献研究热点**

由图 2 - 44 可以看出，中心城市与城市群社会发展协调发展领域中文文献共具有 12 个类别的高频关键词聚类，分别为公共服务、城市群、资源型城市、综合评价、政府管理、资源环境、城市总体规划、环境、时空变化、经济社会发展、弹性灵敏度指数、地区差异。中心城市与城市群社会发展协调发展领域的中文文献研究热点主要由这 12 个类别表示。根据软件运行得出的聚类视图，按照时间顺序梳理各个关键词，在此基础上提取有效关键词，最终在表 2 - 59 中列举出中心城市与城市群社会发展协调发展领域中文文献的关键词脉络。

**表 2 - 59　　　　　中心城市与城市群社会发展协调发展领域中文文献关键词脉络**

| 年份 | 关键词 |
|---|---|
| 1992 | 经济社会发展、特大城市、城市功能、国民经济 |
| 1993 | 协调系数、城市经济社会发展、社会发展水平 |
| 1994 | 非农业人口、地级以上城市 |
| 1995 | 上海市、经济协调发展 |
| 1996 | 社区社会事业、生长点 |
| 1997 | 昆明市、城市形象 |
| 1998 | 水资源、城市总体规划、城市可持续发展、研讨会综述、水环境、府南河 |
| 1999 | 城市规划、综合评价、土地利用总体规划、长江三角洲地区 |
| 2000 | 经济和社会发展、城市发展战略 |
| 2001 | 公共服务、城市群、城市、城市化、中心城市、北京市、评价、经济增长、因子分析、聚类分析、江苏省、河南省、中小城市、政府管理、管理体制、人均公共绿地面积、经济与社会发展、政府、城市空间、旅游城市 |
| 2002 | 协调发展、人口、环境、资源、广西、经济、文化、城市经营、聚集效应、实证研究 |
| 2003 | 公共图书馆、公共服务设施、社区公共服务、服务、改革、图书馆服务、生态环境效应、有效供给 |
| 2004 | 城市公共服务、生态环境、发展、制度创新、社会发展、市场化、公共交通、城市经济、评价指标、定位、社会发展目标 |
| 2005 | 资源型城市、可持续发展、公共服务供给、公共服务体系、社区公共卫生服务、指标体系、城乡统筹、山东半岛城市群、社区、功效、成本测算、科技创新、区域经济一体化、社会安全、规划、公共卫生服务、服务体系、城市图书馆、规模效应 |

续表

| 年份 | 关键词 |
|------|--------|
| 2006 | 城市社区、长株潭城市群、资源环境、京津冀、对策、公共服务平台、区域协调发展、创新、珠三角、"十一五"时期、产业集群、城市地质、中原城市群、浙中城市群、国民经济和社会发展规划、实施单元、环境保护 |
| 2007 | 长三角城市群、煤炭资源型城市、上海、流动人口、城市建设用地、环境压力、影响、供给机制、驱动因素、公共产品、政策建议 |
| 2008 | 农民工、区域发展、民营化、治理模式、服务创新、城市公交、服务型政府 |
| 2009 | 基本公共服务、公共文化服务、体育公共服务、武汉城市圈、经济发展、城市公共服务设施、长三角、满意度、现状、协调度、城市公共图书馆、供给、西方国家、长株潭、两型社会、国际经验、公共图书馆服务体系、复合行政、区域经济、城市社区公共卫生服务、财政补偿、"两型社会"、大庆市 |
| 2010 | 城镇化、均等化、对策建议、行政管理体制、城乡一体化、广州、城市基本公共服务、长株潭试验区、公共服务体系建设 |
| 2011 | 中国、熵值法、广州市、政府购买公共服务、策略、社区建设、绩效评估、城市社区体育 |
| 2012 | 资源环境承载力、转型、面板数据、经济一体化、ERE 复合系统 |
| 2013 | 新型城镇化、京津冀城市群、公共体育服务、基本公共服务均等化、环境承载力、效率、文化服务、主成分分析、产业结构、人口分布、满意度指数、土地利用变化、地区差异、进展、旅游公共服务 |
| 2014 | 影响因素、公众满意度、城市治理、城市社区体育公共服务、旅游公共服务体系、天山北坡城市群、交通运输发展、路径 |
| 2015 | 智慧城市、长江经济带、区域差异、综合承载力、阶层式线性模型分析（HLM）、城市扩张、供给模式、"丝绸之路"经济带、多层线性模型 |
| 2016 | 京津冀协同发展、泰尔指数、公共基础设施、城市化质量、交通拥堵 |
| 2017 | 长江中游城市群、环境规制、协同发展、城市规模、服务设计、创新补偿、区域经济发展、公共文化空间、公共服务质量、人口流动 |
| 2018 | 高质量发展、粤港澳大湾区、公共服务均等化、超大城市、新时代、区域治理、协同治理、评价指标体系、公共服务承载力、长三角地区、开发强度、数字城市、空间格局、区域协调发展战略、珠三角城市群、成渝城市群、城市人居环境、耦合度 |
| 2019 | 时空演变、可达性、人口集聚、科技服务业、耦合协调、区域规划、"一带一路"、新态势、智慧化供给 |
| 2020 | 大数据、都市圈、城市收缩、门槛效应、府际协作、北京、"十四五"规划、公共服务满意度、国家治理、时空格局、创新环境、新区域主义 |
| 2021 | 市场机制、时空变化、城市群治理 |

　　由表 2 - 59 可知，从 1998 年开始，国内关于中心城市与城市群社会发展协调发展的研究变多，在此之前，中心城市与城市群社会发展协调发展还未成为国内学术界的研究热点；但在 1998 年之后，研究中心城市与城市群社会发展协调发展的中文文献数量与外文文献数量不相上下，国内关于中心城市与城市群社会发展协调发展领域的研究变得相对成熟。自 1998 年以来，国内关于中心城市与城市群社会发展协调发展的研究热点关键词明显增多，并且注重城市总体规划，实现城市可持续发展，说明从 1998 年起，中心城市与城市群社会发展协调发展已经成为国内学术界的研究热点之一。2001 年，公共服务、城市群、城市化、中心城市、因子分析、聚类分析、政府管理、城市空间、旅游城市成为国内中心城市与城市群社会发展协调发展领域的热点关键词，说明此时学者们已经逐渐重视中心城市和城市群的整体发展，在发展过程中，政府管理、公共服务机制扮演着重要的影响作用，同时，合理规划城市空间，发展旅游型城市，对城市化的发展也有着显著影响。2005 年，国内中心城市与城市群社会发展协调发展领域的热点关键词为科技创新、区域经济一体化、城

乡统筹、规模效应、服务体系等，表示学者们逐渐重视科技水平在城市长期发展的积极作用。在发展城市时，做到城乡统筹发展以及区域经济一体化至关重要，其后，城市完善的服务体系加快了城市化发展的进程。2012 年，资源环境承载力成为国内中心城市与城市群社会发展协调发展领域的热点关键词，说明学者们逐步发现环境在中心城市与城市群社会发展协调发展进程中的重要影响作用，所以必须保证城市的环境质量，倡导低碳经济，在推动城市发展时必须建立在可持续发展的基础上，从而高质量实现经济一体化。2015 年，"智慧城市"受到学者们的重点关注，并成为国内中心城市与城市群社会发展协调发展领域的热点关键词，学者们综合评估城市发展潜力，从综合承载力出发分析区域差异，研究城市扩张，以更好地落实智慧城市。2018 年，高质量发展、公共服务均等化、新时代、协同治理、评价指标体系、公共服务承载力、数字城市、空间格局、区域协调发展战略、耦合度成为国内中心城市与城市群社会发展协调发展领域的热点关键词，说明学者们顺应国家高质量发展理念，综合评估城市公共服务承载力，优化产业空间格局，协调区域发展。2019 年，时空演变、可达性、人口集聚、耦合协调、区域规划、"一带一路"、智慧化供给等成为国内中心城市与城市群社会发展协调发展领域的热点关键词，说明学者们深入贯彻"一带一路"倡议，有效促进中心城市与城市群协调发展。2020 年，学者们将目光放在大数据层面，不仅创新社会发展环境，而且旨在提高公共服务满意度，增强社会大众体验感知，优化城市质量。2021 年，市场机制、时空变化、城市群治理成为国内中心城市与城市群社会发展协调发展领域的热点关键词，学者们重点考虑市场机制，关注城市时空变化，以可持续发展为目标治理城市和城市群。

对中心城市与城市群社会发展协调发展领域的研究前沿进行分析。

对研究前沿分析，一方面有利于了解未来发展趋势和分析目前科学研究的进展，另一方面有利于判断科学研究是否具有研究价值，决定了今后的研究方向。根据 CiteSpace5.7 软件的膨胀词测算结果，对词频变化率突变的关键词进行提取，然后分析中心城市与城市群社会发展协调发展的学术研究前沿。

在 CiteSpace5.7 软件中导入从 WOS 数据库搜集的数据，将节点类型栏设置为"关键词"，首选标准 N 设置为 10，基于前文分析可知，中心城市与城市群社会发展协调发展研究正式成为国际上研究热点的时间定位于 2002 年，存在较短的时间跨度，为便于对研究结果进行清晰地认识，在此将时间区间设定为 2002 ~ 2021 年，其余设置采用默认值。经过可视化分析，获取外文中心城市与城市群社会发展协调发展研究关键词共现图，其后将突发性下的最短持续性设置为 2，提取突变最少保持 2 年的关键词，见表 2 – 60。

表 2 – 60  中心城市与城市群社会发展协调发展领域外文文献前沿术语

| 关键词 | 强度 | 初始年份 | 结束年份 | 2002 ~ 2021 年 |
|---|---|---|---|---|
| 报酬递增 | 3.77 | 2009 | 2011 | |
| 质量 | 7.74 | 2015 | 2021 | |
| 制度 | 6.02 | 2015 | 2017 | |
| 土地使用 | 5.78 | 2015 | 2019 | |
| 增长 | 4.27 | 2015 | 2018 | |
| 中国 | 16.85 | 2016 | 2021 | |
| 集聚 | 7.09 | 2016 | 2019 | |
| 生产率 | 4.15 | 2016 | 2017 | |
| 城市化 | 14.4 | 2017 | 2021 | |
| 影响 | 12.88 | 2017 | 2021 | |
| 城市群 | 8.45 | 2017 | 2021 | |

| 关键词 | 强度 | 初始年份 | 结束年份 | 2002~2021 年 |
|---|---|---|---|---|
| 城市 | 11.84 | 2018 | 2021 | ▬▬▬▬▬▬▬▬▬▬▬▬▬▬▬▬ |
| 经济增长 | 7.46 | 2019 | 2021 | ▬▬▬▬▬▬▬▬▬▬▬▬▬▬▬▬ |
| 模型 | 4.73 | 2019 | 2021 | ▬▬▬▬▬▬▬▬▬▬▬▬▬▬▬▬ |

注:"▬▬▬▬"为关键词频次突然增加的年份,"▬▬▬▬"为关键词频次无显著变化的年份。

由表 2-60 可以看出,在中心城市与城市群社会发展协调发展领域,2009 年以前并未出现相关的突现关键词,表示国际领域虽然在 2009 年以前存在一些热点关键词,但是关于中心城市与城市群社会发展协调发展的研究从整体上来看还处于起步阶段,学术前沿也还未具有鲜明特征。2009~2011 年,中心城市与城市群社会发展协调发展研究外文文献突现关键词为报酬递增(increasing return),说明在中心城市与城市群社会发展协调发展成为研究热点的初期,学者们相对比较重视社会效益的研究。2015~2017 年,中心城市与城市群社会发展协调发展研究外文文献突现关键词为质量(quality)、制度(system)、土地使用(land use)、增长(growth)、中国(China)、集聚(agglomeration)、生产率(productivity),说明这一时期学者们重视土地使用政策及相关体制,提高土地使用效率,聚集资源和产业,实现城市高质量发展。2018~2021 年,中心城市与城市群社会发展协调发展研究外文文献突现关键词为城市化(urbanization)、影响(impact)、城市群(urban agglomeration)、城市(city)、经济增长(economic growth)、模型(model),说明这一时期学者们主要以城市群为研究对象,比较重视城市化过程中的经济增长。通过以上对外文中心城市与城市群社会发展协调发展领域的前沿分析,可以看出,在新时代背景下,学者们对于中心城市与城市群社会发展协调发展领域研究的前沿主要关注有效整合资源、提升经济质量和数量,遵循中心城市与城市群社会发展协调发展部署战略,倡导追求可持续发展和高质量发展,因此,本书认为近些年关于中心城市与城市群社会发展协调发展的文献能对学者们研究该领域提供指导性建议,具有重要的参考价值。

在 CiteSpace5.7 软件中导入从中国知网数据库搜集的数据,将节点类型栏设置为"关键词",首选标准 N 设置为 20,基于前文分析可知,中心城市与城市群社会发展协调发展研究正式成为国内学者研究热点的时间定位于 1998 年,存在较短的时间跨度,为便于对研究结果进行清晰地认识,在此将时间区间设定为 1998~2021 年,其余设置采用默认值,经过可视化分析,获取中心城市与城市群社会发展协调发展领域中文文献关键词共现图,其后将突发性下的最短持续性设置为 5,提取突变最少保持 5 年的关键词,见表 2-61。

**表 2-61** 　　　　　　中心城市与城市群社会发展协调发展领域中文文献前沿术语

| 关键词 | 强度 | 初始年份 | 结束年份 | 1998~2021 年 |
|---|---|---|---|---|
| 公共图书馆 | 3.36 | 2007 | 2012 | ▬▬▬▬▬▬▬▬▬▬▬▬▬▬▬▬ |
| 可持续发展 | 5.32 | 2008 | 2012 | ▬▬▬▬▬▬▬▬▬▬▬▬▬▬▬▬ |
| 长株潭城市群 | 4.93 | 2008 | 2012 | ▬▬▬▬▬▬▬▬▬▬▬▬▬▬▬▬ |
| 城市公共服务 | 4.09 | 2010 | 2014 | ▬▬▬▬▬▬▬▬▬▬▬▬▬▬▬▬ |
| 城市群 | 19.79 | 2014 | 2021 | ▬▬▬▬▬▬▬▬▬▬▬▬▬▬▬▬ |
| 公共服务 | 9.45 | 2014 | 2021 | ▬▬▬▬▬▬▬▬▬▬▬▬▬▬▬▬ |
| 新型城镇化 | 7.43 | 2014 | 2021 | ▬▬▬▬▬▬▬▬▬▬▬▬▬▬▬▬ |
| 影响因素 | 5.57 | 2014 | 2021 | ▬▬▬▬▬▬▬▬▬▬▬▬▬▬▬▬ |
| 资源型城市 | 4.93 | 2014 | 2021 | ▬▬▬▬▬▬▬▬▬▬▬▬▬▬▬▬ |

续表

| 关键词 | 强度 | 初始年份 | 结束年份 | 1998～2021 年 |
|---|---|---|---|---|
| 城镇化 | 4.21 | 2014 | 2021 | ━━━━━━━━━━━━━━━━━━━━━━━━ |
| 智慧城市 | 5.59 | 2015 | 2021 | ━━━━━━━━━━━━━━━━━━━━━━━━ |
| 京津冀 | 4.12 | 2015 | 2019 | ━━━━━━━━━━━━━━━━━━━━━━━━ |
| 长江经济带 | 3.34 | 2015 | 2021 | ━━━━━━━━━━━━━━━━━━━━━━━━ |

注："▬▬▬" 为关键词频次突然增加的年份，"▬▬▬" 为关键词频次无显著变化的年份。

由表 2-61 可以看出，2007 年之前并未出现中心城市与城市群社会发展协调发展的文献突现关键词，说明在 2007 年以前，我国对于中心城市与城市群社会发展协调发展的研究尚不成熟，没有形成鲜明的学术前沿。2007～2014 年，中心城市与城市群社会发展协调发展的中文文献突现关键词为公共图书馆、可持续发展、长株潭城市群、城市公共服务，说明在国内中心城市与城市群社会发展协调发展学术前沿形成初期，学者们关注城市公共服务的完善与修建，旨在打造一座可持续发展的城市，已经开始重视公共服务对提升城市发展质量的重要性。2015～2021 年，中心城市与城市群社会发展协调发展的中文文献突现关键词为城市群、公共服务、新型城镇化、影响因素、资源型城市、城镇化、智慧城市、京津冀、长江经济带，说明学者们持续探索城市化发展路径，挖掘城市有限资源，以高效的方式整合优势资源，拓宽城市产业，优化城市发展质量，例如建设智慧城市，开创绿色城市，提高城市核心竞争力，刺激当地经济进步。

本书运用 CiteSpace5.7 软件，在 WOS 和中国知网数据库中检索出时间跨度 1992～2021 年、关于中心城市与城市群社会发展协调发展的有效文献，并对其进行多方位分析，由此得出以下结论。

第一，根据国内外中心城市与城市群社会发展协调发展研究发文量统计分析得出的结论。国内关于中心城市与城市群社会发展协调发展研究的发文量与国外文献发文量不相上下，在 2008 年之前，外文文献数量偏多，在 2011 年之后，中文文献数量偏多，但均呈逐年递增的趋势，表示中心城市与城市群社会发展协调发展逐渐成为国内外的共同热点，在中国城市发展过程中处于重要地位。根据发文量统计结果可以看出，中国发文量居于第一位，在国际上位于核心地位，并形成了以中国为核心的研究群体。美国发文量排名第二，并且已经形成以美国为核心的关键节点，因此，我国在中心城市与城市群社会发展协调发展的研究在国际上影响力较大。

第二，根据国内外中心城市与城市群社会发展协调发展研究团队分析得出的结论。中心城市与城市群社会发展协调发展领域外文文献的作者共被引网络结构构件良好，并形成了以方创琳、爱德华·格莱泽、保罗·克鲁格曼等为核心的多个学术联盟。但是对中心城市与城市群社会发展协调发展进行研究的研究机构多集中于高校，即研究机构类型十分单一，并且中国和美国对于中心城市与城市群社会发展协调发展的研究规模性较大，说明中国和美国高校在中心城市与城市群社会发展协调发展领域中具有较大的影响力。通过对中心城市与城市群社会发展协调发展研究中文文献作者共被引分析发现，高军波、纪江明、姚绩伟、周春山、高国力、郑思齐、李磊、刘承良、丁秀诗、许文鑫、江海燕、景琳、方创琳、张鸿雁、张文忠、张媚、姚士谋、何继新是中心城市与城市群社会发展协调发展领域权威的学者，同时，通过对中文文献的发文机构的分析发现，我国针对中心城市与城市群社会发展协调发展研究的研究机构之间的合作交流力度非常低，各个研究机构之间应该建立交流群体，不断加强彼此之间的合作交流力度。

第三，根据国内外中心城市与城市群社会发展协调发展领域的权威期刊分析得出的结论。国外研究中心城市与城市群社会发展协调发展的期刊主要集中在《城市研究》《清洁生产杂志》《全环境科学》《生态指标》《景观与城市规划》《可持续发展——巴塞尔》《国际人居》《城市》《土地使用政策》《城市经济学杂志》《环境管理杂志》《生态经济学》《美国经济评论》等 13 本期刊，其中，《区域科学年鉴》《美国社会学杂志》《国际城市与区域研究杂志》3 本期刊在中心城市与城市群社会发展协调发展领域方面的论文质量较高，在该领域具有较高的知名度和权威性。国内研究中心城市与城市群社会发展协调发展的期刊主要集中在《城市发展研究》《城市问题》《经济地理》《生态经济》《经济问题探索》《地域研究与开发》《人文地理》《中国行政管理》《统计与决策》《宏观经济管理》《城市规划》《规划师》等期刊，在研究关于中心城市与城市群社会发展协调发展领域中文文献时，可以重点参考这些期刊。

第四，根据国内外中心城市与城市群社会发展协调发展研究重要文献分析得出的结论。国外对中心城市与城市群社会发展协调发展的研究大多集中在都市化、地理集中度、区位选择、人口增长、城市可持续性、城市职能、细颗粒物、水质、长江经济带等方面；国内对中心城市与城市群社会发展协调发展的研究大多集中在公共服务、城市群、资源型城市、综合评价、政府管理、资源环境、城市总体规划、环境、时空变化、经济社会发展、弹性灵敏度指数、地区差异等方面。

## 2.2　研究综述

### 2.2.1　中心城市与城市群协调发展历程

为了解城市群研究学术发展历程，对国内、国外学术史进行梳理，根据城市群领域历年发表文献数量情况，可以看出城市群研究文献总体呈现上升趋势。据此，我们以国内外研究文献为主要依据，可以将国内外西部中心城市与城市群协调发展的研究划分为四个阶段。

第一阶段：中心城市与城市群研究的萌芽阶段（1986 年及以前）。

第一阶段为萌芽期，从国内研究的角度来看，该阶段虽然没有提出"西部中心城市与城市群协调发展"的相关术语，但对中心城市与城市群协调发展的研究早已经开始。20 世纪 60 年代以来，理论界对都市经济圈、大城镇带、城市圈、城市带、大都市区、都市连绵区等城市化发展过程中的各类空间表现形式开展研究，并一直延续至今，成为城市圈研究的重要内容。如再往前追溯，20 世纪 30 年代，随着人口、产业集聚与城市规模的扩张，核心城市的"城市病"现象不断出现，西方发达国家逐渐认识到区域中心城市的重要性，明确中心城市在区域经济社会发展中发挥着举足轻重的作用，区域经济的一体化逐渐形成，大大增强了国家竞争力，空间形态就更多地表现为城市圈战略（徐昌华，2010）。从国外研究的角度来看，在该阶段国外尚未出现对于中国城市群的相关研究，但对于区域中心城市发展等城市圈研究较为丰富，为西部中心城市与城市协调发展的研究奠定了重要基础。

第二阶段：中心城市与城市群研究的起步阶段（1986 ~ 2008 年）。

第二阶段为起步期，从国内研究的角度来看，城市圈、城市带、大都市区、都市连绵区等相关术语和概念被提出，学界逐渐开展对城市群的内涵、功能、特点等内容的研究。如 1998 年，代合治在《中国城市群的界定及其分布研究》一文中，以全国 209 个地级及以上城市行政区为研究对象，筛选出其中的 125 个，对城市群的地域单元进行构造，对 17 个不同规模的城市群进行界定，进而分析得出我国城市群的分布现状和发展趋势。2003 年，李浩在《中国城市群发展动态》一文中，研究我国城市群发展的现状并找寻城市群发展中存在的问题，并研讨我国城市群的未来发展趋势，表明"十五"期间"城市密集圈"的发展战略将加快城市化的步伐。2005 年，方创琳在《中国城市群结构体系的组成与空间分异格局》一文中，运用城市群发育程度指数模型，对中国城市群的计算结果按三个等级进行划分，得出中国城市群总体发育程度低且差异很大。实践上，1981 ~ 1985 年的"六五"计划提出，建设长江三角洲经济区时要以上海为规划中心，创造了推进中国城市群萌芽与形成的优渥的外部政策环境。1986 ~ 1990 年的"七五"计划进一步推动城市群空间结构的形成，首次以省会城市为核心规划建设省级城市群，并搭建了中国沿海地区城市群建设的基本框架，促进了中西部地区城市群萌芽。1991～1995 年的"八五"计划有计划地推进中国城市化进程，提出"四沿"开放发展战略。1996～2000 年的"九五"计划提出了加快中西部地区发展的战略，促进了中西部地区城市的发育。2001～2005 年的"十五"计划首次提出实施城市群战略，为发展真正的城市群奠定基础。2006～2010 年的"十一五"计划首次把城市群作为推进中国城市群进程的主体形态，确立了中国城乡发展过程中城市群的战略主导地位。2004 年，外文文献开始关注中国珠江三角洲区域的城市化进程，研究广州都市圈经济一体化进程（Lin，GCS，2004），表明在这一阶段，关于城市群与中心城市的研究为起步阶段。

从国外研究的角度来看，自 1998 年开始出现相关研究，在该阶段，关于城市群的研究日渐广泛且深入，不仅在数量上明显攀升，更在研究广度和深度上日趋完善。主要开展了对于城市形态与城际关系（Liu，YL，2020）、城市生态（Chen，MX，2020）、城市群土地利用优化研究（Zhao，XF，2020；Liu，XP，2020）、城市边界区域（Zhang，H，2020）等主题的研究，区域协调发展、城市群发展、可持续发展等关键词逐渐进入该领域。例如，有文章选择了三个要素作为该过程的基本指标，分别为人口密度分布、就业密度分布和营业地点，并对这些元素在南京市的表现进行了历史考察。南京市可以被视为中国大都市地区的代表，它的状况在很大程度上表明了中国类似地区的总体特征，研究南京都市圈空间演化的行为与动力机制十分具有代表性（Xi-gang Zhu，2002）；也有研究大城市边缘区城乡空间结构形成的影响因素，认为随着城市化进程的加快，城市扩张的步伐加快，大多数大都市的郊区化经历了跨越式的扩展，这极大地改变了大都市边缘地区的城乡空间结构。该文章提出，城乡空间结构的形成不仅受到地理位置、自然保护区、工业转型、移民等因素的共同影响，还受到一些独特因素的影响。城市规划和政策指导，在加速城市空间结构不平衡方面发挥了重要作用。了解影响因素的作用，对进行大城市边缘区的空间管理和发展规划很有帮助。认识影响因素的作用，对于大都市边缘区的空间管理和发展规划具有重要意义（Wang Kaiyong，2008）。

第三阶段：中心城市与城市群研究的发展阶段（2009～2013 年）。

第三阶段为发展期，基于国内研究，城市群和中心城市的相关概念和研究随着一系列战略规划不断深化，由此学者们充分考虑各种因素，并立足于不同研究视角开展细致化研究。2012 年，党的十八大报告强调，继续实施区域发展总体战略，科学规划城市群规模和布局；2013 年，中央城市群工作会议指出，要在中西部和东北有条件的地区，依靠市场力量和国家规划引导，逐步发展形成若干城市群。这一阶段城市群和中心城市研究成果不断丰富，对其作用机理和效应研究也更加深入。2008 年，刘荣增等在《基于 MWVD 的中心城市扩展与城市群整合研究》一文中，从中心城市影响区范围的历史扩展演化入手，明确提出提高中心城市的首位度，确实发挥其引领作用，强有力地推动区域经济的建设和发展。2010 年，张艳等在《中心城市发展与城市群产业整合》一文中，从城市群产业整合的角度出发，研究中心城市应采用何种方式提升在城市群发展中的重要性，最终指出需要积极发挥中心城市的扩散效应，从而带动整合城市群产业。2013 年，颜廷标在《世界著名城市群区域创新中心城市建设的经验及启示》一文中，通过研究世界三大著名城市群的城市分工与布局，并对其发展模式进行总结分析，表明从城市群内部结构来看，中心城市在产业结构调整中发挥着先导创新作用，加强其产业整合和生产力的合理布局是形成城市群巨大整体效应的关键。2014 年，胡代全在《融合发展促进自贡内江合并　建设一个川南中心城市——川南城市群建设破局之举》一文中，表明城市群建设与发展需要一个中心城市的引领，以此落实川南城市群建设和发展的重大部署，建设引领川南城市发展的中心城市。在这一阶段，城市群与中心城市研究成果不断丰富，对其概念认识也更加深入，逐渐将城市群与中心城市的协调发展与深入推进上升到国家战略的高度，将大型城市或特大型城市培育成增长极，未来中国的发展方向将由城市和产业功能良性互补的城市群竞争主导。城市群竞争发展已成为当前实现科学发展、赢得区域竞争的重要战略选择和有力抓手，中心城市培育与转型是关键问题（吴妍妍，2013）。

从国外研究的角度看，在外文文献中，学术界持续关注中国较大城市群或都市圈的发展进程，外文文献出现"城市群"这一专业术语开始于 2011 年,"城市群"术语在外文文献中出现的次数出现爆发式增长,即关于"城市群"的说法被日渐传播,对其研究也不断增多。例如,有学者研究长三角城市群发展的优势与动力,其认为应更加重视高速发展阶段和推动其发展的重要动力。同时,不应该忽视资源和环境的局限性,需要建立长期有效的机制来维持发展,促进并有效实现资源利用和环境保护之间的协调发展。另外,学者认为关于城市群的研究应紧急开展一些比较研究,以有效支持和促进经济的可持续发展,特别是在进化、驱动力和制动力方面,其提出不同的驱动力在不同的阶段具有不同的作用(Wang Jing,2012)。

第四阶段:中心城市与城市群研究的爆发阶段(2014 年以来)。

第四阶段为爆发期,从国内研究的角度来看,2014 年,《国家新型城市群规划(2014—2020年)》及"十三五"规划要求建设长三角、珠三角、京津冀等 19 个城市群,城市群和中心城市的研究不断丰富,其协调发展研究取得爆发式增长。2017 年,党的十九大报告指出,以城市群为主体构建大中小城市和小城镇协调发展的城镇格局。2015～2019 年,国务院已批复 11 个城市群规划,在此国家战略背景下,城市群与中心城市的研究不断细化,除内涵、分类、结构、机理等内容持续深入外,还开展了中心城市科技创新对城市群的作用影响(杨秋菊,2015;黄静茹,2018;稽尚洲,2018;翟媛媛等,2020;李洪涛等,2020),中心城市的发展与城市群的产业整合(王桂玲等,2016)、产业结构(杨静思等,2012;黄雯慧,2019)、产业分工(骆玲等,2015)、产业集聚(苑清敏等,2017)、产业转移(杨秋菊,2015)、产业链(王晓红等,2016;丛晓男等,2018)、产业升级(汪雪峰等,2011;丛晓男等,2018)、产业发展(王贤彬等,2018;罗小伟,2020)等方面的研究日渐成熟;除此之外,对中心城市与城市群在基础设施建设(谢新鹏,2014;孙阳等,2014;余利丰,2017)、交通枢纽体系(卢昀伟等,2016;王佳宁等,2016;马爱峦,2018;刘战国,2020)、生态环境建设(孙阳等,2014;李军,2019;沈昊靖,2020)等方面的研讨已不断细化且日趋完善;再深入分析,理论界对中心城市与城市群在社会政策制度(刘宝奎,2017;宋瑞雄,2017;鲁世林,2017;罗志高,2018;王贤彬等,2018;王海锋,2018;侯燕,2018;李军,2019)、社会资源配置(叶育辉,2014;刘宝奎,2017;宋瑞雄,2017;董洪梅,2018;孟祥林,2019)、社会人口承载(刘宝奎,2017;戴德颐,2018;王海锋,2018;沈昊靖,2020)等研究得以展开,基于产业布局、基础设施、社会发展等方面的研究成果不断丰富。

从国外研究的角度来看,研究成果处在历史新高峰,关于城市群的研究日趋成熟。自 2011 年"城市群"术语出现在外文文献中之后,国外学术圈关于城市群与中心城市的研究爆发式增长,在国外城市群的研究中,有相当一部分研究中国城市群的文章发表在各大学术期刊上。有研究通过昆明都市圈的数据,探讨中国城市空间的时空增长模型,认为中国主要存在低密度扩张和高密度填充两种城市增长类型,大致是不同阶段的不同力量驱动所致。为更好地对城市发展过程加以解释,采用扩张引起的投资密度指数(EID)和填充导致的投资密度指数(IID)这两个易于理解的形态学指标,定义单位已开发土地的投资密度,并通过整合空间和社会经济数据来比较长期内不同阶段之间的形态变化。根据这些指标的时间变化能够看出是存在周期性增长模型(CGM)的,表示了低密度膨胀和高密度填充之间的周期性切换(Wu,Qiyan,2019);有学者认为,集聚经济是城市存在的根本解释。空间集群可带来多种外部收益,例如劳动力集中、共享供应商和专业化;这些反过来又有助于提高生产率和经济增长。在过去的几十年中,集聚经济的实力和性质受到质疑。在 20世纪 80 年代,有人认为信息和电子技术减少了对物理邻近的需求,因此降低了集聚经济的价值。集聚经济价值的降低将解释经济活动的分散化和中心城市的衰落,于是又开展了集聚经济与城市形态的演变的研究(Genevieve Giuliano,2019)。

## 2.2.2　中心城市和城市群基础设施协调发展历程

为了解中心城市与城市群基础设施协调发展研究学术发展历程,对国内、国外学术史进行梳理，根据中心城市与城市群基础设施协调发展建设领域历年发表文献数量情况，可以看出中心城市与城市群基础设施协调发展建设研究文献总体呈现上升趋势。通过进一步文献阅读分析发现，学术界关于基础设施建设的专门理论研究开始于20世纪80年代初期，钱家骏、毛立本等最早将"基础结构"概念引入我国的经济理论界中，定义其为"向社会上所有商业生产部门提供基本服务的那些部门，如运输、通信、动力、供水及教育科研、卫生等部门"。并指出可以从狭义和广义两个层面解释基础设施，一是专指有形产出部门的狭义概念，二是包括有形和无形产出部门的广义概念。同时，还强调最好将基础设施看作一个独立的研究对象进行分析探讨（钱家骏等，1981）。制约我国经济发展的关键因素是落后的基础设施发展状况，因此，国内对于研究与发展基础设施的重视程度大幅提升。范前进等在多部门一般均衡模型建构的基础上，在区域经济生产过程中充分考虑基础设施发展水平，借此探讨区域经济发展过程中基础设施所起的重要作用（范前进，2004）。近年来，越来越多的学者开始研究基础设施建设与城市群、城市群竞争力和区域经济一体化之间的关系，出现了城市群基础设施建设的许多成果（王维，2006；张立勇，2007；刘敏，2010）。在外文文献中，最早出现关于城市群、都市圈、都市带的基础设施的研究主题是在2000年，研究城市区域的基础设施网格（Bishop，ID，2000），也有学者研究基础设施、产业发展与城市就业（Seitz，H，2000）等主题。据此，我们以国内外研究文献为主要依据，可以将国内外中心城市与城市群基础设施协调发展的研究划分为四个阶段。

第一阶段：中心城市与城市群基础设施协调发展研究的探索阶段（1998年及以前）。

从国内研究的角度来看，该阶段虽然没有提出"中心城市与城市群基础设施协调发展建设协调发展"的相关术语，但却早已开始研究中心城市与城市群基础设施协调发展。20世纪80年代以前，通常将"城市基础设施"称作"市政工程设施"，涉及卫生、娱乐、文化教育等社会性基础设施及其相关体制，是指政府投资建设的城市道路、给水、排水、供电、供热、通信等工程设施。改革开放后，城市问题方面的专家提出应以"城市基础设施"取代"市政工程设施"叫法，并得到认可（余池明等，2004）。在早期的研究中，李伯溪等对中国基础设施水平的区域差异进行了深入探讨，得出直接参与生产过程并影响企业选址和劳动者区域选择的基础设施是影响区域收入差异的最主要因素（李伯溪等，1995）；还有学者辩证分析了基础设施建设区位选择与资源开发的影响关系（袁绪亚，1998）。

从国外研究的角度来看，该时期外文文献出现关于"城市群基础设施"或"都市圈基础设施"等研究主题的内容，大多是关于都市或都市区的主体的研究，如基于电信和计算机基础设施相结合的假设，即依赖计算机的计算机人口（包括电话、光纤、微波和数字设备）的存在，基于大都市区使用信息技术的能力，如果有足够数量的计算机工作者以及计算机设备和软件的销售，则计算机服务基础结构被认为是健壮的（Nunn，S.，1997）。

第二阶段：中心城市与城市群基础设施协调发展研究的萌芽阶段（1999~2007年）。

从国内研究的角度来看，该时期城市群基础设施等相关术语和概念被提出，对基础设施的内涵、分类、功能、重要性等研究也逐渐开展。如中科院历时两年完成的《1999中国区域发展报告》认为，中国东西部差距逐渐拉大的重要原因之一便是基础设施发展水平不平衡。学者金凤君基于地理空间理论探讨了基础设施与人类生存环境两者之间的积极作用，在空间资源利用效率、资源环境共享、人类生存能力提升以及生存环境优化等方面，基础设施均扮演着重要作用（金凤君，2001）。也有学者以城市与区域规划学、人文地理学、区域经济学等学科为基础，分析建设大型基础设施与区域形态变化的影响关系；大型基础设施对区域形态变化存在多重影响路径（武廷海，2002）。在路径规划方面，学者们分别专注于基础设施建设存在的不足（安篠鹏，2003）、城市基础设施建设投融资体制（唐建新等，2003；何伯洲等，2006；黄大柯等，2004；王燕鸣等，2005）、经营与管理体制（庄序莹，2005）以及基础设施与社会发展和经济增长的关系等方面的研究。

从国外研究的角度来看，在外文文献中，文献研究多数从城市群交通基础设施建设（Zegras，

C，2003）、公共基础设施（Kemmerling，A，2002；Frontera，ACI，2004；Hwang；Young‑Woo，2005）、体育基础设施（신재휴，2003）、旅游基础设施（DehyunSohn，2003；Sanders，HT，2004）、无形基础设施（Hackler，D，2003；Hun，Lee Myeong，2004）等角度出发开展研究。有文章认为，景观生态学对城市化进程和基础设施部门的活动提出了挑战。基础设施网络对城市和景观的发展具有重大影响，从经济意义上讲，这种影响通常是积极的，但在城市和乡村的自然或娱乐功能方面则可能是消极的。还有研究探讨了两个大都市区（明尼阿波利斯‑圣约翰斯）的电信基础设施与高科技产业增长之间的联系，结果表明，具有较高电信能力的城市在高科技产业和所分析的所有部门中更可能出现正增长。然而，结果也表明，尽管我们经常将高科技产业视为一个整体，但对产业进行分类以确定某些生产过程和服务是否使企业对电信的定位因素产生不同的反应非常重要。鉴于城市渴望参与新经济，因此，高科技公司所处的位置以及电信基础设施对这些公司的吸引力在很大程度上具有重要意义（Hackler，2003）。

第三阶段：中心城市与城市群基础设施协调发展研究的起步阶段（2008~2016 年）。

从国内研究的角度来看，随着基础设施研究的领域越来越广，基础设施的相关概念和研究不断丰富，学者们从不同分类或不同方面对基础设施建设展开具体细化的研究。有学者将基础设施分为6 个系统，20 多个子系统，六大系统各自包含不同种类的子系统，相互促进、相互制约，确保城市生产生活得以正常运行（谭翔，2008）。在此基础之上，学者们不断扩展基础设施的领域，如构建城市基础设施投资效果模型（朱翔华，2008）、分析互联网基础设施存在的问题（陈道，2007）、布局规划航空物流区基础设施建设（王喜萍，2008）、研究推进电信基础设施共享共建的政策（高照，2010）等。

从国外研究的角度来看，在外文文献中，该阶段研究更加关注城市绿色基础设施（Shi‑young，Lee，2008）、政治基础设施（McFarlane，Colin，2008）、医疗基础设施（Blaeser，L. K，2008）等方面的研究。有文章认为，探索基础设施与城市之间联系的工作繁多，这需要对城市和基础设施进行概念化，以认识到它们的共同构成和网络化城市基础设施的固有政治性质。文章主张对基础设施政策进行概念化，这将从更全球化的角度受益；同时，探讨专题讨论会的三个关键主题：分散、不平等和危机。对基础设施的比较方法能够揭示各种生产、管理和分配城市结构的方法，并且这些方法在日常生活中变得很重要（Colin Mcfarlane，2008）。也有文章提出，交通基础设施在城市社会的发展中起着不可或缺的作用。在 20 世纪上半叶，交通运输，尤其是铁路似乎对经济增长和工业区位产生了巨大影响。就业集中在城市中心或附近城市，产生了径向通勤的格局，交通流集中在铁路、有轨电车路线上。工业活动性质或城市社区变化之后，交通要求也随之变化，故而精心整合、协调的交通运输和城市发展对于确保可持续的未来至关重要（Ryuichi Kitamura，2009）。

第四阶段：中心城市与城市群基础设施协调发展研究的发展阶段（2017 年以来）。

从国内研究的角度来看，随着城市、城市群，以及城市群连绵带的迅速发展，对交通运输网络现代化的需求日益迫切，而城际之间的交通运输网络（水运、公路、铁路、航空等）又是城市群连绵带发展和城市层级体系中基础设施重要的组成部分。何甜等依托运输通道场理论，研究区域经济发展中交通的影响效应，具体做法为：选取 2005 年和 2012 年 "两横三纵" 运输通道网内 12 个节点，并将其作为主要研究对象，计算并比较场势和场势差、广义运输成本、聚散规模质因子、聚散规模量因子以及城市经济发展因子等（何甜，2016）。周凯等构建了一个利用 "时间—空间图" 来分析区域时空压缩的方法框架，并以京津冀城市群为对象，运用该框架研究由路网建设带来的交通可达空间变化（周凯，2016）。这些相关研究涉及交通运输网络的综合实力、布局模式、分形特征、综合评价、城市空间与经济的带动效应等众多方面。除此之外，21 世纪后，社会发展不断前进，科学技术不断进步，带来信息产业的飞速发展，城市化进程推进到信息时代，影响着城市与城市群的形成。国内学者纷纷基于多元信息数据对城市群网络结构进行分析，包括互联网流速数据（王宁宁等，2016）、百度迁徙数据（叶强等，2017）、QQ 群（赵映慧等，2017）、百度贴吧（邓楚雄等，2018）、百度指数（孙阳等，2018）等多种信息数据类型，以此研究区域一体化发展的基础设施建设历程。

从国外研究的角度来看，在外文文献中，研究更多涉及城市带基础设施建设与区域经济增长之间的关系（Alvarez Palau，Eduard Josep，2016），基础设施建设、基础设施整合、基础设施协同等关键词逐渐进入该领域。有研究使用1999～2012年219个中国城市的面板数据，研究了城际和城际交通基础设施对城市增长的异质影响。根据FMOLS小组的估计，城市间基础设施（公路或铁路）的长期贡献占城市增长的6%，而城市内公共交通的长期贡献为2%。人们发现，核心城市比周边城市从这些基础设施中受益更多。VECM进行的短期动态分析揭示了运输与经济增长之间的双向不对称因果关系。值得注意的是，运输基础设施对经济增长的影响在中国东部最为明显，而在中国中部最不明显（Chen Yang，2016）。

### 2.2.3　中心城市与城市群产业布局协调发展历程

为了解中心城市与城市群产业布局协调发展研究学术发展历程，对国内、国外学术史进行梳理，根据中心城市与城市群产业布局协调发展领域历年发表文献数量情况，可以看出中心城市与城市群产业布局协调发展研究文献总体呈现上升趋势。通过进一步中文文献阅读分析发现，学术界关于城市群产业布局的专门理论研究开始于21世纪，有学者率先提出"城市群发展以拥有具有国际竞争力的产业与产业集群为核心，支撑着城市群发展"（林先扬，2003）。梁琦指出，合理的产业布局协同模式能促进经济和城市的发展，反之，则会降低资源配置效率从而阻碍城市的发展（梁琦，2014）。因此，学者们对于区域产业发展的研究日益深入，认为其是中心城市与城市群经济研究的核心内容之一。在外文文献中，学者们首先在1999年研究"大都市地区农产工业的现象特征"，以此为开端展开都市区与产业发展的研究历史。据此，我们以国内外研究文献为主要依据，可以将国内外中心城市与城市群产业布局协调发展的研究划分为四个阶段。

第一阶段：中心城市与城市群产业布局协调发展研究的探索阶段（2002年及以前）。

从国内研究的视角来看，虽然关于城市群产业布局的专业术语还未在该阶段提出，但是学界早已开始研究城市群产业发展了。20世纪80年代后，尤其是90年代初以来，集群理论研究进入黄金时期，相关理论成果大量涌现，包括以克鲁格曼为代表的新经济地理学理论和波特的新竞争优势理论。马歇尔、韦伯、以克鲁格曼为代表的新经济地理学家、波特等不同时代的经济学家对产业集群从不同的维度和不同角度作了解释。马歇尔把企业追求外部规模经济的过程当作发生产业集聚的机制；韦伯指出，企业如果从产业集聚过程中获取的好处超过它们从分散布局地迁往集中地而引起运输和劳动增加的费用，那么就会发生集聚；以克鲁格曼为代表的新经济地理学家指出，不是任何时候集聚都能发生，如果贸易成本处于中等水平，就会在要素流动、运输成本和规模收益递增相互反应下形成集聚；波特则将竞争经济学融入其中以分析产业集群。基于上述分析，产业集群的关键包括适应于当地的资源禀赋、外部规模经济、良好的当地人文环境等。李悦等人基于我国产业结构的实际发展状况展开分析，对产业集聚有了更为准确的认识，并为今后学者的研究提供文献支持。

从国外研究的视角来看，这一时期，在外文文献中，有学者在工业活动活跃、未来发展能力强的大都市地区，研究其农业产业发展导致的废水表征，创先性地开展这一方面的研究（F. Germirli Babuna，1999）。这时，关于城市产业集聚形成机制的研究进入黄金期（Rychen，F.，2002）。

第二阶段：中心城市与城市群产业布局协调发展研究的萌芽阶段（2003～2007年）。

从国内研究的视角来看，该阶段城市群产业机构、产业集聚、产业集群等相关术语和概念被提出，学界逐渐开始研究城市群产业发展。林先扬指出，具有国际竞争力的产业与产业集群的拥有状况是城市群发展的核心要素，支撑着城市群可持续发展（林先扬，2003）。城市群主要通过优势产业集聚资源，并带动周边地区发展。葛海鹰年在《产业集群培育与城市功能优化》一文中指出，只有在多种因素的共同作用下才能实现产业集聚，并能积极影响区域经济的发展，主要是通过优化城市功能培育优势产业集群，推动经济快速增长（葛海鹰，2004）。乔彬基于新经济地理框架，对经济集聚发展的内在机理进行了研究，认为城市群空间结构演变的内在动力包括产业转移、产业集聚、产业技术扩散和产业关联等效应（乔彬，2006）。2007 年陈柳钦指出，产业空间集聚是中国城市化发展的最基本动力，并带动发展工业化（陈柳钦，2007）。此时关于产业集群与城市群的发展还处于初步研究阶段，《群效应——从产业集群到城市群》是较有代表性的书籍，夏维力和李博对产业集群和城市群发展中的相互关系作了较为详细的阐述，两者是相互协同发展的，同时实证分析了产业集群到城市群的发展模式。此外，还存在其他一些有关产业集群与城市群发展的研究成果。

从国外研究的视角来看，在外文文献中，学者们多从都市圈各类产业发展（Kim，Euijune，2007；Ahn，Kun - Hyuck，2007；Jenkins，J. Craig，2006）的角度出发，探讨其对区域经济发展作出的贡献。有学者对 2000 年秋季和 2001 年春季在印第安纳州城市多用途绿道上使用红外计数器进行的行人和自行车交通流量计数进行了描述性分析，通过信息技术产业和电信数据，对明尼阿波利斯街进行城市经验分析（Hackler，2004）。还有学者认为，高技术/知识密集型产业作为促进经济增长、社区的工作增长和收入来源越来越重要。社区需要这些行业，以使其在经济上尽可能蓬勃发展。但是，尽管人们垂涎生物技术等高科技产业作为经济发展的动力，但这些区域创新集群对当地发展的影响并不完全是积极的。对于对低技能和半熟练人口的影响尤其如此。在某些地区，高科技产业集群带来的新增长将相对便宜的开放空间转变为随意的商业和工业用途，从而导致了无序蔓延，交通拥堵，缺乏经济适用房和消费高档化。这些问题在波士顿和圣地亚哥大都市区尤为明显，而它们分别是美国第二大和第三大生物技术集群。作者通过分析创新集群对当地的影响，旨在评估圣地亚哥和波士顿大都市地区生物技术集群对当地经济发展的影响，尤其是对劳动力和房地产市场的影响（Michael Sable，2007）。

第三阶段：中心城市与城市群产业布局协调发展研究的起步阶段（2008 ~ 2011 年）。

从国内研究的视角来看，城市群产业发展相关概念和研究伴随着一系列重大战略规划而不断丰富，学者们逐渐扩大学科范围和研究内容，从更细的方面研究城市群产业发展。何骏指出，城市群通过整合区域内城市资源，实现城市间优势互补，不仅能满足信息化高效发展的环境，还能拓宽产业发展空间，激发区域经济增长（何骏，2008）。曾国平等研究指出，地区服务业与城市化相关性较弱，东部地区两者之间互为因果关系，中部地区的服务业发展是推进城市化进程的长期原因，但城市化进程无法影响服务业发展（曹国平等，2008）。李丽萍和郭宝华指出，产业集聚会因为价值产业间的关联效应而产生乘数效应，进而提高城市化发展速度（李丽萍等，2006）。赵航以南京为例进行实证分析，梳理城市功能空间演化中集聚效应扮演的作用，得出要素空间集聚有助于功能区的产生，进而优化城市空间布局（赵航，2011）。

从国外研究的视角来看，在外文文献中，研究开始转向新型产业、创意产业等内容（Hun，Lee Myeong，2011；Lee，Sang Kyeong，2011）以及特大城市群的产业发展现状研究（Ahn，Kun - Hyuck，2008）。有学者将研究与开发（R&D）投入视为经济增长的关键因素。这是因为研发不仅改善了生产技术，而且对其他公司具有显著外部性（溢出）影响，研究表明，中型和大型公司的规模越大，其溢出效应将越大。学者同时考虑了所有制造业种类的行业分类数据，以分析各个大都市区的 R&D 投入溢出效应，文章分析了整个制造业，还考虑到以高强度研发行业为代表的电气和电子机械行业，以及以低强度研发行业为代表的服装、配件和皮革行业。这项研究得出的结论是，对于这三个类别，每个大都会区的 R&D 投入都有外部性（溢出）效应（Hsiao - Lan Liu，2010）。还有研究认为，创意城市是城市更新项目的战略，已成为城市经济中的关键问题。在先进国家，国内收入水平正在上升，但经济增长正在放缓。为了解决这个问题，学者提出了创意产业可持续发展的城市政策。借助诸如创意社会、创意革命和创意经济之类的创意城市指数的发展，提出促使创意产业在 1996 年和 2005 年增长的因素。通过对国内外创意城市的研究，学界开展以首尔都市圈为重点的创意阶层、技术和包容性的创意产业的影响研究（Kim，2011）。

第四阶段：中心城市与城市群产业布局协调发展研究的发展阶段（2011 年以来）。

从国内研究视角来看，产业空间分异和城市群协同发展在产业和地理纬度上均面临发展问题，发展需求也伴之而来，"城市间产业联系"在相关发展条件具备、完善后得以产生，最终形成产业和城市共生发展的系统性局面。2017 年王浩指出，产业空间分异和城市群协同发展能在等级自组织机制、产业组织协调机制和产业引导机制的作用下融合发展，最终形成良性互动（王浩，2017）。2011 年汪彩君等指出，一定区域内的产业集聚规模在不变的产业分工与协作模式下会达到区域承载极限（汪彩君等，2011），在此情况下，集群将通过更紧密的协同和更细致的产业分工，突破限制，不过完成该协同需要更大的地理空间，最终可能导致产业空间分异，因此，地理空间扩展尤其是城市扩展形成城市群的过程要一直与产业空间分异同在。

从国外研究的视角来看，在外文文献中，该阶段的研究成果颇丰，尤其在 2019 年实现爆发式增长，该阶段更多地关注城市群与都市圈、都市带、都市区的生态环境问题，即从产业发展的角度出发，研究区域内生态环境的可持续发展（Chen，Xinchuang，2020；Xu，Chang，2020）。产业空间分异、现代产业体系等关键词逐渐进入该领域。该阶段的外文文献资料呈现突破式增长，有学者研究金融业的空间分布特征及其与社会经济变量的关系（문은진，2013）；有学者分析了零售和食品店的位置模式——它们的存在构成了宜居社区的重要方面，以剑桥和马萨诸塞州萨默维尔的街道网络上的大约一万四千栋建筑物为分析单位，对先前文献中发现的有关零售地点的五个假设进行了检验，并估计了不同地点特征对所有零售和餐饮服务场所的影响，从而获取密集城市环境中零售和食品企业的分布模型（Andres Sevtsuk，2014）；还有学者调查了集聚化对领先的新兴经济体韩国制造业中城市劳动生产率的影响，扩展了生产密度模型，其中包括城市经济的劳动密度和制造业产出密度的变量，衡量了空间溢出效应和劳动力聚集效应，研究发现，城市劳动生产率取决于集聚经济体的传统投入（Azari，2016）。

### 2.2.4　中心城市与城市群社会发展协调发展历程

为了解中心城市与城市群社会发展协调发展研究学术发展历程，对国内、国外学术史进行梳理，根据中心城市与城市群社会发展协调发展领域历年发表文献数量情况，可以看出中心城市与城市群社会发展协调发展研究文献总体呈现上升趋势。通过进一步中文文献阅读分析发现，学术界关于中心城市与城市群社会发展协调发展的专门理论研究开始于 20 世纪 90 年代，学者们指出，社会发展是包含经济发展在内的社会全面发展进步，以建构人类关系为关注重点，主要实现人的全面发展。社会发展是除基础设施和产业布局之外城市层级体系中软实力的象征，涉及医疗保障、教育资源、环境保护、居家养老等众多方面；社会发展协同需打破行政区隔，实现城市、城市群，以及城市群连绵带之间基础设施软件方面的互联互通。在外文文献中，20 世纪末便开始关于城市地区与社会发展之间的潜在关联研究，并取得许多优秀研究成果，开辟了研究新方向。据此，我们以国内外研究文献为主要依据，可以将国内外中心城市与城市群社会发展协调发展的研究划分为四个阶段。

第一阶段：中心城市与城市群社会发展协调发展研究的探索阶段（1990 年及以前）。

从国内研究的视角来看，该阶段虽然没有提出中心城市与城市群社会发展协调发展相关术语，但对城市群社会发展的研究早已开始。20 世纪 60 年代末期，随着社会经济环境和国际政治环境的重大变化而不断深化，各国经济社会因为不平衡的区域经济发展受到制约，发展中国家出现的社会问题也严重制约着发达国家发展。在这种情况下，众多学者认为，社会发展不能只包括经济增长，而应该是包括多维度社会增长的经济发展，社会质的增长需要与经济量的增长同时存在，保证各地区之间实现协调增长。

从国外研究的视角来看，该阶段还未曾出现城市圈层与"社会发展"相关的研究主题，表明该阶段的城市群社会发展研究尚处于探索阶段，直至 20 世纪末 21 世纪初，才有少数文献涉足此领域。

第二阶段：中心城市与城市群社会发展协调发展研究的萌芽阶段（1991～2005 年）。

从国内研究的视角来看，该阶段社会发展、协调发展等相关术语和概念被提出，对社会发展的内涵、分类、特点等研究也逐渐开展。如 20 世纪 90 年代以来，我国社会经济快速发展，国家加强高等教育体制改革，社会不断进步，学者们在这方面的研究逐渐增多，稍有成绩。在社会发展过程中，学术界主要侧重于关注教育（尤其是高等教育）与区域经济协调发展问题，发现高等教育与区域经济良性互动协调发展问题亟须解决，刻不容缓。

从国外研究的视角来看，在外文文献中，1990～2005 年，关于城市区、城市带、都市区等与社会发展相关联的研究成果高达 159 篇，学术界对社会发展的关注度可见一斑，该阶段的外文文献主要关注大型城市的空间全球化（Kuehn，T.，2005；Nahrath，S.，2005）、创新城市社会治理（Gerometta，J.，2005）等问题，对于城市社会发展的关注度日益上升。

第三阶段：中心城市与城市群社会发展协调发展研究的起步阶段（2006～2011 年）。

从国内研究的视角来看，城市群社会发展研究相关概念和研究随着一系列战略规划的更新不断丰富创新，众多学者对城市群社会发展从不同维度和视角进行细致分析探讨。如 21 世纪初，中国社会医疗保险体系正处在改革开放后的重建阶段。朱俊生定义了"全民医保"概念，其中，概念中包含医保对于国民的全面覆盖以及参保者获得统一的受益标准这两条核心标准（朱俊生，2006）；城镇化与教育的关系逐渐成熟，如郭存芝等考察了在同一国家不同时期和不同国家同一时期两种情况下城市化水平和教育发展水平的相关性，得出教育发展能够促进加快城市化进程，同时，城市化水平对教育发展也具有积极正向作用（郭存芝，2006）。

从国外研究的视角来看，在外文文献中，关于都市带、都市圈、都市区的社会发展主题，学术界开始日益关注现代社会中出现的城市顽疾现象与现代化治理措施（Seo，Jong Gook，2009；KWUAN，KIM CHEON，2009；Lim，Hyung Baek，2009；Masini，Giuseppe Pellegrini，2008），研究内容与主题日渐丰富。在许多国家，福利国家正处于危机之中，遭受后福特主义变革的影响。在城市中，需要新的治理方式来克服经济、社会和政治结构调整导致的后果。学者力图探讨公民社会在新的城市治理安排中的作用，有望对社会排斥趋势作出贡献。尽管认识到民间社会在重建治理关系中的作用含混不清，但有学者认为，在某些条件下，民间社会被认为发挥着促进城市凝聚力和促进其发展的治理安排的宝贵贡献（Gerometta，2005）；还有研究提出，社区组织是当代城市社会中社会资本与地方背景的交集（Richardson Dilworth，2005）；也有学者研究社会发展、城市环境与精神病之间的关系（Hutchinson，G.，2005）。

第四阶段：中心城市与城市群社会发展协调发展研究的发展阶段（2012 年以来）。

从国内研究的视角来看，随着环境规制对社会发展的重要作用不断提高，张翼等利用 OLS 方法，对公众参与污染物减排的影响关系进行了测度，指出公众参与有利于市场主体减少二氧化碳排放，政府对这两者之间的关系几乎不产生影响（张翼，2011）。黄清煌等充分考虑不同环境规制工具的政策效果，基于此考虑控制—命令与市场—激励型政策对节能减排的影响效应，指出命令—控制与减排效果呈倒"U"形关系，而市场激励型与其呈正"U"形关系（黄清煌等，2016）。

从国外研究的视角来看，在外文文献中，该阶段的研究开始关注社会老龄化（In，Kim Seung，2011；Smets，Anton J. H.，2012）以及城乡不平衡现象（He，Hongguang，2011），结果纷纷显示，关于城市群社会发展的研究更加细化与深入，区域协调发展的主题更加鲜明。有学者展开对社会创新举措促进城市可持续发展的实证研究，通过应用模型来分析农村社区教育中心所倡导的社会创新举措与促进可持续发展的关系（Angelidou，Margarita，2017）；还有学者开始研究城市、农村和流动学生的比较，结果表明，父母的受教育程度和家庭收入与孩子的数学成绩直接相关。在农村家庭中，家庭收入对父母对子女的教育期望的影响明显强于对移民和城市家庭的影响。家庭收入对农民工和农村家庭的家庭学习刺激的影响要大于对城市家庭的影响。而且，城市家庭的父母受教育程度对父母对子女的教育期望和家庭学习刺激的影响明显强于对移民和农村家庭的影响。研究结果表明，需要针对特定人群进行服务，特别是针对中国移民和农村家庭（Luo，Fang，2017）。

## 2.3　研究评述

城市群相关文献大多已展开对区域发展总体战略引领下的西部大开发、东北振兴、中部崛起和东部率先发展战略体系的研究，尤其与西部中心城市与城市群相关的诸多研究皆证实，在区域协调发展战略的引领下，西部地区经济社会稳步健康发展。西部地区依然面临严重的不平衡不充分问题，与东部地区相比，由于地理环境、资源基础、产业结构以及生态环境的差异，经济发展较为薄弱，东西部地区发展的相对差距并未显著缩小，对整个国家的高质量发展和可持续发展产生巨大影响。现有文献缺乏对中西部发展滞后原因的深度探讨以及对西部地区发展战略的全面把控，未曾找寻到解决西部中心城市发展滞后的根本原因，缺失对西部空间构型的经济功能研究，无法全面把控西部中心城市与城市群区域协调发展战略进程。

具体来看，理论研究方面，中心城市与城市群的相关研究大多以发达地区城市群与其省域内的中心城市作为研究出发点，以中心城市为主要研究对象，立足于"是什么、为什么、怎么做"的研究思路探讨城市群主体在协调发展机理中的作用，重视城市群在作用机理中的关键作用，而忽视中心城市与城市群协调互动的机制属性，未在两者的协调战略上对有关内部协调机理或协调机制的问题开展过深入研究。单一的研究范式无法全面解释西部中心城市与城市群在"区域协调发展战略"中的特殊实施样态，缺乏对区域协调发展战略的多方位把控，难以产生具有创新性的研究出发点。针对中心城市与城市群的协调发展，学者多从区域协调发展理论的角度探讨区域发展问题，鲜有学者将理论重点放在中心城市与城市群之间的关系上。虽然学界对中心城市与城市群进行了理论研究，但是目前的研究缺少基于将二者放入统一的协调发展理论体系下进行讨论的研究，缺少原创性的新理论。

研究范式方面，在学界目前对中心城市与城市群协调发展的三个不同切入角度中，均存在着整体性与系统性缺失的情况。基础设施建设角度的研究考虑到了基础设施建设在城市群发展进程中起到的"催化剂"的作用，但对西部地区基础设施建设动态把握不足，对西部地区基础设施建设方略的构建往往太过宏观而流于空泛，没有充分意识到西部城市群基础设施建设的发展速度迟缓以及与东部地区差距较大的固有矛盾。产业布局角度的研究考虑到生产要素在时空的配置过程中所起到的引导和干预产业整体、局部和个体布局的作用，为实现经济增长、社会稳定和生态平衡的目标提供了一套较为科学可观的实践方略以及认知思维，但这种研究切入点未曾考虑到西部地区的特殊性以及实施战略的差异性，缺乏采取宏观、中观、微观等不同层次的布局意识。社会发展角度的研究考虑到政府作用与市场因素的维度下西部中心城市和城市群的社会发展高质量协调实现路径选择，但这种研究切入点往往过于关注上层政策因素，而对政策落实的关注不够，缺乏对我国西部中心城市和城市群社会发展状况的实地调查研究。

研究方法方面，目前关于西部中心城市和城市群之间关系的研究，还没有完整的从完整的产业布局、社会发展、基础设施等视角系统化地使用理论模型构建和实证模型测算的方法来西部中心城市和城市群高质量协调发展战略问题的研究，研究相对分散，缺乏系统化程度较高的理论构建和实践检验。理论模型构建是新时代西部中心城市与城市群高质量协调战略理论的核心方法，指导西部中心城市与城市群高质量协调战略实践或分析新时代西部中心城市和城市群之间的关系，而实证模型测算是为了对理论模型进行科学性分析和实用性检验，并进一步证实理论的可行性和准确度。

综上，可以发现虽然在城市群区域协调发展战略研究中目前已经积累了相当丰富的理论和实践，关于中心城市与城市群的相关研究也分别颇有建树，但对城市群与中心城市协调机制的研究还不太充分，尤其是针对我国西部地区当前的经济发展状况，相对于我国城市群与中心城市的区域协调发展的实际情况与发展需要，西部地区的空间构型以及城市群与中心城市协调发展的研究有待于进一步探讨、发展或突破。具体可以从以下几点展开进一步的研究。

第一，西部中心城市与城市群高质量协调发展战略的背景研究。

新时代我国西部中心城市和城市群高质量协调发展，重要的前提是要明确目前我国在经历"新冠疫情"后，经济发展进入"双循环"特殊新时代的发展背景。"双循环"已被提到了中长期战略高度，也成为我国西部中心城市和城市群高质量协调发展的重要引擎。因此，在对中心城市和城市群之间关系及空间构型理论机制进行分析的基础上，通过实地调查及理论分析获取西部中心城市和城市群的空间构型战略背景（双国家中心城市为核心型城市群、单国家中心城市为核心型城市群、边疆省会城市为核心型城市群以及内陆省会城市为核心型城市群），可以全面把控西部大开发战略的实施进程，深入实施区域发展总体战略，打造中国区域经济的"升级版"。

第二，西部中心城市与城市群高质量协调发展战略的多方位研究。

西部地区中心城市与城市群的发展是有机统一、互为依托、特色鲜明的。长期以来，西部地区的发展出现了基础设施、产业布局以及社会发展之间的"内卷化"现象，人才、资本等要素不断被东部地区吸引而大量流失，致使其与东部地区之间的发展水平被持续拉大，根据大卫·哈维的"空间正义"理论，目前我国西部地区正处在缩短与东部发展差距的关键期，在城镇化发展水平较高的当下，西部农村对西部地区整体高质量发展的支撑动力显然不足，因此，解决上述问题的核心支撑点应该是西部中心城市和城市群的多方位协调机制研究。在开展新时代西部中心城市和城市群之间关系和空间构型理论机制研究的同时，通过基础设施协调、产业布局协调以及社会发展协调三个维度构建起以"一个目标—两个循环—三个层级—四种类型"为基本架构的新时代我国西部中心城市和城市群协调发展战略体系找寻问题突破点与经济增长点，可以实现西部中心城市与城市群高质量协调发展战略的深度研究，推动西部地区高质量发展并成为我国面对国际市场压力的重要经济增长极。

第三，西部中心城市与城市群高质量协调发展战略的理论与实践关联研究。

西部地区中心城市与城市群的高质量协调发展战略理论与实践之间的关联性很强，但大多数情况下，已有的研究未将理论和实践综合考虑，没有将两者之间的联系构建好，进而使得：（1）区域协调发展理论缺少社会价值和创新动力，完全空壳化；（2）区域协调发展实践缺少理论支撑，呈现解构化和碎片化，不具有系统性和长远性，阻碍城市化发展进程。因此，应把城市群与中心城市的协调发展战略结合起来研究，通过系统深入的区域城市发展概况调查研究反思我国西部地区中心城市与城市群高质量协调发展的实践经验与创新路径，在总结归纳经验成效的同时推进理论创新。

## 2.4　新时代西部中心城市和城市群高质量协调发展的相关理论基础

### 2.4.1　城市空间理论

城市空间理论属于恩格斯空间研究的微观角度，马克思和恩格斯 1945 年撰写的《德意志意识形态》一文中，虽然没有对城市空间理论作出直接的解释，但研究了城市的起源和城市未来发展方向。此外，城市空间理论还散见于恩格斯《乌培河谷的来信》《英国工人阶级状况》《论住宅问题》等著述中，恩格斯将人们的生活生产融入城市空间研究中，指出人民的精神意识和行为习惯的塑造受城市空间变化的影响，在城市空间变化和发展过程中，当地城市居民的活动和行为会随之发生变化。城市空间理论的核心内容和丰富意蕴可以高度概括为"四重要义"：社会实践创造城市空间；生产方式变革再塑城市空间；"非正义"性催生资本主义城市空间危机；共产主义时代城乡融合的必然性。城市空间理论为马克思主义者研究城市发展提供了必要的理论基础，为我国城市治理提供了指导，进而推进我国乡村振兴战略以及城乡一体化的实施与完善。

城市空间是人类生存发展的基本领域，作为社会历史领域自然空间的现实产物和人类社会实践的具体产物，反映了人类主观能动性和历史发展规律性的统一。20 世纪 60 年代以来，西方一大批像列斐伏尔、大卫·哈维的马克思主义学者通过研究城市空间和城市化过程中的政治经济，来化解资本主义国家面临的空间冲突、空间正义及空间生产等危机，并构建新马克思主义空间理论框架，将空间理论引入马克思主义理论研究中以完善已有的理论基础，借此深化社会学"空间转向"和地理学"社会转向"相关研究。列斐伏尔从辩证唯物主义的空间基础出发，基于城市革命理论和日常生活批判理论，在其相互作用下构建了空间生产理论，指出资本主义采用"自我生产"的物质生产方式，即"空间生产的历史方式"，全球化背景下空间的主要矛盾表现为"与生产力水平相适应的感知、治理空间的全球层面以及社会过程多样性所导致的空间碎片化的对立"。全球规模的城市化进程是人口、资源、资本等生产要素的聚集带来的社会发展，有助于推进我国城市化进程。哈维在列斐伏尔的基础上进一步深化了空间批判理论，哈维以地理学为基础，将城市化进程中的现实问题与城市空间理论紧密联系在一起，阐释了资本主义制度下城市化发展、城市权利和空间不平等的问题，继承并创新了马克思主义城市理论。对于国内研究，由于中国国情的特殊性，国内学者较晚涉及社会化领域，且大多关注学科背景，研究不够深入透彻，在哈维的城市及其空间理论的指导下，我国开始摆脱学科背景束缚，以更广的研究视角、更多元的研究内容开启城市化研究。参考哈维论述的城市空间多元化和不平衡研究，有利于解决我国城市化进程中面临的城市内部矛盾和城乡经济不平衡等实际问题。城市发展具有辐射带动效用，能够推动地方旅游业发展，刺激区域经济增长，进而缓解城乡间的不平衡问题，然而，失业人口和低收入阶层在这种情形下迅速增多，子女上学问题、住房问题、就业问题等成为乡村人口一进入城市就要考虑的问题，不仅无法促进城乡间的可持续发展，而且阻碍了城市发展，还超出了环境承载力，造成环境污染。与此同时，城市恶性竞争在城市化进程中相继出现，破坏市场规则，对产业市场进行垄断。

城市空间体系研究从 1990 年至今正式进入全面发展阶段，首先，城市地理学家深入研究空间流的变动和城市地域系统的空间特征，以此对城市群经济发展的地域演变进行研究，从而把握区域经济发展的空间规律，以及区域经济的社会联系情况。其次，城市地理学家深入探讨城市群空间的通达性，进而从城市空间的通达性变动情况和交通网络的可进入性把握地理空间经济联系特征，在此，地理学家指出城市空间通达性的变化受经济社会和地理要素空间范围重构的影响。再次，相关学者深入探讨交通运输网络结构与城市群经济发展的相关关系，发现城市群空间网络是以交通运输网络为基础形成的，需要充分分析两者之间的相互关系，最终通过交通运输网络结构对城市经济联系的空间结构进行建构。最后，学者们深入研究城市群经济联系空间结构的演化过程，发现人口变动、政府政策调控加大、交通运输化、产业郊区化以及技术进步是演变过程的主要表现，包括单中心、多中心和网络化三个演化阶段。

如今，城市不断朝着信息化、智慧化和创新化方向发展，就时空分布而言，城市发展是包括城市创新改造、空间吸纳兼容、自由时间争取以及差异空间生产的动态过程，在规划整合日常生产生活中推进城市化发展。改革开放以来，我国塑造城市空间环境时市场和资本的地位不断提升，一方面推动了城市经济发展，另一方面城市空间发展的问题愈加严重，空间资源利用冲突不断被激化。城市空间支撑人类生活，并由其创造城市空间，城市化从实证上来讲是城市空间的扩张和资本的增值，与之相对应的是农村的迅速萎缩。

### 2.4.2　历史—地理唯物主义理论

历史—地理唯物主义不是历史唯物主义和地理维度或空间维度的简单相加，而是对一种新型知识观念的表达。在空间的概念里包含着地理这一要素，经过长期刷新社会理论基础，寻找解决和回答当代世界问题的历史唯物主义观点。20 世纪 80 年代，哈维将马克思的政治经济学批判和社会空间建构思想联系起来研究，不仅完成了空间政治经济学著作《资本的界限》，而且用其对资本主义的城市化历史和意识进行了细致阐释。历史—地理唯物主义是戴维·哈维在后现代语境中对马克思主义传统作出的最重要的贡献，是列斐伏尔（法国马克思主义者）"空间生产"理论的延续和创新。戴维·哈维同意列斐伏尔提出的资本克服自身危机主要通过空间扩张和重组的方式，他尝试填补马克思和列斐伏尔研究间的裂缝，用地理学专业术语阐述"空间的生产"，将其阐述为资本主义的地理（空间）景观的生产。"历史—地理唯物主义"是哈维建构空间理论的逻辑起点。其理论框架和内涵以阶级政治与社会批判的锋芒、对物质世界的体验与理论升华、地方性与全球地理空间的辩证法以及历史想象与地理学想象的交融这四个方面为重要支撑点。哈维的历史—地理唯物主义方法论的实质是在构建整体解释框架的同时，将时间和空间两种要素考虑进去。在解释时间和空间客观性时离不开对物质实践活动的把握，只有通过"服务于社会生活再生产的物质实践活动"才能创造出空间。

马克思主义地理学家戴维·哈维通过分析试图找出影响历史唯物主义建立的因素，得出时间、空间、环境、位置等因素均会对历史唯物主义分析产生作用，旨在通过建立历史—地理唯物主义分析框架来达到实现历史唯物主义升级的目的。与此同时，戴维·哈维在研究城市空间地理演进时充分考虑资本主义生产方式变迁情况，认为城市演进的新历史地理学只有在空间处于运动状态时才能被清晰地展现。将戴维·哈维构建的"历史—地理唯物主义"分析框架，置于生产力和生产关系具体的历史进程和历史结构中，对城市解决空间演进的历史发展趋势和地理演变规律进行深入探析，一方面可以在唯物史观中融入"地理"因素，多角度、多维度、多层次分析唯物史观，使其更完善，蕴含的内容更丰富；另一方面，可以准确把握现今全球城市空间地理变迁的发展趋势，进而对中国各类城市的经济空间规划进行更为规范、科学、合理的培育、组织和引导。

城市经济空间是开展生产、交换、流通等经济活动的场所总和，生产空间、消费空间、交换空间和流通空间均包含于此。与此同时，社会政治权力关系能在城市经济空间中得到反映，生产关系不同，"空间生产"的实践方式也有所不同，生产方式的变迁决定了城市经济空间的变迁。"空间生产"是指对空间本身的生产，通过聚集城市设计者、城市规划专家、城市地方政府的力量，城市权力阶级从自己的需求出发，对城市经济空间进行组织、设计、布局和规划，进而"生产"出新的经济空间结构、空间地形和空间地貌。从历史—地理唯物主义的结构框架进行分析，生产方式在地理上的反映作为城市经济空间演变的历史动因，首先，城市经济要素的地理集聚和空间延展过程中的技术进步发挥了推动作用；其次，分工发展塑造了城市经济空间区隔地形和空间整合；最后，生产方式变迁推动城市经济空间结构的整体演变。历史唯物主义通过地理升级衍生出历史—地理唯物主义，研究城市空间运动状态可以展现城市演进的新历史地理学。生产力变迁引起的地理反映是城市经济空间演进最根本的动因，在此过程中，城市持续开展空间架设活动、空间划级活动以及空间调整布局活动，城市空间结构、空间地形和经济空间景观等在这种"历史协同—地理重塑"机制下不断发生变迁；随着生产在全球的地理分散以及信息网络技术的发展，当今全球的城市经济空间正在经历"分异"和"接合"的辩证趋势，形成了"多核""带状""接入性"等普遍的地理趋势。把握这一地理趋势，有助于科学地规划、组织、培育和引导中国城市经济空间的发展。

### 2.4.3　新经济地理理论

20 世纪 90 年代以来，经济地理学与经济学领域的交织愈加明显，以克鲁格曼、藤田昌久等区域经济学家为代表的主流派经济学家对传统经济学理论中的空间因子进行了重新审视，准确把握空间因子在其中所起的作用，以全新的视角，将经济地理学、城市经济学、区域经济学等以空间经济现象作为研究对象的传统经济学科建构统一标准整合起来，由此形成"新经济地理学"，即"空间经济学"。新经济地理学是通过构建空间经济集聚并将其应用到不同空间尺度的一般均衡模型，其模型首先假设世界是均质的，借助于不可流动的生产要素所产生的离心力以及规模经济产生的向心力和运输成本，使其相互反应，衍生出空间经济活动的集聚状态或分散状态。新经济地理学侧重于研究产业集聚、贸易、分工等内容，以规模收益递增以及非完全竞争的视角，探讨产业区位选择的动力、贸易的动因以及地区分工的产生原因。其中，"价格指数效应"（price index effect）和"本地市场效应"（home market effect）构成产业集聚的动力，这两种效应相互作用，互为因果，最终实现循环积累。

新经济地理学包括文化转向和制度转向两个主要研究视角，相较于传统的经济地理研究，更加侧重于以经济模型分析的理论和方法来研究经济地理现象。"新"主要体现在四个方面：一是由于信息技术的出现，新经济地理的发展空间从立足物理空间到借助虚拟空间。借助于流量经济和平台经济，一个城市可以在虚拟空间上打破时空的距离，从区域小市场到全国、全球大市场，使得爆发式成长具有了可能。二是由于生产力不断提升，新经济地理的区域战略从注重资源禀赋到注重人择优势。前瞻布局大数据，挖掘资源禀赋，汲取资源内在价值，发展可持续经济。三是由于人的价值的放大，新经济地理中的资源配置从资本驱动到愈加跟着人走。利用政策红利，吸引优秀人才，带动资源创新，优化资源配置，激发城市发展活力，推动经济社会快速发展。四是由于全球化不断拓展，新经济地理的发展条件从优化发展环境到营造创新生态。一个城市创新生态的程度决定了该地区对人才和企业投资的吸引力度。因而，从一定意义上来说，"新经济地理学"，不是传统意义上"新的"经济地理学，而是在"新经济"条件下研究经济地理与地理经济、人文地理与地理人文等的总和。

在新经济地理学领域，研究城市发展的影响因素尤为重要。新经济地理理论对城市形成和发展的集聚经济因素作了深入解析，并根据这种集聚经济因素提出了有关经济地理特征的两种类型，即包括自然资源禀赋、气候和地理区位的第一特征地理因素以及邻近区域等的第二特征地理因素。新经济地理上的城市结构与变迁，核心说的是一个城市在全球化、新时代背景下，如何形成新的发展逻辑。如果用供需关系的角度来看，一个城市自生的、内生的发展路径就是创新城市发展模式与经济发展模式。而在当前，核心是促进城市发展模式、经济发展模式的"双转变双提升"。新经济地理上的城市结构，主要从新兴产业、创新资源、金融资本以及人口结构的视角去审视。新兴产业视角方面，城市在全国、全球范围内的产业分工、价值环节与规模体量决定了一个城市发展的层级，城市的发展不能满足于产业经济体量的壮大，而应抢占新兴产业的制高点、主动权与主导权。创新资源视角方面，以科教智力资源、产业发展资源为主，对人的价值驱动是创新驱动的核心，将人的价值转化为市场价值、社会价值、投资价值、商业价值，将资源优势转化为产业优势、创新优势。金融资本视角方面，依赖资源禀赋，争抢位势，增加金融资本投资，提高竞争优势。人口结构视角，吸纳优秀人才，优化创业者、企业家、科学家等人才结构配比。

新经济地理学理论指出，区域协调发展能与不平衡的经济增长共存，相互促进，从空间角度来看，如果只想以实现经济活动的均衡分配为目标，那么不仅不能带动经济增长，还会阻碍经济可持续发展的步伐，因此，需要从城市发展需求出发，以当地资源禀赋、产业结构和人力资源为依托，促进各区域交流合作，实现优势资源和优势产业共享，提升城市核心竞争力，真正意义上实现区域协调发展。目前，核心—边缘理论、城市演化理论和集聚与贸易理论等新经济地理学第一代理论已经发展成熟。一是克鲁格曼提出的核心—边缘理论。基于离心力和向心力理论，详细阐述了要素流动、运输成本和报酬递增等如何作用生成新的经济结构。二是城市与区域演化理论。这一理论一方面重点关注产业间的空间协同以及数量、规模等方面的集聚空间分布，另一方面对集聚的内部空间结构进行抽象化研究，认为人口的增加可能产生许多新城市，在离心力和向心力的推动下，城市间的距离和城市规模最终会处于一种固定状态，变化微小。三是产业集聚与贸易理论。这一理论以特定产业的地域集聚为重点研究内容，借此从要素流动性、运输成本和产业关联度对产业集聚与贸易进行更为深入的研究。当代经济地理学理论与方法，能够有效解决资源配置效率问题，指导资本、人口和技术的转移与传播，带动区域经济发展。借鉴经济地理学的理论与方法，有助于评估每个城市的价值地位，对城市在不同级别上的腹地范围和功能类别进行确定，进而重新建构中国的城市体系；有助于中央及地方政府综合考虑集聚经济水平、技术水平和区域运输条件，统筹城市各项产业的空间布局与建设用地；有助于根据已预测的就业岗位、服务业未来布局及城市人口，科学预测各城市人口变迁规律，科学规划建设用地。

# 第 3 章　新时代我国西部中心城市和城市群高质量协调发展理论机制

## 3.1　新时代西部中心城市和城市群高质量协调发展的作用概念分析

### 3.1.1　新时代中心城市和城市群的关系

#### 3.1.1.1　中心城市的作用

中心城市，是指在一定省份区域内和全国社会经济活动中处于重要地位、具有综合功能或多种主导功能、起着枢纽作用的大城市、特大城市和超大城市，包括直辖市、省会城市、计划单列市、重要节点城市等。整体而言，其包括以下三个方面作用。

一是带动作用。相较于一般城市，中心城市的地理位置通常更加优越、资源基础更加丰富、生态环境更加绿色、优秀人才更加充足，因此，在中心城市特有的扩散效应和极化效应的加持下，中心城市的经济实力和经济规模更具发展优势，为周边其他城市提供人力、资源和技术等支持，进而带动城市区域经济发展。

二是服务作用。相较于一般城市，中心城市通常拥有较为完善的交通网络和规范的市场体系，承接着客货运输工作，并通过市场机制为优化配置区域资源提供服务；除此之外，中心城市拥有大量的技术人才，且基础设施建设较为完备，一般来说，中心城市承接着地方网络运用管理工作，是区域的信息网络中心，一方面为人们信息交流提供专业场所，另一方面创造特色资源，建设旅游胜地，满足人们的精神需求。

三是示范作用。相较于一般城市，中心城市的综合服务能力、辐射带动效应和聚集效应较强，具有较强的示范作用，对周边城市经济发展和产业结构优化起着积极的带动作用。作为区域和区域内城市群的"火车头"，中心城市的发展速度和基础设施建设情况均较好，以此为发展较为落后的城市提供建设指导，增加区域经济增长点，并在创新机制的推动下，进一步发挥好自身的示范作用。

#### 3.1.1.2　西部中心城市和城市群的作用

西部中心城市和西部城市群协调发展是西部积极发展的重要内容，实现西部地区高质量发展必须以西部中心城市和城市群高质量协调发展为基础。《中共中央、国务院关于新时代推进西部大开发形成新格局的指导意见》中鼓励重庆、成都、西安等加快建设国际门户枢纽城市，加快大中小城市网络化建设和推动城市群高质量发展，最大化发挥中心城市和城市群的核心引擎效用，助力西部大开发发展战略。

一是标志作用。立足于西部地区可持续发展，在西部开放型城市体系的构建方面，以重庆、成都、西安为规划对象，鼓励其加快国际门户枢纽城市的建设步伐，以呼和浩特、乌鲁木齐、兰州、南宁、昆明等省会（首府）城市为规划对象，鼓励其构建与毗邻国家的区域合作关系，增强城市自身的竞争优势，最终形成以"抓核心带沿边"为特征的"3+5"开放型城市框架。充分研究"3+5"开放型城市框架，积极发挥三座国际门户枢纽城市（重庆、成都、西安）和其他沿边城市在西部大开发中的重要作用。在系统性、整体性考量城市发展现状的基础上构建城市开放体系，有助于加快西部城市的产业要素和资源要素的流动速率，并进一步带动西部城市开发开放，这是西部城市步入新发展阶段的重要标志。

二是战略作用。基于国内国际双循环发展格局的视角，在建设国际门户枢纽城市时选取重庆、成都、西安这三座城市，符合当前我国发展的现实需要和战略规划，尤其是在 2020 年出现新冠疫情的冲击下，中国面临巨大的就业危机、市场危机和经济危机，构建国际门户枢纽城市，推进西部中心城市与城市群协调发展，有助于扩展强大的国内市场，助力中国以更加有利的条件和方式应对全球化挑战，实现经济稳定发展。

三是引领作用。在西部地区，以西安、重庆和成都三座城市来构建国际门户枢纽城市，可以持续优化开放空间格局。目前，城市群体系的构建工作已在西部地区落实完成，主要以成渝城市群和关中平原城市群为主，北部湾、兰西、呼包鄂榆、宁夏沿黄、黔中、滇中、天山北坡等城市群共同构成。依托城市群的经济社会发展特征和自然资源分布情况，发挥城市群的引领作用，可以调整各城市产业空间布局，促进城市群内各城市相互协作、相互进步，实现经济稳步上升。

### 3.1.2　新时代西部中心城市和城市群高质量协调发展的内涵、特征

#### 3.1.2.1　新时代西部中心城市的内涵、特征

城市群的中心城市是指在社会、经济、文化等方面均位于主导地位的城市。都市圈属于城市群的一部分，但都市圈通常以单核心结构为主，城市群的核心城市则通常是两个及两个以上。就目前城市群发展而言，呈现出包括"一主几副"且"主中心"非常突出的"单核""双核""多核心"等结构，城市各自发挥效用，承担多种不同功能，发挥发展新动能。

（1）西部中心城市的内涵。

①国家中心城市的内涵。

中共中央、国务院印发的《国家新型城镇化规划（2014—2020 年）》，提出了国家中心城市的概念，指出国家中心城市是在一定区域内和全国社会经济活动中处于重要地位、具有综合功能或多种主导功能、起着枢纽作用的大城市和特大城市。

国家中心城市，不仅体现在人口数量和地域面积上，更需要这座城市有能力承载起"引擎"性质的中心职能，在产业集聚、物流运输、综合服务、经济带动等方面功能突出。因此，国家中心城市并不是每一座特大城市都有资格设立。据《全国城镇体系规划纲要》指出，在中国城镇体系中，国家中心城市居于最高地位，主要影响国内城市集散、辐射、引领等功能发展，且在促进国际经济、文化等交流合作方面处于关键位置，甚至有可能发展成为亚洲乃至世界的金融、贸易、文化、管理的中心城市。因此，要充分挖掘国家中心城市的交通枢纽功能、产业集群功能以及服务多元功能，助力缩小城乡区域收入差距，带动区域经济社会发展。

②省会城市的内涵。

作为省域经济发展的中心，省会城市是省域经济高质量发展的主体城市。省域经济发展与省会城市发展的协调关系，直接影响着全省大中小城市经济高质量发展水平。作为强有力的资源配置中心，省会城市对省域引领作用举足轻重，资源集中到了中心城市，中心城市因此具有人才优势、资本优势、市场优势、制造业优势、产业优势，能够更好地发挥这些资源的效益，让这个区域的经济获得最大限度的增长。

相较于其他城市，省会城市可以与消费者的市场需求形成直接对接，具有较强的就业能力吸纳

效用和较大的产业结构调整灵活性，对人口和经济大规模聚集有积极作用，支撑着城市经济稳步上升。对于实现城市高质量发展，省会城市作用突出，第一，围绕"创新"，实现产业发展的高质量。省会城市核心区通常已经拥有远超二产的第三产业，现代服务业已经成为未来产业发展的主体与核心。省会城市需要围绕自身特点构建创新型产业体系，发挥商贸、商务、科技、金融、信息等各种流量枢纽优势来进一步提升产业量级和能级。通过技术创新、模式创新、业态创新培育高质量服务业是形成产业竞争新优势的必然乃至唯一途径。第二，围绕"协调"，实现城市建设的高质量。省会城市是全国大多数城市中建设最完善最发达的区域，在高质量发展背景下必须进一步提高城市建设品质，以世界一流为目标打造精品化城区。以高标准指导省会城市高质量发展，推动城中村、旧厂区、旧小区等转化为城市增长极，既能优化城市空间，完善城市功能，又能体现对历史遗产的重视、保护和利用。在延续历史文脉之中创新城市建设，彰显自身以及所在城市的文化底蕴和文明内涵，实现城区整体高质量协调发展。第三，围绕"绿色"，实现生态环境的高质量。进入后疫情时代，人与自然和谐共生更加成为全人类的基本准则和价值取向。城市中心区作为人类居住场所的巅峰和样板，需要把人文和自然元素互相嵌入融合，使之紧密交织、不分彼此。一方面，要通过绿地建设、植树造林、生态保护等给城市添绿；另一方面，要通过超前的规划设计和高效的建设管理，对各种大城市病、自然灾害等风险防患于未然，使城市充满健康活力。第四，围绕"开放"，实现内外循环的高质量。随着国际产业和经贸结构变化，以及"双循环"新发展格局的构建，中心城区正快速成为新一轮开放发展的高地。一方面，在从制造开放走向服务业扩大开放的背景下，中心城区凭借服务业优势自然要承担相应使命；另一方面，在扩大内需战略导向下，中心城区依托广阔的消费市场和丰富的消费场景，成为打通内循环、连接外循环的关键节点。第五，围绕"共享"，实现社会生活的高质量。省会城市是新型城镇化建设的先锋，既要在城市建设上发挥引领作用，又要在转移人口市民化上做出表率，而更为本质的是要在劳动方式、生活方式、消费方式的城镇化上发挥示范效应，推动未来城乡在高质量社会生活维度上实现一体化融合。在这个导向下，就需要构建与现代都市生活方式、消费方式相适应的基础设施、制度结构和治理方式，使老百姓住有所居、老有所养、学有所教、乐有所娱等，加快实现共建共治共享。

（2）西部中心城市的特征。

西部中心城市具有层次性、开放性、综合性、集聚性等特征。

①层次性。不同中心城市存在不同大小的吸引范围，并且下一级中心城市的吸引范围包含于上一级的吸引范围，进而产生了不同等级的中心城市，层次性明显，在此基础上完成中心城市体系的构建落实。从层次的差异性的角度看，西部中心城市包括主中心、副中心、次中心三个级别的层次。

②开放性。一方面，西部中心城市具有外向开放性，它能够通过特定的区域实现资金、技术、人才、物质的对内输入，同时为其他国家或地区输出优势要素资源；另一方面，中心城市具有内向开放性，无论是城市内部还是城市与城市之间均可以保证各种资源要素相互流通、相互融合。

③综合性。西部中心城市能够叠加城市多种功能，显著提升城市的辐射能力和吸引能力，为社会进步提高多元化服务。

④集聚性。西部中心城市具有很强的产业联动效应，能及时聚集各地区优势资源和优势产业，促进中心城市内部要素流动，实现资源优化配置，产生规模效益。

由此可以看出，在一定程度上，中心城市可以看作一个相对概念，一个城市群内有中心城市，一个区域内，甚至一个地级市内的各县级市中也会有区域内的中心城市，这些城市作为节点，通过基础设施、产业布局、社会发展等要素的流通传导形成了城市群发展的骨骼构架，但是从城市职能层级的角度看，根据特大城市、大城市、中小城市等城市规模进行划分，各类型城市的层级划分可以简单看作一个金字塔模型（见图3-1）。

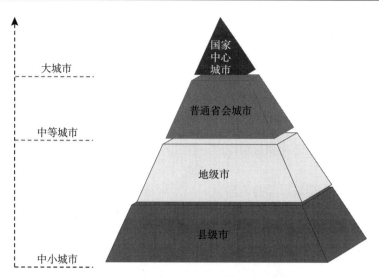

图 3-1 城市群中心城市层级金字塔

### 3.1.2.2 新时代西部城市群的内涵、特征

（1）西部城市群的内涵。

①双国家中心城市为核心型城市群的内涵。

国家中心城市处于城镇体系的最高层级，也被称为塔尖城市，最早由中华人民共和国建设部（现住房和城乡建设部）在 2005 年按照《城市规划法》编制全国城镇体系规划时提出。一般而言，相较于其他中心城市，国家中心城市拥有更强的集聚效应和辐射带动能力，综合实力整体较强，对国家社会、经济、政治和文化发展影响重大。双国家中心城市能充分发挥其在城市群的龙头作用，联动两个中心城市，激发创新能力，有效汲取各资源优势，做强城市群经济圈，形成集聚、高效、富有活力和竞争力的城镇空间新格局。在城市群发展过程中，很多时候科技实力与经济实力并未实现完全转化，还存在较大的创新转化空间，基于这种情形，以双国家中心城市为核心型的城市群能够借助双方的发展经验以及专业技术人才，融合产业空间、创新空间和城市空间，优化新旧动能转换空间布局，突破技术瓶颈，增强经济竞争力。

对于"双国家中心城市为核心型城市群"的高质量协调发展模式，本书从政府作用与市场因素的角度出发，结合实地调查以及预研究结果，认为政府应侧重引导社会发展优化在协调模式中的作用；市场应以扩大内需，刺激国内市场为主，在政府与市场双重作用下推动人口就近城镇化。在政府作用下，积极调整完善政府治理体系及模式，梳理协调社会结构失调，避免社会矛盾激化，缩小各地区、城市、城乡间的发展差距。在市场因素下，促进区域经济一体化的实现，提升城市群整体社会发展水平，避免社会矛盾的激增，推进社会融合，实现更为广泛的社会福利供给；建立城市群城市间互联关系，建立广泛互联的城市群城市间市场关系，促进城市群城市间的相互影响和带动作用，优化公共服务，形成完善的社会网络及共建模式，推动人口就近城镇化。

②单国家中心城市为核心型城市群的内涵。

国家中心城市在经济、政治、文化、社会等领域具有重要影响，有助于优化国家经济结构和战略布局，是提升城市发展质量、推动我国现代化进程的必然要求。单国家中心城市具备资源优势、经济优势、创新优势和人才优势，对周边城市的辐射带动能力强，在打造具有强大动能和核心竞争力的高质量增长极方面作用显著，是带领整个城市群高质量发展的重要支撑。由于中心城市能集聚周边城市的产业优势以及各地方政府的政策支持，以单国家中心城市为核心型的城市群具有明确的经济增长点，形成高效的资源利用模式和产业发展模式，有利于集中力量提升城市群在全国发展格局中的地位与作用，带动城市群可持续发展。

对于"单国家中心城市为核心型城市群"的高质量协调发展模式，本书从政府作用与市场因素的角度出发，结合实地调查以及预研究结果，认为政府应重视引导产业布局优化在协调模式中的作用；市场应以扩大内需，刺激国内市场为主。在政府作用下，完善区域性产业规划政策的制定及实施，针对城市群内部各城市的产业发展状况进行优化协调，积极引导形成城市群整体产业网络结构；运用行政区划设置调整产业空间布局，引导产业转移发展方向，构建梯度化的城市群基础设施发展结构。在市场因素下，注重城市群城市层级体系的培育，提升城市群内个体城市的产业发展水平，形成城市群完整的城市职能规划布局及产业分工设计；建立广泛互联的城市群城市间市场关系，促进城市群城市间的相互影响和带动作用，优化产业空间分布，保持城市群整体产业发展的稳定健康。

③内陆省会城市为核心型城市群的内涵。

内陆省会城市指的是不沿江和不沿海的省会城市，相较于沿海城市，受地域的限制，交通条件较差，经济发展上也存在落差。随着社会和经济的发展，以内陆省会城市为核心型的城市群逐渐通过聚集省内资源并将资源重点倾斜在省会城市上，以创造城市独特竞争力。除此之外，在政策的大力支持下，省会城市渐渐将国内外资本引入区域内，拉回以往流失的人才和人口，在城市竞争激烈的环境下保持竞争优势，获取更多的政策和资源，以推动实现城市群的高质量发展。

对于"内陆省会城市为核心型城市群"的高质量协调发展模式，本书从政府作用与市场因素的角度出发，结合实地调查以及预研究结果，认为政府应重视引导产业布局优化以及社会发展在协调模式中的作用；市场应以扩大内需，刺激国内市场为主。一方面，在政府作用推动下，对城市的职能及产业进行分工规划，协调各城市间的职能规划及产业分工，避免城市群内部城市产业发生恶性竞争，并促使城市群城市层级体系产业高质量均衡发展。政府应充分利用政策及财政支撑实现社会发展的均衡化，扩大社会福利的供给覆盖范围；利用地区行政权力网络形成区域性的社会发展高质量发展模式，避免社会资源的浪费或发展不均衡导致的社会矛盾激增。另一方面，在市场因素影响下，对城市群内各城市的经济发展阶段进行统筹平衡，最大限度地发挥城市群内核心城市的带动作用和引导作用，构建城市群产业布局网络化结构，提升产业布局高质量均衡发展；推进城乡一体化建设，推进城乡发展融合以及更为均衡的社会发展，实现城市群整体范围内的社会发展高质量发展。

④边疆省会城市为核心型城市群的内涵。

边疆省会城市由于自然环境和人文、社会条件等方面的原因，在经济区域类型和发展水平方面与沿海和内陆地区存在较大的差别，但在民俗文化发展方面，边疆省会城市文化底蕴深厚，具有众多民族文化特色，群众性文化活动品牌更具影响力和知名度。随着科技的进步，边疆省会城市优先搭建"五位一体"服务平台，创新推进城市网络化、信息化、数据化发展，并持续开展民族节庆活动，塑造城市良好形象，为周边城市提供发展方案和管理支持，共同带动城市群经济持续增长。

对于"边疆省会城市为核心型城市群"的高质量协调发展模式，本书从政府作用与市场因素的角度出发，结合实地调查以及预研究结果，认为政府应重视引导基础设施建设在协调模式中的作用；市场应以国内大循环为主，应对国际市场压力。一方面，在政府作用推动下，完善政府区域性战略发展规划的制定与实施，协调各地区、城市、城乡之间的基础设施建设发展；科学设置地区行政级别结构，在巩固边疆的基础上，构建城市群整体基础设施网络格局；提升政府政策及财政投入效率并推进均衡化发展，充分利用政府政策及财政支持力度扩大对边疆的基础设施建设范围及水平，不仅可以提高边境城镇化效率，还有助于面向国际市场的相关产业向边疆城市群靠拢。另一方面，在市场因素影响下，对城市群内各城市的经济发展阶段进行充分协调，最大限度地发挥城市群内核心城市的带动作用和引导作用，进一步提升城市群基础设施建设的均衡化发展；强化城市群内经济联系强度，扩大城市群整体的城市互联体系；结合城市群区位特征及优势进行基础设施高质量发展的构建，针对性分析各城市群的边疆区位特征，因地制宜推进城市群基础设施高质量发展。

（2）西部城市群的特征。

①双国家中心城市为核心型城市群的特征。

一是资源联动性。双国家中心城市拥有庞大的经济体量和人口基础，旨在打造双经济增长中心，能集聚各方发展优势，通过相互协作填补资源空缺，有效促进经济资源和人口聚集，拓宽城市发展路径。

二是带动性。双国家中心城市的辐射带动作用在经济、文化、政治等方面均能发挥效用，并且带动效应随着城市化进程的加快而持续增强，形成高质量发展的重要推动力。所以应积极发挥双国家中心城市辐射带动力，增强核心竞争优势，培育城市群经济新增长点，以更有效的方式推动周边各大中小城市协调发展，实现共赢。

三是产业融合性。双国家中心城市能重点抓好产业集聚发展机遇，挖掘产业优势，依托城市当地的资源禀赋、人才优势和产业基础，打造优势产业集群和重点产业基地，一方面，通过发展城市群带动产业群发展；另一方面，通过产业群优势推动城市群高质量发展，两者相互促进、相互协调，促进各大中小城市和重点产业共同朝着更高质量的方向发展。

②单国家中心城市为核心型城市群的特征。

一是综合性。以单国家中心城市为核心型的城市群具备完善的交通系统和网络信息系统，基础设施资源配备和基本服务功能齐全，其中，国家中心城市是城市群科教、文化、创新中心，在交通通达化、国际竞争力提升、信息传播、经济增长、科技进步以及经济可持续发展等方面均具有明显的优势。

二是要素融合性。国家中心城市能充分发挥资金、技术、人才等要素的集聚效应，实现产业和生产要素的集聚，一定条件下，能促进要素向周边地区流动与扩散，加快推动要素的双向流动，突出国家中心城市的资源与产业特色，借力造势提升当地产业发展水平，并提升周边城市经济。

三是政策性。国家中心城市在土地利用政策、技术政策、引资政策和人才政策等国家政策的大力扶持下，要素集聚力强，是国家组织经济活动和配置资源的中枢，具有国际影响力和竞争力，并在大力践行绿色发展理念的基础上，提升了整座城市的环境质量，带领周边城市共同发展，促进经济的可持续增长。

③内陆省会城市为核心型城市群的特征。

一是主导性。省会城市强则全省强，省会城市兴则全省兴，省会城市要当好"强省会"的先锋队、主力军。省会城市要瞄准更高目标，彰显省会城市担当、增强省会城市功能，大幅提升经济首位度，不断提升省会城市在全国的影响力，增强核心主导功能和辐射带动能级。

二是联动性。省会城市发展状况不仅对省会城市自身的发展前途有着重要影响，而且能决定全省乃至整个区域的发展进程，所以要将省会城市打造成创新高地、产业高地、人才高地和开放高地。

三是创新性。以内陆省会城市为核心型的城市群储备了丰富的人力资源，拥有大量的创新人才，不仅能对现有产业进行及时的升级换代，而且能持续吸纳符合本地发展的积极因素，形成独具本地特色的优势产业，并随着社会发展不断创新改造，以满足当代人的消费理念和消费需求，拉动城市整体消费，提升居民生活水平。

④边疆省会城市为核心型城市群的特征。

一是区域协作性。边疆省会城市通过增强要素集聚承载和跨区域配置能力提升中心城市功能地位，周边地区跟随中心大城市发展步伐，紧紧把握住城市功能定位转变这一机遇，积极参与城市群建设工作，并主动承接中心城市转移出的部分城市功能，在产业分工协作中汲取经验，增强应对调整城市空间结构的能力，推动自身发展，培育发展多个城市经济增长极，提高城市竞争力。

二是特色性。以边疆省会城市为核心型的城市群民族文化历史悠久，民俗活动独具特色，边疆省会城市能立足本地独特优势，大力发展特色经济和特色产业，塑造文化品牌形象，在传承当地民俗文化传统的同时带动区域经济发展，加快城市化进程。

三是空间融合性。边疆地区自然资源丰富，土地宽阔，边疆省会城市能较为及时地发现自身面临的发展问题，将发展立足于城市体系整体布局，对省会城市进行准确定位，充分发挥省会城市的带动效应，拓宽辐射范围，调整空间布局，与周边地区协调发展，使功能结构合理化，并以提升城市群整体经济为主要发展目标，优化经济发展空间。

### 3.1.2.3　新时代高质量协调发展的内涵、特征

（1）高质量协调发展的内涵。

本书分析的高质量协调发展的内涵包括基础设施高质量协调发展、产业布局高质量协调发展和社会发展高质量协调发展三个方面的内涵。

①基础设施高质量协调发展。

城市基础设施在城市群发展进程中起"催化剂"作用，能够衡量区域经济发展水平。城市基础设施作为城市赖以生存和发展的基础，是为人类生产生活和城市进步给予基本保障的公共设施，是推动我国经济高质量发展的重要保障。改革开放40多年来，我国社会经济不断进步，科技不断创新，能源、交通、教育、信息通信、环保、水利等领域的基础设施发展成绩显著，我国基础设施摒弃原来的规模扩张发展模式，朝着质量提升的方向发展，基础设施体系也逐渐以绿色、高效、智能、舒适、可靠、安全为建设标准，真正实现高质量发展。

我国基础设施高质量发展存在的主要问题包括系统性规划不协调、重建设轻管理、传统发展方式惯性大、结构性矛盾突出、发展不平衡不充分、绿色发展理念欠缺、投融资环境复杂、创新力竞争力欠缺等。此外，我国基础设施高质量发展受到多种因素制约，同时地方政府在推进基础设施高质量发展时面临多方面挑战。

制约我国基础设施高质量发展存在的主要因素有：缺乏统一规划，综合协同能力弱；未处理好政府与市场之间的关系；新旧动能转换困难；管理体制、运营体制不健全；监管力量不足，透明度不高等。

地方政府在融资方面的主要挑战有：土地财政的可持续性、巨额存量债务的消化、期限错配的流动性风险、财政及金融政策的变化、政府信用背书的合法性等。

我国基础设施高质量发展，主要以"五个实现"和"四个突破"作为总体目标。"五个实现"即实现传统基础设施、已有基础设施的转型升级；实现适应知识经济、信息经济、大数据经济最新要求的新型基础设施群的先驱性投入和打造；实现当地基础设施、区域基础设施的智慧联通；实现"大基础设施"的国内大区域可持续发展的生态圈、小区域智慧联通共享基础设施生态链以及以"一带一路"为代表的国际基础设施网络的基本构建；实现一般基础设施、重要基础设施的普及和共享。"四个突破"即突破传统基础设施的行业壁垒，不断完善区域规划、优化地上和地下基础设施空间布局，实施不同行业共性基础设施的共享；突破原来简单的衡量基础设施与GDP的政绩理论，构建"效率、智慧、生态、服务、共享、外部性"等基础设施高质量发展指标体系；突破地方重经济型基础设施，轻社会型基础设施的实际情况，进一步弥补教育、医疗、生态等基础设施和公共服务的短板；解决"重地方垄断、轻产业集成""重施工、轻产品"等普遍情况，进一步树立基础设施开放、创新的理念，推动跨地区、跨行业的基础设施建设和服务，提高基础设施利用效率和效益。

因此，要实现基础设施高质量发展，一是要落实促进基础设施与需求要素的协调和融合的具体措施，全要素、全产业链、全地域谋划布局基础设施；构建可持续发展基础设施生态圈；处理好区域均衡发展与非均衡发展间的关系。二是落实规划布局及战略引领的具体措施。结合区域产业发展优势，合理规划布局基础设施；评估未来科技创新趋势，合理调整基础设施结构布局；优化运营管理效率，激发基础设施最大潜力；完善高质量发展的内生机制及外部制约机制；构建推进基础设施高质量发展的现代化治理体系；构建适应基础设施高质量发展的市场化改革政策；构建"建管并举""软硬兼施"的管理体制机制；构建内部评估标准体系和公开发布国际指数体系。三是要深化

基础设施投融资体制改革，配套制度建设。基础设施高质量发展需要鼓励市场化的融资方式；基础设施高质量发展需要成熟稳健的金融市场；基础设施投融资改革需要建立完善的体制机制。

②产业布局高质量协调发展。

立足于国际化大都市发展经验，形成以大城市为核心、城市核心功能区与外围配套功能区有机组合、高端服务业与先进制造业协同发展的都市区是必然趋势。我国发展面对新的形势和压力，要实现我国经济高质量发展，首先要积极倡导"一带一路"倡议，从自身实际情况出发，不断集成发展优势、突出区位优势和放大资源优势，培育打造经济增长极；其次要聚焦区域产业资源要素，引进国内外优秀技术和专业人才，加速聚集创新要素和优势产业，并合理规划产业空间布局，促进城市间资源要素流动，实现产业资源高层次开发，推动区域经济高质量发展；最后要顺应国家绿色发展理念，倾力培育新能源产业基地，优化产业空间结构，打造区域经济发展的新引擎，推动城市经济高质量发展新格局加快形成。

产业基础与城市发展水平密切相关，一方面，凸显城市竞争优势，引领城市经济发展；另一方面，持续提升城市的吸引力和多元活力，发挥创新活力。因此，实现高质量发展，必须进一步优化产业空间结构和调整资源布局，优先把握优势产业，并对其提供政策、资金、技术和人力支持，建构优势支柱产业，对城市发展格局进行更新，提高西部地区中心城市建设速度。与此同时，实现高质量发展要突出和稳固西部中心城市的龙头地位，增加周边更广区域城市与中心城市的关联性，加强合作交流，建立资源互补和优势共享的区域经济联动圈。不仅如此，还要重点关注已认准的优势特色产业，提高产业发展速度，助力产业进行数字化、网络化、智能化转型，助力区域经济做大做强，带动整个城市群高质量发展。

③社会发展高质量协调发展。

当今世界正处于百年未有之大变局，"十四五"时期，中国要在这种大变局中加快构建以国内大循环为主体、国内国际双循环相互促进的新发展格局，办好中国自己的事，主动跟随战略发展脚步。构建新发展格局与推动高质量发展是内在统一的，内在统一即立足于新时代发展，转变发展方向，持续推进城市高质量发展，适应人们日益增长的精神需求和心理需求，实现供需良性互动、有效衔接的高水平动态平衡，助力我国超大规模市场优势能最大限度发挥出来，加快构建新发展格局。

城市高质量发展的程度直接影响一个国家在社会、经济、生态等方面的发展风险，两者呈负向影响关系，高质量发展的城市拥有低风险隐患，低质量发展的城市拥有高风险隐患。只有坚持高质量发展，才能提高经济社会抵御风险和冲击的韧性和能力，降低风险发生的频率，有效推动经济可持续健康发展。首先，推动高质量发展要坚持生态优先。通过保护生态环境，发展生态经济找到新的经济增长点，推动绿色经济，实现经济的可持续发展。其次，推动高质量发展要坚持民生为本。走高质量发展之路，就要坚持以人民为中心的发展思想，要坚持发展为了人民、发展依靠人民、发展成果由人民共享。2020 年全面打赢脱贫攻坚战后，应有效衔接脱贫攻坚和乡村振兴，为城乡居民生产生活条件带来"质"的提升。最后，推动高质量发展要坚持长效为根。高质量发展不仅包括经济方面，还包括与社会经济发展相关的方方面面。经济社会发展包括经济、社会、文化、生态等多领域。目前，我国各领域发展差距依然较大，推动高质量发展不能只是一个短期的口号，只有坚持长效发展才能最终实现高质量发展。

（2）高质量协调发展的特征。

本书分析的高质量协调发展的特征包括基础设施高质量协调发展和产业布局高质量协调发展两个方面的特征。

①基础设施高质量协调发展的特征。

一是创新性。科学技术不断发展进步，数字化与智能化、互联网与物联网持续协同融合发展，数字驱动成为基础设施创新发展的重要推动力，平台经济、工业互联网、5G 网络、数据中心、超级计算机等新型基础设施建设领域快速发展，有力提升了创新产业链价值链水平，优化了经济增长空间布局，激发了经济可持续发展潜力，助力经济高质量发展，不断满足人们日益增长的心理需求和精神需求，共同推动社会进步。

二是多元化。新型基础设施建设与新产业、新业态、新商业模式，以及新产品紧密联系，市场化运作程度高，能吸引多元化市场主体参与，投资规模巨大。不仅如此，不同类型的基础设施满足了社会不同群体的需要，基础设施类型多元，服务主体多元。

三是公益性。城市基础设施建设的目的是提供公共服务，具有显著的公益性特征，其建设和运营方式与人民生活息息相关，对社会公众具有积极的效用。与此同时，城市基础设施不完全着眼于获得自身效益，而在于为整个国家和地方经济社会发展提供基础条件，例如修建高速铁路为区域一体化、城镇化以及为满足人民日益增长的美好生活需要奠定了基础，增强了人们的幸福感，提升了人们的满意度。

②产业布局高质量协调发展的特征。

一是特色性。城市发展理念不断创新，城市产业和功能持续优化，当地政府在进行产业创新研发的同时愈加重视产业创意文化传承，旨在深度挖掘并传承当地传统文化。地方政府优化交通设施建设、加快产城融合、集聚人力资源，强化产业特色优势，推动形成产业门类合理布局、产业链有机衔接、产业功能协调发展的布局形态，突出产业特色，打造一批区域优势特色产业。

二是联合性。顺应产业深度融合趋势，打造多元支撑的产业格局，依托产业基础展开全产业链统筹布局，推动企业抱团成链、集群集聚发展，加快建设"首尾相连、上下相依、集约集聚"的产业生态循环体系，并聚焦共享经济、创意经济、智能经济和数字经济，形成集群发展新优势，培育发展新模式、新产业和新业态，推动产业向高端化、绿色化、智能化、融合化方向发展。

三是数字化。城市依托已有的资源优势和产业基础，加快集聚高端科创人才，利用现代科学技术和信息技术，聚焦数字产业，加大产业创新力度，促进产业平台功能升级，形成开放创新、特色优势的产业集群化发展格局，提升城市产业发展的独特竞争力。

四是综合性。高质量发展，是能够更好地满足人民日益增长的美好生活需要的发展，是体现"创新、协调、绿色、开放、共享"发展理念的发展，也是经济社会效益好、资源环境成本低、资源配置效率高、生产要素投入少的发展。国家应建立以智慧经济为主导，以创新、高效、节能、环保为核心，以质量主导数量为导向的产业布局，加速产业优化升级，推动政治、经济、文化、社会和生态文明建设"五位一体"，整体提升城市竞争优势，实现城市经济可持续增长。

五是主体多元性。社会发展关系到政府、企业、人才等多方面主体，地方政府应积极引导基层组织，积极深化校地合作，打造统战资源"直通车"，加强拓宽政府、企业、人才的多向沟通交流通道。整合政府性资源、资产，抓好拓宽融资渠道，构建以政府为引导、企业为主体的多元化投融资机制。同时组建由各领域专家组成的咨询团队，落实促进企业发展的各项配套扶持政策，为企业无偿提供法律、融资、管理、技术、人才等方面的针对性、个性化服务方案，解决政务、公共服务的覆盖面和供给力有限的问题。

六是生态性。地方政府应践行绿色发展理念，狠抓全域旅游，积极培育新型文旅业态，文养、居养、康养、食养等，实现优质资本与优质资源对接，投资重大文旅项目，提升文旅产业管理能力，丰富文旅产业业态。并围绕辖区重点区域、重点行业、特色产业，组建一支知政策、懂技术、会管理、敢担当、能奉献的志愿服务队伍，深入基层开展技术培训、送医送学、创业服务、法律服务。

## 3.2　新时代西部中心城市和城市群高质量协调发展的必要性

### 3.2.1　西部中心城市和城市群基础设施高质量协调发展的必要性

城市基础设施作为城市发展的"催化剂"以及城市生存和城市发展的基础，是保障城市生产、居民日常生活条件的公共设施，是促进区域经济发展的重要因素，不仅可以衡量城市经济发展水平，还能促进区域经济一体化。长期以来，由于受地理位置、生态环境、发展观念等诸多因素的影响，与东部基础设施相比，西部中心城市和城市群的基础设施建设滞后，两者之间的差距依然巨大，而且经济发展水平低下、劳动力素质低下、产业结构等亟待优化，直接影响着城市经济、教育、社会、卫生和文化发展。

纵观中国近几十年的发展历程，无论是应对 1997 年亚洲金融危机，还是化解 2008 年国际金融危机，每当遇到国家经济"危机"之际，基建投资都屡建奇功。

"新基建"的重要性和影响性，要求在新时代下讨论西部中心城市和城市群基础设施高质量协调的影响因素时，注意对"新基建"方面的分析。自 2018 年底中央经济工作会议上首提相关概念伊始，新基建就受到了实业界、各级政府以及广大投资者的广泛关注和响应。2022 年一季度，为应对经济结构转型、中美贸易争端等多重压力，新基建作为重要的逆周期调节手段，被中央政治局会议、中央深改委会议、国务院常务会议等多个顶层会议提及。尽管从政策出台的时间脉络来看，新基建的推出可增强民众对未来中国经济发展的信心，兼顾短期刺激和长期发展的战略意图也十分明显。以 5G 通信、新能源汽车充电桩、特高压、工业互联网、大数据中心、人工智能等为核心的新基建，与传统"铁公基"相比，尽管在整个固定资产投资中占比较小，短期内直接拉动 GDP 的驱动力有限，但它的科技特征鲜明、成长性和创新性突出、乘数效应显著，必将会对构建数字经济时代的关键基础设施，以及推动整个社会的数字化转型产生深远的影响。因此，新基建对经济发展的长期拉动作用被普遍看好。依上所述，本书认为在分析新时代我国西部中心城市和城市群"基础设施"高质量协调发展的影响因素时，应该注意将西部中心城市和城市群"新基建"的协调发展纳入分析体系中进行详细分析，从而发挥空间构型中基础设施的建设作用。

与以往的西部发展战略以及城市群基础设施建设政策不同，新时代我国西部中心城市和城市群基础设施高质量协调发展战略应在当前"双循环"新发展格局下，注重将"新基建"的各类要素纳入影响因素的分析中，所构建起的针对性极强的发展战略体系，因此，本书需要在进行上述分析的基础上，围绕经济性基础设施（电信基础设施、交通基础设施）和社会性基础设施（公共服务基础设施、环境保护基础设施）两个维度，通过基础设施协调发展水平整体评估、中心城市基础设施建设对城市群经济发展的影响、城市群基础设施网络优化、高质量协调发展等几个方面的实证分析，对中心城市和城市群基础设施高质量协调发展的实现路径进行规划，构建起新时代西部中心城市和城市群基础设施高质量协调发展战略。

### 3.2.2　西部中心城市和城市群产业布局高质量协调发展的必要性

产业发展问题是西部地区缩短与东部地区发展差距需要考虑的重要问题，其中，优化产业布局已经成为现阶段西部地区经济发展中面临的一个紧迫问题，准确把握西部中心城市和城市群产业布局现状和问题，有助于发现西部城市群的特色优势产业。目前，西部多数地区以承接东部地区的产业转移为导向，加之西部产业基础较差，缺乏高效的生产协作网络，因此导致目前西部城市群产业布局缺乏特色，发展动力严重不足。

在动态考察我国西部中心城市和城市群产业布局及其变化的基础上，依托区域经济结构发展模式理论、产业转移理论、区域产业组织理论、区域比较优势理论、区位理论等理论，确定区域产业布局的定位，并对产业调整战略的影响进行探讨。主要将包括社会因素、经济因素、体制因素、自然因素和最佳路径依赖等在内的五个方面作为研究重点方向，并据此展开一系列分析。某一特定地区的产业规划和既定产业区域布局的初始状态和动态变化受这五种因素的相互影响。社会经济因素和区域自然因素不仅是影响区域产业布局的区位因素的构成要素，而且是产业规划的初始因素，区位因素是进行产业布局最先且必须考虑的因素。其后，随着社会进步、技术创新以及体制变革，区位因素随之不断改变，势必会对产业布局的改变产生一定的作用。在产业布局的形成和变动过程中，作为一个外部环境因子，体制因素可以用行政手段或经济方式来强化或者突破产业发展对调整产业布局的路径依赖性，从而实现产业结构布局的优化。依上所述，本书认为影响产业布局和发展的各个因素将会随着社会发展、科技进步创新和经济全球化进程的加快而不断被赋予新的内涵。

与以往的西部发展战略以及城市群产业布局建设政策不同，新时代我国西部中心城市和城市群产业布局高质量协调发展战略应是在当前"双循环"新发展格局下，准确把握各类影响因素，突出西部中心城市和城市群特色产业的发展，所构建起的针对性极强的发展战略体系，因此，本书需要在进行上述分析的基础上，围绕产业发展（产业优化、产业结构）与产城融合（产业空间分布、城市职能规划）两个维度，通过产业布局协调发展水平整体评估、中心城市产业布局建设对城市群经济发展的影响、城市群产业布局网络优化、高质量协调发展等几个方面的实证分析，对西部中心城市和城市群产业布局高质量协调发展的实现路径进行规划，构建起新时代西部中心城市和城市群产业布局高质量协调发展战略。

### 3.2.3　西部中心城市和城市群社会发展高质量协调发展的必要性

城乡以及各类型社会成员之间的收入水平差距随着科技进步和经济社会发展不断拉大，与此同时，不同领域的特殊困难人群的福利需求随着日益严重的人口老龄化问题而不断扩大。西部地区城乡居民的生活质量取决于社会事业发展的好坏程度，并且，社会事业的发展状况还将直接关系到内需的扩大、局部地区社会矛盾的加剧以及社会稳定可持续发展。相比于中部地区、东部地区和东北部地区发展，西部地区的社会发展水平、经济发展水平较低，资源状况和地理环境较为独特，在我国目前整体发展中也较为落后。

从区域协调和社会发展等相关理论出发，结合对我国西部中心城市和城市群社会发展及变化的动态考察，本书认为应当发挥政府作用提升西部中心城市的社会福利水平，进一步扩大社会福利的覆盖范围和服务深度，并且充分运用市场因素推进社会融合程度，从而牵动城市群范围内的经济水平提升，缩小城市间结构差异并提供更为完善的社会服务、社会治理模式体系。因此，从政府作用的角度来看，西部中心城市和城市群社会发展协调发展的影响因素主要包括政府社会治理、政策及财政支撑以及地区行政权力网络三个方面；从市场因素的角度来看，西部中心城市和城市群社会发展协调的影响因素主要包括区域经济一体化发展、城乡一体化建设、中心城市带动城市群各城市互联关系三个方面。

与以往的西部发展战略以及城市群社会发展建设政策不同，新时代我国西部中心城市和城市群社会发展高质量协调发展战略应是在当前"双循环"新发展格局下，准确把握各类影响因素，所构建起的针对性极强的发展战略体系，因此，本书需要在进行上述分析的基础上，围绕社会融合（社会结构、社会网络）与社会福利（社会服务、社会保障）两个维度，通过社会发展协调发展水平整体评估、中心城市社会发展促进人口就近城镇化、城市群社会发展推动西部人口结构优化、高质量协调发展等几个方面的实证分析，对西部中心城市和城市群社会发展高质量协调发展的实现路径进行规划，构建起新时代西部中心城市和城市群社会发展高质量协调发展战略。

## 3.3　新时代西部中心城市和城市群高质量协调发展的可行性

### 3.3.1　西部中心城市和城市群基础设施高质量协调发展的可行性

基础设施协调发展是新时代我国西部中心城市和城市群高质量协调发展的基础条件，是培育和形成新时代我国西部中心城市和城市群互联体系的首要任务。新时代我国西部中心城市和城市群基础设施高质量协调发展模式的构建实际上也就是我国西部中心城市和城市群实现资源共享、规划设计融合的过程。新时代我国西部中心城市和城市群基础设施高质量协调发展需要彻底打破不同层级城市的行政边界，通过全局视域下的我国西部城市群规划建设推动城市间的互动，形成以区域共享、共建为特征的基础设施协调网络。

近年来，我国城市基础设施发展取得了积极进展，城市的通信水平、交通能力、公共服务产品、环境保护机制都有了长足进步。但是城市建设缺乏以西部中心城市和城市群视角的战略性规划。城市间基础设施建设发展呈现孤立化的现象，抑制了区域经济发展效率以及资源的有效利用。现阶段我国西部中心城市和城市群连通性较差，尚未形成协调发展的基础设施建设网络，还存在城市间、城市与城市群间基础设施建设统筹不足等问题。面对我国经济下行压力以及日益严重的城市问题，基础设施协调不足导致我国西部中心城市和城市群的发展陷入困境。进行新时代我国西部中心城市和城市群基础设施高质量协调模式构建，就是要进一步优化基础设施投入建设效率、提升基础设施规划的区域性特征。以中心城市为核心构建我国西部中心城市和城市群各空间构型的点、线、面三位一体的基础设施建设网络。将基础设施建设纳入区域战略性政策进行规划设计，一方面，充分发挥中心城市的基础设施建设已取得的优势，促使其建设发展范围向周边地区进行延伸；另一方面，科学合理地进行资源分配，提升基础设施建设效率，构建西部城市群基础设施网络。因此，通过新时代我国西部中心城市和城市群基础设施高质量协调发展模式构建，对于改善区域连通性，推动多形式、多主体的跨区域合作，发挥西部中心城市和城市群经济发展潜力，实现西部中心城市和城市群整体综合竞争力提升具有重要价值。

综上所述，在"双循环"新发展格局的背景下，迫切需要通过构建基础设施协调发展体系，深入研究我国西部中心城市和城市群基础设施高质量协调发展模式构建，对于破除西部中心城市和城市群发展滞后、国家经济功能过度集中于东部、国家区域结构调整缓慢等问题，实现区域一体化发展、政府战略规划升级具有重要的理论与现实意义。

### 3.3.2　西部中心城市和城市群产业布局高质量协调发展的可行性

产业布局协调发展是我国西部中心城市和城市群高质量协调发展的关键因素，是培育西部城市群整体范围内城市合作融合的经济推动力。我国西部中心城市和城市群产业布局高质量协调发展战略的构建，实际上也就是西部中心城市和城市群之间实现行政区经济与经济区的经济协调发展的重要实现路径。城市群内中心城市的差异化优势与清晰定位是形成产业多元良性互动格局的关键，以中心城市为中心搭建的城市群产业布局需要根据区域资源禀赋的不同，形成产业差异化布局，从而避免重复竞争和资源浪费，实现对我国西部中心城市和城市群整体经济活力的激发。

现阶段，我国西部中心城市和城市群的产业发展取得了巨大进步，城市普遍形成了产业集群发展模式，但在我国西部中心城市和城市群产业布局协调发展模式构建上依旧处于起步阶段，协调发展模式构建仍面临许多问题。首先，相较于我国经济发展水平，城市间的产业发展水平明显滞后，城市群整体功能规划不完善，西部中心城市和城市群内城市发展呈现分散无序建设和产业的严重同质化现象。其次，中心城市集聚功能与辐射功能不明显，产业集群创新能力不足，具有国际影响力的产业群较少，协调发展推进缓慢。最后，产业集群缺乏合作共赢机制，城市间的相互恶性竞争导致资源浪费和产能过剩，危害到经济发展效率。这些因素既严重制约着我国西部中心城市和城市群协调发展的形成和完善，也阻碍了西部中心城市和城市群在各自和整体发展中发挥各自应有的功能。因此，城市群内部不同层级城市的差异化产业与清晰的产业定位是形成多元化协调发展格局的关键。城市群发展过程中必须重视产业集聚，通过构建产业群或产业链来巩固城市发展实力。城市群与产业集群协调发展程度是影响城市经济辐射带动性的重要因素，在促进城市可持续发展、优化产业结构和加快城市现代化进程等方面起着关键性推动力量。明确西部中心城市和城市群各空间构型与产业集群的协调关系，构建我国西部中心城市和城市群产业协调发展机制，有助于解决我国东西部发展差距亟须缩短这一关键问题。

综上所述，在"双循环"新发展格局的背景下，迫切需要通过构建产业布局协调发展体系，深入研究我国西部中心城市和城市群产业布局高质量协调发展模式构建，对于破除西部中心城市和城市群发展滞后、国家经济功能过度集中于东部、国家区域结构调整缓慢等问题，实现区域一体化发展、政府战略规划升级具有重要的理论与现实意义。

### 3.3.3　西部中心城市和城市群社会发展高质量协调发展的可行性

社会发展协调发展是我国西部中心城市和城市群高质量协调发展的长期目标，是推动西部城市群整体范围内均衡化发展的重要抓手。我国西部中心城市和城市群社会发展高质量协调发展战略的构建实际上也就是西部中心城市和城市群之间实现社会福利供给均衡、城市间广泛深度融合的过程。以中心城市为核心，带动西部城市群区域性社会服务政策的完善和深化，确保公共服务供给的均衡有效，对西部城市群在产业发展带动人口集聚后，从东部地区持续吸引人才并防止人才短期集聚后大量流失现象的发生具有重要意义。

近年来，我国城市社会发展取得了积极进展，城市的物质基础、文化发展、公共服务、生活水平都有了长足的进步。但是城市的社会发展缺乏以中心城市和城市群为主体协调发展的战略性规划。不同城市的社会发展差距不断扩大，导致社会矛盾在经济发展过程中不断累积，不利于国家及地区的经济社会发展形势的长期稳定。现阶段我国东西部在城市群发展方面呈两极化发展趋势，存在公共服务供给极不均衡、缺乏广泛的社会参与表达诉求的体制机制、社会治理手段单一和效率较低等问题。面对我国经济发展下社会矛盾增多、阻力加大、结构失衡等日益严重的社会问题，需要以中心城市和城市群为关键节点，构建西部中心城市和城市群社会发展协调发展模式。建立西部中心城市和城市群发展共同体，提供西部城市群内部较为均衡的公共服务供给模式，协调不同城市间的发展利益，一方面，通过利益补偿机制缩小各城市的发展差距，避免西部城市群发展的结构失衡；另一方面，建立西部中心城市群和中心城市的利益共享平台，形成西部城市群内部的资源有效利用和公共服务效益的最大化，以缩小发展差距为基础打破地区间、城乡间的社会隔阂。因此，西部中心城市和城市群社会发展协调发展模式构建，对于缩小东西部地区城市间发展差距，维持西部地区因产业发展、基础设施完善所带动的人才、资本等发展要素向西部靠拢的长效可持续机制建成具有重要价值。

综上所述，在"双循环"新发展格局的背景下，迫切需要通过构建社会发展协调发展体系，深入研究我国西部中心城市和城市群社会发展高质量协调发展模式构建，对于破除西部中心城市和城市群发展滞后、国家经济功能过度集中于东部、国家区域结构调整缓慢等问题，实现区域一体化发展、政府战略规划升级具有重要的理论与现实意义。

## 3.4　新时代西部中心城市和城市群高质量协调发展的基本格局

### 3.4.1　新时代西部中心城市和城市群高质量协调发展的研究范围

城市群是新型城镇化的主体形态，是支撑全国经济增长、促进区域协调发展、参与国际竞争合作的关键平台。国家"十一五""十二五""十三五""十四五"四个五年规划纲要连续20年把城市群作为推进新型城镇化的空间主体。作为一种实体功能地域范畴，都市圈是城市群内部以超大特大城市或辐射带动功能强的大城市为中心、以一小时通勤圈为基本范围的城镇化空间形态。相关学者运用多重要素的叠加分析以及断裂点公式、引力模型、场强模型等定量方法，采用实地调研，对都市圈的空间范围进行充分把握。党的十七大、十八大、十九大、二十大报告连续 20 年把城市群作为新的经济增长极，最终形成以城市群为主导，不同类型的小城镇和城市协调发展，且功能完善、分工协作、疏密有致的城镇化新格局，并在此过程中全面形成"两横三纵"城镇化战略格局。本书研究内容为：优化提升京津冀、长三角、珠三角、成渝、长江中游等城市群，发展壮大山东半岛、粤闽浙沿海、中原、关中平原、北部湾等城市群，培育发展哈长、辽中南、晋中、黔中、滇中、呼包鄂榆、兰西、宁夏沿黄、天山北坡等城市群，共包括 227 个城市。

## 3.4.2　中心城市和城市群的空间构型和趋势

我国地域广袤，不同区域的自然资源、城市结构和治理模式存在着巨大差异。各个地区中心城市与城市群发展呈现出很大差别，这种差别不仅体现在少数民族与汉族之间，各少数民族之间，汉族之间的语言、信仰、习俗等社会文化特征方面，而且体现在社会经济发展水平和生产生活环境的差异上。因此，面对高度复杂化和多样化的乡土中国现状，我们坚持毛泽东提出的"没有调查就没有发言权"主张和费孝通倡导的"从实求知"学风，按照前文所分析的西部中心城市和城市群的地理和经济特征区分标准，将我国西部地区城市群分为若干类型区域，选取各类型城市群中典型的中心城市作为案例，进行深入细致的调查，力求较为全面和准确地弄清我国西部中心城市和城市群基本格局与协调发展现状等基本社会事实，为"双循环"新时代背景下的西部中心城市和城市群高质量协调发展提供理论反思的素材依据和实践推进的现实基础。

因此，本书将城市群分为"单国家中心城市为核心型城市群""双国家中心城市为核心型城市群""边疆地区省会城市为核心型城市群""内陆地区省会城市为核心型城市群"以及"沿海省会城市为核心型城市群"五大类型城市群进行类型化研究，并将西安、重庆、成都和各省会城市作为调查研究的重点，将参与观察、访谈、文献查阅等区域经济学传统调查研究方法与问卷调查等定量研究方法、地理信息系统（GIS）和区域数据分析等现代信息技术综合起来运用，力求系统准确地呈现出我国中心城市和城市群基本格局与协调发展现状。

### 3.4.2.1　西部中心城市和城市群的空间构型和趋势
（1）重庆、成都——成渝城市群：双国家中心城市为核心型。

空间构型：成渝城市群由成都和重庆两大双国家中心城市组成，总面积达 18.5 万平方千米，2021 年 GDP 为 7.4 万亿元，包括 27 个地区和 15 个城市。成渝城市群可以加强与西南、西北的沟通，连接国内外优势，促进"一带一路"（中国正在推进的新"丝绸之路经济带发展战略"）和长江经济带战略的协调发展，为全国经济增长拓展新空间。

趋势：一方面，最大可能地引导成渝经济圈朝着内陆开放战略高地的方向发展，形成国际国内"双循环"的城市群格局；另一方面，实施保护式发展模式，实现保护与发展的"双循环"，强化合作交流力度，树立成果共享、经验共享、资源共享的共享理念，进而将成渝地区打造成高品质生活宜居地、改革开放新高地、科技创新中心、重要经济中心等具有国际影响力的发展地，致力于实现城市可持续发展和高质量发展。

（2）西安——关中平原城市群：单国家中心城市为核心型。

空间构型：关中平原城市群是以西安这一国家中心城市为核心，以宝鸡、渭南、铜川、天水等为重要节点城市的国家级城市群，是典型的单核心城市群。其范围包括陕西、甘肃、山西三省十一市一区（杨凌示范区）。

趋势：西安是国家中心城市和具有历史文化特色的国际化大都市，目前处于快速发展期，对周边的辐射带动能力有限，故需要通过做大做强的方式增强西安的核心竞争力和辐射带动能力。在做大做强的同时还应着重发展几个副中心城市，培育多中心发展模式，带动关中平原城市群的发展。

据悉，西安、榆林双核发展被纳入陕西"十四五"规划，为了使发展相对落后的陕南跟上发展步伐，未来必须将陕南的汉中和安康一道纳入关中平原城市群发展规划。西汉高铁、安康机场的开通以及西康高铁的开工建设，极大地拉近了陕南与西安的空间距离，陕南已经具备与关中融合发展的条件。宝鸡、咸阳、渭南三市是关中平原城市群中除西安外经济前三强城市，咸阳与西安建成区已连成一片，应该进行"一体化"发展，可将其看成一个"整体"。宝鸡和渭南无论是经济实力还是综合实力都是其他城市中最强的，且距离西安不是太远，容易与西安形成联动效应，承接产业转移，发展潜力最大。因此，应该将宝鸡和渭南培育为关中平原城市群副中心城市，形成以西安为中心，以宝鸡、渭南为东西两翼的空间格局，共同带动城市群发展，因而，着重发展宝鸡、渭南两翼同样也应当纳入陕西省"十四五"规划，培育多中心发展模式。

（3）贵阳——黔中城市群：内陆省会城市为核心型。

空间构型：黔中城市群是以中国西南内陆省份贵州的省会城市贵阳为核心的城市群，涉及贵阳、遵义、安顺、毕节、黔东南、黔南等6个市（州）及贵安新区的33个县（市、区），总面积5.38万平方千米。

趋势：2021年2月27日公布的《贵州省国民经济和社会发展第十四个五年规划和二○三五年远景目标纲要》提出："遵循产业发展趋势和交通格局变化，构建以黔中城市群为主体，贵阳贵安为中心，贵阳—贵安—安顺都市圈、遵义都市圈为重点，其他市（州）区域中心城市为支撑，以县城为重要载体，黔边城镇带和特色小城镇为组成的新型城镇化空间格局。"2021年6月，贵州制定出台《关于加快推进以人为核心的新型城镇化的意见》（以下简称《意见》），提出要加快推进以高质量发展为统揽、以人为核心、以县城为重要载体的新型城镇化。贵阳在2025年将会是特大城市的规模和标准。

早在"十三五"期间，贵阳市就已全力推进新型城镇化发展，城市管理加强，基础设施得以改善，城市功能呈多样化和高水平化发展，城市和农村焕然一新，极大提高了贵阳的城市形象和影响力。贵阳"十四五"时期持续关注新型城镇化，当地政府充分考虑国家乡村振兴政策战略和城乡融合发展的方向，将其与新型城镇化融合发展，形成以人为核心的新型城镇化，进而提高当地政府的公共服务水平和城乡建设管理水平，促进实现农业转移人口市民化，调整产业发展链，优化经济发展空间。这些举措旨在做大贵阳，将贵阳城市经济首位度提升到26%以上，发挥其带动全省高质量发展的"火车头"作用以及西南地区经济发展和社会进步的关键增长极。同时做大遵义，与贵阳共同唱好"双城记"，实现黔中城市群建设和黔中经济区快速发展。

黔中城市群是贵州省城镇化的主体形态，作为贵州最具发展条件的重点城市化区域和经济实力最强的板块，是带动贵州经济持续快速增长、促进区域协调发展的重要载体，也是贵州省建设国家生态文明试验区、大数据综合试验区和内陆开放型经济试验区的重要支撑。贵州将全面推进黔中城市群建设，着力将其打造为西部地区经济充满活力、生活品质优良、生态环境优美的新兴增长极。贵阳目前城镇规模快速扩张，产业和人口快速聚集，已经成为贵州省快速发展的重要支撑，力争培育发展特色小镇和小城镇，到2025年，培育建设100个省级特色小镇和特色小城镇；贵阳和贵安新区融合发展，深挖大数据潜力，布局数字基础设施，打造"中国数谷"；并着力做大做强实体经济，重点在中高端消费、中高端制造、数字经济、绿色低碳等领域构建和延伸产业链。

（4）银川——宁夏沿黄城市群：内陆省会城市为核心型。

空间构型：宁夏沿黄城市群是以中国内陆省份宁夏的省会城市银川为核心的城市群，其规划是构建以银川—吴忠为核心，以石嘴山和中卫为两翼，以主要交通通道为轴线的空间开发格局，主要包括宁夏沿黄河分布的银川、石嘴山、吴忠等10个城市，聚集了全区57%的宁夏人口，带来的国内生产总值（GDP）和财政收入占宁夏的90%以上。

趋势：银川作为宁夏回族自治区的首府城市，承接着宁夏回族自治区城市间人口流动和经济拉动价值，担负着整个宁夏经济发展的重任。银川市深入贯彻习近平新时代中国特色社会主义经济思想，全面落实中央、自治区各项决策部署，坚持稳中求进、好中求快工作总基调，以"两个率先"

奋斗目标和"绿色、高端、和谐、宜居"城市发展理念为引领，坚持沿黄资源开发与经济结构调整相结合，培育壮大优势产业，全力打造沿黄经济带中心城市。随着银川高铁的建成，将更深入地推进宁夏接轨"全国五纵三横"铁路干线，进一步实现银川城与城、城与县一体化共同发展，银川全域旅游发展的不断深化，为宁夏起到重大的经济推动作用，也将有效改善和提高当地人们生活水平。

（5）兰州——兰西城市群：内陆省会城市为核心型。

空间构型：兰西城市群是以中国内陆省份甘肃的省会城市兰州为核心的城市群，处于西部腹地，包括海北藏族自治州、青海省海东市以及甘肃省定西市等 22 个地州市，是胡焕庸线以西唯一一个跨省区城市群，是中国—中亚—西亚经济走廊的重要支撑，地理位置独特，区域内各类矿产资源和能源资源富集，人口经济密度高于周边地区，是西北发展条件较好、发展潜力较大的地区。兰州是新亚欧大陆桥重要的节点城市和西部重要的交通枢纽城市，在西北处于"座中四联"的位置。

趋势：虽然《兰州—西宁城市群发展规划》在 2018 年 3 月就得到国务院批复，但直到 2020 年才猛然加速落地。2020 年 5 月 12 日，甘青两省签署《深化合作共同推进兰州—西宁城市群高质量协同发展框架协议》，启动"1 + 3 + 10"行动计划，兰州市与西宁市、张掖市与海北州、临夏州与海东市签署合作框架协议，涉及加快综合交通互联互通、加强生态环境联防联治、建立绿色循环产业体系、加快市场一体化进程等多领域的 10 个专项合作行动计划开始实施；并提出打造兰西城市群"1 小时经济圈"，尤其是兰州、西宁等城市取消落户的限制，拉开了兰西城市群一体化序幕。目前中国双循环新发展格局正加快构建，成都至西宁快速铁路已于 2020 年 9 月动工，成都至兰州（西宁）铁路正加快建设，使兰西城市群不仅衔接西部陆海新通道，也成为国内大循环的重要支撑点和国内国际双循环的重要链接点。

进入"十四五"后，甘肃、青海均要求"加快建设兰西城市群，提升省会城市综合实力和承载能力"，青海更是指出："城市群成为高质量发展的主要空间形式和动力源，正处在竞争优势重塑期。"一是践行绿色发展理念，对"绿水青山就是金山银山"的理念思想进行认真实践，坚持保护优先、集约节约，推动城市向绿色发展方式转型，通过建设绿色能源基地搭建"一带一路"交流平台，并持续优化资源配置，激发城市发展潜能。二是推进兰西城市群、兰白都市圈协同发展，优化中心城市战略布局，强化都市圈中心城市引领作用，坚持城乡统筹，推进城乡基本公共服务均等化，推动形成优势互补高质量发展的区域经济布局。三是完善便捷、绿色交通网络和市政基础设施，建设宜居、宜业、宜游、宜学、宜养的"精致城市"，实施一批重大项目，从最大程度上筑牢国家安全和黄河上游地区安全屏障。四是延续黄河文化基因，坚持因地制宜、因时制宜，针对自然资源禀赋，提出差异化发展策略，突出西部地域特征、传统特色、时代风貌。五是遵循经济社会和城市发展规律，拓展城市发展空间，增强人口承载能力。六是建立覆盖兰州市全域、涵盖各类空间资源的基础信息平台，监督实施城市发展策略。

（6）南宁——北部湾城市群：边疆省会城市为核心型。

空间构型：北部湾城市群是以中国边疆省份广西的首府城市南宁为核心的城市群，东联港澳，南接东盟，背靠广袤的西南腹地，是一个具有重要战略地位、仍处于培育阶段的国家级城市群，同时也是沿海第四大城市群，其规划范围包括广西壮族自治区南宁市、北海市、钦州市、防城港市、玉林市、崇左市，广东省湛江市、茂名市、阳江市和海南省海口市、儋州市、东方市、澄迈县、临高县、昌江县，陆域面积 11.66 万平方千米，海岸线 4234 千米，还包括相应海域，总人口超过 4000 万。2020 年北部湾城市群 GDP 总量是 21448.3 亿元。南宁地处中国华南地区、广西南部，是中国华南、西南和东南亚经济圈的接合部，其历史悠久，居民以壮族为主，是多民族和睦相处的现代化城市。在此地进行过泛珠三角合作、大湄公河次区域合作以及泛北部湾经济合作等，承接着中国—东盟博览会的举办，既在有机衔接国家"一带一路"倡议过程中发挥着门户城市的重要作用，也在推进中国面向东盟开放合作中发挥着重要枢纽作用。北部湾城市群则以南宁为核心城市，与北海、玉林、防城港、崇左、钦州等城市协同发展，打造

"一湾双轴、一核两极"的北部湾城市群框架，在城市群内各城市的相互作用下实现共同进步，并积极发挥中心城市的辐射带动效应，刺激沿海沿边城镇经济增长点，建设高质量发展的宜居城市以及蓝色海湾城市群。

趋势：北部湾城市群有"一湾双轴、一核两极"的城市群框架，其中"一核"指的是南宁这个核心城市。北部湾城市群的整体目标是建设成面向东盟开放合作的战略高地，大幅度增加区域经济密度和城镇人口总量，实现向国家级城市群的战略性跃升。《北部湾城市群发展规划》在 2017 年首次规划了陆海主体功能区，以北部湾城市群为支撑，构建海陆双向对外开放新格局，倡导推进陆海统筹，优化国内国际产业资源配置，巩固城市群经济基础，夯实优势产业，不断修订和完善城市群总体规划，充分规划沿海地区未来发展方向，以带动北部湾城市群经济水平总体上升，实现可持续发展。一方面，北部湾城市群要积极落实"一带一路"倡议，积极主动构建全球经济发展体系，进一步拓宽中国—东盟的合作渠道，并要与一大批科技人才展开合作交流，加大开发海上通道，升级并扩大经贸合作力度，带动区域经济；另一方面，北部湾城市群要积极与西南地区和中南地区展开合作，以及积极完成与珠三角城市群的全面对接，增强区域协作的关联度，提高海陆双向开放合作新格局的构建速度。

目前，北部湾城市群是以广东省、广西壮族自治区和海南省一些沿海城市作为辅助城市，以海口市和南宁市作为主体城市，联动优势明显，已经基本建成为生活水平质量高、经济活力充沛、生态环境优美的蓝色海湾城市群框架。广西最新的"十四五"文件中，已经提出了将加快建设北部湾国际门户港。按照规划，5 年之内，北部湾国际门户港的货物吞吐量将达到 5 亿吨以上、集装箱吞吐量 1000 万标箱以上。未来城市群可以与粤港澳大湾区相互结合，对形成东南亚地区甚至全球最大的大湾区城市群有很大促进作用。进入"十四五"时期，广西将"知耻而后勇"，坚持全区一盘棋思想，强化首府战略，推动"南向、北联、东融、西合"全方位开放发展，重点围绕西部陆海新通道，全面对接港珠澳大湾区，共建北部湾城市群，形成"龙头带动、区带支持、特色鲜明、协调发展"的区域经济新格局。高标准建设南宁都市圈，深入推进北钦防一体化，做强珠江—西江经济带，推动左右江革命老区振兴发展，实现广西高质量发展。

（7）昆明——滇中城市群：边疆省会城市为核心型。

空间构型：滇中城市群是以中国边疆省份云南的省会城市昆明为核心的城市群，面积约 11.14 万平方千米，由昆明市、玉溪市、曲靖市、楚雄州全境及红河州北部 7 个市、县、区共同构成，处于长江经济带和"一带一路"建设地的交汇区域，在推进我国"两横三纵"城镇化战略格局中扮演着关键作用。除此之外，作为云南省发展前景最好、产业基础最牢、生态资源最丰富、开发范围最广、网络和交通基础设施最完善的区域，滇中城市群是推动云南省进行国内外区域协作和规划全省区域经济发展的支柱，发挥着龙头作用。

趋势：昆明是首批国家级历史文化名城之一，楚雄州是我国仅有的两个彝族自治州之一，拥有多个国家级风景名胜区和旅游胜地，是我国面向南亚、东南亚的重要旅游休闲度假胜地。云南省人民政府于 2020 年 8 月 26 日印发的《滇中城市群发展规划》指出，滇中城市群是国家重点培育的19 个城市群之一，在构建"两横三纵"城镇化战略格局中起着关键作用，在确定云南生产发展方向和产业布局中要充分考虑滇中城市群的重要地位。《滇中城市群发展规划》作为滇中城市群未来发展定位，提出在发展规模布局方面要构建适应资源环境承载能力、"一主四副、通道对接、点轴联动"的空间格局；在发展路径方面，产业发展按照"两型三化"方向规划，构建特色创新产业格局。《滇中城市群发展规划》中明确提出，依托城市群所在地的交通环境和资源特征，突出资源优势和区位优势，并遵循生态文明建设发展理念，推动云南省实现绿色发展和可持续发展，与此同时，构建改革开放新格局，打造面向南亚、东南亚开放的门户城市群。

（8）乌鲁木齐——天山北坡城市群：边疆省会城市为核心型。

空间构型：天山北坡城市群是以中国边疆省份新疆的省会城市乌鲁木齐为核心的城市群，地处亚欧大陆腹地、新疆准噶尔盆地南缘、天山北坡中段，东起乌鲁木齐市，西至乌苏市，长约 250 千米。天山北坡是这些城市最为集中的区域，故因此得名，城镇间距约 50 千米，远低于全区城镇的平均间距，且人口集中，聚集了新疆超过 20% 的人口。天山北坡城市群的城市划分为三级：一级城市是首府乌鲁木齐市，具有明显的优势，乌鲁木齐紧随国家发展的新格局和新战略，根据自身条件构建符合当地高质量发展的规划布局。相比于其他西部城市群，乌鲁木齐本身的区域位置和资源配置较差，导致地区经济发展缓慢，地区生产总值（GDP）增速也较缓，没有明显的递增趋势，不过乌鲁木齐总体上来说经济结构日趋合理，可以为后续的城市发展提供动力支撑，并带动周边地区经济发展。除此之外，经济发展常常面临着生态环境问题和土地供给问题，因此，在优化乌鲁木齐经济质量和增加乌鲁木齐经济总量时，要衡量好生态环境与经济效益两者之间的关系，并利用有限的土地获取更多的经济收益。二级城市是克拉玛依市和石河子市，是城市群发展的中坚力量。三级城市是昌吉市、奎屯市、乌苏市和阜康市及呼图壁县、玛纳斯县和沙湾县，有自己的独特产业和各城市制定的产业发展规划。

趋势：借助天山北坡城市群的辐射带动效用，可以实现城市群内各地区的跨区域发展，并加强城市之间的协作交流以及资金、人力、技术、教育等资源的共享。同时，天山北坡城市群的地方政府还积极参与到"一带一路"建设工作当中，借鉴产业发展经验，增加就业机会，激发经济增长潜能，实现天山北坡甚至是新疆维吾尔自治区整个区域的高质量发展和可持续发展。在交通运输方面，该城市群是连接新欧亚大陆桥的主线，其中已建成的有兰新铁路北疆段（北疆铁路）、吐乌大高速公路等公路，大大缩短了城市间的空间距离，加强了与内地的沟通，为区域发展对外贸易和外向型经济提供了良好平台。

2017 年 10 月 20 日召开的《天山北坡城市群发展规划（2017—2030）》（以下简称《规划》）专家评审会认为，《规划》紧紧围绕新疆社会稳定和长治久安总目标，坚持创新、协调、绿色、开放、共享发展理念，尊重城市群发展规律，提出将天山北坡城市群建成"丝绸之路"经济带重要的战略枢纽、全国重要战略资源加工储运基地、新疆城镇化与经济发展的核心区、边疆民族团结和兵地融合发展示范区，发展定位准确，战略目标可行。《规划》以资源环境承载能力为基础，提出了天山北坡城市群一体化发展的"一带一圈、两轴四区"的兵地融合型空间格局，提出产业协同与城市空间布局和基础设施联结互通、能源资源供应保障和环境污染联防联控的总体方案，提出了边疆城市群一体化发展的开放格局、功能分区管控、体制机制创新和重大建设项目，总体方案合理，对推动天山北坡城市群和新疆新型城镇化发展具有重要的现实指导意义。

（9）呼和浩特——呼包鄂榆城市群：边疆省会城市为核心型。

空间构型：呼包鄂榆城市群是以中国边疆省份内蒙古的省会城市呼和浩特为核心的城市群，由内蒙古的呼和浩特、包头、鄂尔多斯，及陕西的榆林组成，虽然只有 4 个地级市，可其土地面积达 17.5 万平方千米，有利于加快西部大开发新格局的建设步伐、优化沿边开发开放布局以及推进现代化城市发展。

趋势：呼和浩特市是内蒙古自治区首府，2021 年 GDP 为 3121.4 亿元，人口为 349.6 万人，是中国百强市之一，是内蒙古的政治经济和文化中心。呼和浩特 2019 年第 18 次常务会议审议通过的《呼和浩特市落实〈呼包鄂榆城市群发展规划〉实施方案》提出，到 2020 年，呼和浩特与包头市、鄂尔多斯市、榆林市一体化发展体制机制初步建立，在产业协作、交通互联、生态共建、基本公共服务共享等领域基本形成一体化发展格局。到 2035 年，实现呼和浩特在呼包鄂榆城市群协同发展中心引领地位达到较高水平，整体竞争力和影响力显著增强，呼包鄂榆城市群建成面向蒙俄、服务全国、开放包容、城市协同、城乡融合、绿色发展的中西部地区重要城市群。

### 3.4.2.2　东部中心城市和城市群的空间构型和趋势

（1）北京——京津冀城市群：单国家中心城市为核心型。

空间构型：京津冀城市群是以北京这一国家中心城市为核心的城市群，包括河北省保定、天津、唐山、廊坊、石家庄、秦皇岛、张家口、承德、沧州、衡水、邢台、邯郸和河南省的安阳。其中，北京、天津、保定、廊坊为中部核心功能区，京津保地区率先联动发展。河北雄安新区的横空出世，更使保定市下辖的雄县、容城、安新三县及周边部分区域备受瞩目。

趋势："十四五"规划将发展对象重点放在京津冀城市群、长三角城市群以及粤港澳大湾区，提出增强优化全球资源配置的能力和提升政策创新源的能力，率先引领高质量发展。首先，通过创新体制机制促进城市整体的治理水平提升，推动京津冀城市群以更快的速度迈向高质量发展，在此过程中，要积极融入新发展格局理念。其次，促进构建城市现代产业体系，完善京津冀城市群产业链网络，有效推进城市产业之间的融合互动。再次，依托现代技术创新基础设施，挖掘空间特色和产业发展潜力，加速构建和完善京津冀城市群空间"骨架"网络。最后，引进新技术和创新人才，聚集城市创新资源，优化产业结构，深化产业链协作机制，培育京津冀城市群协同发展新模式。未来京津冀城市群将进一步完善监测评估、法律法规等体系，加强对区域协调发展新机制实施情况跟踪分析和协调指导，及时研究新情况、总结新经验、解决新问题。同时，将进一步统筹资源要素、规范空间布局和优化区域经济结构，推动城市间产业流动，协同促进城市群高质量发展，打造中心城市与城市群协调发展新格局。

（2）上海——长三角城市群：单国家中心城市为核心型。

空间构型：长三角城市群是以上海这一国家中心城市为核心的城市群，有一核五圈的概念，核心就是上海大都市圈，五个副中心分别是南京、杭州、苏锡常、合肥和宁波都市圈。由以上海为核心、联系紧密的多个城市组成，规划范围正式定为苏浙皖沪三省一市全部区域。长三角城市群规划总面积35.8万平方千米，覆盖总人口1.5亿，位于国家"两横三纵"城市化格局的重点开发区域和优化开发区域。根据21世纪经济研究院发布的《2020年中国都市圈扩张潜力报告》显示，在全国30余个都市圈中，北京、上海、广州、深圳领衔的四大成熟型都市圈，是中国经济发展的活跃增长极。长三角核心城市上海以"1+8"（上海+苏州、无锡、常州、南通、宁波、嘉兴、舟山、湖州）的方式打造了中国最大都市圈，经济总量超过10万亿元。根据2019年统计数据，长三角都市圈26市生产总值20.4万亿元，占我国经济总量的20.6%。相较于其他都市圈，长三角都市圈26个城市之间发展也相对平衡，上海以GDP超过4万亿元位居全国第一，长三角都市圈内也有7个城市超过1万亿元。2020年，长三角城市群的GDP总量超过20万亿元，占全国GDP总量的20%，与印度的GDP总量相当，是七大城市群中经济规模最大的。

趋势：长三角都市圈约占全国土地面积的1/50，经济总量处于全国1/5强，吸纳了全国超1/10的常住人口，形成了以上海为主中心，苏州、杭州、南京、合肥等为副中心的多中心发展格局，总体发展水平全国领先，是支撑和引领我国区域经济发展的重要功能区。2019年12月，《长江三角洲区域一体化发展规划纲要》印发实施，其赋予了长三角"全国发展强劲活跃增长极、高质量发展样板区、率先基本实现现代化引领区、区域一体化发展示范区、新时代改革开放新高地"的战略定位，并明晰了长三角将构建区域协调发展新格局，以上海为龙头，突出苏浙皖产业优势，推进协调发展。长三角经济示范区的建设将深入贯彻长三角一体化国家战略的部署，借此为未来的长三角一体化提供宝贵经验，推动地区协调发展，进而带动全国经济发展。

2019年2月21日，国家发展改革委发布了中国都市圈发展的顶层设计——《关于培育发展现代化都市圈的指导意见》，提出到2022年，中国都市圈同城化取得明显进展；到2035年，建构具有国际影响力的都市圈。2020年7月，中共中央政治局会议提出，要积极把握新型城镇化的发展机遇，扩大各城市的消费需求，并刺激外来企业加大投资力度，创新城市群一体化发展机制。高质量发展的都市圈，将在未来中国经济蓝图中扮演关键角色。但就长三角都市圈而言，虽然GDP总量领先于全国其他都市圈，但人均GDP和单位面积产值低于粤港澳，说明其土地和人口基础虽然雄厚，但单位生产能力仍然不足。此外，从世界级资源吸引力来看，全球200强高校和世界500强企业在长三角或上海的数目远小于粤港澳和京津冀都市圈，说明长三角都市圈对世界级大企业的吸引力仍然处在竞争劣势，全球影响力仍然不足。中心城市的人口和公共资源的过度集中，也导致房价过高、劳动力成本上涨过快、土地短缺、环境污染严重等问题出现。产业方面，除上海、南京、杭州等城市外,超过一半的城市还以中低端制造业为主,产业定位不清晰,产业发展潜力挖掘不足,城市主导产业发展面临着严重的同质化问题,区域间的产业协调仍处于初步发展阶段。

高效便捷的交通作为撬动城市格局调整、重塑产业经济地理的重要杠杆,可以有效提升长三角都市圈的城市能级。同时,城市作为人口聚居最集中的空间组织,庞大的市民社会和潜力巨大的消费群体,也为城区发展产业提供了良好的先决条件。针对长三角都市圈的发展特征,建立都市圈综合交通体系,建设 1 小时通勤圈,促进生产要素的自由流动,以产业为基础,产业的分工协同发展,支撑都市圈整体经济发展。发展都市圈对于城市功能互补、要素流动有序、产业分工协调、交通往来顺畅、公共服务均衡等具有重要作用。随着区域一体化交通的进一步发达便捷,长三角都市圈未来将有望成为经济发展协同一体、城市功能多元并包、资源要素高效连通的世界级都市圈。

(3) 广州——珠三角城市群:单国家中心城市为核心型。

空间构型:珠三角城市群是以广州这一国家中心城市为核心的城市群,在这个城市群中,广州与深圳是双核心,广州是国家中心城市,作为全省的政治、经济、文化中心,同时又是全国铁路和航空枢纽之一,发挥核心引擎功能和龙头带动作用,联动以珠海为核心的珠江西岸都市圈,打造功能互补,高效协同的区域城市体系,整体建成更具核心竞争力和全球影响力的世界级城市群。具体来看,这个世界级城市群由广州都市圈、深圳都市圈、珠江西岸都市圈组成,辐射泛珠江三角洲区域,并与港澳紧密合作。

趋势:在全球新一轮科技和产业革命、中国新一轮对外开放,以及粤港澳大湾区发展的重大机遇中,珠三角将构建“两主一副三级”的中心体系,并通过“集群化的产业聚集区”,形成区域重点产业的合理空间布局。2020 年珠三角总 GDP 为 8.94 万亿元,占全国 GDP 总量 8.9%,根据 2020 年的人口普查数据,珠三角 9 个城市聚集了约 8000 万人口。珠三角城市群拥有发达的制造业,旨在打造现代服务业基地、先进制造业基地、科技创新中心和产业创新中心。珠三角的产业发展先后经历了接受香港和国际加工制造业转移的阶段、内需导向的本地化产业成长阶段,目前正在迈向门类更加齐全、功能更加完善的自主创新阶段。

(4) 济南——山东半岛城市群:沿海省会城市为核心型城市群。

空间构型:山东半岛城市群是以中国沿海省份山东的省会城市济南为核心的城市群,由济南、青岛、淄博、威海、烟台、潍坊、日照和东营 8 个城市组成。山东省政府批复的《山东半岛城市群发展规划(2016—2030 年)》中,将山东半岛城市群范围由原来的 13 个城市拓展为全省 17 个城市,构建“两圈四区、网络发展”总体格局,包括济南都市圈和青岛都市圈,烟威都市区、东滨都市区、济枣菏都市区和临日都市区,并争取到 2030 年,山东半岛城市群将全面建成国家级城市群。2019 年 12 月,山东省委经济工作会议明确了山东推进城市群的基本思路:坚定不移推动区域经济协调发展。积极推进省会、胶东、鲁南三大经济圈一体化发展,培育发展济南都市圈和青岛都市圈,打造具有全球影响力的山东半岛城市群。

趋势:与其他黄河流域城市相比,山东是黄河流域中便捷程度最高的出海口,整体上具有良好的产业基础和产业布局,人口集聚能力强,经济发展潜力巨大。同时,山东南北连接京津冀、长三角两大世界级城市群,东西贯通黄河流域广阔腹地,是“一带一路”重要枢纽。2020 年,山东省济南市的地区生产总值突破万亿元,占省会经济圈 36.9%,同比增长 4.9%,增速全省第一。“十四五”时期,山东将在推进“一群两心三圈”建设上求突破开新局,着力提升山东半岛城市群整体位势,着力增强中心城市发展能级和综合竞争力,着力推动省会、胶东、鲁南经济圈一体化发展。同时,山东将加快推进以人为核心的新型城镇化,首先,从山东发展的实际情况出发,规划和调整城市产业空间结构;其次,明确城市产业规模,重点打造国家级城乡融合综合试验区;最后,实现城镇的产业聚集和人口聚集,引导城市群内各城镇与城市协调发展,增强综合承载力的同时带动区域经济稳步发展。除此之外,“十四五”时期,山东半岛城市群借助高质量发展战略和黄河流域生态保护战略这两个发展机遇,积极发挥其龙头作用,提高黄河文化影响力,打造黄河流域生态保护基地，最终建设成为高质量发展先行区。山东唯有坚定更高水平、更加全面的对外开放，才能走向更高质量的发展，进而更好地在"双循环"格局中实现各类优质要素的聚集与流动。

（5）福州——粤闽浙沿海城市群：沿海省会城市为核心型城市群。

空间构型：粤闽浙沿海城市群是以中国沿海省份福建的省会城市福州为核心的城市群，介于长三角城市群和珠三角城市群之间，是我国沿海发展轴的重要组成部分，旨在建设成为促进祖国统一大业的前沿平台和国际合作平台，衔接长三角和珠三角，带动中东部沿海地区经济发展，打造两岸文化交融、社会和谐的示范区，践行科学发展观的先行区。粤闽浙沿海城市群以台湾海峡西岸的福建为主体，形成一个"以中心城市向外辐射，联系网络正在壮大"的城市群结构，包括福建下辖的9个地级市；浙江南部的温州、丽水，浙江西部的衢州；江西与福建接壤的上饶、鹰潭、抚州、赣州4市；广东东部的汕头、揭阳、潮州、梅州4市，共计4省20市。2020年粤闽浙沿海城市群GDP总量达7万亿元，人口突破9400万，人均GDP达7.4万元，GDP增速高于全国同期平均水平，其中，福建GDP总量达43905亿元，占比超过粤闽浙沿海城市群总量的六成。

趋势：粤闽浙沿海城市群规划取代海峡西岸城市群，是从更高层面，从国家区域协调发展层面来规划东南沿海城市的发展，更好地服务中国发展大局。粤闽浙沿海城市群或许将比海峡西岸城市群更为广泛，只有更多的城市融入进来，才能持续带动城市发展。但是粤闽浙沿海城市群将依然以福建为主体，福建的经济总量占粤闽浙沿海城市群总量一半以上，福建的核心城市依然是粤闽浙沿海城市群核心城市。从长三角到珠三角这广袤的东部沿海区域，需要一个新的增长极，将来或许有新的国家中心城市在粤闽浙沿海城市群中诞生，福建需要打造承接珠三角、长三角，辐射中东部、台湾的特大城市和富有竞争力的都市圈，否则无法摆脱被长三角和珠三角虹吸的困境。

2021年根据《国民经济和社会发展第十四个五年规划和2035年远景目标纲要》（以下简称《纲要》）最新提出的"闽江综合服务发展带"，福州将在沿江向海段重点布局综合服务、区域商贸、总部经济、高端科技研发等职能，向山段积极开拓绿色发展空间，培育发展休闲旅游、健康养生、现代农业、文化创意等绿色产业。由此，与滨海环湾经济发展带形成配套，实现差异化发展之路。福州市"十四五"发展目标也提到，到2025年，福州地区生产总值年均增长7%，三产增加值占地区生产总值比重达60%，全社会研究与试验发展经费投入强度接近3%，省会城市首位度达25%以上。

### 3.4.2.3　中部中心城市和城市群的空间构型和趋势

（1）武汉——长江中游城市群：单国家中心城市为核心型。

空间构型：长江中游城市群是以武汉这一国家中心城市为核心的城市群，这一特大型城市群的主体包括武汉城市圈、环鄱阳湖城市群和环长株潭城市群，面积约31.7万平方千米，长江中游城市群东联长三角、西接成渝、南邻粤港澳、北望京津冀，是我国经济"菱形结构"的几何中心，是长江经济带发展、中部地区崛起等国家战略的重要阵地。其中，武汉城市群又称武汉都市圈，是以武汉为中心，黄石为副中心，再加鄂州、黄冈、孝感、咸宁、仙桃、天门、潜江共9个城市所组成的城市群，是国家级长江中游城市群的重要构成部分。

趋势：《纲要》中强调，要加快建设武汉都市圈和长株潭都市圈，促进长江中游城市群协同发展，培育经济增长点，实现国家整体发展质量提升。首先，推动长江中游城市群一体化发展，是中央的重要决策，要持续推进长江中游城市群（中三角）一体化发展，并将其上升为与京津冀城市群和长三角城市群具有同等地位的国家重大区域战略。其次，加大基础设施建设力度，扩建京九高铁、沿江高铁、岸线码头和干线机场等，并完善长江河道整治基础设施，优化高铁网络布局和建构国家门户机场枢纽。再次，引进现代科学技术和优秀人才，发布实施相关扶持政策，提升城市配套功能，增强武汉创新能力，推进构建"湘鄂赣"三角创新共同体，既促进长江中游城市群与成渝地区的西部科学城的良性互动，又帮助长江中游城市群建设成为长江中游金融中心以及国家科技创新中心。最后，重视红色文化传承，提供特别支持政策，并持续传承红色基因，做好红色文章。除此之外，要加快推进长江中游城市群协同发展：一是基础设施一体化先行，便利整个城市群的人流、物流，缩短时间、节约成本；二是在民生如医疗、教育、就业、文旅等方面，逐步实现无差别待遇，增强城市群人民的认同感和获得感；三是在粮食安全、生态保护、重大基础设施建设、对外开放通道建设中信息互通、行动一致，共同争取国家重大项目；四是以利益为纽带，加强产业合作的信息沟通，在产业扩张、产业链配套与合作、企业兼并与重组、科技成果转让等方面，优先在区域内进行。

（2）郑州——中原城市群：单国家中心城市为核心型。

空间构型：中原城市群是以郑州这一国家中心城市为核心的城市群，以郑州为中心，以洛阳为副中心，以开封为新兴副中心的国家级城市群，规划范围包括河南、山西、山东、河北、安徽5省30市，总面积28.7万平方千米，总人口约1.64亿。中原城市群位于中国中东部，是城市群规模最大、一体化程度最高、人口最密集的城市群，是中部地区承接发达国家及我国东部地区产业转移、西部地区资源输出的枢纽和核心区域，是促进中部崛起、辐射带动中西部地区发展的核心增长极。

趋势：2016年12月，国务院批复《中原城市群发展规划》，指出中原城市群包括河南、河北、山西、安徽和山东等5省30座地级市。2018年11月，《中共中央　国务院关于建立更加有效的区域协调发展新机制的意见》发布实施，提出以郑州为中心，引领中原城市群发展。《中原城市群规划》明确提出，积极培育发展国家中心城市（郑州大都市区），并使其成为提升城市群核心竞争力的首要突破口，发挥辐射带动效应，优化枢纽功能，促进国际交流合作。具体来说，就是要推进郑汴一体化深度发展，加快郑新、郑许、郑焦融合发展，构建"一核四轴四区"空间发展格局，形成以"大枢纽带动大物流、大物流带动产业群、产业群带动城市群"的发展思路。在对中原城市群发展机制进行设计的过程中，需要突破行政区划限制，构建起以区域中心城市为核心的城市群体系，并通过城市链、城市走廊将邻近的城市群整合在一起，发挥聚合整合优势。

（3）太原——晋中城市群：内陆省会城市为核心型。

空间构型：晋中城市群是以中国内陆省份山西的省会城市太原为核心的城市群，位于全国"两横三纵"城市化战略格局中京哈、京广通道纵轴的中部和山西省中部，包括山西省的省会城市太原，太原近邻地级城市晋中，太原西部地级城市吕梁，太原东部地级城市阳泉，以及太原北部地级城市忻州，共5个地级城市。太原作为山西中心城市，将发挥龙头带动作用，根据"十四五"规划，将支持建设太原都市区，推动太原——晋中一体化发展，抓好山西中部盆地城市群的规划建设工作，进一步提升城市功能，改善城市风貌，提升城市交通能力，构建城市生态系统，提高城市管理水平；不断拓展太原城市发展空间，形成创新高地、产业高地、人才高地和开放高地，成为山西一体化高质量发展的动力源。2021年太原GDP为5121.6亿元，经济总量和人均居全省第一位，综合实力稳居全省首位。

趋势：未来无论是在"十四五"规划，还是国土空间规划以及最新的"一群两区三圈"新发展格局中，晋中城市群都将成核心发展引擎。山西目前的首要任务就是进行产业转型升级，重新打造一个现代化的工业体系，从而减少对矿产资源等重工业的依赖。而在区域经济协调发展方面，太原和周边城市应该与郑州、西安共同组建黄河中游城市群，打造出一个金三角；而北部的大同、朔州可以加入呼包鄂榆城市群，谋求区域协调发展。在产业转型升级方面，太原应当加强和武汉、西安的合作，借助它们的科技创新能力，促进产业转型升级，以完全现代化的工业体系，加速山西经济复苏。山西出台"十四五"规划，曾提出建设"一主三副六市域中心"的发展格局，"一主"是指太原都市区，"三副"是指大同、长治、临汾为省域副中心，"六市域中心"是指晋城、运城、阳泉、吕梁、忻州和朔州。

《山西中部盆地城市群一体化发展规划（2019—2030年）》指出实施中部盆地城市群一体化发展战略，是引领山西高质量发展、完善全省改革开放空间布局、打造强劲活跃增长极的重大战略举措，突出太原都市区在中部盆地一体化发展中的核心引领作用，率先推进太原晋中实现一体化发展，拓展城市发展空间，释放发展潜力，推动建设具有全国影响力和竞争力的城市群，规划期限为2020～2030 年，分两个阶段安排，近期到 2025 年，远期到 2030 年。

### 3.4.2.4　东北部中心城市和城市群的空间构型和趋势

（1）长春、哈尔滨——哈长城市群：内陆省会城市为核心型城市群。

空间构型：哈长城市群是以中国内陆省份吉林、黑龙江的省会城市长春、哈尔滨两大中心城市为核心的城市群，总面积达到了 26 万平方千米，总人口近 4000 万，南依辽中南城市群，北邻俄罗斯远东地区，东靠朝鲜半岛，西接内蒙古自治区，与京津冀、环渤海地区相呼应，联通北美、欧洲地区，是我国东北地区实现对外开放的重要门户。哈长城市群由核心区 9 个地级市（黑龙江省哈尔滨市、齐齐哈尔市、大庆市、绥化市和吉林省长春市、吉林市、四平市、辽源市、松原市）和拓展区 2 个地级市（吉林省延边朝鲜族自治州和黑龙江省牡丹江市）构成，是我国九大区域性城市群之首。

趋势：我国深入实施区域发展总体战略、重点实施"一带一路"建设、推进全面振兴东北地区等老工业基地等重大方针政策，为哈长城市群仓储物流发展带来新机遇；依托东北城市群优势吸引的众多物流地产商，如普洛斯、上海宇培、万科物流等，推进了仓储物流基础设施建设。根据《哈长城市群发展规划》指出，哈长城市群战略定位为东北老工业基地振兴发展重要增长极、北方开放重要门户，加强"中蒙俄经济走廊"、陆海"丝绸之路"经济、老工业基地体制机制创新先行区、绿色生态城市群建设。

哈尔滨被定位为国际性综合交通枢纽城市、国际性综合交通枢纽港站、国际航空（货运）枢纽，是东北地区唯一同时获得三类内陆国际交通枢纽定位的城市。根据规划，到 2035 年，不断构建完善国家综合立体交通网实体线网，并扩大其总规模至 70 万千米左右，最终形成沟通主要景区、国防设施、边境口岸以及市乡县之间的连接线。同时，按照交通运输需求量级，将重点区域划分为"极、组群、组团"这三类，并持续按照这三类重点区域划分等级加强产业交流和完善交通网络布局，构建国家综合立体交通网。除此之外，要提升哈尔滨城市功能配置，践行绿色发展理念，推动一体化发展，以更快的速度培育哈尔滨现代化都市圈，建设旅游圈和商业圈，扩展全省经济发展动力源，优化哈长城市群建设质量。

此外，要加快建设长春现代化都市圈。推进长春国家区域创新中心、长春国家级创新创业基地、长春国际汽车城、国际影都、中韩（长春）国际合作示范区、长吉接合片区国家城乡融合发展试验区建设，推进长吉、长平一体化发展，构建长吉"新双极"格局，辐射带动松原、辽源等周边城市协同发展，增强就业吸纳能力，带动人口和经济集聚。完善基础设施和公共服务设施，增强生活服务功能，完善商业圈、生活圈和服务圈。强化环境综合治理，推动产城人文融合发展，打造宜业宜居宜游的新型空间。推进公主岭市成为长春新城区，加快吉永、四梨、松前、辽泉同城化协同发展。

2020 年，黑龙江省、吉林省发展改革委共同印发了《哈长一体化发展示范区实施方案》（以下简称《方案》）。《方案》以榆树、五常、双城、德惠、扶余、舒兰等市（区）为基础，协作联动、合力推进，通过产业合作园区、重点基础设施项目、重大合作平台建设和共享协调机制的建立，把示范区打造成为三产融合发展的标杆区、乡村振兴的样板区、县域经济的龙头区、旅游产业的示范区。《方案》提出，到 2025 年，示范区统一规划编制体系基本建立，基础设施基本实现对接互联，公共服务资源基本实现共享。到 2030 年，三产融合发展的标杆区、乡村振兴的样板区、县域经济的龙头区、旅游产业的示范区基本成型，示范区经济实力显著增强，成为哈长两核的重要支撑区域和两省全面振兴重要增长极。

（2）沈阳——辽中南城市群：沿海省会城市为核心型。

空间构型：辽中南城市群是以中国沿海省份辽宁的省会城市沈阳为核心的城市群，包括鞍山、抚顺等城市，总面积9.71万平方千米，总人口3075万，该地区城市高度密集、大城市所占比例最高，被国家列为九大区域性城市群前列。辽中南是辽宁省发展条件最为优越、综合竞争力最强的区域，也是东北地区对外开放的前沿，被列为国家重点发展的城市群之一。该地区工业化发展已近70年，在工业化推动下形成了中部城市密集圈和沈大城市走廊。逐步形成了以沈阳、大连为中心，以长大、沈丹、沈山、沈吉和沈承5条交通干道为发展轴线的城镇布局体系，提高了地区城市化水平。

趋势：2017年12月8日辽宁省人民政府发布的《辽中南城市群发展规划（2017—2030年）》对城市群发展现状分析透彻、定位基本准确、内容比较全面、重点比较突出、规划布局合理，具有一定的前瞻性和可操作性，对指导辽中南城市群发展具有重要意义。一是可借鉴长三角一体化发展的经验，按照"政府引导、市场主导"原则，以沈阳、大连为主体，共同组建辽中南城市群发展投资基金，积极吸收社会资本参与一体化发展建设，将跨区域重大基础设施建设、区域创新体系建设、跨区域生态环境治理等领域作为基金重点投资方向；二是成立产业和园区联盟，优化优质科技创新资源配置能力，推动创新产业链一体化布局，构建辽宁科技创新圈"样板间"；三是加大《辽宁省辽河流域水污染防治条例》执行力度，建立健全第三方监测网络和评估制度，并将其与财政挂钩，纳入市政府工作绩效重要考核标准，确保辽河流域生态文明先行示范区建设成效；四是建设以示范区为核心的园区管理网络，推动开发区管委会向开发区运营集团转变，鼓励集团公司之间并购重组，真正发挥市场机制在开发区建设与运营效率方面的优势；五是设立由省政府牵头，各市政府主要负责人参加的"辽中南城市群协同发展联席会议"，构建多层级区域协同会商体系，建立常态化决策机制；六是整合辽中南城市群现有的社会组织，发挥社会组织优势，大力推进社会领域相关研究，推进地方政府治理体系和治理能力现代化。

## 3.5　新时代西部中心城市和城市群高质量协调发展的理论模型

### 3.5.1　新时代西部中心城市和城市群高质量协调发展的研究框架

#### 3.5.1.1　高质量协调发展理论框架的构建维度依据

（1）基础设施高质量协调是新时代西部中心城市和城市群高质量协调发展的第一个维度。

城市基础设施是保障城市生产、居民日常生活条件的公共设施，是社会经济活动得以正常运行的重要基础，是城市建设与发展的重要基础条件，不仅有效保障了居民日常工作生活的基本需求，而且还有助于拉动内需，带动城市经济的发展。基于集聚经济理论，中国城市基础设施的持续改善有利于增强城市规模经济，降低拥挤效应，从而提升净集聚经济。根据1994年世界银行发展报告《为发展提供基础设施（1994）》，基础设施包括经济基础设施和社会基础设施两类。经济基础设施主要服务经济目标、经济市场和经济政策，其构成、数量、质量与结构是经济可持续发展的经济基础与社会前提；社会基础设施主要服务社会目标、社会市场和社会政策，与社会福利制度密切相关。社会基础设施与经济基础设施相互依存、互为前提，共同构成现代社会体系运作的社会基础结构体系，为经济发展与社会福利奠定社会基础。

经济基础设施是指长期性建设的工程构筑、设备、设施与它们提供的居民所用和用于经济生产的服务，包括公用事业（一是固体废弃物的搜集和处理系统；二是与管道煤气、供水、电力、电信、卫生有关的设施与排污系统）、公共工程（大坝、灌渠和道路）以及其他交通部门（铁路、城市交通、海港、水运和机场）。社会基础设施是指由国家与社会兴办的公共服务、社会服务和社会福利服务体系与设施，其概念内容从以社会救助和公共卫生为主的狭义内涵，转变为以社会环境和社会政策为主的广义内容，体现了社会结构变迁与生活状况改善程度。它包括：一是公共卫生和社会治安设施（供水、环境卫生和道路交通等）；二是贫困救助和慈善机构服务（庇护所、济贫院和慈善医院等）；三是劳动市场就业者的社会保险服务（工伤、养老和医疗等）；四是基础教育、职业技术和社会教育服务（儿童基础义务教育等）；五是城市规划、公共建筑建设、家庭福利、妇幼保健和个人卫生等服务；六是社会结构取向和社会环境保护的社会福利服务（能够最大化扩大社会机会，满足社会需要，缓解社会问题）。

（2）产业布局高质量协调是新时代西部中心城市和城市群高质量协调发展的第二个维度。

产业布局是指某一国家或地区在一定时期内的产业分布和产业配置，体现在经济集聚规模和区域选择等方面，是一种经济现象，其合理性关系着整个国民经济的发展状态。产业布局理论最早起源于区位理论，主要囊括了中心地理论（克里斯塔勒）、农业区位论（杜能）及工业区位论（韦伯）等。产业布局的主要模式包括点轴布局模式、增长极布局模式、网络（或块状）布局模式、地域生产综合体开发模式和区域梯度开发与转移模式。通常情况下，产业布局具有两个特点：一是产业差异性，不同领域产业以从自身经济技术要求和城市未来发展战略为出发点，实施不同分布特征的空间布局，例如工业通常在人力资源充沛、原材料丰富和交通网络完善的地区进行布局，而农业通常在水源充足、环境气候适宜、土地资源丰厚的地区进行布局；二是区域差异性，不同国家或地区具有各自不同的发展特征，资源、科技、交通、人口、经济、文化和政策等均存在差异，要充分根据各地方的发展现状和资源基础，扬长避短，突出产业优势和资源优势，实施具有地域特点的产业布局，优化各个地区的产业布局结构。

产业发展作为以调整城市土地利用结构来促进经济发展方式的转变和结构优化的关键，其规划配置与利用水平直接决定了各类产业的落地和发展，成为国家稳定增长、发展可持续的关键性影响因素。产业发展有其自身的内在发展机制和演进规律，在社会和技术的推动下，城市产业结构不断优化调整，逐步向工业化后期阶段过渡。只有将具有强辐射带动力、国际影响力和国内引领性的生产服务领域作为产业结构升级的方向，才能发挥出产业的最大效用，推动产业集约化、融合化和国际化发展。这类生产服务领域一方面包含高端服务业，如现代物流、科技服务、会议会展、金融保险等，另一方面还包含战略性新兴产业，如极具发展潜力和产业融合能力强的现代信息技术。

目前我国产业发展情况：一是中国产业结构发展过程中存在明显的异步现象，国内已形成"三二一"型的结构特征，但在国际上则迟迟未能突破"一二三"型结构的约束；二是三次产业的产值结构与就业结构的偏离度较大，部分地区的"鲍莫尔成本病"问题有待彻底解决；三是三次产业存在由东向西梯度递减的空间特征和区域不均衡特征，第二产业和第三产业从东向西转移的速度开始减慢；四是三次产业存在"南高北低"的空间特征和明显的产业结构区域不均衡特征，尤其是2012年以来三次产业开始由北方地区加速向南方地区转移；五是中国产业结构在东中西方向上的空间溢出效应和协同效应在减弱，而在南北方向上的空间虹吸效应和马太效应在加强；六是制造业"大而不强"和关键技术受制于人的局面仍未得到根本扭转，各行业智能化发展水平参差不齐，中高智能化水平行业较少；七是生产性服务业在产值、就业和投资等方面均低于生活性服务业，生活性服务业的全要素生产率增长较快，而生产性服务业的全要素生产率增长缓慢。产业互联网致力于促进数字技术与实体经济的深度融合，为数字时代的产业结构转型升级提供了重要机遇。因此，需要通过"数实共生"推动第三产业发展，尤其是提高生产性服务业的发展速度，产生"结构红利"；需要坚持以智能制造为供给侧结构性改革的重点方向，加快构建完备的制造业数字化转型政策框架体系；应积极探索数字经济时代产业结构空间布局演变规律与特征，动态优化产业政策框架。

城市是人口、产业和空间构成的综合体，产业结构是衡量一个国家经济发展水平的重要标志，产业结构调整一般是和产业的发展相匹配的，产业结构的升级与优化是带动人口聚集与城市空间重构的源动力，是调整规划当地的基础设施、人力资源、政策制度和市场等内外部环境的关键性影响因素，不仅能有效改善区域创新环境，而且对城市的空间布局、用地结构、功能角色的转变均能产生巨大影响。

通常从产业结构高度化（高级化）和产业结构合理化两个维度对产业结构转型升级的程度进行考察。首先是产业结构高度化。主要体现了低附加值演进为高附加值，以及低产业层次转移为高产业层次这一过程，达到突出产业优势、提升核心竞争优势的目的，主要衡量指标包括第三产业比重、信息产业产值比重、产业附加值比率等。然后是产业结构合理化。主要是对城市产业与环境、资源和劳动力循环质量以及产业资源协调利用程度进行充分考察和评估，优化产业聚合质量，实现可持续发展，主要衡量指标包括产业开放度、产业结构偏离度和人均产值密度等。

"产城融合"发展理念是在城市功能与产业功能在快速城镇化中割裂、分离问题凸显的背景下提出的，契合城市产业空间格局与社会空间布局耦合协调发展的内在要求，其含义是城市发展要以产业为（经济）基础，产业发展要以城市为（空间）载体，城市化与产业化要有相对应的匹配度，对城市健康可持续发展起着重要推动作用。2014 年 3 月，中共中央、国务院印发了《国家新型城镇化规划（2014—2020）》，"产城融合"再一次成为新型城镇化发展的主导思路，指出"产城融合"是以城市为载体，承载产业空间和发展产业经济，以产业为保障，推动城市更新和完善服务配套，以此达到人口、产业、城市互为依托、互相促进的优质发展模式。

产城融合由产业、城镇、人、土地、就业、居住等实体要素和思想、观念、政策理念、制度、社会环境等非实体要素构成，其实质就是要实现产业功能结构与城市功能结构相匹配、产业布局与城市空间布局相协调。从产业布局来看，在产城融合发展过程中，产业布局的主要特征是产业集聚。一方面，"产"决定了城镇可消费的本地商品种类，以及居民的就业和收入状况；另一方面，"城"决定了产业发展的成本，以及居民生活的成本。"产"与"城"的发展影响了居民的福利程度。产城融合主要是以人本主义为导向，以产业优势为动力，以人口发展需要为目标，基于城市发展平台，促进实现人的生产活动与生活活动相适应，实现产、城、人三者之间彼此促进的良性循环发展状态。在政府推动力、市场需求拉动力、技术驱动力、资源环境约束力等综合作用下，使人口、土地、技术等生产要素双向循环流动，推动产业与城市在功能效用、结构匹配层面上实现融合协调发展。

（3）社会发展高质量协调是新时代西部中心城市和城市群高质量协调发展的第三个维度。

社会发展是指构成社会的各种要素前进、上升的变迁过程。相对于自然环境的社会发展，社会发展指社会整体性发展，包括经济指标在内，涉及社会系统及其赖以生存的自然环境的相互关系；相对于经济发展，社会发展是除经济发展以外的社会其他层面的发展，主要包括社会的政治发展、文化发展、科技发展、人口规模的增大与质量的提高、生活环境的改善和质量的提高、城市化规模的扩大和水平的提高，涉及社会发展过程中经济因素与非经济因素的相互关系；相对于经济发展、政治发展、文化发展和科技发展，社会发展通常用人口的预期寿命、婴儿的死亡率及识字率等单项指标来衡量，涉及社会发展经济、政治、文化、科技与人类的基本生存状况（即寿命、死亡、识字等状况）的相互关系。根据我国发展阶段、发展环境、发展条件变化，"十四五"规划指出，经济社会发展要以推动高质量发展为主题。高质量发展扩充到了社会发展的生态领域、社会领域、文化领域和经济领域等各个领域。

社会融合在狭义观点上是指社会层面的融合程度，广义观点上纳入经济、制度、心理、文化等方面，目前还未有一个统一的定义，但有不少学者对其进行了深入探讨。一是社会融合可以帮助社会排斥群体和面临大风险群体减少资源获取的不确定性，是增加群体发展机会的基本保障，可以确保该群体能正常获取基本权利和参与生产生活，是一个不断变化的过程。只有基本保证了这些资源和机会，社会群体才能正常参与社会文化活动和经济活动，才能适应当代社会发展的进度，故正常社会福利应在各个地区得以全面实施。二是社会融合旨在创造一个值得人类投入奉献、重视和尊重的社会，为社会福利发展提供了新路径和新模式，可以从人类发展、亲近、参与和介入、物质丰足和受到重视及认同五个维度分析，是具有价值取向和符合社会规范的社会融合理念。三是社会融合旨在创造一个人类共同参与社会发展、权利平等、机会均等、社会经验共享、社会福利全面普及的社会，在这个社会中，地方政府加大制定保护弱势群体的相关政策，注重每一阶级群体的健康发展。

因此，社会融合是一个多环节相互影响的连续过程，经历了行动者融合到社会系统融合的过程，主要涉及经济、文化、心理以及社会融合的制度性影响因素（或制度融合）等多方面融合。其中，最主要的便是流动人口社会融合，指在社会经济不断发展的推动下，社会流动人口为获取有利的福利保障和享受同等的公共资源，与流入地形成良性互动的过程。一方面，流动人口为流入地提供人力资源和技术创新帮助，带动当地产业发展；另一方面，流入地为流动人口提供参与社会、文化、经济、政治活动的机会，使其公平公正地享受地方政策和资源，最终形成优势互补，既强化了经济竞争实力，又促成了文化交融，提高了流动人口的文化认同感。

社会福利是社会保障制度的重要构成要素，包括社会福利状态和社会福利制度两种，从社会福利状态上来看，社会福利是社会群体日常生活中好的存在状态，相当于"福祉"这一概念；从社会福利制度来看，社会福利是用来提供教育、医疗、社会、文化和经济等服务的国家补贴政策和国家扶持政策，在狭义上包括救助社会边缘群体和弱势群体的社会服务和资金补贴，在广义上包括优化生活质量的社会福利（提供机会和劳务等）和收入维持（社会津贴和保险等）服务。基于社会福利理论，社会发展应首先尽可能多地创造社会财富，然后按照社会系统的具体情况和社会供求关系，制定合理的规范来分配财富，最终使不同阶层和类型的人能享受发展成果，以保证社会福利不断提高。

### 3.5.1.2　"一个目标—两个循环—三个层级—四种类型"的基本架构

首先，探讨中西部发展滞后的原因，寻求突破点，化解西部中心城市发展滞后问题，舒缓国家经济功能过于集中于东部的现状，助力形成西部大开发新格局，推动西部地区高质量发展并成为我国面对国际市场压力的重要经济增长极是本书的最终目标，即"一个目标"。

其次，"两个循环"是指"双循环"的发展格局将成为今后一段时期内国家应对国内外经济发展局势的重点。受新冠疫情影响，全球经济显著下滑，面对这一复杂局面，要坚持用全面、辩证、长远的眼光分析当前经济形势，努力在危机中育新机、于变局中开新局，逐步形成以国内大循环为主体、国内国际双循环相互促进的新发展格局。"双循环"发展格局是我国应对国内外经济形势变化的重大战略，我们必须以"双循环"的发展格局为导向，根据西部大开发战略的时代需求、我国西部中心城市和城市群基本格局与协调发展现状，为西部中心城市和城市群高质量协调发展，应对新时代的发展格局提供必要的理论和实践支撑。从地理条件的角度上看，我国西部地区具备较好的对外贸易基础，同时，内陆地区包含我国中西部地区的重要经济枢纽，可以为拉动内需提供动力，综合上述两点，西部地区以国内大循环为主体，国内国际双循环的新发展格局能够顺利建成。为此，本书将以"双循环"的发展格局为思考起点，以对我国西部中心城市和城市群基本格局与协调发展现状的细致调查为基础，充分借鉴国外中心城市和城市群协调发展的理论和实践经验，构建以"双循环"的发展格局为首要环节的西部中心城市和城市群高质量协调发展战略。

再次，"三个层级"是目前西部城市群的重要特征，由于西部地区长期以来的发展相对落后，除西安市、成都市和重庆市所在的关中平原城市群和成渝城市群是以国家中心城市为核心所形成的，其余城市群均以单一的省会城市为核心，结合前文对中心城市的层级划分的分析，可以看出西部城市群在层级划分上可以分为"双国家中心城市为核心型""单国家中心城市为核心型"以及"省会城市为核心型"三个城市群层级（见图3-2）。

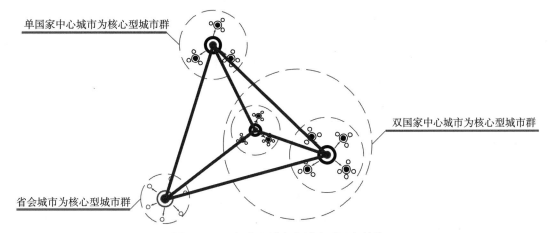

**图 3 – 2　西部中心城市和城市群层级结构**

进一步可通过 ArcGis 软件对西部城市群层级空间分布进行可视化处理。国家中心城市处于城镇体系的最高层级，按照中规院的设想，国家中心城市对外要具有较强的国际影响力和竞争力，能代表国家参与国际竞争，推动国际政治、经济、文化和社会等方面的交流与合作；对内则是经济活动和资源配置的中枢，是国家综合交通和信息网络的枢纽，是科教、文化和创新中心，具备辐射、集散和引领功能。几乎每一个省会城市都存在一个"强省会"梦想，近几年来，越来越多的城市提出"强省会"战略，可见，"强省会"时代即将到来。如今，中心城市、都市圈和城市群战略日益显著，作为产业竞争和人口竞争的领头羊，中心城市需要进一步激发自身发展优势。因此，把握省会城市与其所在城市群的关系，突出城市资源和产业竞争力，是未来城市发展的大势所趋。因此，我们应该将"三层级"的西部城市群重要特征作为重要一环纳入新时代我国西部中心城市和城市群高质量发展战略体系构建之中。

最后，"四种类型"是在对我国西部城市群层级划分的基础上，结合西部地区地理情况和"双循环"的发展格局，对我国西部城市群进行空间构型的类型划分（见表 3 – 1）。西安市、成都市、重庆市均为国家中心城市，贵阳、兰州、银川、呼和浩特、乌鲁木齐等其他城市均为省会城市。从"双循环"发展格局的角度看，作为国家中心城市的三个城市，由于其经济社会发展水平较高，同时又都是内陆城市，对于拉动内需、稳定国际市场均有重要作用，而其他省会城市，由于受到西部地区发展相对落后，以及自身发育水平的影响，边疆地区省会城市为核心型城市群受国际环境的影响可能较为严重，而内陆地区受国内市场环境的影响可能较大；从城市群发育层级的角度看，成渝城市群的核心城市是成都和重庆，关中平原城市群的核心城市为西安，其他城市群则以省会城市为核心城市。因此，基于上述分析，可以将西部中心城市和城市群空间构型划分为如下四类："双国家中心城市为核心型西部城市群""单国家中心城市为核心型西部城市群""内陆地区省会城市为核心型西部城市群"和"边疆地区省会城市为核心型西部城市群"。

表 3 – 1　　　　　　　　　　　　　　　西部中心城市和城市群空间构型

| 类型 | 城市群 | 中心城市 |
| --- | --- | --- |
| 双国家中心城市为核心型西部城市群 | 成渝 | 重庆、成都 |
| 单国家中心城市为核心型西部城市群 | 关中平原 | 西安 |
| 内陆地区省会城市为核心型西部城市群 | 黔中 | 贵阳 |
| | 宁夏沿黄 | 银川 |
| | 兰西 | 兰州 |

| 类型 | 城市群 | 中心城市 |
|---|---|---|
| 边疆地区省会城市为核心型西部城市群 | 呼包鄂榆 | 呼和浩特 |
| | 北部湾 | 南宁 |
| | 滇中 | 昆明 |
| | 天山北坡 | 乌鲁木齐 |

### 3.5.1.3 各维度的理论框架构建

首先,基础设施对社会经济的发展有着基础性、引导性的作用,是实现城市群一体化协调发展的必要条件。中心城市虽然通常具有丰厚的资源基础,政策倾斜力度较高,但单个城市的基础设施发展到一定规模后难以继续增进区域民生福祉以及难以满足经济高质量发展需求,此时,该城市就会寻求周边城市进行基础设施互联互通一体化发展。与此同时,该城市需要多方主体的参与和先进技术的支撑,优化城市产业结构,不断提升自身竞争优势,推动城市可持续发展。基于此,构建基础设施高质量协调发展理论框架,具体见图3-3。

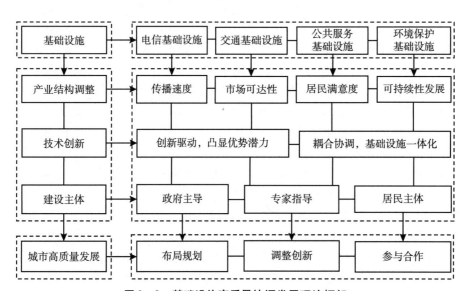

**图3-3 基础设施高质量协调发展理论框架**

在基础设施高质量协调发展理论框架中,通过引入产业结构调整、技术创新、建设主体三个变量,构建基础设施与城市高质量协调发展理论框架。第一,从电信基础设施、交通基础设施、公共服务基础设施、环境保护基础设施等方面出发,综合评估城市基础设施发展状况,因为这直接影响了居民的生活水平,并决定了城市的经济发展状态。第二,以国家资金扶持为基础,加大科学技术资金补贴,引进专业人才,研发新型基础设施,为提升城市竞争力奠定基础。第三,以政府政策为指引,在政府、专家、居民等多方参与下,弥补现有基础设施的不足,建设适应新时代发展的基础设施,推动中心城市与城市群基础设施高质量协调发展。

其次,产业布局是城市可持续发展的基础,是一定区域内城市相关生产要素协同作用、动态分布的统称,也是对产业资源进行优化配置的过程。产业布局与政府政策和战略布局密切相关,相关政府部门通过制定地方发展政策,指导和干预区域产业结构、产业空间布局,助力实现生态平衡,维护社会稳定,带动地方经济。基于此,构建产业布局高质量协调发展理论框架,具体见图3-4。

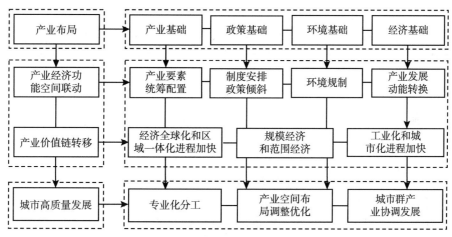

图 3 - 4　产业布局高质量协调发展理论框架

在产业布局高质量协调发展理论框架中，通过引入产业经济功能空间联动、产业价值链转移两个变量，构建产业布局与城市高质量协调发展理论框架。第一，产业发展与城市的产业基础、政策基础、环境基础和经济基础紧密相关，依托国家及地方政策制度和发展环境，统筹配置产业资源，转换产业发展动能，拓宽城市可持续发展路径。第二，顺应城市现代化发展趋势，集聚产业独特优势，激发产业潜在价值，形成规模经济和范围经济，优化产业空间结构，推动产业一体化的同时实现中心城市与城市群产业布局高质量协调发展整体局势。

最后，社会发展是指构成社会的各种要素前进、上升的变迁过程。在社会发展的过程中，中心城市不断联合周边城市，并整合周边城市社会资源，实现经济、科技、环境、民生、资源等方面步调协调一致，从而扩大城市群协调发展范围，提高总体协调水平。在实现社会发展高质量协调发展过程中，城市结合地区的经济、文化、基础设施、公共服务等方面的发展状况，通过健全社会福利保障制度，实现社会福利的供给均衡，提高城市群各地可持续发展能力。基于此，构建社会发展高质量协调发展理论框架，具体见图 3 - 5。

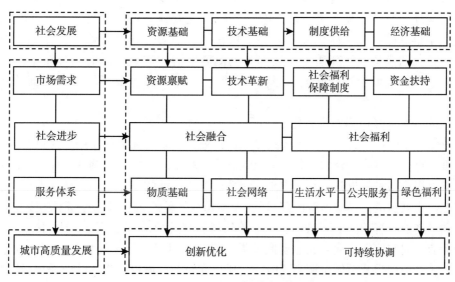

图 3 - 5　社会发展高质量协调发展理论框架

在社会发展高质量协调发展理论框架中，通过引入市场需求、社会进步、服务体系三个变量，构建社会发展与城市高质量协调发展理论框架。第一，社会发展离不开资源基础、技术基础、制度供给和经济基础等多方面的支持，应借助城市本身的资源禀赋与周边城市的技术、资金、资源、人才形成联动，从多方面构建市场发展环境，满足社会整体发展需要。第二，在社会发展多方面因素驱动下，一方面，应推动社会多方面融合，完善社会发展基本要素；另一方面，应实现社会福利，保障居民基本生活需要。第三，应不断提升城市创新水平，完善社会网络平台，巩固基本的物质基础，构建公共服务体系，促进中心城市与城市群社会高质量协调发展。

### 3.5.2　新时代西部中心城市和城市群高质量协调发展的演化过程及动力机制

#### 3.5.2.1　新时代西部中心城市和城市群高质量协调发展的演化过程

（1）基础设施高质量协调发展演化过程。

当城市群内部只有一个城市时，单个城市的基础设施发展到一定规模和程度后已无法继续增进区域民生福祉、无法继续满足经济高质量发展需求，此时该城市就会寻求与周边城市进行基础设施互联互通一体化发展。首先，在城市寻求一体化发展的初期，城市与城市之间存在行政区划上的"硬分割"，基础设施一体化初期的城市就必须打破区域间的行政壁垒，实现区域要素自由流动和资源有效配置，为城市间更高效地聚合打下坚实基础。其次，当新联合的城市基础设施滞后于原有城市时，二者高度拮抗，基础设施协调发展水平在这一阶段下降，经过一定时间后新联合的城市基础设施逐渐同步于原有城市，此时二者低度拮抗，在图像中表现为基础设施协调发展水平下降幅度逐步减缓；经过城市间的不断磨合与发展，整体基础设施同步于经济发展质量，二者高度协调，在图像上表现为基础设施协调发展水平提高速度较快，双方城市在该阶段实现了基础设施互联互通一体化发展；在此之后，一体化发展受到双方城市规模、区域要素和资源的限制，基础设施协调发展水平提高速度逐渐降低，二者低度协调。以此类推，当联合第 N − 1 个城市的基础设施协调发展水平无法进一步提升时，自然会联合第 N 个城市，整合其基础设施系统以提升自身发展能力，而在联合第 N 个城市基础设施的过程中，城市群基础设施协调发展水平同样在短期内没有提升甚至下降，经过一段拮抗期后，整个城市群的基础设施协调发展水平才会有一定程度的提高。因此，推动城市间的不断互联互通，是促成城市群基础设施协调发展水平提升的重要路径。

中国城市群内城市基础设施发展水平的变化过程遵循波浪式攀升规律。当城市群内各城市基础设施的建设还未与其他城市进行联合时，各城市发展到一定阶段后都会寻求与周边城市进行联合形成城市群基础设施一体化发展态势。随着城市群内部各城市经济的不断发展，单个城市的基础设施已无法满足经济高质量发展和人民便捷生活的需要，此时该城市的基础设施建设就会向外扩张，与周边城市进行交通、通信、能源、公共服务以及环境等各要素的互联互通一体化发展。

（2）产业布局高质量协调发展演化过程。

城市群范围在不断扩展的同时，对周边城市的产业产生带动和辐射作用，这也是城市群内部产业布局不断重组重构、整体联合的过程，但是在联合过程中，产业布局调整存在一定的滞后性，整体的协调度难以得到即时的提升，甚至出现城市群内部协调度的下降，因此整体上呈现出波浪式攀升的发展状态。也就是说，当城市群内部 N − 1 个城市的产业布局协调水平无法提高时，就会自然通过辐射带动、产业经济功能空间联动、产业价值链转移等效应联合第 N 个城市，将其纳入整体的产业布局系统，对整体的产业要素、空间资源、产业人口等进行全局统筹，但在与第 N 个城市联合的过程中，产业调整及整体协调需要时间，所以在短期内城市群整体的产业布局协调度可能不会提升，甚至不升反降，经过一段时期的调整后，整个城市群内部的产业布局协调水平才会有所提升。随着城市群的发展，城市之间不断联合聚集、城市群范围扩大，城市群的产业布局协调度随着时间的推移表现出波浪式攀升的态势，在城市群产业布局系统联合新城市初期，整体产业布局协调度呈现出平稳态势甚至有下降表现，到后期经过调整磨合后开始逐渐上升，呈现出一个个类似波浪的攀升态势。这就是城市群发育形成过程中产业布局协调发展水平所遵循的攀升规律。

城市群产业布局协调度的演化过程与城市群的形成发育过程交织在一起，并表现为随着城市群发育，产业资源整合优化，产业要素优化配置，产业空间格局全局统筹，中国城市群产业布局协调水平呈现出波浪式爬升的增长态势。其中，中心城市发挥极核带动效应和产业溢出效应，带动周边城市产业发展，通过产业经济空间联动、产业价值链转移等将周边城市并入城市群产业耦合协调发展系统内，再进行产业布局的系统统筹、产业资源优化配置、产业要素重组等，促进城市群整体产业布局协调发展水平的提升，推动城市群区域发展水平进一步提升。当然，在这一过程中，产业布局调整具有明显的滞后性，城市群内城市产业协调发展水平迈过门槛值进入城市群总体协调发展系统后，系统重新达到一个协调水平必然要经过一个整合、重构再到更高水平协调的过程，这是城市群产业布局协调发展水平演化的基本规律，通过对这一规律进行几何推理，并进一步测算城市群历年科技创新资源配置效率增长值、历年攀升速度、平均攀升速度以及城市群历年产业布局耦合协调度值和整合门槛值，可以确定城市群在发育过程中产业布局耦合协调水平呈现出波浪式攀升的态势。

（3）社会发展高质量协调发展演化过程。

城市群在扩张的同时，对周边城市的社会发展资源形成"虹吸效应"，这是城市群内部社会资源重新配置与利用的过程，由此促进社会福利均等化，但在拮抗期，社会发展协调水平会出现停滞甚至短暂倒退，故呈现出波浪式的上升趋势。具体来说，就是城市群在形成中，当联合第 N−1 个城市的社会发展资源进行整合利用却不能使社会发展协调水平再有提升时，自然会联合第 N 个城市，吸收整合其社会发展资源以图提高自身协调发展能力，但在整合第 N 个城市的社会资源并发展一段时间后，城市群的社会发展协调水平仍可能在短期内无法再得到提升甚至略微下降，当一段时间后新的城市加入，新的资源进入区域补给，整个城市群的社会发展协调水平才会继续有显著提高。随着城市间不断联合，城市群规模的扩大，城市群的社会发展协调水平随时间推移呈现出波浪式攀升的态势。在城市融入早期，城市群的社会发展协调水平因为得到了资源补给逐渐上升；在后期，部分资源的供给跟不上总体的发展需求，社会协调发展疲乏，出现停滞甚至是下降的情况，类似一个个波浪在攀升向上，这就是城市群发育形成过程中社会发展协调水平所遵循的攀升规律。

中国城市群社会协调发展水平呈波浪式攀升的增长规律。城市群社会协调发展水平的演化过程伴随着城市群的形成发育过程，并表现为伴随着城市群社会发展资源的集聚利用和城市群内部社会发展资源的整合优化和再配置，中国城市群社会协调发展水平呈波浪式爬升的增长规律。城市集中发展理论表明，经济活动的集聚带动人口向中心城市集聚，现阶段许多中心城市尤其是特大城市人口爆炸式增长，出现了中心城市人口承载过量而周边城市特别是边缘城市劳动人口过少的现象，促进城市群社会协调发展水平提升能缓解该现象，这就要求中心城市联合周边城市进行发展，推动区域社会福利均等化以加强人口就近城镇化。中心城市发挥集聚效应可以将周边城市的社会发展资源联合起来，并通过整合优化再配置以促进城市群整体协调发展水平的提升，但是资源在重新配置与整合过程中，不同城市有着不同的先天条件和发展基础，短板效应使得城市群无法继续依赖现有城市提升协调水平，这一时期称为拮抗期。为了挣脱拮抗期，中心城市寻求周边城市进行联合，这就是城市群社会协调发展水平的基本演化规律，通过对这一规律进行几何推理，并进一步测算城市群历年社会协调发展水平的增长值、历年攀升速度、平均攀升速度以及城市群历年社会发展资源集聚强度值和整合门槛值，可以确定城市群发育过程中心城市对社会发展资源集聚—扩散效应的演化趋势。

### 3.5.2.2　新时代西部中心城市和城市群高质量协调发展的内部影响

（1）基础设施高质量协调发展内部影响。

对于基础设施高质量协调发展内部影响的分析，可以从地理位置、资源禀赋、公众意识三个方面展开，见图 3−6。

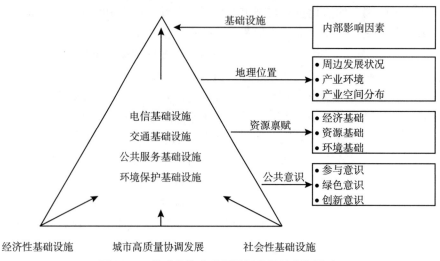

图3-6　基础设施高质量协调发展的内部影响

　　地理位置是影响基础设施高质量协调发展的首要因素，主要包括周边发展状况、产业环境、产业空间分布三个方面。首先是周边发展现状，周边城市发展情况不仅会影响该城市的发展定位，还会影响公众的价值感知。要从整体性、系统化规划基础设施建设，与周边地区形成联动，扩大外在影响力。其次是产业环境，城市产业集聚力度与当地经济发展状况紧密相关，基础设施发展离不开地方经济的扶持，因此要综合考虑基础设施建设的周边产业，因地制宜地规划设计，最大程度提升城市发展整体效益。最后是产业空间分布，基础设施主要是为城市发展服务，旨在提高居民生活质量。产业分布集散状态为经济和基础设施建立了空间联系，决定了基础设施的布局，进而影响城市区域经济。

　　资源禀赋是影响基础设施高质量协调发展的基础因素，是城市发展的重要物质载体和现实基础，主要包括经济基础、资源基础、环境基础三个方面。首先是经济基础，基础设施建设离不开资金支持，经济基础的强弱决定了地方基础设施的优势度。其次是资源基础，一个城市如具备深厚的文化底蕴、丰富的自然资源，那么旅游吸引力就强，所以，一方面，需要建设符合当地文化特色的基础设施，另一方面，需要扩大基础设施建设，满足游客的基本旅游需要。最后是环境基础，早期的基础设施建设，虽然一定程度上匹配了社会大众的服务需要，但却对生存环境造成污染损害。随着绿色发展理念的深入，基础设施不断向绿色方向发展，建设低污染的环境基础设施，促进城市可持续发展。

　　公众意识是影响基础设施高质量协调发展的核心因素，主要包括参与意识、绿色意识、创新意识三个方面。首先是参与意识，基础设施通常由政府出资建设，也由政府全权监管，公众参与度较低。但公众又是基础设施的主要使用者，对其功能最为了解，因此要鼓励公众积极参与基础设施建设，以自身体验提出意见，从而建设出更符合社会发展的基础设施。其次是绿色意识，随着全球经济发展和全社会文明进步，公众对生态环境愈加关注，这直接影响了基础设施的建设方向。最后是创新意识，公众的创新理念能影响基础设施保障人们生活质量的程度，基础设施只有不断创新、不断汲取大众意见，才能更好地为社会服务，才能更好地满足社会需求，推进城市高质量发展。

　　（2）产业布局高质量协调发展内部影响。

　　对于产业布局高质量协调发展内部影响的分析，可以从可持续发展规划、资源结构、主体行为三个方面展开，见图3-7。

　　可持续发展规划是影响"产业布局"高质量协调发展的首要因素，主要包括经济特征、产业特征、文化特性三方面内容。产业可持续发展是指地区产业的正常、健康运行状态得以长时间维持和延续的过程，产业的成长性、根植性、平稳性和协调性共同构成其本质特征。在进行城市产业可持续发展规划时，首先要从城市经济特征出发，在挖掘产业潜在价值的同时注重对地方生态环境的保护，实现经济与环境的协调发展。其次要着重考虑城市的产业特征，使其融于一定地域环境，减少产业内外部之间的摩擦和冲突，最大程度地产生产业集聚，有效发挥产业经济效益。最后使产业与地方文化特色相适应，开发出独具地方特色的产业集群，形成自身独特魅力，促进城市及产业可持续发展。

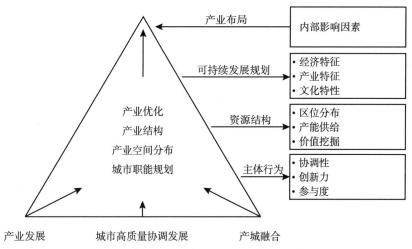

图 3 - 7　产业布局高质量协调发展的内部影响

资源结构是影响产业布局高质量协调发展的基础因素，主要包括区位分布、产能供给、价值挖掘三方面内容。首先是区位分布，区位分布决定了产业集聚状况及产业管理模式，从而采取更有效的方式实现与其他产业的融合，带来高效益。其次是产能供给，资源的数量及质量是影响产业规模的重要因素，决定了产业之间和各产业内部的比例分配，可以增强产业合理性与有效性，优化产业结构，提升资源配置效率，促进经济进步。最后是价值挖掘，不同的资源蕴含的价值有高低之分，需要采取专业、精细、严谨的先进技术探索资源价值，才能有效平衡产业之间的关系，以保障城市产业后续更好地发展。

主体行为是影响产业布局高质量协调发展的核心因素，主要包括协调性、创新力、参与度三方面内容。政府对产业发展起着总调度作用，所以应剖析国家整体发展政策，基于不同城市的发展情况制定不同的产业规划，并在专家的帮助下，协调当地企业，一方面，增加产业方面的投资，另一方面，学习先进技术和管理经验，对产业进行可持续规划。在此情况下，地方政府需加大奖励机制，积极鼓励公众参与产业建设，为城市和产业的高质量发展献计献策。

（3）社会发展高质量协调发展内部影响。

对于社会发展高质量协调发展内部影响的分析，可以从自然因素、经济因素、发展战略三个方面展开，见图 3 - 8。

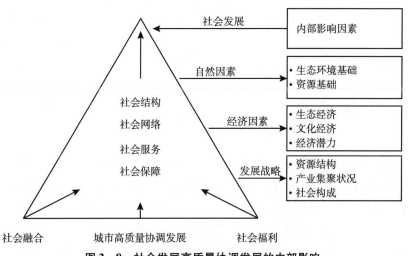

图 3 - 8　社会发展高质量协调发展的内部影响

自然因素是社会发展高质量协调发展的首要关键性因素，主要包括生态环境基础、资源基础两方面内容。良好的生态环境是地区基础设施、产业、经济可持续发展的基础，通过发展绿色城市可以发挥生态资源的生态效益和后发优势，这就要求在资源环境承载力的基础上，从多层次、多维度、多角度促进社会发展进步，实现城市的高质量发展。

经济因素是影响社会发展高质量协调发展的决定性要素，主要包括生态经济、文化经济、经济潜力三方面内容。首先是生态经济，城市的可持续发展离不开良好的生态环境，要践行绿色发展理念，合理利用生态自然，打造生态经济。其次是文化经济，文化代表着一个城市的内涵底蕴，是发展城市的经济力量，影响着城市的核心竞争力，是社会发展中必不可少的要素。最后是经济潜力，资源、人才、生态、科技等共同构成城市的独特优势，决定了一个城市的发展潜力。丰富的物质资源、优秀的人力资源、先进的科学技术既影响基础设施的建设规划，又影响产业的整体布局，从而影响社会发展进程。

发展战略是影响社会发展高质量协调发展的内部核心影响因素，社会发展战略要立足于城市未来生存和发展，不仅要从长远考虑，还要从政治、文化、经济、生态等多方面进行整体考量，主要包括资源结构、产业集聚状况、社会构成三方面内容。社会是由多方面要素协调作用而成，相辅相成，共同进步。因此，首先要基于城市资源结构，系统化地汲取资源价值，挖掘深层次的内涵文化。其次对产业采取合理、有效的方式进行布局，调整产业结构，最大限度地开发出产业价值。最后借助人才力量和科技力量，开发资源潜在价值，优化配置资源结构，实现城市经济的可持续发展，推动社会进步。

### 3.5.2.3  新时代西部中心城市和城市群高质量协调发展的外部影响

（1）基础设施高质量协调发展外部影响。

对于基础设施高质量协调发展外部影响的分析，可以从社会因素、技术水平、现代化进程三个方面展开，见图 3-9。

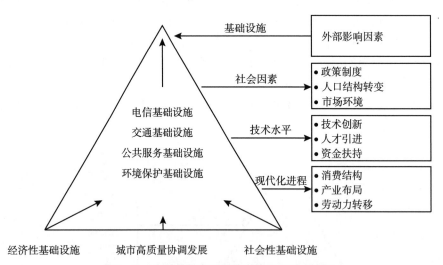

图 3-9  基础设施高质量协调发展的外部影响

中心城市与城市群基础设施高质量协调发展尽管受到来自内部地理位置、资源禀赋、公众意识的影响，但更多表现为社会因素的影响。社会因素是影响基础设施高质量协调发展的关键外部因素，主要包括政策制度、人口结构转变、市场环境三个方面。首先是政策制度方面，国家为顺应互联网、物联网、大数据、人工智能等带来的科技环境，积极倡导科技创新，优化基础设施建设，满足更多人的基本需求。其次是人口结构转变方面，随着城镇化进程的加快，大量人口由农村转向城市，实现了职业或地域空间的转换。《乡村振兴战略规划（2018—2020）》以及 2019 年"中央一号"文件明确指出健全农村转移人口的落户条件,并保障他们平等享受城镇基本公共服务,充分说明了完善基础设施对改善居民生活条件的重要性。最后是市场环境方面,在经济全球化环境下,只有不断更新基础设施保障,才能提升城市核心竞争力。

技术水平是影响基础设施高质量协调发展最直接的因素,主要包括技术创新、人才引进、资金扶持三个方面。首先是技术创新,在物质基础得到满足后,公众环境保护意识逐渐增强,创新出有利于生态环境的基础设施是时代发展的选择。同时,用现代发展眼光研发出更能适应公众工作、生活需要的新型技术,是提升大众生活质量的保证。其次是人才引进,高校聚集了大量的优秀人才,只有与高校建立持续的合作联系,才能创造出适应现代人需要的有自身独特魅力的基础设施。最后是资金扶持,基础设施创新需要人才、物资、技术,这都需要大量的资金供给,因此,政府需要不断加大技术创新投资力度。

现代化进程是影响基础设施高质量协调发展重要的外部影响因素,主要包括消费结构、产业布局、劳动力转移三个方面。首先是消费结构,社会进步带来消费方式偏向多样化,产生绿色消费、健康消费、科技消费等重要的消费行为,这对基础设施的创新方向提出了要求。其次是产业布局,第三产业比重逐渐加大,产业结构发生转变,社会大众对服务产业需求产生了较高渴望,进一步转变了基础设施的发展格局,使其与产业布局相适应。最后是劳动力转移,城市就业机会相对较大,大量劳动人口向城市转移,在国家政策扶持下,越来越多的人将目光放在基础设施建设上,一方面,增加了就业岗位,另一方面,为基础设施提供了更多的建设性意见,增加其独特竞争力。

(2)产业布局高质量协调发展外部影响。

对于产业布局高质量协调发展外部影响的分析,可以从国家政策、制度与管理、城市发展整体规划三个方面展开,见图3-10。

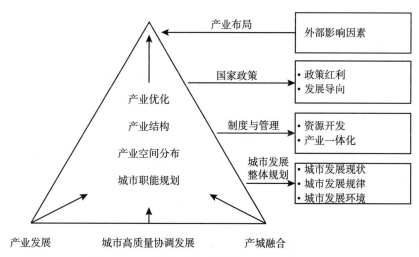

**图3-10　产业布局高质量协调发展的外部影响**

中心城市与城市群产业布局高质量协调发展尽管受到来自内部可持续发展规划、资源结构、主体行为的影响,但更多表现为国家政策的影响。国家政策是影响产业布局高质量协调发展的重要外部因素,主要包括政策红利、发展导向两个方面。国家着重指出要以供给侧结构性改革为主线,发挥科技创新的支撑作用,促进产业结构优化升级。一方面,各项政策的发布为产业优化布局提供了政策支持,保证了产业可持续发展的资金补给;另一方面,指引了产业发展方向,带动产业高质量发展。

制度与管理是影响产业布局高质量协调发展最直接的影响因素,主要包括资源开发和产业一体化。首先是资源开发,资源是产业发展的基础,产业资源的挖掘、开发与利用情况直接对城市发展产生影响，决定了最终产生的经济价值。因此要加强资源开发制度的管理，规范开发资源，提高产业利用效率，在优化产业结构的同时实现经济可持续增长。其次是产业一体化，产业一体化是优化产业空间布局的关键，产业具有联动性，一个产业能带动周边其他产业发展，形成统一整体，以更大的优势促进城市发展。故而要积极引导产业聚集，形成产业集体效益，增加产业结构效益。

　　城市发展整体规划是影响产业布局高质量协调发展关键性外部影响因素，城市发展现状、城市发展规律、城市发展环境三个方面都是城市发展整体规划需要重点考虑的问题。城市发展规划首先需要从城市当前的经济地位、资源基础、产业结构出发，借鉴之前的发展经验和规律，制定初步计划；其次依据城市未来发展愿景，协调好各方产业特征，在城市建设中突出产业特色，迎合新时代需要，匹配城市发展规律，激发城市发展活力。

　　（3）社会发展高质量协调发展外部影响。

　　对于社会发展高质量协调发展外部影响的分析，可以从社会因素、技术水平、现代化进程三个方面展开，见图3－11。

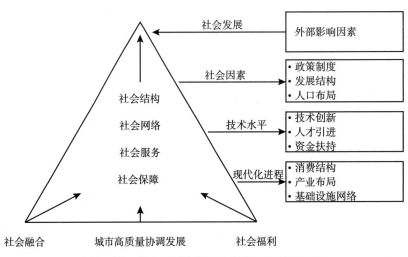

**图 3－11　社会发展高质量协调发展的外部影响**

　　中心城市与城市群社会发展高质量协调发展尽管受到内部自然因素、经济因素、发展战略的影响，但更多表现为社会因素的影响。社会因素是影响"社会发展"高质量协调发展的重要外部因素，主要包括政策制度、发展结构、人口布局三个方面。首先是政策制度，国家的政策制度是经济发展或衰退的关键，为社会发展提供了创造性、主动性动力，帮助其进行系统谋划、前瞻设计，推动我国社会经济由高速增长阶段转向高质量发展阶段。其次是发展结构，城市发展结构指引了社会前进方向，结构的变化和调整能加快财富积累，完善社会保障制度，减少社会发展外部影响因素的制约。最后是人口布局，社会发展网络的构建和完善离不开人口的支撑，政策倾斜为城市吸引了大量的人力资源，缓解了人才空缺问题，以更专业的标准、更有效的措施推进城市进步。

　　技术水平是影响社会发展高质量协调发展最直接的因素，主要包括技术创新、人才引进、资金扶持三个方面。"十四五"时期，战略性新兴产业创新发展的重要路径在于推进智能制造和绿色制造，协同和融合多种技术、多个领域和多个学科，塑造新型创新环境，加强完善和构建国际竞争力强的现代产业科技创新体系，带动经济增长、产业升级、民生保障一体化发展。首先是技术创新，新型技术的出现给社会发展铺垫了前进道路，一方面，不断创新出更具竞争优势的产品，增强城市科技实力，打造科技城，提高城市地位；另一方面，适应互联网时代，搭建网络平台，推广城市独特品牌，塑造城市发展形象。其次是人才引进，人才是一个城市可持续发展必不可少的因素，政府要加强学研一体化合作，拓宽高校及研究所的资金来源渠道，并优化其结构，通过企业孵化器、创新中心、联合研发、合同外包、共建共享研发平台等方式为创新人才创造机会，制造社会发展新机遇。最后是资金扶持，社会发展不仅需要人才支持，更重要的是需要资金扶持，从而为城市规划设计、资源开发、人才引进提供足够的资金保障。

现代化进程是影响社会发展高质量协调发展重要的外部影响因素，主要包括消费结构、产业布局、基础设施网络三个方面。首先是消费结构，随着收入水平提高，人们逐渐追求心理和精神上的满足，消费需求和旅游需求均发生重大转变，成为社会发展重要考虑内容。其次是产业布局，产业结构优化带来产业经济集聚，成为社会发展的重要推动力。最后是基础设施网络，基础设施建设不断适应社会发展需要，持续创新和升级，并根据城市不同的经济基础、文化特色、资源环境进行规划设计，以满足各地发展需求，同时带来竞争影响力的提升。

### 3.5.3   新时代西部中心城市和城市群高质量协调发展的作用机理分析

#### 3.5.3.1   基础设施高质量协调发展的作用机理分析

城市基础设施是城市社会经济赖以生存和发展的保障，其质量水平衡量着国民经济水平，能较为准确地识别城市发展进程。城市基础设施（包括经济性基础设施和社会性基础设施）是指能为居民日常生活和城市公共生产提供基本保障的公共设施，并随着社会进步而不断创新升级，作为整个社会的公共消费品和贸易成本的一部分，具有较强的空间溢出效应和正向外部性，可对接全球市场的商品、设备和技术供给，其是否产生经济效益、环境效益和社会效益是影响一座城市发展质量的重要因素。

其中，经济基础设施在其"乘数效应"的带动下，在建设过程中能获得超过投资额几倍的经济效益和社会需求，是城市发展中的重要建设内容。一般来说，一个国家或地区经济基础设施建设的质量和完善程度，决定着其经济能否实现长期稳定发展，主要包括电力、电信、公路桥梁和港口、机场等设施。首先是交通基础设施，该设施具有网络属性，能通过构建完善的交通网络体系连接各地的经济活动，并且交通基础设施能够直接产生经济效益，故而增加了经济活动的参与渠道，强化了城市间社会活动的交流合作，从多方领域带动中小城市发展，与此同时，它还能助推经济高质量发展和环境高水平保护，为各城市的转型发展提供强力支撑。所以要积极寻求交通基础设施、经济发展与环境质量的新平衡，坚持走经济高质量发展与环保结合的平衡之路。其次是信息基础设施，信息基础设施随着互联网的发展而兴起，具有规模效应和网络效应，对人民生活方式具有积极影响作用，是经济发展的重要推动力。最后是能源基础设施，社会日常运行中离不开电、水、煤气等能源，作为保障城市持续发展的设施，能源基础设施决定着城市现代化发展进程。随着国家逐渐重视能源资源的挖掘和利用，地方政府积极落实相关政策，加大资金扶持力度，引入科学人才，一方面，持续完善了能源基础设施建设，推动构建了相关产业链；另一方面，城市能源资源管理体系更加专业和完善，减少了人力、物力和财力的浪费程度，巩固了国民经济基础，推动其实现长期可持续发展。在西部中心城市与城市群高质量协调发展过程中，经济基础设施建设不仅可以优化产业空间分布，增加城乡居民就业岗位，降低失业率，缓解人口增长带来的巨大压力，并改善人口生活水平，提升经济发展水平，而且能够使城市功能多元化，满足人们日益增长的心理需求和精神需求，扩大社会内需，实现社会稳定发展。

社会性基础设施指为居民生活和文化服务的各种机构和设施，一般指行政管理、文化教育、医疗卫生、商业服务、金融保险、社会福利等设施。首先是文化基础设施，随着城市经济水平达到一定程度，居民日常生活的质量水平也相应达到一定高度，在这种情况下，人们不再满足于物质消费需求，而在于满足自身心理需求和精神需求，主要通过提高内在文化素养和追求高品质生活等方式得到满足，由此衍生出博物馆、图书馆、文化广场、影剧院等与文化密切相关的文化基础设施。这类基础设施可以通过调节人们的心理活动对生产行为产生影响，并直接对全要素生产率产生影响，进而影响社会发展质量。其次是教育基础设施，物质资本和人力资本是决定经济产出最主要的两种因素，人力资本质量与该地区的教育水平直接相关，提高人力资本质量不仅能提升城市当地的生产效率，还能对其他人起示范作用，从而整体提高城市发展质量。再次是医疗基础设施，作为一种社会性的基础设施，医疗建设情况不仅可以吸引其他地区高素质人才的流入，而且可以满足人们更高质量的生活条件，关系着大中小城市全要素生产率的变化。最后是环境基础设施，城市基础设施包含"环境"这一要素，好的环境有助于当地旅游产业发展，塑造城市形象，提高知名度和影响力，还能增加企业投资，释放经济活力和潜能，培育城市经济新增长点。

社会基础设施是为提高生活质量水平、完善社会福利制度和推动城市社会发展而建设的公共设施，存在公共性、社会性以及社会服务性等特征，一方面，能营造满足西部中心城市与城市群高质量协调发展的社会环境，增强两者联系的精密度；另一方面，有利于降低经济市场的负面影响，消除发展弊端，保证社会和经济实现可持续发展，推动社会进步。

### 3.5.3.2　产业布局高质量协调发展的作用机理分析

产业基础是衡量一个国家工业化程度和现代化水平的重要标志。随着现代化进程的推进，我国产业不断迈向产业基础高级化、产业结构合理化、产业发展现代化。深入战略性产业布局，首先要从资源优势和区位条件等方面对产业链、产业分工、产业门类等产业要素进行全面系统地分析，识别出技术密集型产业、资金密集型与劳动密集型、资源密集型的关联程度与影响关系；其次要根据已有的产业基础和资源基础，准确定位产业发展方向，明确产业发展目标，突出产业发展重点，构建合理有效的产业发展路径，实现资源优化配置，调整产业空间布局，巩固产业空间结构；最后要注重生态环境的保护，实现经济效益与绿色环境共存，并要避免盲目改造产业结构，将投资合理化，降低产业同质化，推动社会进步。

其中，产业发展指产业的产生、成长和演进，包括产业的演进、产业结构的优化、产业规模的扩大及产业效益的提高。党的十八大以来，我国产业结构不断由工业主导型向服务引导型转变，由资源加工型、重化工型、劳动密集型向知识密集型、技术型和资金型转变，创新驱动和效率驱动成为产业发展动能的主要形式，产业结构得以优化，持续巩固了产业高质量发展的基础。如今，我国处于这样一个新时代下，消费需求发生改变、新旧动能发生转换、产业结构转型优化以及经济增长速度减慢，城市群的产业发展朝着满足人们就业新需求、符合国家城市发展战略新要求、适应科技发展新进步、融入国家竞争新格局的方向持续推进。所以，应充分借助城市区域的自然资源和创新资源，深层次挖掘产业潜能，强化产业创新优势，并引进优势产业和专业人才，在提高自身核心竞争力的同时塑造品牌形象，提升城市发展知名度和影响力，侧重发展高端制造业和现代服务业。在人工智能、生物技术、量子通信等新技术开始进入发展期，以大数据、云计算、物联网等新一代信息技术为代表的新一轮科技革命正在全球范围蓬勃兴起的背景下，更应加速产业结构调整优化。我国产业结构演变将呈现四大趋势：服务引领、制造支撑是产业结构升级的主基调；产业融合发展成为产业结构演变的主要方向；行业分化将成为产业结构演变的常态；生产性服务业在"补空缺"和"走出去"中有望加快发展。

"十四五"时期，我国改革开放和社会主义现代化建设进入高质量发展的新阶段，因此提出加强贯彻落实"加快发展现代产业体系，推动经济体系优化升级"战略。高质量发展是"十四五"时期的主题，产业现代化是高质量发展的必由之路。产业在发展过程中能与其他产业形成较强的关联，在最大程度上快速吸收新的技术成果，带动其他产业的发展，并为产业升级提供有利条件，全面推动区域经济的整体增长。因此，发展战略性新兴产业是推动产业转型升级和培育经济新增长点的主要手段，关系经济的高质量发展，在产业发展过程中，需要不断升级产业结构、优化产业组织，缩小东西部区域经济发展差距，实现经济可持续发展。

产城融合被定义为以城市作载体，产业作保障，推进城市与产业有机融合，承载城市空间、发展产业经济，驱动城市迭代和完善配套服务，进一步提高土地价值，最终达到城市、人口、产业之间互为依托、互相促进、高效优质的发展模式。产城融合包括以下四种类型：第一，注重城市与产业融合发展，任何一个城市发展都离不开产业基础，同时产业布局优化也离不开城市这一载体，需要引进相关专家进行系统性规划，更好地将城市功能与产业结构协同起来；第二，强调新老城区有机融合，社会进步带来了新城区发展，相比于老城区，新城区更具产业优势和发展潜力，应不断将新城区的产业资源、就业资源和交通资源引入老城区，激发老城区发展活力，缓解新时代带来的生存压力；第三，侧重于人本导向、结构匹配与功能融合，以城市发展规律和产业的结构特征为出发点，充分考虑人的发展需求和自身能动性，合理规划产城融合模式；第四，侧重于以构建高新区产业区的方式推动城市经济活动，一方面，通过发展高新区产业辐射带动城市进步；另一方面，通过城市功能完善产业高新区的配套功能，实现城市和产业的共同效益。

产城融合以产业与城市发展之间的协同互动为发展口号，以追求产业价值最大化、园区价值最大化、人的创造力最大限度发挥为目标，以产业与城市协同发展模式双轮驱动城市经济，产城紧密融合，协同共生，使区域经济逐步趋向于最大化发展、高质量发展。可通过两方面实现产城匹配：首先是结构匹配方面。结构匹配主要是城市要素资源在系统内相互重构、相互匹配而实现的融合，通过为产城要素寻找更为合适的方式，来实现就业与居住的协调以及就业人群和居住人群的结构匹配，匹配结构主要涉及消费、就业和产业等方面。其次是功能融合方面。功能融合主要是城市要素资源在系统内相互作用、相互反应而实现的融合，能够定位和主导城市与产业融合，融合要素主要涉及空间、人口、产业、制度和思想等多方面。在产业发展过程中，依托城市的高端人才和多元化人力资源，能为优化产业布局和产业结构提供技术创新、硬件设施、产业基础等多方面保障，实现人与自然的和谐发展以及产业与城市的良性循环，进而达到城市可持续发展和高质量发展的战略目标。

### 3.5.3.3　社会发展高质量协调发展的作用机理分析

社会融合是一个具有包容性和价值感的积极过程，是多元融合、消除社会排斥、谋求平等发展机会和共享发展成果的结果，是流动人口主动融入与城市社会接纳相互选择的结果。可以从宏微观和主客观两个维度研究社会融合，就目前已有研究来看，分类定性和整体定性的社会融合结论偏多，定量结论较少，指标还未指数化。关于社会融合维度，国外学者从文化性融入和结构性融入两个维度划分了社会融合，指出偏向于研究社会认同和移民价值导向转变的是文化性融入维度，偏向于组织和制度参与度的是结构性融入维度。国内学者从社会、经济、心理、文化和政治五个维度划分了社会融合，一是社会维度，主要指社区与人口流动的融合关系，从教育水平、健康水平、社会活动、人际交往和社区参与度等方面加以衡量；二是经济维度，主要以社会人口稳定的经济收入水平为主要标志，是实现社会融合的基础；三是心理维度，主要从人们不断升级的心理需要进行考量，产生的社会身份认同直接影响着人口流动区域和速度；四是文化维度，主要涉及文化习俗、语言文字的继承与摈弃，与人们的文化水平和社会发展进程息息相关；五是政治维度，社会经济地位提升、心理认同度提高和文化融合程度加深的最高体现便是政治参与度增强，与人口流动趋势关联度较大。

随着城市化进程加快，在居民日常生活质量提升的同时，城乡之间、城市内部之间的收入水平持续拉大，城市空间加速分割，产业结构发生较大调整，影响了中国城市化和现代化发展战略。中国的城市化是政治、经济和社会的全面发展，社会融合能使城市公共资源得以公平配置，有效整合资源，更新原有领域，拓展市场渠道，激活城市经济增长点。但社会融合不足会导致乡村移民的代际循环，带来农村的"发展陷阱"；会导致劳动力市场的扭曲，造成产业转型升级的阻碍，带来城市的"发展陷阱"。中国的社会融合问题既有全球共性又有自身特性，只有切实提升社会融合水平，才能实现城市化这一战略目标。因此，需要研判社会融合现状及存在问题，对社会融合指标体系和理论基础进行建构和完善，这是因为社会融合指数具备衡量城市发展进程和方向的诊断功能和评估功能，服务并引领社会全面发展，能真正提升融合水平；需要借助现代媒体，搭建对话平台，鼓励和支持社会、政府、市场、公民等各方面参与，提升流动人口的整体融合水平；需要构建合理的社会融合模式，将其放入城市发展的大局和整体性框架中，优化社会结构和社会网络，改善社会生活质量，推进城市高质量发展。

社会福利是人们生存需要得到基本物质保证后实现的长期生活保障和必要的心理、健康保障。广义指面对广大社会成员并改善其物质和文化生活的一切措施，是社会成员生活的良好状态，狭义指向困难群体提供的带有福利性的社会支持，包括物质支持和服务支持。在此主要从四个方面诠释社会福利内涵：首先是社会福利具有社会性和公共性，是社会满意程度和福利供给状况的衡量指标。其次是社会福利由具有福利性和利他性的服务、制度构成，能满足人们的基本物质生活保障和精神需求，最终提高人们整体的生活质量。再次是社会福利是社会政策和社会制度的重要产物，能够将其当作"制度化的政府责任"来对待。最后是社会福利是社会运行中的必需，是基于日常生活得到保证后的生活质量提升，是社会个体和群体提高生活质量的永恒追求。

社会保障与福利制度是国家社会进步的产物，能衡量一个国家或地区的生活质量和经济发展水平，不仅能缓解并化解社会矛盾，协调城市经济与基础设施、产业和社会之间的发展关系，还能成为社会可持续发展的助推力，提升城市发展质量。社会保障是保障和改善民生、维护社会公平、增进人民福祉的基本制度保障，是促进经济社会发展、实现广大人民群众共享改革发展成果的重要制度安排，是治国安邦的大问题。目前，我国社会福利体系涵盖多方面内容和多层次人群，采取多元的责任管理制度，拓宽福利供给渠道，既有助于维系社会经济稳定发展，又能适应人们日益增长的物质文化需要，实现人与社会协同发展。一方面，作为基本的社会保障制度，社会福利在社会发展中需要不断优化调整，由于社会福利具有社会化、多层次性、公平普惠、法治规范等特征，加之具备自身独特的客观发展规律，因此，中国的社会福利事业发展必须充分考虑这些特征并尊重发展规律。要健全可持续的多层次社会保障体系，强化互助共济功能，为社会发展提供更可靠、更充分的保障，满足人民群众多层次多样化需求。另一方面，社会福利事业以实现精神慰藉和保障精神需求等公共服务为主要内容，这就要求发展社会福利必须着重考虑社会需求，融入中国传统文化特色。因此，要明确政府的责任，积极动员社会力量广泛参与社会福利发展，以更加规范的体系构建社会福利网络，满足更多人的需要，在保证我国社会保障事业高质量发展的同时实现城市可持续发展。

# 第4章 新时代西部中心城市和城市群之间关系及城市群经济空间格局评估

## 4.1 西部中心城市与城市群重心差异的动态化空间模拟

### 4.1.1 研究目的与方法

#### 4.1.1.1 研究目的

在当前城镇化发展进程下，城市群作为空间组织上的新型主体单元，在优化城镇空间布局、提升城镇化发展质量等方面处于战略主导地位，我国政府已连续于四个五年规划纲要中将城市群列为城镇化主体单元。当下，城市群建设重点是通过对城市群内部空间结构的整体把握识别，按照资源环境承载能力合理确定城市规模和空间结构，在全国范围内构建高质量发展的区域经济布局和国土空间支撑体系。其中，中心城市作为城市群空间结构中的核心部分，在城市群整体发育中起着重要枢纽作用，是引领新型城镇化建设的重要抓手，为了推动城市群空间结构优化，从空间结构视角对中心城市与城市群重心间偏离结构的识别研究显得尤为必要，通过对城市群中心城市与城市群重心差异的动态化空间模拟，对城市群空间结构进行整体的把握，有助于促进中心城市和非中心城市协调联动，对提升我国城市群发展质量具有重要意义。

本书在从全国范围城市群的空间结构视角对中心城市与城市群重心间偏离结构进行识别的基础上，对东北部、中部、东部、西部地区城市群中心城市与城市群空间构型进行划分，结合对全国范围内城市群的调查分析，基于时间序列上的 NPP/VIIRS 夜间灯光数据总结中国城市群中心城市与空间重心结构偏离演化规律，量化分析东北部、中部、东部、西部地区中心城市与城市群空间重心之间的偏离程度以及城市群区域经济发展的空间格局。再进一步从整体构建东北部、中部、东部、西部地区中心城市与城市群高质量协调发展的理论模型，在保证中心城市与城市群高质量协调发展的前提下，助力整个西部地区"区域协调发展战略"的实施与推进，进而推进城市群与中心城市协调发展以及城市群区域协调发展战略视角下的学术研究，促进区域治理的科学有效、中心城市与城市群建设共进，促进西部中心城市与城市群高质量协调发展，构建西部中心城市和城市群协调发展理论机制，为政府顶层设计提供创新思路，发挥空间构型在区域协调发展战略中的重要研究意义与核心引擎作用。

近年来，相关学者对城市群空间结构的研究包括某种特定空间的结构特征研究，如经济空间结构、金融空间结构、旅游空间结构、城市体系结构、物流网络空间结构等，以及城市群空间结构的演化及效应分析、空间结构影响因素分析，如朱政等（2021）选取长江中游城市群作为研究对象，从宏观、微观层面研究了长江中游城市群1990~2019年的空间结构演变历程及特征，并按照历史发展特征及规律，对2025年、2030年的发展态势进行情景分析；吴思雨等（2021）基于交通、信息大数据，通过 SNA、SSI、Modularity 等方法分析长江中游城市群的网络结构及影响因素。关于城市群空间结构的研究常用方法有社会网络分析法、比较分析法和动态耦合模型等，尽管有关城市群空间结构的研究并不少见，但主要集中在特定空间结构的特征、效应和演化等方面，利用夜间灯光影像对城市群空间重心与中心城市偏离结构演化的定量研究较为少见。本书通过引用 2014 年、2016 年、2018 年和 2020 年的 NPP/VIIRS 夜间灯光数据，在对中国十九大城市群建成区范围提取的基础上，引入扩展强度指数、扩展速度指数、重心偏离结构、标准差椭圆等指标，运用 Mean Center 工具、ArcGis 10.2 软件对中国城市群中心城市与城市群重心间偏离结构进行时空格局研究、可视化分析，并对东北部、中部、东部、西部地区城市群中心城市与城市群重心进行精细化模拟，对近些年来中国城市群空间重心结构演化趋势进行基本把握，这对西部城市群的空间结构优化及可持续发展具有重大意义。

#### 4.1.1.2　研究方法

本书通过运用城市群夜间灯光数据进行中心城市与城市群重心差异的动态化空间模拟，首先通过对夜间灯光数据进行分析处理确定灯光阈值，继而根据灯光阈值确定城市群建成区范围，并运用 ArcGis 10.2 软件对城市群建成区范围进行分析处理，确定城市群的城市重心；在得到城市群建成区空间重心后，对城市群中心城市与城市群重心间偏离结构进行演化分析。本书通过运用参考比较法、Mean Center 重心确定法、标准差椭圆等一系列研究方法来对我国城市群空间结构进行动态化模拟，旨在为我国城市群空间结构优化奠定理论依据，具体方法如下。

提取建成区：本书首要任务是利用城市群夜间灯光数据的灰度阈值提取城市群建成区范围，常用方法有经验阈值法、突变检测法、参考比较法和中高分辨率遥感影像空间比较法。其中，突变检测法具有数据依赖性低、可实现性强以及精度较高等特点，但容易忽略城镇发展的区域差异；经验阈值法过于主观，需要丰富的研究成果经验累积；李俊峰等（2016）对比研究上述两种方法，研究发现参考比较法相较于其他方法，结果精度最高，相较于经验阈值法更科学、精细，相较于突变检测法更能展示出建成区细节。因此，本书采用参考比较法对中国城市群夜间灯光灰度阈值进行提取，为提取城市群建成区范围作铺垫。

使用参考比较法对建成区灯光灰度阈值进行提取的重点在于城市建成区面积的确定，本书运用住房城乡建设部官网的《中国城市建设统计年鉴》中各城市建成区面积数据，依照城市群所辖城市范围对城市群建成区面积进行逐年汇总计算。在得到城市群建成区面积后，运用 ArcGis 10.2 中的几何计算方法对城市群不同灰度值下的地理面积进行计算得到城市群灰度值对照面积，并利用城市群建成面积进行逐年校对来提高城市群建成区范围提取精度，得到不同城市群在不同时间序列下的城市群夜间灯光建成区灰度阈值。最后利用 ArcGis 10.2 中的按属性提取方法将城市群范围中大于建成区灰度阈值的区域提取出来，便得到最终的城市群建成区空间范围，此方法较为简单，且在较多文献中都有展示，因此具体操作过程予以省略。

建成区扩张：本书基于《中国城市建设统计年鉴》汇总所得的城市群建成区面积对 2014 年、2016 年、2018 年、2020 年城市群建成区空间范围进行提取，进而对城市群时空规模进行精细化研究，选用扩展速度指数（EVI）和扩展强度指数（EII）对城市群建成区面积扩张情况进行计算。

EVI 是指城市群在不同时期建成区面积的绝对增量，用以反映城市群建成区面积的变化程度，具体表达式如下：

$$EVI = \frac{A_{t_0 + \Delta t} - A_{t_0}}{\Delta t} \qquad (4-1)$$

EII 被广泛用于城市扩张研究中，能够很好地反映城市群建成区面积在不同时期的变化速度，使不同时间阶段的扩张具有深度可比性，具体表达式如下：

$$EII = \frac{A_{t_0 + \Delta t} - A_{t_0}}{\Delta t \Delta A_{t_0}} \times 100\% \qquad (4-2)$$

在上述表达式中，A 表示城市群建成区面积，单位为平方千米；$t_0$ 为起始时间，$\Delta t$ 为经历时间段，单位为年。

城市群重心演化：本书采用重心位置、重心偏移距离、重心偏移角度、重心偏移速度4个指标对城市群重心位置及重心偏离结构进行研究分析。

本书利用 ArcGis 10.2 软件中的 Mean Center 工具来实现 NPP/VIIRS 夜间灯光数据重心坐标的计算，当权重设置为建成区灰度值时，其结果即为城市群重心位置（X，Y），表达式如下：

$$X = \frac{\sum_{i=1}^{n} DN_i \cdot X_i}{\sum_{i=1}^{n} DN_i} \qquad (4-3)$$

$$Y = \frac{\sum_{i=1}^{n} DN_i \cdot Y_i}{\sum_{i=1}^{n} DN_i} \qquad (4-4)$$

其中，（X，Y）为城市群建成区重心的经纬度坐标，$DN_i$ 为第 i 个像元的灰度值，（$X_i$，$Y_i$）为第 i 个像元的坐标。

重心偏移距离 $D_{(t,t-1)}$ 是指城市群重心在某一段时间所偏移的距离，通过 ArcGis 10.2 软件中 Near Analysis 工具计算得出，表达式如下：

$$D_{(t,t-1)} = \sqrt{(X_t - X_{t-1})^2 + (Y_t - Y_{t-1})^2} \qquad (4-5)$$

重心偏离角度 $\alpha_{(t,t-1)}$ 是指在相应时间段里，重心移动的方向与正东方向的夹角，表达式如下：

$$\alpha_{(t,t-1)} = n\pi + \arctan\left(\frac{Y_t - Y_{t-1}}{X_t - X_{t-1}}\right), \quad (n = 0, 1, 2) \qquad (4-6)$$

其中，（$X_t$，$Y_t$）和（$X_{t-1}$，$Y_{t-1}$）分别为研究区 t 时期和 t-1 时期城市建成区重心的经纬度坐标。

重心偏移速度 $V_{(t,t-1)}$ 是指在相应的时间段里，重心位置的平均移动速度，表达式如下：

$$V_{(t,t-1)} = \frac{D_{(t,t-1)}}{t-1} \qquad (4-7)$$

标准差椭圆法（Standard Deviational Ellipse）：本书通过引用标准差椭圆法对城市群空间重心偏移状况进行辅助分析。标准差椭圆法能够精确地揭示地理要素空间分布整体特征，长短轴分别表征空间要素布局的主趋势方向和次要方向的离散程度，椭圆面积表示要素空间分布的集中程度。本书通过利用城市群夜间灯光提取的建成区范围来制作标准差椭圆，从而进一步明确城市群在地理空间上的变动方向和集中程度，鉴于标准差椭圆的研究叙述较多，本书不在此进行详细描述。

中心城市坐标确定：城市群在形成发育过程中遵循空间晶体结构组合规律，城市群在发育过程中形成的晶体结构客观上存在着单中心晶体组合、双中心晶体组合和多中心晶体组合发育的现象。在本书研究范围的基础上，依照空间晶体结构组合规律将城市群分为单中心城市群、双中心城市群和三中心城市群。为此，需要对中心城市地理空间位置进行确定，利用 Mean Center 技术，基于2020年各中心城市的建成区范围来确定各中心城市点坐标。

### 4.1.1.3　数据来源与预处理

NPP/VIIRS 夜间灯光数据源：本书通过运用夜间灯光数据提取城市群的建成区范围，继而在时间序列上确定城市群的建成区的平均重心，与城市群中心城市的空间位置作对比分析，为我国城市群空间结构优化奠定理论基础。夜间灯光起始于20世纪60年代，美国国防部（USMT）基于国家安全考虑开展美国国防气象卫星计划，卫星所搭载的实用线型扫描系统（OLS）可以探测到城市夜间灯光和夜间低强度灯光，其中部分数据向民间提供。其中，1992~2013年的微光成像数据被美国国家海洋和大气管理局、美国国家地球物理数据中心 NOAA/NGDC 的地球观察小组（EOG）整理成夜间灯光年度数据集，DMSP/OLS 影像的空间分辨率为 WGS84 空间参考坐标系下的30″，赤道经线方向约为 1 千米,辐射分辨率为 6bit,2014 年 2 月 DMSP 数据停止更新。

2011 年,美国研发出新一代对地观测卫星 Suomi NPP,该卫星搭载的可见光/红外辐射成像仪 (VIIRS) 能够获取新的夜间灯光遥感影像 (Day/Night Band,DNB 波段)。相较于 DMSP/OLS 夜间灯光数据,该传感器数据具有更高的空间分辨率和辐射分辨率,其空间分辨率也提高至 750 米——夜间灯光遥感产品空间分辨率通常为 500 米,辐射分辨率为 14bit;但相较于 DMSP/OLS 夜间灯光数据,其缺陷为数据搜集年限较短,仅为 2012~2020 年,共计 8 年时间,难以满足长时间序列的研究需求。

NPP/VIIRS 传感器采集的地球微光成像数据不可避免地含有除了人工照明之外的其他微光现象,比如,杂散光、闪电、生物质燃烧、气体燃烧、高能粒子探测、高强度光源附近的大气辉光和背景噪声等,为了制作反映人类活动的高质量夜间灯光数据,需要对原始数据进行处理,以消除低质量光源和无关特征的影响。佩恩公共政策研究所地球观测组 (EOG) 基于 VIIRS-DNB 日度数据分别制作了 2015 年和 2016 年全球夜间灯光年度数据集 (Annual VNL V1),然而,由于资金中断不得不终止 VIIRS 夜间灯光年度数据的处理工作。但是,他们仍然继续根据 VIIRS-DNB 的卫星成像数据整理制作了全球 VIIRS 无云平均辐射值月度数据,这些月度数据被 EOG 剔除了杂散光、闪电、月光和云层覆盖数据。2021 年,佩恩公共政策研究所地球观测组再一次根据 VIIRS 月度数据制作了第 2 版本的 2012~2020 年全球年度灯光数据集 (Annual VNL V2),并在月度数据的基础上进一步过滤了生物质燃烧、极光和背景噪声等无关特征 (下载地址为 https://eogdata.mines.edu/products/vnl/)。本书选取使用该网站提供的 2014 年、2016 年、2018 年和 2020 年共 4 年夜间灯光数据年度产品进行分析处理。

虽然 VIIRS VNL V2 (以下简称 VNL2) 已经对卫星成像数据进行了一些处理,极大提高了夜间灯光数据质量,但是对于气体燃烧并没有处理,气体燃烧是所有地球表面光源中亮度最高的,而且在其周围会产生大量的耀斑,对于构建稳定夜间灯光数据来说无疑是一个很大的影响因素。因此,本书通过运用 ArcGis 10.2 软件,使用地理坐标系为 WGS84 中国矢量地图 (审图号为 GS (2019) 1825 号) 裁剪出全国范围的 VNL2 数据,并将其转化为 Asia_Lambert_Conformal_Conic 平面投影坐标系,空间分辨率设定为 500m。通过观察全国各年度的夜间灯光栅格地图,发现有少量负值和可能由气体燃烧引起的少量极端异常值,选取全国单元格像元辐射阈值为 460.26,并去除像元值为负值的单元格,在剔除气体燃烧后得到最终可以使用的夜间灯光分布图。在得到历年中国夜间灯光分布图后,为了进一步对夜间灯光下的中国城市群范围加以识别,本书通过运用中国十九大城市群范围的边界矢量数据文件对中国夜间灯光栅格数据加以掩膜提取,得到中国城市群夜间灯光分布。

其他数据来源:在运用夜间灯光数据对城市群建成区范围进行提取时,需要对城市群建成区面积加以统计汇总,本书用于建成区面积统计的空间面板数据介于 2014~2020 年。由于城市群样本中包含部分地级市代管的县级市或省直管的县级市,数据样本可能会出现重叠,因此予以剔除;部分城市数据缺失严重同样需要剔除。因此,选取城市群样本区间包含全国 203 个城市的数据,其中,建成区面积相关数据来自中华人民共和国住房和城乡建设部官方网站所下载的 2014~2020 年《中国城市建设统计年鉴》;些许漏缺搜寻于全国统计局官网及各省、市统计局官网。

## 4.1.2　测算结果与空间分析

### 4.1.2.1　城市群城市建成区的时空格局研究

经过实证研究得到中国城市群建成区时空格局演化趋势,通过运用《中国城市建设统计年鉴》各城市建成区面积数据,依照城市群所辖城市范围进行逐年汇总计算得到中国城市群历年建成区面积值,运用参考比较法对 2014 年、2016 年、2018 年、2020 年中国城市群建成区范围进行提取,并使用 ArcGis 10.2 软件制作中国城市群建成区时空演化图，对历年城市群建成区面积进行描述性统计（见表 4 - 1）。

表 4 - 1　　　　　　　　　　　　中国城市群建成区面积描述性统计

| 城市群 | 建成区面积（平方千米） | | | | |
|---|---|---|---|---|---|
| | 2014 年 | 2016 年 | 2018 年 | 2020 年 | 横差 |
| 长三江 | 5807.99 | 6271.17 | 6857.38 | 7368.67 | 1560.68 |
| 长江中游 | 3167.55 | 3442.81 | 3878.39 | 4227.64 | 1060.09 |
| 珠三角 | 4014.24 | 4385.83 | 4545.87 | 4849.05 | 834.81 |
| 京津冀 | 3539.45 | 3978.66 | 4140.74 | 4315.45 | 776.00 |
| 成渝 | 2912.36 | 3375.38 | 3821.64 | 4062.37 | 1150.01 |
| 粤闽浙沿海 | 1574.01 | 1732.71 | 1916.54 | 2027.32 | 453.31 |
| 中原 | 1499.97 | 1607.27 | 1773.70 | 1937.02 | 437.05 |
| 关中平原 | 922.95 | 1082.45 | 1260.59 | 1268.45 | 345.50 |
| 山东半岛 | 3267.11 | 3637.83 | 3951.85 | 4400.03 | 1132.92 |
| 北部湾 | 1054.52 | 1124.02 | 1198.50 | 1276.77 | 222.25 |
| 辽中南 | 1834.93 | 2120.57 | 2100.87 | 2151.43 | 316.50 |
| 哈长 | 1730.11 | 1849.43 | 1913.48 | 1960.90 | 230.79 |
| 晋中 | 573.83 | 593.82 | 615.38 | 662.56 | 88.73 |
| 呼包鄂榆 | 596.69 | 656.15 | 667.37 | 680.03 | 83.34 |
| 兰西 | 475.47 | 559.73 | 577.47 | 587.51 | 112.04 |
| 天山北坡 | 696.36 | 732.80 | 791.43 | 869.82 | 173.46 |
| 滇中 | 577.56 | 638.32 | 663.34 | 709.25 | 131.69 |
| 黔中 | 547.18 | 609.44 | 767.68 | 785.63 | 238.45 |
| 宁夏沿黄 | 352.02 | 359.00 | 373.70 | 384.48 | 32.46 |
| 国家级城市群均值 | 3888.32 | 4290.77 | 4648.80 | 4964.64 | 1076.32 |
| 区域级城市群均值 | 1663.71 | 1836.86 | 2020.24 | 2181.92 | 518.21 |
| 地区级城市群均值 | 820.46 | 902.14 | 941.19 | 976.85 | 156.38 |
| 城市群均值 | 1849.70 | 2039.86 | 2200.84 | 2343.39 | 493.69 |
| 城市群总和 | 35144.30 | 38757.39 | 41815.92 | 44524.38 | |

由表 4 -1 可知，从城市群整体范围来看，中国城市群建成区范围总面积呈稳步上升趋势，中国十九大城市群建成区总面积由 2014 年的 35144.3 平方千米提升至 2020 年的 44524.38 平方千米，增长了 9380.08 平方千米，增幅为 26.7%，年均增幅为 3.34%；中国城市群建成区面积平均水平由 2014 年的 1849.70 平方千米提升至 2020 年的 2343.39 平方千米，增长了 493.69 平方千米，反映了我国城市群建成区范围的迅猛扩展和城镇化建设的稳步提升。

从城市群分级来看，截至 2020 年，优化提升国家级城市群的建成区面积的平均水平最高，为 4964.64 平方千米；发展壮大区域级城市群次之，为 2181.92 平方千米；地区级城市群平均建成区面积最低，为 976.85 平方千米。优化提升国家级城市群的建成区面积要远远高于另外两类城市群，发展壮大区域级城市群与中国 19 个城市群的建成区面积平均水平相近，而培育发展地区级城市群建成区面积要远低于中国 19 个城市群的建成区面积平均水平，反映了在过去几年我国城市群城镇化建设虽有稳步提升,但仍存在城市群建设发展差距较大,整体范围内不均衡的现象,从不同级别的城市群建成区面积水平可进一步印证当前我国政府对中国城市群的发展规划、发展定位是准确合理的。

根据表4-2,由中国城市群建成区面积扩展速度指数(EVI)可知,在2014~2016年,中国城市群建成区总面积扩展速度指数为1806.55平方千米,城市群建成区面积平均扩展速度指数为95.08平方千米,国家级、区域级、地区级城市群年扩展速度依次下降,分别为201.23平方千米、86.57平方千米和40.84平方千米;在2016~2018年,中国城市群建成区总面积扩展速度指数为1529.26平方千米,城市群建成区面积平均扩展速度指数为80.49平方千米,相较于2014~2016年有所下降,同样,国家级、区域级、地区级城市群年扩展速度依次下降,分别为179.02平方千米、91.69平方千米、19.53平方千米;在2018~2020年,中国城市群建成区总面积扩展速度指数为1354.23平方千米,城市群建成区面积平均扩展速度指数为71.28平方千米,相较于2016~2018年也有所下降,同样,国家级、区域级、地区级城市群年扩展速度依次下降,分别为157.92平方千米、80.84平方千米、17.83平方千米。从整个时间序列来看,中国城市群建成区总面积扩展速度指数为1563.35平方千米,城市群建成区面积平均扩展速度指数为82.28平方千米,国家级、区域级、地区级城市群年扩展速度依次下降。在2014~2020年,城市群建成区面积平均扩展速度指数在不断降低,表明在近6年,虽然中国城市群建成区面积范围在不断扩展,但城市群的建成区面积扩展速度实际上是呈下降趋势。

表4-2　　　　　　　　　　中国城市群建成区面积扩展强度时间演化

| 城市群 | 扩展速度指数(EVI)(平方千米) | | | | 扩展强度指数(ELL)(%) | | | |
|---|---|---|---|---|---|---|---|---|
| | 2014~2016年 | 2016~2018年 | 2018~2020年 | 2014~2020年 | 2014~2016年 | 2016~2018年 | 2018~2020年 | 2014~2020年 |
| 长三角 | 231.59 | 293.11 | 255.64 | 260.11 | 3.99 | 4.67 | 3.73 | 4.48 |
| 长江中游 | 137.63 | 217.79 | 174.63 | 176.68 | 4.34 | 6.33 | 4.50 | 5.58 |
| 珠三角 | 185.80 | 80.02 | 151.59 | 139.14 | 4.63 | 1.82 | 3.33 | 3.47 |
| 京津冀 | 219.61 | 81.04 | 87.36 | 129.33 | 6.20 | 2.04 | 2.11 | 3.65 |
| 成渝 | 231.51 | 223.13 | 120.37 | 191.67 | 7.95 | 6.61 | 3.15 | 6.58 |
| 粤闽浙沿海 | 79.35 | 91.92 | 55.39 | 75.55 | 5.04 | 5.30 | 2.89 | 4.80 |
| 中原 | 53.65 | 83.22 | 81.66 | 72.84 | 3.58 | 5.18 | 4.60 | 4.86 |
| 关中平原 | 79.75 | 89.07 | 3.93 | 57.58 | 8.64 | 8.23 | 0.31 | 6.24 |
| 山东半岛 | 185.36 | 157.01 | 224.09 | 188.82 | 5.67 | 4.32 | 5.67 | 5.78 |
| 北部湾 | 34.75 | 37.24 | 39.14 | 37.04 | 3.30 | 3.31 | 3.27 | 3.51 |
| 辽中南 | 142.82 | -9.85 | 25.28 | 52.75 | 7.78 | -0.46 | 1.20 | 2.87 |
| 哈长 | 59.66 | 32.03 | 23.71 | 38.47 | 3.45 | 1.73 | 1.24 | 2.22 |
| 晋中 | 10.00 | 10.78 | 23.59 | 14.79 | 1.74 | 1.82 | 3.83 | 2.58 |
| 呼包鄂榆 | 29.73 | 5.61 | 6.33 | 13.89 | 4.98 | 0.85 | 0.95 | 2.33 |
| 兰西 | 42.13 | 8.87 | 5.02 | 18.67 | 8.86 | 1.58 | 0.87 | 3.93 |
| 天山北坡 | 18.22 | 29.32 | 39.20 | 28.91 | 2.62 | 4.00 | 4.95 | 4.15 |
| 滇中 | 30.38 | 12.51 | 22.96 | 21.95 | 5.26 | 1.96 | 3.46 | 3.80 |
| 黔中 | 31.13 | 79.12 | 8.98 | 39.74 | 5.69 | 12.98 | 1.17 | 7.26 |
| 宁夏沿黄 | 3.49 | 7.35 | 5.39 | 5.41 | 0.99 | 2.05 | 1.44 | 1.54 |

| 城市群 | 扩展速度指数（EVI）（平方千米） | | | | 扩展强度指数（ELL）（%） | | | |
|---|---|---|---|---|---|---|---|---|
| | 2014～2016 年 | 2016～2018 年 | 2018～2020 年 | 2014～2020 年 | 2014～2016 年 | 2016～2018 年 | 2018～2020 年 | 2014～2020 年 |
| 国家级城市群均值 | 201.23 | 179.02 | 157.92 | 179.39 | 5.18 | 4.17 | 3.40 | 4.61 |
| 区域级城市群均值 | 86.57 | 91.69 | 80.84 | 86.37 | 5.20 | 4.99 | 4.00 | 5.19 |
| 地区级城市群均值 | 40.84 | 19.53 | 17.83 | 26.06 | 4.98 | 2.16 | 1.89 | 3.18 |
| 城市群均值 | 95.08 | 80.49 | 71.28 | 82.28 | 5.14 | 3.95 | 3.24 | 4.45 |
| 城市群总和 | 1806.55 | 1529.26 | 1354.23 | 1563.35 | 5.14 | 3.95 | 3.24 | 4.45 |

根据表 4-2，由中国城市群建成区面积扩展强度指数（ELL）可知，在 2014～2016 年，中国城市群建成区面积总体扩展强度为年均 5.14%，区域级城市群年均扩展强度最高，为 5.20%；国家级城市群次之，为 5.18%；地区级城市群最低，为 4.98%。在 2016～2018 年，中国城市群建成区面积总体扩展强度为年均 3.95%，相较于 2014～2016 年有所下降，同样，区域级城市群年均扩张强度最高，为 4.99%；国家级城市群次之，为 4.17%；地区级城市群最低，为 2.16%。在 2018～2020 年，中国城市群建成区面积总体扩张强度为年均 3.24%，相较于 2016～2018 年有所下降，区域级城市群年均扩张强度最高，为 4.00%；国家级城市群次之，为 3.40%；地区级城市群最低，为 1.89%。从整个时间序列来看，中国城市群建成区面积总体扩展强度为年均 4.45%，其中，区域级城市群年均扩张强度最高，为 5.19%；国家级城市群次之，为 4.61%；地区级城市群最低，为 3.18%。在 2014～2020 年，城市群建成区面积扩张强度指数在不断降低，表明在近 6 年，虽然中国城市群建成区面积始终处于扩张状态，但城市群建成区面积的年均扩张强度呈下降趋势。

从城市群细分来看，在 2014～2016 年，中国城市群建成区面积扩张速度最快的是长三角城市群，扩张速度指数为 231.59 平方千米，城市群建成区面积扩张速度最慢的是宁夏沿黄城市群，扩张速度指数为 3.49 平方千米；建成区面积扩张强度最高的城市群为兰西城市群，年均扩张强度为 8.86%，扩张强度最低的城市群为宁夏沿黄城市群，年均扩展强度为 0.99%。在 2016～2018 年，中国城市群建成区面积扩张速度最快的是长三角城市群，扩张速度指数为 293.11 平方千米，城市群建成区面积扩张速度最慢的是辽中南城市群，扩张速度指数为 -9.85 平方千米；建成区面积扩张强度最高的城市群为黔中城市群，年均扩张强度为 12.98%，扩张强度最低的城市群为辽中南城市群，年均扩张强度为 -0.46%。在 2018～2020 年，中国城市群建成区面积扩张速度最快的是长三角城市群，扩张速度指数为 255.64 平方千米，城市群建成区面积扩张速度最慢的是关中平原城市群，年均扩张面积为 3.93 平方千米；建成区面积扩张强度最高的城市群为山东半岛城市群，年均扩张强度为 5.67%，扩张强度最低的城市群为关中平原城市群，年均扩张强度为 0.31%。从整个时间范围来看，中国城市群建成区面积扩张速度最快的是长三角城市群，扩张速度指数为 260.11 平方千米，城市群建成区面积扩张速度最慢的为宁夏沿黄城市群，扩张速度指数为 5.41 平方千米；中国城市群建成区面积扩张强度最高的城市群为黔中城市群，年均扩张强度为 7.26%；建成区面积扩张强度最低的城市群为宁夏沿黄城市群，年均扩张强度为 1.54%。

关于西部城市群建成区时空格局演化分析。

在经过实证计算得到中国城市群建成区时空格局演化趋势和城市群重心结构演化结果后，继而对西部城市群进行进一步整合分析，对西部个体城市群中心城市与城市群重心差异进行动态化精细研究。通过运用《中国城市建设统计年鉴》各城市建成区面积数据，依照城市群所辖城市范围进行逐年汇总计算得到西部城市群历年建成区面积，并运用参考比较法对 2014 年、2016 年、2018 年、2020 年中国城市群建成区范围进行提取，运用 ArcGis 10.2 软件制作西部城市群建成区范围时空演化图，对历年城市群建成区面积进行描述性统计（见表4-3）。

表4-3　　　　　　　　　　　　　西部城市群建成区面积描述性统计表

| 城市群 | 建成区面积（平方千米） | | | | |
|---|---|---|---|---|---|
| | 2014 年 | 2016 年 | 2018 年 | 2020 年 | 横差 |
| 成渝 | 2912. 36 | 3375. 38 | 3821. 64 | 4062. 37 | 1150. 01 |
| 关中平原 | 922. 95 | 1082. 45 | 1260. 59 | 1268. 45 | 345. 50 |
| 北部湾 | 1054. 52 | 1124. 02 | 1198. 50 | 1276. 77 | 222. 25 |
| 呼包鄂榆 | 596. 69 | 656. 15 | 667. 37 | 680. 03 | 83. 34 |
| 兰西 | 475. 47 | 559. 73 | 577. 47 | 587. 51 | 112. 04 |
| 天山北坡 | 696. 36 | 732. 80 | 791. 43 | 869. 82 | 173. 46 |
| 滇中 | 577. 56 | 638. 32 | 663. 34 | 709. 25 | 131. 69 |
| 黔中 | 547. 18 | 609. 44 | 767. 68 | 785. 63 | 238. 45 |
| 宁夏沿黄 | 352. 02 | 359. 00 | 373. 70 | 384. 48 | 32. 46 |
| 西部城市群均值 | 903. 90 | 1015. 25 | 1124. 64 | 1180. 48 | 276. 58 |
| 西部城市群总和 | 8135. 11 | 9137. 29 | 10121. 72 | 10624. 31 | 2489. 20 |
| 中国 19 个城市群均值 | 1849. 70 | 2039. 86 | 2200. 84 | 2343. 39 | 493. 69 |
| 中国 19 个城市群总和 | 35144. 30 | 38757. 39 | 41815. 92 | 44524. 38 | 9380. 08 |

由表4-3可知，从西部城市群整体范围来看，西部城市群建成区总面积呈稳步上升趋势，总面积由 2014 年的 8135. 11 平方千米提升至 2020 年的 10624. 31 平方千米，增长了 2489. 20 平方千米，增幅为 30. 59%，年均增幅为 5. 09%；对照西部城市群内部可知，西部城市群共有城市群 9 个，包括 1 个国家级城市群、2 个区域级城市群、6 个地区级城市群，其中，成渝、关中平原和北部湾 3 个中高等级城市群在西部城市群建成区面积中占有较大比例，6 个地区级城市群建成区面积总和占比较小。对照西部城市群和中国十九大城市群整体建成区范围可知，西部城市群建成区面积在中国十九大城市群建成区总面积的占比由 2014 年的 23. 1% 上升到 2020 年的 23. 8%，虽然比例有所上涨，但上升幅度较低，且面积占比幅度仍较小，说明西部城市群建设水平要远低于其他地区城市群建设水平，西部城市群城镇化建设处于较低水平。

同样，西部地区个体城市群的建成区面积也均有所扩张，西部城市群建成区面积平均水平由 2014 年的 903. 90 平方千米提升至 2020 年的 1180. 48 平方千米，增长了 276. 58 平方千米，反映了我国西部城市群建成区范围的扩张发展和城镇化建设的稳步提升。但对照西部城市群内部可知，仅有成渝、关中平原、北部湾城市群建成区面积高于西部城市群平均水平，6 个地区级城市群建成区面积均达不到西部城市群建成区面积平均水平；从面积增幅横差可知，仅有成渝、关中平原的建成区面积增长高于西部城市群建成区面积平均增幅。对照西部城市群和中国十九大城市群成区面积均值可知，西部城市群建成区面积均值水平仅为中国城市群建成区面积均值的一半，仅有成渝城市群高于中国十九大城市群建成区面积均值水平，进一步表明西部城市群的整体建设水平还较差，在城市群整体范围来看处于较低阶段，具有较大的发育空间。

从城市群细分来看，城市群面积、城市群所辖城市数量和城市群城镇化基础是衡量城市群建设的重要因素。如成渝城市群在西部城市群中建成区面积最高，同样，该城市群在 2014~2020 年的城建发展中建成区面积增幅最大，由 2014 年的 2912. 36 平方千米提升至 2020 年的 4062. 37 平方千米，增长了 1560. 68 平方千米，增幅为 26. 8%。这主要是由于成渝城市群是中国西部城镇化基础、经济发展最好的地区，同时，成渝城市群总体跨越四川省、重庆市两省市，共涵盖 16 个城市，行政面积较大同样是导致其城市群建成区面积居于首位的重要因素之一。宁夏沿黄城市群是西部城市群建成区面积最小的城市群，其建成区演化趋势在前文有所叙述，因此予以省略。

根据表 4－4，由西部城市群建成区面积扩展速度指数（EVI）可知，在 2014～2016 年，西部城市群建成区总面积扩展速度指数为 501.09 平方千米，西部城市群建成区面积平均扩展速度指数为 55.68 平方千米；在 2016～2018 年，西部城市群建成区总面积扩展速度指数为 492.22 平方千米，西部城市群建成区面积平均扩展速度指数为 54.69 平方千米；在 2018～2020 年，西部城市群建成区总面积扩展速度指数为 251.32 平方千米，西部城市群建成区面积平均扩展速度指数为 27.92 平方千米。从整个时间序列来看，西部城市群建成区总面积扩展速度指数为 414.86 平方千米，约为中国城市群建成区总面积扩展速度指数的 1/3，城市群建成区面积平均扩展速度指数为 46.1 平方千米，约为中国城市群建成区面积平均扩展速度指数的 1/2，表明在近 6 年，虽然西部城市群建成区面积在不断扩展，但其建成区面积扩展速度实际上是呈下降的趋势，且其建成区面积扩展速度指数要远低于中国十九大城市群的平均水平。

表 4－4　　　　　　　　　　　　西部城市群建成区面积扩展强度演化

| 城市群 | 扩展速度指数（EVI）（平方千米） | | | | 扩展强度指数（ELL）（%） | | | |
|---|---|---|---|---|---|---|---|---|
| | 2014～2016 年 | 2016～2018 年 | 2018～2020 年 | 2014～2020 年 | 2014～2016 年 | 2016～2018 年 | 2018～2020 年 | 2014～2020 年 |
| 成渝 | 231.51 | 223.13 | 120.37 | 191.67 | 7.95 | 6.61 | 3.15 | 6.58 |
| 关中平原 | 79.75 | 89.07 | 3.93 | 57.58 | 8.64 | 8.23 | 0.31 | 6.24 |
| 北部湾 | 34.75 | 37.24 | 39.14 | 37.04 | 3.30 | 3.31 | 3.27 | 3.51 |
| 呼包鄂榆 | 29.73 | 5.61 | 6.33 | 13.89 | 4.98 | 0.85 | 0.95 | 2.33 |
| 兰西 | 42.13 | 8.87 | 5.02 | 18.67 | 8.86 | 1.58 | 0.87 | 3.93 |
| 天山北坡 | 18.22 | 29.32 | 39.20 | 28.91 | 2.62 | 4.00 | 4.95 | 4.15 |
| 滇中 | 30.38 | 12.51 | 22.96 | 21.95 | 5.26 | 1.96 | 3.46 | 3.80 |
| 黔中 | 31.13 | 79.12 | 8.98 | 39.74 | 5.69 | 12.98 | 1.17 | 7.26 |
| 宁夏沿黄 | 3.49 | 7.35 | 5.39 | 5.41 | 0.99 | 2.05 | 1.44 | 1.54 |
| 西部城市群均值 | 55.68 | 54.69 | 27.92 | 46.10 | 6.16 | 5.39 | 2.48 | 5.10 |
| 西部城市群总和 | 501.09 | 492.22 | 251.32 | 414.86 | 6.16 | 5.39 | 2.48 | 5.10 |
| 中国城市群均值 | 95.08 | 80.49 | 71.28 | 82.28 | 5.14 | 3.95 | 3.24 | 4.45 |
| 中国城市群总和 | 1806.55 | 1529.26 | 1354.23 | 1563.35 | 5.14 | 3.95 | 3.24 | 4.45 |

根据表 4－4，由西部城市群建成区面积扩展强度指数（ELL）可知，在 2014～2016 年，西部城市群建成区总体扩展强度为年均 6.16%，要高于中国城市群的整体扩展强度；在 2016～2018 年，西部城市群建成区总体扩展强度为年均 5.39%，同样要高于中国城市群的整体扩展强度；在 2018～2020 年，西部城市群建成区总体扩展强度为年均 2.48%，低于中国城市群的整体扩展强度。从整个时间序列来看，西部城市群建成区总体扩展强度为年均 5.1%，同样高于中国十九大城市群的整体扩展强度。表明在近 6 年，西部城市群建成区面积虽然始终处于扩张状态，且建成区年均扩展强度要高于中国十九大城市群的整体扩展强度，但西部城市群建成区面积的年均扩展强度呈下降趋势。

从城市群细分来看，在 2014～2016 年，西部城市群建成区面积扩展速度最快的是成渝城市群，扩展速度指数为 231.51 平方千米，城市群建成区面积扩展速度最慢的是宁夏沿黄城市群，扩展速度指数为 3.49 平方千米；建成区面积扩展强度最高的城市群为兰西城市群，年均扩展强度为

8.86%，扩展强度最低城市群为宁夏沿黄城市群，年均扩展强度为 0.99%。在 2016～2018 年，西部城市群建成区面积扩展速度最快的是成渝城市群，扩展速度指数为 223.13 平方千米，建成区面积扩展速度最慢的是宁夏沿黄城市群，扩展速度指数为 7.35 平方千米；建成区面积扩展强度最高的城市群为黔中城市群，年均扩展强度为 12.98%，扩展强度最低的城市群为呼包鄂榆城市群，年均扩展强度为 0.85%。在 2018～2020 年，西部城市群建成区面积扩展速度最快的是成渝城市群，扩展速度指数为 120.37 平方千米，城市群建成区面积扩展速度最慢的是关中平原城市群，年均扩张面积为 3.93 平方千米，建成区面积扩展强度最高的城市群为天山北坡城市群，年均扩展强度为 4.95%；扩展强度最低的城市群为关中平原城市群，年均扩展强度为 0.31%。从整个时间范围来看，西部城市群建成区面积扩展速度最快的是成渝城市群，扩展速度指数为 191.67 平方千米，城市群建成区面积扩展速度最慢的为宁夏沿黄城市群，扩展速度指数为 5.41 平方千米；西部城市群建成区面积扩展强度最高的城市群为黔中城市群，年均扩展强度为 7.26%；建成区面积扩展强度最低的城市群为宁夏沿黄城市群，年均扩展强度为 1.54%。

### 4.1.2.2　中心城市与城市群重心差异的动态化模拟

城市群在形成发育过程中遵循空间晶体结构组合规律，空间晶体结构客观上存在着单中心晶体组合、双中心晶体组合和多中心晶体组合发育的现象，对于城市群空间结构来说，也存在从单中心、到双中心再到多中心晶体组合的城市群，其内部空间结构差异性较大，其城市群空间重心结构也各不相同。本小节通过对中国十九大城市群的空间重心结构进行汇总整理，对中国城市群空间重心进行异质性分析并对空间结构进行归纳汇总后整体分类。

按照空间晶体结构，本书首先将城市群划分为三种类型，分别为单中心城市群、双中心城市群和三中心城市群，其中，单中心城市群有长三角、中原、京津冀、关中平原、北部湾、滇中、黔中、呼包鄂榆、宁夏沿黄、天山北坡、晋中城市群共 11 个，双中心城市群有辽中南、哈长、山东半岛、珠三角、粤闽浙沿海、成渝、兰西城市群共 7 个，三中心城市群仅有长江中游城市群 1 个。

本书利用 ArcGis 10.2 软件中的 Mean Center 工具来实现重心坐标的计算，进而得到城市群空间重心的位置。根据城市群空间晶体结构和城市群空间重心位置的不同组合，本书将城市群空间重心结构类型共分为 4 类，分别为单中心—同心城市群、单中心—非同心城市群、双中心城市群和三中心城市群。其中，空间晶体结构中的单中心城市群按照城市群重心位置是否位于中心城市范围内进而划分为同心城市群和非同心城市群，单中心—同心城市群是指空间晶体结构为单中心城市群，其空间重心位于中心城市区域内；单中心—非同心城市群是指空间晶体结构为单中心城市群，其空间重心位于非中心城市区域内。由于双中心城市群和三中心城市群具有多个中心城市，在空间结构上具有不稳定性，城市群重心处于多个中心城市之间，因此不进行具体分类。

首先，对单中心—同心城市群进行分析。

对 2020 年中国城市群的空间重心结构进行筛查整理，研究发现，空间重心结构为单中心—同心城市群的有 5 个，分别为中原、滇中、黔中、宁夏沿黄和晋中城市群，对单中心—同心城市群进行精细化分析，发现在 2020 年，单中心—同心城市群空间集聚状态以中心城市为核心，如中原城市群空间重心位于中心城市郑州市的东南部，滇中城市群空间重心位于中心城市昆明市的东部，黔中城市群空间重心位于中心城市贵阳市的北部，宁夏沿黄城市群空间重心位于中心城市银川市的南部，晋中城市群空间重心位于中心城市太原市的东南部。

由汇总分析发现，滇中、黔中、宁夏沿黄、晋中 4 个城市群位于中国西部，属于培育发展地区级城市群，仅有中原城市群位于中部地区，属于发展壮大区域级城市群，无东部地区城市群和优化提升国家级城市群。且单中心—同心城市群区域范围多处于同一省级行政区内，中心城市为行政区内省会城市，如滇中城市群完全位于云南省内，滇中城市群中心城市亦为云南省省会城市昆明市。总结归纳可得，单中心—同心城市群主要位于中国中西部地区，多为单省类城市群，且城市群所辖城市个数较少；该类城市群整体发育程度偏低，城镇化水平尚处于较低水平，空间集聚状态以中心城市为核心，城市群中心城市在城市群内部空间结构中影响力最强，中心城市与非中心城市城镇化发展差距较大。

其次，对单中心—非同心城市群进行分析。

对 2020 年中国城市群的空间重心结构进行筛查整理，研究发现，空间重心结构为单中心—非同心城市群的共有 6 个，分别为长三角、京津冀、关中平原、北部湾、呼包鄂榆和天山北坡城市群。继而对单中心—非同心城市群进行精细化分析：长三角城市群地跨上海市、江苏省、安徽省和浙江省四省市，中心城市为直辖市上海市，但城市群空间重心受到其他三省城市的牵引力度同样较大，故城市群空间重心位于四省市交会的苏州市；京津冀城市群地跨北京市、天津市、河北省三省市，中心城市为中国首都北京市，同样，城市群空间重心受到天津市和河北省城市的牵引力度较大，导致城市群空间重心位于北京市、天津市和石家庄市的三角区域内，但重心更偏近于北京市和天津市，位于廊坊市的北部，说明相较于河北省城市，中心城市北京市和直辖市天津市对城市群空间重心的拉扯力度更大；关中平原城市群地跨陕西省、甘肃省和山西省三省，中心城市为陕西省会城市西安市，城市群空间重心位于西安市北部的咸阳市，城市群空间重心并没有向东西方向偏移，而是由中心城市向北偏移，说明甘肃省和山西省城市对城市群空间重心的牵引力度相似，关中平原城市群北部城市对城市群空间重心牵引力更强；北部湾城市群地跨广西壮族自治区、广东省、海南省三省区，中心城市为广西壮族自治区首府南宁市，城市群空间重心位于三省区交会处的北海市，北海市向北为广西壮族自治区所辖城市，向东为广东省地区，向南隔琼州海峡与海南省相眺望，北部湾城市群空间重心与中心城市偏离距离较远，说明南宁市作为城市群中心并没有很好地发挥中心城市的空间结构影响力；呼包鄂榆城市群地跨内蒙古自治区、陕西省两省区，中心城市呼和浩特市位于城市群最东部，城市群空间重心受到西南部城市鄂尔多斯市、榆林市的牵引力度较大，城市群空间重心位于中心城市西南部的鄂尔多斯市；天山北坡城市群位于新疆维吾尔自治区，乌鲁木齐市作为城市群中心城市，同样是新疆维吾尔自治区的首府，天山北坡城市群内部除乌鲁木齐市和克拉玛依市外其他城市城镇化水平处于较低水平，克拉玛依市作为城市群内排名第二的城市，对城市群空间重心的牵引力依然很大，导致城市群空间重心由乌鲁木齐市向西偏移，最终坐落于乌鲁木齐市和克拉玛依市之间的昌吉回族自治州。

由汇总分析发现，单中心—非同心城市群中长三角、京津冀 2 个城市群位于东部地区，属于优化提升国家级城市群；关中平原、北部湾、呼包鄂榆、天山北坡 4 个城市群位于西部地区，其中，关中平原、北部湾城市群属于发展壮大区域级城市群，呼包鄂榆、天山北坡城市群属于培育发展地区级城市群。不同于单中心—同心城市群的是，除天山北坡城市群完全位于新疆维吾尔自治区范围内以外，其余城市群均地跨两个省级行政区以上。总结归纳可得，单中心—非同心城市群在东中西部地区皆有分布，具有空间分布上的不规律性，且多为跨省类城市群；该类城市群整体发育程度和城镇化水平要强于单中心—同心城市群，且单中心—非同心城市群中心城市在空间结构影响力方面要弱于单中心—同心城市群，空间集聚状态以非中心城市为核心，城市群空间重心受到非中心城市影响较大。

再次，对双中心城市群进行分析。

对 2020 年中国城市群的空间重心结构进行筛查整理，研究发现空间重心结构为双中心城市群的共有 7 个，分别为辽中南、哈长、山东半岛、珠三角、粤闽浙沿海、成渝、兰西城市群，对双中心城市群进行精细化分析，发现如果城市群内部第一个中心城市所辐射的城市群范围相较于另一中心城市所辐射城市群范围对空间重心牵引力更大，就会导致城市群空间重心更偏近于第一个中心城市而稍远于另一中心城市。如辽中南城市群完全位于辽宁省区域内部，空间重心位于中心城市沈阳市和大连市之间的鞍山市，但距离沈阳市更近，距离大连市稍远，表明中心城市沈阳市所辐射的城市群范围相较于大连市所辐射的城市群范围的空间结构影响力更强；哈长城市群地跨黑龙江省和吉林省两省，空间重心位于中心城市哈尔滨市和长春市之间的松原市，但距离哈尔滨市更近，距离长春市稍远，表明中心城市哈尔滨市所辐射的城市群范围相较于长春市所辐射的城市群范围的空间结构影响力更强；山东半岛城市群完全位于山东省区域内部，空间重心位于中心城市济南市和青岛市之间的潍坊市，但距离济南市更近，距离青岛市稍远，表明中心城市济南市所辐射的城市群范围相较于青岛市所辐射的城市群范围的空间结构影响力更强；珠三角城市群地跨广东省、香港特别行政区和澳门特别行政区，但本书对特别行政区范围进行剔除，珠三角城市群空间重心位于中心城市广州市和深圳市之间的东莞市，但距离深圳市更近，距离广州市稍远，表明中心城市深圳市所辐射的城市群范围相较于广州市所辐射的城市群范围的空间结构影响力更强；粤闽浙沿海城市群地跨广东省、福建省和浙江省三省，空间重心位于中心城市福州市和厦门市之间的泉州市，但距离厦门市更近，距离福州市稍远，表明中心城市厦门市所辐射的城市群范围相较于福州市所辐射的城市群范围的空间结构影响力更强；成渝城市群地跨四川省、重庆市两省市，空间重心位于中心城市成都市和重庆市之间的资阳市，但距离成都市更近，距离重庆市稍远，表明中心城市成都市所辐射的城市群范围相较于重庆市所辐射的城市群范围的空间结构影响力更强；兰西城市群地跨甘肃省、青海省两省，空间重心位于中心城市兰州市和西宁市之间的海东市，但距离兰州市更近，距离西宁市稍远，表明中心城市兰州市所辐射的城市群范围相较于西宁市所辐射的城市群范围的空间结构影响力更强。

由汇总分析发现，双中心城市群中辽中南、哈长、山东半岛、珠三角、粤闽浙沿海 5 个城市群位于东部地区和东北部地区，其中，珠三角城市群属于优化提升国家级城市群，山东半岛、粤闽浙沿海城市群属于发展壮大区域级城市群，辽中南、哈长城市群属于培育发展地区级城市群；成渝、兰西 2 个城市群位于西部地区，其中，成渝城市群为优化提升国家级城市群，兰西城市群为培育发展地区级城市群。辽中南、山东半岛为单省类城市群，哈长、珠三角、粤闽浙沿海、成渝、兰西城市群为跨省类城市群。总结归纳可得，双中心城市群在东西部地区各有分布，在空间分布上具有不规律性，且多为跨省类城市群；该类空间重心结构具有明确规律性，城市群两中心城市发展实力相近，空间重心受到两中心城市影响较大，皆位于两中心城市之间，两中心城市长期处在竞争与合作交织状态，腹地范围相互交叉重叠。但该类城市群空间结构具有不稳定性，双中心城市对城市群重心的牵引力各不相同导致了城市群重心结构间的差异。

最后，对三中心城市群进行分析。

对 2020 年中国城市群的空间重心结构进行筛查整理，研究发现空间重心结构为三中心城市群的仅有长江中游城市群 1 个，继而对三中心城市群进行精细化分析。长江中游城市群地跨湖北省、湖南省和江西省三省，三中心城市分别为三省省会城市武汉市、长沙市和南昌市，空间重心位于湖北省孝感市，城市群重心位于三个中心城市连线的三角形区域内，但距离武汉市较近，距离长沙市和南昌市稍远，表明武汉市所辐射的城市群范围相较于其他中心城市在城市群内部的空间结构影响力更强。长江中游城市群作为唯一的三中心城市群，位于中部地区，属于跨省类优化提升国家级城市群，但其总体发育程度、紧凑程度均比较低，城市群形成发育的中心性不强，网络均衡化程度较高。

接下来对中国 19 个城市群各时期建成区的标准差椭圆、重心位置及偏移情况进行分析，并通过城市群空间重心结构的划分进行城市群中心城市与城市群重心差异的动态化精细模拟研究。

首先，对东北部地区城市群进行中心城市与城市群重心差异的动态化精细模拟研究，经上节研究可知，东北部城市群共包含 2 个城市群，皆为双中心城市群（辽中南、哈长）。

由表 4-5 可知，从整个时间序列来看，辽中南城市群建成区空间分布整体呈"北（略偏东）—南（略偏西）"格局，中心城市沈阳市和大连市位于标准差椭圆长轴方向上，空间重心位于两中心城市之间，其中，标准差椭圆长轴要远长于短轴部分，扁率极高，表明城市群建成区范围方向性极强。椭圆面积在时间序列上变动不明显，椭圆中心出现些许偏移，表明推动城市群建成区扩张的力量来自东西南北各个方向的城市扩张。

表4-5                             **辽中南城市群重心偏移演化**

| 年份 | 标准差椭圆空间格局 | 中心城市 | 空间重心所在位置 | 重心坐标 | 偏移方向 | 偏移距离（千米） | 偏移角度 | 偏移速度（千米/年） |
|---|---|---|---|---|---|---|---|---|
| 2014 | 北（略偏东）—南（略偏西） | 沈阳市、大连市 | 鞍山市海城市 | 122°47′34″E，40°55′15″N | — | — | — | — |
| 2016 | 北（略偏东）—南（略偏西） | 沈阳市、大连市 | 鞍山市海城市 | 122°44′18″E，40°53′12″N | 西南 | 5.93 | 230.79° | 2.97 |
| 2018 | 北（略偏东）—南（略偏西） | 沈阳市、大连市 | 鞍山市海城市 | 122°44′12″E，40°55′27″N | 西北 | 4.23 | 102.14° | 2.21 |
| 2020 | 北（略偏东）—南（略偏西） | 沈阳市、大连市 | 鞍山市海城市 | 122°40′7″E，40°53′0″N | 西南 | 7.27 | 229.35° | 3.64 |

在2014年，辽中南城市群空间重心位于两中心城市之间的鞍山市海城市范围内，距离沈阳市稍近，距离大连市稍远，重心坐标为122°47′34″E，40°55′15″N；在2014~2016年，城市群空间重心向西南方向偏移，偏移距离为5.93千米，偏移角度为230.79°，偏移速度为2.97千米/年，呈远离沈阳市、靠近大连市的态势，此时城市群空间重心仍位于海城市范围内，重心坐标为122°44′18″E，40°53′12″N；在2016~2018年，城市群空间重心向西北方向偏移，偏移距离为4.23千米，偏移角度为102.14°，偏移速度为2.21千米/年，重心偏移速度降低，呈靠近沈阳市、远离大连市的态势，此时城市群空间重心仍位于海城市范围内，重心坐标为122°44′12″E，40°55′27″N；在2018~2020年，城市群空间重心向西南方向偏移，偏移距离为7.27千米，偏移角度为229.35°，偏移速度为3.64千米/年，重心偏移速度增加，呈远离沈阳市、靠近大连市的态势，此时城市群重心仍位于海城市范围内，重心坐标为122°40′7″E，40°53′0″N。从整个时间序列来看，辽中南城市群重心由两中心城市沈阳市和大连市之间的鞍山市海城市位置向西南方向偏移，最后仍位于海城市范围内，呈远离沈阳市、靠近大连市的态势。

由表4-6可知，从整个时间序列来看，哈长城市群建成区空间分布整体呈"西北—东南"格局，空间重心位于两中心城市哈尔滨市和长春市之间，其中，标准差椭圆长轴要稍长于短轴部分，扁率较高，且城市群建成区范围方向性随扁率下降而降低。城市群标准差椭圆面积随着时间推移呈先增长后降低的趋势，表明城市群建成区灯光总灰度值同样随城市群规模扩张呈先上升后下降的趋势，其中，长轴伸缩幅度远强于短轴，表明推动哈长城市群建成区扩张的力量主要来自东北—西南方向的城市扩张，而非西北—东南方向。

表4-6                             **哈长城市群重心偏移演化**

| 年份 | 标准差椭圆空间格局 | 中心城市 | 空间重心所在位置 | 重心坐标 | 偏移方向 | 偏移距离（千米） | 偏移角度 | 偏移速度（千米/年） |
|---|---|---|---|---|---|---|---|---|
| 2014 | 西北—东南 | 哈尔滨市、长春市 | 松原市扶余市 | 125°53′1″E，45°6′36″N | — | — | — | — |
| 2016 | 西北—东南 | 哈尔滨市、长春市 | 松原市扶余市 | 125°59′52″E，45°1′22″N | 东南 | 13.24 | 324.57° | 6.62 |
| 2018 | 西北—东南 | 哈尔滨市、长春市 | 松原市扶余市 | 122°44′12″E，40°55′27″N | 南 | 8.98 | 264.37° | 4.49 |
| 2020 | 西北—东南 | 哈尔滨市、长春市 | 松原市扶余市 | 122°40′7″E，40°53′0″N | 南 | 7.35 | 284.39° | 3.67 |

在 2014 年，哈长城市群空间重心位于两中心城市之间的松原市扶余市范围内，距离哈尔滨稍近，距离长春市稍远，重心坐标为 125°53′1″E，45°6′36″N；在 2014～2016 年，城市群空间重心向东南方向偏移，偏移距离为 13.24 千米，偏移角度为 324.57°，偏移速度为 6.62 千米/年，呈远离哈尔滨市、靠近长春市的态势，此时城市群空间重心仍位于扶余市范围内，重心坐标为 125°59′52″E，45°1′22″N；在 2016～2018 年，城市群空间重心向南偏移，偏移距离为 8.98 千米，偏移角度为 264.37°，偏移速度为 4.49 千米/年，重心偏移速度降低，呈远离哈尔滨市、靠近长春市的态势，此时城市群空间重心仍位于扶余市范围内，重心坐标为 122°44′12″E，40°55′27″N；在 2018～2020 年，城市群空间重心继续向南偏移，偏移距离为 7.35 千米，偏移角度为 284.39°，偏移速度为 3.67 千米/年，重心偏移速度降低，呈远离哈尔滨市、靠近长春市的态势，此时城市群空间重心仍位于扶余市范围内，重心坐标为 122°40′7″E，40°53′0″N。从整个时间序列来看，哈长城市群重心由两中心城市哈尔滨市和长春市之间的松原市扶余市位置向东南方向偏移，最后仍位于扶余市范围内，呈远离哈尔滨市、靠近长春市的态势。

其次，对中部地区城市群进行中心城市与城市群重心差异的动态化精细模拟研究，经上节研究可知，中部城市群共包含 3 个城市群，其中，有空间重心结构为单中心—非同心城市群（晋中、中原）共 2 个、三中心城市群（长江中游）1 个。

由表 4－7 可知，从整个时间序列来看，晋中城市群建成区空间分布整体呈"北（略偏西）—南（略偏东）"格局，标准差椭圆长轴要远长于短轴部分，扁率极高，城市群建成区范围方向性较强。椭圆面积随着时间推移呈下降态势，表明虽然城市群建成区面积呈增长趋势，但建成区灯光总灰度值随城市群规模扩张呈下降趋势，其中，短轴伸缩幅度远强于长轴，表明推动晋中城市群建成区扩张的力量主要来自南北方向的城市扩张，而非东西方向。

表 4－7　　　　　　　　　　　　　　　晋中城市群重心偏移演化

| 年份 | 标准差椭圆空间格局 | 中心城市 | 空间重心所在位置 | 重心坐标 | 偏移方向 | 偏移距离（千米） | 偏移角度 | 偏移速度（千米/年） |
|---|---|---|---|---|---|---|---|---|
| 2014 | 北（略偏西）—南（略偏东） | 太原市 | 太原市小店区 | 112°33′57″E，37°36′30″N | — | — | — | — |
| 2016 | 北（略偏西）—南（略偏东） | 太原市 | 太原市小店区 | 112°32′14″E，37°39′15″N | 西北 | 5.74 | 120.06° | 2.87 |
| 2018 | 北（略偏西）—南（略偏东） | 太原市 | 太原市榆次区 | 112°36′18″E，37°33′37″N | 东南 | 12.12 | 303.35° | 6.06 |
| 2020 | 北（略偏西）—南（略偏东） | 太原市 | 太原市清徐县 | 112°35′43″E，37°35′20″N | 南 | 3.32 | 109.01° | 1.66 |

在 2014 年，晋中城市群空间重心位于中心城市太原市南部的小店区范围内，重心坐标为 112°33′57″E，37°36′30″N；在 2014～2016 年，城市群空间重心向西北方向偏移，偏移距离为 5.74 千米，偏移角度为 120.06°，偏移速度为 2.87 千米/年，呈靠近中心城市的态势，偏移后城市群空间重心仍落在小店区范围内，重心坐标为 112°32′14″E，37°39′15″N；在 2016～2018 年，城市群空间重心折返加速向东南方向偏移，偏移距离为 12.12 千米，偏移角度为 303.35°，偏移速度为 6.06 千米/年，重心偏移速度增快，呈远离中心城市的态势，偏移后城市群重心已脱离中心城市太原市小店区的范围，位于太原市西北部的榆次区范围内，重心坐标为 112°36′18″E，37°33′37″N；在 2018～2020 年，城市群空间重心向南偏移，偏移距离为 3.32 千米，偏移角度为 109.01°，偏移速度为 1.66 千米/年，重心偏移速度降低，呈靠近中心城市的态势，此时城市群重心又脱离太原市西北部的榆次区范围，最后位于太原市南部的清徐县范围内，重心坐标为 112°35′43″E，37°35′20″N。从

整个时间序列来看，晋中城市群重心由中心城市太原市的小店区位置向东南方向偏移，最后位于太原市于清徐县范围内，呈远离中心城市的态势。

由表 4-8 可知，从整个时间序列来看，中原城市群建成区空间分布整体呈"东（略偏南）—西（略偏北）"格局，标准差椭圆长轴要远长于短轴部分，扁率较高，城市群建成区范围方向性极强，且方向性随标准差椭圆扁率提高而增强。椭圆面积随着时间推移呈增长态势，表明城市群建成区灯光总灰度值随城市群规模扩张呈上升态势，其中，长轴伸缩幅度远强于短轴，表明推动中原城市群建成区扩张的力量主要来自东西方向的城市扩张，而非南北方向。

表 4-8　　　　　　　　　　　　　　中原城市群重心偏移演化

| 年份 | 标准差椭圆空间格局 | 中心城市 | 空间重心所在位置 | 重心坐标 | 偏移方向 | 偏移距离（千米） | 偏移角度 | 偏移速度（千米/年） |
|---|---|---|---|---|---|---|---|---|
| 2014 | 东（略偏南）—西（略偏北） | 郑州市 | 郑州市中牟县 | 113°51′48″E，34°36′41″N | — | — | — | — |
| 2016 | 东（略偏南）—西（略偏北） | 郑州市 | 郑州市中牟县 | 113°53′4″E，34°34′10″N | 东南 | 5.1 | 297.01° | 2.47 |
| 2018 | 东（略偏南）—西（略偏北） | 郑州市 | 开封市尉氏县 | 114°2′28″E，34°29′21″N | 东南 | 18.78 | 332.50° | 9.39 |
| 2020 | 东（略偏南）—西（略偏北） | 郑州市 | 郑州市中牟县 | 113°59′57″E，34°31′20N | 西北 | 5.32 | 140.55° | 2.66 |

在 2014 年，中原城市群空间重心位于中心城市郑州市东南部的中牟县范围内，重心坐标为 113°51′48″E，34°36′41″N；在 2014~2016 年，城市群空间重心向东南方向偏移，偏移距离为 5.1 千米，偏移角度为 297.01°，偏移速度为 2.47 千米/年，呈远离中心城市的态势，但偏移后城市群空间重心仍落在中牟县范围内，重心坐标为 113°53′4″E，34°34′10″N；在 2016~2018 年，城市群空间重心继续加速向东南方向偏移，偏移距离为 18.78 千米，偏移角度为 332.50°，偏移速度为 9.39 千米/年，重心偏移速度增快，呈远离中心城市的态势，偏移后城市群重心已脱离中心城市郑州市的范围，位于开封市西北部的尉氏县范围内，重心坐标为 114°2′28″E，34°29′21″N；在 2018~2020 年，城市群空间重心折返向西北方向偏移，偏移距离为 5.32 千米，偏移角度为 140.55°，偏移速度为 2.66 千米/年，重心偏移速度降低，呈靠近中心城市的态势，此时城市群重心又重返中心城市郑州市中牟县的范围内，重心坐标为 113°59′57″E，34°31′20N。从整个时间序列来看，中原城市群重心由中心城市郑州市的中牟县位置向东南方向偏移，但最后仍位于中牟县范围内，呈远离中心城市的态势。

由表 4-9 可知，从整个时间序列来看，长江中游城市群建成区空间分布整体呈"北（略偏东）—南（略偏西）"格局，与其他城市群不同的是，标准差椭圆长轴仅略长于短轴部分，已接近圆形，扁率极低，城市群建成区范围方向性较差，且方向性随扁率降低呈下降趋势，表明长江中游城市群建设在空间分布上具有均衡性。椭圆面积随着时间推移呈增长态势，表明城市群建成区灯光总灰度值随城市群规模扩张呈上升趋势，椭圆中心出现些许偏移，其中，短轴伸缩幅度远强于长轴，表明推动长江中游城市群建成区扩张的力量主要来自东西方向的城市扩张，而非南北方向。

在 2014 年，长江中游城市群空间重心位于中心城市武汉市、长沙市和南昌市三点之间的咸宁市崇阳县范围内，重心坐标为 113°54′53″E，29°22′26″N；在 2014~2016 年，城市群空间重心向东南方向偏移，偏移距离为 7.97 千米，偏移角度为 313.68°，偏移速度为 3.99 千米/年，呈远离武汉市、靠近长沙市和南昌市的态势，此时城市群空间重心已脱离崇阳县范围，位于咸宁市西南部的通城县范围内，重心坐标为 113°57′59″E，29°19′6″N；在 2016~2018 年，城市群空间重心向东北方向偏移，偏移距离为 5.23 千米，偏移角度为 58.09°，偏移速度为 2.61 千米/年，重心偏移速度减慢，呈靠近武汉市、远离长沙市和南昌市的态势，此时城市群重心仍位于通城县范围内，重心坐标为113°59′57″E，29°21′20″N；在2018~2020年，城市群空间重心继续加速向东北方向偏移，偏移距离为15.1千米，偏移幅度较大，偏移角度为60.45°，偏移速度为7.55千米/年，重心偏移速度加快，呈靠近武汉市、远离长沙市和南昌市的态势，此时城市群重心又重返咸宁市崇阳县范围内，重心坐标为114°5′20″E，29°27′59″N。从整个时间序列来看，长江中游城市群重心由中心城市武汉市、长沙市和南昌市三点之间的咸宁市崇阳县位置向东北方向偏移，最后仍落于崇阳县范围内，呈靠近武汉市、远离长沙市和南昌市的态势。长江中游城市群建成区范围方向性较差，城市群建设在空间分布上具有均衡性。

表4-9　　　　　　　　　　　　　长江中游城市群重心偏移演化

| 年份 | 标准差椭圆空间格局 | 中心城市 | 空间重心所在位置 | 重心坐标 | 偏移方向 | 偏移距离（千米） | 偏移角度 | 偏移速度（千米/年） |
|---|---|---|---|---|---|---|---|---|
| 2014 | 北（略偏东）—南（略偏西） | 武汉市、长沙市、南昌市 | 咸宁市崇阳县 | 113°54′53″E，29°22′26″N | — | — | — | — |
| 2016 | 北（略偏东）—南（略偏西） | 武汉市、长沙市、南昌市 | 咸宁市通城县 | 113°57′59″E，29°19′6″N | 东南 | 7.97 | 313.68° | 3.99 |
| 2018 | 北（略偏东）—南（略偏西） | 武汉市、长沙市、南昌市 | 咸宁市通城县 | 113°59′57″E，29°21′20″N | 东北 | 5.23 | 58.09° | 2.61 |
| 2020 | 北（略偏东）—南（略偏西） | 武汉市、长沙市、南昌市 | 咸宁市崇阳县 | 114°5′20″E，29°27′59″N | 东北 | 15.1 | 60.45° | 7.55 |

再次，对东部地区城市群进行中心城市与城市群重心差异的动态化精细模拟研究，经上节研究可知，东部城市群共包含5个城市群，其中，有空间重心结构为单中心—非同心城市群（京津冀、长三角）共2个、双中心城市群（山东半岛、粤闽浙沿海、珠三角）共3个。

由表4-10可知，从整个时间序列来看，京津冀城市群建成区空间分布整体呈"东北—西南"格局，标准差椭圆长轴要稍长于短轴部分，扁率较高，城市群建成区范围方向性较强。椭圆面积随着时间推移呈先下降后上升的态势，表明虽然城市群建成区面积呈增长趋势，但建成区灯光总灰度值随城市群规模扩张呈先下降后上升的趋势，其中，长轴伸缩幅度稍微强于短轴，表明推动长三角城市群建成区扩张的主要力量来自"东北—西南"方向。

表4-10　　　　　　　　　　　　　京津冀城市群重心偏移演化

| 年份 | 标准差椭圆空间格局 | 中心城市 | 空间重心所在位置 | 重心坐标 | 偏移方向 | 偏移距离（千米） | 偏移角度 | 偏移速度（千米/年） |
|---|---|---|---|---|---|---|---|---|
| 2014 | 东北—西南 | 北京市、天津市 | 天津市武清区 | 116°52′23″E，39°20′43″N | — | — | — | — |
| 2016 | 东北—西南 | 北京市、天津市 | 天津市武清区 | 116°51′51″E，39°23′56″N | 西北 | 6.12 | 103.99° | 3.06 |
| 2018 | 东北—西南 | 北京市、天津市 | 廊坊市安次区 | 116°51′39″E，39°20′20″N | 南 | 6.78 | 274.5° | 3.39 |
| 2020 | 东北—西南 | 北京市、天津市 | 廊坊市安次区 | 116°44′27″E，39°21′8″N | 西 | 10.26 | 178.46° | 5.13 |

在2014年，京津冀城市群空间重心位于中心城市北京市东南部的天津市武清区范围内，重心坐标为116°52′23″E，39°20′43″N；在2014~2016年，城市群空间重心向西北方向偏移，偏移距离为6.12

千米,偏移角度为 103.99°,偏移速度为 3.06 千米/年,呈靠近中心城市的态势,偏移后城市群空间重心仍落在武清区范围内,重心坐标为 116°51′51″E,39°23′56″N;在 2016 ~ 2018 年,城市群空间重心折返向南偏移,偏移距离为 6.78 千米,偏移角度为 274.5,偏移速度为 3.39 千米/年,重心偏移速度略微增加,呈远离中心城市的态势,偏移后城市群重心已脱离天津市武清区的范围,位于廊坊市东北部的安次区范围内,重心坐标为 116°51′39″E,39°20′20″N;在 2018 ~ 2020 年,城市群空间重心又偏转向西加速偏移,偏移距离为 10.26 千米,偏移角度为 178.46°,偏移速度为 5.13 千米/年,重心偏移速度增加,呈靠近中心城市的态势,此时城市群重心仍位于安次区范围内,重心坐标为 116°44′27″E,39°21′8″N。从整个时间序列来看,京津冀城市群重心由中心城市北京市东南部的天津市武清区向西偏移,最后位于北京市南部的廊坊市安次区范围内,呈靠近中心城市的态势。

由表 4 - 11 可知,从整个时间序列来看,长三角城市群建成区空间分布整体呈"东(略偏南)—西(略偏北)"格局,标准差椭圆长轴要远长于短轴部分,扁率较高,城市群建成区范围方向性较强。椭圆面积随着时间推移呈增长态势,表明城市群建成区灯光总灰度值随城市群规模扩张呈上升态势,其中,长轴伸缩幅度远强于短轴,表明推动长三角城市群建成区扩张的力量主要来自东西方向的城市扩张,而非南北方向。

表 4 - 11　　　　　　　　　　　　　　　长三角城市群重心偏移演化

| 年份 | 标准差椭圆空间格局 | 中心城市 | 空间重心所在位置 | 重心坐标 | 偏移方向 | 偏移距离(千米) | 偏移角度 | 偏移速度(千米/年) |
|---|---|---|---|---|---|---|---|---|
| 2014 | 东(略偏南)—西(略偏北) | 上海市 | 苏州市吴中区 | 120°24′4.549″E,31°11′55″N | — | — | — | — |
| 2016 | 东(略偏南)—西(略偏北) | 上海市 | 苏州市吴中区 | 120°22′26″E,31°11′57″N | 西 | 2.56 | 187.66° | 1.28 |
| 2018 | 东(略偏南)—西(略偏北) | 上海市 | 苏州市吴中区 | 120°18′14″E,31°13′7″N | 西 | 6.93 | 170.6° | 3.47 |
| 2020 | 东(略偏南)—西(略偏北) | 上海市 | 苏州市虎丘区 | 120°15′48″E,31°20′20″N | 西北 | 14 | 114.53° | 7.00 |

在 2014 年,长三角城市群空间重心位于中心城市上海市西部的苏州市吴中区范围内,重心坐标为 120°24′4.549″E,31°11′55″N;在 2014 ~ 2016 年,城市群空间重心向西偏移,偏移距离为 2.56 千米,偏移角度为 187.66°,偏移速度为 1.28 千米/年,呈远离中心城市的态势,但城市群空间重心仍落在吴中区范围内,重心坐标为 120°22′26″E,31°11′57″N;在 2016 ~ 2018 年,城市群空间重心继续加速向西偏移,偏移距离为 6.93 千米,偏移角度为 170.6°,偏移速度为 3.47 千米/年,重心偏移速度增加,呈远离中心城市的态势,此时城市群重心仍落在吴中区范围内,重心坐标为 120°18′14″E,31°13′7″N;在 2018 ~ 2020 年,城市群空间重心向西北方向加速偏移,偏移距离为 14 千米,偏移角度为 114.53°,偏移速度为 7 千米/年,重心偏移速度加快,呈远离中心城市的态势,此时城市群重心已脱离吴中区的范围,位于苏州市西部的虎丘区范围内,重心坐标为 120°15′48″E,31°20′20″N。从整个时间序列来看,长三角城市群空间重心由中心城市上海市西部的苏州市吴中区向西北方向偏移,最后位于苏州市西部的虎丘区范围内,呈远离中心城市的态势。

由表 4 - 12 可知,从整个时间序列来看,山东半岛城市群建成区空间分布整体呈"东(略偏北)—西(略偏南)"格局,空间重心位于中心城市济南市和青岛市之间,标准差椭圆长轴要远长于短轴部分,扁率极高,城市群建成区范围方向性特别强。椭圆面积在时间序列上变动不明显,椭圆中心出现些许偏移,表明推动城市群建成区扩张的力量来自东西南北各个方向的城市扩张。

表 4 - 12　　　　　　　　　　　　　山东半岛城市群重心偏移演化

| 年份 | 标准差椭圆空间格局 | 中心城市 | 空间重心所在位置 | 重心坐标 | 偏移方向 | 偏移距离（千米） | 偏移角度 | 偏移速度（千米/年） |
|---|---|---|---|---|---|---|---|---|
| 2014 | 东（略偏北）—西（略偏南） | 济南市、青岛市 | 潍坊市吕乐县 | 118°55′36″E, 36°31′20″N | — | — | — | — |
| 2016 | 东（略偏北）—西（略偏南） | 济南市、青岛市 | 潍坊市吕乐县 | 118°52′34″E, 36°30′37″N | 西南 | 4.64 | 204.85° | 2.32 |
| 2018 | 东（略偏北）—西（略偏南） | 济南市、青岛市 | 潍坊市吕乐县 | 118°48′0″E, 36°31′13″N | 西 | 6.78 | 178.43° | 3.39 |
| 2020 | 东（略偏北）—西（略偏南） | 济南市、青岛市 | 潍坊市临朐县 | 118°38′31″E, 36°28′15″N | 西南 | 14.97 | 209.90° | 7.49 |

在 2014 年，山东半岛城市群空间重心位于两中心城市之间的潍坊市吕乐县范围内，距离青岛市稍近，距离济南市稍远，重心坐标为 118°55′36″E，36°31′20″N；在 2014 ~ 2016 年，城市群空间重心向西南方向偏移，偏移距离为 4.64 千米，偏移角度为 204.85°，偏移速度为 2.32 千米/年，呈靠近济南市、远离青岛市的态势，此时城市群空间重心仍位于吕乐县范围内，重心坐标为 118°52′34″E，36°30′37″N；在 2016 ~ 2018 年，城市群空间重心加速向西偏移，偏移距离为 6.78 千米，偏移角度为 178.43°，偏移速度为 3.39 千米/年，重心偏移速度增加，呈靠近济南市、远离青岛市的态势，此时城市群空间重心仍位于吕乐县范围内，重心坐标为 118°48′0″E，36°31′13″N；在 2018 ~ 2020 年，城市群空间重心继续向西南方向偏移，偏移距离为 14.97 千米，偏移角度为 209.90°，偏移速度为 7.49 千米/年，重心偏移速度加快，呈靠近济南市、远离青岛市的态势，此时城市群空间重心已脱离吕乐县范围，位于潍坊市西部的临朐县范围内，重心坐标为 118°38′31″E，36°28′15″N。从整个时间序列来看，山东半岛城市群重心由两中心城市济南市和青岛市之间的潍坊市吕乐县向西南方向偏移，最后位于潍坊市的临朐县范围内，呈靠近济南市、远离青岛市的态势。

由表 4 - 13 可知，从整个时间序列来看，粤闽浙沿海城市群建成区空间分布整体呈"东北—西南"格局，中心城市福州市和厦门市位于标准差椭圆长轴方向上，空间重心位于两城市之间，其中，标准差椭圆长轴要远长于短轴部分，扁率极高，城市群建成区范围方向性特别强。椭圆面积在时间序列上呈增长态势，表明城市群建成区灯光总灰度值随城市群规模扩张呈上升趋势，其中，长轴伸缩幅度远强于短轴，表明推动粤闽浙沿海城市群建成区扩张的力量主要来自东北—西南方向的城市扩张，而非西北—东南方向。

表 4 - 13　　　　　　　　　　　　　粤闽浙沿海城市群重心偏移演化

| 年份 | 标准差椭圆空间格局 | 中心城市 | 空间重心所在位置 | 重心坐标 | 偏移方向 | 偏移距离（千米） | 偏移角度 | 偏移速度（千米/年） |
|---|---|---|---|---|---|---|---|---|
| 2014 | 东北—西南 | 福州市、厦门市 | 泉州市洛江区 | 118°35′29″E, 25°14′55″N | — | — | — | — |
| 2016 | 东北—西南 | 福州市、厦门市 | 莆田市仙游县 | 118°37′18″E, 25°18′36″N | 东北 | 7.45 | 73.84° | 3.72 |
| 2018 | 东北—西南 | 福州市、厦门市 | 泉州市南安市 | 118°24′45″E, 25°5′47″N | 西南 | 31.7 | 236.16° | 15.85 |
| 2020 | 东北—西南 | 福州市、厦门市 | 泉州市南安市 | 118°21′5″E, 25°2′36″N | 西南 | 8.5 | 231.20° | 4.25 |

在 2014 年，粤闽浙沿海城市群空间重心位于两中心城市之间的泉州市洛江区范围内，距离厦门市稍近，距离福州市稍远，重心坐标为 118°35′29″E，25°14′55″N；在 2014～2016 年，城市群空间重心向东北方向偏移，偏移距离为 7.45 千米，偏移角度为 73.84°，偏移速度为 3.72 千米/年，呈靠近福州市、远离厦门市的态势，此时城市群空间重心已脱离泉州市洛江区的范围，位于莆田市南部的仙游县范围内，重心坐标为 118°37′18″E，25°18′36″N；在 2016～2018 年，城市群空间重心折返加速向西南方向偏移，偏移距离为 31.7 千米，偏移幅度较大，偏移角度为 236.16°，偏移速度为 15.85 千米/年，重心偏移速度增加，呈远离福州市、靠近厦门市的态势，此时城市群空间重心又脱离莆田市仙游县范围，位于泉州市南安市范围内，重心坐标为 118°24′45″E，25°5′47″N；在 2018～2020 年，城市群空间重心继续向西南方向偏移，偏移距离为 8.5 千米，偏移角度为 231.20°，偏移速度为 4.25 千米/年，重心偏移速度降低，呈远离福州市、靠近厦门市的态势，此时城市群空间重心仍位于泉州市南安市范围内，重心坐标为 118°21′5″E，25°2′36″N。从整个时间序列来看，粤闽浙沿海城市群重心由两中心城市福州市和厦门市之间的泉州市洛江区向西南方向偏移，最后位于泉州市南安市范围内，呈靠近厦门市、远离福州市的态势。

由表 4-14 可知，从整个时间序列来看，珠三角城市群建成区空间分布整体呈"西（略偏北）—东（略偏南）"格局，空间重心位于两中心城市广州市和深圳市之间，标准差椭圆长轴要远长于短轴部分，扁率较高，城市群建成区范围方向性特别强。椭圆面积在时间序列上变动不明显，椭圆中心出现些许偏移，表明推动城市群建成区扩张的力量来自东西南北各个方向的城市扩张。

表 4-14　　　　　　　　　　珠三角城市群重心偏移演化

| 年份 | 标准差椭圆空间格局 | 中心城市 | 空间重心所在位置 | 重心坐标 | 偏移方向 | 偏移距离（千米） | 偏移角度 | 偏移速度（千米/年） |
|---|---|---|---|---|---|---|---|---|
| 2014 | 西（略偏北）—东（略偏南） | 广州市、深圳市 | 东莞市 | 113°42′53″E，22°46′38″N | — | — | — | — |
| 2016 | 西（略偏北）—东（略偏南） | 广州市、深圳市 | 东莞市 | 113°42′15″E，22°47′18″N | 西北 | 1.63 | 136.96° | 0.81 |
| 2018 | 西（略偏北）—东（略偏南） | 广州市、深圳市 | 东莞市 | 113°42′38″E，22°47′20″N | 东 | 0.6 | 10.97° | 0.3 |
| 2020 | 西（略偏北）—东（略偏南） | 广州市、深圳市 | 东莞市 | 113°43′34″E，22°48′13″N | 东北 | 2.28 | 49.75° | 1.14 |

在 2014 年，珠三角城市群空间重心位于两中心城市之间的东莞市范围内，距离深圳市稍近，距离广州市稍远，重心坐标为 113°42′53″E，22°46′38″N；在 2014～2016 年，城市群空间重心向西北偏移，偏移距离为 1.63 千米，偏移角度为 136.96°，偏移速度为 0.81 千米/年，呈靠近广州市、远离深圳市的态势，此时城市群空间重心仍位于东莞市范围内，重心坐标为 113°42′15″E，22°47′18″N；在 2016～2018 年，城市群空间重心向东进行偏移，偏移距离为 0.6 千米，偏移角度为 10.97°，偏移速度为 0.3 千米/年，重心偏移速度降低，呈远离广州市、靠近深圳市的态势，此时城市群空间重心仍位于东莞市范围内，重心坐标为 113°42′38″E，22°47′20″N；在 2018～2020 年，城市群空间重心加速向东北方向偏移，偏移距离为 2.28 千米，偏移角度为 49.75°，偏移速度为 1.14 千米/年，重心偏移速度加快，呈远离广州市、靠近深圳市的态势，此时城市群空间重心仍位于东莞市范围内，重心坐标为 113°43′34″E，22°48′13″N。从整个时间序列来看，珠三角城市群重心由两中心城市济南市和青岛市之间的东莞市向东北方向偏移，最后仍位于东莞市范围内，呈靠近广州市、远离深圳市的态势。

　　最后，对西部地区城市群进行中心城市与城市群重心差异的动态化精细模拟研究，经上节研究可知，西部城市群共包含9个城市群，其中，有空间重心结构为单中心—同心城市群（滇中、黔中、宁夏沿黄）共3个、单中心—非同心城市群（关中平原、北部湾、天山北坡、呼包鄂榆）共4个和双中心城市群（成渝、兰西）共2个。

　　其中，滇中城市群位于我国西南地区，属于培育发展地区级城市群，位于云南省范围内，根据2020年1月14日国家发展和改革委员会批复的《滇中城市群发展规划》划定的范围，滇中城市群总面积约11.46万平方千米，占全国陆地总面积的1.19%，该城市群位于滇东高原盆地，以山地和山间盆地地形为主，地势起伏和缓。对滇中城市群建成区面积、扩展强度进行描述性分析，发现该城市群建成区面积、扩展速度指数和扩展强度指数要低于西部地区城市群和中国十九大城市群平均水平，在西部城市群均排名第六（见表4-15、表4-16）。

表4-15　　　　　　　　　　　　　滇中城市群建成区面积统计

| 城市群 | 建成区面积（平方千米） | | | | |
|---|---|---|---|---|---|
| | 2014年 | 2016年 | 2018年 | 2020年 | 横差 |
| 滇中 | 577.56 | 638.32 | 663.34 | 709.25 | 131.69 |
| 西部城市群均值 | 903.9 | 1015.25 | 1124.64 | 1180.48 | 276.58 |
| 中国十九大城市群均值 | 1849.7 | 2039.86 | 2200.84 | 2343.39 | 493.69 |

表4-16　　　　　　　　　　　　　滇中城市群建成区扩展强度演化

| 城市群 | 扩展速度指数（EVI）（平方千米） | | | | 扩展强度指数（ELL）（%） | | | |
|---|---|---|---|---|---|---|---|---|
| | 2014~2016年 | 2016~2018年 | 2018~2020年 | 2014~2020年 | 2014~2016年 | 2016~2018年 | 2018~2020年 | 2014~2020年 |
| 滇中 | 30.38 | 12.51 | 22.96 | 21.95 | 5.26 | 1.96 | 3.46 | 3.80 |
| 西部城市群均值 | 55.68 | 54.69 | 27.92 | 46.10 | 6.16 | 5.39 | 2.48 | 5.10 |
| 中国十九大城市群均值 | 95.08 | 80.49 | 71.28 | 82.28 | 5.14 | 3.95 | 3.24 | 4.45 |

　　由表4-17可知，滇中城市群中心城市昆明市是城市群发展的强有力支持力量，结合空间晶体组合规律和重心结构类型判定，滇中城市群为单中心—同心城市群，空间重心位于中心城市昆明市中南部地区，表明中心城市昆明市在城市群中的空间结构影响力较强。

表4-17　　　　　　　　　　　　　滇中城市群重心偏移演化

| 年份 | 中心城市 | 夜间灯光巨大光斑区 | 标准差椭圆空间格局 | 空间重心所在位置 | 重心坐标 | 偏移方向 | 偏移距离（千米） | 偏移角度 | 偏移速度（千米/年） |
|---|---|---|---|---|---|---|---|---|---|
| 2014 | 昆明市 | — | 东北—西南 | 昆明市呈贡区 | 102°50′28″E，24°56′18″N | — | — | — | — |
| 2016 | 昆明市 | — | 东北—西南 | 昆明市呈贡区 | 102°49′34″E，24°56′0″N | 西南 | 1.61 | 199.16° | 0.81 |
| 2018 | 昆明市 | — | 东北—西南 | 昆明市官渡区 | 102°44′50″E，24°55′45″N | 西 | 7.99 | 181.95° | 3.99 |
| 2020 | 昆明市 | 昆明市周围 | 东北—西南 | 昆明市官渡区 | 102°51′10″E，24°59′6″N | 东北 | 12.33 | 28.83° | 6.17 |

从整个时间序列来看，滇中城市群建成区空间分布整体呈"东北—西南"格局，标准差椭圆长轴要稍长于短轴部分，但差距有限，偏率较低，城市群建成区范围方向性不强。椭圆面积随着时间推移呈增长态势，表明城市群建成区灯光总灰度值随城市群规模扩张呈上升态势，其中，短轴伸缩幅度要强于长轴，表明推动滇中城市群建成区扩张的力量主要来自西北—东南方向的城市扩张，而非东北—西南方向。

在 2014 年，滇中城市群空间重心位于中心城市昆明市南部的呈贡区范围内，重心坐标为 102°50′28″E，24°56′18″N；在 2014~2016 年，城市群空间重心向西南方向偏移，偏移距离为 1.61 千米，偏移角度为 199.16°，偏移速度为 0.81 千米/年，呈靠近中心城市的态势，但城市群空间重心仍落在呈贡区范围内，重心坐标为 102°49′34″E，24°56′0″N；在 2016~2018 年，城市群空间重心继续加速向西偏移，偏移距离为 7.99 千米，偏移角度为 181.95°，偏移速度为 3.99 千米/年，重心偏移速度增快，呈靠近中心城市的态势移动，此时城市群重心已脱离呈贡区的范围，位于昆明市中南部的官渡区范围内，重心坐标为 102°44′50″E，24°55′45″N；在 2018~2020 年，城市群空间重心向东北方向偏移，偏移距离为 12.33 千米，偏移角度为 28.83°，偏移速度为 6.17 千米/年，重心偏移速度增快，呈远离中心城市的态势，此时城市群重心仍位于官渡区的范围内，重心坐标为 102°51′10″E，24°59′6″N。

从整个时间序列来看，滇中城市群重心由中心城市昆明市的呈贡区向北偏移，重心坐标转移为 102°50′28″E，24°56′18″N ~ 102°51′10″E，24°59′6″N，最后位于昆明市官渡区范围内，偏移速度为 3.65 千米/年，呈远离中心城市的态势。

黔中城市群位于我国西南部地区，属于培育发展地区级城市群，位于贵州省范围内，根据 2016 年 12 月 6 日贵州省人民政府批复的《黔中城市群发展规划》划定的范围，黔中城市群总面积约 5.51 万平方千米，占全国陆地总面积的 0.57%，该城市群大部分地区属云贵高原的喀斯特丘陵地貌，洪涝、干旱、雪灾、滑坡和泥石流等灾害较多。对黔中城市群建成区面积、扩展强度进行描述性分析，发现该城市群建成区面积要小于西部地区城市群和中国十九大城市群平均水平，是西部地区建成区面积排名第五的城市群；黔中城市群扩展速度指数同样低于西部城市群平均水平和中国十九大城市群的平均水平，在西部城市群排名第三，但黔中城市群扩展强度指数要高于西部城市群平均水平和中国十九大城市群的平均水平，在西部城市群排名第一（见表 4 - 18、表 4 - 19）。

表 4 - 18　　　　　　　　　　黔中城市群建成区面积统计

| 城市群 | 建成区面积（平方千米） | | | | |
|---|---|---|---|---|---|
| | 2014 年 | 2016 年 | 2018 年 | 2020 年 | 横差 |
| 黔中 | 547.18 | 609.44 | 767.68 | 785.63 | 238.45 |
| 西部城市群均值 | 903.90 | 1015.25 | 1124.64 | 1180.48 | 276.58 |
| 中国十九大城市群均值 | 1849.70 | 2039.86 | 2200.84 | 2343.39 | 493.69 |

表 4 - 19　　　　　　　　　　黔中城市群建成区扩展强度演化

| 城市群 | 扩展速度指数（EVI）单位：平方千米 | | | | 扩展强度指数（ELL）单位：% | | | |
|---|---|---|---|---|---|---|---|---|
| | 2014~2016 年 | 2016~2018 年 | 2018~2020 年 | 2014~2020 年 | 2014~2016 年 | 2016~2018 年 | 2018~2020 年 | 2014~2020 年 |
| 黔中 | 31.13 | 79.12 | 8.98 | 39.74 | 5.69 | 12.98 | 1.17 | 7.26 |
| 西部城市群均值 | 55.68 | 54.69 | 27.92 | 46.10 | 6.16 | 5.39 | 2.48 | 5.10 |
| 中国十九大城市群均值 | 95.08 | 80.49 | 71.28 | 82.28 | 5.14 | 3.95 | 3.24 | 4.45 |

由表 4-20 可知，黔中城市群中心城市贵阳市是城市群发展的强有力支持力量，结合空间晶体组合规律和重心结构类型判定，黔中城市群为单中心—同心城市群，空间重心位于中心城市贵阳市中部地区，表明中心城市贵阳市在城市群中的空间结构影响力较强。从整个时间序列来看，黔中城市群建成区空间分布整体呈"东北—西南"格局，随着时间推移，标准差椭圆长轴方向角度逐渐由"东北—西南"方向向"北—南"方向偏转，表明城市群建成区空间分布格局在不断变动。标准差椭圆长轴要稍长于短轴部分，扁率较低，且城市群建成区范围方向性随扁率提高而变强。椭圆面积随着时间推移呈先增长后降低的态势，表明城市群建成区灯光总灰度值同样呈先上升后下降的趋势，长轴伸缩幅度与短轴持平，表明推动黔中城市群建成区扩张的力量主要来自东西南北各个方向的城市扩张。

表 4-20　　　　　　　　　黔中城市群重心偏移演化

| 年份 | 中心城市 | 夜间灯光巨大光斑区 | 标准差椭圆空间格局 | 空间重心所在位置 | 重心坐标 | 偏移方向 | 偏移距离（千米） | 偏移角度 | 偏移速度（千米/年） |
|---|---|---|---|---|---|---|---|---|---|
| 2014 | 贵阳市 | — | 东北—西南 | 贵阳市白云区 | 106°38′40″E，26°41′47″N | — | — | — | — |
| 2016 | 贵阳市 | — | 东北—西南 | 贵阳市白云区 | 106°34′30″E，26°42′31″N | 西北 | 7 | 169.85° | 3.50 |
| 2018 | 贵阳市 | — | 北（略偏东）—南（略偏西） | 贵阳市修文县 | 106°41′50″E，26°56′37″N | 东北 | 28.82 | 66.13° | 14.41 |
| 2020 | 贵阳市 | 贵阳市周围 | 北（略偏东）—南（略偏西） | 贵阳市修文县 | 106°43′10″E，26°52′21″N | 东南 | 8.20 | 286.47° | 4.10 |

在 2014 年，黔中城市群空间重心位于中心城市贵阳市中南部的白云区范围内，重心坐标为 106°38′40″E，26°41′47″N；在 2014~2016 年，城市群空间重心向西北方向偏移，偏移距离为 7 千米，偏移角度为 169.85°，偏移速度为 3.5 千米/年，呈远离中心城市的态势，但偏移后城市群空间重心仍落在白云区范围内，重心坐标为 106°34′30″E，26°42′31″N；在 2016~2018 年，城市群空间重心加速向东北方向偏移，偏移距离为 28.82 千米，偏移幅度较大，偏移角度为 66.13°，偏移速度为 14.41 千米/年，重心偏移速度增快，呈远离中心城市的态势，偏移后城市群重心已脱离白云区的范围，位于贵阳市中部的修文县范围内，重心坐标为 106°41′50″E，26°56′37″N；在 2018~2020 年，城市群空间重心折返向东南方向偏移，偏移距离为 8.2 千米，偏移角度为 286.47°，偏移速度为 4.1 千米/年，重心偏移速度降低，呈靠近中心城市的态势，此时城市群重心仍位于修文县的范围内，重心坐标为 106°43′10″E，26°52′21″N。

从整个时间序列来看，黔中城市群重心由中心城市贵阳市的白云区向东北方向偏移，重心坐标转移为 106°38′40″E，26°41′47″N~106°43′10″E，26°52′21″N，最后位于贵阳市修文县范围内，偏移速度为 7.33 千米/年，呈远离中心城市的态势。

宁夏沿黄城市群位于我国西北内陆地区，属于培育发展地区级城市群，位于宁夏回族自治区范围内，根据 2009 年 6 月 9 日宁夏回族自治区人民政府批复的《宁夏沿黄城市群发展规划》划定的范围，宁夏沿黄城市群总面积约 5.22 万平方千米，占全国陆地总面积的 0.54%，该城市群境内主要有河流、湖泊、水库、坑塘、水稻田、滩地等湿地类型，湿地分布广泛，呈带状分布格局。对宁夏沿黄城市群建成区面积、扩展强度进行描述性分析，发现该城市群建成区面积远低于西部地区城市群和中国十九大城市群平均水平，是西部地区建成区面积排名第九的城市群；宁夏沿黄城市群扩展速度指数、扩展强度指数同样远低于西部城市群平均水平和中国十九大城市群的平均水平，在西部城市群排名最末（见表 4-21、表 4-22）。

表 4 - 21　　　　　　　　　　　　宁夏沿黄城市群建成区面积统计

| 城市群 | 建成区面积（平方千米） | | | | |
|---|---|---|---|---|---|
| | 2014 年 | 2016 年 | 2018 年 | 2020 年 | 横差 |
| 宁夏沿黄 | 352.02 | 359.00 | 373.70 | 384.48 | 32.46 |
| 西部城市群均值 | 903.90 | 1015.25 | 1124.64 | 1180.48 | 276.58 |
| 中国十九大城市群均值 | 1849.70 | 2039.86 | 2200.84 | 2343.39 | 493.69 |

表 4 - 22　　　　　　　　　　　宁夏沿黄城市群建成区扩展强度演化

| 城市群 | 扩展速度指数（EVI）单位：平方千米 | | | | 扩展强度指数（ELL）单位：% | | | |
|---|---|---|---|---|---|---|---|---|
| | 2014 ~ 2016 年 | 2016 ~ 2018 年 | 2018 ~ 2020 年 | 2014 ~ 2020 年 | 2014 ~ 2016 年 | 2016 ~ 2018 年 | 2018 ~ 2020 年 | 2014 ~ 2020 年 |
| 宁夏沿黄 | 3.49 | 7.35 | 5.39 | 5.41 | 0.99 | 2.05 | 1.44 | 1.54 |
| 西部城市群均值 | 55.68 | 54.69 | 27.92 | 46.10 | 6.16 | 5.39 | 2.48 | 5.10 |
| 中国十九大城市群均值 | 95.08 | 80.49 | 71.28 | 82.28 | 5.14 | 3.95 | 3.24 | 4.45 |

　　由表 4 - 23 可知，宁夏沿黄城市群中心城市银川市是城市群发展的强有力支持力量，结合空间晶体组合规律和重心结构类型判定，宁夏沿黄城市群为单中心—同心城市群，空间重心位于银川市中部地区，表明中心城市银川市对城市群空间结构影响力较强。从整个时间序列来看，宁夏沿黄城市群建成区空间分布整体呈"北（略偏东）—南（略偏西）"格局，标准差椭圆长轴要远长于短轴部分，扁率较高，但标准差椭圆扁率呈降低趋势，城市群建成区范围方向性随扁率降低而变弱。椭圆面积随着时间序列呈增长态势，表明城市群建成区灯光总灰度值随城市群规模扩张呈上升态势，其中，短轴伸缩幅度大大强于长轴，表明推动宁夏沿黄城市群建成区扩张的力量主要来自东西方向的城市扩张，而非南北方向。

表 4 - 23　　　　　　　　　　　　宁夏沿黄城市群重心偏移演化

| 年份 | 中心城市 | 夜间灯光巨大光斑区 | 标准差椭圆空间格局 | 空间重心所在位置 | 重心坐标 | 偏移方向 | 偏移距离（千米） | 偏移角度 | 偏移速度（千米/年） |
|---|---|---|---|---|---|---|---|---|---|
| 2014 | 银川市 | — | 北（略偏东）—南（略偏西） | 银川市永宁县 | 106°16′3″E, 38°20′3″N | — | — | — | — |
| 2016 | 银川市 | — | 北（略偏东）—南（略偏西） | 银川市永宁县 | 106°18′7″E, 38°20′48″N | 东北 | 3.28 | 26.59° | 1.64 |
| 2018 | 银川市 | — | 北（略偏东）—南（略偏西） | 银川市灵武县 | 106°20′31″E, 38°18′47″N | 东南 | 5.14 | 312.84° | 2.57 |
| 2020 | 银川市 | 银川市周围 | 北（略偏东）—南（略偏西） | 银川市灵武县 | 106°20′45″E, 38°15′43″N | 南 | 5.79 | 273.96° | 2.89 |

　　在 2014 年，宁夏沿黄城市群空间重心位于中心城市银川市中部的永宁县范围内，重心坐标为 106°16′3″E, 38°20′3″N；在 2014 ~ 2016 年，城市群空间重心向东北方向偏移，偏移距离为 3.28 千米，偏移角度为 26.59°，偏移速度为 1.64 千米/年，呈靠近中心城市的态势，但偏移后城市群空间重心仍落在永宁县范围内，重心坐标为 106°18′7″E, 38°20′48″N；在 2016 ~ 2018 年，城市群空间重心加速向东南方向偏移，偏移距离为 5.14 千米，偏移角度为 312.84°，偏移速度为 2.57 千米/年，

重心偏移速度增快，呈远离中心城市的态势，偏移后城市群重心已脱离永宁县的范围，位于银川市南部的灵武县范围内，重心坐标为106°20′31″E，38°18′47″N；在2018~2020年，城市群空间重心继续加速向南偏移，偏移距离为5.79千米，偏移角度为273.96°，偏移速度为2.89千米/年，重心偏移速度增加，呈远离中心城市的态势，此时城市群重心仍位于灵武县的范围内，重心坐标为106°20′45″E，38°15′43″N。

从整个时间序列来看，宁夏沿黄城市群重心由中心城市银川市的永宁县向东南方向偏移，重心坐标转移为106°16′3″E，38°20′3″N~106°20′45″E，38°15′43″N，最后位于银川市灵武县范围内，偏移速度为2.37千米/年，呈远离中心城市的态势。

关中平原城市群位于我国西北内陆地区，属于发展壮大区域级城市群，地跨陕西省、陕西省和甘肃省三省地区，根据2018年1月9日国务院批复的《关中平原城市群发展规划》划定的范围，关中平原城市群总面积约10.71万平方千米，占全国陆地总面积的1.12%，该城市群地势整体上起伏较大，南部为秦岭山脉，中东部为狭长的关中平原，北部为黄土高原边缘区。对关中城市群建成区面积、扩展强度进行描述性分析，发现该城市群建成区面积稍高于西部地区城市群平均水平，但要低于中国十九大城市群平均水平，是西部地区建成区面积排名第三的城市群；关中平原城市群扩展速度指数同样远高于西部城市群平均水平，但低于中国十九大城市群的平均水平，在西部城市群排名第二；关中平原城市群扩展强度指数要高于西部城市群平均水平和中国十九大城市群的平均水平，在西部城市群排名第三（见表4-24、表4-25）。

表4-24 　　　　　　　　　　　　关中平原城市群建成区面积统计

| 城市群 | 建成区面积（平方千米） | | | | |
|---|---|---|---|---|---|
| | 2014年 | 2016年 | 2018年 | 2020年 | 横差 |
| 关中平原 | 922.95 | 1082.45 | 1260.59 | 1268.45 | 345.50 |
| 西部城市群均值 | 903.90 | 1015.25 | 1124.64 | 1180.48 | 276.58 |
| 中国十九大城市群均值 | 1849.70 | 2039.86 | 2200.84 | 2343.39 | 493.69 |

表4-25 　　　　　　　　　　　　关中平原城市群建成区扩展强度演化

| 城市群 | 扩展速度指数（EVI）单位：平方千米 | | | | 扩展强度指数（ELL）单位：% | | | |
|---|---|---|---|---|---|---|---|---|
| | 2014~2016年 | 2016~2018年 | 2018~2020年 | 2014~2020年 | 2014~2016年 | 2016~2018年 | 2018~2020年 | 2014~2020年 |
| 关中平原 | 79.75 | 89.07 | 3.93 | 57.58 | 8.64 | 8.23 | 0.31 | 6.24 |
| 西部城市群均值 | 55.68 | 54.69 | 27.92 | 46.10 | 6.16 | 5.39 | 2.48 | 5.10 |
| 中国十九大城市群均值 | 95.08 | 80.49 | 71.28 | 82.28 | 5.14 | 3.95 | 3.24 | 4.45 |

由表4-26可知，关中平原城市群中心城市西安市是城市群发展的强有力支持力量，结合空间晶体组合规律和重心结构类型判定，关中平原城市群为单中心—非同心城市群，空间重心位于中心城市西安市北部的咸阳市。从整个时间序列来看，关中平原城市群建成区空间分布整体呈"东（略偏北）—西（略偏南）"格局，标准差椭圆长轴要稍长于短轴部分，扁率较高，城市群建成区范围方向性较强。椭圆面积随着时间序列呈增长态势，表明城市群建成区灯光总灰度值随城市群规模扩张呈上升态势，其中，短轴伸缩幅度要强于长轴，表明推动关中平原城市群建成区扩张的力量主要来自南北方向的城市扩张，而非东西方向。

表 4－26　　　　　　　　　　　　　　关中平原城市群重心偏移演化

| 年份 | 中心城市 | 夜间灯光巨大光斑区 | 标准差椭圆空间格局 | 空间重心所在位置 | 重心坐标 | 偏移方向 | 偏移距离（千米） | 偏移角度 | 偏移速度（千米/年） |
|---|---|---|---|---|---|---|---|---|---|
| 2014 | 西安市 | — | 东（略偏北）—西（略偏南） | 咸阳市泾阳县 | 108°55′7″E，34°34′47″N | — | — | — | — |
| 2016 | 西安市 | — | 东（略偏北）—西（略偏南） | 咸阳市泾阳县 | 108°51′2″E，34°38′23″N | 西北 | 9.14 | 134.37° | 4.57 |
| 2018 | 西安市 | — | 东（略偏北）—西（略偏南） | 咸阳市泾阳县 | 108°51′59″E，34°36′59″N | 东南 | 2.98 | 300.39° | 1.59 |
| 2020 | 西安市 | 西安市周围 | 东（略偏北）—西（略偏南） | 咸阳市三原县 | 108°55′54″E，34°35′45″N | 东南 | 6.32 | 340.65° | 3.16 |

在 2014 年，关中平原城市群空间重心位于中心城市西安市北部的咸阳市泾阳县范围内，重心坐标为108°55′7″E，34°34′47″N；在 2014~2016 年，城市群空间重心向西北方向偏移，偏移距离为9.14 千米，偏移角度为 134.37°，偏移速度为 4.57 千米/年，呈远离中心城市的态势，此时城市群空间重心仍落在泾阳县范围内，重心坐标为108°51′2″E，34°38′23″N；在 2016~2018 年，城市群空间重心折返减速向东南方向偏移，偏移距离为 2.98 千米，偏移角度为 300.39°，偏移速度为 1.59千米/年，重心偏移速度降低，呈靠近中心城市的态势，此时城市群空间重心仍落在泾阳县范围内，重心坐标为108°51′59″E，34°36′59″N；在 2018~2020 年，城市群空间重心继续加速向东南方向偏移，偏移距离为 6.32 千米，偏移角度为 340.65°，偏移速度为 3.16 千米/年，重心偏移速度增快，呈靠近中心城市的态势，此时城市群重心已脱离泾阳县的范围，位于咸阳市东部的三原县范围内，重心坐标为108°55′54″E，34°35′45″N。

从整个时间序列来看，关中平原城市群重心由中心城市西安市北部的咸阳市泾阳县向东北方向偏移，重心坐标转移为108°55′7″E，34°34′47″N ~ 108°55′54″E，34°35′45″N，最后位于咸阳市三原县范围内，偏移速度为 3.1 千米/年，呈远离中心城市的态势。

北部湾城市群位于我国华南地区，属于发展壮大区域级城市群，地跨广西壮族自治区、广东省、海南省三省区，根据 2017 年 1 月 20 日国务院批复的《北部湾城市群发展规划》划定的范围，北部湾城市总面积约 11.66 万平方千米，占全国陆地总面积的 1.21%，北部湾城市群是面向东盟国际大通道的重要枢纽，是"三南"开放发展新的战略支点，同样是 21 世纪"海上丝绸之路"与"丝绸之路经济带"有机衔接的重要门户。对北部湾城市群建成区面积、扩展强度进行描述性分析，发现北部湾城市群建成区面积稍高于西部地区城市群平均水平，但低于中国十九大城市群平均水平，是西部地区建成区面积排名第二的城市群；北部湾城市群扩展速度指数要低于西部城市群平均水平和中国十九大城市群的平均水平，在西部城市群排名第四；北部湾城市群扩展强度指数同样低于西部城市群平均水平和中国十九大城市群的平均水平，在西部城市群排名第七（见表 4－27、表 4－28）。

表 4－27　　　　　　　　　　　　北部湾城市群建成区面积统计

| 城市群 | 建成区面积（平方千米） | | | | |
|---|---|---|---|---|---|
| | 2014 年 | 2016 年 | 2018 年 | 2020 年 | 横差 |
| 北部湾 | 1054.52 | 1124.02 | 1198.50 | 1276.77 | 222.25 |
| 西部城市群均值 | 903.90 | 1015.25 | 1124.64 | 1180.48 | 276.58 |
| 中国十九大城市群均值 | 1849.70 | 2039.86 | 2200.84 | 2343.39 | 493.69 |

表 4 – 28 北部湾城市群建成区扩展强度演化

| 城市群 | 扩展速度指数（EVI）单位：平方千米 | | | | 扩展强度指数（ELL）单位：% | | | |
|---|---|---|---|---|---|---|---|---|
| | 2014 ~ 2016 年 | 2016 ~ 2018 年 | 2018 ~ 2020 年 | 2014 ~ 2020 年 | 2014 ~ 2016 年 | 2016 ~ 2018 年 | 2018 ~ 2020 年 | 2014 ~ 2020 年 |
| 北部湾 | 34.75 | 37.24 | 39.14 | 37.04 | 3.30 | 3.31 | 3.27 | 3.51 |
| 西部城市群均值 | 55.68 | 54.69 | 27.92 | 46.10 | 6.16 | 5.39 | 2.48 | 5.10 |
| 中国十九大城市群均值 | 95.08 | 80.49 | 71.28 | 82.28 | 5.14 | 3.95 | 3.24 | 4.45 |

由表 4 – 29 可知，北部湾城市群城市南宁市、湛江市和海口市是城市群发展的强有力支持力量，结合空间晶体组合规律和重心结构类型判定，北部湾城市群为单中心—非同心城市群，空间重心位于中心城市南宁市东南方向的北海市。从整个时间序列来看，北部湾城市群建成区空间分布整体呈"西北—东南"格局，标准差椭圆长轴要远长于短轴部分，扁率较高，城市群建成区范围方向性随扁率提高而变强。城市群标准差椭圆面积随着时间序列呈增长态势，表明城市群建成区灯光总灰度值随城市群规模扩张呈上升趋势，其中，长轴伸缩幅度要强于短轴，表明推动北部湾城市群建成区扩张的力量主要来自西北—东南方向的城市扩张，而非东北—西南方向。

表 4 – 29 北部湾城市群重心偏移演化

| 年份 | 中心城市 | 夜间灯光巨大光斑区 | 标准差椭圆空间格局 | 空间重心所在位置 | 重心坐标 | 偏移方向 | 偏移距离（千米） | 偏移角度 | 偏移速度（千米/年） |
|---|---|---|---|---|---|---|---|---|---|
| 2014 | 南宁市 | — | 西北—东南 | 北海市铁山港区 | 109°29′59″E，21°35′8″N | — | — | — | — |
| 2016 | 南宁市 | — | 西北—东南 | 北海市铁山港区 | 109°28′57″E，21°37′43″N | 西北 | 5.02 | 113.68° | 2.51 |
| 2018 | 南宁市 | — | 西北—东南 | 北海市铁山港区 | 109°26′9″E，21°36′41″N | 西南 | 5.21 | 203.82° | 2.60 |
| 2020 | 南宁市 | 南宁市、湛江市和海口市周围 | 西北—东南 | 北海市银海区 | 109°19′48″E，21°36′35″N | 西 | 11.08 | 183.46° | 5.54 |

在 2014 年，北部湾城市群空间重心位于中心城市南宁市东南部的北海市铁山港区范围内，重心坐标为 109°29′59″E，21°35′8″N；在 2014 ~ 2016 年，城市群空间重心向西北方向偏移，偏移距离为 5.02 千米，偏移角度为 113.68°，偏移速度为 2.51 千米/年，呈靠近中心城市的态势，偏移后城市群空间重心仍落在铁山港区范围内，重心坐标为 109°28′57″E，21°37′43″N；在 2016 ~ 2018 年，城市群空间重心向西南方向偏移，偏移距离为 5.21 千米，偏移角度为 203.82°，偏移速度为 2.6 千米/年，重心偏移速度略微提升，呈靠近中心城市的态势，偏移后城市群重心仍落在铁山港区范围内，重心坐标为 109°26′9″E，21°36′41″N；在 2018 ~ 2020 年，城市群空间重心加速向西偏移，偏移距离为 11.08 千米，偏移角度为 183.46°，偏移速度为 5.54 千米/年，重心偏移速度加快，呈靠近中心城市的态势，此时城市群重心已脱离铁山港区范围，位于北海市南部的银海区范围内，重心坐标为 109°19′48″E″E，21°36′35″N。

从整个时间序列来看，北部湾城市群重心由中心城市南宁市东南部的北海市铁山港区向西偏移，重心坐标转移为 109°29′59″E，21°35′8″N ~ 109°19′48″E，21°36′35″N，最后位于北海市银海区范围内，偏移速度为 3.55 千米/年，呈远离中心城市的态势移动。

　　天山北坡城市群位于我国西北边陲的天山北坡地区，属于培育发展地区级城市群，位于新疆维吾尔自治区范围内，根据 2019 年 5 月 8 日国家发展和改革委员会批复的《天山北坡城市群发展规划》划定的范围，天山北坡城市群总面积约 21.54 万平方千米，占全国陆地总面积的 2.24%，该城市群分布在新疆准噶尔盆地南缘。对天山北坡城市群建成区面积、扩展强度进行描述性分析，发现天山北坡城市群建成区面积要低于西部地区城市群和中国十九大城市群平均水平，是西部地区建成区面积排名第四的城市群；天山北坡城市群扩展速度指数同样低于西部城市群平均水平和中国十九大城市群的平均水平，在西部城市群排名第五；天山北坡城市群扩展强度指数同样低于西部城市群平均水平和中国十九大城市群的平均水平，在西部城市群排名第四（见表 4 – 30、表 4 – 31）。

表 4 – 30　　　　　　　　　　　　天山北坡城市群建成区面积统计

| 城市群 | 建成区面积（平方千米） | | | | |
|---|---|---|---|---|---|
| | 2014 年 | 2016 年 | 2018 年 | 2020 年 | 横差 |
| 天山北坡 | 696.36 | 732.80 | 791.43 | 869.82 | 173.46 |
| 西部城市群均值 | 903.90 | 1015.25 | 1124.64 | 1180.48 | 276.58 |
| 中国十九大城市群均值 | 1849.70 | 2039.86 | 2200.84 | 2343.39 | 493.69 |

表 4 – 31　　　　　　　　　　　　天山北坡城市群建成区扩展强度演化

| 城市群 | 扩展速度指数（EVI）（平方千米） | | | | 扩展强度指数（ELL）（%） | | | |
|---|---|---|---|---|---|---|---|---|
| | 2014 ~ 2016 年 | 2016 ~ 2018 年 | 2018 ~ 2020 年 | 2014 ~ 2020 年 | 2014 ~ 2016 年 | 2016 ~ 2018 年 | 2018 ~ 2020 年 | 2014 ~ 2020 年 |
| 天山北坡 | 18.22 | 29.32 | 39.20 | 28.91 | 2.62 | 4.00 | 4.95 | 4.15 |
| 西部城市群均值 | 55.68 | 54.69 | 27.92 | 46.10 | 6.16 | 5.39 | 2.48 | 5.10 |
| 中国十九大城市群均值 | 95.08 | 80.49 | 71.28 | 82.28 | 5.14 | 3.95 | 3.24 | 4.45 |

　　由表 4 – 32 可知，天山北坡城市群城市乌鲁木齐市和克拉玛依市附近有两块巨大光斑，是城市群发展的强有力支持力量，结合空间晶体组合规律和重心结构类型判定，天山北坡城市群为单中心—非同心城市群，空间重心位于中心城市乌鲁木齐市西部的昌吉回族自治州。从整个时间序列来看，天山北坡城市群建成区空间分布整体呈"东（略偏南）—西（略偏北）"格局，标准差椭圆长轴要远长于短轴部分，扁率极高，城市群建成区范围方向性特别强。椭圆面积在时间序列上变动不明显，椭圆中心出现些许偏移，表明推动城市群建成区扩张的力量来自东西南北各个方向的城市扩张。

表 4 – 32　　　　　　　　　　　　天山北坡城市群重心偏移演化

| 年份 | 中心城市 | 夜间灯光巨大光斑区 | 标准差椭圆空间格局 | 空间重心所在位置 | 重心坐标 | 偏移方向 | 偏移距离（千米） | 偏移角度 | 偏移速度（千米/年） |
|---|---|---|---|---|---|---|---|---|---|
| 2014 | 乌鲁木齐市 | — | 东（略偏南）—西（略偏北） | 昌吉回族自治州玛纳斯县 | 86°10'53"E，44°13'25"N | — | — | — | — |
| 2016 | 乌鲁木齐市 | — | 东（略偏南）—西（略偏北） | 昌吉回族自治州玛纳斯县 | 86°8'55"E，44°12'53"N | 西南 | 2.77 | 189.99° | 1.39 |
| 2018 | 乌鲁木齐市 | — | 东（略偏南）—西（略偏北） | 昌吉回族自治州玛纳斯县 | 86°23'16"E，44°12'7"N | 东南 | 18.99 | 344.84° | 9.49 |
| 2020 | 乌鲁木齐市 | 乌鲁木齐市周围、克拉玛依市周围 | 东（略偏南）—西（略偏北） | 昌吉回族自治州玛纳斯县 | 86°17'41"E，44°16'6"N | 西北 | 10.48 | 123.84° | 5.24 |

在 2014 年，天山北坡城市群空间重心位于中心城市乌鲁木齐西北部的昌吉回族自治州玛纳斯县范围内，重心坐标为 86°10′53″E，44°13′25″N；在 2014～2016 年，城市群空间重心向西南方向偏移，偏移距离为 2.77 千米，偏移角度为 189.99°，偏移速度为 1.39 千米/年，呈远离中心城市的态势，此时城市群空间重心仍落在玛纳斯县范围内，重心坐标为 86°8′55″E，44°12′53″N；在 2016～2018 年，城市群空间重心加速向东南方向偏移，偏移距离为 18.99 千米，偏移角度为 344.84°，偏移速度为 9.49 千米/年，重心偏移速度增快，呈靠近中心城市的态势，此时城市群空间重心仍落在玛纳斯县范围内，重心坐标为 86°23′16″E，44°12′7″N；在 2018～2020 年，城市群空间重心折返向西北方向偏移，偏移距离为 10.48 千米，偏移角度为 123.84°，偏移速度为 5.24 千米/年，重心偏移速度降低，呈远离中心城市的态势，此时城市群空间重心仍落在玛纳斯县范围内，重心坐标为 86°17′41″E，44°16′6″N。

从整个时间序列来看，天山北坡城市群重心由中心城市乌鲁木齐西北部的昌吉回族自治州玛纳斯县向东北偏移，重心坐标转移为 86°10′53″E，44°13′25″N～86°17′41″E，44°16′6″N，但最后仍位于玛纳斯县范围内，偏移速度为 5.37 千米/年，呈靠近中心城市的态势。

呼包鄂榆城市群位于我国北方内陆，属于培育发展地区级城市群，地跨内蒙古自治区、陕西省两省区，根据 2018 年 2 月 5 日国务院批复的《呼包鄂榆城市群发展规划》划定的范围，呼包鄂榆城市群总面积约 17.5 万平方千米，占全国陆地总面积的 1.82%，该城市群地处鄂尔多斯盆地范围内。对呼包鄂榆城市群建成区面积、扩展强度进行描述性分析，发现该城市群建成区面积低于西部地区城市群和中国十九大城市群平均水平，是西部地区建成区面积排名第七的城市群；呼包鄂榆城市群扩展速度指数同样远低于西部城市群平均水平和中国十九大城市群的平均水平，在西部城市群排名第八；呼包鄂榆城市群扩展强度指数同样低于西部城市群平均水平和中国十九大城市群的平均水平，在西部城市群排名第八（见表 4-33、表 4-34）。

表 4-33　　呼包鄂榆城市群建成区面积统计

| 城市群 | 建成区面积（平方千米） | | | | |
|---|---|---|---|---|---|
| | 2014 年 | 2016 年 | 2018 年 | 2020 年 | 横差 |
| 呼包鄂榆 | 596.69 | 656.15 | 667.37 | 680.03 | 83.34 |
| 西部城市群均值 | 903.90 | 1015.25 | 1124.64 | 1180.48 | 276.58 |
| 中国十九大城市群均值 | 1849.70 | 2039.86 | 2200.84 | 2343.39 | 493.69 |

表 4-34　　呼包鄂榆城市群建成区扩展强度演化

| 城市群 | 扩展速度指数（EVI）（平方千米） | | | | 扩展强度指数（ELL）（%） | | | |
|---|---|---|---|---|---|---|---|---|
| | 2014～2016 年 | 2016～2018 年 | 2018～2020 年 | 2014～2020 年 | 2014～2016 年 | 2016～2018 年 | 2018～2020 年 | 2014～2020 年 |
| 呼包鄂榆 | 29.73 | 5.61 | 6.33 | 13.89 | 4.98 | 0.85 | 0.95 | 2.33 |
| 西部城市群均值 | 55.68 | 54.69 | 27.92 | 46.10 | 6.16 | 5.39 | 2.48 | 5.10 |
| 中国十九大城市群均值 | 95.08 | 80.49 | 71.28 | 82.28 | 5.14 | 3.95 | 3.24 | 4.45 |

由表 4-35 可知，呼包鄂榆城市群城市呼和浩特市和包头市是城市群发展的强有力支持力量，结合空间晶体组合规律和重心结构类型判定，呼包鄂榆城市群为单中心—非同心城市群，空间重心位于中心城市呼和浩特市西部的鄂尔多斯市范围内。从整个时间序列来看，呼包鄂榆群建成区空间分布整体呈"东北—西南"格局，标准差椭圆长轴要远长于短轴部分，扁率极高，城市群建成区范围方向性特别强。椭圆面积随着时间推移呈增长态势，表明城市群建成区灯光总灰度值随城市群

规模扩展呈上升趋势，其中，长轴伸缩幅度远强于短轴，表明推动呼包鄂榆城市群建成区扩展的力量主要来自东北—西南方向的城市扩展，而非西北—东南方向。

表 4 – 35　　　　　　　　　　　　　　　　呼包鄂榆城市群重心偏移演化

| 年份 | 中心城市 | 夜间灯光巨大光斑区 | 标准差椭圆空间格局 | 空间重心所在位置 | 重心坐标 | 偏移方向 | 偏移距离（千米） | 偏移角度 | 偏移速度（千米/年） |
|---|---|---|---|---|---|---|---|---|---|
| 2014 | 呼和浩特市 | — | 东北—西南 | 鄂尔多斯市伊金霍洛旗 | 110°9′26″E，39°41′47″N | — | — | — | — |
| 2016 | 呼和浩特市 | — | 东北—西南 | 鄂尔多斯市准格尔旗 | 110°12′46″E，39°45′11″N | 东北 | 7.92 | 56.57° | 3.96 |
| 2018 | 呼和浩特市 | — | 东北—西南 | 鄂尔多斯市东胜区 | 110°17′47″E，39°48′25″N | 东北 | 9.30 | 44.03° | 4.65 |
| 2020 | 呼和浩特市 | 呼和浩特市周围、包头市周围 | 东北—西南 | 鄂尔多斯市伊金霍洛旗 | 110°9′57″E，39°42′24″N | 西南 | 15.79 | 228.91° | 7.89 |

在 2014 年，呼包鄂榆城市群空间重心位于中心城市呼和浩特市西南部的鄂尔多斯市伊金霍洛旗范围内，重心坐标为 110°9′26″E，39°41′47″N；在 2014～2016 年，城市群空间重心向东北方向偏移，偏移距离为 7.92 千米，偏移角度为 56.57°，偏移速度为 3.96 千米/年，呈靠近中心城市的态势，此时重心已脱离伊金霍洛旗范围，位于鄂尔多斯市东部的准格尔旗范围内，重心坐标为 110°12′46″E，39°45′11″N；在 2016～2018 年，城市群空间重心继续加速向东北方向偏移，偏移距离为 9.3 千米，偏移角度为 44.03°，偏移速度为 4.65 千米/年，重心偏移速度增快，呈靠近中心城市的态势，此时城市群重心又脱离准格尔旗的范围，位于鄂尔多斯市东北部的东胜区范围内，重心坐标为 110°17′47″E，39°48′25″N；在 2018～2020 年，城市群空间重心折返向西南方向偏移，偏移距离为 15.79 千米，偏移幅度较大，偏移角度为 228.91°，偏移速度为 7.89 千米/年，重心偏移速度增快，呈远离中心城市的态势，此时城市群重心又重返鄂尔多斯市伊金霍洛旗范围内，重心坐标为 110°9′57″E，39°42′24″N。

从整个时间序列来看，呼包鄂榆城市群重心由中心城市呼和浩特市西南部的鄂尔多斯市伊金霍洛旗向东北方向偏移，重心坐标转移为 110°9′26″E，39°41′47″N～110°9′57″E，39°42′24″N，最后仍位于伊金霍洛旗范围内，偏移速度为 5.5 千米/年，呈靠近中心城市的态势。

成渝城市群位于我国西南部地区，属于优化提升国家级城市群，地跨四川省、重庆市两省市，根据 2016 年 4 月 12 日国务院批复的《成渝城市群发展规划》划定的范围，成渝城市群总面积约 18.5 万平方千米，占全国陆地总面积的 1.93%，该城市群地貌复杂多样，以丘陵为主，地跨四川盆地和成都平原，地势外高内低。对成渝城市群建成区面积、扩展强度进行描述性分析，发现该城市群建成区面积远高于西部地区城市群和中国十九大城市群平均水平，是西部地区建成区面积排名第一的城市群；成渝城市群扩展速度指数同样远高于西部城市群平均水平和中国十九大城市群的平均水平，在西部城市群排名第一；成渝城市群扩展强度指数同样高于西部城市群平均水平和中国十九大城市群的平均水平，在西部城市群排名第二（见表 4 – 36、表 4 – 37）。

由表 4 – 38 可知，成渝城市群中心城市成都市和重庆市是城市群发展的强有力支持力量，结合空间晶体组合规律和重心结构类型判定，成渝城市群为双中心城市群，空间重心位于两中心城市成都市和重庆市之间的资阳市，但距离成都市更近，距离重庆市稍远，表明中心城市成都市所辐射的城市群范围相较于重庆市的空间结构影响力更强。从整个时间序列来看，成渝城市群建成区空间分布整体呈"西（略偏北）—东（略偏南）"格局，中心城市成都市和重庆市位于标准差椭圆长轴方向上，空间重心位于两城市之间，其中，标准差椭圆长轴要远长于短轴部分，扁率较高，城市群建成区范围方向性较强。椭圆面积在时间序列上变动不明显，椭圆中心出现些许偏移，其中，长轴有所缩减，短轴有所扩展，短轴伸缩幅度远强于长轴，表明推动成渝城市群建成区扩张的力量主要来自东北—西南方向的城市扩张，而非西北—东南方向。

表 4 – 36　　　　　　　　　　　　　成渝城市群建成区面积统计

| 城市群 | 建成区面积（平方千米） | | | | |
|---|---|---|---|---|---|
| | 2014 年 | 2016 年 | 2018 年 | 2020 年 | 横差 |
| 成渝 | 2912.36 | 3375.38 | 3821.64 | 4062.37 | 1150.01 |
| 西部城市群均值 | 903.90 | 1015.25 | 1124.64 | 1180.48 | 276.58 |
| 中国十九大城市群均值 | 1849.70 | 2039.86 | 2200.84 | 2343.39 | 493.69 |

表 4 – 37　　　　　　　　　　　　成渝城市群建成区扩展强度演化

| 城市群 | 扩展速度指数（EVI）（平方千米） | | | | 扩展强度指数（ELL）（%） | | | |
|---|---|---|---|---|---|---|---|---|
| | 2014 ~ 2016 年 | 2016 ~ 2018 年 | 2018 ~ 2020 年 | 2014 ~ 2020 年 | 2014 ~ 2016 年 | 2016 ~ 2018 年 | 2018 ~ 2020 年 | 2014 ~ 2020 年 |
| 成渝 | 231.51 | 223.13 | 120.37 | 191.67 | 7.95 | 6.61 | 3.15 | 6.58 |
| 西部城市群均值 | 55.68 | 54.69 | 27.92 | 46.10 | 6.16 | 5.39 | 2.48 | 5.10 |
| 中国十九大城市群均值 | 95.08 | 80.49 | 71.28 | 82.28 | 5.14 | 3.95 | 3.24 | 4.45 |

表 4 – 38　　　　　　　　　　　　　成渝城市群重心偏移演化

| 年份 | 中心城市 | 夜间灯光巨大光斑区 | 标准差椭圆空间格局 | 空间重心所在位置 | 重心坐标 | 偏移方向 | 偏移距离（千米） | 偏移角度 | 偏移速度（千米/年） |
|---|---|---|---|---|---|---|---|---|---|
| 2014 | 成都市、重庆市 | — | 西（略偏北）—东（略偏南） | 资阳市乐至县 | 105°5′47″E，30°19′50″N | — | — | — | — |
| 2016 | 成都市、重庆市 | — | 西（略偏北）—东（略偏南） | 资阳市乐至县 | 105°10′9″E，30°16′31″N | 东南 | 7.27 | 318.24° | 3.63 |
| 2018 | 成都市、重庆市 | — | 西（略偏北）—东（略偏南） | 资阳市乐至县 | 105°14′24″E，30°16′57″N | 东 | 6.77 | 6.9° | 3.38 |
| 2020 | 成都市、重庆市 | 成都市周围、重庆市周围 | 西（略偏北）—东（略偏南） | 资阳市安岳县 | 105°16′9″E，30°16′8″N | 西南 | 3.17 | 331.22° | 1.58 |

在 2014 年，成渝城市群空间重心位于两中心城市之间的资阳市乐至县范围内，距离成都市稍近，距离重庆市稍远，重心坐标为 105°5′47″E，30°19′50″N；在 2014 ~ 2016 年，城市群空间重心向东南方向偏移，偏移距离为 7.27 千米，偏移角度为 318.24°，偏移速度为 3.63 千米/年，呈远离成都市、靠近重庆市的态势，此时城市群空间重心仍在乐至县范围内，重心坐标为 105°10′9″E，30°16′31″N；在 2016 ~ 2018 年，城市群空间重心向东偏移，偏移距离为 6.77 千米，偏移角度为 6.9°，偏移速度为 3.38 千米/年，重心偏移速度降低，呈远离成都市、靠近重庆市的态势，此时城市群空间重心仍在乐至县范围，重心坐标为 105°14′24″E，30°16′57″N；2018 ~ 2020 年，城市群空间重心向西南方向偏移，偏移距离为 3.17 千米，偏移角度为 331.22°，偏移速度为 1.58 千米/年，重心偏移速度降低，呈远离成都市、靠近重庆市的态势，此时城市群空间重心已脱离乐至县范围，位于资阳市安岳县范围内，重心坐标为 105°16′9″E，30°16′8″N。

　　从整个时间序列来看，成渝城市群重心由两个中心城市成都市和重庆市之间的资阳市乐至县向东南方向偏移，重心坐标转移为 105°5′47″E，30°19′50″N～105°16′9″E，30°16′8″N，最后位于资阳市安岳县范围内，偏移速度为 2.86 千米/年，呈远离成都市、靠近重庆市的态势。

　　兰西城市群位于我国西北部黄河上游地区，属于培育发展地区级城市群，地跨甘肃、青海两省，根据 2018 年 2 月 22 日国务院批复的《兰州—西宁城市群发展规划》划定的范围，兰西城市群总面积约 9.75 万平方千米，占全国陆地总面积的 1.02%，该城市群位于青藏高原和黄土高原交界地带，地势起伏较大，地貌以山地和河谷盆地为主。对兰西城市群建成区面积、扩展强度进行描述性分析，发现该城市群建成区面积远低于西部地区城市群和中国十九大城市群平均水平，是西部地区建成区面积排名第八的城市群，略高于宁夏沿黄城市群；兰西城市群扩展速度指数同样远低于西部城市群平均水平和中国十九大城市群的平均水平，在西部城市群排名第七；兰西城市群扩展强度指数同样稍低于西部城市群平均水平和中国十九大城市群的平均水平，在西部城市群排名第五（见表 4-39、表 4-40）。

表 4-39　　　　　　　　　　　　　兰西城市群建成区面积统计

| 城市群 | 建成区面积（平方千米） | | | | |
|---|---|---|---|---|---|
| | 2014 年 | 2016 年 | 2018 年 | 2020 年 | 横差 |
| 兰西 | 475.47 | 559.73 | 577.47 | 587.51 | 112.04 |
| 西部城市群均值 | 903.90 | 1015.25 | 1124.64 | 1180.48 | 276.58 |
| 中国十九大城市群均值 | 1849.70 | 2039.86 | 2200.84 | 2343.39 | 493.69 |

表 4-40　　　　　　　　　　　　　兰西城市群建成区扩展强度演化

| 城市群 | 扩展速度指数（EVI）（平方千米） | | | | 扩展强度指数（ELL）（%） | | | |
|---|---|---|---|---|---|---|---|---|
| | 2014～2016 年 | 2016～2018 年 | 2018～2020 年 | 2014～2020 年 | 2014～2016 年 | 2016～2018 年 | 2018～2020 年 | 2014～2020 年 |
| 兰西 | 42.13 | 8.87 | 5.02 | 18.67 | 8.86 | 1.58 | 0.87 | 3.93 |
| 西部城市群均值 | 55.68 | 54.69 | 27.92 | 46.10 | 6.16 | 5.39 | 2.48 | 5.10 |
| 中国十九大城市群均值 | 95.08 | 80.49 | 71.28 | 82.28 | 5.14 | 3.95 | 3.24 | 4.45 |

　　由表 4-41 可知，兰西城市群中心城市兰州市和西宁市是城市群发展的强有力支持力量，结合空间晶体组合规律和重心结构类型判定，兰西城市群为双中心城市群，空间重心位于两中心城市兰州市和西宁市之间，但距离兰州市更近，距离西宁市稍远，表明中心城市兰州市所辐射的城市群范围相较于西宁市的空间结构影响力更强。从整个时间序列来看，兰西城市群建成区空间分布整体呈"西（略偏北）—东（略偏南）"格局，中心城市兰州市和西宁市位于标准差椭圆长轴方向上，空间重心位于两城市之间，其中，标准差椭圆长轴要远长于短轴部分，扁率极高，城市群建成区范围方向性特别强。椭圆面积随着时间序列呈增长态势，表明城市群建成区灯光总灰度值随城市群规模扩张呈上升趋势，椭圆中心出现些许偏移，其中，椭圆长轴伸缩幅度和短轴相近，表明推动兰西城市群建成区扩张的力量主要来自东南西北各个方向。

　　在 2014 年，兰西城市群空间重心位于中心城市兰州市西部的红古区范围内，距离西宁市稍远，重心坐标为 103°7′29″E，36°16′50″N；在 2014～2016 年，城市群空间重心向西偏移，偏移距离为 7.7 千米，偏移角度为 177.03°，偏移速度为 3.85 千米/年，呈远离兰州市、靠近西宁市的态势，此时城市群空间重心仍在红古区范围内，重心坐标为 103°2′15″E，36°16′58″N；在 2016～2018 年，城市群空间重心折返向东偏移，偏移距离为 6.54 千米，偏移角度为 0.19°，偏移速度为 3.27 千米/

年，重心偏移速度降低，呈靠近兰州市、远离西宁市的态势，此时城市群空间重心仍在红古区范围，重心坐标为103°6′42″E，36°17′3″N；在2018~2020年，城市群空间重心向西南方向偏移，偏移距离为10.97千米，偏移角度为191.60°，偏移速度为5.48千米/年，重心偏移速度加快，呈远离兰州市、靠近西宁市的态势，此时城市群空间重心已脱离兰州市红古区范围，位于海东市民和回族土族自治县范围内，重心坐标为102°59′25″E，36°15′46″N。

表4-41　　　　　　　　　　　　兰西城市群重心偏移演化

| 年份 | 中心城市 | 夜间灯光巨大光斑区 | 标准差椭圆空间格局 | 空间重心所在位置 | 重心坐标 | 偏移方向 | 偏移距离（千米） | 偏移角度 | 偏移速度（千米/年） |
|---|---|---|---|---|---|---|---|---|---|
| 2014 | 兰州市 | — | 西（略偏北）—东（略偏南） | 兰州市红古区 | 103°7′29″E，36°16′50″N | — | — | — | — |
| 2016 | 兰州市 | — | 西（略偏北）—东（略偏南） | 兰州市红古区 | 103°2′15″E，36°16′58″N | 西 | 7.70 | 177.03° | 3.85 |
| 2018 | 兰州市 | — | 西（略偏北）—东（略偏南） | 兰州市红古区 | 103°6′42″E，36°17′3″N | 东 | 6.54 | 0.19° | 3.27 |
| 2020 | 兰州市 | 兰州市周围、西宁市周围 | 西（略偏北）—东（略偏南） | 海东市民和回族土族自治县 | 102°59′25″E，36°15′46″N | 西南 | 10.97 | 191.60° | 5.48 |

从整个时间序列来看，兰西城市群重心由中心城市兰州市西部的红古区向西南方向偏移，重心坐标转移为103°7′29″E，36°16′50″N~102°59′25″E，36°15′46″N，最后位于海东市民和回族土族自治县范围内，偏移速度为4.2千米/年，呈远离兰州市、靠近西宁市的态势。

## 4.1.3　研究发现与政策含义

### 4.1.3.1　研究发现

本书通过运用夜间灯光数据的动态演化对中国范围内十九个城市群重心进行动态识别，进而与城市群中心城市的空间位置进行差异化模拟研究，对东北部、中部、东部、西部地区城市群空间结构及中心城市与城市群重心偏离结构进行动态演化分析和精细化研究，旨在为我国城市群空间结构优化奠定理论依据。研究得出以下结论：

第一，中国城市群建成区范围总面积和西部城市群建成区面积呈稳步上升趋势，中国十九大城市群建成区总面积由2014年的35144.3平方千米提升至2020年的44524.38平方千米，西部城市群建成区面积由2014年的8135.11平方千米提升至2020年的10624.31平方千米。在2014~2020年，中国城市群建成区总面积扩展速度指数为1563.35平方千米，城市群建成区面积扩展强度指数在时间序列上不断降低，平均扩展速度指数为82.28平方千米，中国城市群建成区总体扩展强度以年均4.45%的趋势扩展。

第二，根据城市群空间晶体结构和城市群空间重心位置的不同组合，本书将城市群空间重心结构分为4类，分别为单中心—同心城市群、单中心—非同心城市群、双中心城市群和三中心城市群。其中，单中心—同心城市群有5个，分别为中原、滇中、黔中、宁夏沿黄和晋中城市群；单中心城市—非同心城市群共有6个，分别为长三角、京津冀、关中平原、北部湾、呼包鄂榆和天山北坡城市群；双中心城市群共有7个，分别为辽中南、哈长、山东半岛、珠三角、粤闽浙沿海、成渝、兰西城市群；三中心城市群仅有长江中游城市群1个。

第三，对各区域城市群空间重心结构进行统计分析得到，东北部城市群共包含 2 个城市群，空间重心结构均为双中心城市群（辽中南、哈长）；中部城市群共包含 3 个城市群，其中，有空间重心结构为单中心—非同心城市群（晋中、中原）共 2 个、三中心城市群（长江中游）1 个；东部城市群共包含 5 个城市群，其中，有空间重心结构为单中心—非同心城市群（京津冀、长三角）共 2 个、双中心城市群（山东半岛、粤闽浙沿海、珠三角）共 3 个；西部城市群共包含 9 个城市群，其中，有空间重心结构为单中心—同心城市群（滇中、黔中、宁夏沿黄）共 3 个、单中心—非同心城市群（关中平原、北部湾、天山北坡、呼包鄂榆）共 4 个和双中心城市群（成渝、兰西）共 2 个。

第四，不同空间重心结构类型城市群的中心城市与城市群重心偏移演化规律有所不同。如单中心—同心城市群空间重心位置在时间序列上都有所偏移，偏移方向具有不规律性，但城市群重心位置最后仍位于中心城市区域内，未偏移到非中心城市范围内；单中心—非同心城市群空间重心位置在时间序列上同样都有所偏移，偏移方向具有不规律性，与单中心—同心城市群不同的是，单中心—非同心城市群出现了跨城市偏移；双中心城市群空间重心全都位于两城市之间，两中心城市多位于标准差椭圆长轴方向上，重心位置同样在时间序列上都有所偏移，偏移方向具有不规律性，重心位置由初始位置向其中一个中心城市的方向进行偏移；三中心城市群建成区范围方向性较差，城市群建设在空间分布上具有均衡性，空间重心位于三中心城市之间的位置，经偏移后其重心位置仍位于三中心城市之间，偏移速度、角度具有不规律性。

第五，对东北部、中部、东部地区中心城市与城市群重心偏离结构及西部地区个体城市群基本情况、建成区演化趋势、空间重心结构及中心城市与城市群重心偏离结构依次进行精细化分析，为西部城市群发展规划提供一定的理论参考。

### 4.1.3.2　讨论

第一，中国城市群建成区总面积和西部城市群建成区面积稳步上升，这既是经济结构调整和城市化进程加速的直接结果，也是政府差异化的区域发展策略、新型基础设施建设和消费者对高品质生活的追求共同作用的产物。首先，自改革开放后，经济结构持续优化和调整，城市化进程也随之加速。中国的城镇化率从 1978 年的 17.9% 上升到 2020 年的约 60%，城市人口规模迅速扩大，对于城市基础设施和住房需求也逐步增加，从而推动了城市建成区的扩张。其次，中国政府在经济发展中对东部地区与西部地区采取了差异化的发展策略，为了缩小东西部的发展差距，中国政府自 2000 年起实施了西部大开发战略，加大了对西部地区的投资和政策扶持。再次，随着科技的进步和数字化、智能化转型，新型基础设施的建设正在全国范围内蓬勃发展，不仅包括传统的交通、水利、能源等，还包括 5G 通信、大数据中心、物联网等，这种新型基础设施的建设进一步加速了城市土地的开发和利用，对于城市建成区面积的增长提供了强有力的支撑。最后，近年来，随着国内消费市场的持续扩大，消费者对于居住环境和生活品质的需求也日益增长。这促使许多城市在规划和建设时更加重视居民的生活体验和舒适度，从而在建设中加大了公共设施和绿地的比重，进一步推动了城市建成区的扩张。

第二，城市群呈现多中心结构，符合中心地理论、产业多样化、空间凝聚、生态足迹等理论的原理。首先，基于中心地理论，一个地区的发展通常由一或多个城市起到推动作用。这些城市由于其历史背景、地理位置、资源禀赋等原因，吸引了大量的人口、资本和信息，逐渐形成了一个或多个经济、文化和政治中心。中国的城市发展，特别是在近些年的快速城镇化进程中，体现出这一理论的应用。例如，珠三角、长三角和京津冀等地区，原本可能以广州、上海、北京为单一中心，但随着区域一体化和经济协同效应的增强，其他城市如深圳、南京、天津也逐渐崭露头角，与原有中心形成双中心或多中心的结构。其次，产业分工和经济多样化也是促使城市群出现多中心结构的重要因素。随着经济全球化和技术进步，各地根据其自身的优势，逐渐形成了专业化的产业布局，一些非主要城市因为某一产业或高新技术的发展而崭露头角，逐渐成为该领域的中心。例如，杭州凭借互联网和电子商务的发展，已经崭露头角，成为长三角地区的另一经济中心，与上海形成双中心结构。再次，空间凝聚理论（Krugman P，1991）强调市场规模扩大和运输成本降低会促进经济活动的凝聚，因此高速公路、高铁等现代交通工具的建设和完善，缩短了各个城市之间的空间距离，使得人口和资本能够在更大的范围内流动，这为非中心城市提供了与中心城市同台竞技的机会，促使其逐渐发展为新的中心。最后，在环境经济学中，生态足迹概念描述了人类消费资源和排放废物的能力与地球生态系统再生能力之间的平衡，因此，随着经济的发展，环境污染和资源枯竭等问题日益凸显，一些中心城市受到了环境承载能力的限制，不得不将部分产业和功能转移到其他城市，从而推动其他城市的发展，形成多中心结构。

第三，城市群空间重心发生偏移的原因可以用空间凝聚理论、区位理论、创新系统理论等理论进行解释。首先，近年来中国跨地区的交通和物流网络得到了巨大的改进和扩张。新的高速铁路、高速公路和其他基础设施的建设促使了资源和资本从东部沿海地区向内陆地区流动。根据藤田和克鲁格曼（Fujita M & Krugman P，2018）的研究，这种流动可以使城市群的经济"重心"发生移动。例如，对于双中心和三中心的城市群，原本的主导城市可能因为新的交通路线或产业链重组而失去其主导地位，导致重心的变动。其次，区位理论（韦伯，2020）强调了生产要素、市场和运输成本之间的平衡决定了经济活动的地点。随着中国经济的转型，劳动密集型产业向西部和中部地区转移，这些地区提供了较低的生产成本和丰富的资源。这种转移促使产业中心和经济重心的重新定位，致使不同类型的城市群的重心与中心城市的相对位置发生了变化。最后，创新系统理论（Lundvall B A，2019）也为我们提供了一种视角。中国的各个城市在创新能力和产业升级方面存在巨大的差异。一些城市，如深圳和杭州，已经成为创新的中心，吸引了大量的技术人才和资本。这种创新驱动的发展模式可能会改变原有的经济结构和重心。对于那些已经形成创新生态系统的城市群，其重心可能更多地偏向于这些创新中心，而不是传统的经济中心。

### 4.1.3.3　政策含义

通过运用夜间灯光数据对中国城市群和西部城市群建成区范围进行提取并对建成区扩张情况加以分析，继而对城市群空间重心进行确定，探究城市群中心城市与城市群重心差异并进行空间动态化模拟，为城市群建设中心城市在城市群的首要地位及偏离情况提供了实证依据，对以往城市群发展建设规划进行验证并为未来城市群发展规划指明了方向。以中心城市为核心的城市群应积极发挥中心城市的中心和枢纽作用，推动中心城市和整体城市群的城镇化建设水平，使中心城市真正成为城市群的空间重心、经济重心和人口重心的"三心合一"，充分展现中心城市在城市群中的引领、辐射和集聚功能，这对拓展城市群发展空间，推动城市群高质量发展具有重要的意义。

第一，加强助力西部城市群城镇化建设，推动中国城市群城镇化建设区域发展平衡性。研究发现，截至2020年，西部地区9个城市群建成区面积仅占中国城市群建成区总面积的23.86%，西部城市群城镇化建设水平与东北部、中部、东部地区城市群存在显著差异性，应加大对西部地区城市群振兴发展的支持力度，推动人口、资金和技术等资源要素向西部流动，优先发展西部中心城市，发挥中心城市对城市群的引领带动作用，推动中心城市与非中心城市互动发展，实现对城市群欠发达地区的反哺，最终实现东部、中部、西部地区城市群城镇化水平的协调发展。

第二，根据不同的城市群空间重心类型，结合城市群建设发展规划推动城市群发展。本书将城市群空间重心类型分为4类，分别为单中心—同心城市群、单中心—非同心城市群、双中心城市群和三中心城市群，其中，最为突出的问题就是城市群中心城市数量与城市内重心偏离结构差异较大，不能简单地通过城市群建设来推动城市群空间重心与中心城市相匹配，应按照各个城市群发展规划的总体要求和城市群空间格局的实际情况，依托城市群中心城市，壮大重要节点城市，培育中小城市，构建合理的城市群空间网络布局。

第三，根据西部城市群中心城市与城市群重心偏离结构，为西部城市群城镇化建设指明具体发展方向。以滇中、黔中、宁夏沿黄为代表的单中心—同心城市群空间重心与中心城市相吻合，中心城市在城市群中首位度较高，辐射能力较强，是城市群发展的核心引擎，应积极发挥中心城市的区域引领作用，推动中心城市与非中心城市协同发展，促进大中小城市网络化建设；以关中平原、北部湾、天山北坡、呼包鄂榆为代表的单中心—非同心城市群空间重心与中心城市相异，中心城市在城市群中辐射能力不足，应加快改善中心城市营商环境，加快体制机制创新，优先发展中心城市，进而发挥中心城市的集聚—扩散作用，加快引领西部地区城市群高质量发展。以成渝、兰西为代表的双中心城市群空间重心介于两中心城市之间，这类城市群应明确两个中心城市的功能定位，建立良好的竞合关系，避免产业趋同，使两中心城市在城市群中发挥好枢纽和综合服务功能，发挥辐射作用，从而促进城市群的高质量协调发展。

## 4.2　西部中心城市与城市群经济高质量发展之间关系的评估

### 4.2.1　研究目的与方法

#### 4.2.1.1　研究目的

在国际环境发生剧变的条件下，构建以国内大循环为主体、国内国际双循环相互促进的新发展格局已经成为当今社会的区域主流发展战略指引。城市群作为城市发展成熟的最高空间组织形式，是经济发展和产业集聚的客观反映，同样也是国家新型城镇化的空间主体单元，其经济发展质量和社会发展水平对我国的高质量发展会产生深刻的影响。中心城市作为支撑城市群发展的重要核心，在不同城市群空间构型下和多元格局的协调发展中发挥着举足轻重的引领作用。中心城市是指在一定省份区域内和全国社会经济活动中处于重要地位、具有综合功能或多种主导功能、起着枢纽作用的大城市、特大城市和超大城市，包括直辖市、省会城市、计划单列市、重要节点城市等，在城市群范围内发挥着带动、服务和示范作用。对于中心城市和城市群的发展，2021 年 3 月份召开的全国两会通过了"十四五"规划和 2035 年远景目标纲要，对未来五年中国城镇化的发展作出了新的部署，提出"坚持走中国特色新型城镇化道路，深入推进以人为核心的新型城镇化战略，以城市群、都市圈为依托促进大、中、小城市和小城镇协调联动、特色化发展，使更多人民群众享有更高品质的城市生活"，进一步明确了中心城市是一个区域内集聚众多创新资源的发展极，更是区域内实现创新引领城市转型升级的"领头羊"的观点。从世界城市的发展路径来看，中心城市是区域经济社会网络的集结点和中心枢纽，通过乘数效应和极化效应对周边城市的经济社会资源产生虹吸效应，中心城市的职能强度则是对区域内中心城市潜力的具体化描述和反映，中心城市的发展潜力直接影响了城市群的整体发展水平。因此，深入探究中心城市职能强度如何对城市群经济高质量发展产生影响则成为双循环格局背景下提高区域一体化水平和促进城市群经济高质量发展的重要命题。

科技创新作为经济社会循环的根本动力，对于推动形成国内国际双循环相互促进的新发展格局具有举足轻重的作用。充分发挥科技创新在我国高质量发展中的支撑引领作用，是推动经济高质量发展的必由之路。而城市作为区域发展的中心，在经济发展中发挥着重要的引领作用。因此，发挥好城市的引领作用，可以进一步带动区域发展，尤其是在科技革新的大背景下，激发城市的科技创新活力和创造力是促进区域空间发展全面、协调、可持续的重要方向。在此过程中，城市的中心职能是城市对其周边城市的带动作用以及城市在区域内辐射效应，在以科技创新作为核心驱动力的关键转型期，系统研究中心城市职能强度与城市群经济高质量发展的影响路径，揭示中心城市职能对城市群经济高质量发展的影响及其传导关系，将有助于更好地实现城市群的经济高质量发展，并提升城市的综合竞争力，从而针对性地制定相关政策。

从世界城市的发展路径来看，中心城市是区域经济社会网络的集结点和中心枢纽，并通过乘数效应和极化效应对周边城市的经济社会资源产生虹吸效应，城市的中心职能反映了其成为区域内中心城市的潜力。而城市科技创新的本质是指在城市范围内科技创新资源的集聚、创新活动的集中、技术创新的溢出、创新能力的突出，从而在区域发展格局中发挥引领作用的中心增长极。在城市科技创新方面，学者们虽然对于科技创新的内涵界定各不相同，但胡晓辉和杜德斌（2011）在对科技创新进行深入研究后提出了城市科技创新的新功能，定义了城市所具备的科技创新的属性，并进一步讨论了两者的相互促进作用，库克（Cooke，2018）也提出科技创新与城市的发展之间存在着多样化的组合方式，而科技创新的集聚效应也随着城市的发展而发生变化。在城市科技推动城市发展方面，学者们主要集中于研究科技创新推动城市产生集群效应和技术外溢现象以及如何促进区域经济发展等方面，对其与城市中心职能关系的研究较少。其中，拉哈罗特（Laharotte，2014）等基于流空间视角对数据进行时空分析来研究巨型城市网络在科技创新作用下的变化路径，叶强等（2017）采取社会网络分析方法，从密度、中心性以及核心—边缘三个方面对长江中游城市群网络特征进行定量分析，深入探究技术创新对城市群网络特征的影响，孙红军（2019）则采用三种空间权重形式，并通过构建多样化的空间计量分析模型进行实证研究，以探析科技人才集聚能否产生空间溢出效应，进而促进城市区域技术创新。勋伯格（Schomberg，1993）基于释放转基因生物的争论，对科学技术中所涉及的政治决策进行反思，该研究所表达的观点与创新这一概念不谋而合；斯蒂尔戈（Stilgoe，2013）提出面临新技术和创新管理，需要建立一个"负责任的研究与创新"的框架，以进一步探索对科技创新的管理模式；戴维斯（Davis，2014）则通过比较资助科学和工程研究两种标准，提出科技创新的资助标准是"更广泛的影响"还是"负责任的研究和创新"的疑问，并对其进行了讨论。

国外学者在对科技创新相关概念界定的基础上，从科技创新的不同方面进行了研究，尤恩（Un，2015）通过分析研发合作和工艺创新的类型，将科技创新知识链划分为大学、供应商、竞争对手和客户四个知识维度，并对这四者之间的关系进行详细的阐述；曾俊耀（Tseng，2016）则从社会网络视角对创新网络与创新能力之间的关系进行探讨，提出获取创新能力的关键是知识的传递，知识的传递主要是基于企业与创新网络中其他主体之间的联系越来越紧密，并得出中心性和密度越高的企业创新能力越强，而子集群联系越紧密的企业创新能力越弱的结论；弗里曼（Freeman，1983）对关于创新理论构建中的经验和概念问题进行了注释，并讨论了在尝试测试创新的互动模型时出现的一些方法论问题，描述了如何使用一种特定的算法——AID-3来改进一般线性模型的使用，提出了基于创新理论构建模式的研究策略；库克（1997）则对区域创新系统理论进行了研究，采用演化经济学的观点，将"区域""创新"和"系统"的概念作为金融能力、制度化学习和生产性文化对系统创新重要性的延伸讨论的序曲；马莱尔巴（Malerba，2002）从部门创新和生产体系对创新系统理论进行了研究，提出科技部门需要通过沟通、交流、合作、竞争和指挥来发挥各个要素之间的相互作用，而部门制度是在其各要素共同演化的过程中发生变化和转化的。通过对科技创新各方面的研究，国外学者基于评价角度提出了许多具有开创性的评价方法，塞加拉-纳瓦罗（Cegarra-Navarro，2016）深入研究了企业创新文化在将经济和社会责任与财务绩效挂钩方面的作用，并通过研究解决了创新"是如何推动企业的经济和社会两个层面同时发展""是如何同时追求经济和社会责任以达到更高的财务绩效"这两个问题，并对其进行了t检验，为研究创新是如何推动经济社会发展等方面的问题提供了思路；菲基（Feki，2016）采用了新密度和创新潜力这两种衡量企业家精神的指标，通过静态和动态面板数据的方法估计了一个增长函数，解释了科技创新与经济增长之间的动态关系；费伯（Faber，2004）从国家层面考察了欧盟14个国家R&D与其他创新活动、专利授权和产品创新销售之间的关系，并对其数据进行检验，发现专利和产品创新在很大程度上都依赖于相同的宏观和微观经济条件，但是通过数据检验发现，政府监管的专利制度条件和企业特定的产品创新销售特征对其影响差距较大。

国内学者对科技创新也作了广泛研究，在分析科技创新相关问题方面，国内学者所采取的分析方法也不尽相同，司晓悦（2020）通过运用定性比较分析方法（QCA）来研究区域科技创新与科技创新政策的逻辑关系，并分析哪些组合类型比较高效，进而提高创新能力；孙红军（2019）采用三种空间权重形式，并通过构建多样化的空间计量分析模型进行实证研究，以探析科技人才集聚能否产生空间溢出效应，进而促进区域技术创新；阮陆宁（2018）从关系网络的视角出发，采用社会网络分析方法对科技管理的发展现状进行梳理，提出科技管理基础研究与政府、高校科技管理及成果转化之间衔接不紧密，以及科技管理创新发展能力不足等问题，并给出相应的解决方案；陶雪飞（2013）则通过构建城市科技创新综合能力评价指标体系对城市科技创新综合能力进行实证检验，这一评价体系为政府制定城市创新发展战略提供了决策依据。科技创新是一个涉及经济、社会各方面的大命题，国内学者对我国科技创新的国情从不同的角度进行研究，张学海和颜廷标（2014）通过对河北省科技进步的评价，从客观和主观两个方面提出了政府干预科技创新活动的理论依据，突破了以往研究的局限性；李香菊（2020）采用似不相关迭代（IRSU）回归方法实证分析了不同类型和环节创新能力以及财税政策的促进作用对能源强度的影响效应，从而讨论了关于科技创新能力提升的相关问题；杨慧辉（2020）采用因子分析法从科技创新的投入能力、产出能力和成果转化能力角度出发构建了科技创新综合能力指标，研究了不同终极控股股东特征环境中的管理层股权激励的实施对公司科技创新能力的影响，并在探究科技创新能力的影响因素等方面给予了启示；李华军（2020）基于理论逻辑和历史逻辑辩证统一的视角，系统梳理和分析经济增长、双轮驱动及创新型国家建设的内在关系、理论演进以及中国的实践，提出我国需要进一步深化"双轮驱动＋双体系支撑"的创新发展模式以及中国特色创新理论。

城市群空间扩张过程中的动态集聚使得中心城市与城市群经济高质量发展之间具备显著的内生关系，进而反映出中心城市职能和城市群高质量发展之间的影响关系，而且中心城市的外部溢出效应和借用规模效应可以为城市群的整体发展提供动力。

首先，动态集聚经济理论从集聚和增长两个角度解释了区域发展过程中中心城市和城市群经济高质量发展之间的影响关系。中心城市在形成一定集聚能力之前，往往只是承担某一方面的专业化分工，其兴衰也随着单一中心职能的强弱而发生变化，常见的主要有以单一产业为主的加工业城市、资源型城市、纯粹的政治中心等。以单一职能为主的中心城市发展动力是其原始资源禀赋所带来的，以资源型城市为例，城市的兴衰取决于资源的多寡，此时中心城市的职能强度只需要单一的指标来进行衡量就能反映出以单一职能为主的中心城市发展能力，这样的中心城市也就难以全都具备经济中心性、社会中心性和环境中心性。但在发展过程之中，中心城市充分发挥其集聚的内在作用力，吸引了更多资源的汇聚，使得中心城市发展对综合性中心职能的需求也越来越强烈。在核心—边缘的结构体系下，城市规模集聚过程中会产生分享、学习和匹配机制，使中心城市职能在"干中学"效应的影响下与城市群经济高质量发展形成内生关系，推动城市群整体发展水平和质量的提升。随着我国经济步入高质量发展阶段，高效率、公平和绿色可持续的发展对中心城市和城市群的发展能力和职能提出了更高的要求，对中心城市职能强度的衡量也就涌现了更加复杂的标准，中心城市职能强度也可以更加客观科学地反映中心城市职能水平，中心城市的经济中心性、社会中心性和环境中心性也都汇聚于一体，但是每个城市群中心城市资源禀赋和发展进程的不一样使得各城市群的突出中心职能也各不相同，经济、社会和环境中心性在不同的中心城市也各自发挥着不同的作用。

其次，圈层效应和尺度效应解释了中心城市在推动不同城市群经济高质量发展过程中的异质性和差异化。圈层效应是指城市对区域范围内的作用受空间相互作用的"距离衰减律"法则的制约，从而形成中心—边缘的圈层状空间发展结构。尺度效应则是被观测对象随着空间尺度的变化而呈现出不同效率和特征的时空结构。这两种效应体现在城市群的经济发展格局中就呈现出发展质量以中心城市为核心区并按圈状结构向外扩散的空间布局，也就是说，中心城市对城市群内其他城市的扩散效应存在差异。在经济地理学研究中，众多学者从经济、人口、产业布局等方面探讨了空间尺度效应，如陈培阳和朱喜钢（2012）从县级、市级、省级和地带4个尺度研究我国区域经济差异。

刘涛和曹广忠（2015）则基于北京市村级数据对大都市外来人口居住地选择的区域差异与尺度效应进行分析，揭示了外来人口居住地选择的分布特点。刘振锋（2016）等则以西安市为例，从宏观、中观和微观3个尺度对文化产业空间的尺度效应进行研究。从研究内容来看，区域经济的发展离不开集聚—扩散范围有限的空间集聚态势，中心城市作为城市群的发展中心，对其经济高质量发展的影响同样存在圈层效应和尺度效应，但具体在何种尺度下集聚—扩散效应开始削弱则需要进一步的研究，只有掌握不同城市群的变化门槛，才能更加有针对性地制定经济高质量发展政策。

最后，在拥挤效应的作用下，城市群科技创新资源配置效率容易出现拮抗现象。城市的空间扩张并不能持续带来溢出效应，当科技创新资源的集聚规模随着城市规模扩张到一定程度时就会出现拥挤效应，从而影响城市科技创新资源配置效率的进一步提高。简单来说，城市群内部中心城市的发展和扩张会吸引周边城市的科技创新资源，并将其整合共同服务于城市群的发展，但是在生产力水平的限制和整合效率的差异下，科技创新资源配置效率不可能无限度提升，会存在一定时段的拮抗期，这就是在资源整合过程中出现的拥挤效应。从拥挤效应的视角来看，中心城市职能强度和城市群经济高质量发展之间的关系是非线性的，存在一个城市科技创新资源配置效率的波动阶段。

中心城市职能强度对城市群资源配置的作用具体体现在城市发展格局和产业的空间布局上。构建科学合理的城市格局是城市群发展的必然趋势，要形成网络化的有机创新系统，必须遵循"统筹规划、合理布局、完善功能、以大带小"的原则和城市发展循序渐进的客观规律。中心城市通过进一步优化产业的空间分布，可以实现最大程度地发挥高新技术产业效益的目标，从而引导城市群未来的产业分布逐渐呈现网络化的发展趋势，以服务产业为中心，生产型产业沿着城市外围逐渐扩散，高新技术产业则是连接这些按环形分布产业的线，将服务型产业和生产型产业连接起来，既为中心城市的发展提供辅助支撑，又为城市群中服务型产业和生产型产业提供新兴技术，从而实现城市群内部各城市产业的协调发展。

### 4.2.1.2　研究方法

中心城市职能强度的测算：中心城市职能强度是指从经济活动空间集聚的角度来看，职能地域或者结节地域的中心地所保持的城市职能强度，也称为中心城市的统一职能强度。探讨城市之间的经济联系是区域经济学家和空间经济学家们一直所研究的主题，在空间结构的测度上，贾戈夫斯基和帕克（Jargowsky and Park，2008）提出计算郊区化指数来对城市的空间结构进行测度；梅杰斯和伯格（Meijers and Burger，2010）则按照城市的"形态"（morphology）而不是其"功能"（functional）来进行测度，进一步提出 Zipf 法则系数法以优化其测度方式；厄尔曼（Ullman E. L.，1957）将万有引力定律引入经济学领域，提出了空间相互作用理论，他认为中心城市与周邻区域是相互作用的，中心城市对周邻区域产生影响的同时周邻区域也会反作用于中心城市；伊萨德（Isard. W，1960）提出引力模型以测量区域中某点与周围各点的相互作用量，并通过求和得出其综合影响力，建立了城市间相互联系的潜力模型。本书借鉴孙久文（2016）的中心职能强度模型，选取 2003～2019 年 19 个城市群中心城市的常住人口密度（$P_i$）、地区生产总值（$G_i$）、第三产业占地区生产总值比重（$R_i$）、公共财政收入占地区生产总值比重（$M_i$）、普通高校在校学生数（$S_i$）、当年实际使用外资金额（$F_i$）6 个指标构建中心城市职能强度模型，对 19 个城市群的中心城市进行节点分析。

中心城市职能强度是一个复合多维型衡量指标，综合现有研究的多维视角并最大化地涵盖中心城市各职能。本书从经济、社会和环境三个维度综合绘制城市群中心城市职能强度，其中，经济中心性（$Q_e$）包含地区生产总值（$G_i$）和第三产业占地区生产总值比重（$R_i$）；社会中心性（$Q_s$）包含公共财政收入占地区生产总值比重（$M_i$）和当年实际使用外资金额（$F_i$）；环境中心性（$Q_c$）包含常住人口密度（$P_i$）和普通高校在校学生数（$S_i$）。

根据中心城市职能强度模型构建其职能强度指数 $K_e$，具体表达式如下：

$$K_e = \frac{G_i \times H_i}{G_j \times H_j} \qquad (4-8)$$

其中，$G_i$ 表示第 i 个中心城市的生产总值，$H_i$ 表示第 i 个中心城市的总人口；$G_j$ 表示第 j 个城市群的生产总值，$H_i$ 表示第 j 个城市群的总人口。

在计算中心城市职能强度值之后，再分别对经济、社会和环境的中心性进行定义，其具体表达式如下：

$$E_{pi} = \frac{P_i}{(\sum_{i=1}^{n} P_i)/n} \qquad (4-9)$$

其中，$E_{pi}$ 是指中心城市常住人口密度的职能指数，$P_i$ 是指中心城市常住人口密度；同理，$E_{gi}$、$E_{ri}$、$E_{mi}$、$E_{si}$ 和 $E_{fi}$ 的表达式同 $E_{pi}$。

根据上述职能指数，取其平均值分别得到经济中心性（$Q_e$）、社会中心性（$Q_s$）和环境中心性（$Q_c$）：

$$Q_e = \frac{E_{gi} + E_{ri}}{2}, \quad Q_s = \frac{E_{mi} + E_{fi}}{2}, \quad Q_c = \frac{E_{pi} + E_{si}}{2} \qquad (4-10)$$

经济高质量发展的测算：经济高质量发展是指经济增长质量的提高和经济协调发展水平的改善，其中，经济增长的高质量主要体现在生产效率的提升上，而经济的协调发展体现在不同区域内城市群间的经济发展差异上。近年来，随着我国经济增长转向高质量发展阶段，多数学者的研究都涵盖了社会、经济、生态等多方面，以及整个内部系统的高质量和协调性。但是其具体评价方法不尽相同，郭庆旺和贾俊雪（2005）通过估算 1979 ~ 2004 年的全要素生产率对经济增长质量进行评估；陈诗一和陈登科（2018）同样延续对经济增长质量的测度方法，使用劳动生产率这种单一指标进行衡量。这类测度方法的衡量标准过于单一，难以全方面地反映出经济高质量发展质量，因此多数学者会选择构建综合性的评价指标体系。钞小静和任保平（2011）从经济增长的结构、稳定性、成果分配和生态环境四个方面构建经济增长质量指数以评价经济增长质量。虽然学者们对于经济高质量发展的内涵与外延的理解不同，所构建指标体系的衡量维度也不同，但是通过对比过去的评价体系，学者们越来越关注民生福利和生态环境等相关指标，一定程度上体现出高质量发展的全面性内涵。目前对于经济高质量发展的相关研究数量众多，但是以城市群作为载体的经济高质量研究主要集中在对城市群内部的评价上，李磊和张贵祥（2015）通过构建城市发展质量指数评价京津冀城市群内部各城市的发展质量，并与长三角城市群内的核心城市进行比较。对长江中游城市群的发展质量进行评价，也有学者运用不同指标体系和分析方法进行评估。

借鉴学者们对经济高质量发展的衡量方式，本书采用绿色全要素生产率（Green Total Factor Production，GTFP）来衡量城市群的经济高质量发展水平，其中，建立在 DEA 基础上的 Malmquist 指数可以根据面板数据分析决策单元的动态效率变化趋势，为绿色全要素生产率的数据提供更加稳健深入的支持。

设（$X_t$，$Y_t$）和（$X_{t+1}$，$Y_{t+1}$）分别为第 t 和第 t + 1 期的投入产出关系，生产率变化为由（$X_t$，$Y_t$）向（$X_{t+1}$，$Y_{t+1}$）的变化。$D_t(X_t, Y_t)$ 和 $D_{t+1}(X_{t+1}, Y_{t+1})$ 为规模报酬不变时的距离函数。基于 t 和 t + 1 期的绿色全要素生产率指数 M 为：

$$M(X_{t+1}, Y_{t+1}, X_t, Y_t) = \sqrt{\frac{D_t(X_{t+1}, Y_{t+1})}{D_t(X_t, Y_t)} \times \frac{D_{t+1}(X_{t+1}, Y_{t+1})}{D_{t+1}(X_t, Y_t)}} \qquad (4-11)$$

若 M < 1，则表明从第 t 和第 t + 1 期，绿色全要素生产率水平降低；若 M > 1，则表明从第 t 和第 t + 1 期，绿色全要素生产率水平提高。对绿色全要素生产率 GTFPch 可进一步分解如下：

$$GTFPch = PEch \times TEch \times SEch \qquad (4-12)$$

其中，PEch 为纯技术效率变化，TEch 为技术变化，SEch 为规模效率变化。

在计算城市群绿色全要素生产率时，本书从投入、产出和非期望产出三个方面进行衡量。对于投入变量的选取：①资本变量。由于大多数研究都是基于全国或省际范围进行，城市的固定资本存量并没有比较合理可利用的指标，因此本书选取各城市的固定资产投资额作为固定资本存量的替代指标，同时，在 DEA 基础上所计算的 Malmquist 指数可以保持结果的相对一致性。②劳动力变量。本书选取各城市的年末从业人员数作为劳动力变量，城市年末从业人员是年末单位从业人员、城镇私营和个体从业人员之和。③工业用电量。本书选取工业用电量这一指标表示城市能源消费水平。对于产出变量的选取：①地区生产总值。本书借鉴以往研究，采取以 2003 年为基期的地区生产总值作为期望产出变量的衡量指标，由于缺乏各地级市的 GDP 平减指数，因此本书采用各城市所在省份的 GDP 平减指数对其进行处理。②环境综合变量。本书选取工业废水排放量、工业二氧化硫（$SO_2$）排放量、工业烟（粉）尘排放量计算环境综合变量，并将其作为非期望产出。综上所述，本书选取固定资产投资额（万元）、城市从业人员（万人）、工业用电量（万千瓦时）作为绿色全要素生产率指数的投入变量；选取地区生产总值（万元）作为期望产出变量；选取工业废水排放量（万吨）、工业二氧化硫排放量（吨）、工业烟（粉）尘排放量（吨）作为非期望产出变量。

选取绿色全要素生产率作为城市群经济高质量发展的衡量指标是基于以下两个方面的考虑：一方面，对经济高质量发展的测度方法存在构建指标体系和使用具有代表性的综合性指标两种，其中，构建指标体系缺乏一定的科学性和规范性，存在指标重复、指标混乱、指标过多等问题，难以实现经济高质量发展的准确测度；另一方面，绿色全要素生产率结合经济增长效率和环境资源来研究区域或产业的经济增长质量、技术进步和管理效率水平，运用在经济高质量发展上的研究较多，其科学性和规范性得到一定的验证，并且投入变量的多样化充分考虑了资本、劳动力、环境、资源、技术、环境等要素，因此选择绿色全要素生产率作为衡量经济高质量发展的指标具有一定的科学性和合理性。

计量模型构建：在动态集聚理论的分析框架下，中心城市对周边城市以及整个城市群发展的影响是一个包含劳动力、资金、产品与服务、基础设施和生态环境等多方面复杂的空间动态过程。卡佩洛（Capello，2000）在城市增长模式的研究中发现，城市的集聚优势在区域空间范围的扩展中可以得到充分体现。梅杰斯（Meijers，2010）同样认为，中心城市的集聚效应可以优化城市群的空间发展格局，进而推动城市群的经济高质量发展。但是贝奥内特（Boarnet，1994）发现，中心城市的集聚—扩散效应受到区域内基础设施、公共服务和经济水平等差异的影响，对区域发展能力的提升存在一定的限制。基于此，许多学者提出了"城市最优规模""有效城市规模"等概念，来解释城市集聚过程中带来的外部经济，许抄军（2009）认为城市的资源制约和环境质量影响区域经济的高质量发展水平，包正君（2009）也认为城市的快速集聚使得中心城市的人口规模超过了城市生态环境的人口承载量。

综合以往研究可以预期，技术溢出和借用规模现象的存在，对于中心城市以及周边城市的经济高质量发展具有明显的推动作用。周边城市资源的集聚为中心城市职能的完善和增强提供了上升的阶梯，包括在经济发展上提供更加广阔的市场和优质的服务，在社会发展上提供更加完善的基础设施和社会保障，在环境发展上提供更加先进的治理理念和方案。虽然中心城市在经济职能和环境职能上得益于周边城市资源的集聚而更加完善，但是环境职能的提升上存在一定的阻力，而且随着城市群规模的扩大，中心城市的职能愈加复杂，所以综合来看，中心城市的职能强度会在城市资源集聚的过程中呈现出库兹涅茨曲线的发展历程。基于以上分析提出以下假设。

假设 1：中心城市职能强度与城市群经济高质量发展呈"先增强后抑制"的倒"U"形关系，在中心城市引领城市群集聚效应增强和城市群经济高质量发展提升上存在某个边界值。

中心城市职能是指中心城市在区域或城市群中所起的作用和承担的分工，在城市职能分类的研究中，麦克斯韦（Maxwell，1965）从优势职能、突出职能、专业化指数和人口规模四个方面来研究城市职能的特征，这种分类方法既体现了城市的特点又反映了城市在区域中的地位。周一星等（1997）也提出了类似的分类方法，重点强调了城市的突出职能、专业化指数和城市规模。在划分方法上，纳尔逊通过计算城市就业比例的统计分析方法对城市职能进行划分，卡特（Carter,

1995）则汇总分析了城市经济基础分类、多变量分析、统计描述等划分方式。在借鉴上述分析方法的基础上，结合中心城市的综合性，本书将中心城市的职能划分为经济中心性、社会中心性和环境中心性三大类，以更好地综合评估中心城市职能强度对城市群经济高质量发展的影响。

增长极理论和非均衡理论都对中心城市集聚—扩散效应提出了相关概念，但总体思路都大致相同，即中心城市对周边城市产生的提升作用为扩散效应，阻碍作用为拥挤效应，综合扩散效应的正反馈和拥挤效应的负影响则形成溢出效应。在经济中心性上，中心城市的扩散效应强于拥挤效应，从而形成正面效应；但在社会中心性和环境中心性上，其拥挤效应强于扩散效应，城市群周边城市受到中心城市的袭夺作用，出现发展阴影区，导致空间溢出效应出现衰减。基于相关研究成果，本书认为中心城市职能强度会对城市群经济高质量发展产生影响，具体包括中心城市经济中心性、中心城市社会中心性、中心城市环境中心性三条影响路径。根据以上分析，提出以下研究假设。

假设 2：中心城市职能的不断完善将推动城市群经济高质量发展，从内部来看，中心城市的经济中心性推动城市群的经济高质量发展，中心城市的社会中心性及环境中心性在一定程度上抑制城市群的经济高质量发展。

结合上述理论基础与研究假设，建立中心城市职能强度对城市群经济高质量发展影响的实证模型：

$$\ln GTFP_{it} = \alpha_0 + \beta_1 \ln Function_{it} + \beta_2 (\ln Function_{it})^2 + \beta_i control + u_{it} \qquad (4-13)$$

其中，$GTFP_{it}$ 表示城市 i 在 t 时间的绿色全要素生产率，研究以固定资产投资额和城市从业人员为投入变量，地区生产总值为期望产出变量进行综合衡量，并进一步将工业废水排放量、工业二氧化硫排放量、工业烟（粉）尘排放量作为非期望产出变量，可以间接地反映经济高质量发展水平。$Function_{it}$ 表示中心城市职能强度，并从中心城市经济中心性、社会中心性和环境中心性三个方面进行衡量；$(\ln Function_{it})^2$ 表示城市科技创新综合能力的平方项，通过取其平方项对城市科技创新的倒 "U" 形变化进行检验；control 为控制变量；$u_{it}$ 表示随机项；$\alpha$、$\beta$ 为待估计系数。i 表示第 i 个城市，t 表示第 t 个年份。

### 4.2.1.3　数据来源与预处理

本节研究数据来源包含以下两个部分：①社会经济数据。本书用于研究中心城市职能强度对城市群经济高质量发展的空间面板数据为 2003～2019 年，其中，各地区生产总值（万元）、第三产业占地区生产总值比重（%）、公共财政收入占地区生产总值（%）、公共财政支出（万元）、当年实际使用外资金额（万元）、常住人口密度（人/平方千米）、普通高校在校学生数（万人）、固定资产投资额（万元）、城市从业人员（万人）、国际互联网用户数（万户）、公共管理与公共服务用地（平方千米）、进出口总额（万元）等变量指标数据主要来源于 2004～2020 年《中国城市统计年鉴》《中国城市建设统计年鉴》和各地区 2003～2019 年的国民经济和社会发展统计公报，部分数据来自 2004～2020 年各省统计年鉴，些许漏缺来源于中国统计局官网以及各省市统计局官网，极个别数据缺失通过平滑处理进行补充。②基础地理信息数据。本书借助 ArcGis 10.8 软件对科技创新资源配置效率的空间格局进行展示，其中，矢量行政边界图来源于 2017 年国家基础地理信息中心提供的 1:100 万中国基础地理信息数据，矢量城市群边界图借助 ArcGis 10.8 软件在行政边界图的基础上对相应城市群范围进行合并。

本书参考其他学者研究，选取公共管理与公共服务用地（Land）、进出口总额（Trade）、人均 GDP（PerGDP）、政府财政规模①（Gov）、信息化程度②（Internet）等影响中心城市综合发展能力的因素作为控制变量。变量的描述性统计结果，如表 4-42 所示。

---

① 政府财政规模为地区财政支出与地区生产总值的比值。
② 信息化程度为国际互联网用户数与地区总人口的比值。

表 4 – 42　　　　　　　　　　　　　　　变量的统计性描述

| 变量 | 最大值 | 最小值 | 均值 | 中位数 | 标准差 | 观测值 |
|---|---|---|---|---|---|---|
| lnGTFP | 1.422228 | 0.9272295 | 1.036808 | 1.02411 | 0.0759019 | 323 |
| lnFunction | 0.7254995 | 0.0037148 | 0.0968991 | 0.053428118 | 0.1257798 | 323 |
| lnFE | 2.756 | 0.428 | 1.052 | 0.8379 | 0.540 | 323 |
| lnFS | 4.026 | 0.224 | 1.054 | 0.7195 | 0.781 | 323 |
| lnFR | 2.740 | 0.197 | 0.996 | 0.8207 | 0.588 | 323 |
| lnLand | 638.11 | 8.5 | 168.7565 | 124.46 | 150.1125 | 323 |
| lnTrade | 1.07e + 09 | 377150.6 | 1.05e + 08 | 17764328.88 | 2.03e + 08 | 323 |
| lnPerGDP | 2978075 | 18211 | 447253 | 297808 | 457856.2 | 323 |
| lnGov | 0.4366684 | 0.0613079 | 0.1439236 | 0.134838214 | 0.049432 | 323 |
| lnInternet | 0.9097507 | 0.0203616 | 0.1815606 | 0.142422182 | 0.151275 | 323 |

## 4.2.2　测算结果与回归分析

### 4.2.2.1　测算结果

首先是对中心城市职能强度的测算，其中包括经济中心性、社会中心性和环境中心性三个方面，以下就是根据上述计算公式所得的 19 个中心城市在 2003 ~ 2019 年的变量测算结果（见表 4 – 43 至表 4 – 59）。

表 4 – 43　　　　　　　　　　　　2003 年中心城市职能强度测算结果

| 中心城市 | 所属城市群 | 中心城市职能强度 | 经济中心性 | 社会中心性 | 环境中心性 |
|---|---|---|---|---|---|
| 沈阳市 | 辽中南 | 0.04800258 | 1.075478219 | 1.463323048 | 1.021618816 |
| 北京市 | 京津冀 | 0.035243086 | 1.958084562 | 2.188515533 | 1.663322888 |
| 青岛市 | 山东半岛 | 0.011200226 | 1.048602679 | 1.864633671 | 0.973715735 |
| 上海市 | 长三角 | 0.026137522 | 2.732115732 | 3.900579175 | 2.739843827 |
| 福州市 | 粤闽浙沿海 | 0.02299632 | 0.894306495 | 0.993390018 | 0.748033811 |
| 广州市 | 珠三角 | 0.083009433 | 1.815557275 | 1.825698929 | 1.737337555 |
| 哈尔滨市 | 哈长 | 0.050588038 | 1.009342003 | 0.487123065 | 0.765619774 |
| 太原市 | 晋中 | 0.062977024 | 0.664615094 | 0.50827491 | 0.784287612 |
| 郑州市 | 中原 | 0.024483658 | 0.860577948 | 0.559665869 | 1.380892549 |
| 武汉市 | 长江中游 | 0.011438553 | 1.122785644 | 1.209747074 | 1.962951119 |
| 呼和浩特市 | 呼包鄂榆 | 0.073310749 | 0.659098896 | 0.404314998 | 0.32096296 |
| 重庆市 | 成渝 | 0.093548039 | 1.244471036 | 0.653109285 | 0.935511479 |
| 贵阳市 | 黔中 | 0.130819761 | 0.587961193 | 0.773872885 | 0.893723377 |
| 昆明市 | 滇中 | 0.232217455 | 0.784791991 | 0.539921587 | 0.527784524 |
| 西安市 | 关中平原 | 0.066719975 | 0.876961838 | 0.604965206 | 1.575451872 |
| 南宁市 | 北部湾 | 0.028596413 | 0.731962187 | 0.548154239 | 0.494284013 |
| 银川市 | 宁夏沿黄 | 0.150557415 | 0.523159978 | 0.557667138 | 0.199566523 |
| 兰州市 | 兰西 | 0.18326497 | 0.618256697 | 0.352235588 | 0.511400242 |
| 乌鲁木齐市 | 天山北坡 | 0.559562253 | 0.824006002 | 0.702735889 | 0.335737696 |

表 4-44　　　　　　　　　　　　　　　2004 年中心城市职能强度测算结果

| 中心城市 | 所属城市群 | 中心城市职能强度 | 经济中心性 | 社会中心性 | 环境中心性 |
|---|---|---|---|---|---|
| 沈阳市 | 辽中南 | 0.047276091 | 1.064472725 | 1.504525665 | 1.060136617 |
| 北京市 | 京津冀 | 0.034558069 | 1.945910809 | 2.597526926 | 1.585591968 |
| 青岛市 | 山东半岛 | 0.011166178 | 1.072908408 | 2.155050571 | 0.973402537 |
| 上海市 | 长三角 | 0.025859766 | 2.756041169 | 4.025812106 | 2.650556471 |
| 福州市 | 粤闽浙沿海 | 0.022986111 | 0.890479759 | 0.954987946 | 0.730040997 |
| 广州市 | 珠三角 | 0.082405259 | 1.818373534 | 1.6027826 | 1.761774573 |
| 哈尔滨市 | 哈长 | 0.052349277 | 1.005977077 | 0.572602291 | 0.759038347 |
| 太原市 | 晋中 | 0.063339576 | 0.659436388 | 0.517872652 | 0.836371987 |
| 郑州市 | 中原 | 0.02406206 | 0.876955025 | 0.628115394 | 1.415895612 |
| 武汉市 | 长江中游 | 0.011383306 | 1.124147986 | 1.059613082 | 1.984017333 |
| 呼和浩特市 | 呼包鄂榆 | 0.071529471 | 0.692318764 | 0.488988066 | 0.335656534 |
| 重庆市 | 成渝 | 0.092783552 | 1.23818628 | 0.69754759 | 0.929975872 |
| 贵阳市 | 黔中 | 0.130094184 | 0.580319689 | 0.797198792 | 0.708068787 |
| 昆明市 | 滇中 | 0.228290228 | 0.77938954 | 0.552038914 | 0.483797606 |
| 西安市 | 关中平原 | 0.06503054 | 0.875448313 | 0.593756555 | 1.421453311 |
| 南宁市 | 北部湾 | 0.029948427 | 0.74471063 | 0.534795854 | 0.520239171 |
| 银川市 | 宁夏沿黄 | 0.140803007 | 0.517554205 | 0.568148042 | 0.20169018 |
| 兰州市 | 兰西 | 0.181397016 | 0.611548594 | 0.363739929 | 0.52150815 |
| 乌鲁木齐市 | 天山北坡 | 0.532853971 | 0.811509031 | 0.657217386 | 0.308766685 |

表 4-45　　　　　　　　　　　　　　　2005 年中心城市职能强度测算结果

| 中心城市 | 所属城市群 | 中心城市职能强度 | 经济中心性 | 社会中心性 | 环境中心性 |
|---|---|---|---|---|---|
| 沈阳市 | 辽中南 | 0.047323253 | 1.010773211 | 1.355040455 | 1.137381959 |
| 北京市 | 京津冀 | 0.043408156 | 2.350987141 | 2.409814407 | 1.503170942 |
| 青岛市 | 山东半岛 | 0.011653442 | 1.067530172 | 2.002112103 | 0.971375806 |
| 上海市 | 长三角 | 0.026927659 | 2.705147151 | 3.970160639 | 2.487561491 |
| 福州市 | 粤闽浙沿海 | 0.02133863 | 0.770963564 | 0.72173712 | 0.756513721 |
| 广州市 | 珠三角 | 0.076732107 | 1.820807826 | 1.617998835 | 1.776347022 |
| 哈尔滨市 | 哈长 | 0.053023491 | 0.92839691 | 0.520296027 | 0.753980031 |
| 太原市 | 晋中 | 0.067215571 | 0.729760441 | 0.504096417 | 0.853832465 |
| 郑州市 | 中原 | 0.024061334 | 0.834583031 | 0.70063494 | 1.424768159 |
| 武汉市 | 长江中游 | 0.011669479 | 1.03872125 | 1.16295708 | 1.953749215 |
| 呼和浩特市 | 呼包鄂榆 | 0.069412399 | 0.748979845 | 0.500560858 | 0.331356457 |
| 重庆市 | 成渝 | 0.096837808 | 1.180721814 | 0.791057459 | 0.881640844 |
| 贵阳市 | 黔中 | 0.133042177 | 0.591110479 | 0.843954142 | 0.713557525 |
| 昆明市 | 滇中 | 0.221083155 | 0.738990107 | 0.616325878 | 0.517345178 |
| 西安市 | 关中平原 | 0.056748959 | 0.833469249 | 0.634554272 | 1.504865351 |
| 南宁市 | 北部湾 | 0.032657917 | 0.695256065 | 0.461664396 | 0.518718039 |
| 银川市 | 宁夏沿黄 | 0.16407217 | 0.558927119 | 0.45111611 | 0.197309758 |
| 兰州市 | 兰西 | 0.175026035 | 0.663072798 | 0.375347669 | 0.501299125 |
| 乌鲁木齐市 | 天山北坡 | 0.514415172 | 0.757369212 | 0.632515702 | 0.30857861 |

表 4 – 46　　　　　　　　　　　　2006 年中心城市职能强度测算结果

| 中心城市 | 所属城市群 | 中心城市职能强度 | 经济中心性 | 社会中心性 | 环境中心性 |
|---|---|---|---|---|---|
| 沈阳市 | 辽中南 | 0.048397849 | 1.025540591 | 1.52311176 | 0.930680167 |
| 北京市 | 京津冀 | 0.043240878 | 2.353710847 | 2.528191252 | 1.466261805 |
| 青岛市 | 山东半岛 | 0.011743169 | 1.09202253 | 1.747906732 | 0.957778368 |
| 上海市 | 长三角 | 0.026041053 | 2.664371826 | 3.494188772 | 2.501657569 |
| 福州市 | 粤闽浙沿海 | 0.0209481 | 0.78003816 | 0.685211673 | 0.76544935 |
| 广州市 | 珠三角 | 0.075863401 | 1.845734595 | 1.487948931 | 1.808508445 |
| 哈尔滨市 | 哈长 | 0.053428118 | 0.925598736 | 0.479592201 | 0.750662198 |
| 太原市 | 晋中 | 0.067340553 | 0.731008137 | 0.739323979 | 0.820698548 |
| 郑州市 | 中原 | 0.02184364 | 0.855134156 | 0.785585397 | 1.457492144 |
| 武汉市 | 长江中游 | 0.011768938 | 1.03977802 | 1.154114655 | 1.959475006 |
| 呼和浩特市 | 呼包鄂榆 | 0.066856098 | 0.74950818 | 0.499572497 | 0.33848217 |
| 重庆市 | 成渝 | 0.095342311 | 1.180228155 | 0.837746409 | 0.908126991 |
| 贵阳市 | 黔中 | 0.133131884 | 0.586386663 | 0.68977985 | 0.697654869 |
| 昆明市 | 滇中 | 0.217795777 | 0.729721163 | 0.633138097 | 0.52359877 |
| 西安市 | 关中平原 | 0.06316179 | 0.833414454 | 0.702113723 | 1.415269064 |
| 南宁市 | 北部湾 | 0.033188915 | 0.693416148 | 0.476473662 | 0.56646502 |
| 银川市 | 宁夏沿黄 | 0.163573689 | 0.547906414 | 0.469902064 | 0.201651099 |
| 兰州市 | 兰西 | 0.17123677 | 0.651183736 | 0.362559837 | 0.449103966 |
| 乌鲁木齐市 | 天山北坡 | 0.50018859 | 0.758308635 | 0.585908825 | 0.307032995 |

表 4 – 47　　　　　　　　　　　　2007 年中心城市职能强度测算结果

| 中心城市 | 所属城市群 | 中心城市职能强度 | 经济中心性 | 社会中心性 | 环境中心性 |
|---|---|---|---|---|---|
| 沈阳市 | 辽中南 | 0.050818119 | 1.037418001 | 2.015478428 | 0.905301994 |
| 北京市 | 京津冀 | 0.043835658 | 2.36668338 | 2.553964381 | 1.426393601 |
| 青岛市 | 山东半岛 | 0.011711861 | 1.099901666 | 1.66153174 | 0.944868234 |
| 上海市 | 长三角 | 0.025884629 | 2.660544997 | 3.513174589 | 2.465683255 |
| 福州市 | 粤闽浙沿海 | 0.020958382 | 0.785878797 | 0.66852952 | 0.758236126 |
| 广州市 | 珠三角 | 0.07487639 | 1.835882875 | 1.476137466 | 1.843888568 |
| 哈尔滨市 | 哈长 | 0.051995393 | 0.922881967 | 0.444429041 | 0.712163897 |
| 太原市 | 晋中 | 0.06964922 | 0.702066571 | 0.500888771 | 0.847685757 |
| 郑州市 | 中原 | 0.022547051 | 0.882932052 | 0.847900717 | 1.490993214 |
| 武汉市 | 长江中游 | 0.011854552 | 1.059669744 | 1.132398718 | 1.924124974 |
| 呼和浩特市 | 呼包鄂榆 | 0.061834051 | 0.771553743 | 0.507562642 | 0.344437731 |
| 重庆市 | 成渝 | 0.093171931 | 1.151946245 | 0.989903674 | 0.922603253 |
| 贵阳市 | 黔中 | 0.132355781 | 0.602308952 | 0.687296909 | 0.667806883 |
| 昆明市 | 滇中 | 0.213877147 | 0.729018628 | 0.66716801 | 0.522844785 |
| 西安市 | 关中平原 | 0.06414564 | 0.834682223 | 0.737137689 | 1.52247471 |
| 南宁市 | 北部湾 | 0.034662101 | 0.702261907 | 0.455062874 | 0.597755429 |
| 银川市 | 宁夏沿黄 | 0.16423043 | 0.527477472 | 0.423361678 | 0.2027076 |
| 兰州市 | 兰西 | 0.167991465 | 0.645461641 | 0.425121361 | 0.447363258 |
| 乌鲁木齐市 | 天山北坡 | 0.535767035 | 0.751332267 | 0.562348304 | 0.284858475 |

表 4-48　　　　　　　　　　　　　2008 年中心城市职能强度测算结果

| 中心城市 | 所属城市群 | 中心城市职能强度 | 经济中心性 | 社会中心性 | 环境中心性 |
|---|---|---|---|---|---|
| 沈阳市 | 辽中南 | 0.050150167 | 1.034929232 | 1.95508723 | 0.89629131 |
| 北京市 | 京津冀 | 0.04332981 | 2.302057384 | 2.537310457 | 1.437976879 |
| 青岛市 | 山东半岛 | 0.011507497 | 1.109275888 | 1.108624168 | 0.929814073 |
| 上海市 | 长三角 | 0.025215714 | 2.573147478 | 3.541390248 | 2.451257662 |
| 福州市 | 粤闽浙沿海 | 0.020831047 | 0.772825174 | 0.671563044 | 0.738982285 |
| 广州市 | 珠三角 | 0.08023632 | 1.917642774 | 1.318360828 | 1.872223407 |
| 哈尔滨市 | 哈长 | 0.049802319 | 0.92661751 | 0.468123786 | 0.779841731 |
| 太原市 | 晋中 | 0.069067072 | 0.712677669 | 0.527884354 | 0.85333277 |
| 郑州市 | 中原 | 0.022273475 | 0.872134324 | 0.845210259 | 1.569290412 |
| 武汉市 | 长江中游 | 0.011949268 | 1.101725389 | 1.050557289 | 1.916747787 |
| 呼和浩特市 | 呼包鄂榆 | 0.054941699 | 0.773586978 | 0.532133904 | 0.362457648 |
| 重庆市 | 成渝 | 0.094012157 | 1.174140447 | 1.333988344 | 0.993452332 |
| 贵阳市 | 黔中 | 0.131307867 | 0.606735075 | 0.641458717 | 0.668148065 |
| 昆明市 | 滇中 | 0.203049109 | 0.741806628 | 0.805088315 | 0.216257323 |
| 西安市 | 关中平原 | 0.066264384 | 0.840677419 | 0.69317517 | 1.451212261 |
| 南宁市 | 北部湾 | 0.035430921 | 0.709069206 | 0.875128866 | 0.659192597 |
| 银川市 | 宁夏沿黄 | 0.159087812 | 0.543765927 | 0.402005417 | 0.211720188 |
| 兰州市 | 兰西 | 0.165458661 | 0.636797806 | 0.348333243 | 0.477581851 |
| 乌鲁木齐市 | 天山北坡 | 0.521714244 | 0.733867943 | 0.582581307 | 0.307487762 |

表 4-49　　　　　　　　　　　　　2009 年中心城市职能强度测算结果

| 中心城市 | 所属城市群 | 中心城市职能强度 | 经济中心性 | 社会中心性 | 环境中心性 |
|---|---|---|---|---|---|
| 沈阳市 | 辽中南 | 0.050718327 | 1.005901317 | 1.794993645 | 0.880535629 |
| 北京市 | 京津冀 | 0.0430397 | 2.337238785 | 2.5047767 | 1.350404066 |
| 青岛市 | 山东半岛 | 0.011631273 | 1.083529622 | 0.918364707 | 0.898896256 |
| 上海市 | 长三角 | 0.024873416 | 2.557312206 | 3.627747892 | 2.409188573 |
| 福州市 | 粤闽浙沿海 | 0.02125861 | 0.815656576 | 0.693617459 | 0.730968189 |
| 广州市 | 珠三角 | 0.076130697 | 1.797398105 | 1.394109177 | 1.879765508 |
| 哈尔滨市 | 哈长 | 0.050405328 | 0.921410625 | 0.504562157 | 0.758373355 |
| 太原市 | 晋中 | 0.067540761 | 0.73869915 | 0.506018241 | 0.834620354 |
| 郑州市 | 中原 | 0.022918292 | 0.856204948 | 0.936634447 | 1.578799133 |
| 武汉市 | 长江中游 | 0.011924604 | 1.102426489 | 1.134097974 | 1.878208867 |
| 呼和浩特市 | 呼包鄂榆 | 0.053762692 | 0.798234349 | 0.571088848 | 0.369766871 |
| 重庆市 | 成渝 | 0.103895666 | 1.2293073 | 1.614523315 | 0.993690128 |
| 贵阳市 | 黔中 | 0.131812089 | 0.661271804 | 0.655634252 | 0.680349254 |
| 昆明市 | 滇中 | 0.212926943 | 0.710884691 | 0.828767815 | 0.552040624 |
| 西安市 | 关中平原 | 0.070451293 | 0.888225694 | 0.691938935 | 1.433341968 |
| 南宁市 | 北部湾 | 0.03731035 | 0.706951786 | 0.527299432 | 0.584563534 |
| 银川市 | 宁夏沿黄 | 0.15778046 | 0.518831451 | 0.448669237 | 0.209651369 |
| 兰州市 | 兰西 | 0.16482131 | 0.612598109 | 0.367372228 | 0.536157407 |
| 乌鲁木齐市 | 天山北坡 | 0.59753011 | 0.706398966 | 0.631810862 | 0.30760044 |

表4－50　　　　　　　　　　　　　　　**2010年中心城市职能强度测算结果**

| 中心城市 | 所属城市群 | 中心城市职能强度 | 经济中心性 | 社会中心性 | 环境中心性 |
|---|---|---|---|---|---|
| 沈阳市 | 辽中南 | 0.049480391 | 1.053407994 | 1.601354913 | 0.859990581 |
| 北京市 | 京津冀 | 0.042332095 | 2.45088695 | 2.288093943 | 1.308766116 |
| 青岛市 | 山东半岛 | 0.008006499 | 0.934867352 | 1.051350597 | 0.888410975 |
| 上海市 | 长三角 | 0.024011829 | 2.640741238 | 3.324616981 | 2.34986204 |
| 福州市 | 粤闽浙沿海 | 0.021509624 | 0.83630989 | 0.688488129 | 0.730424481 |
| 广州市 | 珠三角 | 0.076042114 | 1.904523333 | 1.305111132 | 1.884686248 |
| 哈尔滨市 | 哈长 | 0.047838344 | 0.950487789 | 0.505098272 | 0.744820555 |
| 太原市 | 晋中 | 0.06575622 | 0.747352975 | 0.484726972 | 0.813849328 |
| 郑州市 | 中原 | 0.029975316 | 0.893768246 | 0.932730461 | 1.801601177 |
| 武汉市 | 长江中游 | 0.010649767 | 1.184397522 | 1.095910954 | 1.855492605 |
| 呼和浩特市 | 呼包鄂榆 | 0.050794843 | 0.811033992 | 0.55087194 | 0.371010797 |
| 重庆市 | 成渝 | 0.104293753 | 1.318118751 | 2.075717197 | 1.012360906 |
| 贵阳市 | 黔中 | 0.119263175 | 0.676151109 | 0.689433018 | 0.642177984 |
| 昆明市 | 滇中 | 0.222483928 | 0.744877553 | 0.869556631 | 0.550010544 |
| 西安市 | 关中平原 | 0.069761 | 0.911844626 | 0.745584981 | 1.510396146 |
| 南宁市 | 北部湾 | 0.035745989 | 0.718279299 | 0.54683428 | 0.590301796 |
| 银川市 | 宁夏沿黄 | 0.170970327 | 0.538430261 | 0.461938245 | 0.221780242 |
| 兰州市 | 兰西 | 0.158149364 | 0.620252443 | 0.363497993 | 0.535859988 |
| 乌鲁木齐市 | 天山北坡 | 0.565669376 | 0.696976035 | 0.630941571 | 0.303520712 |

表4－51　　　　　　　　　　　　　　　**2011年中心城市职能强度测算结果**

| 中心城市 | 所属城市群 | 中心城市职能强度 | 经济中心性 | 社会中心性 | 环境中心性 |
|---|---|---|---|---|---|
| 沈阳市 | 辽中南 | 0.049118866 | 1.003248869 | 1.495979363 | 0.874314817 |
| 北京市 | 京津冀 | 0.041384723 | 2.298951143 | 2.169633455 | 1.289874963 |
| 青岛市 | 山东半岛 | 0.011766633 | 1.105737802 | 1.069235324 | 0.880833654 |
| 上海市 | 长三角 | 0.021962566 | 2.393267742 | 3.120381303 | 2.311543392 |
| 福州市 | 粤闽浙沿海 | 0.021472872 | 0.812271362 | 0.652408067 | 0.730375606 |
| 广州市 | 珠三角 | 0.07495063 | 1.791417479 | 1.14843457 | 1.914302059 |
| 哈尔滨市 | 哈长 | 0.045478322 | 0.911803613 | 0.492862367 | 0.725138502 |
| 太原市 | 晋中 | 0.062225549 | 0.729844604 | 0.538198936 | 0.809830279 |
| 郑州市 | 中原 | 0.032186246 | 0.869855688 | 1.050860006 | 1.831367842 |
| 武汉市 | 长江中游 | 0.010217292 | 1.131679978 | 1.161252789 | 1.851647714 |
| 呼和浩特市 | 呼包鄂榆 | 0.048115947 | 0.799249692 | 0.502878799 | 0.370015653 |
| 重庆市 | 成渝 | 0.105922892 | 1.308201586 | 2.604295982 | 1.046912807 |
| 贵阳市 | 黔中 | 0.064611191 | 0.667430308 | 0.722454913 | 0.670546702 |
| 昆明市 | 滇中 | 0.210950462 | 0.726271835 | 0.855565135 | 0.609390809 |
| 西安市 | 关中平原 | 0.068041428 | 0.886081884 | 0.765268989 | 1.422625848 |
| 南宁市 | 北部湾 | 0.035127899 | 0.700967595 | 0.485282867 | 0.601754063 |
| 银川市 | 宁夏沿黄 | 0.174470232 | 0.518222453 | 0.520387126 | 0.229902189 |
| 兰州市 | 兰西 | 0.158829905 | 0.622011189 | 0.319454456 | 0.54155658 |
| 乌鲁木齐市 | 天山北坡 | 0.588990598 | 0.703693019 | 0.704285977 | 0.295733823 |

表 4 - 52　　　　　　　　　　　　　2012 年中心城市职能强度测算结果

| 中心城市 | 所属城市群 | 中心城市职能强度 | 经济中心性 | 社会中心性 | 环境中心性 |
|---|---|---|---|---|---|
| 沈阳市 | 辽中南 | 0.049645373 | 1.000043555 | 1.387065998 | 0.882918638 |
| 北京市 | 京津冀 | 0.041500853 | 2.278024915 | 2.089758455 | 1.322531667 |
| 青岛市 | 山东半岛 | 0.011829185 | 1.109113749 | 1.127591764 | 0.888847718 |
| 上海市 | 长三角 | 0.021014752 | 2.310741394 | 3.163864232 | 2.352902393 |
| 福州市 | 粤闽浙沿海 | 0.02180005 | 0.817684318 | 0.631568717 | 0.760703449 |
| 广州市 | 珠三角 | 0.075366024 | 1.783410125 | 1.09950709 | 2.004053594 |
| 哈尔滨市 | 哈长 | 0.044828455 | 0.916226684 | 0.656027863 | 0.736179263 |
| 太原市 | 晋中 | 0.063131221 | 0.735551096 | 0.56095889 | 0.843131122 |
| 郑州市 | 中原 | 0.034504478 | 0.88094723 | 1.034840215 | 1.965082861 |
| 武汉市 | 长江中游 | 0.010415678 | 1.157485562 | 1.159946868 | 1.906930314 |
| 呼和浩特市 | 呼包鄂榆 | 0.047614828 | 0.800191415 | 0.435642446 | 0.380498204 |
| 重庆市 | 成渝 | 0.104959036 | 1.358928904 | 2.292759411 | 1.135173541 |
| 贵阳市 | 黔中 | 0.065095168 | 0.683223865 | 0.745333943 | 0.83876593 |
| 昆明市 | 滇中 | 0.216790581 | 0.747063453 | 0.835837115 | 0.642247317 |
| 西安市 | 关中平原 | 0.026006794 | 0.654150087 | 0.930891663 | 0.200240807 |
| 南宁市 | 北部湾 | 0.035793892 | 0.702123167 | 0.459834391 | 0.637258033 |
| 银川市 | 宁夏沿黄 | 0.1799076 | 0.518268805 | 0.477430845 | 0.243766964 |
| 兰州市 | 兰西 | 0.164984368 | 0.631095336 | 0.317830789 | 0.565522588 |
| 乌鲁木齐市 | 天山北坡 | 0.621357766 | 0.747438964 | 0.626541988 | 0.310744461 |

表 4 - 53　　　　　　　　　　　　　2013 年中心城市职能强度测算结果

| 中心城市 | 所属城市群 | 中心城市职能强度 | 经济中心性 | 社会中心性 | 环境中心性 |
|---|---|---|---|---|---|
| 沈阳市 | 辽中南 | 0.049836654 | 0.973042857 | 1.285368386 | 0.834444994 |
| 北京市 | 京津冀 | 0.042341196 | 2.235764423 | 1.991987186 | 1.238583833 |
| 青岛市 | 山东半岛 | 0.011903089 | 1.098901226 | 1.186339338 | 0.836536524 |
| 上海市 | 长三角 | 0.020687468 | 2.253625631 | 3.112408213 | 2.226653136 |
| 福州市 | 粤闽浙沿海 | 0.021640067 | 0.80304532 | 0.629784213 | 0.719825673 |
| 广州市 | 珠三角 | 0.076977415 | 1.805463506 | 0.979373097 | 1.904313485 |
| 哈尔滨市 | 哈长 | 0.045551787 | 0.904285997 | 0.665585773 | 0.677074072 |
| 太原市 | 晋中 | 0.064024074 | 0.71800488 | 0.589139934 | 0.804330286 |
| 郑州市 | 中原 | 0.031094906 | 0.878952704 | 0.972495304 | 1.732155457 |
| 武汉市 | 长江中游 | 0.010579138 | 1.155165659 | 1.567701716 | 1.773608607 |
| 呼和浩特市 | 呼包鄂榆 | 0.04920411 | 0.821086665 | 0.411271518 | 0.3514456 |
| 重庆市 | 成渝 | 0.105230157 | 1.369744972 | 2.02715076 | 1.075500187 |
| 贵阳市 | 黔中 | 0.066459847 | 0.698885162 | 0.684121427 | 0.704976085 |
| 昆明市 | 滇中 | 0.21808463 | 0.747953467 | 0.836785174 | 0.614838665 |
| 西安市 | 关中平原 | 0.068979145 | 0.880898021 | 0.884039506 | 1.415012566 |
| 南宁市 | 北部湾 | 0.035865545 | 0.680453725 | 0.490159899 | 0.723924581 |
| 银川市 | 宁夏沿黄 | 0.182171315 | 0.510306207 | 0.48819465 | 0.242865785 |
| 兰州市 | 兰西 | 0.13834828 | 0.632922861 | 0.318948872 | 0.716746202 |
| 乌鲁木齐市 | 天山北坡 | 0.630014275 | 0.743700715 | 0.648042374 | 0.300994279 |

表4-54　　　　　　　　　　　　　　　　2014 年中心城市职能强度测算结果

| 中心城市 | 所属城市群 | 中心城市职能强度 | 经济中心性 | 社会中心性 | 环境中心性 |
|---|---|---|---|---|---|
| 沈阳市 | 辽中南 | 0.050945263 | 0.92118603 | 0.802055184 | 0.844316676 |
| 北京市 | 京津冀 | 0.042973582 | 2.217378561 | 2.052427441 | 1.232059615 |
| 青岛市 | 山东半岛 | 0.011939809 | 1.085579939 | 1.271938367 | 0.841625151 |
| 上海市 | 长三角 | 0.020784285 | 2.250595016 | 3.28790093 | 2.198935326 |
| 福州市 | 粤闽浙沿海 | 0.022056626 | 0.795180538 | 0.652137491 | 0.721747861 |
| 广州市 | 珠三角 | 0.076444647 | 1.775791871 | 1.013508711 | 1.922832586 |
| 哈尔滨市 | 哈长 | 0.047743248 | 0.885782697 | 0.719501088 | 0.680626454 |
| 太原市 | 晋中 | 0.06594108 | 0.723590047 | 0.605436955 | 0.817072069 |
| 郑州市 | 中原 | 0.031341373 | 0.906600372 | 1.037830028 | 1.760792076 |
| 武汉市 | 长江中游 | 0.010673041 | 1.160902473 | 1.316240052 | 1.739056505 |
| 呼和浩特市 | 呼包鄂榆 | 0.051417514 | 0.822725674 | 0.408720603 | 0.351077196 |
| 重庆市 | 成渝 | 0.107426502 | 1.432662314 | 2.018468335 | 1.095608809 |
| 贵阳市 | 黔中 | 0.066334251 | 0.703455163 | 0.701759665 | 0.733657806 |
| 昆明市 | 滇中 | 0.220947391 | 0.76113833 | 0.878953315 | 0.632120859 |
| 西安市 | 关中平原 | 0.072336768 | 0.908401415 | 0.971683216 | 1.413247382 |
| 南宁市 | 北部湾 | 0.035739991 | 0.673468878 | 0.428394727 | 0.622452941 |
| 银川市 | 宁夏沿黄 | 0.199340598 | 0.491393732 | 0.50919402 | 0.258897927 |
| 兰州市 | 兰西 | 0.14628734 | 0.664899906 | 0.351681092 | 0.654416566 |
| 乌鲁木齐市 | 天山北坡 | 0.649005183 | 0.752505981 | 0.660332586 | 0.321429409 |

表4-55　　　　　　　　　　　　　　　　2015 年中心城市职能强度测算结果

| 中心城市 | 所属城市群 | 中心城市职能强度 | 经济中心性 | 社会中心性 | 环境中心性 |
|---|---|---|---|---|---|
| 沈阳市 | 辽中南 | 0.052607502 | 0.899315204 | 0.498437561 | 0.831606107 |
| 北京市 | 京津冀 | 0.044129963 | 2.208826608 | 2.53050934 | 1.211100567 |
| 青岛市 | 山东半岛 | 0.012039022 | 1.07810209 | 1.313850001 | 0.839534471 |
| 上海市 | 长三角 | 0.02072604 | 2.238442428 | 3.279434564 | 2.190289362 |
| 福州市 | 粤闽浙沿海 | 0.022213938 | 0.80227711 | 0.647768706 | 0.721966309 |
| 广州市 | 珠三角 | 0.076376069 | 1.777413261 | 1.006473086 | 1.915738655 |
| 哈尔滨市 | 哈长 | 0.05093906 | 0.876277948 | 0.686437781 | 0.817182299 |
| 太原市 | 晋中 | 0.071213037 | 0.729618201 | 0.546020508 | 0.818544061 |
| 郑州市 | 中原 | 0.027848597 | 0.911851844 | 1.045316878 | 1.645139659 |
| 武汉市 | 长江中游 | 0.010760601 | 1.166221574 | 1.422084362 | 1.694078976 |
| 呼和浩特市 | 呼包鄂榆 | 0.054128756 | 0.811347085 | 0.40673294 | 0.344297646 |
| 重庆市 | 成渝 | 0.10991401 | 1.448180086 | 1.951835021 | 1.090670483 |
| 贵阳市 | 黔中 | 0.066436587 | 0.702168196 | 0.683404771 | 0.736340078 |
| 昆明市 | 滇中 | 0.226306279 | 0.754942075 | 0.838382423 | 0.67089619 |
| 西安市 | 关中平原 | 0.073872496 | 0.912204067 | 0.994758794 | 1.466449812 |
| 南宁市 | 北部湾 | 0.036003944 | 0.668357138 | 0.420589562 | 0.630300891 |
| 银川市 | 宁夏沿黄 | 0.192947129 | 0.491306502 | 0.523356048 | 0.246011537 |
| 兰州市 | 兰西 | 0.131974349 | 0.675934472 | 0.404191645 | 0.609498449 |
| 乌鲁木齐市 | 天山北坡 | 0.725499511 | 0.790790773 | 0.649816409 | 0.327712474 |

**表 4－56**　　　　　　　　　　　　　　**2016 年中心城市职能强度测算结果**

| 中心城市 | 所属城市群 | 中心城市职能强度 | 经济中心性 | 社会中心性 | 环境中心性 |
|---|---|---|---|---|---|
| 沈阳市 | 辽中南 | 0.051645766 | 0.83786635 | 0.602326826 | 0.819940428 |
| 北京市 | 京津冀 | 0.045201769 | 2.298966122 | 2.487022838 | 1.205209702 |
| 青岛市 | 山东半岛 | 0.012222279 | 1.101250542 | 1.352366549 | 0.850094552 |
| 上海市 | 长三角 | 0.021139518 | 2.364019711 | 3.292090175 | 2.166949324 |
| 福州市 | 粤闽浙沿海 | 0.022402666 | 0.824730222 | 0.656066759 | 0.711912749 |
| 广州市 | 珠三角 | 0.07518755 | 1.822752264 | 1.019553653 | 1.914268782 |
| 哈尔滨市 | 哈长 | 0.052878976 | 0.882740625 | 0.67024396 | 0.775682664 |
| 太原市 | 晋中 | 0.072603052 | 0.730296584 | 0.48573294 | 0.81930035 |
| 郑州市 | 中原 | 0.028474818 | 0.952975195 | 1.054000854 | 1.701011111 |
| 武汉市 | 长江中游 | 0.010769029 | 1.20315671 | 1.543860161 | 1.662476069 |
| 呼和浩特市 | 呼包鄂榆 | 0.053419227 | 0.796164313 | 0.489048501 | 0.340471449 |
| 重庆市 | 成渝 | 0.112877404 | 1.52497941 | 1.95538493 | 1.039082748 |
| 贵阳市 | 黔中 | 0.066326952 | 0.694780041 | 0.657799217 | 0.76883463 |
| 昆明市 | 滇中 | 0.227958772 | 0.763041405 | 0.643670827 | 0.66372204 |
| 西安市 | 关中平原 | 0.003714804 | 0.553418118 | 1.012444954 | 1.4307133 |
| 南宁市 | 北部湾 | 0.0360661 | 0.674022517 | 0.398438468 | 0.649456334 |
| 银川市 | 宁夏沿黄 | 0.062149015 | 0.427800243 | 0.484585811 | 0.246985183 |
| 兰州市 | 兰西 | 0.008923388 | 0.554653307 | 0.46829208 | 0.609034402 |
| 乌鲁木齐市 | 天山北坡 | 0.592699726 | 0.766153103 | 0.703412731 | 0.316156762 |

**表 4－57**　　　　　　　　　　　　　　**2017 年中心城市职能强度测算结果**

| 中心城市 | 所属城市群 | 中心城市职能强度 | 经济中心性 | 社会中心性 | 环境中心性 |
|---|---|---|---|---|---|
| 沈阳市 | 辽中南 | 0.046052657 | 0.785018779 | 0.659113091 | 0.813845005 |
| 北京市 | 京津冀 | 0.047225207 | 2.338114806 | 3.562645009 | 1.194898067 |
| 青岛市 | 山东半岛 | 0.009606626 | 0.98368739 | 1.394389573 | 0.857773469 |
| 上海市 | 长三角 | 0.020638989 | 2.402771557 | 2.909678971 | 2.142875588 |
| 福州市 | 粤闽浙沿海 | 0.045676229 | 0.762101316 | 0.698250935 | 0.721762598 |
| 广州市 | 珠三角 | 0.073628577 | 1.868727384 | 1.031035625 | 1.952375694 |
| 哈尔滨市 | 哈长 | 0.040548269 | 0.805735697 | 0.728848774 | 0.653026404 |
| 太原市 | 晋中 | 0.06742499 | 0.701112439 | 0.224166051 | 0.826129931 |
| 郑州市 | 中原 | 0.017341138 | 0.813078887 | 1.190464937 | 1.761597402 |
| 武汉市 | 长江中游 | 0.011426094 | 1.238719514 | 1.555647686 | 1.680202869 |
| 呼和浩特市 | 呼包鄂榆 | 0.037710614 | 0.734470639 | 0.289424931 | 0.345433318 |
| 重庆市 | 成渝 | 0.112281049 | 1.603358919 | 1.439940618 | 1.061768031 |
| 贵阳市 | 黔中 | 0.050167367 | 0.673236366 | 0.540265442 | 0.718159133 |
| 昆明市 | 滇中 | 0.184760086 | 0.72139554 | 0.453382456 | 0.706863222 |
| 西安市 | 关中平原 | 0.084714929 | 0.935043452 | 0.792640322 | 1.343445321 |
| 南宁市 | 北部湾 | 0.030326288 | 0.641451078 | 0.475674991 | 0.67946578 |
| 银川市 | 宁夏沿黄 | 0.122699351 | 0.574984491 | 0.579557955 | 0.252138179 |
| 兰州市 | 兰西 | 0.114974848 | 0.669751789 | 0.547197597 | 0.595353659 |
| 乌鲁木齐市 | 天山北坡 | 0.546358171 | 0.72491956 | 0.778729415 | 0.314144273 |

表 4－58　　　　　　　　　　　2018 年中心城市职能强度测算结果

| 中心城市 | 所属城市群 | 中心城市职能强度 | 经济中心性 | 社会中心性 | 环境中心性 |
|---|---|---|---|---|---|
| 沈阳市 | 辽中南 | 0.05228721 | 0.81073659 | 0.701679467 | 0.898226227 |
| 北京市 | 京津冀 | 0.04884006 | 2.205928581 | 2.773960319 | 1.317324423 |
| 青岛市 | 山东半岛 | 0.012811617 | 1.080907961 | 1.114981597 | 1.013999019 |
| 上海市 | 长三角 | 0.020299878 | 2.229053227 | 2.90042201 | 2.330576171 |
| 福州市 | 粤闽浙沿海 | 0.023240857 | 0.844485913 | 0.497986076 | 0.808313186 |
| 广州市 | 珠三角 | 0.072988853 | 1.754549525 | 1.052746215 | 2.225409397 |
| 哈尔滨市 | 哈长 | 0.05352153 | 0.868831321 | 0.684573611 | 0.73587795 |
| 太原市 | 晋中 | 0.075098594 | 0.722992888 | 0.553807698 | 0.931409321 |
| 郑州市 | 中原 | 0.030640744 | 0.973688135 | 0.996011062 | 2.049020754 |
| 武汉市 | 长江中游 | 0.010729131 | 1.10094145 | 1.655457259 | 0.296229757 |
| 呼和浩特市 | 呼包鄂榆 | 0.052202167 | 0.731877185 | 0.358698461 | 0.393479893 |
| 重庆市 | 成渝 | 0.109403172 | 1.463942465 | 1.636716837 | 1.218545952 |
| 贵阳市 | 黔中 | 0.099236203 | 0.69177533 | 0.688853937 | 0.838854449 |
| 昆明市 | 滇中 | 0.234763977 | 0.743634397 | 0.638596851 | 0.856305611 |
| 西安市 | 关中平原 | 0.097309118 | 0.945596938 | 1.075355654 | 1.520755859 |
| 南宁市 | 北部湾 | 0.034636348 | 0.706172769 | 0.441528018 | 0.794051205 |
| 银川市 | 宁夏沿黄 | 0.199867473 | 0.529543924 | 0.44361136 | 0.283063348 |
| 兰州市 | 兰西 | 0.140626175 | 0.684387749 | 0.462689583 | 0.587274097 |
| 乌鲁木齐市 | 天山北坡 | 0.505438733 | 0.740992527 | 0.732091303 | 0.374516964 |

表 4－59　　　　　　　　　　　2019 年中心城市职能强度测算结果

| 中心城市 | 所属城市群 | 中心城市职能强度 | 经济中心性 | 社会中心性 | 环境中心性 |
|---|---|---|---|---|---|
| 沈阳市 | 辽中南 | 0.056492435 | 0.789946141 | 0.743292153 | 0.792455102 |
| 北京市 | 京津冀 | 0.056972705 | 2.274237473 | 2.312293759 | 1.120437561 |
| 青岛市 | 山东半岛 | 0.013643931 | 1.020697777 | 1.14363284 | 0.881931957 |
| 上海市 | 长三角 | 0.0214145 | 2.314134738 | 2.933726937 | 2.044891277 |
| 福州市 | 粤闽浙沿海 | 0.023953456 | 0.855773659 | 0.458116103 | 0.70771074 |
| 广州市 | 珠三角 | 0.068680264 | 1.646091834 | 1.107723925 | 1.938991088 |
| 哈尔滨市 | 哈长 | 0.056387088 | 0.780543915 | 0.753814351 | 0.671191132 |
| 太原市 | 晋中 | 0.07784533 | 0.673578618 | 0.587035552 | 0.84057082 |
| 郑州市 | 中原 | 0.031097758 | 0.998299479 | 0.992672441 | 1.806136276 |
| 武汉市 | 长江中游 | 0.012222838 | 1.22294194 | 1.769563519 | 1.652541209 |
| 呼和浩特市 | 呼包鄂榆 | 0.051285997 | 0.658837152 | 0.395244981 | 0.326538566 |
| 重庆市 | 成渝 | 0.112563981 | 1.497433492 | 1.531262281 | 1.067843036 |
| 贵阳市 | 黔中 | 0.06705338 | 0.655966477 | 0.708215969 | 0.741261145 |
| 昆明市 | 滇中 | 0.230774884 | 0.80456314 | 0.560077438 | 0.772945305 |
| 西安市 | 关中平原 | 0.101423283 | 0.928042383 | 1.116324356 | 1.410008433 |
| 南宁市 | 北部湾 | 0.037416581 | 0.729806978 | 0.448970095 | 0.695099452 |
| 银川市 | 宁夏沿黄 | 0.205076647 | 0.509925853 | 0.433745523 | 0.25134836 |
| 兰州市 | 兰西 | 0.141185831 | 0.648583056 | 0.424004151 | 0.506542771 |
| 乌鲁木齐市 | 天山北坡 | 0.505986272 | 0.737066053 | 0.724456505 | 0.310187147 |

其次是对城市群经济高质量发展水平的测算，本书选取绿色全要素生产率作为其衡量标准，以下是 2003～2019 年 19 个城市群的绿色全要素生产率（见表 4-60 至表 4-62）。

表 4-60　　　　　　　　　　2003～2008 年中国城市群绿色全要素生产率测算结果

| 城市群 | 2003 年 | 2004 年 | 2005 年 | 2006 年 | 2007 年 | 2008 年 |
|---|---|---|---|---|---|---|
| 辽中南 | 1.000000 | 1.010432 | 1.0328 | 1.038219 | 1.051173 | 1.05205 |
| 京津冀 | 1.000000 | 1.015787 | 1.026435 | 1.051641 | 1.064838 | 1.061067 |
| 山东半岛 | 1.000000 | 1.011075 | 1.010623 | 1.020873 | 1.026691 | 1.037877 |
| 长三角 | 1.000000 | 1.000343 | 1.023417 | 1.028917 | 1.031054 | 1.039272 |
| 粤闽浙沿海 | 1.000000 | 1.002378 | 1.025017 | 1.027383 | 1.036648 | 1.057137 |
| 珠三角 | 1.000000 | 0.998520 | 1.013521 | 1.023448 | 1.070159 | 1.070262 |
| 哈长 | 1.000000 | 1.015327 | 1.028540 | 1.048589 | 1.059218 | 1.05835 |
| 晋中 | 1.000000 | 1.020719 | 1.025668 | 1.064523 | 1.069768 | 1.037558 |
| 中原 | 1.000000 | 1.030454 | 1.048346 | 1.058414 | 1.060112 | 1.046267 |
| 长江中游 | 1.000000 | 1.012204 | 1.023041 | 1.034083 | 1.046373 | 1.055131 |
| 呼包鄂榆 | 1.000000 | 1.070006 | 1.071378 | 1.091956 | 1.064475 | 1.042772 |
| 成渝 | 1.000000 | 1.03425 | 1.034661 | 1.052603 | 1.038092 | 1.058778 |
| 黔中 | 1.000000 | 1.001045 | 1.032257 | 1.015694 | 1.013137 | 1.127516 |
| 滇中 | 1.000000 | 1.002383 | 1.026685 | 1.033967 | 1.023089 | 1.019636 |
| 关中平原 | 1.000000 | 1.034332 | 1.017617 | 1.053179 | 1.088843 | 1.043224 |
| 北部湾 | 1.000000 | 1.006429 | 1.019082 | 1.017048 | 1.028047 | 1.013886 |
| 宁夏沿黄 | 1.000000 | 0.999167 | 1.226388 | 1.313259 | 1.329986 | 1.369508 |
| 兰西 | 1.000000 | 1.008663 | 1.023777 | 1.030463 | 1.036364 | 1.05271 |
| 天山北坡 | 1.000000 | 1.147909 | 0.985303 | 1.000305 | 1.007100 | 0.999884 |

表 4-61　　　　　　　　　　2009～2014 年中国城市群绿色全要素生产率测算结果

| 城市群 | 2009 年 | 2010 年 | 2011 年 | 2012 年 | 2013 年 | 2014 年 |
|---|---|---|---|---|---|---|
| 辽中南 | 1.056255 | 1.042781 | 1.016394 | 1.015789 | 0.997542 | 1.010333 |
| 京津冀 | 1.053373 | 1.054093 | 1.035619 | 1.029097 | 1.02499 | 1.037653 |
| 山东半岛 | 1.044259 | 1.037701 | 1.041334 | 1.044977 | 1.027224 | 1.036111 |
| 长三角 | 1.045847 | 1.037611 | 1.020729 | 1.0362 | 1.006307 | 1.006008 |
| 粤闽浙沿海 | 1.054708 | 1.044908 | 1.064147 | 1.051361 | 1.027198 | 1.025467 |
| 珠三角 | 1.065146 | 1.066253 | 1.059375 | 1.07149 | 1.005849 | 1.007281 |
| 哈长 | 1.050665 | 1.04915 | 1.020518 | 1.024114 | 1.000994 | 1.007515 |
| 晋中 | 1.034928 | 1.03072 | 1.02168 | 1.004279 | 1.009577 | 1.004179 |
| 中原 | 1.047326 | 1.053454 | 1.016769 | 1.017221 | 0.99182 | 0.992991 |
| 长江中游 | 1.06296 | 1.042773 | 1.046423 | 1.042937 | 1.029949 | 1.026484 |
| 呼包鄂榆 | 1.015384 | 1.063362 | 1.015766 | 1.015238 | 0.97581 | 0.990452 |
| 成渝 | 1.060355 | 1.041596 | 1.019896 | 1.009032 | 0.985686 | 0.990961 |
| 黔中 | 1.08535 | 1.171595 | 1.030436 | 1.041688 | 1.02572 | 1.038203 |

续表

| 城市群 | 2009 年 | 2010 年 | 2011 年 | 2012 年 | 2013 年 | 2014 年 |
|---|---|---|---|---|---|---|
| 滇中 | 1.012088 | 0.991406 | 1.050443 | 0.99272 | 0.986383 | 0.99066 |
| 关中平原 | 1.053769 | 1.084539 | 1.002433 | 0.973398 | 1.07841 | 1.067904 |
| 北部湾 | 1.001579 | 0.996343 | 0.979537 | 0.970595 | 0.952821 | 0.95007 |
| 宁夏沿黄 | 1.37172 | 1.422228 | 1.358041 | 1.234799 | 1.289663 | 1.29142 |
| 兰西 | 1.105956 | 1.111055 | 1.119507 | 1.116837 | 1.078674 | 1.103042 |
| 天山北坡 | 1.022386 | 1.028243 | 1.024509 | 1.017613 | 1.022022 | 1.02316 |

**表 4 - 62　　　　　　　2015 ~ 2019 年中国城市群绿色全要素生产率测算结果**

| 城市群 | 2015 年 | 2016 年 | 2017 年 | 2018 年 | 2019 年 |
|---|---|---|---|---|---|
| 辽中南 | 1.014942 | 1.02876 | 1.041163 | 1.068186 | 1.08723 |
| 京津冀 | 1.030442 | 1.039844 | 1.013753 | 1.055174 | 1.068326 |
| 山东半岛 | 1.041587 | 1.079978 | 1.011576 | 1.007415 | 1.014214 |
| 长三角 | 1.013748 | 1.017812 | 0.992079 | 0.970453 | 0.980693 |
| 粤闽浙沿海 | 1.014749 | 0.998917 | 0.946445 | 0.952568 | 0.966703 |
| 珠三角 | 1.010854 | 0.992817 | 0.990266 | 0.975882 | 0.977273 |
| 哈长 | 1.014356 | 1.021335 | 1.008739 | 1.043199 | 1.051343 |
| 晋中 | 0.993941 | 1.015194 | 0.968936 | 0.973243 | 0.973649 |
| 中原 | 0.998599 | 0.985641 | 0.938995 | 0.960244 | 0.965449 |
| 长江中游 | 1.03174 | 1.024062 | 0.972818 | 0.986134 | 0.991457 |
| 呼包鄂榆 | 0.978038 | 1.002354 | 0.935459 | 0.937378 | 0.938932 |
| 成渝 | 0.995734 | 1.006208 | 0.961943 | 0.949135 | 0.94541 |
| 黔中 | 1.04316 | 1.013006 | 1.022654 | 1.015654 | 1.008338 |
| 滇中 | 0.993916 | 1.061574 | 0.964204 | 0.95421 | 1.016696 |
| 关中平原 | 1.031342 | 1.057266 | 0.92723 | 0.953633 | 0.953582 |
| 北部湾 | 0.952798 | 0.945672 | 0.935967 | 0.952324 | 0.949242 |
| 宁夏沿黄 | 1.295074 | 1.349918 | 1.345548 | 1.407307 | 1.403545 |
| 兰西 | 1.098353 | 1.095239 | 1.026543 | 1.041213 | 1.047845 |
| 天山北坡 | 1.0251 | 1.039851 | 1.030445 | 1.029713 | 1.035189 |

#### 4.2.2.2　基本回归模型分析

本书通过双限定效应模型并通过 Robust 控制模型异方差问题，对中心城市职能强度与城市群经济高质量发展的关系展开估计分析，得到基本回归结果，见表 4 - 63。

通过表 4 - 63 的回归结果对研究假设 H1 进行基本验证，可以发现中心城市职能强度与城市群经济高质量发展呈"先增强后抑制"的倒"U"形关系，中心城市职能强度的提升促使城市群经济高质量发展水平先提升再回落。在模型（3）、模型（4）中，本书以绿色全要素生产率作为替代变量展开稳健性检验，结果依旧保持稳健，表明回归结果具备较高的可信度。在控制变量中，人均生产总值和教育从业人员与中心职能强度的正向关系，进一步验证了模型控制变量选取的科学性；城镇化率与城市中心职能强度的负相关性表明劳动力的流入与城市的集聚效应具有显著的关联性，并且人口红利在逐渐消失。

表 4 – 63　　　　　　　　　　　　　　　基本回归结果

| 变量 | (1) | (2) | (3) | (4) |
|---|---|---|---|---|
|  | lnGTFP | lnGTFP | lnTFP | lnTFP |
| lnFunction | - 0. 519 *** (0. 1745) | - 0. 571 *** (0. 1125) | - 0. 579 *** (0. 1148) | - 0. 509 *** (0. 1060) |
| (lnFunctio)$^2$ | - 0. 123 *** (0. 0387) | - 0. 094 *** (0. 0247) | - 0. 097 *** (0. 0255) | - 0. 080 *** (0. 0233) |
| lnFE |  | - 0. 002 * (0. 1730) |  | 0. 140 (0. 0884) |
| lnFS |  | 0. 305 * (0. 1778) |  | - 0. 204 *** (0. 0350) |
| lnFR |  | - 0. 011 (0. 0699) |  | 0. 040 (0. 1111) |
| lnLand |  | 0. 444 ** (0. 2224) |  | - 0. 121 ** (0. 0599) |
| lnTrade |  | 0. 003 (0. 0121) |  | 0. 246 * (0. 1459) |
| lnPerGDP |  | 1. 154 *** (0. 0938) |  | 0. 039 (0. 0574) |
| lnGov |  | - 0. 199 *** (0. 0371) |  | 0. 357 * (0. 1824) |
| lnInternet |  | 0. 362 *** (0. 1179) |  | 0. 065 (0. 0685) |
| 常数项 | - 6. 025 *** (0. 1842) | - 16. 432 *** (0. 8655) | - 3. 445 *** (0. 1212) | - 4. 066 *** (0. 8156) |
| 观测值 | 323 | 323 | 323 | 323 |
| R$^2$ | 0. 122 | 0. 657 | 0. 217 | 0. 372 |
| 个体效应 | YES | | | |
| 时间效应 | YES | | | |

注：*** 、** 、* 分别表示在 1%、5%、10% 水平上显著，括号内为标准误差。

### 4.2.2.3　稳健性检验

考察中心城市职能强度和城市群高质量发展之间的因果关系，面临的重要挑战就是中心城市的职能强度并非是单一的衡量体系，而是受到经济、社会和环境等多方面因素的影响。本书采用单中心城市作为研究对象，遴选出城市群的中心城市，并通过双限定效应模型控制其差异特征。鉴于中心城市职能强度的加强需要一定时间才能促使城市群高质量发展得到实质性提升，且各项职能的完善需要多年的时间，一年难以反映时滞效应，因此选择滞后二期作稳健性检验。

### 4.2.2.4　内生性检验

由于模型存在共线性等内部问题，因此，本书通过 Durbin – Wu – Husman 检验进行内生性检验，得到 P 值为 0.000，拒绝原假设，说明模型存在内生性问题。根据本书对象的特点和反复尝试，本书选取城市群固定资产投资额和中心城市职能强度滞后项作为中心城市职能强度的工具变量。

由于基础设施是城市中心职能发挥的重要影响因素之一，大多数中心城市职能指数较高的城市都有比较完善的基础设施，因此在内生性检验中将其与时间趋势交乘进行估计。此外，中心城市的职能强度由中心城市经济、社会、环境、基础设施等方面的数据计算而得，而城市发展的经济效益通常具有一定的滞后性，本期的发展投入要素已经在此前的城市发展过程中对城市产生了影响，同时经济的动态集聚又使得基础设施规模条件长期影响城市发展水平和职能。因此，本书以城市群固定资产投资额和中心城市职能强度滞后项对中心城市职能强度的时滞效应与发展基础进行估计，具备一定的科学性和合理性。本书进一步对上述模型进行内生性检验，得到两阶段 GMM 估计结果，见表 4 - 64。

表 4 - 64 两阶段 GMM 估计结果

| 变量 | (5) | (6) | (7) | (8) |
|---|---|---|---|---|
| lnFunction | - 0. 386 ** <br> (0. 1500) | 0. 039 <br> (0. 0574) | 0. 065 <br> (0. 0685) | 0. 246 * <br> (0. 1459) |
| (lnFunction)$^2$ | - 0. 062 <br> (0. 0561) | | | |
| lnFE | 0. 003 <br> (0. 0121) | | | |
| lnFS | 0. 305 * <br> (0. 1778) | | | |
| lnFR | 0. 357 * <br> (0. 1824) | | | |
| 常数项 | - 6. 269 *** <br> (0. 3348) | - 3. 495 *** <br> (0. 2166) | - 2. 376 *** <br> (0. 7858) | - 4. 021 *** <br> (0. 5677) |
| 观测值 | 323 | 323 | 323 | 323 |
| R$^2$ | 0. 9625 | 0. 9397 | 0. 3910 | 0. 7439 |
| 控制变量 | YES | | | |
| 个体效应 | YES | | | |
| 时间效应 | YES | | | |

注：*** 、** 、* 分别表示在 1% 、5% 、10% 水平上显著，括号内为标准误差。

根据表 4 - 64 可知，内生性检验结果显著，论证了研究结论的合理性。为了进一步证明工具变量选取的合理性，进一步对模型 (11)、模型 (12)、模型 (13) 和模型 (14) 进行识别不足检验和弱工具变量检验，其中，模型 (11)、模型 (12)、模型 (13) 和模型 (14) 的识别不足鉴定均为 0. 000，拒绝原假设。对模型 (11)、模型 (12)、模型 (13) 和模型 (14) 的弱工具变量检验 Cragg - Donald Wald F 的值大于 10% 的临界值，说明拒绝原假设，所选工具变量合理。同时，Hansen - J 统计量的检验结果均在 10% 水平上，接受原假设，进一步验证所选模型可以通过过度识别检验。

#### 4.2.2.5 门槛效应分析

中心城市职能强度与城市群经济高质量发展之间呈现出倒 "U" 形的关系，即存在一个门槛值。进一步运用门槛效应模型对中心城市职能强度推动城市群经济高质量发展的边界进行判断，因此，运用面板数据门槛模型对式 (4 - 10) 进行改写：

$$\ln GTFP_{it} = \alpha_0 + \delta_1 \ln FE(\ln Function_{it} \leq \mu) + \delta_2 \ln FE(\ln Function_{it} > \mu) + \delta_i control + u_{it} \qquad (4-14)$$

其中，FE 表示中心城市经济职能强度，即经济中心性。中心城市的经济职能作为城市群经济高质量发展的关键职能，与中心城市的职能强度之间有着显著的关联性，因此，本书选取经济中心性作为中心城市职能强度的门槛变量进行验证。即通过门槛效应进行自抽样检验，对中心城市职能强度影响城市群经济高质量发展的结构变化点个数进行检验，得到门槛效应的检验结果，见表 4 - 65。

表 4 - 65　　　　　　　　　　　　　　　门槛效应检验结果

| 类型 | F 值 | P 值 | 临界值 1% | 5% | 10% |
|---|---|---|---|---|---|
| 单一门槛检验 | 37.105 ** | 0.015 | 44.371 | 7.563 | 4.367 |
| 双重门槛检验 | 5.220 | 0.103 | 13.094 | 8.452 | 5.458 |
| 三重门槛检验 | 0.000 | 1.000 | 10.960 | 8.094 | 5.309 |

注：P 值和临界值均采用"自抽样法"（Bootstrap）反复抽样 200 次得到（下同），** 表示在 5% 水平上显著。

根据表 4 - 65 门槛效应检验结果显示，中心城市职能强度对城市群经济高质量发展的影响确实存在一个结构变化点。为了进一步检验中心城市职能强度对城市群经济高质量发展在不同区间内的影响强弱，新建一个单门槛效应的虚拟变量，并将其与中心城市职能强度（$\ln Function_{it}$）进行交乘，得到门槛效应回归结果，见表 4 - 66。

表 4 - 66　　　　　　　　　　　　　　　门槛效应回归结果

| 变量 | 系数 | 置信区间 |
|---|---|---|
| $\ln FE$（$\ln Function_{it} \leq \mu$） | 0.0946 **<br>(2.12) | [0.0067, 0.1826] |
| $\ln FE$（$\ln Function_{it} > \mu$） | -0.8150 ***<br>(-6.33) | [-1.0692, -0.5609] |
| $R^2$ | 0.6789 | |
| F 值（P 值） | 25.50（0.000） | |
| μ | 变化门槛估计值<br>0.139 | 95% 置信区间<br>[0, 0] |

注：*** 、** 分别表示在 1%、5% 水平上显著，括号内为标准误差。

根据上述分析所得到的变化门槛值，本书将进一步对 2003 ~ 2019 年各中心城市职能强度与作用红线的分布情况进行分析（见表 4 - 67）。由表 4 - 67 可以看出，北京市、沈阳市、青岛市、上海市、福州市、广州市、太原市、郑州市、武汉市、重庆市、西安市的中心城市职能强度水平较高；而哈尔滨市、呼和浩特市、贵阳市、昆明市、南宁市、银川市、兰州市、乌鲁木齐市的中心城市职能强度水平则相对较低。

表 4 - 67　　　　　　　　　　　　　　　中心城市职能强度分布

| 变化门槛值分布区间 | 2003 ~ 2019 年中心城市 |
|---|---|
| ≤ 0.139 | 哈尔滨市、呼和浩特市、贵阳市、昆明市、南宁市、银川市、兰州市、乌鲁木齐市 |
| > 0.139 | 北京市、沈阳市、青岛市、上海市、福州市、广州市、太原市、郑州市、武汉市、重庆市、西安市 |

### 4.2.2.6　进一步机制分析

对于中心城市职能强度如何通过经济、社会和环境中心性提高城市群经济高质量发展的实现路径，下文通过中介效应模型对其展开估计分析。根据研究对象的特点，从中心城市人口密度（Density）和就业人员（Employment）作为其城市职能强度的代理变量，建立中心城市职能强度的中介效应分析模型。进而在式（4－11）、式（4－12）和式（4－13）的基础上，将Population density 和 Employment 纳入模型以进一步分析其是否为中心城市职能强度的中介变量，具体表达式如下：

$$\ln TFP_{it} = \omega_1 \ln Density_{it} + \omega_2 \ln Employment_{it} + \omega_i control + u_{it} \quad (4-15)$$

$$\ln GTFP_{it} = \alpha_0 + \lambda_1 \ln FS_{it} + \lambda_2 \ln Density_{it} + \lambda_3 Employment_{it} + \lambda_i control + u_{it} \quad (4-16)$$

$$\ln GTFP_{it} = \alpha_0 + \lambda_1 \ln FR_{it} + \lambda_2 \ln Density_{it} + \lambda_3 Employment_{it} + \beta_i control + u_{it} \quad (4-17)$$

$$\ln GTFP_{it} = \alpha_0 + \lambda_1 \ln FE_{it} + \lambda_2 \ln Density_{it} + \lambda_3 Employment_{it} + \beta_i control + u_{it} \quad (4-18)$$

若 $\omega_1$、$\omega_2$、$\lambda_2$、$\lambda_3$ 均为显著，则说明中心城市人口密度和就业人员存在中介作用。若 $\lambda_1$ 显著则说明人口密度和就业人员的作用为非完全中介，若其不显著则说明人口密度和就业人员对中心城市职能强度形成了完全中介效应。若 $\omega_1$、$\omega_2$、$\lambda_2$、$\lambda_3$ 中存在不显著现象，则需要进一步通过 Bootstrap 法来对中介效应进行检验，具体分析结果见表4－68。

表 4－68　　　　　　　　　　　　　　中介效应回归结果

| 解释变量 | lnGTFP | | | |
|---|---|---|---|---|
| | (9) | (10) | (11) | (12) |
| lnFunction | 0.022<br>(0.0297) | −0.052<br>(0.0448) | 0.0246<br>(0.0296) | −0.064<br>(0.0562) |
| lnFE | −0.061<br>(0.0563) | −0.067**<br>(0.0274) | −0.073*<br>(0.0377) | 0.065<br>(0.0685) |
| lnFS | −0.041*<br>(0.0214) | −0.052**<br>(0.0195) | −0.160*<br>(0.0760) | −0.142*<br>(0.0763) |
| lnFR | −0.062<br>(0.0561) | 0.024<br>(0.0307) | 0.003<br>(0.0121) | −0.011<br>(0.0699) |
| lnDensity | 0.024<br>(0.0307) | 0.002<br>(0.0251) | −0.167**<br>(0.0724) | −0.130<br>(0.0803) |
| lnEmployment | 0.026<br>(0.0309) | 0.039<br>(0.0574) | 0.021<br>(0.0304) | −0.072*<br>(0.0377) |
| 常数项 | −3.573***<br>(0.3445) | −3.343***<br>(0.3269) | −2.657***<br>(0.4717) | −3.036***<br>(0.4761) |
| Pseudo − $R^2$ | 0.221 | 0.326 | 0.040 | 0.056 |
| 观测值个数 | 323 | 323 | 323 | 323 |
| 控制变量 | YES | | | |
| 个体效应 | YES | | | |
| 时间效应 | YES | | | |

注：***、**、*分别表示在1%、5%、10%水平上显著，括号内为标准误差。

通过表4－68中模型（9）~模型（12）对中心城市职能强度的中介效应路径展开分析，结果表明中心城市人口密度和就业人员与经济中心性和环境中心性显著相关，能够作为中心城市科技创新的中介变量。为进一步确定中心城市人口密度和就业人员作为中介变量对城市经济、社会和环境中心性的影响效果，本书将展开中介效应的直接与间接效应估计，分析结果见表 4 - 69 至表 4 - 71。

表 4 - 69　　　　　　　　　　　中心城市经济中心性的中介效应分析结果

| 变量 | 直接效应占比 | 间接效应占比 | 总效应 |
| --- | --- | --- | --- |
| lnDensity | 0.114373 *** (0.015234, 0.204555) | 0.443939 ** (0.328306, 0.579853) | 0.558312 ** (0.472022, 0.64109) |
| lnEmployment | 0.302914 ** (0.208623, 0.405035) | 0.255399 ** (0.161307, 0.357101) | 0.558312 * (0.48187, 0.64321) |

注：*** 、** 、* 分别表示在1%、5%、10% 水平上显著，括号内为标准误差。

表 4 - 70　　　　　　　　　　　中心城市社会中心性的中介效应分析结果

| 变量 | 直接效应占比 | 间接效应占比 | 总效应 |
| --- | --- | --- | --- |
| lnDensity | 0.009738 (-0.205226, 0.191974) | 0.336097 *** (0.086848, 0.582473) | 0.345835 *** (0.191768, 0.492698) |
| lnEmployment | 0.332238 *** (0.136842, 0.523724) | 0.013597 (-0.211957, 0.238904) | 0.345835 *** (0.213629, 0.48193) |

注：*** 、** 、* 分别表示在1%、5%、10% 水平上显著，括号内为标准误差。

表 4 - 71　　　　　　　　　　　中心城市环境中心性的中介效应分析结果

| 变量 | 直接效应占比 | 间接效应占比 | 总效应 |
| --- | --- | --- | --- |
| lnDensity | 0.035166 (-0.118106, 0.186178) | 0.635828 *** (0.457438, 0.832075) | 0.670995 *** (0.548252, 0.79897) |
| lnEmployment | 0.13689 (-0.042811, 0.306662) | 0.534105 *** (0.334517, 0.730509) | 0.670995 *** (0.539085, 0.788484) |

注：*** 、** 、* 分别表示在1%、5%、10% 水平上显著，括号内为标准误差。

根据表 4 - 69 至表 4 - 71 的结果可以看出，在 Bootstrap 方法下（反复抽样 1000 次）模型通过了显著性检验，这表明中心城市人口密度和就业人员是中心城市职能强度的中介变量。从中介效应占比来看，中心城市人口密度和就业人员对城市经济中心性影响的中介直接效应占比分别为 0.114373 和 0.302914，间接效应占比分别为 0.443939 和 0.255399，并且能够通过显著性检验；对城市社会中心性影响的中介直接效应占比分别为 0.009738 和 0.332238，间接效应占比分别为 0.336097 和 0.013597，并且能够通过显著性检验；对城市环境中心性影响的中介直接效应占比分别为 0.035166 和 0.13689，间接效应占比分别为 0.635828 和 0.534105，并且能够通过显著性检验。分析结果表明存在着中心城市职能强度→中心城市人口密度和就业人员→经济中心性、中心城市职能强度→中心城市人口密度和就业人员→社会中心性、中心城市职能强度→中心城市人口密度和就业人员→环境中心性三条影响路径。

### 4.2.2.7　异质性分析

第一，按地区划分城市群的异质性分析。

为进一步研究中心城市职能强度对不同地区城市群的影响程度，本书将中国城市群划分为东部地区城市群、中部地区城市群、西部地区城市群和东北部地区城市群，其中，东部地区城市群包括京津冀城市群、山东半岛城市群、长三角城市群、粤闽浙沿海城市群、珠三角城市群；中部地区城市群包括晋中城市群、中原城市群、长江中游城市群、呼包鄂榆城市群、关中平原城市群；西部地区城市群包括成渝城市群、黔中城市群、滇中城市群、北部湾城市群、宁夏沿黄城市群、兰西城市群、天山北坡城市群；东北地区城市群包括辽中南城市群、哈长城市群。按地区划分城市群的异质性结果见表4－72。

表4－72　　　　　　　　　　　　按地区划分城市群的异质性回归结果

| 变量 | （1） | （2） | （3） | （4） |
|---|---|---|---|---|
| | 东部地区 | 中部地区 | 西部地区 | 东北地区 |
| lnFunction | - 0.062<br>(0.0561) | 0.024<br>(0.0307) | 0.003<br>(0.0121) | - 0.011<br>(0.0699) |
| （lnFunction）$^2$ | - 0.052 **<br>(0.0195) | - 0.160 *<br>(0.0760) | - 0.142 *<br>(0.0763) | - 0.052 **<br>(0.0195) |
| lnPerGDP | - 0.052 **<br>(0.0195) | - 0.160 *<br>(0.0760) | - 0.142 *<br>(0.0763) | - 0.052 **<br>(0.0195) |
| Land | 0.024<br>(0.0307) | 0.003<br>(0.0121) | - 0.011<br>(0.0699) | 0.024<br>(0.0307) |
| lnTrade | 0.002<br>(0.0251) | - 0.167 **<br>(0.0724) | - 0.130<br>(0.0803) | 0.002<br>(0.0251) |
| lnPerGDP | 0.039<br>(0.0574) | 0.021<br>(0.0304) | - 0.072 *<br>(0.0377) | 0.039<br>(0.0574) |
| Gov | - 0.052 **<br>(0.0195) | - 0.160 *<br>(0.0760) | - 0.142 *<br>(0.0763) | - 0.052 **<br>(0.0195) |
| lnInternet | 0.024<br>(0.0307) | 0.003<br>(0.0121) | - 0.011<br>(0.0699) | 0.024<br>(0.0307) |
| 常数项 | - 6.269 ***<br>(0.3348) | - 3.495 ***<br>(0.2166) | - 2.376 ***<br>(0.7858) | - 4.021 ***<br>(0.5677) |
| 观测值 | 323 | 323 | 323 | 323 |
| R$^2$ | 0.9625 | 0.9397 | 0.3910 | 0.7439 |
| 个体效应 | YES | | | |
| 时间效应 | YES | | | |

注：***、**、*分别表示在1%、5%、10%水平上显著，括号内为标准误差。

第二，按发展类型划分城市群的异质性分析。

为进一步研究中心城市职能强度对不同发展类型城市群的影响程度，本书将中国城市群划分为国家级城市群、区域级城市群和地区级城市群，其中，国家级城市群包括京津冀城市群、珠三角城市群、长江中游城市群、长三角城市群、成渝城市群；区域级城市群包括山东半岛城市群、粤闽浙沿海城市群、中原城市群、关中平原城市群、辽中南城市群、哈长城市群、北部湾城市群、天山北坡城市群；地区级城市群包括滇中城市群、黔中城市群、晋中城市群、兰西城市群、呼包鄂榆城市群、宁夏沿黄城市群。按发展类型划分城市群的异质性结果见表4－73。

表 4 - 73　　　　　　　　　　　　按发展类型划分城市群的异质性回归结果

| 变量 | (1) | (2) | (4) |
|---|---|---|---|
| | 国家级城市群 | 区域级城市群 | 地区级城市群 |
| lnFunction | - 0. 052<br>(0. 0448) | 0. 0246<br>(0. 0296) | - 0. 064<br>(0. 0562) |
| (lnFunction)$^2$ | - 0. 067 **<br>(0. 0274) | - 0. 073 *<br>(0. 0377) | 0. 065<br>(0. 0685) |
| lnPerGDP | - 0. 052<br>(0. 0448) | 0. 0246<br>(0. 0296) | - 0. 064<br>(0. 0562) |
| Land | 0. 024<br>(0. 0307) | 0. 003<br>(0. 0121) | - 0. 011<br>(0. 0699) |
| lnTrade | 0. 024<br>(0. 0307) | 0. 002<br>(0. 0251) | - 0. 167 **<br>(0. 0724) |
| lnPerGDP | 0. 026<br>(0. 0309) | 0. 039<br>(0. 0574) | 0. 021<br>(0. 0304) |
| Gov | 0. 024<br>(0. 0307) | 0. 002<br>(0. 0251) | - 0. 167 **<br>(0. 0724) |
| lnInternet | 0. 026<br>(0. 0309) | 0. 039<br>(0. 0574) | 0. 021<br>(0. 0304) |
| 常数项 | - 3. 573 ***<br>(0. 3445) | - 3. 343 ***<br>(0. 3269) | - 2. 657 ***<br>(0. 4717) |
| 观测值 | 323 | 323 | 323 |
| R$^2$ | 0. 221 | 0. 326 | 0. 040 |
| 个体效应 | | YES | |
| 时间效应 | | YES | |

注：*** 、** 、* 分别表示在 1% 、5% 、10% 水平上显著，括号内为标准误差。

## 4.2.3　研究发现与政策含义

### 4.2.3.1　研究发现

本书通过进行中心城市职能强度与城市群经济高质量发展之间的理论与实证分析，发现以下特征。

第一，中心城市职能强度与城市群经济高质量发展呈"先增强后抑制"的倒"U"形关系，在中心城市引领城市群集聚效应增强和城市群经济高质量发展提升上存在某个边界值，表明中心城市职能强度对城市群经济高质量发展存在先促进后抑制的影响路径，并在中心城市职能强度引领城市集聚效应增强和城市群经济高质量发展上存在某条发展红线。

第二，中心城市职能的不断完善将推动城市群经济高质量发展，从内部来看，中心城市的经济中心性推动城市群的经济高质量发展，中心城市的社会中心性及环境中心性在一定程度上抑制城市群的经济高质量发展。从城市群之间的差异来看，国家级城市群和区域级城市群与地区级城市群之间差异较大，需要不断提升区域级和地区级城市群的经济高质量发展水平，缩小这两类城市群与国家级城市群之间的发展差异。此外，亟须缩小西部城市群与其他城市群之间的发展差距。从城市群内部来看，京津冀城市群、珠三角城市群和长三角城市群的经济高质量发展指数较高，内部城市之间发展较均衡，而大多数西部地区城市群内部的各城市之间发展差距较大，且城市群内差异呈现明显的上升趋势。因此，解决中心城市之间职能强度的差异问题有利于缩小中国城市群之间经济高质量发展的差距。

### 4.2.3.2 讨论

第一，中心城市职能强度与城市群经济高质量发展的倒"U"形关系，揭示了城市群发展的机会与挑战，为政府和决策者提供了在促进城市群高质量发展中，如何平衡中心城市与周边地区、经济增长与环境保护等多重目标的重要启示。首先，从区域经济学的角度，中心城市是区域内经济、文化、技术和行政的核心，能够对周边地区产生辐射效应。当中心城市职能强度逐渐增强，其对外的辐射和带动效应也会加强，从而带动整个城市群的经济增长，实现高质量的发展。然而，随着中心城市职能强度的持续增强，可能会出现资源过度集中的问题。新经济地理学指出，当城市资源过度集中，可能会导致资源配置的不合理和城市服务功能的"瓶颈"，如交通拥堵、房价上涨、环境污染等。这些问题会影响到城市群整体的经济效率和居民的生活质量。此外，环境经济学提供了另一种解释角度。当中心城市职能强度达到一定的阈值，其对环境的压力也会随之增大。过度的工业化、城镇化进程可能导致资源耗尽和环境污染。这种不可持续的发展模式最终会威胁到城市群的长远发展，影响其经济的高质量增长。经济增长与环境质量之间存在一个最佳的平衡点，超过这一点，环境压力可能会对经济增长产生负面影响。最后，根据核心—边缘理论，当中心城市职能强度过强时，可能会导致周边地区的边缘化，这种核心—边缘结构可能会抑制整个城市群的创新和活力。在经济全球化的背景下，城市群的内部协同和合作是推动高质量发展的关键。

第二，中心城市的经济中心性为城市群的经济高质量发展注入了活力，提供了一个有利的经济环境，但随着社会和环境职能的加强，资源配置的优先级和方向发生变化，可能对经济增长产生一定的制约。从新经济地理学的视角分析，中心城市的经济中心性对城市群经济的正向推动作用是明显的。克鲁格曼（1991）指出，规模经济和市场效应能够吸引企业和人才聚集，从而形成经济的"核心"。当中心城市具有强大的经济中心性时，它能吸引更多的资本、技术和人才流入，这将进一步促进技术创新和生产效率提高，为城市群带来高质量的经济增长（何丽等，2021）。然而，社会中心性常被解释为城市所承担的社会、文化、教育等非经济职能，因此，中心城市的社会中心性在一定程度上抑制城市群的经济高质量发展可能是因为随着中心城市在社会服务、教育、医疗等方面的投入增加，其对经济资源的分配受到影响，从而导致经济增长的放缓（Van Nes，Akkelies，2007）。环境中心性反映了中心城市在环境保护和可持续发展方面所承担的角色和职责，因此，随着环境问题的日益加剧，中心城市需要加大在环境保护和治理上的投入，这可能导致部分经济资源从生产活动转向环境治理，从而在短期内对经济增长产生抑制效应（Jing Z，2020）。

### 4.2.3.3 政策含义

中心城市职能强度的提升将有效推动城市群的经济高质量发展，而转向高质量发展的关键，是加快形成与之相适应、相配套的体制机制，加快营造与高效、公平和可持续发展目标相契合的体制政策环境。

第一，各区域内城市群可以进行功能规划将国家定位和区域特色并重，合理规划各级节点的空间布局结构，使得城市网络的扩散效应不断凸显，立足于各类城市群的区位优势和发展水平进行功能定位，进一步协调发展过程中城市群之间的关系。可以通过完善城市群内部各城市间的协调发展机制，来实现城市群的健康发展。可以通过构建治理网络，激发社会组织功能和公众的作用，不断完善相关机制，形成一股合力，推动跨区域多元主体的协调发展。

第二，通过对中国城市群中心城市职能强度与城市群经济高质量发展的实证分析可以得出，通过提升城市群内大中城市以及中间序列城市的发展水平，可以使得城市群内的梯形结构不断稳定，推进城市群的平稳发展。充分发挥产学研等多元化创新主体的共同作用，以激活未来城市发展的活力。扶持先进技术的新产地，打造研发成果转化的新高地，构建现代产业的新体系，同时利用城市的集聚—扩散效应，提高创新资源利用效率的同时带动周边地区的发展。创新型城市的优势体现在高新技术产业的建立、创新基础的夯实、创新活力的迸发，尤其是在核心技术和关键领域等战略性布局上，因此，未来城市发展活力的迸发离不开产学研等多元化创新主体的共同作用。

第三，通过对中心城市职能强度与城市群经济高质量发展之间关系的深入研究，可以实现中小城市、县城和特色小城镇与首位城市的有效对接，利用好首位城市的扩散效应，抓住机遇，利用好自身较强资源环境承载力和发展潜力，形成特色产业集群，带动城市产业规模化、专业化发展，打造新的区域增长极。增强城市的创新活力和优化创新环境，以进一步吸引创新主体的集聚。一个城市的创新氛围越活跃，所吸引的创新资源和创新人才就越多，城市的创新水平就越会不断提升，从而形成一个良性循环。中心城市是一个系统性的网络体系，其中，科技创新为轴线，相应基础设施、战略产业、体制机制和管理体系等为外线，创新意识、创新文化和服务意识等为内线，要形成创新型城市发展的主导性力量，就必须对城市体系内部的各要素进行协调，充分发挥每一要素、每一环节的作用，共同构建城市群发展的核心驱动力。

综上所述，中心城市在内循环中的地位在急剧的格局变革与时代变迁中、在现代全球大循环的时代背景下逐渐走向发展前沿。在高质量协调发展的新时代下，中心城市职能强度与城市群经济高质量协调发展的关键就在于准确把握两者之间的关系和影响路径，在对我国中心城市与城市群的空间构型实现整体把控的同时向战略背景靠拢，对中心城市和城市群发展的多元格局及发展趋势中各维度下各种空间构型的中心城市职能强度与城市群协调发展进行研究。只有充分探究中心城市职能强度与城市群经济高质量发展的作用关系和影响路径，才能更好地贯彻落实"以畅通国民经济循环为主　构建新发展格局"的战略要求，充分发挥我国的超大规模市场优势和内需潜力，拓展经济发展空间，扩展区域发展的新途径，增加区域协调发展战略在西部地区的实施选择。

对高质量协调发展战略和西部地区的区域特征及发展特性进行相关的研究有重要的理论意义与研究价值，有助于挖掘其内在特殊性，丰富现有的西部地区发展特质研究体系，彰显高质量协调发展战略的立足点与出发点，凸显研究的丰富内涵，进而系统深入地推进区域城市发展概况调查研究，适应新形势，谋划区域协调发展新思路，反思我国西部地区中心城市与城市群高质量协调发展的实践经验与创新路径。

## 4.3　西部中心城市与城市群经济空间格局的精细化模拟

### 4.3.1　研究目的与方法

#### 4.3.1.1　研究目的

世界上常用国内生产总值（GDP）指标衡量一个国家或地区的经济发展水平，但该指标难以揭示行政单元内部经济空间分布特征，为了在更精细的尺度上了解地区经济分布格局，展示区域内部 GDP 的空间差异，需要对 GDP 进行分产业空间格局精细化模拟。近年来，随着中国工业化、城镇化步伐的不断加快以及区域经济的可持续发展，城市群逐渐成为推进新型城镇化的主体形态，城市群的发展对国家和区域经济持续稳定发展具有重大作用，及时掌握中国城市群经济空间格局，对城市群的可持续发展有着重要的现实意义。

当前关于夜间灯光数据（NTL）与经济参量模拟的学术研究较为丰富，王贤彬等（2018）曾对国内外学者如何借助夜间灯光数据探讨经济发展差距和经济活动空间分布等理论问题进行系统研究。陈军卫等（2020）对河南省 DMSP/OLS 夜间灯光数据和 GDP 统计数据进行相关分析，得到河南省 GDP 空间化模型，对模型精度进行验证，生成河南省 GDP 密度图以及河南省和郑州市 GDP 密度增长图；丁焕峰等通过验证夜间灯光数据与国家层面经济增长的相关性及空间自相关性后，建立个体固定效应空间面板全模型（SAC），研究中国 1992～2013 年间省级层面区域经济增长与人口变化导致的 NTL 变化的时空模式，并考察了区域规模及距离海岸线的距离等变量对以 NTL 度量的经济增长的贡献。其他学者也从不同尺度进行了经济参量模拟研究，如陈梦根等（2021）以全球夜间灯光数据为参照，综合收入端与消费端信息，对 1997～2016 年中国 31 个地区的真实生活水平进行比较分析；张怡哲等（2018）利用 DMSP/OLS 夜间灯光数据和植被指数构建人居指数与非农业 GDP 之间的线性关系，对非农业 GDP 进行了空间化模拟；肖国峰等（2018）在 GIS 平台下采用分产业建模方式，结合土地利用数据、人口数据、DMSP/OLS 数据、GDP 统计数据，利用相关分析和回归分析的方法，对河南省经济格局进行了探索，实现 GDP 的空间化；孙小芳（2020）基于福建省福州市鼓楼区街道社区人口统计数据、夜光遥感影像、Landsat8 影像，融合核密度与回归方程，绘制 30 米栅格空间分辨率的人口密度图并进行空间自相关分析，进而展示了人口聚类的空间局部差异性格局，发现夜间灯光灰度值与人口密度相关性较强；黄亮雄（2021）利用夜间灯光数据测算了城市层面的激进城镇化程度，系统地呈现了中国各区域的激进城镇化变动趋势，通过上述研究证明，人口与夜间灯光和土地利用数据存在明显的线性关系，本书基于分产业建模的思想，综合利用新一代夜光遥感数据、土地利用、人口等多源数据，运用多元回归分析、地理加权回归方法对中国城市群进行 GDP 空间化模拟研究。

### 4.3.1.2　研究方法

GDP 空间化模拟方法：为了对中国城市群经济空间格局进行精细化模拟，本书采用分产业 GDP 空间精细化研究方法，分别构建多元回归模型和地理加权回归模型对第一产业产值（$GDP_1$）和第二产业产值（$GDP_{23}$）进行模拟，在更精细的尺度上探究中国城市群空间经济分布格局，展示区域内部的空间差异，以便进行经济发展相关性、驱动力等深层分析。

基于前人研究成果发现，通过方差膨胀因子（variance inflation factor，VIF）对相关被解释变量——耕地、林地、草地、水域进行检测，发现模型因子耕地面积和农村人口与第一产业产值相关性较高，建立第一产业产值（$GDP_1$）回归模型：

$$GDP_{1i} = \alpha_i S_i + \beta_i P_i + \gamma \tag{4-19}$$

其中，$GDP_{1i}$ 为城市 i 的第一产业产值；$S_i$ 为 i 市的耕地面积；$P_i$ 为 i 市的农村人口数量；$\alpha_i$、$\beta_i$ 分别为 i 市耕地面积和农村人口的比例因子；$\gamma$ 为常数项。

同样，研究发现，较亮的夜间灯光数据与较高的 GDP 紧密相关，但夜间灯光亮度与第一产业产值（$GDP_1$）线性关系不明显，与第二、三产业产值之和（$GDP_{23}$）存在十分显著的正相关关系，夜间灯光数据可以作为一个国家或地区现行统计指标比较好的替代指标。同样利用方差膨胀因子对相关夜间灯光数据相关解释变量进行检测，发现模型因子总灯光强度和城镇人口与第二、三产业产值之和（$GDP_{23}$）相关性较高，建立第二、三产业产值回归模型：

$$TNL_i = \sum_{j=1}^{n} DN_j \tag{4-20}$$

$$GDP_{23i} = a_i TNL_i + b_i Q_i + c \tag{4-21}$$

其中，$TNL_i$ 为城市 i 的总灯光强度；$DN_j$ 为 j 像元的辐射亮度值；n 为城市 i 的像元总数；$GDP_{23i}$ 为城市 i 的第二、三产业产值；$Q_i$ 为 i 市的城镇人口数量；$a_i$、$b_i$ 为城市 i 总灯光强度和城镇人口的比例因子；c 为常数项。

为了避免回归参数在不同地理位置上的表现差异，本书进一步采用地理加权回归（GWR）模型对普通线性回归模型进行进一步扩展，在回归参数中加入了数据的空间地理信息：

$$y_i = \beta_0(u_i, v_i) + \sum_{k=1}^{P} \beta_k(u_i, v_i) x_{ik} + \varepsilon_i \qquad (4-22)$$

其中，$(u_i, v_i)$ 为 i 样点的坐标；$\beta_0(u_i, v_i)$ 为 i 样点的统计回归常数项；$\beta_k(u_i, v_i)$ 为 i 样点第 k 个变量的回归参数；$x_{ik}$ 为 i 样点第 k 个变量；P 为某一样点回归的变量个数；$\varepsilon_i$ 为误差项。

$$\varepsilon_i \sim N(0, \sigma^2), \ cov(\varepsilon_i, \varepsilon_i) = 0 \quad (i \neq j) \qquad (4-23)$$

其中，i 样点第 k 个回归变量参数的计算公式为：

$$\beta_k(u_i, v_i) = (X^T W(u_i, v_i) X)^{-1} (X^T W(u_i, v_i) Y) \qquad (4-24)$$

其中，X 为自变量观测值矩阵；$W(u_i, v_i)$ 为空间权重矩阵；n 为空间样本点数；Y 为因变量观测值列向量。

本书基于 ArcGis 10.2 软件平台构建 GWR 模型，以第二、三产业产值之和为因变量，以总灯光强度和城镇人口数量作为解释变量，选择高斯自适应核函数作为核类型，选择阿凯克信息准则（AICc）确定核函数的带宽。

GDP 聚类和异常值分析：聚类和异常值分析（Anselin Local Moran's I）工具的特点是可识别高值密度、低值密度和空间异常值，可在经济学、资源管理、生物地理学、政治地理学、疾病预防和人口统计等许多领域中应用此工具，本书通过引用 GDP 聚类和异常值分析对中国城市群城市细分进行分产业产值聚类研究。

### 4.3.1.3　数据来源与预处理

NPP/VIIRS 夜间灯光数据源：本书以第二、三产业 GDP 数据与夜间灯光遥感数据的空间关系分析为出发点。GDP 是社会经济的核心指标，可以衡量国家或地区经济的发展程度，而夜间灯光遥感数据于夜间时段搜集，剔除了绝大部分自然干扰，可以更好地显示人类活动情况。因此，构建两者的空间关系模型具有实际意义，通过运用夜间灯光数据对城市群第二、三产业经济空间格局进行精细化模拟，为我国城市群空间结构优化奠定理论基础。

本书选取使用 Earth Observation Group（EOG）网站（https://eogdata.mines.edu/products/vnl/）提供的 2020 年夜间灯光数据年度产品加以下载并分析处理，对城市群第二、三产业经济空间格局进行精细化模拟。

与小节 4.2 相同，本书通过运用 ArcGis 10.2 软件，使用地理坐标系为 WGS84 中国矢量地图（审图号为 GS（2019）1825 号）裁剪出全国范围的 VNL2 数据，并将其转化为 Asia_Lambert_Conformal_Conic 平面投影坐标系，空间分辨率设定为 500m。通过观察全国各年度的夜间灯光栅格地图，发现有少量负值和可能由气体燃烧引起的少量极端异常值，选取全国单元格像元辐射阈值为 467，并去除像元值为负值的单元格，在剔除气体燃烧后得到最终可以使用的夜间灯光分布。

其他数据来源：本书选取 2020 年度相关的截面数据用于城市群经济空间格局精细化模拟，由于城市群样本中包含部分地级市代管的县级市或省直管的县级市，数据样本可能会出现重叠，因此，予以剔除，加之部分城市数据缺失严重同样需要剔除，因此，选取城市群样本区间包含的全国各地级市的数据中，各城市分产业经济数据来自 2020 年《中国城市统计年鉴》，耕地面积、城镇人口、乡村人口数据来自各省统计年鉴、各省统计局官网、各市统计年鉴和《中国区域经济统计年鉴》，地级市界行政区划矢量数据来源于国家基础地理信息中心。

## 4.3.2　测算结果与评估分析

### 4.3.2.1　模型精度

构建第一产业产值与耕地面积的一元线性回归模型，第一产业产值与耕地面积和农村人口的多元回归模型，第二、三产业产值之和与总灯光强度（TNL）的一元线性回归模型及地理加权回归模型进行对比分析。选取模型拟合度（$R^2$）、校正后模型拟合度（$R^2$）、阿凯克信息准则（AICc）、平均相对误差、残差平方和与方差膨胀系数（VIF）作为模型评价指标（见表4-74）。

**表4-74　　　　　　　　　　回归模型精度表**

| 空间化模拟 | $R^2$ | 校正后$R^2$ | AICc | 平均相对误差（%） | 残差平方和 | VIF |
|---|---|---|---|---|---|---|
| $GDP_1$一元回归模型 | 0.358 | 0.355 | 2598.197 | 44.077 | 3720671.010 | |
| $GDP_1$多元回归模型 | 0.655 | 0.651 | 2473.061 | 35.805 | 2000374.311 | 1.546 |
| $GDP_{23}$一元回归模型 | 0.835 | 0.834 | 3733.882 | 63.643 | 947502422.867 | |
| $GDP_{23}$地理加权回归 | 0.915 | 0.893 | 3676.005 | 32.436 | 488258040.903 | |

　　$GDP_1$多元回归模型精度（$R^2=0.655$）相较于一元线性回归模型（$R^2=0.358$）整体精度有所提高，同样，校正后模型精度（$R^2=0.651$）相较于一元线性回归模型（$R^2=0.355$）整体精度有所提高，平均相对误差由44.077%降低至35.805%，且阿凯克信息准则由2598.197降低至2473.061，拟合效果较好；$GDP_1$多元回归模型的VIF为1.546，小于7.5，证明解释变量的选取是合理的。

　　$GDP_{23}$地理加权回归模型精度（$R^2=0.915$）相较于一元线性回归模型（$R^2=0.0.835$）整体精度有所提高，同样，校正后模型精度（$R^2=0.893$）相较于一元线性回归模型（$R^2=0.834$）整体精度有所提高，平均相对误差由63.643%降低至32.436%，且阿凯克信息准则由3733.882降低至3676.005，拟合效果较好。地理加权回归将空间关系作为权重函数可以充分体现各地区的空间异质性，使模拟精度明显提高。

#### 4.3.2.2　GDP空间分布规律

　　根据中国城市群经济空间化模拟结果，直观地观察中国城市群间的经济密度分布情况（见表4-75）。

**表4-75　　　　　　　2019年中国城市群经济密度细分**　　　　　　单位：万元/平方千米

| 城市群 | 第一产业产值密度 | 第二、三产业产值密度 | 经济总密度 |
|---|---|---|---|
| 长三角 | 263.43 | 9000.03 | 9263.46 |
| 珠三角 | 262.86 | 15736.97 | 15999.83 |
| 京津冀 | 176.48 | 3727.73 | 3904.21 |
| 山东半岛 | 328.29 | 4193.66 | 4521.95 |
| 粤闽浙沿海 | 296.24 | 5713.30 | 6009.54 |
| 辽中南 | 160.74 | 1858.22 | 2018.96 |
| 哈长 | 88.36 | 558.23 | 646.59 |
| 东部城市群 | 199.17 | 4390.28 | 4589.46 |
| 长江中游 | 205.96 | 2542.67 | 2748.64 |
| 中原 | 284.44 | 3952.25 | 4236.69 |
| 晋中 | 37.19 | 1134.22 | 1171.41 |
| 中部城市群 | 192.67 | 2573.55 | 2766.22 |
| 成渝 | 229.15 | 2487.07 | 2716.22 |
| 关中平原 | 113.65 | 1218.80 | 1332.44 |
| 北部湾 | 294.88 | 1553.34 | 1848.23 |

| 城市群 | 第一产业产值密度 | 第二、三产业产值密度 | 经济总密度 |
|---|---|---|---|
| 天山北坡 | 24.38 | 229.69 | 254.07 |
| 呼包鄂榆 | 33.49 | 724.83 | 758.32 |
| 滇中 | 111.29 | 1046.36 | 1157.65 |
| 黔中 | 125.15 | 863.64 | 988.79 |
| 兰西 | 26.73 | 324.20 | 350.93 |
| 宁夏沿黄 | 54.01 | 772.74 | 826.75 |
| 西部城市群 | 106.02 | 1013.98 | 1120.00 |
| 中国城市群 | 154.67 | 2512.27 | 2666.94 |

由表 4 - 75 可知，在 2019 年，中国城市群第一产业产值密度平均水平为 154.67 万元/平方千米，从空间演化格局来看，其中，东部城市群第一产业产值密度最高，为 255.00 万元/平方千米；中部城市群次之，为 192.67 万元/平方千米；东北部城市群再次之；为 107.60 万元/平方千米，西部城市群第一产业产值密度最低，为 106.02 万元/平方千米。第一产业产值密度水平呈现出自东向西递减的趋势，其中，中部城市群第一产业产值密度略低于东部地区城市群，而西部城市群第一产业产值密度要远低于中东部地区城市群。

对中国城市群第一产业产值密度细分可知，共有 10 个城市群产值密度高于中国城市群第一产业产值密度平均水平，且大多位于东部地区，其中，山东半岛城市群在 19 个城市群中产值密度最高，为 328.29 万元/平方千米。西部城市群产值密度处于较低水平，其中，天山北坡城市群在 19 个城市群中产值密度最低，为 24.38 万元/平方千米。根据自然间断点分级法对中国城市群第一产业产值密度进行分级，其中，山东半岛、粤闽浙沿海、北部湾和中原城市群第一产业产值密度处于高水平，产业产值密度为 284.44 ~ 328.29 万元/平方千米；长三角、珠三角和成渝城市群产值密度处于较高水平，产业产值密度为 229.15 ~ 263.43 万元/平方千米；长江中游、京津冀和辽中南城市群产值密度处于中等水平，产业产值密度为 160.74 ~ 205.96 万元/平方千米；黔中、关中平原、滇中和哈长城市群产值密度处于较低水平，产业产值密度为 88.36 ~ 125.15 万元/平方千米；宁夏沿黄、晋中、呼包鄂榆、兰西、天山北坡城市群产值密度水平最低，产业产值密度为 24.38 ~ 54.01 万元/平方千米。西部城市群除北部湾、成渝城市群外，其余城市群第一产业产值密度均为低水平，与中、东部地区城市群存在较大差距。

对西部城市群进行汇总分析发现，西部城市群第一产业产值密度平均为 106.02 万元/平方千米。对西部城市群第一产业产值密度进行排名汇总，发现共有北部湾、成渝、黔中、关中平原、滇中 5 个城市群产值密度高于西部城市群第一产业产值密度平均水平，共有宁夏沿黄、呼包鄂榆、兰西、天山北坡 4 个城市群产值密度低于西部城市群第一产业产值密度平均水平。西部城市群中第一产业产值密度共有 1 个高水平产值密度城市群、1 个较高水平产值密度城市群、3 个较低水平产值密度城市群和 5 个低水平产值密度城市群，其中，北部湾城市群第一产业产值密度最高，为 294.88 万元/平方千米，天山北坡城市群产值密度最低，为 24.38 万元/平方千米。

在 2019 年，中国城市群第二、三产业之和产值密度平均水平为 2512.27 万元/平方千米，要远高于第一产业产值密度平均水平。从空间演化格局来看，东部城市群第二、三产业之和产值密度最高，为 6515.63 万元/平方千米；中部城市群次之，为 2573.55 万元/平方千米；西部城市群第二、三产业之和产值密度再次之，为 1013.98 万元/平方千米；东北部城市群最低，为 903.78。第二、三产业之和产值密度水平呈现出自东南向西北递减的趋势，其中，东部地区城市群第二、三产业之和产值密度要远高于东北部、中、西部地区城市群。

对中国城市群第二、三产业之和产值密度细分可知，共有 7 个城市群产值密度高于中国城市群第二、三产业之和产值密度平均水平，均位于东部地区，其中，珠三角城市群在19个城市群中产值密度最高，为15736.97万元/平方千米。西部城市群产值密度处于较低水平，其中，天山北坡城市群在19个城市群中产值密度最低，为229.69万元/平方千米。根据自然间断点分级法对中国城市群第二、三产业之和产值密度进行分级，其中，珠三角和长三角城市群第二、三产业之和产值密度处于高水平，产业产值密度为9000.03~15736.97万元/平方千米；粤闽浙沿海、山东半岛、中原和京津冀城市群产值密度处于较高水平，产业产值密度为3727.73~5713.30万元/平方千米；长江中游和成渝城市群产值密度处于中等水平，产业产值密度为2487.07~2542.67万元/平方千米；辽中南、北部湾、关中平原、晋中和滇中城市群产值密度处于较低水平，产业产值密度为1046.36~1858.22万元/平方千米；黔中、宁夏沿黄、呼包鄂榆、哈长、兰西和天山北坡城市群产值密度水平最低，产业产值密度为229.69~863.64万元/平方千米。

对西部城市群进行汇总分析发现，西部城市群第二、三产业之和产值密度平均为1013.98万元/平方千米。对西部城市群第二、三产业之和产值密度进行排名汇总，发现共有成渝、北部湾、关中平原和滇中4个城市群产值密度高于西部城市群第二、三产业之和产值密度平均水平，共有黔中、宁夏沿黄、呼包鄂榆、兰西和天山北坡5个城市群产值密度低于西部城市群第二、三产业之和产值密度平均水平。西部城市群中第二、三产业之和产值密度共有1个中等水平产值密度城市群、3个较低水平产值密度城市群和5个低水平产值密度城市群，其中，成渝城市群第二、三产业之和产值密度最高，为2487.07万元/平方千米，天山北坡城市群产值密度最低，为229.69万元/平方千米。西部城市群除成渝城市群外第二、三产业之和产值密度均为中低水平，与东部地区城市群存在较大差距。

在2019年，中国城市群经济密度平均水平为2666.94万元/平方千米，从空间演化格局来看，东部城市群经济密度最高，为6770.63万元/平方千米；中部城市群次之，为2766.22万元/平方千米；西部城市群经济密度次之，为1120.00万元/平方千米；东北部城市群经济密度最低，为1011.38万元/平方千米。中国城市群经济密度水平呈现出自东南向西北递减的趋势，其中，东部地区城市群经济密度要远高于东北、中、西部地区城市群。

对中国城市群经济密度细分可知，共有8个城市群经济密度高于中国城市群经济密度平均水平，除成渝城市群外均位于东部地区，其中，珠三角城市群在19个城市群中经济密度最高，为15999.83万元/平方千米。西部城市群产值密度处于较低水平，其中，天山北坡城市群在19个城市群中经济密度最低，为254.07万元/平方千米。根据自然间断点分级法对中国城市群经济密度进行分级，其中，珠三角和长三角城市群经济密度处于高水平，经济密度为9263.46~15999.83万元/平方千米；粤闽浙沿海、山东半岛、中原和京津冀城市群经济密度处于较高水平，经济密度为3904.21~6009.54万元/平方千米；长江中游和成渝城市群经济密度处于中等水平，经济密度为2716.22~2748.64万元/平方千米；辽中南、北部湾、关中平原、晋中和滇中城市群经济密度处于较低水平，经济密度为1157.65~2018.96万元/平方千米；黔中、宁夏沿黄、呼包鄂榆、哈长、兰西和天山北坡城市群经济密度水平最低，经济密度为254.07~988.79万元/平方千米。

对西部城市群进行汇总分析发现，西部城市群经济总密度平均为1120.00万元/平方千米。对西部城市群经济密度进行排名汇总，发现共有成渝、北部湾、关中平原和滇中4个城市群产值密度高于西部城市群经济密度平均水平，共有黔中、宁夏沿黄、呼包鄂榆、兰西和天山北坡5个城市群经济密度低于西部城市群经济密度平均水平。西部城市群中经济密度共有1个中等水平经济密度城市群、3个较低水平经济密度城市群和5个低水平经济密度城市群，其中，成渝城市群经济密度最高，为2716.22万元/平方千米，天山北坡城市群产值密度最低，为254.07万元/平方千米，西部城市群除成渝城市群外经济密度均为中低水平，与东部地区城市群存在较大差距。

### 4.3.2.3　城市群经济空间模式分析

首先，对城市群空间聚类特征进行分析。对中国城市群所有城市 $GDP_1$ 和 $GDP_{23}$ 发展水平进行局部空间自相关分析。将 $GDP_1$ 空间化结果按各地级市大小进行排序，将低于阈值的地级市定义为 $GDP_1$ 低水平，反之定义为 $GDP_1$ 高水平，按照同样的方法对每个城市 $GDP_{23}$ 水平也进行高、低划分（见表 4 – 76、表 4 – 77）。

表 4 – 76　　　　　　　　　2019 年城市第一产业产值密度的空间聚类特征

| 耦合发展模式 | 含义 | 城市 | 合计 | 占比（%） |
|---|---|---|---|---|
| H – H | 高高聚集 | 北京、邢台、上海、南京、无锡、常州、苏州、南通、盐城、扬州、镇江、泰州、济南、青岛、淄博、烟台、潍坊、泰安、临沂、德州、菏泽、郑州、开封、许昌、商丘、周口、武汉、黄石、鄂州、黄冈、咸宁、汕头、江门、湛江、中山、潮州、揭阳、北海、钦州、玉林、自贡、遂宁、眉山、资阳 | 44 | 20.27 |
| L – H | 高低异常 | 运城、沈阳、四平、绥化、南宁、海口、儋州、昆明、曲靖 | 9 | 4.15 |
| H – L | 低高异常 | | 0 | 0 |
| L – L | 低低聚集 | 张家口、太原、忻州、临汾、吕梁、呼和浩特、包头、鄂尔多斯、吉林、辽源、松原、延边朝鲜族自治州、哈尔滨、齐齐哈尔、大庆、牡丹江、黔东南苗族侗族自治州、玉溪、楚雄彝族自治州、榆林、兰州、白银、天水、平凉、庆阳、定西、临夏回族自治州、西宁、海东、海北藏族自治州、黄南藏族自治州、海南藏族自治州、银川、石嘴山、吴忠、中卫、乌鲁木齐、克拉玛依、吐鲁番、昌吉回族自治州、伊犁哈萨克自治州、塔城地区 | 42 | 19.35 |
| 不显著状态 | 不显著状态 | 天津、石家庄、唐山、秦皇岛、邯郸、保定、承德、沧州、廊坊、衡水、阳泉、长治、晋城、晋中、大连、鞍山、抚顺、本溪、丹东、锦州、营口、辽阳、盘锦、铁岭、葫芦岛、长春、杭州、宁波、温州、嘉兴、湖州、绍兴、金华、舟山、台州、合肥、芜湖、马鞍山、铜陵、安庆、滁州、亳州、池州、宣城、福州、厦门、莆田、泉州、漳州、宁德、南昌、景德镇、萍乡、九江、新余、鹰潭、吉安、宜春、抚州、上饶、枣庄、东营、济宁、威海、日照、聊城、滨州、洛阳、平顶山、鹤壁、新乡、焦作、漯河、宜昌、襄阳、荆门、孝感、荆州、长沙、株洲、湘潭、衡阳、岳阳、常德、益阳、娄底、广州、深圳、珠海、佛山、茂名、肇庆、惠州、汕尾、阳江、东莞、防城港、崇左、重庆、成都、泸州、德阳、绵阳、内江、乐山、南充、宜宾、广安、达州、雅安、贵阳、遵义、安顺、毕节、黔南布依族苗族自治州、红河哈尼族彝族自治州、西安、铜川、宝鸡、咸阳、渭南、商洛 | 122 | 56.22 |

表 4 – 77　　　　　　　　　2019 年城市第二、三产业产值密度的空间聚类特征

| 耦合发展模式 | 含义 | 城市 | 合计 | 占比（%） |
|---|---|---|---|---|
| H – H | 高高聚集 | 北京、上海、常州、苏州、南通、盐城、扬州、镇江、泰州、杭州、嘉兴、湖州、金华、台州、合肥、福州、泉州、漳州、枣庄、济宁、洛阳、新乡、广州、深圳、珠海、佛山、江门、惠州、东莞、中山、海口 | 31 | 14.28 |
| L – H | 高低异常 | 张家口、承德、鄂尔多斯、丹东、锦州、齐齐哈尔、滁州、亳州、宣城、宁德、抚州、上饶、菏泽、平顶山、商丘、襄阳、荆门、孝感、黄冈、衡阳、常德、娄底、肇庆、汕尾、南宁、儋州、重庆、绵阳、宜宾、达州、雅安、黔东南苗族侗族自治州、黔南布依族苗族自治州、曲靖、楚雄彝族自治州、宝鸡、商洛、海北藏族自治州、石嘴山、乌鲁木齐、吐鲁番、昌吉回族自治州、伊犁哈萨克自治州、塔城地区 | 44 | 20.28 |
| H – L | 低高异常 | 石家庄、太原、南昌、新余、北海、贵阳 | 6 | 2.76 |
| L – L | 低低聚集 | 长春、防城港、西宁 | 3 | 1.38 |

| 耦合发展模式 | 含义 | 城市 | 合计 | 占比（%） |
|---|---|---|---|---|
| 不显著状态 | 不显著状态 | 天津、唐山、秦皇岛、邯郸、邢台、保定、沧州、廊坊、衡水、阳泉、长治、晋城、晋中、运城、忻州、临汾、吕梁、呼和浩特、包头、沈阳、大连、鞍山、抚顺、本溪、营口、辽阳、盘锦、铁岭、葫芦岛、吉林、四平、辽源、松原、延边朝鲜族自治州、哈尔滨、大庆、牡丹江、绥化、南京、无锡、宁波、温州、绍兴、舟山、芜湖、马鞍山、铜陵、安庆、池州、厦门、莆田、景德镇、萍乡、九江、鹰潭、吉安、宜春、济南、青岛、淄博、东营、烟台、潍坊、泰安、威海、日照、临沂、德州、聊城、滨州、郑州、开封、鹤壁、焦作、许昌、漯河、周口、武汉、黄石、宜昌、鄂州、荆州、咸宁、长沙、株洲、湘潭、岳阳、益阳、汕头、湛江、茂名、阳江、潮州、揭阳、钦州、玉林、崇左、成都、自贡、泸州、德阳、遂宁、内江、乐山、南充、眉山、广安、资阳、遵义、安顺、毕节、昆明、玉溪、红河哈尼族彝族自治州、西安、铜川、咸阳、渭南、榆林、兰州、白银、天水、平凉、庆阳、定西、临夏回族自治州、海东、黄南藏族自治州、海南藏族自治州、银川、吴忠、中卫、克拉玛依 | 133 | 61.29 |

GDP$_1$ 水平较低的城市多在西北地区城市群，这些城市的第一产业产值水平普遍低，如天山北坡城市群的乌鲁木齐市、宁夏沿黄城市群的银川市、兰西城市群的兰州市与西宁市、呼包鄂榆城市群的呼和浩特市、晋中城市群的太原市等大量西部地区城市群城市；GDP$_1$ 水平较高的地方多位于东部地区城市群，如京津冀城市群的北京市、山东半岛城市群的济南市、长三角城市群的上海市、长江中游城市群的黄冈市和珠三角城市群的江门市等大量东部地区城市群，西部地区仅有成渝城市群的眉山市等出现了高高聚集，其余地方未出现高高聚集；滇中城市群的昆明市、长中游城市群的襄阳市、关中平原城市群的运城市、辽中南城市群的沈阳市、哈长城市群的绥化市等地区零星出现了高低异常现象。

由表 4 - 77 可知，GDP$_{23}$ 水平较低的城市在西部地区和东北地区零星聚集，如兰西城市群的西宁市、北部湾城市群的防城港市和哈长城市群的长春市；GDP$_{23}$ 水平较高的地方多位于东部地区，如京津冀城市群的北京市、山东半岛城市群的济宁市、中原城市群的新乡市、长三角城市群的上海市、南京市、杭州市、粤闽浙沿海城市群的福州市、珠三角城市群的广州市、深圳市等出现了高高聚集；西部地区城市群和中部地区城市群大片城市出现了高低异常，如天山北坡城市群的乌鲁木齐市、兰西城市群的海北藏族自治州、呼包鄂榆城市群的鄂尔多斯市、成渝城市群的重庆市、长江中游城市群的襄阳市和京津冀城市群的承德市等大量城市出现高低异常；个别城市出现低高异常，如黔中城市群的贵阳市、长江中游城市群的南昌市、北部湾城市群的北海市、京津冀城市群的石家庄市和晋中城市群的太原市等出现了低高异常现象。

对西部城市群进行深入分析，发现 GDP$_1$ 聚类分析中，高高聚集仅出现在成渝城市群和北部湾城市群城市中，高低异常仅出现在关中平原、北部湾和滇中城市群中，其余城市群均为低低聚集或呈现为不显著状态；发现 GDP$_{23}$ 聚类分析中，高高聚集仅出现在北部湾城市群城市中，高低异常仅出现在黔中和晋中城市群中，其余城市群均为低低聚集、低高异常或呈现为不显著状态。

其次，对城市群耦合发展模式进行分析。根据第一产业和第二、三产业产值密度之间的耦合发展关系，将中国城市群所有城市的发展模式分为 4 类，分别为 GDP$_1$ 和 GDP$_{23}$ 均为高水平（H$_1$ - H$_{23}$）、GDP$_1$ 低水平但 GDP$_{23}$ 为高水平（L$_1$ - H$_{23}$）、GDP$_1$ 高水平但 GDP$_{23}$ 为低水平（H$_1$ - L$_{23}$）、GDP$_1$ 和 GDP$_{23}$ 均为低水平（L$_1$ - L$_{23}$），如表 4 - 78 所示。

H$_1$ - H$_{23}$ 类耦合发展模式城市共有 77 个，占城市群所有城市的 35.81%，该类城市主要分布在东部地区城市群中，其中，山东半岛城市群、长三角城市群、粤闽浙沿海城市群包含大量 H$_1$ - H$_{23}$ 类耦合发展模式城市；L$_1$ - H$_{23}$ 类耦合发展模式城市共有 24 个，占城市群所有城市的 11.16%，该类城市在各个地区均有分布，分布较为均匀，其中，长三角城市群包含有较多的 L$_1$ - H$_{23}$ 类耦合发展模式城市；$H_1$ – $L_{23}$ 类耦合发展模式城市共有 29 个，占城市群所有城市的 13.02%，该类城市主要分布在中西部地区城市群中，东部、东北部地区仅有零星几个该类城市，其中，北部湾城市群、成渝城市群和长江中游城市群包含较多 $H_1$ – $L_{23}$ 类耦合发展模式城市；$L_1$ – $L_{23}$ 类耦合发展模式城市共有 86 个，占城市群所有城市的 40%，该类城市数目最多，主要分布在中西部、东北部地区城市群范围内，东南沿海地区该类城市数目较少，其中，天山北坡、滇中、黔中、兰西、宁夏沿黄、呼包鄂榆、关中平原、晋中和哈长城市群包含大量 $L_1$ – $L_{23}$ 类耦合发展模式城市。

**表 4 – 78　　　　　　　　　2019 年城市第一产业和第二、三产业产值密度之间的耦合发展关系**

| 耦合发展模式 | 含义 | 城市 | 合计 | 占比（%） |
|---|---|---|---|---|
| $H_1$ – $H_{23}$ | $GDP_1$ 和 $GDP_{23}$ 均为高水平 | 石家庄市、唐山市、邯郸市、沧州市、廊坊市、沈阳市、大连市、营口市、盘锦市、铁岭市、南京市、无锡市、常州市、南通市、盐城市、扬州市、镇江市、泰州市、嘉兴市、湖州市、绍兴市、舟山市、台州市、福州市、莆田市、泉州市、漳州市、南昌市、鹰潭市、济南市、青岛市、淄博市、枣庄市、烟台市、潍坊市、济宁市、泰安市、威海市、日照市、临沂市、德州市、聊城市、菏泽市、开封市、平顶山市、鹤壁市、新乡市、焦作市、许昌市、漯河市、商丘市、周口市、黄石市、襄阳市、鄂州市、孝感市、长沙市、湘潭市、岳阳市、广州市、珠海市、汕头市、佛山市、江门市、湛江市、茂名市、中山市、潮州市、揭阳市、北海市、海口市、成都市、自贡市、德阳市、遂宁市、内江市、西安市 | 77 | 35.81 |
| $L_1$ – $H_{23}$ | $GDP_1$ 低水平，但 $GDP_{23}$ 为高水平 | 北京市、天津市、太原市、长春市、上海市、杭州市、温州市、金华市、厦门市、萍乡市、新余市、滨州市、郑州市、洛阳市、株洲市、深圳市、惠州市、东莞市、重庆市、贵阳市、昆明市、兰州市、银川市、乌鲁木齐市 | 24 | 11.16 |
| $H_1$ – $L_{23}$ | $GDP_1$ 高水平，但 $GDP_{23}$ 为低水平 | 秦皇岛市、邢台市、衡水市、苏州市、马鞍山市、亳州市、宁德市、东营市、荆州市、黄冈市、常德市、益阳市、娄底市、肇庆市、汕尾市、阳江市、南宁市、钦州市、玉林市、儋州市、南充市、眉山市、宜宾市、广安市、达州市、资阳市、咸阳市、渭南市 | 29 | 13.02 |
| $L_1$ – $L_{23}$ | $GDP_1$ 和 $GDP_{23}$ 均为低水平 | 保定市、张家口市、承德市、阳泉市、长治市、晋城市、晋中市、运城市、忻州市、临汾市、吕梁市、呼和浩特市、包头市、鄂尔多斯市、鞍山市、抚顺市、本溪市、丹东市、锦州市、辽阳市、葫芦岛市、吉林市、四平市、辽源市、松原市、延边朝鲜族自治州、哈尔滨市、齐齐哈尔市、大庆市、牡丹江市、绥化市、宁波市、芜湖市、安庆市、滁州市、池州市、宣城市、景德镇市、九江市、吉安市、宜春市、抚州市、上饶市、武汉市、宜昌市、荆门市、咸宁市、衡阳市、防城港市、崇左市、泸州市、绵阳市、乐山市、雅安市、遵义市、安顺市、毕节市、黔东南苗族侗族自治州、黔南布依族苗族自治州、曲靖市、玉溪市、楚雄彝族自治州、红河哈尼族彝族自治州、铜川市、宝鸡市、榆林市、商洛市、白银市、天水市、平凉市、庆阳市、定西市、临夏回族自治州、西宁市、海东市、海北藏族自治州、黄南藏族自治州、海南藏族自治州、石嘴山市、吴忠市、中卫市、克拉玛依市、吐鲁番市、昌吉回族自治州、伊犁哈萨克自治州、塔城地区 | 86 | 40.00 |

对西部城市群深入分析发现，西部城市群共有 72 个城市，其中，包含 10 个 $H_1$ – $H_{23}$ 类耦合发展模式城市、6 个 $L_1$ – $H_{23}$ 类耦合发展模式城市、13 个 $H_1$ – $L_{23}$ 类耦合发展模式城市和 43 个 $L_1$ – $L_{23}$ 类耦合发展模式城市。西部城市群大多数城市 $GDP_1$ 和 $GDP_{23}$ 均为低水平（$L_1$ – $L_{23}$），如天山北坡、滇中、黔中、兰西、宁夏沿黄、呼包鄂榆等城市群除了城市群中心城市外，非中心城市全为 $L_1$ – $L_{23}$ 类城市，为西部城市群城市的主要经济耦合发展模式；西部城市群 $GDP_1$ 低水平和 $GDP_{23}$ 高水平（$L_1$ – $H_{23}$ 模式）城市全部为西部城市群的中心城市，这类城市具有较为发达的第二、三产业，但第一产业发展不足，如天山北坡城市群的乌鲁木齐市、兰西城市群的兰州市、宁夏沿黄城市群的银川市、滇中城市群的昆明市、黔中城市群的贵阳市和成渝城市群的重庆市；西部城市群 $GDP_1$ 高水平和 $GDP_{23}$ 低水平（$H_1$ – $L_{23}$ 模式）城市分布相较于 $L_1$ – $H_{23}$ 类城市数目有所增加，但也有限，该类

城市多为连片出现，如成渝城市群的中部片区城市、北部湾城市群的北部片区城市和关中平原城市群的南部片区城市，这类城市具有较为发达的第一产业，但第二、三产业发展稍不足；西部城市群 $GDP_1$ 高水平和 $GDP_{23}$ 高水平（$H_1 - H_{23}$ 模式）城市较少，仅有 10 座城市，其中包括关中平原城市群的中心城市西安市、成渝城市群的 5 座城市和北部湾城市群的 4 座城市。

### 4.3.3 研究发现与政策含义

#### 4.3.3.1 研究发现

本书通过采用分产业 GDP 空间精细化研究方法，分别构建多元回归模型和地理加权回归模型对 $GDP_1$ 和 $GDP_{23}$ 进行模拟，在更精细的尺度上探究中国城市群经济空间分布格局，展示区域内部的空间差异，探究中国城市群的经济空间模式，对中国城市群经济空间格局进行精细化模拟，以便进行经济发展相关性、驱动力等深层次分析。研究得出以下结论：

第一，对中国城市群经济空间分别建立分产业一元线性回归模型、多元线性回归模型和地理加权回归模型，发现 $GDP_1$ 多元回归模型精度（$R^2 = 0.655$）和校正后模型精度（$R^2 = 0.651$）相较于一元线性回归模型（$R^2 = 0.358$）和校正后模型精度（$R^2 = 0.651$）有所提高，平均相对误差降低，阿凯克信息准则降低，拟合效果较好，地理加权回归将空间关系作为权重函数可以充分体现各地区的空间异质性，使模拟精度明显提高。

第二，对中国城市群间的 $GDP_1$ 和 $GDP_{23}$ 及经济密度分布情况进行分地区分析，发现东部城市群第一产业产值密度与第二、三产业之和产值密度及经济密度均为最高，中部城市群次之，西部城市群第一产业产值密度最低，东北部城市群第二、三产业之和产值密度和经济密度均为最低。

第三，对西部城市群间的 $GDP_1$ 和 $GDP_{23}$ 及经济密度分布情况进行分地区分析，发现西部城市群第一产业产值密度平均为 106.02 万元/平方千米，西部城市群中第一产业产值密度共有 1 个高水平产值密度城市群、1 个较高水平产值密度城市群、3 个较低水平产值密度城市群和 5 个低水平产值密度城市群；西部城市群第二、三产业之和产值密度平均为 1013.98 万元/平方千米，共有 1 个中等水平产值密度城市群、3 个较低水平产值密度城市群和 5 个低水平产值密度城市群，西部城市群除成渝城市群外第二、三产业之和产值密度均为中低水平；西部城市群经济密度平均为 1120.00 万元/平方千米，共有 1 个中等水平经济密度城市群、3 个较低水平经济密度城市群和 5 个低水平经济密度城市群，同样，西部城市群除成渝城市群外经济密度均为中低水平，与东部地区城市群存在较大差距。

第四，对中国城市群所有城市 $GDP_1$ 和 $GDP_{23}$ 发展水平进行局部空间自相关分析，并进行聚类和异常值分析，发现 $GDP_1$ 水平较低的城市多在西部地区城市群，$GDP_1$ 水平较高的地方多位于东部地区城市群，零星出现了高低异常现象；$GDP_{23}$ 水平较低的城市在西部地区和东北地区零星聚集，$GDP_{23}$ 水平较高的地方多位于东部地区，西部地区城市群和中部地区城市群大片城市出现了高低异常，个别城市出现了低高异常。对西部城市群进行深入分析，发现 $GDP_1$ 聚类分析中，高高聚集仅出现在成渝城市群和北部湾城市群城市中，高低异常仅出现在关中平原、北部湾和滇中城市群中，其余城市群均为低低聚集或呈现为不显著状态；发现 $GDP_{23}$ 聚类分析中，高高聚集仅出现在北部湾城市群城市中，高低异常仅出现在黔中和晋中城市群中，其余城市群均为低低聚集、低高异常或呈现为不显著状态。

第五，将中国城市群所有城市的发展模式分为 4 类耦合发展模式，分别为 $GDP_1$ 和 $GDP_{23}$ 均为高水平（$H_1 - H_{23}$）、$GDP_1$ 低水平但 $GDP_{23}$ 为高水平（$L_1 - H_{23}$）、$GDP_1$ 高水平但 $GDP_{23}$ 为低水平（$H_1 - L_{23}$）、$GDP_1$ 和 $GDP_{23}$ 均为低水平（$L_1 - L_{23}$），其中，西部城市群城市的主要经济耦合发展模式为 $L_1 - L_{23}$ 类模式，$L_1 - H_{23}$ 类模式城市中全部为西部城市群的中心城市，$H_1 - L_{23}$ 类模式城市多为连片出现，$H_1 - H_{23}$ 模式城市数量较少，是西部城市群中产业经济发展较为优异的城市。

#### 4.3.3.2　讨论

第一，中国各地区城市群经济格局之间的差异，既是地理位置、历史背景、政策倾斜等多种因素共同作用的结果，也是其自身在全球化和技术创新浪潮中所作出的不同选择的反映。首先，东部城市群的第一产业产值密度、第二、三产业之和产值密度和经济密度之所以是最高的，与其地理位置、历史背景和改革开放的先发优势紧密相关。东部地区得益于临海的地理位置，吸引了大量外资进入，并成为我国外向型经济的主要发展区，随着经济的持续增长，东部地区已形成完整的产业链，能够高效地进行产业集聚和协同发展，从而使经济密度保持在高位（刘新智等，2022）。与此相反，东北部城市群的经济结构传统上以重工业为主，例如钢铁、机械等。然而，近年来由于全球化、技术创新和绿色发展的需求，这些传统产业已经不再具备竞争优势。东北的一些老工业基地在面临外部竞争和技术更新的双重压力下，经济增长放缓，造成第二、三产业产值密度和经济密度的下滑（高同彪、刘云达，2020）。中部城市群，受益于国家的"中部崛起"等政策，吸引了大量的投资和技术引进，使得其经济发展迅速。中部地区在农业、制造业和服务业方面都取得了长足的进步，但由于地理位置和历史背景的限制，其在技术创新、人才流动和市场规模方面仍存在一定的差距（王磊、李成丽，2018）。西部城市群第一产业产值密度低的主要原因可能是这一地区的地形、气候条件限制了农业的大规模开展，同时其农业技术和管理方式也相对落后，尽管西部地区在近年来受益于国家的政策扶持，但由于长期的基础设施和教育投入不足，使这一地区的经济发展仍面临诸多挑战（杜雨霈、王文举、杨波，2022）。

第二，成渝城市群的三次产业产值密度均在西部城市群中排名第一，可能主要得益于国家的政策支持和其自身的地理和市场优势。首先，成渝城市群地处长江上游，拥有西南地区最为发达的水陆交通网络。尽管"西部大开发"战略涵盖了整个西部地区，但成渝作为西部大门，得益于其出色的物流基础设施，成为东西经济交流的主要枢纽，吸引了大量的投资和人才（胡万达、张立，2021）。其次，成渝地区在历史上有着丰富的商业和文化传统。成渝地区拥有的古老的商贸文化为其创造了独特的商业环境，与其他西部城市群相比，其商业习惯、创业精神和市场机制更为成熟和完善（吴传清、万庆，2015）。再次，成渝地区拥有国家级的经济技术开发区、高新技术产业开发区等多个国家级开发平台，这些国家级开发平台为成渝地区带来了先进的技术、人才和管理经验，与其他西部城市群相比，其产业创新能力和技术水平更高。然后，成渝城市群的城市间协同发展模式也是其独特之处，成都和重庆作为两个巨大的都市圈，它们之间的互补性和协同效应，在技术、人才、资本和信息流动等方面，为成渝城市群带来了巨大的集聚效应。最后，相比西部其他城市群，成渝城市群较早实施了现代城市化政策，例如土地制度改革、住房政策等，为其吸引了大量的人才和资本，使其在城市规模和经济效益上超越了其他西部城市群。

第三，对于空间自相关的结果，第一产业的高低异常现象主要出现在东部城市群的原因可能是虽然东部地区的气候、土壤、水资源等自然条件为农业生产创造了有利环境，但是随着经济的高速发展，东部城市群的土地资源逐渐紧张，而政府又更加偏重工业和服务业的发展，导致农业的地位逐渐下降，东部地区为了追求经济效益和应对全球化的挑战，转型为高技术和服务导向的经济模式。而西部和中部城市群矿产和能源资源丰富，但在农业方面，由于自然环境的制约，如干旱、土壤盐碱化等，其农业生产面临很大的挑战。此外，这两个地区在中国的现代化进程中起步较晚，缺乏足够的技术、资金和管理经验来支持农业的现代化发展。在西部城市群中，成渝城市群地处长江上游，有着丰富的水资源，这为农业提供了有利条件，加之政府的投资和技术支持，使得这里的第一产业快速发展，实现了高高聚集。而关中平原、北部湾和滇中城市群的第一产业高低异常现象，很可能与这些地区的特定农业生产模式有关。北部湾第二、三产业高高聚集的原因可能是其作为中国连接东南亚的重要港口，经济活动和对外贸易都非常活跃，为第二、三产业提供了大量的商机和发展空间。相比之下，黔中和晋中城市群的第二、三产业高低异常现象，可能与这些地区的工业基础和服务业水平有关。至于其他城市群呈现的低低聚集或不显著状态，这反映了这些城市群在产业发展上的不足。

第四，西部城市群的耦合发展模式受多重因素影响，其中既有历史、地理和资源禀赋的制约，也有政策、技术和人才的推动。这种复杂的相互作用，导致西部城市群呈现出多样化的经济发展模式。西部城市群的中心城市全部为 $L_1 - H_{23}$ 模式可能与中心城市的功能和地位相关。中心城市往往作为区域经济的"引擎"，由于其独特的规模经济和网络效应，能更好地吸引投资和人才，从而促进第二、三产业的发展（Henderson，2017）。$H_1 - L_{23}$ 模式主要连片出现可能与西部地区的地形、土地利用和资源分布有关。部分地区由于资源禀赋较好，如水资源充足、土地肥沃等，更适合农业生产，但由于地理位置偏远、交通不便等因素，第二、三产业发展受限（Liu Y.，2021）。这与王艺娇（Wang Y，2019）的观点相吻合，他们认为，地理和交通条件对城市群的产业结构有着显著的影响。

### 4.3.3.3　政策含义

通过运用新一代夜光遥感数据、土地利用、人口等多源数据对中国城市群经济空间格局进行精细化模拟，为城市群区域经济发展提供了实证依据，为城市群发展指明了道路。研究发现，耕地面积、乡村人口数量与城市群第一产业产值存在着显著正相关关系，城镇人口数量、夜间灯光总强度与城市群第二、三产业产值存在着显著正相关关系。通过促进城市群土地、人口等资源优化配置，可以使得资源利用水平和全要素生产率也获得提高，进而缩小区域间的城市群经济差异，推动中国城市群空间经济格局优化，完善中国城市群的经济空间模式，这对拓展城市群发展空间，推动城市群经济高质量发展具有重要的意义。

第一，推动人口、资金和技术等资源要素加快向西部地区城市群流动来提升城市群经济密度水平，从而促进中国城市群经济空间格局的均衡发展。研究发现，西部城市群第一产业产值密度，第二、三产业产值密度和经济密度要远低于中东部地区城市群，与东部、中部地区城市群存在显著差异，应加大对西部地区城市群发展的支持力度，加强对西部地区的政策倾斜，推动资源要素向西流动，促进西部地区经济发展与人口、资源、环境相协调，从而加快形成西部大开发新格局，推动东部、中部、西部地区城市群高质量协调发展。

第二，通过建设现代化产业体系、推动产业均衡化发展来促进西部城市群产业高质量发展。本书发现，西部城市群多数城市经济发展模式属于 $L_1 - L_{23}$ 类经济耦合发展模式，即第一产业和第二、三产业发展均属于低水平，这类城市在西部地区中占据了 29.7%。应充分发挥西部地区比较优势，推动具备条件的产业集群化发展，促进城市群产业升级，推动第一、二、三产业深度融合，建立有利于发挥西部地区优势和富有竞争力的产业结构和现代化产业体系，促进中国城市群在经济空间格局上的均衡发展。

# 第5章 新时代西部中心城市和城市群基础设施高质量协调发展研究

## 5.1 西部中心城市和城市群基础设施协调发展评估

### 5.1.1 研究目的与方法

#### 5.1.1.1 研究目的

区域竞争力重点体现在基础设施的发展水平上，城市间合力建设现代化基础设施网络，内外联通水平的提升是导向；中心城市枢纽功能需得到充分发挥，无论是传统基础设施还是新型基础设施都应尽快完善，构建一个互联互通、管理协同以及安全高效的现代化基础设施网络，才能在经济高质量发展进程中抢得先机。因此，我国不断加大在基础设施方面的投入，根据《中国城市统计年鉴（2016 年版）》《中国城市统计年鉴（2020 年版）》及相关数据计算得出，2019 年电信方面的互联网宽带接入用户数与 2015 年相比增加了 73.15%；2019 年交通方面的全国市辖区道路面积与 2015 年相比增加了 26.75%；2019 年能源方面的全国天然气表观消费量与 2015 年相比增加了 58.51%；2019 年公共服务方面的公共图书馆图书总藏量与 2015 年相比增加了 32.60%；2019 年环境保护方面的中国城市建成区绿化覆盖面积与 2015 年相比增加了 19.85%。由此可见，各大类基础设施建设发展水平在持续提高，然而区域基础设施建设存在多项掣肘因素。其中，最难突破的是基础设施区域协同性问题，就全球而言，区域协调一体化是区域发展的内生需要，也是大势所趋，要想实现区域一体化而非一样化，区域内部需各扬所长并达成一致开展紧密合作。除此之外，机制障碍和行政壁垒在基础设施区域协调一体化进程中也是无法避免的问题，区域内部经济利益协调机制长期固化极大程度上导致了区域之间基础设施的建设合作存在机制障碍和行政壁垒，目前区域内存在着尚未完全打破影响经济高质量发展的行政壁垒、尚未形成统一开放的市场体系、经济利益障碍还未理顺等亟待解决的问题，要想实现更高层次的区域基础设施协调一体化发展，区域内联合打破其存在的深层次壁垒就显得十分重要。而城市群作为以核心城市为中心向周围辐射构成的多个城市的集合体，其一体化发展是区域经济高质量发展的重要驱动力。然而，目前城市群内部基础设施发展较为不均衡且尚未实现区域协调一体化发展，可见，对城市群基础设施协调一体化的发展规律进行准确判断，分析城市基础设施发展现状以及未来趋势，找出各城市如何不断整合周边城市的基础设施资源使之充分一体化发展的演化过程，对新时代下准确把握城市群基础设施协调一体化的发展水平和能力，进而推动城市群经济高质量发展具有重要的理论和现实意义。

与基础设施协调度相关的研究基本集中在交通、能源、环境保护、公共服务等相关细分领域以及城市化协调发展方面。具体来说，孟德友等（2013）通过构建县域交通优势度与经济发展水平综合评价指标体系，运用投影寻踪模型综合比较和分析了历年河南省内各县的交通优势度以及对经济发展水平的影响。黎巧等（2016）通过构建了长江经济带工业发展与交通基础设施耦合系统指标体系，运用系统耦合研究法对该区域两系统相互关系进行实证分析，结果显示长江经济带工业发展水平总体滞后于交通基础设施水平。张海涛等（2017）在研究"丝绸之路经济带"沿线交通基础设施空间分布的基础上，计算以高速公路和高速铁路为指标的交通基础设施和城市化的耦合协调度，为政府未来政策的制定提供启示和建议。应君等（2017）发现耦合关系存在于气候与绿色基础设施之间，于是定量分析了2001～2014年杭州市区的气候与绿色基础设施之间的耦合发展过程。曹现强等（2018）发现基本公共服务水平的高低与城市化发展进程密切相关，城市化水平与质量的提升离不开与之相适应的基本公共服务，因此，运用耦合协调度模型以及相对发展度模型分析了十年间基本公共服务在山东省17地市内与城市化之间的相互作用特征。尹向来等（2018）采用耦合协调度模型、空间自相关分析和地理探测器等方法对2006年、2010年和2015年中国285个地级市基础设施与城市化协调发展的时空分异、空间关联和影响机制进行研究。吴玉鸣等（2020）运用耦合协调发展度模型，测算了"能源金三角地区"36个地级城市的区域发展协调度。综上所述，目前关于区域或城市基础设施细分领域的研究较为成熟，但对于以全国所有城市群为研究范围的基础设施协调发展规律的研究较少，随着城市群空间集聚效应的增强与城市群基础设施对经济高质量发展的贡献度日益上升，对中国城市群基础设施协调发展规律及联合扩张演化过程的研究具有重要意义。

本书拟通过以下几个方面为新时代城市群基础设施的研究奠定理论与现实基础：第一，首次运用几何推导结合数值模拟的方法，将城市群作为基础设施发展主体研究我国城市群的基础设施发展规律，并以此分析其时空演化格局；第二，首次综合运用熵值法以及构建耦合协调度模型对城市群基础设施进行综合评价；第三，首次从城市群发育的角度，通过构建基础设施协调发展模型以及基础设施互联互通门槛值计算方法，量化分析核心城市不断联合周边城市发展其基础设施进而带动基础设施系统向核心城市融合并扩张的演化过程。然后根据分析结果探究提升基础设施发展能力的解决路径，提出针对性的政策建议。因此，研究中国城市群基础设施发展规律及联合扩张演化过程具有重要的理论和现实意义。

#### 5.1.1.2　研究方法

本书遵循构建指标体系的全面性、系统性、典型性和数据可得性等原则，借鉴杨慧等学者基础设施相关评价方法，构建基础设施评价体系，包含经济性基础设施和社会性基础设施两个板块层；电信、交通、能源、公共服务、环境保护5个要素层及26个指标层（见表5-1）。

表5-1　　　　　　　　　　城市基础设施评价指标体系

| A 系统层 | B 板块层 | C 要素层 | D 指标层 | 指标方向 |
|---|---|---|---|---|
| 基础设施协调度 | B1 经济性基础设施 | C1 电信 | D1 移动电话年末用户数（万户） | 正向 |
| | | | D2 互联网宽带接入用户数（万户） | 正向 |
| | | | D3 信息传输、计算机服务和软件业（万人） | 正向 |
| | | C2 交通 | D4 年末实有城市道路面积（万平方米） | 正向 |
| | | | D5 城市道路相对增长率（%） | 正向 |
| | | | D6 城市道路绝对增量加权指数 | 正向 |
| | | | D7 全年公共汽（电）车客运总量（万人次） | 正向 |
| | | | D8 年末实有出租汽车营运车数（辆） | 正向 |
| | | | D9 公路货运量（万吨） | 正向 |
| | | C3 能源 | D10 供水总量（万吨） | 正向 |
| | | | D11 供电总量（万千瓦时） | 正向 |
| | | | D12 供气总量（人工、天然气）（万立方米） | 正向 |
| | | | D13 供气总量（液化石油气）（吨） | 正向 |

续表

| A 系统层 | B 板块层 | C 要素层 | D 指标层 | 指标方向 |
|---|---|---|---|---|
| 基础设施协调度 | B2 社会性基础设施 | C4 公共服务 | D14 城市用地强度 | 正向 |
| | | | D15 排水管道密度 | 正向 |
| | | | D16 普通高等学校（学校数）（所） | 正向 |
| | | | D17 普通中学（学校数）（所） | 正向 |
| | | | D18 小学（学校数）（所） | 正向 |
| | | | D19 公共图书馆图书藏量（千册） | 正向 |
| | | | D20 医院、卫生院床位数（张） | 正向 |
| | | C5 环境保护 | D21 绿地面积（公顷） | 正向 |
| | | | D22 公园绿地面积（公顷） | 正向 |
| | | | D23 建成区绿化覆盖率（%） | 正向 |
| | | | D24 一般工业固体废物综合利用率（%） | 正向 |
| | | | D25 污水处理厂集中处理率（%） | 正向 |
| | | | D26 生活垃圾无害化处理率（%） | 正向 |

首先，运用以上指标体系，计算城市基础设施综合发展水平，计算过程如下：

设有 m 个城市，n 个评价指标形成原始数据矩阵：

$$X = \begin{bmatrix} x_{11} & x_{12} & \cdots & x_{1n} \\ x_{21} & x_{22} & \cdots & x_{2n} \\ \vdots & \vdots & \ddots & \vdots \\ x_{m1} & x_{m2} & \cdots & x_{mn} \end{bmatrix} \qquad (5-1)$$

运用极差标准化法处理指标数据：

$$y_{ij} = \begin{cases} \dfrac{x_{ij} - \min(x_{ij})}{\max(x_{ij}) - \min(x_{ij})} & (x_{ij} \text{为正指标}) \\[2mm] \dfrac{\max(x_{ij}) - x_{ij}}{\max(x_{ij}) - \min(x_{ij})} & (x_{ij} \text{为负指标}) \end{cases} \quad i=1,2,\cdots,m;\ j=1,2,\cdots,n;\ k=1,2,\cdots,k$$

$$(5-2)$$

其中，$x_{ij}$ 表示第 i 个城市第 j 个指标的值；$y_{ij}$ 表示第 i 个城市第 j 个指标标准化后的值。

计算第 j 个指标下第 i 个城市占该指标的比重：

$$p_{ij} = \frac{y_{ij}}{\sum\limits_{i=1}^{m} y_{.ij}}, \quad i=1,2,\cdots,m;\ j=1,2,\cdots,n \qquad (5-3)$$

计算第 j 个指标的熵值：

$$e_{ij} = -k \sum_{i=1}^{m} p_{ij} \ln(p_{ij}) \qquad (5-4)$$

其中，k > 0，ln 为自然对数，$p_{ij} > 0$，常数 k 与样本数 m 有关，一般 k = 1/lnm，则 $0 \leq e \leq 1$。

计算第 j 个指标的信息效用值：

$$d_j = 1 - e_j \qquad (5-5)$$

计算各项指标的权重：

$$w_j = \frac{d_j}{\sum\limits_{i=1}^{n} d_j} \tag{5-6}$$

计算各样本的综合得分：

$$s_i = \sum_{j=1}^{n} w_j p_{ij}, \ i = 1, \ 2, \ \cdots, \ m \tag{5-7}$$

然后，运用耦合度和耦合协调度模型计算城市群基础设施协调发展水平，计算过程如下：对于第 j 个指标第 t 年来说，某城市群内所有城市（a 个城市）之间基础设施耦合度模型如下：

$$C_{jt}^a = \sqrt[a]{\frac{y_{jt}^1 \times y_{jt}^2 \times \cdots \times y_{jt}^a}{\left(\dfrac{y_{jt}^1 + y_{jt}^2 + \cdots + y_{jt}^a}{a}\right)^a}} \tag{5-8}$$

其中，$C_{jt}^a$ 为某城市群内所有城市（a 个城市）之间的耦合度，$y_{jt}^1$、$y_{jt}^2$、$y_{jt}^a$ 分别为该城市群内第一个城市、第二个城市等 a 个城市第 j 个指标第 t 年标准化后的数值。

构建第 j 个指标第 t 年的 a 个城市的耦合协调度模型为：

$$D_{jt}^a = \sqrt{C_{jt}^a \times T_{jt}^a} \tag{5-9}$$

其中，$D_{jt}^a$ 为城市群内所有城市（a 个城市）的耦合协调度，$C_{jt}^a$ 为 a 个城市之间的耦合度；$T_{jt}^a = \beta_1 y_{jt}^1 + \beta_2 y_{jt}^2 + \cdots + \beta_a y_{jt}^a$，$\beta_1$，$\beta_2$，$\cdots$，$\beta_a$ 分别为 a 个城市在耦合协调度测算中的权重占比。为了避免不同城市因权重不同而产生误差，a 个城市采取等权重加权方法，$\beta_1 = \beta_2 = \cdots = \beta_a = 1/a$。

假设某城市群内所有城市基础设施耦合协调度测算共选取了 n 个指标，则这 n 个指标在第 t 年的综合耦合协调度为：

$$D_t^a = \gamma_1 D_{1t}^a + \gamma_2 D_{2t}^a + \cdots + \gamma_n D_{nt}^a \tag{5-10}$$

其中，$D_{jt}^a$ 为某城市群内所有城市（a 个城市）基础设施 n 个指标第 t 年的耦合协调度模型加权求和得到的综合耦合协调度指数，即某城市群的基础设施协调发展水平。$D_{1t}^a$ 为该城市群内所有城市第一个指标的耦合协调度，$D_{2t}^a$ 为城市群内所有城市第二个指标的耦合协调度，$D_{nt}^a$ 为该城市群内所有城市第 n 个指标的耦合协调度。$\gamma_1$，$\gamma_2$，$\cdots$，$\gamma_n$ 为每个指标在测算综合一体化指数时所占的比重，采用熵值法对 n 个指标进行赋权，$\gamma \in [0, 1]$，$\gamma_1 + \gamma_2 + \cdots + \gamma_n = 1$。

城市群基础设施建设一体化强度与城市的基础设施协调发展水平呈正相关关系，与城市之间的距离呈负相关关系，通过构建城市之间空间集聚强度模型来体现城市群基础设施建设的一体化强度。城市间基础设施发展的一体化强度表达式如下：

$$f_{ij} = \frac{\sqrt{E_i \times E_j} \times \sqrt{G_i \times G_j}}{D_{ij}^2} \tag{5-11}$$

$$F_{ij} = \frac{f_{ij} - \min(f_{ij})}{\max(f_{ij}) - \min(f_{ij})} \times 100 \tag{5-12}$$

其中，$f_{ij}$ 表示城市 i、城市 j 的基础设施建设一体化强度；$F_{ij}$ 表示对数据进行标准化处理后的结果；$E_i$、$E_j$ 分别表示城市 i、城市 j 的基础设施协调发展水平；$G_i$、$G_j$ 分别表示城市 i、城市 j 的地区生产总值；$D_{ij}^2$ 表示城市 i 和城市 j 之间的距离。

本书通过城市引力模型计算出城市群内各城市之间的基础设施建设一体化强度，以所有城市多年来城市基础设施建设一体化强度均值的二分之一作为衡量中心城市是否应联合新的城市实现互联互通，门槛值计算公式如下：

$$\lambda_{ij} = \frac{1}{2} \times \frac{\sum\limits_{i=1}^{m} \sum\limits_{j=1}^{n} F_{ij}}{i \times j} \tag{5-13}$$

其中，$\lambda_{ij}$ 表示城市群内各城市之间的基础设施互联互通门槛值；$F_{ij}$ 表示基础设施建设一体化强度；i 表示评价年份数量，j 表示评价数量。

#### 5.1.1.3　数据来源

本书用于基础设施发展水平评价的空间面板数据为 2010～2019 年，由于城市群样本中包含部分地级市代管的县级市或省直管的县级市，数据样本可能会出现重叠，予以剔除，加之部分城市数据缺失严重同样需要剔除，因此选取城市群样本区间包含的全国 201 个地级市的数据，其中各城市人口、经济总量与基础设施相关数据均来自 2011～2020 年《中国城市统计年鉴》、2010～2020 年的国民经济和社会发展统计公报；全国的数据来自 2011～2020 年《中国统计年鉴》；些许漏缺搜寻于全国统计局官网及各省市统计局官网。

### 5.1.2　测算结果与数值模拟

#### 5.1.2.1　城市群城市基础设施协调发展水平的测算结果

本书运用熵权法计算出了各项指标的权重，使用上文式（5－8）、式（5－9）逐年分别计算出中国城市群 201 个城市的耦合度 C 值、协调指数 T 值和耦合协调度 D 值，再使用式（5－10）计算城市群综合耦合协调度，最终得出 2010～2018 年城市群的基础设施协调发展水平值。最后对城市群基础设施协调发展水平值使用自然断点法进行分级。

首先，对东北部城市群整体基础设施协调发展水平进行分析，并将东北部城市群的历年基础设施协调发展水平得分进行算术平均得到城市群的整体基础设施协调发展水平得分并进行描述性统计（见表 5－2）。东北部地区有哈长、辽中南两个城市群。根据表 5－2 所呈现结果，可知中国东北部城市群间的基础设施协调发展水平差距不大，但城市群内其他城市与各城市群中心城市有一定的发展差距，哈长、辽中南城市群的基础设施协调发展水平在全国范围内基本上处于中等水平。

表 5－2　　　　　　　　　东北部城市群基础设施协调发展水平描述统计

| 城市群 | 2018 年 | 2016 年 | 2014 年 | 2012 年 | 综合得分 | 分级 |
|---|---|---|---|---|---|---|
| 哈长 | 0.056 | 0.056 | 0.058 | 0.056 | 0.052 | 中等 |
| 辽中南 | 0.054 | 0.054 | 0.052 | 0.051 | 0.049 | 中等 |

对于东北部城市群内部城市，选取 2012～2018 年偶数年份进行分析，如表 5－3 所示。哈长城市群内的哈尔滨市是我国东北部地区的中心城市和全国重要的制造业基地，其基础设施协调发展水平在东北部地区处于领先位置，并对周围的长春市、吉林市产生辐射带动作用。大庆市的基础设施协调发展水平从 2012 年至今一直较为稳定地维持在所属城市群乃至整个东北部地区的较高水平；此外，绥化市、四平市、辽源市的基础设施协调发展水平从 2012 年至今一直维持在低水平，未与周边发展较好城市或中心城市进行互联互通的一体化发展。辽中南城市群内有沈阳市、大连市、鞍山市、抚顺市、本溪市、丹东市、锦州市等 12 个城市，其中，沈阳市作为辽宁省省会，其基础设施协调发展水平在省内乃至全国都是高水平，在 2012～2014 年间沈阳市未发挥自身辐射作用，未与周边城市进行充分的互联互通一体化建设，直至 2016 年才逐步带动周边城市的基础设施发展；大连市、鞍山市、抚顺市、本溪市的基础设施协调发展水平在 2018 年逐步跻身基础设施协调发展较高水平行列；其余如铁岭市、葫芦岛市、丹东市、辽阳市等城市的基础设施协调发展水平在 2012～2014 年一直处于低水平状态，直至 2016 年和 2018 年才有一定程度的提升，并逐渐融入周边发展较好城市的基础设施建设过程。

表 5 - 3　　　　　　　　　　　东北部城市群内部城市基础设施协调发展水平

| 城市群 | 城市 | 2012 年 | 2013 年 | 2014 年 | 2015 年 | 2016 年 | 2017 年 | 2018 年 |
|---|---|---|---|---|---|---|---|---|
| 辽中南 | 沈阳 | 0.170 | 0.174 | 0.175 | 0.172 | 0.174 | 0.013 | 0.167 |
| | 大连 | 0.132 | 0.137 | 0.138 | 0.133 | 0.147 | 0.012 | 0.169 |
| | 鞍山 | 0.047 | 0.047 | 0.047 | 0.046 | 0.048 | 0.003 | 0.047 |
| | 抚顺 | 0.039 | 0.038 | 0.040 | 0.040 | 0.040 | 0.003 | 0.037 |
| | 本溪 | 0.032 | 0.030 | 0.035 | 0.039 | 0.039 | 0.003 | 0.036 |
| | 丹东 | 0.026 | 0.025 | 0.026 | 0.027 | 0.026 | 0.002 | 0.025 |
| | 锦州 | 0.034 | 0.033 | 0.034 | 0.034 | 0.035 | 0.002 | 0.033 |
| | 营口 | 0.029 | 0.030 | 0.029 | 0.029 | 0.035 | 0.002 | 0.036 |
| | 辽阳 | 0.030 | 0.029 | 0.029 | 0.026 | 0.027 | 0.002 | 0.026 |
| | 盘锦 | 0.023 | 0.023 | 0.024 | 0.023 | 0.024 | 0.002 | 0.026 |
| | 铁岭 | 0.022 | 0.022 | 0.022 | 0.021 | 0.020 | 0.001 | 0.021 |
| | 葫芦岛 | 0.026 | 0.027 | 0.028 | 0.028 | 0.028 | 0.002 | 0.027 |
| 哈长 | 长春 | 0.136 | 0.133 | 0.139 | 0.138 | 0.144 | 0.010 | 0.148 |
| | 吉林 | 0.052 | 0.050 | 0.059 | 0.051 | 0.051 | 0.004 | 0.052 |
| | 四平 | 0.027 | 0.026 | 0.031 | 0.025 | 0.023 | 0.001 | 0.026 |
| | 辽源 | 0.014 | 0.015 | 0.014 | 0.013 | 0.013 | 0.001 | 0.012 |
| | 松原 | 0.022 | 0.023 | 0.024 | 0.023 | 0.024 | 0.001 | 0.022 |
| | 哈尔滨 | 0.149 | 0.158 | 0.154 | 0.152 | 0.157 | 0.011 | 0.160 |
| | 齐齐哈尔 | 0.039 | 0.039 | 0.040 | 0.043 | 0.039 | 0.003 | 0.038 |
| | 大庆 | 0.065 | 0.064 | 0.065 | 0.066 | 0.060 | 0.004 | 0.050 |
| | 牡丹江 | 0.030 | 0.030 | 0.030 | 0.029 | 0.028 | 0.002 | 0.028 |
| | 绥化 | 0.025 | 0.025 | 0.022 | 0.018 | 0.019 | 0.001 | 0.020 |

其次，对东部城市群整体基础设施协调发展水平进行分析，并将东部城市群的历年基础设施协调发展水平得分进行算术平均得到城市群的整体基础设施协调发展水平得分并进行描述性统计（见表5-4）。东部地区有珠三角、长三角、京津冀、山东半岛、粤闽浙沿海5个城市群。根据表5-4所呈现结果，可知中国东部城市群间的基础设施协调发展水平差距较大，城市群内其他城市与各城市群中心城市有一定的发展差距。珠三角、长三角和京津冀城市群作为国家级城市群，其基础设施协调发展水平不仅在东部地区遥遥领先，在全国城市群中也始终居于领头羊的位置。山东半岛在全国范围内的基建属于较高水平，而粤闽浙沿海城市群的基建在东部地区属于较弱水准，但在全国范围内来看处于中等水平。

表 5 - 4　　　　　　　　　　东部城市群基础设施协调发展水平描述统计

| 城市群 | 2018 年 | 2016 年 | 2014 年 | 2012 年 | 综合得分 | 分级 |
|---|---|---|---|---|---|---|
| 珠三角 | 0.161 | 0.159 | 0.147 | 0.137 | 0.140 | 高 |
| 京津冀 | 0.125 | 0.124 | 0.116 | 0.107 | 0.110 | 高 |
| 长三角 | 0.091 | 0.091 | 0.084 | 0.078 | 0.080 | 高 |
| 山东半岛 | 0.070 | 0.066 | 0.062 | 0.060 | 0.058 | 较高 |
| 粤闽浙沿海 | 0.059 | 0.054 | 0.055 | 0.050 | 0.049 | 中等 |

对于东部城市群内部城市，选取 2012～2018 年偶数年份进行分析，如表 5-5 所示。京津冀城市群内的北京市作为国家首都以及国家中心城市，其基础设施协调发展水平远高于周边其他城市乃至全国绝大多数城市；天津市作为直辖市，其基础设施建设也处于较高水平，在东部城市群内仅次于北京市；而京津冀城市群内的石家庄市作为河北省的省会城市，其基础设施协调发展水平在河北省内领先，但低于北京市和天津市这两大国家中心城市，其余城市如秦皇岛市、承德市、沧州市、德州市等城市的基础设施的发展都处于较低水平，廊坊市和沧州市的基础设施协调发展水平从2016 年开始逐步提高，同时，保定市、石家庄市、廊坊市的基础设施建设也逐步向北京和天津市靠拢，在 2018 年已达到中等水平。山东半岛城市群内的济南市和青岛市在 2012～2016 年始终在山东半岛城市群内保持领先，2018 年其周边的潍坊市、淄博市、临沂市、烟台市逐步与济南市和青岛市的基础设施协调发展水平齐平，其余如枣庄、日照等城市在 2012～2018 年的基础设施协调发展水平未见较大变化，始终处于低位，威海市在 2016～2018 年基础设施建设有明显发展，从低发展水平逐步接近中等发展水平，泰安、济宁、菏泽等城市在 2016 年基建能力就开始有所提升，逐步与济南市、青岛市等山东半岛内发展较好城市的基础设施建设进行互联互通，因此其基础设施协调发展水平在此后几年间有了明显提升。长三角内有上海、南京、苏州、合肥、杭州、无锡、宁波、安庆、温州等 26 个城市，其中，作为国家中心城市、超大城市的上海市，其基础设施建设及发展水平多年来在东部地区乃至全国范围内都遥遥领先于其他城市，并给周边地区及整个长三角区域带来更多商机并产生辐射作用；苏州、无锡、常州形成苏锡常都市圈，与上海市形成功能互动和对接的局势，其基础设施发展虽没有上海市完善，但从全国范围内来看，仍处于发展前列；南京市作为江苏省省会、中国东部地区重要的中心城市，其基础设施建设较为完善，正逐步追赶国际大都市上海市的基础设施协调发展水平，经过 2012～2018 年的发展，目前已接近上海市的基础设施协调发展水平；浙江省省会杭州市在 2012～2014 年，仍处于基础设施协调发展水平中等阶段，从2016 年开始基础设施建设得到逐步提高，目前已提升至较高水准并对周边地区如绍兴、宁波、金华等城市产生辐射带动作用；滁州、池州、宣城、湖州等城市的基础设施建设始终处于较低水平，且未充分地与周边基础设施建设较好的合肥、杭州、苏州等城市进行互联互通一体化建设。粤闽浙沿海城市群内有广州、深圳、中山、东莞、温州、福州、泉州等 11 个城市，其中，广州、深圳的基础设施发展较为完善，2012 年至今都处于东部地区乃至全国范围内的高水平；佛山、东莞、珠海、中山等位于广州市和深圳市周边地区的城市，其基础设施建设在 2012～2014 年还不够完善，但 2016 年后受广州市、深圳市两大中心城市辐射影响，其基础设施协调发展水平有所提升；福州、厦门、泉州等城市形成厦门都市圈和福州都市圈，但其基础设施建设不够发达，没有充分形成城市与城市之间互联互通一体化发展形态；其余地区如肇庆、宁德、漳州等城市与城市群内中心城市或发达城市存在一定的地理距离限制，其基础设施的发展受到中心城市的辐射影响不够，与其他城市基础设施建设互联互通程度也不够，因此，肇庆、宁德、漳州等城市的基础设施协调发展水平一直处于低水平状态。纵观整个东部城市群的基础设施协调发展水平，仅有北京、天津、上海、广州、深圳达到了高水准，东莞市、苏州市、杭州市、石家庄市、济南市和合肥市接近基础设施协调发展水平的第一梯队，其余城市的基础设施协调发展水平还有较大提升空间。

再次，对中部城市群整体基础设施协调发展水平进行分析，并将中部城市群的历年基础设施协调发展水平得分进行算术平均得到城市群的整体基础设施协调发展水平得分并进行描述性统计（见表 5-6）。中部地区有中原、晋中以及长江中游 3 个城市群。根据表 5-6 所呈现结果，可知中国中部城市群间的基础设施协调发展水平差距不大，城市群内其他城市与各城市群中心城市有一定的发展差距，中原、晋中、长江中游城市群的基础设施协调发展水平在全国范围内都处于较低水平。

表 5 - 5                    东部城市群内部城市基础设施协调发展水平

| 城市群 | 城市 | 2012 年 | 2014 年 | 2016 年 | 2018 年 | 城市群 | 城市 | 2012 年 | 2014 年 | 2016 年 | 2018 年 |
|---|---|---|---|---|---|---|---|---|---|---|---|
| 京津冀 | 北京 | 0.559 | 0.614 | 0.679 | 0.679 | 长三角 | 上海 | 0.466 | 0.489 | 0.538 | 0.495 |
| | 天津 | 0.238 | 0.246 | 0.273 | 0.273 | | 南京 | 0.211 | 0.232 | 0.247 | 0.251 |
| | 石家庄 | 0.118 | 0.129 | 0.133 | 0.135 | | 无锡 | 0.097 | 0.098 | 0.103 | 0.110 |
| | 唐山 | 0.088 | 0.089 | 0.086 | 0.088 | | 常州 | 0.064 | 0.066 | 0.076 | 0.076 |
| | 秦皇岛 | 0.039 | 0.050 | 0.046 | 0.047 | | 苏州 | 0.139 | 0.144 | 0.157 | 0.168 |
| | 邯郸 | 0.068 | 0.072 | 0.075 | 0.074 | | 南通 | 0.056 | 0.065 | 0.067 | 0.072 |
| | 邢台 | 0.042 | 0.045 | 0.045 | 0.048 | | 盐城 | 0.038 | 0.042 | 0.051 | 0.055 |
| | 保定 | 0.065 | 0.073 | 0.077 | 0.082 | | 扬州 | 0.048 | 0.046 | 0.049 | 0.052 |
| | 张家口 | 0.034 | 0.037 | 0.038 | 0.040 | | 镇江 | 0.041 | 0.040 | 0.042 | 0.044 |
| | 承德 | 0.031 | 0.031 | 0.030 | 0.032 | | 泰州 | 0.031 | 0.035 | 0.037 | 0.044 |
| | 沧州 | 0.042 | 0.048 | 0.050 | 0.050 | | 杭州 | 0.167 | 0.182 | 0.215 | 0.227 |
| | 廊坊 | 0.038 | 0.046 | 0.051 | 0.045 | | 宁波 | 0.094 | 0.096 | 0.109 | 0.109 |
| | 衡水 | 0.023 | 0.025 | 0.026 | 0.029 | | 嘉兴 | 0.036 | 0.038 | 0.045 | 0.047 |
| 山东半岛 | 济南 | 0.146 | 0.156 | 0.168 | 0.153 | | 湖州 | 0.032 | 0.033 | 0.035 | 0.039 |
| | 青岛 | 0.131 | 0.136 | 0.150 | 0.160 | | 绍兴 | 0.039 | 0.060 | 0.065 | 0.071 |
| | 淄博 | 0.075 | 0.074 | 0.074 | 0.074 | | 金华 | 0.041 | 0.043 | 0.042 | 0.054 |
| | 枣庄 | 0.036 | 0.035 | 0.035 | 0.036 | | 舟山 | 0.020 | 0.029 | 0.029 | 0.027 |
| | 东营 | 0.037 | 0.038 | 0.042 | 0.042 | | 台州 | 0.048 | 0.049 | 0.053 | 0.059 |
| | 烟台 | 0.073 | 0.073 | 0.078 | 0.090 | | 合肥 | 0.125 | 0.131 | 0.137 | 0.148 |
| | 潍坊 | 0.070 | 0.070 | 0.078 | 0.080 | | 芜湖 | 0.051 | 0.049 | 0.051 | 0.053 |
| | 济宁 | 0.054 | 0.060 | 0.061 | 0.069 | | 马鞍山 | 0.033 | 0.033 | 0.028 | 0.033 |
| | 泰安 | 0.041 | 0.040 | 0.052 | 0.049 | | 铜陵 | 0.022 | 0.021 | 0.024 | 0.024 |
| | 威海 | 0.037 | 0.045 | 0.048 | 0.050 | | 安庆 | 0.065 | 0.095 | 0.092 | 0.036 |
| | 日照 | 0.031 | 0.032 | 0.032 | 0.034 | | 滁州 | 0.030 | 0.032 | 0.033 | 0.036 |
| | 临沂 | 0.078 | 0.076 | 0.077 | 0.083 | | 池州 | 0.018 | 0.018 | 0.016 | 0.018 |
| | 德州 | 0.039 | 0.044 | 0.044 | 0.046 | | 宣城 | 0.020 | 0.021 | 0.020 | 0.023 |
| | 聊城 | 0.037 | 0.039 | 0.040 | 0.043 | 珠三角 | 广州 | 0.425 | 0.460 | 0.478 | 0.486 |
| | 滨州 | 0.031 | 0.034 | 0.037 | 0.057 | | 深圳 | 0.308 | 0.325 | 0.347 | 0.332 |
| | 菏泽 | 0.042 | 0.044 | 0.046 | 0.053 | | 珠海 | 0.074 | 0.076 | 0.075 | 0.078 |
| 粤闽浙沿海 | 温州 | 0.071 | 0.071 | 0.082 | 0.081 | | 佛山 | 0.098 | 0.101 | 0.121 | 0.145 |
| | 福州 | 0.097 | 0.097 | 0.099 | 0.112 | | 江门 | 0.047 | 0.049 | 0.050 | 0.052 |
| | 厦门 | 0.091 | 0.092 | 0.097 | 0.104 | | 肇庆 | 0.033 | 0.028 | 0.038 | 0.039 |
| | 莆田 | 0.026 | 0.028 | 0.029 | 0.031 | | 惠州 | 0.053 | 0.058 | 0.062 | 0.067 |
| | 泉州 | 0.067 | 0.069 | 0.073 | 0.078 | | 东莞 | 0.155 | 0.183 | 0.213 | 0.205 |
| | 漳州 | 0.033 | 0.035 | 0.037 | 0.038 | | 中山 | 0.038 | 0.043 | 0.046 | 0.043 |
| | 宁德 | 0.017 | 0.018 | 0.018 | 0.021 | | | | | | |
| | 汕头 | 0.075 | 0.082 | 0.066 | 0.070 | | | | | | |
| | 汕尾 | 0.016 | 0.018 | 0.014 | 0.016 | | | | | | |
| | 潮州 | 0.026 | 0.052 | 0.030 | 0.056 | | | | | | |
| | 揭阳 | 0.031 | 0.039 | 0.046 | 0.039 | | | | | | |

表 5 - 6　　　　　　　　　　　　中部城市群基础设施协调发展水平描述统计

| 城市群 | 2018 年 | 2016 年 | 2014 年 | 2012 年 | 综合得分 | 分级 |
|---|---|---|---|---|---|---|
| 中原 | 0.050 | 0.047 | 0.047 | 0.045 | 0.043 | 较低 |
| 晋中 | 0.047 | 0.045 | 0.045 | 0.045 | 0.042 | 较低 |
| 长江中游 | 0.047 | 0.045 | 0.044 | 0.043 | 0.041 | 较低 |

对于中部城市群内部城市，选取 2012～2018 年偶数年份进行分析，如表 5 - 7 所示。中原城市

表 5 - 7　　　　　　　　　　　　中部城市群内部城市基础设施协调发展水平

| 城市群 | 城市 | 2012 年 | 2014 年 | 2016 年 | 2018 年 | 城市群 | 城市 | 2012 年 | 2014 年 | 2016 年 | 2018 年 |
|---|---|---|---|---|---|---|---|---|---|---|---|
| 长江中游 | 南昌 | 0.099 | 0.112 | 0.104 | 0.105 | 晋中 | 太原 | 0.111 | 0.110 | 0.112 | 0.114 |
| | 景德镇 | 0.025 | 0.024 | 0.022 | 0.021 | | 阳泉 | 0.026 | 0.025 | 0.023 | 0.026 |
| | 萍乡 | 0.021 | 0.021 | 0.019 | 0.021 | | 长治 | 0.032 | 0.029 | 0.029 | 0.031 |
| | 九江 | 0.040 | 0.039 | 0.039 | 0.041 | | 晋中 | 0.028 | 0.035 | 0.038 | 0.040 |
| | 新余 | 0.023 | 0.023 | 0.023 | 0.022 | | 忻州 | 0.026 | 0.025 | 0.022 | 0.024 |
| | 鹰潭 | 0.012 | 0.012 | 0.012 | 0.012 | 中原 | 晋城 | 0.022 | 0.021 | 0.020 | 0.022 |
| | 吉安 | 0.025 | 0.027 | 0.028 | 0.030 | | 亳州 | 0.030 | 0.033 | 0.031 | 0.033 |
| | 宜春 | 0.028 | 0.031 | 0.031 | 0.039 | | 郑州 | 0.146 | 0.158 | 0.164 | 0.185 |
| | 抚州 | 0.029 | 0.030 | 0.030 | 0.034 | | 开封 | 0.036 | 0.041 | 0.039 | 0.041 |
| | 上饶 | 0.037 | 0.034 | 0.044 | 0.047 | | 洛阳 | 0.069 | 0.067 | 0.069 | 0.071 |
| | 武汉 | 0.218 | 0.222 | 0.237 | 0.252 | | 平顶山 | 0.038 | 0.038 | 0.037 | 0.039 |
| | 黄石 | 0.031 | 0.032 | 0.034 | 0.034 | | 鹤壁 | 0.017 | 0.018 | 0.018 | 0.018 |
| | 宜昌 | 0.037 | 0.040 | 0.043 | 0.042 | | 新乡 | 0.047 | 0.048 | 0.045 | 0.050 |
| | 襄阳 | 0.040 | 0.040 | 0.048 | 0.050 | | 焦作 | 0.036 | 0.037 | 0.038 | 0.037 |
| | 鄂州 | 0.017 | 0.018 | 0.016 | 0.014 | | 许昌 | 0.030 | 0.029 | 0.030 | 0.033 |
| | 荆门 | 0.021 | 0.022 | 0.023 | 0.024 | | 漯河 | 0.023 | 0.023 | 0.023 | 0.024 |
| | 孝感 | 0.023 | 0.025 | 0.026 | 0.028 | | 商丘 | 0.048 | 0.048 | 0.048 | 0.052 |
| | 荆州 | 0.033 | 0.034 | 0.034 | 0.036 | | 周口 | 0.048 | 0.051 | 0.046 | 0.043 |
| | 黄冈 | 0.025 | 0.027 | 0.030 | 0.028 | | | | | | |
| | 咸宁 | 0.019 | 0.020 | 0.020 | 0.022 | | | | | | |
| | 长沙 | 0.122 | 0.135 | 0.137 | 0.140 | | | | | | |
| | 株洲 | 0.041 | 0.045 | 0.044 | 0.045 | | | | | | |
| | 湘潭 | 0.040 | 0.043 | 0.042 | 0.037 | | | | | | |
| | 衡阳 | 0.053 | 0.053 | 0.053 | 0.050 | | | | | | |
| | 岳阳 | 0.040 | 0.040 | 0.041 | 0.042 | | | | | | |
| | 常德 | 0.034 | 0.036 | 0.037 | 0.040 | | | | | | |
| | 益阳 | 0.027 | 0.030 | 0.027 | 0.028 | | | | | | |
| | 娄底 | 0.026 | 0.027 | 0.026 | 0.027 | | | | | | |

群内有晋城市、亳州市、郑州市、开封市、洛阳市、平顶山市、鹤壁市、新乡市等13个城市，城市群内的郑州市是河南省省会、特大城市，是中原地区的核心城市，其基础设施协调发展水平在2012～2018年始终处于较高水平，另外，郑州市作为国家重要的交通枢纽，交通基础设施发展也较快，在所属城市群内一直处于领先位置并对周边地区的基础设施建设产生辐射带动作用；洛阳市、新乡市紧邻郑州市，其基础设施建设与郑州市互联互通程度较高，到2018年，洛阳、新乡等与郑州相邻城市的基础设施发展逐渐提高，达到了中等及以上水准；位于安徽省的亳州市的基础设施建设在2012年还处于低水平状态，但亳州市在2014年的基础设施建设已提高了一个层级至较低水平，此后一直处于稳定发展状态，未见明显提升；除此之外，漯河市、晋城市的基础设施发展从2012年开始就一直处于最低水平。晋中城市群内有太原市、晋中市、阳泉市、忻州市、长治市、吕梁市6个城市，太原市作为山西省省会、太原都市圈核心城市，其基础设施协调发展水平在2012年、2014年、2018年都较高，但在2016年略有下降，且在中部城市群内部领先；晋中市、长治市在2012～2014年还处于低水平状态，在之后的2016～2018年，其基础设施协调发展水平有所提高；忻州市和阳泉市的基础设施在2012～2018年都处于低水平状态，且未与城市群内中心城市或发展较好城市建立基础设施建设之间的联系。长江中游城市群内有南昌市、景德镇市、萍乡市、九江市、新余市、鹰潭市、吉安市、宜春市、抚州市、上饶市、武汉市、黄石市等28个城市，其中武汉市作为中部六省唯一的副省级城市、全国重要的工业基地、科教基地和综合交通枢纽，其基础设施的建设在中部乃至全国城市群中都处于领先位置，2012年至今武汉市的基建能力始终很强并且逐步辐射周边地区；南昌市和长沙市的基础设施协调发展水平仅次于武汉市，随时间推移也带动了周边城市的基础设施建设；南昌市周边的九江市、上饶市的基础设施协调发展水平在2018年有了显著提高，与南昌市的联系日趋紧密；长沙市周边的岳阳市、株洲市的基础设施协调发展水平在2018年得到显著提升；除此之外，萍乡市、新余市、荆门市、鹰潭市、咸宁市等城市的基础设施协调发展水平2012年至今未见明显提升，一直处于所属城市群乃至整个中部地区城市群的低水平层级，基础设施建设还有待进一步加强。

　　最后，对西部城市群整体基础设施协调发展水平进行分析，并将西部城市群的历年基础设施协调发展水平得分进行算术平均得到城市群的整体基础设施协调发展水平得分并进行描述性统计（见表5-8）。根据表5-8所呈现结果，可知中国西部城市群间的基础设施协调发展水平差距较大，城市群内其他城市与各城市群中心城市有一定的发展差距。

表5-8　　　　　　　　　　　　西部城市群基础设施协调发展水平描述统计

| 城市群 | 2018年 | 2016年 | 2014年 | 2012年 | 综合得分 | 分级 |
|---|---|---|---|---|---|---|
| 滇中 | 0.069 | 0.074 | 0.064 | 0.059 | 0.060 | 较高 |
| 天山北坡 | 0.070 | 0.069 | 0.066 | 0.057 | 0.059 | 较高 |
| 成渝 | 0.072 | 0.069 | 0.061 | 0.056 | 0.058 | 中等 |
| 黔中 | 0.059 | 0.055 | 0.050 | 0.044 | 0.047 | 较低 |
| 呼包鄂榆 | 0.056 | 0.057 | 0.050 | 0.044 | 0.046 | 较低 |
| 关中平原 | 0.046 | 0.044 | 0.044 | 0.043 | 0.041 | 较低 |
| 北部湾 | 0.046 | 0.040 | 0.040 | 0.037 | 0.037 | 低 |
| 兰西 | 0.038 | 0.035 | 0.035 | 0.034 | 0.033 | 低 |
| 宁夏沿黄 | 0.029 | 0.028 | 0.029 | 0.025 | 0.025 | 低 |

　　对于西部城市群内部城市，选取2012～2018年偶数年份进行分析，如表5-9所示。由于城市数据缺失较多，西部地区的天山北坡城市群只研究了乌鲁木齐市和克拉玛依市，天山北坡城市群中的乌鲁木齐市作为新疆政治、经济、文化中心，其基础设施建设在西部地区中属于较高水平，而克拉玛依市大部分地区是戈壁滩，常年少雨干燥，基础设施协调发展水平次于乌鲁

木齐市,但由于近年来新疆大力发展交通基础设施建设,克拉玛依市和周边城市的综合交通网正在逐步形成,交通愈加便利,全疆的基础设施建设也在加快推进。呼包鄂榆城市群内有呼和浩特市、包头市、鄂尔多斯市、榆林市 4 个城市,其中的包头市和呼和浩特市基础设施协调发展水平比榆林市和鄂尔多斯市高,但在整个西部地区城市中还处于中等水平,2012～2018 年呼包鄂榆城市群整体的基础设施协调发展水平变化不大,鄂尔多斯市的基础设施协调发展水平在2016 年略有提高,首次与包头市和呼和浩特市齐平,2016～2018 年包头市和呼和浩特市再次领先于鄂尔多斯市,同时基础设施协调发展水平一直落后的榆林市逐渐跟上鄂尔多斯市的发展步伐,与发展较好的包头市和呼和浩特市在一定程度上缩小了差距。宁夏沿黄城市群内有银川市、吴忠市、石嘴山市、中卫市 4 个城市,其中的石嘴山市、吴忠市和中卫市经济发展水平不高且资源有限导致城市基建能力较弱,基础设施协调发展水平相比于西部地区城市群内其他城市较为落后,只有银川市基础设施协调发展水平发展较好,且在 2012～2018 年持续在城市群内处于领先位置,但该市在整个西部城市群乃至全国城市群中仍处于中等偏下水平。兰西城市群内有兰州市、白银市、定西市、临夏回族自治州、西宁市、海东市等 9 个城市或地区,其中的海东市和定西市的基础设施协调发展水平无论是在西部地区还是在全国范围内都处于末位,基础设施建设较为落后,而兰州市和西宁市作为甘肃省和青海省的省会城市,由表 5 - 9 中所展示的数据可知基础设施协调发展水平虽然在兰西城市群内部较高,但在整个西部地区内仍处于中等水平,放在全国范围内来看,甚至是中等偏下水平。关中平原城市群内有运城市、临汾市、西安市、铜川市、宝鸡市、咸阳市等 11 个城市,城市群内各城市基础设施协调发展水平在 2012～2018 年的演化过程中变化不大,其中铜川市和商洛市相比于城市群内其他城市的基础设施协调发展水平较低,西安市基础设施协调发展水平最高,其次是咸阳市,其余城市基础设施协调发展水平均处于较低位置。成渝城市群内有重庆市、成都市、自贡市、泸州市、德阳市、绵阳市等 16 个城市,其内部的成都市和重庆市常年保持高水平的基础设施建设,绵阳市基础设施协调发展水平在 2012 年和 2016 年仅次于成都市和重庆市,在 2014 年和 2018 年又和周边的德阳市、南充市、达州市保持在同一水平上,与此同时,这些城市常年与乐山市、内江市、宜宾市、泸州市的基础设施协调发展水平处在同一区间,除此之外,雅安市、眉山市、广安市、达州市的基础设施协调发展水平相比于城市群内其他城市较为落后。黔中城市群内有贵阳市、遵义市、安顺市、毕节市、黔东南州、黔南州 6 个城市或地区,其中的贵阳市基础设施协调发展水平在本城市群内一直处于领先水平,居于次位的是遵义市,而城市群内的安顺市基础设施协调发展水平较弱。滇中城市群内有昆明市、曲靖市、玉溪市、楚雄彝族自治州、红河哈尼族彝族自治州 5 个城市或地区,昆明市作为滇中城市群的中心城市,其基础设施协调发展水平始终较高,曲靖市和玉溪市的基础设施建设在西部地区内分别居于较弱和最弱水平,其基建能力还有待提高。北部湾城市群内有湛江市、茂名市、阳江市、南宁市、北海市、防城港市、钦州市等 11 个城市,其中的南宁市作为面向东盟的核心城市,其基础设施协调发展水平在广西以及整个北部湾城市群内都持续处于领先位置,湛江市次之,其余城市的基础设施发展程度都较低。纵观整个西部城市群的基础设施协调发展水平,仅有成都、重庆和西安三个城市达到了高水准,乌鲁木齐市、南宁市、昆明市和贵阳市接近基础设施协调发展水平的第一梯队,其余城市的基础设施协调发展水平还有较大提升空间。

表 5 - 9　　　西部城市群内部城市基础设施协调发展水平

| 城市群 | 城市 | 2012 年 | 2014 年 | 2016 年 | 2018 年 | 城市群 | 城市 | 2012 年 | 2014 年 | 2016 年 | 2018 年 |
|---|---|---|---|---|---|---|---|---|---|---|---|
| 北部湾 | 湛江 | 0.046 | 0.041 | 0.051 | 0.088 | 关中平原 | 运城 | 0.034 | 0.032 | 0.034 | 0.040 |
| | 茂名 | 0.033 | 0.038 | 0.036 | 0.038 | | 临汾 | 0.033 | 0.031 | 0.031 | 0.031 |
| | 阳江 | 0.023 | 0.027 | 0.032 | 0.046 | | 西安 | 0.185 | 0.191 | 0.193 | 0.215 |
| | 南宁 | 0.114 | 0.115 | 0.120 | 0.124 | | 铜川 | 0.014 | 0.014 | 0.014 | 0.014 |
| | 北海 | 0.020 | 0.033 | 0.022 | 0.023 | | 宝鸡 | 0.035 | 0.034 | 0.034 | 0.033 |
| | 防城港 | 0.014 | 0.015 | 0.015 | 0.016 | | 咸阳 | 0.043 | 0.044 | 0.041 | 0.038 |
| | 钦州 | 0.025 | 0.028 | 0.034 | 0.030 | | 渭南 | 0.030 | 0.029 | 0.030 | 0.033 |
| | 玉林 | 0.033 | 0.034 | 0.033 | 0.034 | | 商洛 | 0.015 | 0.014 | 0.013 | 0.014 |
| | 崇左 | 0.015 | 0.015 | 0.016 | 0.017 | | 天水 | 0.029 | 0.029 | 0.026 | 0.026 |
| | 海口 | 0.045 | 0.051 | 0.042 | 0.046 | | 平凉 | 0.018 | 0.019 | 0.019 | 0.020 |
| 成渝 | 重庆 | 0.336 | 0.368 | 0.382 | 0.386 | 呼包鄂榆 | 呼和浩特 | 0.062 | 0.065 | 0.073 | 0.076 |
| | 成都 | 0.201 | 0.222 | 0.280 | 0.309 | | 包头 | 0.054 | 0.055 | 0.063 | 0.064 |
| | 自贡 | 0.027 | 0.027 | 0.026 | 0.026 | | 鄂尔多斯 | 0.036 | 0.036 | 0.060 | 0.048 |
| | 泸州 | 0.034 | 0.036 | 0.038 | 0.043 | | 榆林 | 0.023 | 0.045 | 0.030 | 0.038 |
| | 德阳 | 0.027 | 0.028 | 0.028 | 0.035 | 兰西 | 兰州 | 0.074 | 0.078 | 0.080 | 0.089 |
| | 绵阳 | 0.042 | 0.046 | 0.048 | 0.051 | | 白银 | 0.021 | 0.020 | 0.020 | 0.020 |
| | 遂宁 | 0.022 | 0.025 | 0.026 | 0.025 | | 定西 | 0.018 | 0.019 | 0.017 | 0.015 |
| | 内江 | 0.021 | 0.024 | 0.025 | 0.026 | | 西宁 | 0.043 | 0.045 | 0.045 | 0.052 |
| | 乐山 | 0.026 | 0.027 | 0.028 | 0.030 | | 海东 | 0.012 | 0.012 | 0.012 | 0.014 |
| | 南充 | 0.036 | 0.038 | 0.041 | 0.043 | 宁夏沿黄 | 银川 | 0.051 | 0.062 | 0.060 | 0.064 |
| | 眉山 | 0.019 | 0.018 | 0.036 | 0.038 | | 石嘴山 | 0.021 | 0.022 | 0.023 | 0.022 |
| | 宜宾 | 0.033 | 0.028 | 0.029 | 0.035 | | 吴忠 | 0.014 | 0.014 | 0.016 | 0.016 |
| | 广安 | 0.017 | 0.019 | 0.060 | 0.022 | | 中卫 | 0.014 | 0.015 | 0.016 | 0.015 |
| | 达州 | 0.023 | 0.034 | 0.032 | 0.041 | 黔中 | 贵阳 | 0.082 | 0.096 | 0.100 | 0.110 |
| | 雅安 | 0.013 | 0.014 | 0.014 | 0.015 | | 遵义 | 0.042 | 0.047 | 0.060 | 0.063 |
| | 资阳 | 0.019 | 0.019 | 0.017 | 0.018 | | 安顺 | 0.020 | 0.021 | 0.024 | 0.027 |
| 滇中 | 昆明 | 0.124 | 0.139 | 0.139 | 0.141 | 天山北坡 | 乌鲁木齐 | 0.097 | 0.115 | 0.118 | 0.121 |
| | 曲靖 | 0.035 | 0.034 | 0.035 | 0.044 | | 克拉玛依 | 0.017 | 0.017 | 0.020 | 0.019 |
| | 玉溪 | 0.018 | 0.020 | 0.049 | 0.024 | | | | | | |

### 5.1.2.2　基础设施协调发展水平最高城市群与最低城市群的比较分析

为了更好地对比分析不同城市群间的基础设施发展差异，本书选取了基础设施协调发展水平最低城市群宁夏沿黄城市群和基础设施协调发展水平最高的城市群珠三角城市群进行研究分析。

由表 5 - 10 可知，从时间序列来看，珠三角城市群整体基础设施协调发展水平随时间变动差异不大，宁夏沿黄城市群内的中卫市和吴忠市基础设施协调发展水平随时间变动有较大发展；从空间演化格局来看，珠三角城市群基础设施协调发展水平处于高位的地区主要集中在广州市、深圳市等城市，佛山市、东莞市等城市的基础设施协调发展水平也维持在一个较高的水平上，其余城市如惠州市和珠海市的基础设施协调发展水平相比于珠三角其他城市而言较高，但与其他城市群中的城市相比，惠州市和珠海市的基础设施协调发展水平处于中等水平。整体来看，珠三角城市群的基础设施协调发展水平一致维持在较高水平状态，城市群本身的基础设施网络结构较为稳定。在 2010 ~ 2018 年，珠三角城市群内的江门市和中山市的基础设施协调发展水平发展较快，从最初的城市群内部低发展水平状态逐渐发展提高，到 2018 年江门市和中山市的基础设施发展已经达到城市群内的中等水平。此外，珠三角城市群位于南海之滨，区域优势明显，经济发展较好，但仍存在城市群内部基础设施发展不均衡的问题，经济特区深圳市和省会城市广州市基础设施发展优势凸显，其他城市群与之还存在着较大差距。

表 5 – 10　　　　　　　珠三角城市群和宁夏沿黄城市群基础设施协调发展水平分级演化

| 城市群 | 城市 | 2012 年 | 2014 年 | 2016 年 | 2018 年 | 城市群 | 城市 | 2012 年 | 2014 年 | 2016 年 | 2018 年 |
|---|---|---|---|---|---|---|---|---|---|---|---|
| 珠三角 | 肇庆 | 低 | 低 | 低 | 低 | 宁夏沿黄 | 石嘴山 | 中等 | 中等 | 中等 | 较高 |
| | 佛山 | 中等 | 中等 | 较高 | 较高 | | 银川 | 较高 | 较高 | 较高 | 较高 |
| | 广州 | 高 | 高 | 高 | 高 | | 中卫 | 低 | 较低 | 较低 | 中等 |
| | 惠州 | 较低 | 较低 | 较低 | 中等 | | 吴忠 | 低 | 低 | 较低 | 中等 |
| | 东莞 | 中等 | 较高 | 高 | 较高 | | | | | | |
| | 深圳 | 较高 | 高 | 高 | 高 | | | | | | |
| | 中山 | 低 | 较低 | 较低 | 较低 | | | | | | |
| | 江门 | 低 | 较低 | 较低 | 中等 | | | | | | |
| | 珠海 | 较低 | 中等 | 中等 | 较高 | | | | | | |

　　而宁夏沿黄城市群基础设施协调发展水平较高的城市主要集中在银川市和石嘴山市，其他城市的基础设施协调发展水平相较于这两个城市明显偏低。整体来看，宁夏沿黄城市群的基础设施协调发展水平与其他城市群相比都处于低位，其基础设施建设网络结构不太稳定。城市群内部城市之间的基础设施发展也有较大差异，银川市和石嘴山市的基础设施协调发展水平较高，而中卫市和吴忠市的基础设施协调发展水平较低，但中卫市和吴忠市的基础设施协调发展水平随时间推移而有所提高，均由最初的城市群内低发展水平发展到了 2018 年的中等水平。就宁夏沿黄城市群而言，其还处于城市群发展的初级阶段，与一些发达的东部地区城市群相比，基础设施建设方面的发展也相对落后。宁夏沿黄城市群整体的基础设施网络建设与发达城市群相比还有较大提升空间，其应当加速城市群内部城市之间的互联互通发展，使宁夏沿黄城市群的基础设施网络建设更为稳固。

　　对比分析两大城市群的基础设施协调发展水平，可以看出珠三角城市群拥有较为完善稳定的基础设施建设网络，而宁夏沿黄城市群的基础设施建设则较为薄弱，其内部基础设施互联互通的程度还远远不够，限制了城市群内的基础设施发展。整体来看，宁夏沿黄城市群的基础设施协调发展水平与珠三角城市群仍存在较大差距。

### 5.1.2.3　城市群基础设施建设一体化强度和互联互通门槛分析

　　本书根据中国的城市群地理方位划分为三大类城市群，包括东北部 2 个城市群，东部 5 个城市群，中部 3 个城市群以及西部 9 个城市群。计算结果按城市群类别划分，其中同一城市群的曲线颜色一致，不同的节点标志代表不同的城市。鉴于篇幅和图像空间有限，本书仅展示了 2010 ~ 2019 年基础设施建设一体化强度高于互联互通门槛值的城市，如图 5 – 1、图 5 – 2、图 5 – 3、图 5 – 4 所示。2010 ~ 2019 年基础设施建设一体化强度的变化趋势整体上呈现出波浪式变动且略有上升的发展形态，超过互联互通门槛值则表明该城市已与其所在的城市群内其他城市开始进行了互联互通的联合发展。

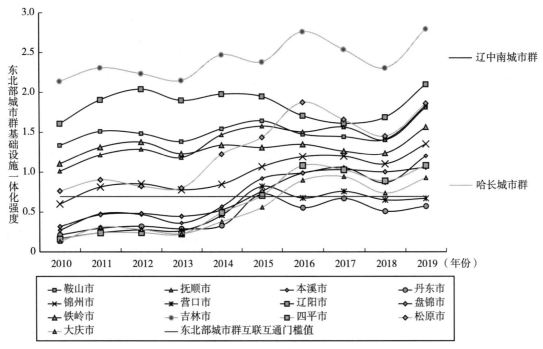

图 5 - 1　2010~2019 年中国东北部城市群基础设施建设一体化强度演化

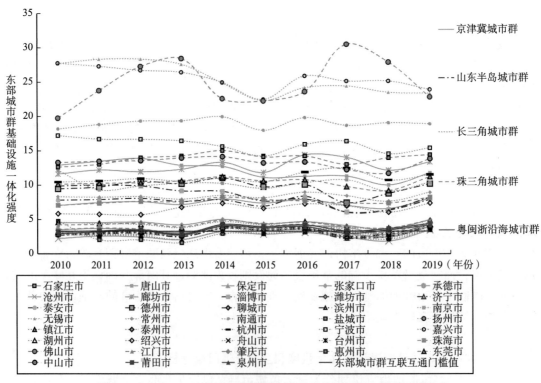

图 5 - 2　2010~2019 年中国东部城市群基础设施建设一体化强度演化

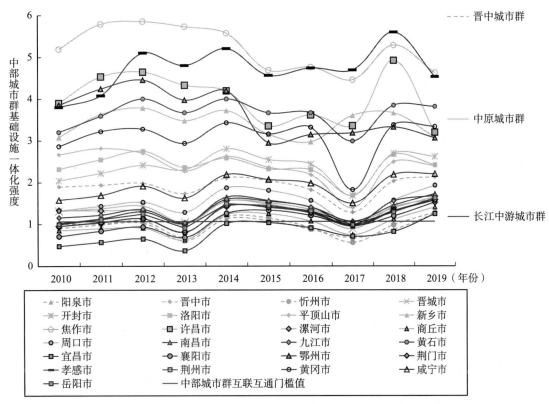

图 5 − 3　2010 ~ 2019 年中国中部城市群基础设施建设一体化强度演化

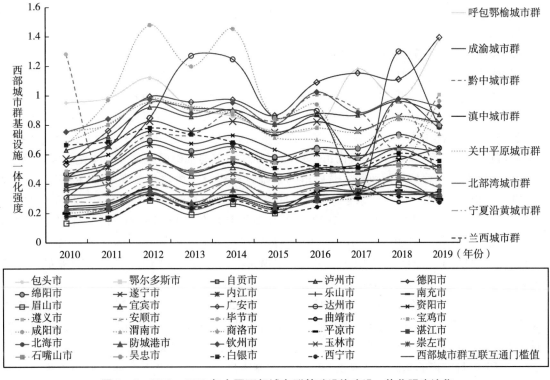

图 5 − 4　2010 ~ 2019 年中国西部城市群基础设施建设一体化强度演化

（1）对于东北部城市群：2010 ~ 2019 年中国东北部城市群互联互通门槛值为 0.694，除去数据缺失城市，东部城市群共有城市 18 个，其中基础设施建设一体化强度超过东部城市群互联互通门槛值的城市达到 13 个。

辽中南城市群的抚顺市的基础设施建设一体化强度在 2010～2019 年均高于东北部地区城市群互联互通门槛值，2010～2012 年，抚顺市的基础设施建设一体化强度逐渐上升；2012～2014 年，抚顺市的基础设施建设一体化强度先是略有下降但幅度不大，随后出现一个较快速度的提升；在之后的 2014～2016 年以及 2016～2018 年抚顺市的基础设施建设一体化强度演化过程均呈开口向下的抛物线形态。从历年基础设施建设演变情况来看，抚顺市在 2010～2019 年始终参与了东北部城市群基础设施网络的建设，2010～2012 年，抚顺市的基础设施建设与其所属城市群核心城市沈阳市、大连市的基础设施建设方面的联系开始加强；2012～2014 年，抚顺市的基础设施与核心城市沈阳市、大连市的基础设施建设之间的互联互通程度有所波动，但总体还是在加强的；在随后的 2014～2016 年，抚顺市的基础设施建设发展水平随该市基础设施建设一体化强度的变化而变化；但在 2018 年以后，抚顺市的基础设施建设与核心城市沈阳市、大连市的基础设施建设之间的联系程度逐渐增强，其在辽中南城市群的基础设施网络建设过程中发挥的作用也逐渐提升，其基础设施建设一体化强度整体上呈波浪式攀升规律，抚顺市基础设施的发展逐渐稳定向好。锦州市的基础设施建设一体化强度仅在 2010 年低于东北部城市群互联互通门槛值，其余年份均高于东北部城市群互联互通门槛值，2010～2012 年，锦州市的基础设施建设一体化强度逐渐上升；2012～2014 年，锦州市的基础设施建设先略有下降后小幅上升，但幅度均不大；2014～2018 年，抚顺市的基础设施建设演变过程呈开口向下的抛物线形态。从历年基础设施建设演变情况来看，锦州市的基础设施在 2010 年的发展还处于较弱水平，2010 年之后直至 2012 年锦州市的基础设施建设发展水平逐渐提高，经历了 2012～2014 年的休整期后，锦州市的基础设施建设一体化强度在 2014～2017 年持续上升，在这时期锦州市与其所属城市群核心城市沈阳市、大连市的基础设施之间的联系持续稳定增强，锦州市参与东部城市群的基础设施网络建设的程度也在稳步提升。鞍山市、铁岭市和辽阳市的基础设施建设一体化强度在 2010～2019 年高于东北部地区城市群互联互通门槛值，2010～2012 年，鞍山市、铁岭市和辽阳市的基础设施建设一体化强度逐渐上升；2012～2015 年，鞍山市、铁岭市和辽阳市的基础设施建设先略有下降后小幅上升但变化幅度均不大；2015～2018 年，鞍山市、铁岭市和辽阳市的基础设施建设一体化强度持续下降，但下降速度都非常缓慢。从历年基础设施建设演变情况来看，鞍山市、铁岭市和辽阳市在 2010～2019 年始终参与了东北部城市群基础设施网络的建设；2010～2012 年，鞍山市、铁岭市和辽阳市的基础设施建设与其所属城市群核心城市沈阳市、大连市的基础设施建设方面的联系开始加强；2012～2015 年，鞍山市、铁岭市和辽阳市的基础设施与中心城市沈阳市、大连市的基础设施建设之间的互联互通程度有所波动，但总体还是在加强的；在随后的 2015～2018 年，鞍山市、铁岭市和辽阳市的基础设施建设一体化强度持续下降，将来还会有下降至门槛值以下的风险。营口市的基础设施建设一体化强度在 2010～2012 年持续上升，在 2012～2013 年经历了一个发展缓和期，从 2013 年开始直至 2015 年营口市的基础设施建设一体化强度以较快的速度大幅增长，从 2013 年的 0.265 上升至 2015 年的 0.822，且超过了东北部城市群互联互通门槛值，在随后的 2015～2019 年营口市的基础设施建设一体化强度基本围绕门槛值上下波动，说明营口市的基础设施建设与其所属城市群核心城市沈阳市、大连市的基础设施建设之间的联系不够稳定，营口市的基础设施建设也未能稳定地参与到整个东北部城市群基础设施建设进程中。丹东市的基础设施建设一体化强度在 2010～2012 年持续上升，在 2012～2013 年经历了一个发展缓和期，从 2013 年开始直至 2015 年丹东市的基础设施建设一体化强度以较快的速度大幅增长，从 2013 年的 0.289 上升至 2015 年的 0.725，且超过了东北部城市群互联互通门槛值，在随后的 2015～2019 年丹东市的基础设施建设一体化强度基本围绕门槛值上下波动，说明丹东市的基础设施建设与其所属城市群核心城市沈阳市、大连市的基础设施建设之间的联系不够稳定，丹东市的基础设施建设也未能稳定地参与到整个东北部城市群基础设施建设进程中。此外，本溪市和盘锦市的基础设施建设一体化强度演化过程也呈波浪式攀升曲线，其基础设施建设与核心城市沈阳市、大连市的基础设施建设之间的互联互通程度稳步增强，其在东北部城市群基础设施网络建设中所发挥的作用也逐步提高。

哈长城市群中的吉林市在2010~2019年的基础设施建设一体化强度始终超过东北部城市群互联互通门槛值，2010~2011年，吉林市的基础设施建设一体化强度逐渐上升；2011~2013年，吉林市的基础设施建设一体化强度逐渐下降；随后的2013~2016年，吉林市的基础设施建设一体化强度演化过程呈稳定的波浪式攀升曲线，从2013年的2.150攀升至2016年的2.760，紧接着在2016~2018年持续下降。从历年基础设施建设演变情况来看，吉林市在2010~2019年始终参与了东北部城市群基础设施网络的建设，2010~2011年，吉林市的基础设施建设与其所属城市群核心城市哈尔滨市、长春市的基础设施建设方面的联系开始加强；2011~2016年，吉林市的基础设施与中心城市哈尔滨市、长春市的基础设施建设之间的互联互通程度有所波动，但总体还是呈波浪攀升的；但从2016~2018年的发展情况来看，吉林市在基础设施建设方面的发展还不够稳固，将来还会存在基础设施建设一体化强度下降的风险。

松原市在2010~2019年的基础设施建设一体化强度始终超过东北部城市群互联互通门槛值，2010~2011年，松原市的基础设施建设一体化强度逐渐上升；2011~2013年，松原市的基础设施建设一体化强度逐渐下降；随后的2013~2016年，松原市的基础设施建设一体化强度演化过程呈稳定的波浪式攀升曲线，从2013年的0.800攀升至2016年的1.874，紧接着在2016~2018年持续下降。从历年基础设施建设演变情况来看，松原市在2010~2019年始终参与了东北部城市群基础设施网络的建设，2010~2011年，松原市的基础设施建设与其所属城市群核心城市哈尔滨市、长春市的基础设施建设方面的联系开始加强；2011~2016年，松原市的基础设施与中心城市哈尔滨市、长春市的基础设施建设之间的互联互通程度有所波动，但总体还是呈波浪攀升的发展趋势；但2016~2018年的发展情况来看，松原市在基础设施建设方面的发展还不够稳固，将来还会存在基础设施建设一体化强度下降的风险。四平市在2015年之后才超过东北部城市群互联互通门槛值，2010~2011年，四平市的基础设施建设一体化强度逐渐上升；2011~2013年，四平市的基础设施建设一体化强度逐渐下降；随后的2013~2016年；四平市的基础设施建设一体化强度演化过程呈稳定的波浪式攀升曲线，从2013年的0.225攀升至2016年的1.082，紧接着在2016~2018年持续下降。从历年基础设施建设演变情况来看，四平市在2015~2019年始终参与了东北部城市群基础设施网络的建设，2010~2011年，四平市的基础设施建设与其所属城市群核心城市哈尔滨市、长春市的基础设施建设方面的联系开始加强；2011~2016年，四平市的基础设施与中心城市哈尔滨市、长春市在基础设施建设之间的互联互通程度有所波动，但总体还是呈波浪攀升的发展趋势；但从2016~2018年的发展情况来看，四平市在基础设施建设方面的发展还不够稳固，将来还会存在基础设施建设一体化强度下降的风险。大庆市在2016年之后才超过东北部城市群互联互通门槛值，2010~2011年大庆市的基础设施建设一体化强度逐渐上升；2011~2013年，大庆市的基础设施建设一体化强度逐渐下降；随后的2013~2016年，大庆市的基础设施建设一体化强度演化过程呈稳定的波浪式攀升曲线，从2013年的0.228攀升至2016年的0.897，紧接着在2016~2018年持续下降。从历年基础设施建设演变情况来看，大庆市在2016~2019年参与了东北部城市群基础设施网络的建设，2010~2011年，大庆市的基础设施建设与其所属城市群核心城市哈尔滨市、长春市的基础设施建设方面的联系开始加强；2011~2016年，大庆市的基础设施与中心城市哈尔滨市、长春市的基础设施建设之间的互联互通程度有所波动，但总体还是呈波浪攀升的发展趋势；但从2016~2018年的发展情况来看，大庆市在基础设施建设方面的发展还不够稳固，将来还会存在基础设施建设一体化强度下降的风险。

（2）对于东部城市群：2010~2019年中国东部城市群互联互通门槛值为3.304，除去数据缺失城市，东部城市群共有城市65个，其中，基础设施建设一体化强度超过东部城市群互联互通门槛值的城市达到38个。

京津冀城市群内的廊坊市基础设施建设一体化强度早在2010年之前就超过东部地区城市群互联互通门槛值，2010~2014年基本呈缓慢而稳定增长形态。基础设施建设与所属城市群核心城市北京市的基础设施互联互通发展的程度不断稳定提升，到2014年达到一个小高峰；在2014~2015

年处于下降态势；但在 2016 年达到廊坊市基础设施建设一体化强度的历史最高点，此时的廊坊市基础设施建设与京津冀城市群基础设施建设网络融合程度最高；2016～2018 年，廊坊市的基础设施建设发展水平持续下降，与核心城市北京市之间的基础设施联系度也在下降；但在 2019 年略有回升，但回升幅度不大，且并未超过 2016 年的最高点。由此可知，廊坊市的基础设施建设虽始终位于东部城市群基础设施建设互联互通门槛值之上，但其发展并不稳定，其一体化强度还有下降的风险。唐山市的基础设施建设一体化强度同样也在 2010 年以前就超过了东部城市群互联互通门槛值，并且始终处于较高水平；2010～2013 年，唐山市的基础设施建设一体化强度是城市群内除核心城市北京市以外最高的，其值更是在 2012 年达到了 13.903，远远高于东部城市群互联互通门槛值 3.304，说明唐山市在这期间的基础设施建设发展水平较高，与其所属城市群核心城市北京市的基础设施建设互联互通一体化程度较高，在京津冀城市群基础设施网络建设中发挥了极大作用；但 2012～2015 年，唐山市的基础设施建设一体化强度虽仍处于高位，但其发展呈现出持续下降形态；2015～2017 年保持平稳，并未出现明显波动；维持了两年平稳状态后的唐山市在 2018 年出现下降态势，从 2010 年的 12.915 到 2018 年的 10.026，唐山市的基础设施建设发展水平在京津冀城市群内乃至整个东部城市群内都处于较高水准，但从其发展趋势来看，唐山市的基础设施建设与其所属城市群核心城市北京市的联合发展程度在持续下降，同时，唐山市参与京津冀城市群基础设施网络建设的作用也在下降，这对于唐山市的基础设施建设发展水平的提高是不利的。保定市的基础设施建设一体化强度在 2010～2019 年始终位于东部城市群基础设施建设互联互通门槛值之上，其演变过程较为平稳，未见明显波动，保定市的基础设施建设发展水平在京津冀城市群内也处于较高水平，其早已对城市群的基础设施网络建设发挥了巨大作用，并且与京津冀城市群核心城市北京市的基础设施建设之间的联系紧密且稳定，但多年来保定市的发展并未有明显提高。张家口市的基础设施建设一体化强度在 2010～2019 年与保定市的发展形态相似，但其一直稳定在 4 左右上下波动，期间并未见明显提高，说明张家口市虽较早地融入了京津冀城市群基础设施网络的建设，但其基础设施建设常年维持在较低水平，与其所属城市群核心城市北京市的基础设施建设互联互通程度也未见有明显提高，未来还会有下降至低于东部地区城市群互联互通门槛值的风险。石家庄市的基础设施建设一体化强度在 2010～2019 年围绕东部地区城市群互联互通门槛值上下波动，其在 2010 年的基础设施建设一体化强度低于东部地区城市群，在随后的 2011 年和 2012 年分别提升至 3.355 和 3.563，超过了东部地区城市群互联互通门槛值，但这种状态并没有维持在一个稳定水平，在 2013 年又下降至东部城市群互联互通门槛值之下，随后石家庄市的基础设施建设与其所属城市群核心城市北京市的互联互通强度在不断加大，并且开始积极融入京津冀城市群基础设施网络的建设，在 2013～2017 年都维持在东部地区城市群互联互通门槛值之上，但在 2018 年又下降至东部地区城市群互联互通门槛值之下，说明石家庄市的基础设施建设在 2013～2017 年积极与其所属城市群核心城市北京市进行互联互通一体化发展，在此期间也融入了京津冀城市群基础设施网络的建设过程，但石家庄市与北京市的基础设施互联互通程度不够高，其基础设施的建设发展并不稳定，未来其基础设施建设一体化强度还将有下降至东部地区城市群互联互通门槛值之下的风险。承德市的基础设施建设一体化强度同样也围绕东部地区城市群互联互通门槛值上下波动，2010～2012 年，承德市的基础设施建设一体化强度还在东部地区城市群互联互通门槛值之上，到 2013 年下降至门槛值之下，但 2014～2016 年承德市的基础设施建设有了明显的发展，其基础设施建设一体化强度升高至东部地区城市群互联互通门槛值之上，在 2017～2018 年又出现下降态势，说明承德市的基础设施建设发展水平并不稳定，不能持续稳定地维持在东部地区城市群互联互通门槛值之上，将来还会有下降至东部地区城市群互联互通门槛值之下的风险。

长三角城市群内的南京市、无锡市、常州市、南通市、杭州市、宁波市、嘉兴市、湖州市和绍兴市的基础设施建设一体化强度均在 2010 年以前就已超过东部地区城市群互联互通门槛值，且一直维持在门槛值之上，其中，无锡市和嘉兴市的基础设施建设一体化强度变化曲线相似，都在 2010 年以前就已是城市群内的较高水准，并且在 2010～2015 年持续下降，2015 年之后有所回升，但回升幅度不大且一直维持在回升后的水平,说明无锡市和嘉兴市的基础设施建设起点较高,虽始终处于东部地区城市群互联互通门槛值之上,但在发展的过程中与长三角城市群内核心城市上海市的基础设施建设互联互通程度在下降,在长三角城市群内的基础设施网络建设的参与度也在不断下降,这种状态从 2010 年开始持续到 2015 年后才开始有所好转;在 2015 年后无锡市和嘉兴市的基础设施建设发展水平随着与其所属城市群核心城市上海市的基础设施建设联系逐渐上升而有所提高,提升幅度虽然不大但在 2015 ~ 2018 年稳定维持在了提升后的水平,但这种稳定是否能持续维持下去却是个未知数。因此,无锡市和嘉兴市还应当提高自身与其所属城市群核心城市上海市的基础设施建设之间的联系,在长三角城市群基础设施网络的建设中发挥更重要的作用。南通市的基础设施建设一体化强度在 2010 ~ 2014 年有一个缓慢提升过程,2015 年下降至 18,但在之后的 2016 年开始上升,在 2016 ~ 2019 年有小幅度的下降但基本维持在稳定状态,说明南通市的基础设施建设一体化强度在 2010 ~ 2019 年虽稳定地保持在东部地区城市群互联互通门槛值之上,但其基础设施的发展未有明显提升,南通市与其所属城市群核心城市上海市的基础设施互联互通保持稳定联系,并未有进一步的发展,其参与长三角城市群基础设施建设网络的程度也一直保持平稳。宁波市的基础设施建设一体化强度在 2010 ~ 2015 年呈缓慢下降趋势,从 2015 年开始有所回升,与长三角核心城市上海市的基础设施建设联系也在这时期有所加强,这种回升一直稳定地持续到 2017 年,在 2018 年又有小幅度的下降,说明宁波市的基础设施建设一体化强度虽一直处于东部地区城市群互联互通门槛值之上,但其在 2010 ~ 2015 年基础设施建设与其所属城市群核心城市上海市的基础设施建设间的联系程度在下降,宁波市没有很好地稳定住与核心城市上海市的基础设施互联互通建设关系;同时,2010 ~ 2015 年宁波市在长三角城市群基础设施网络建设中发挥的作用逐年减小,但从 2015 年开始这种下降态势逐渐扭转,2015 ~ 2017 年,宁波市的基础设施建设强度逐渐回升,与长三角城市群核心城市上海市之间的联系愈发紧密,这种回升状态在 2018 年出现了小幅度的波动,但宁波市的基础设施建设总体上还是向前发展的,与长三角城市群核心城市上海市的基础设施发展间的交流日益密切。南京市的基础设施建设一体化强度在 2010 ~ 2019 年间始终位于东部地区城市群互联互通门槛值之上,2010 ~ 2011 年有较大幅度的下降,在随后的 2011 ~ 2014 年略有回升,但回升程度不大,2015 年又下降至 9.539,2015 ~ 2017 年上升至 10.792,在 2018 年又有所下降。从历年基础设施建设情况来看,南京市的基础设施建设在 2010 ~ 2011 年波动明显,这期间与长三角城市群核心城市上海市的基础设施建设的互联互通程度在下降;2011 ~ 2015 年,南京市的基础设施建设经历了一个极为平缓的抛物线,在 2014 年开始下降,说明南京市的基础设施建设的一体化强度提高不大,与核心城市上海市建立的基础设施建设间的联系也并不稳定;从 2015 ~ 2017 年,南京市在长三角城市群基础设施网络建设方面发挥的作用逐渐提高,其与长三角基础设施建设网络之间的融合逐渐趋于稳定。杭州市的基础设施建设一体化强度 2010 ~ 2019 年始终位于东部地区城市群互联互通门槛值之上,2010 ~ 2015 年,杭州市的基础设施建设发展水平未见有明显波动,其基础设施建设一体化强度变化曲线几乎趋于水平,这种状态直至 2015 年后才有所改善,2015 ~ 2017 年杭州市的基础设施建设一体化强度相较于以前年份提高幅度较大,但在 2018 年又有所回落。从历年基础设施建设演变情况来看,杭州市的基础设施建设一体化强度在 2010 ~ 2015 年与长三角城市群核心城市上海市的基础设施建设互联互通程度持续维持在一个稳定水平且没有明显波动情况,说明杭州市的基础设施发展较为稳定;之后的 2015 ~ 2017 年在维持稳定发展的基础上逐步提高,说明杭州市的基础设施建设在稳定中求发展,发展态势良好,与其所属城市群核心城市上海市的基础设施建设之间的联系保持稳定并且在不断地发展,其在长三角的基础设施网络的建设过程中也发挥了稳定的作用。常州市的基础设施建设一体化强度的演变过程与杭州市相似,2010 ~ 2019 年始终位于东部地区城市群互联互通门槛值之上,但其发展过程并未有明显波动,其基础设施建设一体化程度基本围绕 8 的水平上下浮动,说明常州市的基础设施建设一直保持在稳定状态,其与所属城市群核心城市上海市的基础设施建设之间保持了较为稳定的联系,并且常州市在长三角城市群基础设施网络建设中发挥了重要作用。绍兴市的基础设施建设一体化强度 2010 ~ 2019 年始终位于东部地区城市群互联互通门槛值之上，2010～2012 年绍兴市的基础设施建设基本维持在 8.3 的水平上，没有明显波动；2012～2014 年，绍兴市的基础设施建设开始有了上升的发展过程；2014～2016 年，绍兴市的基础设施建设一体化强度的演化曲线呈现一个平缓的开口向上的抛物线；在这之后，绍兴市的基础设施建设依旧处于较为平缓的波动状态。从历年基础设施建设演变情况来看，绍兴市的基础设施建设总体上还是在向前发展的，其基础设施建设一体化强度稳中有升，与长三角城市群核心城市上海市的基础设施建设间的联系日益密切，在长三角城市群的基础设施网络建设中发挥的作用越来越大，逐步融入其所属城市群的发展进程中，与长三角城市群基础设施同步发展。湖州市的基础设施建设一体化强度 2010～2019 年始终位于东部地区城市群互联互通门槛值之上，且其值围绕 4 左右的水平上下波动，基础设施建设与长三角核心城市上海市及基础设施建设进行了一定程度的互联互通，但 2010～2019 年其互联互通程度并没有明显提高，同时，湖州市在 2010 年以前就已融入了长三角城市群的基础设施网络建设进程，且这种融合较为稳定。以上城市的基础设施建设一体化强度均在 2010 年以前就已超过东部地区城市群互联互通门槛值，且一直维持在门槛值之上，除此之外，长三角城市群内的盐城市、扬州市、镇江市、台州市、舟山市和台州市的基础设施建设一体化强度并没有始终超过东部地区城市群互联互通门槛值，而是仅在个别年份超过门槛值。盐城市的基础设施建设一体化强度在 2010 年的数值达到 4.764，超过东部地区城市群互联互通门槛值 3.304；在 2010 年之后下降幅度较大，下降至 2.055；在随后的 2010～2013 年又有小幅度下降；2013～2014 年，从 1.636 提高至 2.973；在之后的 2014～2016 年的两年时间里，盐城市的基础设施建设一体化强度略有小幅度提升；2016～2018 年，盐城市的基础设施建设一体化强度又出现了较大幅度的下降，且下降速度较快。从历年基础设施建设演变情况来看，盐城市的基础设施在 2010 年发展情况较好，在这期间盐城市的基础设施与长三角城市群的基础设施网络建设的融合程度较高，直接体现在盐城市与长三角城市群核心城市上海市的基础设施建设间的互联互通程度提高；而在 2010 年之后，盐城市的基础设施建设一体化强度下降明显，基础设施建设发展水平下降较快，与核心城市上海市的基础设施建设间的联系在减弱；2013 年之后，这种情况开始好转，2013～2014 年，盐城市的基础设施建设一体化强度提高速度较快，其在长三角城市群基础设施网络建设中的参与度也在提高；在随后的 2014～2016 年，盐城市将这种与周边以及核心城市进行基础设施建设互联互通的关系进行了稳固发展，在此期间，盐城市的基础设施建设虽有较为稳定的缓慢增长，但其仍在东部地区城市群互联互通门槛值之下；2016～2018 年，盐城市的基础设施建设一体化强度又出现了一定程度的下降，说明盐城市的基础设施发展较为不稳定，未与长三角城市群核心城市上海市建立有效且稳定的基础设施互联互通网络。扬州市的基础设施建设一体化强度在 2010～2013 年均未达到东部地区城市群互联互通门槛值；2013～2014 年，扬州市的基础设施建设有了明显进步，达到 3.760，超过了东部地区城市群互联互通门槛值；2014～2016 年，扬州市的基础设施建设一体化强度虽有略微波动，但仍稳定维持在了东部地区城市群互联互通门槛值之上；从 2016 年开始直至 2018 年，扬州市的基础设施建设开始走下坡路，并且在 2017 年下降至 3.282，位于东部地区城市群互联互通门槛值以下。从历年基础设施建设演变情况来看，扬州市在 2010～2013 年的基础设施建设处于较弱水平，自身发展不够，更没有能力与其所属城市群核心城市上海市进行基础设施建设方面的互联互通；而从 2013 年开始，扬州市的基础设施建设一体化强度提高明显，与核心城市上海市的基础设施建设方面的交流日益密切，在与长三角城市群整体的基础设施网络建设方面也发挥了一定作用；但这种状态并没有较好地维持下去，从 2016 年开始，扬州市与长三角城市群核心城市上海市的基础设施建设间的联系程度下降，其基础设施建设发展水平持续下降，说明了扬州市未能较好地巩固与长三角城市群基础设施网络间的建设关系，其基础设施发展不稳定。镇江市的基础设施建设一体化强度仅在 2014 年和 2016 年超过了东部地区城市群互联互通门槛值，其余年份均在门槛值以内。2010～2013 年，镇江市的基础设施协调发展水平不高，与其所属城市群核心城市上海市间的联系也非常薄弱；2013～2014 年，镇江市的基础设施有了一定程度的发展，但也只是短暂地超过了东部地区城市群互联互通门槛值，并未将这种发展态势很好地维持下去；在随后的 2015 年又下降至门槛值之下，在 2016 年回到门槛之上，充分说明镇江市的基础设施建设的发展并不稳定，与其所属城市群核心城市上海市之间的基础设施建设方面的联系没有得到良好的巩固，在与整个长三角城市群的基础设施网络建设方面也没有建立良好的融入机制，仅仅在较短的时间内加入长三角城市群基础设施网络的建设，未来镇江市的基础设施建设一体化强度低于东部地区城市群互联互通门槛值的状态还将持续。舟山市的基础设施建设一体化强度的演变过程也并不稳定，2010～2013 年舟山市的基础设施建设一体化强度均在东部地区城市群互联互通门槛值之下，2013～2017 年舟山市的基础设施建设一体化强度超过了东部地区城市群互联互通门槛值，但在 2017～2018 年的发展中，舟山市的基础设施建设发展水平持续下降，其基础设施建设一体化强度也从东部地区城市群互联互通门槛值以上下降到门槛值之下。从历年基础设施建设演变情况来看，舟山市的基础设施建设在 2013 年之前都处于低水平发展状态，没有与长三角城市群核心城市上海市建立基础设施建设间的交流发展；从 2013 年开始，舟山市的基础设施建设发展水平开始有了明显进步；到 2014 年，舟山市的基础设施建设一体化强度已经达到 4.091，此时舟山市已经加入长三角城市群核心城市基础设施网络的建设进程，与核心城市上海市基础设施建设方面的联系也逐渐加强；2014～2017 年，舟山市的基础设施建设始终在东部地区城市群互联互通门槛值之上上下波动，说明在这一时期，舟山市的基础设施建设情况较好，与核心城市间的联系也在稳定进行；但 2017 年之后，舟山市的基础设施建设水平开始迅速下降，其基础设施建设一体化强度下降至东部地区城市群互联互通门槛值以下，说明舟山市与其所属城市群核心城市上海市建立的基础设施建设网络还不够稳定，舟山市未能稳定地加入长三角城市群的基础设施建设进程中。台州市的基础设施建设一体化强度几乎常年位于门槛值之下，直到 2018 年之后才逐渐提升至门槛值以上，2010～2013 年，台州市的基础设施建设发展水平持续下降，从 2010 年的 2.833 降至 2013 年的 2.134，在这期间台州市的基础设施建设未与其所属城市群核心城市上海市建立有效的基础设施建设互联互通发展关系，2013 年台州市的基础设施建设一体化强度开始上升，上升速度较快，在 2014 年已经达到 3.301，已接近东部地区城市群互联互通门槛值，在随后的 2015 年又下降了一定幅度，2016 年又回升至 3.302，2016～2018 年，台州市的基础设施建设一体化强度又出现持续下降的态势。从历年基础设施建设演变情况来看，台州市在 2010～2013 年的基础设施发展未能进入长三角城市群基础设施建设的发展进程中，虽然在之后的 2014 年和 2016 年都极度接近了东部地区城市群互联互通门槛值，但始终未超过所属城市群的门槛值。泰州市的基础设施建设一体化强度仅在 2014～2016 年超过了东部地区城市群互联互通门槛值，其余年份均在门槛值以下，2010～2013 年，泰州市的基础设施建设还未与其所属城市群的基础设施建设进行融合发展，其本身基础设施发展还不够完善；在 2013 年以后，泰州市逐渐与长三角城市群核心城市上海市的基础设施建设进行互联互通的一体化发展；这种状态一直维持到 2016 年，在这期间，泰州市的基础设施持续维持在东部地区城市群互联互通门槛值之上；2016 年以后，泰州市的基础设施建设一体化强度逐渐下降至东部地区城市群互联互通门槛值之下，说明泰州市的基础设施建设的发展情况较为不稳定，与核心城市上海市建立的联系不够稳固。

珠三角城市群内的中山市、东莞市、珠海市和江门市的基础设施建设一体化强度的发展演化过程相似，整体演变过程均比较平稳，没有较大幅度的波动，这四个城市的基础设施建设一体化强度均在 2010 年以前就已超过东部地区城市群互联互通门槛值，且在 2010～2019 年均保持在门槛值之上，中山市的基础设施建设一体化强度在 13 左右上下浮动，东莞市的基础设施建设一体化强度在 10 左右上下浮动，珠海市的基础设施建设一体化强度在 7.5 左右上下浮动，江门市的基础设施建设一体化强度在 4.5 左右上下浮动，这四个城市的基础设施建设一体化强度在 2010～2013 年的变化几乎呈一条水平线，说明这四个城市在这期间的基础设施建设方面的发展未有较大提升；2013～2014 年，这四座城市的基础设施建设一体化强度略有提升；在 2014 年之后直至 2018 年，这四座城市的基础设施建设一体化强度基本维持在水平状态但整体略有下降。说明这四个城市在 2013～2014 年与珠三角城市群核心城市广州市和深圳市的基础设施方面的联系有所加强，但加强程度不高，在随后的 2014~2018 年，这四座城市在其所属城市群的基础设施网络建设中所发挥的作用在缓慢下降，其基础设施建设发展水平同样也在小幅度地下降，说明这四座城市的基础设施建设一体化强度虽常年在门槛值之上，早已融入了珠三角城市群的基础设施网络建设，但其基础设施的发展在所研究年份里并未有明显进步。惠州市的基础设施建设一体化强度 2010~2019 年始终位于东部地区城市群互联互通门槛值以上，2010~2014 年持续稳定上升，2014~2017 年持续回落，2017 年之后开始出现回升，回升幅度不大。说明惠州市的基础设施建设在 2010~2014 年与珠三角城市群核心城市广州市、深圳市的基础设施建设方面的联系愈发紧密，其基础设施建设发展水平也在不断上升，惠州市的基础设施建设一体化强度在 2014 年达到最高值，随后开始下降，其在参与珠三角城市群基础设施网络建设方面的作用在下降，惠州市的基础设施建设发展水平也随之降低；而 2017 年之后，惠州市的基础设施建设一体化强度开始逐渐回升，说明惠州市与其所属城市群核心城市广州市、深圳市的基础设施建设方面的联系开始加强。佛山市的基础设施建设一体化强度在 2010~2019 年始终维持在东部地区城市群互联互通门槛值之上，但其演变过程并不稳定。2010~2013 年，佛山市的基础设施建设发展水平快速提高，其与核心城市广州市和深圳市的基础设施建设方面的联系也在迅速加强，其基础设施建设一体化强度持续上升，到 2013 年已达到 28.450，除核心城市以外佛山市的基础设施建设发展水平在整个珠三角城市群内都处于领先位置，远高于其余城市；2013~2014 年，佛山市的基础设施建设一体化强度出现较大幅度下降；在随后的 2014~2016 年，佛山市基本保持在当前水平；从 2016 年开始，佛山市的基础设施建设一体化强度开始大幅度上升，直至升高到 30.535 这一历史最高值。从历年基础设施建设演变情况来看，佛山市的基础设施在 2013~2014 年与其所属城市群核心城市深圳市、广州市之间的基础设施建设方面的联系在减弱，在 2014~2016 年佛山市的基础设施建设未有大幅度的上升或下降，基本保持稳定，在 2016 年之后，佛山市在珠三角城市群基础设施网络建设方面发挥的作用在迅速加强，其基础设施建设一体化强度从 23.639 上升至 30.535，佛山市的基础设施建设发展水平也在不断提高。以上珠三角城市群内的城市基础设施建设一体化强度都是在 2010~2019 年始终维持在东部地区城市群互联互通门槛之上，除此以外，珠三角城市群内的肇庆市的基础设施建设一体化强度在 2013 年和 2018 年低于东部地区城市群互联互通门槛值，其余年份均在门槛值以上。肇庆市的基础设施建设一体化强度演变过程在 2010~2013 年呈开口向下的抛物线形态，且在 2013 年直接下降至门槛值以下，在 2013~2014 年迅速升高，在 2014~2016 年肇庆市的基础设施建设一体化强度进入巩固阶段，上升幅度不明显，在 2016~2018 年又进入迅速下降期，且在 2018 年下降至东部地区城市群互联互通门槛值以下。从历年基础设施建设演变情况来看，肇庆市的基础设施基础较好，在 2010 年就已超过东部地区城市群互联互通门槛值，但其没有将这种优势稳定地发展下去，在 2013 年下降至门槛值以下，说明肇庆市在 2013 年与其所属城市群核心城市广州市和深圳市之间的基础设施互联互通发展不够紧密，但在 2013~2014 年，肇庆市的基础设施建设迅速恢复原先水平并在之后的 2015 年、2016 年维持在这一水平并有小幅度的提升，这时期的肇庆市基础设施发展状态良好，恢复到了原先的东部地区城市群互联互通门槛值之上，也参与到了整个城市群的基础设施建设网络建设中，但这种状态并不十分稳定，未来肇庆市的基础设施建设一体化强度还会有下降的风险。

粤闽浙沿海城市群内的泉州市和莆田市的基础设施建设一体化强度演化过程类似。泉州市和莆田市在 2010 年的基础设施建设一体化强度低于东部地区城市群互联互通门槛值；在 2010~2012 年，泉州市和莆田市的基础设施建设一体化强度稳步上升，上升至门槛值之上；2012~2013 年，泉州市和莆田市的基础设施建设一体化强度出现明显的下降过程，到 2013 年已下降至东部地区城市群互联互通门槛值以下；随后的 2013~2016 年，泉州市和莆田市的基础设施建设一体化强度略有波动但仍然维持在东部地区城市群互联互通门槛值之上；2016~2017 年，泉州市和莆田市的基础设施建设出现剧烈波动，下降幅度大且直接降至门槛值之下；但在 2017 年之后，泉州市和莆田市的基础设施建设发展水平开始逐步回升。从历年基础设施建设演变情况来看，泉州市和莆田市的基础设施建设基础良好，在 2010 年就已接近东部地区城市群互联互通门槛值，2010~2012 年，泉州市和莆田市的基础设施建设持续向前发展，在 2012 年已分别达到 3.392 和 3.482，说明泉州市和莆田市的基础设施已逐渐融入东部地区城市群基础设施网络建设进程中，参与进了整个东部地区城市群基础设施的建设，但这种状态并没有稳定地维持下去；2012～2013 年，泉州市和莆田市的基础设施建设发展水平下降明显，其基础设施建设一体化强度降至门槛值以下，其与核心城市厦门市、福州市之间在基础设施建设方面的联系在减少，在东部地区城市群基础设施网络建设方面发挥的作用也在减小；但在随后的 2013～2016 年，泉州市和莆田市的基础设施建设一体化强度逐渐升高至门槛值以上，并稳定地维持在门槛值以上，说明泉州市和莆田市的基础设施建设在这段时期发展稳定且与核心城市厦门市、福州市建立起良好的基础设施建设互联互通关系，但这种关系并未形成长期的稳固形态；在 2016 年之后，泉州市和莆田市的基础设施建设一体化强度再次下降至门槛值以下，说明它们的基础设施建设发展水平发展不稳定，即使将来还会有上升至门槛值之上的情形，但也存在再次下降至门槛值之下的风险。

（3）对于中部城市群：2010～2019 年中国中部城市群互联互通门槛值为 1.065，除去数据缺失城市，东部城市群共有城市 42 个，其中基础设施建设一体化强度超过东部城市群互联互通门槛值的城市达到 25 个。

晋中城市群内的晋中市的基础设施建设一体化强度早在 2010 年以前就已超过中部城市群互联互通门槛值；2010～2012 年，晋中市的基础设施建设一体化强度呈上升态势；2012～2013 年下降；在随后的 2013～2014 年又有所回升；从 2014 年开始直至 2017 年，晋中市的基础设施建设一体化强度持续下降，从 2014 年的 2.113 下降至 2017 年的 1.283；在 2017 年之后，又迅速回升。从历年基础设施建设演变情况来看，晋中市的基础设施建设在 2010～2012 年发展势头良好，与其所属城市群核心城市太原市的基础设施建设方面的联系有所加强；2012～2013 年，晋中市的基础设施建设发展水平有所下降，与核心城市太原市之间的互联互通程度也在下降；但在随后的 2013～2014 年，晋中市的基础设施发展有所进步；2014～2017 年，晋中市的基础设施发展持续恶化，其基础设施与其所属城市群核心城市太原市的基础设施建设之间的互联互通程度持续下降，二者之间的联系迅速减弱；在 2017 年之后虽然晋中市的基础设施建设一体化强度提高很快，但其仍然存在基础设施建设发展水平持续下降的风险。阳泉市的基础设施建设一体化强度仅在 2014 年和 2015 年超过中部城市群互联互通门槛值，2010～2012 年，阳泉市的基础设施建设一体化强度呈上升态势；在 2012～2013 年下降；在随后的 2013～2014 年又有所回升；从 2014 年开始直至 2017 年，阳泉市的基础设施建设一体化强度持续下降，从 2014 年的 1.132 下降至 2017 年的 0.679；在 2017 年之后又迅速回升。从历年基础设施建设演变情况来看，阳泉市的基础设施建设在 2010～2012 年发展势头良好，与其所属城市群核心城市太原市的基础设施建设方面的联系有所加强；2012～2013 年，阳泉市的基础设施建设发展水平有所下降，与核心城市太原市之间的互联互通程度也在下降；但在随后的 2013～2014 年，阳泉市的基础设施发展有所进步；2014～2017 年，阳泉市的基础设施发展持续恶化，其基础设施与其所属城市群核心城市太原市的基础设施建设之间的互联互通程度持续下降，二者之间的联系迅速减弱；在 2017 年之后虽然阳泉市的基础设施建设一体化强度提高很快，但其仍然存在基础设施建设发展水平持续下降的风险。忻州市的基础设施建设一体化强度仅在 2012 年、2014 年和 2015 年超过中部城市群互联互通门槛值，2010～2012 年，忻州市的基础设施建设一体化强度呈上升态势；在 2012～2013 年下降；在随后的 2013～2014 年又有所回升；从 2014 年开始直至 2017 年，忻州市的基础设施建设一体化强度持续下降，从 2014 年的 1.892 下降至 2017 年的 0.564；在 2017 年之后又迅速回升。从历年基础设施建设演变情况来看，忻州市的基础设施建设在 2010～2012 年发展势头良好，与其所属城市群核心城市太原市的基础设施建设方面的联系有所加强；2012～2013 年，忻州市的基础设施建设发展水平有所下降，与核心城市太原市之间的互联互通程度也在下降；但在随后的 2013～2014 年，忻州市的基础设施发展有所进步；2014～2017 年，忻州市的基础设施发展持续恶化，其基础设施与其所属城市群核心城市太原市的基础设施建设之间的互联互通程度持续下降，二者之间的联系迅速减弱；在 2017 年之后虽然忻州的基础设施建设一体化强度提高很快，但其仍然存在基础设施建设发展水平持续下降的风险。

中原城市群内的焦作市在 2010～2019 年始终位于东部地区城市群互联互通门槛值之上，2010～2012 年焦作市的基础设施建设一体化强度逐渐上升，从 2012 年开始直至 2015 年逐年下降，在随后的 2015～2016 年焦作市的基础设施建设一体化强度有略微回升，2016～2017 年又出现回落，在 2017 年之后焦作市的基础设施建设一体化强度开始以较快速度回升。从历年基础设施建设演变情况来看，焦作市在 2010～2019 年始终参与了中部城市群基础设施网络的建设，2010～2012 年焦作市与其所属城市群核心城市郑州市的基础设施建设之间的联系逐渐密切，但这种关系并没有维持足够长的时间，2012 年就开始出现疏离趋势，2012～2015 年，焦作市的基础设施建设与中原城市群核心城市太原市的基础设施建设之间的互联互通程度持续下降，其基础设施建设发展水平也随之下降，2015～2016 年焦作市的基础设施建设略有提高，但随后又出现下降态势，直至 2017 年，焦作市与核心城市太原市的基础设施建设之间的互联互通程度才有了大幅度的提高，但未恢复到原先的最高水平，说明焦作市在这期间在中原城市群内发挥的基础设施建设作用是波浪式递减的。许昌市在 2010～2019 年始终位于中部地区城市群互联互通门槛值之上，2010～2012 年许昌市的基础设施建设一体化强度逐渐上升，从 2012 年开始直至 2015 年逐年下降，在随后的 2015～2016 年许昌市的基础设施建设一体化强度有略微回升，2016～2017 年又出现回落，在 2017 年之后许昌市的基础设施建设一体化强度开始以较快速度回升。从历年基础设施建设演变情况来看，许昌市在 2010～2019 年始终参与了中部城市群基础设施网络的建设，2010～2012 年许昌市与其所属城市群核心城市郑州市的基础设施建设之间的联系逐渐密切，但这种关系并没有维持足够长的时间，在 2012 年就开始出现疏离趋势，2012～2015 年，许昌市的基础设施建设与中原城市群核心城市太原市的基础设施建设之间的互联互通程度持续下降，其基础设施建设发展水平也随之下降，2015～2016 年许昌市的基础设施建设略有提高，但随后又出现下降态势，直至 2017 年，许昌市与核心城市太原市的基础设施建设之间的互联互通程度才有了大幅度的提高，甚至上升至历史最高水平，但这种状态并没有稳定地维持下去，许昌市的基础设施建设一体化强度演化曲线说明该市在这期间在中原城市群内发挥的基础设施建设作用是波浪式递减的。平顶山市的基础设施建设一体化强度在 2010～2019 年始终位于中部地区城市群互联互通门槛值之上，2010～2012 年，平顶山市的基础设施建设一体化强度逐渐上升，2012～2014 年，平顶山市的基础设施建设一体化强度先是略有下降但幅度不大，随后出现较快速度的提升，在之后的 2014 年一直到 2017 年平顶山市的基础设施建设一体化强度逐年下降，尤其是在 2016～2017 年下降速度最快，在 2017 年之后开始出现较大幅度的提升。从历年基础设施建设演变情况来看，平顶山市在 2010～2019 年始终参与了中部城市群基础设施网络的建设，2010～2012 年，平顶山市的基础设施建设与其所属城市群核心城市郑州市的基础设施建设方面的联系开始加强，2012～2014 年，平顶山市的基础设施与中心城市郑州市的基础设施建设之间的互联互通程度有所波动，但总体还是在加强的，在随后的 2014～2017 年，平顶山市的基础设施建设发展水平随该市基础设施建设一体化强度下降而下降，且下降幅度较大，但 2017 年以后，平顶山市的基础设施建设与核心城市郑州市的基础设施建设之间的联系程度逐渐增强，其在中原城市群的基础设施网络建设过程中发挥的作用也逐渐提升。周口市的基础设施建设一体化强度仅在 2017 年低于中部地区城市群互联互通门槛值，除此之外，2010～2019 年始终位于东部地区城市群互联互通门槛值之上，2010～2012 年，周口市的基础设施建设一体化强度逐渐上升；2012～2014 年，周口市的基础设施建设一体化强度先是略有下降但幅度不大，随后出现一个较快速度的提升；2014 年一直到 2017 年，周口市的基础设施建设一体化强度逐年下降，尤其是在 2016～2017 年下降速度最快；在 2017 年之后开始出现较大幅度的提升。从历年基础设施建设演变情况来看，周口市在 2010～2019 年始终参与了中部城市群基础设施网络的建设，2010～2012 年，周口市的基础设施建设与其所属城市群核心城市郑州市的基础设施建设方面的联系开始加强；2012～2014 年，周口市的基础设施与中心城市郑州市的基础设施建设之间的互联互通程度有所波动，但总体还是在加强的；在随后的 2014～2017 年，周口市的基础设施建设发展水平随该市基础设施建设一体化强度下降而下降，且下降幅度较大，甚至在 2017 年降至东部地区门槛值之下；但在 2017 年以后，周口市的基础设施建设与核心城市郑州市的基础设施建设之间的联系程度逐渐增强，其在中原城市群的基础设施网络建设过程中发挥的作用也逐渐提升，但这种状态并没有稳固，将来还会有下降至门槛值以下的风险。新乡市的基础设施建设一体化强度在 2010～2019 年始终位于中部地区城市群互联互通门槛值之上，2010～2012 年，新乡市的基础设施建设一体化强度逐渐上升；2012～2014 年，新乡市的基础设施建设一体化强度先是略有下降但幅度不大，随后出现一个较快速度的提升；在之后的 2014 年一直到 2016 年，新乡市的基础设施建设一体化强度逐年下降；在 2016 年之后开始出现较大幅度的提升。从历年基础设施建设演变情况来看，新乡市在 2010～2019 年始终参与了中部城市群基础设施网络的建设，2010～2012 年，新乡市的基础设施建设与其所属城市群核心城市郑州市的基础设施建设方面的联系开始加强；2012～2014 年，新乡市的基础设施与中心城市郑州市的基础设施建设之间的互联互通程度有所波动，但总体还是在加强的；在随后的 2014～2016 年，新乡市的基础设施建设发展水平随该市基础设施建设一体化强度下降而下降，且下降幅度较大，从 2014 年的 3.724 下降至 2016 年的 2.971；但在 2016 年以后，新乡市的基础设施建设与核心城市郑州市的基础设施建设之间的联系程度逐渐增强，其在中原城市群的基础设施网络建设过程中发挥的作用也逐渐提升，但这种状态并没有稳固，将来还会有下降至门槛值以下的风险。洛阳市的基础设施建设一体化强度在 2010～2019 年始终位于中部地区城市群互联互通门槛值之上，2010～2012 年，洛阳市的基础设施建设一体化强度逐渐上升；2012～2014 年，洛阳市的基础设施建设一体化强度先是略有下降但幅度不大，随后出现一个较快速度的提升；2014～2017 年，洛阳市的基础设施建设一体化强度逐年下降，尤其是在 2016～2017 年下降速度最快；在 2017 年之后开始出现较大幅度的提升。从历年基础设施建设演变情况来看，洛阳市在 2010～2019 年始终参与了中部城市群基础设施网络的建设，2010～2012 年，洛阳市的基础设施建设与其所属城市群核心城市郑州市的基础设施建设方面的联系开始加强；2012～2014 年，洛阳市的基础设施与中心城市郑州市的基础设施建设之间的互联互通程度有所波动，但总体还是在加强的；在随后的 2014～2017 年，洛阳市的基础设施建设发展水平随该市基础设施建设一体化强度下降而下降，且下降幅度较大，从 2014 年的 2.582 下降至 2017 年的 1.691；但 2017 年以后，洛阳市的基础设施建设与核心城市郑州市的基础设施建设之间的联系程度逐渐增强，其在中原城市群的基础设施网络建设过程中发挥的作用也逐渐提升，但这种状态并没有稳固，将来还会有下降至门槛值以下的风险。开封市的基础设施建设一体化强度在 2010～2019 年始终位于中部地区城市群互联互通门槛值之上，2010～2012 年，开封市的基础设施建设一体化强度逐渐上升；2012～2014 年，开封市的基础设施建设一体化强度先是略有下降但幅度不大，随后出现一个较快速度的提升；2014 年一直到 2017 年，开封市的基础设施建设一体化强度逐年下降，尤其是在 2016～2017 年下降速度最快；在 2017 年之后开始出现较大幅度的提升。从历年基础设施建设演变情况来看，开封市在 2010～2019 年始终参与了中部城市群基础设施网络的建设，在 2010～2012 年，开封市的基础设施建设与其所属城市群核心城市郑州市的基础设施建设方面的联系开始加强；2012～2014 年，开封市的基础设施与中心城市郑州市的基础设施建设之间的互联互通程度有所波动，但总体还是在加强的；在随后的 2014～2017 年，开封市的基础设施建设发展水平随该市基础设施建设一体化强度下降而下降，且下降幅度较大，从 2014 年的 2.582 下降至 2017 年的 1.691；但 2017 年以后，开封市的基础设施建设与核心城市郑州市的基础设施建设之间的联系程度逐渐增强，其在中原城市群的基础设施网络建设过程中发挥的作用也逐渐提升，但这种状态并没有稳固，将来还会有下降至门槛值以下的风险。晋城市的基础设施建设一体化强度仅在 2013 年和 2017 年降至中部城市群互联互通门槛值之下，除此之外，在 2010～2019 年始终位于中部地区城市群互联互通门槛值之上，2010～2012 年，晋城市的基础设施建设一体化强度逐渐上升；2012～2014 年，晋城市的基础设施建设一体化强度先是略有下降但幅度不大，随后出现一个较快速度的提升；在之后的 2014 年一直到 2017 年，晋城市的基础设施建设一体化强度逐年下降，尤其是在 2016～2017 年下降速度最快；在 2017

年之后开始出现较大幅度的提升。从历年基础设施建设演变情况来看，晋城市在 2010～2019 年始终参与了中部城市群基础设施网络的建设，2010～2012 年，晋城市的基础设施建设与其所属城市群核心城市郑州市的基础设施建设方面的联系开始加强；2012～2014 年，晋城市的基础设施与中心城市郑州市的基础设施建设之间的互联互通程度有所波动，但总体还是在加强的；在随后的 2014～2017 年，晋城市的基础设施建设发展水平随该市基础设施建设一体化强度下降而下降，且下降幅度较大，从 2014 年的 1.555 下降至 2017 年的 0.892，已降至门槛值之下；但在 2017 年以后，晋城市的基础设施建设与核心城市郑州市的基础设施建设之间的联系程度逐渐增强，其在中原城市群的基础设施网络建设过程中发挥的作用也逐渐提升，但这种状态并没有稳固，将来还会有下降至门槛值以下的风险。漯河市的基础设施建设一体化强度仅在 2013 年和 2017 年降至中部城市群互联互通门槛值之下，除此之外，在 2010～2019 年始终位于中部地区城市群互联互通门槛值之上，2010～2012 年，漯河市的基础设施建设一体化强度逐渐上升；2012～2014 年，漯河市的基础设施建设一体化强度先是略有下降但幅度不大，随后出现一个较快速度的提升；2014 年一直到 2017 年，漯河市的基础设施建设一体化强度逐年下降，尤其是在 2016～2017 年下降速度最快；在 2017 年之后开始出现较大幅度的提升。从历年基础设施建设演变情况来看，漯河市在 2010～2019 年始终参与了中部城市群基础设施网络的建设，2010～2012 年，漯河市的基础设施建设与其所属城市群核心城市郑州市的基础设施建设方面的联系开始加强；2012～2014 年，漯河市的基础设施与中心城市郑州市的基础设施建设之间的互联互通程度有所波动，但总体还是在加强的；在随后的 2014～2017 年，漯河市的基础设施建设发展水平随该市基础设施建设一体化强度下降而下降，且下降幅度较大，从 2014 年的 1.556 下降至 2017 年的 1.051，已降至门槛值之下；但在 2017 年以后，漯河市的基础设施建设与核心城市郑州市的基础设施建设之间的联系程度逐渐增强，其在中原城市群的基础设施网络建设过程中发挥的作用也逐渐提升，但这种状态并没有稳固，将来还会有下降至门槛值以下的风险。商丘市的基础设施建设一体化强度仅在 2014 年、2015 年、2016 年和 2018 年位于中部地区城市群互联互通门槛值之上，其余年份均在门槛值之下，在 2010～2012 年，商丘市的基础设施建设一体化强度逐渐上升；2012～2014 年，商丘市的基础设施建设一体化强度先是略有下降但幅度不大，随后出现一个较快速度的提升；2014～2017 年，商丘市的基础设施建设一体化强度逐年下降，尤其是在 2016～2017 年下降速度最快；在 2017 年之后开始出现较大幅度的提升。从历年基础设施建设演变情况来看，商丘市在 2010～2019 年的较短时间内参与了中部城市群基础设施网络的建设，2010～2012 年，商丘市的基础设施建设与其所属城市群核心城市郑州市的基础设施建设方面的联系开始加强；2012～2014 年，商丘市的基础设施与中心城市郑州市的基础设施建设之间的互联互通程度有所波动，但总体还是在加强的；在随后的 2014～2017 年，商丘市的基础设施建设发展水平随该市基础设施建设一体化强度下降而下降，且下降幅度较大，从 2014 年的 1.233 下降至 2017 年的 0.747，已降至门槛值之下；但在 2017 年以后，商丘市的基础设施建设与核心城市郑州市的基础设施建设之间的联系程度逐渐增强，其在中原城市群的基础设施网络建设过程中发挥的作用也逐渐提升，但这种状态并没有稳固，将来还会有下降至门槛值以下的风险。

长江中游城市群内的黄石市的基础设施建设一体化强度在 2010～2019 年始终位于中部地区城市群互联互通门槛值之上，2010～2012 年，黄石市的基础设施建设一体化强度逐渐上升；2012～2014 年，黄石市的基础设施建设一体化强度先是略有下降但幅度不大，随后出现一个较快速度的提升；2014～2017 年，黄石市的基础设施建设一体化强度逐年下降，尤其是在 2016～2017 年下降速度最快；在 2017 年之后开始出现较大幅度的提升。从历年基础设施建设演变情况来看，黄石市在 2010～2019 年始终参与了中部城市群基础设施网络的建设，2010～2012 年，黄石市的基础设施建设与其所属城市群核心城市武汉市、长沙市和南昌市的基础设施建设方面的联系开始加强；2012～2014 年，黄石市的基础设施与中心城市武汉市、长沙市和南昌市的基础设施建设之间的互联互通程度有所波动，但总体还是在加强的；2014～2017 年，黄石市的基础设施建设发展水平随该市基础设施建设一体化强度下降而下降，且下降幅度较大，从 2014 年的 4.000 下降至 2017 年的 2.987；但在

2017 年以后，黄石市的基础设施建设与核心城市武汉市、长沙市和南昌市的基础设施建设之间的联系程度逐渐增强，其在中原城市群的基础设施网络建设过程中发挥的作用也逐渐提升，但这种状态并没有稳固，将来还会有下降至门槛值以下的风险。黄冈市的基础设施建设一体化强度在 2010～2019 年始终位于中部地区城市群互联互通门槛值之上，2010～2012 年，黄冈市的基础设施建设一体化强度逐渐上升；2012～2014 年，黄冈市的基础设施建设一体化强度先是略有下降但幅度不大，随后出现一个较快速度的提升；2014～2017 年，黄冈市的基础设施建设一体化强度逐年下降，尤其是在 2016～2017 年下降速度最快；在 2017 年之后开始出现较大幅度的提升。从历年基础设施建设演变情况来看，黄冈市在 2010～2019 年始终参与了中部城市群基础设施网络的建设，2010～2012 年，黄冈市的基础设施建设与其所属城市群核心城市武汉市、长沙市和南昌市的基础设施建设方面的联系开始加强；2012～2014 年，黄冈市的基础设施与中心城市武汉市、长沙市和南昌市的基础设施建设之间的互联互通程度有所波动，但总体还是在加强的；2014～2017 年，黄冈市的基础设施建设发展水平随该市基础设施建设一体化强度下降而下降，且下降幅度较大，从 2014 年的 3.431 下降至 2017 年的 1.825；但在 2017 年以后，黄冈市的基础设施建设与核心城市武汉市、长沙市和南昌市的基础设施建设之间的联系程度逐渐增强，其在中原城市群的基础设施网络建设过程中发挥的作用也逐渐提升，但这种状态并没有稳固，将来还会有下降至门槛值以下的风险。咸宁市的基础设施建设一体化强度在 2010～2019 年始终位于中部地区城市群互联互通门槛值之上，2010～2012 年，咸宁市的基础设施建设一体化强度逐渐上升；2012～2014 年，咸宁市的基础设施建设一体化强度先是略有下降但幅度不大，随后出现一个较快速度的提升；2014～2017 年，咸宁市的基础设施建设一体化强度逐年下降，尤其是在 2016～2017 年下降速度最快；在 2017 年之后开始出现较大幅度的提升。从历年基础设施建设演变情况来看，咸宁市在 2010～2019 年始终参与了中部城市群基础设施网络的建设，2010～2012 年，咸宁市的基础设施建设与其所属城市群核心城市武汉市、长沙市和南昌市的基础设施建设方面的联系开始加强；2012～2014 年，咸宁市的基础设施与中心城市武汉市、长沙市和南昌市的基础设施建设之间的互联互通程度有所波动，但总体还是在加强的；在随后的 2014～2017 年，咸宁市的基础设施建设发展水平随该市基础设施建设一体化强度下降而下降，且下降幅度较大，从 2014 年的 2.191 下降至 2017 年的 1.503；但在 2017 年以后，咸宁市的基础设施建设与核心城市武汉市、长沙市和南昌市的基础设施建设之间的联系程度逐渐增强，其在中原城市群的基础设施网络建设过程中发挥的作用也逐渐提升，但这种状态并没有稳固，将来还会有下降至门槛值以下的风险。九江市的基础设施建设一体化强度仅在 2013 年和 2017 年低于中部地区城市群互联互通门槛值，除此之外，2010～2019 年始终位于中部地区城市群互联互通门槛值之上，2010～2012 年，九江市的基础设施建设一体化强度逐渐上升；2012～2014 年，九江市的基础设施建设一体化强度先是略有下降但幅度不大，随后出现一个较快速度的提升；2014～2017 年，九江市的基础设施建设一体化强度逐年下降，尤其是在 2016～2017 年下降速度最快；在 2017 年之后开始出现较大幅度的提升。从历年基础设施建设演变情况来看，九江市在 2010～2019 年始终参与了中部城市群基础设施网络的建设，2010～2012 年，九江市的基础设施建设与其所属城市群核心城市武汉市、长沙市和南昌市的基础设施建设方面的联系开始加强；2012～2014 年，九江市的基础设施与中心城市武汉市、长沙市和南昌市的基础设施建设之间的互联互通程度有所波动，但总体还是在加强的；2014～2017 年，九江市的基础设施建设发展水平随该市基础设施建设一体化强度下降而下降，且下降幅度较大，从 2014 年的 1.579 下降至 2017 年的 0.988；但在 2017 年以后，九江市的基础设施建设与核心城市武汉市、长沙市和南昌市的基础设施建设之间的联系程度逐渐增强，其在中原城市群的基础设施网络建设过程中发挥的作用也逐渐提升，但这种状态并没有稳固，将来还会有下降至门槛值以下的风险。岳阳市的基础设施建设一体化强度仅在 2010 年、2013 年和 2017 年低于中部地区城市群互联互通门槛值，除此之外，2010～2019 年始终位于中部地区城市群互联互通门槛值之上，2010～2012 年，岳阳市的基础设施建设一体化强度逐渐上升；2012～2014 年，岳阳市的基础设施建设一体化强度先是略有下降但幅度不大，随后出现一个较快速度的提升；2014～2017 年，岳阳市的基础设施建设一体化强度逐年下降，尤其是在 2016～2017 年下降速度最快；在 2017 年之后开始出现较大幅度的提升。从历年基础设施建设演变情况来看，岳阳市在 2010～2019 年始终参与了中部城市群基础设施网络的建设，2010～2012 年，岳阳市的基础设施建设与其所属城市群核心城市武汉市、长沙市和南昌市的基础设施建设方面的联系开始加强；2012～2014 年，岳阳市的基础设施与中心城市武汉市、长沙市和南昌市的基础设施建设之间的互联互通程度有所波动，但总体还是在加强的；2014～2017 年，岳阳市的基础设施建设发展水平随该市基础设施建设一体化强度下降而下降，且下降幅度较大，从 2014 年的 1.489 下降至 2017 年的 0.982；但在 2017 年以后，岳阳市的基础设施建设与核心城市武汉市、长沙市和南昌市的基础设施建设之间的联系程度逐渐增强，其在中原城市群的基础设施网络建设过程中发挥的作用也逐渐提升，但这种状态并没有稳固，将来还会有下降至门槛值以下的风险。鄂州市的基础设施建设一体化强度在 2010～2019 年始终位于中部地区城市群互联互通门槛值之上，2010～2012 年，鄂州市的基础设施建设一体化强度逐渐上升；2012～2014 年，鄂州市的基础设施建设一体化强度先是略有下降但幅度不大，随后出现小幅提升；2014～2015 年，鄂州市的基础设施建设一体化强度迅速下降；2015～2018 年，鄂州市的基础设施建设几乎维持原有水平，其基础设施建设一体化强度演化过程几乎呈一条水平线。从历年基础设施建设演变情况来看，鄂州市在 2010～2019 年始终参与了中部城市群基础设施网络的建设，2010～2012 年，鄂州市的基础设施建设与其所属城市群核心城市武汉市、长沙市和南昌市的基础设施建设方面的联系开始加强；2012～2014 年，鄂州市的基础设施与中心城市武汉市、长沙市和南昌市的基础设施建设之间的互联互通程度有所波动，但总体还是在加强的；2014～2015 年，鄂州市的基础设施建设发展水平随该市基础设施建设一体化强度下降而下降，且下降幅度较大，从 2014 年的 4.198 下降至 2015 年的 3.183；2015～2018 年，鄂州市的基础设施建设与核心城市武汉市、长沙市和南昌市的基础设施建设之间的联系程度逐渐增强，其在中原城市群的基础设施网络建设过程中发挥的作用也逐渐提升，但这种状态并没有稳固，将来还会有下降的风险。孝感市的基础设施建设一体化强度在 2010～2019 年始终位于中部地区城市群互联互通门槛值之上，2010～2012 年，孝感市的基础设施建设一体化强度逐渐上升；2012～2014 年，孝感市的基础设施建设一体化强度先是略有下降但幅度不大，随后出现小幅提升；2014～2015 年，孝感市的基础设施建设一体化强度迅速下降；2015～2017 年，鄂州市的基础设施建设几乎维持原有水平，其基础设施建设一体化强度演化过程几乎呈一条水平线。从历年基础设施建设演变情况来看，孝感市在 2010～2019 年始终参与了中部城市群基础设施网络的建设，2010～2012 年，鄂州市的基础设施建设与其所属城市群核心城市武汉市、长沙市和南昌市的基础设施建设方面的联系开始加强；2012～2014 年，孝感市的基础设施与中心城市武汉市、长沙市和南昌市的基础设施建设之间的互联互通程度有所波动，但总体还是在加强的；2014～2015 年，孝感市的基础设施建设发展水平随该市基础设施建设一体化强度下降而下降，且下降幅度较大，从 2014 年的 5.205 下降至 2015 年的 4.562；2015～2017 年，孝感市的基础设施建设与核心城市武汉市、长沙市和南昌市的基础设施建设之间的联系程度逐渐增强，其在中原城市群的基础设施网络建设过程中发挥的作用也逐渐提升，但这种状态并没有稳固，将来还会有下降的风险。襄阳市的基础设施建设一体化强度在 2014 年、2015 年、2016 年和 2018 年高于中部地区城市群互联互通门槛值，其余年份均在门槛值以下，2010～2012 年，襄阳市的基础设施建设一体化强度逐渐上升；2012～2014 年，襄阳市的基础设施建设一体化强度先是略有下降但幅度不大，随后出现一个较快速度的提升；2014～2017 年，襄阳市的基础设施建设一体化强度逐年下降，尤其是在 2016～2017 年下降速度最快；在 2017 年之后开始出现较大幅度的提升。从历年基础设施建设演变情况来看，襄阳市在 2010～2019 年始终参与了中部城市群基础设施网络的建设，2010～2012 年，襄阳市的基础设施建设与其所属城市群核心城市武汉市、长沙市和南昌市的基础设施建设方面的联系开始加强；2012～2014 年，襄阳市的基础设施与中心城市武汉市、长沙市和南昌市的基础设施建设之间的互联互通程度有所波动，但总体还是在加强的；2014～2017 年，襄阳市的基础设施建设发展水平随该市基础设施建设一体化强度下降而下降，且下降幅度较大，从 2014 年的 1.260 下降至 2017 年的 0.968；但在 2017 年以后，襄阳市的基础设施建设与核心城市武汉市、长沙市和南昌市的基础设施建设之间的联系程度逐渐增强，其在中原城市群的基础设施网络建设过程中发挥的作用也逐渐提升，但这种状态并没有稳固，将来还会有下降至门槛值以下的风险。荆门市的基础设施建设一体化强度在 2014 年、2015 年、2016 年和 2018 年高于中部地区城市群互联互通门槛值，其余年份均在门槛值以下，2010～2012 年，荆门市的基础设施建设一体化强度逐渐上升；2012～2014 年，荆门市的基础设施建设一体化强度先是略有下降但幅度不大，随后出现一个较快速度的提升；2014～2017 年，荆门市的基础设施建设一体化强度逐年下降，尤其是在 2016～2017 年下降速度最快；在 2017 年之后开始出现较大幅度的提升。从历年基础设施建设演变情况来看，荆门市在 2010～2019 年始终参与了中部城市群基础设施网络的建设，2010～2012 年，荆门市的基础设施建设与其所属城市群核心城市武汉市、长沙市和南昌市的基础设施建设方面的联系开始加强；2012～2014 年，荆门市的基础设施与中心城市武汉市、长沙市和南昌市的基础设施建设之间的互联互通程度有所波动，但总体还是在加强的；2014～2017 年，荆门市的基础设施建设发展水平随该市基础设施建设一体化强度下降而下降，且下降幅度较大，从 2014 年的 1.430 下降至 2017 年的 0.984；但在 2017 年以后，荆门市的基础设施建设与核心城市武汉市、长沙市和南昌市的基础设施建设之间的联系程度逐渐增强，其在中原城市群的基础设施网络建设过程中发挥的作用也逐渐提升，但这种状态并没有稳固，将来还会有下降至门槛值以下的风险。荆州市的基础设施建设一体化强度在 2014 年、2015 年、2016 年和 2018 年高于中部地区城市群互联互通门槛值，其余年份均在门槛值以下，2010～2012 年，荆州市的基础设施建设一体化强度逐渐上升；2012～2014 年，荆州市的基础设施建设一体化强度先是略有下降但幅度不大，随后出现一个较快速度的提升；2014～2017 年，荆门市的基础设施建设一体化强度逐年下降，尤其是在 2016～2017 年下降速度最快；在 2017 年之后开始出现较大幅度的提升。从历年基础设施建设演变情况来看，荆州市在 2010～2019 年始终参与了中部城市群基础设施网络的建设，2010～2012 年，荆州市的基础设施建设与其所属城市群核心城市武汉市、长沙市和南昌市的基础设施建设方面的联系开始加强；2012～2014 年，荆州市的基础设施与中心城市武汉市、长沙市和南昌市的基础设施建设之间的互联互通程度有所波动，但总体还是在加强的；2014～2017 年，荆州市的基础设施建设发展水平随该市基础设施建设一体化强度下降而下降，且下降幅度较大，从 2014 年的 1.441 下降至 2017 年的 0.951；但在 2017 年以后，荆州市的基础设施建设与核心城市武汉市、长沙市和南昌市的基础设施建设之间的联系程度逐渐增强，其在中原城市群的基础设施网络建设过程中发挥的作用也逐渐提升，但这种状态并没有稳固，将来还会有下降至门槛值以下的风险。

（4）对于西部城市群：2010～2019 年，中国西部城市群互联互通门槛值为 0.326，除去数据缺失城市外，西部城市群共有城市 48 个，其中基础设施建设一体化强度超过互联互通门槛值的城市达到 34 个。

呼包鄂榆城市群中的包头市早在 2010 年之前就与其所属城市群中心城市呼和浩特市的基础设施进行了互联互通一体化发展，持续稳定地融入了所属城市群的基础设施建设过程，其一体化强度也随时间呈现波浪式发展并伴随小幅度提升的变化趋势，2010～2012 年，包头市的基础设施建设一体化强度缓慢提升，从 2012 年开始下降，直至 2016 年才开始回升，在 2018 年又有所回落，最后在 2019 年上升至历史新高。总体而言，包头市的基础设施建设一体化在过去十年不断提高，与呼和浩特市在基础设施建设方面的联系也日趋紧密，城市间互联互通的程度也在不断提升。鄂尔多斯市的基础设施建设一体化强度仅在 2012 年、2016 年、2017 年和 2019 年超过了西部城市的互联互通门槛值，其余年份均在门槛值以下，其 2019 年基础设施建设一体化强度总体而言相较 2010 年虽有所上升，但仍未超过 2012 年和 2017 年的基础设施建设一体化强度，说明鄂尔多斯市的基础设施建设与其所属城市群的中心城市呼和浩特的互联互通过程并不稳定，并未完全融入整个城市群基础设施建设一体化进程，鄂尔多斯市还存在基础设施发展程度下降的风险。

成渝城市群中的自贡市、泸州市、德阳市、绵阳市、遂宁市、内江市、南充市、宜宾市、广安市和资阳市的基础设施建设一体化强度早在2010年之前就已超过西部城市群的互联互通门槛值。其中，广安市的基础设施建设一体化强度在2010年还未达到成渝城市群前列，但其在2010～2012年持续发展基础设施，积极与成渝城市群中心城市重庆市和成都市进行互联互通一体化发展，在2012年达到城市群内的较高水准，在2012年后广安市的基础设施建设进入拮抗期，经过三年的低谷期后广安市的基础设施建设一体化强度在2015年开始逆势上涨，达到成渝城市群的前列，并在2019年达到顶峰。泸州市和遂宁市的基础设施建设发展过程较为平缓，总体呈现缓慢波浪式攀升形态，尤其在2011～2012年上升较为明显，随后出现小幅度下降，并一直处于低迷状态，直到2018年后才有所回转。南充市的基础设施在2010年还处于较低水平，但其在2010～2012年迅速发展，跃升至成渝城市群前列，但随后又持续下降，在2015～2016年出现小幅度上升，在2017年降至最低点，随后有所回升，但其发展仍不稳定，纵观南充市基础设施十年发展历程，其一体化强度极其不稳定，未与所属城市群中心城市建立良好的基础设施互联互通发展关系。绵阳市和内江市的基础设施发展在2012年提升较快，其余年份较为稳定，未见较大幅度变动，总体呈缓慢波浪攀升形态。资阳市的基础设施建设一体化强度在2010～2015年与绵阳市、内江市的变化保持一致，变化较为稳定，但其在2016～2017年下降明显，之后迅速回升，可见近年来资阳市的基础设施发展并不稳定，并未与所属城市群中心城市重庆市和成都市建立持续稳定的互联互通一体化建设关系。德阳市、宜宾市和自贡市的基础设施建设一体化强度在各年份的变化幅度基本相近，相较于其余年份，2012年的基础设施建设提升较为明显，其余年份均有小幅度的上升或下降，未见明显提升，此三城市的基础设施建设一体化强度虽始终在西部城市群互联互通门槛值之上，但其基础设施缺乏发展动力，在2019年还有小幅度下降。达州市的基础设施建设发展水平除2010年略低于门槛值外，其余各年份均在西部城市群互联互通门槛值以上，但其发展极其不稳定，在2010～2013年迅速提升至较高水平，接着又迅速下降，2017年之后又迅速上升，达州市的基础设施建设一体化强度虽基本处于门槛值之上，但波动较为剧烈，发展不够稳定持续。乐山市和眉山市的基础设施建设一体化强度在2010～2015年的发展轨迹和波动幅度均保持一致，且乐山市的基础设施发展一体化强度略高于眉山市，直至2016年眉山市的基础设施建设一体化强度反超乐山市，此后眉山市的基础设施建设情况虽有波动，但仍领先于乐山市。

黔中城市群中的遵义市早在2010年之前就与其所属城市群中心城市贵阳市的基础设施建设进行了互联互通一体化发展，持续稳定地融入了所属城市群的基础设施建设过程，遵义市在2010～2016年的基础设施建设一体化强度呈波浪攀升，且每年的攀升幅度不小，因此，2010～2016年，遵义市的基础设施建设一体化强度从0.487上升到了1.005，增长了1倍有余，这足以说明遵义市在2010～2016年基础设施得到了稳定且较快的发展，但从2016年开始连续两年下降，直至2018年后才有所回升，最后在2019年达到原先发展水平。总体而言，遵义市与所属城市群中心城市贵阳市的基础设施建设方面的联系也日趋紧密，过程虽有波动，但两城市间互联互通的程度最终还是在不断提升。毕节市的基础设施建设发展水平同样在2010年之前就已超过西部城市群互联互通门槛值，且毕节市的基础设施在2010年还处于较高水平，与所属城市群中心城市贵阳市之间互联互通紧密，但在2010年之后就迅速下降，一直至2019年，其基础设施建设一体化强度随时间呈现波浪式发展并伴随小幅度提升，且变动较为稳定，与贵阳市之间的交往也日趋密切，基础设施建设也在持续稳定进行中。另外，安顺市的基础设施建设一体化强度是在2012年才高于西部城市群的门槛值的，2010～2011年，安顺市的基础设施建设一体化强度在门槛值之下，并未与城市群内城市进行互联互通发展，即未融入所属城市群的基础设施建设过程，但在2012年之后安顺市的基础设施建设逐渐融入所属城市群的发展当中，与核心城市贵阳市的交往日益密切，2012～2017年，安顺市的基础设施呈现出稳定的波浪式攀升趋势，在2018年其基础设施建设更是有较大幅度的增长，但随后在2019年又迅速回落，说明安顺市的基础设施建设在近些年的发展较为不稳定，并未完全稳定地融入整个城市群基础设施建设一体化进程，安顺市还存在基础设施发展程度下降的风险。

　　滇中城市群中的曲靖市基础设施建设在 2010～2019 年基本围绕西部城市群互联互通门槛值上下波动，且仅在 2012 年、2016 年、2017 年和 2019 年超过门槛值，其余年份都低于门槛值，说明曲靖市与所属城市群核心城市昆明市之间的基础设施建设交往过程并不稳定，超过门槛值的年份有融入滇中城市群基础设施建设的积极趋势，但由于曲靖市基础设施发展上下波动频繁，且并未有上升趋势，因此其基础设施建设一体化强度还存在下降至低于门槛值的风险。

　　关中平原城市群中的宝鸡市、咸阳市和渭南市的基础设施建设早在 2010 年之前就已与所属城市群核心城市西安市进行了互联互通发展，其基础设施建设一体化强度也早在 2010 年之前就已超过西部城市群互联互通门槛值，其中，宝鸡市与渭南市的基础设施建设发展水平及发展轨迹基本相同，2010～2012 年逐渐提高，2012～2017 年又持续下降，但下降速度随时间变化有所减缓，从 2017 年开始，宝鸡市和渭南市的基础设施建设一体化强度逐渐回升，但仍未恢复曾经最高水平，说明宝鸡市和渭南市在 2012～2017 年的基础设施建设与其所属城市群核心城市西安市的基础设施建设之间的联系度在下降，城市之间的互联互通程度在下降，但从 2017 年开始，宝鸡市和渭南市与关中平原城市群的基础设施建设融合程度越来越高，基础设施建设发展水平也愈发提高，但宝鸡市和渭南市的基础设施建设一体化强度在 2017 年之后的提高过程较为缓慢，未来还将面临与核心城市西安市的基础设施建设互联互通程度下降的风险。咸阳市的基础设施一体化程度在 2010～2019 年波动较为剧烈，2010～2012 年持续上升至 1.480 的历史最高位，2013 年迅速下降，2014 年又回到近似历史最高位水平，紧接着在 2014～2017 年，咸阳市的基础设施建设一体化强度下降速度快、幅度大，尤其在 2017 年下降至历史最低点 0.336，已极其接近西部城市群互联互通门槛值 0.326，但在随后的 2017～2019 年，咸阳市的基础设施建设一体化强度又迅速回升至接近 1 的水平，且上升速度较快。咸阳市在 2010～2019 年的变化过程说明该城市的基础设施发展极为不稳定，虽一直位于西部城市群互联互通门槛值之上，但在 2014～2017 年与所属城市群核心城市西安市的基础设施建设互联互通程度下降明显，基础设施的建设发展不稳定，未与核心城市西安市建立强有力的基础设施网络，与核心城市西安市的联系不够稳定，但这种情况在 2017 年后有所改善，咸阳市的基础设施建设一体化强度在 2017 年之后迅速提高，在 2019 年升至 0.962，其基础设施建设与关中平原城市群融合程度提升。另外，商洛市和平凉市的基础设施建设变化基本一致，仅在 2018 年超过了西部城市群的门槛值，其余年份都低于门槛值，2010～2012 年，商洛市和平凉市的基础设施建设发展水平在缓慢提高，由于其基础设施建设一体化强度低于门槛值，商洛市和平凉市未与其所属城市群核心城市西安市的基础设施建设进行互联互通一体化发展，其在 2012～2015 年的基础设施建设一体化强度呈现缓慢的波浪式递减曲线，但从 2015 年开始至 2018 年又呈现波浪式攀升形态，2018 年甚至超过西部城市群互联互通门槛值，但在 2019 年又下降至门槛值以下。总的来说，商洛市和平凉市虽在 2018 年与其所属城市群核心城市西安市的基础设施建设进行了一定程度的互联互通发展，但这种程度的联系显然不够持久。

　　北部湾城市群内的钦州市基础设施建设一体化强度较高，且在 2010 年之前就已超过门槛值，城市群内其余城市与钦州市相比还有较大差距，钦州市的基础设施建设一体化强度总体上波动较为剧烈，上升幅度极为缓慢，其基础设施建设进程未见明显进步，与北部湾城市群核心城市南宁市的基础设施建设的互联互通程度较为稳定，两城市建立了良好的基础设施建设网络，但其上升幅度不明显。玉林市的基础设施建设早在 2010 年之前就已超过西部城市群互联互通门槛值，其基础设施建设一体化强度在 2012 年达到峰值，2012～2015 年呈现波浪式递减形态，但从 2015 年开始直至 2019 年玉林市的基础设施建设一体化强度持续缓慢上升，虽未超过 2012 年的最高点，但也进入了与所属城市群核心城市基础设施互联互通发展的稳定建设过程中。崇左市的基础设施建设一体化强度仅在 2015 年低于西部城市群互联互通门槛值，其余年份均在门槛值之上，整体呈现随时间呈现波浪式发展并伴随小幅度提升的变化趋势，但提升并不明显，崇左市的基础设施建设一体化强度大多数时间还是处于上下波动状态，未有上升趋势，但从 2015 年开始略呈上升形态。防城港市和北海市的基础设施建设一体化强度波动变化情况相似，在2012年、2014年和2018年都超过了西部城市群互联互通门槛值，但这种超过门槛值的状态并不稳定，其余年份又跌落至门槛值以下，2015～2018年，防城港市和北海市的基础设施建设一体化强度逐年上升，2019年北海市的基础设施建设一体化强度下降至门槛值以下，防城港市的基础设施建设一体化强度也处于下降态势，但未下降至门槛值以下。总体而言，防城港市和北海市的基础设施建设一体化强度呈波浪式缓慢攀升曲线，攀升幅度在十年间并不明显，其基础设施建设的发展较为缓慢，与其所属城市群核心城市南宁市的基础设施建设之间的联系也在缓慢推进当中，但防城港市和北海市的基础设施建设尚未与北部湾城市群基础设施建设网络建立良好稳定的发展关系，未来可能还存在基础设施建设一体化强度下降的风险。此外，湛江市的基础设施建设明显低于城市群内其余城市，其仅在2012年和2018年超过了西部城市群互联互通门槛值，其余年份均在门槛值之下，湛江市在2010～2012年的基础设施建设一体化程度呈上升趋势，在2013年和2015年下降幅度明显，2014年其基础设施建设一体化强度略有上升，之后的2015～2018年持续上升，到2018年末湛江市的基础设施建设一体化强度不仅超过了西部门槛值还达到了该城市的历史最高点，但湛江市并未维持住与其所属城市群核心城市南宁市的紧密联系，在2019年又跌落至西部城市群互联互通门槛值以下。

宁夏沿黄城市群的石嘴山市与其所属城市群核心城市银川市的基础设施建设早在2010年以前就已建立了密切联系，石嘴山市的基础设施建设一体化强度在2010～2019年始终处于西部城市群互联互通门槛值之上，2012年和2014年其一体化强度有所提高，但2013年和2015年均有不同程度的下降，2015～2018年持续稳定增长，但在2019年石嘴山市的基础设施建设一体化强度又有所回落，回落幅度不大，未来石嘴山市的基础设施建设有望与其所属城市群中心城市银川市的基础设施建设加强互联互通发展，积极与宁夏沿黄城市群加强基础设施网络的建设。吴忠市的基础设施建设发展轨迹与石嘴山市相似，但其在2010～2011年、2013年和2015年的基础设施建设一体化强度低于西部城市群互联互通门槛值，其余年份均高于门槛值，并且在2015～2018年持续稳定上升，与石嘴山市同样，在2019年有所下降，其基础设施建设从最初的未加入宁夏沿黄城市群基础设施网络建设到2015年之后的逐渐与其所属城市群核心城市银川市互联互通一体化发展，吴忠市的基础设施建设总体上来看是在不断发展进步的，但目前其发展仍不稳定，未与核心城市银川市建立起良好的互联互通发展关系，与宁夏沿黄城市群整体的基础设施建设网络融合程度还不够。

兰西城市群内的白银市基础设施建设一体化强度早在2010年之前就已超过西部城市群互联互通门槛值，白银市在2010～2012年基础设施建设一体化强度缓慢上升，但2012～2015年，其基础设施建设一体化强度下降明显，尤其是在2015年下降速度最快，从2015年开始，白银市的基础设施建设一体化强度开始有缓慢回升迹象，但这种趋势并不明显，在2019年又开始下降。总体来说，白银市在2010～2019年这十年间的基础设施建设一体化强度是在下降的，也就是说，白银市与其所属城市群核心城市兰州市、西宁市的基础设施建设互联互通程度在下降，其基础设施建设发展水平也在下降，但在2015～2019年有上升趋势，幅度虽不大但仍有进步，白银市的基础设施建设一体化强度虽始终高于门槛值，但波动情况不定，未与兰西城市群整体基础设施网络建设建立良好持续稳定的发展关系。

### 5.1.2.4　中心城市和城市群基础设施协调发展曲线的定量模拟与验证

基础设施对社会经济的发展有着基础性、引导性的作用，是实现城市群一体化协调发展的必要条件。国务院常务会议审议通过的"十四五"新型基础设施建设规划指出，"稳步发展融合基础设施。打造多层次工业互联网平台，促进融通创新。结合推进新型城镇化，推动交通、物流、能源、市政等基础设施智慧化改造"，为推动中心城市与周边城市联合形成基础设施互联互通一体化协调发展机制提供了重要引领和发挥示范作用。因此，本书认为，城市群基础设施不断互联互通发展的过程就是中心城市不断与周边城市联合进而提高基础设施建设发展水平的过程。具体来说，本书依据城市群的辐射带动效应提出城市群在形成发育过程中，所囊括的范围在不断扩大，其内部基础设施也逐步走向规划、建设、运营以及管理的一体化发展。当城市之间的基础设施逐步开始互联互通走向一体化时，城市与城市间的基础设施系统会经历拮抗、磨合以及协调三个阶段，之后，不断有新城市加入联合一体化发展的过程，城市群基础设施发展愈加协调，协调水平稳步提升。因此，随着城市与城市间不断联合形成基础设施一体化协调发展机制，整体基础设施协调发展规律呈现出随时间推移的波浪式攀升形态（见图5-5）。具体过程表现为：

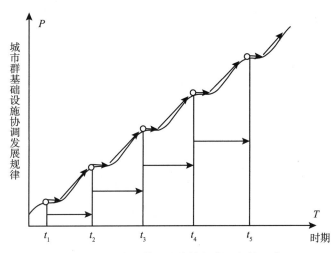

**图 5-5　城市群基础设施协调发展规律示意**

　　当城市群内部只有一个城市时，单个城市的基础设施发展到一定规模和程度后已无法继续增进区域民生福祉、无法继续满足经济高质量发展需求，此时该城市就会寻求周边城市进行基础设施互联互通一体化发展。首先，在城市寻求一体化发展的初期，城市与城市之间存在行政区划上的"硬分割"，基础设施一体化初期的城市就必须打破区域间的行政壁垒，实现区域要素自由流动和资源有效配置，为城市间更高效地聚合打下坚实基础。其次，当新联合的城市基础设施滞后于原有城市时，二者高度拮抗，基础设施协调发展水平在这一阶段下降；经过一定时间的基建，新联合城市的基础设施逐渐同步于原有城市，此时二者低度拮抗，在图像中表现为基础设施协调发展水平下降幅度逐步减缓；经过城市间的不断磨合与发展，整体基础设施同步于经济发展质量，二者高度协调，在图像上表现为基础设施协调发展水平提高速度较快，双方城市在该阶段实现了基础设施互联互通一体化发展；在此之后，一体化发展受到双方城市规模、区域要素和资源的限制，基础设施协调发展水平提高速度逐渐降低，二者低度协调。以此类推，当联合第 N-1 个城市的基础设施协调发展水平无法进一步提升时，自然会联合第 N 个城市，整合其基础设施系统以提升自身发展能力，而在联合第 N 个城市基础设施的过程中，城市群基础设施协调发展水平同样在短期内没有提升甚至下降，经过一段拮抗期后，整个城市群的基础设施协调发展水平才会有一定程度的提高。因此，推动城市间的不断互联互通，是促成城市群基础设施协调发展水平提升的重要路径。

　　基于上述基本原理，本书引入指数函数来反映城市群基础设施协调发展水平在拮抗期的回落以及在协调期的上升，提出"城市群基础设施协调发展水平波浪式攀升曲线"，该曲线是一条联合城市数量随时间推移而增加的非线性复合型攀升曲线，展示了城市群基础设施协调发展波浪式攀升能力的动态演化过程。依据城市群基础设施协调发展水平演化规律的基本原理将其通过数理函数模型进行表达如下：

$$P_t = kt + e^{|\alpha\sin(\beta t)|} \qquad\qquad (5-14)$$

其中，$P_t$ 表示 t 时期下城市群基础设施协调发展水平；k 是线性函数斜率，即攀升率，表示城市群基础设施协调发展水平攀升能力的变化率，且 $k = \Delta P / \Delta t$，$\Delta t$ 是函数的波动周期，且 $\Delta t = \pi / \beta$，其中，$\pi / \beta$ 为三角函数频率；$\alpha$ 是三角函数的振幅，表示城市群基础设施协调发展水平的阻滞系数；

β 表示城市群基础设施协调发展水平的周期系数。为了提高数理模型的准确性，现对其进行改进。对中心城市分别赋予基础设施协调发展水平初始时间 $t_0$ 和初始值 $P_0$，分别代表初期时间和初期城市群基础设施协调发展能力指数值，则攀升函数曲线模拟公式优化后的表达式为：

$$P_t = P_0 + k(t - t_0) + \{e^{|\alpha\sin[\beta(t-t_0)]|} - 1\} \tag{5-15}$$

求导后得到 $P_t'$，其大小表示城市群基础设施协调发展攀升速度。

$$p_t' = \begin{cases} k + \alpha\beta\cos[\beta(t-t_0)]e^{\alpha\sin[\beta(t-t_0)]}, & t \in \left[\dfrac{2k\pi + \beta t_0}{\beta}, \dfrac{\pi + 2k\pi + \beta t_0}{\beta}\right] \\[3mm] k - \alpha\beta\cos[\beta(t-t_0)]e^{-\alpha\sin[\beta(t-t_0)]}, & t \in \left[\dfrac{\pi + 2k\pi + \beta t_0}{\beta}, \dfrac{2\pi + 2k\pi + \beta t_0}{\beta}\right] \end{cases} \tag{5-16}$$

根据 2010～2019 年的综合一体化指数，对城市群基础设施综合一体化函数 $P_t = P_0 + k(t - t_0) + \{e^{|\alpha\sin[\beta(t-t_0)]|} - 1\}$ 进行多次曲线拟合。

拟合所用程序代码如下：

```
t = [t0;t1;t2;t3;…;tn];
y = [y0;y1;y2;y3;…;yn];
p = fittype('y0 + a * (t - t0) + (exp(abs(b * sin(c * (t - t0)))) - 1)','independent','t');
plot(f,t,y);
f = fit(t,y,p);
cfun = fit(t,y,p)
```

基于此，可以拟合得到各城市群基础设施波浪式攀升曲线的最优函数表达式（见表 5 - 11），并以此为依据绘制城市群基础设施协调一体化函数的模拟图（见图 5 - 6）。

表 5 - 11　　　　　　中国城市群基础设施协调发展波浪式攀升曲线最优函数表达式

| 城市群 | 最优函数表达式 |
| --- | --- |
| 长三角 | $P_t = -9.271 + 0.005304(t - 219.3) + \{e^{|0.01892\sin[0.4263(t-219.3)]|} - 1\}$ |
| 京津冀 | $P_t = -8.107 + 0.004633(t - 207.8) + \{e^{|0.02389\sin[0.5369(t-t_0)]|} - 1\}$ |
| 珠三角 | $P_t = -11.96 + 0.006212(t - 39.58) + \{e^{|0.04186\sin[0.6489(t-39.58)]|} - 1\}$ |
| 成渝 | $P_t = -10.65 + 0.005034(t + 141.5) + \{e^{|0.01094\sin[0.6264(t+141.5)]|} - 1\}$ |
| 长江中游 | $P_t = -7.262 + 0.004256(t - 259.8) + \{e^{|0.003724\sin[0.5762(t-259.8)]|} - 1\}$ |
| 辽中南 | $P_t = -6.043 + 0.003165(t - 38.38) + \{e^{|0.01859\sin[0.6135(t-38.38)]|} - 1\}$ |
| 山东半岛 | $P_t = -9.016 + 0.004844(t - 101.7) + \{e^{|0.005392\sin[0.9005(t-101.7)]|} - 1\}$ |
| 哈长 | $P_t = -4.216 + 0.001975(t + 227.9) + \{e^{|0.01585\sin[0.5952(t+227.9)]|} - 1\}$ |
| 北部湾 | $P_t = 34.23 - 0.01309(t + 595.7) + \{e^{|0.1922\sin[0.1989(t+595.7)]|} - 1\}$ |
| 关中平原 | $P_t = 13.13 - 0.005384(t + 435.6) + \{e^{|0.2559\sin[0.1518(t+435.6)]|} - 1\}$ |
| 天山北坡 | $P_t = -13.81 + 0.006451(t + 161) + \{e^{|0.02392\sin[0.3706(t+161)]|} - 1\}$ |
| 粤闽浙沿海 | $P_t = -9.62 + 0.004873(t - 1.702) + \{e^{|-0.01608\sin[0.6586(t-1.702)]|} - 1\}$ |
| 中原 | $P_t = -8.856 + 0.004055(t + 219.7) + \{e^{|0.01546\sin[0.7297(t+219.7)]|} - 1\}$ |
| 宁夏沿黄 | $P_t = 0.03038 - 0.0003069(t + 263) + \{e^{|0.6224\sin[0.05445(t-263)]|} - 1\}$ |
| 滇中 | $P_t = -29.2 + 0.01252(t + 330.7) + \{e^{|0.08512\sin[0.313(t+330.7)]|} - 1\}$ |

续表

| 城市群 | 最优函数表达式 |
|---|---|
| 黔中 | $P_t = -13.19 + 0.006781(t - 37.23) + \{e^{|-0.0003904\sin[0.6287(t-37.23)]|} - 1\}$ |
| 兰西 | $P_t = -6.589 + 0.003936(t - 293) + \{e^{|0.0008179\sin[1.078(t-293)]|} - 1\}$ |
| 晋中 | $P_t = -6.585 + 0.003249(t + 68.75) + \{e^{|0.03574\sin[0.2857(t+68.75)]|} - 1\}$ |
| 呼包鄂榆 | $P_t = -8.577 + 0.004707(t - 145.3) + \{e^{|0.0123\sin[0.5258(t-145.3)]|} - 1\}$ |

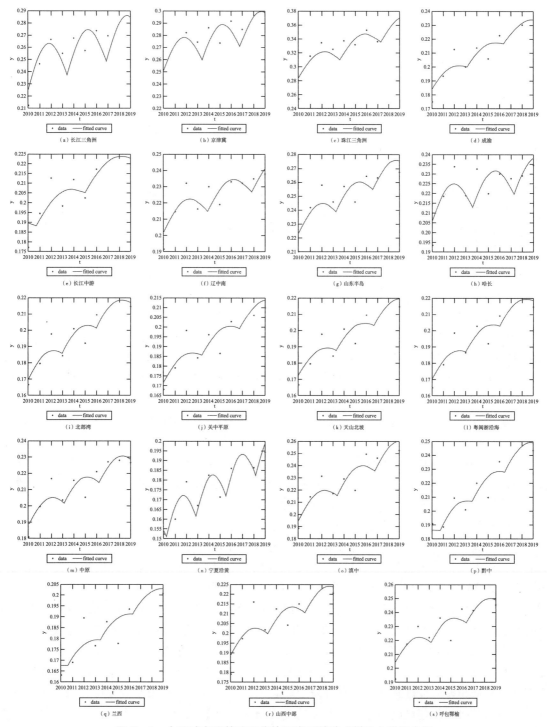

**图 5-6　中国城市群基础设施协调发展波浪式攀升曲线拟合图**

从图 5 - 6（a）至图 5 - 6（s）中可以看出，三大类型城市群的基础设施协调发展波浪式攀升曲线均与 2010~2019 年城市群基础设施建设一体化强度演化的曲线具有较大的相似性，说明从整体上看，城市群的基础设施协调发展波浪式攀升曲线拟合效果较好，反映出城市群基础设施波浪式攀升的协调发展趋势，可采用基础设施协调发展变动函数模型分析预测城市群基础设施协调发展走势。其中，由 5 - 6（a）至图 5 - 6（e）可以看出，国家级城市群基础设施协调发展波浪式攀升曲线波动情况较为明显且整体波动幅度及频率适中；由图 5 - 6（f）至图 5 - 6（m）可以看出，区域级城市群曲线的整体波动幅度相较于国家级城市群普遍平缓且波动频率较低于国家级城市群；由图 5 - 6（n）至图 5 - 6（s）可以看出，地区级城市群基础设施协调发展波浪式攀升曲线波动幅度普遍平缓且波动频率较低。

### 5.1.3 研究发现与政策含义

#### 5.1.3.1 研究发现

本书通过构建基础设施评价指标体系，对中国城市群基础设施协调发展波浪式攀升规律及联合扩张演化过程进行分析，得出以下研究发现：

第一，中国城市群内城市基础设施协调发展水平的变化过程遵循波浪式攀升规律。本书通过构建城市群基础设施评价指标体系，运用熵值法计算出 2010~2019 年城市群基础设施协调发展水平得分并进行描述性统计，发现中国城市群间的基础设施协调发展水平差距较大。东部地区城市群内的基础设施协调发展水平始终保持前列，其中，珠三角、长三角以及京津冀历年的基础设施协调发展水平均稳定保持在较高水平，为城市群新旧动能的转换提供良好条件，对周边地区产生了较强的辐射作用，形成了强劲活跃的增长极。除此之外，西部地区的宁夏沿黄和兰西城市群的基础设施发展常年处于较低水平，远没有达到基础设施协调发展一体化程度。通过对中国城市群基础设施的全局空间分析，发现中国城市群基础设施具有空间上的不均衡性，城市群整体的基础设施协调发展水平区位特征主要表现为"东南高—西北低"的形态，胡焕庸线以东地区的城市群基础设施协调发展水平要优于胡焕庸线以西地区。城市群间的基础设施协调发展水平差异较大，东部地区城市群的基础设施协调发展水平和质量相对较高，基础设施协调发展水平较低区域由东部地区城市群逐步向西部地区城市群扩张，不同城市群区位条件不同、国家战略规划不同等因素是导致这种现象的可能原因。

第二，中国城市群基础设施建设一体化强度大致趋于波浪攀升形态，且存在互联互通门槛值的限制。目前各地区城市群有较多城市已联合其他城市进行基础设施建设的互联互通，地区与地区间的城市群也有部分城市形成了不同程度的一体化发展。2010~2019 年的东部地区城市群基础设施互联互通门槛值高达 3.304，基础设施协调一体化强度超过互联互通门槛值的城市达到 38 个，其中，南京、无锡、常州和南通等城市较早与长三角城市群的核心城市基础设施建设进行互联互通。中部地区城市群基础设施互联互通门槛值达到 1.065，基础设施协调一体化强度超过互联互通门槛值的城市达到 25 个，其中较早与所属城市群核心城市互联互通的有黄冈、新乡、孝感、平顶山等城市。东北地区城市群基础设施互联互通门槛值为 0.694，基础设施协调一体化强度高于互联互通门槛值的城市有 13 个，其中，吉林、辽阳、鞍山和抚顺等城市较早地与所属城市群核心城市基础设施建设进行联合发展。西部地区城市群基础设施互联互通门槛值为 0.326，基础设施协调一体化强度高于互联互通门槛值的城市有 34 个，其中，包头、鄂尔多斯、咸阳和遵义等城市较早地与所属城市群核心城市基础设施建设进行联合发展。总而言之，各核心城市基础设施建设向外扩张的过程以及各城市基础设施建设向核心城市靠拢的过程与城市群形成发育过程大致同步，此外，东部地区城市群的基础设施建设协调一体化强度远高于中部、东北部和西部地区城市群。

第三，中国城市群基础设施协调发展波浪式攀升曲线得到了实践验证。其中，东部地区城市群基础设施建设发展水平最高，中部地区城市群次之，西部地区城市群基础设施建设发展水平最低。可采用各个城市群基础设施协调发展波浪式攀升规律的函数模型分析预测中国十九大城市群未来基础设施建设的发展态势以及城市群内各城市的基础设施建设联合扩张趋势，通过计算基础设施协调发展水平指数来掌握城市基础设施建设的发展潜力，保证城市群基础设施建设的长期稳定发展，帮助相关部门制定更优的基建政策以促进经济发展和便捷人民生活。

第四，西部地区的宁夏沿黄和兰西城市群的基础设施发展常年处于较低水平，远没有达到基础设施协调发展一体化程度。通过对中国城市群基础设施进行全局空间分析，发现中国城市群基础设施具有空间上的不均衡性，城市群整体的基础设施协调发展水平区位特征主要表现为"东南高—西北低"的形态，胡焕庸线以东地区的城市群基础设施协调发展水平要优于胡焕庸线以西地区。城市群间的基础设施协调发展水平差异较大，东部地区城市群的基础设施协调发展水平和质量相对较高，基础设施协调发展水平较低区域由东部地区城市群逐步向西部地区城市群扩张。西部地区城市群基础设施互联互通门槛值为0.326，基础设施协调一体化强度高于互联互通门槛值的城市有34个，其中，包头、鄂尔多斯、咸阳和遵义等城市较早地与所属城市群核心城市基础设施建设进行联合发展。

### 5.1.3.2　讨论

第一，中国城市群内的基础设施协调发展水平呈现波浪式攀升规律是中国经济增长、结构调整和市场化进程相互作用的结果。首先，从经济周期理论来看，经济总是经历高涨和衰退的自然周期。在高涨期，为满足经济增长的需要，公共和私人部门都会大力投资基础设施，带动基础设施快速发展。但在经济下行期，由于预期收益下降、市场需求减少和资本短缺，基础设施投资可能会放缓或暂停，导致基础设施建设呈现出停滞或下降的趋势（Zuo J，2018）。其次，技术进步和更新也为基础设施建设带来周期性的波动。新的技术和创新可能需要大量的投资对基础设施进行更新和升级。但是，随着这些新技术逐渐普及和成熟，基础设施的投资需求可能会减少，导致投资放缓。最后，外部冲击，如国际金融危机、贸易战等，也可能导致基础设施投资的短期波动。这些外部冲击可能会影响中国的出口、资本流动和投资信心，从而影响基础设施投资。

第二，中国城市群基础设施协调发展的演化过程遵循波浪式攀升规律。区域内的基础设施资源是有限的，城市对于自身财力、物力、人力等用于自身基础设施建设资源的运用也是有限的。单个城市的基础设施发展到一定阶段后，基础设施建设发展水平达到一个小高峰，由于资源、环境等限制，单个城市的基础设施建设无法再提升到一个新高度，就会寻求与周边城市进行联合发展，在这个过程中，城市之间的行政壁垒是联合发展的阻碍之一，此时单个城市的发展水平受现实条件限制而有所下降，与其他城市一同进入了一个高度拮抗期，基础设施的发展水平进入低谷阶段。在实现了一段时间的跨区域要素自由流动后，城市之间的联合发展逐渐进入一个低度拮抗期，基础设施的发展水平进入了潜在上升阶段。经过一段时期的磨合发展，城市群内相互联合城市的基础设施建设发展水平逐步提高，上升到一个新高度。随后，单个城市基础设施建设发展水平受到双方一体化协调发展的城市规模、要素和资源的限制而又进入拮抗期。如此周而复始，致使中国城市群基础设施协调发展的演化过程遵循波浪式攀升规律。

第三，西部城市群中宁夏沿黄和兰西城市群的基础设施发展水平较低的原因是多方面的，首先，宁夏沿黄和兰西城市群的地理环境和自然条件限制了其基础设施的快速发展。特别是宁夏沿黄城市群，面临着水资源短缺的问题，这使得该地区在基础设施建设，特别是水利工程建设上面临较大挑战。而兰西城市群则因为其地形复杂，对基础设施投资的回报率并不高。宁夏沿黄和兰西城市群的经济规模相对较小，产业结构也相对单一，这限制了其基础设施建设的资金来源和需求。而包头、鄂尔多斯等城市，由于其丰富的矿产资源和相对多元化的产业结构，为基础设施建设提供了更多的资金和技术支持。包头、鄂尔多斯、咸阳和遵义等城市由于其较早地与外部城市，特别是所属城市群中心城市紧密联系，使得这些城市能够更快地吸引外部资本和技术，从而推动基础设施的快速发展。而宁夏沿黄和兰西城市群则相对缺乏这种外部连接。

### 5.1.3.3　政策含义

本书通过对我国城市群基础设施协调发展水平进行整体把握，可为我国城市群的基础设施建设提供重要的理论与实证参考。根据前文研究可得三方面的政策含义：第一，为把握我国城市群的整体基础设施发展提供理论依据，为中央制定城市群建政策提供重点参考方向；第二，在空间范围识别的基础上对影响城市群基础设施建设的因素进行分析，探讨发现基础设施建设与经济发展水平密切相关，为城市群内各政府部门提升基础设施建设的长期稳定以促进经济发展和便捷人民生活水平提供思路；第三，有助于各级政府优化城市基础设施建设理论基础，有助于各级政府把握各自城市的基础设施建设稳定性，为后续相关政策的出台提供理论支撑。

## 5.2　基于 POI 大数据的西部城市群基础设施空间分布特征及影响因素研究

### 5.2.1　研究目的与方法

#### 5.2.1.1　研究目的

城市基础设施是为城市生产和人民生活提供一般条件的公共设施，是城市赖以生存和发展的基础，城市基础设施在城市群发展过程中起到"催化剂"的作用，它不仅反映了城市群区域经济发展的水平，还对城市群一体化建设有着重要影响，是城市群高质量发展的关键。我国在城市基础设施发展方面作出了巨大努力，并在近年来取得了积极进展，城市的通信水平、交通能力、公共服务产品和环境保护机制都有了长足进步，但城市群基础设施发展仍面临许多问题。城市间基础设施建设发展呈现孤立化的现象，抑制了区域经济发展效率以及资源的有效利用。尤其中心城市和城市群边缘城市的联通性较差，尚未形成协调发展的基础设施建设网络，城市间、城市与城市群间基础设施建设统筹能力严重不足，导致中心城市与周边城市发展差距较大，城市发展两极分化严重。因此，面对我国城市群高质量发展需求，需要创新城市群基础设施高质量协调发展模式，优化基础设施空间布局，提高投入建设效率，提升基础设施规划的区域性特征。不断优化城市群基础设施网络，一方面，使中心城市基础设施建设已取得的优势得到更充分的发挥，促使其建设范围向周边地区进行延伸；另一方面，有助于科学合理分配城市群资源，提升基础设施建设效率，构建完善的城市群基础设施网络，推动发展要素在城市群内的顺畅流通，实现高质量发展。因此，准确把握城市群基础设施空间分异特征及影响因素，找准城市群基础设施建设模式，针对性地优化城市群基础设施空间布局，对于改善城市群区域联通性，推动多形式、多主体跨区域合作，实现城市群整体综合竞争力提升具有重要的现实意义。

在城市群基础设施的相关研究中，国外学者虽然对基础设施领域，如能源基础设施、绿色基础设施、交通基础设施、生态基础设施等方面有所关注，但整体研究较少。国内对城市群基础设施的研究也相对较少，往往将基础设施作为城市群的发展指标来进行研究和讨论，如张凡等（2019）将基础设施作为城市群竞争力指标之一，构建了中国城市群竞争力评价指标体系，并研究其对城市群区域差异的影响；方叶林等（2021）则认为基础设施是一体化进程的重要反映指标，运用空间杜宾模型探究一体化进程对长三角城市群旅游经济的空间溢出效应。此外，我国在基础设施领域的研究十分丰硕，主要概括为三个方面：一是从基础设施的定义出发，构建基础设施的评价指标体系，如乔黎黎（2021）从目标、投入、活动、产出和效应五个维度出发构建了我国重大科技基础设施评价指标体系；二是从基础设施的构成出发，对基础设施的构成要素进行研究，如交通基础设施、信息基础设施、重大科技基础设施和新型基础设施等，如刘冲等（2020）在交通基础设施建设飞速发展的背景下，从竞争与资源配置的角度研究交通基础设施对中国企业生产效率的影响机制；三是从基础设施的作用出发，研究基础设施与城镇化、城市高质量发展或经济增长等现实问题的内在关联或影响机制，如刘倩倩等（2017）利用 DEA 模型和 Malmquist 生产指数分析了中国 290 个地级市市政公用基础设施的投入产出效率对经济增长的影响。

可以看出，目前城市群基础设施的相关研究较少，对城市群基础设施的整体评价和研究更为稀缺且存在一定局限性：一方面，以往研究忽视了基础设施空间分布对城市群发展的重要作用，缺少对城市群的基础设施空间特征的系统整理与空间分异性研究；另一方面，研究方法多为传统的计量分析，缺少 GIS 空间分析与现代大数据方法的结合。为此，本书运用大数据、GIS 空间分析以及地理探测器等方法研究我国 19 个城市群的基础设施空间分布特征及影响因素。其中，大数据事实、快速、高效的特点使其能够避免传统官方数据更新较慢、易缺失等问题，提高研究精度；地理探测器与传统计量方法相比，能够有效探测空间分异性，并解释其背后驱动力。综上，基于 POI 大数据分析中国城市群基础设施空间分布特征，并运用地理探测器分析其影响因素，具有重要理论意义。

### 5.2.1.2　研究方法

平均最近邻：根据平均最近邻算法得到的最近邻指数（Nearest Neighbor Indicator，NNI）可以判断要素在某区域内是否聚集，不同要素在同一区域的聚集程度如何。计算公式如下：

平均预期距离：

$$\overline{D}_E = \frac{0.5}{\sqrt{n/S}} \tag{5-17}$$

其中，$\overline{D}_E$ 是平均预期距离，n 为样本量，S 为研究区域面积。平均预期距离是计算观测距离前计算的假设要素是随机分布时的平均距离。

实际平均观测距离：

$$\overline{D}_O = \frac{\sum\limits_{i=1}^{n} d_i}{n} \tag{5-18}$$

其中，$\overline{D}_O$ 是实际平均观测距离，$d_i$ 表示第 i 个要素与其最近要素质心之间的距离。

平均最近邻指数：

$$NNI = \frac{\overline{D}_O}{\overline{D}_E} \tag{5-19}$$

若 NNI < 1，就表示要素在空间上是聚集的；若 NNI > 1，则表示要素在空间上是离散的。NNI 接近 1，表示要素在空间上是随机分布的；NNI 越接近 0，则表示要素的聚集程度越高，聚集现象越明显。

核密度分析：运用核密度分析工具计算要素在其周围邻域中的密度，探析要素在空间的聚集规律，判断其空间结构类型。计算公式如下：

$$H_n(x) = \frac{1}{nr} \sum_{i=1}^{n} f\left(\frac{x - x_i}{r}\right) \tag{5-20}$$

其中，x 表示要素的位置，n 为样本个数，r 表示以要素 x 为圆心形成的圆形区域的半径，$x_i$ 则表示圆形区域内的要素位置，f 为核函数。

标准差椭圆：标准差椭圆是依据要素坐标位置计算出的圆心、旋转角度和 x、y 轴长度计算得出的一个椭圆。运用标准差椭圆度量要素的分布趋势和方向，椭圆的短半轴表示要素分布的范围，长半轴表示要素的分布方向，短半轴越短，表示要素的向心力越强；同时，长半轴与短半轴的差越大，说明要素的方向性越显著，反之则不显著。计算公式如下：

旋转角度：

$$
\tan\theta = \frac{(\sum\limits_{i=1}^{n}\Delta x_i^2 - \sum\limits_{i=1}^{n}\Delta y_i^2) + \sqrt{(\sum\limits_{i=1}^{n}\Delta x_i^2 - \sum\limits_{i=1}^{n}\Delta y_i^2)^2 + 4(\sum\limits_{i=1}^{n}\Delta x_i\Delta y_i)^2}}{2\sum\limits_{i=1}^{n}\Delta x_i\Delta y_i} \tag{5-21}
$$

其中，$\theta$ 表示旋转角度，$\Delta x_i$、$\Delta y_i$ 表示圆心与第 $i$ 个要素的坐标差。

圆心坐标：

$$
SDE_x = \sqrt{\frac{\sum\limits_{i=1}^{n}(x_i - \overline{X})^2}{n}} \tag{5-22}
$$

$$
SDE_y = \sqrt{\frac{\sum\limits_{i=1}^{n}(y_i - \overline{Y})^2}{n}} \tag{5-23}
$$

其中，$SDE_x$ 与 $SDE_y$ 分别代表了圆心的横坐标与纵坐标，$x_i$、$y_i$ 表示第 $i$ 个要素的横坐标与纵坐标，$\overline{X}$、$\overline{Y}$ 是算术平均中心。

$x$、$y$ 轴长：

$$
\sigma_x = \sqrt{2}\sqrt{\frac{\sum\limits_{i=1}^{n}(\tilde{x}_i\cos\theta - \tilde{y}_i\sin\theta)^2}{n}} \tag{5-24}
$$

$$
\sigma_y = \sqrt{2}\sqrt{\frac{\sum\limits_{i=1}^{n}(\tilde{x}_i\sin\theta + \tilde{y}_i\cos\theta)^2}{n}} \tag{5-25}
$$

其中，$\tilde{x}_i$、$\tilde{y}_i$ 是平均中心和 $x$、$y$ 坐标的差。

局部莫兰指数：局部莫兰指数可以探析要素在空间上的具体聚集现象，判断相邻区域的空间联系形式。主要有四种空间联系形式，分别为：高观测值区域单元被高值区域包围、高观测值区域单元被低观测值包围、低观测值区域单元被高值区域包围和低观测值区域单元被低值区域包围。其计算公式如下：

$$
I = Z_i\sum\limits_{j\neq i}^{n}W_{ij}Z_j \tag{5-26}
$$

其中，$I$ 表示局部莫兰指数，$Z_i$、$Z_j$ 表示各区域标准化后的观测值，$W_{ij}$ 表示要素 $i$ 与要素 $j$ 的空间权重。

地理探测器：地理探测器是基于统计学原理探测因变量与自变量间空间关系的一种新分析工具，由分异及因子探测、交互作用探测、风险区探测和生态探测四部分组成。其中，分异及因子探测主要用于探测因变量的空间分异性及自变量对因变量空间分异性的解释能力程度；交互作用探测主要用于探测不同自变量间的共同作用是否会改变对因变量空间分异性的解释能力；风险区探测主要用于判断两个子区域间的属性是否存在明显差异；生态探测主要用于比较不同自变量对因变量空间分布的影响是否有显著的差异。

本书重点研究分异及因子探测和交互作用探测，这两种探测器均使用 $q$ 值来度量。其计算步骤为：先将因变量 $Y$ 与自变量 $X$ 分为 $h$ 层（$h = 1$，$\cdots$，$L$），再计算层 $h$ 和全区的 $Y$ 值的方差 $\sigma_h^2$ 和 $\sigma^2$，最后计算 $q$ 值来度量自变量 $Y$ 的空间分异性，其表达式为：

$$
q = 1 - \frac{\sum\limits_{h=1}^{L}N_h\sigma_h^2}{N\sigma^2} = 1 - \frac{SSW}{SST} \tag{5-27}
$$

其中，$q\in[0, 1]$，SSW 是层内方差之和，SST 是全区总方差，$q$ 值越大表示因变量 $Y$ 的空间分异性越明显，自变量 X 对 Y 的空间分异性的解释能力越强。

交互作用探测首先需要计算两个不同自变量——$q(X_1)$ 和 $q(X_2)$ 的 q 值，再计算它们交互时的 q 值 $q(X_1 \cap X_2)$，通过比较 $q(X_1)$、$q(X_2)$ 和 $q(X_1 \cap X_2)$ 来识别不同自变量之间的交互作用，交互作用类型如表 5 - 12 所示。

表 5 - 12　　　　　　　　　　两个自变量对因变量的交互作用类型

| 判断依据 | 交互作用 |
| --- | --- |
| $q(X_1 \cap X_2) < \min(q(X_1),\ q(X_2))$ | 非线性减弱 |
| $\min(q(X_1),\ q(X_2)) < q(X_1 \cap X_2) < \max(q(X_1),\ q(X_2))$ | 单因子非线性减弱 |
| $q(X_1 \cap X_2) > \max(q(X_1),\ q(X_2))$ | 双因子增强 |
| $q(X_1 \cap X_2) = q(X_1) + q(X_2)$ | 独立 |
| $q(X_1 \cap X_2) > q(X_1) + q(X_2)$ | 非线性增强 |

### 5.2.1.3　数据来源与预处理

基础设施 POI 大数据：本书在借鉴现有理论研究成果的基础上，结合 POI 数据的性质和可得性，将城市群基础设施评价指标体系分为市政公用工程设施和公共生活服务设施，市政公用工程设施是保障城市可持续发展的关键设施，主要包括交通设施、供水供电设施、园林绿化和环境保护设施，公共生活服务设施是满足人们生活日常需求的公共建筑和设施，主要包括商业设施、邮电通信设施、卫生医疗设施、文化教育设施和科研与技术服务设施，以上指标对应的 POI 数据类型如表 5 - 13 所示。数据来源于百度地图上爬取的 2021 年 10 月份的 POI 数据，经过去重、筛选等清洗过程，可用数据共计 1090.03 万条。

表 5 - 13　　　　　　　　　　基础设施 POI 评价指标体系

| 目标层 | 基础设施类型 | 基础设施要素 | POI 类型 |
| --- | --- | --- | --- |
| 基础设施 | 市政公用工程设施 | 交通设施 | 汽车站、火车站、机场、港口、公交车站、地铁站、停车场 |
| | | 供水供电设施 | 水电站、水电厂、水力发电厂、发电站、核电站、自来水厂 |
| | | 园林绿化和环境保护设施 | 公园、植物园、垃圾填埋场、垃圾处理厂、污水处理厂 |
| | 公共生活服务设施 | 商业设施 | 便利店、超市、综合市场、购物中心、银行、餐厅 |
| | | 邮电通信设施 | 电信营业厅、电信公司、邮局（包括邮政速递）、物流速递 |
| | | 卫生医疗设施 | 药房、疗养院、诊所、疾病预防机构、急救中心、专科医院、综合医院 |
| | | 文化教育设施 | 高等院校、职业技术学校、中学、小学、幼儿园、博物馆、图书馆、文化宫、电视台、报社、杂志社 |
| | | 科研与技术服务设施 | 科技馆、科研机构 |

影响因素数据：在城市群基础设施空间分异性的影响因素研究中，通过梳理近年来与基础设施相关的文献，结合前人的研究将影响基础设施空间分布的因素分为人口因素和社会经济因素，并选定了 5 个代理变量，分别为人口规模、人口消费水平、经济发展水平、金融发展水平和财政能力。其中，人口规模用人口密度表示，人口消费水平用城镇居民人均可支配收入表示，经济发展水平用 GDP 表示，金融发展水平用金融机构贷款余额占 GDP 的百分比表示，财政能力用地方政府一般预算支出表示，如图 5 - 7 所示。

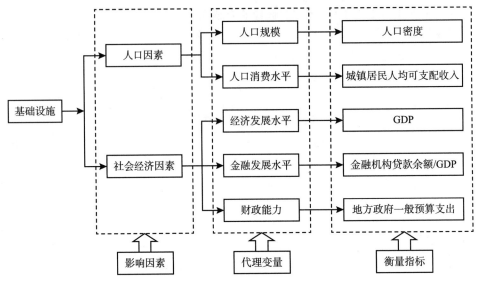

**图 5 - 7　基础设施影响因素及其代理变量**

人口因素是影响城市群基础设施建设的重要因素之一，随着中华民族伟大复兴中国梦的不断推进，我国城镇化进程不断加快，人们的需求不断增多，对城市基础设施的要求越来越高，这进一步推动了城市群的基础设施建设，人口密度大、城镇居民人均可支配收入高的城市群对基础设施的需求更大，对城市群基础设施建设提出了更高的要求，进而对城市群基础设施建设的空间分布产生了一定的影响。因此，本书将人口因素纳入基础设施建设的影响因素当中来，用人口规模和人口消费水平来表示人口因素。

社会经济因素与基础设施建设存在较强的关联作用，一方面，基础设施建设推动着经济发展；另一方面，经济发展也是推动基础设施建设的强有力支撑，由于基础设施建设需要较大的资金投入，且基础设施的建设和收益周期较长，这就导致经济发展水平成为基础设施建设的重要影响因素，经济实力较弱的城市群的基础设施建设发展缓慢，而经济实力较强的城市群有充足的资金支持该城市群的基础设施建设，从而具备较完备的基础设施体系。因此，本书将社会经济因素纳入基础设施建设的影响因素当中，用经济发展水平、金融发展水平和财政能力来表示社会经济因素。

以上数据均来源于各城市国民经济和社会发展统计公报、统计局和政府网站。由于目前没有城市群相关的官方统计数据，因此，城市群的相关数据用该城市群中各城市之和的均值来表示，需要特别说明的是，由于数据的可得性，城市群基础设施空间分异性影响因素的研究数据中不包含县区级行政区、香港特别行政区和澳门特别行政区。

### 5.2.2　测算结果与空间分析

#### 5.2.2.1　城市群基础设施空间分布的基本模式
首先，对城市群基础设施聚散特征及宏观分布格局进行分析。

城市群各基础设施类型是否聚集，在空间上的聚集程度如何是研究城市群基础设施空间布局的前提，运用平均最近邻算法和核密度分析法，计算各城市群各基础设施类型的最近邻指数和各基础设施类型在其周围邻域中的密度，结果显示每个城市群市政公用工程设施和公共生活服务设施的NNI 均远小于 1，如表 5 - 14 所示，说明各基础设施类型在各城市群中都存在着明显的聚集现象，且每个城市群的公共生活服务设施 NNI 均高于市政公用工程设施，表明各城市群的公共生活服务设施的聚集程度均高于市政公用工程设施。天山北坡、呼包鄂榆和兰西城市群各基础设施类型的NNI 均远小于 1，说明基础设施在这些城市群的聚集程度较高，这与其地理位置有较强的关联，天山北坡、呼包鄂榆和兰西城市群地广人稀，人口密度较大，经济发展水平相对高的地区对基础设施的要求较高，基础设施多聚集于此，进一步导致了基础设施高度聚集的现象。

**表 5 – 14**　　　　　　　　　　　　　　**中国城市群基础设施平均最近邻比率**

| 市政公用工程设施平均最近邻比率 | | 公共生活服务设施平均最近邻比率 | |
|---|---|---|---|
| 取值范围 | 城市群 | 取值范围 | 城市群 |
| 0.056 ~ 0.068 | 天山北坡、呼包鄂榆、兰西 | 0.123 ~ 0.146 | 天山北坡、呼包鄂榆、兰西、哈长 |
| 0.069 ~ 0.083 | 宁夏沿黄、哈长 | 0.147 ~ 0.176 | 宁夏沿黄、关中平原、黔中、滇中、北部湾 |
| 0.084 ~ 0.124 | 晋中、辽中南、成渝、黔中、滇中、关中平原、北部湾 | 0.177 ~ 0.216 | 粤闽浙沿海、长江中游、成渝、晋中、辽中南 |
| 0.125 ~ 0.154 | 京津冀、长三角、粤闽浙沿海、珠三角、长江中游 | 0.217 ~ 0.253 | 京津冀、珠三角、中原 |
| 0.155 ~ 0.169 | 山东半岛、中原 | 0.254 ~ 0.307 | 山东半岛、长三角 |

其次，对城市群基础设施空间分布模式进行分类。

运用 ArcGis 10.2 软件，计算各城市群基础设施在其范围内的核密度，采用自然间断法将核密度划分为 1 ~ 8 级，此外，结合河流、铁路干线和国道分布特征分析各城市群的基础设施空间分布规律和模式，并进行分类讨论和研究。通过研究发现，城市群基础设施空间分布模式主要呈现连片集簇、多极核组团、带状分布和放射扩展类型，由此将基础设施空间分布划分为 4 种类型：集中团块型、分散组合型、线型和放射型，如表 5 – 15 所示。

**表 5 – 15**　　　　　　　　　　　　　　**中国城市群基础设施空间分布类型**

| 空间分布类型 | 空间分布模式特征 | 城市群 |
|---|---|---|
| 集中团块型 | 连片集簇：高密度区较多，密度区分布较密集，呈块状分布 | 长江三角洲、珠江三角洲、京津冀 |
| 分散组合型 | 多极核组团：拥有 3 个或 3 个以上的高密度区 | 山东半岛、长江中游、粤闽浙沿海 |
| 线型 | 带状分布：密度区多集中于铁路干线、河流两侧，呈带状分布 | 宁夏沿黄、天山北坡、关中平原 |
| 放射型 | 放射扩展：密度区沿着铁路干线和国道两侧分布，其他区域密度区较少且分布较为离散，总体呈现一点多线或多点多线的放射扩散模式 | 滇中、成渝、中原、哈长、晋中、呼包鄂榆、黔中、兰西、北部湾、辽中南 |

集中团块型：高密度区较多，密度区分布较密集，呈块状分布。长三角、珠三角、京津冀城市群的基础设施空间分布类型均为集中团块型，这类城市群均是沿海城市群，其高密度区多分布于沿海城市，且经济发展水平较高，铁路干线、国道、河流分布较多。

分散组合型：拥有 3 个或 3 个以上的高密度区，如山东半岛、长江中游、粤闽浙沿海城市群均符合分散组合型的基础设施空间分布模式，如长江中游城市群在空间上呈现特殊的"三角形"状分布，山东半岛城市群拥有 8 个城市中心，是高密度区最多的城市群。

线型：密度区多集中于铁路干线、河流两侧，呈带状分布。如宁夏沿黄、天山北坡和关中平原等城市群的基础设施空间分布模式均属于线型分布模式。该类城市群只有一个高密度区，均位于铁路干线与国道的交会中心，且都属于西部城市群。

放射型：密度区沿着铁路干线和国道两侧分布，其他区域密度区较少且分布较为离散，总体呈现一点多线或多点多线的放射扩散模式。如滇中城市群就是典型的一点多线的放射扩散模式，成渝、中原城市群则是典型的多点多线的放射扩散模式，同属于放射型的城市群还有哈长、晋中、呼包鄂榆、黔中、兰西和北部湾城市群。

总体来看，基础设施空间分布类型中属于放射型分布模式的城市群最多。放射型和线型分布模式的密度区数量普遍少于分散组合型和集中团块型。从地理位置的角度看，西部城市群的基础设施空间分布类型均属于线型或放射型，且均只有一个高密度区，高密度区多位于铁路、国道和河流交会处；东部城市群均属于集中团块型或分散组合型的基础设施空间分布类型，具有多个高密度区，且高密度区数量较多。从经济发展的角度看，经济发展水平较高的城市群均为集中团块型或分散组合型，其基础设施分布范围广、分布均匀且密度较大、路网体系十分成熟。经济发展水平较低的城市群基础设施空间分布类型多属于线型或放射型，该类城市群基础设施聚集的程度较低。此外，单中心城市群的基础设施空间分布只有一个高密度区，双中心城市群的基础设施空间分布有多个高密度区，城市群的基础设施空间分布与城市群的空间结构划分保持一致。

### 5.2.2.2　城市群基础设施空间分布的构成特征

根据"十四五"规划中指出的："提升长三角一体化发展水平""加快基础设施互联互通，实现长三角地级及以上城市高铁全覆盖，推进港口群一体化治理"及2019年国家发展改革委出台的《关于培育发展现代化都市圈的指导意见》中提出的"扎实实施成渝地区双城经济圈建设规划纲要。研究编制长江中游、北部湾、关中平原等跨省区城市群实施方案，有序引导省内城市群发展"等重要指示，选择长三角、粤闽浙沿海、关中平原和成渝城市群作为集中团块型、分散组合型、线型和放射型的代表性城市群进一步研究其基础设施空间分布特征。结合标准差椭圆和局部莫兰指数等方法，探析城市群市政公用工程设施和公共生活服务设施的集聚分布和发展方向，并根据"十四五"规划中指出的"适度超前布局国家重大科技基础设施""全面提升环境基础设施水平""加快基础设施互联互通，实现长三角地级及以上城市高铁全覆盖，推进港口群一体化治理"等内容，选择了交通设施、园林绿化和环境保护设施、科研与技术服务设施和邮电通信设施等要素分析基础设施空间分布的构成特征。具体分析如下：

第一，集中团块型城市群基础设施空间分布特征。

集中团块型的代表城市群是长三角城市群。长三角具有发达的水系和富饶的土地资源，是"一带一路"与长江经济带的重要交会地带，也是经济社会发展的重要引擎，拥有一个国家级中心城市——上海，从表5-16中也能明显看出中心城市在城市群的基础设施建设中发挥了重要作用。总体来看，长三角各基础设施要素的空间分布类型和特征与长三角整体的空间分布模式一致，均有4个极核中心，分别为上海、合肥、南京和杭州，在这些城市中，上海属于直辖市，合肥、南京和杭州分别为安徽、浙江、江苏的省会城市，说明基础设施的空间分布与城市群结构具有很强的相关性。各基础设施要素的向心力大致相同，分布方向大部分与长三角城市群整体区域形状吻合，基础设施空间分布呈现"高低相间"的聚集模式，高高（低）聚集区数量较多但仍少于低低（高）聚集区，如表5-16所示。

表5-16　　　　　　　　　　　　长三角城市群基础设施空间分布格局

| 基础设施要素 | 市政公用工程设施 | 交通设施 | 园林绿化和环境保护设施 | 公共生活服务设施 | 科研与技术服务设施 | 邮电通信设施 |
|---|---|---|---|---|---|---|
| 高高聚集 | 金华、绍兴、上海、苏州 | 金华、绍兴、上海、苏州 | 金华、嘉兴、上海、苏州 | 金华、嘉兴、上海、苏州、无锡 | 苏州 | 金华、上海、苏州、无锡、南通 |
| 高低聚集 | 宁波、杭州、宣城、无锡、常州、南京、合肥 | 宁波、杭州、宣城、无锡、常州、南京、合肥 | 宁波、杭州、无锡、南京、合肥 | 宁波、杭州、南京、合肥 | 杭州、上海、无锡、南京、合肥 | 宁波、杭州、常州、南京、合肥 |

续表

| 基础设施要素 | 市政公用工程设施 | 交通设施 | 园林绿化和环境保护设施 | 公共生活服务设施 | 科研与技术服务设施 | 邮电通信设施 |
|---|---|---|---|---|---|---|
| 低高聚集 | 舟山、台州、湖州、嘉兴、南通 | 舟山、台州、湖州、嘉兴、南通 | 舟山、台州、绍兴、宣城、湖州、镇江、滁州、南通 | 舟山、台州、绍兴、湖州、南通 | 金华、绍兴、宣城、湖州、嘉兴、常州、马鞍山、镇江、滁州、南通、扬州 | 舟山、台州、绍兴、湖州、嘉兴、镇江、滁州、泰州 |
| 低低聚集 | 池州、铜陵、安庆、马鞍山、镇江、滁州、泰州、盐城、扬州、芜湖 | 池州、铜陵、安庆、马鞍山、镇江、滁州、泰州、盐城、扬州、芜湖 | 池州、铜陵、安庆、常州、马鞍山、泰州、盐城、扬州、芜湖 | 池州、铜陵、安庆、宣城、常州、马鞍山、镇江、滁州、泰州、盐城、扬州、芜湖 | 舟山、池州、铜陵、安庆、台州、宁波、泰州、盐城、芜湖 | 池州、铜陵、安庆、宣城、马鞍山、盐城、扬州、芜湖 |
| 空间分布类型 | 集中团块型 | 集中团块型 | 集中团块型 | 集中团块型 | 集中团块型 | 集中团块型 |
| 极核中心 | 上海、合肥、南京、杭州 | 上海、合肥、南京、杭州 | 上海、合肥、南京、杭州 | 上海、合肥、南京、杭州 | 上海、合肥、南京、杭州 | 上海、合肥、南京、杭州 |
| 标准差椭圆空间格局 | 西北—东南 | 西北—东南 | 西北—东南 | 西北—东南 | 西北—东南 | 西北—东南 |

具体来看，长三角基础设施空间分布特征主要表现为以下几个方面：一是各基础设施要素均在铁路干线周围形成相对较高的核密度区，基础设施的空间分布较依赖于铁路干线。二是上海市是长三角基础设施聚集的绝对高值区域，各基础设施要素的核密度最大值均位于上海市，上海市在基础设施方面占有绝对性优势；南京、杭州在各基础设施要素核密度中均属于高值区域，与周边地区联动性较强；合肥是公共生活服务设施的高值区，但其市政公共工程设施核密度值属于中等区域，形成一个独立团块，与周边地区的联动性较弱。三是市政公用工程设施和公共生活服务设施的空间向心力不强，分布方向均为西北方向，与该城市群整体区域形状吻合，其中，科研与技术服务设施的向心力相对于其他基础设施要素来说较强，标准差椭圆的长半轴与短半轴的差相对较大，说明科研与技术服务设施的方向性较显著。四是上海、南京、杭州和合肥市政公用工程设施和公共生活服务设施在空间上的集聚现象为高高聚集或高低聚集，即这4个城市基础设施集聚现象最显著，上海和杭州有多个相邻城市也呈现高高（低）的集聚现象，而合肥的相邻城市均为低低聚集，由此说明合肥基础设施空间分布情况与相邻城市差距较大，带动能力还有待增强，而上海和杭州对城市群基础设施一体化发展作出的贡献最大。

第二，分散组合型城市群基础设施空间分布特征。

分散组合型的代表城市群是粤闽浙沿海城市群。粤闽浙沿海城市群原名为海峡西岸城市群，"十四五"规划中更名为粤闽浙沿海城市群，城市群中的11个城市都是沿海城市，这独特的空间区位优势更凸显了其作为两岸交流枢纽的重要战略地位，也因此形成了特殊的"一线多核"的空间分布模式。总体来看，大部分基础设施要素的空间分布模式与城市群整体的空间分布模式一样，均有3个或3个以上的高密度区，即为分散组合型，对城市群整体基础设施空间特征的贡献较大；基础设施分布向心力较强，方向性十分显著，各城市中心均呈现高高聚集或高低聚集的产业集聚模式，如表5-17所示。

表 5 - 17                 粤闽浙沿海城市群基础设施空间分布格局

| 基础设施要素 | 市政公用工程设施 | 交通设施 | 园林绿化和环境保护设施 | 公共生活服务设施 | 科研与技术服务设施 | 邮电通信设施 |
|---|---|---|---|---|---|---|
| 高高聚集 | 厦门、泉州 | 厦门、泉州 | 泉州 | 福州、厦门 | 厦门、泉州 | 福州、厦门、泉州、漳州 |
| 高低聚集 | 温州、福州 | 温州、福州 | 温州、福州、汕尾、揭阳 | 温州、泉州、汕头 | 温州、福州 | 温州 |
| 低高聚集 | 莆田、漳州、宁德 | 莆田、漳州、宁德 | 厦门、莆田、宁德 | 莆田、漳州、宁德 | 莆田、漳州、宁德 | 莆田、宁德 |
| 低低聚集 | 汕头、汕尾、潮州、揭阳 | 汕头、汕尾、潮州、揭阳 | 漳州、汕头、潮州 | 汕尾、潮州、揭阳 | 汕头、汕尾、潮州、揭阳 | 汕头、汕尾、潮州、揭阳 |
| 空间分布类型 | 分散组合型 | 分散组合型 | 分散组合型 | 分散组合型 | 线型 | 分散组合型 |
| 极核中心 | 温州、福州、厦门、泉州 | 福州、泉州、厦门 | 温州、福州、厦门、泉州、汕头 | 温州、福州、厦门、汕头、泉州 | 福州、厦门 | 福州、泉州、厦门 |
| 标准差椭圆空间格局 | 东北—西南 | 东北—西南 | 东北—西南 | 东北—西南 | 东北—西南 | 东北—西南 |

具体来看，粤闽浙沿海各基础设施要素空间分布特征主要表现为以下几个方面：一是各基础设施要素均在沿海地区形成相对较高的核密度区，其独特的空间区位使基础设施的空间分布较依赖于海岸线。二是市政公用工程设施有 4 个高密度区，分别为温州、福州、厦门和泉州，但汕头园林绿化和环境保护设施也属于高密度区，说明汕头的园林绿化和环境保护设施在城市群中的水平相较于其他设施要素来说较高；公共生活服务设施有 5 个高密度区，分别为温州、福州、厦门、汕头、泉州，但科研与技术服务设施中只有 2 个高密度区，分别是福州和厦门，这两个城市的科研与技术服务设施更集中，邮电通信设施在广东省的城市均没有出现极核。三是市政公用工程设施和公共生活服务设施的空间向心力较强，分布方向均为东北方向，与该城市群整体区域形状吻合，其中，科研与技术服务设施和邮电通信设施的向心力相对于其他基础设施要素来说较强，但邮电通信设施标准差椭圆的长半轴与短半轴的差相对较小，说明邮电通信设施的方向性较不显著。四是福州、温州、泉州和厦门市政公用工程设施和公共生活服务设施在空间上的集聚现象为高高聚集或高低聚集，即这 4 个城市基础设施集聚现象最显著，但这些城市的相邻城市均为低高聚集，由此说明城市间的基础设施空间分布情况差距较大，城市中心的带动能力还有待增强。

第三，线型城市群基础设施空间分布特征。

线型的代表城市群为关中平原城市群，关中平原地处我国内陆中心，是西部地区面向东中部地区的重要门户，是引领西北地区发展的重要增长极，同时也是西部地区的第二大城市群，了解关中平原基础设施空间分布特征，发展壮大关中平原是推进西部大开发形成新格局的重要途径。总体来看，西安是关中平原城市群中唯一一个高密度区域，各基础设施的分布方向与河流流向一致，市政公共工程设施向心力要大于公共生活服务设施，基础设施空间分布整体呈现"左低右高"的聚集模式，如表 5 - 18 所示。

具体来看，其空间分布特征主要表现为以下几方面：一是各基础设施要素均围绕西安市形成城市中心，沿着河流和铁路干线形成多个小型极核，邮电通信设施、园林绿化和环境保护设施在西安市形成一个较大的团块状聚集区域，交通设施和科研与技术服务设施的团块较小。二是市政公用工程设施和公共生活服务设施的空间向心力较强，分布方向均为东北方向，与该城市群整体区域形状吻合，其中，科研与技术服务设施向心力最强，其次是交通设施，园林绿化和环境保护设施与邮电通信设施的方向性较显著。三是西安各基础设施要素的集聚现象均为高低聚集，市政公用工程设施和公共生活服务设施中庆阳、平凉和天水的集聚现象为低低聚集，临汾、运城为高高聚集，总体呈现"左低右高"的集聚现象，需要更注重城市群"左侧"城市的基础设施发展水平进一步提升；科研与技术服务设施中除西安外，其他城市都是低低（高）聚集，说明关中平原的科研技术服务设施主要分布在西安，其他城市分布较少；园林绿化和环境保护设施中，高高（低）集聚区多于低低（高）集聚区，说明关中平原的园林绿化和环境保护设施相对完善。总体上来说，西安作为各基础设施要素的聚集中心，对外扩散能力还有待提升，以提高对周围城市基础设施发展的积极促进作用。

表5-18　　　　　　　　　　关中平原城市群基础设施空间分布格局

| 基础设施要素 | 市政公用工程设施 | 交通设施 | 园林绿化和环境保护设施 | 公共生活服务设施 | 科研与技术服务设施 | 邮电通信设施 |
|---|---|---|---|---|---|---|
| 高高聚集 | 运城、临汾、商洛 | 宝鸡、咸阳 | 运城、临汾、宝鸡、咸阳、渭南 | 运城、临汾、咸阳、渭南 | | 运城、临汾、咸阳、渭南 |
| 高低聚集 | 西安、咸阳 | 运城、西安 | 西安 | 西安 | 西安 | 西安 |
| 低高聚集 | 铜川、渭南 | 渭南、商洛 | 铜川、商洛 | 铜川、宝鸡、商洛 | 宝鸡、咸阳、渭南、商洛 | 铜川、宝鸡、商洛 |
| 低低聚集 | 宝鸡、天水、平凉、庆阳 | 临汾、铜川、天水、平凉、庆阳 | 天水、平凉、庆阳 | 天水、平凉、庆阳 | 运城、临汾、铜川、天水、平凉、庆阳 | 天水、平凉、庆阳 |
| 空间分布类型 | 线型 | 线型 | 线型 | 线型 | 线型 | 线型 |
| 极核中心 | 西安 | 西安 | 西安 | 西安 | 西安 | 西安 |
| 标准差椭圆空间格局 | 东北—西南 | 东北—西南 | 东北—西南 | 东北—西南 | 东北—西南 | 东北—西南 |

第四，放射型城市群基础设施空间分布特征。

放射型的代表城市群为成渝城市群，成渝城市群是西部城市群中的国家级城市群之一，是全国"两横三纵"的重要交会地带，交通网络发达，交通体系完善，是西部大开发的重要平台。总体来看，基础设施分布多集中于城市群中部地区，以重庆和成都为城市中心向中部扩散，各基础设施要素的分布方向为西北方向，各要素向心力有差异，基础设施呈现"左低右高"的空间聚集模式，如表5-19所示。

表5-19　　　　　　　　　　成渝城市群基础设施空间分布格局

| 基础设施要素 | 市政公用工程设施 | 交通设施 | 园林绿化和环境保护设施 | 公共生活服务设施 | 科研与技术服务设施 | 邮电通信设施 |
|---|---|---|---|---|---|---|
| 高高聚集 | | | | | | |
| 高低聚集 | 重庆、成都 | 重庆、成都 | 重庆、成都 | 重庆、成都 | 重庆、成都 | 重庆、成都 |

| 基础设施要素 | 市政公用工程设施 | 交通设施 | 园林绿化和环境保护设施 | 公共生活服务设施 | 科研与技术服务设施 | 邮电通信设施 |
|---|---|---|---|---|---|---|
| 低高聚集 | 泸州、德阳、遂宁、内江、眉山、广安、达州、雅安、资阳 | 泸州、德阳、遂宁、内江、眉山、广安、达州、雅安、资阳 | 泸州、德阳、遂宁、内江、广安、达州、雅安、资阳 | 泸州、德阳、遂宁、内江、眉山、广安、达州、雅安、资阳 | 泸州、德阳、遂宁、内江、眉山、广安、达州、雅安、资阳 | 泸州、德阳、遂宁、内江、眉山、广安、达州、雅安、资阳 |
| 低低聚集 | 自贡、绵阳、乐山、南充、宜宾 | 自贡、绵阳、乐山、南充、宜宾 | 自贡、绵阳、乐山、南充、眉山、宜宾 | 自贡、绵阳、乐山、南充、宜宾 | 自贡、绵阳、乐山、南充、宜宾 | 自贡、绵阳、乐山、南充、宜宾 |
| 空间分布类型 | 放射型 | 放射型 | 放射型 | 放射型 | 放射型 | 放射型 |
| 极核中心 | 成都、重庆 | 成都、重庆 | 成都、重庆 | 成都、重庆 | 成都、重庆 | 成都、重庆 |
| 标准差椭圆空间格局 | 西（略偏北）—东（略偏南） | 西（略偏北）—东（略偏南） | 西（略偏北）—东（略偏南） | 西（略偏北）—东（略偏南） | 西（略偏北）—东（略偏南） | 西（略偏北）—东（略偏南） |

具体来看，其空间分布特征主要表现为以下几方面：一是成都是成渝城市群的第一城市中心，在其周围形成了一个较大的密集团块状区域，重庆是第二城市中心，核密度团块较小，除科研与技术服务设施之外，均沿着国道形成多个小型极核两侧分布，呈放射型结构，对城市群整体产业空间结构的贡献较大。二是市政公用工程设施的向心力大于公共生活服务设施的向心力，其中，科研与技术服务设施的向心力最大，方向性最显著，分布方向为西北方向，与重庆和成都两市的连线方向吻合。三是各基础设施要素的集聚现象均保持一致，均不存在高高聚集区，只有重庆和成都属于高（低）聚集区，其余城市均属于低低（高）聚集区，低低聚集区分布在城市群北边界和西南边界处。由此说明城市中心的带动能力较差，还有很大的提升空间，需加强对周围城市基础设施发展的积极促进作用。

### 5.2.2.3　城市群基础设施空间分布的影响因素探测

在前文研究中，详细探讨了城市群的基础设施空间分布特征，将19个城市群分为4种空间分布类型，并结合河流、铁路干线、国道等信息分析城市群的基础设施空间分布特点，分析可知，城市群基础设施空间分布具有空间分异性，运用地理探测器模型，可以深入探析各因素与基础设施的空间分异性的关系，以及识别哪些因素对基础设施的空间分异性影响较大，从而有针对性地为基础设施空间结构的优化提供有效参考。

在进行地理探测器计算前，需要对各影响因子进行离散化处理，本书运用SPSS 25软件，采用系统聚类法将各影响因子进行客观科学的分类，将人口规模分为4类、人口消费水平分为5类、经济发展水平分为3类、金融发展水平分为4类、财政能力分为5类，再用地理探测器软件探测各基础设施的空间分异性，进而提高空间分异探测结果的可靠性。

先进行基础设施空间分布的单因子探测。

分别统计出各城市群市政公用工程实施和公共生活服务设施的点数量，结合5种影响因子对其进行单因子分析，得到了各影响因子对各基础设施空间分异的解释能力q值，如表5-20所示。

对于市政公用工程设施而言，对其分布的空间分异解释力最大的是财政能力（0.7279），解释力最弱的是金融发展水平（0.1735），解释力由大至小的排序为：财政能力（0.7279）>经济发展水平（0.6762）>人口消费水平（0.6591）>人口规模（0.5260）>金融发展水平（0.1735）。其中，财政能力和经济发展水平通过了5%的显著性检验，且解释率均超过50%。由此可知，财政能力和经济发展水平是市政公用工程实施空间分异的主影响因子，而金融发展水平对市政公用工程设施的空间分异性的影响较弱。

表 5 – 20　　　　　　　　　　　　　　　　单因子探测结果

| 影响因子 | 市政公用工程设施 | | 公共生活服务设施 | |
|---|---|---|---|---|
| | q 值 | p 值 | q 值 | p 值 |
| 人口规模 | 0.5260 | 0.1222 | 0.6470 | 0.0460 * |
| 人口消费水平 | 0.6591 | 0.0675 | 0.5330 | 0.2100 |
| 经济发展水平 | 0.6762 | 0.0076 * | 0.6395 | 0.0143 * |
| 金融发展水平 | 0.1735 | 0.4527 | 0.1498 | 0.4963 |
| 财政能力 | 0.7279 | 0.0148 * | 0.7158 | 0.0223 * |

注：＊表示在1%水平上显著。

　　对于公共生活服务设施而言，对其分布的空间分异解释力最大的是财政能力（0.7158），解释力最弱的是金融发展水平（0.1498），解释力由大至小的排序为：财政能力（0.7158）＞人口规模（0.6470）＞经济发展水平（0.6395）＞人口消费水平（0.5330）＞金融发展水平（0.1498）。其中，财政能力、人口规模和经济发展水平均通过了5%的显著性检验，且解释率均超过50%。由此可知，财政能力、人口规模和经济发展水平是公共生活服务设施空间分异的主影响因子，而金融发展水平对公共生活服务设施空间分异性的影响较弱。

　　由以上结果可知，财政能力既是市政公用工程实施的主要影响因素，也是公共生活服务设施的主要影响因素，因此，财政能力是基础设施空间分异性最主要影响因素，本书用政府一般预算支出来表示财政能力，政府是基础设施的重要建设者，基础设施建设需要较大的资金投入，且基础设施的建设和收益周期较长，因此政府的资金投入越大，越能够有效保证城市群的基础设施建设质量。同时，经济发展水平也是基础设施空间分异性的主要影响因子，经济发展水平高的城市群反映出其经济实力较强，能够给予基础设施建设足够的资金支持，且对基础设施的要求相对较高，因此能够促进基础设施体系的进一步完善，而经济发展水平低的城市群无法给予较大的资金支持，导致城市间的基础设施的差异性较为明显。同时，人口规模也是影响公共生活服务设施空间分异性的主要影响因素，公共生活服务设施指的是满足人们生活日常需求的公共建筑和设施，人口密度大的城市群，意味着需要更大规模和更全面的基础设施来满足人们日益增长的物质需求与精神需求，从而促进城市群的基础设施发展水平得到进一步提升。

　　再进行基础设施空间分布的因子交互探测。

　　交互作用探测是探测不同影响因子间的共同作用是否会改变对各基础设施空间分异性的解释能力，若没有变化，则表示这两个影响因子对基础设施空间分异性的影响是相互独立的，各探测结果如表5 – 21所示。

表 5 – 21　　　　　　　　　　　　　　　　因子交互作用探测结果

| 产业类型 | 影响因子 | 人口规模 | 人口消费水平 | 经济发展水平 | 金融发展水平 | 财政能力 |
|---|---|---|---|---|---|---|
| 市政公用工程设施 | 人口规模 | 0.5260 | | | | |
| | 人口消费水平 | 0.9266 ↗ | 0.6591 | | | |
| | 经济发展水平 | 0.9582 ↗ | 0.8104 ↗ | 0.6762 | | |
| | 金融发展水平 | 0.9592 ↖ | 0.7547 ↗ | 0.7361 ↗ | 0.1735 | |
| | 财政能力 | 0.9898 ↗ | 0.8182 ↗ | 0.7531 ↗ | 0.7757 ↗ | 0.7279 |

续表

| 产业类型 | 影响因子 | 人口规模 | 人口消费水平 | 经济发展水平 | 金融发展水平 | 财政能力 |
|---|---|---|---|---|---|---|
| 公共生活<br>服务设施 | 人口规模 | 0.6470 | | | | |
| | 人口消费水平 | 0.8448↗ | 0.5330 | | | |
| | 经济发展水平 | 0.9251↗ | 0.8171↗ | 0.6395 | | |
| | 金融发展水平 | 0.9281↖ | 0.7045↗ | 0.7539↗ | 0.1498 | |
| | 财政能力 | 0.9645↗ | 0.8093↗ | 0.7457↗ | 0.7988↗ | 0.7158 |

注："↖"表示非线性增强关系；"↗"表示双因子增强关系。

由表5-21可知，各基础设施两种因子交互作用均比原来单因子的影响作用强，即两影响因子的共同作用增强了对基础设施空间分异性的解释能力，两因子间的交互作用类型大部分属于双因子增强型，少部分属于非线性增强型，说明各基础设施的空间分异性不是受单一因子的影响，而是多因子共同作用的结果，即各基础设施的空间分异性受到人口因素和社会经济因素的共同作用。

市政公用工程设施中，人口规模与财政能力的交互作用最强，对市政公用工程设施空间分异性的解释能力最大，q值为0.9898，接近于1，说明解释能力较强；其次是人口规模与金融发展水平的交互作用，q值为0.9592。每对因子交互作用的q值均大于0.5。其中，对市政公用工程设施空间分异性解释能力超过90%的共有4组因子，占全组的40%，更进一步说明市政公用工程设施的空间分异性是受多种因素共同作用而产生的。人口规模和其他因子的交互作用最强，这充分说明了人口因素与社会经济因素结合是影响市政公用工程设施空间分异性的重要因素。此外，因子交互作用探测结果中有1组属于非线性增强型，为人口规模—金融发展水平，虽然在单因子探测中金融发展水平的解释能力最低，但通过交互因子探测分析可知，金融发展水平在与其他因子共同作用时对市政公用工程设施的空间分异性的影响会大幅度提升。

公共生活服务设施中，人口规模与财政能力的交互作用最强，对公共生活服务设施空间分异性的解释能力最大，q值为0.9645；其次是人口规模与金融发展水平的交互作用，q值为0.9281。每对因子交互作用的q值均大于0.5。其中，对公共生活服务设施空间分异性解释能力超过90%的共有3组因子，占全组的33%，更进一步说明公共生活服务设施空间分异性是受多种因素共同作用而产生的。人口规模和其他因子的交互作用最强，对公共生活服务设施空间分异性的解释能力均大于90%，这充分说明了人口因素与经济社会因素结合是影响公共生活服务设施空间分异性的重要因素。此外，因子交互作用探测结果中有1组属于非线性增强型，为人口规模—金融发展水平，虽然在单因子探测中金融发展水平的解释能力最低，但通过交互因子探测分析可知，金融发展水平在与其他因子共同作用时对公共生活服务设施的空间分异性的影响会大幅度提升。

总的来看，市政公用工程设施和公共生活服务设施的主要影响因素均保持一致，人口规模与财政能力的交互作用对其空间分异性的解释能力最强，其次是人口规模与金融发展水平。说明人口密度与政府一般预算支出是影响基础设施的重要影响因素，人口和经济的共同作用会大大加强对基础设施的影响程度。

### 5.2.3　研究发现与政策含义

#### 5.2.3.1　研究发现

本书运用最近邻分析、核密度分析、标准差椭圆、局部莫兰指数和地理探测器来研究分析中国19个城市群的基础设施空间特征及空间布局的影响因素，从多个角度探讨城市群基础设施分布的空间特征，为城市群的基础设施空间结构优化提供新的思路，得出以下四个研究发现。

第一，各基础设施在城市群中均存在空间聚集现象，整体分布格局呈"东高西低"的发展趋势。东部城市群中珠三角、长三角和京津冀城市群的基础设施聚集程度较高，这些城市群人口密度大，经济发展水平高，导致对基础设施有更高的要求，且有经济实力支撑基础设施建设，进而出现东高西低的密度分布趋势。西部城市群中成渝城市群是基础设施聚集程度最高的城市群，充分体现了成渝城市群作为国家级城市群，推进西部大开发的重要地位。中部城市群和东北部城市群基础设施集聚程度均处于较低水平，城市群间的差异不大，还需要进一步推进中部及东北部城市群的基础设施全面发展。

第二，城市群基础设施空间分布特征主要有集中团块型、分散组合型、线型和放射型 4 种类型。东部城市群均属于集中团块型或分散组合型的基础设施空间分布类型，具有多个高密度区；西部城市群的基础设施空间分布类型均属于线型或放射型分布，且均只有一个高密度区。这与城市群的经济发展密切相关，经济发展较好的城市群基础设施分布范围广、分布均匀且密度较大、路网体系十分成熟，因此多呈现集中团块或分散组团的基础设施分布类型，而经济发展较为缓慢的城市群的基础设施分布往往依靠河流或铁路干线放射分布，因此其基础设施分布类型多为放射型或线型。

第三，省会城市和直辖市是城市群基础设施的城市中心，但辐射—扩散能力还有待加强。长三角、关中平原和成渝城市群的城市中心能够有效影响周边城市的基础设施发展，这类城市群的城市中心的扩散能力较强，能够带动城市中心周边城市的基础设施进一步完善，而粤闽浙沿海城市群中心城市的空间影响力相对较弱；此外，科研与技术服务设施只在城市中心集聚，分布范围较小，聚集程度较低；除线型城市群（关中平原）外的城市群均有多个城市中心来共同推进城市群基础设施的全面建设；各基础设施要素的空间向心力与发展方向差别不大，分散组合型（长江中游）基础设施的向心力最不明显；集中团块型（长三角）、分散组合型（粤闽浙沿海）和线型（关中平原）基础设施要素的分布方向均与城市群整体形状吻合，而放射型（成渝）的分布方向是与两城市中心连线的延伸方向保持一致，两城市中心的联系度较强。

第四，城市群基础设施的空间分布是人口因素和社会经济因素共同作用的结果。由单因子和因子交互作用的探测结果可知，双因子的共同作用均显著增强了影响因素对城市群基础设施空间分异性的解释能力，表明城市群基础设施的空间分异性不是单一因子作用的结果，而是多因子共同作用的结果。所选 5 种影响因素中，财政能力和经济发展水平是影响各城市群基础设施要素空间分布的主要影响因子，此外，公共生活服务设施还受人口规模的影响。

### 5.2.3.2 讨论

第一，基础设施在城市群中的空间聚集现象以及其集聚程度的"东高西低"的空间分布格局是一个典型的经济地理现象，与经济学中的"规模经济"和"凝聚效应"概念有密切关系。我国城市群基础设施整体分布格局与经济发展水平分布格局一样，均呈现"东高西低"的发展趋势。经济发展水平高的城市群相较于经济发展水平低的城市群其基础设施建设的要求相对较高，且有充足的经济实力来建设城市基础设施。东部城市群沿海分布，人力资源富足，经济发展水平较高，基础设施建设较全面。从政策支持的角度看，中国政府在早期的改革开放中，明确将东部沿海地区作为开放的重点区域，如设立经济特区、高新技术产业开发区等。这些政策不仅吸引了外资，更为当地的基础设施建设提供了政策支持和资金保障。但是，相对于东部城市群，西部城市群在地理、历史和政策上都存在一定的劣势。首先，西部地区地理条件复杂，交通不便，这使得基础设施的建设成本相对较高。其次，西部地区在历史上并没有形成强大的经济和工业基础，这也限制了基础设施的建设和发展。最后，尽管政府在近年来加大了对西部地区的支持，但是与东部地区相比，仍然存在一定的差距。

第二，城市群基础设施空间分布类型可能受经济发展水平的影响较大。东部城市群的基础设施空间分布类型均属于集中团块型或分散组合型，西部城市群的基础设施空间分布类型均属于线型或放射型分布，这与城市群的经济发展密切相关。东部城市群所在地区在历史上是中国的经济和文化中心，具有浓厚的城市文化和早期城市化的趋势。这些城市群往往沿着河流、海岸线和交通干线形成，这些地理优势为城市群提供了方便的交通、丰富的资源和大量人口，形成了集中团块型或分散组合型的空间分布。这些地区的城市具有互补性，它们之间的联系强烈，并形成了一个相对集中的经济圈。相对而言，西部城市群的发展相对滞后，其地理环境更为复杂，山地、高原和沙漠交错分布，这些自然条件对基础设施的建设形成了制约。由于这些限制，西部城市群的基础设施往往沿着某个主要交通线或河流发展，形成了典型的线型或放射型分布。

第三，提高省会城市基础设施水平是带动城市群基础设施建设的重要途径。省会城市的经济发展往往是城市群中起步最早、发展最迅速的城市，其资源丰富、人口密集，具备一定的集聚功能和辐射功能，因此，要注重省会城市的基础设施建设，促使其建设发展范围向周边地区进行延伸，增强中心城市与城市群边缘城市的连通性，形成协调发展的基础设施建设网络。然而，这些城市辐射扩散能力有待提升的原因可能是尽管这些城市在基础设施和经济发展上具有优势，但它们与周边城市之间的联系并不总是那么紧密，或者由于历史和地理原因，这些城市与其周边地区在经济和文化上存在一定的差异，这也可能限制了它们的辐射效应。

第四，对于城市群基础设施的空间分异是人口因素和社会经济因素共同作用的结果，在人口因素方面，人口集聚带来的密集的需求促使城市在交通、公共服务和其他基础设施上投入更多。这种"需求拉动"效应导致基础设施更倾向于在人口稠密的地区进行集中投资。这与克鲁格曼（1991）的"新经济地理学"理论相呼应，该理论认为劳动力和消费者的集中会吸引更多的生产和服务活动，反过来又进一步吸引更多的人口和资本流入。在经济社会因素方面，经济发达地区由于产业复杂度高和高度市场化，对基础设施的需求也更为多样，从而在交通、通信和能源等多个领域都有更加集中的基础设施布局。值得注意的是，即使在经济和人口因素的共同作用下，基础设施的空间分异仍然存在一定的路径依赖。历史背景、文化传统和地理条件等因素也在一定程度上塑造了城市基础设施的空间格局，使得某些城市群在基础设施布局上具有独特的优势或劣势。

### 5.2.3.3 政策含义

针对城市间基础设施建设发展孤立化，区域经济发展效率和资源未能得到有效利用和基础设施建设网络发展不协调等现实问题，本书从多个角度研究了城市群的基础设施分布特征，并针对性研究了4种不同类型的城市群的基础设施分布格局，同时选取了5个影响因子来进一步分析基础设施分布的空间分异性，既分析了目前我国城市群基础设施分布的现状，又客观合理地探析了影响城市群基础设施分布的影响因素，通过找准城市群基础设施分布模式，有针对性地优化城市群基础设施空间布局，不断优化城市群基础设施网络，提高投入建设效率。

第一，西部城市群的基础设施与东部城市群差异较大，仍需坚持落实西部大开发等缩小东西部差距的相关政策。我国城市群基础设施分布特征与经济发展分级特征保持一致，呈现"东高西低"的发展趋势，东高西低是我国经济发展面临的长期难题，国家推行了许多政策，虽有逐渐好转的趋势，但东高西低的现象依然十分严峻，说明西部大开发等重大举措能有效缩小东西部城市群间的差距，但仍需坚持做好相关工作，同时也对缩小东西部城市群间的差距提出了更高的要求。

第二，要充分发挥城市中心的作用，借助城市中心的辐射能力带动周边城市的基础设施建设，不断优化城市群基础设施网络，提高投入建设效率，进而促进城市群的基础设施协调发展。城市中心往往存在于省会城市和直辖市中，其经济发展水平相对较高，资源丰富，基础设施建设水平处于领先水平，因此要充分利用城市的集聚功能和辐射功能，发挥"火车头"的作用，提升周边城市基础设施建设效率，构建完善的城市群基础设施网络，推动发展要素在城市群内的顺畅流通，实现城市群高质量发展。

第三，可以以各基础设施要素的主要影响因子为参考来调整和优化城市群基础设施发展格局。财政能力和经济发展水平是影响各城市群基础设施要素空间分布的主要影响因子，此外，公共生活服务设施还受人口规模的影响。因此，在进行基础设施结构优化时要充分考虑人口因素和经济因素对基础设施建设的影响，深化基础设施领域行政体制改革，加强基础设施各领域的统筹协调能力，实现可持续发展，促进城市群基础设施高质量发展。

## 5.3　西部中心城市电信基础设施对城市群经济高质量发展的影响

### 5.3.1　研究目的与方法

#### 5.3.1.1　研究目的

中国的电信基础设施建设取得了辉煌成就，本书从中心城市的视角出发，运用固定效应（FE）模型和动态（sys – GMM）模型探究中心城市电信基础设施对我国城市群经济高质量发展的影响，通过分期动态估计模型对我国中心城市电信基础设施进行稳健性检验，从而分析电信基础设施对城市经济、社会以及环境发展的影响。结合 2003 ~ 2019 年电信基础设施的相关数据，本书首先对我国西部中心城市和城市群基础设施协调发展现状与问题进行分析，从电信基础设施方面分析中心城市电信基础设施对城市群经济高质量发展的影响，并对电信基础设施影响下的中心城市和城市群协调发展状况进行评估。其次进一步对我国整体、西部城市群和非西部城市群的数据进行异质性分析对比，总结中心城市电信基础设施对城市群经济高质量发展中出现的实际问题，多方面分析中心城市电信基础设施对城市群的绿色全要素生产率的影响。最后，在此基础上，提出发挥政府与市场的双重作用，促进互联网与移动电话普及率逐渐提高，降低经济发展中环境污染的问题，提高绿色全要素生产率，从而促进电信基础的高质量发展的实践路径。

电信基础设施建设是中国城市经济高质量发展的必然要求，也是学术界研究的热点话题。随着改革开放的历史进程，我国电信基础设施经历了 40 多年的繁荣发展。无论是通信容量、电信用户规模，还是电信基础设施建设的技术水平，都实现了跨越式发展，已成为中国国民经济的重要基础产业和龙头。随着手机的普及应用、宽带网络的技术创新和互联网经济的蓬勃发展，通信行业的每一次发展变化都在逐步改善我们的生活方式和生活质量，也为中国经济的高质量发展注入了新的活力。目前，中国通信网络的规模和容量翻了一番，现已建成覆盖全国、覆盖世界的公共通信网络，包括光纤、数字微波、卫星、程控交换、移动通信、数据通信等。作为传输信息和数据的手段，电信业在信息时代发挥着重要作用。一方面，电信业作为高技术产业，是衡量一个国家全球综合国力和产业技术创新水平的重要内容；另一方面，作为公共服务部门，电信业的发展可以增强人们的沟通和获取信息的能力，是弥合数字鸿沟、提高居民生活水平的关键措施。

回顾中国电信业的发展历程发现，中国移动通信的发展历程大致分为以下三个阶段：第一阶段，1993 ~ 2001 年，大刀阔斧的改革；第二阶段，2002 ~ 2007 年，第二次重组；第三阶段，2008 ~ 2019 年，第三次重组。中国互联网的发展历程大致分为以下三个阶段：第一阶段，1994 ~ 2000 年，从四大门户到搜索；第二阶段，2001 ~ 2009 年，从搜索到社交化网络；第三阶段，2010 ~ 2019 年，移动互联网和自媒体。在过去的 70 年里，中国的通信经历了惊人的变化，从与世界巨大的通信差距，到实现了跨越式发展。电信基础设施的普及，使人们的获得感和幸福感增强。随着我国通信技术的快速发展，以及固定网络通信和移动通信领域的不断创新，许多技术实现了从真空到领先的质量飞跃发展。

新中国成立的初期，我国电话机的平均拥有率微乎其微，每两千人中才有一人拥有一部电话机，90% 的国人不知何为电话机，到目前为止，通信网络覆盖全国，光纤宽带已成为家庭的标准配置，移动互联网用户规模已经达到 9.32 亿、互联网普及率达 67.0%。程控电话交换机从辉煌到逐渐衰败、退出，在我国通信发展史上留下了光辉的印记。我国电信的发展史是从第一项重大技术——程控电话交换机的发展开始的。

在电话交换技术的应用上，中国打破了国际惯例，在当时大胆引进和推广了新发明的时分复用技术方案控制的交换机。1980 年 12 月 24 日，福建省邮电局与日本富士通公司正式签署《F150 程控电话交换协议》，为福州电信局引进 10000 套本地电话交换系统和 600 条长途交换线路。1982 年 11 月 27 日，中国第一台程控 F150 电话交换机在福州开通。

中国从 20 世纪 80 年代初开始引进程控开关技术，模拟开关到数字开关的转换速度令人惊讶。改革开放初期，从国外合作伙伴比利时贝尔引进程控交换技术，作为主要生产 S1240 程控交换设备的基地。这种模式在 80 年代到 90 年代取得了巨大成功。S1240 占据了中国整个程控电话交换机市场的一半。中国很快形成了以上海贝尔 S1240 为主要模式的远程交换网络，以及各种系统交换机的串联本地网络。中国的语音网络建立了 24 位 7 号信令网和智能网、窄带 ISDN 和 GSM 交换网。

从 20 世纪 90 年代到 21 世纪初，我国电信行业进行了大规模的经济体制改革。这次改革打破了政府对电信行业的垄断地位，促进了市场化的经济体系的初步建立。一开始，中国政府侧重于分析信息产业总产值在国内生产总值中所占比例，之后侧重于分析互联网等电信基础设施建设对传统产业引导和促进作用。国家统计局数据显示，2003 年我国城市群互联网普及率分别为 13.47 部/百人，移动电话普及率分别为 48.50 部/百人；到 2019 年我国城市群互联网普及率分别为 48.64 部/百人，移动电话普及率分别为 189.48 部/百人。从数量规模上看，中国已经从一个通信基础设施落后、通信资源匮乏的国家，发展成为拥有最大电信市场、移动通信网络规模和用户数居世界第一的通信大国。从 0 到 1，通信网络基础设施的快速发展是中国通信行业从弱到强的真实写照。

2020 年，中国是唯一一个经济正向增长的国家，国内生产总值首次超过 100 万亿元，我国电信基础设施的发展在其中发挥了重要作用。目前，我国互联网基础设施全面覆盖、网民规模平稳增长、数字经济繁荣发展、高新科技加快探索、网络治理逐步完善，网络强国建设取得了历史性成就。我国全面实施新型基础设施建设。一是工业互联网建设稳步推进，工业互联网综合应用覆盖国民经济 30 多个重点领域，智能制造、网络协作、个性化定制、网络服务等新的业务形式和模式，以及服务的扩展和数字管理发展迅速。全国已建成 70 多个有影响力的工业互联网平台，互联工业设备 4000 万套，工业应用 25 万个，工业互联网产业规模达 3 万亿元，工业互联网产业联盟成员达 1778 家。2020 年 1～12 月，全国工业机器人完成产量 237068 台，同比增长 19.1%。二是全面实施数据中心建设，建成国家大数据配套试验区和相应配套的产业化示范基地，大数据产业保持高速增长。2019 年产业规模超过 8100 亿元，同比增长 32%。三是加快空天网络设施的建设，依托"北斗"系统，我国已成功发射 55 颗导航卫星，超额完成"北斗三号"全球卫星导航系统星座的部署工作。2020 年 11 月，我国成功将"天通一号"02 星送入预定轨道，为中国及周边地区、中东和非洲以及大部分太平洋和印度洋水域的所有用户提供稳定可靠的移动通信服务，并支持语音、短信和数据服务。

在移动通信领域，中国经历了 1G 空置、2G 跟随、3G 创新、4G 同步和 5G 领先的增长。中国自主研发的 4G TD-LTE 技术标准已被 ITU 确定为国际 4G 标准之一。在 5G 时代，中国在标准配方和实验流程方面走在世界前列。电信基础设施的迅速发展壮大为中国经济社会发展提供了巨大的推动作用。电信已经成为克服时间和距离障碍的重要信息传播方式。在克服距离障碍方面，电信已经成为无可代替的最广泛使用的现代通信工具，如有线电话和无线电话、传真、无线电广播、电视、互联网络；在克服时间障碍方面，电信传播方式也已经到了与书籍、报纸、期刊分庭抗礼的程度。

中国共产党第十九次全国代表大会提出，要建立现代经济体制，必须促进经济发展质量、效率和动力的转变，提高要素的总生产率。然而，作为衡量经济发展质量的重要标准和评价指标，传统的全要素生产率指数存在局限性，没有考虑自然资源和环境的贡献，无法系统地反映高质量经济发展的全球形势。为了更好地反映环境服务在经济增长中的作用，经合组织（OECD）近年来开发了一个绿色要素总生产率核算框架，并试图将其应用于全球 46 个国家的生产率分析，以期对政府经济决策的生态化起到重要的指导作用。目前，中国学术界也对绿色要素的总生产率进行了研究，但相关计算仍主要停留在学术研究层面，根据方法和数据的可用性，指标的范围也非常有限。因此，对 OECD 生产率核算分析框架和经验的系统理解和深入借鉴，将有助于丰富和完善我国绿色要素生产率核算的理论和实践，进而推动我国绿色要素生产率核算的发展，从而推动我国经济向高质量发展。

2021 年是"十四五"开局之年，目前，我国拥有全球最大、最先进的独立 5G 网络，其总量有近 120 万，占全球的 70% 多，达到 26 个/万人，覆盖范围包含城镇、行政村、重点应用场景。从整体经营来看，电信业务收入稳步增长，电信业务总量快速增长。2022 年，电信业务总收入达到 13454 亿元，电信业务总量为 15424 亿元，数据及互联网业务收入平稳增长，固定和移动语音业务收入持续下滑，新兴业务收入增势突出。我国电信业的用户规模逐渐增大，其中增加了大量的 5G 手机用户。截至 11 月底，我国电信业的三大巨头的移动用户总数已达到 16.42 亿，固定宽带接入用户稳步增长，用户总数达 5.35 亿户。在使用电信服务方面，移动互联网流量迅速增加，移动电话通话量低速增长，移动短信业务收入增速回落，进一步推进网络精准降费，加快 5G 等新型基础设施建设，促进技术创新和集成应用，如云计算、大数据和人工智能，加快实体经济数字化转型，不断培育新增长点、新动能，增强人民获得感，使我国电信基础设施建设进一步迈向新台阶。

电信基础设施一直是经济学理论界关注的焦点之一。国外，哈代（AP Hardy，1980）最早对信息基础设施与经济增长的关系进行研究，发现人均电话机拥有量对人均 GDP 正向影响显著，然而收音机拥有量对人均 GDP 的影响不显著；浅井（1999）基于宏观经济增长模型分析电信基础设施普及的影响，发现其有利于促进转型类国家的经济发展；沃德（Ward. M. R.，2014）分析了电信基础设施投资与地区经济增长的关系；达塔和阿地瓦尔（Datta and Agarwal，2004）运用经合组织国家的面板数据分析电信基础设施显著提高对一些国家的经济增长水平的影响。罗勒和伟弗尔曼（Röller and Waverman，2011）进一步运用经合组织国家的面板数据分析网络效应问题，发现固定电话普及率大于其临界值时能更大程度上作用于经济增长。

国内，随着电信基础设施研究的领域越来越广，电信基础设施的相关概念和研究不断丰富。刘胜龙和胡鞍钢（2010）选取 1988~2007 年的省级面板数据分析信息基础设施对中国经济增长的影响。郑士林、周立安等（2014）分阶段分析 1999 年之前移动和固定电话基础设施的发展对中国经济增长的正向影响，2000 年之后移动和固定电话基础设施的发展对中国经济增长的负向影响。罗雨泽等（2008）分析了电信投资对我国经济增长的贡献以及贡献值变化的趋势。

本书的突破点主要体现于以下三点：第一，首次构建了中心城市电信基础设施指标，为电信基础设施相关领域的研究提供了较新的突破口。大多数文章在分析中国电信基础设施的重要性时，多选取国家、地方各省市等层面，本书从城市群方面进行分析，考虑中心城市电信基础设施对城市群经济高质量发展的影响。第二，本书在考虑经济增长动态性的前提下，解决了因果倒置因素影响下的电信基础设施与经济增长之间的内生性问题。第三，本书运用静态 FE 模型和动态 sys - GMM 模型对我国整体、西部城市群和非西部城市群的基础设施协调发展进行异质性分析，利用互联网和移动电话普及率的交互项克服互联网和移动电话之间的内生性问题，构建面板数据模型，探讨中心城市电信基础设施对城市群经济高质量发展的影响并提出积极的应对措施，加强了本书的现实意义。

### 5.3.1.2　研究方法

Malmquist 生产率指数：Malmquist 指数是 S Malmquist 于 1953 年提出的一种 SBM 模型，Malmquist 指数可由全要素生产率的变化率计算得到，运用 DEA 方法计算 Malmquist 指数，其公式如下：

$$M_o^{t+1}(x^t,\ y^t,\ x^{t+1},\ y^{t+1}) = \left[\frac{D_0^t(x^{t+1},\ y^{t+1})}{D_0^t(x^t,\ y^t)} \times \frac{D_0^{t+1}(x^{t+1},\ y^{t+1})}{D_0^{t+1}(x^t,\ y^t)}\right] \qquad (5-28)$$

其中，（$x^t$，$y^t$）和（$x^{t+1}$，$y^{t+1}$）分别表示 t 时期和 t + 1 时期的投入向量和产出向量；$D_0^t$ 和 $D_0^{t+1}$ 分别表示以 t 时期的技术 T 为参照情况下 t 时期和 t + 1 时期生产点的距离函数。

Malmquist 指数分为两部分：技术效率变化（effch）和技术变化（tech），其中，技术效率变化（effch）可分成纯技术效率变化（pech）与规模效率变化（sech），如下式所示：

$$M_o^{t+1}(x^t, y^t, x^{t+1}, y^{t+1}) = \frac{D_0^t(x^{t+1}, y^{t+1})}{D_0^t(x^t, y^t)} \times \left[ \frac{D_0^t(x^{t+1}, y^{t+1})}{D_0^t(x^t, y^t)} \times \frac{D_0^t(x^t, y^t)}{D_0^{t+1}(x^t, y^t)} \right] \quad (5-29)$$

本书通过构建"城市群生产率增长率指数"，分析我国十九大城市群的全要素生产率水平，有利于找出绿色全要素生产率变动的主要原因，分析城市群全要素生产率变化的成因，考虑技术效率变化（包括纯技术效率和规模效率）和技术进步对城市群全要素生产率的作用，这对于研究城市发展过程中城市群经济增长率量化有着重要的应用价值。

非期望产出 SBM 模型（Un_SBM_CRS）：绿色全要素生产率考虑投入因素（包括资源、劳动力和资本）和产出因素（环境污染），是总投入占总产出的比例。DEA 模型不仅可以用来核算经济效率或绿色经济效率，同时也可以计算生产率指数。而学术界也经常把 DEA 模型计算的生产率指数作为全要素生产率或者绿色全要素生产率的替代指标。目前，DEA 模型可以计算的比较常见的生产率指数分别为 Malmquist 指数和 Luenberger 指数，而现有文献中更为常见的 GM 指数、ML 指数和 GML 指数，其本质上都是 Malmquist 指数。本书选用 ML 指数，该指数是考虑非期望产出 DEA 模型计算的 M 指数。

现代化的生产方式提高了劳动生产率，不仅促进各城市群之间经贸活动的日益频繁，而且大量丰富又廉价的工业制成品提高了人们的生活水平。与此同时，工业生产也不可避免地产生大量的废水、废气和废渣等污染物（我们称之为非期望产出），进一步导致雾霾、温室效应、全球气候变化等一系列问题，因此，减少废弃物的绿色生产方式已经成为每一个生产领域的重要目标。DEA 通常认为用更少的资源生产出更多的产出是一种有效率的生产方式。如果在考虑非期望产出的情况下，那么不管投入是多少，我们都不希望生产出更多的工业废弃物。因此，当今社会最有效率的生产方式一定是绿色生产方式，即利用更少的投入生产更多的期望产出以及更少的非期望产出。

通过 Matlab 软件计算得到 ML 生产率指数，基于 SBM – DEA 模型的基本原理，根据测得的 Malmquist 生产率指数进行相乘得到绿色全要素生产率（GTFP）。因为 Malmquist 生产率指数是指相对于上一年的生产率变化率，假设 1998 年 GTFP 是 1，1999 年 GTFP 是 1998 年 GTFP 与 1999 年 Malmquist 生产率指数的乘积；2000 年 GTFP 为 1999 年 TFP 乘以 2000 年 Malmquist 生产率指数，类比推理。本书基于托尼（Tone，2003）SBM 模型，构建了非期望产出 SBM 模型分别测算各城市群城市的绿色全要素生产率，包含投入、期望产出和非期望产出（废水、二氧化碳、烟尘等生产排放物）这 3 个要素，分别由（X，Y，Z）3 个向量表示。如下式所示：

$$\rho = \min \frac{1 - \frac{1}{m} \sum_{i=1}^{m} \frac{s_i^x}{x_{i0}}}{1 + \frac{1}{s_1 + s_2} \left( \sum_{k=1}^{s_1} \frac{s_k^y}{y_{k0}} + \sum_{l=1}^{s_2} \frac{s_l^z}{z_{l0}} \right)} \quad (5-30)$$

$$\text{s. t. } x_{i0} = \sum_{j=1}^{n} \lambda_j x_j + s_i^x, \ \forall_i;$$

$$y_{k0} = \sum_{j=1}^{n} \lambda_j y_j + s_i^y, \ \forall_k;$$

$$z_{l0} = \sum_{j=1}^{n} \lambda_j z_j + s_i^z, \ \forall_l;$$

$$s_i^x \geq 0, \ s_k^y \geq 0, \ s_l^z \geq 0, \ \lambda_j \geq 0, \ \forall_{i,j,k,l}$$

其中，假设有 n 个决策单元，其投入和产出向量为 X = ($x_{ij}$) ∈ $R^{m \times n}$，Y = ($y_{kj}$) ∈ s × n，令 X > 0，

$Y > 0$，则生产可能性集 $P = \{(x, y) | x \geq X\Lambda, y \leq Y\Lambda, \Lambda \geq 0\}$，其中，$\Lambda = [\lambda_1, \lambda_2, \cdots, \lambda_n] \in R_n$ 表示权系数向量，P 函数中的两个不等式分别表示实际投入水平大于前沿投入水平，实际产出小于前沿产出水平。根据托尼（2001）理论模型，使用带有非期望产出的 SBM 模型评估（$x_0$, $y_0$, $z_0$），$s^x \in R^m$，$s^z \in R^{s2}$ 分别表示投入和非期望产出的过剩量，$s^y \in R^{s1}$ 则代表期望产出的短缺量。$\rho$ 表示决策单元的效率值，m、$s_1$ 和 $s_2$ 代表投入、期望产出和非期望产出的变量个数。

　　计量模型设定：根据研究的目的和数据的可获得性，本书参考巴罗和萨拉·伊·马丁（1991）、伊斯兰姆（1995）提出的宏观经济增长模型，通过运用城市群基础下的绿色全要素生产率、电信基础设施等指标构建计量模型，其基本模型设计如下：

$$\text{lngtfp}_{i,t} = \sum_{j=2}^{n} \alpha_j X_{i,t} + \beta_1 \ln \text{mobile\_tele}_{i,t} + \beta_2 \ln \text{internet}_{i,t} + \gamma_0 + \delta_i + \zeta_i + \eta_{i,t} \quad (5-31)$$

其中，$X_{i,t} = [\text{lnrgdp}_{i,t}, \text{lngov}_{i,t}, \text{lntech}_{i,t}, \text{lnsaving}_{i,t}, \text{lnindustry\_firm}_{i,t}, \text{lnfixed}_{i,t}, \text{lnfer}_{i,t}, \text{lnpop}_{i,t}]$。

　　考虑到互联网与移动通信之间存在相互影响、相互制约的相关关系，任何一方对经济发展的影响都会受制于另一方。本书在模型（5-31）的基础上，加入互联网普及率与移动电话普及率之间的交互项，从而解决两者之间的内生性关系，具体设定如下：

$$\text{lngtfp}_{i,t} = \sum_{j=2}^{n} \alpha_j X_{i,t} + \beta_1 \ln \text{mobile\_tele}_{i,t} + \beta_2 \ln \text{internet}_{i,t} + \beta_3 \ln \text{internet\_mobile}_{i,t} + \gamma_0 + \delta_i + \zeta_i + \varepsilon_{i,t}$$

$$(5-32)$$

其中，i 为城市，t 为年份；$\text{gtfp}_{i,t}$ 表示城市群的绿色全要素增长率；X 包含了以下 8 个控制变量——$\text{rgdp}_{i,t}$、$\text{fer}_{i,t}$、$\text{fixed}_{i,t}$、$\text{gov}_{i,t}$、$\text{tech}_{i,t}$、$\text{pop}_{i,t}$、$\text{saving}_{i,t}$ 和 $\text{industry\_firm}_{i,t}$，分别为人均国内生产总值、对外贸易程度、固定资产投资占 GDP 的比重、政府消费支出占 GDP 的比重、科学技术支出占 GDP 的比重、人口增长率、城乡居民储蓄年末余额占 GDP 的比重和工业企业占比的对数；利用移动电话普及率（lnmobile\_tele）和互联网普及率（lninternet）的自然对数表示电信基础设施发展状况；lninternet\_mobile 为互联网与移动电话普及率交互项的自然对数，衡量互联网与移动电话基础设施对经济高质量发展的交互影响；$\delta_i$ 与 $\zeta_i$ 依次表示时间固定效应与个体固定效应；$\gamma_0$ 表示常数项；$\varepsilon_{i,t}$ 表示随机误差项。

　　以上变量选取的理由如下：

　　首先，绿色全要素生产率是指将一个国家或地区的所有产出作为一个整体，并考虑所有投入要素（包括资本、劳动力和资源使用）和所有产出要素，得出的总投入与总产出的比率（包括经济生产和污染物排放）。在资源和环境对经济增长的约束日益严格的背景下，用绿色要素的总生产率指数来衡量和评价一个经济体的增长质量更为科学。现有对绿色全要素生产率研究的测度方法主要有 DEA 模型、SFA 模型、UMM 模型、LCI 模型等。有鉴于此，本书选取绿色全要素生产率能更好地衡量我国经济的高质量发展水平。

　　其次，考虑到随着我国数字技术的应用，固定电话逐渐被淘汰，移动电话和互联网逐渐走进我们的生活。由此，本书选取互联网普及率和移动电话普及率这两个解释变量作为电信基础设施的解释变量。（1）互联网普及率，本书以国际互联网用户数占总人口的比重作为衡量指标。刘湖等（2015）提到互联网等通信技术将会在中国经济增长方面发挥更加重要的作用。（2）移动电话普及率，本书以移动电话年末用户数占总人口的比重作为衡量指标。哈拉德（Harald, 2001）基于 Logistic 模型分析移动通信饱和普及率；郑世林等（2010）运用双向固定效应 FE 和 FE-IV 模型考察了市场竞争与产权改革对电信业及其细分市场绩效（电信服务价格、电话普及率和通话量）的影响。

　　最后，本书选择了以下 8 个控制变量：$\text{rgdp}_{i,t}$ 表示人均实际 GDP；$\text{fer}_{i,t}$ 表示所研究区域对外贸易程度，用实际外汇储备占 GDP 的比重来衡量；$\text{fixed}_{i,t}$ 表示所研究城市群中心城市固定资产占 GDP 的比重；$\text{gov}_{i,t}$ 表示政府消费支出在其 GDP 中所占的比重；$\text{tech}_{i,t}$ 表示科学技术支出占 GDP 的比重，用来控制技术进步的影响；$\text{pop}_{i,t}$ 表示人口增长率水平；$\text{saving}_{i,t}$ 表示城乡居民储蓄年末余额占 GDP 的比重；industry_firm$_{i,t}$表示工业企业占比。将以上变量均取对数后进行回归分析。

### 5.3.1.3 数据来源与预处理

本书所需数据均来源于《中国统计年鉴》《中国城市统计年鉴》《中国城市建设统计年鉴》，时间跨度为 2003～2019 年。借鉴丁（Ding，2001）、郑世林（2014）等相关学者的文献选取所需的核心指标，考虑到影响城市高质量发展的影响因素，依据数据的可获得性原则，选取我国 19 个城市群中的 199 个城市的面板数据进行研究，具体变量的描述性统计见表 5 – 22。

表 5 – 22　　　　　　　　　　　　　　　描述性统计

| 变量 | 平均值 | 标准差 | 最小值 | 最大值 |
|---|---|---|---|---|
| lngtfp | 0.820114 | 0.620642 | – 0.10748 | 2.759162 |
| lninternet | – 1.47853 | 0.75049 | – 3.50766 | 1.298412 |
| lnmobile_t ~ e | 0.11264 | 0.666368 | – 3.38577 | 1.463016 |
| lninternet ~ e | 0.196676 | 1.19179 | – 1.24149 | 5.682643 |
| lnrgdp | 4.48668 | 0.994306 | 0.831634 | 6.495787 |
| lngov | – 2.04115 | 0.326422 | – 3.005 | – 1.32051 |
| lntech | – 6.27097 | 1.2007 | – 9.43775 | – 3.56349 |
| lnsaving | – 0.14295 | 0.301187 | – 2.69777 | 0.564435 |
| lnindustry ~ m | – 0.09385 | 0.07957 | – 0.34425 | 0 |
| lnfixed | – 0.88033 | 0.686609 | – 10.7885 | 0.29304 |
| lnfer | – 3.95695 | 1.761154 | – 9.9666 | – 0.72276 |
| lnpop | – 4.51265 | 1.115777 | – 8.51041 | 1.226299 |

注：根据原始数据整理得到。

## 5.3.2 测算结果与回归分析

### 5.3.2.1 基本估计结果分析

本书通过面板数据分析中心城市移动电话普及率和互联网普及率对城市群经济高质量发展的影响。保持第（1）列和第（2）列估计结果的一致，随机误差项 $\varepsilon_{i,t}$ 的假设逐步放宽。首先，假设第（1）列和第（2）列中随机误差项 $\varepsilon_{i,t}$ 服从独立同分布，通过 Hausman 检验表明固定效应优于随机效应，因此，选取简单的固定效应模型（FE），并运用最小二乘法（OLS）进行回归分析，结果为表 5 – 23 中第（1）列和第（2）列。

然而，一方面，依托于经济高质量发展理论，考虑我国城市群经济高质量发展的基本特征，各中心城市经济高质量发展水平呈现出动态延续性。另一方面，由于 diff – GMM 方法会损失部分的样本，而且解释变量连续性时间较长会导致工具变量效用下降，尤其会降低小样本的效用水平。特定时期的外部冲击也会影响当前以及之后几期的经济高质量发展，因此，考虑到经济高质量发展的动态性，本书运用包含对水平方程的估计的 sys – GMM 方法，能够有效地改善 diff – GMM 方法的弱工具变量问题。动态 sys – GMM 方法的回归结果见表 5 – 23 中第（3）列和第（4）列。

表 5 - 23　　　　　　　　　　**2003～2019 年电信基础设施对城市群经济高质量发展的影响**

| 变量 | 静态模型（FE） | | 动态模型（sys - GMM） | |
|---|---|---|---|---|
| | (1) | (2) | (3) | (4) |
| | 互联网、移动电话基础设施 | 互联网、移动电话基础设施（交互项） | 互联网、移动电话基础设施 | 互联网、移动电话基础设施（交互项） |
| L. lngtfp | | | 0.631 *** | 0.698 *** |
| | | | (9.044) | (13.40) |
| lninternet | - 0.120 *** | - 0.0913 ** | - 0.0164 | - 0.0167 |
| | ( - 2.876) | ( - 2.252) | ( - 0.851) | ( - 1.214) |
| lnmobile_tele | - 0.197 *** | 0.151 | - 0.0923 ** | 0.0542 |
| | ( - 3.020) | (1.578) | ( - 2.078) | (1.094) |
| lninternet_mobile | | 0.187 *** | | 0.0646 ** |
| | | (4.787) | | (2.381) |
| lnrgdp | 0.928 *** | 0.873 *** | 0.432 *** | 0.259 *** |
| | (11.02) | (10.69) | (3.711) | (2.959) |
| lnfer | - 0.0688 *** | - 0.0679 *** | - 0.0233 | - 0.0348 |
| | ( - 2.672) | ( - 2.746) | ( - 0.629) | ( - 0.991) |
| lnpop | 0.0234 | 0.00771 | 0.0381 * | 0.0220 |
| | (1.286) | (0.433) | (1.703) | (1.625) |
| lngov | 0.0312 | 0.0213 | - 0.266 | - 0.00931 |
| | (0.199) | (0.141) | ( - 1.558) | ( - 0.0788) |
| lntech | 0.0661 *** | 0.0666 *** | 0.0236 ** | 0.0171 |
| | (2.601) | (2.732) | (2.210) | (1.548) |
| lnsaving | - 0.159 | - 0.130 | - 0.0856 *** | - 0.0997 *** |
| | ( - 1.597) | ( - 1.360) | ( - 2.676) | ( - 4.797) |
| lnindustry_firm | - 0.524 | - 0.536 | 0.392 | - 0.579 |
| | ( - 0.626) | ( - 0.667) | (0.450) | ( - 1.134) |
| lnfixed | - 0.00376 | - 0.0121 | 0.0195 | 0.000651 |
| | ( - 0.137) | ( - 0.459) | (1.556) | (0.0592) |
| Constant | - 3.251 *** | - 3.130 *** | | |
| | ( - 5.732) | ( - 5.740) | | |
| 观测值 | 288 | 288 | 228 | 228 |
| AR（1） | | | 0.007 | 0.009 |
| AR（2） | | | 0.645 | 0.356 |
| Sargan test | | | 0.04 | 0.091 |
| R - squared | 0.729 | 0.751 | | |

注：（1）括号中为 t 统计量；（2）***、**、* 分别表示在 1%、5%、10% 水平上显著；（3）报告中，AR（1）、AR（2）和 Sargan 检验项均为统计量的 p 值。

Sargan 检验不受工具变量过多影响，一般允许扰动项的一阶差分存在自相关［存在 AR（1）的 p 值小于 0.1］，扰动项的二阶差分不存在自相关［存在 AR（1）的 p 值大于 0.1］，那么，估计结果不会导致工具变量的过度识别和二阶序列问题的出现，呈现出较好的稳健性。

如表 5 - 23 所示，观察控制变量。在第（1）~（2）列的静态模型中引入被解释变量的滞后一期数据，从而得到第（3）~（4）列所示的动态模型。在第（1）~（4）列中，人均 GDP（rgdp）对绿色全要素生产率均具有显著的正向影响，这意味着人均国内生产总值越大的地区，经济高质量发展越快。在第（1）~（2）列中，所研究区域的对外贸易程度（fer）具有消极影响，这意味着对外贸易程度越大的地区，经济高质量发展越缓；科学技术支出（tech）、政府消费支出（gov）等控制变量占 GDP 比重对绿色全要素生产率的影响并不显著。在第（3）列中，人口增长率（pop）和科学技术支出（tech）对所研究区域的经济高质量发展具有积极影响。在第（4）列中，人均 GDP（rgdp）对绿色全要素生产率的影响显著为正。在第（3）~（4）列中，城乡居民储蓄年末余额（saving）占 GDP 比重对绿色全要素生产率的影响显著为负，而其他控制变量对绿色全要素生产率的影响并不显著。

观察解释变量，按照是否含有互联网和移动电话的交互项，分别将数据分为第（1）列和第（3）列、第（2）列和第（4）列这两组进行分析。在第（1）列和第（3）列中，移动电话普及率分别处在 1% 和 5% 的负向显著水平，这表明随着移动电话普及率的增加，经济的高质量发展水平是显著下降的。这可能是由于经济的高质量发展，不仅仅需要考虑经济的高速发展，还需要考虑废水、二氧化碳、烟尘等生产排放物所造成的环境污染问题。移动电话基础设施的建设，会造成对环境的损害，这种环境损害带来的负面影响超过了电信基础建设本身发展带来的经济方面的正向影响。在第（2）列和第（4）列中，移动电话普及率不显著；互联网和移动电话的交互项具有较大的正向显著水平，这表明随着移动电话和互联网普及率的增加，经济的高质量发展水平是显著上升的。按照动态模型与静态模型，分别将数据分为第（1）列和第（2）列、第（3）列和第（4）列这两组进行分析。在第（1）列和第（2）列中，互联网普及率分别为 1%、5% 的负显著水平；在第（3）列和第（4）列中，互联网普及率不显著；绿色全要素生产率对数的滞后一期为 1% 的正向显著水平。综上，交互项的存在解决了互联网普及率和移动电话普及率两个指数之间存在的相互影响、相互制约的关系，即该指数有力地解决了两者之间存在的内生性关系。

本书选取 Sargan text 来检验过度识别约束的有效性，在第（3）列和第（4）列中观察 sys - GMM 估计中 AR（1）和 AR（2）的指数，控制变量估计系数符合预期，且相关统计检验结果符合实际情况。

### 5.3.2.2　异质性分析

为检验不同因素对绿色全要素生产率的影响是否存在区域差异性，本书通过分区域的方式进行回归分析，将我国城市群划分为整体、西部城市群和非西部城市群。其中，西部城市群为成渝城市群、呼包鄂榆城市群、黔中城市群、滇中城市群、关中平原城市群、北部湾城市群、宁夏沿黄城市群、兰西城市群和天山北坡城市群；非西部城市群（包含东部城市群和中部城市群）为中原城市群、晋中城市群、长江中游城市群、辽中南城市群、京津冀城市群、山东半岛城市群、长三角城市群、粤闽浙沿海城市群、珠三角城市群和哈长城市群。并分别按照静态（FE）模型和动态（sys - GMM）模型方法进行回归分析。

首先，本书通过静态面板数据分析中心城市移动电话普及率和互联网普及率对城市群经济高质量发展的影响。要得到第（1）~（6）列的一致性估计结果，随机误差项 $\varepsilon_{i,t}$ 的假设需逐步放宽。先假设随机误差项 $\varepsilon_{i,t}$ 服从于独立同分布，通过 Hausman 检验表明固定效应优于随机效应，因此，考虑简单的固定效应模型（FE），选用最小二乘法（OLS）进行回归分析。再按照整体、西部和非西部城市群进行异质性的分析。其中，第（1）~（2）列为我国城市群的整体的 FE 回归结果；第（3）~（4）列为西部城市群的 FE 回归结果；第（5）~（6）列为非西部城市群的 FE 回归结果，如

表 5 - 24 所示。

**表 5 - 24　　　　　　电信基础设施对城市群经济高质量发展的影响：2003～2019 年**

| 变量 | 全样本 | | 西部城市群 | | 非西部城市群 | |
|---|---|---|---|---|---|---|
| | (1) | (2) | (3) | (4) | (5) | (6) |
| | 互联网、移动电话基础设施 | 互联网、移动电话基础设施（交互项） | 互联网、移动电话基础设施 | 互联网、移动电话基础设施（交互项） | 互联网、移动电话基础设施 | 互联网、移动电话基础设施（交互项） |
| lninternet | -0.120*** (-2.876) | -0.0913** (-2.252) | -0.0916 (-1.500) | -0.0613 (-1.045) | -0.0709 (-1.455) | -0.0500 (-1.041) |
| lnmobile_tele | -0.197*** (-3.020) | 0.151 (1.578) | -0.218* (-1.794) | 0.403** (1.984) | -0.184*** (-3.166) | -0.0123 (-0.148) |
| lninternet_mobile | | 0.187*** (4.787) | | 0.275*** (3.721) | | 0.104*** (2.835) |
| lnrgdp | 0.928*** (11.02) | 0.873*** (10.69) | 0.931*** (7.459) | 0.807*** (6.543) | 0.892*** (8.188) | 0.837*** (7.765) |
| lnfer | -0.0688*** (-2.672) | -0.0679*** (-2.746) | -0.151*** (-4.456) | -0.123*** (-3.724) | 0.0218 (0.549) | -0.00832 (-0.208) |
| lnpop | 0.0234 (1.286) | 0.00771 (0.433) | 0.0487 (1.281) | 0.0354 (0.975) | 0.0101 (0.632) | -0.00298 (-0.184) |
| lngov | 0.0312 (0.199) | 0.0213 (0.141) | 0.445 (1.603) | 0.272 (1.012) | -0.208 (-1.359) | -0.171 (-1.141) |
| lntech | 0.0661*** (2.601) | 0.0666*** (2.732) | -0.00239 (-0.0528) | 0.00526 (0.122) | 0.0840*** (3.404) | 0.0859*** (3.572) |
| lnsaving | -0.159 (-1.597) | -0.130 (-1.360) | -0.298** (-2.380) | -0.264** (-2.204) | -0.428** (-2.348) | -0.380** (-2.132) |
| lnindustry_firm | -0.524 (-0.626) | -0.536 (-0.667) | -9.949*** (-5.175) | -9.435*** (-5.145) | 2.354*** (3.193) | 2.383*** (3.320) |
| lnfixed | -0.00376 (-0.137) | -0.0121 (-0.459) | -0.00513 (-0.162) | -0.00919 (-0.305) | 0.0395 (0.557) | 0.0129 (0.184) |
| Constant | -3.251*** (-5.732) | -3.130*** (-5.740) | -4.071*** (-5.068) | -3.758*** (-4.889) | -2.828*** (-4.070) | -2.668*** (-3.931) |
| 观测值 | 288 | 288 | 141 | 141 | 147 | 147 |
| R - squared | 0.729 | 0.751 | 0.723 | 0.751 | 0.855 | 0.864 |

注：t - statistics in parentheses，***、**、* 分别表示在1%、5%、10 水平上显著。

如表 5 - 24 所示，观察控制变量。在第（1）～（6）列中，人均 GDP（rgdp）指数均在1%的显著水平上正向显著，这意味着人均国内生产总值较大，有利于整体、西部城市群和非西部城市群的经济高质量发展；在第（1）～（4）列中，对外贸易程度（fer）均在1%的显著水平上负向显著，这意味着对于整体、西部城市群来说，外贸易程度越大的地区，经济高质量发展越缓，而对于非西部城市的作用是不显著的；政府消费支出（gov）、固定资产（fixed）控制变量占 GDP 比重和人口增长率水平（pop）对城市群绿色全要素生产率的影响并不显著；在第（1）~（2）列和第（5）~（6）列中，科学技术支出（tech）对整体和非西部城市群的经济高质量发展具有积极影响；在第（3）~（6）列中，城乡居民储蓄年末余额（saving）占 GDP 比重对西部城市群和非西部城市群的经济高质量发展具有显著的负向影响。

观察解释变量，按照是否含有互联网和移动电话的交互项，分别将数据分为不含交互项的第（1）列、第（3）列和第（5）列，含有交互项的第（2）列、第（4）列和第（6）列这两组进行分析。在不含交互项的第（1）列、第（3）列和第（5）列中，移动电话普及率均为负显著水平，其中，西部城市群的负向显著水平低于非西部城市群的负向显著水平；在含有交互项的第（2）列、第（4）列和第（6）列中，由于加入了互联网和移动电话的交互项，移动电话普及率的显著水平发生了变化，此时对该交互项指标进行观察，整体、西部城市群和非西部城市群均为 1% 的正向显著水平，这是由于该交互项指标的存在有利于解决互联网和移动电话普及率两者之间存在的内生性关系。

其次，进行动态模型（sys - GMM）分析，对于面板数据分析，通常选择上文提到的固定效应模型或随机效应模型，但是由于模型中的互联网普及率和移动电话普及率这两个解释变量之间存在内生性，那么选择固定效应模型和随机效应模型均不能保证无偏估计，并且考虑到经济高质量发展具有动态延续性特性，本书进一步选择动态的 sys - GMM 模型，按照整体、西部城市群和非西部城市群划分后进行异质性分析。其中，第（1）~（2）列为我国城市群的整体的 sys - GMM 回归结果；第（3）~（4）列为西部城市群的 sys - GMM 回归结果；第（5）~（6）列为非西部城市群的 sys - GMM 回归结果，如表 5 - 25 所示。

表 5 - 25　　　　　　2003 ~ 2019 年电信基础设施对城市群经济高质量发展的影响

| 变量 | 整体 | | 西部城市群 | | 非西部城市群 | |
|---|---|---|---|---|---|---|
| | （1） | （2） | （3） | （4） | （5） | （6） |
| | 互联网、移动电话基础设施 | 互联网、移动电话基础设施（交互项） | 互联网、移动电话基础设施 | 互联网、移动电话基础设施（交互项） | 互联网、移动电话基础设施 | 互联网、移动电话基础设施（交互项） |
| L. lngtfp | 0.631 *** (9.044) | 0.698 *** (13.40) | 0.816 *** (13.82) | 0.792 *** (15.79) | 0.871 *** (18.33) | 0.853 *** (19.44) |
| lninternet | - 0.0164 ( - 0.851) | - 0.0167 ( - 1.214) | 0.0226 (1.110) | 0.0244 (1.036) | - 0.0687 *** ( - 5.389) | - 0.0648 *** ( - 4.794) |
| lnmobile_tele | - 0.0923 ** ( - 2.078) | 0.0542 (1.094) | - 0.107 *** ( - 2.640) | 0.0335 (0.321) | - 0.0664 *** ( - 2.950) | - 0.0292 ( - 1.363) |
| lninternet_mobile | | 0.0646 ** (2.381) | | 0.0637 (1.347) | | 0.0174 ** (2.277) |
| lnrgdp | 0.432 *** (3.711) | 0.259 *** (2.959) | 0.125 ** (2.190) | 0.116 * (1.956) | 0.177 * (1.805) | 0.152 * (1.749) |
| lnfer | - 0.0233 ( - 0.629) | - 0.0348 ( - 0.991) | - 0.0319 ( - 1.120) | - 0.0320 ( - 1.224) | 0.0406 (0.942) | 0.00662 (0.165) |
| lnpop | 0.0381 * (1.703) | 0.0220 (1.625) | 0.0223 (0.922) | 0.0183 (0.939) | 0.0165 (1.085) | 0.0151 (1.000) |

续表

| 变量 | 整体 | | 西部城市群 | | 非西部城市群 | |
|---|---|---|---|---|---|---|
| | (1) | (2) | (3) | (4) | (5) | (6) |
| | 互联网、移动电话基础设施 | 互联网、移动电话基础设施（交互项） | 互联网、移动电话基础设施 | 互联网、移动电话基础设施（交互项） | 互联网、移动电话基础设施 | 互联网、移动电话基础设施（交互项） |
| lngov | -0.266 (-1.558) | -0.00931 (-0.0788) | 0.122 (0.863) | 0.148 (1.351) | 0.0327 (0.347) | 0.0764 (1.028) |
| lntech | 0.0236** (2.210) | 0.0171 (1.548) | -0.0111 (-0.601) | -0.0131 (-0.973) | 0.0231*** (3.087) | 0.0184** (2.201) |
| lnsaving | -0.0856*** (-2.676) | -0.0997*** (-4.797) | -0.136*** (-2.998) | -0.143*** (-3.493) | -0.115 (-1.281) | -0.0683 (-0.804) |
| lnindustry_firm | 0.392 (0.450) | -0.579 (-1.134) | -1.533 (-1.523) | -2.367*** (-5.007) | -0.541 (-1.186) | -0.434 (-1.163) |
| lnfixed | 0.0195 (1.556) | 0.000651 (0.0592) | 0.0113*** (2.918) | 0.00617 (1.216) | 0.00991 (0.270) | -0.0121 (-0.324) |
| 观测值 | 228 | 228 | 113 | 113 | 115 | 115 |
| AR (1) | 0.007 | 0.009 | 0.039 | 0.038 | 0.020 | 0.022 |
| AR (2) | 0.645 | 0.356 | 0.149 | 0.220 | 0.322 | 0.625 |
| Sargan test | 0.04 | 0.091 | 0.388 | 0.389 | 0.160 | 0.090 |

注：(1) 括号中为 t 统计量；(2) ***、**、* 分别表示在 1%、5%、10% 水平上显著；(3) 报告中，AR (1)、AR (2) 和 Sargan 检验项均为统计量的 p 值。

如表 5-25 所示，观察控制变量。在第 (1)~(6) 列中，人均 GDP（rgdp）指数均正向显著，这进一步验证了人均国内生产总值较大，有利于整体、西部城市群和非西部城市群的经济高质量发展；在第 (5)~(6) 列中，科学技术支出指数（tech）对非西部城市群的绿色全要素生产率具有正向的影响，有利于经济高质量发展程度的进一步提高；在第 (1)~(4) 列中，城乡居民储蓄年末余额（saving）占 GDP 比重对绿色全要素生产率具有 1% 水平的显著负向影响，这也说明对于整体、西部城市群来说，城乡居民储蓄越多的区域，越不利于经济高质量发展。对于西部城市群，固定资产投资占 GDP 的比重（fixed$_{i,t}$）对绿色全要素生产率有一定的正向影响。

观察解释变量，参考静态模型（FE）的分析方法，也将是否含有互联网和移动电话的交互项作为一个关键点，将所研究数据分为不含交互项的第 (1) 列、第 (3) 列和第 (5) 列，含有交互项的第 (2) 列、第 (4) 列和第 (6) 列的两组进行分析。在第 (1)~(6) 列中，绿色全要素生产率对数的滞后一期均在 1% 水平上正向显著。在第 (5)~(6) 列中，互联网普及率负向显著，这表明随着互联网普及率的增加，经济的高质量发展水平是进一步下降的。在不含交互项的第 (1) 列、第 (3) 列和第 (5) 列中，移动电话普及率均为负显著水平，其中，非西部城市群的负向显著水平优于西部城市群的负向显著水平，并优于整体的显著水平；在含有交互项的第 (2) 列、第 (4) 列和第 (6) 列中，由于加入了互联网和移动电话的交互项，此时移动电话普及率在相同的城市群水平下不显著，但是整体和非西部城市的交互项在 5% 的水平上是正向显著的，这进一步说明了互联网和移动电话普及率之间存在内生性问题。

本书选取 Sargan text 来检验过度识别约束的有效性，在第 (1)~(6) 列中观察 sys-GMM 估计中 AR (1) 和 AR (2) 的指数，控制变量估计系数符合预期，且相关统计检验结果符合实际情况。

### 5.3.2.3　分期动态模型的估计结果

本书将进一步进行稳健性检验，以保证结论的可信性。本书选取分期动态模型的估计模型进行稳健性检验。

回顾中国电信业的发展历程，我们在很多的研究报告中发现，中国移动通信的发展历程大致分为以下三个阶段：第一阶段，1993~2001年，大刀阔斧的改革；第二阶段，2002~2007年，第二次重组；第三阶段，2008~2019年，第三次重组。中国互联网的发展历程大致分为以下三个阶段：第一阶段，1994~2000年，从四大门户到搜索；第二阶段，2001~2009年，从搜索到社交化网络；第三阶段，2010~2019年，移动互联网和自媒体。有鉴于此，本书利用动态模型 sys - GMM 方法分析2003~2019年的行业发展状况，故分别考察电信基础设施发展转型期（2003~2009年）和电信基础设施发展相对成熟时期（2010~2019年）移动电话和互联网基础设施及其交互项对经济高质量发展的影响，回归结果如表5-26所示。

表5-26　　　　　　　　　　　　　　分期动态模型估计结果

| 项目 | 2003~2009年 | | 2010~2019年 | |
|---|---|---|---|---|
| | （1） | （2） | （3） | （4） |
| 变量 | 互联网、移动电话基础设施 | 互联网、移动电话基础设施（交互项） | 互联网、移动电话基础设施 | 互联网、移动电话基础设施（交互项） |
| L. lngtfp | 0.878 *** <br> (5.256) | 0.919 *** <br> (2.719) | 0.582 *** <br> (3.930) | 0.416 ** <br> (2.177) |
| lninternet | -0.00797 <br> (-0.0464) | -0.0593 <br> (-0.204) | 0.422 ** <br> (2.275) | 1.101 * <br> (1.669) |
| lnmobile_tele | 0.142 <br> (1.075) | -0.862 <br> (-1.435) | 0.644 ** <br> (2.209) | -0.359 <br> (-0.375) |
| lninternet_mobile | | -0.541 * <br> (-1.652) | | -0.914 <br> (-1.248) |
| 观测值 | 95 | 95 | 152 | 152 |
| AR（1） | 0.020 | 0.699 | 0.019 | 0.031 |
| AR（2） | 0.104 | 0.792 | 0.775 | 0.636 |
| Sargan test | 0.078 | 0.441 | 0.000 | 0.243 |

注：（1）括号中为 t 统计量；（2）***、**、* 分别表示在1%、5%、10%水平上显著；（3）报告中，AR（1）、AR（2）和 Sargan 检验项均为统计量的 p 值。

从表5-26可以看出，在电信基础设施发展转型期（2003~2009年），当忽略互联网和移动电话之间的相互关系时，由第（1）列和第（2）列所示，互联网和移动电话基础设施虽然对经济高质量增长具有负向影响但并不显著；当加入两者的交互项时，第（2）列结果显示，互联网和移动电话基础设施两者的交互项在10%的水平上显著抑制了经济高质量发展，具有显著的负向影响，这说明互联网和移动电话之间存在着明显的互补效应，此时互联网处于初始发展阶段，但是移动电话用户数量在逐年增加并走向成熟。互联网和移动电话基础设施的建设在促进中国经济增长的同时，带来了大量的环境污染，此时对于经济的高质量发展是抑制的。由第（3）列和第（4）列所示，在电信基础设施发展相对成熟时期（2010~2019年），互联网和移动电话基础设施在5%显著水平上对经济高质量发展具有正向影响。当加入两者的交互项时，第

（4）列结果显示，互联网基础设施在10%的水平下显著，移动电话基础设施不显著；互联网和移动电话基础设施两者的交互项对经济的高质量发展也具有抑制作用。在这里值得说明的是，本书加入互联网和移动电话基础设施两者的交互项前后，自回归项（绿色全要素增长率的滞后项）系数和显著性都存在明显的差异，这种较大差异的存在可能是电信基础设施与经济高质量发展之间的内生性所致。

本书选取Sargan text来检验过度识别约束的有效性，在第（1）~（4）列中观察sys-GMM估计中AR（1）和AR（2）的指数，控制变量估计系数符合预期，且相关统计检验结果符合实际情况。

### 5.3.3 研究发现与政策含义

#### 5.3.3.1 研究发现

我国电信基础设施的建设经历了跨越式的发展，从大刀阔斧的改革，到第二、三次重组；我国电信业的进程中经过了四大门户——搜索、社交化网络、移动互联网和自媒体这四个阶段。本书通过对我国2003~2019年中心城市电信基础设施对城市群经济高质量发展的影响及其异质性展开经验研究，得出以下研究发现：

第一，互联网普及率对我国城市群整体、西部城市群和非西部城市群经济高质量发展的影响为不显著或者显著的抑制作用。

第二，在不考虑互联网和移动电话普及率交互项的情况下，移动电话普及率对我国城市群整体、西部城市群和非西部城市群的经济高质量发展水平的影响呈现显著的抑制作用。

第三，在考虑互联网和移动电话普及率交互项的情况下，移动电话普及率对我国城市群整体、西部城市群和非西部城市群的经济高质量发展水平的影响呈现出显著的促进作用。

第四，互联网和移动电话普及率交互作用对我国城市群整体、西部城市群和非西部城市群的经济高质量发展水平的影响呈现出显著的促进作用，即有利于我国城市群经济高质量发展。

#### 5.3.3.2 讨论

第一，互联网发展与经济高质量发展并不是简单的正相关关系。互联网普及率对城市群经济高质量发展的促进作用不明显的原因可能在于目前我国中心城市互联网基础设施正处于一个快速扩张的初级阶段。这意味着，尽管网络覆盖面积在扩大，但在技术水平和应用深度上仍有待提升。互联网在此阶段的快速发展，需要大量的基础设施建设支撑，如数据中心、光纤网络等。而这些建设过程不仅需要巨大的资金投入，也伴随着大量废水、二氧化碳和烟尘等环境污染物的排放。这种情况在一定程度上对绿色全要素生产率造成压制。换句话说，经济在追求数量扩张的同时，可能忽视了质量和可持续性的重要性。因此，环境受到的压力增大，导致经济发展的质量降低。总之，在初级阶段的快速扩张中，互联网发展可能会带来一定的经济效益，但长远看，我们必须注重提升互联网基础设施的技术水平，并结合环保措施，确保经济的持续、健康和绿色发展。

第二，移动电话普及率对城市群经济的高质量发展的影响是双面的，它既可以促进经济发展，也可以抑制经济发展，具体效果取决于与互联网的交互作用。可以从两个方面探讨其原因：首先，从不考虑互联网普及率交互作用的角度来看。在这种情况下，移动电话的普及可能会在初期带来信息传递速度的增加和信息不对称的减少，但当达到一定的饱和度后，其边际效益可能会开始递减。这是因为，当大部分人都开始使用移动电话，电话的新增用户带来的经济价值降低，而资源配置可能因过度依赖电话通信而出现不合理现象。此外，移动电话的大量使用可能会导致人们减少面对面的交往，从而影响社交关系的质量，间接地影响经济活动的效率。这些都可能导致城市群经济的高质量发展受到抑制。而从绿色发展的角度，移动电话的大量生产和废弃可能导致资源浪费和环境污染。其次，当考虑到互联网和移动电话普及率的交互作用时，情况则有所不同。互联网作为一个信息平台，与移动电话结合可以形成一个强大的信息网络，使得信息流动更加迅速和高效。互联网和移动电话的结合可以带来"乘数效应"，即两者的结合产生的经济效益大于各自独立产生的效益之和。这是因为，互联网可以为移动电话用户提供更加丰富和多样的服务，如在线购物、远程办公和在线学习等，这些服务可以提高生产效率和生活质量，从而促进经济的高质量发展。同时，互联网和移动电话的结合也使得绿色发展成为可能，因为它们可以通过在线服务减少实物流通，减少资源消耗和环境污染。

#### 5.3.3.3　政策含义

本节通过分析中心城市电信基础设施对城市群经济高质量发展的影响，以中心城市为核心的城市群移动电话和互联网普及率水平分析城市群的绿色全要素生产率水平。

第一，首次构建了中心城市电信基础设施指标，为电信基础设施相关领域的研究提供了较新的突破口。大多数文章在分析中国电信基础设施的重要性时，多选取国家、地方各省市等层面，本书从城市群方面进行分析，考虑中心城市电信基础设施对城市群经济高质量发展的影响。

第二，本书在考虑经济增长动态性的前提下，解决了因果倒置因素影响下的电信基础设施与经济高质量发展之间的内生性问题。

第三，本书对我国整体、西部城市群和非西部城市群进行了异质性分析。

## 5.4　西部中心城市交通基础设施对城市群经济高质量发展的影响

### 5.4.1　研究目的与方法

#### 5.4.1.1　研究目的

交通，是推动经济社会发展的重要因素；交通运输业，是国民经济的基础性先导性产业。高铁，体现了国家的工业化程度，标志着交通运输业的现代化程度。新中国成立70多年来，我国交通从无到有、从弱到强，历经变革调整、重点发展、综合发展、转型发展四个重要发展阶段，走过了一条不平凡的跨越式发展之路。与发达国家相比，我国高铁起步较晚，依托于中国共产党的领导，历经几代人的努力，终于实现了零的突破，并逐渐赶超，处于世界领先水平。

中国铁路始于清朝末期，比欧美等发达国家晚了半个多世纪。从1876～1911年，中国先后修建了9100余千米铁路，翻开了中国铁路历史的第一页。从辛亥革命推翻清政府到中华人民共和国成立之间的38年，铁路发展相当缓慢，新中国成立前夕，全国仅有2万余千米铁路，布局偏向于东北和沿海地区，设备陈旧，管理落后，效率十分低下。

新中国成立后，1950年6月，成渝铁路全线开工，西起成都，东抵重庆，全长505千米，是中国西南地区第一条铁路干线，是新中国成立后建成的第一条铁路。至1978年，中国铁路营业里程达到51707千米，铁路年客、货发送量分别达到8.1亿人、11亿吨，是1949年7.9倍、19.7倍。

1978年改革开放，中国铁路快速发展，建设了一大批重点工程，实施了既有路线提速，形成了横贯东西、沟通南北、连接亚欧的路网格局，技术装备水平显著提升，客货运输产品进一步丰富，现代化进程明显加快。中国交通基础设施建设继续深化改革，激发交通发展活力，不断实施产业发展转型升级，走绿色、安全、智能发展道路。

党的十八大以来，中国铁路建设取得了举世瞩目的巨大成就。铁路网的规模和质量、技术装备水平、运输安全等重要指标已走在世界前列，中国成为真正的铁路强国。截至 2019 年底，我国高速铁路营业里程占世界高铁营业里程的 66% 以上。截至 2022 年 7 月底，中国铁路营业里程已达 1414 万千米，居世界第二位；高铁里程 3.6 万千米，居世界第一位。铁路运输工作量单位总能耗为 3.94 吨标煤/100 万吨千米，铁路整体能效水平不断提高。铁路客运市场份额达到 41.6%，在打赢蓝天保卫战的政策支持下，铁路货运市场份额达到 20.7%。截至 2022 年 12 月底，我国动车组保有量已超过 3600 组，占全球高速列车总保有量的 50% 以上。建成 700 多个高铁客运站和 126 个一、二级铁路物流基地，形成了以铁路客运站为主的完整客运枢纽和以铁路物流基地为主的完整货运枢纽。

党的十九大以来，由于全球疫情的影响，我国与世界各国之间的产业链、供应链的稳定性逐渐降低。在交通基础设施建设方面，全北京、上海、武汉、郑州等国家级和区域性中心城市已建成"八纵八横"主通道，连接不同速度等级的区域连接线和城际铁路整合的高铁网络，在相邻大中城市之间形成 1~3 小时的交通圈，在集聚区内形成 0.5~2 小时的交通圈。中国已成为高速铁路运营里程最长、在建规模最大、高速列车数量最多、商业运营速度最高的国家，拥有世界上最全面的高铁技术体系和最有经验的运营场景和管理经验。中国高速铁路的快速发展正在改变中国人的出行方式。

截至目前，我国高速铁路系统已揭示 400 千米/小时这一技术参数的变化规律，高速动车组技术具有自主化、标准化和系列化的特征，这进一步提升了我国高铁的核心地位。中国逐步完善 12306 网络售票系统，网络售票率达到 80% 以上，推出并不断优化完善了网上购票、独立取票、电子机票、移动支付、网上选座、Wi-Fi 站、异地购票等便捷福利服务，退票和办理登机手续，大大提高了广大群众的出入意识。对专用 5G 轨道交通网络的技术体系和关键技术进行了研究。中国主要的铁路数据中心运行平稳，正在加速人工智能和物联网等新技术在铁路领域的应用。

新中国铁路取得了巨大的成功，但我们不能忽视其中存在的问题。到目前为止，铁路部门面临的形势和任务仍然十分严峻和艰巨。中国铁路的发展，一直存在着运量与运力之间的突出矛盾。提高铁路运输能力、提高运输质量、改进运输方式，仍然不能满足国民经济持续发展和人民生活日益改善的客观要求。铁路运输仍然严重制约着国民经济的快速发展，铁路仍然是国民经济发展的薄弱环节。由此，本书以我国的高铁数据作为着眼点，创新性选取中心城市与城市群这一组城市的划分模式，分析中心城市交通基础设施建设对城市群经济高质量发展的深刻影响是十分必要的。

交通基础设施建设作为经济发展的主要资本，对促进经济增长具有重要作用。国铁集团公布的数据显示，截至 2019 年 12 月底，中国铁路运输系统将负责超过 3.5 万千米的客运快速发展，铁路逐渐成为中国城市之间的主要运输系统。

交通运输在社会经济发展中一直占据着先导性和战略性地位，水路运输、公路运输、铁路运输和航空运输是我国的四大交通运输方式，而其中，铁路运输凭借着运送量大、速度快、成本低等优势，在社会和经济的高速发展和高效运转过程中起着举足轻重的作用。中国铁路运输效率在全球范围内名列前茅，从衡量铁路运输效率的主要指标看，中国铁路有四个世界第一，分别是：旅客周转量世界第一、货物发送量世界第一、换算周转量世界第一和运输密度世界第一。一个合理的铁路系统可以充分发挥不同城市的经济潜力，迅速向其他城市提供周边城市独特的生活物质，从而提高人们对不同生活需求的满意度。同时，良好的铁路网还可以促进社会生产和运输，提高全市各第二产业的货物周转速度，使以出口原材料为主的资源型城市在保障周边城市工业区安全、满足其各种原材料需求方面发挥作用。相反，如果能够充分发挥铁路运输业的作用，拥有多个铁路节点的中心城市可以承担起客运枢纽的责任，丰富游客的出行方式，促进市内旅游区的经济需求，引导周边景观的合理布局和协调发展。

交通基础设施的密度展现出两个特点：全国及三大区域在 2003~2019 年均呈现增加的趋势；从总量来看，东北部城市群交通基础设施的密度最大，东部和中部城市群次之，而西部城市群最小。城市对综合交通系统的建设,可以带动城市经济发展结构的调整,这将更合理和更有效地分配资源,从而促进整个社会的经济发展。城市综合交通系统的发展还可以促进城市社区的形成,便于沟通、消费、生产等。因此,城市交通综合系统的相关行业必须确保一天中任何时候都能正常交通,使城市交通综合系统能够更有效地促进整体经济发展。

当前,我国交通基础设施的发展正处于规模密集增长、质量提高的时期,我国交通基础设施发展与发达国家差异较大,对交通基础设施的研究集中在空间结构优化方面,以及工业一体化和整个生命周期的可持续发展。近年来,我国地区交通基础设施建设步伐加快,高铁、高速公路、渡江、越洋大桥等项目相继筹划,使得对各地区交通可达性的研究成为热点问题。

可达性概念最早可追溯至赖利(Reilly,1931)在古典区位论中提出的用于描述商业分布的引力模型。从字面意思看,可达性是人们出行难易程度的度量,而实质上,它是人们通过活动空间和交往机会利用交通系统中的资源。可达性在经济活动空间分布与经济发展中扮演着重要的角色,运用指数界定交通网络中各节点相互作用的机会大小,衡量经济活动借助某种交通系统从某地到另外一个地方的容易程度。格尔斯等(KT Geurs et al.,1996)依据不同理论和视角,分析基于个体、社会、效用函数和交通的可达性。根据地理标准,可用性研究分为城市和地区公用设施可用性。可用性分析可以有效地评估新车辆或计划车辆的建造或规划收入分配的结构和变化,但这些运输网络在提高区域运输效率和公平性方面的效率,以及区域空间结构和旅游地点结构的演变,取决于其可用性。

交通基础设施一直是经济学理论界关注的焦点之一。国外,努诺和维纳布尔斯(Nuno L & Venables,2001)通过双边贸易数据来分析地理位置和交通基础设施对交通成本的影响。金广植等(Kwang et al.,2000)研究了韩国高铁建设与发展对空间重组的影响。阿塔克等(Atack J et al.,2009)利用新开发的地理信息系统交通数据库,研究了美国中西部地区1850~1860年期间铁路交通对人口密度和城市化速度变化的影响。唐纳森(D Donaldson,2010)研究了印度庞大的铁路网的建设发展对于其内部贸易和对外贸易的影响。马伟等(Wei M A et al.,2012)基于重力模型,对我国的交通基础设施与人口迁移进行分析。雷丁和特纳(Redding and Turner,2015)从工资、人口、贸易和工业等角度分析中心城市交通基础设施建设对市场一体化、分工专业化和市场竞争的影响。

国内,不断丰富对交通基础设施领域的研究,增加了相关概念和领域的完整性,学者们从不同分类或不同方面对交通基础设施建设展开具体细化的研究。刘秉镰、武鹏等(2010)利用空间面板测量方法研究了中国交通基础设施与各组成部分生产率增长的关系。何宇强、毛保华等(2006)运用Logit模型预测高速客运专线客流分担率。刘生龙和胡鞍钢(2011)在引力方程中考虑货物运输周转量,以此分析交通基础设施对我国区域经济一体化的影响。张学良(2012)基于1993~2009年中国各省数据的区域经济增长进行运输基础设施空间溢出分析。唐升、李红昌等(2021)运用GMM方法评估铁路、公路等多种运输方式对区域产出增长的影响。吴群锋、刘冲等(2021)通过运输基础设施分析国内市场一体化与企业出口之间的相互作用和影响。

作为国土广袤的发展中国家,伴随着改革开放的进程,我国将交通基础设施建设作为总抓手。随着我国经济逐渐走向新常态,曾经持续了30年的高速经济增长逐渐转换到中速增长轨道。考虑到经济活动中需消耗大量的人力和物力,经济高速增长的阶段会出现碳排放等问题,对环境造成难以估量的损害。我国坚持把习近平新时代中国特色社会主义思想作为指导思想,贯彻落实新发展理念引领高质量发展,促进交通效率的提高、扩展和定向,推动交通基础设施数字化改造、智能化升级、全新建设,建成便捷、经济、绿色、发达、安全可靠的交通基础设施。

党的十九大提出了建设现代经济体制必须带动素质发展、效益转化的思想,动态转换,提高全要素生产率。但作为评价经济发展质量的重要标准和评价指标,传统的各组成部分生产率指标存在局限性,不考虑自然资源和环境因素,这使得无法系统地反映高质量经济发展的总体状况。为了更好地反映环境服务在经济增长中的作用,近年来,经合组织开发了一个关于所有环境参数的生产率核算系统，并试图将其应用于全球46个国家的生产率分析中，在确保各国政府以无害环境的方式作出经济决定方面发挥重要作用。目前，我国学术界也在对绿色元素的生产率进行研究，然而，相关指标主要停留在研究层面，取决于方法和数据可用性，指标的应用受到限制。为此，系统地理解和充分利用经合组织的分析框架和生产率核算经验，有助于丰富和完善我国基于绿色整体的绩效会计理论与实践，从而推进中国经济向高水平发展。

本书的创新点为：第一，首次从城市群中心城市这一维度构建交通基础设施指标，有利于从新的思路研究我国交通基础设施建设。大多数文章在分析中国交通基础设施的重要性时，多选取国家、地方各省市等层面，本书以城市群中心城市角度具有创新性和现实性。第二，本书在分析经济高质量发展的同时，解决了交通基础设施与其的内生性问题，有利于进一步说明选取数据的准确性和有用性。第三，本书通过对我国东部、中部、西部和东北部城市群的交通基础设施协调发展进行异质性分析，构建面板数据模型，探讨中心城市交通基础设施对城市群经济高质量发展的影响并提出积极的应对措施，加强了本书的现实意义。

有鉴于此，本书首先围绕中心交通基础设施和城市群经济高质量发展，分析了我国交通基础设施发展的历史进程。其次，进一步对比分析我国东部、中部、西部和东北部城市群的异质性，总结中心城市交通基础设施在城市群经济高质量发展中显现的问题，选取中心城市交通可达性指数和城市群绿色全要素生产率指标，对交通基础设施影响下的中心城市和城市群协调发展状况进行评估。最后，在此基础上，发挥政府与市场的双重作用，提高交通基础设施建设的技术水平，减少不必要的环境污染，促进交通基础的高质量发展。

本书通过从城市群的中心城市方面，借鉴、对比国内外关于区域交通基础设施可达性的发展历程、发展特点、研究特色与研究方向的相关文献，发现国内外现有研究中的不足，找到新的视角进行分析，为今后国内相关研究提供参考与借鉴。

### 5.4.1.2　研究方法

中心城市可达性指标：唐纳森等（Donaldson et al.，2016）提出基于市场—年份层面的市场可达性指标（MA），其计算公式如下：

$$\mathrm{MA}_{it} = \sum_{i \neq j} \tau_{ijt}^{-\theta} \mathrm{N}_{jt} \tag{5-33}$$

其中，$\mathrm{N}_{jt}$ 是中心城市 $j$ 在第 $t$ 年的人口数量，反映经济规模；$\theta$ 表示贸易弹性，本书参考唐纳森等（2016）、吴群锋等（2021）的数据，给定贸易弹性指数值为8.22；$\tau_{ijt}$ 表示第 $t$ 年中心城市 $i$ 和中心城市 $j$ 的交通运输过程带来的折旧费用，即"冰山成本"（iceberg cost），具体表示当需要将某1单位成本的货物由中心城市 $i$ 运送到中心城市 $j$ 时，该货物的实际运输成本 $\tau_{ijt}$ 大于1。根据理论，价格在不同地区波动。这是因为不同地区的道路会消耗交易成本，一些商品的价值在运输过程中会像冰山一样融化。虽然完全由仲裁决定，但不同地区的价格仍然存在差异。具体借鉴鲍姆-雪等（Baum-Snow et al.，2016）提出的 $\tau_{ijt}$ 指数，其计算公式如下：

$$\tau_{ijt} = 1 + \rho(\text{hours of travel time})_{ijt}^{0.8} \tag{5-34}$$

其中，$\rho$ 表示给定系数，$(\text{hours of travel time})_{ijt}$ 表示当年中心城市 $i$ 与中心城市 $j$ 之间的最短运输时长。对冰山成本的描述有两个优点：一方面，使用两个集合体之间最短的运输时间来计算运输成本，可以在相对较少的假设下反映冰山成本的一般性质。本书根据赫梅尔和沙尔（Hummel and Schaur，2013）的发现，设定 $\rho = 0.008$（Baum-Snow et al.，2016），通过交通路网分布地图来缩短中心城市间的运输成本。另一方面，城市道路网布局和交通基础设施建设对经济变量的影响直观地反映在函数的形式上。在同样的情况下，$\rho$ 价值越高，以冰山为代价的交通基础设施建设所造成的城市间交通距离缩短的弹性就越大。因此，交通基础设施建设（考虑到市场准入）对经济的影响越大。

选取中心城市的市场可达性指标衡量城市群交通基础设施发展水平，具有两方面的优势。一方面，市场准入可直接体现中国交通基础设施建设近年来的高速发展水平。随着中国各运输线路的分布密度、幅度和互联程度的提高，也直接表现为运输成本的下降：随着我国交通网络的不断发展，中心城市间的运输时长不断缩短，冰山成本持续下降，大大提升城市间贸易往来的便利性和高效性。市场可达性指数与传统的市场潜力指数不同，是时间维度考虑的区域间距离。另一方面，从一般均衡的角度出发，唐纳森等（2013）分析市场可达性同时考虑到交通基础设施建设的直接影响和间接影响。基于全国范围内运输路线网络的最优化选择，在市场可达性指数中计算城市之间的最短运输时间，市场可达性的衡量标准为两个中心城市之间的最短运输时间。此外，市场可达性指标的经济意义是加权平均中心城市之间的交通便利性，其权重是对应中心城市的人口规模。因此，市场可达性指数可以衡量城市和全国交通网络的总体便利性，以及城市和主要经济区域之间的互联互通性。

Malmquist 生产率指数：全要素生产率的变化率由 Malmquist 指数计算，运用 DEA 方法计算 Malmquist 指数，其公式如下：

$$M_o^{t+1}(x^t,\ y^t,\ x^{t+1},\ y^{t+1}) = \left[\frac{D_0^t(x^{t+1},\ y^{t+1})}{D_0^t(x^t,\ y^t)} \times \frac{D_0^{t+1}(x^{t+1},\ y^{t+1})}{D_0^{t+1}(x^t,\ y^t)}\right] \qquad (5-35)$$

其中，$(x^t,\ y^t)$ 和 $(x^{t+1},\ y^{t+1})$ 分别表示 t 时期和 t + 1 时期的投入向量和产出向量；$D_0^t$ 和 $D_0^{t+1}$ 分别表示以 t 时期的技术 T 为参照情况下 t 时期和 t + 1 时期生产点的距离函数。

Malmquist 指数分为两部分，技术效率变化（effch）和技术变化（tech），其中，技术效率变化又可分为纯技术效率变化（pech）和规模效率变化（sech），如下式所示：

$$M_o^{t+1}(x^t,\ y^t,\ x^{t+1},\ y^{t+1}) = \frac{D_0^t(x^{t+1},\ y^{t+1})}{D_0^t(x^t,\ y^t)} \times \left[\frac{D_0^t(x^{t+1},\ y^{t+1})}{D_0^t(x^t,\ y^t)} \times \frac{D_0^t(x^t,\ y^t)}{D_0^{t+1}(x^t,\ y^t)}\right] \qquad (5-36)$$

本书通过构建"城市群生产率增长率指数"，分析城市群全要素生产率变化的成因，考虑技术效率变化（包括纯技术效率和规模效率）和技术进步对城市群全要素生产率的作用，这对于研究城市发展过程中城市群经济增长率量化有着重要的应用价值。

绿色全要素生产率：考虑投入因素（包括资源、劳动力和资本）和产出因素（环境污染），是总投入占总产出的比例。DEA 模型不仅可以用来核算经济效率或绿色经济效率，同时也可以计算生产率指数。而学术界也经常把 DEA 模型计算的生产率指数作为全要素生产率或者绿色全要素生产率的替代指标。目前，DEA 模型可以计算的比较常见的生产率指数分别为 Malmquist 指数和 Luenberger 指数，而现有文献中更为常见的 GM 指数、ML 指数和 GML 指数，其本质上都是 Malmquist 指数。本书选用 ML 指数，该指数是考虑非期望产出，以 DEA 模型计算的。

现代化的生产方式提高了劳动生产率，不仅促进各城市群之间经贸活动的日益频繁，而且大量丰富又廉价的工业制成品提高了人们的生活水平。与此同时，工业生产也会不可避免地产生大量的废水、废气和废渣等污染物（我们称之为非期望产出），进一步地导致雾霾、温室效应、全球气候变化等一系列问题，因此，减少废弃物的绿色生产方式已经成为每一个生产领域的重要目标。DEA 模型通常认为用更少的资源生产出更多的产出是一种有效率的生产方式。如果在考虑非期望产出的情况下，那么不管投入是多少，我们都不希望生产出更多的工业废弃物。因此，当今社会最有效率的生产方式一定是绿色生产方式，即用更少的投入生产更多的期望产出以及更少的非期望产出。

通过 Matlab 软件计算得到 ML 生产率指数，基于 SBM - DEA 模型的基本原理，根据测得的 Malmquist 生产率指数进行相乘得到绿色全要素生产率（GTFP）。因为 Malmquist 生产率指数是指相对于上一年的生产率变化率，假设 1998 年 GTFP 是 1，1999 年 GTFP 是 1998 年 GTFP 与 1999 年 Malmquist 生产率指数的乘积；2000 年 GTFP 为 1999 年 TFP 乘以 2000 年 Malmquist 生产率指数，类比推理。本书基于 SBM 模型，构建了非期望产出 SBM（Slacks - Based Measure）模型，分别测算各城市群城市的绿色全要素生产率，包含投入、期望产出和非期望产出（废水、二氧化碳、烟尘等生产排放物）这三个要素，分别由 (X, Y, Z) 三个向量表示。如下式所示：

$$\rho = \min \frac{1 - \dfrac{1}{m} \sum_{i=1}^{m} \dfrac{s_i^x}{x_{i0}}}{1 + \dfrac{1}{s_1 + s_2} \left( \sum_{k=1}^{s_1} \dfrac{s_k^y}{y_{k0}} + \sum_{l=1}^{s_2} \dfrac{s_l^z}{z_{l0}} \right)} \tag{5-37}$$

$$s.\,t.\ x_{i0} = \sum_{j=1}^{n} \lambda_j x_j + s_i^x, \quad \forall_i;$$

$$y_{k0} = \sum_{j=1}^{n} \lambda_j y_j + s_i^y, \quad \forall_k;$$

$$z_{l0} = \sum_{j=1}^{n} \lambda_j z_j + s_i^z, \quad \forall_l;$$

$$s_i^x \geq 0,\ s_k^y \geq 0,\ s_l^z \geq 0,\ \lambda_j \geq 0,\ \forall_{i,j,k,l}$$

其中，假设有 n 个决策单元，其投入和产出向量为 $X = (x_{ij}) \in R^{m \times n}$，$Y = (y_{kj}) \in s \times n$，令 $X > 0$，$Y > 0$，则生产可能性集 $P = \{(x, y) \mid x \geq X\Lambda,\ y \leq Y\Lambda,\ \Lambda \geq 0\}$，其中，$\Lambda = [\lambda_1,\ \lambda_2,\ \cdots,\ \lambda_n] \in R_n$ 表示权系数向量，P 函数中的两个不等式分别表示实际投入水平大于前沿投入水平，实际产出小于前沿产出水平。根据托尼（2001）理论模型，使用带有非期望产出的 SBM 模型评估（$x_0$，$y_0$，$z_0$），$s^x \in R^m$，$s^z \in R^{s2}$ 分别表示投入和非期望产出的过剩量，$s^y \in R^{s1}$ 则代表期望产出的短缺量，$\rho$ 表示决策单元的效率值，m、$s_1$ 和 $s_2$ 代表投入、期望产出和非期望产出的变量个数。

计量模型构建：根据研究的目的和数据的可获得性，将所选取的数据和指标整合成 2003～2019 年的面板数据，即通过运用城市群基础下的绿色全要素生产率、交通可达性等指标构建计量模型，本书的基本模型设计如下：

$$\ln gtfp_{i,t} = \alpha_0 + \alpha_1 \ln MA_{i,t} + \beta X_{i,t} + \gamma_0 + \delta_i + \zeta_i + \eta_{i,t} \tag{5-38}$$

$$X_{i,t} = [\ln gdp_{i,t},\ \ln gov_{i,t},\ \ln tech_{i,t},\ \ln savig_{i,t},\ \ln foreign_{firm\,i,t},\ \ln fixed_{i,t},\ \ln retail_{i,t},\ \ln internet_{i,t}]$$

其中，i 为城市，t 为年份；$gtfp_{i,t}$ 表示城市群的绿色全要素增长率；X 包含了以下 8 个控制变量——$gdp_{i,t}$、$gov_{i,t}$、$tech_{i,t}$、$saving_{i,t}$、$foreign\_firm_{i,t}$、$fixed_{i,t}$、$retail_{i,t}$ 和 $internet_{i,t}$，分别为国内生产总值、政府消费支出、科学技术支出、城乡居民储蓄年末余额、外商投资企业数量、固定资产投资、社会消费品零售总额和国际互联网用户数指标的对数；利用市场可达性指数（$\ln MA_{i,t}$）的自然对数表示交通基础设施发展状况；$\delta_i$ 与 $\zeta_i$ 分别表示时间固定效应与个体固定效应；$\gamma_0$ 为常数项；$\varepsilon_{i,t}$ 为随机误差项。

以上变量的选取理由如下：

关于被解释变量，绿色全要素生产率考虑投入因素（包括资源、劳动力和资本）和产出因素（环境污染），是总投入占总产出的比例。在资源环境日益成为经济增长硬性约束背景下，采用绿色全要素生产率指标能较为科学地衡量经济的高质量发展水平。现有对绿色全要素生产率研究的测度方法主要有 DEA 模型、SFA 模型、UMM 模型、LCI 模型等。有鉴于此，本书选取绿色全要素生产率能更好地衡量电信基础设施对我国经济的高质量发展水平。

关于解释变量，本书根据现有文献的一般做法，针对我国十九大城市群内任意两个中心城市之间的可达时间，参考鲍姆-雷等（2016）通过两个市政单元的中心坐标和路网分布图来测度两城市的最短交通时间。为此，我们首先以市级单位划分行政区，运用 ArcGis 软件计算城市群各中心城市的地理中心坐标。其次，在中国 1∶400 万的中国行政区图中进行 ArcGis 配准、提取十九大城市群中心城市之前的高速公路和高速铁路。借助 ArcGis 10.8 的 Calculate Geometry 和 Field Calculator 分别计算出不同中心城市间交通距离和交通时间。考虑到我国交通基础设施不断发展，交通技术水平不断提高，便捷性不断增加，根据中国的具体情形使用城市间最短运输时间作为度量变量。本书按照《铁路安全管理条例》的规定和国家铁路规定和建议等相关文件，选取高速公路和高速铁路数据，即高速公路按照 110 千米/小时，高速铁路按照 220 千米/小时。再运用 Dijkstra 的最短路径算法计算任意两个中心城市在一年内的最短交通时间，并结合 GDP 和区域人口信息进一步构建市场可达性指标，以衡量市场内部整合情况。

关于控制变量和聚类纠偏指数，本书选择了以下 8 个控制变量：$gdp_{i,t}$ 表示实际 GDP；$gov_{i,t}$ 表示政府消费支出；$tech_{i,t}$ 表示科学技术支出，用来控制技术进步的影响；$saving_{i,t}$ 表示城乡居民储蓄年末余额；$foreign\_firm_{i,t}$ 表示外商投资企业数量；$fixed_{i,t}$ 表示固定资产投资；$retail_{i,t}$ 表示社会消费品零售总额；$internet_{i,t}$ 表示国际互联网用户数。另外，本书选取 $industry\_firm_{i,t}$ 作为聚类纠偏的变量。将以上变量均取对数后进行回归分析。

### 5.4.1.3　数据来源与预处理

本节所需数据均来源于《中国统计年鉴》《中国城市统计年鉴》《中国城市建设统计年鉴》，时间跨度为 2003～2019 年。借鉴刘冲（2020）、唐纳森（2016）等相关学者的文献，选取所需的核心指标，考虑到影响城市高质量发展的影响因素，依据数据的可获得性原则，研究选取我国 19 个城市群中的 199 个城市的面板数据。

由于缺乏衡量交通基础设施发展的具体标准，本书根据自身的研究需要使用物理形式变量来支持基础设施。参考王伟等（2020）通过将不同区域铁路里程的总和除以该区域的国土面积，得到中国及其内部四大区域的交通基础设施密度的时空演变情况，本书选取 2003～2019 年我国中心城市的市场可达性变化情况来分析我国区位优势潜力增长空间格局。

在做回归分析之前，我们首先对所选取的变量进行描述性统计，表 5-27 为具体变量的描述性统计。

表 5-27　　　　　　　　　　　　　具体变量的描述性统计

| 变量 | 平均值 | 标准差 | 最小值 | 最大值 |
| --- | --- | --- | --- | --- |
| lngtfp | 0.820 | 0.621 | -0.107 | 2.759 |
| lnMA | 9.083 | 0.722 | 7.570 | 10.84 |
| lngdp | 17.35 | 1.078 | 14.27 | 19.76 |
| lngov | 15.30 | 1.262 | 12.16 | 18.24 |
| lntech | 11.07 | 2.075 | 5.976 | 15.28 |
| lnsaving | 17.20 | 1.088 | 13.70 | 19.74 |
| lnindustry_firm | 7.232 | 1.086 | 5.153 | 9.841 |
| lnforeign_firm | 4.606 | 1.741 | 1.609 | 8.471 |
| lnfixed | 16.46 | 1.087 | 6.332 | 18.31 |
| lnretail | 16.57 | 1.111 | 13.47 | 18.88 |
| lninternet | 4.951 | 1.097 | 2.163 | 8.551 |

注：根据原始数据整理得到。

## 5.4.2　测算结果与回归分析

### 5.4.2.1　基准回归分析

选取面板数据对中心城市交通基础设施建设和对城市群经济高质量发展的影响进行回归分析。在基准回归中，选取 ML 指数，运用 DEA 模型计算得到绿色全要素生产率，通过运用绿色全要素生产率指数来检验我国十九大城市群中心城市的市场可达性水平如表 5 - 28 所示。第（1）列中只考虑市场可达性影响下的绿色全要素生产率；在第（2）~（9）列中，加入包含时间、地点以及两者的固定效应模型，从而控制城市群中心城市个体之间不能够直观观测到的异质性，从而避免区域和年份造成的宏观影响；从第（2）列起，逐步加入了可能影响城市群绿色全要素生产率的控制变量。由表 5 - 28 可知，除了第（1）列以外，不管是否添加控制变量，以及添加控制变量的数量不同，市场可达性指数均表现出负向显著的水平，且均在 1% 以上显著性水平上显著。这表明，随着我国城市群中心城市交通基础设施的不断完善，市场可达性显著地抑制了绿色全要素生产率的增长。

表 5 - 28　　　　　2003 ~ 2019 年交通基础设施对城市群经济高质量发展的影响

| 变量 | (1) | (2) | (3) | (4) | (5) |
|---|---|---|---|---|---|
| | lngtfp | lngtfp | lngtfp | lngtfp | lngtfp |
| lnMA | - 0.0173 (- 0.329) | - 0.526 *** (- 7.751) | - 0.511 *** (- 8.502) | - 0.540 *** (- 7.850) | - 0.523 *** (- 7.788) |
| lngdp | | 0.485 *** (12.45) | - 0.260 ** (- 2.394) | - 0.247 ** (- 2.270) | 0.0111 (0.0823) |
| lngov | | | 0.647 *** (7.877) | 0.718 *** (7.241) | 0.870 *** (7.877) |
| lntech | | | | - 0.0460 (- 1.330) | - 0.0252 (- 0.674) |
| lnsaving | | | | | - 0.491 ** (- 2.377) |
| lnforeign_firm | | | | | |
| lnfixed | | | | | |
| lnretail | | | | | |
| lninternet | | | | | |
| Constant | 0.978 ** (1.999) | - 2.807 *** (- 6.422) | 0.0721 (0.122) | - 0.461 (- 0.686) | 0.777 (0.819) |
| 观测值 | 323 | 323 | 323 | 323 | 323 |
| R - squared | 0.000 | 0.358 | 0.450 | 0.452 | 0.500 |

| 变量 | (6) | (7) | (8) | (9) |
|---|---|---|---|---|
| | lngtfp | lngtfp | lngtfp | lngtfp |
| lnMA | - 0.367 *** (- 7.138) | - 0.371 *** (- 7.281) | - 0.377 *** (- 7.284) | - 0.359 *** (- 6.485) |
| lngdp | 0.514 *** (3.941) | 0.526 *** (4.016) | 0.429 ** (2.459) | 0.418 ** (2.368) |

续表

| 变量 | (6) | (7) | (8) | (9) | |
|------|-----|-----|-----|-----|---|
| | lngtfp | lngtfp | lngtfp | lngtfp | |
| lngov | 0.711 *** (7.218) | 0.747 *** (7.300) | 0.766 *** (7.198) | 0.778 *** (7.442) | |
| lntech | −0.000544 (−0.0170) | 0.00219 (0.0679) | 0.000232 (0.00707) | 0.000413 (0.0126) | |
| lnsaving | −0.791 *** (−7.851) | −0.804 *** (−7.920) | −0.829 *** (−8.037) | −0.791 *** (−7.282) | |
| lnforeign_firm | −0.140 *** (−6.313) | −0.135 *** (−6.191) | −0.128 *** (−5.611) | −0.126 *** (−5.378) | |
| lnfixed | | −0.0595 ** (−1.967) | −0.0559 * (−1.693) | −0.0556 * (−1.815) | |
| lnretail | | | 0.0947 (0.879) | 0.108 (0.984) | |
| lninternet | | | | −0.0707 (−1.299) | |
| Constant | −1.400 * (−1.656) | −0.952 (−1.105) | −0.712 (−0.805) | −1.410 (−1.417) | |
| 观测值 | 318 | 318 | 318 | 318 | |
| R−squared | 0.570 | 0.573 | 0.574 | 0.577 | |

注：*** 、** 、* 分别表示在1% 、5% 、10% 水平上显著。

如表5-28所示，首先，观察控制变量。从第（2）～（9）列，依次引入 $gdp_{i,t}$ 、$gov_{i,t}$ 、$tech_{i,t}$ 、$saving_{i,t}$ 、$foreign\_firm_{i,t}$ 、$fixed_{i,t}$ 、$retail_{i,t}$ 和 $internet_{i,t}$ 这8个控制变量，分别为国内生产总值、政府消费支出、科学技术支出、城乡居民储蓄年末余额、外商投资企业数量、固定资产投资、社会消费品零售总额和国际互联网用户数指标的对数。其中，在实际GDP指数 $gdp_{i,t}$ 的对数这一控制变量的影响下，在第（2）、（6）、（7）、（8）和（9）列中绿色全要素均在大于等于5%的显著水平上正向显著，而在第（3）和（4）列中均在5%的显著水平上负向显著，在第（5）列中显著水平不明显，这是由于其他的控制变量依次加入，实际GDP影响下的绿色全要素生产率的显著性发生了改变，这意味着在不同因素的影响下，地区的经济高质量发展水平是不断波动的。在第（3）～（9）列中，引入政府消费支出指数 $gov_{i,t}$ 的对数这一控制变量，政府消费导致绿色全要素生产率均在1%的显著水平上正向显著，这表明政府的宏观调控对经济的高质量发展具有较强的正向促进作用；在第（5）～（9）列中，引入城乡居民储蓄年末余额指数 $saving_{i,t}$ 的对数这一指数，城乡居民储蓄指数使得绿色全要素生产率均在大于等于5%的显著水平上负向显著，城市群中心城市中居民储蓄的增加说明大多数资金的流动性不强，不利于促进市场运转，从而不利于促进我国城市群经济的高质量发展；在第（6）～（9）列中，引入外商投资企业指数 $foreign\_firm_{i,t}$ 的对数，对外贸易对绿色全要素生产率的影响均在1%的显著水平上负向显著，这意味着对外贸易程度越大的地区，经济高质量发展越缓，我国对外贸易的增长，在带来经济发展的同时，更多的是带来了大量的环境污染问题，从而整体上来看不利于经济的高质量发展；在第（7）～（9）列中，引入固定资产投资指数 $fixed_{i,t}$ 的对数，固定资产对绿色全要素生产率的影响均在大于等于10%的显著水平上负向显著；而社会消费品零售总额指数 $retail_{i,t}$ 、国际互联网用户数指数 $internet_{i,t}$ 和科学技术支出 $tech_{i,t}$ 这3个控制变量对绿色全要素生产率的影响并不显著。

其次，观察解释变量。将市场可达性指数的自然对数（$lnMA_{i,t}$）作为解释变量，从而表示交通基础设施发展状况。当不引入控制变量时，市场可达性指数的对数负向显著水平不明显；逐步引入 $gdp_{i,t}$、$gov_{i,t}$、$tech_{i,t}$、$saving_{i,t}$ 等 8 个控制变量后，市场可达性对绿色全要素生产率的影响显著为负。这表明随着交通基础设施的建设，经济的高质量发展水平是显著下降的。这可能是由于经济的高质量发展，不仅需要考虑经济的高速发展，还需要考虑废水、二氧化碳、烟尘等生产排放物所造成的环境污染问题。交通基础设施的建设，会造成对环境的损害，这种环境损害带来的负面影响超过了交通基础设施建设本身发展带来的对经济方面的正向影响。

### 5.4.2.2　稳健性检验

本书将进一步进行稳健性检验，以保证结论的可信性，选择合适的工具变量，使用多种计量模型、设定控制变量或虚拟变量方法等方法，进行稳健性检验。在此，本书选取分期动态模型的估计模型与替换自变量的方式来进行稳健性检验。

方法一：分期动态模型的估计模型。

回顾中国交通业的发展历程，我国高铁发展始于 20 世纪 90 年代，2003～2015 年我国高铁建设依次经历了技术引进及吸收阶段、自主创新阶段、"出国门"阶段，逐步成为全球高铁大国。通过很多的研究报告发现，中国高铁的发展历程可以分为以下五个阶段：第一阶段，1990～2002 年，京沪高速铁路发展，该阶段是初步探索阶段；第二阶段，2003～2007 年，中国铁道部开始逐步实施跨越式发展的方针路线，吸取国外先进的技术精华部分，实现技术上的突破与领先，该阶段是技术引进及吸收阶段；第三阶段，2008～2011 年，铁道部与科技部联合签署文件，中国高铁列车自主创新，研制新一代高速列车，该阶段是自主创新阶段；第四阶段，2012～2015 年，中国铁路走出国门，逐步与土耳其等国家联动发展，该阶段是"出国门"阶段；第五阶段，2016～2019 年，我国铁路中的一些高新技术领域已经处于国际领先水平，但仍需稳步提升，改正其中的缺陷和问题，力求实现自我突破，该阶段是向成为全球引领者不断进发阶段。

有鉴于此，本书选取分期动态模型的估计模型，分析 2003～2019 年的行业发展状况，将其分为技术引进及吸收阶段（2003～2007 年）、自主创新阶段（2008～2011 年）、"出国门"阶段（2012～2015 年）和向成为全球引领者不断进发阶段（2016～2019 年）这四个阶段，研究城市群中心城市市场可达性作用下的交通基础设施建设对城市群经济高质量发展的影响，其回归结果如表 5-29 所示。

表 5-29　　　　　　　　　　　　　　分期动态模型的估计结果

| 变量 | 2003～2007 年 | 2008～2011 年 | 2012～2015 年 | 2016～2019 年 |
|------|---------------|---------------|---------------|---------------|
|      | lngtfp | lngtfp | lngtfp | lngtfp |
| lnMA | -0.233 ***<br>(-6.062) | -0.369 ***<br>(-3.316) | -0.339 *<br>(-1.752) | -0.618 **<br>(-2.139) |
| lngdp | 0.137<br>(1.425) | -0.439<br>(-1.028) | 1.080 *<br>(1.954) | 0.416<br>(0.592) |
| lngov | -0.188 **<br>(-2.494) | 1.097 ***<br>(4.114) | 0.991 ***<br>(3.630) | 1.955 ***<br>(5.706) |
| lntech | 0.0364 *<br>(1.918) | -0.171<br>(-1.218) | -0.167<br>(-1.129) | 0.0630<br>(0.321) |
| lnsaving | -0.152 *<br>(-1.691) | -0.584 ***<br>(-2.644) | -0.681 ***<br>(-2.933) | -2.155 ***<br>(-6.446) |

续表

| 变量 | 2003~2007 年 | 2008~2011 年 | 2012~2015 年 | 2016~2019 年 |
|---|---|---|---|---|
| | lngtfp | lngtfp | lngtfp | lngtfp |
| lnforeign_firm | −0.100 *** <br> (−5.234) | 0.0210 <br> (0.384) | −0.0806 <br> (−1.175) | −0.186 * <br> (−1.958) |
| lnfixed | 0.634 *** <br> (6.752) | −0.0213 <br> (−0.532) | −0.473 ** <br> (−2.352) | −0.0705 <br> (−0.327) |
| lnretail | −0.0529 <br> (−1.044) | 0.550 <br> (1.636) | −0.428 <br> (−1.203) | 0.365 <br> (0.751) |
| lninternet | 0.00583 <br> (0.140) | −0.201 *** <br> (−2.954) | −0.0385 <br> (−0.185) | −0.164 <br> (−0.726) |
| Constant | −3.801 *** <br> (−4.587) | −0.808 <br> (−0.394) | −0.972 <br> (−0.307) | 2.210 <br> (0.408) |
| 观测值 | 93 | 75 | 76 | 74 |
| R−squared | 0.588 | 0.369 | 0.366 | 0.572 |

注：***、**、*分别表示在 1%、5%、10% 水平上显著。

在我国高铁发展的技术引进及吸收阶段（2003~2007 年）、自主创新阶段（2008~2011 年）、"出国门"阶段（2012~2015 年）和向成为全球引领者不断进发阶段（2016~2019 年）这四个阶段，市场可达性均显著抑制了我国城市群经济的高质量增长，这进一步验证了数据的稳健性。2003~2019 年，政府投资的显著性水平由 5% 的负向显著转向为 1% 的正向显著水平，这表明随着我国经济的不断发展，政府的宏观调控作用不断增大，政府消费支出由早期的显著抑制经济高质量发展，到后期转变为显著促进我国经济的高质量发展；城乡居民储蓄水平对绿色全要素生产率具有 10% 及以上的负向显著水平；其他控制变量对经济高质量发展的影响显著性水平不明显。在这里值得说明的是，本书一些控制变量的显著性存在明显的差异，这种较大差异的存在可能是交通基础设施与经济高质量发展之间的内生性所致。

方法二：替换解释变量。

前文通过面板数据分析中心城市交通基础设施建设对城市群经济高质量发展的影响。在基准回归中，选取市场可达性指数，通过运用绿色全要素生产率指数来检验我国十九大城市群中心城市的市场可达性水平，从而分析城市群的经济高质量发展水平。在表 5-30 中，将解释变量从市场可达性替换为公路客运指数。选取公路客运是由于该指数既体现了公路建设水平集聚发展水平，也表现出人口规模作用下的城市间的交通往来状况。如表 5-30 所示，在第（1）列中也只分析公路客运指数影响下的绿色全要素生产率；在第（2）~（9）列中，加入包含时间、地点以及两者的固定效应模型，以控制城市群中心城市不可观测的个体异质性，以及规避区域和年份的宏观影响；从第（2）列起，逐步加入了可能影响城市群绿色全要素生产率的控制变量。由表 5-30 可知，除了第（1）列以外，无论是否加入控制变量，以及加入控制变量的个数不同，公路客运指数均呈现出负向显著的水平，且均在大于等于 5% 的显著性水平上显著，即随着中心城市交通基础设施的不断完善，交通基础设施建设显著地抑制了绿色全要素生产率的增长。

表 5 – 30　　　　2003 ~ 2019 年交通基础设施对城市群经济高质量发展的影响

| 变量 | (1) | (2) | (3) | (4) | (5) |
|---|---|---|---|---|---|
| | lngtfp | lngtfp | lngtfp | lngtfp | lngtfp |
| lngl_keyun | -0.0193 (-0.470) | -0.129 *** (-2.848) | -0.156 *** (-3.768) | -0.139 *** (-3.028) | -0.142 *** (-3.093) |
| lngdp | | 0.302 *** (8.885) | 0.211 *** (6.028) | 0.202 *** (5.559) | 0.211 *** (6.069) |
| lngov | | | 0.160 *** (5.035) | 0.0492 (0.662) | 0.265 ** (2.249) |
| lntech | | | | 0.0714 * (1.751) | 0.0780 * (1.923) |
| lnsaving | | | | | -0.277 ** (-2.203) |
| lnforeign_firm | | | | | |
| lnfixed | | | | | |
| lnretail | | | | | |
| lninternet | | | | | |
| Constant | 0.994 *** (2.604) | -3.243 *** (-7.554) | -3.874 *** (-8.700) | -2.969 *** (-4.096) | -1.709 * (-1.709) |
| 观测值 | 323 | 323 | 323 | 323 | 323 |
| R – squared | 0.002 | 0.226 | 0.297 | 0.304 | 0.323 |

| 变量 | (6) | (7) | (8) | (9) |
|---|---|---|---|---|
| | lngtfp | lngtfp | lngtfp | lngtfp |
| lngl_keyun | -0.114 ** (-2.062) | -0.115 ** (-2.115) | -0.126 ** (-2.425) | -0.121 ** (-2.402) |
| lngdp | 0.142 *** (3.115) | 0.136 *** (2.999) | 0.119 *** (2.724) | 0.115 *** (2.685) |
| lngov | 0.350 *** (3.437) | 0.425 *** (3.869) | 0.345 *** (3.344) | 0.359 *** (3.400) |
| lntech | 0.0975 ** (2.376) | 0.104 ** (2.495) | 0.0968 ** (2.449) | 0.0933 ** (2.343) |
| lnsaving | -0.318 *** (-3.075) | -0.334 *** (-3.242) | -0.546 *** (-3.976) | -0.497 *** (-3.609) |
| lnforeign_firm | -0.0714 ** (-2.183) | -0.0628 * (-1.879) | -0.0768 ** (-2.449) | -0.0746 ** (-2.345) |

续表

| 变量 | (6) | (7) | (8) | (9) | |
|---|---|---|---|---|---|
| | lngtfp | lngtfp | lngtfp | lngtfp | |
| lnfixed | | −0.109<br>(−1.410) | −0.104<br>(−1.493) | −0.104<br>(−1.411) | |
| lnretail | | | 0.341***<br>(2.685) | 0.351***<br>(2.764) | |
| lninternet | | | | −0.0750<br>(−1.290) | |
| Constant | −1.247<br>(−1.372) | −0.312<br>(−0.291) | 0.994***<br>(2.604) | −1.411<br>(−1.146) | |
| 观测值 | 318 | 318 | 323 | 318 | |
| R − squared | 0.355 | 0.368 | 0.002 | 0.392 | |

注：***、**、*分别表示在1%、5%、10%水平上显著。

从第（2）~（9）列，依次引入$gdp_{i,t}$、$gov_{i,t}$、$tech_{i,t}$、$saving_{i,t}$、$foreign\_firm_{i,t}$、$fixed_{i,t}$、$retail_{i,t}$和$internet_{i,t}$这8个控制变量，分别为国内生产总值、政府消费支出、科学技术支出、城乡居民储蓄年末余额、外商投资企业数量、固定资产投资、社会消费品零售总额和国际互联网用户数指标的对数。其中，在实际GDP指数$gdp_{i,t}$的对数这一控制变量的影响下，在第（2）~（9）列中，绿色全要素均在1%的显著水平上正向显著，这表明GDP指数对经济的高质量发展具有较强的正向促进作用。在第（3）~（9）列中，引入政府消费支出指数$gov_{i,t}$的对数这一控制变量，除第（4）列以外，政府消费导致绿色全要素生产率均在1%或5%的显著水平上正向显著，这表明政府的宏观调控对经济的高质量发展具有较强的正向促进作用；在第（4）~（9）列中，引入科学技术支出指数$tech_{i,t}$的对数这一控制变量，科学技术支出指数使得绿色全要素生产率均在5%或10%显著水平上正向显著，这表明科学技术支出对经济的高质量发展具有较强的正向促进作用，科学技术支出越大，越能促进经济的高质量发展；在第（5）~（9）列中，引入城乡居民储蓄年末余额指数$saving_{i,t}$的对数这一控制变量，城乡居民储蓄指数使得绿色全要素生产率均在1%或5%显著水平上负向显著，城市群中心城市中居民储蓄的增加说明大多数资金的流动性不强，不利于促进市场运转，从而不利于促进我国城市群经济的高质量发展；在第（6）~（9）列中，引入外商投资企业指数$foreign\_firm_{i,t}$的对数，对外贸易对绿色全要素生产率的影响均在5%或10%的显著水平上负向显著，这意味着对外贸易程度越大的地区，经济高质量发展越缓慢，我国对外贸易的增长，在带来经济发展的同时，更多的是带来了大量的环境污染问题，从而整体上来看不利于经济的高质量发展；在第（8）~（9）列中，引入社会消费品零售总额指数$retail_{i,t}$的对数，社会消费品零售总额对绿色全要素生产率的影响均在1%的显著水平上正向显著，这表明零售对经济的高质量发展具有较强的正向促进作用；而固定资产投资指数$fixed_{i,t}$和国际互联网用户数指数$internet_{i,t}$这两个控制变量对绿色全要素生产率的影响并不显著。

### 5.4.2.3　异质性分析

为检验不同因素对绿色全要素生产率的影响是否存在区域差异性，本书通过分区域的方式进行回归分析，将我国城市群划分为整体、东北部、东部、中部和西部城市群。其中，西部城市群为成渝城市群、呼包鄂榆城市群、黔中城市群、滇中城市群、关中平原城市群、北部湾城市群、宁夏沿黄城市群、兰西城市群和天山北坡城市群；中部城市群为中原城市群、晋中城市群、长江中游城市群；东北部城市群为哈长城市群、辽中南城市群；东部城市群为京津冀城市群、山东半岛城市群、长三角城市群、粤闽浙沿海城市群、珠三角城市群。将整体这一列的数据作为对照组，便于与东北部、东部、中部和西部城市群的数据进行对照分析。表 5 – 31 为交通基础设施对城市群经济高质量发展影响的异质性分析。

表 5 – 31　　　　　　　交通基础设施对城市群经济高质量发展影响的异质性分析

| 变量 | 东北部 | 东部 | 中部 | 西部 | 全样本 |
|---|---|---|---|---|---|
| | lngtfp | lngtfp | lngtfp | lngtfp | lngtfp |
| lnMA | − 2. 724 *** <br> ( − 3. 188) | − 1. 086 * <br> ( − 1. 725) | − 0. 695 *** <br> ( − 4. 254) | − 0. 373 *** <br> ( − 5. 135) | − 0. 359 *** <br> ( − 6. 485) |
| lngdp | − 1. 729 ** <br> ( − 2. 132) | − 0. 108 <br> ( − 0. 253) | 0. 645 <br> (1. 414) | 0. 814 * <br> (1. 817) | 0. 418 ** <br> (2. 368) |
| lngov | 1. 542 *** <br> (3. 288) | 1. 406 *** <br> (4. 302) | 0. 509 * <br> (1. 767) | 0. 513 ** <br> (2. 318) | 0. 778 *** <br> (7. 442) |
| lntech | − 0. 0847 <br> ( − 1. 625) | 0. 139 * <br> (1. 875) | 0. 0192 <br> (0. 557) | 0. 00447 <br> (0. 0881) | 0. 000413 <br> (0. 0126) |
| lnsaving | − 0. 490 <br> ( − 0. 655) | − 1. 023 *** <br> ( − 4. 030) | 0. 711 ** <br> (2. 397) | − 0. 458 ** <br> ( − 2. 078) | − 0. 791 *** <br> ( − 7. 282) |
| lnforeign_firm | 0. 565 *** <br> (3. 969) | − 0. 104 <br> ( − 1. 005) | 0. 447 *** <br> (5. 505) | − 0. 154 ** <br> ( − 2. 068) | − 0. 126 *** <br> ( − 5. 378) |
| lnfixed | − 0. 525 ** <br> ( − 2. 194) | 0. 0154 <br> (0. 0509) | − 0. 585 *** <br> ( − 5. 640) | − 0. 0237 <br> ( − 0. 299) | − 0. 0556 * <br> ( − 1. 815) |
| lnretail | 1. 202 * <br> (1. 716) | − 0. 0885 <br> ( − 0. 210) | − 0. 756 ** <br> ( − 2. 433) | − 0. 237 <br> ( − 0. 743) | 0. 108 <br> (0. 984) |
| lninternet | − 0. 0165 <br> ( − 0. 186) | − 0. 209 ** <br> ( − 2. 129) | − 0. 176 <br> ( − 1. 033) | − 0. 118 <br> ( − 1. 491) | − 0. 0707 <br> ( − 1. 299) |
| Constant | − 22. 80 * <br> ( − 1. 747) | 10. 32 <br> (1. 618) | − 2. 975 <br> ( − 1. 156) | − 4. 287 ** <br> ( − 2. 312) | − 1. 410 <br> ( − 1. 417) |
| 观测值 | 34 | 85 | 49 | 150 | 318 |
| R – squared | 0. 908 | 0. 741 | 0. 932 | 0. 555 | 0. 577 |

注: *** 、 ** 、 * 分别表示在 1% 、 5% 、 10% 水平上显著。

首先，观察控制变量。本书依次引入 $gdp_{i,t}$、$gov_{i,t}$、$tech_{i,t}$、$saving_{i,t}$、$foreign\_firm_{i,t}$、$fixed_{i,t}$、$retail_{i,t}$ 和 $internet_{i,t}$ 这 8 个控制变量，分别为国内生产总值、政府消费支出、科学技术支出、城乡居民储蓄年末余额、外商投资企业数量、固定资产投资、社会消费品零售总额和国际互联网用户数指标的对数。对于东北部城市群，$gdp_{i,t}$ 和 $fixed_{i,t}$ 这两个控制变量对绿色全要素指标的影响在 5% 的显著水平上负向显著，这表明国民生产和固定资产投资的增加都处于不利于经济高质量发展的阶段；$gov_{i,t}$、$foreign\_firm_{i,t}$ 和 $retail_{i,t}$ 这三个控制变量对绿色全要素指标的影响分别在 1% 和 10% 的显著水平上正向显著，这表明政府支出、外商投资的加大和零售总额的增加都处于促进城市群经济高质量发展的阶段；而 $tech_{i,t}$、$saving_{i,t}$ 和 $internet_{i,t}$ 这三个控制变量对绿色全要素指标的影响不显著，即科学技术支出、居民储蓄和互联网用户数对交通基础设施的建设影响不大。对于东部城市群，$saving_{i,t}$ 和 $internet_{i,t}$ 这两个控制变量对绿色全要素指标的影响在大于等于 5% 的显著水平上负向显著，这表明居民储蓄和互联网用户数的增加使得中心城市交通基础设施的建设不利于经济高质量发展；$gov_{i,t}$ 和 $tech_{i,t}$ 这两个控制变量对绿色全要素指标的影响分别在 1% 和 10% 的显著水平上正向显著，这表明政府支出和科技的发展有利于促进城市群经济高质量发展；而 $gdp_{i,t}$、$foreign\_firm_{i,t}$、$fixed_{i,t}$ 和 $retail_{i,t}$ 这四个控制变量对绿色全要素指标的影响不显著。对于中部城市群，$fixed_{i,t}$ 和 $retail_{i,t}$ 这两个控制变量对绿色全要素指标的影响分别在 1% 和 5% 的显著水平上负向显著，这表明固定资产投资和零售总额的增加使得中部城市群中心城市交通基础设施的建设不利于经济高质量发展；$gov_{i,t}$、$saving_{i,t}$ 和 $foreign\_firm_{i,t}$ 这三个控制变量对绿色全要素指标的影响在大于等于 10% 的显著水平上正向显著，这表明政府支出、居民储蓄和外商投资的增加有利于促进城市群经济高质量发展；而 $gdp_{i,t}$、$tech_{i,t}$ 和 $internet_{i,t}$ 这三个控制变量对绿色全要素指标的影响不显著。对于西部城市群，$saving_{i,t}$ 和 $foreign\_firm_{i,t}$ 这两个控制变量对绿色全要素指标的影响均在 5% 的显著水平上负向显著，这表明居民储蓄和外商投资的增加不利于西部城市群中心城市的经济高质量发展，这可能是由于西部城市群的金融和资本市场发展相对滞后，存在资金流通不畅、金融市场规模不大等问题，导致居民储蓄无法充分流入投资和创新产业，外商投资也难以落地，从而不利于经济的高质量发展；$gdp_{i,t}$ 和 $gov_{i,t}$ 这两个控制变量对绿色全要素指标的影响分别在 10% 和 5% 的显著水平上正向显著，这表明国内生产总值和政府支出的增加有利于促进城市群经济高质量发展；$tech_{i,t}$、$fixed_{i,t}$、$retail_{i,t}$ 和 $internet_{i,t}$ 这四个控制变量对绿色全要素指标的影响不显著，即这些控制变量对于城市群中心城市交通基础设施的建设影响不大。其中，政府消费支出指数 $gov_{i,t}$ 的对数这一控制变量对东北部、东部、中部、西部和整体城市群的作用都是在大于等于 10% 的显著水平上正向显著，这表明我国交通基础设施的建设离不开政府的引导性作用，政府支出的增大有利于交通基础设施的建设，促进我国城市群经济的高质量发展。

其次，观察解释变量。将市场可达性指数的自然对数（$lnMA_{i,t}$）作为解释变量，表示交通基础设施发展状况。东北部、东部、中部和西部城市群的市场可达性指数的对数在大于等于 10% 的显著水平上负向显著，这表明随着交通基础设施的建设，经济的高质量发展水平是显著下降的。这可能是由于这些城市群经济的高质量发展，不仅需要考虑经济的高速发展，还需要考虑废水、二氧化碳、烟尘等生产排放物所造成的环境污染问题。总的来说，交通基础设施的建设，会造成对环境的损害，这种环境损害带来的负面影响超过了交通基础设施建设本身发展带来的对经济方面的正向影响。

### 5.4.2.4　内生性检验

一般而言，高等级公路网的分布不是外生的，经济越发达的城市，其经济发展的高质量水平也越高（其城市群中心城市的绿色全要素生产率也相对较高），交通基础设施建设越好，市场可达性越高。为了防止反向因果的影响，借鉴刘冲等（2020）、唐纳森等（Donaldson et al.，2016）的做法，通过选取各中心城市的绿色全要素生产率及其滞后一期的数据作为被解释变量进行内生性检验，从而分析人口规模因素影响下的中心城市经济规模与城市群经济高质量发展之间的影响。在表 5–32 中，可以看出，以各中心城市绿色全要素生产率及其滞后一期计算的市场可达性系数始终为负，且在 1% 的显著性水平上负向显著。这进一步说明了所选取数据的准确性和回归分析的稳健性。

表 5–32　　　　　　　　　　　人口规模与人均 GDP 构造市场可达性

| 变量 | (1) | (2) |
|---|---|---|
| | lngtfp | L. lngtfp |
| lnMA | −0.359 ***<br>(−6.485) | −0.351 ***<br>(−6.019) |
| lngdp | 0.418 **<br>(2.368) | 0.326<br>(1.520) |

续表

| 变量 | (1) | (2) |
| --- | --- | --- |
| | lngtfp | L. lngtfp |
| lngov | 0.778 ***<br>(7.442) | 0.757 ***<br>(6.525) |
| lntech | 0.000413<br>(0.0126) | − 0.00211<br>(− 0.0611) |
| lnsaving | − 0.791 ***<br>(− 7.282) | − 0.712 ***<br>(− 6.475) |
| lnforeign_firm | − 0.126 ***<br>(− 5.378) | − 0.121 ***<br>(− 4.600) |
| lnfixed | − 0.0556 *<br>(− 1.815) | − 0.0763 **<br>(− 2.147) |
| lnretail | 0.108<br>(0.984) | 0.160<br>(1.079) |
| lninternet | − 0.0707<br>(− 1.299) | − 0.0727<br>(− 1.356) |
| Constant | − 1.410<br>(− 1.417) | − 1.521<br>(− 1.308) |
| 观测值 | 318 | 299 |
| R − squared | 0.577 | 0.552 |

注：***、**、*分别表示在1%、5%、10%水平上显著。

### 5.4.3　研究发现与政策含义

#### 5.4.3.1　研究发现

本书对我国 2003 ~ 2019 年中心城市交通基础设施对城市群经济高质量发展的影响及其异质性展开经验研究，得出以下研究发现：

第一，从全样本回归结果可以看出，中心城市交通基础设施建设对城市群经济高质量发展有显著抑制作用。

第二，从异质性检验结果可以看出，不同地区城市群的经济高质量发展受到中心城市交通基础设施建设的抑制作用大小不同。其中东北部城市群受到的抑制作用最大，其次是东部城市群；再次是中部城市群，抑制作用最小的是西部城市群。

#### 5.4.3.2　讨论

第一，中心城市在基础设施建设中存在过度建设、环境污染、资源浪费和软硬件不均衡等问题，这些问题都可能抑制城市群的经济高质量发展。首先，中心城市在基础设施建设中往往会出现"过度建设"的现象。为了追求短期的经济增长，中心城市可能会超出实际需求进行大规模的基础设施投资，导致资源的过度使用和浪费。这种投资行为可能会短时间内刺激经济增长，但从长远来看，可能会导致资源浪费和生态环境的破坏，对绿色全要素生产率造成抑制。其次，中心城市的基础设施建设会加剧城市的"热岛效应"。大量的水泥建筑和道路，会吸收大量的太阳辐射，并在夜间释放，导致城市温度显著升高，这不仅增加了能源消耗，也增加了大气污染物的排放，从而影响城市群的绿色全要素生产率，即经济高质量发展水平。再次，基础设施建设过程中会产生大量的建筑垃圾。中心城市在基础设施建设中产生的建筑垃圾处理不当会导致土地污染、水源污染等环境问题。最后，中心城市在基础设施建设中，往往重视硬件建设而忽视软件建设。硬件设施，如道路、桥梁等，虽然能够在短期内带来经济利益，但如果忽视了与之配套的软件建设，如绿化、污水处理、智慧城市建设等，可能会导致城市群的绿色全要素生产率下降。

第二，不同地区城市群之间，中心城市交通基础设施建设对经济高质量发展的抑制作用大小不同，可能与不同区位对中心城市交通基础设施的敏感性不同有关。首先，东北地区曾是中国的工业基地，但由于过去的重工业模式和现在的产业转型压力，许多城市在经济转型中面临困境。在这样的背景下，交通基础设施投资可能更多地被视为一种刺激经济的手段，而非真正服务于经济的高质量发展。大量的交通项目可能造成资源浪费，而与之不匹配的产业结构又难以充分利用这些设施，从而使得经济高质量发展受到抑制。东部城市群作为中国的经济发展前沿，其交通基础设施建设迅猛。但东部地区在追求交通网络密度的同时，也可能出现了交通建设的过度竞争和冗余。例如，相邻的城市可能会有重复的交通线路和设施。这种过度建设不仅会导致资本浪费，还可能因为大量的建设活动导致环境压力增加，从而对经济的高质量发展形成抑制。中部地区在交通基础设施建设中，虽然受到了国家政策的支持，但仍然面临技术和资金的瓶颈。这意味着，尽管交通基础设施得到了一定的提升，但其对经济高质量发展的促进作用可能被其他制约因素所中和。西部城市群的后发特征使其交通基础设施建设相对延后，因此可能更加注重效益和可持续性。

### 5.4.3.3  政策含义

本节通过分析中心城市交通基础设施对城市群经济高质量发展的影响，借助以中心城市为核心的城市群市场可达性分析城市群的绿色全要素生产率水平。

第一，首次构建了中心城市交通基础设施指标，为交通基础设施相关领域的研究提供了较新的突破口。大多数文章在分析中国交通基础设施的重要性时，多选取国家、地方各省市等层面，本书从城市群方面进行分析，考虑中心城市交通基础设施对城市群经济高质量发展的影响。

第二，本书在考虑经济增长动态性的前提下，解决了交通基础设施与经济增长之间的内生性问题，从而更准确地分析交通基础设施建设对城市群经济的高质量发展水平的影响。

第三，本书通过对我国东部、中部、西部和东北部城市群的交通基础设施协调发展进行异质性分析，构建面板数据模型，探讨中心城市交通基础设施对城市群经济高质量发展的影响并提出积极的应对措施，加强了本书的现实意义。

## 5.5  西部中心城市基本公共服务与城市群经济关系的时空演变研究

### 5.5.1  研究目的与方法

#### 5.5.1.1  研究目的

国家"十四五"规划纲要提出，发展壮大城市群和都市圈，分类引导大中小城市发展方向和建设重点，形成疏密有致、分工协作、功能完善的城镇化空间格局。因此，城市群作为区域经济发展格局中最具活力和潜力的核心区域以及推进新型城镇化的主体形态，其高质量发展直接关系到我国经济的高质量发展。城市基本公共服务供给水平是经济高质量发展的重要体现，因此，探讨我城市群城市基本公共服务发展水平与城市群城市经济发展关系和格局演变具有重大现实意义。本书利用熵值法，从公共服务框架体系出发，包含城市设施建设服务、居民生活综合服务、科学文化普及教育服务以及公共灾害抗御服务 4 个方面，20 个单项指标测算城市基本公共服务综合指数（UBPS）；从经济规模、经济效益和经济增长 3 个方面，包含 8 个单项指标测算城市群经济发展水平综合指数（ED）。利用标准差分级方法，对全国 19 个城市群内 199 个地级市城市基本公共服务综合指数进行分级，以体现各地区及地区内各市的相对发展差异。利用泰尔指数，将城市群基本公共服务总差异（$T_{总}$）分解为区域间差异和区域内差异，即 $T_{总} = T_{间} + T_{内}$，揭示我国东北部、中部、东部以及西部城市群四大区域城市基本公共服务综合发展水平、总体均衡化发展水平和其内部差异水平；以及揭示东北部城市群、中部城市群、东部城市群以及西部城市群区域整体均衡化发展水平及其内部城市群差异水平。利用基尼系数（G），衡量不同截面数据下我国东北部、中部、东部以及西部城市群四大区域以及各区域各城市群城市基本公共服务之间和各维度指标间的发展差异。利用全局莫兰指数和局部莫兰指数，分别测算全国 19 个城市群内 199 个地级市城市基本公共服务的空间聚集分布特征和基本公共服务的局部聚集中心。利用 Voronoi 图邻近分析方法，采用圈层结构形式分析全国 19 个城市群所辖城市群中心城市的腹地影响及其对周围邻近地区的辐射带动效能。将各城市群发展规划中圈定的中心城市作为中心点，通过构建 Voronoi 图来对其空间辐射范围进行划分，在每个独立的 Voronoi 图中依据距离中心点的远近，分别将全国 199 个市域空间划分为 4 个圈层，从外往内依次是外圈层、中圈层、内圈层、中心圈层。最后利用 Tapio 脱钩模型，综合考虑全国 19 个城市群 199 个地级市经济发展水平和城市基本公共服务综合发展水平这两个指标的变化情况，通过细分脱钩状态，建立较为完整的脱钩指标评价体系，进而衡量研究区域经济发展水平与基本公共服务综合发展水平之间的脱钩情况，从而确定中心城市基本公共服务与城市群经济协同发展关系。

#### 5.5.1.2　研究方法

熵值法：熵值法确定指标的权重属于客观赋权法，它根据各指标客观数据和所提供的信息量来决定指标的权重。在信息论中，熵是对不确定性的一种度量。根据熵的特性，我们可以通过计算城市群各城市各项指标的熵值来判断该指标的随机性及无序程度，从而确定该指标对城市群各城市基本公共服务发展水平的影响大小，即权重指数。其计算步骤如下。

（1）选取 m 个市，n 个指标，并定义 $x_{ij}$（$i = 1, 2, \cdots, m$；$j = 1, 2, \cdots, n$）为第 i 个市第 j 个指标的数值。

（2）原始数据标准化处理：由于各指标的量纲、数量级及指标的正负取向均有差异，需对初始数据进行正规化处理。指标值越大对系统发展越有利时，采用正向指标计算方法，计算方法如下：

$$X'_{ij} = (X_{ij} - \min\{X_j\}) / (\max\{X_j\} - \min\{X_j\}) \qquad (5-39)$$

指标值越小对系统发展越有利时，采用负向指标计算方法处理，计算方法如下：

$$X'_{ij} = (\max\{X_j\} - X_{ij}) / (\max\{X_j\} - \min\{X_j\}) \qquad (5-40)$$

（3）计算第 i 个市在第 j 个指标中所占的比重，计算方法如下：

$$P_{ij} = \frac{x_{ij}}{\sum\limits_{i=1}^{m} x_{ij}} \quad (i = 1, 2, \cdots, m；j = 1, 2, \cdots, n) \qquad (5-41)$$

（4）计算第 j 个指标的熵值，计算方法如下：

$$e_j = -k \sum_{i=1}^{m} P_{ij} \ln(P_{ij}) \quad (i = 1, 2, \cdots, m；j = 1, 2, \cdots, n) \qquad (5-42)$$

其中，$k = \dfrac{1}{\ln m}$，表示调节系数，以保证 $0 \leqslant e_j \leqslant 1$。

（5）计算第 j 个指标的差异系数，计算方法如下：

$$d_j = 1 - e_j (j = 1, 2, \cdots, n) \quad (5-43)$$

其中，$d_j$ 越大说明指标的重要性越强。

（6）计算第 j 个指标的权重，计算方法如下：

$$w_j = \frac{d_j}{\sum\limits_{j=1}^{n} d_j} (j = 1, 2, \cdots, n) \quad (5-44)$$

本书采取熵值法客观权重赋值法，测算城市群各城市基本公共服务综合指数 UBPS，计算方法如下：

$$UBPS_i = \sum_{j=1}^{n} x'_{ij} w_j \quad (5-45)$$

其中，$x'_{ij}$ 为标准化后的 i 市第 j 个基本公共服务指标度量值；$w_j$ 为第 j 类指标的权重值，n 为指标的数目，这里 n = 20；$UBPS_i$ 为 i 市基本公共服务的综合指数，各城市群的基本公共服务综合指数值为其所辖各市综合指数的均值。

同理，利用熵值法客观权重赋值法，测算城市群各城市经济发展水平综合指数 ED，计算方法如下：

$$ED_i = \sum_{j=1}^{n} x'_{ij} w_j \quad (5-46)$$

其中，$x'_{ij}$ 为标准化后的 i 市第 j 个经济发展水平指标度量值；$w_j$ 为第 j 类指标的权重值，n 为指标的数目，这里 n = 8；$ED_i$ 为 i 市经济发展水平的综合指数，各城市群的经济发展水平综合指数值为其所辖各市综合指数的均值。

标准差分级：为显著度量所研究区域不同地区间及同一地区内各市间基本公共服务的相对发展水平，基于标准差分级的方法，以地区平均值为参照，对研究区市域城市基本公共服务综合指数 UBPS 进行分级，以体现各地区及地区内各市的相对发展差异。计算方法如下：

$$D = \frac{UBPS_i - \overline{UBPS}}{\sigma} \quad (5-47)$$

其中，$\overline{UBPS}$ 为地区城市基本公共服务综合指数平均值；$\sigma$ 为标准差；D 为等级指数。以 1 个标准差为单位，划分为四个等级，分别为相对富集区（D≥1）、相对均衡区（0≤D<1）、相对短缺区（-1≤D<0）、相对严重短缺区（D<-1）。

泰尔指数：泰尔指数可以分别衡量组内差距与组间差距对总体差距的贡献，是衡量地区间经济发展差异的一项重要指标。通过构建泰尔指数，可以得到所研究区域城市群的城市基本公共服务发展水平差异。由泰尔指数可分解的性质，将研究区域城市群的城市基本公共服务总差异（$T_总$）分解为区域间差异和区域内差异，即 $T_总 = T_间 + T_内$，揭示区域整体、城市群整体的城市基本公共服务均衡化发展水平及其内部发展差异水平，$T_内/T$、$T_间/T$ 分别表示组内差距和组间差距对于整合研究区域差异的贡献度。区域间差异计算方法如下：

$$T_间 = \sum_{i=1}^{n} Y_i \log \frac{Y_i}{P_i} \quad (5-48)$$

其中，n 表示分类数；$Y_i$ 为 i 地区（城市群）UBPS 值占研究区域的城市群城市基本公共服务综合指数总和的比例；$P_i$ 为 i 城市群的人口数占所研究区域城市群总人口数的比例。区域内差异计算方法如下：

$$T_内 = \sum_{j=1}^{n} Y_j \log \frac{Y_{ij}}{P_{ij}} \quad (5-49)$$

其中，n 表示分类数；$Y_j$ 为 j 市的 UBPS 值占所研究区域城市群总和的比例；$Y_{ij}$ 为 i 城市群（i = 1，2，$\cdots$，19。全国 19 个城市群）内 j 市的 UBPS 值占 i 城市群总和的比例；$P_{ij}$ 为 i 城市群内 j 市的人口占 i 城市群总人口的比例。

基尼系数：用基尼系数衡量在不同截面数据下，研究区域的各城市群（城市）之间及构成城市基本公共服务各维度指标之间的发展差异。其计算方法如下：

$$G = \sum_{i=1}^{n} Y_i X_i + 2 \sum_{i=1}^{n} Y_i (1 - V_i) - 1 \tag{5-50}$$

其中，$0 \leqslant G \leqslant 1$，其值越大，表示各城市群之间及各维度指标间的发展差距越大，其中，$0 \leqslant G \leqslant 0.2$，表示各城市群之间及各维度指标间的发展较为均衡；$0.2 \leqslant G \leqslant 0.6$，表示各城市群之间及各维度指标间的发展存在差距；$0.6 \leqslant G \leqslant 1$，表示各城市群之间及各维度指标间的发展差距悬殊。式中，$X_i$ 为各城市群城市基本公共服务维度值占研究区域城市基本公共服务维度值总和的比例；$Y_i$ 为各城市群人口占所研究区总人口数的比例；$n$ 为研究区域城市群（市）的数目；$V_i$ 为指标按人均排序后 $X_1$ 到 $X_i$ 的累加值。

全局莫兰 I 指数与局部 G 指数：全局莫兰 I 指数，度量空间的相关程度，从而获取研究区域的相关变量的观测数据之间潜在的相互依赖程度。其计算方法如下：

$$I = \sum_{i}^{n} \sum_{j \neq i}^{n} w_{ij} (x_i - \overline{x})(x_j - \overline{x}) / S^2 \sum_{i}^{n} \sum_{j \neq i}^{n} w_{ij} \tag{5-51}$$

$$S^2 = \frac{\sum_{i=1}^{n} (x_i - \overline{x})^2}{n} \tag{5-52}$$

该公式引入了空间权重矩阵，测算所研究区域基本公共服务的空间聚集分布特征。式中，$n$ 是样本区域数；$\overline{x}$ 是所有属性值的均值；$x_i$ 是第 $i$ 个市的属性值；$w_{ij}$ 是 $i$ 市和 $j$ 市间的空间权重矩阵。全局莫兰 I 指数的值介于 $-1 \sim 1$ 之间，当全局莫兰 I 指数值大于 0 时，为正相关，且越接近 1，正相关性越强，即邻接各市之间城市基本公共服务具有很强的相似性；当全局莫兰 I 指数值小于 0 时，为负相关，且越接近 $-1$，负相关性越强，即邻接各市之间城市基本公共服务具有很强的差异性；当全局莫兰 I 指数值接近 0 时，则表示邻接各市之间城市基本公共服务不相关，并以此结合实际研究对象进行进一步分析。

使用局部莫兰 G 指数来识别各城市基本公共服务发展水平空间要素聚集或离散的位置和程度。局部莫兰 G 指数，可以获取所研究区域的城市空间的分布类型地理分布特征、空间集聚特征、时空演变特征等方面的城市发展特征。其计算方法如下：

$$G = \frac{(x_i - \overline{x})}{S^2} \sum_{j \neq i}^{n} w_{ij}(x_j - \overline{x}) \tag{5-53}$$

$$S^2 = \sum_{i=1}^{n} (x_i - \overline{x})^2 / n \tag{5-54}$$

通过与邻近区域数据的比较，测算所研究区域城市基本公共服务的局部聚集中心。式中：$x_i$ 是要素 $i$ 的属性值；$\overline{x}$ 是对应属性值的均值；$w_{ij}$ 是空间权重矩阵。

Voronoi 图邻近分析法：利用 Voronoi 图邻近分析方法、采用圈层结构形式，分析研究区域城市群中心城市对周围邻近城市地区的辐射带动效能及其腹地影响。将各城市群的中心城市作为中心点，构建 Voronoi 图来对其空间辐射范围进行划分。依据距离中心城市（点）的远近，在每个独立的 Voronoi 图中，分别将研究区的 199 个城市划分为 4 个圈层，从外往内依次是外圈层、中圈层、内圈层和中心圈层，进一步利用 Tapio 脱钩模型分析 199 个市的城市基本公共服务发展水平与经济发展水平之间的协同发展关系。

Tapio 脱钩模型：Tapio 脱钩模型可以衡量研究区域经济发展与城市基本公共服务之间的脱钩情况，从而确定城市基本公共服务与城市群经济协同发展关系。在物理学中，"脱钩" 指具有相应关系的物理量之间不存在响应关系，具有时间尺度特征，这里考虑各市经济发展水平与城市基本公共服务发展水平这两个要素的协同变化情况，通过细分脱钩状态，建立较为完整的脱钩指标评价体系。模型计算公式如下：

$$T = \frac{\Delta UBPS_t}{\Delta ED_t} = \frac{(UBPS_{te} - UBPS_{ts})/UBPS_{ts}}{(ED_{te} - ED_{ts})/ED_{ts}} \tag{5-55}$$

其中，T 为基本公共服务与经济发展之间的脱钩弹性；$\Delta UBPS_t$、$\Delta ED_t$ 分别为 t 时期所研究区域城市群各市基本公共服务综合指数变化率和经济发展变化率；$ED_{ts}$、$ED_{te}$ 分别为 t 时期始年和末年各市经济发展水平综合指数；$UBPS_{ts}$、$UBPS_{te}$ 分别为 t 时期始年和末年各市城市基本公共服务综合指数。Tapio 脱钩模型的研究，根据 T 值将城市基本公共服务发展与经济发展二者协同发展程度分为3 个大类 8 个小类，二者脱钩弹性程度及含义如表 5-33 所示。

表 5-33　　　　　　　　　　　　　基于脱钩模型的协同发展状态

| 脱钩程度 | 分类依据 | 差异类型 | 含义 |
| --- | --- | --- | --- |
| 连接 | $\Delta UBPS_t > 0$ $\Delta ED_t > 0$ $0.8 < T < 1.2$ | 增长连接 | 协同发展型 |
| | $\Delta UBPS_t < 0$ $\Delta ED_t < 0$ $0.8 < T < 1.2$ | 衰退连接 | 协同共损型 |
| 脱钩 | $\Delta UBPS_t > 0$ $\Delta ED_t > 0$ $0 < T < 0.8$ | 弱脱钩 | 经济增长型 |
| | $\Delta UBPS_t < 0$ $\Delta ED_t > 0$ $T < 0$ | 强脱钩 | 公共服务受损型 |
| | $\Delta UBPS_t < 0$ $\Delta ED_t < 0$ $T > 1.2$ | 衰退脱钩 | 公共服务滞后型 |
| 负脱钩 | $\Delta UBPS_t < 0$ $\Delta ED_t < 0$ $0 < T < 0.8$ | 弱负脱钩 | 经济滞后型 |
| | $\Delta UBPS_t > 0$ $\Delta ED_t < 0$ $T < 0$ | 强负脱钩 | 经济受损型 |
| | $\Delta UBPS_t > 0$ $\Delta ED_t > 0$ $T > 1.2$ | 扩张负脱钩 | 公共服务增长型 |

### 5.5.1.3　数据来源

本书数据包括社会经济数据和基础地理数据。社会经济数据主要来自《中国城市统计年鉴》、《中国城市建设统计年鉴》、各市国民经济和社会发展统计公报以及各地级市统计年鉴，包含中国十九大城市群 199 个地级市城市设施建设服务、居民生活综合服务、科学文化普及教育服务以及公共灾害抗御服务 4 个方面，20 个单项指标数据；以及中国 19 个城市群 199 个地级市城市经济规模、经济效益和经济增长 3 个方面，8 个单项指标数据。基础地理数据来自 1∶25 万全国基础地理空间数据库。使用以上数据前，本书运用数学工具对数据进行了筛查、计算补漏、地理配准等预处理。

城市基本公共服务是城市公共部门面向城市公众提供的公共产品和服务。任强从公共服务均等化水平角度出发，以公共服务均等化指数为核心，构建了 1 个一级指标，包括 7 个方面 16个"单项指标"的指标体系；王晓玲秉着对"基本"二字的含义，把握既不能太高也不能过低的宗旨，构建了包含基础教育服务、基本医疗服务、公共文化服务、社会保障服务以及生态环境服务 5 个方面的"软"公共服务和公共基础设施服务这一"硬"公共服务共 6 个方面的一级指标，每个一级指标所涵盖的二级指标均从投入和产出两个角度进行设置；韩峰、李玉双基于地方政府在公共服务方面取得的客观成果数据构建了包括教育、医疗卫生、能源资源、交通运输、环境保护 5 个方面的指标体系。在指标体系构建的科学性、全面性、系统性和数据可得性等基础上，从公共服务框架体系出发构建了包含城市设施建设服务、居民生活综合服务、科学文化普及教育服务以及公共灾害抗御服务 4 个方面，共 20 个单项指标的城市基本公共服务指标体系，具体指标见表 5-34。

**表 5 - 34**　　　　　　　　　　　**城市基本公共服务综合发展水平指标体系**

| 目标层 | 维度指标 | 单项指标 | 计算方式 |
|---|---|---|---|
| 城市基本公共服务综合指数 | 城市设施建设服务 | 人均道路面积（平方米） | |
| | | 人均公园绿地面积（平方米） | |
| | | 城市轨道交通建成线路长度（千米） | |
| | | 建成区供水管道密度（千米/平方千米） | |
| | | 建成区排水管道密度（千米/平方千米） | |
| | | 互联网宽带接入用户数（万户） | |
| | 居民生活综合服务 | 城市供水普及率（%） | |
| | | 城市燃气普及率（%） | |
| | | 生活垃圾处理率（%） | |
| | | 污水处理率（%） | |
| | | 居民服务修理和其他服务业从业人员数（万人） | |
| | 科学文化普及教育服务 | 每百人公共图书馆图书藏量（册/百人） | 公共图书馆藏量/年末户籍人口 |
| | | 高等学校师生比（人/万人） | 普通高等学校教师数/普通本专科在校学生数 |
| | | 普通中学师生比（人/万人） | 普通中学教师数/普通中学在校学生数 |
| | | 小学师生比（人/万人） | 小学教师数/小学在校学生数 |
| | | 教育从业人员数（万人） | |
| | | 科学研究技术服务和地质勘查业从业人员数（万人） | |
| | 公共灾害抗御服务 | 公共管理和社会组织从业人员数（万人） | |
| | | 每万人医院、卫生院床位数（张/万人） | 床位数/年末户籍人口 |
| | | 每万人医生数（人/万人） | 医生数/年末户籍人口 |

经济发展水平亦称"经济发展量""经济动态数列水平"，反映社会经济现象在不同时期的规模或水平。李二玲、崔之珍从经济规模、经济效益、经济增长和经济结构 4 个维度，构建了包含 18 个指标的经济发展水平指标体系；魏敏、李书昊基于经济高质量水平发展测度逻辑，构建了包括经济结构优化、创新驱动发展、资源配置高效、市场机制完善、经济增长稳定、区域协调共享、产品服务优质、基础设施完善、生态文明建设和经济成果惠民 10 个子系统 53 个测度指标的经济高质量发展水平测度体系；吕丹、汪文瑜从经济总量、结构、动力、效益 4 个方面选取 7 个具体指标，建立经济发展水平指标体系。本书借鉴多名学者的研究，从经济规模、经济效益和经济增长 3 个方面，包含 8 个单项指标的城市群（市）经济发展水平指标体系，具体指标见表 5 - 35。

## 5.5.2　测算结果与回归分析

### 5.5.2.1　城市群基本公共服务综合发展水平分析

城市群日益成为影响国家或地区经济命脉以及参与全球竞争和国际分工的重要地域单元，是未来一段时期影响我国发展的最大结构性潜能。应用以上评价指标和测算方法，通过计算得出 2010 ~ 2019 年中国东北部、东部、中部和西部城市群城市基本公共服务综合指数 UBPS，全国 19 个城市群 199

个地级市各市城市基本公共服务发展水平综合指数分布特征如表 5 - 36 所示，因表格宽度限制，在这里展示 2011 年、2013 年、2015 年、2017 年、2019 年 5 年计算结果。

表 5 - 35　　　　　　　　　　　　经济发展水平综合评价指标体系

| 目标层 | 维度指标 | 单项指标 | 计算方式 |
| --- | --- | --- | --- |
| 经济发展水平 | 经济规模 | 地区生产总值（亿元） | |
| | | 社会消费品零售总额（万元） | |
| | | 邮电业务总量（万元） | |
| | 经济效益 | 人均 GDP（元） | |
| | | 人均社会消费品零售总额（元） | 社会消费品零售总额/年末户籍人口 |
| | 经济增长 | 地区生产总值增长率（%） | $\dfrac{GDP_t - GDP_{t-1}}{GDP_{t-1}}$ |
| | | 第二产业产值增长速度（%） | $\dfrac{第二产业产值_t - 第二产业产值_{t-1}}{第二产业产值_{t-1}}$ |
| | | 第三产业产值增长速度（%） | $\dfrac{第三产业产值_t - 第三产业产值_{t-1}}{第三产业产值_{t-1}}$ |

表 5 - 36　　　　全国 19 个城市群 199 个地级市城市基本公共服务综合指数描述性统计

| 年份 | 均值 | 最大值 | 最小值 | 大于全国均值地级市数（个） | 大于全国均值地级市占比（%） |
| --- | --- | --- | --- | --- | --- |
| 2011 | 0.074326 | 0.715746 | 0.024529 | 45 | 22.61 |
| 2013 | 0.059210 | 0.519308 | 0.018501 | 46 | 23.12 |
| 2015 | 0.062546 | 0.472064 | 0.024230 | 49 | 24.62 |
| 2017 | 0.081833 | 0.673857 | 0.029828 | 49 | 24.62 |
| 2019 | 0.089756 | 0.701839 | 0.039158 | 48 | 24.12 |

全国 19 个城市群 199 个地级市从整体来看，如表 5 - 36 所示。2010 ~ 2019 年，全国 19 个城市群 199 个地级市城市基本公共服务整体平均发展水平呈震荡上行态势，且从 2013 年开始稳步上行，2018 年超过 2011 年的水平，2019 年创出新高。城市基本公共服务综合指数超过全国平均值的地级市从 2011 年的 45 个上升到 2019 年的 48 个，占比分别为 22.61%、24.12%，城市基本公共服务综合指数大于全国均值的地级市数量和占比有所增加，虽然增加的数量和占比很有限，但整体趋势是在朝良性方向发展。城市基本公共服务综合指数 2011 年最大值 0.715746，最小值 0.024529，两者差距约为 29 倍；2019 年最大值 0.701839，最小值 0.039158，两者差距约为 18 倍。即使城市间的发展非常不平衡，但高低悬殊已经从 2011 年的 29.18 倍缩小到 2019 年的 17.92 倍，"贫富差距"减小，朝着良性方向发展。

利用标准差分级，如表 5 - 37 所示。对全国 19 个城市群 199 个地级市城市基本公共服务综合指数进行分级，分为严重短缺区、相对短缺区、相对均衡区和相对富集区。从表 5 - 37 可以发现，2010 ~ 2019 年，城市基本公共服务综合指数无严重短缺区，也就是说，在全国城市群所辖地级市中，城市基本公共服务综合发展水平没有严重短缺的地区；相对短缺区地级市数量一直维持在 150 个左右，到 2019 年占全国城市群所辖地级市总数的 75.88%，占了相当大的比例，这说明我国城市群所辖绝大多数地级市城市基本公共服务综合发展水平处于相对短缺的状态，比较好的现象是，尽管减少的速度很慢，但相对短缺的地级市数量呈逐渐减少的趋势；相对均衡区地级市数量一直维持在 35 个左右，到 2019 年占全国城市群所辖地级市总数的 17.59%，相对均衡区占比不足 1/5，这说明我国城市群所辖地级市城市基本公共服务综合发展水平相对均衡的地区甚少，而只有相对均衡地区越多，我国城市群城市基本公共服务综合供给水平才会真正提高；相对富集区地级市数量稳中有升，从2011年的11个到2019年的13个，占比达到6.53%，相对富集区地级市的数量未达到19个，这说明全国19个城市群并不是每一个城市群都有一个基本公共服务发展水平相对富集的城市，根据中心城市的集聚—辐射带动效应，全国19个城市群至少要有19个城市的基本公共服务供给达到相对富集区的水平，才能发挥城市群中心城市对城市群所辖其他城市的集聚—辐射带动效应。2010～2019年，城市基本公共服务综合指数无严重短缺区，相对短缺区占据城市群所辖地级市绝大多数面积。呼包鄂榆城市群、黔中城市群、滇中城市群、北部湾城市群、宁夏沿黄城市群、兰西城市群、粤闽浙城市群、晋中城市群、中原城市群、哈长城市群一直无城市基本公共服务供给相对富集的城市，这表明以上城市群的中心城市基本公共服务供给水平一定程度上未起到中心城市的集聚—辐射带动作用，且西部9个城市群中有6个城市群一直无城市基本公共服务相对富集的中心城市，这就是说，这6个城市群的中心城市未起到中心城市的集聚—辐射带动作用。同样，中部3个城市群中有2个城市群一直无城市基本公共服务相对富集的中心城市，这就是说，这2个城市群的中心城市未起到中心城市的集聚—辐射带动作用。东北部2个城市群中有1个城市群一直无城市基本公共服务相对富集的中心城市，这就是说，这1个城市群的中心城市未起到中心城市的集聚—辐射带动作用。而东部5个城市群中仅有1个城市群一直无城市基本公共服务相对富集的中心城市，这就是说，东部城市群中有4个城市群的中心城市起到中心城市的集聚—辐射带动作用。相比东部城市群而言，西部城市群、中部城市群、东北部城市群中超过50.00%城市群的中心城市未起到中心城市的集聚—辐射带动作用。因此，新时代城市群城市基本公共服务的建设发展应进一步加强西部城市群、中部城市群、东北部城市群中心城市的基本公共服务水平建设，保证19个城市群每一个城市群至少有一个城市基本公共服务综合发展水平相对富集的中心城市，加快将四区域城市群相对短缺区建设成为相对均衡区，提升我国城市群城市基本公共服务供给整体水平。

表5-37　　　　全国19个城市群199个地级市城市基本公共服务综合指数标准差分级统计　　单位：个

| 年份 | D＜-1<br>严重短缺区 | -1≤D＜0<br>相对短缺区 | 0≤D＜1<br>相对均衡区 | 1≤D<br>相对富集区 |
|---|---|---|---|---|
| 2011 | 0 | 154 | 34 | 11 |
| 2013 | 0 | 153 | 35 | 11 |
| 2015 | 0 | 150 | 36 | 13 |
| 2017 | 0 | 150 | 37 | 12 |
| 2019 | 0 | 151 | 35 | 13 |

分区域来看，如表5-38所示。2010～2019年，中国东北部、东部、中部和西部城市群各区域城市基本公共服务发展水平均在不断提升，国家对城市基本公共服务的建设发展不断提高，总体呈现"东高中低"的发展格局。其中，东部城市群城市基本公共服务发展水平均历年最高，这与改革开放的实施以及东部城市群城市的原始经济实力离不开；西部城市群和东北部城市群城市基本公共服务发展水平整体差异不大，两者平均发展水平不相上下；受惠于"西部大开发"国家战略，西部城市群城市基本公共服务发展水平逐年上升，但与东部城市群仍然具有较大差距，西部城市群是我国向西开放的重要门户，新时代继续做好西部大开发工作，对于提升西部城市群城市基本公共服务水平，促进区域协调发展，推进我国与周边国家区域经济一体化发展，提升沿边开放水平，具有重要的现实意义和深远的历史意义；东北部城市群城市基本公共服务整体排名第二，东北老工业基地作为新中国工业的摇篮具有很强的底子，新时代新一轮东北振兴规划的开启，东北部城市群应落实新发展格局，促进辽宁沿海经济带、长吉图开发开放先导区、哈长城市群等协同发展，提升东

北城市群城市基本公共服务发展水平，引领东北全面振兴；中部城市群城市基本公共服务发展水平一直最弱，但与东北部城市群以及西部城市群差距不大，且发展水平呈现出逐年递增的趋势，"中部崛起"国家战略的不断深化落实在一定程度上促进了中部城市群的城市基本公共服务的发展，新时代继续深化落实中部崛起国家战略，是推动中部地区发展、促进东中西区域良性互动发展的客观需求和必然要求。

表 5 – 38　　　　　　　　　　四大区域城市群基本公共服务综合指数及排名

| 区域 | 2011 年 | | 2013 年 | | 2015 年 | | 2017 年 | | 2019 年 | | 均值 | 排名 |
|---|---|---|---|---|---|---|---|---|---|---|---|---|
| | 综合指数 | 排名 | 综合指数 | 排名 | 综合指数 | 排名 | 综合指数 | 排名 | 综合指数 | 排名 | | |
| 西部城市群 | 0.062976 | 3 | 0.048339 | 3 | 0.060545 | 2 | 0.070573 | 2 | 0.080297 | 2 | 0.064546 | 3 |
| 东部城市群 | 0.098612 | 1 | 0.078001 | 1 | 0.075031 | 1 | 0.108142 | 1 | 0.115884 | 1 | 0.095134 | 1 |
| 中部城市群 | 0.055829 | 4 | 0.043105 | 4 | 0.049433 | 4 | 0.060239 | 4 | 0.066858 | 4 | 0.055093 | 4 |
| 东北部城市群 | 0.076340 | 2 | 0.048897 | 2 | 0.055191 | 3 | 0.067459 | 3 | 0.077510 | 3 | 0.065079 | 2 |

（1）关于东北部城市群：东北部城市群包括辽中南城市群和哈长城市群所辖 22 个地级市，其中，沈阳市、大连市、哈尔滨市和长春市为中心城市。从东北部两个城市群城市基本公共服务整体发展水平上看，如表 5 – 39 所示，两个城市群城市基本公共服务综合指数历年差距不大，差距均控制在 10% 左右，且在全国 19 个城市群的排名中差距整体呈缩减态势，但相比于辽中南城市群，哈长城市群自 2013 年起处于落后状态。两个城市群分开来看，辽中南城市群城市基本公共服务综合发展水平整体呈现震荡上行的态势，并且到 2019 年城市基本公共服务综合指数创新高，但其在全国 19 个城市群中城市基本公共服务综合指数排名却在震荡下行。哈长城市群城市基本公共服务综合指数发展水平整体呈现先降后升的态势，虽然从 2013 年开始逐渐得到改善，但到 2019 年城市基本公共服务综合指数还未达到 2011 年的发展水平，且同辽中南城市群一样在全国 19 个城市群中城市基本公共服务综合指数排名在震荡下行，且排名从 2011 年的第 5 下降到 2019 年的第 10。这说明东北部两个城市群虽然在"东北振兴"国家战略的实施下，自身的城市基本公共服务发展水平在提高，但放眼全国却在倒退，城市基本公共服务发展水平是城市建设的基础，也是关乎民生、关乎人民生活幸福感的大事，新时代的东北振兴，应是全面振兴、全方位振兴，不能落下任何一个方面，任何一个地区。

表 5 – 39　　　　　　　　　　各城市群基本公共服务综合指数及排名

| 区域 | 城市群 | 2011 年 | | 2013 年 | | 2015 年 | | 2017 年 | | 2019 年 | |
|---|---|---|---|---|---|---|---|---|---|---|---|
| | | 综合指数 | 排名 | 综合指数 | 排名 | 综合指数 | 排名 | 综合指数 | 排名 | 综合指数 | 排名 |
| 西部城市群 | 呼包鄂榆城市群 | 0.064759 | 8 | 0.048494 | 8 | 0.057986 | 8 | 0.068939 | 9 | 0.095970 | 6 |
| | 成渝城市群 | 0.060413 | 9 | 0.079109 | 5 | 0.078492 | 5 | 0.089846 | 5 | 0.096092 | 5 |
| | 黔中城市群 | 0.045977 | 18 | 0.036257 | 17 | 0.043302 | 18 | 0.063973 | 10 | 0.073213 | 11 |
| | 滇中城市群 | 0.056044 | 14 | 0.043565 | 12 | 0.058743 | 7 | 0.078766 | 6 | 0.084236 | 7 |
| | 关中平原城市群 | 0.059169 | 11 | 0.041319 | 14 | 0.048820 | 13 | 0.058301 | 16 | 0.069464 | 14 |
| | 北部湾城市群 | 0.052474 | 16 | 0.038515 | 16 | 0.042606 | 19 | 0.055625 | 17 | 0.062806 | 17 |
| | 宁夏沿黄城市群 | 0.044705 | 19 | 0.032148 | 19 | 0.043900 | 17 | 0.050796 | 19 | 0.059910 | 19 |
| | 兰西城市群 | 0.055383 | 15 | 0.035239 | 18 | 0.043983 | 16 | 0.055556 | 18 | 0.062832 | 16 |
| | 天山北坡城市群 | 0.127857 | 3 | 0.080408 | 4 | 0.127068 | 1 | 0.113354 | 4 | 0.118146 | 4 |

| 区域 | 城市群 | 2011 年 | | 2013 年 | | 2015 年 | | 2017 年 | | 2019 年 | |
|---|---|---|---|---|---|---|---|---|---|---|---|
| | | 综合指数 | 排名 | 综合指数 | 排名 | 综合指数 | 排名 | 综合指数 | 排名 | 综合指数 | 排名 |
| 东部城市群 | 京津冀城市群 | 0.136341 | 1 | 0.096767 | 2 | 0.078604 | 4 | 0.129540 | 2 | 0.134428 | 2 |
| | 山东半岛城市群 | 0.076129 | 6 | 0.055624 | 6 | 0.059896 | 6 | 0.076187 | 7 | 0.081744 | 8 |
| | 长三角城市群 | 0.095138 | 4 | 0.085369 | 3 | 0.087076 | 3 | 0.117517 | 3 | 0.125402 | 3 |
| | 粤闽浙沿海城市群 | 0.056249 | 13 | 0.044380 | 11 | 0.046930 | 14 | 0.063736 | 12 | 0.072767 | 12 |
| | 珠三角城市群 | 0.129202 | 2 | 0.107865 | 1 | 0.102647 | 2 | 0.153730 | 1 | 0.165078 | 1 |
| 中部城市群 | 晋中城市群 | 0.059528 | 10 | 0.046162 | 10 | 0.054779 | 10 | 0.059008 | 15 | 0.068620 | 15 |
| | 中原城市群 | 0.050505 | 17 | 0.040663 | 15 | 0.044062 | 15 | 0.059038 | 14 | 0.062319 | 18 |
| | 长江中游城市群 | 0.057455 | 12 | 0.042490 | 13 | 0.049459 | 12 | 0.062672 | 13 | 0.069634 | 13 |
| 东北部城市群 | 辽中南城市群 | 0.075641 | 7 | 0.050626 | 7 | 0.056558 | 9 | 0.071074 | 8 | 0.081238 | 9 |
| | 哈长城市群 | 0.077038 | 5 | 0.047167 | 9 | 0.053823 | 11 | 0.063843 | 11 | 0.073782 | 10 |

东北部 2 个城市群 22 个地级市从整体来看，如表 5 - 40 所示。2010 ~ 2019 年，东北部城市群所属地级市城市基本公共服务整体平均发展水平呈先降后升态势，从 2013 年开始稳步上行，2019 年超过 2011 年的水平并创出新高。城市基本公共服务综合指数超过东北部城市群平均值的地级市一直维持在 6 ~ 7 个，占比为 27.27% ~ 31.82%。从 2011 ~ 2019 年，城市基本公共服务综合指数大于东北部城市群均值的地级市数量和占比有所增加，虽然增加的数量和占比很有限，但整体趋势是在朝良性方向发展。基本公共服务综合指数 2011 年最大值 0.154067，最小值 0.043991，两者差距约为 3.50 倍；2017 年最大值 0.210242，最小值 0.037410，两者差距约为 5.62 倍；2019 年最大值 0.175964，最小值 0.044316，两者差距约为 3.97 倍，即各年度城市间的发展相对均衡，发展最好与发展最差的差距控制在 5 倍左右，但高低悬殊差距并没有缩小，"贫富差距"增大，朝着恶性方向发展，发展得好的越来越好，发展较差的无明显提升。

表 5 - 40　　　　　东北部 2 个城市群 22 个地级市城市基本公共服务综合指数描述性统计

| 年份 | 均值 | 最大值 | 最小值 | 大于均值地级市数（个） | 大于均值地级市占比（%） |
|---|---|---|---|---|---|
| 2011 | 0.076276 | 0.154067 | 0.043991 | 6 | 27.27 |
| 2013 | 0.049054 | 0.108636 | 0.028887 | 6 | 27.27 |
| 2015 | 0.055315 | 0.105108 | 0.033332 | 7 | 31.82 |
| 2017 | 0.067787 | 0.210242 | 0.037410 | 6 | 27.27 |
| 2019 | 0.077849 | 0.175964 | 0.044316 | 7 | 31.82 |

利用标准差分级，结果如表 5 - 41 所示。对东北部 2 个城市群 22 个地级市城市基本公共服务综合指数进行内部分级，分为严重短缺区、相对短缺区、相对均衡区和相对富集区。从表 5 - 41 可以发现，2010 ~ 2019 年，东北部城市群城市基本公共服务综合指数无严重短缺区，也就是说，在东北部城市群所辖地级市，城市基本公共服务综合发展水平没有严重短缺的地区；相对短缺区地级市数量一直维持在 15 个左右，到 2019 年占全国城市群所辖地级市总数的 68.18%，占了相当大的比例，这说明东北部城市群所辖绝大多数地级市城市基本公共服务综合发展水平处于相对短缺的状态，比较好的现象是，尽管减少的速度很慢，但相对短缺的地级市数量有逐渐减少的趋势；相对均衡区地级市数量从 2011 年的 1 个，增长到 2019 年的 4 个，到 2019 年占东北部城市群所辖地级市

总数的 18.18%，相对均衡区占比不足 1/5，这说明东北部城市群所辖地级市城市基本公共服务综合发展水平相对均衡的地区甚少，但东北部城市群相对均衡区的地级市数量在不断增加，只有相对均衡地区越多，东北部城市群城市基本公共服务综合供给水平才会真正提高；相对富集区地级市数量呈现震荡下行的趋势，从 2011 年的 5 个到 2019 年的 3 个，占比 13.64%。东北部城市群有沈阳市、大连市、哈尔滨市和长春市 4 个中心城市，根据标准差城市基本公共服务综合指数分级结果，哈尔滨市作为哈长城市群中心城市不满足城市基本公共服务发展水平相对富集的水平，哈尔滨市未起到中心城市的集聚—辐射作用。根据中心城市的集聚—辐射带动效应，东北部 2 个城市群至少要有 4 个城市的城市基本公共服务供给达到相对富集区的水平，才能发挥城市群中心城市对城市群所辖其他城市的集聚—辐射带动效应。新时代东北部城市群城市基本公共服务的发展，应进一步提高哈尔滨市作为中心城市的城市基本公共服务综合水平，使其迈入相对富集区的水平，加快减少城市基本公共服务相对短缺区的城市，稳步推进城市基本公共服务相对均衡区城市的数量，从而整体提高东北城市群城市基本公共服务综合发展水平。

表 5 - 41　　　东北部 2 个城市群内部 22 个地级市城市基本公共服务综合指数标准差分级统计　　单位：个

| 年份 | D < -1 严重短缺区 | -1≤D<0 相对短缺区 | 0≤D<1 相对均衡区 | 1≤D 相对富集区 |
|---|---|---|---|---|
| 2011 | 0 | 16 | 1 | 5 |
| 2013 | 0 | 16 | 3 | 3 |
| 2015 | 0 | 14 | 3 | 4 |
| 2017 | 0 | 16 | 3 | 3 |
| 2019 | 0 | 15 | 4 | 3 |

（2）关于中部城市群：中部城市群包括晋中城市群、中原城市群和长江中游城市群所辖 46 个地级市，其中，太原市、郑州市、武汉市和长沙市为中心城市。从中部 3 个城市群城市基本公共服务整体发展水平上看，晋中城市群城市基本公共服务综合发展水平整体呈现震荡上行的态势，并且到 2019 年城市基本公共服务综合指数创新高，但其在全国 19 个城市群中城市基本公共服务综合指数排名在一路下行，从 2011 年的第 10 名，降到 2019 年的第 15 名。中原城市群城市基本公共服务综合指数发展水平整体呈现先降后升的态势，并且到 2019 年城市基本公共服务综合指数创新高，但其在中部城市群中基本一直处于最落后状态，在全国 19 个城市群中城市基本公共服务综合指数排名呈现先升后降的态势，从 2011 年的第 17 名，上升到 2017 年的第 14 名，到 2019 年降到第 18 名。长江中游城市群城市基本公共服务综合指数发展水平整体也呈现先降后升的态势，并且到 2019 年城市基本公共服务综合指数创新高，其在全国 19 个城市群中城市基本公共服务综合指数排名稳中有降，但振幅并不大，仅从 2011 年的第 12 名降到 2019 年的第 13 名。这说明中部 3 个城市群虽然在"中部崛起"国家战略的实施下，自身的城市基本公共服务发展水平在提高，但放眼全国却在倒退。

中部 3 个城市群 46 个地级市从整体来看，如表 5 - 42 所示。2010~2019 年，中部城市群所属地级市城市基本公共服务综合发展平均水平呈先降后升态势，且从 2013 年开始稳步上行，2019 年超过 2011 年的水平并创出新高。城市基本公共服务综合指数超过中部城市群平均值的地级市个数呈现先增后减的态势，从 2011 年的 14 个增加到 2013 年的 16 个，随后逐年递减，到 2019 年减少到仅为 7 个，占比分别为 30.43%、34.78% 和 15.22%。从 2011~2019 年，城市基本公共服务综合指数大于中部城市群均值的地级市数量占比先增后减，并且到 2019 年减少到仅为 2011 年的一半，侧面说明城市群内大多数非中心城市基本公共服务综合发展水平提高的速度赶不上中心城市。城市基本公共服务综合指数 2011 年最大值 0.142548，最小值 0.036451，两者差距为 3.91 倍；

2019 年最大值 0.258469，最小值 0.039158，两者差距为 6.60 倍，即各年度城市间的发展相对均衡，发展最好与发展最差的差距控制在 10 倍以内，但高低悬殊差距在一直增加，这说明中部城市群城市间城市基本公共服务综合发展水平的差距在一直增加，"贫富差距"增大，朝着恶性方向发展，发展得好的越来越好，发展得差的无明显提升。

表 5 - 42　　　　　　　中部 3 个城市群 46 个地级市城市基本公共服务综合指数描述性统计

| 年份 | 均值 | 最大值 | 最小值 | 大于均值地级市数（个） | 大于均值地级市占比（%） |
|------|------|--------|--------|------------------------|--------------------------|
| 2011 | 0.055716 | 0.142548 | 0.036451 | 14 | 30.43 |
| 2013 | 0.042373 | 0.129706 | 0.025963 | 16 | 34.78 |
| 2015 | 0.048512 | 0.164341 | 0.031685 | 15 | 32.61 |
| 2017 | 0.061247 | 0.250368 | 0.034891 | 9 | 19.57 |
| 2019 | 0.067456 | 0.258469 | 0.039158 | 7 | 15.22 |

利用标准差分级，结果如表 5 - 43 所示。对中部 3 个城市群 46 个地级市城市基本公共服务综合指数进行内部分级，分为严重短缺区、相对短缺区、相对均衡区和相对富集区。从表 5 - 43 可以发现，2010 ~ 2019 年，中部城市群城市基本公共服务综合指数无严重短缺区，也就是说，在中部城市群所辖地级市，城市基本公共服务综合发展水平没有严重短缺的地区；相对短缺区地级市数量从 2011 年的 30 个增加到 2019 年的 39 个，到 2019 年相对短缺区在中部城市群所辖地级市总数的比例高达 84.78%，占了很大的比例，这说明中部城市群所辖地级市城市基本公共服务综合发展水平处于相对短缺的城市数量巨大，并且不好的现象是相对短缺的地级市数量呈现逐渐增加的趋势；相对均衡区地级市数量从 2011 年的 9 个，增长到 2013 年的 12 个，再减少到 2019 年的 3 个，到 2019 年仅占中部城市群所辖地级市总数的 6.52%，相对均衡区占比相当少，这说明中部城市群所辖地级市城市基本公共服务综合发展水平相对均衡的地区极少，且中部城市群相对均衡区的地级市数量呈现先增后减的趋势，减少的幅度更大，只有相对均衡地区越多，中部城市群城市基本公共服务综合供给水平才会真正提高；相对富集区地级市数量相对稳定，从 2013 年开始一直保持在 4 个，到 2019 年，相对富集区占中部城市群所辖地级市总数的 8.70%。中部城市群有太原市、郑州市、武汉市和长沙市 4 个中心城市，根据城市基本公共服务综合指数标准差分级结果，中部城市群的 4 个中心城市均满足城市基本公共服务发展相对富集的水平，4 个中心城市起到中心城市的集聚—辐射作用。新时代中部城市群城市基本公共服务的发展，应稳定 4 个中心城市的相对富集区水平的状态，增强其对周边城市的集聚—辐射带动作用，加快减少城市基本公共服务相对短缺区的城市，进一步增加城市基本公共服务相对均衡区城市的数量，从而整体提高中部城市群城市基本公共服务综合发展水平。

表 5 - 43　　　　中部 3 个城市群内部 46 个地级市城市基本公共服务综合指数标准差分级统计　　　　单位：个

| 年份 | $D < -1$<br>严重短缺区 | $-1 \leq D < 0$<br>相对短缺区 | $0 \leq D < 1$<br>相对均衡区 | $1 \leq D$<br>相对富集区 |
|------|------|------|------|------|
| 2011 | 0 | 30 | 9 | 5 |
| 2013 | 0 | 29 | 12 | 4 |
| 2015 | 0 | 31 | 11 | 4 |
| 2017 | 0 | 37 | 5 | 4 |
| 2019 | 0 | 39 | 3 | 4 |

（3）关于东部城市群：东部城市群包括京津冀城市群、山东半岛城市群、长三角城市群、粤闽浙沿海城市群和珠三角城市群所辖 75 个地级市，其中，北京市、济南市、青岛市、上海市、福州市、厦门市、广州市和深圳市为中心城市。从东部 5 个城市群城市基本公共服务整体发展水平上看，京津冀城市群城市基本公共服务综合发展水平整体呈现先降后升的态势，从 2013 年开始稳步上升，虽截至 2019 年城市基本公共服务综合指数未超过 2011 年的值，但其在全国 19 个城市群中城市基本公共服务综合指数的排名依然很靠前，保持很高的水平。山东半岛城市群城市基本公共服务综合指数发展水平整体呈现先降后升的态势，并且到 2019 年城市基本公共服务综合指数创新高，但其在全国 19 个城市群中城市基本公共服务综合指数排名呈现一直退步的态势，从 2011 年的第 6 名，退步到 2019 年的第 8 名，在全国排名中一直退步，说明山东半岛城市群城市基本公共服务综合发展后劲不足。长三角城市群城市基本公共服务综合指数发展水平整体也呈现先降后升的态势，从 2013 年开始稳步上升，并且到 2019 年城市基本公共服务综合指数创新高，达到 0.125402，上了一个新台阶，其在全国 19 个城市群中城市基本公共服务综合指数排名稳中有升，且极其稳定，从 2011 年的第 4 名上升到 2013 年的第 3 名，并一直保持。粤闽浙沿海城市群城市基本公共服务综合指数发展水平整体也呈现先降后升的态势，从 2013 年开始稳步上升，并且到 2019 年城市基本公共服务综合指数创新高，其在全国 19 个城市群中城市基本公共服务综合指数排名稳中有升，从 2011 年的第 13 名上升到 2019 年的第 12 名，涨幅不大，但朝着良性方向发展，逐渐缩小与东部其他城市群的差距。珠三角城市群城市基本公共服务综合指数发展水平整体也呈现先降后升的态势，并且到 2019 年城市基本公共服务综合指数创新高，达到 0.165078，跃居全国 19 个城市群第一，其在全国 19 个城市群中城市基本公共服务综合指数排名一直稳居一二，稳中有升，从 2011 年的第 2 名上升到 2019 年的第 1 名。在国家"东部率先发展"战略的加持下，东部 5 个城市群城市基本公共服务综合发展水平整体较高，但其中粤闽浙沿海城市群严重落后。由表 5 - 38 可以发现，东部城市群的城市基本公共服务综合发展水平在全国 4 个区域城市群，即东北部城市群、中部城市群、东部城市群和西部城市群中一直处于最领先状态。城市基本公共服务发展水平是城市建设的基础，也是关乎民生、关乎人民生活幸福感的大事，新时代的东部率先发展，应是全面发展、全方位发展，不能落下任何一个方面，任何一个地区。应重点提高山东半岛城市群、粤闽浙沿海城市群的城市基本公共服务综合发展水平，引领发挥东部城市群对东北部城市群、中部城市群和西部城市群的带动作用。

东部 5 个城市群 75 个地级市从整体来看，如表 5 - 44 所示。2010 ~ 2019 年，东部城市群所属地级市城市基本公共服务综合发展平均水平呈先降后升态势，且从 2015 年开始稳步上行，截至 2019 年达到 0.114694，超过 2011 年的水平并创出新高。城市基本公共服务综合指数超过东部城市群平均值的地级市个数呈现震荡上行的态势，从 2011 年的 13 个增加到 2019 年的 16 个，占比分别为 17.33% 和 21.33%。2019 年，比 2011 年增加 3 个城市，增幅不大但整体发展趋势朝着良性方向发展。城市基本公共服务综合指数 2011 年最大值 0.715746，最小值 0.031940，两者差距为 22.41 倍；2019 年最大值 0.701839，最小值 0.042018，两者差距为 16.70 倍，即各年度城市间的发展极度不均衡，发展最好与发展最差的差距达到 20 多倍，但高低差距有缩小的态势。这说明虽然东部城市群城市间城市基本公共服务综合发展水平极度不平衡，好的太好，差的太差，但比较好的现象是城市间的高低差距在不断缩小，"贫富差距"缩小，朝着良性方向发展。

表 5 - 44　　　东部 5 个城市群内部 75 个地级市城市基本公共服务综合指数描述性统计

| 年份 | 均值 | 最大值 | 最小值 | 大于均值地级市数（个） | 大于均值地级市占比（%） |
|---|---|---|---|---|---|
| 2011 | 0.096609 | 0.715746 | 0.031940 | 13 | 17.33 |
| 2013 | 0.077687 | 0.519308 | 0.022330 | 16 | 21.33 |

续表

| 年份 | 均值 | 最大值 | 最小值 | 大于均值地级市数（个） | 大于均值地级市占比（%） |
|---|---|---|---|---|---|
| 2015 | 0.075789 | 0.448357 | 0.027479 | 14 | 18.67 |
| 2017 | 0.107242 | 0.673857 | 0.029828 | 15 | 20.00 |
| 2019 | 0.114694 | 0.701839 | 0.042018 | 16 | 21.33 |

　　利用标准差分级，结果如表 5-45 所示。对东部 5 个城市群 75 个地级市城市基本公共服务综合指数进行内部分级，分为严重短缺区、相对短缺区、相对均衡区和相对富集区。从表 5-45 可以发现，2010~2019 年，东部城市群城市基本公共服务综合指数无严重短缺区，也就是说，在东部城市群所辖地级市，城市基本公共服务综合发展水平没有严重短缺的地区；相对短缺区地级市数量从 2011 年的 64 个减少到 2019 年的 59 个，截至 2019 年，相对短缺区在东部城市群所辖地级市总数的比例高达 78.67%，占了很大的比例。这说明东部城市群所辖地级市城市基本公共服务综合发展水平处于相对短缺区的城市数量巨大，但比较乐观的现象是相对短缺的地级市数量呈现逐渐减少的趋势；相对均衡区地级市数量从 2011 年的 6 个，增长到 2013 年的 10 个，再减少到 2019 年的 8 个，到 2019 年占东部城市群所辖地级市总数的 10.67%，相对均衡区占比仅为 1/10，这说明东部城市群所辖地级市城市基本公共服务综合发展水平相对均衡的地区极少，且东部城市群相对均衡区的地级市数量呈现先增后减的趋势，但总体比 2011 年还是有所增加，只有相对均衡地区越多，东部城市群城市基本公共服务综合供给水平才会真正提高；相对富集区地级市数量呈现稳步增加的态势，从 2013 年的 5 个增加到 2019 年的 8 个，截至 2019 年，相对富集区占东部城市群所辖地级市总数的 10.67%。东部城市群有北京市、济南市、青岛市、上海市、福州市、厦门市、广州市和深圳市 8 个中心城市，虽然东部城市群的城市基本公共服务发展相对富集水平的城市数量满足中心城市数量的条件，但根据城市基本公共服务综合指数标准差分级结果显示，截至 2019 年，中心城市中济南市、青岛市、福州市和厦门市均不满足城市基本公共服务发展相对富集的水平，这 4 个中心城市未起到中心城市的集聚—辐射作用。新时代东部城市群城市基本公共服务的发展，应稳固城市基本公共服务发展相对富集水平的城市数量，同时加快培育作为中心城市的济南市、青岛市、福州市和厦门市的城市基本公共服务，使其迈入相对富集区的水平，引领发挥其对周边城市的集聚—辐射带动作用，加快减少城市基本公共服务相对短缺区的城市，进一步增加城市基本公共服务相对均衡区城市的数量，从而整体提高东部城市群城市基本公共服务综合发展水平。

表 5-45　　东部 5 个城市群内部 75 个地级市城市基本公共服务综合指数标准差分级统计　　单位：个

| 年份 | D<-1 严重短缺区 | -1≤D<0 相对短缺区 | 0≤D<1 相对均衡区 | 1≤D 相对富集区 |
|---|---|---|---|---|
| 2011 | 0 | 64 | 6 | 5 |
| 2013 | 0 | 59 | 10 | 6 |
| 2015 | 0 | 62 | 6 | 7 |
| 2017 | 0 | 60 | 8 | 7 |
| 2019 | 0 | 59 | 8 | 8 |

　　（4）关于西部城市群：西部城市群包括呼包鄂榆城市群、成渝城市群、黔中城市群、滇中城市群、关中平原城市群、北部湾城市群、宁夏沿黄城市群、兰西城市群和天山北坡城市群所辖 56 个地级市，其中，呼和浩特市、重庆市、成都市、贵阳市、昆明市、西安市、南宁市、银川市、兰州市、西宁市和乌鲁木齐市为中心城市。从西部 9 个城市群城市基本公共服务整体发展水平上看，

呼包鄂榆城市群城市基本公共服务综合发展水平从 2013 年起总体呈现稳步上行的趋势,并且到 2019 年城市基本公共服务综合指数创新高,其在全国 19 个城市群中城市基本公共服务综合指数排名也稳步上行,从 2011 年的第 8 名,跃居到 2019 年的第 6 名。成渝城市群城市基本公共服务综合发展水平呈现稳步上行的趋势,并且到 2019 年城市基本公共服务综合指数创新高,达到较高水平,其在全国 19 个城市群中城市基本公共服务综合指数排名也稳步上行,从 2011 年的第 9 名,跃居到 2019 年的第 5 名,其在全国 19 个城市群中发展速度较快,后劲儿十足。黔中城市群城市基本公共服务综合发展水平从 2013 年起总体呈现稳步上行的趋势,并且到 2019 年城市基本公共服务综合指数创新高,达到较高水平,其在全国 19 个城市群中城市基本公共服务综合指数排名也稳步上行,从 2011 年的第 18 名,跃居到 2019 年的第 11 名,其在全国 19 个城市群中发展速度比成渝城市群更快,后劲儿十足。滇中城市群城市基本公共服务综合发展水平从 2013 年起总体也呈现稳步上行的趋势,并且到 2019 年城市基本公共服务综合指数创新高,达到较高水平,其在全国 19 个城市群中城市基本公共服务综合指数排名也稳步上行,从 2011 年的第 14 名,跃居到 2019 年的第 7 名,其在全国 19 个城市群中发展速度媲美黔中城市群,比成渝城市群更快,后劲儿十足。关中平原城市群城市基本公共服务综合发展水平从 2013 年起整体也呈现稳步上行的态势,并且到 2019 年城市基本公共服务综合指数创新高,但其在全国 19 个城市群中城市基本公共服务综合指数排名震荡下行,从 2011 年的第 11 名,降到 2019 年的第 14 名。北部湾城市群城市基本公共服务综合指数发展水平从 2013 年起整体也呈现稳步上行的态势,并且到 2019 年城市基本公共服务综合指数创新高,但其在西部城市群中基本一直处于落后状态,在全国 19 个城市群中城市基本公共服务综合指数排名呈现先下降后上升的态势,从 2011 年的第 16 名,降到 2015 年的全国城市群排名最后,2019 年上升到第 17 名,但相比 2011 年仍有退步。宁夏沿黄城市群城市基本公共服务综合指数发展水平从 2013 年起整体也呈现稳步上行的态势,并且到 2019 年城市基本公共服务综合指数创新高,但其在西部城市群乃至全国城市群中基本一直处于最落后状态,在全国 19 个城市群中城市基本公共服务综合指数排名基本保持不变,且基本一直排名最后,发展动力远不如黔中城市群和滇中城市群。兰西城市群城市基本公共服务综合指数发展水平从 2013 年起整体也呈现稳步上行的态势,并且到 2019 年城市基本公共服务综合指数创新高,但其在西部城市群中基本一直处于落后状态,在全国 19 个城市群中城市基本公共服务综合指数排名呈现先下降后上升的态势,从 2011 年的第 15 名,降到 2015 年的全国城市群排名倒数第二,2019 年上升到第 16 名,但相比 2011 年仍有退步。天山北坡城市群城市基本公共服务综合指数发展水平虽有震荡下行的趋势,但其在西部城市群乃至全国城市群中的排名均居前列。在全国 19 个城市群中城市基本公共服务综合指数排名呈现先上升后下降的态势,从 2011 年的第 3 名,跃居到 2015 年的第 1 名,再下降到 2019 年的第 4 名,天山北坡城市群独特的地理位置表现出其发展后劲不足的状态。这说明西部城市群,在西部大开发国家战略的深化落实下,成渝城市群、黔中城市群和滇中城市群城市基本公共服务综合发展表现出强劲的发展动力,呼包鄂榆城市群、关中平原城市群、北部湾城市群、宁夏沿黄城市群、兰西城市群和天山北坡城市群发展乏力动力不足。城市基本公共服务发展水平是城市建设的基础,新时代的西部大开发,应是全面开发、全方位开发,应重点提高关中平原城市群、北部湾城市群、宁夏沿黄城市群、兰西城市群的城市基本公共服务综合发展水平,从而提高西部城市群整体城市基本公共服务供给水平。

西部 9 个城市群 56 个地级市从整体来看,如表 5 - 46 所示,2010 ~ 2019 年,西部城市群所属地级市城市基本公共服务综合发展平均水平呈先降后升态势,且从 2013 年开始稳步上行,2019 年超过 2011 年的水平并创出新高。城市基本公共服务综合指数超过西部城市群平均值的地级市个数呈现震荡减少的态势,从 2011 年的 18 个减少到 2019 年的 13 个,占比分别为 32. 14% 和 23. 21% 。2011 ~ 2019 年城市基本公共服务综合指数大于西部城市群均值的地级市数量占比呈现震荡减少态势,侧面说明城市群内大多数非中心城市的城市基本公共服务综合发展水平提升的速度赶不上中心城市。城市基本公共服务综合指数 2011 年最大值 0. 230028,最小值 0. 024529,两者差距为 9. 38

倍；2013 年最大值 0.472153，最小值 0.018501，两者差距为 25.52 倍；2019 年最大值 0.487514，最小值 0.041108，两者差距为 11.86 倍，即各年度城市间的发展相对不均衡，高低差距先增加后减小，2013 年高低差距最大达到 25.52 倍，而后高低差距一直下降到 2019 年的 11.86 倍，西部城市群高低差距总体朝着良性方向发展，差距逐渐减小，"贫富差距"缩小，朝着良性方向发展。

表 5－46　　　　西部 9 个城市群 56 个地级市城市基本公共服务综合指数描述性统计

| 年份 | 均值 | 最大值 | 最小值 | 大于均值地级市数（个） | 大于均值地级市占比（%） |
|---|---|---|---|---|---|
| 2011 | 0.059004 | 0.230028 | 0.024529 | 18 | 32.14 |
| 2013 | 0.052284 | 0.472153 | 0.018501 | 12 | 21.43 |
| 2015 | 0.059177 | 0.472064 | 0.024230 | 11 | 19.64 |
| 2017 | 0.070230 | 0.481473 | 0.033674 | 14 | 25.00 |
| 2019 | 0.079351 | 0.487514 | 0.041108 | 13 | 23.21 |

利用标准差分级，结果如表 5－47 所示。对西部 9 个城市群 56 个地级市城市基本公共服务综合指数进行内部分级，分为严重短缺区、相对短缺区、相对均衡区和相对富集区。从表 5－47 可以发现，2010～2019 年，西部城市群城市基本公共服务综合指数无严重短缺区，也就是说，在西部城市群所辖地级市，城市基本公共服务综合发展水平没有严重短缺的地区；相对短缺区地级市数量从 2011 年的 38 个增加到 2019 年的 43 个，到 2019 年，相对短缺区在西部城市群所辖地级市总数的比例高达 76.79%，占了很大的比例，这说明西部城市群所辖地级市城市基本公共服务综合发展水平处于相对短缺的城市数量巨大，并且不好的现象是相对短缺的地级市数量呈现逐渐增加的趋势；相对均衡区地级市数量从 2011 年的 14 个，下降到 2015 年的 8 个，再增加到 2019 年的 10 个，到 2019 年占西部城市群所辖地级市总数的 17.86%，相对均衡区占比相对较少，这说明西部城市群所辖地级市城市基本公共服务综合发展水平相对均衡的地区较少，西部城市群相对均衡区的地级市数量呈现先减后增，2015 年相对均衡区地级市数达到冰点，而后回暖，只有相对均衡地区越多，西部城市群城市基本公共服务综合供给水平才会真正提高；相对富集区地级市数量相对稳定，但有下降趋势，从 2013 年开始一直保持在 3 个，到 2019 年相对富集区仅占西部城市群所辖地级市总数的 5.36%。西部城市群有呼和浩特市、重庆市、成都市、贵阳市、昆明市、西安市、南宁市、银川市、兰州市、西宁市和乌鲁木齐市 11 个中心城市，根据城市基本公共服务综合指数标准差分级结果，西部城市群的城市基本公共服务发展相对富集水平的城市数量严重不满足中心城市数量的条件。中心城市中呼和浩特市、贵阳市、昆明市、南宁市、银川市、兰州市、西宁市和乌鲁木齐市均不满足城市基本公共服务发展相对富集的水平，这 8 个中心城市未起到中心城市的集聚—辐射作用。新时代西部城市群城市基本公共服务的发展，应稳步提升城市基本公共服务发展相对富集水平的城市数量，加快培育作为中心城市的呼和浩特市、贵阳市、昆明市、南宁市、银川市、兰州市、西宁市和乌鲁木齐市的城市基本公共服务，使其迈入相对富集区的水平，引领发挥其对周边城市的集聚—辐射带动作用，加快减少城市基本公共服务相对短缺区的城市，进一步增加城市基本公共服务相对均衡区城市的数量，从而整体提高西部城市群城市基本公共服务综合发展水平。

表 5－47　　　　西部 9 个城市群内部 56 个地级市城市基本公共服务综合指数标准差分级统计　　单位：个

| 年份 | D＜-1 严重短缺区 | -1≤D＜0 相对短缺区 | 0≤D＜1 相对均衡区 | 1≤D 相对富集区 |
|---|---|---|---|---|
| 2011 | 0 | 38 | 14 | 4 |
| 2013 | 0 | 44 | 9 | 3 |

| 年份 | D < -1<br>严重短缺区 | -1≤D < 0<br>相对短缺区 | 0≤D < 1<br>相对均衡区 | 1≤D<br>相对富集区 |
|---|---|---|---|---|
| 2015 | 0 | 45 | 8 | 3 |
| 2017 | 0 | 42 | 11 | 3 |
| 2019 | 0 | 43 | 10 | 3 |

西部中心城市和西部城市群的发展是西部积极发展的重要内容，实现西部地区高质量发展必须以西部中心城市和城市群高质量协调为基础，西部中心城市和城市群城市基本公共服务的高质量协调发展是西部中心城市和城市群高质量发展的重要内容。为实现"形成西部大开发新格局，推动西部地区高质量发展并成为我国面对国际市场压力的重要经济增长极"的最终目标，核心支撑点是西部中心城市和城市群高质量协调发展，西部中心城市和城市群的高质量协调发展因西部与13个国家接壤的特殊地理条件，关系到边疆的巩固、稳定和发展，不仅为"双循环"的新格局提供坚实基础，还为西部地区抓住"双循环"新格局所带来的机遇提供了可靠契机。在中心城市和城市群之间关系及空间构型（双国家中心城市为核心型城市群、单国家中心城市为核心型城市群、边疆省会城市为核心型城市群以及内陆省会城市为核心型城市群）理论机制的基础上，从城市基本公共服务这个维度揭示新时代我国西部中心城市和城市群城市基本公共服务的协调发展关系。西部共9个城市群，即呼包鄂榆城市群、成渝城市群、黔中城市群、滇中城市群、关中平原城市群、北部湾城市群、宁夏沿黄城市群、兰西城市群和天山北坡城市群，为进一步揭示中心城市与城市群，以及城市群内城市间的城市基本公共服务综合发展水平及差异，现对西部9个城市群分别进行分析。

一是成渝城市群。

成渝城市群为"双国家中心城市为核心型西部城市群"，中心城市为重庆市和成都市，所辖重庆市、成都市、自贡市、泸州市、德阳市、绵阳市、遂宁市、内江市、乐山市、南充市、眉山市、宜宾市、广安市、达州市、雅安市和资阳市16个地级市。从成渝城市群16个地级市整体来看，如表5-48所示，2010~2019年，成渝城市群所属地级市城市基本公共服务综合发展平均水平呈现稳步上升的态势，相比2011年，2019年成渝城市群整体城市基本公共服务综合发展水平得到较大幅度提高。城市基本公共服务综合指数超过成渝城市群平均值的地级市个数呈现递减的态势，从2011年的3个减少到2019年的2个，占比分别为18.75%和12.50%，侧面说明成渝城市群虽整体城市基本公共服务综合发展水平在提高，但非中心城市提高的速度赶不上中心城市提高的速度，导致成渝城市群整体水平发展受限。城市基本公共服务综合指数2011年最大值0.230028，最小值0.032202，两者差距为7.14倍；2013年最大值0.472153，最小值0.021842，两者差距高达21.62倍；2019年最大值0.487514，最小值0.045135，两者差距为10.80倍，即城市间的发展极不均衡。从2013年起发展最好与发展最差的差距均在10倍以上，高低差距先增后减，但截至2019年差距仍比2011年大，说明成渝城市群城市间城市基本公共服务综合发展水平的差距仍然较大，但比较好的是差距在逐年减小，"贫富差距"缩小，朝着良性方向发展。

表5-48　　　　　成渝城市群16个地级市城市基本公共服务综合指数描述性统计

| 年份 | 均值 | 最大值 | 最小值 | 大于均值地级市数（个） | 大于均值地级市占比（%） |
|---|---|---|---|---|---|
| 2011 | 0.060413 | 0.230028 | 0.032202 | 3 | 18.75 |
| 2013 | 0.079109 | 0.472153 | 0.021842 | 3 | 18.75 |

续表

| 年份 | 均值 | 最大值 | 最小值 | 大于均值地级市数（个） | 大于均值地级市占比（%） |
|------|------|--------|--------|------------------------|-------------------------|
| 2015 | 0.078492 | 0.472064 | 0.030153 | 2 | 12.50 |
| 2017 | 0.089846 | 0.481473 | 0.037091 | 2 | 12.50 |
| 2019 | 0.096092 | 0.487514 | 0.045135 | 2 | 12.50 |

　　分城市来看，成渝城市群各城市基本公共服务综合指数及标准差分级结果如表 5 - 49、表 5 - 50 所示。重庆市作为成渝城市群中心城市、国家中心城市和国际门户枢纽建设城市，其城市基本公共服务综合发展水平整体呈现先升后降的态势，从 2015 年开始走低，在 2017 年被成都市反超，这说明成都市城市基本公共服务的发展动力更足，重庆市表现相对低迷。其城市基本公共服务综合发展水平在成渝城市群中的排名从 2011～2015 年保持第一，在 2017 年被成都市反超，截至 2019 年保持第 2。根据表 5 - 50 城市基本公共服务综合指数标准差分级结果可知，其在成渝城市群内年均属于相对富集区，说明重庆市在成渝城市群内城市基本公共服务综合发展水平较高。并且从表 5 - 49 可知，其城市基本公共服务综合指数历年远超成渝城市群整体水平，一定程度上起到了作为中心城市的带动作用、示范作用。成都市也作为成渝城市群中心城市、国家中心城市和国际门户枢纽建设城市，其城市基本公共服务综合发展水平整体呈现稳步上升的态势，从 2011 年开始逐年上升，在 2017 年反超重庆市，这说明成都市城市基本公共服务的发展动力比重庆市更足。根据表 5 - 50 城市基本公共服务综合指数标准差分级结果可知，其在成渝城市群内年均属于相对富集区，说明成都市在成渝城市群内城市基本公共服务综合发展水平较高。并且从表 5 - 49 可知，其城市基本公共服务综合指数历年远超成渝城市群整体水平，一定程度上也起到了作为中心城市的带动作用、示范作用。

**表 5 - 49　　　　　　成渝城市群 16 个地级市城市基本公共服务综合指数及排名**

| 城市 | 2011 年 | | 2013 年 | | 2015 年 | | 2017 年 | | 2019 年 | |
|------|---------|------|---------|------|---------|------|---------|------|---------|------|
| | 综合指数 | 排名 | 综合指数 | 排名 | 综合指数 | 排名 | 综合指数 | 排名 | 综合指数 | 排名 |
| 重庆市 | 0.230028 | 1 | 0.472153 | 1 | 0.472064 | 1 | 0.296382 | 2 | 0.295398 | 2 |
| 成都市 | 0.135423 | 2 | 0.223880 | 2 | 0.248684 | 2 | 0.481473 | 1 | 0.487514 | 1 |
| 自贡市 | 0.040828 | 9 | 0.026781 | 13 | 0.035894 | 12 | 0.037091 | 16 | 0.053832 | 9 |
| 泸州市 | 0.035411 | 13 | 0.029243 | 11 | 0.032769 | 14 | 0.044528 | 9 | 0.045135 | 16 |
| 德阳市 | 0.053954 | 5 | 0.032676 | 6 | 0.037171 | 11 | 0.050916 | 6 | 0.058384 | 5 |
| 绵阳市 | 0.062533 | 3 | 0.053636 | 4 | 0.061170 | 3 | 0.081687 | 3 | 0.070119 | 3 |
| 遂宁市 | 0.036232 | 12 | 0.030706 | 8 | 0.039773 | 6 | 0.043282 | 10 | 0.054854 | 7 |
| 内江市 | 0.035408 | 14 | 0.021842 | 16 | 0.030153 | 16 | 0.047760 | 8 | 0.051303 | 12 |
| 乐山市 | 0.053573 | 6 | 0.172970 | 3 | 0.041493 | 4 | 0.049004 | 7 | 0.054902 | 6 |
| 南充市 | 0.043591 | 8 | 0.034487 | 5 | 0.037567 | 8 | 0.054791 | 4 | 0.054563 | 8 |
| 眉山市 | 0.044028 | 7 | 0.029853 | 9 | 0.037196 | 10 | 0.037546 | 15 | 0.045798 | 15 |
| 宜宾市 | 0.037968 | 10 | 0.029132 | 12 | 0.035598 | 13 | 0.042134 | 11 | 0.047337 | 13 |
| 广安市 | 0.032216 | 15 | 0.025893 | 14 | 0.037255 | 9 | 0.037658 | 14 | 0.053601 | 10 |
| 达州市 | 0.032202 | 16 | 0.022072 | 15 | 0.031174 | 15 | 0.039608 | 13 | 0.051576 | 11 |
| 雅安市 | 0.055846 | 4 | 0.030778 | 7 | 0.039815 | 5 | 0.051727 | 5 | 0.067159 | 4 |
| 资阳市 | 0.037366 | 11 | 0.029649 | 10 | 0.038099 | 7 | 0.041948 | 12 | 0.045993 | 14 |

表5-50　　　　成渝城市群内部16个地级市城市基本公共服务综合指数标准差分级结果

| 城市 | 2011年D值 | 2013年D值 | 2015年D值 | 2017年D值 | 2019年D值 |
|---|---|---|---|---|---|
| 重庆市 | 3.396311 | 3.385238 | 3.457936 | 1.748321 | 1.705193 |
| 成都市 | 1.501983 | 1.246891 | 1.495314 | 3.315106 | 3.348873 |
| 自贡市 | -0.392160 | -0.450701 | -0.374269 | -0.446564 | -0.361561 |
| 泸州市 | -0.500631 | -0.429490 | -0.401721 | -0.383610 | -0.435965 |
| 德阳市 | -0.129339 | -0.399927 | -0.363052 | -0.329540 | -0.322617 |
| 绵阳市 | 0.042443 | -0.219398 | -0.152195 | -0.069066 | -0.222212 |
| 遂宁市 | -0.484180 | -0.416896 | -0.340192 | -0.394157 | -0.352816 |
| 内江市 | -0.500688 | -0.493237 | -0.424710 | -0.356257 | -0.383197 |
| 乐山市 | -0.136962 | 0.808411 | -0.325074 | -0.345727 | -0.352409 |
| 南充市 | -0.336829 | -0.384325 | -0.359570 | -0.296741 | -0.355307 |
| 眉山市 | -0.328085 | -0.424239 | -0.362831 | -0.442719 | -0.430295 |
| 宜宾市 | -0.449428 | -0.430446 | -0.376867 | -0.403881 | -0.417127 |
| 广安市 | -0.564612 | -0.458350 | -0.362312 | -0.441768 | -0.363536 |
| 达州市 | -0.564875 | -0.491254 | -0.415742 | -0.425264 | -0.380860 |
| 雅安市 | -0.091454 | -0.416274 | -0.339821 | -0.322678 | -0.247538 |
| 资阳市 | -0.461492 | -0.426000 | -0.354894 | -0.405454 | -0.428628 |

　　自贡市城市基本公共服务综合发展水平整体呈现先降后升的态势，从2013年开始稳步上升，并且到2019年城市基本公共服务综合指数创新高，其在成渝城市群16个地级市中城市基本公共服务综合指数排名先下降后上升，从2011年的第9名，降到2017年的最后1名，2019年回到2011年的第9名。根据表5-50城市基本公共服务综合指数标准差分级结果可知，其在成渝城市群内每年均属于相对短缺区，说明自贡市在成渝城市群内城市基本公共服务综合发展水平较低。并且从表5-49可知其城市基本公共服务综合指数历年均未超过成渝城市群整体水平，一定程度上拉低了成渝城市群整体城市基本公共服务综合发展水平。泸州市城市基本公共服务综合发展水平整体也呈现先降后升的态势，从2013年开始稳步上升，并且到2019年城市基本公共服务综合指数创新高，其在成渝城市群16个地级市中城市基本公共服务综合指数排名跌宕起伏，从2011年的第13名，上升2017年的第9名，2019年跌到最后1名，在成渝城市群中属于中下水平，整体朝着恶性方向发展。根据表5-50城市基本公共服务综合指数标准差分级结果可知，其在成渝城市群内每年均属于相对短缺区，说明泸州市在成渝城市群内城市基本公共服务综合发展水平较低。并且从表5-49可知其城市基本公共服务综合指数历年均未超过成渝城市群整体水平，一定程度上拉低了成渝城市群整体城市基本公共服务综合发展水平。德阳市城市基本公共服务综合发展水平整体也呈现先降后升的态势，从2013年开始稳步上升，并且到2019年城市基本公共服务综合指数创新高，其在成渝城市群16个地级市中城市基本公共服务综合指数排名先降后升，从2011年的第5名，下降2015年的第11名，2019年回到2011年的第5名，在成渝城市群中属于中上水平。根据表5-50城市基本公共服务综合指数标准差分级结果可知，其在成渝城市群内每年均属于相对短缺区，说明德阳市在成渝城市群内城市基本公共服务综合发展水平较低。并且从表5-49可知其城市基本公共服务综合指数历年均未超过成渝城市群整体水平，一定程度上拉低了成渝城市群整体城市基本公共服务综合发展水平。绵阳市城市基本公共服务综合发展水平整体呈现震荡上行的态势，到2017年城市基本公共服务综合指数创新高，2019年已超过2011年水平，其在成渝城市群16个地

级市中城市基本公共服务综合指数排名基本保持稳定，2019年保持同2011年的第3名，在成渝城市群内属于中上水平。根据表5-50城市基本公共服务综合指数标准差分级结果可知，其在成渝城市群内每年均基本属于相对短缺区，说明绵阳市在成渝城市群内城市基本公共服务综合发展虽靠前但相比重庆市和成都市水平依然较低。并且从表5-49可知其城市基本公共服务综合指数历年基本均未超过成渝城市群整体水平，一定程度上拉低了成渝城市群整体城市基本公共服务综合发展水平。遂宁市城市基本公共服务综合发展水平整体也呈现先降后升的态势，从2013年开始稳步上升，并且到2019年城市基本公共服务综合指数创新高，其在成渝城市群16个地级市中城市基本公共服务综合指数排名震荡走高，从2011年的第12名，至2019年上升到第7名，在成渝城市群中属于中等水平，整体朝着良性方向发展。根据表5-50城市基本公共服务综合指数标准差分级结果可知，其在成渝城市群内每年均属于相对短缺区，说明遂宁市在成渝城市群内城市基本公共服务综合发展水平较低。并且从表5-49可知其城市基本公共服务综合指数历年均未超过成渝城市群整体水平，一定程度上拉低了成渝城市群整体城市基本公共服务综合发展水平。内江市城市基本公共服务综合发展水平整体也呈现先降后升的态势，从2013年开始稳步上升，并且到2019年城市基本公共服务综合指数创新高，其在成渝城市群16个地级市中城市基本公共服务综合指数排名先下降后上升，从2011年的第14名，下降到2013年的最后1名，2019年上升到第12名，在成渝城市群中属于中下水平，整体朝着良性方向发展。根据表5-50城市基本公共服务综合指数标准差分级结果可知，其在成渝城市群内每年均属于相对短缺区，说明内江市在成渝城市群内城市基本公共服务综合发展水平较低。并且从表5-49可知其城市基本公共服务综合指数历年均未超过成渝城市群整体水平，一定程度上拉低了成渝城市群整体城市基本公共服务综合发展水平。乐山市城市基本公共服务综合发展水平整体也呈现先升后降的态势，2013年迅速上升，到2019年城市基本公共服务综合指数与2011年保持齐平，其在成渝城市群16个地级市中城市基本公共服务综合指数排名先上升后下降，从2011年的第6名，上升到2013年的第3名，2019年下降到2011年的第6名，在成渝城市群中属于中等水平，整体朝着不利方向发展。根据表5-50城市基本公共服务综合指数标准差分级结果可知，其在成渝城市群内每年均属于相对短缺区，说明乐山市在成渝城市群内城市基本公共服务综合发展水平较低。并且从表5-49可知其城市基本公共服务综合指数历年均未超过成渝城市群整体水平，一定程度上拉低了成渝城市群整体城市基本公共服务综合发展水平。南充市城市基本公共服务综合发展水平整体也呈现震荡上行的态势，从2013年开始稳步上升，并且到2017年城市基本公共服务综合指数创新高，其在成渝城市群16个地级市中城市基本公共服务综合指数排名先上升后下降，从2011年的第8名，上升到2017年的第4名，2019年下降到2011年的第8名，在成渝城市群中属于中等水平。根据表5-50城市基本公共服务综合指数标准差分级结果可知，其在成渝城市群内每年均属于相对短缺区，说明南充市在成渝城市群内城市基本公共服务综合发展水平较低，并且从表5-49可知其城市基本公共服务综合指数历年均未超过成渝城市群整体水平，一定程度上拉低了成渝城市群整体城市基本公共服务综合发展水平。眉山市城市基本公共服务综合发展水平整体也呈现先降后升的态势，从2013年开始稳步上升，到2019年城市基本公共服务综合指数上升至2011年水平，其在成渝城市群16个地级市中城市基本公共服务综合指数排名逐年下降，从2011年的第7名，截至2019年下降到倒数第2名，在成渝城市群中属于中下水平，整体朝着恶性方向发展。根据表5-50城市基本公共服务综合指数标准差分级结果可知，其在成渝城市群内每年均属于相对短缺区，说明眉山市在成渝城市群内城市基本公共服务综合发展水平较低，并且从表5-49可知其城市基本公共服务综合指数历年均未超过成渝城市群整体水平，一定程度上拉低了成渝城市群整体城市基本公共服务综合发展水平。宜宾市城市基本公共服务综合发展水平整体也呈现先降后升的态势，从2013年开始稳步上升，并且到2019年城市基本公共服务综合指数创新高，其在成渝城市群16个地级市中城市基本公共服务综合指数排名震荡走低，从2011年的第10名，下降到2015年的第13名，2019年为第13名，在成渝城市群中属于中下水平，整体朝着恶性方向发展。根据表5-50城市基本公共服务综合指数标准差分级结果可知，其在成渝城市群内每年均属于相对短缺区，说明宜宾市在成渝城市群内城市基本公共服务综合发展水平较低。并且从表5-49可知其城市基本公共服务综合指数历年均未超过成渝城市群整体水平，一定程度上拉低了成渝城市群整体城市基本公共服务综合发展水平。广安市城市基本公共服务综合发展水平整体也呈现先降后升的态势，从2013年开始稳步上升，并且到2019年城市基本公共服务综合指数创新高，其在成渝城市群16个地级市中城市基本公共服务综合指数排名震荡走高，从2011年的倒数第2名，2019年上升到第10名，在成渝城市群中属于中下水平，整体朝着良性方向发展。根据表5-50城市基本公共服务综合指数标准差分级结果可知，其在成渝城市群内每年均属于相对短缺区，说明广安市在成渝城市群内城市基本公共服务综合发展水平较低。并且从表5-49可知其城市基本公共服务综合指数历年均未超过成渝城市群整体水平，一定程度上拉低了成渝城市群整体城市基本公共服务综合发展水平。达州市城市基本公共服务综合发展水平整体也呈现先降后升的态势，从2013年开始稳步上升，并且到2019年城市基本公共服务综合指数创新高，其在成渝城市群16个地级市中城市基本公共服务综合指数排名逐年上升，从2011年的最后1名，截至2019年上升到第11名，虽在成渝城市群中属于中下水平，但整体朝着良性方向发展，发展动力强劲。根据表5-50城市基本公共服务综合指数标准差分级结果可知，其在成渝城市群内每年均属于相对短缺区，说明达州市在成渝城市群内城市基本公共服务综合发展水平较低。并且从表5-49可知其城市基本公共服务综合指数历年均未超过成渝城市群整体水平，一定程度上拉低了成渝城市群整体城市基本公共服务综合发展水平。雅安市城市基本公共服务综合发展水平整体也呈现先降后升的态势，从2013年开始稳步上升，并且到2019年城市基本公共服务综合指数创新高，其在成渝城市群16个地级市中城市基本公共服务综合指数排名先下降后上升，从2011年的第4名，下降到2013年的第7名，2019年回到2011年的第4名，在成渝城市群中属于中上水平。根据表5-50城市基本公共服务综合指数标准差分级结果可知，其在成渝城市群内每年均属于相对短缺区，说明雅安市在成渝城市群内城市基本公共服务综合发展水平较低。并且从表5-49可知其城市基本公共服务综合指数历年均未超过成渝城市群整体水平，一定程度上拉低了成渝城市群整体城市基本公共服务综合发展水平。资阳市城市基本公共服务综合发展水平整体也呈现先降后升的态势，从2013年开始稳步上升，并且到2019年城市基本公共服务综合指数创新高，其在成渝城市群16个地级市中城市基本公共服务综合指数排名先上升后下降，从2011年的11名，上升到2015年的第7名，2019年下降到第14名，在成渝城市群中属于中下水平，整体朝着恶性方向发展。根据表5-50城市基本公共服务综合指数标准差分级结果可知，其在成渝城市群内每年均属于相对短缺区，说明资阳市在成渝城市群内城市基本公共服务综合发展水平较低。并且从表5-49可知其城市基本公共服务综合指数历年均未超过成渝城市群整体水平，一定程度上拉低了成渝城市群整体城市基本公共服务综合发展水平。

成渝城市群中，重庆市、成都市城市基本公共服务综合发展水平正朝着国际门户枢纽城市发展，发挥了其在成渝城市群中作为中心城市的带动、示范作用，成都市比重庆市表现出更强的发展动力。遂宁市、内江市、广安市和达州市城市基本公共服务综合发展水平朝着良性方向发展，其中，遂宁市、广安市和达州市表现出更强的发展动力。自贡市、德阳市、绵阳市、南充市和雅安市城市基本公共服务综合发展水平发展乏力，缺乏一定的发展动力。泸州市、乐山市、眉山市、宜宾市和资阳市城市基本公共服务综合发展水平朝着恶性方向发展，严重缺乏发展动力。新时代成渝城市群城市基本公共服务的发展，应稳步提升重庆市和成都市作为中心城市的城市基本公共服务综合发展水平；继续支持和鼓励遂宁市、内江市、广安市和达州市城市基本公共服务综合发展水平更进一步发展；基于自贡市、德阳市、绵阳市、南充市和雅安市城市基本公共服务综合发展水平发展乏力，泸州市、乐山市、眉山市、宜宾市和资阳市城市基本公共服务综合发展水平朝着恶性方向发展的现状，适当对以上城市倾斜政策，因城施策扭转现在的发展局面，积极发挥作为中心城市的重庆市和成都市对以上城市的辐射带动作用，最终实现成渝城市群城市基本公共服务综合发展水平整体提高。

二是关中平原城市群。

关中平原城市群为"单国家中心城市为核心型西部城市群"，中心城市为西安市，所辖运城市、临汾市、西安市、铜川市、宝鸡市、咸阳市、渭南市、商洛市、天水市和平凉市 10 个地级市。从关中平原城市群 10 个地级市整体来看，如表 5 – 51 所示，2010 ~ 2019 年，关中平原城市群所属地级市城市基本公共服务综合发展平均水平从 2013 年起呈现稳步上升的态势，相比 2011 年，2019年关中平原城市群整体城市基本公共服务综合发展水平小幅提高。基本公共服务综合指数超过关中平原城市群平均值的地级市个数呈现递减的态势，从 2011 年的 3 个减少到 2019 年的 1 个，占比分别为 30.00% 和 10.00%，侧面说明关中平原城市群虽整体城市基本公共服务综合发展水平在提高，但非中心城市提高的速度赶不上中心城市提高的速度，导致关中平原城市群整体水平发展受限。其城市基本公共服务综合指数 2011 年最大值 0.126229，最小值 0.033206，两者差距为 3.8 倍；2019年最大值 0.186906，最小值 0.041108，两者差距为 4.55 倍，从 2013 年起发展最好与发展最差的差距均在 5 倍以内，即城市间的发展相对均衡，但高低悬殊，差距整体呈现增大趋势，"贫富差距"增大，朝着不利方向发展，发展得好的原来越好，发展较差的无明显提升。

表 5 – 51　　　　　　关中平原城市群 10 个地级市城市基本公共服务综合指数描述性统计

| 年份 | 均值 | 最大值 | 最小值 | 大于均值地级市数（个） | 大于均值地级市占比（%） |
|---|---|---|---|---|---|
| 2011 | 0.059169 | 0.126229 | 0.033206 | 3 | 30.00 |
| 2013 | 0.041319 | 0.108608 | 0.023656 | 2 | 20.00 |
| 2015 | 0.048820 | 0.118294 | 0.026874 | 2 | 20.00 |
| 2017 | 0.058301 | 0.146732 | 0.033674 | 1 | 10.00 |
| 2019 | 0.069464 | 0.186906 | 0.041108 | 1 | 10.00 |

分城市来看，关中平原城市群各城市基本公共服务综合指数及标准差分级结果如表 5 – 52、表 5 – 53 所示。西安市作为关中平原城市群中心城市、国家中心城市和国际门户枢纽建设城市，其城市基本公共服务综合发展水平整体呈现先降后升的态势，从 2013 年开始稳步上升，相比 2011年，2019 年西安市整体城市基本公共服务综合发展水平大幅提高。这说明西安市城市基本公共服务的发展动力十足。其城市基本公共服务综合发展水平在关中平原城市群中的排名历年均保持第一。根据表 5 – 53 城市基本公共服务综合指数标准差分级结果可知，其在关中平原城市群内每年均属于相对富集区，说明西安市在关中平原城市群内城市基本公共服务综合发展水平较高。并且从表 5 – 52 可知其城市基本公共服务综合指数历年远超关中平原城市群整体水平，一定程度上起到了作为中心城市的带动作用、示范作用。

表 5 – 52　　　　　　关中平原城市群 10 个地级市城市基本公共服务综合指数及排名

| 城市 | 2011 年 | | 2013 年 | | 2015 年 | | 2017 年 | | 2019 年 | |
|---|---|---|---|---|---|---|---|---|---|---|
| | 综合指数 | 排名 | 综合指数 | 排名 | 综合指数 | 排名 | 综合指数 | 排名 | 综合指数 | 排名 |
| 运城市 | 0.058824 | 4 | 0.046421 | 2 | 0.052887 | 2 | 0.056256 | 2 | 0.062881 | 3 |
| 临汾市 | 0.055663 | 5 | 0.039149 | 3 | 0.043627 | 5 | 0.048853 | 8 | 0.061559 | 4 |
| 西安市 | 0.126229 | 1 | 0.108608 | 1 | 0.118294 | 1 | 0.146732 | 1 | 0.186906 | 1 |
| 铜川市 | 0.073366 | 2 | 0.033163 | 7 | 0.040921 | 7 | 0.052138 | 6 | 0.056698 | 7 |
| 宝鸡市 | 0.053414 | 6 | 0.035301 | 5 | 0.045847 | 3 | 0.050149 | 7 | 0.056005 | 8 |
| 咸阳市 | 0.047457 | 7 | 0.037450 | 4 | 0.044553 | 4 | 0.053189 | 4 | 0.059774 | 5 |
| 渭南市 | 0.061633 | 3 | 0.034272 | 6 | 0.043081 | 6 | 0.054113 | 3 | 0.058384 | 6 |
| 商洛市 | 0.038679 | 9 | 0.023656 | 10 | 0.026874 | 10 | 0.033674 | 10 | 0.043596 | 9 |
| 天水市 | 0.033206 | 10 | 0.024225 | 9 | 0.033333 | 9 | 0.034795 | 9 | 0.041108 | 10 |
| 平凉市 | 0.043222 | 8 | 0.030951 | 8 | 0.038785 | 8 | 0.053107 | 5 | 0.067731 | 2 |

**表 5 - 53** 　　关中平原城市群内部 10 个地级市城市基本公共服务综合指数标准差分级结果

| 城市 | 2011 年<br>D 值 | 2013 年<br>D 值 | 2015 年<br>D 值 | 2017 年<br>D 值 | 2019 年<br>D 值 |
|---|---|---|---|---|---|
| 运城市 | - 0.013816 | 0.218794 | 0.168660 | - 0.067245 | - 0.164918 |
| 临汾市 | - 0.140413 | - 0.093090 | - 0.215352 | - 0.310687 | - 0.198019 |
| 西安市 | 2.685483 | 2.885601 | 2.881095 | 2.907985 | 2.941987 |
| 铜川市 | 0.568521 | - 0.349776 | - 0.327570 | - 0.202650 | - 0.319791 |
| 宝鸡市 | - 0.230498 | - 0.258112 | - 0.123312 | - 0.268047 | - 0.337168 |
| 咸阳市 | - 0.469043 | - 0.165945 | - 0.176972 | - 0.168086 | - 0.242755 |
| 渭南市 | 0.098675 | - 0.302244 | - 0.237999 | - 0.137714 | - 0.277563 |
| 商洛市 | - 0.820566 | - 0.757474 | - 0.910104 | - 0.809837 | - 0.648016 |
| 天水市 | - 1.039721 | - 0.733096 | - 0.642263 | - 0.772943 | - 0.710332 |
| 平凉市 | - 0.638623 | - 0.444657 | - 0.416183 | - 0.170777 | - 0.043427 |

运城市城市基本公共服务综合发展水平整体呈现先降后升的态势,从 2013 年开始稳步上升,并且到 2019 年城市基本公共服务综合指数创新高,其在关中平原城市群 10 个地级市中城市基本公共服务综合指数排名先升后降,在关中平原城市群中属于中上水平,整体朝着良性方向发展。运城市在关中平原城市群内 2013 年和 2015 年为相对均衡区,2019 年为相对短缺区,说明运城市在关中平原城市群内城市基本公共服务综合发展水平相对偏上,但与中心城市西安市比还有一定距离。运城市城市基本公共服务综合指数 2013 年和 2015 年超过关中平原城市群整体水平,2019 年未超过关中平原城市群整体水平,一定程度上拉低了关中平原城市群整体城市基本公共服务综合发展水平。临汾市城市基本公共服务综合发展水平整体呈现先降后升的态势,从 2013 年开始稳步上升,并且到 2019 年城市基本公共服务综合指数创新高,其在关中平原城市群 10 个地级市中城市基本公共服务综合指数排名震荡上行,从 2011 年的第 5 名,下降到 2017 年的第 8 名,2019 年为第 4 名,在关中平原城市群中属于中等水平,整体朝着良性方向发展。根据表 5 - 53 城市基本公共服务综合指数标准差分级结果可知,其在关中平原城市群内历年均为相对短缺区,说明临汾市在关中平原城市群内城市基本公共服务综合发展水平较低。从表 5 - 52 可知其城市基本公共服务综合指数历年均未超过关中平原城市群整体水平,一定程度上拉低了关中平原城市群整体城市基本公共服务综合发展水平。铜川市城市基本公共服务综合发展水平从 2013 年开始稳步上升,但 2019 年城市基本公共服务综合指数未超过 2011 年的水平,其在关中平原城市群 10 个地级市中城市基本公共服务综合指数排名震荡下行,从 2011 年的第 2 名,2019 年为第 7 名,在关中平原城市群中属于中下水平,整体朝着恶性方向发展。铜川市仅 2011 年为相对均衡区,往后历年均为相对短缺区,说明铜川市在关中平原城市群内城市基本公共服务综合发展水平较低。铜川市城市基本公共服务综合指数仅 2011 年超过关中平原城市群整体水平,往后历年均未超过关中平原城市群整体水平,一定程度上拉低了关中平原城市群整体城市基本公共服务综合发展水平。宝鸡市城市基本公共服务综合发展水平整体呈现先降后升的态势,从 2013 年开始稳步上升,并且到 2019 年城市基本公共服务综合指数创新高,其在关中平原城市群 10 个地级市中城市基本公共服务综合指数排名先上升后下降,从 2011 年的第 6 名,上升到 2015 年的第 3 名,2019 年为第 8 名,在关中平原城市群中属于中下水平,整体朝着恶性方向发展。宝鸡市历年均为相对短缺区,说明宝鸡市在关中平原城市群内城市基本公共服务综合发展水平较低。宝鸡市基本公共服务综合指数历年均未超过关中平原城市群整体水平,一定程度上拉低了关中平原城市群整体城市基本公共服务综合发展水平。咸阳市城市基本公共服务综合发展水平整体呈现先降后升的态势,从 2013 年开始稳步上升,并且到 2019 年城市基本公

共服务综合指数创新高,其在关中平原城市群 10 个地级市中城市基本公共服务综合指数排名先升后降,从 2011 年的第 7 名,上升到 2013 年的第 4 名,2019 年为第 5 名,在关中平原城市群中属于中等水平,整体朝着良性方向发展。咸阳市基本公共服务综合指数标准差分级结果显示,咸阳市历年均为相对短缺区,说明咸阳市在关中平原城市群内城市基本公共服务综合发展水平较低。咸阳市基本公共服务综合指数历年均未超过关中平原城市群整体水平,一定程度上拉低了关中平原城市群整体城市基本公共服务综合发展水平。渭南市城市基本公共服务综合发展水平从 2013 年开始稳步上升,但截至 2019 年城市基本公共服务综合指数未超过 2011 年的水平,其在关中平原城市群 10 个地级市中城市基本公共服务综合指数排名曲折反复,从 2011 年的第 3 名,2019 年为第 6 名,在关中平原城市群中属于中下水平,整体朝着恶性方向发展。渭南市基本公共服务综合指数标准差分级结果显示,渭南市仅 2011 年为相对均衡区,往后历年均为相对短缺区,说明渭南市在关中平原城市群内城市基本公共服务综合发展水平较低。渭南市基本公共服务综合指数仅 2011 年超过关中平原城市群整体水平,往后历年均未超过关中平原城市群整体水平,一定程度上拉低了关中平原城市群整体城市基本公共服务综合发展水平。商洛市城市基本公共服务综合发展水平整体呈现先降后升的态势,从 2013 年开始稳步上升,并且到 2019 年城市基本公共服务综合指数创新高,其在关中平原城市群 10 个地级市中城市基本公共服务综合指数排名基本一直处于最落后,2019 年为第 9 名,在关中平原城市群中属于中下水平。商洛市历年均为相对短缺区,说明商洛市在关中平原城市群内城市基本公共服务综合发展水平较低。商洛市基本公共服务综合指数历年均未超过关中平原城市群整体水平,一定程度上拉低了关中平原城市群整体城市基本公共服务综合发展水平。天水市城市基本公共服务综合发展水平整体较落后,2019 年为最后 1 名,在关中平原城市群中属于中下水平。天水市基本公共服务综合指数标准差分级结果显示,天水市 2011 年为严重短缺区,往后历年均为相对短缺区,说明天水市在关中平原城市群内城市基本公共服务综合发展水平极低。天水市基本公共服务综合指数历年均未超过关中平原城市群整体水平,一定程度上拉低了关中平原城市群整体城市基本公共服务综合发展水平。平凉市城市基本公共服务综合发展水平整体呈现先降后升的态势,从 2013 年开始稳步上升,并且到 2019 年城市基本公共服务综合指数创新高,其在关中平原城市群 10 个地级市中城市基本公共服务综合指数排名稳步上行,从 2011 年的第 8 名上升到 2019 年为第 2 名,在关中平原城市群中属于中上水平,整体朝着良性方向发展。平凉市基本公共服务综合指数标准差分级结果显示,历年均为相对短缺区,说明平凉市在关中平原城市群内城市基本公共服务综合发展水平较低。平凉市基本公共服务综合指数历年均未超过关中平原城市群整体水平,一定程度上拉低了关中平原城市群整体城市基本公共服务综合发展水平。

关中平原城市群中,西安市城市基本公共服务综合发展水平正朝着国际门户枢纽城市发展,发挥了其在关中平原城市群中作为中心城市的带动、示范作用,表现出强劲的发展动力。运城市、临汾市、咸阳市和平凉市城市基本公共服务综合发展水平朝着良性方向发展,其中,平凉市表现出更强的发展动力。商洛市、天水市城市基本公共服务综合发展水平发展乏力,缺乏一定的发展动力。铜川市、宝鸡市和渭南市城市基本公共服务综合发展水平朝着恶性方向发展,严重缺乏发展动力。新时代关中平原城市群城市基本公共服务的发展,应稳步提升西安市作为中心城市的城市基本公共服务综合发展水平;继续支持和鼓励运城市、临汾市、咸阳市和平凉市城市基本公共服务综合发展水平更进一步发展;基于商洛市、天水市城市基本公共服务综合发展水平发展乏力,铜川市、宝鸡市和渭南市城市基本公共服务综合发展水平朝着恶性方向发展的现状,适当对以上城市倾斜政策,因城施策扭转现在的发展局面,积极发挥作为中心城市的西安市对以上城市的辐射带动作用,最终实现关中平原城市群城市基本公共服务综合发展水平整体提高。

三是北部湾城市群。

北部湾城市群为"边疆地区省会城市为核心型西部城市群",中心城市为南宁市,所辖湛江市、茂名市、阳江市、南宁市、北海市、防城港市、钦州市、玉林市、崇左市和海口市 10 个地级市。从北部湾城市群 10 个地级市整体来看,如表 5 - 54 所示,2010 ~ 2019 年,北部湾城市群所属地级市城市基本公共服务综合发展平均水平从 2013 年起呈现稳步上升的态势，逐年上行，相比 2011 年，2019 年北部湾城市群整体城市基本公共服务综合发展水平小幅提高。城市基本公共服务综合指数超过北部湾城市群平均值的地级市个数呈现递减的态势，从 2011 年的 3 个减少到 2019 年的 2 个，占比分别为 30.00% 和 20.00%，侧面说明北部湾城市群虽整体城市基本公共服务综合发展水平在提高，但非中心城市提高的速度赶不上中心城市提高的速度。城市基本公共服务综合指数 2011 年最大值 0.084315，最小值 0.033864，两者差距为 2.49 倍；2013 年最大值 0.072226，最小值 0.018501，两者差距 3.90 倍；2019 年最大值 0.126647，最小值 0.045256，两者差距为 2.80 倍，历年发展最好与发展最差的差距均在 5 倍以内，即城市间的发展相对均衡，但高低差距整体呈现先增后减，"贫富差距"缩小，总体朝着良性方向发展。

表 5 - 54　　　北部湾城市群 10 个地级市城市基本公共服务综合指数描述性统计

| 年份 | 均值 | 最大值 | 最小值 | 大于均值地级市数（个） | 大于均值地级市占比（%） |
|---|---|---|---|---|---|
| 2011 | 0.052474 | 0.084315 | 0.033864 | 3 | 30.00 |
| 2013 | 0.038515 | 0.072226 | 0.018501 | 2 | 20.00 |
| 2015 | 0.042606 | 0.077609 | 0.024230 | 2 | 20.00 |
| 2017 | 0.055625 | 0.103132 | 0.035209 | 2 | 20.00 |
| 2019 | 0.062806 | 0.126647 | 0.045256 | 2 | 20.00 |

分城市来看，北部湾城市群各城市基本公共服务综合指数及标准差分级结果如表 5 - 55、表 5 - 56 所示。南宁市作为北部湾城市群中心城市，其城市基本公共服务综合发展水平整体呈现先降后升的态势，从 2013 年开始稳步上升，相比 2011 年，2019 年南宁市整体城市基本公共服务综合发展水平大幅提高。这说明南宁市城市基本公共服务的发展动力十足。其城市基本公共服务综合发展水平在北部湾城市群中的排名基本保持稳定，截至 2019 年保持第一。根据南宁市基本公共服务综合指数标准差分级结果可知，其在北部湾城市群内每年均属于相对富集区，说明南宁市在北部湾城市群内城市基本公共服务综合发展水平较高。南宁市基本公共服务综合指数历年远超北部湾城市群整体水平，一定程度上起到了作为北部湾城市群中心城市的带动作用、示范作用。

表 5 - 55　　　北部湾城市群 10 个地级市城市基本公共服务综合指数及排名

| 城市 | 2011 年 综合指数 | 排名 | 2013 年 综合指数 | 排名 | 2015 年 综合指数 | 排名 | 2017 年 综合指数 | 排名 | 2019 年 综合指数 | 排名 |
|---|---|---|---|---|---|---|---|---|---|---|
| 湛江市 | 0.044323 | 7 | 0.036678 | 3 | 0.042448 | 3 | 0.051969 | 3 | 0.058529 | 3 |
| 茂名市 | 0.044379 | 6 | 0.031897 | 9 | 0.040643 | 4 | 0.048094 | 7 | 0.051484 | 6 |
| 阳江市 | 0.043860 | 8 | 0.032167 | 8 | 0.038504 | 5 | 0.048979 | 6 | 0.052465 | 5 |
| 南宁市 | 0.084315 | 1 | 0.058591 | 2 | 0.060022 | 2 | 0.103132 | 1 | 0.126647 | 1 |
| 北海市 | 0.047950 | 4 | 0.034259 | 5 | 0.037192 | 6 | 0.049611 | 4 | 0.047897 | 7 |
| 防城港市 | 0.043405 | 9 | 0.034840 | 4 | 0.034923 | 8 | 0.049057 | 5 | 0.057126 | 4 |
| 钦州市 | 0.066660 | 3 | 0.032381 | 7 | 0.035791 | 7 | 0.047027 | 8 | 0.045256 | 10 |
| 玉林市 | 0.045349 | 5 | 0.033610 | 6 | 0.034699 | 9 | 0.046057 | 9 | 0.045894 | 8 |
| 崇左市 | 0.033864 | 10 | 0.018501 | 10 | 0.024230 | 10 | 0.035209 | 10 | 0.045676 | 9 |
| 海口市 | 0.070640 | 2 | 0.072226 | 1 | 0.077609 | 1 | 0.077115 | 2 | 0.097090 | 2 |

表 5 - 56　　　　　北部湾城市群内部 10 个地级市城市基本公共服务综合指数标准差分级结果

| 城市 | 2011 年 D 值 | 2013 年 D 值 | 2015 年 D 值 | 2017 年 D 值 | 2019 年 D 值 |
|---|---|---|---|---|---|
| 湛江市 | - 0.543267 | - 0.126139 | - 0.010974 | - 0.195560 | - 0.165915 |
| 茂名市 | - 0.539576 | - 0.454421 | - 0.135964 | - 0.402859 | - 0.439190 |
| 阳江市 | - 0.574166 | - 0.435931 | - 0.284111 | - 0.355526 | - 0.401142 |
| 南宁市 | 2.122200 | 1.378572 | 1.206368 | 2.541316 | 2.476289 |
| 北海市 | - 0.301577 | - 0.292249 | - 0.374983 | - 0.321723 | - 0.578306 |
| 防城港市 | - 0.604506 | - 0.252350 | - 0.532216 | - 0.351358 | - 0.220323 |
| 钦州市 | 0.945476 | - 0.421199 | - 0.472077 | - 0.459932 | - 0.680751 |
| 玉林市 | - 0.474918 | - 0.336836 | - 0.547708 | - 0.511825 | - 0.656002 |
| 崇左市 | - 1.240400 | - 1.374286 | - 1.272881 | - 1.092127 | - 0.664472 |
| 海口市 | 1.210734 | 2.314838 | 2.424545 | 1.149596 | 1.329812 |

　　湛江市城市基本公共服务综合发展水平整体呈现先降后升的态势，从 2013 年开始稳步上升，并且到 2019 年城市基本公共服务综合指数创新高，其在北部湾城市群 10 个地级市中城市基本公共服务综合指数排名稳步上行，2011 年为第 7 名，2019 年为第 3 名，在北部湾城市群中属于中上水平，整体朝着良性方向发展。湛江市基本公共服务综合指数标准差分级结果显示，湛江市历年均为相对短缺区，说明湛江市在北部湾城市群内城市基本公共服务综合发展水平虽靠前，但相比中心城市南宁市还是较低。湛江市基本公共服务综合指数历年均未超过北部湾城市群整体水平，一定程度上拉低了北部湾城市群整体城市基本公共服务综合发展水平。茂名市城市基本公共服务综合发展水平整体呈现先降后升的态势，从 2013 年开始稳步上升，并且到 2019 年城市基本公共服务综合指数创新高，其在北部湾城市群 10 个地级市中城市基本公共服务综合指数排名曲折反复，从 2011 年的第 6 名上升到 2015 年的第 4 名，2019 年为第 6 名，在北部湾城市群中属于中等水平。茂名市基本公共服务综合指数标准差分级结果显示，茂名市历年均为相对短缺区，说明茂名市在北部湾城市群内城市基本公共服务综合发展水平较低。茂名市基本公共服务综合指数历年均未超过北部湾城市群整体水平，一定程度上拉低了北部湾城市群整体城市基本公共服务综合发展水平。阳江市城市基本公共服务综合发展水平整体呈现先降后升的态势，从 2013 年开始稳步上升，并且到 2019 年城市基本公共服务综合指数创新高，其在北部湾城市群 10 个地级市中城市基本公共服务综合指数排名震荡上行，从 2011 年的第 8 名上升到 2019 年的第 5 名，在北部湾城市群中属于中等水平，整体朝着良性方向发展。阳江市基本公共服务综合指数标准差分级结果显示，阳江市历年均为相对短缺区，说明阳江市在北部湾城市群内城市基本公共服务综合发展水平较低。阳江市基本公共服务综合指数历年均未超过北部湾城市群整体水平，一定程度上拉低了北部湾城市群整体城市基本公共服务综合发展水平。北海市城市基本公共服务综合发展水平整体呈现先降后升的态势，但 2019 年城市基本公共服务综合指数还未达到 2011 年的水平，其在北部湾城市群 10 个地级市中城市基本公共服务综合指数排名震荡下行，从 2011 年的第 4 名下降到 2019 年的第 7 名，在北部湾城市群中属于中等水平，整体朝着恶性方向发展。北海市基本公共服务综合指数标准差分级结果显示，北海市历年均为相对短缺区，说明北海市在北部湾城市群内城市基本公共服务综合发展水平较低。北海市基本公共服务综合指数历年均未超过北部湾城市群整体水平，一定程度上拉低了北部湾城市群整体城市基本公共服务综合发展水平。防城港市城市基本公共服务综合发展水平整体呈现先降后升的态势，从 2013 年开始稳步上升，并且到 2019 年城市基本公共服务综合指数创新高，其在北部湾城市群 10 个地级市中城市基本公共服务综合指数排名震荡上行，从 2011 年的第 9 名上升到 2019 年的第 4 名，在北部湾城市群中属于中等水平，整体朝着良性方向发展。防城港市基本公共服务综合指数标

准差分级结果，防城港市历年均为相对短缺区，说明防城港市在北部湾城市群内城市基本公共服务综合发展水平较低。防城港市基本公共服务综合指数历年均未超过北部湾城市群整体水平，一定程度上拉低了北部湾城市群整体城市基本公共服务综合发展水平。钦州市城市基本公共服务综合发展水平整体呈现震荡下行的态势，相比2011年，2019年城市基本公共服务综合发展水平下降较多，钦州市整体城市基本公共服务综合发展水平大幅降低。其在北部湾城市群10个地级市中城市基本公共服务综合指数排名逐年下行，从2011年的第3名下降到2019年的最后1名，在北部湾城市群中属于中下水平，整体朝着恶性方向发展。钦州市基本公共服务综合指数标准差分级结果显示，除2011年为相对均衡区外，往后历年均为相对短缺区，说明钦州市在北部湾城市群内城市基本公共服务综合发展水平较低。钦州市基本公共服务综合指数仅2011年超过北部湾城市群整体水平，往后历年均未超过北部湾城市群整体水平，一定程度上拉低了北部湾城市群整体城市基本公共服务综合发展水平。玉林市城市基本公共服务综合发展水平整体呈现震荡上行的态势，从2013年开始稳步上升，并且到2019年城市基本公共服务综合指数创新高，其在北部湾城市群10个地级市中城市基本公共服务综合指数排名基本处于先降后升的态势，从2011年的第5名下降到2019年的第8名，在北部湾城市群中属于中下水平，整体朝着恶性方向发展。玉林市基本公共服务综合指数标准差分级结果显示，玉林市历年均为相对短缺区，说明玉林市在北部湾城市群内城市基本公共服务综合发展水平较低。玉林市基本公共服务综合指数历年均未超过北部湾城市群整体水平，一定程度上拉低了北部湾城市群整体城市基本公共服务综合发展水平。崇左市城市基本公共服务综合发展水平整体呈现先降后升的态势，从2013年开始稳步上升，并且到2019年城市基本公共服务综合指数创新高，其在北部湾城市群10个地级市中城市基本公共服务综合指数排名基本一直处于最后，2019年为第9名，在北部湾城市群中属于中下水平。崇左市基本公共服务综合指数标准差分级结果显示，崇左市从2011~2017年均为严重短缺区，2019年摆脱严重短缺区变为相对短缺区，说明崇左市在北部湾城市群内城市基本公共服务综合发展水平极低。崇左市基本公共服务综合指数历年均未超过北部湾城市群整体水平，一定程度上拉低了北部湾城市群整体城市基本公共服务综合发展水平。海口市城市基本公共服务综合发展水平整体呈现波动上升的态势，并且到2019年城市基本公共服务综合指数创新高，其在北部湾城市群10个地级市中城市基本公共服务综合指数排名基本保持稳定，2013年超过南宁市跃居第1名，2019年为第2名，在北部湾城市群中属于中上水平，整体朝着良性方向发展。海口市基本公共服务综合指数标准差分级结果显示，历年均为相对富集区，说明海口市在北部湾城市群内城市基本公共服务综合发展水平较高。海口市基本公共服务综合指数历年均超过北部湾城市群整体水平，一定程度上具备中心城市的示范、带动作用。

北部湾城市群中，城市基本公共服务综合发展水平除了南宁市具备中心城市的水平外，海口市历年在北部湾城市群中均处于相对富集区，也一定程度上具备中心城市的示范、带动作用，南宁市和海口市均表现出强劲的发展动力。湛江市、阳江市和防城港市城市基本公共服务综合发展水平朝着良性方向发展，其中，平凉市表现出更强的发展动力。茂名市、崇左市城市基本公共服务综合发展水平发展乏力，缺乏一定的发展动力。北海市、钦州市和玉林市城市基本公共服务综合发展水平朝着恶性方向发展，严重缺乏发展动力。新时代北部湾城市群城市基本公共服务的发展，应稳步提升西安市作为中心城市的城市基本公共服务综合发展水平，培育海口市作为北部湾城市群内第二个中心城市；继续支持和鼓励湛江市、阳江市和防城港市城市基本公共服务综合发展水平更进一步发展；基于茂名市、崇左市城市基本公共服务综合发展水平发展乏力，北海市、钦州市和玉林市城市基本公共服务综合发展水平朝着恶性方向发展的现状，适当对以上城市倾斜政策，因城施策扭转现在的发展局面，积极发挥作为北部湾城市群中心城市的南宁市对以上城市的辐射带动作用，最终实现北部湾城市群城市基本公共服务综合发展水平整体提高。

四是呼包鄂榆城市群。

呼包鄂榆城市群为"边疆地区省会城市为核心型西部城市群"，中心城市为呼和浩特市，所辖呼和浩特市、包头市、鄂尔多斯市和榆林市4个地级市。从呼包鄂榆城市群4个地级市整体来看，如表 5 - 57 所示，2010～2019 年，呼包鄂榆城市群所属地级市城市基本公共服务综合发展平均水平从 2013 年起呈现稳步上升的态势，逐年上行，相比 2011 年，2019 年呼包鄂榆城市群整体城市基本公共服务综合发展水平大幅提高。城市基本公共服务综合指数超过呼包鄂榆城市群平均值的地级市个数呈现递增的态势，从 2011 年的 1 个增加到 2019 年的 2 个，占比分别为 25.00% 和 50.00%，侧面说明呼包鄂榆城市群内其他城市基本公共服务综合发展水平在迅速提高。城市基本公共服务综合指数 2011 年最大值 0.079917，最小值 0.057108，两者差距为 1.40 倍；2019 年最大值 0.132831，最小值 0.062320，两者差距为 2.13 倍，历年发展最好与发展最差的差距均在 5 倍以内，即城市间的发展相对均衡，但高低差距整体呈现增加的态势，"贫富差距"增大，总体朝着恶性方向发展。

**表 5 - 57　　　　　呼包鄂榆城市群 4 个地级市城市基本公共服务综合指数描述性统计**

| 年份 | 均值 | 最大值 | 最小值 | 大于均值地级市数（个） | 大于均值地级市占比（%） |
|---|---|---|---|---|---|
| 2011 | 0.064759 | 0.079917 | 0.057108 | 1 | 25.00 |
| 2013 | 0.048494 | 0.068832 | 0.036594 | 1 | 25.00 |
| 2015 | 0.057986 | 0.080592 | 0.049244 | 1 | 25.00 |
| 2017 | 0.068939 | 0.081337 | 0.049871 | 2 | 50.00 |
| 2019 | 0.095970 | 0.132831 | 0.062320 | 2 | 50.00 |

分城市来看，呼包鄂榆城市群各城市基本公共服务综合指数及标准差分级结果如表 5 - 58、表 5 - 59 所示。呼和浩特市作为呼包鄂榆城市群中心城市，其城市基本公共服务综合发展水平整体呈现先降后升的态势，从 2013 年开始稳步上升，相比 2011 年，2019 年呼和浩特市整体城市基本公共服务综合发展水平大幅提高。其城市基本公共服务综合指数排名在呼包鄂榆城市群中基本保持稳定，从 2011 年的第 3 名上升到 2015 年的第 2 名，2019 年为第 3 名，在呼包鄂榆城市群中属于中下水平。根据表 5 - 59 城市基本公共服务综合指数标准差分级结果可知，其在呼包鄂榆城市群内仅 2017 年为相对均衡区，其余历年均属于相对短缺区，说明呼和浩特市在呼包鄂榆城市群内城市基本公共服务综合发展水平较低。并且从表 5 - 58 可知其城市基本公共服务综合指数仅 2017 年超过呼包鄂榆城市群整体水平，其余历年均未超过呼包鄂榆城市群整体水平，一定程度上未起到作为中心城市的带动作用、示范作用。

**表 5 - 58　　　　　呼包鄂榆城市群 4 个地级市城市基本公共服务综合指数及排名**

| 城市 | 2011 年 | | 2013 年 | | 2015 年 | | 2017 年 | | 2019 年 | |
|---|---|---|---|---|---|---|---|---|---|---|
| | 综合指数 | 排名 | 综合指数 | 排名 | 综合指数 | 排名 | 综合指数 | 排名 | 综合指数 | 排名 |
| 呼和浩特市 | 0.060694 | 3 | 0.042460 | 3 | 0.051901 | 2 | 0.079384 | 2 | 0.081299 | 3 |
| 包头市 | 0.061317 | 2 | 0.046089 | 2 | 0.049244 | 4 | 0.065163 | 3 | 0.132831 | 1 |
| 鄂尔多斯市 | 0.079917 | 1 | 0.068832 | 1 | 0.080592 | 1 | 0.081337 | 1 | 0.107428 | 2 |
| 榆林市 | 0.057108 | 4 | 0.036594 | 4 | 0.050207 | 3 | 0.049871 | 4 | 0.062320 | 4 |

**表 5 - 59　　　　　呼包鄂榆城市群内部 4 个地级市城市基本公共服务综合指数标准差分级结果**

| 城市 | 2011 年 D 值 | 2013 年 D 值 | 2015 年 D 值 | 2017 年 D 值 | 2019 年 D 值 |
|---|---|---|---|---|---|
| 呼和浩特市 | - 0.456860 | - 0.493679 | - 0.465007 | 0.825360 | - 0.550799 |
| 包头市 | - 0.386876 | - 0.196771 | - 0.668001 | - 0.298376 | 1.383978 |

续表

| 城市 | 2011 年<br>D 值 | 2013 年<br>D 值 | 2015 年<br>D 值 | 2017 年<br>D 值 | 2019 年<br>D 值 |
|---|---|---|---|---|---|
| 鄂尔多斯市 | 1.703597 | 1.664164 | 1.727471 | 0.979669 | 0.430209 |
| 榆林市 | −0.859861 | −0.973714 | −0.594464 | −1.506653 | −1.263387 |

包头市城市基本公共服务综合发展水平整体呈现先降后升的态势，从 2013 年开始稳步上升，并且到 2019 年城市基本公共服务综合指数创新高，其在呼包鄂榆城市群 10 个地级市中城市基本公共服务综合指数排名先下降后上升，从 2011 年的第 2 名，下降到 2015 年的最后 1 名，2019 年上升到第 1 名，在呼包鄂榆城市群中属于中上水平，表现出强劲的发展动力，整体朝着良性方向发展。包头市 2011～2017 年为相对短缺区，2019 年晋升为相对富集区，说明经过不断发展，包头市在呼包鄂榆城市群内城市基本公共服务综合发展水平已经较高。包头市基本公共服务综合指数在 2011～2017 年未超过呼包鄂榆城市群整体水平，2019 年已远超呼包鄂榆城市群整体水平，经过不断发展，于 2019 年超过鄂尔多斯市，成为呼包鄂榆城市群第 1 名和相对富集区。鄂尔多斯市城市基本公共服务综合发展水平整体呈现先降后升的态势，从 2013 年开始稳步上升，并且到 2019 年城市基本公共服务综合指数创新高，其在呼包鄂榆城市群 10 个地级市中城市基本公共服务综合指数排名基本保持稳定，2011～2017 年保持第 1 名，2019 年被包头市反超成为第 2 名，在呼包鄂榆城市群中属于中上水平，整体朝着良性方向发展。鄂尔多斯市 2011～2015 年为相对富集区，2017～2019 年变为相对均衡区，鄂尔多斯市在呼包鄂榆城市群内城市基本公共服务综合发展水平较高。鄂尔多斯市基本公共服务综合指数历年均超过呼包鄂榆城市群整体水平，作为非中心城市发展得相对较好。榆林市城市基本公共服务综合发展水平整体呈现震荡上行的态势，到 2019 年城市基本公共服务综合指数创新高，其在呼包鄂榆城市群 10 个地级市中城市基本公共服务综合指数排名基本保持稳定，几乎都排名最后，在呼包鄂榆城市群中属于中下水平，整体朝着恶性方向发展。榆林市 2011～2015 年为相对短缺区，2017～2019 年变为严重短缺区，在呼包鄂榆城市群内城市基本公共服务综合发展水平极低。榆林市基本公共服务综合指数历年均未超过呼包鄂榆城市群整体水平，一定程度上拉低了呼包鄂榆城市群整体城市基本公共服务综合发展水平。

呼包鄂榆城市群中，呼和浩特市城市基本公共服务综合发展水平较低，一定程度上未起到作为中心城市的带动作用、示范作用。鄂尔多斯市比呼和浩特市表现更优，鄂尔多斯市表现出更强劲的发展动力。包头市和鄂尔多斯市城市基本公共服务综合发展水平朝着良性方向发展，其中，包头市表现出更强的发展动力。榆林市城市基本公共服务综合发展水平朝着恶性方向发展，严重缺乏发展动力。新时代呼包鄂榆城市群城市基本公共服务的发展，应重点培育提升呼和浩特市作为中心城市的城市基本公共服务综合发展水平，引领发挥其示范和带动作用；继续支持和鼓励包头市和鄂尔多斯市城市基本公共服务综合发展水平更进一步发展；基于榆林市城市基本公共服务综合发展水平发展乏力，甚至朝着恶性方向发展的现状，适当对榆林市倾斜政策，因城施策扭转现在的发展局面，使其摆脱严重短缺区的现状，最终实现呼包鄂榆城市群城市基本公共服务综合发展水平整体提高。

五是兰西城市群。

兰西城市群为"内陆地区省会城市为核心型西部城市群"，中心城市为兰州市和西宁市，所辖兰州市、白银市、定西市和西宁市 4 个地级市。从兰西城市群 4 个地级市整体来看，如表 5 - 60 所示，2010～2019 年，兰西城市群所属地级市城市基本公共服务综合发展平均水平从 2013 年起呈现稳步上升的态势，逐年上行，相比 2011 年，2019 年兰西城市群整体城市基本公共服务综合发展水平小幅提高。城市基本公共服务综合指数超过兰西城市群平均值的地级市个数一直保持为 2 个，占比为 50%，说明兰西城市群内部城市发展稳定波动不大。城市基本公共服务综合指数 2011 年最大值 0.073999，最小值 0.034892，两者差距为 2.12 倍；2015 年最大值 0.054143，最小值 0.035295，两者差距为 1. 53 倍；2019 年最大值 0. 082615，最小值 0. 042239，两者差距为 1. 96 倍，历年发展最好与发展最差的差距均在 5 倍以内，即城市间的发展相对均衡，高低差距整体呈现先减后增，但截至 2019 年高低差距仍比 2011 年小，"贫富差距"缩小，总体朝着良性方向发展。

表 5 - 60　　　　　　　兰西城市群 4 个地级市城市基本公共服务综合指数描述性统计

| 年份 | 均值 | 最大值 | 最小值 | 大于均值地级市数（个） | 大于均值地级市占比（%） |
|------|------|--------|--------|------------------------|---------------------------|
| 2011 | 0. 055383 | 0. 073999 | 0. 034892 | 2 | 50. 00 |
| 2013 | 0. 035239 | 0. 046495 | 0. 026160 | 2 | 50. 00 |
| 2015 | 0. 043983 | 0. 054143 | 0. 035295 | 2 | 50. 00 |
| 2017 | 0. 055556 | 0. 079222 | 0. 037376 | 2 | 50. 00 |
| 2019 | 0. 062832 | 0. 082615 | 0. 042239 | 2 | 50. 00 |

　　分城市来看，兰西城市群各城市基本公共服务综合指数及标准差分级结果如表 5 - 61、表 5 - 62 所示。兰州市作为兰西城市群中心城市，其城市基本公共服务综合发展水平从 2013 年开始稳步上升，相比 2011 年，2019 年兰州市整体城市基本公共服务综合发展水平小幅提高。兰州市基本公共服务综合指数排名在兰西城市群中稳中有升，从 2011 年的第 2 名上升到 2013 年的第 1 名，2019 年保持第 1 名，在兰西城市群中属于中上水平。兰州市在兰西城市群内仅 2017 年为相对均衡区，其余历年均属于相对富集区，说明兰州市在兰西城市群内城市基本公共服务综合发展水平较高。兰州市基本公共服务综合指数历年均超过兰西城市群整体水平，一定程度上起到作为中心城市的带动作用、示范作用。白银市城市基本公共服务综合发展水平整体呈现先降后升的态势，从 2013 年开始稳步上升，截至 2019 年城市基本公共服务综合指数创新高，其在兰西城市群 4 个地级市中城市基本公共服务综合指数排名基本保持稳定，从 2011 年的第 3 名下降到 2015 年的最后 1 名，2019 年回到 2011 年的第 3 名，在兰西城市群中属于中下水平。白银市 2011 ~ 2013 年为相对短缺区，2015 ~ 2017 年变为严重短缺区，2019 年摆脱严重短缺区转回相对短缺区，这说明白银市在兰西城市群内城市基本公共服务综合发展水平极低。白银市基本公共服务综合指数历年均未超过兰西城市群整体水平，一定程度上拉低了兰西城市群整体城市基本公共服务综合发展水平。定西市城市基本公共服务综合发展水平整体呈现先降后升的态势，从 2013 年开始稳步上升，2019 年城市基本公共服务综合指数创新高，其在兰西城市群 4 个地级市中城市基本公共服务综合指数排名基本保持稳定，几乎都排名最后，从 2011 年的最后 1 名上升到 2015 年的第 3 名，2019 年回到 2011 年的最后一名，在兰西城市群中属于中下水平。定西市 2011 ~ 2013 年为严重短缺区，2015 ~ 2017 年转为相对短缺区，2019 年又变回严重短缺区，这说明定西市在兰西城市群内城市基本公共服务综合发展水平极低。定西市基本公共服务综合指数历年均未超过兰西城市群整体水平，一定程度上拉低了兰西城市群城市基本公共服务整体平均发展水平。西宁市作为兰西城市群中心城市，其城市基本公共服务综合发展水平整体呈现先降后升的态势，从 2013 年开始稳步上升，但 2019 年城市基本公共服务综合指数未超过 2011 年水平，其在兰西城市群 4 个地级市中城市基本公共服务综合指数排名基本保持稳定，从 2011 年的第 1 名下降到 2013 年的第 2 名，2019 年保持第 2 名，在兰西城市群中属于中上水平。西宁市 2011 年为相对富集区，2013 ~ 2019 年变为相对均衡区，这说明西宁市在兰西城市群内城市基本公共服务综合发展水平相对均衡。西宁市基本公共服务综合指数历年均超过兰西城市群整体水平，一定程度上起到作为中心城市的带动作用、示范作用。

**表5-61　　　　　兰西城市群4个地级市城市基本公共服务综合指数及排名**

| 城市 | 2011年 | | 2013年 | | 2015年 | | 2017年 | | 2019年 | |
|---|---|---|---|---|---|---|---|---|---|---|
| | 综合指数 | 排名 | 综合指数 | 排名 | 综合指数 | 排名 | 综合指数 | 排名 | 综合指数 | 排名 |
| 兰州市 | 0.069623 | 2 | 0.046495 | 1 | 0.054143 | 1 | 0.079222 | 1 | 0.082615 | 1 |
| 白银市 | 0.043017 | 3 | 0.027251 | 3 | 0.035295 | 4 | 0.037376 | 4 | 0.057536 | 3 |
| 定西市 | 0.034892 | 4 | 0.026160 | 4 | 0.038971 | 3 | 0.038806 | 3 | 0.042239 | 4 |
| 西宁市 | 0.073999 | 1 | 0.041052 | 2 | 0.047524 | 2 | 0.066822 | 2 | 0.068939 | 2 |

**表5-62　　　兰西城市群内部4个地级市城市基本公共服务综合指数标准差分级结果**

| 城市 | 2011年 D值 | 2013年 D值 | 2015年 D值 | 2017年 D值 | 2019年 D值 |
|---|---|---|---|---|---|
| 兰州市 | 0.850216 | 1.285356 | 1.381423 | 1.313702 | 1.333161 |
| 白银市 | -0.738298 | -0.912280 | -1.181266 | -1.009207 | -0.356930 |
| 定西市 | -1.223389 | -1.036835 | -0.681563 | -0.929850 | -1.387773 |
| 西宁市 | 1.111471 | 0.663760 | 0.481406 | 0.625355 | 0.411542 |

兰西城市群中,兰州市城市基本公共服务综合发展水平较高,一定程度上起到作为中心城市的带动作用、示范作用。西宁市表现次之,但也一定程度上带动引领兰西城市群整体城市基本公共服务发展。白银市、定西市和西宁市的城市基本公共服务均表现出发展乏力,迫使整个兰西城市群城市基本公共服务整体综合发展水平提升乏力。新时代兰西城市群城市基本公共服务的发展,应重点培育提升兰州市作为中心城市的城市基本公共服务综合发展水平,引领发挥其示范和带动作用;着重扶持定西市和白银市,使其城市基本公共服务综合发展水平摆脱严重短缺区的现状;继续支持和鼓励西宁市城市基本公共服务综合发展水平更进一步发展,最终实现兰西城市群城市基本公共服务综合发展水平整体提高。

六是黔中城市群。

黔中城市群为"内陆地区省会城市为核心型西部城市群",中心城市为贵阳市,所辖贵阳市、遵义市和安顺市3个地级市。从黔中城市群3个地级市整体来看,如表5-63所示,2010~2019年,黔中城市群所属地级市城市基本公共服务综合发展平均水平从2013年起呈现稳步上升的态势,逐年上行,相比2011年,2019年黔中城市群整体城市基本公共服务综合发展水平大幅提高。城市基本公共服务综合指数超过黔中城市群平均值的地级市个数一直保持为1个,占比为33.33%,说明黔中城市群内部城市发展稳定波动不大。城市基本公共服务综合指数2011年最大值0.074950,最小值0.024529,两者差距为3.06倍;2015年最大值0.066717,最小值0.025902,两者差距为2.58倍;2019年最大值0.111002,最小值0.048518,两者差距为2.29倍,历年发展最好与发展最差的差距均在5倍以内,即城市间的发展相对均衡,高低差距整体呈现逐年减小态势,"贫富差距"缩小,总体朝着良性方向发展。

**表5-63　　　黔中城市群3个地级市城市基本公共服务综合指数描述性统计**

| 年份 | 均值 | 最大值 | 最小值 | 大于均值地级市数(个) | 大于均值地级市占比(%) |
|---|---|---|---|---|---|
| 2011 | 0.045977 | 0.074950 | 0.024529 | 1 | 33.33 |
| 2013 | 0.036257 | 0.057012 | 0.019800 | 1 | 33.33 |
| 2015 | 0.043302 | 0.066717 | 0.025902 | 1 | 33.33 |

| 年份 | 均值 | 最大值 | 最小值 | 大于均值地级市数（个） | 大于均值地级市占比（%） |
|---|---|---|---|---|---|
| 2017 | 0.063973 | 0.094256 | 0.042902 | 1 | 33.33 |
| 2019 | 0.073213 | 0.111002 | 0.048518 | 1 | 33.33 |

　　分城市来看，黔中城市群各城市基本公共服务综合指数及标准差分级结果如表 5 - 64、表 5 - 65 所示。贵阳市作为黔中城市群中心城市，其城市基本公共服务综合发展水平从 2013 年开始稳步上升，相比 2011 年，2019 年贵阳市整体城市基本公共服务综合发展水平大幅提高。其城市基本公共服务综合指数排名在黔中城市群中保持稳定，截至 2019 年一直保持第 1 名，在黔中城市群中属于"火车头"。贵阳市在黔中城市群内历年均属于相对富集区，说明贵阳市在黔中城市群内城市基本公共服务综合发展水平较高。贵阳市基本公共服务综合指数历年均超过黔中城市群整体水平，一定程度上起到作为中心城市的带动作用、示范作用。遵义市城市基本公共服务综合发展水平整体呈现先降后升的态势，从 2013 年开始稳步上升，相比 2011 年，2019 年遵义市整体城市基本公共服务综合发展水平大幅提高，表现出强劲的发展动力。其在黔中城市群 3 个地级市中城市基本公共服务综合指数排名保持稳定，截至 2019 年一直保持第 2 名，在黔中城市群中属于中等水平。遵义市 2011～2019 年历年均属于相对短缺区，这说明遵义市在黔中城市群内城市基本公共服务综合发展水平相对短缺。遵义市基本公共服务综合指数历年均未超过黔中城市群整体水平，一定程度上拉低了黔中城市群整体城市基本公共服务综合发展水平。安顺市城市基本公共服务综合发展水平整体呈现先降后升的态势，从 2013 年开始稳步上升，相比 2011 年，2019 年安顺市整体城市基本公共服务综合发展水平大幅提高，表现出强劲的发展动力。其在黔中城市群 3 个地级市中城市基本公共服务综合指数排名保持稳定，截至 2019 年一直保持最后 1 名，在黔中城市群中属于中下水平。安顺市 2011～2015 年历年均属于黔中城市群严重短缺区，2017～2019 年摆脱严重短缺区变为相对短缺区，安顺市在黔中城市群内城市基本公共服务综合发展水平相对短缺，但发展水平有所改善，整体朝着良性方向发展。安顺市基本公共服务综合指数历年均未超过黔中城市群整体水平，一定程度上拉低了黔中城市群整体城市基本公共服务综合发展水平。黔中城市群中，贵阳市城市基本公共服务综合发展水平较高，一直为黔中城市群中的相对富集区，一定程度上起到作为中心城市的带动作用、示范作用。相比贵阳市，遵义市和安顺市虽整体城市基本公共服务综合发展水平不如贵阳市，但比贵阳市表现出更强的发展动力，期间涨幅均超过贵阳市，整体朝着良性方向发展。新时代黔中城市群城市基本公共服务的发展，贵阳市应稳中求进，提升其作为中心城市的城市基本公共服务综合发展水平，引领发挥其对遵义市和安顺市的示范和带动作用；继续支持鼓励遵义市和安顺市城市基本公共服务综合发展水平更进一步发展，缩短与贵阳市的差距，最终实现黔中城市群城市基本公共服务综合发展水平整体提高。

表 5 - 64　　　　　　　　黔中城市群 3 个地级市城市基本公共服务综合指数及排名

| 城市 | 2011 年 | | 2013 年 | | 2015 年 | | 2017 年 | | 2019 年 | |
|---|---|---|---|---|---|---|---|---|---|---|
| | 综合指数 | 排名 | 综合指数 | 排名 | 综合指数 | 排名 | 综合指数 | 排名 | 综合指数 | 排名 |
| 贵阳市 | 0.074950 | 1 | 0.057012 | 1 | 0.066717 | 1 | 0.094256 | 1 | 0.111002 | 1 |
| 遵义市 | 0.038450 | 2 | 0.031960 | 2 | 0.037287 | 2 | 0.054761 | 2 | 0.060119 | 2 |
| 安顺市 | 0.024529 | 3 | 0.019800 | 3 | 0.025902 | 3 | 0.042902 | 3 | 0.048518 | 3 |

表5-65　　　　黔中城市群内部3个地级市城市基本公共服务综合指数标准差分级结果

| 城市 | 2011年<br>D值 | 2013年<br>D值 | 2015年<br>D值 | 2017年<br>D值 | 2019年<br>D值 |
|---|---|---|---|---|---|
| 贵阳市 | 1.362756 | 1.339659 | 1.361583 | 1.379401 | 1.392512 |
| 遵义市 | -0.354006 | -0.277418 | -0.349779 | -0.419627 | -0.482519 |
| 安顺市 | -1.008750 | -1.062240 | -1.011803 | -0.959774 | -0.909993 |

七是滇中城市群。

滇中城市群为"边疆地区省会城市为核心型西部城市群"，中心城市为昆明市，所辖昆明市、曲靖市和玉溪市3个地级市。从滇中城市群3个地级市整体来看，如表5-66所示，2010~2019年，滇中城市群所属地级市城市基本公共服务综合发展平均水平从2013年起呈现稳步上升的态势，逐年上行，相比2011年，2019年滇中城市群整体城市基本公共服务综合发展水平大幅提高。城市基本公共服务综合指数超过滇中城市群平均值的地级市个数一直保持为1个，占比为33.33%，说明滇中城市群内部城市发展稳定波动不大。城市基本公共服务综合指数2011年最大值0.081864，最小值0.037771，两者差距为2.17倍；2017年最大值0.137510，最小值0.043138，两者差距为3.19倍；2019年最大值0.137744，最小值0.050406，两者差距为2.73倍，历年发展最好与发展最差的差距均在5倍以内，即城市间的发展相对均衡，高低差距整体呈现先增后减的态势，"贫富差距"缩小，总体朝着良性方向发展。

表5-66　　　　滇中城市群3个地级市城市基本公共服务综合指数描述性统计

| 年份 | 均值 | 最大值 | 最小值 | 大于均值地级市数（个） | 大于均值地级市占比（%） |
|---|---|---|---|---|---|
| 2011 | 0.056044 | 0.081864 | 0.037771 | 1 | 33.33 |
| 2013 | 0.043565 | 0.064686 | 0.030257 | 1 | 33.33 |
| 2015 | 0.058743 | 0.098567 | 0.035907 | 1 | 33.33 |
| 2017 | 0.078766 | 0.137510 | 0.043138 | 1 | 33.33 |
| 2019 | 0.084236 | 0.137744 | 0.050406 | 1 | 33.33 |

分城市来看，滇中城市群各城市基本公共服务综合指数及标准差分级结果如表5-67、表5-68所示。昆明市作为滇中城市群中心城市，其城市基本公共服务综合发展水平从2013年开始稳步上升，相比2011年，2019年昆明市整体城市基本公共服务综合发展水平大幅提高，表现出强劲的发展动力，其城市基本公共服务综合指数排名在滇中城市群中保持稳定，截至2019年一直保持第1名，在滇中城市群中属于"火车头"。根据表5-68城市基本公共服务综合指数标准差分级结果可知，其在滇中城市群内历年均属于相对富集区，说明昆明市在滇中城市群内城市基本公共服务综合发展水平较高。并且从表5-67可知其城市基本公共服务综合指数历年均超过滇中城市群整体水平，一定程度上起到作为中心城市的带动作用、示范作用。曲靖市城市基本公共服务综合发展水平整体呈现先降后升的态势，从2013年开始稳步上升，相比2011年，2019年曲靖市整体城市基本公共服务综合发展水平大幅提高，发展动力次于昆明市，其在滇中城市群3个地级市中城市基本公共服务综合指数排名保持稳定，截至2019年一直保持最后1名，在滇中城市群中属于中下水平。根据表5-68城市基本公共服务综合指数标准差分级结果，曲靖市2011~2019年历年均属于滇中城市群相对短缺区，在滇中城市群内城市基本公共服务综合发展水平相对短缺，但发展水平有所改善，整体朝着良性方向发展。从表5-67可知其城市基本公共服务综合指数历年均未超过滇中城市群整体水平，一定程度上拉低了滇中城市群整体城市基本公共服务综合发展水平。玉溪市城市基本

公共服务综合发展水平整体呈现先降后升的态势，从2013年开始稳步上升，相比2011年，2019年玉溪市整体城市基本公共服务综合发展水平大幅提高，期间涨幅基本同曲靖市。其在滇中城市群3个地级市中城市基本公共服务综合指数排名保持稳定，截至2019年一直保持第2名，在滇中城市群中属于中等水平。根据表5-68城市基本公共服务综合指数标准差分级结果，玉溪市2011~2019年历年均属于相对短缺区，这说明玉溪市在滇中城市群内城市基本公共服务综合发展水平相对短缺，但发展水平有所改善，整体朝着良性方向发展。从表5-67可知其城市基本公共服务综合指数历年均未超过滇中城市群整体水平，一定程度上拉低了滇中城市群整体城市基本公共服务综合发展水平。滇中城市群中，昆明市城市基本公共服务综合发展水平较高，一直为滇中城市群中的相对富集区，一定程度上起到作为中心城市的带动作用、示范作用。相比昆明市，曲靖市和玉溪市整体城市基本公共服务综合发展水平较低，发展动力也不如昆明市，期间涨幅均未超过昆明市，但整体朝着良性方向发展。新时代滇中城市群城市基本公共服务的发展，昆明市应稳中求进，提升其作为中心城市的城市基本公共服务综合发展水平，引领发挥其对曲靖市和玉溪市的示范和带动作用；继续支持鼓励曲靖和玉溪市城市基本公共服务综合发展水平更进一步发展，缩短与昆明市的差距，最终实现滇中城市群城市基本公共服务综合发展水平整体提高。

**表5-67** 滇中城市群3个地级市城市基本公共服务综合指数及排名

| 城市 | 2011年 | | 2013年 | | 2015年 | | 2017年 | | 2019年 | |
|---|---|---|---|---|---|---|---|---|---|---|
| | 综合指数 | 排名 | 综合指数 | 排名 | 综合指数 | 排名 | 综合指数 | 排名 | 综合指数 | 排名 |
| 昆明市 | 0.081864 | 1 | 0.064686 | 1 | 0.098567 | 1 | 0.137510 | 1 | 0.137744 | 1 |
| 曲靖市 | 0.037771 | 3 | 0.030257 | 3 | 0.035907 | 3 | 0.043138 | 3 | 0.050406 | 3 |
| 玉溪市 | 0.048497 | 2 | 0.035753 | 2 | 0.041755 | 2 | 0.055651 | 2 | 0.064557 | 2 |

**表5-68** 滇中城市群内部3个地级市城市基本公共服务综合指数标准差分级结果

| 城市 | 2011年 D值 | 2013年 D值 | 2015年 D值 | 2017年 D值 | 2019年 D值 |
|---|---|---|---|---|---|
| 昆明市 | 1.375210 | 1.398520 | 1.409158 | 1.403637 | 1.398010 |
| 曲靖市 | -0.973259 | -0.881211 | -0.808043 | -0.851322 | -0.883873 |
| 玉溪市 | -0.401951 | -0.517309 | -0.601115 | -0.552315 | -0.514137 |

八是宁夏沿黄城市群。

宁夏沿黄城市群为"内陆地区省会城市为核心型西部城市群"，中心城市为银川市，所辖银川市、吴忠市、石嘴山市和中卫市4个地级市。从宁夏沿黄城市群4个地级市整体来看，如表5-69所示，2010~2019年，宁夏沿黄城市群所属地级市城市基本公共服务综合发展平均水平从2013年起呈现先降后升的态势，相比2011年，2019年城市基本公共服务综合发展平均水平提高34.01%，宁夏沿黄城市群整体城市基本公共服务综合发展水平大幅提高。城市基本公共服务综合指数超过宁夏沿黄城市群平均值的地级市个数除2013年为1个外，其余历年均为2个，占比为50.00%，说明宁夏沿黄城市群内部城市发展稳定波动不大。城市基本公共服务综合指数2011年最大值0.056324，最小值0.026438，两者差距为2.13倍；2015年最大值0.062999，最小值0.031341，两者差距为2.01倍；2019年最大值0.076552，最小值0.045407，两者差距为1.69倍，历年发展最好与发展最差的差距均在5倍以内，即城市间的发展相对均衡，高低差距整体呈现缩小态势，"贫富差距"缩小，总体朝着良性方向发展。

表5－69　　　　　　宁夏沿黄城市群4个地级市城市基本公共服务综合指数描述性统计

| 年份 | 均值 | 最大值 | 最小值 | 大于均值地级市数（个） | 大于均值地级市占比（％） |
|------|------|--------|--------|------------------------|--------------------------|
| 2011 | 0.044705 | 0.056324 | 0.026438 | 2 | 50.00 |
| 2013 | 0.032148 | 0.046163 | 0.022033 | 1 | 25.00 |
| 2015 | 0.043900 | 0.062999 | 0.031341 | 2 | 50.00 |
| 2017 | 0.050796 | 0.074560 | 0.034655 | 2 | 50.00 |
| 2019 | 0.059910 | 0.076552 | 0.045407 | 2 | 50.00 |

　　分城市来看，宁夏沿黄城市群各城市基本公共服务综合指数及标准差分级结果如表5－70、表5－71所示。银川市作为宁夏沿黄城市群中心城市，其城市基本公共服务综合发展水平从2013年开始稳步上升，相比2011年，2019年银川市整体城市基本公共服务综合发展水平大幅提高，表现出较强的发展动力，其城市基本公共服务综合发展水平，在宁夏沿黄城市群中的排名保持稳定，截至2019年一直保持第1名，在宁夏沿黄城市群中属于"火车头"。银川市在宁夏沿黄城市群内仅2011年为相对均衡区，其余历年均属于相对富集区，说明银川市在宁夏沿黄城市群内城市基本公共服务综合发展水平较高。银川市基本公共服务综合指数历年均超过宁夏沿黄城市群整体水平，一定程度上起到作为中心城市的带动作用、示范作用。吴忠市城市基本公共服务综合发展水平整体呈现先降后升的态势，从2013年开始稳步上升，相比2011年，2019年吴忠市整体城市基本公共服务综合发展水平小幅提高。其在宁夏沿黄城市群4个地级市中城市基本公共服务综合指数排名保持稳定，截至2019年一直保持第3名，在宁夏沿黄城市群中属于中下水平。吴忠市2011～2019年历年均属于相对短缺区，这说明吴忠市在宁夏沿黄城市群内城市基本公共服务综合发展水平相对短缺，但发展水平有所改善，整体朝着良性方向发展。吴忠市基本公共服务综合指数历年均未超过宁夏沿黄城市群整体水平，一定程度上拉低了宁夏沿黄城市群整体城市基本公共服务综合发展水平。石嘴山市城市基本公共服务综合发展水平整体呈现先降后升的态势，从2013年开始稳步上升，相比2011年，2019年石嘴山市整体城市基本公共服务综合发展水平小幅提高。其在宁夏沿黄城市群4个地级市中城市基本公共服务综合指数排名保持稳定，截至2019年一直保持第2名，在宁夏沿黄城市群中属于中等水平。石嘴山市仅2013年为相对短缺区，其余历年均属于相对均衡区，这说明石嘴山市在宁夏沿黄城市群内城市基本公共服务综合发展水平相对均衡，但城市基本公共服务综合指数涨幅较小，发展乏力。石嘴山市基本公共服务综合指数仅2013年未超过宁夏沿黄城市群整体水平，其余历年均超过宁夏沿黄城市群整体水平，一定程度上带动引领宁夏沿黄城市群整体城市基本公共服务发展。中卫市城市基本公共服务综合发展水平整体呈现先降后升的态势，从2013年开始稳步上升，相比2011年，2019年中卫市整体城市基本公共服务综合发展水平大幅提高，期间涨幅居宁夏沿黄城市群榜首。其在宁夏沿黄城市群4个地级市中城市基本公共服务综合指数排名保持稳定，截至2019年一直保持最后1名，在宁夏沿黄城市群中属于最低水平。中卫市2011～2019年历年均属于宁夏沿黄城市群严重短缺区，在宁夏沿黄城市群内城市基本公共服务综合发展水平严重短缺，但发展水平大幅改善，整体朝着良性方向发展。中卫市基本公共服务综合指数历年均未超过宁夏沿黄城市群整体水平，一定程度上拉低了宁夏沿黄城市群整体城市基本公共服务综合发展水平。宁夏沿黄城市群中，银川市城市基本公共服务综合发展水平较高，基本一直为宁夏沿黄城市群中的相对富集区，一定程度上起到作为中心城市的带动作用、示范作用。相比银川市，吴忠市、石嘴山市和中卫市整体城市基本公共服务综合发展水平不如银川市，但整体都朝着良性方向发展，其中，中卫市表现出比银川市更强的发展动力，期间涨幅均超过银川市。石嘴山市虽历年排名第2，但其发展表现非常乏力。新时代宁夏沿黄城市群城市基本公共服务的发展，银川市应稳中求进，提升其作为中心城市的城市基本公共服务综合发展水平，引领发挥其对吴忠市、石嘴山市和中卫市的示范和带动作用；对中卫市加大政策资金扶持力度，使其摆脱严重短缺区的局面；继续支持鼓励吴

忠市和石嘴山市城市基本公共服务综合发展水平更进一步发展，缩短与银川市的差距，最终实现宁夏沿黄城市群城市基本公共服务综合发展水平整体提高。

**表 5 - 70　　　　宁夏沿黄城市群 4 个地级市城市基本公共服务综合指数及排名**

| 城市 | 2011 年 | | 2013 年 | | 2015 年 | | 2017 年 | | 2019 年 | |
|---|---|---|---|---|---|---|---|---|---|---|
| | 综合指数 | 排名 | 综合指数 | 排名 | 综合指数 | 排名 | 综合指数 | 排名 | 综合指数 | 排名 |
| 银川市 | 0.056324 | 1 | 0.046163 | 1 | 0.062999 | 1 | 0.074560 | 1 | 0.076552 | 1 |
| 吴忠市 | 0.041869 | 3 | 0.028896 | 3 | 0.035335 | 3 | 0.040735 | 3 | 0.052501 | 3 |
| 石嘴山市 | 0.054189 | 2 | 0.031498 | 2 | 0.045926 | 2 | 0.053231 | 2 | 0.065181 | 2 |
| 中卫市 | 0.026438 | 4 | 0.022033 | 4 | 0.031341 | 4 | 0.034655 | 4 | 0.045407 | 4 |

**表 5 - 71　　　宁夏沿黄城市群内部 4 个地级市城市基本公共服务综合指数标准差分级结果**

| 城市 | 2011 年 D 值 | 2013 年 D 值 | 2015 年 D 值 | 2017 年 D 值 | 2019 年 D 值 |
|---|---|---|---|---|---|
| 银川市 | 0.976187 | 1.592759 | 1.559472 | 1.556542 | 1.394145 |
| 吴忠市 | - 0.238276 | - 0.369471 | - 0.699372 | - 0.658919 | - 0.620712 |
| 石嘴山市 | 0.796812 | - 0.073874 | 0.165366 | 0.159522 | 0.441528 |
| 中卫市 | - 1.534723 | - 1.149414 | - 1.025466 | - 1.057145 | - 1.214961 |

九是天山北坡城市群。

天山北坡城市群为"边疆地区省会城市为核心型西部城市群"，中心城市为乌鲁木齐市，所辖乌鲁木齐市和克拉玛依市 2 个地级市。从天山北坡城市群 2 个地级市整体来看，如表 5 - 72 所示，2010 ~ 2019 年，天山北坡城市群所属地级市城市基本公共服务综合发展平均水平整体基本保持稳定，但有下降趋势，相比 2011 年，2019 年天山北坡城市群整体城市基本公共服务综合发展水平小幅下降，朝着恶性方向发展。由于天山北坡城市群仅有 2 个地级市，所以每年必有且仅有一个地级市城市基本公共服务综合指数超过天山北坡城市群平均值。城市基本公共服务综合指数 2011 年最大值 0.177524，最小值 0.078190，两者差距为 2.27 倍；2015 年最大值 0.195976，最小值 0.058161，两者差距为 3.37 倍；2019 年最大值 0.133139，最小值 0.103152，两者差距为 1.29 倍，历年天山北坡两地级市差距均在 5 倍以内，即两市间的发展相对均衡，高低差距整体呈现先增后减的态势，"贫富差距"缩小，总体朝着良性方向发展。

**表 5 - 72　　　天山北坡城市群 2 个地级市城市基本公共服务综合指数描述性统计**

| 年份 | 均值 | 最大值 | 最小值 | 大于均值地级市数（个） | 大于均值地级市占比（%） |
|---|---|---|---|---|---|
| 2011 | 0.127857 | 0.177524 | 0.078190 | 1 | 50.00 |
| 2013 | 0.080408 | 0.104009 | 0.056806 | 1 | 50.00 |
| 2015 | 0.127068 | 0.195976 | 0.058161 | 1 | 50.00 |
| 2017 | 0.113354 | 0.130961 | 0.095747 | 1 | 50.00 |
| 2019 | 0.118146 | 0.133139 | 0.103152 | 1 | 50.00 |

分城市来看，天山北坡城市群各城市基本公共服务综合指数及标准差分级结果如表 5 - 73、表 5 - 74 所示。乌鲁木齐市作为天山北坡城市群中心城市，其城市基本公共服务综合发展水平呈现震荡上行的态势，相比 2011 年，2019 年乌鲁木齐市整体城市基本公共服务综合发展水平大幅提

高，表现出较强的发展动力。其城市基本公共服务综合发展水平在天山北坡城市群中的排名保持稳定，2019 年为第 2 名，在天山北坡城市群中次于克拉玛依市。由于天山北坡城市群仅有 2 个地级市，所以每年必有且仅有一个城市群为相对富集区或相对短缺区，乌鲁木齐市仅 2013 年为相对富集区，其余历年均为相对短缺区，说明乌鲁木齐市在天山北坡城市群内城市基本公共服务综合发展水平低于克拉玛依市。乌鲁木齐市基本公共服务综合指数仅 2013 年超过天山北坡城市群整体水平，其余历年均未超过天山北坡城市群整体水平，一定程度上未起到作为中心城市的带动作用、示范作用。

表 5 - 73　　　　　　　天山北坡城市群 2 个地级市城市基本公共服务综合指数及排名

| 城市 | 2011 年 | | 2013 年 | | 2015 年 | | 2017 年 | | 2019 年 | |
|---|---|---|---|---|---|---|---|---|---|---|
| | 综合指数 | 排名 | 综合指数 | 排名 | 综合指数 | 排名 | 综合指数 | 排名 | 综合指数 | 排名 |
| 乌鲁木齐市 | 0.078190 | 2 | 0.104009 | 1 | 0.058161 | 2 | 0.095747 | 2 | 0.103152 | 2 |
| 克拉玛依市 | 0.177524 | 1 | 0.056806 | 2 | 0.195976 | 1 | 0.130961 | 1 | 0.133139 | 1 |

表 5 - 74　　　天山北坡城市群内部 2 个地级市城市基本公共服务综合指数标准差分级结果

| 城市 | 2011 年 D 值 | 2013 年 D 值 | 2015 年 D 值 | 2017 年 D 值 | 2019 年 D 值 |
|---|---|---|---|---|---|
| 乌鲁木齐市 | - 1.000000 | 1.000000 | - 1.000000 | - 1.000000 | - 1.000000 |
| 克拉玛依市 | 1.000000 | - 1.000000 | 1.000000 | 1.000000 | 1.000000 |

克拉玛依市城市基本公共服务综合发展水平整体呈现震荡下行的态势，相比 2011 年，2019 年克拉玛依市整体城市基本公共服务综合发展水平大幅下降，发展乏力，但目前仍然是天山北坡城市群中发展水平最高的。其在天山北坡城市群 2 个地级市中城市基本公共服务综合指数排名保持稳定，2019 年为第 1 名，在天山北坡城市群中优于中心城市乌鲁木齐市。由于天山北坡城市群仅有 2 个地级市，所以每年必有且仅有一个城市群为相对富集区或相对短缺区，克拉玛依市仅 2013 年为相对短缺区，其余历年均属于相对富集区。克拉玛依市基本公共服务综合指数仅 2013 年未超过天山北坡城市群整体水平，其余历年均超过天山北坡城市群整体水平，一定程度上带动引领天山北坡城市群整体城市基本公共服务综合水平发展。

天山北坡城市群中，相比克拉玛依市，中心城市乌鲁木齐市城市基本公共服务综合发展水平较低，基本一直为天山北坡城市群中的相对短缺区，一定程度上未起到作为中心城市的带动作用、示范作用。克拉玛依市虽整体城市基本公共服务综合水平高于乌鲁木齐市，但其 2011～2019 年城市基本公共服务综合指数负增长，发展动力不足，发展乏力。乌鲁木齐市应加快培育提升其作为中心城市的城市基本公共服务综合发展水平，引领发挥其作为中心城市的示范和带动作用；克拉玛依市要稳中求进，适当增加资金政策投入，实现克拉玛依市城市基本公共服务综合水平稳步发展，最终实现天山北坡城市群城市基本公共服务综合发展水平整体提高。

#### 5.5.2.2　城市群基本公共服务的空间分异特征分析

考虑城市基本公共服务的空间集聚特性，利用全局莫兰 I 指数和局部莫兰 G 指数对全国 19 个城市群 199 个地级市的城市基本公共服务综合指数进行空间自相关测算，度量其城市间城市基本公共服务综合指数之间的相互依赖程度、聚集或离散的位置和程度。根据全局莫兰 I 指数计算结果，2011 年、2013 年、2015 年、2017 年和 2019 年全国 19 个城市群 199 个地级市的城市基本公共服务的全局莫兰 I 指数分别为 0.084233、0.089396、0.020072、0.075815 和 0.067481，在空间上呈现正相关集聚的表征：即全国 19 个城市群 199 个地级市的城市基本公共服务高值与高值发生集聚，低值与低值发生集聚, 空间上呈现正相关模式, 倾向于发生了空间聚类现象。进一步使用局部莫兰 G 指数, 研究空间要素的异质性, 识别和探测城市基本公共服务空间要素集聚或离散的位置和程度。2010~2019 年这 10 年间, 全国 19 个城市群 199 个地级市的城市基本公共服务综合指数的空间异质性整体变化并不显著。2011~2019 年, 城市基本公共服务综合指数发生了空间聚类 ("低—低"型、"高—高"型集聚) 现象的城市数量分别为 181 个、169 个、184 个、175 个和 178 个, 占比分别为 90.95%、84.92%、92.46%、87.94% 和 89.45%, 占比非常高。从局部相关的角度来看, 这说明全国 19 个城市群 199 个地级市, 城市基本公共服务综合发展水平较低 (高) 的城市在空间上更易集聚; 从差异的角度来看, "低—低"型、"高—高"型地级市数量多, "低—高"型、"高—低"型地级市数量较少, 说明全国 19 个城市群 199 个地级市的城市基本公共服务综合发展水平局部区域空间差异较小, 大多数地区发展相对平衡, 水平较高城市周围也都是水平较高的城市, 水平较低城市周围也都是水平较低的城市。

从空间集聚类型来看, 2011~2019 年城市基本公共服务综合指数 "低—低"型地级市数量均在 55 个左右, 截至 2019 年, "低—低"型地级市数量为 56 个, 占比为 28.14%, 约占总体的 1/3, 说明我国 19 个城市群 199 个地级市中较多城市基本公共服务综合发展水平较低, 存在较多呈现低水平集聚的地区, 且都大致分布在东部和中部城市群, 少量分布在东北部和西部城市群中, 具体出现在东北部城市群中的辽中南城市群西南部城市, 东部城市群中的山东半岛城市群北部城市、京津冀城市群南部城市、长三角城市群中部和东南部城市, 中部城市群中的长江中游城市群中部城市、中原城市群中部城市, 西部城市群中的成渝城市群中部、北部湾城市群南部沿海城市。2011~2019 年城市基本公共服务综合指数 "高—高"型地级市数量均在 120 个左右, 截至 2019 年, "高—高"型地级市数量为 122 个, 占比为 61.31%, 约占总体的 2/3, 说明我国 19 个城市群 199 个地级市中大量城市基本公共服务综合发展水平较高, 存在大量呈现高水平集聚的地区, 且都大致出现在东北部城市群中的哈长城市群东部和西部城市、辽中南城市群东北部城市, 东部城市群中的京津冀城市群北部城市、山东半岛城市群南部城市、长三角城市群环外部城市、粤闽浙沿海城市群、珠三角城市群, 中部城市群中的晋中城市群、中原城市群环外部城市、长江中游城市群西北和东南城市, 西部城市群中的天山北坡城市群、呼包鄂榆城市群、宁夏沿黄城市群东北部城市、兰西城市群东北部城市、关中平原城市群中部和东北部城市、成渝城市群西北和东部城市、黔中城市群、滇中城市群、北部湾城市群西北和东部城市。2011~2019 年城市基本公共服务综合指数 "低—高"型和 "高—低"型地级市数量总和在 15~30 个内波动, 截至 2019 年, "低—高"型和 "高—低"型地级市数量总和为 21 个, 占比为 10.55%, 占比相对较小, 说明我国 19 个城市群 199 个地级市中存在少量呈现 "低—高"型和 "高—低"型集聚的地区, 这表明在局部区域内高低差距明显的城市并不太多, 且都大致分布在西部和中部城市群中, 具体出现在东北部城市群中的哈长城市群西北部城市, 东部城市群中的粤闽浙沿海城市群西南部城市, 中部城市群中的长江中游城市群西部城市, 西部城市群中的宁夏沿黄城市群、兰西城市群和关中平原城市群三个城市群交会处城市、成渝城市群西南部城市、北部湾城市群中东部城市。

利用泰尔指数, 揭示我国东北部、中部、东部以及西部城市群四大区域城市群城市基本公共服务综合发展水平总体均衡化发展差异和其内部差异水平。将全国四大区域城市群基本公共服务综合指数总差异 ($T_{总}$) 分解为区域间差异和区域内差异 ($T_{内}$), 即 $T_{总} = T_{间} + T_{内}$, 结果如表 5-75 所示。2011~2019 年, 四大区域整体差异泰尔指数 $T_{总}$ 和区域内差异泰尔指数总和 $\sum T_{内}$ 呈现先减后增的态势, 但区域间差异泰尔指数 $T_{间}$ 总体呈现递减的态势。也就是说, 全国东北部、东部、中部和西部城市群四个区域整体城市基本公共服务综合发展水平差异呈现先减小后增大的发展趋势; 西部城市群和东北部城市群城市基本公共服务综合发展水平区域内差异变化较小且均有减小的趋势; 东部城市群和中部城市群城市基本公共服务综合发展水平区域内差异呈现先减小后增大的发展趋势。东北部、东部、中部和西部四大区域城市群的总差异 $T_{总}$ 主要由区域内差异 $T_{内}$ 贡献, 历年区域内差异

T$_内$对四大区域总差异 T$_总$的贡献率都高达90%以上，截至2019年，区域内差异对总差异的贡献率更是达到98.25%，这表明国家对四大区域已经初步实现统一的规划联动，且统一联动性逐年增强。而区域内差异 T$_内$，2011～2017年主要来自西部城市群和东部城市群的内部差异，但2019年主要来自东部城市群和中部城市群的内部差异，这说明西部城市群在"西部大开发"国家战略的实施下，城市间的城市基本公共服务综合发展水平差距在缩小，朝着良性方向发展；而东部城市群和中部城市群区域内城市间的城市基本公共服务综合水平差距却在不断增大，朝着恶性方向发展。区域间的差异 T$_间$对四大区域的总差异 T$_总$的贡献率相对较小，2019年贡献率仅为1.75%，影响微乎其微。四大区域，历年东北部城市群的泰尔指数最小，反映了其区域内部的城市基本公共服务总体发展差异小，综合发展水平相对均衡（也可能与其所辖地级市较少有关）；历年东部城市群的泰尔指数最大，反映了其区域内部的城市基本公共服务总体发展总体差异较大，综合发展水平相对不均衡（可能与其所辖地级市较多有关）。

表 5-75　　　　　　　　　四大区域城市群基本公共服务综合指数泰尔指数及其分解

| 年份 | 四区域总差异 | 区域内差异 | | | | | | 区域间差异 | |
| --- | --- | --- | --- | --- | --- | --- | --- | --- | --- |
| | T$_总$ | $\sum$ T$_内$ | 西部城市群 T$_内$ | 东部城市群 T$_内$ | 中部城市群 T$_内$ | 东北部城市群 T$_内$ | 贡献率（%） | T$_间$ | 贡献率（%） |
| 2011 | 0.112939 | 0.104443 | 0.032869 | 0.056019 | 0.010278 | 0.005276 | 92.48 | 0.008496 | 7.52 |
| 2013 | 0.101321 | 0.094430 | 0.026852 | 0.054630 | 0.009373 | 0.003576 | 93.20 | 0.006891 | 6.80 |
| 2015 | 0.098368 | 0.095061 | 0.038285 | 0.041485 | 0.010912 | 0.004379 | 96.64 | 0.003307 | 3.36 |
| 2017 | 0.099592 | 0.093982 | 0.028502 | 0.050856 | 0.010498 | 0.004125 | 94.37 | 0.005611 | 5.63 |
| 2019 | 0.182947 | 0.179745 | 0.030533 | 0.095366 | 0.048689 | 0.005156 | 98.25 | 0.003202 | 1.75 |

分别计算四大区域城市群和全国城市群总体的城市基本公共服务综合指数以及构成城市基本公共服务的各维度（城市设施建设服务、居民生活综合服务、科学文化普及教育服务、公共灾害抗御服务）指标的基尼系数，进而衡量四大区域城市群和全国19个城市群城市基本公共服务综合发展水平及各维度指标之间的发展差异，结果如表5-76、表5-77、表5-78、表5-79、表5-80、表5-81所示。分维度看，城市基本公共服务得到相对合理的配置，在四大区域发展均较为均衡，2019年基尼系数均小于0.2，其中，东部城市群较不稳定；城市设施建设服务地域分异明显，在东部城市群发展存在差距，东北部城市群、中部城市群和西部城市群历年均发展较为均衡，东部城市群应注重从城市设施建设服务方面着手，来提高城市基本公共服务综合发展水平；居民生活综合服务2017年前存在地域分异，西部城市群基尼系数经过先增后减，2019年得到相对合理的配置，在四大区域中发展均较为均衡；科学文化普及教育服务地域分异明显，西部城市群科学文化普及教育服务基尼系数除2013年外，其余历年均大于0.2，其科学文化普及教育服务发展存在差距，相比于东北部城市群、中部城市群和东部城市群，西部城市群应更加注重从科学文化普及教育服务方面着手，来提高城市基本公共服务综合发展水平；公共灾害抗御服务地域分异明显，西部城市群公共灾害抗御服务基尼系数历年均大于0.2，其公共灾害抗御服务发展存在差距。综上，相比于东北部城市群、中部城市群和东部城市群，西部城市群应更加注重从科学文化普及教育服务和公共灾害抗御服务方面着手，来提高城市基本公共服务综合发展水平。

表 5-76　　　　　　　　　四大区域各城市群城市基本公共服务综合指数基尼系数

| 城市群 | 2011 年 | 2013 年 | 2015 年 | 2017 年 | 2019 年 |
| --- | --- | --- | --- | --- | --- |
| 东北部城市群 | 0.095930 | 0.114766 | 0.106784 | 0.117962 | 0.114115 |
| 中部城市群 | 0.120699 | 0.102425 | 0.121156 | 0.096534 | 0.111890 |

续表

| 城市群 | 2011 年 | 2013 年 | 2015 年 | 2017 年 | 2019 年 |
|---|---|---|---|---|---|
| 东部城市群 | 0.164479 | 0.200296 | 0.196451 | 0.201193 | 0.195047 |
| 西部城市群 | 0.240009 | 0.152666 | 0.179591 | 0.154205 | 0.171871 |

表 5-77　　　　　　　　四大区域各城市群城市设施建设服务基尼系数

| 城市群 | 2011 年 | 2013 年 | 2015 年 | 2017 年 | 2019 年 |
|---|---|---|---|---|---|
| 东北部城市群 | 0.141003 | 0.141202 | 0.148386 | 0.163404 | 0.142644 |
| 中部城市群 | 0.098356 | 0.105380 | 0.123391 | 0.083818 | 0.095855 |
| 东部城市群 | 0.238965 | 0.236308 | 0.297814 | 0.238188 | 0.223184 |
| 西部城市群 | 0.168818 | 0.110286 | 0.135850 | 0.107187 | 0.102918 |

表 5-78　　　　　　　　四大区域各城市群居民生活综合服务基尼系数

| 城市群 | 2011 年 | 2013 年 | 2015 年 | 2017 年 | 2019 年 |
|---|---|---|---|---|---|
| 东北部城市群 | 0.052096 | 0.101335 | 0.090624 | 0.015503 | 0.035426 |
| 中部城市群 | 0.114697 | 0.108101 | 0.101354 | 0.092911 | 0.104990 |
| 东部城市群 | 0.188343 | 0.100124 | 0.105216 | 0.176188 | 0.184985 |
| 西部城市群 | 0.208454 | 0.244974 | 0.259641 | 0.200093 | 0.198667 |

表 5-79　　　　　　　　四大区域各城市群科学文化普及教育服务基尼系数

| 城市群 | 2011 年 | 2013 年 | 2015 年 | 2017 年 | 2019 年 |
|---|---|---|---|---|---|
| 东北部城市群 | 0.067390 | 0.077378 | 0.078508 | 0.101247 | 0.117624 |
| 中部城市群 | 0.138490 | 0.075252 | 0.121409 | 0.109944 | 0.140794 |
| 东部城市群 | 0.091284 | 0.208778 | 0.128638 | 0.177520 | 0.182921 |
| 西部城市群 | 0.327045 | 0.183169 | 0.295478 | 0.258959 | 0.296099 |

表 5-80　　　　　　　　四大区域各城市群公共灾害抗御服务基尼系数

| 城市群 | 2011 年 | 2013 年 | 2015 年 | 2017 年 | 2019 年 |
|---|---|---|---|---|---|
| 东北部城市群 | 0.125959 | 0.123053 | 0.090072 | 0.108275 | 0.090914 |
| 中部城市群 | 0.135144 | 0.124502 | 0.130634 | 0.108474 | 0.106826 |
| 东部城市群 | 0.165775 | 0.161243 | 0.182160 | 0.174224 | 0.162109 |
| 西部城市群 | 0.304176 | 0.284807 | 0.351241 | 0.324137 | 0.299563 |

表 5-81　　　　全国 19 个城市群总体城市基本公共服务综合指数及各维度指标的基尼系数

| 年份 | 综合指数基尼系数 | 城市设施建设服务 | | 居民生活综合服务 | | 科学文化普及教育服务 | | 公共灾害抗御服务 | |
|---|---|---|---|---|---|---|---|---|---|
| | | 基尼系数 | 贡献度（%） | 基尼系数 | 贡献度（%） | 基尼系数 | 贡献度（%） | 基尼系数 | 贡献度（%） |
| 2011 | 0.217549 | 0.270023 | 29.42 | 0.211202 | 23.01 | 0.217645 | 23.72 | 0.218876 | 23.85 |
| 2013 | 0.199516 | 0.264905 | 29.06 | 0.219973 | 24.13 | 0.219432 | 24.07 | 0.207195 | 22.73 |
| 2015 | 0.236792 | 0.261692 | 28.10 | 0.230158 | 24.71 | 0.202794 | 21.77 | 0.236792 | 25.42 |

| 年份 | 综合指数基尼系数 | 城市设施建设服务 | | 居民生活综合服务 | | 科学文化普及教育服务 | | 公共灾害抗御服务 | |
|---|---|---|---|---|---|---|---|---|---|
| | | 基尼系数 | 贡献度（%） | 基尼系数 | 贡献度（%） | 基尼系数 | 贡献度（%） | 基尼系数 | 贡献度（%） |
| 2017 | 0.195268 | 0.224072 | 25.85 | 0.198440 | 22.89 | 0.221887 | 25.59 | 0.222570 | 25.67 |
| 2019 | 0.195629 | 0.198227 | 23.24 | 0.198437 | 23.26 | 0.243988 | 28.60 | 0.212310 | 24.89 |

如表 5 - 81 所示，全国 19 个城市群整体的城市基本公共服务综合指数基尼系数呈现震荡下降的趋势，除了 2011 年和 2015 年综合指数基尼系数大于 0.2 外，其余年份综合指数基尼系数均小于 0.2，表示全国 19 个城市群的城市基本公共服务综合发展水平在 19 个城市群中配置已趋于相对合理。从引发城市基本公共服务综合水平发展差异的内部不同维度的贡献度来看，城市设施建设服务的贡献度不断降低，2019 年降至 4 个维度中的最低贡献度，且基尼系数小于 0.2，说明经过不断发展，19 个城市群之间的城市设施建设服务配置已趋于相对合理，发展已相对均衡，差距不断缩小。居民生活综合服务的贡献度基本保持稳定，但其基尼系数先增后减，截至 2019 年已小于 0.2，说明经过不断发展，19 个城市群之间的居民生活综合服务配置已趋于相对合理，发展已相对均衡，差距不断缩小，朝着良性方向发展。科学文化普及教育服务和公共灾害抗御服务的贡献度分别表现为震荡上行和震荡下行的趋势，且其基尼系数历年均大于 0.2，说明科学文化普及教育服务和公共灾害抗御服务在 19 个城市群中配置相对不合理，且发展存在差距，接下来应注重从城市群科学文化普及教育服务和公共灾害抗御服务两方面着手，来减小城市群基本公共服务综合发展水平差距。

（1）关于东北部城市群：利用泰尔指数，揭示我国东北部城市群城市基本公共服务综合发展水平总体均衡化发展差异和其内部 2 个城市群（辽中南城市群、哈长城市群）的差异水平。将东北部城市群基本公共服务综合指数总差异（$T_{总}$）分解为区域间差异和区域内差异（$T_{内}$），即 $T_{总} = T_{间} + T_{内}$，结果如表 5 - 82 所示。2011～2019 年，东北部城市群整体差异泰尔指数 $T_{总}$ 和区域内差异泰尔指数总和 $\sum T_{内}$ 呈现先减后增的态势，且 2019 年均超过 2011 年水平；区域间差异泰尔指数 $T_{间}$ 总体呈现震荡增加的态势，且 2019 年也超过 2011 年水平。也就是说，东北部城市群整体，城市基本公共服务综合发展水平差距呈现先减小后增大的发展趋势，且截至 2019 年差距超过 2011 年，差距越来越大，朝着恶性方向发展；哈长城市群区域内城市基本公共服务综合发展水平差距呈现震荡减小的态势，区域内泰尔指数变化较小但有减小的趋势，2019 年区域内差异低于 2011 年；辽中南城市群城市基本公共服务综合发展水平区域内差异呈现逐年增加的趋势，差距越来越大，朝着恶性方向发展；辽中南城市群和哈长城市群之间的城市基本公共服务综合发展水平差异呈现震荡增加的趋势，发展趋向不均衡。且东北部城市群的总差异 $T_{总}$ 主要由区域内差异 $T_{内}$ 贡献，历年区域内差异 $T_{内}$ 对东北部城市群总差异 $T_{总}$ 的贡献率都高达 70% 以上，但极不稳定，2019 年区域内差异对总差异的贡献率为 77.32%，这表明东北部城市群对其内部两个城市群正在逐步实现统一的规划联动，需进一步落实完善东北部两个城市群的统一规划联动。而区域内差异 $T_{内}$，历年均主要来自哈长城市群的内部差异，这说明相比于辽中南城市群，哈长城市群区域内的城市基本公共服务综合发展水平差距比辽中南城市群更大；而辽中南城市群区域内城市间的城市基本公共服务综合水平差距却在不断增大，朝着恶性方向发展。区域间的差异 $T_{间}$ 对东北部城市群的总差异 $T_{总}$ 的贡献率相对区域内差异 $T_{内}$ 的贡献率较小，但 2019 年贡献率仍达 22.68%，这也体现出东北部两个城市群的统一规划联动性不强。东北部两个城市群中，历年辽中南城市群的泰尔指数最小，反映了其区域内部的城市基本公共服务总体发展差异小，综合发展水平相对均衡。历年哈长城市群的泰尔指数最大，反映了其区域内部的城市基本公共服务发展水平总体差异较大，综合发展水平相对不均衡。东北部城市群应加强辽中南城市群和哈长城市群的统一规划联动，缩小两个城市群之间的城市基本公共服务综合发展水平差距；着力解决哈长城市群区域内城市基本公共服务现阶段差距较大的现状；抑制辽中南城市群区域内城市基本公共服务发展差距扩大的趋势。

表 5 - 82　　　　　　　　　东北部城市群基本公共服务综合指数泰尔指数及其分解

| 年份 | 东北部城市群总差异 | 区域内差异 | | | | 区域间差异 | |
|---|---|---|---|---|---|---|---|
| | $T_总$ | $\sum T_内$ | 辽中南城市群 $T_内$ | 哈长城市群 $T_内$ | 贡献率（%） | $T_间$ | 贡献率（%） |
| 2011 | 0.046504 | 0.038477 | 0.006478 | 0.031999 | 82.74 | 0.008027 | 17.26 |
| 2013 | 0.039040 | 0.027558 | 0.008149 | 0.019409 | 70.59 | 0.011483 | 29.41 |
| 2015 | 0.044784 | 0.034871 | 0.009608 | 0.025263 | 77.87 | 0.009912 | 22.13 |
| 2017 | 0.045049 | 0.032923 | 0.015171 | 0.017752 | 73.08 | 0.012126 | 26.92 |
| 2019 | 0.050016 | 0.038670 | 0.015917 | 0.022754 | 77.32 | 0.011346 | 22.68 |

分别计算东北部两个城市群（辽中南城市群、哈长城市群）和东北部城市群总体的城市基本公共服务综合指数以及构成城市基本公共服务的各维度（城市设施建设服务、居民生活综合服务、科学文化普及教育服务、公共灾害抗御服务）指标的基尼系数，进而衡量东北部两个城市群和东北部城市群总体的城市基本公共服务综合发展水平及各维度指标之间的发展差异，结果如表 5 - 83、表 5 - 84、表 5 - 85、表 5 - 86、表 5 - 87、表 5 - 88 所示。分维度看，城市基本公共服务在东北部城市群中配置相对不合理，地域分异明显，辽中南城市群发展较为均衡，截至 2019 年基尼系数均小于 0.2；哈长城市群发展较为不均衡，截至 2019 年，基尼系数均大于 0.2。城市设施建设服务无明显地域分异，2019 年两城市群基尼系数均大于 0.2，区域内部发展都不太均衡；辽中南城市群城市设施建设服务基尼系数震荡上行，2013 年基尼系数小于 0.2，城市设施建设服务发展相对均衡，到 2017 年基尼系数再次大于 0.2，城市设施建设服务发展再度不均衡；哈长城市群城市设施建设服务基尼系数历年均大于 0.2，其城市设施建设服务发展存在差距，且其基尼系数几乎每年都大于辽中南城市群城市设施建设服务的基尼系数，相比辽中南城市群，哈长城市群的城市设施建设服务发展更不均衡。居民生活综合服务无明显地域分异，2019 年两城市群基尼系数均大于 0.2，区域内部发展都不太均衡；辽中南城市群居民生活综合服务基尼系数先增后减，2019 年仍大于 0.2，其居民生活综合服务发展不均衡，但朝着良性方向发展；哈长城市群居民生活综合服务基尼系数历年均大于 0.2，其居民生活综合服务发展存在差距，且其基尼系数每年都大于辽中南城市群居民生活综合服务的基尼系数，相比辽中南城市群，哈长城市群的居民生活综合服务发展更不均衡。科学文化普及教育服务无明显地域分异，2019 年两城市群基尼系数均大于 0.2，区域内部发展都不太均衡；辽中南城市群科学文化普及教育服务发展不太稳定，2013 ~ 2017 年发展较为均衡，2019 年其基尼系数大于 0.2，其科学文化普及教育服务发展存在差距；哈长城市群科学文化普及教育服务基尼系数几乎历年均大于 0.2，仅 2017 年小于 0.2，其科学文化普及教育服务总的来说发展存在差距，且其基尼系数每年都大于辽中南城市群科学文化普及教育服务的基尼系数，相比辽中南城市群，哈长城市群的科学文化普及教育服务发展更不均衡。公共灾害抗御服务无明显地域分异，2019 年两城市群基尼系数均大于 0.2，区域内部发展都不太均衡；辽中南城市群公共灾害抗御服务基尼系数呈现震荡增加态势，仅 2011 年小于 0.2，其余历年基尼系数均大于 0.2，其公共灾害抗御服务发展存在差距；哈长城市群公共灾害抗御服务基尼系数历年均大于 0.2，其公共灾害抗御服务发展历年均存在差距，且其基尼系数每年都大于辽中南城市群公共灾害抗御服务的基尼系数，相比辽中南城市群，哈长城市群的公共灾害抗御服务发展更不均衡。

表 5 - 83　　　　　　东北部 2 个城市群各城市群城市基本公共服务综合指数基尼系数

| 城市群 | 2011 年 | 2013 年 | 2015 年 | 2017 年 | 2019 年 |
|---|---|---|---|---|---|
| 辽中南城市群 | 0.121162 | 0.138255 | 0.143024 | 0.190819 | 0.188050 |
| 哈长城市群 | 0.297636 | 0.248817 | 0.276215 | 0.238375 | 0.267301 |

表 5 – 84　　　　　　　东北部 2 个城市群各城市群城市设施建设服务基尼系数

| 城市群 | 2011 年 | 2013 年 | 2015 年 | 2017 年 | 2019 年 |
|---|---|---|---|---|---|
| 辽中南城市群 | 0.202251 | 0.168972 | 0.127636 | 0.293280 | 0.246933 |
| 哈长城市群 | 0.320659 | 0.314554 | 0.331763 | 0.263001 | 0.334072 |

表 5 – 85　　　　　　　东北部 2 个城市群各城市群居民生活综合服务基尼系数

| 城市群 | 2011 年 | 2013 年 | 2015 年 | 2017 年 | 2019 年 |
|---|---|---|---|---|---|
| 辽中南城市群 | 0.148300 | 0.230645 | 0.240405 | 0.206630 | 0.206183 |
| 哈长城市群 | 0.444892 | 0.310444 | 0.324992 | 0.352897 | 0.350413 |

表 5 – 86　　　　　　东北部 2 个城市群各城市群科学文化普及教育服务基尼系数

| 城市群 | 2011 年 | 2013 年 | 2015 年 | 2017 年 | 2019 年 |
|---|---|---|---|---|---|
| 辽中南城市群 | 0.211327 | 0.158641 | 0.187761 | 0.153789 | 0.267508 |
| 哈长城市群 | 0.258477 | 0.211353 | 0.217964 | 0.187589 | 0.246374 |

表 5 – 87　　　　　　　东北部 2 个城市群各城市群公共灾害抗御服务基尼系数

| 城市群 | 2011 年 | 2013 年 | 2015 年 | 2017 年 | 2019 年 |
|---|---|---|---|---|---|
| 辽中南城市群 | 0.191935 | 0.218606 | 0.232281 | 0.226146 | 0.220066 |
| 哈长城市群 | 0.275153 | 0.246647 | 0.347589 | 0.243768 | 0.233850 |

表 5 – 88　　　　　　东北部 2 个城市群总体城市基本公共服务各维度指标基尼系数

| 年份 | 综合指数基尼系数 | 城市设施建设服务 | | 居民生活综合服务 | | 科学文化普及教育服务 | | 公共灾害抗御服务 | |
|---|---|---|---|---|---|---|---|---|---|
| | | 基尼系数 | 贡献度（%） | 基尼系数 | 贡献度（%） | 基尼系数 | 贡献度（%） | 基尼系数 | 贡献度（%） |
| 2011 | 0.095930 | 0.141003 | 36.49 | 0.052096 | 13.48 | 0.067390 | 17.44 | 0.125959 | 32.59 |
| 2013 | 0.114766 | 0.141202 | 31.88 | 0.101335 | 22.88 | 0.077378 | 17.47 | 0.123053 | 27.78 |
| 2015 | 0.106784 | 0.148386 | 36.41 | 0.090624 | 22.23 | 0.078508 | 19.26 | 0.090072 | 22.10 |
| 2017 | 0.117962 | 0.163404 | 42.07 | 0.015503 | 3.99 | 0.101247 | 26.07 | 0.108275 | 27.88 |
| 2019 | 0.114115 | 0.142644 | 36.90 | 0.035426 | 9.16 | 0.117624 | 30.42 | 0.090914 | 23.52 |

　　东北部两个城市群整体的城市基本公共服务综合指数基尼系数呈现震荡上升的趋势，但截至 2019 年，综合指数基尼系数历年均小于 0.2，表示东北部两个城市群的城市基本公共服务在两个城市群中配置已相对合理，但不好的现象是其基尼系数有上升的趋势。从引发城市基本公共服务综合水平发展差异的内部不同维度的贡献度来看，城市设施建设服务的贡献度基本保持稳定，其基尼系数也基本保持稳定，截至 2019 年，历年均小于 0.2，东北部两个城市群之间的城市设施建设服务配置相对合理，发展相对均衡。居民生活综合服务的贡献度震荡走低，截至 2019 年，降至 4 个维度中的最低贡献度，且基尼系数远小于 0.2，说明经过不断发展，东北部两个城市群之间的居民生活综合服务配置已趋于合理，发展均衡。科学文化普及教育服务的贡献度逐年上行，其基尼系数也逐年上行，说明科学文化普及教育服务在东北部两个城市群中配置逐渐不合理，在两个城市群中发展不均衡，接下来应注重从城市群科学文化普及教育服务方面着手，来减小城市群基本公共服务综合发展水平差距。公共灾害抗御服务的贡献度震荡走低，截至 2019 年，历年基尼系数小于 0.2，说明经过不断发展，东北部两个城市群之间的公共灾害抗御服务配置合理，发展趋向均衡。

（2）关于中部城市群：利用泰尔指数，揭示我国中部城市群城市基本公共服务综合发展水平总体均衡化发展差异和其内部 3 个城市群（晋中城市群、中原城市群、长江中游城市群）的差异水平。将中部城市群基本公共服务综合指数总差异（$T_{总}$）分解为区域间差异（$T_{间}$）和区域内差异（$T_{内}$），即 $T_{总} = T_{间} + T_{内}$，结果如表 5－89 所示。2011～2019 年，中部城市群整体差异泰尔指数 $T_{总}$ 和区域内差异泰尔指数总和 $\sum T_{内}$ 呈现震荡上行的态势，且 2019 年均超过 2011 年水平；区域间差异泰尔指数 $T_{间}$ 呈现震荡减小的态势，2019 年已低于 2011 年水平。也就是说，中部城市群整体，城市基本公共服务综合发展水平差距呈现震荡增加的发展趋势，且 2019 年差距超过 2011 年，差距越来越大，朝着恶性方向发展；晋中城市群区域内城市基本公共服务综合发展水平差距呈现震荡减小的态势，区域内泰尔指数变化较小但有减小的趋势，2019 年区域内差异低于 2011 年；中原城市群城市基本公共服务综合发展水平区域内差异呈现震荡增加的趋势，差距越来越大，朝着恶性方向发展；长江中游城市群城市基本公共服务综合发展水平区域内差异呈现震荡增加的趋势，差距越来越大，朝着恶性方向发展；晋中城市群、中原城市群和长江中游城市群之间的城市基本公共服务综合发展水平差异呈现震荡减小的趋势，发展趋向均衡，且中部城市群的总差异 $T_{总}$ 主要由区域内差异 $T_{内}$ 贡献，历年区域内差异 $T_{内}$ 对中部城市群总差异 $T_{总}$ 的贡献率几乎都高达 80% 以上，2019 年，区域内差异对总差异的贡献率为 81.90%，这表明中部城市群对其内部 3 个城市群正在逐步实现统一的规划联动，需进一步落实完善中部 3 个城市群的统一规划联动。而区域内差异 $T_{内}$，历年均主要来自长江中游城市群的内部差异，这说明相比于晋中城市群和中原城市群，长江中游城市群区域内的城市基本公共服务综合发展水平差距更大。区域间的差异 $T_{间}$ 对中部城市群的总差异 $T_{总}$ 的贡献率相对区域内差异 $T_{内}$ 的贡献率较小，2019 年贡献率为 18.10%，这也体现出中部 3 个城市群的统一规划联动性不够强。中部 3 个城市群中，历年晋中城市群的泰尔指数最小，反映了其区域内部的城市基本公共服务总体发展差异小，综合发展水平相对均衡（可能与其所辖地级市较少有关）。历年长江中游城市群的泰尔指数最大，反映了其区域内部的城市基本公共服务总体发展总体差异较大，综合发展水平相对不均衡（可能与其所辖地级市较多有关）。中部城市群应加强晋中城市群、中原城市群和长江中游城市群的统一规划联动，缩小 3 个城市群之间的城市基本公共服务综合发展水平差距；着力解决长江中游城市群区域内城市基本公共服务现阶段差距较大的现状；抑制中原城市群区域内城市基本公共服务发展差距扩大的趋势。

表 5－89　　　　　　　　中部城市群基本公共服务综合指数泰尔指数及其分解

| 年份 | 中部城市群总差异 | 区域内差异 | | | | | 区域间差异 | |
|---|---|---|---|---|---|---|---|---|
| | $T_{总}$ | $\sum T_{内}$ | 晋中城市群 $T_{内}$ | 中原城市群 $T_{内}$ | 长江中游城市群 $T_{内}$ | 贡献率（%） | $T_{间}$ | 贡献率（%） |
| 2011 | 0.059315 | 0.045885 | 0.002696 | 0.013380 | 0.029809 | 77.36 | 0.013430 | 22.64 |
| 2013 | 0.056661 | 0.045977 | 0.002106 | 0.017454 | 0.026417 | 81.14 | 0.010684 | 18.86 |
| 2015 | 0.060861 | 0.046618 | 0.001255 | 0.013712 | 0.031651 | 76.60 | 0.014243 | 23.40 |
| 2017 | 0.060680 | 0.052096 | 0.001339 | 0.016645 | 0.034113 | 85.85 | 0.008584 | 14.15 |
| 2019 | 0.063159 | 0.051729 | 0.001676 | 0.016091 | 0.033963 | 81.90 | 0.011431 | 18.10 |

分别计算中部 3 个城市群（晋中城市群、中原城市群、长江中游城市群）和中部城市群总体的城市基本公共服务综合指数以及构成城市基本公共服务的各维度（城市设施建设服务、居民生活综合服务、科学文化普及教育服务、公共灾害抗御服务）指标的基尼系数，进而衡量中部 3 个城市群和中部城市群总体的城市基本公共服务综合发展水平及各维度指标之间的发展差异，结果如表 5－90、表 5－91、表 5－92、表 5－93、表 5－94、表 5－95 所示。分维度看，城市基本公共服

务在中部城市群中配置相对不合理，存在地域分异，晋中城市群发展较为均衡，截至 2019 年基尼系数均小于 0.2；中原城市群和长江中游城市群发展较为不均衡，截至 2019 年基尼系数均大于 0.2。城市设施建设服务也存在地域分异，晋中城市群发展较为均衡，除 2011 年其基尼系数大于 0.2 之外，其余历年基尼系数均小于 0.2；中原城市群城市设施建设服务基尼系数基本保持稳定，历年均大于 0.2，城市设施建设服务发展不均衡；长江中游城市群城市设施建设服务基尼系数基本呈现逐年增加的趋势，历年均大于 0.2，其城市设施建设服务发展存在差距，且其基尼系数几乎每年都大于晋中城市群和中原城市群城市设施建设服务的基尼系数，相比晋中城市群和中原城市群，长江中游城市群的城市设施建设服务发展更不均衡。居民生活综合服务也存在地域分异，晋中城市群发展较为均衡，除 2011 年其基尼系数大于 0.2 之外，其余历年基尼系数均小于 0.2；中原城市群居民生活综合服务基尼系数呈现先增后降的态势，但截至 2019 年历年均大于 0.2，居民生活综合服务发展不均衡；长江中游城市群居民生活综合服务基尼系数变化不大，历年均大于 0.2，其居民生活综合服务发展存在差距，相比晋中城市群和中原城市群，长江中游城市群的居民生活综合服务发展更不均衡。科学文化普及教育服务也存在地域分异，晋中城市群发展较为均衡，其基尼系数历年均小于 0.2；中原城市群科学文化普及教育服务基尼系数基本呈现震荡上升的态势，截至 2019 年历年均大于 0.2，其科学文化普及教育服务发展不均衡；长江中游城市群科学文化普及教育服务基尼系数变化不大，历年均大于 0.2，其科学文化普及教育服务发展存在差距。公共灾害抗御服务无明显地域分异，截至 2019 年，中部 3 个城市群基尼系数均大于 0.2，区域内部发展都不太均衡；晋中城市群公共灾害抗御服务基尼系数呈现震荡上升态势，历年基尼系数均大于 0.2，其公共灾害抗御服务发展存在差距；中原城市群公共灾害抗御服务基尼系数呈现先增后减的态势，2019 年其基尼系数仍大于 0.2，其公共灾害抗御服务发展历年均存在差距，且其基尼系数每年都大于晋中城市群和长江中游城市群公共灾害抗御服务的基尼系数，相比晋中城市群和长江中游城市群，中原城市群的公共灾害抗御服务发展更不均衡。长江中游城市群公共灾害抗御服务基尼系数整体基本呈现震荡下降的态势，2019 年开始下降，但其基尼系数仍大于 0.2，其公共灾害抗御服务发展历年均存在差距。

**表 5-90**　　　**中部 3 个城市群各城市群城市基本公共服务综合指数基尼系数**

| 城市群 | 2011 年 | 2013 年 | 2015 年 | 2017 年 | 2019 年 |
|---|---|---|---|---|---|
| 晋中城市群 | 0.156067 | 0.152692 | 0.094585 | 0.126409 | 0.140999 |
| 中原城市群 | 0.247475 | 0.263743 | 0.266481 | 0.293186 | 0.292035 |
| 长江中游城市群 | 0.245903 | 0.237411 | 0.265939 | 0.272694 | 0.273865 |

**表 5-91**　　　**中部 3 个城市群各城市群城市设施建设服务基尼系数**

| 城市群 | 2011 年 | 2013 年 | 2015 年 | 2017 年 | 2019 年 |
|---|---|---|---|---|---|
| 晋中城市群 | 0.218991 | 0.129784 | 0.189300 | 0.124352 | 0.171402 |
| 中原城市群 | 0.347751 | 0.263582 | 0.308365 | 0.311535 | 0.321069 |
| 长江中游城市群 | 0.279864 | 0.284331 | 0.313730 | 0.310859 | 0.328376 |

**表 5-92**　　　**中部 3 个城市群各城市群居民生活综合服务基尼系数**

| 城市群 | 2011 年 | 2013 年 | 2015 年 | 2017 年 | 2019 年 |
|---|---|---|---|---|---|
| 晋中城市群 | 0.228582 | 0.161605 | 0.126990 | 0.155173 | 0.145735 |
| 中原城市群 | 0.294425 | 0.299751 | 0.293242 | 0.251948 | 0.238546 |
| 长江中游城市群 | 0.280583 | 0.250782 | 0.252440 | 0.261116 | 0.272308 |

表 5 – 93　　　　　　　　中部 3 个城市群各城市群科学文化普及教育服务基尼系数

| 城市群 | 2011 年 | 2013 年 | 2015 年 | 2017 年 | 2019 年 |
| --- | --- | --- | --- | --- | --- |
| 晋中城市群 | 0. 134426 | 0. 189446 | 0. 060126 | 0. 195610 | 0. 149806 |
| 中原城市群 | 0. 261220 | 0. 349086 | 0. 231271 | 0. 265338 | 0. 295899 |
| 长江中游城市群 | 0. 263893 | 0. 244046 | 0. 277257 | 0. 261461 | 0. 273001 |

表 5 – 94　　　　　　　　中部 3 个城市群各城市群公共灾害抗御服务基尼系数

| 城市群 | 2011 年 | 2013 年 | 2015 年 | 2017 年 | 2019 年 |
| --- | --- | --- | --- | --- | --- |
| 晋中城市群 | 0. 201689 | 0. 215071 | 0. 203918 | 0. 273208 | 0. 253610 |
| 中原城市群 | 0. 294540 | 0. 310513 | 0. 383872 | 0. 364708 | 0. 346567 |
| 长江中游城市群 | 0. 254897 | 0. 246880 | 0. 281366 | 0. 291032 | 0. 252830 |

表 5 – 95　　　　　　　中部 3 个城市群总体城市基本公共服务各维度指标基尼系数

| 年份 | 综合指数基尼系数 | 城市设施建设服务 | | 居民生活综合服务 | | 科学文化普及教育服务 | | 公共灾害抗御服务 | |
| --- | --- | --- | --- | --- | --- | --- | --- | --- | --- |
| | | 基尼系数 | 贡献度（%） | 基尼系数 | 贡献度（%） | 基尼系数 | 贡献度（%） | 基尼系数 | 贡献度（%） |
| 2011 | 0. 120699 | 0. 098356 | 20. 21 | 0. 114697 | 23. 57 | 0. 138490 | 28. 46 | 0. 135144 | 27. 77 |
| 2013 | 0. 102425 | 0. 105380 | 25. 50 | 0. 108101 | 26. 16 | 0. 075252 | 18. 21 | 0. 124502 | 30. 13 |
| 2015 | 0. 121156 | 0. 123391 | 25. 88 | 0. 101354 | 21. 26 | 0. 121409 | 25. 46 | 0. 130634 | 27. 40 |
| 2017 | 0. 096534 | 0. 083818 | 21. 21 | 0. 092911 | 23. 51 | 0. 109944 | 27. 82 | 0. 108474 | 27. 45 |
| 2019 | 0. 111890 | 0. 095855 | 21. 37 | 0. 104990 | 23. 41 | 0. 140794 | 31. 39 | 0. 106826 | 23. 82 |

中部 3 个城市群整体的城市基本公共服务综合指数基尼系数波动起伏但变化不大，但截至 2019 年综合指数基尼系数历年均小于 0. 2，表示中部 3 个城市群的城市基本公共服务配置已相对合理，发展相对均衡。从引发城市基本公共服务综合水平发展差异的内部不同维度的贡献度来看，城市设施建设服务的贡献度先增后减，其基尼系数也先增后减，截至 2019 年历年均小于 0. 2，说明中部 3 个城市群之间的城市设施建设服务配置相对合理，发展相对均衡。居民生活综合服务的贡献度基本保持稳定，其基尼系数也基本保持稳定，且基尼系数历年均小于 0. 2，说明中部 3 个城市群之间的居民生活综合服务配置相对合理，发展均衡。科学文化普及教育服务的贡献度从 2013 年逐年上行，其基尼系数震荡上行，2019 年贡献度为 4 个维度指标中最高，说明科学文化普及教育服务在中部 3 个城市群中配置逐渐不合理，在 3 个城市群中发展不均衡，接下来应注重从城市群科学文化普及教育服务方面着手，来减小城市群基本公共服务综合发展水平差距。公共灾害抗御服务的贡献度 2011 ~ 2017 年保持稳定，2019 年降低，截至 2019 年基尼系数均小于 0. 2，说明中部 3 个城市群之间的公共灾害抗御服务配置相对合理，发展均衡。

（3）关于东部城市群：利用泰尔指数，揭示我国东部城市群城市基本公共服务综合发展水平总体均衡化发展差异和其内部 5 个城市群（京津冀城市群、山东半岛城市群、长三角城市群、粤闽浙沿海城市群、珠三角城市群）的差异水平。将东部城市群基本公共服务综合指数总差异（$T_{总}$）分解为区域间差异（$T_{间}$）和区域内差异（$T_{内}$）即，$T_{总} = T_{间} + T_{内}$，结果如表 5 – 96 所示。2011 ~ 2019 年，东部城市群整体差异泰尔指数 $T_{总}$ 和区域内差异泰尔指数总和 $\sum T_{内}$ 呈现震荡下行的态势，且 2019 年均低于 2011 年水平；区域间差异泰尔指数 $T_{间}$ 呈现震荡上行的态势，2019 年高于 2011 年水平。也就是说，东部城市群整体，城市基本公共服务综合发展水平差距呈现震荡减小的发展趋势，2019 年差距已低于 2011 年，差距越来越小，朝着良性方向发展；京津冀城市群区域内城市基本公共服务综合发展水平差距呈现震荡减小的态势，区域内泰尔指数变化较小但有减小的趋势，2019 年区域内差异低于 2011 年；山东半岛城市群城市基本公共服务综合发展水平区域内差异呈现震荡减小的趋势，差距越来越小，朝着良性方向发展；长三角城市群城市基本公共服务综合发展水平区域内差异呈现先增后减的趋势，差距越来越小，朝着良性方向发展；粤闽浙沿海城市群城市基本公共服务综合发展水平区域内差异变化不大，相比 2011 年，2019 年基本无变化；珠三角城市群城市基本公共服务综合发展水平区域内差异基本上呈现逐年减小的趋势，差距越来越小，朝着良性方向发展；京津冀城市群、山东半岛城市群、长三角城市群、粤闽浙沿海城市群和珠三角城市群之间的城市基本公共服务综合发展水平差异呈现震荡上行的趋势，截至 2019 年泰尔指数高于 2011 年，东部 5 个城市群之间发展水平差异增大，且东部城市群的总差异 $T_总$ 主要由区域内差异 $T_内$ 贡献，历年区域内差异 $T_内$ 对东部城市群总差异 $T_总$ 的贡献率都达 65% 以上，但区域内差异对总差异的贡献率呈下降趋势，2019 年区域内差异对总差异的贡献率仅为 69.59%，相比于东北部城市群和中部城市群较低，这表明东部城市群对其内部 5 个城市群的统一规划联动在减弱，需进一步落实完善东部 5 个城市群的统一规划联动。而区域内差异 $T_内$，历年均主要来自京津冀城市群和长三角城市群的内部差异，这说明相比于山东半岛城市群、粤闽浙沿海城市群和珠三角城市群，京津冀城市群和长三角城市群区域内的城市基本公共服务综合发展水平差距更大。区域间的差异 $T_间$ 对东部城市群的总差异 $T_总$ 的贡献率比区域内差异 $T_内$ 的贡献率小，但却大体呈现逐年上升的态势，2019 年贡献率为 30.41%，这也体现出东部 5 个城市群的统一规划联动性不够强。东部 5 个城市群中，粤闽浙沿海城市群历年的泰尔指数最小，反映了其区域内部的城市基本公共服务总体发展差异小，综合发展水平相对均衡。京津冀城市群历年的泰尔指数基本最大，反映了其区域内部的城市基本公共服务总体发展总体差异较大，综合发展水平相对不均衡。东部城市群应加强京津冀城市群、山东半岛城市群、长三角城市群、粤闽浙沿海城市群和珠三角城市群的统一规划联动，缩小 5 个城市群之间的城市基本公共服务综合发展水平差距；着力解决京津冀城市群区域内城市基本公共服务现阶段差距较大的现状。

表 5 - 96　　　　　　　　　东部城市群基本公共服务综合指数泰尔指数及其分解

| 年份 | 东部城市群总差异 | 区域内差异 | | | | | | | 区域间差异 | |
|---|---|---|---|---|---|---|---|---|---|---|
| | $T_总$ | $\sum T_内$ | 京津冀城市群 $T_内$ | 山东半岛城市群 $T_内$ | 长三角城市群 $T_内$ | 粤闽浙沿海城市群 $T_内$ | 珠三角城市群 $T_内$ | 贡献率（%） | $T_间$ | 贡献率（%） |
| 2011 | 0.114354 | 0.089975 | 0.034269 | 0.012796 | 0.020630 | 0.005175 | 0.017105 | 78.68 | 0.024379 | 21.32 |
| 2013 | 0.110476 | 0.079031 | 0.029243 | 0.006250 | 0.024801 | 0.004242 | 0.014494 | 71.54 | 0.031445 | 28.46 |
| 2015 | 0.090839 | 0.059681 | 0.012113 | 0.009048 | 0.023346 | 0.003946 | 0.011229 | 65.70 | 0.031158 | 34.30 |
| 2017 | 0.102967 | 0.071664 | 0.025908 | 0.007974 | 0.020141 | 0.005463 | 0.012179 | 69.60 | 0.031302 | 30.40 |
| 2019 | 0.094274 | 0.065602 | 0.024481 | 0.008873 | 0.018592 | 0.005094 | 0.008562 | 69.59 | 0.028673 | 30.41 |

分别计算东部 5 个城市群（京津冀城市群、山东半岛城市群、长三角城市群、粤闽浙沿海城市群、珠三角城市群）和东部城市群总体的城市基本公共服务综合指数以及构成城市基本公共服务的各维度（城市设施建设服务、居民生活综合服务、科学文化普及教育服务、公共灾害抗御服务）指标的基尼系数，进而衡量东部 5 个城市群和东部城市群总体的城市基本公共服务综合发展水平及各维度指标之间的发展差异，结果如表 5 - 97、表 5 - 98、表 5 - 99、表 5 - 100、表 5 - 101、表 5 - 102 所示。分维度看，城市基本公共服务在东部城市群中配置不存在明显地域分异，东部 5 个城市群历年基尼系数均大于 0.2，区域内部发展都不太均衡，均存在差异；京津冀城市群发展最不均衡，历年基尼系数

均大于 0.2, 其城市基本公共服务发展存在差距; 山东半岛城市群、长三角城市群和粤闽浙沿海城市
群城市基本公共服务基尼系数基本稳定, 变化不大, 历年基尼系数均大于 0.2, 其城市基本公共服务
发展存在差距; 珠三角城市群的城市基本公共服务基尼系数虽历年均大于 0.2, 也表现出其发展存在
差距不均衡的特点, 但其基尼系数基本是逐年递减的, 整体朝着良性方向发展。城市设施建设服务在
东部城市群中配置也不存在明显地域分异, 东部 5 个城市群历年基尼系数均大于 0.2, 区域内部发展
都不太均衡, 均存在差异; 京津冀城市群发展最不均衡, 历年基尼系数均大于 0.2, 其城市设施建设
服务发展存在差距; 长三角城市群、粤闽浙沿海城市群和珠三角城市群城市设施建设服务基尼系数虽
历年均大于 0.2, 也表现出其发展存在差距不均衡的特点, 但其基尼系数基本是逐年递减的, 整体朝
着良性方向发展。山东半岛城市群城市设施建设服务基尼系数基本稳定变化不大, 历年基尼系数均大
于 0.2, 其城市基本公共服务发展存在差距。居民生活综合服务在东部城市群中配置也不存在明显地
域分异, 东部 5 个城市群历年基尼系数均大于 0.2, 区域内部发展都不太均衡, 均存在差异; 京津冀
城市群发展最不均衡, 历年基尼系数均大于 0.2, 其居民生活综合服务发展存在差距; 山东半岛城市
群和珠三角城市群居民生活综合服务基尼系数虽历年均大于 0.2, 也表现出其发展存在差距不均衡的
特点, 但其基尼系数总体呈下降态势, 整体朝着良性方向发展。长三角城市群和粤闽浙沿海城市群城
市居民生活综合服务基尼系数总体呈上升态势, 历年基尼系数均大于 0.2, 其居民生活综合服务发展
不平衡, 2019 年基尼系数比 2011 年大, 居民生活综合服务区域内发展差距加大。科学文化普及教育
服务在东部城市群中配置也不存在明显地域分异, 东部 5 个城市群历年基尼系数均大于 0.2, 区域内
部发展都不太均衡, 均存在差异; 京津冀城市群发展最不均衡, 历年基尼系数均大于 0.2, 且呈现上
升的趋势, 其科学文化普及教育服务发展不平衡, 且差距越来越大; 山东半岛城市群、长三角城市
群、粤闽浙沿海城市群和珠三角城市群科学文化普及教育服务基尼系数波动起伏, 历年基尼系数均大
于 0.2, 其科学文化普及教育服务发展不均衡。公共灾害抗御服务在东部城市群中配置也不存在明显
地域分异, 东部 5 个城市群历年基尼系数均大于 0.2, 区域内部发展都不太均衡, 均存在差异; 珠三
角城市群发展最不均衡, 历年基尼系数均大于 0.2, 表现出其发展存在差距不均衡的特点, 但其基尼
系数基本是逐年递减的, 整体朝着良性方向发展; 京津冀城市群、山东半岛城市群、长三角城市群科
学文化普及教育服务基尼系数呈震荡减小的趋势, 但减幅较小, 且历年基尼系数均大于 0.2, 其科学
文化普及教育服务发展不均衡。粤闽浙沿海城市群科学文化普及教育服务基尼系数呈震荡上行的趋
势, 且历年基尼系数均大于 0.2, 其科学文化普及教育服务发展不均衡。

表 5 - 97　　　　　　　　东部 5 个城市群各城市群城市基本公共服务综合指数基尼系数

| 城市群 | 2011 年 | 2013 年 | 2015 年 | 2017 年 | 2019 年 |
| --- | --- | --- | --- | --- | --- |
| 京津冀城市群 | 0.428126 | 0.416485 | 0.306828 | 0.400367 | 0.393703 |
| 山东半岛城市群 | 0.307533 | 0.228441 | 0.262693 | 0.265400 | 0.276608 |
| 长三角城市群 | 0.289972 | 0.306987 | 0.287778 | 0.275401 | 0.262354 |
| 粤闽浙沿海城市群 | 0.252410 | 0.222458 | 0.220408 | 0.239639 | 0.234712 |
| 珠三角城市群 | 0.375781 | 0.346795 | 0.313178 | 0.315929 | 0.265499 |

表 5 - 98　　　　　　　　　东部 5 个城市群各城市群城市设施建设服务基尼系数

| 城市群 | 2011 年 | 2013 年 | 2015 年 | 2017 年 | 2019 年 |
| --- | --- | --- | --- | --- | --- |
| 京津冀城市群 | 0.492252 | 0.499306 | 0.260602 | 0.421522 | 0.442975 |
| 山东半岛城市群 | 0.282121 | 0.269864 | 0.304369 | 0.275560 | 0.276230 |
| 长三角城市群 | 0.387755 | 0.367865 | 0.354401 | 0.326893 | 0.300729 |
| 粤闽浙沿海城市群 | 0.278811 | 0.247523 | 0.244552 | 0.203529 | 0.211063 |
| 珠三角城市群 | 0.412024 | 0.352410 | 0.329551 | 0.311529 | 0.266576 |

表 5 – 99                东部 5 个城市群各城市群居民生活综合服务基尼系数

| 城市群 | 2011 年 | 2013 年 | 2015 年 | 2017 年 | 2019 年 |
|---|---|---|---|---|---|
| 京津冀城市群 | 0.519844 | 0.348546 | 0.345116 | 0.456260 | 0.425231 |
| 山东半岛城市群 | 0.383797 | 0.246925 | 0.245522 | 0.256221 | 0.260171 |
| 长三角城市群 | 0.306862 | 0.239802 | 0.236266 | 0.287809 | 0.335971 |
| 粤闽浙沿海城市群 | 0.302160 | 0.261094 | 0.240094 | 0.383276 | 0.341318 |
| 珠三角城市群 | 0.372171 | 0.260082 | 0.259285 | 0.306430 | 0.293516 |

表 5 – 100              东部 5 个城市群各城市群科学文化普及教育服务基尼系数

| 城市群 | 2011 年 | 2013 年 | 2015 年 | 2017 年 | 2019 年 |
|---|---|---|---|---|---|
| 京津冀城市群 | 0.380330 | 0.425943 | 0.417531 | 0.452854 | 0.433611 |
| 山东半岛城市群 | 0.346967 | 0.246886 | 0.242360 | 0.294615 | 0.321543 |
| 长三角城市群 | 0.237815 | 0.416172 | 0.256757 | 0.267983 | 0.260852 |
| 粤闽浙沿海城市群 | 0.270502 | 0.226687 | 0.205635 | 0.269511 | 0.286552 |
| 珠三角城市群 | 0.348417 | 0.431636 | 0.284524 | 0.387385 | 0.331384 |

表 5 – 101              东部 5 个城市群各城市群公共灾害抗御服务基尼系数

| 城市群 | 2011 年 | 2013 年 | 2015 年 | 2017 年 | 2019 年 |
|---|---|---|---|---|---|
| 京津冀城市群 | 0.261139 | 0.263796 | 0.259601 | 0.254800 | 0.239776 |
| 山东半岛城市群 | 0.256428 | 0.220701 | 0.281567 | 0.272591 | 0.249528 |
| 长三角城市群 | 0.262536 | 0.262690 | 0.274252 | 0.246696 | 0.227607 |
| 粤闽浙沿海城市群 | 0.325713 | 0.320477 | 0.326878 | 0.357096 | 0.351466 |
| 珠三角城市群 | 0.451003 | 0.428557 | 0.441289 | 0.398516 | 0.346938 |

表 5 – 102            东部 5 个城市群总体城市基本公共服务各维度指标基尼系数

| 年份 | 综合指数基尼系数 | 城市设施建设服务 | | 居民生活综合服务 | | 科学文化普及教育服务 | | 公共灾害抗御服务 | |
|---|---|---|---|---|---|---|---|---|---|
| | | 基尼系数 | 贡献度（%） | 基尼系数 | 贡献度（%） | 基尼系数 | 贡献度（%） | 基尼系数 | 贡献度（%） |
| 2011 | 0.164479 | 0.238965 | 34.92 | 0.188343 | 27.52 | 0.091284 | 13.34 | 0.165775 | 24.22 |
| 2013 | 0.200296 | 0.236308 | 33.45 | 0.100124 | 14.17 | 0.208778 | 29.55 | 0.161243 | 22.82 |
| 2015 | 0.196451 | 0.297814 | 41.72 | 0.105216 | 14.74 | 0.128638 | 18.02 | 0.182160 | 25.52 |
| 2017 | 0.201193 | 0.238188 | 31.09 | 0.176188 | 23.00 | 0.177520 | 23.17 | 0.174224 | 22.74 |
| 2019 | 0.195047 | 0.223184 | 29.63 | 0.184985 | 24.56 | 0.182921 | 24.29 | 0.162109 | 21.52 |

　　东部 5 个城市群整体的城市基本公共服务综合指数基尼系数波动起伏但变化不大，2019 年综合指数基尼系数小于 0.2，表示东部 5 个城市群的城市基本公共服务配置已相对合理，发展相对均衡。从引发城市基本公共服务综合水平发展差异的内部不同维度的贡献度来看，城市设施建设服务的贡献度和基尼系数均呈震荡减小趋势，截至 2019 年基尼系数历年均大于 0.2，历年贡献度也是 4 个维度指标中最高的，说明东部 5 个城市群之间的城市设施建设服务配置相对不合理，发展不均衡，东部城市群应更加注重从城市设施建设服务方面着手，降低东部城市群之间的差距，从而提高东部城市群城市基本公共服务综合发展水平。居民生活综合服务的贡献度先减后增，其基尼系数也先减后增，但基尼系数历年均小于 0.2，说明东部 5 个城市群之间的居民生活综合服务配置相对合理，但发展逐渐走向不均衡。科学文化普及教育服务的贡献度和基尼系数几乎呈现逐年上行的趋势，但基尼系数历年均小于 0.2，目前在 5 个城市群中发展均衡，但也表现出科学文化普及教育服务在东部 5 个城市群中配置逐

渐不合理。公共灾害抗御服务的贡献度几乎呈现逐年下行的趋势,其基尼系数基本保持稳定历年均小于 0.2,表现出东部 5 个城市群之间的公共灾害抗御服务配置相对合理,发展逐渐向好。

(4) 关于西部城市群:利用泰尔指数,揭示我国西部城市群城市基本公共服务综合发展水平总体均衡化发展差异和其内部 9 个城市群(呼包鄂榆城市群、成渝城市群、黔中城市群、滇中城市群、关中平原城市群、北部湾城市群、宁夏沿黄城市群、兰西城市群、天山北坡城市群)的差异水平。将西部城市群基本公共服务综合指数总差异($T_{总}$)分解为区域间差异($T_{间}$)和区域内差异($T_{内}$),即 $T_{总} = T_{间} + T_{内}$,结果如表 5 – 103 所示。2011 ~ 2019 年,西部城市群整体差异泰尔指数 $T_{总}$ 和区域内差异泰尔指数总和 $\sum T_{内}$ 呈现震荡下行的态势,2019 年均低于 2011 年水平;区域间差异泰尔指数 $T_{间}$ 也呈现震荡下行的态势,2019 年低于 2011 年水平。也就是说,西部城市群整体,城市基本公共服务综合发展水平差距呈现震荡减小的发展趋势,截至 2019 年差距已低于 2011 年,在“西部大开发”国家战略的实施下,差距越来越小,朝着良性方向发展。

表 5 – 103　　　　　　　　西部城市群基本公共服务综合指数泰尔指数及其分解

| 年份 | 西部城市群总差异 | 区域内差异 | | | | | |
|---|---|---|---|---|---|---|---|
| | $T_{总}$ | $\sum T_{内}$ | 呼包鄂榆城市群 $T_{内}$ | 成渝城市群 $T_{内}$ | 黔中城市群 $T_{内}$ | 滇中城市群 $T_{内}$ | 关中平原城市群 $T_{内}$ |
| 2011 | 0.147135 | 0.080363 | 0.003124 | 0.010909 | 0.003476 | 0.002626 | 0.011461 |
| 2013 | 0.108059 | 0.077018 | 0.004417 | 0.038373 | 0.002717 | 0.002322 | 0.005516 |
| 2015 | 0.143795 | 0.089980 | 0.003848 | 0.014800 | 0.002745 | 0.003239 | 0.005394 |
| 2017 | 0.118017 | 0.077425 | 0.003541 | 0.027765 | 0.003039 | 0.004389 | 0.006207 |
| 2019 | 0.118948 | 0.075048 | 0.005505 | 0.023803 | 0.003266 | 0.003626 | 0.006558 |

| 年份 | 区域内差异 | | | | | 区域间差异 | |
|---|---|---|---|---|---|---|---|
| | 北部湾城市群 $T_{内}$ | 宁夏沿黄城市群 $T_{内}$ | 兰西城市群 $T_{内}$ | 天山北坡城市群 $T_{内}$ | 贡献率(%) | $T_{间}$ | 贡献率(%) |
| 2011 | 0.016787 | 0.001970 | 0.001936 | 0.028074 | 54.62 | 0.066772 | 45.38 |
| 2013 | 0.018116 | 0.000806 | 0.000712 | 0.004041 | 71.27 | 0.031041 | 28.73 |
| 2015 | 0.016352 | 0.001276 | 0.000543 | 0.041785 | 62.58 | 0.053815 | 37.42 |
| 2017 | 0.015073 | 0.001367 | 0.001299 | 0.014745 | 65.60 | 0.040593 | 34.40 |
| 2019 | 0.016570 | 0.001421 | 0.001256 | 0.013042 | 63.09 | 0.043900 | 36.91 |

呼包鄂榆城市群区域内城市基本公共服务综合发展水平差距呈现震荡增长的态势,泰尔指数呈现逐渐增大的趋势,区域内城市基本公共服务发展水平越发不平衡;成渝城市群城市基本公共服务综合发展水平区域内差异呈现震荡增长的趋势,泰尔指数呈现逐渐增大的趋势,区域内城市基本公共服务发展水平越发不平衡;黔中城市群区域内城市基本公共服务综合指数泰尔指数波动不大基本保持稳定,其城市基本公共服务综合发展水平差距也基本保持稳定,相比 2011 年,2019 年差距略有缩小;滇中城市群区域内城市基本公共服务综合指数泰尔指数呈现震荡增长的趋势,其城市基本公共服务综合发展水平差距也呈现震荡增长的趋势,相比 2011 年,2019 年差距变大;关中平原城市群区域内城市基本公共服务综合指数泰尔指数呈现震荡减小的趋势,其城市基本公共服务综合发展水平差距也呈现震荡减小的趋势,相比 2011 年,2019 年差距大幅缩小;北部湾城市群区域内城市基本公共服务综合指数泰尔指数波动不大,基本保持稳定,其城市基本公共服务综合发展水平差距也基本保持稳定,相比 2011 年,2019 年差距基本不变;宁夏沿黄城市群区域内城市基本公共服

务综合指数泰尔指数从 2013 年逐年增加，但整体波动不大，基本保持稳定，其 2019 年城市基本公共服务综合发展水平差距相比 2011 年略有缩小；兰西城市群区域内城市基本公共服务综合指数泰尔指数呈现震荡减小的趋势，其城市基本公共服务综合发展水平差异也呈现震荡减小的趋势，相比 2011 年，2019 年差距略有缩小；天山北坡城市群区域内城市基本公共服务综合指数泰尔指数波动较大但整体呈现震荡减小的趋势，其城市基本公共服务综合发展水平差异也呈现震荡减小的趋势，相比 2011 年，2019 年差距大幅缩小。呼包鄂榆城市群、成渝城市群、黔中城市群、滇中城市群、关中平原城市群、北部湾城市群、宁夏沿黄城市群、兰西城市群和天山北坡城市群之间的城市基本公共服务综合指数泰尔指数波动较大但整体呈现震荡减小的趋势，发展水平差异呈现震荡减小的趋势，2019 年泰尔指数低于 2011 年，西部 9 个城市群之间发展水平差异逐渐减小。西部城市群的总差异 $T_{总}$ 主要由区域内差异 $T_{内}$ 贡献，历年区域内差异 $T_{内}$ 对西部城市群总差异 $T_{总}$ 的贡献率都达 54% 以上，但区域内差异对总差异的贡献率呈震荡增加趋势，2019 年区域内差异对总差异的贡献率为 63.09%，相较于东北部城市群、中部城市群和东部城市群仍然较低，这表明西部城市群对其内部 9 个城市群的统一规划联动较弱，需进一步落实完善西部 9 个城市群的统一规划联动。而区域内差异 $T_{内}$，历年均主要来自成渝城市群、北部湾城市群和天山北坡城市群的内部差异，其中成渝城市群的贡献最大，这说明相比于呼包鄂榆城市群、黔中城市群、滇中城市群、关中平原城市群、宁夏沿黄城市群和兰西城市群，成渝城市群、北部湾城市群和天山北坡城市群区域内的城市基本公共服务综合发展水平差距更大。区域间的差异 $T_{间}$ 对西部城市群的总差异 $T_{总}$ 的贡献率比区域内差异 $T_{内}$ 的贡献率小，大体呈现震荡减小的态势，2019 年贡献率为 36.91%，西部 9 个城市群的统一规划联动性还需增强。西部 9 个城市群中，历年兰西城市群的泰尔指数最小，反映了其区域内部的城市基本公共服务总体发展差异小，综合发展水平相对均衡。成渝城市群历年的泰尔指数基本最大，反映了其区域内部的城市基本公共服务总体发展总体差异较大，综合发展水平相对不均衡。西部城市群应进一步加强呼包鄂榆城市群、成渝城市群、黔中城市群、滇中城市群、关中平原城市群、北部湾城市群、宁夏沿黄城市群、兰西城市群和天山北坡城市群的统一规划联动，缩小 9 个城市群之间的城市基本公共服务综合发展水平差距；着力解决成渝城市群、北部湾城市群和天山北坡城市群区域内城市基本公共服务现阶段差距较大的现状。

　　分别计算西部 9 个城市群（呼包鄂榆城市群、成渝城市群、黔中城市群、滇中城市群、关中平原城市群、北部湾城市群、宁夏沿黄城市群、兰西城市群、天山北坡城市群）和西部城市群总体的城市基本公共服务综合指数以及构成城市基本公共服务的各维度（城市设施建设服务、居民生活综合服务、科学文化普及教育服务、公共灾害抗御服务）指标的基尼系数，进而衡量西部 9 个城市群和西部城市群总体的城市基本公共服务综合发展水平及各维度指标之间的发展差异，结果如表 5-104、表 5-105、表 5-106、表 5-107、表 5-108、表 5-109 所示。分维度看，城市基本公共服务在西部城市群中配置存在地域分异，宁夏沿黄城市群和兰西城市群发展相对均衡，除 2011 年宁夏沿黄城市群的基本公共服务基尼系数大于 0.2 外，2 个城市群其余历年基尼系数均小于 0.2；天山北坡城市群发展最不均衡，历年基尼系数均远大于 0.2，表现出其城市基本公共服务发展存在差距不均衡的特点，2015 年其基尼系数甚至大于 0.6，属于发展差距悬殊，但截至 2019 年基尼系数已经相对减小，差距逐渐减小，朝着良性方向发展；黔中城市群、滇中城市群、关中平原城市群和北部湾城市群城市基本公共服务基尼系数基本稳定，变化不大，几乎历年基尼系数均大于 0.2，其城市基本公共服务发展存在差距；呼包鄂榆城市群和成渝城市群的城市基本公共服务基尼系数历年均大于 0.2，表现出其发展存在差距不均衡的特点，且其基尼系数呈震荡增长的趋势，发展差异逐渐增大，整体朝着恶性方向发展。城市设施建设服务在西部城市群中配置存在地域分异，兰西城市群发展相对均衡，其基尼系数历年均小于 0.2 且有逐年减小的趋势，发展差异逐年减小，整体朝着良性方向发展；天山北坡城市群发展最不均衡，历年基尼系数均大于 0.2，表现出其城市设施建设服务存在差距不均衡的特点，相比 2011 年，2019 年基尼系数略微减小；呼包鄂榆城市群、黔中城市群和北部湾城市群城市设施建设服务基尼系数虽历年均大于 0.2，也表现出其发展存在差距不均衡的特点，但其基尼系数基本是逐年递减的，整体朝着良性方向发展。成渝城市群、滇中城市群、关中平原城市群和宁夏沿黄城市群其城市设施建设服务基尼系数基本呈现逐年增加的趋势，2019年基尼系数均大于0.2，其城市设施建设服务存在差距发展不均衡，其中成渝城市群和宁夏沿黄城市群城市设施建设服务发展差异更是从均衡变为不均衡。居民生活综合服务在西部城市群中配置存在地域分异，宁夏沿黄城市群和兰西城市群发展相对均衡，除2015年宁夏沿黄城市群的居民生活综合服务基尼系数大于0.2外，2个城市群其余历年基尼系数均小于0.2；成渝城市群发展最不均衡，其居民生活综合服务基尼系数几乎是逐年增大，2019年基尼系数大于0.6，属于发展差距悬殊；黔中城市群、北部湾城市群和天山北坡城市群城市基本公共服务基尼系数整体基本稳定，变化不大，几乎历年基尼系数均大于0.2，其居民生活综合服务发展存在差距；呼包鄂榆城市群和关中平原城市群居民生活综合服务基尼系数几乎是逐年递减，2019年基尼系数均小于0.2，这表明经过不断发展，呼包鄂榆城市群和关中平原城市群的居民生活综合服务区域内差异不断减小，趋向均衡。滇中城市群居民生活综合服务基尼系数整体呈现震荡增长的趋势，2019年基尼系数大于0.2，其居民生活综合服务发展存在差距，且差距不断增大，朝着恶性方向发展。科学文化普及教育服务在西部城市群中配置存在地域分异，2019年关中平原城市群和宁夏沿黄城市群科学文化普及教育服务基尼系数均小于0.2，区域内发展趋向相对均衡；天山北坡城市群发展最不均衡，除2013年外，其科学文化普及教育服务基尼系数历年均大于0.6，属于发展差距悬殊；呼包鄂榆城市群、黔中城市群、滇中城市群和北部湾城市群的科学文化普及教育服务基尼系数呈现震荡增长的趋势，2019年基尼系数均大于0.2，其科学文化普及教育服务发展存在差距，且差距不断增大，朝着恶性方向发展。成渝城市群和兰西城市群科学文化普及教育服务基尼系数波动起伏较大，2019年基尼系数均大于0.2，其科学文化普及教育服务发展不均衡。公共灾害抗御服务在西部城市群中配置存在地域分异，2019年天山北坡城市群的公共灾害抗御服务基尼系数小于0.2，区域内发展趋向相对均衡；北部湾城市群发展最不均衡，历年基尼系数均远大于0.2，表现出其发展存在差距不均衡的特点，且基尼系数极度逼近0.6，区域内发展差距已经相对较大；滇中城市群、关中平原城市群和宁夏沿黄城市群城市基本公共服务基尼系数基本稳定，变化不大，历年基尼系数均大于0.2，其公共灾害抗御服务发展存在差距；呼包鄂榆城市群、成渝城市群、黔中城市群和兰西城市群科学文化普及教育服务基尼系数波动起伏较大，历年基尼系数均大于0.2，其科学文化普及教育服务发展不均衡。

表5-104　　　　西部9个城市群各城市群城市基本公共服务综合指数基尼系数

| 城市群 | 2011年 | 2013年 | 2015年 | 2017年 | 2019年 |
|---|---|---|---|---|---|
| 呼包鄂榆城市群 | 0.226434 | 0.291794 | 0.254950 | 0.258845 | 0.291885 |
| 成渝城市群 | 0.203196 | 0.333049 | 0.236480 | 0.297535 | 0.289647 |
| 黔中城市群 | 0.321399 | 0.301514 | 0.298476 | 0.283771 | 0.292311 |
| 滇中城市群 | 0.255680 | 0.256748 | 0.260589 | 0.279087 | 0.274067 |
| 关中平原城市群 | 0.212941 | 0.202998 | 0.185391 | 0.189847 | 0.202351 |
| 北部湾城市群 | 0.362584 | 0.378521 | 0.364315 | 0.354194 | 0.373588 |
| 宁夏沿黄城市群 | 0.205835 | 0.153433 | 0.167786 | 0.173324 | 0.139231 |
| 兰西城市群 | 0.195997 | 0.143752 | 0.120219 | 0.177117 | 0.167878 |
| 天山北坡城市群 | 0.562612 | 0.227241 | 0.670167 | 0.455616 | 0.443298 |

表5-105　　　　西部9个城市群各城市群城市设施建设服务基尼系数

| 城市群 | 2011年 | 2013年 | 2015年 | 2017年 | 2019年 |
|---|---|---|---|---|---|
| 呼包鄂榆城市群 | 0.360802 | 0.366797 | 0.312451 | 0.295914 | 0.328381 |
| 成渝城市群 | 0.187863 | 0.195570 | 0.197295 | 0.210506 | 0.209723 |

| 城市群 | 2011 年 | 2013 年 | 2015 年 | 2017 年 | 2019 年 |
| --- | --- | --- | --- | --- | --- |
| 黔中城市群 | 0.451196 | 0.374198 | 0.319050 | 0.245907 | 0.281065 |
| 滇中城市群 | 0.253905 | 0.252397 | 0.281914 | 0.295545 | 0.261835 |
| 关中平原城市群 | 0.221029 | 0.264064 | 0.257109 | 0.217779 | 0.297210 |
| 北部湾城市群 | 0.416240 | 0.394568 | 0.341201 | 0.367205 | 0.346821 |
| 宁夏沿黄城市群 | 0.157899 | 0.133212 | 0.245329 | 0.252496 | 0.264888 |
| 兰西城市群 | 0.168772 | 0.131389 | 0.148285 | 0.132789 | 0.121081 |
| 天山北坡城市群 | 0.431999 | 0.478796 | 0.547778 | 0.406020 | 0.391138 |

表 5 - 106　　　　　　　　西部 9 个城市群各城市群居民生活综合服务基尼系数

| 城市群 | 2011 年 | 2013 年 | 2015 年 | 2017 年 | 2019 年 |
| --- | --- | --- | --- | --- | --- |
| 呼包鄂榆城市群 | 0.216451 | 0.190292 | 0.182509 | 0.210434 | 0.152784 |
| 成渝城市群 | 0.240739 | 0.429308 | 0.426996 | 0.653545 | 0.669785 |
| 黔中城市群 | 0.331077 | 0.251529 | 0.271703 | 0.349192 | 0.355184 |
| 滇中城市群 | 0.239145 | 0.204585 | 0.153492 | 0.279838 | 0.267079 |
| 关中平原城市群 | 0.229285 | 0.205003 | 0.150494 | 0.157604 | 0.158177 |
| 北部湾城市群 | 0.316918 | 0.318454 | 0.323862 | 0.335892 | 0.313375 |
| 宁夏沿黄城市群 | 0.156315 | 0.126390 | 0.207524 | 0.171040 | 0.185752 |
| 兰西城市群 | 0.134739 | 0.120597 | 0.133197 | 0.124183 | 0.116566 |
| 天山北坡城市群 | 0.342644 | 0.389752 | 0.413269 | 0.412654 | 0.367763 |

表 5 - 107　　　　　　　西部 9 个城市群各城市群科学文化普及教育服务基尼系数

| 城市群 | 2011 年 | 2013 年 | 2015 年 | 2017 年 | 2019 年 |
| --- | --- | --- | --- | --- | --- |
| 呼包鄂榆城市群 | 0.165753 | 0.280878 | 0.191545 | 0.291275 | 0.416469 |
| 成渝城市群 | 0.304380 | 0.518949 | 0.223011 | 0.230767 | 0.257853 |
| 黔中城市群 | 0.199083 | 0.202250 | 0.241095 | 0.287472 | 0.292383 |
| 滇中城市群 | 0.238747 | 0.237814 | 0.234450 | 0.226176 | 0.275087 |
| 关中平原城市群 | 0.260420 | 0.220001 | 0.176360 | 0.223473 | 0.179915 |
| 北部湾城市群 | 0.300259 | 0.398064 | 0.363171 | 0.250820 | 0.398218 |
| 宁夏沿黄城市群 | 0.291545 | 0.204581 | 0.146955 | 0.190536 | 0.164093 |
| 兰西城市群 | 0.179023 | 0.142807 | 0.132162 | 0.164678 | 0.253964 |
| 天山北坡城市群 | 0.731571 | 0.176034 | 0.798052 | 0.616920 | 0.618061 |

表 5 - 108　　　　　　　　西部 9 个城市群各城市群公共灾害抗御服务基尼系数

| 城市群 | 2011 年 | 2013 年 | 2015 年 | 2017 年 | 2019 年 |
| --- | --- | --- | --- | --- | --- |
| 呼包鄂榆城市群 | 0.202484 | 0.287553 | 0.284722 | 0.226068 | 0.229491 |
| 成渝城市群 | 0.301344 | 0.292662 | 0.434425 | 0.277591 | 0.254815 |
| 黔中城市群 | 0.354763 | 0.369172 | 0.369710 | 0.319676 | 0.287223 |
| 滇中城市群 | 0.298269 | 0.314154 | 0.326495 | 0.313183 | 0.303686 |

| 城市群 | 2011 年 | 2013 年 | 2015 年 | 2017 年 | 2019 年 |
|---|---|---|---|---|---|
| 关中平原城市群 | 0. 243129 | 0. 227224 | 0. 212711 | 0. 220510 | 0. 218379 |
| 北部湾城市群 | 0. 518746 | 0. 454784 | 0. 533614 | 0. 535854 | 0. 492184 |
| 宁夏沿黄城市群 | 0. 302827 | 0. 315981 | 0. 306857 | 0. 280645 | 0. 282758 |
| 兰西城市群 | 0. 345967 | 0. 222360 | 0. 289624 | 0. 275670 | 0. 309620 |
| 天山北坡城市群 | 0. 154343 | 0. 100871 | 0. 429899 | 0. 286166 | 0. 174050 |

表 5 - 109　　　　　　　　　西部 9 个城市群总体城市基本公共服务各维度指标基尼系数

| 年份 | 综合指数基尼系数 | 城市设施建设服务 | | 居民生活综合服务 | | 科学文化普及教育服务 | | 公共灾害抗御服务 | |
|---|---|---|---|---|---|---|---|---|---|
| | | 基尼系数 | 贡献度（%） | 基尼系数 | 贡献度（%） | 基尼系数 | 贡献度（%） | 基尼系数 | 贡献度（%） |
| 2011 | 0. 240009 | 0. 168818 | 16. 74 | 0. 208454 | 20. 67 | 0. 327045 | 32. 43 | 0. 304176 | 30. 16 |
| 2013 | 0. 152666 | 0. 110286 | 13. 40 | 0. 244974 | 29. 76 | 0. 183169 | 22. 25 | 0. 284807 | 34. 60 |
| 2015 | 0. 179591 | 0. 135850 | 13. 03 | 0. 259641 | 24. 91 | 0. 295478 | 28. 35 | 0. 351241 | 33. 70 |
| 2017 | 0. 154205 | 0. 107187 | 12. 04 | 0. 200093 | 22. 47 | 0. 258959 | 29. 08 | 0. 324137 | 36. 40 |
| 2019 | 0. 171871 | 0. 102918 | 11. 47 | 0. 198667 | 22. 14 | 0. 296099 | 33. 00 | 0. 299563 | 33. 39 |

西部 9 个城市群整体的城市基本公共服务综合指数基尼系数波动起伏，从 2013 ~ 2019 年综合指数基尼系数均小于 0. 2，表示西部 9 个城市群的城市基本公共服务配置相对合理，发展相对均衡。从引发城市基本公共服务综合水平发展差异的内部不同维度的贡献度来看，城市设施建设服务的贡献度逐年减小，其基尼系数基本呈现震荡减小态势，历年基尼系数均小于 0. 2，历年贡献度也是 4 个维度指标中最低的，说明西部 9 个城市群之间的城市设施建设服务配置相对合理，发展相对均衡。居民生活综合服务的贡献度先增后减，其基尼系数也先增后减，2019 年基尼系数小于 0. 2，西部 9 个城市群之间的居民生活综合服务配置趋向相对合理，发展走向均衡。科学文化普及教育服务的贡献度从 2013 年始逐年上行，且在构成基本公共服务 4 个维度中贡献度较高；基尼系数呈震荡减小态势，除 2013 年外，基尼系数历年均大于 0. 2，在西部 9 个城市群中发展存在差异不均衡。公共灾害抗御服务的贡献度呈现震荡上行态势，且在构成基本公共服务 4 个维度中贡献度最高；其基尼系数波动起伏但历年均大于 0. 2，表现出西部 9 个城市群之间的公共灾害抗御服务配置不合理，发展不均衡。西部城市群应更加注重从科学文化普及教育服务和公共灾害抗御服务方面着手，降低西部城市群之间的发展差距，从而提高西部城市群城市基本公共服务综合发展水平。

### 5.5.2.3　中心城市基本公共服务与城市群经济协调发展关系分析

利用 Voronoi 图邻近分析方法、采用圈层结构形式，将各城市群的中心城市作为中心点，通过构建 Voronoi 图来对其空间辐射范围进行划分。依据距离中心点的远近，在每个独立的 Voronoi 图中，分别将研究区的 199 个城市划分为 4 个圈层，从外往内依次是外圈层、中圈层、内圈层、中心圈层。进一步利用 Tapio 脱钩模型，综合考虑全国 19 个城市群 199 个地级市经济发展水平和城市基本公共服务综合发展水平这两个指标的变化情况，通过细分脱钩状态，建立较为完整的脱钩指标评价体系，进而衡量区域经济发展水平与基本公共服务综合发展水平之间的脱钩情况，从而确定中心城市的城市基本公共服务与城市群经济协同发展关系。

根据圈层结构，分析各个圈层中城市基本公共服务综合发展水平与经济发展水平之间的关系，结果如表 5 - 110 所示。可以看出，与中心圈层距离越近，市域经济平均发展水平越强，其城市基本公共服务平均发展水平也逐渐增强，二者呈现显著的正相关关系。城市基本公共服务供给是城市建设的基础，也是关乎民生、关乎人民生活幸福感的大事，是吸引人口和人才的重要基础，人力资本又是经济发展重要的"基石"；反过来，城市经济发展是城市建设中基本公共服务的重要经济基础。城市基本公共服务与经济发展水平是相辅相成、相互促进的关系，长期以来，由于人力、资源和政策等重要资源都向中心城市聚集，城市基本公共服务供给的质量、数量等都是中心圈层城市更高。距离中心圈层城市越远，中心圈层城市对周边城市的辐射带动功能越弱，导致中心圈层城市基本公共服务综合发展水平明显高于内圈层、中圈层和外圈层欠发达地区。

表 5－110　　　　　　　各个圈层中城市基本公共服务综合指数与经济发展综合指数

| 圈层 | 2011 年 | | 2013 年 | | 2015 年 | | 2017 年 | | 2019 年 | |
| --- | --- | --- | --- | --- | --- | --- | --- | --- | --- | --- |
| | 经济发展指数 | 公共服务指数 | 经济发展指数 | 公共服务指数 | 经济发展指数 | 公共服务指数 | 经济发展指数 | 公共服务指数 | 经济发展指数 | 公共服务指数 |
| 中心圈层 | 0.263870 | 0.138125 | 0.249396 | 0.120207 | 0.266870 | 0.114485 | 0.214850 | 0.168360 | 0.208384 | 0.179366 |
| 内圈层 | 0.120780 | 0.062832 | 0.109979 | 0.048920 | 0.116718 | 0.052372 | 0.085545 | 0.065619 | 0.080971 | 0.073045 |
| 中圈层 | 0.109976 | 0.060187 | 0.099511 | 0.046000 | 0.104414 | 0.050246 | 0.080921 | 0.062973 | 0.078479 | 0.070146 |
| 外圈层 | 0.103179 | 0.057858 | 0.089473 | 0.041481 | 0.090001 | 0.050801 | 0.080663 | 0.059324 | 0.068772 | 0.066622 |

全国四大区域城市群分区域看，如表 5－111 所示，其城市基本公共服务综合发展水平与市域经济发展水平的协同发展状态主要出现了扩张负脱钩和强负脱钩 3 种协同发展关系，未出现强脱钩、弱负脱钩、增长连接、衰退脱钩、弱脱钩和衰退连接关系的城市。其中，西部城市群、东部城市群和中部城市群的城市基本公共服务综合发展水平与市域经济发展水平的协同发展状态，均为扩张负脱钩，扩张负脱钩的含义为城市基本公共服务增长型，即城市群城市基本公共服务综合发展水平在提高，经济发展水平也在提高，但城市群经济发展水平提高的幅度不如其城市基本公共服务综合发展水平提高的幅度大；也就是说，西部城市群、东部城市群和中部城市群的经济发展水平跟不上其城市基本公共服务综合发展水平的发展，未达到理想的增长连接，即协同发展型。东北部城市群的城市基本公共服务综合发展水平与其经济发展水平的协同发展状态为强负脱钩，强负脱钩的含义为经济受损型，即城市基本公共服务综合发展水平在提高，但市域经济发展水平在下降，两者朝着相反方向发展；也就是说，东北部城市群的经济发展水平远跟不上其城市基本公共服务综合发展水平，远未达到理想的增长连接，即协同发展型。

表 5－111　　　2010～2019 年四大区域城市群基本公共服务综合水平与经济发展水平的协同发展状态

| 城市群 | 基本公共服务变化率 | 经济发展变化率 | 脱钩指数 | 脱钩关系 | 含义 |
| --- | --- | --- | --- | --- | --- |
| 西部城市群 | 0.707731 | 0.047845 | 14.792042 | 扩张负脱钩 | 公共服务增长型 |
| 东部城市群 | 0.369505 | 0.113657 | 3.251045 | 扩张负脱钩 | 公共服务增长型 |
| 中部城市群 | 0.422538 | 0.268133 | 1.575850 | 扩张负脱钩 | 公共服务增长型 |
| 东北部城市群 | 0.191947 | －0.321029 | －0.597912 | 强负脱钩 | 经济受损型 |

全国 19 个城市群 199 个地级市从整体来看，如表 5－112 所示，其城市基本公共服务综合发展水平与市域经济发展水平的协同发展状态主要出现了增长连接、弱脱钩、弱负脱钩、强脱钩、强负脱钩、扩张负脱钩和衰退连接 7 种协同发展关系，未出现衰退脱钩关系的城市。其中为扩张负脱钩的城市数量为 82 个，占比为 41.21%，也就是说，全国 19 个城市群 199 个地级市中，有 82 个城市的城市基本公共服务综合发展水平与经济发展水平的协同发展状态为城市基本公共服务增长型，经济发展水平跟不上城市基本公共服务综合发展水平，未达到理想的增长连接，即协同发展型。其中

为强负脱钩的城市数量为 79 个，占比为 39.70%，也就是说，全国 19 个城市群 199 个地级市中，有 79 个城市的城市基本公共服务综合发展水平与经济发展水平的协同发展状态为经济受损型，经济发展水平远跟不上城市基本公共服务综合发展水平，远未达到理想的增长连接，即协同发展型。其中为弱脱钩的城市数量为 16 个，占比为 8.04%，也就是说，全国 19 个城市群 199 个地级市中，有 16 个城市的城市基本公共服务综合发展水平与经济发展水平的协同发展状态为经济增长型，城市基本公共服务综合发展水平跟不上经济发展水平，未达到理想的增长连接，即协同发展型。其中为增长连接的城市数量为 15 个，占比为 7.54%，也就是说，全国 19 个城市群 199 个地级市中，有 15 个城市的城市基本公共服务综合发展水平与经济发展水平协同发展，达到理想的增长连接，即协同发展型。其中为弱负脱钩的城市数量为 5 个，占比为 2.51%，也就是说，全国 19 个城市群 199 个地级市中，有 5 个城市的城市基本公共服务综合发展水平与经济发展水平的协同发展状态为经济滞后型，经济发展水平和城市基本公共服务综合发展水平两者发展均在倒退，未达到理想的增长连接，即协同发展型。其中为强脱钩的城市数量为 1 个，占比为 0.50%，也就是说，全国 19 个城市群 199 个地级市中，仅有 1 个城市的城市基本公共服务综合发展水平与经济发展水平的协同发展状态为城市基本公共服务受损型，城市基本公共服务综合发展水平严重滞后于经济发展水平，未达到理想的增长连接，即协同发展型。其中为衰退连接的城市数量为 1 个，占比为 0.50%，也就是说，全国 19 个城市群 199 个地级市中，有 1 个城市的城市基本公共服务综合发展水平与经济发展水平的协同发展状态为协同共损型，其城市基本公共服务综合发展水平和经济发展水平均在衰退，远未达到理想的增长连接，即协同发展型。

表 5 - 112　2010 ~ 2019 年城市基本公共服务综合发展水平与市域经济发展水平的协同发展状态

| 协同状态 | 含义 | 城市 | 合计（个） | 占比（%） |
|---|---|---|---|---|
| 强负脱钩 | 经济受损型 | 呼和浩特、包头、鄂尔多斯、榆林、自贡、内江、乐山、广安、达州、资阳、运城、临汾、铜川、咸阳、湛江、茂名、阳江、北海、防城港、钦州、玉林、崇左、海口、石嘴山、克拉玛依、北京、石家庄、唐山、秦皇岛、保定、张家口、邯郸、衡水、淄博、东营、烟台、潍坊、威海、日照、枣庄、济宁、泰安、滨州、德州、聊城、临沂、铜陵、潮州、汕尾、佛山、江门、肇庆、中山、忻州、长治、景德镇、萍乡、新余、抚州、益阳、沈阳、大连、鞍山、抚顺、本溪、丹东、锦州、营口、辽阳、盘锦、铁岭、葫芦岛、牡丹江、绥化、长春、吉林、四平、辽源、松原 | 79 | 39.70 |
| 扩张负脱钩 | 公共服务增长型 | 重庆、成都、泸州、德阳、绵阳、遂宁、南充、眉山、宜宾、雅安、贵阳、遵义、安顺、西安、宝鸡、渭南、商洛、天水、平凉、南宁、银川、吴忠、中卫、白银、定西、西宁、乌鲁木齐、承德、邢台、济南、青岛、菏泽、南京、无锡、苏州、南通、盐城、扬州、镇江、杭州、宁波、嘉兴、绍兴、金华、舟山、台州、合肥、芜湖、马鞍山、安庆、池州、宣城、福州、温州、汕头、揭阳、深圳、珠海、惠州、东莞、太原、晋城、洛阳、新乡、许昌、南昌、鹰潭、吉安、宜春、上饶、武汉、黄石、宜昌、黄冈、咸宁、长沙、株洲、湘潭、衡阳、岳阳、常德、娄底 | 82 | 41.21 |
| 增长连接 | 协同发展型 | 昆明、曲靖、兰州、泰州、滁州、漳州、广州、晋中、郑州、平顶山、焦作、商丘、周口、孝感、荆州 | 15 | 7.54 |
| 弱脱钩 | 经济增长型 | 玉溪、廊坊、常州、湖州、厦门、莆田、泉州、宁德、亳州、开封、鹤壁、漯河、九江、襄阳、鄂州、荆门 | 16 | 8.04 |
| 弱负脱钩 | 经济滞后型 | 天津、沧州、阳泉、齐齐哈尔、大庆 | 5 | 2.51 |
| 强脱钩 | 公共服务受损型 | 上海 | 1 | 0.50 |
| 衰退连接 | 协同共损型 | 哈尔滨 | 1 | 0.50 |

全国 19 个城市群 199 个地级市，城市基本公共服务综合发展水平与市域经济发展水平的协同发展状态为增长连接的地级市个数为 15 个，占比仅为 7.54%，即仅仅不到 1/10 的城市的城市基本

公共服务和经济发展协同发展。除了 1 个衰退连接的城市，其余 183 个地级市城市基本公共服务综合发展水平与市域经济发展水平均不协同，占比高达 91.96%。新时代改善我国城市群内部城市的经济发展水平和城市基本公共服务综合发展水平的协同发展关系，是一个长期性的工作，所以我们要改变发展思路，不能片面追求经济发展而忽视城市基本公共服务建设，同样也不能片面追求城市基本公共服务建设而忽略经济发展，要"两手抓"，经济发展和城市基本公共服务同等重要，"两手"都要硬。在具体实施中应因城施策，采取更加积极有效的政策，协调经济发展和基本公共服务两者关系，促进两者协同协调高质量发展。对于处于扩张负脱钩、强负脱钩的城市，应侧重加强经济发展；对于处于弱脱钩、强脱钩的城市，应侧重加强城市基本公共服务发展；对于处于弱负脱钩、衰退连接的城市，应经济发展和城市基本公共服务发展两手抓。

（1）关于东北部城市群：东北部两个城市群（辽中南城市群、哈长城市群）分开来看，如表 5-113 所示，其城市基本公共服务综合发展水平与市域经济发展水平的协同发展状态仅出现了强负脱钩一种协同发展关系，未出现扩张负脱钩、增长连接、强脱钩、弱脱钩、弱负脱钩、增长连接、衰退脱钩和衰退连接关系的城市。也就是说，辽中南城市群和哈长城市群经济发展水平远跟不上城市基本公共服务综合发展水平，远未达到理想的增长连接，即协同发展型。

表 5-113　　2010~2019 年东北部城市群基本公共服务综合水平与其经济发展水平的协同发展状态

| 城市群 | 基本公共服务变化率 | 经济发展变化率 | 脱钩指数 | 脱钩关系 | 含义 |
|---|---|---|---|---|---|
| 辽中南城市群 | 0.298498 | -0.310171 | -0.962364 | 强负脱钩 | 经济受损型 |
| 哈长城市群 | 0.075358 | -0.335714 | -0.224470 | 强负脱钩 | 经济受损型 |

东北部两个城市群 22 个地级市分城市来看，如表 5-114 所示，其城市基本公共服务综合发展水平与市域经济发展水平的协同发展状态主要出现了衰退连接、弱负脱钩和强负脱钩 3 种协同发展关系，未出现增长连接、扩张负脱钩、弱脱钩、强脱钩和衰退脱钩关系的城市。其中为强负脱钩的城市有沈阳市、大连市、鞍山市、抚顺市、本溪市、丹东市、锦州市、营口市、辽阳市、盘锦市、铁岭市、葫芦岛市、牡丹江市、绥化市、长春市、吉林市、四平市、辽源市、松原市，数量为 19 个，占比为 86.36%，也就是说，东北部两个城市群中，以上 19 个地级市的城市基本公共服务综合发展水平与经济发展水平的协同发展状态为经济受损型，经济发展水平远跟不上城市基本公共服务综合发展水平，远未达到理想的增长连接，即协同发展型。其中为衰退连接的城市有哈尔滨市，数量为 1 个，占比为 4.55%，也就是说，东北部两个城市群中，哈尔滨市的城市基本公共服务综合发展水平与经济发展水平的协同发展状态为协同共损型，其城市基本公共服务综合发展水平和经济发展水平均在衰退，远未达到理想的增长连接即协同发展型。其中为弱负脱钩的城市有齐齐哈尔市、大庆市，数量为 2 个，占比为 9.09%，也就是说，东北部两个城市群中齐齐哈尔市和大庆市的城市基本公共服务综合发展水平与经济发展水平的协同发展状态为经济滞后型，经济发展水平和城市基本公共服务综合发展水平两者发展均在倒退，未达到理想的增长连接，即协同发展型。

表 5-114　　2010~2019 年东北部城市群 22 个地级市公共服务综合水平与其经济发展水平的协同发展状态统计　　单位：个

| 城市 | 强负脱钩 | 衰退连接 | 弱负脱钩 |
|---|---|---|---|
|  | 沈阳市、大连市、鞍山市、抚顺市、本溪市、丹东市、锦州市、营口市、辽阳市、盘锦市、铁岭市、葫芦岛市、牡丹江市、绥化市、长春市、吉林市、四平市、辽源市、松原市 | 哈尔滨市 | 齐齐哈尔市、大庆市 |
| 合计 | 19 | 1 | 2 |

东北部两个城市群 22 个地级市，城市基本公共服务综合发展水平与市域经济发展水平的协同

发展状态无增长连接的地级市。所辖 22 个地级市城市基本公共服务综合发展水平与市域经济发展水平均不协同，占比高达 100.00%。新时代改善东北部城市群内部城市的经济发展水平和城市基本公共服务综合发展水平的协同发展关系，是一个长期性的工作。在具体实施中应因城施策，采取更加积极有效的政策，协调经济发展和基本公共服务两者关系，促进两者协同协调高质量发展。对于处于强负脱钩的沈阳市、大连市、鞍山市、抚顺市、本溪市、丹东市、锦州市、营口市、辽阳市、盘锦市、铁岭市、葫芦岛市、牡丹江市、绥化市、长春市、吉林市、四平市、辽源市、松原市，应侧重加强经济发展；对于处于衰退连接和弱负脱钩的哈尔滨市、齐齐哈尔市、大庆市，应经济发展和城市基本公共服务发展两手抓。

（2）关于中部城市群：中部 3 个城市群（晋中城市群、中原城市群、长江中游城市群）分开来看，如表 5 - 115 所示，其城市基本公共服务综合发展水平与市域经济发展水平的协同发展状态主要出现了强负脱钩、弱脱钩和扩张负脱钩 3 种协同发展关系，未出现增长连接、强脱钩、弱负脱钩、衰退脱钩和衰退连接关系的城市。其中，晋中城市群的城市基本公共服务综合发展水平与市域经济发展水平的协同发展状态为强负脱钩，也就是说，晋中城市群经济发展水平远跟不上城市基本公共服务综合发展水平，远未达到理想的增长连接，即协同发展型。中原城市群的城市基本公共服务综合发展水平与市域经济发展水平的协同发展状态为弱脱钩，也就是说，中原城市群的城市基本公共服务综合发展水平跟不上其经济发展水平的发展，未达到理想的增长连接，即协同发展型。长江中游城市群的城市基本公共服务综合发展水平与市域经济发展水平的协同发展状态为扩张负脱钩，也就是说，长江中游城市群的经济发展水平跟不上其城市基本公共服务综合发展水平的发展，未达到理想的增长连接，即协同发展型。

表 5 - 115　　　　2010 ~ 2019 年中部城市群基本公共服务综合水平与其经济发展水平的协同发展状态

| 城市群 | 基本公共服务变化率 | 经济发展变化率 | 脱钩指数 | 脱钩关系 | 含义 |
|---|---|---|---|---|---|
| 晋中城市群 | 0.306221 | - 0.024403 | - 12.548739 | 强负脱钩 | 经济受损型 |
| 中原城市群 | 0.446432 | 0.564435 | 0.790936 | 弱脱钩 | 经济增长型 |
| 长江中游城市群 | 0.435176 | 0.199660 | 2.179589 | 扩张负脱钩 | 公共服务增长型 |

中部 3 个城市群 46 个地级市分城市来看，如表 5 - 116 所示，其城市基本公共服务综合发展水平与市域经济发展水平的协同发展状态主要出现了扩张负脱钩、增长连接、弱负脱钩、强负脱钩和弱脱钩 5 种协同发展关系，未出现强脱钩、衰退连接和衰退脱钩关系的城市。其中为扩张负脱钩的城市有太原市、晋城市、洛阳市、新乡市、许昌市、南昌市、鹰潭市、吉安市、宜春市、上饶市、武汉市、黄石市、宜昌市、黄冈市、咸宁市、长沙市、株洲市、湘潭市、衡阳市、岳阳市、常德市、娄底市，数量为 22 个，占比为 47.83%，也就是说，中部 3 个城市群中以上 22 个地级市的城市基本公共服务综合发展水平与经济发展水平的协同发展状态为城市基本公共服务增长型，经济发展水平跟不上城市基本公共服务综合发展水平，未达到理想的增长连接，即协同发展型。其中为增长连接的城市有晋中市、郑州市、平顶山市、焦作市、商丘市、周口市、孝感市、荆州市，数量为 8 个，占比为 17.39%，也就是说，中部 3 个城市群中以上 8 个地级市的城市基本公共服务综合发展水平与经济发展水平协同发展，达到理想的增长连接，即协同发展型。其中为弱负脱钩的城市有阳泉市，数量为 1 个，占比为 2.17%，也就是说，中部 3 个城市群中阳泉市的城市基本公共服务综合发展水平与经济发展水平的协同发展状态为经济滞后型，经济发展水平和城市基本公共服务综合发展水平两者发展均在倒退，未达到理想的增长连接，即协同发展型。其中为强负脱钩的城市有忻州市、长治市、景德镇市、萍乡市、新余市、抚州市、益阳市，数量为 7 个，占比为 15.22%，也就是说，中部 3 个城市群中以上 7 个地级市的城市基本公共服务综合发展水平与经济发展水平的协同发展状态为经济受损型，经济

发展水平远跟不上城市基本公共服务综合发展水平，远未达到理想的增长连接，即协同发展型。其中为弱脱钩的城市有亳州市、开封市、鹤壁市、漯河市、九江市、襄阳市、鄂州市、荆门市，数量为 8 个，占比为 17.39%，也就是说，中部 3 个城市群中以上 8 个地级市的城市基本公共服务综合发展水平与经济发展水平的协同发展状态为经济增长型，城市基本公共服务综合发展水平跟不上经济发展水平，未达到理想的增长连接，即协同发展型。

表 5 - 116　　　　　　　2010～2019 年中部城市群 46 个地级市公共服务综合水平与其经济
发展水平的协同发展状态统计

单位：个

| | 扩张负脱钩 | 增长连接 | 弱负脱钩 | 强负脱钩 | 弱脱钩 |
|---|---|---|---|---|---|
| 城市 | 太原市、晋城市、洛阳市、新乡市、许昌市、南昌市、鹰潭市、吉安市、宜春市、上饶市、武汉市、黄石市、宜昌市、黄冈市、咸宁市、长沙市、株洲市、湘潭市、衡阳市、岳阳市、常德市、娄底市 | 晋中市、郑州市、平顶山市、焦作市、商丘市、周口市、孝感市、荆州市 | 阳泉市 | 忻州市、长治市、景德镇市、萍乡市、新余市、抚州市、益阳市 | 亳州市、开封市、鹤壁市、漯河市、九江市、襄阳市、鄂州市、荆门市 |
| 合计 | 22 | 8 | 1 | 7 | 8 |

中部 3 个城市群 46 个地级市，城市基本公共服务综合发展水平与市域经济发展水平的协同发展状态为增长连接的地级市有晋中、郑州、平顶山市、焦作市、商丘市、周口市、孝感市、荆州市，个数为 8 个，占比为 17.39%，接近 1/5 的城市基本公共服务和经济实现协同发展。其余 38 个地级市城市基本公共服务综合发展水平与市域经济发展水平均不协同，占比高达 82.61%。新时代改善中部城市群内部城市的经济发展水平和城市基本公共服务综合发展水平的协同发展关系，是一个长期性的工作。在具体实施中应因城施策，采取更加积极有效的政策，协调经济发展和基本公共服务两者关系，促进两者协同协调高质量发展。对于处于扩张负脱钩和强负脱钩的太原市、晋城市、洛阳市、新乡市、许昌市、南昌市、鹰潭市、吉安市、宜春市、上饶市、武汉市、黄石市、宜昌市、黄冈市、咸宁市、长沙市、株洲市、湘潭市、衡阳市、岳阳市、常德市、娄底市、忻州市、长治市、景德镇市、萍乡市、新余市、抚州市、益阳市，应侧重加强经济发展；对于处于弱负脱钩的阳泉市，应经济发展和城市基本公共服务发展两手抓；对于处于弱脱钩的亳州市、开封市、鹤壁市、漯河市、九江市、襄阳市、鄂州市、荆门市，应侧重加强城市基本公共服务发展。

（3）关于东部城市群：东部 5 个城市群（京津冀城市群、山东半岛城市群、长三角城市群、粤闽浙沿海城市群、珠三角城市群）分开来看，如表 5 - 117 所示，其城市基本公共服务综合发展水平与市域经济发展水平的协同发展状态，主要出现了强负脱钩、扩张负脱钩和增长连接 3 种协同发展关系，未出现强脱钩、弱脱钩、弱负脱钩、衰退脱钩和衰退连接关系的城市。其中，京津冀城市群和山东半岛城市群的城市基本公共服务综合发展水平与市域经济发展水平的协同发展状态为强负脱钩，也就是说，京津冀城市群和山东半岛城市群经济发展水平远跟不上城市基本公共服务综合发展水平，远未达到理想的增长连接，即协同发展型。长三角城市群和珠三角城市群的城市基本公共服务综合发展水平与市域经济发展水平的协同发展状态为扩张负脱钩，也就是说，长三角城市群和珠三角城市群的经济发展水平跟不上其城市基本公共服务综合发展水平的发展，未达到理想的增长连接，即协同发展型。粤闽浙沿海城市群的城市基本公共服务综合发展水平与市域经济发展水平的协同发展状态为增长连接，也就是说，粤闽浙沿海城市群的城市基本公共服务综合发展水平与经济发展水平协同发展，达到理想的增长连接，即协同发展型。

表 5-117 **2010~2019 年东部城市群基本公共服务综合水平与其经济发展水平的协同发展状态**

| 城市群 | 基本公共服务变化率 | 经济发展变化率 | 脱钩指数 | 脱钩关系 | 含义 |
|---|---|---|---|---|---|
| 京津冀城市群 | 0.149104 | -0.138911 | -1.073378 | 强负脱钩 | 经济受损型 |
| 山东半岛城市群 | 0.338161 | -0.047731 | -7.084673 | 强负脱钩 | 经济受损型 |
| 长三角城市群 | 0.411214 | 0.259137 | 1.586858 | 扩张负脱钩 | 公共服务增长型 |
| 粤闽浙沿海城市群 | 0.461082 | 0.396462 | 1.162989 | 增长连接 | 协同发展型 |
| 珠三角城市群 | 0.606645 | 0.070744 | 8.575156 | 扩张负脱钩 | 公共服务增长型 |

东部 5 个城市群 75 个地级市分城市来看，如表 5-118 所示，其城市基本公共服务综合发展水平与市域经济发展水平的协同发展状态主要出现了强负脱钩、弱负脱钩、扩张负脱钩、增长连接、弱脱钩和强脱钩 6 种协同发展关系，未出现衰退连接和衰退脱钩关系的城市。其中为强负脱钩的城市有北京市、石家庄市、唐山市、秦皇岛市、保定市、张家口市、邯郸市、衡水市、淄博市、东营市、烟台市、潍坊市、威海市、日照市、枣庄市、济宁市、泰安市、滨州市、德州市、聊城市、临沂市、铜陵市、潮州市、汕尾市、佛山市、江门市、肇庆市、中山市，数量为 28 个，占比为37.33%，也就是说，东部 5 个城市群中以上 28 个地级市的城市基本公共服务综合发展水平与经济发展水平的协同发展状态为经济受损型，经济发展水平远跟不上城市基本公共服务综合发展水平，远未达到理想的增长连接，即协同发展型。其中为弱负脱钩的城市有天津市、沧州市，数量为 2个，占比为 2.67%，也就是说，东部 5 个城市群中天津市和沧州市的城市基本公共服务综合发展水平与经济发展水平的协同发展状态为经济滞后型，经济发展水平和城市基本公共服务综合发展水平两者发展均在倒退，远未达到理想的增长连接，即协同发展型。其中为扩张负脱钩的城市有承德市、邢台市、济南市、青岛市、菏泽市、南京市、无锡市、苏州市、南通市、盐城市、扬州市、镇江市、杭州市、宁波市、嘉兴市、绍兴市、金华市、舟山市、台州市、合肥市、芜湖市、马鞍山市、安庆市、池州市、宣城市、福州市、温州市、汕头市、揭阳市、深圳市、珠海市、惠州市、东莞市，数量为 33 个，占比为 44.00%，也就是说，东部 5 个城市群中以上 33 个地级市的城市基本公共服务综合发展水平与经济发展水平的协同发展状态为城市基本公共服务增长型，经济发展水平跟不上城市基本公共服务综合发展水平，未达到理想的增长连接，即协同发展型。其中为增长连接的城市有泰州市、滁州市、漳州市、广州市，数量为 4 个，占比为 5.33%，也就是说，东部 5 个城市群中以上 4 个地级市的城市基本公共服务综合发展水平与经济发展水平协同发展，达到理想的

表 5-118 **2010~2019 年东部城市群 75 个地级市公共服务综合水平与其**
**经济发展水平的协同发展状态统计**

单位：个

| | 强负脱钩 | 弱负脱钩 | 扩张负脱钩 | 增长连接 | 弱脱钩 | 强脱钩 |
|---|---|---|---|---|---|---|
| 城市 | 北京市、石家庄市、唐山市、秦皇岛市、保定市、张家口市、邯郸市、衡水市、淄博市、东营市、烟台市、潍坊市、威海市、日照市、枣庄市、济宁市、泰安市、滨州市、德州市、聊城市、临沂市、铜陵市、潮州市、汕尾市、佛山市、江门市、肇庆市、中山市 | 天津市、沧州市 | 承德市、邢台市、济南市、青岛市、菏泽市、南京市、无锡市、苏州市、南通市、盐城市、扬州市、镇江市、杭州市、宁波市、嘉兴市、绍兴市、金华市、舟山市、台州市、合肥市、芜湖市、马鞍山市、安庆市、池州市、宣城市、福州市、温州市、汕头市、揭阳市、深圳市、珠海市、惠州市、东莞市 | 泰州市、滁州市、漳州市、广州市 | 廊坊市、常州市、湖州市、厦门市、莆田市、泉州市、宁德市 | 上海市 |
| 合计 | 28 | 2 | 33 | 4 | 7 | 1 |

增长连接，即协同发展型。其中为弱脱钩的城市有廊坊市、常州市、湖州市、厦门市、莆田市、泉州市、宁德市，数量为7个，占比为9.33%，也就是说，东部5个城市群中以上7个地级市的城市基本公共服务综合发展水平与经济发展水平的协同发展状态为经济增长型，城市基本公共服务综合发展水平跟不上经济发展水平，未达到理想的增长连接，即协同发展型。其中为强脱钩的城市有上海市，数量为1个，占比为1.33%，也就是说，东部5个城市群中，仅上海市的城市基本公共服务综合发展水平与经济发展水平的协同发展状态为城市基本公共服务受损型，城市基本公共服务综合发展水平严重滞后于经济发展水平，未达到理想的增长连接，即协同发展型。

东部5个城市群75个地级市，城市基本公共服务综合发展水平与市域经济发展水平的协同发展状态为增长连接的地级市有泰州市、滁州市、漳州市和广州市，个数为4个，占比仅为5.33%，即仅有1/20的城市基本公共服务和经济实现协同发展。其余71个地级市城市基本公共服务综合发展水平与市域经济发展水平均不协同，占比高达94.67%。新时代改善东部城市群内部城市的经济发展水平和城市基本公共服务综合发展水平的协同发展关系，是一个长期性的工作。在具体实施中应因城施策，采取更加积极有效的政策，协调经济发展和基本公共服务两者关系，促进两者协同协调高质量发展。对于处于强负脱钩和扩张负脱钩的北京市、石家庄市、唐山市、秦皇岛市、保定市、张家口市、邯郸市、衡水市、淄博市、东营市、烟台市、潍坊市、威海市、日照市、枣庄市、济宁市、泰安市、滨州市、德州市、聊城市、临沂市、铜陵市、潮州市、汕尾市、佛山市、江门市、肇庆市、中山市、承德市、邢台市、济南市、青岛市、菏泽市、南京市、无锡市、苏州市、南通市、盐城市、扬州市、镇江市、杭州市、宁波市、嘉兴市、绍兴市、金华市、舟山市、台州市、合肥市、芜湖市、马鞍山市、安庆市、池州市、宣城市、福州市、温州市、汕头市、揭阳市、深圳市、珠海市、惠州市、东莞市，应侧重加强经济发展；对于处于弱负脱钩的天津市、沧州市，应经济发展和城市基本公共服务发展两手抓；对于处于弱脱钩和强脱钩的廊坊市、常州市、湖州市、厦门市、莆田市、泉州市、宁德市、上海市，应侧重加强城市基本公共服务发展。

（4）关于西部城市群：西部9个城市群（呼包鄂榆城市群、成渝城市群、黔中城市群、滇中城市群、关中平原城市群、北部湾城市群、宁夏沿黄城市群、兰西城市群、天山北坡城市群）分开来看，如表5-119所示，其城市基本公共服务综合发展水平与市域经济发展水平的协同发展状态主要出现了强负脱钩、扩张负脱钩和增长连接3种协同发展关系，未出现强脱钩、弱脱钩、弱负脱钩、衰退脱钩和衰退连接关系的城市。其中，呼包鄂榆城市群和北部湾城市群的城市基本公共服务综合发展水平与市域经济发展水平的协同发展状态为强负脱钩，也就是说，呼包鄂榆城市群和北部湾城市群经济发展水平远跟不上城市基本公共服务综合发展水平，远未达到理想的增长连接，即协同发展型。成渝城市群、黔中城市群、关中平原城市群、宁夏沿黄城市群、兰西城市群和天山北坡城市群的城市基本公共服务综合发展水平与市域经济发展水平的协同发展状态均为扩张负脱钩，也就是说，成渝城市群、黔中城市群、关中平原城市群、宁夏沿黄城市群、兰西城市群和天山北坡城市群的经济发展水平跟不上其城市基本公共服务综合发展水平的发展，未达到理想的增长连接，即协同发展型。滇中城市群的城市基本公共服务综合发展水平与市域经济发展水平的协同发展状态为增长连接，也就是说，滇中城市群的城市基本公共服务综合发展水平与经济发展水平协同发展，达到理想的增长连接，即协同发展型。

表5-119　　2010~2019年西部9个城市群基本公共服务综合水平与其经济发展水平的协同发展状态

| 城市群 | 基本公共服务变化率 | 经济发展变化率 | 脱钩指数 | 脱钩关系 | 含义 |
|---|---|---|---|---|---|
| 呼包鄂榆城市群 | 0.762668 | -0.197184 | -3.867805 | 强负脱钩 | 经济受损型 |
| 成渝城市群 | 1.085884 | 0.105398 | 10.302661 | 扩张负脱钩 | 公共服务增长型 |
| 黔中城市群 | 0.666250 | 0.425101 | 1.567273 | 扩张负脱钩 | 公共服务增长型 |

续表

| 城市群 | 基本公共服务变化率 | 经济发展变化率 | 脱钩指数 | 脱钩关系 | 含义 |
|---|---|---|---|---|---|
| 滇中城市群 | 0.513030 | 0.617060 | 0.831410 | 增长连接 | 协同发展型 |
| 关中平原城市群 | 0.410815 | 0.036042 | 11.398346 | 扩张负脱钩 | 公共服务增长型 |
| 北部湾城市群 | 0.490172 | −0.162192 | −3.022163 | 强负脱钩 | 经济受损型 |
| 宁夏沿黄城市群 | 0.625990 | 0.121461 | 5.153849 | 扩张负脱钩 | 公共服务增长型 |
| 兰西城市群 | 0.495440 | 0.204853 | 2.418519 | 扩张负脱钩 | 公共服务增长型 |
| 天山北坡城市群 | 0.984019 | 0.062405 | 15.768231 | 扩张负脱钩 | 公共服务增长型 |

　　西部 9 个城市群 56 个地级市分城市来看，如表 5 - 120 所示，其城市基本公共服务综合发展水平与市域经济发展水平的协同发展状态主要出现了强负脱钩、扩张负脱钩、增长连接和弱脱钩 4 种协同发展关系，未出现弱负脱钩、强脱钩、衰退连接和衰退脱钩关系的城市。其中为强负脱钩的城市有呼和浩特市、包头市、鄂尔多斯市、榆林市、自贡市、内江市、乐山市、广安市、达州市、资阳市、运城市、临汾市、铜川市、咸阳市、湛江市、茂名市、阳江市、北海市、防城港市、钦州市、玉林市、崇左市、海口市、石嘴山市、克拉玛依市，数量为 25 个，占比为 44.64%，也就是说，西部 9 个城市群中以上 25 个地级市的城市基本公共服务综合发展水平与经济发展水平的协同发展状态为经济受损型，经济发展水平远跟不上城市基本公共服务综合发展水平，远未达到理想的增长连接，即协同发展型。其中为扩张负脱钩的城市有重庆市、成都市、泸州市、德阳市、绵阳市、遂宁市、南充市、眉山市、宜宾市、雅安市、贵阳市、遵义市、安顺市、西安市、宝鸡市、渭南市、商洛市、天水市、平凉市、南宁市、银川市、吴忠市、中卫市、白银市、定西市、西宁市、乌鲁木齐市，数量为 27 个，占比为 48.21%，也就是说，西部 9 个城市群中以上 27 个地级市的城市基本公共服务综合发展水平与经济发展水平的协同发展状态为城市基本公共服务增长型，经济发展水平跟不上城市基本公共服务综合发展水平，未达到理想的增长连接，即协同发展型。其中为增长连接的城市有昆明市、曲靖市、兰州市，数量为 3 个，占比为 5.36%，也就是说，西部 9 个城市群中以上 3 个地级市的城市基本公共服务综合发展水平与经济发展水平协同发展，达到理想的增长连接，即协同发展型。其中为弱脱钩的城市有玉溪市，数量为 1 个，占比为 1.79%，也就是说，西部 9 个城市群中玉溪市的城市基本公共服务综合发展水平与经济发展水平的协同发展状态为经济增长型，城市基本公共服务综合发展水平跟不上经济发展水平，未达到理想的增长连接，即协同发展型。

表 5 - 120　　　　　2010 ~ 2019 年西部城市群 56 个地级市公共服务综合水平与其经济
发展水平的协同发展状态统计

单位：个

| | 强负脱钩 | 扩张负脱钩 | 增长连接 | 弱脱钩 |
|---|---|---|---|---|
| 城市 | 呼和浩特市、包头市、鄂尔多斯市、榆林市、自贡市、内江市、乐山市、广安市、达州市、资阳市、运城市、临汾市、铜川市、咸阳市、湛江市、茂名市、阳江市、北海市、防城港市、钦州市、玉林市、崇左市、海口市、石嘴山市、克拉玛依市 | 重庆市、成都市、泸州市、德阳市、绵阳市、遂宁市、南充市、眉山市、宜宾市、雅安市、贵阳市、遵义市、安顺市、西安市、宝鸡市、渭南市、商洛市、天水市、平凉市、南宁市、银川市、吴忠市、中卫市、白银市、定西市、西宁市、乌鲁木齐市 | 昆明市、曲靖市、兰州市 | 玉溪市 |
| 合计 | 25 | 27 | 3 | 1 |

　　在西部 9 个城市群 56 个地级市中，城市基本公共服务综合发展水平与市域经济发展水平的协同发展状态为增长连接的地级市有昆明市、曲靖市和兰州市，个数为 3 个，占比仅为 5.36%，其余 53 个地级市城市基本公共服务综合发展水平与市域经济发展水平均不协同，占比高达

94.64%。新时代改善西部城市群内部城市的经济发展水平和城市基本公共服务综合发展水平的协同发展关系，是一个长期性的工作。在具体实施中应因城施策，采取更加积极有效的政策，协调经济发展和基本公共服务两者关系，促进两者协同协调高质量发展。对于处于强负脱钩和扩张负脱钩的呼和浩特市、包头市、鄂尔多斯市、榆林市、自贡市、内江市、乐山市、广安市、达州市、资阳市、运城市、临汾市、铜川市、咸阳市、湛江市、茂名市、阳江市、北海市、防城港市、钦州市、玉林市、崇左市、海口市、石嘴山市、克拉玛依市、重庆市、成都市、泸州市、德阳市、绵阳市、遂宁市、南充市、眉山市、宜宾市、雅安市、贵阳市、遵义市、安顺市、西安市、宝鸡市、渭南市、商洛市、天水市、平凉市、南宁市、银川市、吴忠市、中卫市、白银市、定西市、西宁市、乌鲁木齐市，应侧重加强经济发展；对于处于弱脱钩的玉溪市，应侧重加强城市基本公共服务发展。

### 5.5.3　研究发现与政策含义

#### 5.5.3.1　研究发现

以全国四大区域（东北部、中部、东部和西部）19个城市群199个地级市的城市基本公共服务指标数据、经济发展指标数据为测度样本，建立以地级市为计算单元的经济发展水平—城市基本公共服务发展水平综合评价模型。从区域—城市群—城市多尺度多维度多角度，评价了中国19个城市群199个地级市，2010～2019年城市基本公共服务综合发展水平及时空分异特征，并运用Voronoi图邻近分析法、圈层结构和脱钩模型，剖析了其与区域经济、城市群经济、市域经济二者之间的协同发展关系，得出以下研究发现：

第一，中国城市群的基本公共服务发展呈现出空间非均衡与发展趋势稳定的特点。整体上，东部城市群维持了较高的服务发展水平，而中部城市群发展相对滞后。尽管珠三角城市群在基本公共服务综合发展水平上位居首位，成渝、黔中、滇中等城市群也显示出了强劲的发展潜力；尽管各城市在公共服务的综合水平上存在显著差异，2011～2019年这种"贫富差距"已经逐渐缩小，但是，多数研究区的城市仍处于相对短缺区，且部分城市群的中心城市并未充分发挥其在基本公共服务供给上的集聚—辐射作用。

第二，中国城市群的基本公共服务展现出显著的空间集聚特征，且"高—高"与"低—低"型集聚现象占比很高。在时间维度上，此类服务的空间异质性基本稳定。东北部、东部、中部和西部的城市群公共服务发展差异呈现先减后增的趋势，其中，东部城市群发展差异较大，东北部城市群则相对均衡。此外，各区域间的差异主要由区域内部造成，而跨区域差异所占比例较小。各服务维度中，城市基础设施、居民生活和公共服务发展相对均衡，但在科教文化普及和公共灾害应对服务方面，尤其是西部城市群，还存在明显的地域分异。

第三，城市群经济发展与城市基本公共服务发展呈现明显的正相关关系。整体上，城市群内城市经济的发展往往滞后于城市基本公共服务的增长。在各城市群中，粤闽浙沿海城市群和滇中城市群展现出最佳的协同发展，其公共服务与经济增长紧密连接；而辽中南城市群等7个城市群的经济受损，呈现强负脱钩关系。另外9个城市群，如长江中游城市群等，虽然其公共服务增长迅速，但其经济增长却滞后于公共服务的增长，表现为扩张负脱钩。仅中原城市群呈现弱脱钩，其中经济增长超过公共服务的增长。

#### 5.5.3.2　讨论

第一，中国城市群的基本公共服务发展呈现空间非均衡，可能是由于不同城市群的经济模式的差异导致的。首先，中国的经济发展过程在过去几十年中一直呈现明显的东部领先、中西部相对滞后的模式。东部沿海地区早期受益于改革开放政策，吸引了大量的外资和先进技术，推动了该地区的快速工业化和现代化，从而为基本公共服务的高质量发展提供了资金和技术基础。尽管近年来中西部城市群得到了加强的政策扶持，但由于其起步较晚、基础设施和公共服务的历史积累较少，因此在追赶东部城市群的过程中还面临着一系列挑战。此外，值得注意的是，许多中心城市未能充分发挥其在基本公共服务供给上的集聚—辐射作用。这可能与中心城市与其周边地区的经济和服务供给联系不足有关。虽然中心城市在经济规模和产出上可能处于领先地位，但如果它们未能与其周边地区建立有效的经济和服务网络，其辐射效应可能会受到限制。

第二，中国城市群基本公共服务的集聚特征表现出"高—高"与"低—低"型集聚较多可能是因为其发展过程中的路径依赖。一旦一个地区开始在某一方面获得优势，例如经济或基础设施，那么这种优势可能会吸引更多的资源和投资，从而形成一个正向的循环。这可以解释为什么一些已经具有良好公共服务的城市群（如东部城市群）会继续吸引更多的资源，而其他落后地区（如某些中部城市群）的发展则相对缓慢。从时间维度上看，公共服务的空间异质性基本稳定，这可能与地方政府的策略和资源配置方式有关。尽管中央政府提出了许多促进区域均衡发展的政策，但地方政府由于面临经济增长的压力，往往更愿意投资于那些可能带来快速回报的项目。在过去，尽管各地区试图通过自我发展来获得竞争优势，但随着区域一体化和协同发展的理念逐渐深入人心，地区间的合作越来越普遍，这可能在一定程度上解释了公共服务发展差异的先减后增趋势。

第三，城市群经济发展与城市基本公共服务之间的正向相关关系可能源自基本公共服务对经济增长具有的"外部性"。这种"外部性"意味着当一个城市投资于基本公共服务时，它不仅为当地居民创造价值，还为企业和其他城市创造价值。基本公共服务如教育、卫生和交通等，能够吸引企业和劳动力，从而刺激经济增长。这解释了为什么经济发展往往滞后于公共服务的增长：初步的公共服务投资为经济创造了一个更有吸引力的环境，但这种经济活力的完全显现需要一定的时间。不过，各城市群之间存在差异，取决于区域的特性和政策导向。粤闽浙沿海城市群和滇中城市群能够实现公共服务与经济增长之间的紧密连接，可能与这些地区的开放性、创新能力和强大的制造业基础有关。相反，辽中南城市群等7个城市群的经济受损，呈现强负脱钩关系，可能与其在工业化过程中面临的结构性问题有关。至于那些公共服务增长快，但经济增长滞后的城市群，如长江中游城市群，其问题可能在于公共服务投资的方向。

### 5.5.3.3 政策含义

通过对研究区域城市基本公共服务格局发展水平、城市基本公共服务的空间分异特征以及城市基本公共服务与市域经济协调发展关系的分析，为区域、城市群、市域的城市基本公共服务发展、区域基本公共服务发展及维度指标差异、经济发展与基本公共服务协调发展关系提供了实证依据和政策依据。各区域、城市群、市域，应根据城市基本公共服务和经济发展水平，出台合理的经济政策，努力实现城市基本公共服务和经济的高质量协调发展。

第一，以研究区城市基本公共服务综合指数和指数标准差分级结果，研判其城市基本公共服务综合发展水平与层次以及城市群中心城市的城市基本公共服务水平是否具有作为中心城市集聚辐射的条件和能力。对研究区城市的城市基本公共服务综合指数标准差进行分级，可判断中心城市是否为城市群内基本公共服务发展"相对富集"的区域，进而判断其是否对周边城市产生"集聚辐射"效应。

第二，以研究区城市基本公共服务综合指数的泰尔指数和各维度指标的基尼系数，分析各区域、城市群的城市基本公共服务和各维度指标发展差异，进而因地、因维度制宜，统筹各地区各部门、分维度、有计划地合理配置基本公共服务资源。通过各维度指标基尼系数的分析，可以更清晰地知道各区域、城市群在哪个维度的公共服务存在差异，进而精确到具体部门出台精准发展政策。

第三，对研究区的城市进行圈层结构划分、计算经济发展和城市基本公共服务发展脱钩指数，分析各区域、城市群、市域的经济与城市基本公共服务的协同发展状态，进而因地制宜，从全局出发、分步骤、分区域、分城市群、分城市、有计划地合理配套政策，优化地区经济与基本公共服务发展格局，努力实现经济与城市基本公共服务高质量协调发展。

## 5.6 西部中心城市环境基础设施建设与城市群高质量协调发展的影响研究

### 5.6.1 研究目的与方法

#### 5.6.1.1 研究目的

截止到 2020 年，我国城市数量达 687 个，城市化水平达到了 63.89%，城市在追求更高的生产率水平和经济持续增长方面发挥着重要作用，但在城市化进程中，城市经济质效、资源保护利用以及可持续发展等受到不同程度的冲击，经济结构失衡、生态环境污染严重以及产业系统性疲软等问题频频出现，成为城市可持续发展进程中最大的阻碍。在新时代，网络化浪潮、信息化浪潮和数字化浪潮贯穿人们生活的各个领域，城市传统的管理方式和规划运营模式难以满足人们的新需求，难以赶上社会发展前进的脚步，因而，亟须依靠更智能化和智慧化的新兴技术，催化出符合现代城市发展的制度和技术来完善内部资源配置、提升自身优势和增强核心竞争力，继而实现资源使用效率的最大化，从根本上减少环境污染，有效促进绿色全要素生产率的提升。在全球化浪潮下，随着科学技术的持续进步，以及人类对智慧化、绿色化诉求不断丰富，基础设施的内涵逐渐演变为包含绿色经济、可持续发展思想的绿色环境基础设施，城市智能化、绿色化和智慧化成为城市发展的新范式和必然趋势，智慧城市和新能源示范城市作为环境基础设施最广阔的应用场景，在这一背景下应运而生，既是对传统城市发展模式的一种革新，加快了传统产业与新兴信息技术融合，改造升级了城市产业结构，为城市智能管理、科学运行提供了新观念，又为减少城市资源环境问题、提高城市绿色全要素生产率提供了全新思路，促进实现城市可持续发展。党的十九大报告指出，推动实体经济与互联网、大数据、人工智能的深度融合，进而从质量、效率和动力三方面促进经济发展变革，达到提升全要素生产率的目的。可以看出，实现我国经济高质量发展过程中离不开现代化科技创新这一关键动力，通过新能源示范城市和智慧城市建设，集聚城市发展内能、优化城市资源配置、提升城市创新水平、优化产业结构，因而以科学技术为核心的智慧城市和新能源示范城市也将成为未来城市可持续发展的方向，支撑城市高质量发展。

作为新时代的一种城市发展战略，智慧城市建设以空间地理信息、大数据、云计算、物联网等新一代信息技术为依托，达到城市经济的智慧化、社会管理智慧化以及生产生活智慧化，通过智能融合、协同管理、全方位感应等方式提升城市建设、服务和规划的智慧化，提高城市资源配置和利用效率。智慧城市是融合了城市治理、产业转型升级等内容的城市可持续发展新形态，对城市经济社会发展与环境优化产生了显著影响，不仅可以通过新一代信息技术的使用提升城市管理能力和服务水平，增强城市的经济集聚效应，推动产业结构优化升级，进而实现城市的可持续发展，还能够通过新技术创新破解"城市病"，降低城市污染，提供生态效益，是城市实现绿色发展的重要路径。

智慧城市发展历程最早可追溯到城市可持续发展理论，可以定位到 20 世纪 80 年代美国新城市主义运动提出的智慧增长概念。2008 年 11 月 6 日，IBM 公司提出"智慧地球"这一战略，更加智慧的城市，更具有可持续发展的能力。2009 年，美国在迪比克市建立了第一个智慧城市，后经过政府及组织机构的传播、扩充、演变，各国的各个领域皆与"智慧"挂钩相连，不仅出现了"智慧城市"，在教育、医疗、交通等领域还出现了"智慧教育""智慧医疗"和"智慧交通"。党中央及地方政府从 2010 年开始便不断推出智慧城市相关政策和发展规划。2012 年 12 月 5 日，住房城乡建设部印发《国家智慧城市（区、镇）试点指标体系（试行）》和《国家智慧城市试点暂行管理办法》，我国正式启动国家智慧城市试点工作，到 2015 年，先后发布 3 批试点名单。2013 年 7 月，《中国智慧城市标准化白皮书》发布，中国电子技术标准化研究院通过分享智慧城市建设领域的研究成果、实践经验，吸纳智慧城市建设的业内专业意见，实现智慧城市全面、健康、可持续发展。2014 年，中国把智慧城市建设引入国家战略规划，并组建、扩大智慧城市建设部门，旨在借助智慧城市有效整合政务信息系统，破除数据分割和信息孤岛难题，增强聚集和辐射带动作用，提升综合竞争优势，加快城市化进程，并强调到 2020 年，建成一批特色鲜明的智慧城市。2015 年，发展改革委首次将智慧城市建设写入政府工作报告，在《关于开展智慧城市标准体系和评价指标体系建设及应用实施的指导意见》中，对现有智慧城市应用标准和相关技术进行了修订，正式将智慧城市标准化制定工作提上国家日程。2016 年 3 月，中共中央、国务院印发《中华人民共和国国民经济和社会发展第十三个五年规划纲要》，将建设智慧城市列为新型城镇化重大工程，同年 12 月，发布《"十三五"国家信息化规划的通知》，正式将国家发展改革委和国家网信办定为牵头单位，指出分级分类推进新型智慧城市建设。2017 年，《智慧城市时空大数据平台建设技术大纲（2017 版）》的提出促进了全国数字城市向智慧城市升级转型，依托城市云支撑环境，推进智慧城市时空基础设施的建设，在此基础上，智慧城市正式写进党的十九大报告。2018 年，国家发展改革委继续开展新型智慧城市建设评价工作，落实全国网络安全和信息化工作会议部署，大力发展数字经济，有力支撑智慧社会建设，引导各地有序推进新型智慧城市建设。2019 年，《中国—东盟智慧城市合作倡议领导人声明》中进一步指出，在解决节能和环保问题，以及推动环境可持续发展中智慧城市起着的重要作用。2020 年，"全光智慧城市"发展理念在《全光智慧城市白皮书》中被首次提出，并得到社会广泛关注，旨在借助 F5G（第五代固定宽带网络）技术演进与技术优势，部署和升级全光基础设施，将城市智慧与高质量发展深度融合、紧密连接，多维度、多方面创新基于智慧城市的应用环境和发展场景。2021 年，工业和信息化部《5G 应用"扬帆"行动计划（2021—2023 年）》中提到，智慧城市是赋能 5G 应用的重点领域，积极将 5G 应用运用到城市发展当中，对智慧城市的可持续发展有极大的助力效用。

作为新时代下的另一城市发展战略，新能源示范城市深入贯彻国家绿色发展战略，积极调整优化能源结构，培育清洁能源产业和节能环保产业，拓展经济可持续增长途径，打造资源节约和循环利用模式，最终带动城市区域高质量发展。2021 年 4 月 30 日，中共中央政治局召开会议强调，引领产业优化升级，强化国家战略科技力量，加快产业数字化，有序推进碳达峰、碳中和工作，积极发展新能源。随着现代技术的不断进步，城市发展与能源、交通、信息通信等领域相关技术加速融合，将新能源产业生态演变为多领域多主体参与的"网状生态"，激发多元主体活力，增强产业发展动力，形成互融共生、合作共赢的产业发展新形势。目前，在新能源政策体系中，新能源示范城市建设试点最具实践代表意义，有利于缓解能源和环境压力，助推碳达峰、碳中和战略目标的实现，同时有利于打造节能与新能源世界级先进制造业集群，实现城市产业结构的多元化，缓解经济供给侧与需求侧之间的矛盾，带动经济高质量发展。具体而言，国家能源局为推进建设环境友好型和资源节约型社会，2012 年 5 月将新能源示范城市定义为：在城市群区域能源消费中最大限度地使用包括太阳能、地热能、风能、生物质能等在内的当地丰富的可再生能源，使能源消费结构中的可再生能源能达到较大利用规模和较高比例的城市。同年 8 月，《新能源示范城市评价指标体系及说明（试行）》得以出台，规定了示范城市的评选标准，正式开启新能源示范城市的评选工作。除此之外，在《国家能源局关于申报新能源示范城市和产业园区的通知》中，将新能源示范城市建设的指导原则设为"清洁高效、多能互补、综合协调"，推广和宣传可再生能源及技术在城市的应用，确保改善环境污染和增强城市可持续发展能力工作同时进行。基于以上标准、原则和目标，为加快城市能源消费结构转型，在推动能源消费结构调整和城市经济持续增长方面充分发挥新能源的积极作用，2014 年 1 月 8 日，国家能源局发布了《国家能源局关于公布创建新能源示范城市（产业园区）名单（第一批）的通知》，首批新能源示范城市和产业园区的创建工作正式在 81 个城市和 8 个产业园区开展，助力能源生产和消费革命，带来城市经济的可持续增长和高质量发展。

中国经济结构和空间结构自改革开放以来发生了深刻变化，工业化单引擎发展模式转变为工业化与城市化双引擎共同发展模式，中心城市和城市群正在成为承载发展要素的主要空间形式，城市环境与资源利用问题在低效率、高投入和高排放的产业生产中持续恶化，严重阻碍了城市化发展。目前中国经济正由高速增长转变为高质量增长，经济发展由总量重心转变为质量重心，城市制定发展政策和发展思路以推动城市高质量发展为主要目标。城市既是区域增长极的主导力量，同时也是集聚经济活动的重要空间，规模经济效应显著，是高质量发展建设的重中之重。但随着城市的规模扩张和经济发展，空间分布和规模水平不合理、城市公共服务配置不均衡等"城市病"问题已突破单个城市的行政边界，最终表现为区域综合承载能力不足的问题，严重阻碍了中心城市和城市群的健康发展，制约着我国城市高质量发展。在城镇化进程中，城市作为承担产业发展、社会公共服务的空间载体，其高质量发展是以满足人民日益增长的美好生活需要为前提的发展，新型城市化是高质量的城市建设、基础设施、公共服务、人居环境、城市管理和市民化的有机统一。2020 年 3 月，党中央规划提出加快建设新型基础设施，各部门和地方推出了新一轮基础设施投资计划；同年 4 月，国家发展改革委指出，新型基础设施是建立在信息网络基础上，顺应新发展理念，依托新技术创新并将其作为驱动力，符合城市高质量发展需要，为社会大众提供融合创新、智能升级、数字转型等方面服务的基础设施体系。目前，我国正处于以国内大循环为主、国内国际双循环相互促进的新发展格局中，作为国内大格局的重要支撑，"新基建"是未来一段时期支撑新发展方式所必需的体系化、智能化、绿色化的社会公共先行资本，因此，环境基础设施应当被包含于其中。新时代下的城市发展，面向高质量发展的基础设施布局不仅应延续原有基础设施建设，提升其使用效率，还应落实和规划新基础设施，完善和提升环境基础设施质量。中心城市和城市群必须调整优化空间结构，增强基础设施、生态环境、多元化服务以及产业就业的支撑承载力，寻找新的城市发展动力，提高全要素生产率、保护生态环境和合理开发资源，有效解决"传统城市病"和"新城市病"，提升城市发展能力，建设符合当代社会发展需要且具有高质量发展水平的韧性城市，助力现代化高品质城市发展。

作为与保护和改善城市环境质量密切相关的城市基础设施，环境基础设施具有多样化的生态系统服务功能，是保障区域和城市生态系统的适应性、自组织性、可持续性，推进我国中心城市与城市群生态文明建设的基础性工程。"十四五"规划指出，建设公共基础设施时加大物联网应用，将公共基础设施与通信系统和物联网感知设施深度融合，建设智能化的市政公用设施。基于此，可以预见，立足于环境保护，基于大数据、互联网、物联网等新兴技术打造的高效、快速响应和可持续发展的"智慧城市"和"新能源示范城市"等环境基础设施将成为城市管理者的新目标。因此，准确评估环境基础设施的重要作用，厘清影响城市高质量发展的因素，以环境基础设施建设推动中心城市和城市群协调发展成为新时代下实现经济高质量发展、加快城市现代化进程和生态可持续发展的重要实现路径。除此之外，中心城市集聚了更多高端、新兴产业，呈现出更高程度的人口和产业集聚特征，综合承载能力更大，与城市群是"点—面"关系，以"点"带"面"，能起到"提纲挈领"的作用，能对周边区域产生虹吸效应、辐射效应与回流效应，其总体经济实力决定了其对周边城市经济辐射强度的高低。因此，要进一步发挥好中心城市的辐射带动作用，挖掘各地区比较优势，高效聚集各类要素，激发创新发展动力，将区域治理的载体集中到以中心城市为引领的城市群上，引领并提升所在城市群的综合承载能力，促成优势互补、高质量发展的区域经济布局。

基于以上分析，过去几十年来城镇化率不断提高，我国在城市基础设施方面投入巨大，基础设施建设成就显著，物联网、大数据、互联网等快速发展，高速铁路网、南水北调、西气东输等相应建成，地下管网、公园广场、城市地铁、快速公交等迅速发展起来。城市环境基础设施建设水平影响着人们生活水平提高、城市经济的持续稳定发展，对城市发展也存在多方面的影响。

第一，环境基础设施有助于提升城市经济。一方面，城市环境基础设施可以作为特殊的资本存量直接促进当地经济增长；另一方面，又可以通过促进投资和劳动力增加（增加生产要素数量）以及提高存量资本和劳动力的边际生产率（提高生产要素效率）间接促进经济增长，且环境基础设施对经济增长的促进作用以规模扩张型、数量型或外延型为主要表现形式。雅各比和米恩通（Jacoby & Minten，2009）经过深入、细致的研究得出，在基础设施的作用下，企业能够以减少交通或贸易成本的方式促进贸易和经济增长。杨艳和罗霄（2009）运用变系数模型和变截距模型探讨了西部地区基础设施资本存量与经济增长之间的关系，得出西部地区基础设施资本存量确实显著正向影响经济产出。刘倩倩等（2017）利用 DEA 模型和 Malmquist 生产率指数，分别从宏观和微观两方面强调了城市环境基础设施建设在经济发展中的重要影响作用，宏观上指出环境基础设施能促进城市间的贸易自由流动，加之其本身所具备的提升乘数效应，国外资本加速流入城市内，带来城市经济集聚发展；微观上指出通过提升环境基础设施效率降低企业交易成本，进而在激烈市场环境中，突出企业发展优势，增强企业核心竞争力。不仅如此，还有学者深入探讨交通基础设施，认为其具有良好的经济增长效应和区域协调发展效应，可以通过矫正要素扭曲程度提高生产率，或者通过改变消费结构促进经济增长。张杰和付奎（2021）借助"宽带中国"战略这一试点进行准自然试验，对信息网络基础设施建设运用双重差分方法进行评估，认为信息网络基础设施建设有助于激发城市创新动力、构建数字网络强国，进而加快推动建设创新型城市，提升城市经济价值。廖茂林等（2018）研究了不同增长阶段，环境基础设施对经济增长的促进作用，认为总体上环境基础设施投资显著正向影响中国经济增长，但具有倒"U"形特征。基于以上分析，环境基础设施具有显著的经济增长效应，有助于推动城市区域经济发展质量水平的提升。

第二，环境基础设施有助于提高全要素生产率，进而促进城市高质量发展。随着我国经济发展进入新常态、城市化速度由快渐稳以及科学技术的迅速发展，基础设施的内涵已经发生巨大的变化，有以交通、水、能源等为主体的"传统"基础设施，也有以"5G 网"、人工智能为特色的智慧城市"新基础设施"。目前我国经济已由高速增长阶段转向高质量发展阶段，王振华等（2020）曾采用 Meta – RDM 模型测度中国城市全要素生产率，将其作为衡量城市经济高质量发展的指标。殷醒民（2018）则从全要素生产率、科技创新能力、人力资源质量、金融体系效率和市场配置资源机制等 5 个维度去构建高质量发展指标体系，故需要不断提升城市全要素生产率以改善生活环境品质和提高宜居水平，促进城市高质量发展。刘舜佳和王耀中（2013）通过构建空间面板模型来衡量基础设施与全要素生产率之间的作用关系，得出教育、金融服务等社会性基础设施与城市建设、通信等实体性基础设施对全要素生产率具有相反的影响关系，前者影响显著为正，后者的影响为负。郗恩崇等（2013）则指出，信息和能源基础设施对全要素生产率作用为正，交通基础设施作用为负。王自锋等（2014）考虑了技术进步中基础设施规模和利用效率所起的作用，研究得出交通、信息和能源基础设施均能依托 R&D 渠道实现全要素生产率的提升。谢剑（2018）进一步拓宽了研究范围，指出能源、交通、教育、文化、环境、医疗、通信等不同领域对全要素生产率的影响效应差异显著。基于以上分析，环境基础设施作为城市高质量发展的重要前提，对城市全要素生产率具有显著的影响效应，有助于推动城市的可持续发展。

### 5.6.1.2　研究方法

本书将智慧城市和新能源示范城市作为一个城市是否存在环境基础设施的衡量指标。2009 年，中国提出了智慧城市建设构想；《住房城乡建设部办公厅关于开展国家智慧城市试点工作的通知》正式设立第一批智慧城市试点，首批智慧城市共涉及 90 个地、县级城市，标志着中国智慧化城市正式发展；2013 年 8 月，公布了第二批 103 个城市（区、县、镇）国家智慧城市试点名单；2015年 4 月，又公布了第三批 84 个新增试点。由于第二批试点城市政策出现在 2013 年下半年，考虑到政策存在滞后性，故将 2014 年作为第二批智慧城市试点城市的政策时间起点，2015 年作为第三批智慧城市试点城市的政策时间起点，本书采用 2014 年和 2015 年的试点城市对智慧城市这一环境基础设施对研究结果的稳健性进行检验评估。国家能源局于 2014 年 1 月 8 日发布了《国家能源局关于公布创建新能源示范城市（产业园区）名单（第一批）的通知》，将北京、合肥、深圳、南宁等 81 个城市和 8 个产业园区正式确定为第一批新能源示范城市和产业园区建设试点，以推进城市能源消费结构转型，落实绿色生态文明建设，积极发挥好新能源在优化能源结构、提升环境质量、促进经济持续增长等方面的积极作用，实现城市的可持续发展和高质量发展。考虑到政策文件于 2013 年上半年发布以及政策效果的滞后性，将政策冲击年份确定为 2014 年，运用标准的双重差分方法对政策效果进行评估。

因此，可以将智慧城市和新能源示范城市的设立分别看作一项"准自然实验"，采用双重差分评估模型，为考察环境基础设施建设能否促进城市发展质量提升提供支撑。在确定实验组和控制组的过程中，由于部分智慧城市和新能源示范城市是县级城市或者市级区域，如果将其全部定义为实验组，就会高估政策结果，故本书借鉴学者石大千对实验组的处理方式，剔除县级城市或者市级区域所在的地级市，增加研究评估的准确性。其中，由于 2014 年和 2015 年分别出现了新的智慧城市，为确保获得 2013 年试点政策的净效应，在基准回归中剔除 2014 年、2015 年设立的第二、三批试点城市。最终，结合 19 个城市群的城市选取范围，选取 2003～2019 年我国 201 个城市面板数据，研究智慧城市时，以 32 个智慧城市试点城市为实验组，其余 169 个城市为控制组；研究新能源示范城市时，以 48 个新能源示范城市试点城市为实验组，其余 153 个城市为控制组。基于上述分析，研究设定了两个虚拟变量：一是实验组和控制组，将环境基础设施（智慧城市或新能源示范城市）试点城市设置为实验组，定义为 1；其余非试点城市设置为控制组，定义为 0。二是政策时间虚拟变量，将政策实施期及之后，定义为 1，政策实施期之前定义为 0。

然而，中国不同城市发展条件不同，存在自然与区位条件、国家与地方政策以及区域经济增长等多方面差异，异质性较大，城市与城市之间难以满足时间效应一致的条件。同时，单纯的双重差分模型可能存在自选择问题，即城市发展质量更好的城市更有可能被设立为智慧城市或新能源示范城市。因此，进行双重差分（DID）评估前需要从城市各方面特征综合考虑，尽最大可能地使实验组和控制组相似，简而言之，就是设置控制组时，要尽可能地挑选与实验组有着相似特征的非智慧城市或非新能源示范城市。基于此，研究采用倾向得分匹配法（PSM）消除样本选择偏差，帮助实验组与控制组具备相似特征。虽然在解决样本选择偏差问题方面 PSM 效果显著，但因变量遗漏所产生的内生性问题却无法避免，而 DID 虽然不能较好地解决样本偏差问题，但通过双重差分能有效解决内生性问题并得出政策处理效应，基于此，本书对样本处理组与控制组采用 PSM 匹配后再进行 DID 能够缓解这一问题，即采用 PSM – DID 相结合的方法。研究结果达到稳健才是正确有效的，故在采用 DID 方法判断影响关系后，再运用 PSM – DID 法检验实证结果，主要是通过 1∶1 抽样放回最近距离的配对来构建控制组，使用 logit 法估计实验组与控制组的"倾向值"，从而更准确评估中心城市环境基础设施建设对城市发展质量的提升效应。

参考相关研究做法，本书基于 DID 方法的基本模型设定如下：

$$y_{it} = \beta_0 + \beta_1 did_{it} + \sum_{i=1}^{N} \beta_2 X_{it} + \mu_{it} + \eta_{it} + \varepsilon_{it} \tag{5–56}$$

其中，$did_{it} = T_i \times C_t$，下同。

进一步基于 PSM – DID 方法进行稳健估计，具体步骤为：（1）运用 PSM 匹配实验组和控制组，选出与实验组特征相似的控制组，解决多维匹配变量的数据稀疏问题；（2）基于双向面板固定效应模型，将匹配后的实验组和控制组进行 DID 估计，式中符号所代表的含义与前文相同，模型如下：

$$y_{it}^{PSM} = \beta_0 + \beta_1 did_{it} + \sum_{i=1}^{N} \beta_2 X_{it} + \mu_i + \eta_t + \varepsilon_{it} \tag{5–57}$$

其中，$y_{it}^{PSM}$ 为绿色全要素生产率，作为被解释变量，表示城市发展质量，其下标 i 和 t 分别代表城市和年份。$\beta_0$ 为常数项；$\beta_1$ 是衡量中心城市环境基础设施建设对城市发展质量的影响系数，表示中心城市环境基础设施建设对城市发展质量的净影响，假如环境基础设施建设能提升城市发展质量，则 $\beta_0$ 系数应显著为正。$T_i$ 为组间哑变量，以某一城市是否建设了环境基础设施为标准，建设了取值为 1，没有建设的年份取值为 0；$C_t$ 为政策哑变量，环境基础设施建设的当年及以后取值为 1，环境基础设施建设之前的年份取值为 0。因此，$did_{it}$ 就表示为该城市是否进行了环境基础设施建设试点的虚拟变量，简言之，当城市 i 在 t 年被列为环境基础设施建设试点，则取值为 1，反之取值为 0。$X_{it}$ 为控制变量，是可能会对城市发展质量产生影响的变量，本书主要有城市固定资产水平、产业结构、政府干预程度、金融规模、对外开放程度、信息基础设施、消费需求等变量。$\mu_i$ 为地区固定效应，$\eta_t$ 为时间固定效应，控制结果不因时间和样本而发生变化，$\varepsilon_{it}$ 为随机误差项。

以上变量的选取理由如下：

首先，本书以城市发展质量作为被解释变量，用绿色全要素生产率表示。城市发展质量是对城市发展情况的综合评估，涵盖经济、社会和环境等方面，蕴涵创新、绿色、协调、开放、共享五大发展理念。自改革开放以来，中国经济迅速发展，既实现了快速度增长，又达到了国家发展预期，尤其是在新冠疫情冲击和国际经济低迷的 2020 年，我国国内生产总值（GDP）首次突破 100 万亿元这一关键点，可谓创造了速度与数量的"双料"增长奇迹。在经济高速增长的背后，环境污染问题突出、产业结构分布不合理、城乡收入差距加大、供需失衡等问题层出不穷，为城市管理带来巨大挑战。为此，越来越多的学者尝试从生态保护、全要素生产率、FDI（外商直接投资）质量、人力资本、管理模式、产业结构等视角追寻城市高质量发展路径。

城市发展质量包括城市"数量"方面的经济增长和"质量"方面的发展效率，现有国内外学者研究中，城市发展质量测度方式多样，有学者提出构建城市发展指数（利用夜间灯光数据或城市化水平数据加以构建）来诊断城市发展进程，也有学者使用劳动生产率、人均 GDP、全要素生产率去衡量城市发展质量，此外，还有部分学者通过构建指标体系计算得出城市发展质量指数。本书认为，在如今城市生态环境面临重大破坏的形势下，加之公众绿色环保意识日益加强，绿色全要素生产率是衡量城市发展质量与未来前景的不二选择。

然而这些指标忽视了资源与环境对经济发展的双重制约效应，经济发展是随着社会发展而不断变化的动态过程，故其测算结果在一定程度上是存在偏误的。综上，本书首先采用具有非期望产出的绿色全要素生产率变量，然后运用 SBM - DEA 模型对 2003～2019 年 19 个城市群 201 个城市的绿色全要素生产率进行测度，得到城市发展质量水平。DEA - Malmquist 指数法对生产函数不做要求，无须设定，较好地避免了主观因素测量误差，主要使用投入产出相关数据完成面板数据的全要素生产率计算。具体来说，用劳动和资本表示投入要素，期望产出和非期望产出表示产出指标，使用 MATLAB R2020a 完成求解过程。SBM - DEA 模型的测算，投入指标、产出指标、非期望产出三类指标必不可少，借鉴李汝资等相关研究选取具体指标，投入指标用劳动力、资本、能源表示，即选用年末单位从业人员数表示劳动力指标；以固定资产存量表示资本指标；以各地级市工业用电对数来表示能源消费水平。其中，对固定资产投资的折算，参照单豪杰和柯善咨使用的永续盘存法计算资本存量，具体步骤如下：$K_{it} = (1 - \delta) K_{it} - 1 + I_{it}$。其中，$K_{it}$ 代表 i 地区第 t 期的固定资产存量，$I_{it}$ 代表 i 地区第 t 期的以不变价格计算的固定资产投资额，因为地级市层面固定资产投资价格指数缺失，所以用 i 地区所在省份的固定资产投资价格指数对其进行平减处理成以 2003 年为基期的不变价。$\delta$ 表示资本折旧率，本书设置为 9.6%。基期资本存量的计算公式设定为：$K_{io} = I_{io} / (1 + gi + \delta)$，其中，$I_{io}$ 为 2003 年 i 地区的固定资产投资额，g 为 2003～2019 年 i 地区固定资产投资额的年均增长率。

对于产出指标，期望产出指标用以 2003 年为基期的地区实际生产总值表示，因为现有数据资源并未统计各地级市的 GDP 平减指数，在此使用各城市所在省份的 GDP 平减指数进行平减处理。同时，用各城市的工业废水排放量、工业二氧化硫排放量、工业烟尘排放量表示非期望产出，并依据熵值法和非期望产出的权重计算得出非期望产出的综合指标。在具体测算中，上述产出、非期望产出、投入指标分别取自然对数。

由于 ML 生产率指数表示的是绿色全要素生产率的变化率，而不是绿色全要素生产率，因此，研究使用环比换算方法处理 ML 指数。基于 SBM – DEA 模型的基本原理，以 2003 年为基期，设定 2003 年的绿色全要素生产率水平为 1，Malmquist 生产率指数表示相对上一年的生产率变化率，所以与测得的 Malmquist 生产率指数进行相乘才能得到 GTFP，设定 2003 年 GTFP 为 1，那么 2004 年 GTFP 为 2003 年 GTFP 乘以 2004 年 Malmquist 生产率指数；2005 年 GTFP 为 2004 年 GTFP 乘以 2005 年 Malmquist 生产率指数，依此类推。

其次，对于核心解释变量，本书将环境基础设施（新能源示范城市和智慧城市试点）作为核心解释变量，将具有环境基础设施的城市作为处理组，其他城市作为控制组。此研究旨在探讨中心城市环境基础设施对城市发展质量的提升效应，在处理智慧城市时，考虑到结果的稳健性，一是实验组仅为第一批智慧城市试点时，对第二批与第三批智慧城市试点进行剔除；二是实验组仅为第二批或仅为第三批智慧城市试点时，分别对第一批与第三批进行剔除，或对第一批与第二批进行剔除。因此，设置虚拟变量 $C_t$ 作为城市所属组别的代表，属于实验组的城市设置为 1，属于控制组的城市设置为 0。设置虚拟变量 $T_i$ 作为环境基础设施试点冲击时间的代表，环境基础设施建设试点确定当年及之后年份设置为 1，反之设置为 0。核心解释变量表示为：$did_{it} = T_i \times C_t$。

最后，对于控制变量，考虑到其他变量也会影响城市发展质量，本书引入了一系列控制变量，同时，借鉴既有研究，考虑数据的可获得性，本书最终选取如下控制变量：①固定资产水平（ivs），使用固定资产投资占 GDP 的比重加以衡量；②产业结构（indu），使用第三产业占 GDP 的比重加以衡量；③政府干预程度（gov），使用政府财政支出占 GDP 的比重加以衡量；④金融规模（fin），使用年末金融机构存款余额占 GDP 的比重加以衡量；⑤对外开放程度（open），使用实际利用外资 FDI 占 GDP 的比重加以衡量，并使用当年平均汇率将实际利用外资额换算为人民币；⑥信息基础设施（Internet），使用互联网用户占年末总人口的比重加以衡量；⑦消费需求（con），使用社会消费品零售总额占 GDP 的比重加以衡量。

### 5.6.1.3　数据来源与预处理

本书主要探讨中心城市环境基础设施与城市发展质量的影响关系，在《中国城市统计年鉴》《中国统计年鉴》及各省市的国民经济和社会发展统计公报中获取城市层面的经济发展数据。本书删除数据缺失严重的城市，用平均值法填补城市缺失的个别数据，并在 Stata16.0 中按照城市行政区划的改变得到平衡面板，最终使用中国 201 个地级市 2003 ~ 2019 年的面板数据。

中心城市环境基础设施建设对城市发展质量的影响研究中，各变量的描述性统计结果见表 5 – 121。

表 5 – 121　　　　　　　　　　　　　　　描述性统计

| 变量 | 变量说明 | 观测值 | 均值 | 标准差 | 最小值 | 最大值 |
|---|---|---|---|---|---|---|
| sbm | 城市发展质量 | 3417 | 1.025 | 0.094 | 0.696 | 2.055 |
| ivs | 固定资产水平 | 3417 | 0.651 | 0.286 | 0.085 | 2.197 |
| indu | 产业结构 | 3417 | 0.441 | 0.114 | 0.086 | 0.835 |
| gov | 政府干预程度 | 3417 | 0.147 | 0.080 | 0.031 | 1.936 |
| fin | 金融规模 | 3417 | 1.340 | 0.763 | 0.245 | 20.100 |
| open | 对外开放程度 | 3417 | 0.022 | 0.023 | 0 | 0.201 |
| Internet | 信息基础设施 | 3417 | 0.173 | 0.199 | 0 | 3.664 |
| con | 消费需求 | 3417 | 0.365 | 0.121 | 0.026 | 3.835 |

## 5.6.2　测算结果与回归分析

### 5.6.2.1　中心城市环境基础设施对城市发展质量影响研究的基准回归

利用双向固定效应模型来判定中心城市环境基础设施建设与城市发展质量的影响关系，详细结果如表 5－122 所示。在表中可以看出，模型（1）和模型（3）中均不放控制变量，模型（2）和模型（4）则引入控制变量进行回归，以通过改变被解释变量的度量方法对基准回归进行稳健性检验。模型（1）和模型（2）为智慧城市对城市发展质量的影响，模型（3）和模型（4）为新能源示范城市对城市发展质量的影响。结果显示，中心城市环境基础设施对城市发展质量的影响结果不因控制变量而不同，结果均显著为正，说明环境基础设施显著提升了城市发展质量。其中，模型（2）的政策系数（did）为 0.0113，可以看出智慧城市建设使城市发展质量平均提高了 0.0113 个百分点；模型（4）的政策系数（did）为 0.0120，可以看出新能源示范城市建设使城市发展质量平均提高了 0.0120 个百分点。

表 5－122　　　　　　　　　　　　　　　基准回归结果

| 解释变量 | 城市发展质量 | | 解释变量 | 城市发展质量 | |
|---|---|---|---|---|---|
| | （1） | （2） | | （3） | （4） |
| 智慧城市 | 0.0091 *<br>（0.0049） | 0.0113 **<br>（0.0048） | 新能源示范城市 | 0.0106 **<br>（0.0048） | 0.0120 **<br>（0.0047） |
| 固定资产水平 | — | − 0.0148 **<br>（0.0060） | 固定资产水平 | — | − 0.0319 ***<br>（0.0061） |
| 产业结构 | — | 0.0767 ***<br>（0.0204） | 产业结构 | — | 0.0891 ***<br>（0.0202） |
| 政府干预程度 | — | 0.0317<br>（0.0221） | 政府干预程度 | — | 0.0835 ***<br>（0.0241） |
| 金融规模 | — | 0.0041<br>（0.0029） | 金融规模 | — | 0.00118<br>（0.0021） |
| 对外开放程度 | — | − 0.293 ***<br>（0.0659） | 对外开放程度 | — | − 0.180 **<br>（0.0705） |
| 信息基础设施 | — | − 0.0218 **<br>（0.0087） | 信息基础设施 | — | − 0.0165 *<br>（0.0095） |
| 消费需求 | — | 0.117 ***<br>（0.0194） | 消费需求 | — | 0.0398 ***<br>（0.0127） |
| 常数项 | 1.023 ***<br>（0.0010） | 0.956 ***<br>（0.0111） | 常数项 | 1.025 ***<br>（0.0011） | 0.984 ***<br>（0.0109） |
| 地区效应 | 控制 | 控制 | 地区效应 | 控制 | 控制 |
| 时间效应 | 控制 | 控制 | 时间效应 | 控制 | 控制 |
| 样本量 | 2618 | 2618 | 样本量 | 3417 | 3417 |
| $R^2$ | 0.549 | 0.572 | $R^2$ | 0.657 | 0.667 |

注：括号内的数据为聚类到地级市层面的稳健标准误，***、**、* 分别表示在 1%、5%、10% 水平上显著。

**5.6.2.2　中心城市环境基础设施对城市发展质量影响研究的 PSM – DID 回归**

为降低存在的双重差分法估计偏误，避免环境基础设施试点城市与其他城市变动趋势所带来的系统性差异，接着引入 PSM – DID 方法检验结果稳健性。运用倾向得分匹配方法前需要保证数据是可靠的，要求匹配后处理组与控制组的可测变量不具有显著的差异，即应进行模型有效性检验，使数据样本满足"条件独立假设"。具体而言，首先进行共同支撑假设检验，判断实验组与控制组在匹配后的平衡效果，识别出协变量样本匹配后是否具有显著性差异。假若实验组和控制组两组数据不具有显著差异，PSM – DID 方法则适用。据共同支撑假设检验结果可以看出，实验组与控制组经过匹配后的协变量均不具有显著差异，与此同时，城市发展质量指标这一结果变量存在显著性差异，智慧城市的 P 值在 1% 水平上显著，新能源示范城市的 P 值在 10% 水平上显著，因此，本书使用 PSM – DID 方法是合理有效的。具体操作中，本书使用核匹配法进行估计检验，用以判定中心城市环境基础设施建设提升城市发展质量的作用是否稳健。

关于智慧城市平稳性检验如表 5 – 123 所示。

表 5 – 123　　　　　　　智慧城市 PSM – DID 方法适用性检验（共同支撑假设）

| 变量 | 控制组均值 | 实验组均值 | 差分 | T 值 | P 值 |
|---|---|---|---|---|---|
| 城市发展质量 | 1.026 | 1.051 | 0.025 | 5.25 | 0.0000 *** |
| 固定资产水平 | 0.565 | 0.568 | 0.003 | 0.20 | 0.8444 |
| 产业结构 | 0.418 | 0.423 | 0.005 | 0.63 | 0.5280 |
| 政府干预程度 | 0.113 | 0.116 | 0.002 | 0.59 | 0.5558 |
| 金融规模 | 1.271 | 1.334 | 0.063 | 1.37 | 0.1716 |
| 对外开放程度 | 0.032 | 0.034 | 0.002 | 0.97 | 0.3314 |
| 信息基础设施 | 0.143 | 0.139 | – 0.004 | 0.39 | 0.6930 |
| 消费需求 | 0.318 | 0.322 | 0.004 | 0.80 | 0.4237 |

注：*** 表示在 1% 水平上显著。原假设为实验组与控制组协变量之间无显著性差异。

关于新能源示范城市平稳性检验如表 5 – 124 所示。

表 5 – 124　　　　　　　新能源 PSM – DID 方法适用性检验（共同支撑假设）

| 变量 | 控制组均值 | 实验组均值 | 差分 | T 值 | P 值 |
|---|---|---|---|---|---|
| 城市发展质量 | 1.028 | 1.033 | 0.005 | 1.84 | 0.0657 * |
| 固定资产水平 | 0.555 | 0.565 | 0.010 | 0.97 | 0.3335 |
| 产业结构 | 0.438 | 0.443 | 0.005 | 0.90 | 0.3703 |
| 政府干预程度 | 0.109 | 0.111 | 0.002 | 1.10 | 0.2719 |
| 金融规模 | 1.261 | 1.297 | 0.037 | 1.22 | 0.2239 |
| 对外开放程度 | 0.030 | 0.031 | 0.001 | 0.49 | 0.6210 |
| 信息基础设施 | 0.128 | 0.140 | 0.011 | 1.22 | 0.2243 |
| 消费需求 | 0.344 | 0.349 | 0.005 | 0.66 | 0.5071 |

注：* 表示在 10% 水平上显著。原假设为实验组与控制组协变量之间无显著性差异。

进行具体估计前需要检验实验组和控制组之间的匹配效果，倾向得分值密度函数图能清晰看出这种关系，据图 5 – 8 和图 5 – 9 显示，智慧城市和新能源示范城市试点的实验组和控制组城市在匹配后的倾向得分值的概率密度较为接近，表示本书的匹配效果较好。因此，基于共同支撑假设，本书进一步证明了 PSM – DID 方法的可行性和合理性。

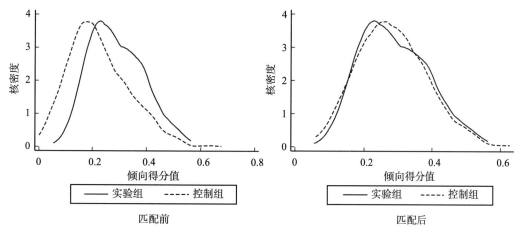

**图 5 – 8　新能源示范城市试点倾向得分值概率分布密度函数**

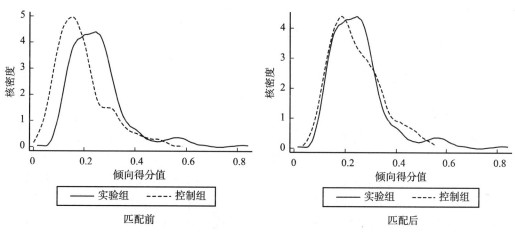

**图 5 – 9　智慧城市倾向得分值概率分布密度函数**

表 5 – 125 结果显示，采取 PSM – DID 方法之后，对匹配后的样本重新进行双重差分，智慧城市和新能源示范城市等环境基础设施依然显著提升了城市发展质量水平。PSM – DID 估计所得结果在符号和显著水平上与前文双重差分不存在显著差异，本书结果再次得到支撑验证，中心城市环境基础设施建设具有显著提升城市发展质量的效应。

表 5 – 125　　　　　　　　　　　　　　PSM – DID 基准回归结果

| 解释变量 | 城市发展质量 | | 解释变量 | 城市发展质量 | |
|---|---|---|---|---|---|
| | （1） | （2） | | （3） | （4） |
| 智慧城市 | 0.009 *<br>（0.0049） | 0.0105 **<br>（0.0048） | 新能源示范城市 | 0.0121 **<br>（0.0047） | 0.0133 ***<br>（0.0047） |
| 固定资产水平 | — | – 0.0193 ***<br>（0.0064） | 固定资产水平 | — | – 0.0479 ***<br>（0.0068） |
| 产业结构 | — | 0.0741 ***<br>（0.0205） | 产业结构 | — | 0.0928 ***<br>（0.0203） |
| 政府干预程度 | — | 0.0828 **<br>（0.0409） | 政府干预程度 | — | 0.237 ***<br>（0.0504） |

续表

| 解释变量 | 城市发展质量 | | 解释变量 | 城市发展质量 | |
|---|---|---|---|---|---|
| | (1) | (2) | | (3) | (4) |
| 金融规模 | — | 0.0186 ***<br>(0.006) | 金融规模 | — | −0.00139<br>(0.0022) |
| 对外开放程度 | — | −0.281 ***<br>(0.066) | 对外开放程度 | — | −0.176 **<br>(0.0721) |
| 信息基础设施 | — | −0.0217 **<br>(0.0087) | 信息基础设施 | — | −0.0078<br>(0.0111) |
| 消费需求 | — | 0.101 ***<br>(0.021) | 消费需求 | — | 0.0444 ***<br>(0.0127) |
| 常数项 | 1.023 ***<br>(0.001) | 0.939 ***<br>(0.0115) | 常数项 | 1.021 ***<br>(0.0011) | 0.969 ***<br>(0.0116) |
| 地区效应 | 控制 | 控制 | 地区效应 | 控制 | 控制 |
| 时间效应 | 控制 | 控制 | 时间效应 | 控制 | 控制 |
| 样本量 | 2608 | 2608 | 样本量 | 3315 | 3315 |
| $R^2$ | 0.549 | 0.577 | $R^2$ | 0.574 | 0.59 |

注：括号内的数据为聚类到地级市层面的稳健标准误，*** 、 ** 、 * 分别表示在1%、5%、10%水平上显著，下同。

### 5.6.2.3　异质性分析

考虑到我国地区发展的不平稳性，从地区异质性来看，地理位置、经济发展水平以及政策实施效果等在西部、东部、中部和东北部呈现出一定的差异，具备良好区位条件的城市具有先天的资源禀赋、设施配置完备、科技创新竞争力强、获取要素能力强、交易成本较低、资源利用率高等优势，所以各个地区环境基础设施建设水平参差不齐。实证过程表明，中心城市环境基础设施建设可以显著地提升城市发展质量，在此基础上，中心城市环境基础设施建设是否能在不同地区产生类似的效果，是否存在显著差异？因此，本书进一步考察不同地区差异下中心城市环境基础设施建设试点政策对城市发展质量的提升效应，进行区域异质性检验。表5-126和表5-127分别显示了西部、东部、中部和东北部城市等不同地理位置的中心城市环境基础设施对城市发展质量的作用效果差异，结果显示，地理区位差异会导致政策效果也存在差异。

关于智慧城市：

表5-126显示了智慧城市与城市发展质量影响的异质性分析回归结果。城市所属区域的异质性分析结果显示，东部地区和中部地区智慧城市建设对城市发展质量具有显著促进作用，即智慧城市建设能够显著提升城市发展质量，亦证明了地区高质量发展与政策促进效果具有正相关性；西部地区智慧城市建设对城市发展质量具有显著的抑制作用，即智慧城市建设在西部地区的效果没有达到预期；东北部地区智慧城市建设对城市发展质量存在一定的抑制作用，但不显著，即智慧城市建设在东北部地区的政策效果不明显。可能的原因是智慧城市建设需要人力、物力、财力和技术等基础设施的共同支撑，相对于西部地区，东部地区基于自身区位优势和经济发展优势，基础设施较完善、经济和科技发展水平较高，在政策和资源倾斜推动下，能够吸引大量高素质的人才集聚，为城市创新营造良好的环境；中部地区承东启西、交通运输通达性强、物流成本和交易成本相对较低，资源丰富，发展潜力很大，是产业集聚及优化布局的优选之地，支撑着我国城市高质量发展，由于中部地区的初始经济水平较东部地区落后一些，在实施新的试点政策时提升空间更大，效果更加显著；东北部地区经济发展水平落后于东部发达地区，信息创新能力低，难以吸纳专业人才，较难获取城市可持续发展的专业建议，给城市高质量发展带来挑战；西部地区信息化配套设施相对落后，服务

和能源利用效率低,政府资金供给不足,产业结构有待优化,西部地区智慧城市建设方面处于起步阶段,但西部大开发战略实施以来,一大批重点工程建成,同时加强了生态环境保护,为西部地区带来不断增强的可持续支撑能力,带动城市高质量发展将是未来西部地区发展规划的重点。因此,智慧城市建设能够较为显著地提升东部、中部地区城市发展质量,而对西部、东北部地区效果不明显。

表5-126 地区、城市级别智慧城市异质性分析

| 解释变量 | (1) | (2) | (3) | (4) |
|---|---|---|---|---|
| | 西部 | 东部 | 中部 | 东北部 |
| 智慧城市 | -0.0637***<br>(0.0209) | 0.0114**<br>(0.0053) | 0.0217***<br>(0.0077) | -0.00236<br>(0.0189) |
| 固定资产水平 | 0.00535<br>(0.0147) | -0.0347***<br>(0.0111) | 0.00428<br>(0.0127) | -0.00282<br>(0.0122) |
| 产业结构 | -0.0203<br>(0.0666) | 0.0943***<br>(0.0275) | 0.0899**<br>(0.0355) | 0.0364<br>(0.0395) |
| 政府干预程度 | 0.058<br>(0.0353) | -0.144*<br>(0.0827) | 0.199*<br>(0.1132) | -0.430***<br>(0.107) |
| 金融规模 | -0.00278<br>(0.0047) | 0.0445***<br>(0.0083) | -0.0587***<br>(0.016) | 0.0252***<br>(0.0094) |
| 对外开放程度 | -1.042***<br>(0.2779) | 0.0282<br>(0.082) | -0.595***<br>(0.1426) | 0.257**<br>(0.1286) |
| 信息基础设施 | -0.0276<br>(0.0406) | -0.0215***<br>(0.0079) | 0.0408<br>(0.0421) | -0.0425<br>(0.0422) |
| 消费需求 | 0.187***<br>(0.0695) | 0.0902***<br>(0.0275) | -0.00649<br>(0.042) | 0.0896**<br>(0.04) |
| 常数项 | 0.969***<br>(0.0291) | 0.928***<br>(0.0172) | 1.026***<br>(0.0263) | 1.015***<br>(0.023) |
| 地区效应 | 控制 | 控制 | 控制 | 控制 |
| 时间效应 | 控制 | 控制 | 控制 | 控制 |
| 样本量 | 578 | 1173 | 561 | 306 |
| $R^2$ | 0.619 | 0.605 | 0.567 | 0.624 |

注:***、**、*分别表示在1%、5%、10%水平上显著。

关于新能源示范城市:

表5-127显示了新能源示范城市与城市发展质量影响的异质性分析回归结果。城市所属区域的异质性分析结果表明,西部地区和东部地区新能源示范城市建设对提升城市发展质量具有促进作用,只是促进作用不显著;中部地区新能源示范城市建设对提升城市发展质量具有显著促进作用,即中部地区新能源示范城市建设能够显著提升城市发展质量;东北部地区新能源示范城市建设对城市发展质量具有显著的抑制作用,即新能源示范城市建设在东北部地区的效果有限。可能的原因是中部地区人口密集,消费水平和市场需求高,劳动力丰富,吸引了大量产业资源和技术向中部地区聚集,并对东部沿海地区的产业转移和资源优势具有较好的承接作用,从而助力推动城市规模扩大,带动城市经济向高质量方向发展迈进。加之,中部地区正处于城市化快速发展的关键时期,相对于东部地区,产业发展较为滞后、设施基础较为薄弱,在国家积极调整能源结构,倡导提升绿色

能源消费比重的前提下，以环境保护、技术创新、城市健康可持续发展为主的新能源示范城市建设对城市发展质量提升和促进的作用效果会更为明显。东部发达地区作为我国最早改革开放的重点区域，产业关联程度较高且结构布局合理，服务设施完备，一直致力于能源转型发展，虽然新能源示范城市对提升城市发展质量存在一定的促进作用，但由于早期的重视，弱化了促进效应。西部地区受制于区位、资源、资金、设施等因素，资金支持力度不足、政策扶持度低、技术创新度不够，难以吸引科技人才和投资，在环境规制的情形下会产生"创新补偿"效应，开发新能源所带来的效率损失与经济增长红利相互抵消，弱化了促进效应。东北部地区能源丰富，但存在电力发展和用电需求不协调、不匹配，大多数地区属于高能源低负荷状态，造成资源大量浪费，甚至会由于不能及时消纳电力而给环境带来污染，成为城市高质量发展路上的阻碍。

表 5－127　　　　　　　　　　地区、城市级别新能源示范城市异质性分析

| 解释变量 | （1） | （2） | （3） | （4） |
|---|---|---|---|---|
| | 西部 | 东部 | 中部 | 东北部 |
| 新能源示范城市 | 0.0158<br>（0.0158） | 0.000925<br>（0.0055） | 0.0271 ***<br>（0.0075） | － 0.0240 **<br>（0.0104） |
| 固定资产水平 | － 0.0335 **<br>（0.0135） | － 0.0282 **<br>（0.0118） | 0.00865<br>（0.0123） | － 0.00953<br>（0.0105） |
| 产业结构 | 0.110 **<br>（0.0541） | 0.0926 ***<br>（0.0298） | 0.112 ***<br>（0.034） | 0.00287<br>（0.0328） |
| 政府干预程度 | 0.0896 **<br>（0.0385） | － 0.201 **<br>（0.0888） | 0.176 *<br>（0.1062） | － 0.184 ***<br>（0.0651） |
| 金融规模 | － 0.00467<br>（0.0053） | 0.0504 ***<br>（0.009） | － 0.0390 ***<br>（0.015） | － 0.00127<br>（0.0018） |
| 对外开放程度 | － 0.547 *<br>（0.2867） | 0.0843<br>（0.0867） | － 0.618 ***<br>（0.1407） | 0.168<br>（0.1193） |
| 信息基础设施 | － 0.00612<br>（0.0322） | － 0.0206 **<br>（0.0087） | 0.0785 *<br>（0.044） | － 0.0691 *<br>（0.0402） |
| 消费需求 | 0.0227<br>（0.0221） | 0.0928 ***<br>（0.0295） | － 0.0477<br>（0.0423） | 0.0576 *<br>（0.032） |
| 常数项 | 0.994 ***<br>（0.0268） | 0.922 ***<br>（0.0187） | 1.004 ***<br>（0.0249） | 1.050 ***<br>（0.0191） |
| 地区效应 | 控制 | 控制 | 控制 | 控制 |
| 时间效应 | 控制 | 控制 | 控制 | 控制 |
| 样本量 | 969 | 1292 | 782 | 374 |
| $R^2$ | 0.733 | 0.534 | 0.602 | 0.601 |

注：括号内的数据为聚类到地级市层面的稳健标准误，***、**、*分别表示在1%、5%、10%水平上显著，下同。

立足于全国范围内发展，高质量发展是体现"创新、协调、绿色、开放、共享"新发展理念的动态变化，代表了"十四五"乃至更长时期我国经济社会发展的主题。随着高铁时代的到来，西部地区通过构建城与城之间的综合交通网络，实现了资源流通和共享，加速了产业互动频率，并强化了以服务、科技、金融为主的新兴第三产业，这与东部、中部、东北部地区的发展趋势同步，最终推进城市群一体化发展。但由于受气候、地形、市场化水平限制，西部地区在绿色发展、民生

改善、人口潜力等方面劣势明显。近几年来，西部地区紧紧抓住高质量发展的重要机遇，积极应对绿色转型的挑战，借助丰富的绿色能源和生态资源，促进提升城市可持续发展能力。除此之外，西部城市当地政府逐渐重视城市科创水平，发布多项政策配套奖励措施，吸引外来优秀人才和企业，开发清洁能源、优化能源结构和产业结构，培育创新价值链条，增强产业链供应链竞争力和稳定性。因此，相较于其他地区，西部城市发展潜力更大，有更充足的空间发展绿色经济，实现城市高质量发展。

**5.6.2.4　中心城市环境基础设施对城市发展质量影响研究的稳健性检验**

本书在基准回归中通过使用 DID 与 PSM‑DID 两种回归方法与不同处理组的模型已在一定程度上验证了结果的稳健性，为了进一步验证中心城市环境基础设施建设对城市发展质量的影响，采取以下方法进行稳健性检验。

方法一：缩小样本范围。

基准回归样本是 19 个城市群的 201 个地级市，然而新能源示范城市主要分布在 48 个地级市，智慧城市主要分布在 32 个地级市，因此本书进一步尝试缩小样本范围，仅保留最终拥有环境基础设施（新能源示范城市或智慧城市）的地级市所在的省份。具备环境基础设施的地级市极大概率上来讲产业优势和经济发展基础更好，考虑这一因素，本书将仅保留拥有环境基础设施的地级市所在的省份，提升实验组与控制组之间的可比性。详细结果如表 5‑128 所示，缩小样本范围后，DID 和 PSM‑DID 均显著，并不会改变基准回归的结论。

表 5‑128　　缩小样本范围

| 解释变量 | 城市发展质量 | | 解释变量 | 城市发展质量 | |
|---|---|---|---|---|---|
| | (1) DID | (2) PSM‑DID | | (3) DID | (4) PSM‑DID |
| 智慧城市 | 0.0116 ** (0.005) | 0.0103 ** (0.0049) | 新能源示范城市 | 0.0138 *** (0.0046) | 0.0143 *** (0.0046) |
| 固定资产水平 | -0.0130 * (0.008) | -0.0111 (0.0081) | 固定资产水平 | -0.0472 *** (0.0066) | -0.0408 *** (0.007) |
| 产业结构 | 0.0557 ** (0.0235) | 0.0495 ** (0.0239) | 产业结构 | 0.0672 *** (0.0204) | 0.0708 *** (0.0207) |
| 政府干预程度 | 0.101 ** (0.0453) | 0.0679 (0.049) | 政府干预程度 | 0.277 *** (0.0459) | 0.230 *** (0.0552) |
| 金融规模 | -0.00115 (0.0032) | 0.0112 (0.008) | 金融规模 | -0.00249 (0.0021) | 0.00908 (0.0064) |
| 对外开放程度 | -0.371 *** (0.0778) | -0.377 *** (0.0779) | 对外开放程度 | -0.0885 (0.0714) | -0.103 (0.0712) |
| 信息基础设施 | -0.0197 ** (0.0096) | -0.0191 ** (0.0096) | 信息基础设施 | 0.00587 (0.0117) | 0.00813 (0.0117) |
| 消费需求 | 0.111 *** (0.0233) | 0.102 *** (0.0249) | 消费需求 | 0.0375 *** (0.0122) | 0.0375 *** (0.0127) |
| 常数项 | 0.968 *** (0.0132) | 0.961 *** (0.0137) | 常数项 | 0.978 *** (0.0118) | 0.963 *** (0.0123) |

续表

| 解释变量 | 城市发展质量 | | 解释变量 | 城市发展质量 | |
|---|---|---|---|---|---|
| | （1）DID | （2）PSM – DID | | （3）DID | （4）PSM – DID |
| 地区效应 | 控制 | 控制 | 地区效应 | 控制 | 控制 |
| 时间效应 | 控制 | 控制 | 时间效应 | 控制 | 控制 |
| 样本量 | 2074 | 2066 | 样本量 | 2873 | 2836 |
| $R^2$ | 0.556 | 0.558 | $R^2$ | 0.715 | 0.646 |

注：括号内的数据为聚类到地级市层面的稳健标准误，\*\*\*、\*\*、\*分别表示在1%、5%、10%水平上显著，下同。

方法二：安慰剂检验。

基于上述稳健性检验，本书进一步利用反事实方法，进行安慰剂检验，本书主要参考学者石大千、周玉龙、范子英、徐换歌等的研究，借助安慰剂检验的思想，首先人为设定一个环境基础设施建设试点时间点，检验城市发展质量。若系数不显著，则证明城市发展质量的提升是由环境基础设施建设引起的，并非其他因素；反之，结论不稳健。其中，针对智慧城市，选取2006~2007年、2007~2009年、2008~2010年、2009~2011年和2010~2012年的面板数据再次对基准模型进行回归；针对新能源示范城市，选取2007~2009年、2008~2010年、2009~2011年、2010~2012年和2011~2013年的面板数据再次对基准模型进行回归。根据表5-129和表5-130的结果显示，通过设置不同的环境基础设施建设试点时间点（智慧城市和新能源示范城市），倍差项系数均不再显著，表明城市发展质量的提升的确是因为环境基础设施建设，提升效应也并非随机。故而，在上述稳健性检验的支持下，可以验证本书的估计结果和结论十分稳健。

表5-129　　　　　　　　　　　　　智慧城市反事实检验

| 变量名称 | 2006~2008年 | 2007~2009年 | 2008~2010年 | 2009~2011年 | 2010~2012年 |
|---|---|---|---|---|---|
| | 2007年 | 2008年 | 2009年 | 2010年 | 2011年 |
| 智慧城市 | -0.00065 (0.0069) | 0.0143 (0.0088) | 0.00744 (0.0086) | -0.018 (0.0114) | -0.00801 (0.0097) |
| 常数项 | 1.091\*\*\* (0.0437) | 1.116\*\*\* (0.048) | 1.060\*\*\* (0.0523) | 0.926\*\*\* (0.082) | 1.009\*\*\* (0.0699) |
| 控制变量 | 是 | 是 | 是 | 是 | 是 |
| 地区固定 | 是 | 是 | 是 | 是 | 是 |
| 时间固定 | 是 | 是 | 是 | 是 | 是 |
| 样本量 | 462 | 462 | 462 | 462 | 462 |
| $R^2$ | 0.844 | 0.818 | 0.863 | 0.770 | 0.821 |

注：\*\*\*表示在1%水平上显著。

表5-130　　　　　　　　　　　　新能源示范城市反事实检验

| 变量名称 | 2007~2009年 | 2008~2010年 | 2009~2011年 | 2010~2012年 | 2011~2013年 |
|---|---|---|---|---|---|
| | 2008年 | 2009年 | 2010年 | 2011年 | 2012年 |
| 新能源示范城市 | 0.00558 (0.0074) | 0.0094 (0.007) | 0.00395 (0.0088) | 0.00591 (0.0085) | 0.00519 (0.0058) |
| 常数项 | 1.090\*\*\* (0.0432) | 1.017\*\*\* (0.047) | 0.978\*\*\* (0.0638) | 1.048\*\*\* (0.0666) | 0.960\*\*\* (0.0427) |

| 变量名称 | 2007~2009 年 | 2008~2010 年 | 2009~2011 年 | 2010~2012 年 | 2011~2013 年 |
| --- | --- | --- | --- | --- | --- |
| | 2008 年 | 2009 年 | 2010 年 | 2011 年 | 2012 年 |
| 控制变量 | 是 | 是 | 是 | 是 | 是 |
| 地区固定 | 是 | 是 | 是 | 是 | 是 |
| 时间固定 | 是 | 是 | 是 | 是 | 是 |
| 样本量 | 603 | 603 | 603 | 603 | 603 |
| $R^2$ | 0.904 | 0.924 | 0.885 | 0.876 | 0.940 |

注：*** 表示在 1% 水平上显著。

方法三：其他检验方法。

新能源示范城市：控制变量滞后一期。

为减少潜在内生性问题的影响，在此对所有控制变量进行滞后一期处理，回归结果如表 5-131 所示。结果明确显示，系数估计结果、符号、显著性水平与之前相一致，验证了新能源示范城市对城市发展质量具有显著提升效应，本书结论稳定。

表 5-131　　　　　　　　　控制变量滞后一期的新能源示范城市检验结果

| 变量 | DID | PSM-DID |
| --- | --- | --- |
| | （模型一） | （模型二） |
| did | 0.0117 **<br>(0.0047) | 0.0126 ***<br>(0.0046) |
| 常数项 | 0.993 ***<br>(0.0117) | 0.994 ***<br>(0.0128) |
| 控制变量 | 是 | 是 |
| 地区固定 | 是 | 是 |
| 时间固定 | 是 | 是 |
| 样本量 | 3216 | 3088 |
| $R^2$ | 0.706 | 0.606 |

注：*** 、** 分别表示在 1% 、5% 水平上显著。

智慧城市：检验第二批、第三批智慧城市的政策效果。

为进一步检验结果的稳健性，将 2014 年的第二批和 2015 年的第三批智慧城市分布进行回归，用来检验智慧城市建设影响城市发展质量的稳健性，最终估计结果如表 5-132 所示，第二批和第三批 PSM-DID 结果均显著，说明智慧城市这一环境基础设施代表依然显著提升了城市发展质量，有助于城市的高质量发展。除此之外，结果的符号和显著性与前文不存在显著性差异，可以看出本书的结果具有稳健性。

表 5 - 132                     智慧城市稳健性检验

| 解释变量 | DID | | PSM - DID | |
| --- | --- | --- | --- | --- |
| | 第二批智慧城市 | 第三批智慧城市 | 第二批智慧城市 | 第三批智慧城市 |
| 智慧城市 | 0.00771<br>(0.005) | 0.0135 *<br>(0.0075) | 0.0086 *<br>(0.005) | 0.0135 *<br>(0.0073) |
| 固定资产水平 | - 0.0166 ***<br>(0.0058) | - 0.0397 ***<br>(0.007) | - 0.0184 ***<br>(0.0061) | - 0.0559 ***<br>(0.0076) |
| 产业结构 | 0.0917 ***<br>(0.0194) | 0.0910 ***<br>(0.0236) | 0.0784 ***<br>(0.0195) | 0.0837 ***<br>(0.0235) |
| 政府干预程度 | 0.0480 **<br>(0.022) | 0.0547 **<br>(0.0256) | 0.109 ***<br>(0.0408) | 0.120 **<br>(0.0521) |
| 金融规模 | 0.0017<br>(0.0018) | 0.00174<br>(0.0033) | 0.0181 ***<br>(0.0058) | 0.00601<br>(0.0076) |
| 对外开放程度 | - 0.259 ***<br>(0.0662) | - 0.194 **<br>(0.0789) | - 0.252 ***<br>(0.0663) | - 0.129<br>(0.0923) |
| 信息基础设施 | - 0.00733<br>(0.0104) | - 0.00837<br>(0.0125) | - 0.0058<br>(0.0104) | 0.0246<br>(0.017) |
| 消费需求 | 0.0481 ***<br>(0.0112) | 0.103 ***<br>(0.0226) | 0.0338 ***<br>(0.0117) | 0.0925 ***<br>(0.0239) |
| 常数项 | 0.969 ***<br>(0.0102) | 0.966 ***<br>(0.0128) | 0.950 ***<br>(0.0108) | 0.962 ***<br>(0.0134) |
| 地区效应 | 控制 | 控制 | 控制 | 控制 |
| 时间效应 | 控制 | 控制 | 控制 | 控制 |
| 样本量 | 2584 | 2380 | 2578 | 2303 |
| $R^2$ | 0.575 | 0.725 | 0.580 | 0.737 |

注：括号内的数据为聚类到地级市层面的稳健标准误，*** 、** 、* 分别表示在1%、5%、10%水平上显著，下同。

## 5.6.3　研究发现与政策含义

### 5.6.3.1　研究发现

本书尝试将以绿色全要素生产率为主要表征的城市高质量发展纳入环境基础设施建设评估框架，选取智慧城市和新能源示范城市作为环境基础设施的代表，评估环境基础设施建设对城市发展质量的影响。本书将环境基础设施建设（智慧城市和新能源示范城市试点）作为一项准自然实验，基于中国 19 个城市群 2003 ~ 2019 年 201 个地级市的面板数据，首先运用非期望产出的 SBM 方向性距离函数以及 Malmqusit 指数测算地区绿色全要素生产率，即城市发展质量水平，然后利用双重差分模型和 PSM - DID 模型来估计环境基础设施对城市发展质量的影响效应，并对不同地理位置的城市进行异质性分析，检验结果的稳健性水平，结果表明：

第一，中心城市环境基础设施建设对城市发展质量具有显著的提升作用，并且基于 PSM - DID 方法，通过缩小样本范围以及运用反事实方法进行安慰剂检验，政策效果均通过了多项稳健性检验，结论稳定。

第二，从城市区位异质性的角度来看，居于不同地理位置的环境基础设施对城市发展质量的促进作用具有明显的差异性，具体来看，智慧城市试点政策对东部和中部地区的发展质量提升水平最为显著，对西部地区的发展质量有抑制作用，对东北部地区的城市发展质量提升效应不明显；新能源示范城市试点政策对中部城市的发展质量提升水平最为明显，对东北部地区城市发展质量存在负面影响效果，对东部地区和西部地区的城市作用效果不显著。

### 5.6.3.2　讨论

第一，中心城市环境基础设施建设对城市发展质量具有显著的提升作用，其原因可以从增长理论、新兴产业理论、外部性理论等方面进行解释。首先，从增长理论视角，智慧城市的建设通过技术进步和创新带动城市生产效率的提高。这与索洛增长模型中强调的非资本和非劳动力的生产性增长因子—技术进步是一致的（Durlauf S.，2001）。其次，新能源产业的发展能够创造新的市场和就业机会，并逐渐替代传统的高污染产业，从而形成新的经济增长点（Xu B.，2018）。再次，根据外部性理论，城市清洁的能源、智能的信息网络等基础设施能吸引更多的企业和人才流入，进而形成一个良性的发展循环（Li X.，2019）。最后，从区域经济学的角度，城市的集聚效应可以提高生产效率、创新能力和资源配置效率，而环境基础设施的建设正是增强这种集聚效应的重要手段（Eberts，1999）。不过需要注意的是，这种正相关关系的背后也存在潜在风险。快速的城市化和基础设施建设可能会导致资源过度使用、环境污染和房地产泡沫（Thacker，2019）。因此，城市在进行基础设施建设时，需要充分考虑其长期的经济、社会和环境效应，确保可持续发展。

第二，区域的经济、地理和历史背景对环境基础设施政策的影响产生了显著的差异。为了确保政策的有效性，必须考虑到这些差异，并为每个特定的地理和经济背景量身定制策略。从智慧城市试点政策的角度，东部地区作为中国的经济引擎，拥有更先进的技术基础和资金，对新技术和创新的接受度更高，可能更容易从智慧城市试点中获益。中部城市，尽管在经济发展上落后于东部，但它们的经济增长速度和潜力不容忽视。然而，对于西部和东北部地区，智慧城市的效果有抑制作用或不显著，这可能与这些地区的产业结构、人口密度和经济背景有关。特别是东北部地区，由于历史的重工业背景和经济转型的挑战，其对智慧城市技术的吸纳和应用能力相对较低（刘国斌、王达，2020）。从新能源示范城市的角度，中部城市再次成为受益者，这可能与该地区迅速的工业化和城市化进程有关。新能源技术的应用和推广能够满足其快速增长的能源需求，并支持其转型为更绿色和可持续的经济模式。相反，东北部地区受到新能源示范城市政策的负面影响可能与其历史的依赖关系有关，该地区依赖于传统的能源产业，如煤炭和石油，这些产业与新能源策略之间存在潜在的冲突。对于东部和西部地区，虽然新能源示范城市政策的影响不显著，但这并不意味着该政策没有影响。这可能与这些地区的特定经济和地理条件有关，这使得新能源技术的采用和应用在短期内不太可能产生显著的经济效应。

### 5.6.3.3　政策含义

本书为促进提升城市发展质量提供了一定的依据。如何践行绿色发展理念，转变新旧动能发展方式，实现城市高质量发展已成为当今各界学者重点关注的方向，环境基础设施作为与环境发展紧密相关的设施资源，在城市高质量发展过程中意义重大。上述的研究结论，主要有以下的政策含义：

第一，中心城市环境基础设施建设要因地制宜，落实地方扶持政策。研究发现环境基础设施建设效果在城市不同地理位置具有异质性，各地区在环境基础设施建设过程中必须考虑这些异质性。相关政府部门要依据各个城市经济社会发展状况、科技水平、人口状况、历史文化底蕴、地理方位、资源禀赋等特征确定需求，构建具有城市独特特性的环境基础设施建设内容。与此同时，当地政府应根据不同区域发展状况，给予欠发达地区更大的政策扶持力度，完善环境基础设施建设，缩小区域发展差异，促进地区平衡发展。

第二，规范城市定位，科学规划建设环境基础设施。各城市在借鉴学习环境基础设施建设经验的基础上，应顺应国家及当地发展政策，从自身实际情况出发，结合各城市发展基础、需求趋势和比较优势，重点分析城市影响因素和作用机理，因地制宜地制订城市建设规划，有针对性地设计、规划环境基础设施建设，并跟随科技进步速度，不断创新，满足大众需求，带动城市高质量发展。同时，政府部门布局环境基础设施建设战略时，需要对西部地区和东北地区等发展乏力城市提供更加有利的政策支持，从资源、环境、就业等方面缩小地区发展差异，平衡东部、中部、西部及东北部地区发展。

第三，依据环境基础设施发展要求，加大科技创新力度。技术创新是环境基础设施可持续发展的重要支撑力量，各城市需要立足自身资源禀赋和产业基础，强化政府与高校和科研机构合作，引进科技人才，提高环境基础设施的自主创新能力，既要在传统创新的基础上融入新理念和新思想，聚焦高端化、智能化、绿色化、服务化方向，加大新技术、新业态、新模式的推广运用力度，又要淘汰不符合时代发展的设施资源，并积极完善和细化环境基础设施的政策和意见，以合理有序的方式满足人们需求，激活城市活力与经济发展新动能。

第四，鼓励公众参与环境基础设施建设，增大政府关注力度，实现政府、公众、学者多方力量良性互动，同时，加快推动城市环境基础设施优化升级，加快布局5G、人工智能、工业互联网、物联网等新基建，深化数据汇聚共享，实现服务智能化和数字化，提高资源配置效率，加强产业关联程度，提升城市信息化水平和现代化治理水平。

## 5.7　西部中心城市与城市群基础设施网络优化研究

### 5.7.1　研究目的与方法

#### 5.7.1.1　研究目的

区域竞争力重点体现在基础设施的发展水平上，城市间合力建设现代化基础设施网络，内外联通水平的提升是导向，中心城市枢纽功能需得到充分发挥，无论是传统基础设施还是新型基础设施都应尽快完善，构建一个互联互通、管理协同以及安全高效的现代化基础设施网络，才能在经济高质量发展进程中抢得先机。其中较难突破的问题是基础设施建设的网络优化问题，就全球而言，区域基础设施网络优化是区域协调发展的重要条件之一，同时也是大势所趋，要想实现区域基础设施网络优化，区域内部需各扬所长，达成一致并开展紧密合作。因此，对城市群基础设施网络的发展规律进行准确判断，分析城市基础设施发展现状以及未来趋势，找出各城市如何不断优化其基础设施网络建设使之充分发展的演化过程，对新时代下准确把握城市群基础设施协调发展水平进而推动区域经济高质量发展具有重要的理论意义和现实意义。

#### 5.7.1.2　研究方法

关联度和发展水平计算。设有 m 个城市，n 个评价指标形成原始数据矩阵：

$$X = \begin{bmatrix} x_{11} & x_{12} & \cdots & x_{1n} \\ x_{21} & x_{22} & \cdots & x_{2n} \\ \vdots & \vdots & \ddots & \vdots \\ x_{m1} & x_{m2} & \cdots & x_{mn} \end{bmatrix} \tag{5-58}$$

运用极差标准化法处理指标数据：

$$y_{ij} = \begin{cases} \dfrac{x_{ij} - \min(x_{ij})}{\max(x_{ij}) - \min(x_{ij})} (x_{ij}\text{为正指标}) \\[3mm] \dfrac{\max(x_{ij}) - x_{ij}}{\max(x_{ij}) - \min(x_{ij})} (x_{ij}\text{为负指标}) \end{cases} \quad i=1,2,\cdots,m; \ j=1,2,\cdots,n; \ k=1,2,\cdots,k$$

$$(5-59)$$

$x_{ij}$ 表示第 i 个城市第 j 个指标的值；$y_{ij}$ 表示第 i 个城市第 j 个指标标准化后的值。

计算第 j 个指标下第 i 个城市占该指标的比重：

$$p_{ij} = \frac{y_{ij}}{\sum\limits_{i=1}^{m} y_{ij}}, \quad i=1,2,\cdots,m; \ j=1,2,\cdots,n \qquad (5-60)$$

计算第 j 个指标的熵值：

$$e_{ij} = -k\sum_{i=1}^{m} p_{ij}\ln(p_{ij}) \qquad (5-61)$$

其中，$k>0$，ln 为自然对数，$e_j>0$。式中常数 k 与城市数 m 有关，一般 $k=1/\ln(m)$，则 $0 \leqslant e \leqslant 1$。

计算第 j 个指标的信息效用值：

$$d_j = 1 - e_j \qquad (5-62)$$

计算各项指标的权重：

$$w_j = \frac{d_j}{\sum\limits_{i=1}^{n} d_j} \qquad (5-63)$$

分别计算各城市的关联度和发展水平：

$$s_i = \sum_{j=1}^{n} w_j p_{ij}, \quad i=1,2,\cdots,m \qquad (5-64)$$

脉冲响应函数：脉冲响应函数是指在 VAR 模型中去分析一个误差项发生变化或分析模型受到某种冲击时对系统动态影响的方法。任何一个 VAR 模型都可看作一个无限价的向量 MA（∞）过程，其函数模型可表示为：

$$\begin{cases} Y_{t+s} = U_{t+s} + \psi_1 U_{t+s-1} + \psi_1 U_{t+s-2} + \psi_1 U_{t+s-3} + \cdots + \psi_s U_t + \mu_t \\[2mm] \psi_s = \dfrac{\partial Y_{t+s}}{\partial U_t} \end{cases} , \quad t=1,2,3,\cdots,T \qquad (5-65)$$

其中，$Y_{t+s}$ 为内生向量；$\mu_t$ 为误差项；$\psi_s$ 为脉冲响应向量。

指标体系构建：本书以中国城市群城市关联度和基础设施建设水平为视角，遵循构建指标体系的全面性、系统性、典型性、可操作性和数据可得性等原则，结合吴涛（2011）等学者的相关评价方法，构建城市关联度和城市群基础设施建设水平的评价体系，包含城市关联度和基础设施建设水平两方面，构建了包含通信、交通、能源、公共服务、环境保护 5 个一级指标，以及 35 个指标层（见表 5-133）。

本书构建的城市关联度与基础设施建设水平评价指标体系分为基础设施建设水平和城市关联度两个大板块。其中，基础设施建设水平是指为城市提供公共条件和公共服务的社会集合体，它是由通信、交通、能源、公共服务、环境保护这五大一级指标共同决定的。通信方面选取了移动电话年末用户数，互联网宽带接入用户数，信息传输、计算机服务和软件业人数 3 个电信类指标；交通方面选取了年末实有城市道路面积、全年公共汽（电）车客运总量、年末实有出租汽车营运车数、公路货运量等交通类指标；能源方面选取了供水总量、供电总量、供气总量（人工、天然气）、供气总量（液化石油气）4 个能源类指标；公共服务方面选取了普通高等学校，公共图书馆图书藏量，

**表 5 - 133　　　城市关联度与基础设施网络建设水平评价指标体系**

| 一级指标 | | 二级指标 | 指标导向 | 权重 |
|---|---|---|---|---|
| Y 基础设施建设水平 | $Y_1$ 通信 | $Y_{11}$ 移动电话年末用户数（万户） | 正向 | 0.0313 |
| | | $Y_{12}$ 互联网宽带接入用户数（万户） | 正向 | 0.0307 |
| | | $Y_{13}$ 信息传输、计算机服务和软件业人数（万人） | 正向 | 0.1217 |
| | $Y_2$ 交通 | $Y_{21}$ 年末实有城市道路面积（万平方米） | 正向 | 0.0393 |
| | | $Y_{22}$ 城市道路相对增长率（%） | 正向 | 0.0014 |
| | | $Y_{23}$ 城市道路绝对增量加权指数 | 正向 | 0.0007 |
| | | $Y_{24}$ 全年公共汽（电）车客运总量（万人次） | 正向 | 0.0595 |
| | | $Y_{25}$ 年末实有出租汽车营运车数（辆） | 正向 | 0.0559 |
| | | $Y_{26}$ 公路货运量（万吨） | 正向 | 0.0229 |
| | $Y_3$ 能源 | $Y_{31}$ 供水总量（万吨） | 正向 | 0.0649 |
| | | $Y_{32}$ 供电总量（万千瓦时） | 正向 | 0.0313 |
| | | $Y_{33}$ 供气总量（人工、天然气）（万立方米） | 正向 | 0.0842 |
| | | $Y_{34}$ 供气总量（液化石油气）（吨） | 正向 | 0.0908 |
| | $Y_4$ 公共服务 | $Y_{41}$ 城市用地强度 | 正向 | 0.0452 |
| | | $Y_{42}$ 排水管道密度 | 正向 | 0.0131 |
| | | $Y_{43}$ 普通高等学校（学校数）（所） | 正向 | 0.0518 |
| | | $Y_{44}$ 普通中学（学校数）（所） | 正向 | 0.0146 |
| | | $Y_{45}$ 小学（学校数）（所） | 正向 | 0.0223 |
| | | $Y_{46}$ 公共图书馆图书藏量（千册） | 正向 | 0.0660 |
| | | $Y_{47}$ 医院、卫生院床位数（张） | 正向 | 0.0251 |
| | $Y_5$ 环境保护 | $Y_{51}$ 绿地面积（公顷） | 正向 | 0.0571 |
| | | $Y_{52}$ 公园绿地面积（公顷） | 正向 | 0.0565 |
| | | $Y_{53}$ 建成区绿化覆盖率（%） | 正向 | 0.0030 |
| | | $Y_{54}$ 一般工业固体废物综合利用率（%） | 正向 | 0.0082 |
| | | $Y_{55}$ 污水处理厂集中处理率（%） | 正向 | 0.0013 |
| | | $Y_{56}$ 生活垃圾无害化处理率（%） | 正向 | 0.0013 |
| X 城市关联度 | $X_1$ 城市发展水平 | $X_{11}$ 地区生产总值增长率（%） | 正向 | 0.0106 |
| | | $X_{12}$ 第三产业占 GDP 的比重（%） | 正向 | 0.0208 |
| | | $X_{13}$ 单位土地面积国内生产总值（万元） | 正向 | 0.1961 |
| | | $X_{14}$ 科技强度指数 | 正向 | 0.0824 |
| | | $X_{15}$ 财政支出中科学技术支出区位熵 | 正向 | 0.0927 |
| | | $X_{16}$ 科学技术人员数（万人） | 正向 | 0.2961 |
| | $X_2$ 城市协调水平 | $X_{21}$ 各城市与中心城市 GDP 之比 | 正向 | 0.0958 |
| | | $X_{22}$ 某市与中心城市科技强度指数之比 | 正向 | 0.0725 |
| | | $X_{23}$ 城市 GDP 强度指数 | 正向 | 0.1330 |

医院、卫生院床位数等公共服务类指标；环境保护方面选取了绿地面积、公园绿地面积、建成区绿化覆盖率、一般工业固体废物综合利用率等环境保护类指标。城市关联发展是城市与城市两大子系

统之间在经济、科技等方面相互作用，使生产要素有效聚集、有效扩散，达到城市与城市之间高度协作与网络化以及不断减小城市之间发展差距的过程。本书用城市关联度来衡量城市关联发展水平，城市关联度是由城市发展水平和城市协调水平两个一级指标共同决定的。城市发展水平选取了地区生产总值增长率、第三产业占 GDP 的比重、单位土地面积国内生产总值、科学技术人员数等衡量发展水平类指标；城市协调水平选取了某市与中心城市科技强度指数之比、城市 GDP 强度指数、各城市与中心城市 GDP 之比 3 个衡量城市协调水平类指标。

### 5.7.1.3　数据来源

本书用于基础设施建设水平和城乡关联度的空间面板数据介于 2009~2018 年，由于城市群样本中包含部分地级市代管的县级市或省直管的县级市，数据样本可能会出现重叠，予以剔除，加之部分城市数据缺失严重同样需要剔除，因此，选取的城市群样本区间包含全国 201 个地级市的数据，其中，各城市人口、经济总量与科技相关数据均来自 2010~2019 年《中国城市统计年鉴》、2010~2019 年的国民经济和社会发展统计公报；全国的数据来自 2010~2019 年《中国统计年鉴》；些许漏缺搜寻于全国统计局官网及各省市统计局官网。

## 5.7.2　测算结果与空间分析

### 5.7.2.1　中心城市与城市群关联度的时空分析

首先，对东北部城市群基础设施关联水平进行分析，将东北部城市群所属的各城市关联度得分进行算术平均得到中国东北部城市群的关联度综合得分，并将东北部城市群的历年关联度得分进行算术平均得到城市群的整体关联度得分并进行描述性统计（见表 5－134）。东北部地区有哈长、辽中南两个城市群。哈长城市群的城市关联度在 2012 年为 0.0813，在 2014 年为 0.1092，在 2016 年为 0.1070，在 2018 年为 0.1091。哈长城市群的城市关联度在 2012~2014 年上升了 0.0279；在 2014~2016 年是下降的，下降了 0.0022；在 2016~2018 年又恢复了上升趋势，上升了 0.0021。由此可见，哈长城市群的城市关联度在 2012~2014 年的城市关联度的增长速度比 2014~2016 年的下降速度的绝对值要大。总的来说，哈长城市群的城市关联度是在提升的。辽中南城市群的城市关联度在 2012 年为 0.0744，在 2014 年为 0.1136，在 2016 年为 0.1001，在 2018 年为 0.1067。辽中南城市群的城市关联度在 2012~2014 年是上升的，上升了 0.0392；在 2014~2016 年是下降的，下降了 0.0135；在 2016~2018 年是上升的，上升了 0.0066。因此，辽中南城市群的城市关联度在 2012~2014 年的上升速度要大于在 2014~2016 年的下降速度。总的来说，辽中南城市群的城市关联度是在提升的。

表 5－134　　　　　　　　　　东北部城市群城市关联度描述统计

| 城市群 | 2018 年 | 2016 年 | 2014 年 | 2012 年 | 综合得分 | 分级 |
|---|---|---|---|---|---|---|
| 哈长 | 0.1091 | 0.1070 | 0.1092 | 0.0813 | 0.1023 | 中等 |
| 辽中南 | 0.1067 | 0.1001 | 0.1136 | 0.0744 | 0.1005 | 较低 |

对于东北部城市群内部城市间的关联度，选取 2012~2018 年偶数年份进行分析，如表 5－135 所示。哈长城市群中的哈尔滨市和长春市的城市关联度在 2012 年的东北部城市群内是处于较高水平的，到 2014 年，哈尔滨市的城市关联度在东北部城市群内已处于领先位置，长春市的城市关联度仍旧处于较高水平，在 2016~2018 年，哈尔滨市和长春市的城市关联度在整个东北部城市群内处于第一梯队。2012 年和 2014 年大庆市的城市关联度在哈长城市群中都处于高水平梯队，2016 年

和2018年在哈长城市群乃至整个东北部城市群中降至第二梯队，但其仍保持在城市群中的较高水平。2012年，吉林市的城市关联度在哈长城市群中处于中等水平，其与其他城市的关联程度不够高，在2012～2014年吉林市的城市关联度逐渐提升，到2014年吉林市的城市关联度已达到哈长城市群乃至整个东北部城市群的较高水平，此后的2016～2018年一直稳定维持在城市群内的较高地位。齐齐哈尔市的城市关联度在2012年和2014年处于哈长城市群内的较低水平，在2016年之后齐齐哈尔市的城市关联度提升至中等水平，2018年齐齐哈尔市提升至东北部城市群内的较高水平，齐齐哈尔市与其他城市间的关联度随时间推移而持续稳定上升。绥化市的城市关联度在2012年处于较低水平，在2014年降至哈长城市群乃至整个东北部城市群内的低水平，2016～2018年绥化市的城市关联度持续稳定位于较低水平，在其所属城市群内的地位未有较大变动。牡丹江市的城市关联度在2012～2018年始终维持在东北部城市群内的中等水平。松原市和四平市的城市关联度在2012年和2014年都处于城市群内的低水平区域；直至2016年松原市的城市关联度才有所提升，提升至城市群内的中等水平，四平市还是维持低水平状态；松原市的提升态势并没有稳定地维持下去，在2018年又下降至较低水平，但四平市在2018年的城市关联度有所提升。

表5-135　　东北部城市群内各城市与其他城市基础设施关联度时空演化

| 城市群 | 城市 | 2012年 | 2014年 | 2016年 | 2018年 |
|---|---|---|---|---|---|
| 辽中南 | 沈阳市 | 0.201 | 0.202 | 0.177 | 0.162 |
| | 大连市 | 0.214 | 0.218 | 0.170 | 0.183 |
| | 鞍山市 | 0.072 | 0.077 | 0.056 | 0.048 |
| | 抚顺市 | 0.056 | 0.055 | 0.027 | 0.024 |
| | 本溪市 | 0.057 | 0.063 | 0.032 | 0.021 |
| | 丹东市 | 0.047 | 0.049 | 0.044 | 0.033 |
| | 锦州市 | 0.057 | 0.056 | 0.039 | 0.047 |
| | 营口市 | 0.072 | 0.053 | 0.035 | 0.033 |
| | 辽阳市 | 0.056 | 0.054 | 0.035 | 0.029 |
| | 盘锦市 | 0.054 | 0.053 | 0.042 | 0.036 |
| | 铁岭市 | 0.071 | 0.062 | 0.035 | 0.028 |
| | 葫芦岛市 | 0.055 | 0.060 | 0.030 | 0.037 |
| 哈长 | 长春市 | 0.149 | 0.148 | 0.150 | 0.154 |
| | 吉林市 | 0.095 | 0.104 | 0.071 | 0.057 |
| | 四平市 | 0.046 | 0.041 | 0.034 | 0.030 |
| | 辽源市 | 0.044 | 0.042 | 0.031 | 0.021 |
| | 松原市 | 0.046 | 0.034 | 0.041 | 0.028 |
| | 哈尔滨市 | 0.195 | 0.164 | 0.145 | 0.136 |
| | 齐齐哈尔市 | 0.060 | 0.055 | 0.041 | 0.041 |
| | 大庆市 | 0.123 | 0.101 | 0.078 | 0.060 |
| | 牡丹江市 | 0.087 | 0.065 | 0.042 | 0.036 |
| | 绥化市 | 0.068 | 0.038 | 0.038 | 0.027 |

辽中南城市群内的沈阳市和大连市在2012～2018年始终维持在其所属城市群乃至整个东北部城市群内的最高水准，并且与城市群内的其他城市之间的联系程度也随时间的推移而越来越高。铁

岭市的城市关联度在 2012 年位于其所属城市群内的低水平，但是在 2014 年其城市关联度有所提升，在此阶段位于辽中南城市群内的中等水平，2016 年铁岭市的城市关联度又降至辽中南城市群内的中等水平并且直至 2018 年都维持在此状态上。葫芦岛市的城市关联度在 2012 年位于其所属城市群内的低水平状态，在 2014 年提升到了较高的水平，但这种状态并没有稳定地维持下去，到 2016 年葫芦岛市的城市关联度又下降至低水平状态，在随后的 2018 年葫芦岛市的城市关联度上升至较高水平，由此可见，葫芦岛市的城市关联度随着时间的推移而呈现波浪式攀升的发展形态。锦州市的城市关联度在 2012～2016 年都维持在较低水平上，直至 2018 年锦州市的城市关联度才有所提升，提升至辽中南城市群乃至整个东北部城市群内的较高水准。鞍山市的城市关联度在 2012～2016 年同样维持较低水平上，直到 2018 年鞍山市的城市关联度才有所提升，提升至辽中南城市群乃至整个东北部城市群内的中等水平。丹东市的城市关联度在 2012 年位于整个辽中南城市群内的低水平状态，2014 年丹东市的城市关联度有所提升，提升至整个城市群内的中等水平，这种状态一直维持到了 2018 年。抚顺市的城市关联度在 2012～2018 年几乎都维持在低水平状态，仅在 2014 年有所提升，提升至城市群内的较低水平。

其次，对东部城市群基础设施关联水平进行分析，将东部城市群所属的各城市关联度得分进行算术平均得到中国东部城市群的城市关联度综合得分，并将东部城市群的历年城市关联度得分进行算术平均得到城市群的整体关联度得分并进行描述性统计（见表 5 - 136）。东部地区有珠三角、长三角、京津冀、山东半岛、粤闽浙沿海 5 个城市群。京津冀城市群的城市关联度在 2012 年为 0.1012，在 2014 年为 0.1010，在 2016 年为 0.1197，在 2018 年为 0.1151。京津冀城市群的城市关联度在 2012～2014 年处于下降状态，下降幅度较为平缓，下降了 0.0002；2014～2016 年，京津冀城市群的城市关联度有所提升，提升了 0.0187；2016～2018 年，京津冀城市群的城市关联度又有所下降，下降至 0.1151。总体来看，京津冀城市群的城市关联度是随时间的推移而提升的。山东半岛城市群的城市关联度在 2012 年为 0.0985，在 2014 年为 0.1055，在 2016 年为 0.1178，在 2018 年为 0.1120。山东半岛城市群的城市关联度在 2012～2014 年提升速度较为平缓，提升了 0.0075；在 2014～2016 年，提升速度较慢，提升了 0.0123；在 2016～2018 年开始下降，下降了 0.0058。总体来看，山东半岛城市群的城市关联度是随着时间的推移而持续上升的。长三角城市群的城市关联度在 2012 年为 0.1072，在 2014 年为 0.1202，在 2016 年为 0.1218，在 2018 年为 0.1352。长三角城市群的城市关联度在 2012～2014 年，上升了 0.013，在 2014～2016 年上升了 0.0016，在 2016～2018 年上升了 0.0134，因此，长三角城市群的城市关联度在 2016～2018 年上升速度最快，在 2012～2014 年的上升速度次之，在 2014～2016 年的上升速度最慢。总的来说，长三角城市群的城市关联度是随时间的推移而持续上升的。粤闽浙沿海城市群的城市关联度在 2012 年为 0.0948，在 2014 年为 0.0930，在 2016 年为 0.1186，在 2018 年为 0.1044。粤闽浙沿海城市群的城市关联度在 2012～2014 年是下降的，下降了 0.018；2014～2016 年，粤闽浙沿海城市群的城市关联度是上升的，上升了 0.0256；粤闽浙沿海城市群的城市关联度在 2016～2018 年是下降的，下降了 0.0142。因此，粤闽浙沿海城市群的城市关联度在 2014～2016 年上升速度最快，在 2012～2014 年是下降的，下降速度比在 2016～2018 年要快。总的来说，粤闽浙沿海城市群的城市关联度是随时间的推移而缓慢持续上升的。珠三角城市群的城市关联度在 2012 年为 0.2077，在 2014 年为 0.2210，在 2016 年为 0.2426，在 2018 年为 0.2627。珠三角城市群的城市关联度在 2012～2014 年是上升的，上升了 0.0133；在 2014～2016 年也是上升的，上升了 0.0216；在 2016～2018 年珠三角城市群的城市关联度是上升的，上升了 0.0201。因此，珠三角城市群的城市关联度在 2014～2016 年的上升速度最快，在 2016～2018 年的上升速度次之，在 2012～2014 年的上升速度最慢。总的来说，珠三角城市群的城市关联度是随时间的推移而持续上升的。

表 5 - 136　　　　　　　　　　　东部城市群城市关联度描述统计

| 城市群 | 2018 年 | 2016 年 | 2014 年 | 2012 年 | 综合得分 | 分级 |
|---|---|---|---|---|---|---|
| 京津冀 | 0.1151 | 0.1197 | 0.1010 | 0.1012 | 0.1115 | 高 |
| 山东半岛 | 0.1120 | 0.1178 | 0.1055 | 0.0985 | 0.1078 | 中等 |
| 长三角 | 0.1352 | 0.1218 | 0.1202 | 0.1072 | 0.1200 | 高 |
| 粤闽浙沿海 | 0.1044 | 0.1186 | 0.0930 | 0.0948 | 0.1021 | 较低 |
| 珠三角 | 0.2627 | 0.2426 | 0.2210 | 0.2077 | 0.2302 | 高 |

　　对于东部城市群内部城市间的关联度，选取 2012～2018 年偶数年份进行分析，如表 5 - 137 所示。京津冀城市群内的北京市的城市关联度在 2012～2018 年始终位于其所属城市群的最高水平；天津市的城市关联度在 2012 年处于其所属城市群内的中等水平，2014 年提升至京津冀城市群的较高水平，在 2016 年和 2018 年依旧维持在较高水平状态。张家口市、承德市、秦皇岛市、沧州市和邢台市的城市关联度在 2012～2018 年始终位于京津冀城市群的最低水平，未见明显提升。石家庄市的城市关联度在 2012～2018 年始终位于其所属城市群的较低水平状态，其发展较为稳定。邯郸市的城市关联度在 2012～2016 年始终维持在其所属城市群内的较低水平，到 2018 年邯郸市的城市关联度有所下降，降至其所属城市群内的低水平行列。唐山市的城市关联度在 2012～2018 年始终位于其所属城市群乃至整个东部地区城市群内的较低水平，在此期间内没有较大变化。保定市的城市关联度在 2012～2016 年始终稳定地维持在其所属城市群的低水平状态，到 2018 年保定市的城市关联度有所提升，提升至其所属城市群内的较低水平。

　　山东半岛城市群内的青岛市的城市关联度在山东省内虽处于领先水准，但在整个山东半岛城市群内青岛市的城市关联度在 2012 年处于中等水平，到 2014 年青岛市的城市关联度提升至城市群内乃至东整个东部地区城市群的较高水平，这样的状态一直稳定地维持到 2018 年。烟台市、临沂市和济南市的城市关联度在 2012～2018 年始终稳定地维持在其所属城市群的中等水平。济宁市和淄博市的城市关联度在 2012～2016 年稳定地维持在城市群内的低水平状态，直至 2018 年济宁市和淄博市的城市关联度有所提升，提升至城市群内的中等水平。菏泽市的城市关联度在 2012～2016 年始终位于山东半岛城市群内的较低水平，但 2018 年菏泽市的城市关联度下降至城市群内的低水平状态。潍坊市和德州市的城市关联度在 2012 年处于城市群内的较低水平，到 2014 年其城市关联度有所提升，在 2016～2018 年潍坊市和德州市的城市关联度持续提升，到 2018 年已位于其所属城市群内的中等水平。

　　长三角城市群内的上海市在 2012～2014 年的城市关联度在其所属城市群内始终处于领先水平。杭州市的城市关联度在 2012 年处于城市群内的中等水平，在 2014 年杭州市的城市关联度逐渐升高至城市群内的较高水平，这种状态一直从 2014 年持续到 2018 年。苏州市的城市关联度在 2012 年处于城市群内的中等水平，在 2014 年苏州市的城市关联度逐渐升高至城市群内的较高水平，这种状态一直从 2014 年持续到 2018 年。南通市、绍兴市和盐城市的城市关联度在 2012～2014 年始终处于长三角城市群内的较低水平，未有较大发展。宁波市的城市关联度在 2012 年位于其所属城市群的较低水平，到 2014 年宁波市的城市关联度提升至城市群内的中等水平，这种状态从 2014 年一直维持到 2018 年。宣城市的城市关联度在 2012～2016 年始终维持在长三角城市群内的较低水平，从 2016 年之后，宣城市的城市关联度有所提升，在 2018 年提升至其所属城市群的中等水平。安庆市和池州市的城市关联度在 2012～2016 年始终位于城市群内的低水平状态，到 2018 年安庆市的城市关联度有所提升，提升至城市群内的较低水平，但池州市的城市关联度仍然维持在低水平状态。合肥市的城市关联度在 2012 年位于长三角城市群内的较低水平，到 2014 年合肥市的城市关联度提升至城市群内的中等水平，这种状态一直从 2014 年维持到 2016 年，至 2018 年合肥市的城市关联度

表 5 – 137　　　　　　　　东部城市群内各城市与其他城市基础设施关联度时空演化

| 城市群 | 城市 | 2012 年 | 2014 年 | 2016 年 | 2018 年 | 城市群 | 城市 | 2012 年 | 2014 年 | 2016 年 | 2018 年 |
|---|---|---|---|---|---|---|---|---|---|---|---|
| 京津冀 | 北京 | 0.561 | 0.577 | 0.545 | 0.550 | 长三角 | 上海 | 0.408 | 0.396 | 0.396 | 0.383 |
| | 天津 | 0.226 | 0.237 | 0.220 | 0.194 | | 南京 | 0.158 | 0.180 | 0.150 | 0.173 |
| | 石家庄 | 0.079 | 0.079 | 0.080 | 0.071 | | 无锡 | 0.147 | 0.156 | 0.116 | 0.133 |
| | 唐山 | 0.076 | 0.068 | 0.057 | 0.052 | | 常州 | 0.111 | 0.133 | 0.093 | 0.108 |
| | 秦皇岛 | 0.033 | 0.034 | 0.043 | 0.037 | | 苏州 | 0.173 | 0.190 | 0.147 | 0.188 |
| | 邯郸 | 0.074 | 0.073 | 0.056 | 0.046 | | 南通 | 0.088 | 0.099 | 0.080 | 0.092 |
| | 邢台 | 0.028 | 0.028 | 0.035 | 0.030 | | 盐城 | 0.083 | 0.099 | 0.083 | 0.078 |
| | 保定 | 0.049 | 0.039 | 0.046 | 0.051 | | 扬州 | 0.083 | 0.088 | 0.066 | 0.074 |
| | 张家口 | 0.028 | 0.024 | 0.032 | 0.029 | | 镇江 | 0.094 | 0.101 | 0.075 | 0.078 |
| | 承德 | 0.029 | 0.028 | 0.033 | 0.028 | | 泰州 | 0.065 | 0.069 | 0.062 | 0.071 |
| | 沧州 | 0.038 | 0.038 | 0.045 | 0.043 | | 杭州 | 0.173 | 0.188 | 0.152 | 0.180 |
| | 廊坊 | 0.051 | 0.047 | 0.055 | 0.047 | | 宁波 | 0.117 | 0.131 | 0.108 | 0.126 |
| | 衡水 | 0.024 | 0.022 | 0.029 | 0.038 | | 嘉兴 | 0.093 | 0.105 | 0.081 | 0.097 |
| 山东半岛 | 济南 | 0.166 | 0.144 | 0.140 | 0.139 | | 湖州 | 0.064 | 0.078 | 0.059 | 0.080 |
| | 青岛 | 0.176 | 0.195 | 0.177 | 0.185 | | 绍兴 | 0.093 | 0.110 | 0.076 | 0.104 |
| | 淄博 | 0.120 | 0.122 | 0.113 | 0.098 | | 金华 | 0.077 | 0.089 | 0.071 | 0.077 |
| | 枣庄 | 0.062 | 0.059 | 0.057 | 0.051 | | 舟山 | 0.071 | 0.078 | 0.069 | 0.071 |
| | 东营 | 0.081 | 0.096 | 0.067 | 0.074 | | 台州 | 0.062 | 0.074 | 0.060 | 0.065 |
| | 烟台 | 0.142 | 0.152 | 0.151 | 0.141 | | 合肥 | 0.119 | 0.125 | 0.172 | 0.171 |
| | 潍坊 | 0.125 | 0.137 | 0.128 | 0.118 | | 芜湖 | 0.140 | 0.195 | 0.162 | 0.215 |
| | 济宁 | 0.097 | 0.103 | 0.093 | 0.073 | | 马鞍山 | 0.066 | 0.072 | 0.072 | 0.092 |
| | 泰安 | 0.077 | 0.084 | 0.074 | 0.060 | | 铜陵 | 0.087 | 0.129 | 0.078 | 0.077 |
| | 威海 | 0.107 | 0.138 | 0.130 | 0.117 | | 安庆 | 0.050 | 0.056 | 0.056 | 0.062 |
| | 日照 | 0.053 | 0.060 | 0.063 | 0.082 | | 滁州 | 0.043 | 0.046 | 0.054 | 0.067 |
| | 临沂 | 0.078 | 0.082 | 0.092 | 0.062 | | 池州 | 0.043 | 0.043 | 0.036 | 0.036 |
| | 德州 | 0.072 | 0.084 | 0.082 | 0.094 | | 宣城 | 0.081 | 0.093 | 0.075 | 0.098 |
| | 聊城 | 0.070 | 0.073 | 0.051 | 0.040 | 珠三角 | 广州 | 0.297 | 0.296 | 0.296 | 0.315 |
| | 滨州 | 0.075 | 0.088 | 0.086 | 0.093 | | 深圳 | 0.410 | 0.464 | 0.542 | 0.556 |
| | 菏泽 | 0.073 | 0.071 | 0.060 | 0.043 | | 珠海 | 0.142 | 0.164 | 0.198 | 0.225 |
| 粤闽浙沿海 | 温州 | 0.133 | 0.142 | 0.139 | 0.118 | | 佛山 | 0.153 | 0.149 | 0.141 | 0.172 |
| | 福州 | 0.155 | 0.150 | 0.148 | 0.154 | | 江门 | 0.069 | 0.073 | 0.069 | 0.080 |
| | 厦门 | 0.228 | 0.224 | 0.216 | 0.185 | | 肇庆 | 0.060 | 0.057 | 0.042 | 0.056 |
| | 莆田 | 0.076 | 0.087 | 0.069 | 0.060 | | 惠州 | 0.070 | 0.115 | 0.094 | 0.099 |
| | 泉州 | 0.145 | 0.143 | 0.137 | 0.127 | | 东莞 | 0.173 | 0.164 | 0.152 | 0.170 |
| | 漳州 | 0.085 | 0.087 | 0.080 | 0.072 | | 中山 | 0.141 | 0.151 | 0.147 | 0.203 |
| | 宁德 | 0.054 | 0.048 | 0.051 | 0.065 | | | | | | |
| | 汕头 | 0.093 | 0.121 | 0.112 | 0.074 | | | | | | |
| | 汕尾 | 0.051 | 0.049 | 0.103 | 0.095 | | | | | | |
| | 潮州 | 0.069 | 0.039 | 0.068 | 0.039 | | | | | | |
| | 揭阳 | 0.063 | 0.043 | 0.073 | 0.051 | | | | | | |

提升至城市群内的较高水平。芜湖市的城市关联度在 2012 年位于长三角城市群内的中等水平，2014 年提升至城市群内的较高水平，这种状态从 2014 年一直维持到 2018 年。滁州市的城市关联度在 2012 ~ 2016 年始终处于长三角城市群内的低水平状态，但在 2016 年之后，滁州市的城市关联度逐渐提升，在 2018 年滁州市的城市关联度提升至城市群内的中等水平。金华市的城市关联度在 2012 ~ 2018 年始终位于长三角城市群内的较低水平。台州市的城市关联度在 2012 年处于城市群内的低水平状态，在 2014 年台州市的城市关联度有所提升，提升至城市群内的较低水平，这种状态从 2014 年一直维持到 2018 年。

粤闽浙沿海城市群内的温州市的城市关联度在 2012 年处于所属城市群内的较低水平，在 2014 年温州市的城市关联度有所提升，提升至城市群内的中等水平，这种状态从 2014 年一直维持至 2018 年。宁德市的城市关联度在 2012 ~ 2016 年始终位于所属城市群的低水平状态，到 2018 年宁德市的城市关联度提升至城市群内的中等水平。福州市的城市关联度在 2012 ~ 2016 年始终位于城市群内的中等水平，在 2018 年福州市的城市关联度提升至城市群内的高水平状态。泉州市的城市关联度在 2012 ~ 2018 年始终位于城市群内的中等水平，其发展状态较为平稳。漳州市的城市关联度在 2012 ~ 2018 年始终位于城市群内的较低水平，其发展并未有明显进步。揭阳市和汕尾市的城市关联度在 2012 ~ 2018 年基本位于东部地区城市群的低水平或较低水平的状态，并未有明显提升。

再次，对中部城市群基础设施关联水平进行分析，将中部城市群所属的各城市关联度得分进行算术平均得到中国中部城市群的城市关联度综合得分，并将中部城市群的历年关联度得分进行算术平均得到城市群的整体关联度得分并进行描述性统计（见表 5 – 138）。中部地区有中原、晋中以及长江中游 3 个城市群。晋中城市群的城市关联度在 2012 年为 0.1073，在 2014 年为 0.1100，在 2016 年为 0.1209，在 2018 年为 0.1018。晋中城市群的城市关联度在 2012 ~ 2014 年是上升的，上升了 0.0027；在 2014 ~ 2016 年是上升的，上升了 0.0109；在 2016 ~ 2018 年是下降的，下降了 0.0191。晋中城市群的城市关联度在 2012 ~ 2018 年波动幅度不大，在 2016 ~ 2018 年的下降速度比 2012 ~ 2014 年和 2014 ~ 2016 年的上升速度的绝对值要大。因此，总的来说，晋中城市群的城市关联度还是下降的。中原城市群的城市关联度在 2012 年为 0.0742，在 2014 年为 0.0868，在 2016 年为 0.0914，在 2018 年为 0.0896。中原城市群的城市关联度在 2012 ~ 2014 年是上升的，上升了 0.0126；在 2014 ~ 2016 年也是上升的；上升了 0.0046，在 2016 ~ 2018 年是下降的，下降了 0.0018。因此，中原城市群的城市关联度在 2012 ~ 2014 年的上升速度最快，在 2014 ~ 2016 年的上升速度次之，在 2016 ~ 2018 年开始下降。总的来说，中原城市群的城市关联度是随时间的推移而波动持续上升的。长江中游城市群的城市关联度在 2012 年为 0.0973，在 2014 年为 0.1100，在 2016 年为 0.1291，在 2018 年为 0.1163。长江中游城市群的城市关联度在 2012 ~ 2014 年是上升的，上升了 0.0127；在 2014 ~ 2016 年是上升的，上升了 0.0191；在 2016 ~ 2018 年是下降的，下降了 0.0128。因此，长江中游城市群的城市关联度在 2014 ~ 2016 年的上升速度最快，在 2012 ~ 2014 年的上升速度次之，在 2016 ~ 2018 年开始下降。总的来说，长江中游城市群的城市关联度是随时间的推移而波浪式上升的。

表 5 –138　　　　　　　　　　　　中部城市群城市关联度描述统计

| 城市群 | 2018 年 | 2016 年 | 2014 年 | 2012 年 | 综合得分 | 分级 |
|---|---|---|---|---|---|---|
| 晋中 | 0.1018 | 0.1209 | 0.1100 | 0.1073 | 0.1113 | 较高 |
| 中原 | 0.0896 | 0.0914 | 0.0868 | 0.0742 | 0.0850 | 低 |
| 长江中游 | 0.1163 | 0.1291 | 0.1100 | 0.0973 | 0.1107 | 较高 |

　　对于中部城市群内部城市间的关联度，选取 2012～2018 年偶数年份进行分析，如表 5－139 所示。晋中城市群内的太原市在 2012～2018 年的城市关联度在其所属城市群内始终处于领先位置。忻州市的城市关联度在 2012 年处于较低水平，2014 年忻州市的城市关联度有所下降，在晋中城市群内处于低水平状态，2016 年忻州市的城市关联度有所上升，上升至城市群内的中等水平，但这种状态并没有维持下去，忻州市在 2018 年的城市关联度又降至低水平状态，由此可见，忻州市的城市关联度随着时间的推移而呈现波浪式的变动规律。阳泉市和晋中市的城市关联度在 2012～2018 年始终位于晋中城市群内的较低水平，其发展状况并没有明显提升。长治市的城市关联度在 2012～2016 年始终位于中等水平，2018 年长治市的城市关联度有所下降，下降至晋中城市群内的较低水平。

表 5－139　　　　　　　　　　中部城市群内各城市与其他城市基础设施关联度时空演化

| 城市群 | 城市 | 2012 年 | 2014 年 | 2016 年 | 2018 年 | 城市群 | 城市 | 2012 年 | 2014 年 | 2016 年 | 2018 年 |
|---|---|---|---|---|---|---|---|---|---|---|---|
| 长江中游 | 南昌 | 0.123 | 0.116 | 0.119 | 0.142 | 中原 | 晋城 | 0.051 | 0.053 | 0.036 | 0.033 |
| | 景德镇 | 0.057 | 0.047 | 0.056 | 0.060 | | 亳州 | 0.038 | 0.044 | 0.057 | 0.072 |
| | 萍乡 | 0.070 | 0.083 | 0.094 | 0.091 | | 郑州 | 0.178 | 0.157 | 0.156 | 0.161 |
| | 九江 | 0.060 | 0.080 | 0.083 | 0.081 | | 开封 | 0.060 | 0.056 | 0.057 | 0.053 |
| | 新余 | 0.066 | 0.067 | 0.067 | 0.053 | | 洛阳 | 0.089 | 0.105 | 0.092 | 0.106 |
| | 鹰潭 | 0.045 | 0.084 | 0.081 | 0.104 | | 平顶山 | 0.057 | 0.058 | 0.055 | 0.057 |
| | 吉安 | 0.049 | 0.113 | 0.106 | 0.092 | | 鹤壁 | 0.038 | 0.043 | 0.040 | 0.053 |
| | 宜春 | 0.061 | 0.090 | 0.117 | 0.133 | | 新乡 | 0.060 | 0.068 | 0.069 | 0.080 |
| | 抚州 | 0.062 | 0.069 | 0.094 | 0.096 | | 焦作 | 0.073 | 0.079 | 0.056 | 0.055 |
| | 上饶 | 0.054 | 0.071 | 0.074 | 0.070 | | 许昌 | 0.056 | 0.071 | 0.056 | 0.067 |
| | 武汉 | 0.279 | 0.305 | 0.322 | 0.323 | | 漯河 | 0.036 | 0.039 | 0.036 | 0.061 |
| | 黄石 | 0.084 | 0.060 | 0.077 | 0.060 | | 商丘 | 0.048 | 0.046 | 0.043 | 0.062 |
| | 宜昌 | 0.104 | 0.104 | 0.114 | 0.100 | | 周口 | 0.051 | 0.048 | 0.047 | 0.044 |
| | 襄阳 | 0.097 | 0.151 | 0.144 | 0.138 | 晋中 | 太原 | 0.216 | 0.227 | 0.202 | 0.225 |
| | 鄂州 | 0.063 | 0.046 | 0.084 | 0.077 | | 阳泉 | 0.064 | 0.057 | 0.056 | 0.045 |
| | 荆门 | 0.057 | 0.066 | 0.085 | 0.073 | | 长治 | 0.104 | 0.085 | 0.103 | 0.071 |
| | 孝感 | 0.076 | 0.073 | 0.122 | 0.094 | | 晋中 | 0.080 | 0.077 | 0.080 | 0.069 |
| | 荆州 | 0.069 | 0.073 | 0.108 | 0.082 | | 忻州 | 0.072 | 0.055 | 0.063 | 0.049 |
| | 黄冈 | 0.090 | 0.094 | 0.103 | 0.077 | | | | | | |
| | 咸宁 | 0.071 | 0.066 | 0.075 | 0.064 | | | | | | |
| | 长沙 | 0.234 | 0.215 | 0.200 | 0.186 | | | | | | |
| | 株洲 | 0.184 | 0.080 | 0.084 | 0.110 | | | | | | |
| | 湘潭 | 0.078 | 0.072 | 0.067 | 0.096 | | | | | | |
| | 衡阳 | 0.063 | 0.059 | 0.062 | 0.058 | | | | | | |
| | 岳阳 | 0.081 | 0.076 | 0.081 | 0.074 | | | | | | |
| | 常德 | 0.065 | 0.063 | 0.065 | 0.073 | | | | | | |
| | 益阳 | 0.054 | 0.056 | 0.054 | 0.049 | | | | | | |
| | 娄底 | 0.047 | 0.040 | 0.038 | 0.041 | | | | | | |

　　晋城市的城市关联度在 2012～2018 年始终稳定地处于中原城市群乃至整个中部地区城市群内的低水平状态，其发展状况并没有明显提升迹象。新乡市和鹤壁市的城市关联度在 2012～2018 年始终维持中原城市群乃至整个东部地区城市群内的低水平或较低水平。郑州市的城市关联度在 2012～2018 年始终维持在中原城市群乃至整个东部地区城市群的较高水平，郑州市在中原城市群内部始终位于领先水平。洛阳市的城市关联度在 2012～2018 年始终位于城市群内的中等水平，其发展状况并没有明显提升。商丘市和周口市的城市关联度在 2012～2018 年始终位于中原城市群乃至整个东部地区城市群的低水平状态。亳州市的城市关联度在 2012～2014 年始终位于中原城市群内的低水平状态，从 2016 年开始，亳州市的城市关联度有所提升，提升至城市群内的较低水平。平顶山市的城市关联度在 2012 年位于中原城市群的低水平状态，在 2014 年平顶山市的城市关联度有所提升，但在 2016 年平顶山市的城市关联度又出现下降，位于中原城市群内的低水平状态，2018 年平顶山市的城市关联度提升至城市群内的较低水平，由此可见，平顶山市的城市关联度随时间的推移而呈现波浪式变动的发展规律。

　　长江中游城市群内的武汉市和长沙市的城市关联度在 2012～2018 年始终维持在城市群内乃至整个东部地区城市群内的高水平状态，持续处于领先位置。南昌市的城市关联度在 2012 年位于长江中游城市群内的较高水平状态，但这种状态并没有稳定地维持下去，2014 年南昌市的城市关联度下降至城市群内的中等水平，但在 2016～2018 年南昌市的城市关联度持续稳定上升，位于其所属城市群内乃至整个东部地区城市群内的较高水平。宜春市的城市关联度在 2012 年为较低水平状态，2014 年宜春市的城市关联度有所提升，提升城市群内的中等水平，在此之后宜春市的城市关联度持续上升，上升至城市群内的较高水平。景德镇市、鹰潭市和上饶市的城市关联度在 2012～2014 年处于低水平状态或是较低水平状态，2016 年景德市、鹰潭市和上饶市的城市关联度有所上升，上升至长江中游城市群内的中等水平，这种状态从 2016 年持续至 2018 年。抚州市的城市关联度在 2012～2014 年处于长江中游城市群内的较低水平，在此之后抚州市的城市关联度持续上升，2016～2018 年抚州市的城市关联度上升至城市群内的中等水平。吉安市的城市关联度只在 2012 年处于城市群内的低水平状态，自此之后吉安市的城市关联度上升至城市群内的中等水平，这种状态从 2014 年一直持续到 2018 年。九江市的城市关联度在 2012～2014 年处于城市群内的较低水平状态，在此之后九江市的城市关联度上升至城市群内的中等水平，这种状态从 2016 年一直持续到 2018 年。岳阳市的城市关联度仅在 2016 年维持在长江中游城市群内的中等水平，在 2012 年、2014 年和 2018 年间岳阳市的城市关联度始终位于城市群内的较低水平状态。益阳市和娄底市的城市关联度在 2012～2018 年始终处于城市群内的低水平状态，未有明显发展。衡阳市和株洲市的城市关联度在 2012～2018 年始终处于城市群内的较低水平状态。湘潭市的城市关联度在 2012 年处于城市群内的较高水准，自此之后湘潭市的城市关联度逐年下降，在 2014～2016 年湘潭市的城市关联度处于城市群内的较低或是中等水平状态，2018 年湘潭市的城市关联度有所上升，上升至长江中游城市群的较高水准。萍乡市的城市关联度在 2012 年位于长江中游城市群内的较低水平状态，2014～2018 年萍乡市的城市关联度稳定地维持在城市群内的中等水平状态。咸宁市和黄石市的城市关联度在 2012～2018 年始终位于城市群内的较低水平状态，其发展未有明显波动。黄冈市的城市关联度在 2012～2014 年始终稳定地维持在长江中游城市群内的中等水平，其发展未会有明显波动。孝感市的城市关联度在 2012～2014 年位于城市群里的较低水平，在此之后孝感市的城市关联度逐年提升，2016 年孝感市的城市关联度跃升至长江中游城市群内的较高水平，2018 年孝感市的城市关联度略有降低，降低至城市群内的中等水平。荆门市的城市关联度在 2012 年位于长江中游城市群的低水平状态，2014 年荆门市的城市关联度上升至城市群内的较低水平，2016 年荆门市的城市关联度又上升至城市群内的中等水平，但在 2018 年荆门市的城市关联度有所降低。襄阳市的城市关联度在 2012 年位于长江中游城市群内的中等水平，在 2014～2018 年襄阳市的城市关联度提升明显，提升至城市群内的较高水平。宜昌市的城市关联度仅在 2016 年处于城市群内的较高水平，在 2012 年、2014 年和 2018 年间宜昌市的城市关联度始终位于城市群内的中等水平。常德市的城市关联度在 2012 ~ 2018 年始终位于长江中游城市群的较低水平。荆州市的城市关联度在 2012 年和 2014 年始终处于城市群体的较低水平，2016 年和 2018 年荆州市的城市关联度都有所提升，并且稳定地维持在长江中游城市群内的中等水平状态。

最后，对西部城市群基础设施关联水平进行分析，将西部城市群各城市关联度得分进行算术平均得到中国西部城市群的关联度综合得分，并将西部城市群的历年关联度得分进行算术平均得到城市群的整体关联度得分并进行描述性统计（见表 5 - 140）。西部地区有滇中、天山北坡、成渝、黔中、呼包鄂榆、关中平原、北部湾、兰西、宁夏沿黄 9 个城市群。呼包鄂榆城市群的城市关联度在 2012 年达到 0.0912，在 2014 年为 0.097，在 2016 年为 0.1245，在 2018 年为 0.1224。从呼包鄂榆城市群的城市关联度的历年演变情况来看，该城市群的关联度呈波浪式攀升发展规律。成渝城市群的城市关联度在 2012 年为 0.0874，在 2014 年为 0.1079，在 2016 年为 0.1308，在 2018 年为 0.1362，根据成渝城市群的城市关联度的历年演变情况来看，该城市群的关联度呈现持续上升的发展规律。滇中城市群的城市关联度在 2012 年为 0.0814，在 2014 年为 0.0934，在 2016 年为 0.1237，在 2018 年为 0.1208。根据滇中城市群的城市关联度的历年演变情况来看，在 2014 ~ 2016 年，滇中城市群的关联度上升速度较快，在 2016 ~ 2018 年，滇中城市群的城市关联度有所下降。总体来看，滇中城市群的城市关联度呈波浪式攀升形态。黔中城市群的城市关联度在 2012 年为 0.0685，在 2014 年为 0.0801，在 2016 年为 0.1156，在 2018 年为 0.1347。黔中城市群的城市关联度在 2012 ~ 2014 年上升速度较为平稳，在 2014 ~ 2016 年，黔中城市群的城市关联度的上升速度有所加快，在 2016 ~ 2018 年，黔中城市群的城市关联度持续提升。总体来看，黔中城市群的城市关联度随时间推移持续提升。关中平原城市群的城市关联度在 2012 年为 0.0795，在 2014 年为 0.0894，在 2016 年为 0.1199，在 2018 年为 0.1137。关中平原城市群的城市关联度在 2012 ~ 2014 年上升速度较为平稳，在 2014 ~ 2016 年关中平原城市群的城市关联度的上升速度有所提升，在 2016 ~ 2018 年关中平原城市群的城市关联度有所下降。总体来看，关中平原城市群的城市关联度呈波浪式攀升形态。北部湾城市群的城市关联度在 2012 年为 0.0429，在 2014 年为 0.0611，在 2016 年为 0.0986，在 2018 年为 0.0853。北部湾城市群的城市关联度在 2012 ~ 2014 年上升了 0.0182，在 2014 ~ 2016 年上升了 0.0375，在 2016 ~ 2018 年下降了 0.0133。总体来看，北部湾城市群的城市关联度呈波浪式攀升形态。兰西城市群的城市关联度在 2012 年为 0.0693，在 2014 年为 0.0870，在 2016 年为 0.1136，在 2018 年为 0.1020。兰西城市群的城市关联度在 2012 ~ 2014 年上升了 0.0177，在 2014 ~ 2016 年提升了 0.0266，在 2016 ~ 2018 年下降了 0.0116。总体来看，兰西城市群的城市关联度呈波浪式攀升形态。宁夏沿黄城市群的城市关联度在 2012 年为 0.0659，在 2014 年为 0.0890，在 2016 年为 0.1168，在 2018 年为 0.1197。宁夏沿黄城市群的城市关联度在 2012 ~ 2014 年是上升的，且上升速度较为明显，上升了 0.0231；在 2014 ~ 2016 年，宁夏沿黄城市群的城市关联度上升了 0.0278；在 2016 ~ 2018 年，宁夏沿黄城市群的城市关联度持续处于上升态势，从 0.1168 上升至 0.1197，但上升速度较慢，未恢复至 2012 ~ 2014 年的上升速度。但总体来看，宁夏沿黄城市群的城市关联度是随时间推移而持续上升的。天山北坡城市群的城市关联度在 2012 年为 0.0801，在 2014 年为 0.0964，在 2016 年为 0.1220，在 2018 年为 0.1151。天山北坡城市群的城市关联度在 2012 ~ 2014 年的上升速度较为平稳，从 0.0801 上升至 0.0964；在 2014 ~ 2016 年，天山北坡城市群的城市关联度上升速度有所提升，提升了 0.0256；而在 2016 ~ 2018 年，天山北坡城市群的城市关联度的上升速度有所下降，下降了 0.0069。总体来看，2012 ~ 2018 年，天山北坡城市群的城市关联度是呈波浪式攀升形态。

表 5 - 140　　　　　　　　　　西部城市群城市关联度描述统计

| 城市群 | 2018 年 | 2016 年 | 2014 年 | 2012 年 | 综合得分 | 分级 |
|---|---|---|---|---|---|---|
| 呼包鄂榆 | 0.1224 | 0.1245 | 0.0972 | 0.0912 | 0.1039 | 中等 |
| 成渝 | 0.1362 | 0.1308 | 0.1079 | 0.0874 | 0.1094 | 较高 |
| 滇中 | 0.1208 | 0.1237 | 0.0934 | 0.0814 | 0.1024 | 中等 |
| 黔中 | 0.1347 | 0.1156 | 0.0801 | 0.0685 | 0.0932 | 较低 |
| 关中平原 | 0.1137 | 0.1199 | 0.0894 | 0.0795 | 0.0963 | 较低 |
| 北部湾 | 0.0853 | 0.0986 | 0.0611 | 0.0429 | 0.0661 | 低 |
| 兰西 | 0.1020 | 0.1136 | 0.0870 | 0.0693 | 0.0913 | 低 |
| 宁夏沿黄 | 0.1197 | 0.1168 | 0.0890 | 0.0659 | 0.0914 | 较低 |
| 天山北坡 | 0.1151 | 0.1220 | 0.0964 | 0.0801 | 0.0983 | 较低 |

对于西部城市群内部城市间的关联度，选取 2012 ~ 2018 年偶数年份进行分析，如表 5 - 141 所示。天山北坡城市群内的克拉玛依市仅在 2012 年位于整个西部地区城市群内的较低水平，在 2014 ~ 2018 年克拉玛依市的城市关联度有所提升，并且稳定地维持在整个西部地区城市群内的中等水平。乌鲁木齐市在 2012 ~ 2018 年的城市关联度始终稳定地维持在整个西部地区城市群内的高水平状态，与其所属城市群内的其他城市联系密切。

表 5 - 141　　　　　　西部城市群内各城市与其他城市基础设施关联度时空演化

| 城市群 | 城市 | 2012 年 | 2014 年 | 2016 年 | 2018 年 | 城市群 | 城市 | 2012 年 | 2014 年 | 2016 年 | 2018 年 |
|---|---|---|---|---|---|---|---|---|---|---|---|
| 成渝 | 重庆 | 0.202 | 0.207 | 0.207 | 0.189 | 北部湾 | 湛江 | 0.089 | 0.080 | 0.114 | 0.086 |
| | 成都 | 0.195 | 0.201 | 0.220 | 0.243 | | 茂名 | 0.091 | 0.079 | 0.091 | 0.085 |
| | 自贡 | 0.047 | 0.066 | 0.042 | 0.053 | | 阳江 | 0.071 | 0.059 | 0.074 | 0.070 |
| | 泸州 | 0.037 | 0.047 | 0.053 | 0.040 | | 南宁 | 0.163 | 0.149 | 0.143 | 0.133 |
| | 德阳 | 0.055 | 0.060 | 0.042 | 0.042 | | 北海 | 0.086 | 0.095 | 0.088 | 0.105 |
| | 绵阳 | 0.081 | 0.109 | 0.077 | 0.163 | | 防城港 | 0.044 | 0.061 | 0.042 | 0.030 |
| | 遂宁 | 0.035 | 0.028 | 0.032 | 0.031 | | 钦州 | 0.057 | 0.063 | 0.073 | 0.048 |
| | 内江 | 0.033 | 0.027 | 0.032 | 0.036 | | 玉林 | 0.074 | 0.071 | 0.083 | 0.062 |
| | 乐山 | 0.047 | 0.040 | 0.033 | 0.030 | | 崇左 | 0.062 | 0.065 | 0.058 | 0.047 |
| | 南充 | 0.040 | 0.030 | 0.036 | 0.033 | | 海口 | 0.093 | 0.089 | 0.120 | 0.087 |
| | 眉山 | 0.032 | 0.025 | 0.027 | 0.027 | 天山北坡 | 乌鲁木齐 | 0.256 | 0.258 | 0.263 | 0.247 |
| | 宜宾 | 0.056 | 0.050 | 0.045 | 0.035 | | 克拉玛依 | 0.105 | 0.094 | 0.081 | 0.083 |
| | 广安 | 0.032 | 0.027 | 0.029 | 0.023 | 呼包鄂榆 | 呼和浩特 | 0.132 | 0.139 | 0.142 | 0.125 |
| | 达州 | 0.039 | 0.032 | 0.039 | 0.032 | | 包头 | 0.161 | 0.150 | 0.147 | 0.132 |
| | 雅安 | 0.099 | 0.098 | 0.030 | 0.043 | | 鄂尔多斯 | 0.168 | 0.132 | 0.129 | 0.124 |
| | 资阳 | 0.048 | 0.041 | 0.030 | 0.038 | | 榆林 | 0.144 | 0.129 | 0.119 | 0.148 |

续表

| 城市群 | 城市 | 2012 年 | 2014 年 | 2016 年 | 2018 年 | 城市群 | 城市 | 2012 年 | 2014 年 | 2016 年 | 2018 年 |
|---|---|---|---|---|---|---|---|---|---|---|---|
| 关中平原 | 运城 | 0.059 | 0.058 | 0.050 | 0.044 | 滇中 | 昆明 | 0.236 | 0.233 | 0.229 | 0.225 |
| | 临汾 | 0.065 | 0.049 | 0.044 | 0.034 | | 曲靖 | 0.105 | 0.086 | 0.088 | 0.075 |
| | 西安 | 0.225 | 0.231 | 0.244 | 0.261 | | 玉溪 | 0.083 | 0.081 | 0.084 | 0.092 |
| | 铜川 | 0.048 | 0.035 | 0.043 | 0.034 | 黔中 | 贵阳 | 0.202 | 0.210 | 0.203 | 0.212 |
| | 宝鸡 | 0.076 | 0.064 | 0.064 | 0.074 | | 遵义 | 0.142 | 0.124 | 0.131 | 0.082 |
| | 咸阳 | 0.075 | 0.062 | 0.066 | 0.056 | | 安顺 | 0.072 | 0.063 | 0.071 | 0.136 |
| | 渭南 | 0.066 | 0.065 | 0.063 | 0.051 | | 毕节 | 0.098 | 0.084 | 0.097 | 0.148 |
| | 商洛 | 0.055 | 0.037 | 0.037 | 0.029 | 兰西 | 兰州 | 0.197 | 0.195 | 0.199 | 0.195 |
| | 天水 | 0.066 | 0.056 | 0.051 | 0.036 | | 白银 | 0.076 | 0.070 | 0.072 | 0.049 |
| | 平凉 | 0.059 | 0.038 | 0.038 | 0.019 | | 定西 | 0.099 | 0.092 | 0.079 | 0.066 |
| 宁夏沿黄 | 银川 | 0.208 | 0.203 | 0.196 | 0.204 | | 西宁 | 0.122 | 0.125 | 0.114 | 0.108 |
| | 石嘴山 | 0.076 | 0.074 | 0.070 | 0.080 | | 海东 | 0.053 | 0.053 | 0.054 | 0.041 |
| | 吴忠 | 0.077 | 0.069 | 0.074 | 0.081 | | | | | | |
| | 中卫 | 0.062 | 0.091 | 0.087 | 0.074 | | | | | | |

呼包鄂渝城市群内的包头市、呼和浩特市、鄂尔多斯市和榆林市的城市关联度在 2012～2014 年始终位于整个西部地区城市群内的中等水平，从 2016 年开始，包头市呼和浩特市的城市关联度逐渐上升至整个西部地区城市群内的较高水平，2018 年包头市、呼和浩特市、鄂尔多斯市和榆林市的城市关联度整体提升明显，整个呼包鄂榆城市群内的城市都位于西部地区城市群内的较高水平状态。

兰西城市群内的兰州市在 2012～2018 年始终位于整个西部地区城市群内的较高水平状态，在兰西城市群内始终处于领先位置。西宁市的城市关联度在 2012～2016 年始终稳定地处于整个西部地区城市群内的中等水平，2018 年西宁市的城市关联度上升至城市群内的较高水平。此外，白银市和定西市的城市关联度在 2012～2018 年始终稳定地维持在整个西部地区城市群内的较低水平状态，其发展未有明显提升。

关中平原城市群内的西安市的城市关联度在 2012～2018 年始终位于整个西部地区城市群内的高水平状态，在关中平原城市群内西安市的城市关联度也处于领先水平，其与城市群内的其他城市关系密切。天水市、宝鸡市、咸阳市和渭南市的城市关联度在 2012 年处于整个关中平原城市群乃至西部地区城市群内的较低水平状态，在 2014 年和 2016 年也未有明显提升，2018 年宝鸡市的城市关联度逐渐上升至城市群内的中等水平，但其余 3 个城市的城市关联度没有明显提升。临汾市的城市关联度仅在 2014 年降至西部地区城市群内的最低水平状态，但在 2012 年、2016 年和 2018 年临汾市的城市关联度位于整个西部城市群内的较低水平状态。运城市的城市关联度在 2018 年位于城市群内的低水平状态，在此之后运城市的城市关联度上升至较低水平，这种状态一直从 2014 年稳定地维持到 2018 年。平凉市的城市关联度在 2012～2018 年始终稳定地维持在低水平状态，其发展未有明显提升。铜川市的城市关联度在 2012～2014 年同样也位于整个城市群内的低水平状态，但铜川市在 2016 年和 2018 年有所上升，其城市关联度上升至关中平原城市群内的较低水平。商洛市的城市关联度在 2012～2018 年始终位于低水平状态。

成渝城市群内的成都和重庆市的城市关联度在 2012～2014 年始终位于成渝城市群内乃至整个西部地区城市群内的较高水平，2016 年成都市的城市关联度上升至城市群内的高水平状态，且这种状态一直维持到 2018 年，但重庆市的城市关联度从始至终都稳定地维持在较高水平状态。绵阳市的城市关联度在 2012 年位于城市群内的较低水平，在 2014 年位于城市群内的中等水平，但在 2016 年绵阳市的城市关联度降低至成渝城市群内的较低水平，但在此之后绵阳市的城市关联度持续提升，在 2018 年已位于城市群内的较高水平状态。宜宾市和泸州市的城市关联度在 2012 年处于成渝城市群内的最低水平，但在 2014 年宜宾市的城市关联度有所提升而泸州市的城市关联度未有明显波动，2016～2018 年，宜宾市和泸州市的城市关联度维持在成渝城市群乃至整个西部地区城市群内的较低水平状态。雅安市的城市关联度在 2012～2018 年基本位于城市群内的较低水平，仅在 2016 年雅安市的城市关联度降至成渝城市群内的最低水平状态。乐山市、眉山市、资阳市、内江市、广安市和达州市等城市关联度在 2012～2018 年基本位于成渝城市群乃至整个西部地区城市群内的最低水平或较低水平状态。南充市的城市关联度在 2012～2016 年稳定地维持在城市群内的最低水平状态，但南充市在 2018 年提升至城市群内的较低水平状态。

黔中城市群内的贵阳市的城市关联度在 2012～2018 年始终稳定地维持在城市群内的较高水平，其与黔中城市群内的其他城市关系密切。遵义市的城市关联度在 2012～2018 年始终稳定地维持在整个黔中城市群内的中等水平，其发展未有明显提升。毕节市和安顺市的城市关联度在 2012～2014 年稳定地维持在城市群内的较低水平状态，2016 年毕节市的城市关联度有所提升而安顺市的城市关联度未有明显波动，到 2018 年毕节市和安顺市的城市关联度提升至黔中城市群内的较高水平。

滇中城市群内的昆明市在 2012～2018 年始终稳定地维持在城市群内的最高水平，其与城市群内的其他城市关系密切。曲靖市和玉溪市的城市关联度在 2012～2014 年位于滇中城市群乃至整个西部地区城市群内的较低水平状态，在 2016～2018 年，玉溪市和曲靖市的城市关联度有所提升，并且这种状态较为稳定，始终位于城市群内的较高水平。

北部湾城市群内的南宁市的城市关联度在 2012～2014 年位于城市群内的中等水平，在 2016～2018 年，南宁市的城市关联度有所提升，稳定地维持在南宁市的城市关联度北部湾城市群乃至整个西部地区城市群内的较高水平状态。崇左市的城市关联度在 2012～2016 年基本维持在北部湾城市群内的较低水平状态，其发展未有明显提升。防城港市的城市关联度在 2014 年位于北部湾城市群内的较低水平，但在 2012 年、2014 年和 2018 年防城港市的城市关联度基本位于城市群内的最低水平状态。钦州市的城市关联度在 2012 年处于北部湾城市群的最低水平状态，但在 2014～2018 年，钦州市的城市关联度逐渐上升，上升至城市群内的较低水平状态。玉林市、阳江市和茂名市的城市关联度在 2012～2014 年位于北部湾城市群里的较低水平状态，2016 年玉林市、阳江市和茂名市的城市关联度有所提升，提升至城市群内的中等水平状态，但在 2018 年茂名市的城市关联度有所下降而玉林市和阳江市的城市关联度没有明显变化。

#### 5.7.2.2　城市群基础设施网络建设水平的时空演化分析

首先，对东北部城市群基础设施网络建设水平进行时空演化分析：

将东北部城市群所属的各城市基础设施网络建设水平得分进行算术平均得到中国东北部城市群的基础设施网络建设水平综合得分，并将东北部城市群的历年基础设施网络建设水平得分进行算术平均得到城市群的整体基础设施网络建设水平得分并进行描述性统计（见表 5－142）。东北部地区有哈长、辽中南两个城市群。哈长城市群的城市基础设施网络建设水平在 2012 年为 0.0588，在 2014 年为 0.0711，在 2016 年为 0.0684，在 2018 年为 0.0667。哈长城市群的城市基础设施网络建设水平在 2012～2014 年上升了 0.0123；在 2014～2016 年是下降的，下降了 0.0027；在 2016～2018 年也是下降的，下降了 0.0017。由此可见，哈长城市群的城市基础设施网络建设水平在 2010～2012 年的城市基础设施网络建设水平的增长速度比 2014～2016 年和 2016～2018 年的下降速度的绝对值要大。总的来说，哈长城市群的城市基础设施网络建设水平是提升的。辽中南城市群的城市基础设施网络建设水平在 2012 年为 0.0555，在 2014 年为 0.0674，在 2016 年为 0.0659，在 2018 年为 0.0687。辽中南城市群的城市基础设施网络建设水平在 2012～2014 年是上升的，上升了 0.0124；

在 2014~2016 年是下降的，下降了 0.0015；在 2016~2018 年是上升的，上升了 0.0028。因此，辽中南城市群的城市基础设施网络建设水平在 2012~2014 年的上升速度要大于在 2014~2016 年和 2016~2018 年的下降速度。总的来说，辽中南城市群的城市基础设施网络建设水平是在提升的。

表 5-142　　　　　　　　　东北部城市群基础设施网络建设水平描述统计

| 城市群 | 2018 年 | 2016 年 | 2014 年 | 2012 年 | 综合得分 | 分级 |
|---|---|---|---|---|---|---|
| 哈长 | 0.0667 | 0.0684 | 0.0711 | 0.0588 | 0.0669 | 中等 |
| 辽中南 | 0.0687 | 0.0659 | 0.0674 | 0.0555 | 0.0641 | 中等 |

其次，对东部城市群基础设施网络建设水平进行时空演化分析：

将东部城市群所属的各城市基础设施网络建设水平得分进行算术平均得到中国东部城市群的基础设施网络建设水平综合得分，并将东部城市群的历年基础设施网络建设水平得分进行算术平均得到城市群的整体基础设施网络建设水平得分并进行描述性统计（见表 5-143）。东部地区有珠三角、长三角、京津冀、山东半岛、粤闽浙沿海 5 个城市群。京津冀城市群的城市基础设施网络建设水平在 2012 年为 0.1300，在 2014 年为 0.1492，在 2016 年为 0.1477，在 2018 年为 0.1501。京津冀城市群的城市基础设施网络建设水平在 2012~2014 年上升速度较快，上升了 0.0192；2014~2016 年，京津冀城市群的城市基础设施网络建设水平有所下降；2016~2018 年，京津冀城市群的城市基础设施网络建设水平又有所回升，回升至 0.1501。总体来看，京津冀城市群的城市基础设施网络建设水平呈波浪式攀升发展规律。山东半岛城市群的城市基础设施网络建设水平在 2012 年为 0.0730，在 2014 年为 0.0829，在 2016 年为 0.0831，在 2018 年为 0.0870。山东半岛城市群的城市基础设施网络建设水平在 2012~2014 年提升速度较快，提升了 0.0459；2014~2016 年，提升速度较慢，提升了 0.0002；在 2016~2018 年提升速度又有所增长，提升了 0.0039。总体来看，山东半岛城市群的城市基础设施网络建设水平是随着时间的推移而持续上升的。长三角城市群的城市基础设施网络建设水平在 2012 年为 0.0894，在 2014 年为 0.1130，在 2016 年为 0.1144，在 2018 年为 0.1169。长三角城市群的城市基础设施网络建设水平在 2012~2014 年上升了 0.0236，在 2014~2016 年上升了 0.0014，在 2016~2018 年上升了 0.0025，因此，长三角城市群的城市基础设施网络建设水平在 2012~2014 年上升速度最快，在 2016~2018 年的上升速度次之，在 2014~2016 年的上升速度最慢。总的来说，长三角城市群的城市基础设施网络建设水平是随时间的推移而持续上升的。粤闽浙沿海城市群的城市基础设施网络建设水平在 2012 年为 0.0539，在 2014 年为 0.0719，在 2016 年为 0.0713，在 2018 年为 0.0785。粤闽浙沿海城市群的城市基础设施网络建设水平在 2012~2014 年是上升的，上升了 0.018；2014~2016 年，粤闽浙沿海城市群的城市基础设施网络建设水平是下降的，下降了 0.0006；粤闽浙沿海城市群的城市基础设施网络建设水平在 2016~2018 年是上升的，上升了 0.0072。因此，粤闽浙沿海城市群的城市基础设施网络建设水平在 2012~2014 年上升速度最快，在 2016~2018 年的上升速度次之，在 2014~2016 年处于下降态势。总的来说，粤闽浙沿海城市群的城市基础设施网络建设水平呈波浪式攀升发展规律。珠三角城市群的城市基础设施网络建设水平在 2012 年为 0.2171，在 2014 年为 0.2512，在 2016 年为 0.2567，在 2018 年为 0.2720。珠三角城市群的城市基础设施网络建设水平在 2012~2014 年是上升的，上升了 0.03407，在 2014~2016 年也是上升的，上升了 0.0055，在 2016~2018 年珠三角城市群的城市基础设施网络建设水平是上升的，上升了 0.0153。因此，珠三角城市群的城市基础设施网络建设水平在 2012~2014 年的上升速度最快，在 2016~2018 年的上升速度次之，在 2014~2016 年的上升速度最慢。总的来说，珠三角城市群的城市基础设施网络建设水平是随时间的推移而持续上升的。

表 5 –143　　　　　　　　　　　东部城市群基础设施网络建设水平描述性统计

| 城市群 | 2018 年 | 2016 年 | 2014 年 | 2012 年 | 综合得分 | 分级 |
|---|---|---|---|---|---|---|
| 京津冀 | 0. 1501 | 0. 1477 | 0. 1492 | 0. 1300 | 0. 1412 | 高 |
| 山东半岛 | 0. 0870 | 0. 0831 | 0. 0829 | 0. 0730 | 0. 0806 | 较高 |
| 长三角 | 0. 1169 | 0. 1144 | 0. 1130 | 0. 0894 | 0. 1082 | 高 |
| 粤闽浙沿海 | 0. 0785 | 0. 0713 | 0. 0719 | 0. 0539 | 0. 0681 | 中等 |
| 珠三角 | 0. 2720 | 0. 2567 | 0. 2512 | 0. 2171 | 0. 2386 | 高 |

再次，对中部城市群基础设施网络建设水平进行时空演化分析：

将中部城市群所属的各城市基础设施网络建设水平得分进行算术平均得到中国中部城市群的基础设施网络建设水平综合得分，并将中部城市群的历年基础设施网络建设水平得分进行算术平均得到城市群的整体基础设施网络建设水平得分并进行描述性统计（见表 5 –144）。中部地区有中原、晋中以及长江中游 3 个城市群。晋中城市群的城市基础设施网络建设水平在 2012 年为 0. 0465，在 2014 年为 0. 0559，在 2016 年为 0. 0557，在 2018 年为 0. 0549。晋中城市群的城市基础设施网络建设水平在 2012 ~ 2014 年是上升的，上升了 0. 0094；在 2014 ~ 2016 年是下降的，下降了 0. 0002；在 2016 ~ 2018 年是下降的，下降了 0. 0008。晋中城市群的城市基础设施网络建设水平在 2012 ~ 2018 年波动幅度不大，在 2012 ~ 2014 年上升速度比 2014 ~ 2016 年和 2016 ~ 2018 年的下降速度的绝对值要大。因此，总的来说，晋中城市群的城市基础设施网络建设水平还是上升的。中原城市群的城市基础设施网络建设水平在 2012 年为 0. 0476，在 2014 年为 0. 0592，在 2016 年为 0. 0609，在 2018 年为 0. 0628。中原城市群的城市基础设施网络建设水平在 2012 ~ 2014 年是上升的，上升了 0. 0116；2014 ~ 2016 年也是上升的，上升了 0. 0017；在 2016 ~ 2018 年是上升的，上升了 0. 0019。因此，中原城市群的城市基础设施网络建设水平在 2012 ~ 2014 年的上升速度最快，在 2016 ~ 2018 年的上升速度次之，在 2014 ~ 2016 年的上升速度最慢。总的来说，中原城市群的城市基础设施网络建设水平是随时间的推移而持续上升的。长江中游城市群的城市基础设施网络建设水平在 2012 年为 0. 0467，在 2014 年为 0. 0579，在 2016 年为 0. 0585，在 2018 年为 0. 0598。长江中游城市群的城市基础设施网络建设水平在 2012 ~ 2014 年是上升的，上升了 0. 0112；在 2014 ~ 2016 年是上升的，上升了 0. 0006；在 2016 ~ 2018 年是上升的，上升了 0. 0013。因此，长江中游城市群的城市基础设施网络建设水平在 2012 ~ 2014 年的上升速度最快，在 2016 ~ 2018 年的上升速度次之，在 2014 ~ 2016 年的上升速度最慢。总的来说，长江中游城市群的城市基础设施网络建设水平是随时间的推移而持续上升的。

表 5 –144　　　　　　　　　　　中部城市群基础设施网络建设水平描述性统计

| 城市群 | 2018 年 | 2016 年 | 2014 年 | 2012 年 | 综合得分 | 分级 |
|---|---|---|---|---|---|---|
| 晋中 | 0. 0549 | 0. 0557 | 0. 0559 | 0. 0465 | 0. 0540 | 较低 |
| 中原 | 0. 0628 | 0. 0609 | 0. 0592 | 0. 0476 | 0. 0576 | 较低 |
| 长江中游 | 0. 0598 | 0. 0585 | 0. 0579 | 0. 0467 | 0. 0557 | 较低 |

最后，对西部城市群基础设施网络建设水平进行时空演化分析：

将西部城市群所属的各城市基础设施网络建设水平得分进行算术平均得到中国西部城市群的基础设施网络建设水平综合得分，并将西部城市群的历年基础设施网络建设水平得分进行算术平均得到城市群的整体基础设施网络建设水平得分并进行描述性统计（见表 5 –145）。西部地区有滇中、天山北坡、成渝、黔中、呼包鄂榆、关中平原、北部湾、兰西、宁夏沿黄 9 个城市群。由表 5 –145 可知，呼包鄂榆城市群的城市基础设施网络建设水平在 2012 年达到 0.0567，在 2014 年为 0.0634，在 2016 年为 0.0654，在 2018 年为 0.0689。从呼包鄂榆城市群的城市基础设施网络建设水平的历年演变情况来看，该城市群的基础设施网络建设水平随时间推移而持续上升。成渝城市群的城市基础设施网络建设水平在 2012 年为 0.0614，在 2014 年为 0.0780，在 2016 年为 0.0873，在 2018 年为 0.0890。根据成渝城市群的城市基础设施网络建设水平的历年演变情况来看，2012～2014 年，成渝城市群的城市基础设施网络建设水平上升速度较快，该城市群的基础设施网络建设水平呈现持续上升的发展规律。滇中城市群的城市基础设施网络建设水平在 2012 年为 0.0584，在 2014 年为 0.0766，在 2016 年为 0.0897，在 2018 年为 0.0849。根据滇中城市群的城市基础设施网络建设水平的历年演变情况来看，2012～2014 年，滇中城市群的基础设施网络建设水平上升速度较快；在 2014～2016 年，滇中城市群的城市基础设施网络建设水平上升速度有所减缓；2016～2018 年，滇中城市群的城市基础设施网络建设水平有所下降。总体来看，滇中城市群的城市基础设施网络建设水平呈波浪式攀升发展规律。黔中城市群的城市基础设施网络建设水平在 2012 年为 0.0443，在 2014 年为 0.0685，在 2016 年为 0.0702，在 2018 年为 0.0747。黔中城市群的城市基础设施网络建设水平在 2012～2014 年上升速度较快；2014～2016 年，黔中城市群的城市基础设施网络建设水平的上升速度有所减缓；2016～2018 年，黔中城市群的城市基础设施网络建设水平发展速度有所提升。总体来看，黔中城市群的城市基础设施网络建设水平随时间推移持续提升。关中平原城市群的城市基础设施网络建设水平在 2012 年为 0.0452，在 2014 年为 0.0549，在 2016 年为 0.0553，在 2018 年为 0.0574。关中平原城市群的城市基础设施网络建设水平在 2012～2014 年上升速度较快；2014～2016 年，关中平原城市群的城市基础设施网络建设水平的上升速度有所减缓；2016～2018 年，关中平原城市群的城市基础设施网络建设水平的上升速度又有所提升。总体来看，关中平原城市群的城市基础设施建设水平随时间推移而持续上升。北部湾城市群的城市基础设施网络建设水平在 2012 年为 0.0422，在 2014 年为 0.0511，在 2016 年为 0.0529，在 2018 年为 0.0634。北部湾城市群的城市基础设施网络建设水平在 2012～2014 年上升速度较快，在 2014～2016 年上升速度有所减缓，在 2016～2018 年增长速度又有所提升。总体来看，北部湾城市群的城市基础设施网络建设水平随时间的推移而持续上升。兰西城市群的城市基础设施网络建设水平在 2012 年为 0.0391，在 2014 年为 0.0437，在 2016 年为 0.0439，在 2018 年为 0.0453。兰西城市群的城市基础设施网络建设水平在 2012～2014 年上升速度较快，在 2014～2016 年变动幅度不大，几乎是呈水平发展状态，在 2016～2018 年增长速度又有所提升。总体来看，兰西城市群的城市基础设施网络建设水平随时间的推移而缓慢提升。宁夏沿黄城市群的城市基础设施网络建设水平在 2012 年为 0.0301，在 2014 年为 0.0377，在 2016 年为 0.0356，在 2018 年为 0.0361。宁夏沿黄城市群的城市基础设施网络建设水平在 2012～2014 年是上升的，且上升速度较为明显；2014～2016 年，宁夏沿黄城市群的城市基础设施网络建设水平呈下降态势，从 0.0377 下降至 0.0356；2016～2018 年，宁夏沿黄城市群的城市基础设施网络建设水平又恢复了上升态势，从 0.0356 上升至 0.0361，但上升速度较慢，未恢复至 2012～2014 年的上升速度。总体来看，宁夏沿黄城市群的城市基础设施网络建设水平呈波浪式攀升发展规律。天山北坡城市群的城市基础设施网络建设水平在 2012 年为 0.0627，在 2014 年为 0.0832，在 2016 年为 0.0838，在 2018 年为 0.0851。天山北坡城市群的城市基础设施网络建设水平在 2012～2014 年上升速度较快，从 0.0627 上升至 0.0832；2014～2016 年，天山北坡城市群的城市基础设施网络建设水平上升速度较为缓慢；而 2016～2018 年，天山北坡城市群的城市基础设施网络建设水平的上升速度又有所提升。总体来看，2012～2018 年天山北坡城市群的城市基础设施网络建设水平是随时间的推移而持续上升的。

表 5 – 145　　　　　　　　　西部城市群基础设施网络建设水平描述统计

| 城市群 | 2018 年 | 2016 年 | 2014 年 | 2012 年 | 综合得分 | 分级 |
|---|---|---|---|---|---|---|
| 呼包鄂榆 | 0.0689 | 0.0654 | 0.0634 | 0.0567 | 0.0614 | 中等 |
| 成渝 | 0.0890 | 0.0873 | 0.0780 | 0.0614 | 0.0779 | 较高 |
| 滇中 | 0.0849 | 0.0897 | 0.0766 | 0.0584 | 0.0741 | 较高 |
| 黔中 | 0.0747 | 0.0702 | 0.0685 | 0.0443 | 0.0676 | 中等 |
| 关中平原 | 0.0574 | 0.0553 | 0.0549 | 0.0452 | 0.0535 | 较低 |
| 北部湾 | 0.0634 | 0.0529 | 0.0511 | 0.0422 | 0.0502 | 低 |
| 兰西 | 0.0453 | 0.0439 | 0.0437 | 0.0391 | 0.0434 | 低 |
| 宁夏沿黄 | 0.0361 | 0.0356 | 0.0377 | 0.0301 | 0.0350 | 低 |
| 天山北坡 | 0.0851 | 0.0838 | 0.0832 | 0.0627 | 0.0765 | 较高 |

### 5.7.2.3　中心城市与城市群关联度与基础设施建设水平及其分量的单位根检验

对东北部城市群的城市关联度时间序列及其基础设施分量的时间序列进行单位根检验，从而确定其是否为单整序列，如果某一时间序列存在单位根，则说明该时间序列为非平稳序列，同时存在伪回归现象，此时需对该时间序列进行差分，直至其变成平稳序列为止；如果某一时间序列不存在单位根，则说明其为平稳序列，序列在一个均值水平范围内上下波动，并有向均值靠拢的趋势。对时间序列进行检验的方法有 ADF 检验、PP 检验以及 NP 检验，本书采用 ADF 检验对时间序列进行平稳性检验。该检验主要是通过在回归方程的右边加入一个变量 $y_t$ 的滞后差分项来控制高阶序列，相关回归方程的表达式为 $\Delta y_t = \mu + \beta_t + \delta_{t-1} + \sum_{i=1}^{k} \lambda_i \Delta y_{t-1} + u_i$，其中，$\Delta y_t$ 为待检验序列 y 的一阶差分，t 是时间变量，k 为滞后阶数。表 5 – 146 为 ADF 检验结果。

表 5 – 146　　　东北部城市群城市关联度与基础设施建设水平及其分量的 ADF 检验结果

| 变量 | ADF 统计量 | 临界值 | | | 结论 |
|---|---|---|---|---|---|
| | | 1% | 5% | 10% | |
| x | − 0.519 | − 3.750 | − 2.976 | − 2.630 | 不平稳 |
| dx | − 4.809 | − 3.750 | − 2.974 | − 2.622 | 平稳 |
| y | − 1.988 | − 3.750 | − 2.976 | − 2.630 | 不平稳 |
| dy | − 4.783 | − 3.750 | − 2.974 | − 2.622 | 平稳 |
| $y_1$ | − 1.976 | − 3.750 | − 2.976 | − 2.630 | 不平稳 |
| $dy_1$ | − 4.860 | − 3.750 | − 2.974 | − 2.622 | 平稳 |
| $y_2$ | − 0.505 | − 3.750 | − 2.976 | − 2.630 | 不平稳 |
| $dy_2$ | − 4.797 | − 3.750 | − 2.974 | − 2.622 | 平稳 |
| $y_3$ | − 2.486 | − 3.750 | − 2.976 | − 2.630 | 不平稳 |
| $dy_3$ | − 5.153 | − 3.750 | − 2.974 | − 2.622 | 平稳 |
| $y_4$ | − 2.199 | − 3.750 | − 2.976 | − 2.630 | 不平稳 |
| $dy_4$ | − 5.554 | − 3.750 | − 2.974 | − 2.622 | 平稳 |
| $y_5$ | − 2.480 | − 3.750 | − 2.976 | − 2.630 | 不平稳 |
| $dy_5$ | − 3.910 | − 3.750 | − 2.974 | − 2.622 | 平稳 |

注：1%、5%、10% 为检验的显著性水平。

对时间序列 x（城市关联度）的平稳性进行 ADF 检验，结果显示时间序列 x（城市关联度）的 ADF 统计量为 $-0.519$，置信区间为 1% 时，ADF 统计量大于 $-3.750$；置信区间为 5% 时，ADF 统计量大于 $-2.976$；置信区间为 10% 时，ADF 统计量大于 $-2.630$。这说明时间序列 x（城市关联度）接受原假设，原序列不平稳且存在单位根。对时间序列 dx（城市关联度）的平稳性进行 ADF 检验，结果显示时间序列 dx（城市关联度）的 ADF 统计量为 $-4.809$，置信区间为 1% 时，ADF 统计量小于 $-3.750$；置信区间为 5% 时，ADF 统计量小于 $-2.974$；置信区间为 10% 时，ADF 统计量小于 $-2.622$。这说明该时间序列 dx（城市关联度）拒绝原假设，该序列平稳且不存在单位根。

对时间序列 y（城市基础设施建设水平）的平稳性进行 ADF 检验，结果显示时间序列 y（城市基础设施网络建设水平）的 ADF 统计量为 $-1.988$，置信区间为 1% 时，ADF 统计量大于 $-3.750$；置信区间为 5% 时，ADF 统计量大于 $-2.976$；置信区间为 10% 时，ADF 统计量大于 $-2.630$。这说明时间序列 y（城市基础设施建设水平）接受原假设，原序列不平稳且存在单位根。对时间序列 dy（城市基础设施建设水平）的平稳性进行 ADF 检验，结果显示时间序列 dy（城市基础设施建设水平）的 ADF 统计量为 $-4.783$，置信区间为 1% 时，ADF 统计量小于 $-3.750$；置信区间为 5% 时，ADF 统计量小于 $-2.974$；置信区间为 10% 时，ADF 统计量小于 $-2.622$。这说明该时间序列 dy（城市基础设施建设水平度）拒绝原假设，该序列平稳且不存在单位根。

对时间序列 $y_1$（通信基础设施）的平稳性进行 ADF 检验，结果显示时间序列 $y_1$（通信基础设施）的 ADF 统计量为 $-1.976$，置信区间为 1% 时，ADF 统计量大于 $-3.750$；置信区间为 5% 时，ADF 统计量大于 $-2.976$；置信区间为 10% 时，ADF 统计量大于 $-2.630$。这说明时间序列 $y_1$（通信基础设施）接受原假设，原序列不平稳且存在单位根。对时间序列 $dy_1$（通信基础设施）的平稳性进行 ADF 检验，结果显示时间序列 $dy_1$（通信基础设施）的 ADF 统计量为 $-4.860$，置信区间为 1% 时，ADF 统计量小于 $-3.750$；置信区间为 5% 时，ADF 统计量小于 $-2.974$；置信区间为 10% 时，ADF 统计量小于 $-2.622$。这说明该时间序列 $dy_1$（通信基础设施）拒绝原假设，该序列平稳且不存在单位根。

对时间序列 $y_2$（交通基础设施）的平稳性进行 ADF 检验，结果显示时间序列 $y_2$（交通基础设施）的 ADF 统计量为 $-0.505$，置信区间为 1% 时，ADF 统计量大于 $-3.750$；置信区间为 5% 时，ADF 统计量大于 $-2.976$；置信区间为 10% 时，ADF 统计量大于 $-2.630$。这说明时间序列 $y_2$（交通基础设施）接受原假设，原序列不平稳且存在单位根。对时间序列 $dy_2$（交通基础设施）的平稳性进行 ADF 检验，结果显示时间序列 $dy_2$（交通基础设施）的 ADF 统计量为 $-4.797$，置信区间为 1% 时，ADF 统计量小于 $-3.750$；置信区间为 5% 时，ADF 统计量小于 $-2.974$；置信区间为 10% 时，ADF 统计量小于 $-2.622$。这说明该时间序列 $dy_2$（交通基础设施）拒绝原假设，该序列平稳且不存在单位根。

对时间序列 $y_3$（能源基础设施）的平稳性进行 ADF 检验，结果显示时间序列 $y_3$（能源基础设施）的 ADF 统计量为 $-2.486$，置信区间为 1% 时，ADF 统计量大于 $-3.750$；置信区间为 5% 时，ADF 统计量大于 $-2.976$；置信区间为 10% 时，ADF 统计量大于 $-2.630$。这说明时间序列 $y_3$（能源基础设施）接受原假设，原序列不平稳且存在单位根。对时间序列 $dy_3$（能源基础设施）的平稳性进行 ADF 检验，结果显示时间序列 $dy_3$（能源基础设施）的 ADF 统计量为 $-5.153$，置信区间为 1% 时，ADF 统计量小于 $-3.750$；置信区间为 5% 时，ADF 统计量小于 $-2.974$；置信区间为 10% 时，ADF 统计量小于 $-2.622$。这说明该时间序列 $dy_3$（能源基础设施）拒绝原假设，该序列平稳且不存在单位根。

对时间序列 $y_4$（公共服务基础设施）的平稳性进行 ADF 检验，结果显示时间序列 $y_4$（公共服务基础设施）的 ADF 统计量为 $-2.199$，置信区间为 1% 时，ADF 统计量大于 $-3.750$；置信区间为 5% 时，ADF 统计量大于 $-2.976$；置信区间为 10% 时，ADF 统计量大于 $-2.630$。这说明时间序列 $y_4$（公共服务基础设施）接受原假设，原序列不平稳且存在单位根。对时间序列 $dy_4$（公共服务基础设施）的平稳性进行 ADF 检验，结果显示时间序列 $dy_4$（公共服务基础设施）的 ADF 统计量为 $-5.554$，置信区间为 1% 时，ADF 统计量小于 - 3.750；置信区间为 5% 时，ADF 统计量小于 - 2.974；置信区间为 10% 时，ADF 统计量小于 - 2.622。这说明该时间序列 $dy_4$（公共服务基础设施）拒绝原假设，该序列平稳且不存在单位根。

对时间序列 $y_5$（环境保护基础设施）的平稳性进行 ADF 检验，结果显示时间序列 $y_5$（环境保护基础设施）的 ADF 统计量为 - 2.480，置信区间为 1% 时，ADF 统计量大于 - 3.750；置信区间为 5% 时，ADF 统计量大于 - 2.976；置信区间为 10% 时，ADF 统计量大于 - 2.630。这说明时间序列 $y_5$（环境保护基础设施）接受原假设，原序列不平稳且存在单位根。对时间序列 $dy_5$（公共服务基础设施）的平稳性进行 ADF 检验，结果显示时间序列 $dy_5$（环境保护基础设施）的 ADF 统计量为 - 3.910，置信区间为 1% 时，ADF 统计量小于 - 3.750；置信区间为 5% 时，ADF 统计量小于 - 2.974；置信区间为 10% 时，ADF 统计量小于 - 2.622。这说明该时间序列 $dy_5$（环境保护基础设施）拒绝原假设，该序列平稳且不存在单位根。

对东部城市群的城市关联度时间序列及其基础设施分量的时间序列进行单位根检验，从而确定其是否为单整序列，如果某一时间序列存在单位根，则说明该时间序列为非平稳序列，同时存在伪回归现象，此时需对该时间序列进行差分，直至其变成平稳序列为止；如果某一时间序列不存在单位根，则说明其为平稳序列，序列在一个均值水平范围内上下波动，并有向均值靠拢的趋势。对时间序列进行检验的方法有 ADF 检验、PP 检验以及 NP 检验，本书采用 ADF 检验对时间序列进行平稳性检验。该检验主要是通过在回归方程的右边加入一个变量 $y_t$ 的滞后差分项来控制高阶序列，相关回归方程的表达式为 $\Delta y_t = \mu + \beta_t + \delta_{t-1} + \sum_{i=1}^{k} \lambda_i \Delta y_{t-1} + u_i$，其中，$\Delta y_t$ 为待检验序列 y 的一阶差分，t 是时间变量，k 为滞后阶数。表 5 - 147 为 ADF 检验结果。

**表 5 - 147　　　东部城市群城市关联度与基础设施建设水平及其分量的 ADF 检验结果**

| 变量 | ADF 统计量 | 临界值 | | | 结论 |
|---|---|---|---|---|---|
| | | 1% | 5% | 10% | |
| x | - 5.529 | - 3.696 | - 2.978 | - 2.620 | 平稳 |
| dx | - 8.425 | - 3.702 | - 2.980 | - 2.622 | 平稳 |
| y | - 7.672 | - 3.696 | - 2.978 | - 2.620 | 平稳 |
| dy | - 10.307 | - 3.702 | - 2.980 | - 2.622 | 平稳 |
| $y_1$ | - 3.462 | - 3.696 | - 2.978 | - 2.620 | 平稳 |
| $dy_1$ | - 6.906 | - 3.702 | - 2.980 | - 2.622 | 平稳 |
| $y_2$ | - 2.603 | - 3.696 | - 2.978 | - 2.620 | 不平稳 |
| $dy_2$ | - 7.198 | - 3.702 | - 2.980 | - 2.622 | 平稳 |
| $y_3$ | - 1.216 | - 1.217 | - 2.978 | - 2.620 | 不平稳 |
| $dy_3$ | - 5.796 | - 3.702 | - 2.980 | - 2.620 | 平稳 |
| $y_4$ | - 3.572 | - 3.696 | - 2.978 | - 2.620 | 平稳 |
| $dy_4$ | - 7.362 | - 3.702 | - 2.980 | - 2.620 | 平稳 |
| $y_5$ | - 2.486 | - 3.696 | - 2.978 | - 2.620 | 不平稳 |
| $dy_5$ | - 6.519 | - 3.702 | - 2.980 | - 2.622 | 平稳 |

注：1%、5%、10% 为检验的显著性水平。

对时间序列 x（城市关联度）的平稳性进行 ADF 检验，结果显示时间序列 x（城市关联度）的 ADF 统计量为 - 5.529，置信区间为 1% 时，ADF 统计量小于 - 3.696；置信区间为 5% 时，ADF 统

计量小于 -2.978；置信区间为 10% 时，ADF 统计量小于 -2.620。这说明时间序列 x（城市关联度）拒绝原假设，该序列平稳且不存在单位根。对时间序列 dx（城市关联度）的平稳性进行 ADF 检验，结果显示时间序列 dx（城市关联度）的 ADF 统计量为 -8.425，置信区间为 1% 时，ADF 统计量小于 -3.702；置信区间为 5% 时，ADF 统计量小于 -2.980；置信区间为 10% 时，ADF 统计量小于 -2.622。这说明该时间序列 dx（城市关联度）拒绝原假设，该序列平稳且不存在单位根。

对时间序列 y（城市基础设施建设水平）的平稳性进行 ADF 检验，结果显示时间序列 y（城市基础设施建设水平）的 ADF 统计量为 -7.672，置信区间为 1% 时，ADF 统计量小于 -3.696；置信区间为 5% 时，ADF 统计量小于 -2.978；置信区间为 10% 时，ADF 统计量小于 -2.620。这说明时间序列 y（城市基础设施建设水平）拒绝原假设，该序列平稳且不存在单位根。对时间序列 dy（城市基础设施建设水平）的平稳性进行 ADF 检验，结果显示时间序列 dy（城市基础设施建设水平）的 ADF 统计量为 -10.307，置信区间为 1% 时，ADF 统计量小于 -3.702；置信区间为 5% 时，ADF 统计量小于 -2.980；置信区间为 10% 时，ADF 统计量小于 -2.622。这说明该时间序列 dy（城市基础设施建设水平）拒绝原假设，该序列平稳且不存在单位根。

对时间序列 $y_1$（通信基础设施）的平稳性进行 ADF 检验，结果显示时间序列 $y_1$（通信基础设施）的 ADF 统计量为 -3.462，置信区间为 1% 时，ADF 统计量大于 -3.696；置信区间为 5% 时，ADF 统计量小于 -2.978；置信区间为 10% 时，ADF 统计量小于 -2.620。这说明时间序列 $y_1$（通信基础设施）在 5% 的显著水平上拒绝原假设，该序列平稳且不存在单位根。对时间序列 $dy_1$（通信基础设施）的平稳性进行 ADF 检验，结果显示时间序列 $dy_1$（通信基础设施）的 ADF 统计量为 -6.906，置信区间为 1% 时，ADF 统计量小于 -3.702；置信区间为 5% 时，ADF 统计量小于 -2.980；置信区间为 10% 时，ADF 统计量小于 -2.622。这说明该时间序列 $dy_1$（通信基础设施）拒绝原假设，该序列平稳且不存在单位根。

对时间序列 $y_2$（交通基础设施）的平稳性进行 ADF 检验，结果显示时间序列 $y_2$（交通基础设施）的 ADF 统计量为 -2.603，置信区间为 1% 时，ADF 统计量大于 -3.696；置信区间为 5% 时，ADF 统计量大于 -2.978；置信区间为 10% 时，ADF 统计量大于 -2.620。这说明时间序列 $y_2$（交通基础设施）接受原假设，原序列不平稳且存在单位根。对时间序列 $dy_2$（交通基础设施）的平稳性进行 ADF 检验，结果显示时间序列 $dy_2$（交通基础设施）的 ADF 统计量为 -7.198，置信区间为 1% 时，ADF 统计量小于 -3.702；置信区间为 5% 时，ADF 统计量小于 -2.980；置信区间为 10% 时，ADF 统计量小于 -2.622。这说明该时间序列 $dy_1$（通信基础设施）拒绝原假设，该序列平稳且不存在单位根。

对时间序列 $y_3$（能源基础设施）的平稳性进行 ADF 检验，结果显示时间序列 $y_3$（能源基础设施）的 ADF 统计量为 -1.216，置信区间为 1% 时，ADF 统计量大于 -1.217；置信区间为 5% 时，ADF 统计量大于 -2.978；置信区间为 10% 时，ADF 统计量大于 -2.620。这说明时间序列 $y_3$（能源基础设施）接受原假设，原序列不平稳且存在单位根。对时间序列 $dy_3$（能源基础设施）的平稳性进行 ADF 检验，结果显示时间序列 $dy_3$（能源基础设施）的 ADF 统计量为 -5.796，置信区间为 1% 时，ADF 统计量小于 -3.702；置信区间为 5% 时，ADF 统计量小于 -2.980；置信区间为 10% 时，ADF 统计量小于 -2.620。这说明该时间序列 $dy_3$（能源基础设施）拒绝原假设，该序列平稳且不存在单位根。

对时间序列 $y_4$（公共服务基础设施）的平稳性进行 ADF 检验，结果显示时间序列 $y_4$（公共服务基础设施）的 ADF 统计量为 -3.572，置信区间为 1% 时，ADF 统计量大于 -3.696；置信区间为 5% 时，ADF 统计量小于 -2.978；置信区间为 10% 时，ADF 统计量小于 -2.620。这说明时间序列 $y_4$（公共服务基础设施）在 5% 的显著水平上拒绝原假设，该序列平稳且不存在单位根。对时间序列 $dy_4$（公共服务基础设施）的平稳性进行 ADF 检验，结果显示时间序列 $dy_4$（公共服务基础设施）的 ADF 统计量为 -7.362，置信区间为 1% 时，ADF 统计量小于 -3.702；置信区间为 5% 时，ADF 统计量小于 -2.980；置信区间为 10% 时，ADF 统计量小于 -2.622。这说明该时间序列 $dy_4$

（公共服务基础设施）拒绝原假设，该序列平稳且不存在单位根。

对时间序列 $y_5$（环境保护基础设施）的平稳性进行 ADF 检验，结果显示时间序列 $y_5$（环境保护基础设施）的 ADF 统计量为 -2.486，置信区间为 1% 时，ADF 统计量大于 -3.696；置信区间为 5% 时，ADF 统计量大于 -2.978；置信区间为 10% 时，ADF 统计量大于 -2.620。这说明时间序列 $y_5$（环境保护基础设施）接受原假设，原序列不平稳且存在单位根。对时间序列 $dy_5$（环境保护基础设施）的平稳性进行 ADF 检验，结果显示时间序列 $dy_5$（环境保护基础设施）的 ADF 统计量为 -6.519，置信区间为 1% 时，ADF 统计量小于 -3.702；置信区间为 5% 时，ADF 统计量小于 -2.980；置信区间为 10% 时，ADF 统计量小于 -2.622。这说明该时间序列 $dy_5$（环境保护基础设施）拒绝原假设，该序列平稳且不存在单位根。

对中部城市群的城市关联度时间序列及其基础设施分量的时间序列进行单位根检验，从而确定其是否为单整序列，如果某一时间序列存在单位根，则说明该时间序列为非平稳序列，同时存在伪回归现象，此时需对该时间序列进行差分，直至其变成平稳序列为止；如果某一时间序列不存在单位根，则说明其为平稳序列，序列在一个均值水平范围内上下波动，并有向均值靠拢的趋势。对时间序列进行检验的方法有 ADF 检验、PP 检验以及 NP 检验，本书采用 ADF 检验对时间序列进行平稳性检验。该检验主要是通过在回归方程的右边加入一个变量 $y_t$ 的滞后差分项来控制高阶序列，相关回归方程的表达式为 $\Delta y_t = \mu + \beta_t + \delta_{t-1} + \sum_{i=1}^{k} \lambda_i \Delta y_{t-1} + u_i$，其中，$\Delta y_t$ 为待检验序列 y 的一阶差分，t 是时间变量，k 为滞后阶数。表 5-148 为 ADF 检验结果。

表 5-148　　中部城市群城市关联度与基础设施建设水平及其分量的 ADF 检验结果

| 变量 | ADF 统计量 | 临界值 | | | 结论 |
|---|---|---|---|---|---|
| | | 1% | 5% | 10% | |
| x | -5.163 | -3.723 | -2.989 | -2.625 | 平稳 |
| dx | -7.844 | -3.730 | -2.992 | -2.626 | 平稳 |
| y | -7.195 | -3.723 | -2.989 | -2.625 | 平稳 |
| dy | -9.593 | -3.730 | -2.992 | -2.626 | 平稳 |
| $y_1$ | -1.245 | -3.723 | -2.989 | -2.625 | 不平稳 |
| $dy_1$ | -6.434 | -3.730 | -2.992 | -2.626 | 平稳 |
| $y_2$ | -2.458 | -3.723 | -2.989 | -2.625 | 不平稳 |
| $dy_2$ | -6.704 | -3.730 | -2.992 | -2.626 | 平稳 |
| $y_3$ | -1.090 | -3.723 | -2.989 | -2.625 | 不平稳 |
| $dy_3$ | -5.423 | -3.730 | -2.992 | -2.626 | 平稳 |
| $y_4$ | -2.335 | -3.723 | -2.989 | -2.625 | 不平稳 |
| $dy_4$ | -6.855 | -3.730 | -2.992 | -2.626 | 平稳 |
| $y_5$ | -2.182 | -3.723 | -2.989 | -2.625 | 不平稳 |
| $dy_5$ | -6.072 | -3.730 | -2.992 | -2.626 | 平稳 |

注：1%、5%、10% 为检验的显著性水平。

对时间序列 x（城市关联度）的平稳性进行 ADF 检验，结果显示时间序列 x（城市关联度）的 ADF 统计量为 -5.163，置信区间为 1% 时，ADF 统计量小于 -3.723；置信区间为 5% 时，ADF 统计量小于 -2.989；置信区间为 10% 时，ADF 统计量小于 -2.625。这说明时间序列 x（城市关联度）拒绝原假设，该序列平稳且不存在单位根。对时间序列 dx（城市关联度）的平稳性进行 ADF 检验，结果显示时间序列 dx（城市关联度）的 ADF 统计量为 -7.844，置信区间为 1% 时，ADF 统

计量小于 - 3.730；置信区间为 5% 时，ADF 统计量小于 - 2.992；置信区间为 10% 时，ADF 统计量小于 - 2.626。这说明该时间序列 dx（城市关联度）拒绝原假设，该序列平稳且不存在单位根。

对时间序列 y（城市基础设施建设水平）的平稳性进行 ADF 检验，结果显示时间序列 y（城市基础设施建设水平）的 ADF 统计量为 - 7.195，置信区间为 1% 时，ADF 统计量小于 - 3.723；置信区间为 5% 时，ADF 统计量小于 - 2.989；置信区间为 10% 时，ADF 统计量小于 - 2.625。这说明时间序列 y（城市基础设施建设水平）拒绝原假设，该序列平稳且不存在单位根。对时间序列 dy（城市基础设施建设水平）的平稳性进行 ADF 检验，结果显示时间序列 dy（城市基础设施建设水平度）的 ADF 统计量为 - 9.593，置信区间为 1% 时，ADF 统计量小于 - 3.730；置信区间为 5% 时，ADF 统计量小于 - 2.992；置信区间为 10% 时，ADF 统计量小于 - 2.626。这说明该时间序列 dy（城市基础设施建设水平）拒绝原假设，该序列平稳且不存在单位根

对时间序列 $y_1$（通信基础设施）的平稳性进行 ADF 检验，结果显示时间序列 $y_1$（通信基础设施）的 ADF 统计量为 - 1.245，置信区间为 1% 时，ADF 统计量大于 - 3.723；置信区间为 5% 时，ADF 统计量大于 - 2.989；置信区间为 10% 时，ADF 统计量大于 - 2.625。这说明时间序列 $y_1$（通信基础设施）接受原假设，原序列不平稳且存在单位根。对时间序列 $dy_1$（通信基础设施）的平稳性进行 ADF 检验，结果显示时间序列 $dy_1$（通信基础设施）的 ADF 统计量为 - 6.434，置信区间为 1% 时，ADF 统计量小于 - 3.730；置信区间为 5% 时，ADF 统计量小于 - 2.992；置信区间为 10% 时，ADF 统计量小于 - 2.626。这说明该时间序列 $dy_1$（通信基础设施）拒绝原假设，该序列平稳且不存在单位根。

对时间序列 $y_2$（交通基础设施）的平稳性进行 ADF 检验，结果显示时间序列 $y_2$（交通基础设施）的 ADF 统计量为 - 2.458，置信区间为 1% 时，ADF 统计量大于 - 3.723；置信区间为 5% 时，ADF 统计量大于 - 2.989；置信区间为 10% 时，ADF 统计量大于 - 2.625。这说明时间序列 $y_2$（交通基础设施）接受原假设，原序列不平稳且存在单位根。对时间序列 $dy_2$（交通基础设施）的平稳性进行 ADF 检验，结果显示时间序列 $dy_2$（交通基础设施）的 ADF 统计量为 - 6.704，置信区间为 1% 时，ADF 统计量小于 - 3.730；置信区间为 5% 时，ADF 统计量小于 - 2.992；置信区间为 10% 时，ADF 统计量小于 - 2.626。这说明该时间序列 $dy_2$（交通基础设施）拒绝原假设，该序列平稳且不存在单位根。

对时间序列 $y_3$（能源基础设施）的平稳性进行 ADF 检验，结果显示时间序列 $y_3$（能源基础设施）的 ADF 统计量为 - 1.090，置信区间为 1% 时，ADF 统计量大于 - 3.723；置信区间为 5% 时，ADF 统计量大于 - 2.989；置信区间为 10% 时，ADF 统计量大于 - 2.625。这说明时间序列 $y_3$（能源基础设施）接受原假设，原序列不平稳且存在单位根。对时间序列 $dy_3$（能源基础设施）的平稳性进行 ADF 检验，结果显示时间序列 $dy_3$（能源基础设施）的 ADF 统计量为 - 5.423，置信区间为 1% 时，ADF 统计量小于 - 3.730；置信区间为 5% 时，ADF 统计量小于 - 2.992；置信区间为 10% 时，ADF 统计量小于 - 2.626。这说明该时间序列 $dy_3$（能源基础设施）拒绝原假设，该序列平稳且不存在单位根。

对时间序列 $y_4$（公共服务基础设施）的平稳性进行 ADF 检验，结果显示时间序列 $y_4$（公共服务基础设施）的 ADF 统计量为 - 2.335，置信区间为 1% 时，ADF 统计量大于 - 3.723；置信区间为 5% 时，ADF 统计量大于 - 2.989；置信区间为 10% 时，ADF 统计量大于 - 2.625。这说明时间序列 $y_4$（公共服务基础设施）接受原假设，原序列不平稳且存在单位根。对时间序列 $dy_4$（公共服务基础设施）的平稳性进行 ADF 检验，结果显示时间序列 $dy_4$（公共服务基础设施）的 ADF 统计量为 - 6.855，置信区间为 1% 时，ADF 统计量小于 - 3.730；置信区间为 5% 时，ADF 统计量小于 - 2.992；置信区间为 10% 时，ADF 统计量小于 - 2.626。这说明该时间序列 $dy_4$（公共服务基础设施）拒绝原假设，该序列平稳且不存在单位根。

对时间序列 $y_5$（环境保护基础设施）的平稳性进行 ADF 检验，结果显示时间序列 $y_5$（环境保护基础设施）的 ADF 统计量为 - 2.182，置信区间为 1% 时，ADF 统计量大于 - 3.723；置信区间

为5%时，ADF 统计量大于 - 2.989；置信区间为10%时，ADF 统计量大于 - 2.625。这说明时间序列 $y_5$（环境保护基础设施）接受原假设，原序列不平稳且存在单位根。对时间序列 $dy_5$（环境保护基础设施）的平稳性进行 ADF 检验，结果显示时间序列 $dy_5$（环境保护基础设施）的 ADF 统计量为 - 6.072，置信区间为1%时，ADF 统计量小于 - 3.730；置信区间为5%时，ADF 统计量小于 - 2.992；置信区间为10%时，ADF 统计量小于 - 2.626。这说明该时间序列 $dy_5$（环境保护基础设施）拒绝原假设，该序列平稳且不存在单位根。

　　对西部城市群的城市关联度时间序列及其基础设施分量的时间序列进行单位根检验，从而确定其是否为单整序列，如果某一时间序列存在单位根，则说明该时间序列为非平稳序列，同时存在伪回归现象，此时需对该时间序列进行差分，直至其变成平稳序列为止；如果某一时间序列不存在单位根，则说明其为平稳序列，序列在一个均值水平范围内上下波动，并有向均值靠拢的趋势。对时间序列进行检验的方法有 ADF 检验、PP 检验以及 NP 检验，本书采用 ADF 检验对时间序列进行平稳性检验。该检验主要是通过在回归方程的右边加入一个变量 $y_t$ 的滞后差分项来控制高阶序列，相关回归方程的表达式为 $\Delta y_t = \mu + \beta_t + \delta_{t-1} + \sum_{i=1}^{k} \lambda_i \Delta y_{t-1} + u_i$，其中，$\Delta y_t$ 为待检验序列 y 的一阶差分，t 是时间变量，k 为滞后阶数。表5 - 149 为 ADF 检验结果。

**表5 - 149　　　　西部城市群城市关联度与基础设施建设水平及其分量的 ADF 检验结果**

| 变量 | ADF 统计量 | 临界值 | | | 结论 |
|---|---|---|---|---|---|
| | | 1% | 5% | 10% | |
| x | - 4.801 | - 3.696 | - 2.978 | - 2.620 | 平稳 |
| dx | - 8.377 | - 3.702 | - 2.980 | - 2.622 | 平稳 |
| y | - 6.913 | - 3.696 | - 2.978 | - 2.620 | 平稳 |
| dy | - 10.229 | - 3.702 | - 2.980 | - 2.622 | 平稳 |
| $y_1$ | - 2.082 | - 3.696 | - 2.978 | - 2.620 | 不平稳 |
| $dy_1$ | - 6.832 | - 3.702 | - 2.980 | - 2.622 | 平稳 |
| $y_2$ | - 2.608 | - 3.696 | - 2.978 | - 2.620 | 不平稳 |
| $dy_2$ | - 7.201 | - 3.702 | - 2.980 | - 2.622 | 平稳 |
| $y_3$ | - 0.501 | - 3.696 | - 2.978 | - 2.620 | 不平稳 |
| $dy_3$ | - 5.739 | - 3.702 | - 2.980 | - 2.622 | 平稳 |
| $y_4$ | - 2.582 | - 3.696 | - 2.978 | - 2.620 | 不平稳 |
| $dy_4$ | - 7.365 | - 3.702 | - 2.980 | - 2.622 | 平稳 |
| $y_5$ | - 3.424 | - 3.696 | - 2.978 | - 2.620 | 平稳 |
| $dy_5$ | - 6.523 | - 3.702 | - 2.980 | - 2.622 | 平稳 |

注：1%、5%、10%为检验的显著性水平。

　　对时间序列 x（城市关联度）的平稳性进行 ADF 检验，结果显示时间序列 x（城市关联度）的 ADF 统计量为 - 4.801，置信区间为1%时，ADF 统计量小于 - 3.696；置信区间为5%时，ADF 统计量小于 - 2.978；置信区间为10%时，ADF 统计量小于 - 2.620。这说明时间序列 x（城市关联度）拒绝原假设，该序列平稳且不存在单位根。对时间序列 dx（城市关联度）的平稳性进行 ADF 检验，结果显示时间序列 dx（城市关联度）的 ADF 统计量为 - 8.377，置信区间为1%时，ADF 统计量小于 - 3.702；置信区间为5%时，ADF 统计量小于 - 2.980；置信区间为10%时，ADF 统计量小于 - 2.622。这说明该时间序列 dx（城市关联度）拒绝原假设，该序列平稳且不存在单位根。

　　对时间序列 y（城市基础设施建设水平）的平稳性进行 ADF 检验，结果显示时间序列 y（城市基础设施建设水平）的 ADF 统计量为 -6.913，置信区间为 1% 时，ADF 统计量小于 -3.696；置信区间为 5% 时，ADF 统计量小于 -2.978；置信区间为 10% 时，ADF 统计量小于 -2.620。这说明时间序列 y（城市基础设施建设水平）拒绝原假设，该序列平稳且不存在单位根。对时间序列 dy（城市基础设施建设水平）的平稳性进行 ADF 检验，结果显示时间序列 dy（城市基础设施建设水平）的 ADF 统计量为 -10.229，置信区间为 1% 时，ADF 统计量小于 -3.702；置信区间为 5% 时，ADF 统计量小于 -2.980；置信区间为 10% 时，ADF 统计量小于 -2.622。这说明该时间序列 dy（城市基础设施建设水平）拒绝原假设，该序列平稳且不存在单位根。

对时间序列 $y_1$（通信基础设施）的平稳性进行 ADF 检验，结果显示时间序列 $y_1$（通信基础设施）的 ADF 统计量为 -2.082，置信区间为 1% 时，ADF 统计量大于 -3.696；置信区间为 5% 时，ADF 统计量大于 -2.978；置信区间为 10% 时，ADF 统计量大于 -2.620。这说明时间序列 $y_1$（通信基础设施）接受原假设，原序列不平稳且存在单位根。对时间序列 $dy_1$（通信基础设施）的平稳性进行 ADF 检验，结果显示时间序列 $dy_1$（通信基础设施）的 ADF 统计量为 -6.832，置信区间为 1% 时，ADF 统计量小于 -3.702；置信区间为 5% 时，ADF 统计量小于 -2.980；置信区间为 10% 时，ADF 统计量小于 -2.622。这说明该时间序列 $dy_1$（通信基础设施）拒绝原假设，该序列平稳且不存在单位根。

对时间序列 $y_2$（交通基础设施）的平稳性进行 ADF 检验，结果显示时间序列 $y_2$（交通基础设施）的 ADF 统计量为 -2.608，置信区间为 1% 时，ADF 统计量大于 -3.696；置信区间为 5% 时，ADF 统计量大于 -2.978；置信区间为 10% 时，ADF 统计量大于 -2.620。这说明时间序列 $y_2$（交通基础设施）接受原假设，原序列不平稳且存在单位根。对时间序列 $dy_2$（交通基础设施）的平稳性进行 ADF 检验，结果显示时间序列 $dy_2$（交通基础设施）的 ADF 统计量为 -7.201，置信区间为 1% 时，ADF 统计量小于 -3.702；置信区间为 5% 时，ADF 统计量小于 -2.980；置信区间为 10% 时，ADF 统计量小于 -2.622。这说明该时间序列 $dy_1$（通信基础设施）拒绝原假设，该序列平稳且不存在单位根。

对时间序列 $y_3$（能源基础设施）的平稳性进行 ADF 检验，结果显示时间序列 $y_3$（能源基础设施）的 ADF 统计量为 -0.501，置信区间为 1% 时，ADF 统计量大于 -3.696；置信区间为 5% 时，ADF 统计量大于 -2.978；置信区间为 10% 时，ADF 统计量大于 -2.620。这说明时间序列 $y_3$（能源基础设施）接受原假设，原序列不平稳且存在单位根。对时间序列 $dy_3$（能源基础设施）的平稳性进行 ADF 检验，结果显示时间序列 $dy_3$（能源基础设施）的 ADF 统计量为 -5.739，置信区间为 1% 时，ADF 统计量小于 -3.702；置信区间为 5% 时，ADF 统计量小于 -2.980；置信区间为 10% 时，ADF 统计量小于 -2.622。这说明该时间序列 $dy_3$（能源基础设施）拒绝原假设，该序列平稳且不存在单位根。

对时间序列 $y_4$（公共服务基础设施）的平稳性进行 ADF 检验，结果显示时间序列 $y_4$（公共服务基础设施）的 ADF 统计量为 -2.582，置信区间为 1% 时，ADF 统计量大于 -3.696；置信区间为 5% 时，ADF 统计量大于 -2.978；置信区间为 10% 时，ADF 统计量大于 -2.620。这说明时间序列 $y_4$（公共服务基础设施）接受原假设，原序列不平稳且存在单位根对时间序列 $dy_4$（公共服务基础设施）的平稳性进行 ADF 检验，结果显示时间序列 $dy_4$（公共服务基础设施）的 ADF 统计量为 -7.365，置信区间为 1% 时，ADF 统计量小于 -3.702；置信区间为 5% 时，ADF 统计量小于 -2.980；置信区间为 10% 时，ADF 统计量小于 -2.622。这说明该时间序列 $dy_4$（公共服务基础设施）拒绝原假设，该序列平稳且不存在单位根。

对时间序列 $y_5$（环境保护基础设施）的平稳性进行 ADF 检验，结果显示时间序列 $y_5$（环境保护基础设施）的 ADF 统计量为 -3.424，置信区间为 1% 时，ADF 统计量大于 -3.696；置信区间为 5% 时，ADF 统计量小于 -2.978；置信区间为 10% 时，ADF 统计量小于 -2.620。这说明时间序列 $y_5$（环境保护基础设施）在 5% 的显著水平上拒绝原假设，该序列平稳且不存在单位根。对时间序列 $dy_5$（环境保护基础设施）的平稳性进行 ADF 检验，结果显示时间序列 $dy_5$（环境保护基础设施）的 ADF 统计量为 -6.523，置信区间为 1% 时，ADF 统计量小于 -3.702；置信区间为 5% 时，

ADF 统计量小于 - 2.980；置信区间为 10% 时，ADF 统计量小于 - 2.622。这说明该时间序列 $y_5$（环境保护基础设施）拒绝原假设，该序列平稳且不存在单位根。

　　首先，对东北部城市群进行分析。以通信（$dy_1$）、交通（$dy_2$）、能源（$dy_3$）、公共服务（$dy_4$）和环境保护（$dy_5$）为基础设施水平自变量，对其扰动增加一个新的信息，通过脉冲响应函数来模拟 dx（城市关联度）的响应情况。分别建立通信、交通、能源、公共服务和环境保护各基础设施分量与城市关联度间的 VAR 模型，而后进行脉冲响应分析。

　　在图 5 - 10 中，城市关联度对通信基础设施建设水平的脉冲响应分析图显示，东北部城市群的通信基础设施建设水平的提升对城市关联度具有强烈的波动式冲击效果，具体表现为先负后正再负的冲击。在 0~1 期内，随着通信基础设施建设水平的提升，城市关联度出现下降趋势，在 1 期结束时达到极值点，随后冲击效果转为正向；在 1~2 期内，随着通信基础设施建设水平的提升，城市关联度出现上升趋势；在 2~3 期内，增加一个单位的通信基础设施的正向冲击，城市关联度的波动较为平缓，并未出现剧烈波动情况；在 3~4 期内，随着通信基础设施建设水平的提升，城市关联度出现下降趋势，但面对通信基础设施建设水平的冲击，城市关联度的响应程度有所增加；在 4~5 期内，城市关联度在受到通信基础设施建设水平的冲击后出现剧烈波动，开始呈急剧下滑状态。

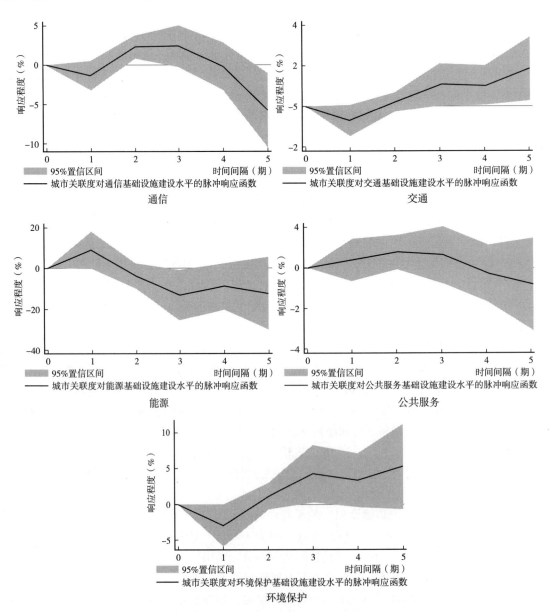

图 5 - 10　东北部城市群的城市关联度对不同类型基础设施建设水平的响应

城市关联度对交通基础设施建设水平的脉冲响应分析图显示，在 0 ~ 5 期内，东北部城市群的交通基础设施建设水平的提升对城市关联度具有波动式冲击效果，具体表现为先负后正的冲击。在 0 ~ 1 期内，随着交通基础设施建设水平的提升，城市关联度出现下降趋势，在 1 期结束时达到极值点，随后冲击效果转为正向；在 1 ~ 2 期内，随着交通基础设施建设水平的提升，城市关联度出现上升趋势；在 2 ~ 3 期内，增加一个单位的交通基础设施的正向冲击，城市关联度具有持续上升的趋势；在 3 ~ 4 期内，随着交通基础设施建设水平的提升，对城市关联度的冲击效果有所减弱；随着通信基础设施建设水平的提升，城市关联度增长较为平缓；在 4 ~ 5 期内，城市关联度在受到交通基础设施建设水平的冲击后出现剧烈波动，开始迅速上升。

城市关联度对能源基础设施建设水平的脉冲响应分析图显示，在 0 ~ 5 期内，东北部城市群的能源基础设施建设水平的提升对城市关联度具有波动式冲击效果，具体表现为先正后负的冲击。在 0 ~ 1 期内，随着能源基础设施建设水平的提升，城市关联度出现上升趋势，在第 1 期结束时达到极值点，随后冲击效果转为负向；在 1 ~ 2 期内，随着能源基础设施建设水平的提升，城市关联度出现下降趋势；在 2 ~ 3 期内，增加一个单位的能源基础设施的冲击，城市关联度具有持续下降的趋势；在随后的 3 ~ 4 期内，城市关联度对能源基础设施建设水平的冲击开始表现出衰减迹象；在 4 ~ 5 期内，城市关联度呈下降趋势。

城市关联度对公共服务基础设施建设水平的脉冲响应分析图显示，在 0 ~ 5 期内，东北部城市群的公共服务基础设施建设水平的提升对城市关联度具有波动式冲击效果，具体表现为先正后负的冲击。在 0 ~ 2 期内，随着公共服务基础设施建设水平的提升，城市关联度出现上升趋势，在 2 期结束时达到极值点，随后逐渐衰弱；在 2 ~ 3 期内，随着公共服务基础设施建设水平的提升，城市关联度出现下降趋势，城市关联度对公共服务基础设施建设水平的冲击所表现的响应度在减弱；在 3 ~ 4 期内，东北部城市群的公共服务基础设施建设水平的提升对城市关联度从正向的冲击转为负向冲击；在 4 ~ 5 期内，城市关联度对公共服务基础设施建设水平冲击的响应度有所减弱，但仍处于波动状态。

城市关联度对环境保护基础设施建设水平的脉冲响应分析图显示，在 0 ~ 5 期内，东北部城市群的环境保护基础设施建设水平的提升对城市关联度具有波动式冲击效果，具体表现为先负后正的冲击。在 0 ~ 1 期内，随着环境保护基础设施建设水平的提升，城市关联度出现下降趋势，在 1 期结束时达到极值点，随后冲击效果转为正向；在 1 ~ 2 期内，随着环境保护基础设施建设水平的提升，城市关联度出现上升趋势；在 2 ~ 3 期内，增加一个单位的环境保护基础设施的正向冲击，城市关联度具有持续上升的趋势；在 3 ~ 4 期内，环境保护基础设施建设水平的提升，对城市关联度的冲击效果有所减弱，随着环境保护基础设施建设水平的提升，城市关联度出现下降趋势；在 4 ~ 5 期内，城市关联度在受到环境保护基础设施建设水平的冲击后出现剧烈波动，开始迅速上升。

由表 5 - 150 可知，受通信、交通、能源、公共服务和环境保护基础设施建设水平的冲击，城市关联度的波动从 2 期开始就受到自身和相应基础设施建设水平的影响，通信、交通、能源、公共

表 5 - 150　　　　东北部城市群对不同类型基础设施冲击的预测方差分解　　　单位：%

| 周期 | 自身扰动贡献率 | 通信基础设施贡献率 | 交通基础设施贡献率 | 能源基础设施贡献率 | 公共服务基础设施贡献率 | 环境保护基础设施贡献率 |
|---|---|---|---|---|---|---|
| 0 | 0 | 0 | 0 | 0 | 0 | 0 |
| 1 | 100.00 | 0 | 0 | 0 | 0 | 0 |
| 2 | 69.49 | 14.50 | 11.13 | 4.63 | 0.21 | 0.03 |
| 3 | 49.81 | 14.50 | 28.23 | 7.17 | 0.23 | 0.06 |
| 4 | 41.96 | 27.32 | 24.29 | 6.18 | 0.20 | 0.05 |
| 5 | 13.32 | 75.99 | 6.83 | 3.71 | 0.11 | 0.04 |

服务和环境保护基础设施建设水平对城市关联度的方差贡献在个别期数略有波动，但几乎都在逐渐提升，其中，通信和交通基础设施建设水平对城市关联度的方差贡献相比于能源、公共服务和环境保护基础设施建设水平的方差贡献要大。

通信基础设施建设水平的方差贡献在第 2 期为 14.50；在第 3 期没有明显波动；在第 4 期通信基础设施建设水平的方差贡献上升到将近前两期的两倍左右，方差贡献率为 27.32；在第 5 期通信基础设施发挥重要作用，其方差贡献率直接上升至 75.99。交通基础设施建设水平的方差贡献在第 2 期为 11.13；在第 3 期其方差贡献率上升了两倍之多，升至 28.23；在第 4 期交通基础设施建设水平的方差贡献有所降低，其方差贡献率为 24.29；在第 5 期交通基础设施所发挥的作用降至 6.83。能源基础设施建设水平的方差贡献在第 2 期为 4.63；在第 3 期其方差贡献率上升至 7.17；在第 4 期能源基础设施建设水平的方差贡献有所降低，其方差贡献率为 6.18；在第 5 期能源基础设施所发挥的作用持续降至 3.71。公共服务基础设施建设水平的方差贡献在第 2 期为 0.21；在第 3 期其方差贡献率上升至 0.23；在第 4 期公共服务基础设施建设水平的方差贡献有所降低，其方差贡献率为 0.20；在第 5 期环境保护基础设施所发挥的作用继续降至 0.11。环境保护基础设施建设水平的方差贡献在第 2 期为 0.03；在第 3 期其方差贡献率上升至 0.06；在第 4 期环境保护基础设施建设水平的方差贡献有所降低，其方差贡献率为 0.05；在第 5 期环境保护基础设施所发挥的作用继续降至 0.04。

其次，对东部城市群进行分析。

以通信（$dy_1$）、交通（$dy_2$）、能源（$dy_3$）、公共服务（$dy_4$）和环境保护（$dy_5$）为基础设施水平自变量，分别建立通信、交通、能源、公共服务和环境保护各基础设施分量与城市关联度间的 VAR 模型，而后进行脉冲响应分析。

在图 5 - 11 中，城市关联度对通信基础设施建设水平的脉冲响应分析图显示，在 0～5 期内，东部城市群的通信基础设施建设水平的提升对城市关联度具有强烈的波动式冲击效果，具体表现为先负后正再负的冲击。在 0～1 期内，随着通信基础设施建设水平的提升，城市关联度开始下降，在第 1 期结束时达到极值点，随后冲击效果转为正向；在 1～2 期内，随着通信基础设施建设水平的提升，城市关联度出现上升趋势；在 2～3 期内，增加一个单位的通信基础设施的正向冲击，城市关联度的波动较为剧烈；在 3～4 期内，随着通信基础设施建设水平的提升，城市关联度出现下降趋势；在 4～5 期内，城市关联度在受到通信基础设施建设水平的冲击后再次出现剧烈波动，开始呈急剧下滑状态，冲击效果转为负向。

城市关联度对交通基础设施建设水平的脉冲响应分析图显示，在 0～5 期内，东部城市群的交通基础设施建设水平的提升对城市关联度具有波动式冲击效果，具体表现为先负后正的冲击。在 0～1 期内，随着交通基础设施建设水平的提升，城市关联度出现下降趋势；在 1～2 期内，随着交通基础设施建设水平的提升，城市关联度仍处于下降趋势，但响应程度略有减缓；在 2～3 期内，增加一个单位的交通基础设施的正向冲击，城市关联度具有上升的趋势；在 3～4 期内，交通基础设施建设水平的提升，对城市关联度的冲击效果有所衰弱，随着交通基础设施建设水平的提升，城市关联度依旧维持上升趋势；在 4～5 期内，冲击效果转为正向，城市关联度在受到交通基础设施建设水平的冲击后出现上升趋势。

城市关联度对能源基础设施建设水平的脉冲响应分析图显示，在 0～5 期内，东部城市群的能源基础设施建设水平的提升对城市关联度具有波动式冲击效果，具体表现为先负后正再负的冲击。在 0～1 期内，随着能源基础设施建设水平的提升，城市关联度出现下降趋势，在第 1 期结束时达到极值点，随后冲击效果转为正向；在 1～2 期内，随着能源基础设施建设水平的提升，城市关联度出现上升趋势；在 2～3 期内，增加一个单位的交通基础设施的冲击，城市关联度具有略微下降的趋势，冲击效果逐渐衰弱；在随后的 3～4 期内，城市关联度对能源基础设施建设水平的冲击持续表现出衰减迹象；在 4～5 期内，城市关联度对能源基础设施建设水平冲击的响应度有所增强，但仍处于衰减状态。

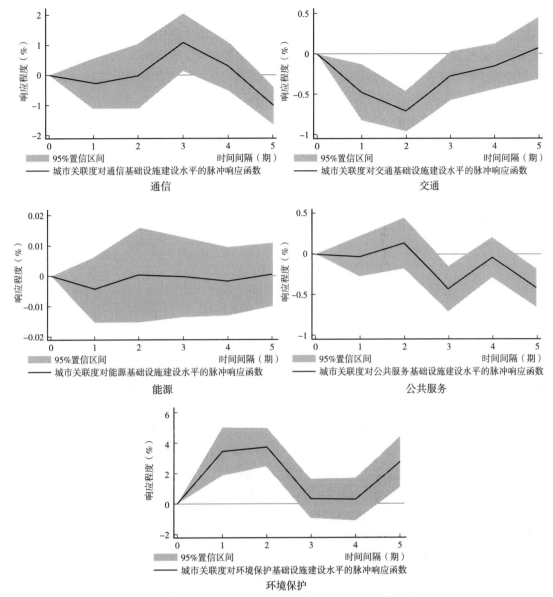

**图 5-11　东部城市群的城市关联度对不同类型基础设施建设水平的响应**

　　城市关联度对公共服务基础设施建设水平的脉冲响应分析图显示，在 0~5 期内，东部城市群的公共服务基础设施建设水平的提升对城市关联度具有强烈的波动式冲击效果，具体表现为先正后负的冲击。在 0~1 期乃至 0~2 期，冲击效果在增强，随着公共服务基础设施建设水平的不断提升，城市关联度出现上升趋势，在第 2 期结束时达到极值点，随后逐渐衰弱；在 2~3 期内，随着公共服务基础设施建设水平的不断提升，城市关联度出现下降趋势，冲击也转为负向；在 3~4 期内，东部城市群的公共服务基础设施建设水平的提升对城市关联度的冲击有一定程度的衰减；在 4~5 期内，随着公共服务基础设施建设水平的不断提升，城市关联度出现下降趋势。

　　城市关联度对环境保护基础设施建设水平的脉冲响应分析图显示，在 0~5 期内，东部城市群的环境保护基础设施建设水平的提升对城市关联度具有强烈的波动式冲击效果，具体表现为正向的持续冲击。在 0~1 期内，随着环境保护基础设施建设水平的提升，城市关联度出现强烈的上升趋势；在 1~2 期内，随着环境保护基础设施建设水平的提升，城市关联度出现上升趋势，在第 2 期结束时达到极值点，随后冲击效果逐渐衰减；在 2~3 期内，增加一个单位的环境保护基础设施的正向冲击，城市关联度具有剧烈下降的趋势；在 3~4 期内，环境保护基础设施建设水平的提升，对城市关联度的冲击效果减弱明显；在 4~5 期内，城市关联度在受到环境保护基础设施建设水平的冲击后出现剧烈波动，开始迅速上升。

　　由表 5 - 151 可知，受通信、交通、能源、公共服务和环境保护基础设施建设水平的冲击，城市关联度的波动从第 2 期开始就受到自身和相应基础设施建设水平的影响，通信、交通、能源、公共服务和环境保护基础设施建设水平对城市关联度的方差贡献在个别期数略有波动，但大部分都呈现出逐渐增大的趋势。

表 5 - 151　　　　　　　　　东部城市群对不同类型基础设施冲击的预测方差分解　　　　　　　　单位：%

| 周期 | 自身扰动贡献率 | 通信基础设施贡献率 | 交通基础设施贡献率 | 能源基础设施贡献率 | 公共服务基础设施贡献率 | 环境保护基础设施贡献率 |
| --- | --- | --- | --- | --- | --- | --- |
| 0 | 0 | 0 | 0 | 0 | 0 | 0 |
| 1 | 100.00 | 0 | 0 | 0 | 0 | 0 |
| 2 | 94.38 | 0.46 | 0.02 | 1.93 | 0.53 | 2.69 |
| 3 | 77.49 | 0.54 | 9.55 | 1.47 | 6.14 | 4.81 |
| 4 | 60.94 | 8.11 | 7.75 | 1.17 | 17.17 | 4.87 |
| 5 | 52.33 | 10.02 | 18.83 | 1.07 | 13.82 | 3.94 |

　　通信基础设施建设水平的方差贡献在第 2 期为 0.46；在第 3 期波动并不明显，其方差贡献率为 0.54；在第 4 期通信基础设施建设水平的方差贡献上升明显，方差贡献率为 8.11；在第 5 期通信基础设施发挥重要作用，其方差贡献率直接上升至 10.02。交通基础设施建设水平的方差贡献在第 2 期为 0.02；在第 3 期其方差贡献率上升明显，升至 9.55；在第 4 期交通基础设施建设水平的方差贡献有所降低，其方差贡献率为 7.75；在第 5 期交通基础设施所发挥的作用迅速增强，其方差贡献率升至 18.83。能源基础设施建设水平的方差贡献在第 2 期为 1.93；在第 3 期其方差贡献率下降至 1.47；在第 4 期能源基础设施建设水平的方差贡献持续降低，其方差贡献率为 1.17；在第 5 期能源基础设施所发挥的作用持续降至 1.07。公共服务基础设施建设水平的方差贡献在第 2 期为 0.53，其发挥的作用较弱；在第 3 期其方差贡献率迅速上升至 6.14；在第 4 期公共服务基础设施建设水平的方差贡献比之前一期提升了将近 3 倍，其方差贡献率为 17.17；在第 5 期公共服务基础设施所发挥的作用有所下降，其方差贡献率为 13.82。环境保护基础设施建设水平的方差贡献在第 2 期为 2.69；在第 3 期其方差贡献率上升至 4.81；在第 4 期环境保护基础设施建设水平的方差贡献率上升速度减缓，其方差贡献率为 4.87；在第 5 期环境保护基础设施所发挥的作用略有下降，其方差贡献率为 3.94。

　　再次，对中部城市群进行分析。

　　以通信（$dy_1$）、交通（$dy_2$）、能源（$dy_3$）、公共服务（$dy_4$）和环境保护（$dy_5$）基础设施水平自变量，分别建立通信、交通、能源、公共服务和环境保护各基础设施分量与城市关联度间的 VAR 模型，而后进行脉冲响应分析。

　　在图 5 - 12 中，城市关联度对通信基础设施建设水平的脉冲响应分析图显示，在 0 ~ 5 期内，中部城市群的通信基础设施建设水平的提升对城市关联度具有强烈的波动式冲击效果，具体表现为先负后正再负的冲击。在 0 ~ 1 期，随着通信基础设施建设水平的不断提升，城市关联度出现滑坡趋势，在第 1 期结束时达到极值点，随后冲击效果转为正向；在 1 ~ 2 期内，随着通信基础设施建设水平的提升，城市关联度出现上升趋势；在 2 ~ 3 期内，增加一个单位的通信基础设施的正向冲击，城市关联度的波动未见衰减迹象；在 3 ~ 4 期内，随着通信基础设施建设水平的提升，城市关联度出现下降趋势；在 4 ~ 5 期内，城市关联度在受到通信基础设施建设水平的冲击后再次持续下滑，冲击效果转为负向。

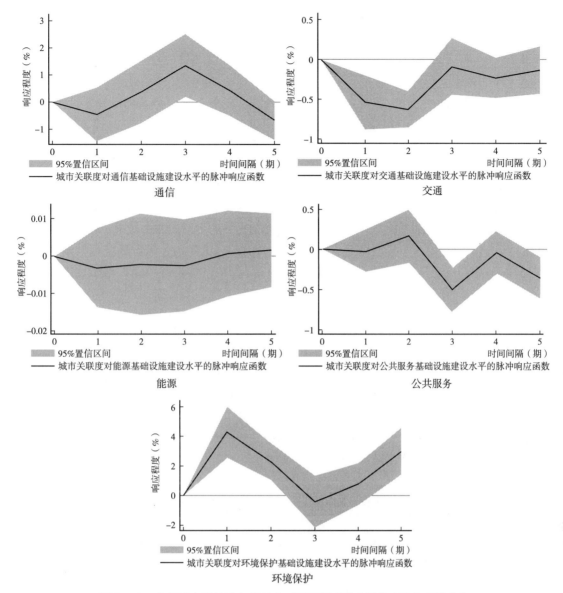

图 5 - 12　中部城市群的城市关联度对不同类型基础设施建设水平的响应

　　城市关联度对交通基础设施建设水平的脉冲响应分析图显示，在 0 ~ 5 期内，中部城市群的交通基础设施建设水平的提升对城市关联度具有波动式冲击效果，具体表现为负向的持续的冲击。在 0 ~ 1 期内，随着交通基础设施建设水平的提升，城市关联度出现下降趋势；在 1 ~ 2 期内，随着交通基础设施建设水平的提升，城市关联度仍处于下降趋势，但响应程度略有减缓；在 2 ~ 3 期内，增加一个单位的交通基础设施的冲击，城市关联度具有上升的趋势；在 3 ~ 4 期内，交通基础设施建设水平的提升，对城市关联度的冲击效果有所衰弱，随着交通基础设施建设水平的提升，城市关联度开始呈现下降趋势；在 4 ~ 5 期内，冲击效果衰减明显，城市关联度在受到交通基础设施建设水平的冲击后出现上升趋势，所表现出的响应程度已不强烈。

　　城市关联度对能源基础设施建设水平的脉冲响应分析图显示，在 0 ~ 5 期内，中部城市群的能源基础设施建设水平的提升对城市关联度具有波动式冲击效果，具体表现为先负后正的冲击。在 0 ~ 1 期，随着能源基础设施建设水平的提升，城市关联度出现下降趋势，在第 1 期结束时达到极值点，随后冲击效果逐渐衰减；在 1 ~ 2 期内，随着能源基础设施建设水平的提升，城市关联度出现缓慢上升趋势；在 2 ~ 3 期内，增加一个单位的交通基础设施的冲击，对城市关联度冲击效果逐渐衰弱，在随后的 3 ~ 4 期内，城市关联度对能源基础设施建设水平的冲击持续表现出衰减迹象，但冲击转为正向；在 4~5 期内，城市关联度对能源基础设施建设水平冲击的响应度有所衰弱。

城市关联度对公共服务基础设施建设水平的脉冲响应分析图显示，在 0~5 期内，中部城市群的公共服务基础设施建设水平的提升对城市关联度具有强烈的波动式冲击效果，具体表现为先正后负的冲击。在 0~1 期乃至 0~2 期内，冲击效果在增强，随着公共服务基础设施建设水平的提升，城市关联度出现上升趋势，在第 2 期结束时达到极值点，随后逐渐衰弱；在 2~3 期内，随着公共服务基础设施建设水平的提升，城市关联度出现下降趋势，冲击也转为负向；在 3~4 期内，中部城市群的公共服务基础设施建设水平的提升对城市关联度的冲击有一定程度的衰减；在 4~5 期内，随着公共服务基础设施建设水平的提升，城市关联度出现下降趋势。

城市关联度对环境保护基础设施建设水平的脉冲响应分析图显示，在 0~5 期内，中部城市群的环境保护基础设施建设水平的提升对城市关联度具有强烈的波动式冲击效果，具体表现为先正后负再正的冲击，在第 3 期时短暂地经历一个负的冲击。在 0~1 期内，随着环境保护基础设施建设水平的提升，城市关联度出现强烈的上升趋势；在 1~2 期内，随着环境保护基础设施建设水平的提升，城市关联度出现下降趋势；在 2~3 期内，增加一个单位的环境保护基础设施的正向冲击，城市关联度具有剧烈下降的趋势，在第 3 期结束时达到极值点，在第 3 期时短暂地经历一个负的冲击；在 3~4 期内，环境保护基础设施建设水平的提升，对城市关联度的冲击效果又开始强烈；在 4~5 期内，城市关联度在受到环境保护基础设施建设水平的冲击后出现剧烈波动，开始迅速上升。

由表 5-152 可知，受通信、交通、能源、公共服务和环境保护基础设施建设水平的冲击，城市关联度的波动从第 2 期开始就受到自身和相应基础设施建设水平的影响，通信、交通、能源、公共服务和环境保护基础设施建设水平对城市关联度的方差贡献在个别期数略有波动，但大部分都呈现出逐渐增大的趋势，其中，交通和公共服务基础设施建设水平对城市关联度的方差贡献相较于通信、能源和环境保护基础设施建设水平的方差贡献要大。

表 5-152　　　　　　　中部城市群对不同类型基础设施冲击的预测方差分解　　　　　单位：%

| 周期 | 自身扰动贡献率 | 通信基础设施贡献率 | 交通基础设施贡献率 | 能源基础设施贡献率 | 公共服务基础设施贡献率 | 环境保护基础设施贡献率 |
|---|---|---|---|---|---|---|
| 0 | 0 | 0 | 0 | 0 | 0 | 0 |
| 1 | 100.00 | 0 | 0 | 0 | 0 | 0 |
| 2 | 93.31 | 0.47 | 1.22 | 2.98 | 1.64 | 0.38 |
| 3 | 76.93 | 3.11 | 2.69 | 2.39 | 14.33 | 0.53 |
| 4 | 60.99 | 3.79 | 2.15 | 1.90 | 30.62 | 0.54 |
| 5 | 57.89 | 3.31 | 11.23 | 1.60 | 25.53 | 0.43 |

通信基础设施建设水平的方差贡献在第 2 期为 0.47；在第 3 期波动较为明显，其方差贡献率为 3.11；在第 4 期通信基础设施建设水平的方差贡献持续上升，方差贡献率为 3.79；在第 5 期通信基础设施发挥作用减弱，其方差贡献率下降至 3.31。

交通基础设施建设水平的方差贡献在第 2 期为 1.22；在第 3 期其方差贡献率上升明显至原来的两倍有余，升至 2.69；在第 4 期交通基础设施建设水平的方差贡献有所降低，其方差贡献率为 2.15；在第 5 期交通基础设施所发挥的作用迅速增强，其方差贡献率升至 11.23。

能源基础设施建设水平的方差贡献在第 2 期为 2.98；在第 3 期其方差贡献率下降至 2.39；在第 4 期能源基础设施建设水平的方差贡献持续降低，其方差贡献率为 1.90；在第 5 期能源基础设施所发挥的作用持续降至 1.60。

公共服务基础设施建设水平的方差贡献在第 2 期为 1.64，其发挥的作用较弱；在第 3 期其方差贡献率迅速上升至 14.33；在第 4 期公共服务基础设施建设水平的方差贡献比之前一期提升了将近两倍，其方差贡献率为 30.62；在第 5 期公共服务基础设施所发挥的作用有所下降，其方差贡献率为 25.53。

环境保护基础设施建设水平的方差贡献在第 2 期为 0.38；在第 3 期其方差贡献率上升至 0.53；在第 4 期环境保护基础设施建设水平的方差贡献率上升速度减缓，其方差贡献率为 0.54；在第 5 期环境保护基础设施所发挥的作用略有下降，其方差贡献率为 0.43。

最后，对西部城市群进行分析。

以通信（$dy_1$）、交通（$dy_2$）、能源（$dy_3$）、公共服务（$dy_4$）和环境保护（$dy_5$）基础设施水平自变量，对其扰动增加一个新的信息，通过脉冲响应函数来模拟 dx（城市关联度）的响应情况。分别建立通信、交通、能源、公共服务和环境保护各基础设施分量与城市关联度间的 VAR 模型，而后进行脉冲响应分析。

在图 5 - 13 中，城市关联度对通信基础设施建设水平的脉冲响应分析图显示，在 0 ~ 5 期内，西部城市群的通信基础设施建设水平的提升对城市关联度具有强烈的波动式冲击效果，具体表现为

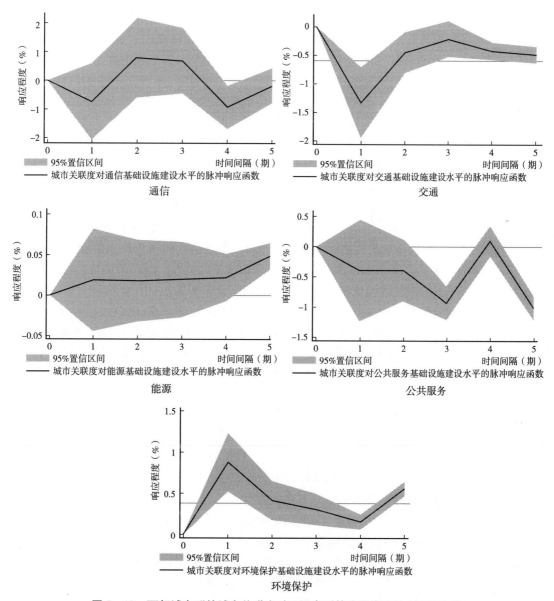

**图 5 - 13　西部城市群的城市关联度对不同类型基础设施建设水平的响应**

先负后正再负的冲击。在0~1期内，随着通信基础设施建设水平的提升，城市关联度出现下降趋势，在第1期结束时达到极值点，随后冲击效果转为正向；在1~2期内，随着通信基础设施建设水平的提升，城市关联度出现上升趋势；在2~3期内，增加一个单位的通信基础设施的正向冲击，城市关联度有轻度的衰减迹象；在3~4期内，随着通信基础设施建设水平的提升，城市关联度出现下降趋势；在4~5期内，城市关联度出现上升趋势，但冲击效果依然为负向。

城市关联度对交通基础设施建设水平的脉冲响应分析图显示，在0~5期内，西部城市群的交通基础设施建设水平的提升对城市关联度具有波动式冲击效果，具体表现为先正后负再正的冲击。在0~1期内，随着交通基础设施建设水平的提升，城市关联度出现下降趋势，在第1期结束时达到极值点；在1~2期内，随着交通基础设施建设水平的提升，城市关联度处于上升趋势，但响应程度有所衰减；在2~3期内，增加一个单位的交通基础设施的冲击，城市关联度具有上升的趋势；在3~4期内，随着交通基础设施建设水平的提升，城市关联度开始呈现下降趋势；在4~5期内，城市关联度在受到交通基础设施建设水平的冲击后出现下降趋势，所表现出的响应程度并未有衰减迹象。

城市关联度对能源基础设施建设水平的脉冲响应分析图显示，在0~5期内，西部城市群的能源基础设施建设水平的提升对城市关联度具有正向的持续冲击效果。在0~1期内，随着能源基础设施建设水平的提升，城市关联度出现上升趋势，在第1期结束时达到极值点，随后冲击效果逐渐衰减；在1~2期内，随着能源基础设施建设水平的提升，城市关联度出现缓慢上升趋势；在2~3期内，增加一个单位的交通基础设施的冲击，对城市关联度冲击效果逐渐衰弱。在随后的3~4期内，城市关联度对能源基础设施建设水平的冲击持续表现出衰减迹象，但冲击持续为正向；在4~5期内，城市关联度对能源基础设施建设水平冲击的响应度有所增强。

城市关联度对公共服务基础设施建设水平的脉冲响应分析图显示，在0~5期内，西部城市群的公共服务基础设施建设水平的提升对城市关联度具有强烈的波动式冲击效果，具体表现为先负后正再负的冲击。在0~1期内，冲击效果在增强，随着公共服务基础设施建设水平的提升，城市关联度出现下降趋势；在1~2期内，增加一个单位的负向冲击，城市关联度未出现波动迹象；在2~3期内，随着公共服务基础设施建设水平的提升，城市关联度继续出现下降趋势；在3~4期内，西部城市群的公共服务基础设施建设水平的提升对城市关联度的冲击有一定程度的衰减；并出现正向冲击；在4~5期内，随着公共服务基础设施建设水平的提升，城市关联度出现下降趋势。

城市关联度对环境保护基础设施建设水平的脉冲响应分析图显示，在0~5期内，西部城市群的环境保护基础设施建设水平的提升对城市关联度具有强烈的波动式冲击效果，具体表现为先负后正再负再正的冲击。在0~1期内，随着环境保护基础设施建设水平的提升，城市关联度出现强烈的上升趋势；在1~2期内，随着环境保护基础设施建设水平的提升，城市关联度出现下降趋势；在2~4期内，增加一个单位的环境保护基础设施的负向冲击，城市关联度下降的趋势减缓；在4~5期内，城市关联度在受到环境保护基础设施建设水平的冲击后出现剧烈波动，开始迅速上升。

由表5-153可知，受通信、交通、能源、公共服务和环境保护基础设施建设水平的冲击，城市关联度的波动从第2期开始就受到自身和相应基础设施建设水平的影响，通信、交通、能源、公共服务和环境保护基础设施建设水平对城市关联度的方差贡献在个别期数略有波动，但大部分都呈现出逐渐增大的趋势，其中，交通和通信基础设施建设水平对城市关联度的方差贡献相较于公共服务、能源和环境保护基础设施建设水平的方差贡献要大。

通信基础设施建设水平的方差贡献在第2期为1.80；在第3期波动较为明显，其方差贡献率为4.33；在第4期通信基础设施建设水平的方差贡献持续上升，方差贡献率为18.56；在第5期通信基础设施发挥作用持续上升，其方差贡献率升至19.11。交通基础设施建设水平的方差贡献在第2期为6.23；在第3期其方差贡献率持续上升至6.84；在第4期交通基础设施建设水平的方差贡献有所降低，其方差贡献率为6.71；在第5期交通基础设施所发挥的作用迅速增强，其方差贡献率升至7.50。能源基础设施建设水平的方差贡献在第2期为0.55；在第3期其方差贡献率上升至 0.66；在第 4 期能源基础设施建设水平的方差贡献有所降低，其方差贡献率为 0.64；在第 5 期能源基础设施所发挥的作用有所上升，其方差贡献率上升至 0.69。公共服务基础设施建设水平的方差贡献在第 2 期为 0.72；在第 3 期其方差贡献率降至 0.68，其发挥的作用较弱；在第 4 期公共服务基础设施建设水平的方差贡献率为 0.77；在第 5 期公共服务基础设施所发挥的作用提升明显，达到了之前期数的将近两倍，其方差贡献率为 1.40。环境保护基础设施建设水平的方差贡献率极低，在第 2 期为 1.70E－04；在第 3 期其方差贡献率上升至 1.90E－04；在第 4 期环境保护基础设施建设水平的方差贡献率为 1.60E－04；在第 5 期环境保护基础设施的方差贡献率为 2.70E－04。

表 5－153　　　　　　西部城市群对不同类型基础设施冲击的预测方差分解　　　　　　单位：%

| 周期 | 自身扰动贡献率 | 通信基础设施贡献率 | 交通基础设施贡献率 | 能源基础设施贡献率 | 公共服务基础设施贡献率 | 环境保护基础设施贡献率 |
|---|---|---|---|---|---|---|
| 0 | 0 | 0 | 0 | 0 | 0 | 0 |
| 1 | 100.00 | 0 | 0 | 0 | 0 | 0 |
| 2 | 90.69 | 1.80 | 6.23 | 0.55 | 0.72 | 1.70E－04 |
| 3 | 87.48 | 4.33 | 6.84 | 0.66 | 0.68 | 1.90E－04 |
| 4 | 73.32 | 18.56 | 6.71 | 0.64 | 0.77 | 1.60E－04 |
| 5 | 71.27 | 19.11 | 7.50 | 0.69 | 1.40 | 2.70E－04 |

## 5.7.3　研究发现与政策含义

### 5.7.3.1　研究发现

本书通过构建城市关联度和基础设施网络建设水平评价指标体系，对中国城市群基础设施网络发展规律及演化过程进行分析，得出以下研究发现：

第一，中国城市群城市关联度的变化过程基本遵循波浪式攀升规律。东北地区的哈长城市群和辽中南城市群的城市关联度分别呈现中等和较低水平的上升，其中哈尔滨、长春、沈阳和大连均在其所在的城市群中处于领先地位。东部地区的京津冀、长三角和珠三角城市群持续保持高关联度，尤其是珠三角城市群的关联度显著增长，其中北京、上海、广州和深圳分别在其所属的城市群中表现最佳。而山东半岛和粤闽浙沿海城市群呈现中低水平的关联度增长。中部地区的晋中、长江中游城市群展现了较高的关联度，尤其是长江中游城市群的显著增长，虽然中原城市群的关联度也有所增长，但关联度较低。整体上，大都市如太原、武汉、长沙和郑州在其所在的城市群中起到了关键作用，推动了城市关联度的增长。

第二，中国城市群城市基础设施网络建设水平的变化过程基本遵循波浪式攀升规律。东北的哈长城市群和辽中南城市群达到中等水平，哈尔滨、长春、沈阳和大连在其城市群内持续领先。东部的京津冀、长三角和珠三角城市群维持高水平，特别是北京、上海、广州和深圳。山东半岛和粤闽浙沿海城市群分别展现较高和中等的建设水平，其中青岛和福州在各自城市群中保持了高度。中部的晋中、中原和长江中游城市群的建设水平相对较低，但太原、武汉、长沙和郑州在其所在城市群中表现突出。总体而言，各大中心城市在城市基础设施网络建设中都发挥了关键作用，并有效带动了其所在城市群的整体建设水平提升。

第三，中国各地区城市群内，城市基础设施建设水平对城市关联度产生显著且波动的冲击效应。具体来看，东北部、东部和中部城市群的通信、交通、能源、公共服务及环境保护基础设施建设均对城市关联度产生了交替正负冲击，其中通信和交通基础设施的冲击效应对城市关联度的贡献明显大于其他设施。此外，通信和交通基础设施在推动城市关联度上的作用与其所在地域位置有关，例如，东部和中部城市群在公共服务设施建设上的正负冲击效应与东北部城市群存在差异。综合来看，城市关联度的波动不断受到各类基础设施建设水平和自身的影响，但影响强度和方向根据设施类型和地域特点有所不同。

第四，对于西部城市群。呼包鄂榆、滇中和成渝城市群在城市关联度和基础设施建设上相对较高，而黔中、关中平原、北部湾、宁夏沿黄和兰西城市群处于较低或低水平。通信、交通、能源、公共服务和环境保护等基础设施建设，均对城市关联度产生显著的冲击效应，但方向和强度因设施类型而异。通信、交通和公共服务基础设施对城市关联度的贡献更为显著，而能源和环境保护基础设施建设的影响则相对较弱。

### 5.7.3.2　讨论

第一，中国城市群城市关联度的变化与经济发展水平密切相关。东部地区城市群的经济发展水平最高，相对应的城市关联度也最高；东北地区的哈长和辽中南城市群的经济发展水平分别处于中等或较低水平，相对应的城市关联度也基本处于该水平；中部地区的晋中和长江中游城市群的经济发展水平大致处于中等偏上水平，相对应的城市关联度也基本处于该水平，中原城市群的经济发展水平相比于其他城市群较低，相对应的城市关联度也基本处于该水平；西部地区城市群的经济发展水平在全国范围内同样处于较低水平，相对应的城市关联度也基本处于该水平。

第二，中国城市群基础设施网络建设水平的变化与经济发展水平密切相关。东部地区城市群的经济发展水平最高，相对应的基础设施网络建设水平也最高；东北地区的哈长和辽中南城市群的经济发展水平分别处于中等或较低水平，相对应的基础设施网络建设水平也基本处于该水平；中部地区的晋中和长江中游城市群的经济发展水平大致处于中等偏上水平，相对应的基础设施网络建设水平也基本处于该水平，中原城市群的经济发展水平相比于其他城市群较低，相对应的基础设施网络建设水平也基本处于该水平；西部地区城市群的经济发展水平在全国范围内同样处于较低水平，相对应的基础设施网络建设水平也基本处于该水平。

第三，不同城市群内各类基础设施建设水平对城市关联度的脉冲响应表现不同，但方差分解显示的贡献度一致。不同地区的基础设施对城市关联度的影响呈现显著的差异，主要受到区域内经济发展水平、地理环境和政策扶持等因素的影响。脉冲响应会不同可能是因为不同的城市群处于不同的经济发展阶段、地理位置和历史背景。以东部城市群为例，由于其经济发展较早、地理位置优越且拥有深厚的产业基础，故而其基础设施建设对城市关联度的脉冲响应迅速且明显。反观西部和中部城市群，由于其经济起步较晚、地理环境复杂，其基础设施对城市关联度的影响则较为缓慢。而方差分解的贡献度却呈现一致性的原因可能有两个方面，一方面，各地区的基础设施建设虽然在时间和空间上存在差异，但其对城市关联度的基本作用机制是相同的。另一方面，中国长期以来都高度重视基础设施建设，尤其是在交通、通信和公共服务等领域，因此，不同地区的基础设施建设虽然存在差异，但其总体趋势是向好的，从而使得基础设施建设对城市关联度的贡献度在全国范围内保持一致。

第四，西部地区城市群在中心城市的带动下成为空间布局的重点。西部地区城市群的自然地理条件与东部沿海发达地区不同，西部地区城市群的城镇化也必然与东部沿海地区城市群有所不同，其更需要强化中心城市的核心地位，发挥其带动引领作用，与长三角和珠三角得天独厚的地理位置不同，西部地区城市群更应根据自身环境的实际情况制定相应的妥善办法。

### 5.7.3.3　政策含义

本书通过对我国城市群基础设施网络建设水平和城市群内城市关联度进行整体把握，可为我国城市群的基础设施网络建设提供重要的理论与实证参考。根据前文研究可得三方面的政策含义：第一，为把握我国城市群的整体基础设施网络发展提供了理论依据，为中央制定城市群基建政策提供了重点参考方向；第二，在空间范围识别的基础上对影响城市群基础设施网络建设的因素进行分析，探讨发现基础设施网络建设水平、城市关联度与经济建设水平密切相关，为城市群内各政府部门提升基础设施网络建设的长期稳定以促进经济发展和人民生活水平提供了思路；第三，有助于各级政府优化城市基础设施网络建设理论基础，有助于各级政府把握各自城市的基础设施网络建设稳定性，为后续相关政策的出台提供理论支撑。

基于此，本书认为以下政策建议有助于优化城市群经济发展质量，提升基础设施网络建设稳定性，为促进我国城市群基础设施网络优化提供参考。

第一，加强国家重大基础设施规划统筹。中国城市群的建设过程需要围绕国家改革开放战略的空间格局以及优化区域空间布局，协调国家和区域规划、内外部需求，加强基于内部和外部互联的国家重大基础设施总体规划。"东强西弱—南密北疏"的不均衡性存在于我国城市群基础设施的发展进程中，针对这一现象，行政区划和局部利益掣肘了各城市群的协调一体化发展，树立可持续发展的长远意识和全局思维，充分发挥核心城市的龙头带动作用，推动除核心城市以外的地区各扬所长，着重发展自身的特色优势，共同筹划城市群整体基础设施布局，进一步推动各区域基础设施建设的互联互通，促进各城市群基础设施均衡稳定发展。互联互通让城市与城市之间连接，激发了城市群发展的"活水"，推进交通、通信、能源、公共服务以及环境等要素的互联互通，可以让新时代的区域经济显示出韧劲。同时，可以让待发展城市和弱势城市在互联互通中获取资金来开展基础设施建设，加强国家城市群重大基础设施的统筹规划，加强弱和强的合作关系，为经济脆弱地区提供更好的助力。

第二，联动建设区域基础设施网络。围绕加强城市群经济的核心实质，协调各类基础设施资源，完善综合交通体系，推动新一代通信和能源基础设施建设，促进公共服务和环境保护相关基础设施一体化发展。首先是要完善综合交通运输一体化体系，满足人民对便捷生活的需要以及对经济高质量发展的需求。城市群区域内高速公路的覆盖范围和密度需提高，提升核心城市及发展较快城市的交通枢纽功能，建立功能性和体验感并重的交通基础设施体系。其次是完善新一代通信和能源基础设施建设，结合当地人民生活需求和经济发展需要推进5G网络建设，提升城市群内通信资源共享力和互通密度，调整优化能源结构，推动通信与能源等领域的技术深度融合。最后是完善公共服务和环境保护相关基础社会一体化发展，加大对公共服务基础设施的投资建设以补齐公共服务领域短板，提高我国抵御类似新冠疫情等突发事件的应对能力；同时，坚持将生态环境保护作为前提条件，坚持保护优先，坚守生态红线，深入发展基础设施领域的绿色技术，使生态环保技术与交通、通信、能源以及公共服务等基础设施深入融合发展，同时为产业结构升级创造良好条件，保持经济稳定发展，为国民经济带来新的增长点。

第三，完善跨区域基础设施运管机制。培育基础设施城市群区域运营载体，使基础设施领域投融资机制多元化发展，增强城市群基础设施数字智慧化管理能力，高效提升基础设施整合效率。首先是城市群区域内基础设施运营载体的培育，以市场导向作为重点，资本作为纽带，推动陆海空深度合作，探索成立城市群内跨区域基础设施运营集团，使市场作用得到充分发挥，使运行平台和投资平台趋于专业化和一体化，使社会资本能够广泛参与进来，在资源整合、结构调整以及效率提升等方面发挥城市群基础设施协同效应。其次是城市群区域内基础设施投融资机制的多元化发展，通过投资补助、特许经营等各种形式，吸引社会资金参与到一些可经营性基础设施项目中去，在政策扶持和市场准入方面对各类投资主体同等对待，城市群区域内各级政府要建立多元化的基础设施建设基金，支持城市群跨区域基础设施建设。最后是城市群区域内基础设施数字化智慧管理能力的提升，充分应用大数据、人工智能以及物联网等技术，提升城市群内各城市甚至城市群一体化的基础设施数字化智慧管理能力，结合大数据分析预测人民生活需求和企业运营需求，充分运用"互联网＋"相关技术和工具，提升基础设施服务质量，优先选择城市群内的核心城市以及发展较为良好城市作为试点示范，以此带动城市群内其他区域发展。

第四，提升区域新型城镇化建设的品质。高质量推动新型城镇化建设，要提高城市建设特别是基础设施建设的质量，形成适度超前、互联互通、面向未来的功能体系。提升各城市群、城市群中心城市以及县域承载能力以实现城镇承载能力的提高；着重发展各城市群特色经济、工业经济、创新经济等以实现城市群区域新型城镇经济大提高；区域新型城镇化治理水平提升须通过积极推进城市群智慧化城镇建设、文明化城镇建设、法治化城镇建设等实现；城市群区域城乡融合发展须通过城市群公共服务基础设施协调一体化发展、功能互补的区域基础设施运管格局来实现。

# 第6章 新时代西部中心城市和城市群产业布局高质量协调发展研究

## 6.1 新时代我国西部城市群产业发展的整体现状调查

### 6.1.1 研究目的与方法

#### 6.1.1.1 研究目的

城市群是新型城镇化主体形态，是支撑全国经济增长、促进区域协调发展、参与国际竞争合作的重要平台。国家"十一五""十二五""十三五""十四五"四个五年规划纲要连续20年把城市群作为推进新型城镇化的空间主体，党的十七大、十八大、十九大报告连续十五年把城市群作为新的经济增长极，《国家主体功能区规划》把城市群作为重点开发区和优化开发区，2013年底召开的首次中央城镇化工作会议和《国家新型城镇化规划（2014—2020年）》也把城市群作为推进国家新型城镇化的空间主体，提出以城市群为主导，构建大中小城市与小城镇化协调发展的城镇化新格局。因此，我国十九大城市群的产业发展现状、发展方向等方面受到不同规划策略和地理区位等因素的影响，将存在明显差异，对我国城市群产业发展的基本现状进行调查分析，能够为后文分析西部中心城市和城市群产业布局高质量协调发展奠定基础。

首先，城市群作为中国区域经济发展的重要空间载体，其产业发展的现状和趋势对于国家经济的稳定增长和区域发展的协调具有重要的战略意义。十九大城市群覆盖了中国东中西部不同地理区域，反映了中国城市化和产业化进程中的地区差异和发展不平衡的现象。因此，通过对这些城市群产业发展的调查分析，可以全面把握中国城市群产业发展的基本现状，识别存在的问题和不足，为制定区域发展战略和产业政策提供科学的依据。其次，中国城市群的产业发展受到各种因素的影响，其中规划策略和地理区位是两个重要的影响因素。不同城市群所处的地理位置不同，资源禀赋和经济基础也存在差异，这些因素共同作用于城市群的产业发展，导致不同城市群在产业结构、发展速度、竞争优势等方面的差异。此外，国家和地方政府针对不同城市群制定的规划策略也对其产业发展产生重要影响。通过对这些因素的深入分析，可以揭示它们对城市群产业发展的具体作用机制和影响效果，为优化城市群产业布局、提升产业发展质量提供理论指导。再次，对中国城市群产业发展现状的调查分析，有助于为西部中心城市和城市群产业布局的高质量协调发展提供参考。西部地区作为中国经济发展的重要潜力区域，其城市群的产业发展水平和速度相对较低，需要通过优化产业布局和提升产业发展质量来加快发展。通过对全国范围内城市群产业发展的调查分析，可以总结出其他地区尤其是东部地区在产业发展方面的成功经验和做法，为西部地区城市群的产业布局和发展提供借鉴。同时，也可以通过比较不同城市群的产业发展差异，找出西部地区城市群在产业发展方面的短板和不足，为制定针对性的产业政策和发展策略提供科学依据。最后，通过对中国城市群产业发展现状的调查分析，为推动城市群间的产业合作和协同发展提供支持。城市群内部的城市在产业发展方面既存在竞争关系，也存在合作关系。通过深入分析城市群产业发展的现状和特点，可以识别出产业合作的潜在领域和方向，为推动城市间产业资源的合理流动和优化配置提供依据，从而促进城市群内部产业的协同发展，提升整个城市群的经济实力和竞争优势。

综上所述，对中国城市群产业发展现状的调查分析，不仅可以揭示城市群产业发展的基本态势和区域差异，为制定科学合理的区域发展和产业政策提供依据，还可以为西部地区城市群的产业布局和高质量发展提供理论和实践的支持，进而推动中国城市群产业发展的整体水平提升和区域经济的均衡发展。

### 6.1.1.2　研究方法

本节主要运用的方法为统计调查法，首先统计出各城市群内在全国地级市中 GDP 排名前百的城市数量和名单，并将统计出的城市作为各城市群的代表城市，基于代表城市的 GDP 总量、GDP 质量、高校数量、研发投入、公路货运量、面积与人口等方面的调查结果对城市群产业发展要素进行比较分析；然后基于城市群内千亿市值企业的情况调查对比分析各城市群的产业发展倾向；最后对城市群的产业发展情况进行调查，对比分析各城市群的产业发展模式、重点支柱产业现状等情况。

### 6.1.1.3　数据来源与预处理

本节的研究数据来源主要为社会经济数据，由于城市群样本中包含部分地级市代管的县级市或省直管的县级市，数据样本可能会出现重叠，因此予以剔除，加之部分城市数据缺失严重同样需要剔除，因此选取城市群样本区间包含的全国 201 个地级市的数据。其中各地区财政支出（万元），科学和教育支出（万元），总人口（万人），地区生产总值（万元）等指标数据主要来源于 2021 年《中国城市统计年鉴》和各地区 2021 年的国民经济和社会发展统计公报，部分产业数据来自 2021 年各省份统计年鉴、中国统计局官网以及各省份统计局官网，极个别缺失数据通过平滑处理进行补充。各城市群及代表城市的特色产业产值（万元）、产业园数量（个）等数据来源于前瞻产业研究院公布的调查报告。

## 6.1.2　调查结果分析

### 6.1.2.1　城市群的产业发展要素的基本情况比较分析

本书从 GDP、教育资源、创新能力、交通情况、人口与面积等方面对我国十九大城市群的产业发展要素进行对比分析，并且重点分析西部城市群与其他城市群之间的差异。

在经济水平方面，调查统计了 2020 年全国地级市的 GDP，获取了城市群内在全国地级市中 GDP 排名前百的城市数量和名单，结果如表 6 - 1 所示。

表 6 - 1　　　　　　　　　中国城市群 GDP 领头城市情况对比

| 区域 | 城市群 | 万亿 GDP 城市数量（个） | 万亿 GDP 城市 | GDP 百强城市数量（个） | GDP 百强城市 |
|---|---|---|---|---|---|
| 东北部城市群 | 辽中南 | 0 | | 2 | 大连、沈阳 |
| | 哈长 | 0 | | 2 | 长春、哈尔滨 |

续表

| 区域 | 城市群 | 万亿 GDP 城市数量（个） | 万亿 GDP 城市 | GDP 百强城市数量（个） | GDP 百强城市 |
|---|---|---|---|---|---|
| 东部城市群 | 京津冀 | 2 | 北京、天津 | 8 | 北京、天津、唐山、石家庄、沧州、邯郸、保定、廊坊 |
| | 长三角 | 5 | 上海、苏州、杭州、南京、宁波、无锡、合肥、南通 | 20 | 上海、苏州、杭州、南京、宁波、无锡、合肥、南通、常州、扬州、绍兴、盐城、嘉兴、泰州、台州、金华、镇江、芜湖、湖州、滁州 |
| | 珠三角 | 3 | 深圳、广州、佛山 | 8 | 深圳、广州、佛山、东莞、惠州、珠海、江门、中山 |
| | 山东半岛 | 2 | 青岛、济南 | 11 | 青岛、济南、烟台、潍坊、临沂、济宁、淄博、菏泽、德州、威海、东营 |
| | 粤闽浙沿海 | 2 | 泉州、福州 | 6 | 泉州、福州、温州、厦门、漳州、龙岩 |
| 中部城市群 | 长江中游 | 2 | 武汉、长沙 | 10 | 武汉、长沙、南昌、襄阳、宜昌、岳阳、常德、衡阳、九江、株洲 |
| | 中原 | 1 | 郑州 | 12 | 郑州、洛阳、南阳、邯郸、菏泽、许昌、周口、新乡、商丘、驻马店、信阳、阜阳 |
| | 晋中 | 0 | | 1 | 太原 |
| 西部城市群 | 呼包鄂榆 | 0 | | 2 | 榆林、鄂尔多斯 |
| | 成渝 | 3 | 重庆、成都 | 4 | 重庆、成都、绵阳、宜宾 |
| | 黔中 | 0 | | 2 | 贵阳、遵义 |
| | 滇中 | 0 | | 2 | 昆明、曲靖 |
| | 关中平原 | 1 | 西安 | 1 | 西安 |
| | 北部湾 | 0 | | 3 | 南宁、茂名、湛江 |
| | 宁夏沿黄 | 0 | | 0 | |
| | 兰西 | 0 | | 1 | 兰州 |
| | 天山北坡 | 0 | | 1 | 乌鲁木齐 |

　　根据表6-1可以看出，拥有万亿 GDP 城市数量个数最多的城市群为长三角城市群，共有8个万亿 GDP 城市，分别为上海、苏州、杭州、南京、宁波、无锡、合肥、南通，同时长三角城市群也是拥有 GDP 百强城市数量最多的城市群，共有20个 GDP 百强城市，分别为上海、苏州、杭州、南京、宁波、无锡、合肥、南通、常州、扬州、绍兴、盐城、嘉兴、泰州、台州、金华、镇江、芜湖、湖州、滁州。拥有万亿 GDP 城市数量个数和 GDP 百强城市数量最少的城市群均为宁夏沿黄城市群。西部城市群中拥有万亿 GDP 城市数量个数和拥有 GDP 百强城市数量最多的是成渝城市群。因此可以看出，西部城市群的城市发展与东部城市群的差距仍旧较大。

　　将城市群内 GDP 百强城市作为各城市群的代表城市，统计2020年各城市群 GDP 百强城市的 GDP 总量，对比分析城市群代表城市的 GDP 总量，统计结果如图6-1所示。

　　根据图6-1可以看出，长三角城市群 GDP 百强城市 GDP 总计远高于其他城市群，京津冀、珠三角、成渝、长江中游、山东半岛、粤闽浙沿海、中原等城市群的 GDP 百强城市 GDP 总计相差不大，可以列为第二梯队，剩余城市群为第三梯队，GDP 百强城市 GDP 总计远低于第二梯队的城市群。整体来看，西部城市群多处于第三梯队，且成渝城市群 GDP 百强城市 GDP 总计远高于西部其他城市群。

　　在 GDP 总量的分析基础上，根据百强城市人均 GDP 和每平方千米 GDP 水平对比分析各个城市群的 GDP 质量，统计结果如图6-2和图6-3所示。

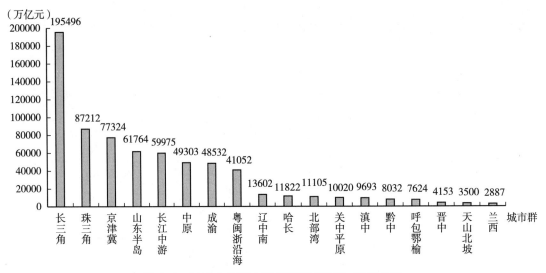

图 6 - 1　2020 年各城市群 GDP 百强城市 GDP 总计

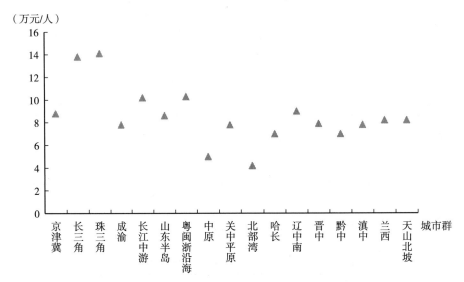

图 6 - 2　2020 年各城市群 GDP 百强城市人均 GDP 水平

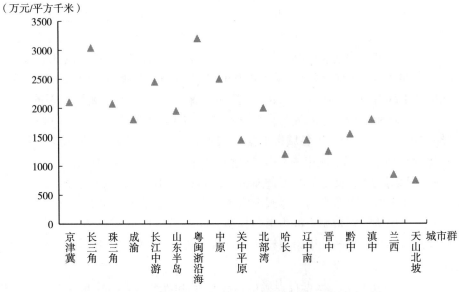

图 6 - 3　2020 年各城市群 GDP 百强城市每平方千米 GDP 水平

根据图6-2和图6-3可以看出，长三角城市群的GDP质量较高。具体来看，长三角城市群百强城市人均GDP水平和每平方千米GDP水平均居于前列。珠三角城市群的人均GDP较高，粤闽浙沿海城市群的每平方千米GDP水平较高。整体来看，各城市群的GDP质量相差不大，并且西部城市群中仍然是成渝城市群的质量最高，其他西部城市群处于较低水平。

在教育资源方面，本节调查统计了2020年我国城市群内普通高校数量，以此对比分析各城市群的教育资源情况，统计结果如图6-4所示。

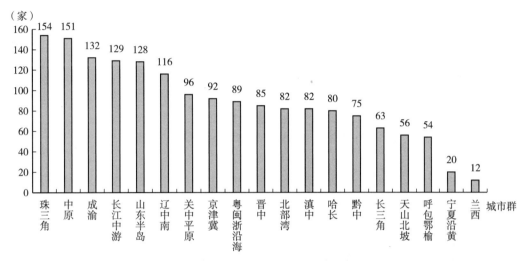

**图6-4 2020年各城市群普通高校数量**

根据图6-4可以看出，珠三角和中原城市群的高校资源较为丰富，比如厦门大学、深圳大学、郑州大学等。成渝、长江中游和山东半岛城市群的高校资源较为接近。高校数量最少的城市群是兰西城市群，远低于其他城市群。同时整体来看西部城市群的高校数量普遍偏低，仅有成渝城市群的数量较高。

在创新能力方面，本节调查统计了2020年各城市群的研发投入强度，即科学和教育支出占地区财政支出的百分比，以此对比分析各城市群的创新能力的基本情况，统计结果如图6-5所示。

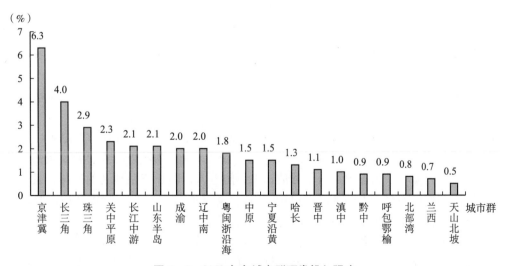

**图6-5 2020年各城市群研发投入强度**

根据图6-5可以看出，京津冀城市群的研发投入强度高居榜首，远高于其他城市群。西部城市群的研发投入强度普遍居于中下游，仅有成渝城市群的研发投入强度较高。

在交通情况方面，本节调查统计了2020年我国各种运输方式货物运输量，结果显示2020年公路运输是我国最主要的货运方式，2020年占比为73.79%（如图6-6所示）。因此本书通过公路货运量对城市群的交通情况进行对比分析，统计结果如图6-7所示。

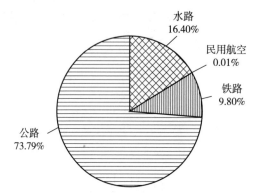

**图6-6　2020年各种运输方式货物运输量所占比重**

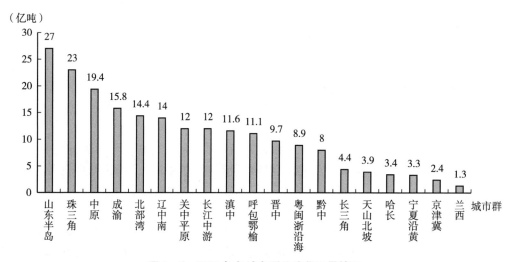

**图6-7　2020年各城市群公路货运量情况**

根据图6-7可以发现，山东半岛城市群和珠三角城市群的公路货运量较大，整体对货物流通的承载能力较强，西部城市群的公路货运量普遍较小，其中成渝城市群的公路货运量在西部城市群中最高。

在代表城市面积与人口方面，本节调查统计了2020年我国各城市群GDP百强城市面积与人口数量，统计结果如图6-8和图6-9所示。

根据图6-8和图6-9可以看出，依据GDP百强城市的面积情况来看，京津冀、长三角和珠三角城市群的面积较大，从人口情况来看，长三角、中原、京津冀城市群人口数量较多，其中，长三角在面积和人口方面均较为突出。改革开放以来，随着人口向长三角地区的迁移，长三角成为全国人口流动较高的城市群之一。西部城市群中GDP百强城市的面积和人口数量均普遍偏低，成渝城市群GDP百强城市的面积和人口数量远高于其他西部城市群。

综上，从城市群产业发展各类要素的比较分析可以看出，西部城市群整体发展情况较差，仅有成渝城市群的发展情况较好，远高于其他西部城市群，并且其产业发展的各类要素的发展情况处于全国城市群的中上游水平。

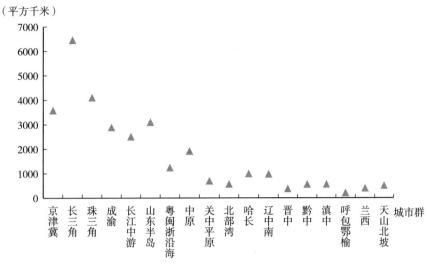

**图 6 - 8　2020 年各城市群 GDP 百强城市面积**

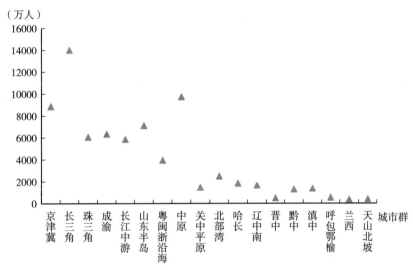

**图 6 - 9　2020 年各城市群 GDP 百强城市人口数量**

### 6.1.2.2　城市群产业发展倾向的比较分析

企业作为经济发展的重要主体，其市值的规模往往能够在一定程度上反映其在行业内的竞争地位和市场影响力。尤其是那些市值超过千亿元（以下简称千亿市值）的企业，其在推动行业进步和地区经济发展方面具有举足轻重的作用。这些企业往往拥有强大的资本实力、成熟的管理经验和先进的技术能力，能够在激烈的市场竞争中保持领先地位，并通过不断的创新和扩张，推动整个行业的发展。在地区发展方面，千亿市值的企业往往能够起到"引擎"作用。首先，这类企业在运营过程中需要大量的原材料、设备和服务，这就为周边的中小企业提供了发展机会，帮助他们融入产业链中，实现共同发展。通过这种方式，千亿市值企业有助于形成完整、高效的产业链，提升整个产业的竞争力。其次，千亿市值企业通常能够为所在地区提供大量的就业机会，吸引大量人才流入，促进地区人才结构的优化。同时，这些企业在地区内的投资和消费活动也将带动相关行业的发展，拉动地区经济增长。此外，千亿市值企业还往往在研发投入和技术创新方面表现突出，能够不断推动新技术、新产品的研发和应用，提升产业的技术水平和附加值。这不仅有利于提升企业自身的竞争力，还能够带动整个产业和地区的创新能力提升，促进产业升级和经济结构优化。因此，通过观察一个地区千亿市值企业的发展情况，我们可以深入了解该地区产业的发展优势和潜力。这些企业的发展壮大往往是建立在其所在地区独特的资源和环境优势基础上的，反映了该地区在特定产业领域的竞争优势。基于以上分析，本节调查统计了 2021 年各城市群千亿市值企业的基本情况，统计结果如表 6-2、表 6-3、表 6-4、表 6-5 所示。

表 6-2　　　　　　　　　　　　2021 年东部城市群千亿市值企业情况

| 城市群 | 千亿市值企业类型 | 企业数量（家） | 代表企业 | 2021Q1～Q3 营收（亿元） |
|---|---|---|---|---|
| 京津冀 | 银行、证券、保险 | 14 | 中国银行 | 4560.74 |
| | 基建 | 7 | 中国建筑 | 13370.48 |
| | 新能源 | 6 | 三峡能源 | 111.48 |
| | 软件 | 3 | 紫光国微 | 37.90 |
| | 生物医药 | 3 | 万泰生物 | 35.96 |
| | 半导体 | 2 | 北方华创 | 61.73 |
| | 其他 | 11 | 中国电信 | 3265.36 |
| 长三角 | 银行、证券、保险 | 9 | 东方财富 | 40.51 |
| | 新能源 | 8 | 阳光电源 | 153.74 |
| | 生物医药 | 4 | 复星医药 | 270.48 |
| | 半导体 | 3 | 中芯国际 | |
| | 软件 | 2 | 科大讯飞 | 108.68 |
| | 汽车 | 1 | 上汽集团 | 5383.73 |
| | 其他 | 13 | 海康威视 | 556.29 |
| 珠三角 | 银行、券商、保险 | 7 | 中国平安 | 9046.29 |
| | 消费电子、家电 | 5 | 美的集团 | 2613.42 |
| | 新能源 | 2 | 中国广核 | 591.35 |
| | 锂电池 | 2 | 亿纬锂能 | 114.48 |
| | 汽车 | 2 | 广汽集团 | 551.17 |
| | 生物医药 | 1 | 迈瑞医疗 | 193.92 |
| | 其他 | 10 | 中兴通信 | 838.25 |
| 山东半岛 | 化学、煤炭 | 2 | 万华化学 | 1073.18 |
| | 消费电子、家电 | 2 | 歌尔股份 | 527.89 |
| | 军工 | 1 | 中航沈飞 | 249.17 |
| | 饮品 | 1 | 青岛啤酒 | 267.71 |
| | 汽车零部件 | 1 | 潍柴动力 | 1664.29 |
| 粤闽浙沿海 | 锂电池 | 1 | 宁德时代 | 733.62 |
| | 银行 | 1 | 兴业银行 | 1640.47 |
| | 采矿、冶金 | 1 | 紫金矿业 | 1689.76 |
| | 生物医药 | 1 | 片仔癀 | 61.12 |
| | 汽车零部件 | 1 | 福耀玻璃 | 171.53 |

表 6-3　　　　　　　　　　　　2021 年东北部城市群千亿市值企业情况

| 城市群 | 千亿市值企业类型 | 企业数量（家） | 代表企业 | 2021Q1～Q3 营收（亿元） |
|---|---|---|---|---|
| 辽中南 | 石油化工 | 1 | 恒力石化 | 1514.89 |
| 哈长 | 生物医药 | 1 | 长春高新 | 82.39 |

表 6-4　　　　　　　　　　　　2021 年中部城市群千亿市值企业情况

| 城市群 | 千亿市值企业类型 | 企业数量（家） | 代表企业 | 2021Q1～Q3 营收（亿元） |
|---|---|---|---|---|
| 长江中游 | 半导体 | 2 | 三安光电 | 95.32 |
| | 消费电子 | 1 | 长春高新蓝思科技 | 339.26 |
| | 锂矿 | 1 | 赣锋锂业 | 70.54 |
| | 医疗服务 | 1 | 爱尔眼科 | 115.96 |
| 中原 | 农业 | 1 | 牧原股份 | 562.82 |
| | 军工 | 1 | 中航光电 | 98.77 |
| | 食品 | 1 | 双汇发展 | 509.58 |
| | 金属 | 1 | 洛阳钼业 | 1265.59 |
| 晋中 | 白酒 | 1 | 山西汾酒 | 172.57 |

表 6-5　　　　　　　　　　　　2021 年西部城市群千亿市值企业情况

| 城市群 | 千亿市值企业类型 | 企业数量（家） | 代表企业 | 2021Q1～Q3 营收（亿元） |
|---|---|---|---|---|
| 成渝 | 白酒 | 2 | 五粮液 | 497.21 |
| | 汽车、锂电池 | 2 | 长安汽车 | 38.73 |
| | 光伏 | 1 | 通威股份 | 467.00 |
| | 生物医药 | 1 | 智飞生物 | 218.29 |
| 关中平原 | 煤炭 | 1 | 陕西煤业 | 1213.10 |
| | 光伏 | 1 | 隆基股份 | 562.06 |
| | 军工 | 1 | 航发动力 | 183.43 |
| 呼包鄂榆 | 资源 | 2 | 包钢股份 | 639.96 |
| | 饮品 | 1 | 伊利股份 | 846.74 |
| 滇中 | 新能源 | 2 | 华能水电 | 155.23 |
| | 生物医药 | 1 | 云南白药 | 283.63 |
| 天山北坡 | 新能源 | 1 | 大全能源 | 83.05 |
| | 券商 | 1 | 申万宏源 | 248.91 |
| | 水泥 | 1 | 天山股份 | 1184.63 |
| 黔中 | 白酒 | 1 | 贵州茅台 | 746.42 |
| 宁夏沿黄 | 煤化工 | 1 | 宝丰能源 | 161.96 |
| 兰西 | 锂矿 | 1 | 盐湖股份 | 107.99 |

　　根据表 6-2、表 6-3、表 6-4、表 6-5 可以看出，京津冀城市群的千亿市值企业最多，多聚集在金融板块（银行、证券、保险），多达 14 家，代表企业有中国银行等；长三角城市群中，金融及新能源板块的千亿市值企业数量相仿，代表企业有东方财富和阳光电源等；珠三角城市群是我国重要的先进制造业基地和现代服务业基地，金融业和制造业（消费电子、新能源、汽车等）相对更为发达，千亿市值代表企业有中国平安、美的集团和中兴通信等，同时，未上市的华为和大疆也是当地重要的支柱企业；山东半岛城市群共有 7 家千亿市值上市企业，涉及化学和制造业（消费电子、军工制造、汽配）较多，代表企业有歌尔股份和中航沈飞等；成渝城市群有 6 家市值千亿企业，涉及白酒、汽车、锂电池、光伏和生物医药几大行业，代表企业有五粮液、长安汽车、通威股份和智飞生物等；粤闽浙沿海城市群共有 5 家千亿市值企业，分别为宁德时代、兴业银行、紫

金矿业、片仔癀和福耀玻璃，分别代表了锂电池、银行、采矿、生物医药和汽配五个行业；长江中游城市群同样有5家，涉及半导体、消费电子、锂矿和医疗服务等行业，代表企业有三安光电、蓝思科技、赣锋锂业和爱尔眼科等；中原城市群共有4家千亿市值企业，所处行业分别为农业、军工、食品和小金属；关中平原城市群有3家企业，分别为陕西煤业、隆基股份和航发动力，属于煤炭、光伏和军工行业；呼包鄂榆城市群有3家千亿市值企业，涉及资源和乳业两个行业，代表企业包括包钢股份和伊利股份等；滇中城市群主要行业包括新能源和生物医药；天山北坡城市群的代表企业为大全能源、申万宏源和天山股份，所处行业为新能源、券商和水泥；晋中、黔中、宁夏沿黄、兰西、辽中南和哈长城市群的千亿市值企业均只有1个，涉及行业较为传统，比如白酒、煤化工和石油等。综上可以看出，西部城市群的产业发展趋势普遍偏向传统行业。

### 6.1.2.3　城市群产业发展基本现状的比较分析

"十四五"规划中对城市群进行了分级，即优化提升京津冀、长三角、珠三角、成渝、长江中游等城市群，发展壮大山东半岛、粤闽浙沿海、中原、关中平原、北部湾等城市群，培育发展哈长、辽中南、晋中、黔中、滇中、呼包鄂榆、兰西、宁夏沿黄、天山北坡等城市群。因此本节从"优化提升"5个城市群，"发展壮大"5个城市群，"培育发展"9个城市群三个角度对城市群的产业发展基本现状进行比较分析，其中重点分析"优化提升"5个城市群。

"优化提升"5个城市群中，只有一个西部城市群，即成渝城市群。成渝城市群是西部大开发的重要平台，是长江经济带的战略支撑，也是国家推进新型城镇化的重要示范区。成渝城市群包括重庆市以及四川省成都市大部分地区，其战略定位为引领西部开发开放的国家级城市群。《成渝城市群发展规划》中指出，成渝城市群的支柱产业主要为汽车、装备制造和电子信息产业。具体来看，重庆和成都的汽车产业较为发达，重庆的笔电产业处于全球领先地位。装备制造行业主攻汽车、重型机械、船舶等方向，其中汽车装备制造是汽车整车制造行业上游，成渝城市群汽车制造一体化程度较高，见表6－6。

**表6－6**　　　　　　　　　　　　　**成渝城市群重点产业布局与规划**

| 类型 | 产业类别 | 产业发展方向 |
| --- | --- | --- |
| 支柱产业 | 电子信息 | 笔记本电脑、手机等 |
| | 汽车 | — |
| | 装备制造 | 汽车、重型机械、船舶、航空航天、能源、轨交等配套装备 |
| 战略新兴产业 | 电子核心部件 | 以两江新区和天府新区为引领，以重庆主城区、成都、绵阳、乐山、自贡、泸州、德阳、广安、遂宁、宜宾、内江、璧山、涪陵、大足、沙坪坝、北碚、渝北、江北、九龙坡、南岸、巴南、永川、江津、万盛、合川、南川、綦江、长寿、万州等为重要支撑，加快培育战略新兴产业 |
| | 新材料 | |
| | 物联网 | |
| | 机器人及智能装备 | |
| | 高端交通装备 | |
| | 新能源汽车及智能汽车 | |
| | 生物医药 | |

在此基础上，本节进一步对成渝城市群的支柱产业进行调查，重庆电子信息（笔电）产业对当地经济的拉动作用明显。另外，汽车产业作为支柱产业之一，成渝城市群的汽车产能超过600万辆/年，对GDP的贡献率超15%。主导产业园区建设较为成熟，产业园的协同效应明显。同时成渝城市群的电子信息产业协同效应较强，重庆和四川都把电子信息作为支柱产业，在人才资源、科研能力、制造体系、原材料供应等各个环节，都有极大的共性和互补性。重庆市电子学会和四川省电子学会发起成立"川渝电子信息产业联盟"，以期在电子信息领域重塑川渝两地竞合关系，联合更

多的科技力量，加快科研进程和成果转化。

长三角城市群的历史沿革较久，始于1982年，于2016年正式发布规划文件。《长三角城市群发展规划》中指出，长三角城市群的主导产业包括电子信息、汽车、金融、装备制造等，电子信息主攻软件、集成电路方向，汽车主攻内燃机、变速机、新能源方向。战略新兴产业包括新一代信息技术、生物产业、高端装备制造、新材料、北斗以及光伏产业。整体来看，长三角地区重点产业以"专、精、特、新"为主，见表6-7。

**表6-7** 　　　　　　　　　　　长三角城市群重点产业布局与规划

| 类型 | 产业类别 | 产业发展方向 |
|---|---|---|
| 支柱产业 | 电子信息 | 软件、集成电路 |
| | 汽车 | 内燃机、变速机、新能源 |
| | 金融 | 航运金融、消费金融、低碳金融、科技金融等 |
| | 装备制造 | 大型专业设备和加工设备 |
| | 钢铁 | 高精品钢材 |
| | 石油化工 | 精细化工及有机化工新材料 |
| | 纺织服装 | 高端化、功能化、差别化纤维等 |
| | 现代物流 | 物联网、大数据、云计算的融入，第三方物流等 |
| | 商贸 | 电子商务 |
| | 文化创意 | 文化创意设计、数字内容和特色产业文化 |
| 战略新兴产业 | 新一代信息技术 | 半导体、新型显示、光通信、智能语音 |
| | 生物产业 | 生物医药、医疗器械 |
| | 高端装备制造 | 利用机器人、高端数控机床等技术 |
| | 新材料 | 利用碳纤维、石墨烯、纳米材料等技术 |
| | 北斗 | 打造北斗产业链 |
| | 光伏 | 探索光伏产业引用新模式 |

在此基础上，本节进一步对长三角城市群的支柱产业进行调查，发现长三角四大主导产业分别为金融、汽车（新能源）、电子信息（集成电路）、生物医药，前三大产业是长三角地区的支柱产业，具体来看，以上海为例，2016~2020年，上海市金融、汽车和电子信息三大产业的GDP贡献率始终在50%以上。江苏省生物医药基因、医疗器械、医药包细分领域实力强劲。长三角四大主导产业园区布局体量亦较大。在产业链协同方面，中芯、华虹、格科微等龙头企业在南京、无锡、绍兴、宁波、嘉兴等地实现跨域布局。长三角企业家联盟推动组建了9个产业链联盟，联合开展长三角重点产业链协同研究，积极推进跨区域产业链供需对接、标准统一和政策协同。目前，长三角已经形成了以沪宁产业轴、沪杭产业轴等以铁路沿线建设的产业集群。

珠三角城市群的"广佛肇"（广州、佛山、肇庆）、"深莞惠"（深圳、东莞、惠州）、"珠中江"（珠海、中山、江门）等三个新型都市区，是亚太地区较具活力的经济区之一。自1994年该城市群的概念被正式提出后，先后经历了三大经济圈和"两大三小"的战略规划。《珠三角城市群发展规划》中指出，珠三角城市群的主导产业包括新一代电子信息产业、新能源汽车、生物医药、家电产业、绿色石化、轻工业和先进材料，多涉及制造业和新材料。战略新兴产业则包括半导体、高端装备、氢能和其他颠覆性技术，涉及多种高新技术，在未来全球高科技争霸的时代中，珠三角城市群具有较大的竞争力，见表6-8。

表6-8　　　　　　　　　　　　　珠三角城市群重点产业布局与规划

| 类型 | 产业类别 | 产业发展方向 |
|---|---|---|
| 支柱产业 | 新一代电子信息产业 | 5G、自主软件生态、高清视频产业 |
| | 新能源汽车 | 物联网、纯电动汽车研发、安全可控的关键零部件 |
| | 生物医药 | 生物药、化学药、现代中药、高端医疗器械、医疗服务 |
| | 家电产业 | 空调、冰箱、电饭锅、微波炉、电视机和照明灯饰等 |
| | 绿色石化 | 精细化工、化工新材料、有机原料、电子化学品、可降解材料 |
| | 轻工业 | 纺织服装、塑料皮革、日化、五金、家具等 |
| | 先进材料 | 现代建筑材料、金属材料、化工材料、稀土材料 |
| 战略新兴产业 | 半导体 | 高端特色模拟工艺生产线、S01、第三代半导体、高端SOC |
| | 高端装备 | 高端数控机床、航空装备、卫星及应用、轨道交通装备、智能机器人等 |
| | 氢能 | 燃料电池核心技术 |
| | 颠覆性技术 | 区块链、量子通信、人工智能、信息光子、太赫兹、生命健康等 |

在此基础上，本节进一步对珠三角城市群的支柱产业进行调查，发现珠三角地区经济总量占全国1/9，已经形成了电子信息、电器机械、汽车工业、医药、石油化工、纺织服装和食品饮料等众多核心产业。目前，深圳和广州是珠三角城市群两个核心城市，其中，深圳是电子信息业、医药和电器机械行业的"领头羊"城市，产业规模及实力居全国前列。

京津冀城市群包括北京、天津、河北，在经济发展情况上，三地的发展差异明显。从人均GDP情况来看，北京的人均GDP较高，河北的人均GDP较低；从产业分布情况来看，北京的第三产业占比较高。目前京津冀城市群形成了北京为核心的强带弱发展模式。具体来看，在京津冀城市群中，北京为政治中心、文化中心、科技创新中心和国际交往中心；天津为全国先进制造研发基地、国际航运核心区、金融创新示范区和改革开放先行区；河北为产业转型升级试验区、新型城镇化与城乡统筹示范区、京津冀生态环境支撑区和全国现代商贸物流重要基地。2017年，在《关于加强京津冀产业转移承接重点平台建设的意见》指出，在京津冀产业转移的过程中，三地初步明确"2+4+46"平台包括北京城市副中心和河北雄安新区2个集中承载地，曹妃甸协同发展示范区、北京新机场临空经济区、天津滨海新区和张承生态功能区4个战略合作功能区，以及协同创新平台、现代制造业平台、服务业平台和现代农业合作平台等46个专业化、特色化承接平台。

基于京津冀城市群的主要发展模式，对于京津冀城市群的分析重点在于北京的产业发展现状，对北京城市群的支柱产业发展现状统计结果如表6-9和表6-10所示。

表6-9　　　　　　　　　　　　　北京支柱产业和战略新兴产业

| 类型 | 产业名称 | 产业园数量（个） |
|---|---|---|
| 支柱产业 | 金融业 | 18 |
| | 信息传输、软件和信息技术服务业 | 45 |
| | 科技服务业 | 62 |
| | 租赁和商务服务业 | 34 |
| | 文化、体育和娱乐业 | 154 |
| 战略新兴产业 | 医药健康 | 43 |
| | 集成电路 | 3 |
| | 智能网联汽车 | 17 |
| | 智能制造与装备 | 14 |
| | 绿色能源与节能环保 | 22 |

表 6－10                           **2016～2020 年北京支柱产业发展情况**               单位：亿元

| 产业名称 | 2016 年 | 2017 年 | 2018 年 | 2019 年 | 2020 年 |
| --- | --- | --- | --- | --- | --- |
| 金融业 | 4266.8 | 4634.5 | 5084.6 | 6544.8 | 7188 |
| 信息传输、软件和信息技术服务业 | 2697.9 | 3169 | 3859 | 4783.9 | 5540 |
| 科技服务业 | 2077.9 | 2859.2 | 3223.9 | 2826.4 | 2985 |
| 租赁和商务服务业 | 1835.2 | 1965.5 | 2016.6 | 2583.9 | 2197.6 |
| 文化、体育和娱乐业 | 583.5 | 598.1 | 645.9 | 754.7 | 704 |
| 五大产业占比（%） | 46.0 | 47.2 | 44.8 | 49.4 | 48.5 |

从北京的产业发展情况来看，北京拥有五大支柱产业分别是金融、信息传输、软件和信息技术服务业、科技服务业、租赁和商务服务业、文化、体育和娱乐业，2020 年，五大支柱产业工业增加值的合计占比达到了 48.5%，产业园数量也相对较多。此外，北京还有医药健康、集成电路等五大战略新兴产业，对应行业产业园的建设在不断加快。

"优化提升"5 个城市群中的长江中游城市群是以武汉城市圈、环长株潭城市群、环鄱阳湖城市群为主体形成的特大型城市群，是长江经济带的重要组成部分，在全国区域发展格局中占有重要地位。在湖北武汉城市圈、湖南长株潭城市群获批改革试验区后，长江中游城市群逐渐形成了与成渝城市群和长三角城市群互为"交流"的新型格局，为长江中游城市群的健康发展打下了基础。《长江中游城市群发展规划》中指出，长江中游城市群的支柱产业包括装备制造、冶金、石油化工、汽车和家电等，涉及较强的制造业基础。战略新兴产业包括新一代信息技术、高端装备制造、新材料、生物、节能环保、新能源和新能源汽车，全国有名的"光谷"坐落于此，见表 6－11。

表 6－11                           **长江中游城市群重点产业布局与规划**

| 类型 | 产业类别 | 产业发展方向 |
| --- | --- | --- |
| 支柱产业 | 装备制造 | 装备制造业自动化、制造柔性化、设备成套化、服务网络化 |
| | 冶金 | 打造中部钢铁产业集群 |
| | 石油化工 | 精深加工石油化工产品 |
| | 汽车 | 汽车制造、零部件产业链、关键技术和节能、环保、安全新产品 |
| | 家电 | 建设家电绿色资源再制造基地，推动家电产业转型升级 |
| 战略新兴产业 | 新一代信息技术 | 光电子信息、新型现实、集成电路、下一代网络、应用电子、信息服务、卫星导航应用等 |
| | 高端装备制造 | 高档数控装备及系统、激光加工设备、航空制造、输变电设备制造、工业机器人、中高端工程机械装备、高端电力牵引轨道交通装备等 |
| | 新材料 | 电子新材料、生物及环保材料、稀土永磁材料、化工新材料、粉末冶金、铜基新材料、锂基新材料、新型建筑材料等 |
| | 生物 | 推动生物和新医药产业产学研用联盟建设、优质药材种植 |
| | 节能环保 | 节能环保和循环利用领域的重大技术、装备和系统的研发与制造 |
| | 新能源 | 太阳能、风能、勘探开采、钻井采气、存储运输 |
| | 新能源汽车 | 新能源汽车研发和产业化、打造电池及碳酸锂材料生产基地、发展混合动力汽车、纯电动汽车等新能源整车、加强与零部件制造商的合作 |

与京津冀城市群类似，长江中游城市群中，武汉的战略地位突出，得益于武汉特殊的地理位置

和战略地位，通过建设武汉城市圈，能使大、中、小企业密切联系，发挥优势，并向长江中游其他城市扩散。中国光谷的建立，吸引了一大批光通信企业落户武汉。另外，武汉作为长江中游城市群重要的一部分，战略地位高、在城市群中具有独特的地区位优势，将发挥承东启西的功能，向长三角城市群和成渝经济开发区学习其区域合作经验与模式，长江经济带上中下游协同合作。根据《武汉市国际化社区创建试点工作方案》，"十四五"期间，全市将建成不少于 50 个国际化社区。

从"发展壮大"5 个城市群的角度来看，虽然支柱产业的发展能力相对"优化提升"5 个城市群的城市较弱，但各个城市群均发展出了自己的特色产业，本节对各城市群的特色产业发展基本情况进行了调查，统计结果如表 6-12 所示。

表 6-12　　　　　　　　　　　　　"发展壮大"5 个城市群特色产业情况

| 区域 | 城市群 | 特色产业 | 特色产业贡献度 | 发展优势 | 代表企业 |
|---|---|---|---|---|---|
| 东部城市群 | 山东半岛 | 海洋产业（海洋生物） | 2020 年海洋生物医药业实现增加值 127 亿元，居全国首位；2020 年山东省海洋生产总值占地区 GDP 的 16.48%；2020 年沿海港口货物吞吐量全国第二 | 海洋资源丰富；海洋科技人才集聚；省级海洋创新中心 107 家 | 海大海能、伟隆股份、中海海洋 |
| | 粤闽浙沿海 | 纺织服装、茶叶 | 2020 年服装百强行业福建占 8 家；2020 年茶叶产量全国第一 | 茶叶：气候适宜；种质资源优良 纺织服装：产业链完善；劳动力成本相对较低；贸易便利 | 安踏、贵人鸟、七匹狼、润元昌 |
| 中部城市群 | 中原 | 农业（小麦、花生） | 2020 年小麦产量全国第一；2019 年花生产量全国第一 | 农业基础设施完善；气候适宜；耕地面积大；务农人口占比较高 | 双汇、思念、三全、王守义、科尔沁 |
| 西部城市群 | 关中平原 | 航天航空 | 2020 年西安航天航空产值破千亿（10%） | 西安有国内 1/3 以上的航天科研单位；地理优势 | 西安光学精密机械研究所、国家授时中心 |
| | 北部湾 | 特色食品 | 2020 年广西食品烟酒消费价格唯一正增长 | 旅游发达；政策扶持；产业基础完善 | 南宁糖业、南方黑芝麻、南宁百货 |

根据表 6-12 可以看出，"发展壮大"5 个城市群中，仅有的一个西部城市群，北部湾城市群的特色产业为特色食品产业，2020 年的广西食品烟酒消费价格唯一正增长，其特色产业的发展优势为旅游发达、政策扶持与产业基础完善，代表企业包括南宁糖业、南方黑芝麻、南宁百货等；山东半岛城市群的特色产业为海洋产业（海洋生物），其中 2020 年海洋生物医药业实现增加值 127亿元，位居全国首位，山东省海洋生产总值占地区 GDP 的 16.48%，沿海港口货物吞吐量位居全国第二，其特色产业的发展优势为海洋资源丰富、海洋科技人才集聚、省级海洋创新中心 107 家，代表企业为海大海能、伟隆股份、中海海洋等；粤闽浙沿海城市群的特色产业为纺织服装、茶叶，其中 2020 年服装百强行业福建占 8 家，茶叶产量全国第一，其特色产业的发展优势为气候适宜、产业链完善、劳动力成本相对较低、贸易便利等，代表企业有安踏、贵人鸟、七匹狼、润元昌等；中原城市群的特色产业为农业（小麦、花生），其中 2020 年小麦产量全国第一，其特色产业的发展优势为农业基础设施完善、气候适宜、耕地面积大、务农人口占比较高等，代表企业有双汇、思念、三全、王守义、科尔沁等；关中平原城市群的特色产业为航天航空，其中 2020 年西安航天航空产值破千亿，其特色产业的发展优势为西安的航天科研单位较多等，代表企业有西安光学精密机

械研究所、国家授时中心等。

从"培育发展"9 个城市群的角度来看，由于其地理优势，各个城市群的特色产业主要集中在第一产业，本节对"培育发展"9 个城市群的特色产业发展基本情况进行了调查，统计结果如表 6 – 13 所示。

表 6 – 13　　　　　　　　　　"培育发展"9 个城市群特色产业情况

| 区域 | 城市群 | 特色产业 | 特色产业贡献度 | 发展优势 | 代表企业 |
|---|---|---|---|---|---|
| 东北部城市群 | 哈长 | 农业（玉米、大豆） | 黑龙江省的玉米和大豆产量全国第一 | 耕地面积大；气候条件适宜 | 万向德农、北大荒 |
| | 辽中南 | 农业（大樱桃） | 大连是国内大樱桃最好的产区之一；大连产值超全国的 20% | 气候适宜；品种齐全 | 雀喜 |
| 中部城市群 | 晋中 | 中药材 | 2020 年成为国家认定中药材中国特色农产品优势区 | 海拔高，害虫危害小；畜牧业发达，有机肥料充足 | 顾得医药 |
| 西部城市群 | 黔中 | 白酒 | 2020 年茅台镇成为中国百强镇 | 地理优势；水源优质 | 贵州茅台 |
| | 滇中 | 烟草 | 全国最大的烟草生产基地；2019 年云南烟草类产品销售额居全省第一 | 地理优势；政策扶持 | 玉溪 |
| | 呼包鄂榆 | 乳业 | 牛奶产量居全国首位 | 畜牧业发达，种源丰富；技术成熟；企业集聚 | 伊利、蒙牛 |
| | 兰西 | 农业（高原夏菜） | 蔬菜种植对农民人均收入贡献率达超 40% | 地理优势；劳动力成本较低 | 兰州农业 |
| | 宁夏沿黄 | 农业（葡萄酒） | 我国最大的酿酒葡萄集中连片区，种植面积占全国的 1//4；近十年上千款葡萄酒获得国际奖项 | 气候适宜；土壤肥沃；工艺成熟 | 贺兰神 |
| | 天山北坡 | 棉花 | 2020 年新疆棉花产量占全国的 87.3%，约占世界棉花产量 20% 以上 | 质量好；机械化水平高；产业基础完善 | 国际实业 |

根据表 6 – 13 可以看出，"培育发展"9 个城市群中，哈长城市群的特色产业为农业（玉米、大豆），黑龙江省的玉米和大豆产量全国第一，其特色产业的发展优势为耕地面积大、气候条件适宜，代表企业有万向德农、北大荒等；辽中南城市群的特色产业为农业（大樱桃），其中大连是国内大樱桃最好的产区之一，产值超过全国的 20%，其特色产业的发展优势为气候适宜、品种齐全，代表企业为雀喜等；晋中城市群的特色产业为中药材，2020 年成为国家认定中药材中国特色农产品优势区，其特色产业的发展优势为海拔高、害虫危害小，畜牧业发达，有机肥料充足等，代表企业有顾得医药等；黔中城市群的特色产业为白酒，其中 2020 年茅台镇成为中国百强镇，其特色产业的发展优势为地理优势、水源优质等，代表企业有贵州茅台等；滇中城市群的特色产业为烟草，城市群中有全国最大的烟草生产基地，其特色产业的发展优势为地理优势、政策扶持等，代表企业有玉溪等；呼包鄂榆城市群的特色产业为乳业，城市群的牛奶产量居全国首位，其特色产业的发展优势为畜牧业发达、种源丰富，技术成熟，企业集聚等，代表企业有伊利、蒙牛等；兰西城市群的特色产业为农业（高原夏菜），城市群中的蔬菜种植对农民人均收入贡献率超 40%，其特色产业的发展优势为地理优势、劳动力成本较低等，代表企业有兰州农业等；宁夏沿黄城市群的特色产业为

农业（葡萄酒），城市群中有我国最大的酿酒葡萄集中连片区，种植面积占全国1/4，其特色产业的发展优势为气候适宜、土地肥沃、工艺成熟等，代表企业有贺兰神等；天山北坡城市群的特色产业为棉花，城市群地处新疆，2020年新疆棉花产量占全国的87.3%，约占世界棉花产量20%以上，其特色产业的发展优势为棉花质量好、机械化水平高、产业基础完善等，代表企业有国际实业等。

### 6.1.3 研究发现与政策含义

#### 6.1.3.1 研究发现

本书通过城市群的产业发展要素的基本情况比较分析、城市群产业发展倾向的比较分析、城市群产业发展基本现状的比较分析，得出以下研究发现：

第一，从城市群产业发展各类要素的比较分析可以看出，西部城市群整体发展情况较差，仅有成渝城市群的发展情况较好，远高于其他西部城市群，并且其产业发展的各类要素的发展情况处于全国城市群的中上游水平。这表明，在中国不同城市群之间存在着显著的产业发展不平衡现象，特别是在西部地区，这种不平衡表现得尤为突出。成渝城市群作为西部地区的明星城市群，其产业发展情况相较于其他西部城市群表现出色，显示出较强的产业发展优势和潜力。

第二，西部城市群的产业发展趋势普遍偏向传统行业。西部城市群产业发展趋势中对传统行业的依赖反映出该地区在产业结构、发展模式、环保意识和人才引进等方面的一系列问题和挑战，也凸显了其产业升级和转型的紧迫性和重要性。

第三，西部城市群虽然支柱产业发展较其他城市群较差，但是形成了各自的特色产业，并且西部各个城市群的特色产业主要集中在第一产业。说明西部地区和东部地区在产业发展上存在明显的不平衡，东部地区产业发展较为成熟，而西部地区仍然需要进一步加强支柱产业的培育和发展。西部城市群需要更好地利用其在第一产业上的资源优势，加强产业链延伸和品牌建设，提升产品附加值，促进第一产业与第二、三产业的融合发展。

#### 6.1.3.2 讨论

第一，成渝城市群在西部地区脱颖而出，其产业发展的各类要素处于全国城市群的中上游水平的主要原因，可以从区位理论的角度进行解释。区位理论认为，一个地区的地理位置、交通运输条件、市场接近度等都是影响其经济发展的重要因素。成渝城市群位于中国西南部，地理位置较为优越，靠近中国经济最发达的东部地区，并且紧邻东南亚等国际市场。这使得成渝地区在吸引外资、发展外贸等方面具有天然的地理优势。同时，成渝城市群在交通运输基础设施建设上取得了显著的成就，区内外交通便利，物流成本相对较低，极大地促进了地区内外资源的流动和产业的集聚。因此，从区位理论的角度来看，成渝城市群的地理位置和交通条件是其产业发展较好的重要原因。此外，成渝地区政府对产业发展给予了高度重视和大力支持，制定了一系列有利于产业发展的政策措施，营造了良好的产业发展环境。这些因素共同作用，使成渝城市群在产业发展上取得了显著的成绩，远超其他西部城市群。

第二，中国西部城市群产业发展偏向传统行业的原因，可以从资源禀赋理论的视角进行解释。根据这一理论，一个地区的产业结构和发展方向很大程度上受其自然资源和人力资源等内在条件的影响。中国西部地区拥有丰富的自然资源，例如矿产资源、水资源和土地资源等，这些资源的丰富为传统行业的发展提供了有力支持。比如，西部地区的煤炭、有色金属等矿产资源丰富，促使了矿产开采和相关加工产业的发展；较大的土地面积有利于农业的发展；丰富的水资源则支持了水力发电等产业的发展。因此，西部城市群的产业结构和发展趋势受其资源禀赋的显著影响，倾向于发展与其资源优势相匹配的传统行业。同时，西部地区在经济发展的起步阶段，缺乏足够的资本和技术积累，制约了高新技术产业的发展。而传统行业通常对资本和技术的要求较低，更容易与当地的资源禀赋相结合，因此成为西部城市群产业发展的主要方向。

第三，西部城市群在支柱产业的发展上相对较弱，但形成了各自的特色产业，尤其在第一产业方面较为突出，这一现象的原因可以从比较优势理论的角度进行分析。根据比较优势理论，一个地区应该专注于其具有相对效率优势的产业进行发展，以实现资源的最优配置和经济效益的最大化。西部地区自然资源丰富，土地广阔，气候和土壤条件适宜于农业的发展，形成了独特的农业生产条件和种植结构，这为第一产业的发展提供了有利条件。同时，由于历史和地理的原因，西部地区在工业化和城市化进程中相对滞后，资本积累和技术水平相对较低，这限制了高技术产业和资本密集型产业的发展。在这样的背景下，西部城市群根据其自身的资源禀赋和比较优势，主动选择了以第一产业为主导，发展以农业和资源开采为主的特色产业。

#### 6.1.3.3　政策含义

根据本节的研究结果可以为我国政府在制定西部城市群产业发展政策时提供数据支持和分析视角，有助于政府更准确地把握产业发展的现状和趋势，制定出更为科学合理的政策措施，具体有以下几个方面的政策含义：

第一，西部城市群整体产业发展较差，但成渝城市群发展较好，这为中国政府制定西部城市群产业发展政策提供了重要参考。政府在调整区域发展策略时，可以借鉴成渝城市群的成功经验，对其他西部城市群进行有针对性的政策扶持和资源配置，以促进产业发展的均衡。

第二，西部城市群产业发展普遍偏向传统行业，政府在制定产业政策时，应将推动产业转型升级作为重点，特别是要加大对高新技术产业和先进制造业的支持，引导西部城市群逐步减少对传统行业的依赖，促进产业结构的优化升级。

第三，西部城市群特色产业主要集中在第一产业，政府在制定产业发展政策时，应重视第一产业的发展潜力。通过提供政策支持和资源投入，促进第一产业与第二、三产业的融合发展，推动产业链延伸和品牌建设，提升第一产业产品的市场竞争力和附加值。

## 6.2　西部中心城市和城市群产业布局协调发展水平评估

### 6.2.1　研究目的与方法

#### 6.2.1.1　研究目的

在国际环境发生剧变的条件下，构建国内大循环为主体、国内国际双循环相互促进的新发展格局已经成为当今社会的区域主流发展战略指引。城市群作为城市发展成熟的最高空间组织形式，是经济发展和产业集聚的客观反映，同样也是国家新型城镇化的空间主体单元，其经济发展质量和社会发展水平对我国的高质量发展产生深刻的影响。中心城市作为支撑城市群发展的重要核心，在不同城市群空间构型下多元格局的协调发展中发挥着举足轻重的引领作用。

对有关产业布局和城市群产业有关的理论进行梳理后，我们得出以下理论支持：城市群产业耦合协调发展系统产生和发展是多方面因素交织共同作用的结果，内因是根本动力，外因影响着内因作用的发挥。城市群作为城市群区域经济发展的主体，其整体以及内部各城市追求自身利益最大化的目标是推动城市群产业耦合协调发展系统产生和发展的根本动力。规模经济的实践经验以及范围经济客观带来的外部经济性会使得企业和城市依靠地理位置等发生聚合，以实现更高收益，这就促成了城市群产业耦合协调发展系统的产生。经济全球化的时代背景和区域一体化的战略背景是城市群产业耦合协调发展的外部动力，在这样的背景下，工业化和城市化既是区域经济发展的必然要求和衡量指标，也是实现区域高质量协调发展的必由之路。因此，城市群产业耦合协调发展系统的产生和发展必然是内外部多种因素共同作用的结果。

科斯的交易费用理论中言明：企业的边界是由市场分工与企业内部分工两者之间的交易费用比较而确定的，当两者相等时，企业规模就会被确定下来。在区域经济中，区域产业群的形成过程就可以与企业边界的确定进行类比，产业集群这种产业组织形式可以与企业和市场进行一定的相似发展原理分析：在企业与市场的分析中，企业的天性是追求低生产成本和交易成本，以提升自身效益与效率，在所有企业都追求这种效果的时候，就会使得一定区域内企业专业化分工深化，追求更深范围内的合作，以成本与效益为原则，同一产业链条上的上下游企业为了降低生产和交易的成本就会逐步发展横向市场交易以替代内部的纵向一体化，从而激活各个环节参与主体，使得其形成产业群以便于追求垂直一体化利益和水平一体化双重利润。这同样适用于城市群，在区域内，各城市群依据地理优势相互聚集，集结成群，同样按照节约成本或者获取额外分工效益的原则而分工协作。这种协调体现在城市基础设施共建共享、公共服务设施共建互联、产业链条外向发展等诸多方面，其中，城市群内部各城市间职能专业化分工能够使得城市群总体的投资建设成本降低，节约协调成本，降低总体的公共成本，在生态保护等方面也会获得协同效应。同时，高度的专业化分工能够使得城市群内各主体共同融入城市群系统，成为整体中紧密的一环，进而推动城市群产业分工协作体系的建立和完善，使得城市群具备综合智能与产业协作优势，为产业耦合发展系统产生和发展创造出条件。同时，从不同角度对城市群产业耦合发展系统的产生和发展进行分析：从经济角度出发，城市群内各个城市由于资源存量、种类和产业要素禀赋不同，为了降低生产成本，提升区域经济的整体效益，城市群内部会根据产业基础等自发进行分工，建立起密切的经济联系，同时加上国家和地区自身的有意规划和战略政策导向作用，城市群内部就会逐渐形成以中心城市为枢纽点，次级城市和小城市为节点的有序的产业分工空间布局，衍生出产业分工协作的地域网络布局；从职能分工角度出发，为了保障城市群体系的高效运行，各个城市会在城市群发展和成长的过程中依据自身产业基础和优势产业要素，承担起不同的角色分工，从而保障城市群内部职能系统协调，推动区域经济健康、高效发展；从综合角度出发来分析，城市群的形成与发展过程实际上就是城市群内部规模、级别以及性质不同的城市为追求自身发展，发挥比较优势，进行更大范围内的产业分工，从而形成区域性特色产业网络布局的过程。城市间进行产业布局合理化分工，能够有效地解决单个城市产业资源、生产要素以及承载空间有限等问题，从而突破单个城市独立发展的瓶颈。城市群这些特征都推动着城市群产业耦合发展系统的形成与发展。然后，当区域产业分工体系和城市群内部各个城市职能体系日趋成熟，城区内部产业分工就会向着更加高效的方向发展。由此可见，由于城市群内部各城市的资源禀赋的差异性、要素空间分布的非均质特性，城市群内部各城市间存在着天然的比较优势，这是城市间分工的基础。在此基础上，分工会强化各城市的优势产业和特色产业发展，促进城市群内部形成有机协调的产业布局网络，进而促进城市群产业布局耦合协调发展系统的优化发展。

一定区域内企业和城市共同追求规模经济效应和范围经济所带来的额外效益的行为驱动，必然导致城市群与产业群耦合发展。市场的逐利本性，推动区域内资源和要素配置不断向收益高、成本低的区域移动、聚集以获取外部经济效果。在获得外部经济性的过程中，为了提高产业要素效率就会使得企业、资源要素、人口乃至其他与产业关联性不大的要素集中，进而产生城市群。城市群的产生又为产业空间集聚、产业链向外衍生、产业承载空间向外蔓延提供了发展场所，所以在这种逻辑下，产业群与城市群形成耦合发展的关系，也就推动了产业布局耦合协调发展系统的产生和发展。而集聚经济效应催生比较利益，使得城市群区域内经济体对企业、资源、人口等多种要素的内聚力不断增强。城市群及城市群内部各个城市都会发生或强或弱的聚集经济，在这些较低层次的单个城市产业聚集的基础上，城市群内部的多个城市也以城市群作为一个大的经济体而产生高层次的集聚经济体。在这一过程中，城市群区域内的产业和城市以集聚经济效应为目标，彼此之间产生越来越多的对接和融合行为，城市群内部单个城市的经济产生的外部化效应与城市群域内的整体经济内在化发展相互作用，推动资源、产业要素等发生更深层次更大范围的整合和集聚，进而实现城市群范围内，乃至超越城市群范围的产业资源、产业要素的配置优化和利用效率提高。由以上理论和分析不难看出：由于集聚经济效应和规模经济效应，在城市群和产业群发展的过程中，这二者交互作用能够使得城市群系统产业体系的总体功能布局能量大于各个组成部分所产生的能量之和，而且还能够节约成本，即城市群范围内对产业群进行合理布局，二者若能够形成协调匹配的耦合发展系统，必定能够使得城市群区域内所有部分获得正向的外部经济效应。此外，在城市群区域内，城市间产业通过市场交易行为和要素资源流动产生横向、纵向的联系和协作关系，可以使得产业群发展获得乘数效应。城市群本就是由规模、等级不同的城市组成的，且由于行政分割存在天然的独立性，把城市群作为产业发展有机整体，要求产业发展和职能分工在更大范围内进行规划，产业发展和城市职能的外向发展使得市场规模和产业链条半径向外拓展和辐射，不断与城市群经济体范围适配，城市群和产业群耦合发展，区域经济体不断发展壮大。由此我们可以确定规模经济性和范围经济性推动城市群产业布局耦合协调发展系统的产生、发展和壮大。规模经济有内部和外部之分，内部规模经济指的是仅经济体自身规模扩大导致收益的边际成本减少或者是投入成本的边际收益增大；外部规模经济则是指组成经济体的各部分之间由于彼此互联从而使得总体的成本节约或者是收益提升，以及由于其他和经济体适配的市场组成部分，如公共基础设施的共建共享而使得固定成本降低或者收益率提升。在城市群以及产业群还有二者共同发展的过程中的规模经济性是指一定区域内的产业资源要素和产业主体的聚集、区域内城市的自身聚集会导致产业集群的聚集效益与城市群空间聚集效益发生效益叠加，进而使得规模报酬的收益递增。在这种作用下，城市群和产业群都可以获得比分散发展、独立发展更大的效益或者是付出的代价更小。因为在满足同样的效果下，区域互联会使得配套的公共服务设施和基础设施实现区域内共享，这就使得区域内产业网络内的小个体的分摊成本下降，或者是同等成本下收益能够获得提高。城市聚集使得城市间的物质转移、信息交流成本下降，也会使得收益提升，甚至还会提升区域内的效率。城市群规模的大小和产业群规模的大小是一种正向关系，前者越大后者也就越大，当一个城市群内部产业群聚集性越高时，城市间产业方面的专业化分工也越细化，城市间的职能分工越明确，则城市群的产业结构专业化越强，城市群产业网络发展越紧密、协调。城市群的形式有别于普通的地理上的城市群密集分布，它不是简单的空间距离形成的聚集体，而是在区域内各类资源、产业要素特定集聚而形成的一种分布形式，因此城市群的功能也不单单是各个独立城市群功能的简单叠加，而是通过协调、磨合后形成的远大于单个城市功能简单加总的新的功能体系，即既具备各城市加总后的功能与特征，又在此基础上有质的提升和新的发展。城市群区域内城市基础设施和公共设施的共享，城市间职能角色的合理分工，城市群经济体内资源要素的优化配置，城市间互联导致的成本节约共同造就了城市群的规模经济性。国家发展改革委经济研究所提供的调查数据，为此提供了有力的分析证据：城市群的集群化发展能够相较于各自独立发展节约大约30%的土地资源，节省20%左右的行政管理费用以及提升40%的能源利用率。因为当城市群与产业群规模同步扩大时，人力资本、生产物质资料、产业信息、资金技术等生产要素以及与这些相关非生产要素的流动速度都会提升，这不仅能从生产行业享受到规模经济的利好，还能使得城市群内的所有公共产品、基础设施、公共服务都实现福利共享。这也会导致城市群内部各城市的经济实力得到进一步发展，然后使得产业发展的总体环境得到改善，使得产业群和城市群有同步发展、良性互促的条件。产业主体在追逐规模经济效益的过程中对城市规模扩张、城市群规模延伸以及城市群总体发展起到了正向作用；城市群的发展和壮大，各城市职能分工的专业化，又为产业载体的发展和集聚提供了更强大的吸引力和更具优越性的发展条件，使得产业布局不断优化调整，产业网络提效和壮大，进而产生新的规模经济效益，这样城市群产业布局就形成了耦合发展的良性互促系统。就范围经济而言，分为区域范围经济和产业范围经济。区域范围经济就是单个区域生产、提供两种及两种以上的产品或者服务的成本与多个区域分别提供同样的产品或服务的成本之和相比更低而产生的；产业范围经济是指一个区域内单个产业主体生产专业化与多个产业主体协作社会化而构成的区域性生产系统。城市内产业集群发展产生规模经济效应，城市群内部的产品种类、服务数量随之上升，产业链条环节增多、体量增大，产业链延长发展，使得城市内产业主体的长期平均成本降低，但是随着集聚的不断增强，规模经济效应由于受到城市承载空间的限制、资源要素供应有限以及配套设施与产业发展新要求不匹配，就会使得形成的规模经济逐步失去发展后劲。这时候如果想要继续享受规模经济带来的各种利好，维持产业经济规模带来的经济发展效益，就必须突破城市行政空间的限制，将产业链条向周边城市延伸，以获得更多的产业承载空间，疏解空间压力。在这一过程中，产业集群范围扩大，即产业主体的经营范围扩大，一个产业主体所能生产的产品和服务种类会增加，并且产业主体生产的单位成本会下降，这就使得城市发展享受范围经济带来的好处。并且在产业发展成熟的城市向外延伸产业链条的过程中，城市群内部的其他城市依靠产业链环节的生产需求，生产出自己扮演的角色，对自身的人力资本、资金技术、能源资源等进行自发匹配，就会使得这些城市很容易找到与自身优势相匹配的最佳环节，适合发挥自身比较优势的最佳产业链条区位。城市群的存在就是为这种产业链条区域延伸提供了便捷的优势，使得产业主体在实现产业空间范围扩大的过程中，能够享受到较低的费用成本和较高的经济效益。同时，在城市群内拥有范围经济后，区域内的产业系统就会逐步形成一个整体，这样区域内的多个产业主体就会自发依靠自身比较优势进行生产专业化分工和协作生产，城市的发展空间也不再局限于城市内部。为了追求更好发展，城市职能角色、功能定位会在城市群范围内重新分配，公共服务设施以及基础设施的建设也会突破行政区域的限制，为了进一步实现产业空间扩张而外向化、区域共享化发展，这就使得城市群与产业群开始耦合发展。资源要素，例如人口等在更大空间内进行配置能够对大城市、大企业的人口压力和空间压力进行疏解，实现对大产业主体的环节分拆，降低内部交易成本，解决"大企业病"问题；实现对大城市功能的分解，提高大城市核心带动角色效率，解决"大城市病"问题。就这样，在规模经济和范围经济的作用下，城市群和产业群耦合发展，匹配程度越来越高，产业资源、要素、空间要素实现区域内重新配置，在这一过程中，城市群产业耦合协调发展系统逐渐形成、发展和成熟。

在一个国家或者地区实现现代化的过程中，工业化和城市化是必须要达成的结果，这也是现代化进程的必然要求和衡量标准。城市化和工业化二者又是相辅相成的两个方面。只有率先实现工业化发展，才能推动城市化进程，一定程度的工业化是实现城市化的必要条件。经济主体受经济规律驱动，不断追求更高收益，主动走向生产集中，工业发展就是其不断追求专业化和规模化的过程，这样的工业发展过程催生了城市。城市规模随着工业规模的扩大、工业生产分工的细化、协作关系的紧密不断扩大，小城市也逐步成长为中等规模城市再到大城市。在工业化的发展进程中，交通和通信设施不断发展，为多个城市的联系创造了条件，多个城市密切联系形成城市群，又加快了城市化的速度。在工业化的发展过程中，工业会自发地在具备工业发展优势条件的地方聚集，如人才集中地、原料供应地、产品消费地、交通枢纽处等，以利用地区产品要素的禀赋优势，获得最优的集聚效益，而这些优势条件只有城市能够满足。当城市获得发展时，其优势又会进一步发展，对工业化进程的支持力和推动力加强，工业进一步集聚，二者不断相互促进、共同发展。城市化使得产业要素和资源在大的空间内配置和流动，产业要素资源的优化配置使得城市的组织结构和产业结构随之调整，进而推动更大空间的城市群的形成。由此可见，由于城市群承载着工业化和城市化的发展，也是二者进一步发展的单元，所以工业化和城市化推动着城市群与产业群的协调发展和耦合发展。产业群的发展使得企业资源、资金资源、人口资源、技术资源等要素在地域空间上聚集，而这构成了城市群形成和发展的条件，推动城市群城市化进程。从另一角度来看，城市群有利于产业群的集聚，同时为产业进一步发展提供有力的基础设施、公共服务、信息网络等支撑。通过上述分析可以得到相应的结论：工业化发展的目标需要产业在发展过程中不断提高专业化程度和规模化程度，这种工业化发展的必然路径，推动着产业集群化发展；在产业集群化发展的过程中，要满足专业化和规模化的发展需求，就需要配套设施等的建设和完善，这就促进了城市规模的扩大，当城市具备一定的规模基础后，就会对周边产生外向扩散，与周边中小城市联合形成城市群。城市群的发展壮大又会进一步吸引各种产业资源的集聚，如此循环往复，连锁效应就推动了区域整体的现代化进程。从国家现代化角度来看，中国要想高质量实现现代化进程，就必须构建以大产业群为依托、以特大城市为龙头、大中小城市一体化整合的城市群，以此来应对全球化和国际化发展对我国区域经济发展提出的新要求。

经济在空间范围内延伸扩散是经济全球化的特征表现之一，随着全球化分工体系的形成以及国家地区间分工的深化，不仅各个国家之间的经济联系日趋紧密，国家和地区内部各经济体的竞争也日渐加剧和多样化。面临这种情况，各国必须加强自身对于各种资源、产业要素、人才资本、资金技术等的吸引力，提高自身在全球产业价值链上的区位，才能够获得竞争优势，在经济全球化和区域一体化进程中占据主动位置。对世界经济的发展过程进行复盘后，不难推测出在新的国际竞争中，战略实施的个体不再是单个城市或者企业，而是以大型产业群为基础形成的城市群，具有高度协调化、高度专业化的分工协作的城市群经济体，城市群经济体具备活力和强大竞争力、城市群产业能量足够大已经成为国家参与国际竞争的重要力量。当城市群产业经济体具备足够大的体量和能量，能对国家作出重大的经济增长贡献时，就表明它已经逐步成长为国家经济增长极，能够带动更大区域的发展和成长。由此可以得出一个结论：在经济全球化进程中，以大城市为中心，拥有强大产业集聚体量、人口规模以及高质量城市化的城市群是一个国家国际竞争力强弱的重要衡量标准。因此，发展城市群产业群，提升城市群总体发展水平，增强整体竞争能力已经成为经济全球化和区域一体化进程中各个国家的竞争战略要点。

本书从一般系统论的基本思想方法出发，将城市群发展和产业空间布局视为一个动态发展的有机整体，从产业结构、产城融合两个维度出发，把城市群作为研究主体去研究区域系统内城市群产业布局的时空演化共同特征、发展规律，以期能够通过对规律的探索、研究和利用更好地控制、管理、改造或创造区域产业体系统，促进和推动城市群产业经济健康发展，推动区域一体化更好发展。同时，本书以协同学理论为基本思想，对城市群产业布局耦合协调发展系统全局层面的共同特征产业空间上的协同机理、联合作用机制进行分析，对产业在区域经济发展中耦合结构、发展规律等进行联系，重点研究各城市群内部产业通过自组织而形成的产业耦合协调发展关系的共同特征以及普遍规律。

### 6.2.1.2　研究方法

指标体系构建：产业布局是一个综合性的衡量指标。在构建指标体系，选取分指标时必须以全面、综合、突出重点为指导原则，同时考虑数据的可得性与真实性，在此基础上尽可能选取有代表性的分指标对产业布局这一综合指标进行衡量，以最大限度保障评价效果的科学性和可靠性。本书根据已有文献的回顾总结，结合实际考察，将产业布局分为产业发展与产城融合两个维度展开现状与问题分析，并从理论分析的角度，认为产业布局协调包含：城市群中心城市和城市群产业的优化升级，实现生产效率提升及创新发展；城市群中心城市和城市群产业结构协调，实现长期稳定健康的产业发展势态；城市群中心城市和城市群产业空间分布均衡化，实现城市群内产业分布规划网络联系；城市群中心城市和城市群城市职能规划完善，实现中心城市和城市群的合理产业分工合作机制。据此构建出两大维度，四个系统，在此基础上选取分类指标与单指标进行分析，分类指标为：产业优化、产业结构、产业空间分布、城市职能规划。又考虑到单项统计指标的衡量不具备代表性或者代表性不够强，因此在设置单指标的时候参考各类已有研究和文献，选取了 13 个计算指标来对分类指标进行衡量，以确保评价指标体系的结果具备有效性和代表性，13 个单指标见下表 6－14。

表 6 – 14　　　　　　　　　　　　产业布局发展水平评价指标体系

| A 系统层 | B 板块层 | C 要素层 | D 指标层 | E 计算公式 | 指标方向 |
|---|---|---|---|---|---|
| A 产业布局 | B₁ 产业发展 | C₁ 产业优化 | D₁ 区域创新能力（inno） | （科学和教育支出）/（财政支出） | 正向 |
| | | | D₂ 城市化水平（urban） | （地区城镇人口）/（总人口的比重） | 正向 |
| | | | D₃ 开放水平（open） | 当年实际使用外资金额 | 正向 |
| | | | D₄ 基础设施水平（inf） | 人均城市道路面积 | 正向 |
| | | C₂ 产业结构 | D₅ 产业结构合理化 | 三产总额/二产总额 | 正向 |
| | | | D₆ 产业结构高度化 | 第三产业总额/GDP | 正向 |
| | | | D₇ 产业结构生态化 | 工业污水排放量 | 负向 |
| | B₂ 产城融合 | C₃ 产业空间分布 | D₈ 经济密度 | 地区 GDP/地区行政区域面积 | 正向 |
| | | | D₉ 工业企业个数 | 个 | 正向 |
| | | | D₁₀ 第三产业就业人口比重 | % | 正向 |
| | | C₄ 城市职能规划 | D₁₁ 职能规模 | 专业化部门/职能强度 | 正向 |
| | | | D₁₂ 城市职能专业化 | B/N | 正向 |
| | | | D₁₃ 职能强度 | F =（ei − M）/S. D | 正向 |

（1）城市群产业布局的发展水平计算。

设有 m 个城市，n 个评价指标形成原始数据矩阵：

$$X = \begin{bmatrix} x_{11} & x_{12} & \cdots & x_{1n} \\ x_{21} & x_{22} & \cdots & x_{2n} \\ \vdots & \vdots & \ddots & \vdots \\ x_{m1} & x_{m2} & \cdots & x_{mn} \end{bmatrix} \qquad (6-1)$$

运用极差标准化法处理指标数据：

$$y_{ij} = \begin{cases} \dfrac{x_{ij} - \min(x_{ij})}{\max(x_{ij}) - \min(x_{ij})} (x_{ij} 为正指标) \\ \dfrac{\max(x_{ij}) - x_{ij}}{\max(x_{ij}) - \min(x_{ij})} (x_{ij} 为负指标) \end{cases} \quad i=1, 2, \cdots, m; \ j=1, 2, \cdots, n; \ k=1, 2, \cdots, k$$

$$(6-2)$$

其中，$x_{ij}$ 表示第 i 个城市第 j 个指标的值；$y_{ij}$ 表示第 i 个城市第 j 个指标标准化后的值。

计算第 j 个指标下第 i 个城市占该指标的比重：

$$p_{ij} = \frac{y_{ij}}{\sum_{i=1}^{m} y_{ij}}, \ i=1, 2, \cdots, m; \ j=1, 2, \cdots, n \qquad (6-3)$$

计算第 j 个指标的熵值：

$$e_{ij} = - k \sum_{i=1}^{m} p_{ij} \ln(p_{ij}) \qquad (6-4)$$

其中，$k > 0$，ln 为自然对数，$e_j > 0$。式中常数 k 与样本数 m 有关，一般 $k = 1/\ln(m)$，则 $0 \leqslant e \leqslant 1$。

计算第 j 个指标的信息效用值：

$$d_j = 1 - e_j \qquad (6-5)$$

计算各项指标的权重：

$$w_j = \frac{d_j}{\sum_{i=1}^{n} d_j} \qquad (6-6)$$

计算各样本的综合得分：

$$s_i = \sum_{j=1}^{n} w_j p_{ij}, \quad i = 1, 2, \cdots, m \qquad (6-7)$$

（2）城市群产业布局耦合协调发展测度模型。本书参考多篇文献以及前辈研究成果最终选定耦合协调度模型对城市群产业系统的协调发展状况进行评价。一方面，耦合协调度模型就是用来对系统间的协调状况进行评价的，城市群产业系统就是城市群内部各个城市产业系统有机互联构的综合系统，因此通过这一模型对城市群产业系统的协调发展水平进行衡量和评价。另一方面，这一模型还具备系统间发展状况综合评价的优势，因为它既能够对系统间的协调程度做出评价，还能够更进一步对系统间的相互作用强度进行考察。其具体的计算方法原理如下：将协调度的距离指标进行量化和计算，以距离大小为数据指标对系统间的协调状况进行判断，然后再以相对离差系数为指标对系统间协调程度进行衡量，相对离差系数值与系统协调性之间是负向关系。耦合协调度的原始计算模型如下：设度量多个系统发展水平的函数分别为 $U_1$、$U_2$、$\cdots$、$U_n$，则这 n 个系统的耦合度函数为：

$$C_n = \sqrt[n]{\frac{U_1 \times U_2 \times \cdots \times U_n}{\left(\dfrac{U_1 + U_2 + \cdots + U_n}{n}\right)^n}}$$

$$\frac{U_1 + U_2 + \cdots + U_n}{n} \geqslant \sqrt[n]{U_1 \times U_2 \times \cdots \times U_n} \qquad (6-8)$$

该式中等号成立的条件是：当且仅当 $U_1 = U_2 = \cdots = U_n$。由上式可以得出系统耦合度的取值范围为 $[0, 1]$，当且仅当 $U_1 = U_2 = \cdots = U_n$ 时，式（6-8）取得最大值1。耦合度对判别多个系统间耦合作用的强度等具有重要意义，但在有些情况下难以反映系统间整体功能的大小，尤其是在进行时空比较时，难以反映系统间的协同效应。比如，系统间耦合度较高也可能在系统间各自发展水平都较低时获得，而此时的高耦合度与系统各自发展水平都较高时具有完全不一样的内涵。因此，在充分借鉴现有研究成果基础上，需要构建一个客观反映系统间协调发展水平的耦合协调度模型，以评价不同城市不同年份系统间交互耦合的协调程度。耦合协调度可以更好地体现系统之间的协调状况。

耦合协调度公式见式（6-9）：

$$D_n = \sqrt{C_n \times T_n} \qquad (6-9)$$

式（6-9）中，$C_n$ 为 n 个系统间的耦合度，$T_n$ 为 n 个系统的综合评价得分，$T_n = \alpha_1 U_1 + \alpha_2 U_2 + \cdots + \alpha_n U_n$，$\alpha_1$、$\alpha_2$、$\cdots$、$\alpha_n$ 为待定系数，为各系统在综合评价得分中所占的权重，其中，$\alpha_n \in [0, 1]$，$\alpha_1 + \alpha_2 + \cdots + \alpha_n = 1$，$D_n \in [0, 1]$。

在本书中实际运用该模型则具体形式如下：

对于第 j 个指标第 t 年来说，某城市群内所有城市（n 个城市）之间产业布局耦合度模型如下：

$$C_{jt}^n = \sqrt[n]{\frac{y_{jt}^1 \times y_{jt}^2 \times \cdots \times y_{jt}^n}{\left(\dfrac{y_{jt}^1 + y_{jt}^2 + \cdots + y_{jt}^n}{n}\right)^n}} \qquad (6-10)$$

其中，$C_{jt}^n$ 为某城市群内所有城市（n 个城市）之间的耦合度，$y_{jt}^1$、$y_{jt}^2$、$y_{jt}^n$ 分别为该城市群内第一个城市、第二个城市等 n 个城市第 j 个指标第 t 年标准化后的数值。

根据多系统之间的耦合协调度公式，对于第 j 个指标第 t 年来说，构建 n 个城市的产业布局耦合协调度模型为：

$$D_{jt}^n = \sqrt{C_{jt}^n \times T_{jt}^n} \qquad (6-11)$$

其中，$D^n_{jt}$ 为城市群内所有城市（n 个城市）的产业布局耦合协调度，$C^n_{jt}$ 为 n 个城市之间的耦合度；$T^n_{jt} = \beta_1 y^1_{jt} + \beta_2 y^2_{jt} + \cdots + \beta_n y^n_{jt}$，$\beta_1$、$\beta_2$、$\cdots$、$\beta_n$ 为 n 个城市在综合指数测算中的权重占比。借鉴相关文献，我们在接下来的研究中采用离差方法及份额方法测度区域一体化水平，研究中为了避免不同地区权重不同而产生误差，n 个城市采取等权重加权方法，$\beta_1 = \beta_2 = \cdots = \beta_n = 1/n$。

以上计算得出每个指标的耦合协调度，假设某城市群内所有城市产业布局协调发展水平测度共选取了 m 个指标，则这 m 个指标在第 t 年的综合耦合协调度模型如下：

$$D^n_t = \gamma_1 D^n_{1t} + \gamma_2 D^n_{2t} + \cdots + \gamma_m D^n_{mt} \tag{6-12}$$

其中，$D^n_t$ 为某城市群内所有城市（n 个城市）产业布局 m 个指标第 t 年的产业布局耦合协调度模型加权求和得到的产业布局综合耦合协调度指数，$D^n_{1t}$ 为该城市群内所有城市第 1 个产业布局衡量指标的耦合协调度，$D^n_{2t}$ 为城市群内所有城市第 2 个产业布局衡量指标的耦合协调度，$D^n_{mt}$ 为该城市群内所有城市第 m 个产业布局衡量指标的耦合协调度。$\gamma_1$、$\gamma_2$、$\cdots$、$\gamma_m$ 为每个指标在测算综合耦合协调度指数时所占的权重，采用熵值法对所选定的产业布局协调水平的衡量指标进行赋权，$\gamma \in [0, 1]$，$\gamma_1 + \gamma_2 + \cdots + \gamma_n = 1$。

（3）城市群产业整合门槛值计算。城市群产业整合门槛值是指城市之间产业开始走向整体系统化和协调化的临界值。在城市之间，随着城市产业的发展，本身占据核心位置的城市，由于产业空间受限等因素发展会逐渐迟缓，为了克服这一困境，城市群内部会以中心城市或者特大、大城市为核心逐步实现产业的向外转移；同时，城市群内部其余城市为了谋求更好发展，也会主动融入区域产业价值链，发挥自身优势去承接核心城市的转移产业，由此会产生各城市之间联合发展，逐步形成系统协调的产业总体布局的需求和趋势。所以在客观上存在着一个产业整合门槛值来判断城市群内部城市是否融入了以核心城市为中心的产业协调系统。

借鉴方创琳（2020）门槛值的设置方法，结合本书研究对象的特点和产业布局调整的规律，通过耦合协调度模型计算出城市群内各城市之间的产业布局协调度，并以所有城市在所有研究年份内的产业布局协调度均值作为衡量核心城市是否应联合新的城市整合其产业布局的资源整合门槛值，计算公式如下：

$$\lambda_{ij} = \frac{\sum_{i=1}^{m} \sum_{j=1}^{n} F_{ij}}{i \times j} \tag{6-13}$$

其中，$\lambda_{ij}$ 表示城市群内各城市之间的产业布局协调度的资源整合门槛值；$F_{ij}$ 表示产业布局协调度；i 表示评价年份数量，j 表示评价城市数量。

### 6.2.1.3　数据来源与预处理

本书的研究数据来源包含以下 3 个部分：①社会经济数据。本书用于研究产业布局协调水平评价的空间面板数据介于 2010 ~ 2018 年，由于城市群样本中包含部分地级市代管的县级市或省直管的县级市，数据样本可能会出现重叠，因此予以剔除，加之部分城市数据缺失严重同样需要剔除，因此选取城市群样本区间包含全国 201 个地级市的数据。其中，各地区财政支出（万元），科学和教育支出（万元），地区城镇人口（万人），总人口（万人），当年实际使用外资金额（万元），地区道路面积（平方千米），第二、第三产业生产总额（万元），地区生产总值（万元），总就业人数（万人）等变量指标数据主要来源于 2011 ~ 2019 年《中国城市统计年鉴》和各地区 2010 ~ 2018 年的国民经济和社会发展统计公报，部分产业数据来自 2011 ~ 2019 年各省统计年鉴，些许漏缺来源于中国统计局官网以及各省市统计局官网，极个别数据缺失通过平滑处理进行补充。②公式计算数据。在城市职能规划系统中根据纳尔逊分类方法计算得到职能部门和职能强度，分别计算出所研究城市群内各城市每个行业就业职工比重的算术平均数（M）和标准差（S. D）如式（6-14）所示。以高于平均值以上几个标准差的数量来表示 i 城市该行业职能强度 F，如式（6-15）所示，以高于平均值加 1 个标准差（M + S. D）为标准来衡量是否主导职能以及主导职能的强度。

$$\overline{x} = \frac{\sum\limits_{i=1}^{n} x_i}{n}, \quad S.D = \sqrt{\frac{1}{n-1}\sum\limits_{i=1}^{n}(x_i - \overline{x})^2} \tag{6-14}$$

$$F = (e_i - M)/S.D \tag{6-15}$$

同时计算出 B/N 比,代表城市智能专业化程度——B/N 比指所有城市某行业基本部分(对外服务的量)与非基本部分(满足本市居民的量)的比值。其值越大,区域的基本经济部分比重越大,也就表示该行业专业化水平程度越高。③基础地理信息数据。本书借助 ArcGis 10.8 软件对产业布局协调水平的空间格局进行分析,其中,矢量行政边界图来源于 2017 年国家基础地理信息中心提供的 1:100 万中国基础地理信息数据,矢量城市群边界图借助 ArcGis 10.8 软件在行政边界图的基础上对相应城市群范围进行合并。

### 6.2.2  测算结果与数值模拟

#### 6.2.2.1  城市群城市产业布局协调发展水平的测算结果

本书使用熵权法计算出了各项指标的权重,使用上文式(6-10)、式(6-11)逐年分别计算出中国城市群 201 个城市的耦合度 C 值、协调指数 T 值和耦合协调度 D 值,再使用式(6-12)计算城市群综合耦合协调度,最终得出 2010~2018 年城市群的产业布局协调发展水平值。最后对城市群产业布局协调发展水平值使用自然断点法进行分级。

首先,对东北部城市群整体产业布局协调发展水平进行分析,将东北部城市群的历年产业布局协调发展水平得分进行算术平均得到城市群的整体产业布局协调发展水平得分并进行描述性统计(见表 6-15)。东北部地区有哈长、辽中南两个城市群。根据表 6-15 和表 6-16 所呈现结果,可知中国东北部城市群间的产业布局协调发展水平差距不大,但城市群内其他城市与各城市群中心城市有一定的发展差距,哈长、辽中南城市群的产业布局协调发展水平在全国范围内基本上处于较高水平。

表 6-15    东北部城市群产业布局协调发展水平描述统计

| 城市群 | 2012 年 | 2014 年 | 2016 年 | 2018 年 | 综合得分 | 分级 |
|---|---|---|---|---|---|---|
| 哈长 | 0.271 | 0.289 | 0.272 | 0.303 | 0.303 | 较高 |
| 辽中南 | 0.301 | 0.318 | 0.262 | 0.304 | 0.304 | 较高 |

表 6-16    东北部城市群内部城市产业布局协调发展水平分级演化

| 城市群 | 城市 | 2012 年 | 2014 年 | 2016 年 | 2018 年 |
|---|---|---|---|---|---|
| 哈长 | 哈尔滨 | 0.202 | 0.178 | 0.243 | 0.229 |
| | 齐齐哈尔 | 0.152 | 0.159 | 0.158 | 0.203 |
| | 大庆 | 0.145 | 0.171 | 0.164 | 0.206 |
| | 牡丹江 | 0.167 | 0.162 | 0.163 | 0.217 |
| | 绥化 | 0.150 | 0.164 | 0.164 | 0.206 |
| | 长春 | 0.193 | 0.207 | 0.213 | 0.265 |
| | 吉林 | 0.144 | 0.161 | 0.167 | 0.207 |
| | 四平 | 0.171 | 0.183 | 0.179 | 0.224 |

续表

| 城市群 | 城市 | 2012 年 | 2014 年 | 2016 年 | 2018 年 |
|---|---|---|---|---|---|
| 哈长 | 辽源 | 0.156 | 0.169 | 0.163 | 0.216 |
| | 松原 | 0.155 | 0.155 | 0.152 | 0.197 |
| 辽中南 | 沈阳 | 0.257 | 0.238 | 0.208 | 0.247 |
| | 大连 | 0.240 | 0.256 | 0.189 | 0.244 |
| | 鞍山 | 0.168 | 0.181 | 0.163 | 0.223 |
| | 抚顺 | 0.170 | 0.183 | 0.171 | 0.218 |
| | 本溪 | 0.165 | 0.177 | 0.164 | 0.211 |
| | 丹东 | 0.163 | 0.174 | 0.164 | 0.230 |
| | 锦州 | 0.164 | 0.174 | 0.157 | 0.214 |
| | 营口 | 0.170 | 0.187 | 0.177 | 0.223 |
| | 辽阳 | 0.158 | 0.167 | 0.162 | 0.210 |
| | 盘锦 | 0.196 | 0.189 | 0.170 | 0.219 |
| | 铁岭 | 0.156 | 0.165 | 0.165 | 0.199 |
| | 葫芦岛 | 0.146 | 0.153 | 0.159 | 0.202 |

　　对于东北部城市群内部城市，选取 2012～2018 年偶数年份进行分析，如表 6-16 所示。哈长城市群内有哈尔滨市、齐齐哈尔市、大庆市、牡丹江市、绥化市、长春市、吉林市等 10 个城市和地区，哈尔滨市是我国东北部地区的中心城市和全国重要的制造业基地，其产业布局协调发展水平在东北部地区处于领先位置，并对周围的长春市、吉林市产生辐射带动作用，在 2018 年，3 座城市的产业布局逐渐形成协调发展的态势，其产业布局协调程度达到高峰；大庆市的产业布局协调发展水平从 2012～2018 年一直较为稳定地维持在所属城市群乃至整个东北部地区的较高水平；此外，绥化市、四平市、辽源市的产业布局协调发展水平从 2012～2018 年一直维持在低水平，未与周边发展较好城市或中心城市进行产业协调一体化的发展。辽中南城市群内有沈阳市、大连市、鞍山市、抚顺市、本溪市、丹东市、锦州市等 12 个城市，其中，沈阳市作为辽宁省省会，其产业布局在省内乃至全国都是高水平，在 2012～2014 年沈阳市未发挥自身辐射作用，未与周边城市进行充分的产业协调布局建设，直至 2016 年才逐步带动周边城市的产业结构升级与空间布局优化；大连市、鞍山市、抚顺市、本溪市的产业布局协调水平在 2018 年逐步优化；其余如铁岭市、葫芦岛市、丹东市、辽阳市等城市的产业布局协调水平在 2012～2014 年一直处于低水平状态，直至 2016 年和 2018 年才有一定程度的提升，并逐渐开始融入周边发展较好城市的产业布局协调发展过程。

　　其次，对东部城市群整体产业布局协调发展水平进行分析，并将东部城市群的历年产业布局协调发展水平得分进行算术平均得到城市群的整体产业布局协调发展水平得分并进行描述性统计（见表 6-17）。东部地区有珠三角、长三角、京津冀、山东半岛、粤闽浙沿海 5 个城市群。根据表 6-17 所呈现结果，可知中国东部城市群间的产业布局协调发展水平差距较小，但是城市群内其他城市与各城市群中心城市有一定的发展差距。珠三角、长三角和京津冀作为国家级城市群，其产业布局协调发展水平不仅在东部地区遥遥领先，在全国城市群中也始终居于领头羊的位置。山东半岛和粤闽浙沿海城市群在东部地区产业布局协调发展水平属于较弱水准，但在全国范围内来看处于中等水平。

表 6－17　　　　　　　　　　东部城市群产业布局协调发展水平描述统计

| 城市群 | 2012 年 | 2014 年 | 2016 年 | 2018 年 | 综合得分 | 分级 |
|---|---|---|---|---|---|---|
| 珠三角 | 0.356 | 0.381 | 0.382 | 0.422 | 0.382 | 高 |
| 京津冀 | 0.302 | 0.332 | 0.316 | 0.359 | 0.359 | 较高 |
| 长三角 | 0.313 | 0.346 | 0.331 | 0.380 | 0.380 | 较高 |
| 山东半岛 | 0.287 | 0.315 | 0.296 | 0.345 | 0.345 | 中等 |
| 粤闽浙沿海 | 0.279 | 0.304 | 0.291 | 0.295 | 0.295 | 中等 |

　　对于东部城市群内部城市，选取 2012～2018 年偶数年份进行分析，如表 6－18 所示。京津冀城市群内有北京市、天津市、石家庄市、唐山市、秦皇岛市、张家口市、保定市、承德市、沧州市等 13 个城市，城市群内的北京市作为国家首都以及全国性的中心城市，其产业布局协调发展水平远高于周边其他城市乃至全国绝大多数城市；周边的天津市作为直辖市，其产业布局协调也处于较高水平，在东部城市群内仅次于北京市；而京津冀城市群内的石家庄市作为河北省的省会城市，其产业布局协调发展水平在河北省内领先，但低于北京市和天津市这两大国家中心城市；其余城市如秦皇岛市、承德市、沧州市、德州市等城市的基础设施的发展都处于较低水平，廊坊市和沧州市的产业布局协调发展水平从 2016 年开始逐步提高；同时，保定市、石家庄市、廊坊市的产业布局协调发展水平也逐步向北京市和天津市靠拢，其在 2018 年已达到中等水平。山东半岛城市群内有济南市、青岛市、淄博市、东营市、烟台市、潍坊市、威海市、日照市等 16 个城市，其中，济南市和青岛市的产业布局协调发展水平在 2012～2016 年始终在山东半岛城市群内保持领先，其周边的潍坊市、淄博市、临沂市、烟台市从 2018 年开始与济南市和青岛市的产业布局协调发展水平逐步齐平；其余如枣庄、日照等城市在 2012～2018 年的产业布局协调发展水平未见较大变化，始终处于低位；威海市在 2016～2018 年产业布局协调发展水平有明显变化，从低发展水平逐步接近中等发展水平；泰安、济宁、菏泽等城市在 2016 年产业发展协调度就开始有所提升，逐步与济南市、青岛市等山东半岛内发展较好城市的产业进行一体化统筹布局，因此其产业布局协调发展水平在此后几年间有了明显提升。长三角内有上海、南京、苏州、合肥、杭州、无锡、宁波、安庆、温州等 26 个城市，其中，作为国家中心城市、超大城市的上海市，其产业布局协调发展水平多年来在东部地区乃至全国范围内都遥遥领先于其他城市，给周边地区及整个长三角区域带来更多商机并产生辐射作用；苏州、无锡、常州形成苏锡常都市圈，与上海市形成功能互动和对接的局势，其产业发展虽没有上海市水平那么高，但从全国范围内来看，仍处于发展前列；南京市作为江苏省省会、中国东部地区重要的中心城市，其产业布局协调水平较高，正逐步追赶国际大都市上海市的产业布局协调发展水平，经过 2012～2018 年的发展，目前已接近上海市的产业布局协调发展水平；浙江省省会杭州市在 2012～2014 年仍处于产业布局协调发展水平中等阶段，从 2016 年开始产业布局协调发展水平得到逐步提高，目前已提升至较高水准并对周边地区如绍兴、宁波、金华等城市产生辐射带动作用；滁州、池州、宣城、湖州等城市的产业布局协调发展始终处于较低水平，未充分地与周边产业布局协调发展水平较高的合肥、杭州、苏州等城市进行全局统筹布局。粤闽浙沿海城市群内有广州、深圳、中山、东莞、温州、福州、泉州等 11 个城市，其中，广州、深圳的产业布局协调成熟度较高，从 2012 年至今都处于西部地区乃至全国范围内的高水平；佛山、东莞、珠海、中山等位于广州市和深圳市周边地区的城市，其产业布局协调发展在 2012～2014 年还不够完善，但在 2016 年后受广州市、深圳市两大中心城市辐射影响，其产业布局协调发展水平有所提升；福州、厦门、泉州等城市形成厦门都市圈和福州都市圈，但其产业布局协调程度不够，还需要进一步对产业发展进行统筹规划；其余地区如肇庆、宁德、漳州等城市与城市群内中心城市或发达城市存在一定的地理距离限制，其产业链条的延伸受到一定的限制，与其他城市产业布局一体化水平较低，因

表 6－18　　　　　　　东部城市群内部城市产业布局协调发展水平分级演化

| 城市群 | 城市 | 2012 年 | 2014 年 | 2016 年 | 2018 年 | 城市群 | 城市 | 2012 年 | 2014 年 | 2016 年 | 2018 年 |
|---|---|---|---|---|---|---|---|---|---|---|---|
| 粤闽浙沿海 | 福州 | 0.171 | 0.199 | 0.185 | 0.229 | 长三角 | 上海 | 0.433 | 0.491 | 0.497 | 0.503 |
| | 厦门 | 0.178 | 0.194 | 0.195 | 0.253 | | 南京 | 0.224 | 0.250 | 0.252 | 0.299 |
| | 莆田 | 0.209 | 0.217 | 0.229 | 0.263 | | 无锡 | 0.209 | 0.220 | 0.212 | 0.266 |
| | 泉州 | 0.165 | 0.176 | 0.178 | 0.229 | | 常州 | 0.216 | 0.224 | 0.226 | 0.276 |
| | 漳州 | 0.146 | 0.185 | 0.171 | 0.231 | | 苏州 | 0.192 | 0.247 | 0.213 | 0.248 |
| | 宁德 | 0.122 | 0.146 | 0.153 | 0.062 | | 南通 | 0.160 | 0.217 | 0.192 | 0.235 |
| | 温州 | 0.138 | 0.154 | 0.145 | 0.201 | | 盐城 | 0.142 | 0.158 | 0.157 | 0.210 |
| | 汕头 | 0.201 | 0.198 | 0.197 | 0.247 | | 扬州 | 0.184 | 0.198 | 0.189 | 0.242 |
| | 潮州 | 0.135 | 0.138 | 0.142 | 0.199 | | 镇江 | 0.165 | 0.178 | 0.175 | 0.228 |
| | 揭阳 | 0.149 | 0.163 | 0.165 | 0.223 | | 泰州 | 0.149 | 0.181 | 0.182 | 0.234 |
| | 汕尾 | 0.159 | 0.158 | 0.157 | 0.216 | | 杭州 | 0.239 | 0.275 | 0.285 | 0.318 |
| 京津冀 | 北京 | 0.355 | 0.398 | 0.434 | 0.540 | | 宁波 | 0.209 | 0.243 | 0.229 | 0.262 |
| | 天津 | 0.359 | 0.403 | 0.559 | 0.303 | | 嘉兴 | 0.137 | 0.170 | 0.150 | 0.203 |
| | 石家庄 | 0.183 | 0.182 | 0.189 | 0.245 | | 湖州 | 0.159 | 0.175 | 0.165 | 0.220 |
| | 唐山 | 0.165 | 0.174 | 0.173 | 0.222 | | 绍兴 | 0.142 | 0.186 | 0.178 | 0.219 |
| | 秦皇岛 | 0.173 | 0.186 | 0.182 | 0.231 | | 金华 | 0.149 | 0.172 | 0.159 | 0.208 |
| | 保定 | 0.170 | 0.188 | 0.177 | 0.224 | | 舟山 | 0.182 | 0.196 | 0.195 | 0.234 |
| | 张家口 | 0.154 | 0.158 | 0.157 | 0.228 | | 台州 | 0.162 | 0.185 | 0.172 | 0.223 |
| | 承德 | 0.157 | 0.173 | 0.160 | 0.213 | | 合肥 | 0.198 | 0.221 | 0.222 | 0.294 |
| | 沧州 | 0.157 | 0.171 | 0.164 | 0.214 | | 芜湖 | 0.166 | 0.186 | 0.187 | 0.243 |
| | 廊坊 | 0.153 | 0.165 | 0.165 | 0.210 | | 马鞍山 | 0.159 | 0.178 | 0.176 | 0.231 |
| | 邢台 | 0.170 | 0.200 | 0.197 | 0.250 | | 铜陵 | 0.163 | 0.168 | 0.157 | 0.211 |
| | 邯郸 | 0.156 | 0.179 | 0.179 | 0.246 | | 安庆 | 0.149 | 0.167 | 0.149 | 0.209 |
| | 衡水 | 0.152 | 0.161 | 0.160 | 0.211 | | 滁州 | 0.152 | 0.163 | 0.161 | 0.215 |
| 山东半岛 | 济南 | 0.197 | 0.211 | 0.213 | 0.285 | | 池州 | 0.167 | 0.167 | 0.169 | 0.212 |
| | 青岛 | 0.203 | 0.238 | 0.234 | 0.286 | | 宣城 | 0.165 | 0.162 | 0.165 | 0.216 |
| | 淄博 | 0.186 | 0.187 | 0.190 | 0.232 | 珠三角 | 广州 | 0.246 | 0.295 | 0.298 | 0.354 |
| | 东营 | 0.172 | 0.175 | 0.178 | 0.218 | | 深圳 | 0.354 | 0.378 | 0.411 | 0.502 |
| | 烟台 | 0.156 | 0.176 | 0.175 | 0.217 | | 珠海 | 0.206 | 0.223 | 0.231 | 0.279 |
| | 潍坊 | 0.154 | 0.174 | 0.171 | 0.232 | | 佛山 | 0.255 | 0.248 | 0.248 | 0.285 |
| | 威海 | 0.123 | 0.156 | 0.140 | 0.222 | | 江门 | 0.146 | 0.145 | 0.167 | 0.230 |
| | 日照 | 0.153 | 0.180 | 0.167 | 0.234 | | 肇庆 | 0.138 | 0.149 | 0.150 | 0.206 |
| | 枣庄 | 0.159 | 0.169 | 0.162 | 0.218 | | 惠州 | 0.163 | 0.178 | 0.176 | 0.281 |
| | 济宁 | 0.151 | 0.178 | 0.180 | 0.232 | | 东莞 | 0.263 | 0.301 | 0.316 | 0.161 |
| | 泰安 | 0.154 | 0.162 | 0.164 | 0.206 | | 中山 | 0.216 | 0.212 | 0.223 | 0.166 |
| | 滨州 | 0.161 | 0.172 | 0.164 | 0.219 | | | | | | |
| | 德州 | 0.147 | 0.176 | 0.156 | 0.202 | | | | | | |
| | 聊城 | 0.148 | 0.161 | 0.157 | 0.206 | | | | | | |
| | 临沂 | 0.128 | 0.140 | 0.130 | 0.165 | | | | | | |
| | 菏泽 | 0.151 | 0.179 | 0.166 | 0.213 | | | | | | |

此肇庆、宁德、漳州等城市的产业布局协调发展水平一直处于低水平状态。纵观整个东部城市群的产业布局协调发展水平，其产业发展的协调水平呈现"U"形变化趋势，但是总体可见在 2010 ~ 2018 年东部地区产业布局协调发展水平总体上升，且城市间的水平差异缩小。

再次，对中部城市群整体产业布局协调发展水平进行分析，并将中部城市群的历年产业布局协调发展水平得分进行算术平均得到城市群的整体产业布局协调发展水平得分并进行描述性统计（见表 6 - 19）。中部地区有中原、晋中以及长江中游 3 个城市群。根据表 6 - 19 所呈现结果，可知中国中部城市群间的产业布局协调发展水平差距不大，但总体水平处于中低等级；城市群内其他城市与各城市群中心城市有一定的发展差距，晋中城市群的产业布局协调发展水平在全国范围内处于较低水平，中原和长江中游城市群产业布局协调发展水平在全国范围内处于中等水平。

**表 6 - 19　　　　　　　　　中部城市群产业布局协调发展水平描述统计**

| 城市群 | 2012 年 | 2014 年 | 2016 年 | 2018 年 | 综合得分 | 分级 |
| --- | --- | --- | --- | --- | --- | --- |
| 中原 | 0.272 | 0.299 | 0.285 | 0.338 | 0.282 | 中等 |
| 晋中 | 0.259 | 0.281 | 0.262 | 0.307 | 0.263 | 较低 |
| 长江中游 | 0.264 | 0.290 | 0.279 | 0.328 | 0.277 | 中等 |

对于中部城市群内部城市，选取 2012 ~ 2018 年偶数年份进行分析，如表 6 - 20 所示。中原城市群内有晋城市、亳州市、郑州市、开封市、洛阳市、平顶山市、鹤壁市、新乡市等 13 个城市，城市群内的郑州市是河南省省会、特大城市，是中原地区的核心城市，其产业布局协调发展水平在 2012 ~ 2018 年始终处于较高水平，另外，郑州市作为国家重要的交通枢纽，其产业布局协调水平提升较快，在所属城市群内一直处于领先位置并对周边地区的产业布局协调产生辐射带动作用；洛阳市、新乡市紧邻郑州市，其产业发展受郑州市辐射程度较高，总体提升水平较快，到 2018 年洛阳、新乡等与郑州相邻城市的产业布局协调水平逐渐提高，达到了中等及以上水准；位于安徽省的亳州市的产业布局协调发展水平在 2012 年还处于低水平状态，但亳州市在 2014 年的产业布局协调发展水平已提高了一个层级至较低水平，此后一直处于稳定发展状态，未见明显提升；除此之外，漯河市、晋城市的产业发展从 2012 年开始就一直处于最低水平，未与周边城市形成产业布局协调方面的相关联系。晋中城市群内有太原市、晋中市、阳泉市、忻州市、长治市 5 个城市，太原市作为山西省省会、太原都市圈核心城市，其产业布局协调发展水平在 2012 年、2014 年、2018 年都较高，但在 2016 年略有下降，且在中部城市群内部领先；晋中、长治市在 2012 ~ 2014 年还处于低水平状态，在之后的 2016 ~ 2018 年，其产业布局协调发展水平有所提高。长江中游城市群内有南昌市、景德镇市、萍乡市、九江市、新余市、鹰潭市、吉安市、宜春市、抚州市、上饶市、武汉市、黄石市等 28 个城市，其中武汉市作为中部六省唯一的副省级城市、全国重要的工业基地、科教基地和综合交通枢纽，其产业发展水平在中部乃至全国城市群中都处于领先位置，从 2012 年至今，武汉市的产业结构始终比较优质且产业链条逐步向周边地区延伸；南昌市和长沙市的产业布局协调发展水平仅次于武汉市，随时间推移也带动了周边城市的产业布局协调发展水平；南昌市周边的九江市、景德镇市、上饶市的产业布局协调发展水平在 2018 年有了显著提高，与南昌市的联系日趋紧密。总的来说，中部地区总体的产业布局时空分布差异较小，在提升方面也能够做到各地区较为同步，但是其产业布局协调发展水平回落现象和发展潜力既矛盾又不可忽视，在未来发展中必须正视现存问题，挖掘其产业发展的潜在能量。

表 6－20　　　　　　　　中部城市群内部城市产业布局协调发展水平分级演化

| 城市群 | 城市 | 2012 年 | 2014 年 | 2016 年 | 2018 年 | 城市群 | 城市 | 2012 年 | 2014 年 | 2016 年 | 2018 年 |
|---|---|---|---|---|---|---|---|---|---|---|---|
| 长江中游 | 南昌 | 0.202 | 0.215 | 0.200 | 0.259 | 晋中 | 太原 | 0.198 | 0.218 | 0.208 | 0.261 |
| | 景德镇 | 0.139 | 0.148 | 0.154 | 0.201 | | 阳泉 | 0.162 | 0.168 | 0.167 | 0.222 |
| | 萍乡 | 0.166 | 0.162 | 0.162 | 0.219 | | 长治 | 0.156 | 0.161 | 0.167 | 0.214 |
| | 九江 | 0.147 | 0.161 | 0.165 | 0.207 | | 晋中 | 0.158 | 0.166 | 0.172 | 0.217 |
| | 新余 | 0.163 | 0.165 | 0.168 | 0.222 | | 忻州 | 0.155 | 0.163 | 0.166 | 0.210 |
| | 鹰潭 | 0.152 | 0.156 | 0.164 | 0.216 | 中原 | 晋城 | 0.151 | 0.164 | 0.164 | 0.222 |
| | 吉安 | 0.149 | 0.148 | 0.147 | 0.202 | | 亳州 | 0.155 | 0.162 | 0.161 | 0.205 |
| | 宜春 | 0.142 | 0.142 | 0.148 | 0.204 | | 郑州 | 0.205 | 0.237 | 0.239 | 0.295 |
| | 抚州 | 0.147 | 0.157 | 0.159 | 0.213 | | 开封 | 0.149 | 0.158 | 0.156 | 0.212 |
| | 上饶 | 0.152 | 0.166 | 0.160 | 0.204 | | 洛阳 | 0.169 | 0.184 | 0.183 | 0.237 |
| | 武汉 | 0.233 | 0.283 | 0.302 | 0.384 | | 平顶山 | 0.146 | 0.162 | 0.164 | 0.217 |
| | 黄石 | 0.162 | 0.177 | 0.177 | 0.236 | | 鹤壁 | 0.151 | 0.159 | 0.161 | 0.213 |
| | 宜昌 | 0.141 | 0.143 | 0.154 | 0.208 | | 新乡 | 0.152 | 0.155 | 0.165 | 0.237 |
| | 襄阳 | 0.150 | 0.157 | 0.168 | 0.218 | | 焦作 | 0.143 | 0.149 | 0.148 | 0.205 |
| | 鄂州 | 0.176 | 0.182 | 0.182 | 0.234 | | 许昌 | 0.162 | 0.168 | 0.148 | 0.209 |
| | 荆门 | 0.138 | 0.146 | 0.150 | 0.202 | | 漯河 | 0.157 | 0.161 | 0.164 | 0.219 |
| | 孝感 | 0.136 | 0.152 | 0.150 | 0.202 | | 商丘 | 0.151 | 0.163 | 0.160 | 0.206 |
| | 荆州 | 0.138 | 0.150 | 0.153 | 0.209 | | 周口 | 0.145 | 0.151 | 0.153 | 0.208 |
| | 黄冈 | 0.153 | 0.159 | 0.156 | 0.204 | | | | | | |
| | 咸宁 | 0.148 | 0.162 | 0.160 | 0.211 | | | | | | |
| | 长沙 | 0.206 | 0.234 | 0.240 | 0.291 | | | | | | |
| | 株洲 | 0.150 | 0.172 | 0.172 | 0.229 | | | | | | |
| | 湘潭 | 0.157 | 0.184 | 0.181 | 0.236 | | | | | | |
| | 衡阳 | 0.151 | 0.173 | 0.172 | 0.216 | | | | | | |
| | 岳阳 | 0.150 | 0.164 | 0.159 | 0.216 | | | | | | |
| | 常德 | 0.150 | 0.163 | 0.167 | 0.214 | | | | | | |
| | 益阳 | 0.156 | 0.165 | 0.166 | 0.212 | | | | | | |
| | 娄底 | 0.147 | 0.159 | 0.156 | 0.209 | | | | | | |

最后，对西部城市群整体产业布局协调发展水平进行分析，并将西部城市群的历年产业布局协调发展水平得分进行算术平均得到城市群的整体产业布局协调发展水平得分并进行描述性统计（见表 6－21）。根据表中所呈现结果，可知中国西部城市群间的产业布局协调发展水平差距较大，城市群内其他城市与各城市群中心城市有一定的发展差距。由于城市数据缺失较多，西部地区的天山北坡城市群只研究了乌鲁木齐市和克拉玛依市，所以其产业布局协调发展水平判断可能受到影响。

表 6 - 21西部城市群产业布局协调发展水平描述统计

| 城市群 | 2018 年 | 2016 年 | 2014 年 | 2012 年 | 综合得分 | 分级 |
|---|---|---|---|---|---|---|
| 滇中 | 0.261 | 0.285 | 0.265 | 0.307 | 0.269 | 较低 |
| 天山北坡 | 0.276 | 0.281 | 0.282 | 0.326 | 0.284 | 中等 |
| 成渝 | 0.260 | 0.278 | 0.265 | 0.311 | 0.266 | 较低 |
| 黔中 | 0.255 | 0.282 | 0.284 | 0.339 | 0.274 | 较低 |
| 呼包鄂榆 | 0.277 | 0.298 | 0.283 | 0.319 | 0.282 | 中等 |
| 关中平原 | 0.245 | 0.265 | 0.253 | 0.296 | 0.254 | 低 |
| 北部湾 | 0.255 | 0.272 | 0.262 | 0.306 | 0.263 | 较低 |
| 兰西 | 0.245 | 0.262 | 0.256 | 0.303 | 0.255 | 低 |
| 宁夏沿黄 | 0.238 | 0.256 | 0.248 | 0.288 | 0.248 | 低 |

对于西部城市群内部城市，选取 2012～2018 年偶数年份进行分析，如表 6 - 22 所示。天山北坡城市群中的乌鲁木齐市作为新疆政治、经济、文化中心，其产业布局协调发展在西部地区中属较高水平；而克拉玛依市大部分地区是戈壁滩，常年少雨干燥，产业布局协调发展水平次于乌鲁木齐市，但由于近年来享受西部大开发等的支持，其产业布局正在稳步发展。呼包鄂榆城市群内有呼和浩特市、包头市、鄂尔多斯市、榆林市 4 个城市，其中的包头市和呼和浩特市产业布局协调发展水平比榆林市和鄂尔多斯市高，在 2012～2018 年，呼包鄂榆城市群整体的产业布局协调发展水平变化不大，鄂尔多斯市的产业布局协调发展水平在 2016 年略有提高。宁夏沿黄城市群内有银川市、吴忠市、石嘴山市、中卫市 4 个城市，其中的石嘴山市、吴忠市和中卫市经济发展水平不高且资源有限再加上历史原因等，使得产业布局协调发展水平相比于西部地区城市群内其他城市较为落后，但是其在 2018 年明显提升。兰西城市群内有兰州市、白银市、定西市、西宁市 4 个城市或地区，其产业布局协调发展的总体水平较高。关中平原城市群内有运城市、临汾市、西安市、铜川市、宝鸡市、咸阳市等 11 个城市，城市群内各城市产业布局协调发展水平在 2012～2018 年的演化过程中变化不大。成渝城市群内有重庆市、成都市、自贡市、泸州市、德阳市、绵阳市等 16 个城市，其内部的成都市和重庆市常年保持高水平的产业布局协调度，绵阳市产业布局协调发展水平在 2012 年和 2016 年仅次于成都市和重庆市，在 2014 年和 2018 年又和周边的德阳市、南充市、达州市保持在同一水平上，与此同时，这些城市常年与乐山市、内江市、宜宾市、泸州市的产业布局协调发展水平处在同一区间；除此之外，雅安市、眉山市、广安市、达州市的产业布局协调发展水平相比于城市群内其他城市较为落后。黔中城市群内有贵阳市、遵义市、安顺市和毕节市 4 个城市，其有效的研究对象为贵阳市、遵义市和安顺市 3 个城市，其中，贵阳市的产业布局协调发展水平相对较高。滇中城市群内有昆明市、曲靖市和玉溪市 3 个城市，其发展水平大多较低，但是资源潜力需要进一步挖掘。北部湾城市群内有湛江市、茂名市、阳江市、南宁市、北海市等 11 个城市，其有效的研究对象为湛江市、茂名市、阳江市、南宁市、北海市、防城港市、钦州市、玉林市、崇左市和海口市 10 个城市，其中，南宁市作为面向东盟的核心城市，其产业布局协调发展水平在广西以及整个北部湾城市群内都持续处于领先位置；湛江市次之，总体来看，在西部城市群内的产业发展地位比较稳固。总体来看，大部分城市的产业布局协调水平都有一定程度的提升，城市群内各城市间的耦合协调度级别差异逐渐缩小，说明西部地区城市群整体的产业布局协调水平是在稳步提升的，且朝着更加优化的方向发展。尤其是在高产业协调水平城市周边的城市，其产业布局的协调水平上升程度更大，这表明产业布局协调度高的城市在城市群内部能够发挥极核带动作用，通过产业经济功能空间联动、产业价值链转移等带动周边城市产业布局发展，从而对城市群内部产业要素的重新配置、产业布局的全局统筹起到积极作用。

表 6 - 22　　　　　　　　　　西部城市群内部城市产业布局协调发展水平

| 城市群 | 城市 | 2012 年 | 2014 年 | 2016 年 | 2018 年 | 城市群 | 城市 | 2012 年 | 2014 年 | 2016 年 | 2018 年 |
|---|---|---|---|---|---|---|---|---|---|---|---|
| 北部湾 | 湛江 | 0.161 | 0.160 | 0.160 | 0.201 | 关中平原 | 运城 | 0.147 | 0.153 | 0.158 | 0.202 |
| | 茂名 | 0.152 | 0.165 | 0.166 | 0.210 | | 临汾 | 0.153 | 0.167 | 0.172 | 0.215 |
| | 阳江 | 0.157 | 0.157 | 0.166 | 0.220 | | 西安 | 0.209 | 0.240 | 0.251 | 0.312 |
| | 南宁 | 0.162 | 0.173 | 0.177 | 0.220 | | 铜川 | 0.183 | 0.187 | 0.183 | 0.230 |
| | 北海 | 0.151 | 0.164 | 0.168 | 0.215 | | 宝鸡 | 0.143 | 0.150 | 0.152 | 0.203 |
| | 防城港 | 0.168 | 0.179 | 0.172 | 0.219 | | 咸阳 | 0.153 | 0.163 | 0.166 | 0.246 |
| | 钦州 | 0.160 | 0.163 | 0.163 | 0.210 | | 渭南 | 0.157 | 0.162 | 0.164 | 0.204 |
| | 玉林 | 0.150 | 0.157 | 0.159 | 0.207 | | 商洛 | 0.152 | 0.154 | 0.158 | 0.200 |
| | 海口 | 0.134 | 0.150 | 0.154 | 0.197 | | 天水 | 0.157 | 0.167 | 0.166 | 0.208 |
| | 崇左 | 0.206 | 0.216 | 0.211 | 0.252 | | 平凉 | 0.159 | 0.164 | 0.168 | 0.213 |
| 成渝 | 重庆 | 0.356 | 0.387 | 0.329 | 0.341 | | 庆阳 | 0.157 | 0.162 | 0.161 | 0.204 |
| | 成都 | 0.272 | 0.305 | 0.245 | 0.307 | 呼包鄂榆 | 呼和浩特 | 0.185 | 0.191 | 0.192 | 0.235 |
| | 自贡 | 0.164 | 0.168 | 0.171 | 0.217 | | 包头 | 0.170 | 0.186 | 0.187 | 0.226 |
| | 泸州 | 0.150 | 0.153 | 0.153 | 0.204 | | 鄂尔多斯 | 0.185 | 0.208 | 0.209 | 0.245 |
| | 德阳 | 0.139 | 0.150 | 0.151 | 0.204 | | 榆林 | 0.150 | 0.163 | 0.160 | 0.207 |
| | 绵阳 | 0.143 | 0.159 | 0.162 | 0.217 | 兰西 | 兰州 | 0.175 | 0.181 | 0.185 | 0.236 |
| | 遂宁 | 0.161 | 0.165 | 0.161 | 0.210 | | 白银 | 0.152 | 0.165 | 0.163 | 0.207 |
| | 内江 | 0.158 | 0.151 | 0.157 | 0.207 | | 定西 | 0.157 | 0.160 | 0.160 | 0.205 |
| | 乐山 | 0.148 | 0.153 | 0.156 | 0.203 | | 西宁 | 0.167 | 0.178 | 0.188 | 0.240 |
| | 南充 | 0.156 | 0.164 | 0.168 | 0.214 | 宁夏沿黄 | 银川 | 0.180 | 0.176 | 0.181 | 0.224 |
| | 眉山 | 0.151 | 0.158 | 0.192 | 0.209 | | 吴忠 | 0.158 | 0.170 | 0.171 | 0.223 |
| | 宜宾 | 0.133 | 0.147 | 0.156 | 0.203 | | 石嘴山 | 0.149 | 0.155 | 0.160 | 0.205 |
| | 广安 | 0.160 | 0.166 | 0.165 | 0.205 | | 中卫 | 0.146 | 0.161 | 0.162 | 0.204 |
| | 达州 | 0.144 | 0.158 | 0.162 | 0.204 | 黔中 | 贵阳 | 0.176 | 0.188 | 0.187 | 0.236 |
| | 雅安 | 0.162 | 0.169 | 0.169 | 0.212 | | 遵义 | 0.149 | 0.163 | 0.168 | 0.158 |
| | 资阳 | 0.149 | 0.149 | 0.159 | 0.204 | | 安顺 | 0.153 | 0.159 | 0.166 | 0.216 |
| 滇中 | 昆明 | 0.185 | 0.196 | 0.184 | 0.233 | 天山北坡 | 乌鲁木齐 | 0.198 | 0.209 | 0.201 | 0.244 |
| | 曲靖 | 0.149 | 0.160 | 0.162 | 0.206 | | 克拉玛依 | 0.180 | 0.177 | 0.193 | 0.246 |
| | 玉溪 | 0.139 | 0.150 | 0.150 | 0.203 | | | | | | |

### 6.2.2.2　产业布局协调发展水平最高城市群与最低城市群的比较分析

为了更好地研究对比分析不同城市群间的产业布局协调发展差异，本书选取了产业布局协调发展水平最低城市群宁夏沿黄城市群和产业布局协调发展水平最高城市群珠三角城市群进行研究分析。

由表 6 - 23 可知，从时间序列来看，珠三角城市群整体产业布局协调发展水平随时间变动差异不大，但是总体是上升态势，宁夏沿黄城市群内的中卫市和石嘴山市产业布局协调发展水平随时间推移有较大发展，且总体水平有反复；从空间演化格局来看，珠三角城市群产业布局协调发展水平处于高位的地区主要集中在中部等城市即中心城市及周边，佛山市、东莞市等城市的产业布局协调发展水平也维持在一个较高的水平上，其余城市如惠州市、江门市和肇庆市的产业布局协调发展水平相比于珠三角其他城市而言较低。整体来看，珠三角城市群的产业布局协调发展水平一直维持在较高水平状态，城市群本身的产业空间结构比较合理，而且总体的发展态势也是比较好的。在 2010~2018 年，珠三角城市群内的惠州市和佛山市的产业布局协调发展水平发展较快，从最初的城市群内部低发展水平状态逐渐发展提高，到 2018 年江门市和中山市的产业布局协调发展水平已经达到城市群内的较高水平。此外，珠三角城市群位于南海之滨，倚靠香港、澳门两大特别行政区，坐落着中国经济特区，区域优势明显，经济发展较好，但仍存在城市群内部产业布局发展不协调的问题，经济特区深圳市和省会城市广州市产业发展优势明显，这些城市对城市群其他城市的产业发展有着明显的带动作用。

表 6-23　　　　　　珠三角城市群和宁夏沿黄城市群产业布局协调发展水平分级演化

| 城市群 | 城市 | 2012 年 | 2014 年 | 2016 年 | 2018 年 | 城市群 | 城市 | 2012 年 | 2014 年 | 2016 年 | 2018 年 |
|---|---|---|---|---|---|---|---|---|---|---|---|
| 珠三角 | 肇庆 | 低 | 低 | 低 | 较低 | 宁夏沿黄 | 石嘴山 | 较低 | 低 | 低 | 较低 |
| | 佛山 | 较高 | 中等 | 中等 | 较高 | | 银川 | 较高 | 较高 | 较高 | 较高 |
| | 广州 | 较高 | 较高 | 较高 | 较高 | | 中卫 | 低 | 较低 | 较低 | 低 |
| | 惠州 | 较低 | 较低 | 较低 | 较高 | | 吴忠 | 中等 | 中等 | 中等 | 中等 |
| | 东莞 | 较高 | 较高 | 较高 | 低 | | | | | | |
| | 深圳 | 高 | 高 | 高 | 高 | | | | | | |
| | 中山 | 中等 | 中等 | 中等 | 低 | | | | | | |
| | 江门 | 低 | 低 | 较低 | 中等 | | | | | | |
| | 珠海 | 中等 | 中等 | 中等 | 较高 | | | | | | |

宁夏沿黄城市群产业布局协调发展水平较高的城市主要集中在银川市和吴忠市，其他城市的产业布局协调发展水平相较于这两个城市明显偏低。整体来看，宁夏沿黄城市群的产业布局协调发展水平与其他城市群相比都处于低位，其产业布局协调网络结构不太稳定。城市群内部城市之间的产业发展水平也有较大差异，银川市和吴忠市的产业布局协调发展水平较高，而中卫市和石嘴山市的产业布局协调发展水平较低，但石嘴山市的产业布局协调发展水平随时间推移而有所提高，均由最初的城市群内低发展水平提升到了 2018 年的较低发展水平。就宁夏沿黄城市群而言，其还处于城市群产业升级转型的初级阶段，与一些发达的东部和中部地区城市群相比，产业布局协调方面的发展也相对落后。宁夏沿黄城市群整体的产业布局状况与发达城市群相比还有较大提升空间，其应当加速城市群内部城市之间的全局产业统筹发展，使宁夏沿黄城市群的产业布局更为合理和优化。

对比分析两大城市群的产业布局协调发展水平，可以看出珠三角城市群拥有较为合理的产业布局协调格局，而宁夏沿黄城市群的产业布局则较为混乱，历史背景、人才、技术等因素限制了城市群产业优势的发挥。整体看来，宁夏沿黄城市群的产业布局协调发展水平与珠三角城市群仍存在较大差距。

### 6.2.2.3　城市群产业布局协调发展水平和整合发展门槛分析

本书根据中国的城市群地理方位划分为四大类城市群，包括东北部城市群、东部城市群、中部城市群以及西部城市群。计算结果按城市群类别划分，其中，同一城市群的曲线颜色一致，不同的节点标志代表不同的城市。鉴于篇幅和图像空间有限，本书仅分析了 2010~2018 年城市群产业协调发展度高于整合发展门槛值的城市，2010~2018 年产业布局协调发展度的变化趋势整体上呈现出波浪式变动且略有上升的发展形态，超过整合发展门槛值则表明该城市已与其所在的城市群内其他城市开始进行了产业全局统筹协调发展。

（1）对于东北部城市群：如表 6-24、图 6-10 所示，东北部地区城市群产业总体布局的协调水平总体呈现上升趋势，从各个时间节点看，东北部城市群产业布局协调发展水平是一条波浪形的上升曲线。由协调发展度的测算结果来看，协调发展度的最大值和最小值之间的差值逐渐扩大，同一城市群内部城市间的产业布局协调发展水平测度值差距仍然较大，其中，哈长城市群内部城市间产业协调发展度发展程度差异较大。东北部地区城市群产业布局协调发展水平由 0.164 上升至 0.219，上升 0.55，在东部、中部、西部以及东北部四个地区城市群中上升幅度最小，整体产业布局协调水平呈上升状态，城市产业布局协调发展水平处于平均水平以上的城市数量比较稳定。东北部城市群产业布局协调的门槛值为 0.171，在东部、中部、西部、东北部城市群中排在第二位，在 2018 年以后，中部城市群内大部分城市的产业布局协调水平已经超过东北部地区城市群的产业布局门槛值，城市群规划内城市整体进入产业协调发展格局。

表 6 - 24　　　　　　2010～2018 年中国东北部城市群所辖城市产业布局协调发展水平测算结果

| 测算指标 | 2010 年 | 2011 年 | 2012 年 | 2013 年 | 2014 年 | 2015 年 | 2016 年 | 2017 年 | 2018 年 |
|---|---|---|---|---|---|---|---|---|---|
| 最小值 | 0.135 | 0.152 | 0.144 | 0.140 | 0.153 | 0.123 | 0.152 | 0.168 | 0.197 |
| 城市（所属城市群） | 绥化（哈长） | 吉林（哈长） | 吉林（哈长） | 葫芦岛（辽中南） | 葫芦岛（辽中南） | 松原（哈长） | 松原（哈长） | 松原（哈长） | 松原（哈长） |
| 最大值 | 0.260 | 0.264 | 0.257 | 0.253 | 0.256 | 0.183 | 0.243 | 0.231 | 0.265 |
| 城市（所属城市群） | 沈阳（辽中南） | 沈阳（辽中南） | 沈阳（辽中南） | 沈阳（辽中南） | 大连（辽中南） | 沈阳（辽中南） | 哈尔滨（哈长） | 长春（哈长） | 长春（哈长） |
| 平均值 | 0.164 | 0.177 | 0.172 | 0.167 | 0.180 | 0.141 | 0.173 | 0.191 | 0.219 |
| 均值以上城市数量 | 9 | 9 | 5 | 8 | 8 | 7 | 6 | 10 | 9 |
| 门槛值 | 0.171 | 0.171 | 0.171 | 0.171 | 0.171 | 0.171 | 0.171 | 0.171 | 0.171 |
| 门槛值以上城市数量 | 4 | 6 | 3 | 3 | 14 | 1 | 4 | 21 | 21 |

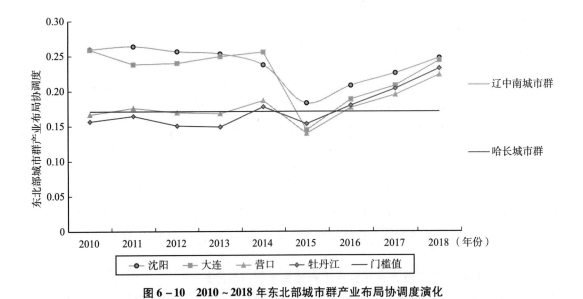

图 6 - 10　　2010～2018 年东北部城市群产业布局协调度演化

由 2010～2018 年东北部城市群产业布局协调度演化曲线图可以看出，在测算的 22 个城市中有 4 个城市连续 3 年超过东北部城市群产业布局协调的门槛值，步入与城市群产业布局耦合发展系统协同发展进程中，但是其产业布局协调发展水平的提升曲线波动较大，相较于其他地区城市群的提升曲线具有差异，但总体的波浪形抬升趋势不变，在 2015 年后上升趋势开始稳定。

（2）对于东部城市群：如表 6 - 25、图 6 - 11 所示，东部地区城市群产业布局的协调水平总体呈现上升趋势，从各个时间节点看，东部城市群产业布局协调发展水平是一条波浪形的上升曲线。由协调发展度的测算结果来看，协调发展度的最大值和最小值之间的差值逐年扩大，同一城市群内部城市间的产业布局协调发展水平测度值差距大。东部地区城市群产业布局协调发展水平的均值由

0.179 上升至 0.243，整体产业布局耦合协调水平呈上升态势，且均值水平在东部、中部、西部以及东北部地区城市群内处于较高水平，城市产业布局协调发展水平处于平均水平以上的城市数量比较稳定。东部城市群产业布局协调的门槛值为 0.182，在东部、中部、西部、东北部地区城市群中排在第一位，在 2018 年以后，东部城市群内大部分城市的产业布局协调水平已经超过东部地区城市群的产业布局门槛值，城市群规划内城市整体进入产业协调发展格局。

表 6 – 25　　　　　　　　　2010 ~ 2018 年中国东部城市群所辖城市产业布局协调发展水平测算结果

| 测算指标 | 2010 年 | 2011 年 | 2012 年 | 2013 年 | 2014 年 | 2015 年 | 2016 年 | 2017 年 | 2018 年 |
|---|---|---|---|---|---|---|---|---|---|
| 最小值 | 0.078 | 0.059 | 0.122 | 0.122 | 0.138 | 0.109 | 0.130 | 0.131 | 0.062 |
| 城市（所属城市群） | 宁德（粤闽浙沿海） | 宁德（粤闽浙沿海） | 宁德（粤闽浙沿海） | 宁德（粤闽浙沿海） | 潮州（粤闽浙沿海） | 临沂（山东半岛） | 临沂（山东半岛） | 中山（珠三角） | 宁德（粤闽浙沿海） |
| 最大值 | 0.480 | 0.413 | 0.433 | 0.447 | 0.491 | 0.476 | 0.559 | 0.581 | 0.540 |
| 城市（所属城市群） | 上海（长三角） | 上海（长三角） | 上海（长三角） | 上海（长三角） | 上海（长三角） | 上海（长三角） | 天津（京津冀） | 北京（京津冀） | 北京（京津冀） |
| 平均值 | 0.179 | 0.186 | 0.181 | 0.180 | 0.200 | 0.170 | 0.200 | 0.217 | 0.243 |
| 均值以上城市数量 | 20 | 23 | 24 | 24 | 20 | 20 | 19 | 20 | 24 |
| 门槛值 | 0.182 | 0.182 | 0.182 | 0.182 | 0.182 | 0.182 | 0.182 | 0.182 | 0.182 |
| 门槛值以上城市数量 | 15 | 15 | 13 | 13 | 22 | 5 | 19 | 44 | 63 |

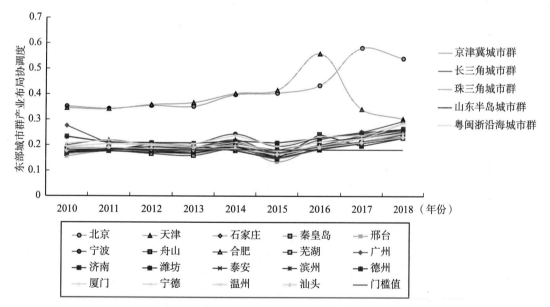

图 6 – 11　2010 ~ 2018 年东部城市群产业布局协调度演化

　　由 2010 ~ 2018 年东部城市群产业布局协调度演化曲线图可以看出，在测算的 64 个城市中有 19 个城市连续 3 年超过东部城市群产业布局协调的门槛值，步入与城市群产业布局耦合发展系统协同发展进程中，其中，京津冀城市群的北京市、天津市的产业布局协调发展水平远高于东部城市群平均水平，其余城市水平差距不大，在 2016 年，超过门槛值的城市步入较为稳定的上升发展状态。

　　（3）对于中部城市群：如表 6 – 26、图 6 – 12 所示，中部地区城市群产业总体布局的协调水平总体呈现上升趋势，从各个时间节点看，中部城市群产业布局协调发展水平是一条波浪形的上升曲线。由产业局协调发展度的测算结果来看，协调发展度的最大值和最小值之间的差值逐渐扩大，同一城市群内部城市间的产业布局协调发展水平测度值差距仍然较大，其中，长江中游城市群内部城市间产业协调发展度发展程度差异较大。中部地区城市群产业布局协调发展水平由 0.137 上升至 0.211，整体产业布局协调水平呈上升状态，且在东部、中部、西部以及东北部地区城市群中上升幅度最大，城市产业布局协调发展水平处于平均水平以上的城市数量比较稳定。中部城市群产业布局协调的门槛值为 0.181，在东部、中部、西部、东北部城市群中排在第二位，在 2018 年以后，中部城市群内大部分城市的产业布局协调水平已经超过东部地区城市群的产业布局门槛值，城市群规划内城市整体进入产业协调发展格局。

表 6 - 26　　　　　2010 ~ 2018 年中国中部城市群所辖城市产业布局协调发展水平测算结果

| 测算指标 | 2010 年 | 2011 年 | 2012 年 | 2013 年 | 2014 年 | 2015 年 | 2016 年 | 2017 年 | 2018 年 |
|---|---|---|---|---|---|---|---|---|---|
| 最小值 | 0.121 | 0.132 | 0.136 | 0.126 | 0.142 | 0.116 | 0.147 | 0.169 | 0.201 |
| 城市（所属城市群） | 焦作（中原） | 宜昌（长江中游） | 孝感（长江中游） | 宜昌（长江中游） | 宜春（长江中游） | 宜春（长江中游） | 吉安（长江中游） | 宜春（长江中游） | 景德镇（长江中游） |
| 最大值 | 0.214 | 0.225 | 0.233 | 0.240 | 0.283 | 0.228 | 0.302 | 0.336 | 0.384 |
| 城市（所属城市群） | 武汉（长江中游） | 武汉（长江中游） | 武汉（长江中游） | 武汉（长江中游） | 武汉（长江中游） | 武汉（长江中游） | 武汉（长江中游） | 武汉（长江中游） | 武汉（长江中游） |
| 平均值 | 0.137 | 0.154 | 0.149 | 0.142 | 0.158 | 0.126 | 0.159 | 0.181 | 0.211 |
| 均值以上城市数量 | 14 | 15 | 13 | 15 | 11 | 17 | 12 | 11 | 11 |
| 门槛值 | 0.181 | 0.181 | 0.181 | 0.181 | 0.181 | 0.181 | 0.181 | 0.181 | 0.181 |
| 门槛值以上城市数量 | 5 | 11 | 10 | 11 | 13 | 8 | 13 | 32 | 45 |

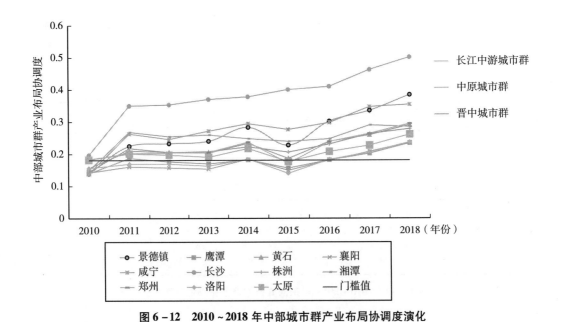

图 6 - 12　2010 ~ 2018 年中部城市群产业布局协调度演化

　　由 2010 ~ 2018 年中部城市群产业布局协调度演化曲线图可以看出，在测算的 47 个城市中有 11 个城市连续 3 年超过中部城市群产业布局协调的门槛值，步入与城市群产业布局耦合发展系统协同发展进程中，且这 11 个城市的产业布局协调发展水平总体处于一个较快的提升进程中，其中，长江中游城市群整体产业布局协调发展水平提升较大。在 2016 年，超过门槛值的城市步入较为稳定的上升发展状态。

　　（4）对于西部城市群：如表 6 - 27、图 6 - 13 所示，西部地区城市群产业总体布局的协调水平总体呈现上升趋势，从各个时间节点看，西部城市群产业布局协调发展水平是一条波浪形的上升曲线。但由协调发展度的测算结果来看，协调发展水平的最大值和最小值之间的差值也在扩大，同一城市群内部城市间的产业布局协调发展水平测度值差距较大。西部地区城市群产业布局协调发展水平由 0.151 上升至 0.220，整体产业布局协调水平呈上升状态，城市产业布局协调发展度处于平均水平以上的城市数量比较稳定。西部城市群产业布局协调的门槛值为 0.173，在东部、中部、西部、东北部地区城市群中排在第三位，在 2017 年以后，西部城市群内大部分城市的产业布局协调水平已经超过西部地区城市群的产业布局门槛值，城市群规划内城市整体进入产业协调发展格局。

表 6-27　　　　　2010~2018 年中国西部城市群所辖城市产业布局协调发展水平测算结果

| 测算指标 | 2010 年 | 2011 年 | 2012 年 | 2013 年 | 2014 年 | 2015 年 | 2016 年 | 2017 年 | 2018 年 |
|---|---|---|---|---|---|---|---|---|---|
| 最小值 | 0.118 | 0.139 | 0.133 | 0.130 | 0.147 | 0.111 | 0.150 | 0.165 | 0.158 |
| 城市（所属城市群） | 宜宾（成渝） | 海口（北部湾） | 宜宾（成渝） | 资阳（成渝） | 宜宾（成渝） | 宜宾（成渝） | 玉溪（滇中） | 榆林（呼包鄂榆） | 遵义（黔中） |
| 最大值 | 0.227 | 0.255 | 0.356 | 0.361 | 0.387 | 0.338 | 0.329 | 0.322 | 0.341 |
| 城市（所属城市群） | 成都（成渝） | 成都（成渝） | 重庆（成渝） | 重庆（成渝） | 重庆（成渝） | 重庆（成渝） | 重庆（成渝） | 重庆（成渝） | 重庆（成渝） |
| 平均值 | 0.151 | 0.171 | 0.165 | 0.162 | 0.175 | 0.146 | 0.175 | 0.195 | 0.220 |
| 均值以上城市数量 | 20 | 16 | 16 | 15 | 16 | 16 | 17 | 18 | 18 |
| 门槛值 | 0.173 | 0.173 | 0.173 | 0.173 | 0.173 | 0.173 | 0.173 | 0.173 | 0.173 |
| 门槛值以上城市数量 | 8 | 16 | 13 | 10 | 16 | 6 | 17 | 53 | 56 |

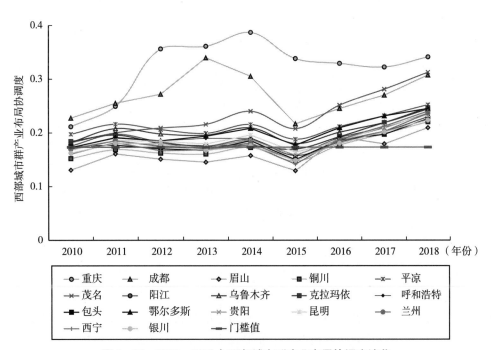

图 6-13　2010~2018 年西部城市群产业布局协调度演化

　　由 2010~2018 年西部城市群产业布局协调度演化曲线图可以看出，在测算的 57 个城市中有 18 个城市连续 3 年超过西部城市群产业布局协调的门槛值，步入与城市群产业布局耦合发展系统协同发展进程中，在 2016 年，超过门槛值的城市步入较为稳定的上升发展状态。

#### 6.2.2.4　中心城市和城市群产业布局协调发展曲线的定量模拟与验证

根据上文对城市群产业布局协调发展规律的探讨，提出城市群产业布局协调水平呈波浪式攀升的规律并构建出基础的函数模型（见图 6 - 14）。在对城市群发展规律的探讨中，方创琳（2020）提出了城市群可持续发展的爬升机理，进而在理论基础上创建出城市群可持续爬升函数曲线，展示了城市群可持续爬升能力的动态演变过程。与其不同的是，本章节所探讨的协调发展规律是对城市群产业布局协调化水平的研究，对这一发展规律的探索将有助于城市群在产业布局方面的谋划，更好地服务于我国高质量协调发展的战略目标。

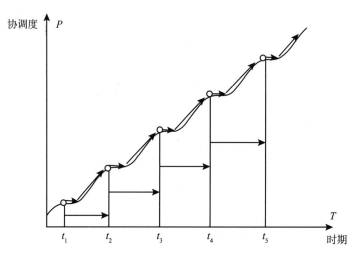

**图 6 - 14　城市群产业布局协调度的演变规律基础函数模型**

通过图 6 - 14 可以看到，城市群范围在不断扩展的同时，对周边城市的产业产生带动和辐射作用，这也是城市群内部产业布局不断重组重构、整体联合的过程，但是在联合过程中，产业的布局调整存在一定的滞后性，整体的协调度难以得到即时的提升，甚至出现城市群内部协调度的下降，因此整体上呈现出波浪式攀升的发展状态。也就是说，当城市群内部 N - 1 个城市的产业布局协调水平无法提高时，就会自然通过辐射带动、产业经济功能空间联动、产业价值链转移等效应联合第 N 个城市，将其纳入整体的产业布局系统，对整体的产业要素、空间资源、产业人口等进行全局统筹；但在第 N 个城市联合的过程中，产业调整及整体协调需要时间，所以在短期内，城市群整体的产业布局协调度可能不会提升，甚至不升反降，经过一段时期的调整后，整个城市群内部的产业布局协调水平才会有所提升。随着城市群的发展，城市之间不断联合聚集、城市群范围扩大，城市群的产业布局协调度随着时间的推移表现出波浪式攀升的态势，在城市群产业布局系统联合新城市的初期，整体产业布局协调度呈现出水平态势甚至有下降表现，到后期经过调整磨合后开始逐渐抬升，呈现出一个类似波浪的攀升态势。这就是城市群发育形成过程中产业布局协调水平所遵循的攀升规律。

城市群产业布局协调度攀升曲线是一条随着时间推移和联合城市数量增加而形成的非线性复合型攀升曲线，展示了城市群产业布局协调水平波浪式攀升潜力的动态演变过程。依据波浪式攀升原理将攀升曲线公式表达如下：

$$P_t = kt + e^{|\alpha \sin(\beta t)|} \tag{6-16}$$

其中，$P_t$ 表示 t 时期下城市群产业布局协调水平；k 是线性函数斜率，即攀升率，表示城市群产业布局协调水平攀升潜力的变化率，且 $k = \Delta P / \Delta t$，$\Delta t$ 是函数的波动周期，且 $\Delta t = \pi / \beta$；$\alpha$ 是三角函数的振幅，表示城市群产业布局协调度的阻滞系数；$\beta$ 表示城市群产业布局协调度的周期系数，其中，$\pi / \beta$ 为三角函数频率。

但是根据基础原理推理出来的曲线公式没有考虑城市群核心城市在发展初期的效率，因此本书进一步将攀升函数曲线模拟公式进行优化，具体表达式如下：

$$P_t = P_0 + k(t - t_0) + \{e^{|\alpha \sin[\beta(t - t_0)]|} - 1\} \tag{6-17}$$

其中，$t_0$ 表示核心城市产业布局协调度的初始时间，$P_0$ 表示核心城市产业布局协调度的初始值，公式整体表示初期时间和初期城市群产业布局协调水平潜力指数值。

在攀升曲线中，攀升率表示城市群产业布局协调水平提升速度。通过对上述曲线公式进行求导得到攀升曲线的攀升率，具体表达式如下：

$$P_t' = \begin{cases} k + \alpha\beta\cos[\beta(t - t_0)] \; e^{\alpha\sin[\beta(t-t_0)]}, & t \in \left[\dfrac{2k\pi + \beta t_0}{\beta}, \; \dfrac{\pi + 2k\pi + \beta t_0}{\beta}\right] \\ k - \alpha\beta\cos[\beta(t - t_0)] \; e^{-\alpha\sin[\beta(t-t_0)]}, & t \in \left[\dfrac{\pi + 2k\pi + \beta t_0}{\beta}, \; \dfrac{2\pi + 2k\pi + \beta t_0}{\beta}\right] \end{cases} \tag{6-18}$$

其中，$P_t'$ 表示攀升曲线的攀升率，是 $P_t$ 求导后所得，其大小表示城市群产业布局协调水平提升速度。

通过上述优化公式可以得到城市群产业布局协调度波浪式攀升函数曲线模拟图（见图 6 - 15）。

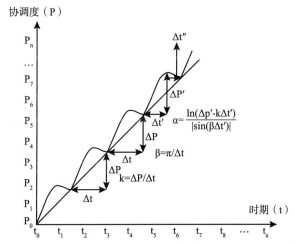

**图 6 - 15　城市群产业布局协调度波浪式攀升曲线的定量解析**

据 2010～2018 年中国城市群产业布局协调发展耦合协调度的时间序列指数值，得出中国城市群产业布局协调度波浪式攀升函数：

$$P_t = P_0 + k(t - t_0) + \{e^{|\alpha \sin[\beta(t - t_0)]|} - 1\} \tag{6-19}$$

对式（6 - 19）进行多次曲线拟合，拟合所用程序代码如下：

```
t = [t_0; t_1; t_2; t_3; ⋯; t_n];
y = [y_0; y_1; y_2; y_3; ⋯; y_n];
p = fittype('y_0 + a * (t - t_0) + (exp(abs(b * sin(c * (t - t_0)))) - 1)', 'independent', 't');
plot(f, t, y);
f = fit(t, y, p);
cfun = fit(t, y, p)
```

通过运用 Matlab 软件对中国城市群产业布局协调度攀升函数进行多次拟合，得到各城市群产业布局协调度攀升曲线的最优函数公式（见表 6 - 28），并据此绘制中国城市群产业布局协调度攀升曲线的拟合图（见图 6 - 16）。

表6-28　　　　　中国城市群产业布局协调发展波浪式攀升曲线最优函数表达式

| 城市群 | 最优函数表达式 |
|---|---|
| 长三角 | $y_t = -13.12 + 0.006588(t+24.2) + \{e^{|0.03645\sin(0.784(t+24.2))|} - 1\}$ |
| 京津冀 | $y_t = -16.32 + 0.008234(t+2.183) + \{e^{|0.0469\sin(0.425(t+2.183))|} - 1\}$ |
| 珠三角 | $y_t = -7.23 + 0.004174(t-192.1) + \{e^{|0.0106\sin(0.7422(t-192.1))|} - 1\}$ |
| 成渝 | $y_t = -24.66 + 0.01363(t-187.8) + \{e^{|0.06889\sin(0.2663(t-187.8))|} - 1\}$ |
| 长江中游 | $y_t = -28.34 + 0.01641(t-276.8) + \{e^{|0.03645\sin(0.01392(t-276.8))|} - 1\}$ |
| 辽中南 | $y_t = 3.142 - 0.001435(t+4.674) + \{e^{|0.06408\sin(0.4806(t+4.671))|} - 1\}$ |
| 山东半岛 | $y_t = -47.74 + 0.01216(t+1922) + \{e^{|1.043\sin(-0.06224(t+1922))|} - 1\}$ |
| 哈长 | $y_t = -3.175 + 0.002122(t-392.8) + \{e^{|0.00968\sin(0.9732(t-392.8))|} - 1\}$ |
| 北部湾 | $y_t = -19.49 + 0.007849(t+498.1) + \{e^{|0.04559\sin(0.3987(t+498.1))|} - 1\}$ |
| 关中平原 | $y_t = -10.17 + 0.005645(t-171.2) + \{e^{|0.03155\sin(0.9794(t-171.2))|} - 1\}$ |
| 天山北坡 | $y_t = -6.335 + 0.004307(t-477.9) + \{e^{|0.005636\sin(0.9946(t-477.9))|} - 1\}$ |
| 粤闽浙沿海 | $y_t = -6.286 + 0.002868(t+274.3) + \{e^{|0.0157\sin(0.3406(t+274.3))|} - 1\}$ |
| 中原 | $y_t = -36.93 + 0.0139(t+657.7) + \{e^{|0.08867\sin(-0.3525(t+657.7))|} - 1\}$ |
| 宁夏沿黄 | $y_t = -9.469 + 0.005128(t-122.4) + \{e^{|0.02443\sin(0.8314(t-122.4))|} - 1\}$ |
| 滇中 | $y_t = -122.9 + 0.04822(t+537.2) + \{e^{|0.2796\sin(0.1845(t+537.2))|} - 1\}$ |
| 黔中 | $y_t = -16.74 + 0.009166(t-160.3) + \{e^{|0.02955\sin(0.8176(t-160.3))|} - 1\}$ |
| 兰西 | $y_t = -8.096 + 0.00538(t-465.1) + \{e^{|0.06889\sin(0.2663(t-465.1))|} - 1\}$ |
| 晋中 | $y_t = -16.24 + 0.00682(t+400.7) + \{e^{|0.04734\sin(0.4681(t+400.7))|} - 1\}$ |
| 呼包鄂榆 | $y_t = -37.48 + 0.01684(t+223.7) + \{e^{|0.1204\sin(0.265(t+223.7))|} - 1\}$ |

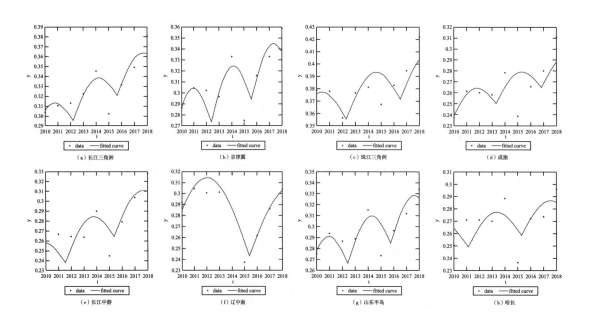

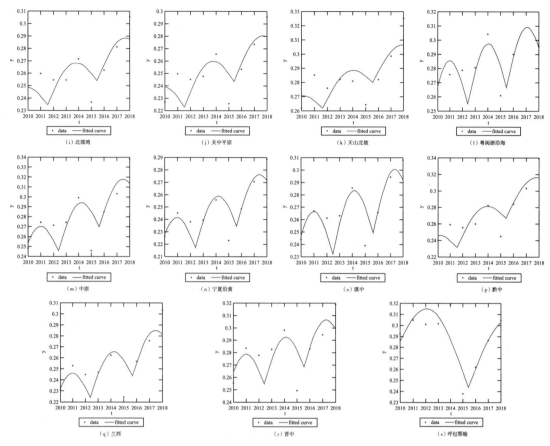

图 6 - 16　中国城市群产业布局协调发展波浪式攀升曲线拟合图

从 Matlab 的拟合结果图可以看出，中国城市群产业布局协调度拟合图的演化态势与中国城市群产业布局协调度演化规律的基本原理图具有较大的相似性，中国城市群产业布局协调度演化曲线的拟合效果较好，反映出了城市群产业布局协调水平呈波浪式攀升的发展态势。通过拟合，中国城市群产业布局协调度演化规律得到了模拟验证，该规律在城市群产业布局发展中具有普遍适用性，可采用中国城市群产业布局协调度演化规律模型分析预测城市群产业布局协调水平的演化趋势。

### 6.2.3　研究发现与政策含义

#### 6.2.3.1　研究发现

本书基于耦合协调度模型探究中国城市群产业布局协调发展水平时空演化规律，使用模拟验证的方法对中国城市群产业布局协调发展水平时空演化规律进行全面识别把握得出以下研究发现：

第一，中国城市群产业布局协调发展水平呈现出波浪式攀升的增长态势。城市群产业布局协调度的演化过程与城市群的形成发育过程交织在一起，并表现为随着城市群发育，产业资源整合优化，产业要素优化配置，产业空间格局全局统筹，中国城市群产业布局协调水平呈现出波浪式爬升的增长态势。其中，中心城市发挥极核带动效应和产业溢出效应，带动周边城市产业发展，通过产业经济空间联动、产业价值链转移等将周边城市联合进入城市群产业耦合协调发展系统内，再进行产业布局的系统统筹、产业资源优化配置、产业要素重组等，促进城市群整体产业布局协调水平的提升，推动城市群区域发展水平进一步提升。当然，在这一过程中，产业布局调整具有明显的滞后性，城市群内城市产业发展协调水平迈过门槛值进入城市群总体协调发展系统后，系统重新达到一个协调水平必然要经过一个整合、重构再到更高水平协调的过程，这是城市群产业布局协调水平演化的基本规律，通过对这一规律进行几何推理，并进一步测算城市群历年产业布局协调发展水平增长值、历年攀升速度、平均攀升速度以及城市群历年产业布局协调发展水平值和整合门槛值，以此可以确定城市群发育过程城市群产业布局耦合协调水平呈现出波浪攀升的态势。

第二，中国城市群的产业布局协调发展水平在空间上具有差异性。从全国城市群总体来看，东部、中部、西部以及东北部城市群间存在着差异。虽然总体上都呈现出波浪式攀升的规律，但是从门槛值、波动幅度、阶段攀升数值来看，不同地区之间存在着差异，这是由于不同地区之间原本就存在着各种资源、能源差异和产业发展历史以及国家政策等的不同。在我们计算的时间区间内，东部和中部总体表现更好，产业布局总体协调度总体高于西部和东北部城市群。

第三，中国城市群产业布局协调发展水平攀升函数曲线得到了实践验证。进一步对全国 19 个城市群的 2010～2018 年产业布局协调发展水平的序列指数进行多次抬升曲线拟合之后发现，全国 19 个城市群的产业布局协调发展水平变化曲线的拟合结果具备很大的相似性，这说明产业布局协调发展水平爬升函数曲线的拟合效果良好，中国城市群产业布局协调度攀升曲线函数可以适用于预测未来中国城市群产业布局协调度。本书可以为中国城市群产业布局协调发展提供一定的定量决策依据。

对中国城市群产业布局协调发展规律的探索和验证，对于我国全面提升城市群区域协调发展水平具有实用性价值，对于全面布局、统筹发展有着指导性的意义，既能够对各城市群的发展状态进行现阶段衡量，也可对其进一步发展及战略实施效果进行预测，对其有针对性地实施各项计划。

### 6.2.3.2　讨论

第一，中国城市群产业布局协调发展水平呈现波浪式攀升的增长态势的原因可以从经济周期、产业迁移、全球化与区域一体化等方面进行解释。首先，经济周期的理论表明，各种经济活动都会受到周期性波动的影响。中国的经济增长模式与其产业结构密切相关，随着国内外需求、技术进步和政策调整的变化，中国的产业结构会出现相应的调整，从而使得城市群产业布局协调发展水平出现波动（师俊国，2021）。另外，产业迁移理论也为这一现象提供了解释。随着经济的发展，一些产业会从劳动力成本较高的城市迁移到劳动力成本较低的城市，从而导致城市群内部的产业布局发生变化（敖荣军，2016）。这种迁移不是一蹴而就的，而是随着各种因素如市场规模、基础设施、政策支持等的变化而进行，因此城市群产业布局协调发展水平呈现波浪式的变化（成德宁，2011）。其次，随着全球产业链的重组，一些城市群成功地将自己融入全球产业链中，而一些城市群则面临脱钩的风险。这导致了城市群之间和城市群内部的产业布局发生了波动，从而影响了其协调发展水平（沈立、倪鹏飞，2022）。同时，与全球化相伴随的是区域经济一体化的加速。随着区域经济合作的加深，一些城市群的产业布局得到了优化，而一些城市群则面临着重新定位的压力，这也为城市群产业布局协调发展水平的波浪式增长提供了理论依据（张潇冉等，2023）。

第二，中国城市群的产业布局协调发展水平在空间上具有差异性，主要是由于各地区在经济结构、资源禀赋、发展历史和政策环境等方面存在的显著差异。首先，从资源和能源禀赋的角度看，不同地区因为自身的地理和自然条件，导致资源和能源的分布有所偏向。东部沿海地区由于其独特的地理位置，拥有更为便捷的外部交流条件，从而在全球化和外贸方面拥有了先发优势。这使得其产业布局中高附加值产业和外向型产业比例较大，与此形成鲜明对比的是中西部地区，这些地方更多依赖于资源开采和农业，产业结构相对偏向初级（泥霓等，2022）。其次，不同地区由于其历史上的发展路径，形成了各自的产业基因（马胜春，2014）。例如，东部的苏浙沪地区早期就形成了较为完善的市场体系和商业网络，而东北地区由于其重工业的历史背景，产业结构相对僵化。最后，过去几十年中，政府实施的区域发展策略为东部地区提供了一个更加开放和有利的政策环境，这使得东部地区得以快速吸引国内外资本，推动产业结构的快速升级（戴一鑫等，2021）。而中西部地区虽然在近些年也受益于一系列的"西部大开发"和"中部崛起"等政策，但其起点相对较低，产业升级的步伐相对较慢（贾兴梅等，2015）。

### 6.2.3.3　政策含义

实施城市群产业布局协调发展战略，对提升中国各区域间发展协同性、拓展区域发展新空间、推动构建现代化经济体系具有重大战略意义。城市发展的主流和大趋势是城市群，城市群也是产业发展的载体和内容。中国城市群产业布局体系优化政策制定要基于城市群产业发展的现实情况，从全局的角度进行宏观考虑。本书通过对中国城市群产业协调发展水平测算以及产业布局系统范围的识别，发现中国城市群产业布局空间优化存在着很大的障碍，其中最为突出的问题为内部各类城市间的产业发展状况差异性较大，城市群内部各城市职能定位不明晰，战略规划不匹配或者实现的必要条件满足难度较大。在中国城市群产业空间布局战略规划的制定和实施过程中，必须要从实际出发，对城市群内部各城市产业发展状况进行深层次评估和全局评价，贯彻重点论和两点论，在此基础上对城市群产业空间布局发展统筹规划，制定重点化和特色化并重、全局性特点突出的城市群产业发展战略规划。对中国城市群产业布局发展格局优化的第一任务是从宏观出发、从全局着眼，对总体区域产业发展战略规划以及具体的实施方案进行制定和完善，梳理城市群内部各城市的产业职能定位以及彼此之间的发展关系。实现产业城市群区域发展网络的构建，加强城市之间的产业联系，这是实现产业一体化发展的重要环节，有助于推动城市群内部各城市、城市群之间的经济交流，提高各类要素资源在城市群内部城市之间、城市群之间的自由流动效率。

本书对中国城市群产业布局指标体系的构建以及发展规律的测算分析，可以为国家制定区域发展规划及发展评估指标提供参考。中国城市群产业布局时空优化要合理推动资源要素的空间流动，既要防止大城市发展对周边产业的虹吸效应，又要重视产业发展优良的城市对周边城市的带动和辐射作用，要寻找最优发展点。要解决中国城市群内部大中小城市产业协调发展的问题，利用耦合度模型和一体化发展测度模型对城市群的产业空间布局结构进行科学合理的有效测算，基于现实情况对城市群内部各城市的产业布局空间结构特征进行测算评估，进而推动有序合理的产业结构升级与产业发展转型。将空间与产业发展相联系，将城市空间的利用效率提升，发掘更大的产业潜力，发挥各自城市的产业比较优势，实现城市群产业布局空间网络结构形成与优化。本书对中国城市群产业空间布局结构和城市群产业发展水平演化规律的研究，为指导城市群进行产业空间布局结构优化，评估城市群产业布局空间结构演化方向提供了实证依据。

## 6.3　基于 POI 大数据的西部城市群产业空间分布特征及影响因素研究

### 6.3.1　研究目的与方法

#### 6.3.1.1　研究目的

"十四五"规划和 2035 年远景目标纲要提出："坚持走中国特色新型城镇化道路，深入推进以人为核心的新型城镇化战略，以城市群、都市圈为依托促进大中小城市和小城镇协调联动、特色化发展，使更多人民群众享有更高品质的城市生活。"城市作为区域人口、产业和要素资源的聚集地，是区域经济发展的主要推动力，也是经济社会发展的"火车头"，具备较强的辐射带动作用。现阶段，产业发展作为城市赖以生存和发展的基础和动力源，取得了较大进步，以城市为载体的产业集群发展模式普遍形成，但城市群产业布局协调发展仍面临许多问题。首先，相较于我国经济发展水平，城市间的产业发展水平明显滞后，城市群整体功能规划不完善，城市群内城市发展呈现分散无序建设和产业的严重同质化现象；其次，中心城市集聚功能与辐射功能不明显，产业集群创新能力不足，具有国际影响力的产业群较少，协调发展推进缓慢；最后，产业集群缺乏合作共赢机制，城市间的相互恶性竞争导致资源浪费和产能过剩，危害到经济发展效率。综合以上政策需求及现实困境可以看出，在"两横三纵"城镇化格局下，准确把握城市群产业空间分异特征及影响因素，找准城市群产业分布模式，针对性优化城市群产业体系，是未来充分发挥城市的"火车头"作用，推动我国经济高质量发展的关键，具有重要的现实意义。

国外关于城市群的研究较少，更多的是从全球或区域性产业的区位格局、产业结构、产业集群、产业时空演化等角度进行研究和分析。而我国对于城市群产业发展的研究已有近20年的时间，较早可以追溯到2003年，张祥建等人通过分析长三角城市群空间结构演化的产业机理，认为交通网络、商品网络、技术网络、资金网络、人才网络和信息网络是大中小城市间紧密联系的媒介，使不同层次、不同结构和不同功能的大中小城市形成相互分工、互补、交流和竞争的城市群体系。随着研究的不断深入，目前该领域的研究主要集中在城市群产业集聚、产业结构、产业分工等方面，例如：王艳华等（2020）运用核密度分析方法讨论了我国金融产业的空间格局，再运用地理探测器模型，分析了我国金融产业集聚的影响因素。付丽娜等（2020）以环长株潭城市群为研究区域，运用面板向量自回归模型分析了产业结构合理化指数、产业结构高度化指数和新型城镇化指数之间的交互影响机制，克服了变量间的内生性问题。谭锐（2020）从理论和实证两个方面分析了粤港澳大湾区和旧金山湾区的城市分工的形成机制和水平差异。可以看出，目前城市群产业发展的相关研究已经较为丰富，但在研究对象以及研究方法两方面还存在一定局限性：一方面，以往研究主要从产业发展状况的角度讨论问题，忽视了产业空间结构的分异性对城市群发展的重要作用，缺少对城市群的产业空间特征进行系统整理与分类后进行空间分布研究；另一方面，研究方法多为传统的计量分析，缺少GIS空间分析与现代大数据方法的结合。为此，本书运用大数据、GIS空间分析以及地理探测器等方法进行研究。其中，大数据事实、快速、高效的特点使其能够避免传统官方数据更新较慢、易缺失等问题，提高研究精度；地理探测器与传统计量方法相比，能够有效探测空间分异性，并解释其背后驱动力。综上，基于POI大数据分析中国城市群产业空间分布特征，并运用地理探测器分析其影响因素，具有重要理论意义。

在已有研究的基础上，本书希望能在如下方面作出边际贡献。第一，以往城市群产业方面的研究对象主要是产业集聚、产业结构以及产业分工，将产业空间分布特征作为研究对象的研究较少，本书探究中国城市群产业空间分布的基本模式，获取分布特征，研究其影响因素。第二，本书基于POI大数据对中国城市群的产业空间分布特征进行分析，能够克服传统官方数据的缺陷，厘清各城市群的产业分布模式，为找准城市群产业定位提供参考。第三，采用地理探测器探测中国城市群三次产业的空间分异性，揭示中国城市群产业空间分布格局的背后驱动因子。因此，基于POI大数据的中国城市群产业的空间特征及影响因素研究具有重要的理论和现实意义。

### 6.3.1.2　研究方法

平均最近邻法：根据平均最近邻算法得到的最近邻比率（Nearest Neighbor Ratio，NNR）可以用来判断要素在某区域内是否聚集，不同要素在同一区域的聚集程度如何。计算公式如下：

平均预期距离：

$$\overline{D}_E = \frac{0.5}{\sqrt{n/S}} \tag{6-20}$$

其中，$\overline{D}_E$ 是平均预期距离，样本量为n，研究区域面积为S。平均预期距离是随机分布中领域间的平均距离。

实际平均观测距离：

$$\overline{D}_O = \frac{\sum_{i=1}^{n} d_i}{n} \tag{6-21}$$

其中，$\overline{D}_O$ 是实际平均观测距离，$d_i$ 表示第i个要素与其最近要素质心之间的距离。

平均最近邻比率：

$$ANN = \frac{\overline{D}_O}{\overline{D}_E} \qquad (6-22)$$

若 ANN < 1，就表示要素在空间上是聚集的；若 ANN > 1，则表示要素在空间上是离散的；ANN 越接近 1，则表示要素在空间上是随机分布的；ANN 越接近 0，则表示要素的聚集程度越高，聚集现象越明显。

核密度分析：运用核密度分析工具计算要素在其周围邻域中的密度，探析要素在空间的聚集规律，判断其空间结构类型。计算公式如下：

$$H_n(x) = \frac{1}{nr} \sum_{i=1}^{n} f\left(\frac{x - x_i}{r}\right) \qquad (6-23)$$

其中，x 表示要素的位置，n 为样本个数，r 表示以要素 x 为圆心形成的圆形区域的半径，$x_i$ 则表示圆形区域内的要素位置，f 为核函数。

标准差椭圆：标准差椭圆是依据要素坐标位置计算出的圆心、旋转角度和 x、y 轴长度计算得出的一个椭圆。运用标准差椭圆度量要素的分布趋势和方向，椭圆的短半轴表示要素分布的范围，长半轴表示要素的分布方向，短半轴越短，表示要素的向心力越强；同时，长半轴与短半轴的差越大，说明要素的方向性越显著，反之则不显著。计算公式如下：

旋转角度：

$$\tan\theta = \frac{\left(\sum_{i=1}^{n} \Delta x_i^2 - \sum_{i=1}^{n} \Delta y_i^2\right) + \sqrt{\left(\sum_{i=1}^{n} \Delta x_i^2 - \sum_{i=1}^{n} \Delta y_i^2\right)^2 + 4\left(\sum_{i=1}^{n} \Delta x_i \Delta y_i\right)^2}}{2\sum_{i=1}^{n} \Delta x_i \Delta y_i} \qquad (6-24)$$

其中，θ 表示旋转角度，$\Delta x_i$、$\Delta y_i$ 表示圆心与第 i 个要素的坐标差。

圆心坐标：

$$SDE_x = \sqrt{\frac{\sum_{i=1}^{n} (x_i - \overline{X})^2}{n}} \qquad (6-25)$$

$$SDE_y = \sqrt{\frac{\sum_{i=1}^{n} (y_i - \overline{Y})^2}{n}} \qquad (6-26)$$

$SDE_x$ 与 $SDE_y$ 分别代表了圆心的横坐标与纵坐标，$x_i$、$y_i$ 表示第 i 个要素的横坐标与纵坐标，$\overline{X}$、$\overline{Y}$ 是算术平均中心。

x、y 轴长：

$$\sigma_x = \sqrt{2} \sqrt{\frac{\sum_{i=1}^{n} (\tilde{x}_i \cos\theta - \tilde{y}_i \sin\theta)^2}{n}} \qquad (6-27)$$

$$\sigma_y = \sqrt{2} \sqrt{\frac{\sum_{i=1}^{n} (\tilde{x}_i \sin\theta + \tilde{y}_i \cos\theta)^2}{n}} \qquad (6-28)$$

其中，$\tilde{x}_i$、$\tilde{y}_i$ 是平均中心和 xy 坐标的差。

局部莫兰指数：局部莫兰指数可以探析要素在空间上的具体聚集现象，判断相邻区域的空间联系形式。主要有四种空间联系形式，分别为：高观测值区域单元被高值区域包围、高观测值区域单元被低观测值包围、低观测值区域单元被高值区域包围和低观测值区域单元被低值区域包围。其计算公式如下：

$$I = Z_i \sum_{j \neq 1}^{n} W_{ij} Z_j \qquad (6-29)$$

其中，I 表示局部莫兰指数，$Z_i$、$Z_j$ 表示各区域标准化后的观测值，$W_{ij}$ 表示要素 i 与要素 j 的空间权重。

地理探测器：地理探测器是基于统计学原理探测因变量与自变量间空间关系的一种新分析工具，由分异及因子探测、交互作用探测、风险区探测和生态探测 4 部分组成。其中，分异及因子探测主要用于探测因变量的空间分异性及自变量对因变量空间分异性的解释能力程度；交互作用探测主要用于探测不同自变量间的共同作用是否会改变对因变量空间分异性的解释能力；风险区探测主要用于判断两个子区域间的属性是否存在明显差异；生态探测主要用于比较不同自变量对因变量空间分布的影响是否有显著的差异。

本书重点研究分异及因子探测和交互作用探测，这两种探测器均使用 q 值来度量。其计算步骤为，先将因变量 Y 与自变量 X 分为 h 层（$h = 1, \cdots, L$），计算层 h 和全区的 Y 值的方差 $\sigma_h^2$ 和 $\sigma^2$，最后计算 q 值来度量自变量 Y 的空间分异性，其表达式为：

$$q = 1 - \frac{\sum\limits_{h=1}^{L} N_h \sigma_h^2}{N \sigma^2} = 1 - \frac{SSW}{SST} \tag{6-30}$$

其中，$q \in [0, 1]$，SSW 是层内方差之和，SST 是全区总方差，q 值越大则表示因变量 Y 的空间分异性越明显，自变量 X 对 Y 的空间分异性的解释能力越强。

交互作用探测首先需要计算两个不同自变量的 q 值——$q(X_1)$ 和 $q(X_2)$，再计算它们交互时的 q 值——$q(X_1 \cap X_2)$，通过比较 $q(X_1)$、$q(X_2)$ 和 $q(X_1 \cap X_2)$ 来识别不同自变量之间的交互作用，交互作用类型如表 6 – 29 所示。

表 6 – 29　　　　　　　　　　　　两个自变量对因变量的交互作用类型

| 判断依据 | 交互作用 |
| --- | --- |
| $q(X_1 \cap X_2) < \mathrm{Min}(q(X_1), q(X_2))$ | 非线性减弱 |
| $\mathrm{Min}(q(X_1), q(X_2)) < q(X_1 \cap X_2) < \mathrm{Max}(q(X_1), q(X_2))$ | 单因子非线性减弱 |
| $q(X_1 \cap X_2) > \mathrm{Max}(q(X_1), q(X_2))$ | 双因子增强 |
| $q(X_1 \cap X_2) = q(X_1) + q(X_2)$ | 独立 |
| $q(X_1 \cap X_2) > q(X_1) + q(X_2)$ | 非线性增强 |

### 6.3.1.3　数据来源与预处理

产业 POI 大数据：城市群产业空间特征分析采用的数据来源于 EasyPoi 软件在百度地图上爬取的 2021 年 10 月份的 POI 数据。根据《国民经济行业分类 GB/T 4754—2017》中的行业划分标准，将数据划分进三次产业中，如表 6 – 30 所示，经过去重、筛选等清洗过程，可用数据共计 3541.8 万条。

表 6 – 30　　　　　　　　　　　　　　POI 行业划分体系

| 产业类型 | 编号 | 行业分类 | POI 类型 |
| --- | --- | --- | --- |
| 第一产业 | 11 | 农、林、牧、渔业 | 农林牧渔基地 |
| 第二产业 | 21 | 采矿、制造、建筑业 | 工厂、矿产公司、机械电子、医药公司、冶金化工、建筑公司、广告装饰 |
| 第三产业 | 31 | 批发和零售业 | 购物服务、汽车销售、摩托车销售、商业贸易 |
|  | 32 | 住宿和餐饮业 | 住宿服务、餐饮服务 |
|  | 33 | 信息传输、软件和信息技术服务业 | 网络科技 |

| 产业类型 | 编号 | 行业分类 | POI 类型 |
|---|---|---|---|
| 第三产业 | 34 | 金融业 | 金融保险服务 |
| | 35 | 房地产业 | 商务住宅 |
| | 36 | 科教和文化服务业 | 科教文化服务 |
| | 37 | 卫生 | 医疗保健服务 |
| | 38 | 体育和娱乐业 | 体育休闲服务 |
| | 39 | 交通运输业 | 交通设施服务 |
| | 310 | 居民服务业、修理业 | 生活服务、汽车维修、汽车服务、摩托车维修 |
| | 311 | 公共管理、社会保障和社会组织 | 政府机构及社会团体 |

影响因素数据：城市群产业空间分异性的影响因素研究中，通过梳理近年来与产业相关的文献，结合前人的研究将影响产业分布的因素分为 4 个方面，分别是地理位置因素、自然因素、人口因素和社会经济因素，并选定了 7 个代理变量，分别为地理位置分布、年降水量、年均温度、人口密度、城镇居民人均可支配收入、GDP 和路网密度，如图 6 - 17 所示。

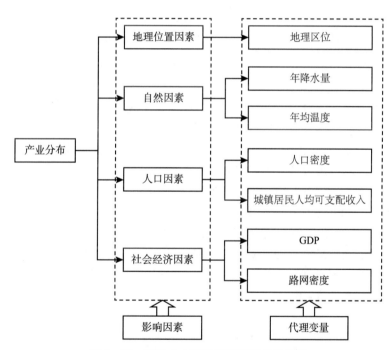

**图 6 - 17　产业分布影响因素及其代理变量**

地理位置因素是影响产业分布的基本影响因素，特别是第一产业，不同的地理位置就会有不同的自然资源条件，如东部的水资源较丰富，有利于水产业的发展；西部地区立体气候明显，地理位置特殊，则更适合畜牧业的发展。本书将地理位置按照城市群的划分体系细分为东部、中部、西部和东北部。

自然因素对第一产业有决定性因素，因为农林牧渔业对气候和水土条件要求非常高，种植或养殖的产品需要在适宜的自然环境下生存，其对第二产业中以农产品为原料的轻工业和食品工业具有较大的影响作用，为了保证产品的质量和节约生产成本，以农产品为原料的轻工业或食品工业往往驻扎在原料生产区周边地区。自然因素还对第三产业的旅游业具有较大的影响作用，风景迷人，气候舒适是吸引游客的一大亮点，本书用 2020 年年均降水量和年均温度来表示自然因素，数据来源于气象数据中心。

　　人口因素中，人作为生产者或消费者均对各产业带来巨大的影响，如人口较密集的城市群，劳动密集型产业更多，城镇居民人均消费水平越高则服务业会越聚集。本书用 2020 年人口密度和城镇居民人均可支配收入来表示人口因素，数据来源于 Worldpop 平台、各市国民经济和社会发展统计公报和政府网站。

　　社会经济因素则考虑到城市群的经济实力也是各产业是否聚集的重要影响因素，本书采用GDP 来反映城市群的经济实力水平。路网密度能反映城市群的运输能力水平和流通能力水平，运输和流通能力较强的城市群往往产业分布得更密集。本书用 2020 年 GDP 和路网密度来表示社会经济因素，资料来源于中国科学院、各市国民经济和社会发展统计公报和政府网站。

　　由于数据的不可获取性，城市群产业空间分异性影响因素的研究数据中不包含县区级行政区、香港特别行政区和澳门特别行政区。

### 6.3.2　测算结果与空间分析

#### 6.3.2.1　城市群产业空间分布的基本模式

　　首先，对城市群产业聚散特征及宏观分布格局进行分析。

　　城市群各产业是否聚集，在空间上的聚集程度如何是研究城市群产业空间分布的前提，运用平均最近邻算法和核密度分析，计算各城市群各产业的最近邻指数和各产业要素在其周围邻域中的密度，结果显示各城市群各产业的 NNI 均小于 1，说明各产业在各城市群中都存在着聚集现象；各个城市群的第三产业 NNI 普遍高于第一、二产业，即第三产业在各城市群的聚集程度最高。天山北坡和兰西城市群的各产业的 NNI 均远小于 1，说明各产业在该城市群的聚集程度较高，这与其地理位置有较强的关联，天山北坡和兰西城市群地广人稀，产业多集中于人口密度较大、资源丰富的地区，这也是导致产业聚集现象形成的因素之一。长江中游和中原的第一产业 NNI 均大于 0.5，说明聚集程度相较于第二、三产业较低，如表 6-31 所示。

　　其次，对城市群产业空间分布模式进行分类。

　　运用 ArcGis 软件，计算各城市群三次产业在其范围内的核密度，采用自然间断法将核密度划分为 1~8 级，结合河流、铁路干线和国道分布特征分析各城市群的产业空间分布规律和模式，并进行分类讨论和研究。通过研究发现，城市群产业空间分布的分布模式主要呈现连片集簇、多极核组团、带状分布和放射扩展类型，由此将产业空间分布划分为 4 种布局类型：集中团块型、分散组合型、线型和放射型，如表 6-19 所示。

表 6-31　　　　　　　　　　中国城市群三次产业平均最近邻比率

| 第一产业 | | 第二产业 | | 第三产业 | |
|---|---|---|---|---|---|
| 取值范围 | 城市群 | 取值范围 | 城市群 | 取值范围 | 城市群 |
| 0.376~0.452 | 天山北坡、滇中、兰西 | 0.153~0.172 | 天山北坡、兰西 | 0.069~0.079 | 天山北坡、兰西 |
| 0.453~0.513 | 宁夏沿黄、晋中、北部湾、珠三角 | 0.173~0.221 | 宁夏沿黄、哈长、呼包鄂榆、关中平原、滇中、北部湾 | 0.080~0.102 | 宁夏沿黄、呼包鄂榆、哈长、滇中、黔中、北部湾 |
| 0.514~0.553 | 呼包鄂榆、关中平原、京津冀、长三角、粤闽浙沿海 | 0.222~0.250 | 成渝、黔中、珠三角、粤闽浙沿海 | 0.103~0.128 | 关中平原、辽中南、珠三角、粤闽浙沿海 |

续表

| 第一产业 | | 第二产业 | | 第三产业 | |
|---|---|---|---|---|---|
| 取值范围 | 城市群 | 取值范围 | 城市群 | 取值范围 | 城市群 |
| 0.553~0.589 | 哈长、辽中南、山东半岛、成渝、黔中 | 0.251~0.295 | 京津冀、辽中南、晋中、长江中游、长三角 | 0.129~0.144 | 京津冀、成渝、长江中游、长三角、北部湾 |
| 0.590~0.638 | 中原、长江中游 | 0.295~0.340 | 中原、山东半岛 | 0.145~0.167 | 晋中、中原、山东半岛 |

从表6-32中可以看出，长三角、珠三角、京津冀的产业空间结构均为集中团块型，这类城市群均是沿海城市群，其高密度区多分布于沿海城市，且经济发展水平较高，铁路干线、国道、河流分布较多。山东半岛、长江中游、粤闽浙沿海均符合分散组合型的产业空间分布模式，如长江中游在空间上呈现特殊的"三角形"状分布，山东半岛拥有7个城市中心，是高密度区最多的城市群。宁夏沿黄、天山北坡和关中平原等城市群的产业空间分布模式均属于线型分布模式。该类城市群只有一个高密度区，均位于铁路干线与国道的交会中心，且都属于西部城市群。滇中是典型的一点多线的放射扩散模式，成渝、中原则是典型的多点多线的放射扩散模式，同属于放射型的城市群还有哈长、晋中、呼包鄂榆、黔中、兰西、辽中南和北部湾。

表6-32　　　　　　　　　　　　中国城市群产业空间分布类型

| 分布类型 | 空间分布模式特征 | 城市群 |
|---|---|---|
| 集中团块型 | 连片集簇：高密度区较多，密度区分布较密集，呈块状分布 | 长三角、珠三角、京津冀 |
| 分散组合型 | 多极核组团：拥有3个或3个以上的高密度区 | 山东半岛、长江中游、粤闽浙沿海 |
| 线型 | 带状分布：密度区多集中于铁路干线、河流两侧，呈带状分布 | 宁夏沿黄、天山北坡、关中平原 |
| 放射型 | 放射扩展：密度区沿着铁路干线和国道两侧分布，其他区域密度区较少且分布较为离散，总体呈现一点多线或多点多线的放射扩散模式 | 滇中、成渝、中原、哈长、晋中、呼包鄂榆、黔中、兰西、北部湾、辽中南 |

总体来看，产业空间分布类型中属于放射型分布模式的城市群最多，由于密度的分布规律与路网分布有着密切的联系，因此路网是划分城市群产业空间分布的重要依据。放射型和线型分布模式的密度区数量普遍少于分散组合型和集中团块型。从地理位置的角度看，西部城市群的产业空间分布类型均属于线型或放射型分布，且均只有一个高密度区，高密度区多位于铁路、国道和河流交会处，产业布局多依赖于路网体系和河流；东部城市群均属于集中团块型或分散组合型的产业空间分布类型，具有多个高密度区，且高密度区数量较多。从经济发展的角度看，经济发展水平较高的城市群均为集中团块型或分散组合型，其产业布局分布范围广、分布均匀且密度较大、路网体系十分成熟。经济发展水平较低的城市群的产业空间分布类型多属于线型或放射型，该类城市群产业聚集的程度较低。此外，单中心城市群的产业空间分布只有一个高密度区，双中心城市群的产业空间分布有多个高密度区，城市群的产业空间分布与城市群的空间结构划分保持一致。

#### 6.3.2.2　城市群产业空间分布的构成特征

综合考虑了城市群的区位特征，在每个类型中选择一个最具代表性的城市群进一步研究其产业空间分布特征。结合标准差椭圆和局部莫兰指数等方法，根据2020年中国第三产业统计年鉴公布的行业增加值及占GDP的比重情况，选择了第二产业及第三产业中占比最大的前6个产业，即批发和零售业、金融业、房地产业、公共管理、社会保障和社会组织、交通运输业来探究产业经济活动的集聚分布和发展方向。具体分析如下：

　　第一，集中团块型城市群产业空间分布特征。

　　集中团块型的代表城市群是京津冀城市群。京津冀城市群是中国的首都经济圈，是双中心城市群，拥有北京和天津两大中国中心城市，承载了京津冀协同发展的重大国家战略，打造世界级城市群的重大任务，是城市群建设的重点对象之一。总体来看，京津冀各产业均分布在中部、南部和东南部地区，除房地产业和交通运输业之外，其余产业的空间分布类型和特征与京津冀整体产业空间分布的分布模式一致，都呈现集中团块型的分布模式，各产业的向心力大致相同，产业分布方向均与京津冀城市群整体区域形状吻合，产业空间呈现"两头低，中间高"的聚集模式，如表6－33所示。

**表6－33　　　　　　　　　　　　　　　京津冀城市群行业空间分布特征**

| 分布特征 | 第二产业 | 房地产业 | 公共管理、社会保障和社会组织 | 交通运输业 | 金融业 | 批发和零售业 |
|---|---|---|---|---|---|---|
| 高高聚集 | 北京、天津、石家庄、保定、沧州、廊坊 | 天津 | 天津、保定 | 天津 | 天津、保定 | 石家庄、邯郸、邢台、保定 |
| 高低聚集 | | 北京、石家庄 | 北京、石家庄 | 北京、石家庄 | 北京、石家庄 | 北京、天津 |
| 低高聚集 | 张家口、衡水 | 保定、张家口、承德、沧州、廊坊 | 张家口、承德、廊坊 | 保定、张家口、承德、廊坊 | 张家口、承德、沧州、廊坊、衡水 | 张家口、承德、沧州、廊坊、衡水 |
| 低低聚集 | 唐山、秦皇岛、邯郸、邢台、承德 | 唐山、秦皇岛、邯郸、邢台、衡水 | 唐山、秦皇岛、邯郸、邢台、沧州、衡水 | 唐山、秦皇岛、邯郸、邢台、沧州、衡水 | 唐山、秦皇岛、邯郸、邢台 | 唐山、秦皇岛 |
| 空间分布类型 | 集中团块型 | 放射型 | 集中团块型 | 放射型 | 集中团块型 | 集中团块型 |
| 极核中心 | 北京、天津、石家庄 | 北京 | 北京 | 北京 | 北京、天津、石家庄 | 北京、天津、石家庄 |
| 标准差椭圆空间格局 | 北（略偏东）—南（略偏西） | 北（略偏东）—南（略偏西） | 北（略偏东）—南（略偏西） | 北（略偏东）—南（略偏西） | 北（略偏东）—南（略偏西） | 北（略偏东）—南（略偏西） |

　　具体来看，京津冀各产业空间分布特征主要表现在以下几个方面：一是第二产业、批发和零售业有3个城市中心聚集区，分别为北京、天津和石家庄，且产业聚集现象最显著，形成三角联动的产业驱动模式，带动周边地区的产业发展，对城市群整体产业空间特征的贡献较大；交通运输业和房地产业均以北京为城市中心，沿铁路干线向周围扩散，说明交通运输业与房地产业多依赖铁路干线进行分布的；而承德市与张家口市各产业分布较少，没有产业集聚的现象。二是各产业均具有较强的空间向心力，产业分布方向均为东北方向，与该城市群整体区域形状吻合。三是北京、天津和石家庄在各产业中均属于高高聚集或高低聚集的产业集聚现象，即这3个城市产业集聚现象最显著，而承德、张家口、秦皇岛属于低高聚集或低低聚集的产业集聚现象，即这3个城市产业集聚现象均不明显。

　　第二，分散组合型城市群产业空间分布特征。

　　分散组合型的代表城市群是长江中游城市群。长江中游城市群是国家重点开发区域，是促进中部地区崛起的中坚力量，是长江经济带重大国家战略的重要载体，在我国区域发展格局中占有重要地位，在其区域内河流和湖泊较多，是中部城市群中河流和湖泊最多的城市群，也因其独特的地理特点，形成了以武汉、长沙和南昌为城市中心的"三角形"产业分布格局。总体来看，各产业均有3个城市中心，分别是武汉、长沙和南昌；产业向心力和方向性均不显著，各城市中心均呈现高高聚集或高低聚集的产业集聚模式，如表6－34所示。

表 6 – 34　　　　　　　　　　　　　长江中游城市群行业空间分布特征

| 分布特征 | 第二产业 | 房地产业 | 公共管理、社会保障和社会组织 | 交通运输业 | 金融业 | 批发和零售业 |
|---|---|---|---|---|---|---|
| 高高聚集 | 南昌、九江、宜春、黄冈、株洲 | | 南昌、九江、宜春、抚州、宜昌、襄阳、黄冈、常德 | 宜春 | 南昌、九江、宜春、黄冈、株洲、湘潭、岳阳 | 南昌、九江、荆州、黄冈、株洲、衡阳、岳阳 |
| 高低聚集 | 吉安、上饶、武汉、襄阳、荆州、长沙、衡阳 | 南昌、九江、武汉、襄阳、长沙、衡阳 | 吉安、上饶、武汉、荆州、长沙、衡阳 | 南昌、吉安、武汉、宜昌、长沙、常德 | 吉安、上饶、武汉、宜昌、襄阳、长沙、衡阳 | 吉安、上饶、武汉、宜昌、襄阳、长沙、常德 |
| 低高聚集 | 景德镇、萍乡、新余、鹰潭、抚州、黄石、鄂州、孝感、咸宁、仙桃、湘潭、岳阳、益阳、娄底 | 萍乡、宜春、黄石、鄂州、孝感、荆州、黄冈、咸宁、仙桃、株洲、湘潭、岳阳、益阳、娄底 | 景德镇、萍乡、新余、鹰潭、黄石、鄂州、孝感、咸宁、仙桃、株洲、湘潭、岳阳、益阳、娄底 | 萍乡、九江、新余、抚州、黄石、鄂州、孝感、荆州、黄冈、咸宁、仙桃、株洲、湘潭、岳阳、益阳、娄底 | 景德镇、萍乡、新余、鹰潭、抚州、黄石、鄂州、孝感、荆州、咸宁、仙桃、益阳、娄底 | 景德镇、萍乡、鹰潭、宜春、抚州、黄石、鄂州、孝感、咸宁、仙桃、湘潭、益阳、娄底 |
| 低低聚集 | 宜昌、荆门、潜江、天门、常德 | 景德镇、新余、鹰潭、吉安、抚州、上饶、宜昌、荆门、潜江、天门、常德 | 荆门、潜江、天门 | 景德镇、鹰潭、上饶、襄阳、荆门、潜江、天门、衡阳 | 荆门、潜江、天门、常德 | 新余、荆门、潜江、天门 |
| 空间分布类型 | 分散组合型 | 分散组合型 | 分散组合型 | 分散组合型 | 分散组合型 | 分散组合型 |
| 极核中心 | 武汉、南昌、长沙 | 武汉、南昌、长沙 | 武汉、南昌、长沙 | 武汉、南昌、长沙 | 武汉、南昌、长沙 | 武汉、南昌、长沙 |
| 标准差椭圆空间格局 | 西北—东南 | 西北—东南 | 西北—东南 | 西北—东南 | 西北—东南 | 西北—东南 |

具体来看，长江中游各产业空间分布特征主要表现在以下几个方面：一是各产业核密度分布均以省会城市为城市中心形成组团并向外围扩散，各产业均表现出分散组合型结构，对城市群整体产业空间结构的贡献较大。其中，公共管理、社会保障和社会组织行业的分布区域最广；交通运输业以各省会城市为城市中心，沿铁路干线向周围扩散，说明交通运输业多依赖铁路干线进行分布。二是各产业的空间向心力均不明显，产业分布方向均为西北方向，与该城市群整体区域形状吻合，但方向性不明显，特别是交通运输业，标准差椭圆近乎一个圆形。三是武汉、长沙和南昌在各产业中均属于高高聚集或高低聚集的产业集聚现象，即这 3 个城市产业集聚现象最显著，且对相邻城市的产业发展有一定的辐射带动能力，低低聚集区域主要集中在城市群边界城市。其中，第二产业、公共管理、社会保障和社会组织、金融业和批发和零售业的高高（低）聚集区多于低低（高）聚集区。

第三，线型城市群产业空间分布特征。

线型代表城市群为宁夏沿黄城市群，宁夏沿黄城市群是西部城市群中的重点建设城市群之一，是全国重要的能源化工、新材料基地，但其目前经济发展在所有城市群中还处于落后阶段。总体来看，产业分布多集中于城市群北部地区，南部地区产业分布较少，各行业的分布方向均为东北方向，且均具备较强的向心力，产业空间呈现"两头低，中间高"的聚集模式，如表 6 – 35 所示。

表6-35　　　　　　　　　　　　　　　宁夏沿黄城市群行业空间分布特征

| 分布特征 | 第二产业 | 房地产业 | 公共管理、社会保障和社会组织 | 交通运输业 | 金融业 | 批发和零售业 |
|---|---|---|---|---|---|---|
| 高高聚集 | | | | | | |
| 高低聚集 | 银川 | 银川 | 银川 | 银川 | 银川 | 银川 |
| 低高聚集 | 石嘴山、吴忠 | 石嘴山、吴忠 | 石嘴山、吴忠 | 石嘴山、吴忠 | 石嘴山、吴忠 | 石嘴山、吴忠 |
| 低低聚集 | 中卫 | 中卫 | 中卫 | 中卫 | 中卫 | 中卫 |
| 空间分布类型 | 线型 | 线型 | 线型 | 线型 | 线型 | 线型 |
| 极核中心 | 银川 | 银川 | 银川 | 银川 | 银川 | 银川 |
| 标准差椭圆空间格局 | 北（略偏东）—南（略偏西） | 北（略偏东）—南（略偏西） | 北（略偏东）—南（略偏西） | 北（略偏东）—南（略偏西） | 北（略偏东）—南（略偏西） | 北（略偏东）—南（略偏西） |

　　具体来看，其空间分布特征主要表现在以下几方面：一是各行业均以银川市形成城市中心，沿着河流和铁路干线形成多个小型极核，其中，公共管理、社会保障和社会组织在银川市形成一个较大的团块状聚集区域，而其第二产业、房地产业等其他5个行业的团块较小。二是各行业的向心力明显且差距不大，方向性显著；各行业的分布方向均为东北方向，与城市群整体区域形状吻合，方向性最明显的是公共管理、社会保障和社会组织，最不明显的是交通运输业和房地产业。三是各行业的产业集聚现象均保持一致，均不存在高高聚集区，进一步验证了银川市是宁夏沿黄城市群中唯一的城市中心这一结论，由于产业多集聚在银川市，其他地区产业分布较松散，与银川市差距较大，因此无法形成高高聚集区。由此说明银川市作为各产业的聚集中心，对外扩散能力还有待提升，提高对周围城市的产业发展的积极促进作用。

　　第四，放射型城市群产业空间分布特征。

　　放射型代表城市群为成渝城市群，成渝城市群是西部城市群中的国家级城市群之一，是全国"两横三纵"的重要交会地带，交通网络发达，交通体系完善，是西部大开发的重要平台。总体来看，产业分布多集中于城市群中部地区，以重庆和成都为城市中心向中部扩散，各行业的分布方向为西北方向或正东方向，行业向心力无太大差距，产业空间分布呈现"两边高，中间低"的聚集模式，如表6-36所示。

表6-36　　　　　　　　　　　　　　　成渝城市群行业空间分布特征

| 分布特征 | 第二产业 | 房地产业 | 公共管理、社会保障和社会组织 | 交通运输业 | 金融业 | 批发和零售业 |
|---|---|---|---|---|---|---|
| 高高聚集 | | | | | | |
| 高低聚集 | 重庆、成都 | 重庆、成都 | 重庆、成都、南充 | 重庆、成都 | 重庆、成都 | 重庆、成都、眉山 |
| 低高聚集 | 泸州、德阳、遂宁、内江、广安、达州、雅安、资阳 | 泸州、德阳、遂宁、内江、眉山、广安、达州、雅安、资阳 | 泸州、德阳、遂宁、内江、广安、达州、雅安、资阳 | 泸州、德阳、遂宁、内江、眉山、广安、达州、雅安、资阳 | 泸州、德阳、遂宁、内江、广安、达州、雅安、资阳 | 泸州、德阳、遂宁、内江、广安、达州、雅安、资阳 |
| 低低聚集 | 自贡、绵阳、乐山、南充、眉山、宜宾 | 自贡、绵阳、乐山、南充、宜宾 | 自贡、绵阳、乐山、眉山、宜宾 | 自贡、绵阳、乐山、南充、宜宾 | 自贡、绵阳、乐山、南充、眉山、宜宾 | 自贡、绵阳、乐山、南充、宜宾 |
| 空间分布类型 | 放射型 | 放射型 | 集中团块型 | 放射型 | 放射型 | 放射型 |

续表

| 分布特征 | 第二产业 | 房地产业 | 公共管理、社会保障和社会组织 | 交通运输业 | 金融业 | 批发和零售业 |
|---|---|---|---|---|---|---|
| 极核中心 | 成都、重庆 | 成都、重庆 | 成都、重庆 | 成都、重庆 | 成都、重庆 | 成都、重庆 |
| 标准差椭圆空间格局 | 东（略偏南）—西（略偏北） | 东（略偏南）—西（略偏北） | 东—西 | 东（略偏南）—西（略偏北） | 东—西 | 东—西 |

具体来看，其空间分布特征主要表现在以下几方面：一是成都是成渝城市群的第一城市中心，在其周围形成了一个较大的密集团块状区域，重庆是第二城市中心，除公共管理、社会保障和社会组织之外的行业均沿着国道形成多个小型极核两侧分布，呈放射型结构，对城市群整体产业空间结构的贡献较大，而公共管理、社会保障和社会组织形成了片状的空间分布特征，更符合集中团块型的产业空间分布类型。二是各行业的向心力明显且差距不大，方向性显著。第二产业、房地产业和交通运输业的行业分布方向为西北方向，与重庆和成都两市的连线方向吻合，其他行业的分布方向为正东方向。三是各行业的产业集聚现象均保持一致，均不存在高高聚集区，重庆和成都属于高（低）聚集区，低低聚集区分布在城市群北边界和西南边界处。由此说明城市中心的对外扩散能力还有待提升，需加强提高对周围城市产业发展的积极促进作用。

### 6.3.2.3　城市群产业空间分布的影响因素探测

前面研究详细探讨了城市群的产业空间分布特征，将19个城市群分为4种空间分布类型，并结合河流、铁路干线、国道等信息分析城市群的产业空间分布特点，发现城市群产业空间分布具有空间分异性，运用地理探测器模型，可以深入探析各因素与产业的空间分异性的关系，以及识别哪些因素对产业的空间分异性影响较大，从而有针对性地为产业空间结构的优化提供有效参考。

在进行地理探测器计算前，先要将各影响因子进行离散化处理，本书运用 SPSS 25 软件，采用系统聚类法将各影响因子进行客观科学的分类，将路网密度分为5类、人口密度分为7类、GDP分为3类、城镇居民人均可支配收入分为5类、年降水量分为3类、年均温度分为4类，地理位置根据城市群的划分分为东部、西部、中部和东北部，再用地理探测器软件探测各产业的空间分异性，进而提高空间分异探测结果的可靠性。

首先，进行产业空间分布的单因子探测。

分别统计出各城市群第一、二、三产业的点数量，结合7种影响因子对其进行单因子分析，得到了各影响因子对各产业空间分异的解释能力 q 值，如表 6 - 37 所示。

表 6 - 37　　　　　　　　　　　　　　　单因子探测结果

| 影响因子 | 第一产业 | | 第二产业 | | 第三产业 | |
|---|---|---|---|---|---|---|
| | q 值 | p 值 | q 值 | p 值 | q 值 | p 值 |
| 地理位置类型 | 0.4265 | 0.1207 | 0.6045 | 0.0166 * | 0.5647 | 0.0325 * |
| 年降水量 | 0.3969 | 0.0497 * | 0.3097 | 0.1058 | 0.3681 | 0.0635 |
| 年均温度 | 0.5403 | 0.0499 * | 0.3346 | 0.2408 | 0.4637 | 0.1000 |
| 人口密度 | 0.8812 | 0.0067 * | 0.9551 | 0.0000 * | 0.8812 | 0.0095 * |
| 城镇居民人均可支配收入 | 0.4430 | 0.3103 | 0.8507 | 0.0000 * | 0.5682 | 0.1626 |

| 影响因子 | 第一产业 | | 第二产业 | | 第三产业 | |
|---|---|---|---|---|---|---|
| | q 值 | p 值 | q 值 | p 值 | q 值 | p 值 |
| GDP | 0.4842 | 0.0667 | 0.7321 | 0.0025 * | 0.6620 | 0.0096 * |
| 路网密度 | 0.2040 | 0.6266 | 0.1206 | 0.7982 | 0.2070 | 0.6201 |

注：＊表示在 10% 水平上显著。

对于第一产业而言，对其产业布局的空间分异解释力最大的是人口密度（0.8812），解释力最弱的是路网密度（0.2040），解释力由大至小的排序为：人口密度（0.8812）＞年均温度（0.5403）＞GDP（0.4842）＞城镇居民人均可支配收入（0.4430）＞地理位置类型（0.4265）＞年降水量（0.3969）＞路网密度（0.2040）。其中，人口密度、年均温度、年降水量通过了 5% 的显著性检验，且人口密度和年均温度的解释率超过 50%，由此可知，人口密度和年均温度是第一产业空间分异的主影响因子，年降水量是第一产业空间分异的重要影响因子，而路网密度对第一产业布局的空间分异性的影响较弱。

对于第二产业而言，对其产业布局的空间分异解释力最大的是人口密度（0.9551），解释力最弱的是路网密度（0.1206），解释力由大至小的排序为：人口密度（0.9551）＞城镇居民人均可支配收入（0.8507）＞GDP（0.7321）＞地理位置类型（0.6045）＞年均温度（0.3346）＞年降水量（0.3097）＞路网密度（0.1206）。其中，人口密度、城镇居民人均可支配收入、GDP 和地理位置类型均通过了 5% 的显著性检验，且解释率均超过 50%，由此可知，人口密度、城镇居民人均可支配收入、GDP 和地理位置类型是第二产业空间分异的主影响因子，而路网密度对第二产业布局的空间分异性的影响较弱。

对于第三产业而言，对其产业布局的空间分异解释力最大的是人口密度（0.8812），解释力最弱的是路网密度（0.2070），解释力由大至小的排序为：人口密度（0.8812）＞GDP（0.6620）＞城镇居民人均可支配收入（0.5682）＞地理位置类型（0.5647）＞年均温度（0.4637）＞年降水量（0.3681）＞路网密度（0.2070）。其中，人口密度、GDP 和地理位置类型均通过了 5% 的显著性检验，且解释率均超过 50%，由此可知，人口密度、GDP 和地理位置类型是第三产业空间分异的主影响因子，而路网密度对第三产业布局的空间分异性的影响较弱。

由以上结果可知，人口密度是各产业布局空间分异性的最重要影响因素，人口密度大的地区，往往具备较充足的劳动力，劳动力是各产业聚集、转型、优化的重要动力；同时，人口密度也是提升需求的主要因素，因此，无论是第一产业还是第二、三产业，人口密度对其分布均产生显著的影响是有迹可循的。影响力最弱的是路网密度，这可能是由于各城市群的路网体系都比较成熟，没有太大的差距，高速发展的中国，依然十分重视"想致富，先修路"的理念，加强全国的道路体系建设，完善交通基础设施，形成了发达的交通网络体系，促进了各城市间的经济文化流通，各城市群也形成了较成熟的路网体系，路网密度差距较小。第一产业布局空间分异性的主要影响因子还有自然因素，农林牧渔业是"靠天吃饭"的产业，农作物对于气候的要求较高，因此只能在适宜的环境下生存，既能保证产品质量又能够节约生产成本。第二、三产业布局空间分异性的主要影响因子还有社会经济因素和地理位置因素，第二产业的采矿业和第三产业的旅游业均受地理位置因素的制约，第二、三产业与经济发展是相互促进相互发展的关系，经济发展能够促进人们的物质需求提升和消费水平的提高，从而加大第二、三产业总量，进而又促进产业效益提升，经济快速发展。

其次，进行产业空间分布的因子交互探测。

交互作用探测能探测不同影响因子间的共同作用是否会改变对各产业布局空间分异性的解释能力，又或者这些影响因子对产业布局空间分异性的影响是否是相互独立的，各探测结果如表 6－38 所示。

表 6 - 38　　　　　　　　　　　　　　　　因子交互作用探测结果

| 产业类型 | 影响因子 | 地理位置类型 | 年降水量 | 年均温度 | 人口密度 | 城镇居民人均可支配收入 | GDP | 路网密度 |
|---|---|---|---|---|---|---|---|---|
| 第一产业 | 地理位置类型 | 0.4265 | | | | | | |
| | 年降水量 | 0.6906↗ | 0.3969 | | | | | |
| | 年均温度 | 0.9258↗ | 0.8146↗ | 0.5403 | | | | |
| | 人口密度 | 0.9644↗ | 0.9097↗ | 0.9239↗ | 0.8812 | | | |
| | 城镇居民人均可支配收入 | 0.6667↗ | 0.6209↗ | 0.9495↗ | 0.9266↗ | 0.4430 | | |
| | GDP | 0.5992↗ | 0.6892↗ | 0.8253↗ | 0.9181↗ | 0.7034↗ | 0.4842↗ | |
| | 路网密度 | 0.7364↖ | 0.6259↗ | 0.6920↗ | 0.9219↗ | 0.8586↖ | 0.8824↖ | 0.2040 |
| 第二产业 | 地理位置类型 | 0.6045 | | | | | | |
| | 年降水量 | 0.7469↗ | 0.3097 | | | | | |
| | 年均温度 | 0.8963↗ | 0.5200↗ | 0.3346 | | | | |
| | 人口密度 | 0.9883↗ | 0.9599↗ | 0.9748↗ | 0.9551 | | | |
| | 城镇居民人均可支配收入 | 0.9256↗ | 0.8818↗ | 0.9923↗ | 0.9786↗ | 0.8507 | | |
| | GDP | 0.7853↗ | 0.9238↗ | 0.9505↗ | 0.9776↗ | 0.9205↗ | 0.7321 | |
| | 路网密度 | 0.9482↖ | 0.5512↖ | 0.6188↖ | 0.9654↗ | 0.9719↗ | 0.9762↖ | 0.1206 |
| 第三产业 | 地理位置类型 | 0.5647 | | | | | | |
| | 年降水量 | 0.7195↗ | 0.3681 | | | | | |
| | 年均温度 | 0.8968↗ | 0.7536↗ | 0.4637 | | | | |
| | 人口密度 | 0.9485↗ | 0.8981↗ | 0.9611↗ | 0.8812 | | | |
| | 城镇居民人均可支配收入 | 0.7717↗ | 0.6939↗ | 0.9733↗ | 0.9092↗ | 0.5682 | | |
| | GDP | 0.7511↗ | 0.8256↗ | 0.8643↗ | 0.9620↗ | 0.8330↗ | 0.6620 | |
| | 路网密度 | 0.8115↗ | 0.6446↗ | 0.6649↗ | 0.9208↗ | 0.8695↖ | 0.9436↖ | 0.2070 |

注："↖"表示非线性增强关系；"↗"表示双因子增强关系。

由表 6 - 38 可知，各产业两种因子交互作用均比原来单因子的影响作用强，即两种影响因子的共同作用增强了对产业布局空间分异性的解释能力，两种因子间的交互作用类型大部分属于双因子增强型，少部分属于非线性增强型，说明各产业布局的空间分异性不是受单一因子的影响，而是多因子共同作用的结果，即各产业布局的空间分异性同时受到地理位置因素、自然因素、人口因素和社会经济因素的共同作用。

其中，第一产业中地理位置类型与人口密度的交互作用最强，对第一产业布局空间分异性的解释能力最大，q 值为 0.9644；其次是年均温度与城镇居民人均可支配收入的交互作用，q 值为 0.9495，每对因子交互作用的 q 值均大于 0.5。其中，对第一产业布局空间分异性解释能力超过 90% 的共有 8 组因子，占全组的 38%，更进一步说明第一产业布局的空间分异性是受多种因素共同作用而产生的。人口密度和其他因子的交互作用最强，这充分说明了人口因素与其他因素结合是影响第一产业布局空间分异性的重要因素。此外，因子交互作用探测结果中有 3 组属于非线性增强型，分别是地理位置类型 - 路网密度、城镇居民人均可支配收入 - 路网密度和 GDP - 路网密度，虽然在单因子探测中路网密度的解释能力最低，但通过交互因子探测分析可知，路网密度在与其他因子共同作用时对第一产业布局的空间分异性的影响会大幅度提升。

第二产业中年均温度与城镇居民人均可支配收入的交互作用最强，对第二产业布局空间分异性的解释能力最大，q 值为 0.9923；其次是地理位置类型与人口密度的交互作用，q 值为 0.9883，每对因子交互作用的 q 值均大于 0.5。其中，对第二产业布局空间分异性解释能力超过 90% 的共有 7 组因子，占全组的 33%，更进一步说明第三产业布局的空间分异性是受多种因素共同作用而产生的。人口密度和其他因子的交互作用最强，对第二产业布局空间分异性的解释能力均大于 95%，这充分说明了人口因素与其他因素结合是影响第二产业布局空间分异性的重要因素。此外，因子交互作用探测结果中有 4 组属于非线性增强型，分别是地理位置类型 - 路网密度、年降水量 - 路网密度、年均温度 - 路网密度和 GDP - 路网密度，虽然在单因子探测中路网密度的解释能力最低，但通过交互因子探测分析可知，路网密度在与其他因子共同作用时对第二产业布局的空间分异性的影响会大幅度提升。

第三产业中年均温度与城镇居民人均可支配收入的交互作用最强，对第三产业布局空间分异性的解释能力最大，q 值为 0.9733；其次是人口密度与 GDP 的交互作用，q 值为 0.9620，每对因子交互作用的 q 值大于 0.5。其中，对第三产业布局空间分异性解释能力超过 90% 的共有 15 组因子，占全组的 71%，更进一步说明第三产业布局的空间分异性是受多种因素共同作用而产生的。人口密度和其他因子的交互作用最强，对第三产业布局空间分异性的解释能力均大于 95%，这充分说明了人口因素与其他因素结合是影响第三产业布局空间分异性的重要因素。此外，因子交互作用探测结果中有 2 组属于非线性增强型，分别是城镇居民人均可支配收入 - 路网密度和 GDP - 路网密度，虽然在单因子探测中路网密度的解释能力最低，但通过交互因子探测分析可知，路网密度在与其他因子共同作用时对第三产业布局的空间分异性的影响会大幅度提升。

## 6.3.3　研究发现与政策含义

### 6.3.3.1　研究发现

本书运用最近邻分析、核密度分析、标准差椭圆、局部莫兰指数和地理探测器来研究分析中国 19 个城市群的产业空间特征及空间布局的影响因素，从多个角度探讨城市群产业布局的空间特征，为城市群的产业空间结构优化提供新的思路，得出以下 5 个研究发现。

第一，三次产业在城市群中均存在空间聚集现象，并且第三产业集聚程度最大，整体分布格局呈东高西低的发展趋势。东部城市群三次产业集聚程度最大，珠三角和长三角是产业集聚的高密度区，这两个城市群人口密度较大，水系丰富，经济发展水平较高，具备三次产业快速发展的良好条件；中部城市群三次产业聚集程度处于中等水平，东北城市群三次产业集聚程度最低；西部城市群只有第一产业的集聚程度较大，主要集中在成渝城市群，充分体现了成渝城市群作为国家级城市群，在推进西部大开发中的重要地位。

第二，城市群产业空间分布特征主要包括集中团块型、分散组合型、线型和放射型 4 种类型。东部城市群均属于集中团块型或分散组合型的产业空间分布类型，具有多个高密度区；西部城市群的产业空间分布类型均属于线型或放射型分布，均只有一个高密度区。这与城市群的经济发展密切相关，经济发展较好的城市群产业分布范围广且密度较大、路网体系十分成熟，多呈现集中团块或分散组团的产业布局类型，而经济发展较为缓慢的城市群的产业布局往往依靠河流或铁路干线进行放射状分布，其产业空间分布类型多为放射型或线型。

第三，不同类型城市群的行业格局相同之处在于，第二产业、金融业、批发和零售业对城市群的空间布局产生的影响较大。同时，各行业的中心聚集区和高高（低）聚集区均为省会城市或直辖市，充分发挥了省会城市和直辖市的带头作用，让自身先发展起来，再带动周边城市逐步发展壮大；各行业空间向心力与发展方向差别不大，发展方向具有一致性。

第四，不同类型城市群的行业格局不同之处在于，分散组合型（长江中游城市群）各行业的空间向心力最不明显。集中团块型（京津冀城市群）、分散组合型（长江中游城市群）存在高高聚集区，这类城市群的城市中心的扩散能力较强，能够带动城市中心周边城市的产业发展；集中团块型（京津冀城市群）、分散组合型（长江中游城市群）和线型（宁夏沿黄城市群）各行业的分布方向均与城市群整体形状吻合，而放射型（成渝城市群）第二产业、房地产业和交通运输业的分布方向与两城市中心连线的延伸方向保持一致，两城市中心的联系度较强。

第五，城市群的产业空间分布是地理位置因素、自然因素、人口因素和社会经济因素共同作用的结果。由单因子和因子交互作用的探测结果可知，双因子的共同作用均显著增强了影响因素对城市群产业空间分异性的解释能力，表明城市群产业的空间分异性不是单一因子作用的结果，而是多因子共同作用的结果。所选7种影响因素中，中国城市群三次产业空间分布的共同影响因子是人口密度，此外，第一产业还主要受年均温度的影响，第二产业还主要受城镇居民人均可支配收入、GDP和地理位置类型的影响，第三产业还主要受GDP和地理位置类型的影响。

### 6.3.3.2 讨论

第一，城市群的产业集聚、发展趋势等产业空间分布特征与经济发展和地理位置的影响密不可分。新经济地理学理论明确指出，区域产业集聚是由于规模经济、劳动分工和市场接近性等因素的综合效应（Krugman P，1991）。在这一理论框架下，东部城市群，尤其是珠三角和长三角，因为地理位置优越、交通网络发达和人口流入，已经形成了规模经济效应，从而吸引了更多的产业和资本。同时，高度的市场接近性加强了其与全球市场的连接，为第三产业的发展创造了条件。此外，这两个地区的丰富水系为其提供了丰富的自然资源和良好的交通条件，进一步加强了产业集聚的趋势。另外，中部地区作为中国的过渡带，虽然在自然条件、交通网络和市场规模上不如东部城市群，但仍然受益于其地理位置，连接东西部的特点，逐步形成了一定的产业集聚效应。这一观点也得到了罗海平（2013）的证实，他们指出，中部地区通过加强与东部和西部的经济合作，已经初步形成了自己的产业优势。然而，东北作为中国的传统重工业基地，经历了长时间的产业结构调整，导致产业集聚的势头放缓。对于西部地区，特别是成渝城市群，因为其独特的地理和政策位置，已经成为中国推进西部大开发的重点地区，尽管其第三产业集聚程度不高，但第一产业的集聚已经显现出其区域发展的潜力，这也得到了王佳宁等（2016）的证实，他们指出，成渝城市群正逐渐成为西部地区的经济增长极，具有强大的产业吸引力。

第二，城市群的产业空间分布特征不仅受到地理因素的影响，更是经济发展与交通网络的深刻反映。东部城市群因其在历史上积累的经济发展优势，早期便形成了较为完善的交通网络与产业基础，如长三角、珠三角等，凭借港口优势，实现了全球产业链中的高端定位，吸引了大量的外资与人才流入（孙军等，2010）。这种资本与技术的汇聚促成了产业空间的高密度集聚，形成了所述的集中团块型或分散组合型。这种集聚也为后续的路网、基础设施建设提供了足够的经济动力，形成了一个良好的循环。与此相反，西部地区由于地理环境和历史原因，其经济发展起步较晚。西部城市群多沿重要河流或铁路干线发展，产业布局多为放射型或线型。这种布局在一定程度上是地理环境和历史文化决定的，但更多的是由于交通干线的指引。由于西部地区的经济规模相对较小，其产业发展初期往往集中在交通要道或重要节点上（付娇等，2020），导致产业空间呈线型或放射型分布。同时，值得注意的是，各城市群之间的差异性并非一成不变。随着国家对于西部大开发等政策的持续推进，未来西部城市群的产业空间布局特征可能会发生一定变化。但无论如何，产业空间分布特征始终是经济发展、地理环境、历史文化和交通网络多方面因素共同作用的结果。

第三，省会城市、直辖市的发展是带动城市群经济发展的重要途径。省会城市和直辖市，常常被视为一个省或地区的经济、文化和行政中心。它们在城市群中的重要性不仅仅是因为其行政地位，而是因为它们扮演着枢纽和引擎的角色。这些城市往往因政策倾斜、投资集聚以及交通、教育和技术等基础设施的先进性，成为各类创新和创业活动的焦点。由于它们的经济实力，省会城市和直辖市能够吸引大量的人才、技术和资本，为经济增长创造了一个良好的环境。在经济地理学中，集聚经济理论强调，当经济活动在一定区域内集中，会产生规模经济和范围经济，进而降低成本、提高生产效率。这也是为什么省会城市、直辖市的产业布局和经济活动趋于相似的原因。此外，随着这些中心城市的不断扩张，其经济辐射效应会逐渐延伸到周边城市，促使其产业集聚，形成一种从中心到边缘的发展模式。这种模式不仅有助于整个城市群的均衡发展，还能够最大化地利用中心城市的优势，推动城市群经济的整体快速增长。因此，加大对省会城市和直辖市的投资和政策支持，对于城市群经济的提升具有决定性意义。

### 6.3.3.3　政策含义

针对城市产业发展水平滞后于国家经济发展水平、城市群整体功能规划不完善，以及城市发展分散无序建设等现实问题，本书从多个角度研究了城市群的产业布局特征，并针对性地研究了4种不同类型的城市群的行业格局，同时选取了7个影响因子来进一步分析产业布局的空间分异性，既分析了目前我国城市群产业分布的现状，又客观合理地探析了影响城市群产业分布的影响因素，通过找准城市群产业分布模式，有针对性地优化城市群产业体系，为我国城市群产业发展提供了有力参考。

第一，西部城市群的产业发展与东部城市群差异较大，仍需坚持落实好西部大开发等缩小东西部差距的相关政策。我国城市群产业分布特征与经济发展分级特征保持一致，呈现"东高西低"的发展趋势，东高西低是我国经济发展面临的长期难题，国家推行了许多政策，虽有逐渐好转的趋势，但东高西低的情况依然十分严峻，说明西部大开发等重大举措能有效缩小东西部差距，但仍需坚持做好相关工作，同时也对缩小东西差距提出了更高的要求。

第二，要充分发挥城市中心的作用，借助城市中心的辐射能力带动周边城市的产业发展，进而促进城市群的产业协调发展。城市中心往往存在于省会城市和直辖市中，因其经济发展水平相对较高，资源丰富，适合产业的长足发展，因此要充分利用城市的集聚功能和辐射功能，发挥"火车头"的作用，带动周边城市形成产业集聚，提升经济发展能力，促进城市群整体功能规划的完善。

第三，可以以各产业的主要影响因子为参考来调整和优化城市群产业分布。人口因素是影响三类产业的共同影响因子，第一产业还主要受年均温度的影响，第二产业还主要受城镇居民人均可支配收入、GDP和地理位置类型的影响，第三产业还主要受GDP和地理位置类型的影响。因此，在进行产业优化时要充分考虑人口因素、经济因素和地理位置因素对各产业的影响，对产业布局进行优化时可以选择人口密度大、发展潜力较大、区位条件较好的城镇或产业园区，并对其进行政策和资金的重点扶持，使其成为区域的增长极。

## 6.4　西部中心城市产业结构、城市规模对城市群生产率的影响

### 6.4.1　研究目的与方法

#### 6.4.1.1　研究目的

中心城市作为支撑城市群发展的重要核心，在不同城市群空间构型下多元格局的协调发展中发挥着举足轻重的引领作用。对于中心城市和城市群的发展，要正确认识当前区域经济发展新形势。经济发展的空间结构正在发生深刻变化，中心城市和城市群正在成为承载发展要素的主要空间形式。我们必须适应新形势，谋划区域协调发展新思路。2021年3月份召开的全国两会通过了"十四五"规划和2035年远景目标纲要，对未来5年中国城市化的发展作出了新的部署，提出"坚持走中国特色新型城镇化道路，深入推进以人为核心的新型城镇化战略，以城市群、都市圈为依托促进大中小城市和小城镇协调联动、特色化发展，使更多人民群众享有更高品质的城市生活"，进一步明确了中心城市是一个区域内集聚众多创新资源的发展极，更是区域内实现创新引领城市转型升级的"领头羊"的观点。从世界城市的发展路径来看，中心城市是区域经济社会网络的集结点和

中心枢纽，通过乘数效应和极化效应对周边城市的经济社会资源产生虹吸效应，中心城市的产业结构则是衡量区域内中心城市发展相关的重要因素，中心城市的产业结构发展水平直接影响了城市群的整体发展水平，尤其是要素配置。因此，深入探究中心城市产业结构如何对城市群经济高质量发展产生影响则成为双循环格局背景下提高区域一体化水平和促进城市群高质量发展的重要命题。

从现有研究看，产业结构升级对生产率的影响还需要进一步的研究和验证。本书的创新之处在于将中心城市产业结构作为核心解释变量之一去探索其对城市群生产率的影响，目的是从城市群内部出发，探索系统内部重点组成部分对整体的影响。

目前对于中心城市作用与城市群发展的相关研究已经有了较为广泛的研究和成果；对于城市个体产业、规模和生产率的研究也是同样。但是以往的研究多为理论或者点对点的研究，或者大多集中于对单一的中心城市的引领作用和城市群生产率研究，对中心城市点对城市群面的普遍规律的研究较为缺乏。而且在目前研究中往往将产业结构、城市规模作为两个相互独立变量，研究其中一个变量时另一个变量仅用于对样本分类讨论，鲜有文章对两者共同作用对城市群生产率提升的互动影响进行研究。并且现有文献研究中大都忽视了城市经济之间的空间效应。因此，本书通过构建城市规模和产业结构相关联的动态空间面板模型，探讨中心城市规模和产业结构高级化对城市群绿色全要素生产率的互动影响。本书的研究重点在于中心城市产业结构与城市规模二者与城市群生产率之间存在怎样的作用关系和影响路径，中心城市产业结构和城市规模影响城市群生产率的作用机制是什么，以及在不同空间构型的城市群背景下，中心城市产业结构与城市规模对不同分类的城市群生产率的影响是否存在异质性，中心城市产业结构与城市规模对城市群生产率的影响是否具有普遍规律。对上述问题的研究与解决，不仅对于推进高质量协调发展战略具有现实意义，而且对于城市群不同区域特征及发展特性相关的研究有重要的理论意义与研究价值。

### 6.4.1.2　研究方法

Malmquist 生产率指数计算得出全要素生产率（TFP）：Malmquist 指数是 S Malmquist 于 1953 年提出的一种基于距离函数的指数形式，通过 Malmquist 指数可以计算全要素生产率的变化率，运用 DEA 方法计算 Malmquist 指数，其公式如下：

$$M_o^{t+1}(x^t, y^t, x^{t+1}, y^{t+1}) = \left[ \frac{D_0^t(x^{t+1}, y^{t+1})}{D_0^t(x^t, y^t)} \times \frac{D_0^{t+1}(x^{t+1}, y^{t+1})}{D_0^{t+1}(x^t, y^t)} \right] \qquad (6-31)$$

其中，$(x^t, y^t)$ 和 $(x^{t+1}, y^{t+1})$ 分别表示 t 时期和 t+1 时期的投入和产出向量；$D_0^t$ 和 $D_0^{t+1}$ 分别表示以 t 时期的技术 T 为参照情况下 t 时期和 t+1 时期生产点的距离函数。

将 Malmquist 指数分解为技术效率变化（effch）和技术变化（tech）两部分，其中，技术效率变化又可进一步分解为纯技术效率变化（pech）和规模效率变化（sech），如下式所示：

$$M_o^{t+1}(x^t, y^t, x^{t+1}, y^{t+1}) = \frac{D_0^t(x^{t+1}, y^{t+1})}{D_0^t(x^t, y^t)} \times \left[ \frac{D_0^t(x^{t+1}, y^{t+1})}{D_0^t(x^t, y^t)} \times \frac{D_0^t(x^t, y^t)}{D_0^{t+1}(x^t, y^t)} \right] \qquad (6-32)$$

本书通过构建"城市群生产率增长率指数"，分析城市群全要素生产率，有利于找出全要素生产率变动的主要原因，分析技术效率变化与技术进步对全要素生产率的贡献度，同时也有利于量化纯技术效率与规模效率对技术效率变化的贡献程度，对于研究城市发展过程中城市群经济增长率量化有着重要的应用价值。

非期望产出 SBM 模型（Un_SBM_CRS）进一步计算得出 GTFP：绿色全要素生产率是将国家或区域内所有的生产视为整体，考虑所有的投入因素（包括资本、劳动、资源使用）和所有的产出因素（包括经济产出和污染物排放）后得到的总投入和总产出的比率。DEA 模型不仅可以用来核算经济效率或绿色经济效率，同时也可以计算生产率指数。而学术界也经常把 DEA 模型计算的生产率指数作为全要素生产率或者绿色全要素生产率的替代指标。目前，DEA 模型可以计算的比较常见的生产率指数分别为 Malmquist 指数和 Luenberger 指数，而现有文献中更为常见的 GM 指数、

ML 指数和 GML 指数，其本质上都是 Malmquist 指数。本书选用 ML 指数，该指数是考虑非期望产出 DEA 模型计算的 M 指数。

现代化的生产方式提高了劳动生产率，不仅促进各城市群之间经贸活动日益频繁，而且以大量丰富又廉价的工业制成品提高了人们的生活水平。与此同时，工业生产也会不可避免地产生大量的废水、废气和废渣等污染物（我们称之为非期望产出），进一步导致雾霾、温室效应、全球气候变化等一系列问题，因此，减少废弃物的绿色生产方式已经成为每一个生产领域的重要目标。DEA 通常认为用更少的资源生产出更多的产出是一种有效率的生产方式。如果在考虑非期望产出的情况下，那么不管投入是多少，我们都不希望生产出更多的工业废弃物。因此，当今社会最有效率的生产方式一定是绿色生产方式，即利用更少的投入生产更多的期望产出以及更少的非期望产出。

本书运用 Matlab 软件计算得到 Malmquist – Luenberger（ML）生产率指数。需要说明的是，由于 ML 生产率指数反映的不是绿色全要素生产率，而是绿色全要素生产率的变化率，所以本书需要对 ML 指数做进一步处理。基于 SBM – DEA 模型的基本原理，GTFP 是根据测得的 Malmquist 生产率指数进行相乘得到的。因为 Malmquist 生产率指数是指相对于上一年的生产率变化率，假设 2000 年 TFP 为 1，那么 2001 年 TFP 为 2000 年 GTFP 乘以 2001 年 Malmquist 生产率指数，2002 年 TFP 为 2001 年 TFP 乘以 2002 年 Malmquist 生产率指数，依此类推。本书基于托尼（Tone，2001；2003）SBM 模型的基础上，构建了非期望产出 SBM（Slacks – Based Measure）模型分别测算各城市群城市的绿色全要素生产率，包含投入（固定资产存量、年末单位从业人员、工业用电量）、期望产出（实际 GDP）和非期望产出（废水、二氧化碳、烟尘等生产排放物）这三个要素，分别由（X，Y，Z）3 个向量表示，如下式所示：

$$\rho = \min \frac{1 - \frac{1}{m} \sum_{i=1}^{m} \frac{s_i^x}{x_{i0}}}{1 + \frac{1}{s_1 + s_2} \left( \sum_{k=1}^{s_1} \frac{s_k^y}{y_{k0}} + \sum_{l=1}^{s_2} \frac{s_l^z}{z_{l0}} \right)}$$

$$\text{s. t. } x_{i0} = \sum_{j=1}^{n} \lambda_j x_j + s_i^x, \quad \forall_i;$$

$$y_{k0} = \sum_{j=1}^{n} \lambda_j y_j + s_i^y, \quad \forall_k;$$

$$z_{l0} = \sum_{j=1}^{n} \lambda_j z_j + s_i^z, \quad \forall_l;$$

$$s_i^x \geq 0, \ s_k^y \geq 0, \ s_l^z \geq 0, \ \lambda_j \geq 0, \ \forall_{i,j,k,l;} \qquad (6-33)$$

其中，假设有 n 个决策单元，则其投入和产出向量：$X = (x_{ij}) \in R^{m \times n}$，$Y = (y_{kj}) \in s \times n$。令 $X > 0$，$Y > 0$，则生产可能性集：$P = \{(x, y) \mid x \geq X\Lambda, \ y \leq Y\Lambda, \ \Lambda \geq 0\}$，其中，$\Lambda = [\lambda_1, \lambda_2, \cdots, \lambda_n] \in R_n$ 表示权系数向量，P 函数中的两个不等式分别表示实际投入水平大于前沿水平，实际产出小于前沿产出水平。根据托尼（2001）理论模型，使用带有非期望产出的 SBM 模型评估 $(x_0, y_0, z_0)$。$s^x \in R^m$，$s^z \in R^{s2}$ 分别表示投入和非期望产出的过剩量，$s^y \in R^{s1}$ 则代表期望产出的短缺量。$\rho$ 表示决策单元的效率值，m，$s_1$ 和 $s_2$ 代表投入，期望产出和非期望产出的变量个数。

计量模型设定：在构建计量模型之前，需要根据理论分析提出研究假设。

首先，产业结构对城市生产率的影响大小取决于结构红利，而结构红利的大小又取决于产业间的要素产出差异。当要素投入在不同的产业间的产出和回报差异越大时，该要素在产业间的流动性就越大，那产业结构的升级空间也就越大，结构红利也会随着产业升级而不断扩大；但是随着要素的不断流动，产业市场不断发展，要素资源的错配程度越来越小，结构红利也随之减小。结构红利的大小由产业结构变动与产业间生产差异率相乘来决定，由此可以得出结论：结构红利、城市群生产率受到能够影响产业结构升级速度与产业间生产率差异的因素的间接影响。产业结构的变动对城市生产率的影响主要从以下几个方面去思考：（1）从需求角度出发来看，即消费对产业结构的拉动。消费能够反映一个国家或地区的社会习俗和经济文化发展水平。消费主要通过消费有效需求总量的变化来对区域经济产生影响，使得劳动力、技术等生产要素向消费需求增长的产业流动，引起经济增长。在消费升级时期，消费会对城市生产效率产生积极影响；在消费降级时期则相反。（2）从供给角度考虑，即区域产业要素禀赋。林毅夫（2010）根据新结构经济学理论的相关研究认为产业结构由要素禀赋决定，要素禀赋特征及其丰裕程度决定了产业结构的升级潜力和区域经济的比较优势。要素禀赋一般包括劳均资本、劳均耕地等。（3）政府作用。由于我国特殊的政治制度及历史影响，政府在城市发展中起到主导作用。政府对产业结构的影响包括以下两个方面——特定产业政策的直接影响和政府一般财政性支出的间接影响。这一因素在不同城市之间存在较大差异，这主要受城市管理者的喜好、城市自身的资源要素、区位因素等影响。（4）技术进步。技术进步指的是在生产生活中通过高效率的劳动手段促进社会生产率提升的过程。随着技术进步，新设备替代旧设备，新产品替代旧产品，新的产业从原有产业中分离。技术进步还可以提高劳动生产率，而因劳动变化的产业结构高级化是城市经济发展的重要动力。因此我们合理推测，在区域经济研究中，承担极核角色的中心城市对城市群的生产率也具有明显的影响，提出如下假设。

研究假设 a1：中心城市产业结构高级化对城市群生产率化发展呈现出先劣化再优化的 "U" 形作用，存在着一个变化点——中心城市产业结构高级化推动城市群生产率变化。

其次，现有研究表明中心城市对区域的协调发展同时存在着推动与抑制的作用。齐普夫定律通过对客观城市人口规模分布的考察提出梯度化的区域经济发展规律。新经济地理理论以规模报酬递增、冰山运输成本为前提建立中心—外围、核心—边缘等非均衡增长模型解释了城市的大规模集聚与邻近溢出效应，区域发展会形成梯度化的结构体系。而关于区域内中心城市的规模大小，卡尔多、阿隆索等提出城市规模倒 "U" 形模型及最优城市规模理论，认为城市规模扩张会受到资本边际收益、环境资源承载等方面的限制，存在最优的城市规模范围。本书基于区域非均衡发展理论、城市最优规模倒 "U" 形模型对中心城市的集聚与扩散效应及区域协调发展的作用机制展开分析。本书先对中心城市在集聚效应下对区域协调发展的抑制作用展开分析。中心城市在集聚效应的作用下形成对包含人口、资本、产业在内的各类要素资源的吸引作用，使城市内部经济密度不断提升，形成规模经济。中心城市的规模经济对周边地区形成虹吸效应，各类要素资源在中心城市的集聚导致周边地区的竞争力不断降低。具体而言，其 "后发劣势" 表现在两个方面：一方面，人口、资本及自然资源向中心城市的集聚效应使得周边地区主要依赖农业、旅游业、劳动密集型制造业展开经济行为，其产业结构、经济增长方式都呈现出不健康、不可持续的特征。并且中心城市在公共服务、基础设施、发展机遇、工资水平等方面的巨大优势，导致周边地区人力资本匮乏，使其难以提升劳动生产率，城市经济活动的竞争力不足。另一方面，中心城市向周边地区形成的扩散带动作用实际上存在区位的选择性，中心城市向外部形成的人口迁徙、资本流动、产业转移往往会选择具备区位优势的中小城市进行扩散，而部分地理偏远、基础设施较差、资源禀赋型城市受到的中心城市带动作用则较弱，导致中心城市的集聚与扩散效应进一步恶化了这一地区的经济发展。

本书进一步对中心城市在扩散效应下对区域协调发展的推进作用展开分析。在规模经济的作用下，中心城市在科学技术、基础设施、全要素生产率等方面与周边地区拉开差距，其作为区域经济增长极的作用不断凸显。对于周边地区，中心城市作为经济增长极对其的带动作用表现在 3 个方面：其一，周边地区的人口不断向中心城市流动，不仅增加了流动人口的平均收入，也提高了本地居民各类资源的人均占有率，进而形成动态化的地区均衡。其二，中心城市在经济发展中由于产业结构优化、经济转型升级、市场规模扩张等形成的扩散效应使得周边地区可以通过承接其人口迁徙、资本流动、产业转移，从而实现经济的快速发展。其三，中心城市在科学技术、基础设施、全要素生产率方面形成的优势也有助于提升中心城市与周边地区的经济联系密度以及区域整体的劳动生产率，推动地区形成以点带面的城镇发展格局。通过上述分析可以看到，中心城市存在着的集聚与扩散效应导致其对周边地区同时存在着 "抑制" 与 "引领" 作用，使得中心城市的规模扩大对区域经济呈现出非线性的作用规律。

　　基于上述分析，可以看到随着中心城市规模扩大、首位度的提升，区域经济呈现出低水平均衡到差异性非均衡发展再到极度一体化的演化规律。这一现象反映出中心城市实际上对区域内其他城市的发展存在着最优的有效规模。因此，基于区域非均衡发展理论、城市最优规模倒"U"形模型的理论分析，提出如下假设：

　　研究假设b1：中心城市城市规模提升对城市群生产率起到倒"U"形的作用，当中心城市城市规模过高时，会抑制其他城市的生产率提升，不利于区域经济的健康、稳定、可持续性。

　　最后，在经济发展过程中，产业结构高级化与城市规模之间的正向关系已经得到了实际验证。在工业化初期阶段，劳动力、资金等生产要素在利益驱动下优先从生产部门转移到工业生产部门，推动城市规模扩张，第二产业占比逐渐升高、第一产业占比相对减小使得城市经济发展提速和城市生产率提升。随着工业化进程的持续推进，城市规模不断扩张，城市产业结构开始出现服务化倾向，第三产业在产业结构中占比提升，产业结构高级化指数进一步提升，在这一发展阶段可能出现"结构性减速"等，使得城市经济发展降速和城市生产率降低。产业结构转变还会伴随着消费升级、政府干预以及科技技术进步等其他因素。这些因素与"结构化减速"等共同对城市经济的发展和生产率的水平产生作用。另外，城市规模扩张所引起的产业结构高级化倾向会反作用于城市规模。城市发展初期，主要表现为第一产业向第二产业发展，吸引了大量劳动力从农村来到城市，以获取更高的收入。伴随着劳动力的流入，其子女、父母等也大量涌入城市，这进一步扩大了城市规模。与此同时，城市对医疗、教育、娱乐等配套设施的需求和质量要求也迅速增加。在规模经济和市场需求等因素的影响下城市开始出现服务化倾向，这使得第三产业的占比提升。而随着人口的不断增加，受承载空间的限制，会出现房租上涨、交通拥挤、环境恶化等问题。这种生存压力又会逼迫一些人口向郊区或者农村转移，出现逆城市化现象，对城市规模产生负向影响。因此，我们可以确定中心城市的产业结构高级化与城市规模之间存在着相互影响、相互联系，二者之间并不是独立的，二者都对城市群生产率产生影响，但是由于影响力的相互作用机制不明确，这就导致单纯从理论分析出发很难确定中心城市产业结构和城市经济规模互动下对城市群生产率的影响效果，因此需要进一步实证探讨。

　　基于以上研究假设，本书旨在分析中心城市产业结构和城市规模对城市生产率的影响。故采用个体、时间双固定效应面板回归模型对其影响进行分析，具体模型如式（6-34）、式（6-35）所示：

$$TFP = \alpha_0 + \beta_1 \ln Upgrade_{it} + \beta_2 (\ln Upgrade_{it})^2 + \beta_i control + u_{it} \qquad (6-34)$$

$$TFP = \alpha_1 + \delta_1 \ln primacyratio_{it} + \delta_2 (\ln primacyratio_{it})^2 + \delta_i control + u_{it} \qquad (6-35)$$

其中，TFP为城市群全要素生产率，进一步通过绿色全要素生产率（GTFP）进行稳健性检验，其中，绿色全要素生产率（GTFP）将工业废水、$SQ_2$、工业粉尘作为非期望产出纳入考虑；Upgrade为衡量中心产业结构的指标（产业结构高级化）；$primacyratio_{it}$为中心城市首位度。

　　上述变量的选取理由如下：

　　首先，对于解释变量。中心城市产业结构高级化（Upgrade）：研究参考覃波、高安刚的研究，以知识密集型服务业就业人数占第三产业就业人数的比重测度产业高级化水平。中心城市城市规模：本书以GDP规模第一位城市/城市群GDP规模计算得到城市群的首位度表征中心城市规模。

　　其次，对于控制变量。为更准确分析中心城市产业结构与城市群生产率两者之间的关系，本书还控制了可能影响城市群全要素生产率的以下变量研究：选取第二、三产业就业结构（structure），第三产业产值（tertiary industry），政府财政支出（gov），总人口（pop）等影响城市群产业发展的因素作为控制变量。同时为了更准确地分析中心城市城市规模与城市群生产率之间的关系，进一步引入与首位度密切相关的城市群规模变量（area和emp），然后引入Glaeser等认为会影响经济增长效率的交通水平（road）、研发水平（tec）和教育水平（teacher）等变量。其中，area使用建成区面积对数，emp使用城镇从业人员对数，road使用年末实有道路面积对数，tec使用科技支出对数，teacher使用教师数对数，教师数包括普通小学教师数、普通中学教师数和高等学校教师数。

### 6.4.1.3　数据来源与预处理

本书的研究数据来源包含以下两个部分：一是社会经济数据。本书用于研究中心城市产业结构和城市规模对城市群生产率的空间面板数据以"十一五"规划首年为起始年份，建立中国19个城市群2006~2018年的面板数据，由于是对城市群进行分析，所以数据处理时均以城市群为地区基础单位计算。涉及城市的数据来源于《中国城市统计年鉴》和各省统计年鉴，部分数据由各城市国民经济和社会发展公报统计得到。研究所使用的相关价格数据运用《中国统计年鉴（2000~2017）》的GDP指数以2000年为基期进行平减；由于年鉴统计口径为省域数据，因此，本书对各市的GDP指数用其所在省份数据进行换算。其中，各地区地区生产总值（万元）、第三产业占地区生产总值比重（%）、公共财政收入占地区生产总值（%）、公共财政支出（万元）、实际外商直接投资额（万元）、常住人口密度（人/平方千米）、普通高校在校学生数（万人）、固定资产投资额（万元）、城市从业人员（万人）、国际互联网用户数（万户）、公共管理与公共服务用地（平方千米）、进出口总额（万元）等变量指标数据主要来源于《中国城市统计年鉴》《中国城市建设统计年鉴》和各地区的国民经济和社会发展统计公报，部分数据来自各省统计年鉴，些许漏缺来源于中国统计局官网以及各省市统计局官网，极个别数据缺失通过平滑处理进行补充。二是基础地理信息数据。本书借助ArcGis 10.8软件对科技创新资源配置效率的空间格局进行分析，其中，矢量行政边界图来源于2017年国家基础地理信息中心提供的1:100万中国基础地理信息数据，矢量城市群边界图借助ArcGis 10.8软件在行政边界图的基础上对相应城市群范围进行合并。

本书以经济首位度对城市群单个中心城市进行判定，然后截取所计算得到的2007~2018年有效数据作为十九大城市群对该问题研究的面板数据。涉及城市的数据均来源于《中国城市统计年鉴》和各省统计年鉴，部分数据由各城市国民经济和社会发展公报统计得到。研究所使用的相关价格数据运用《中国统计年鉴》的GDP指数以2000年为基期进行平减。表6-39为十九大城市群面板数据的描述性统计。

表6-39　　　　　　　　　　变量的统计性描述

| 变量 | 变量名称 | 最大值 | 最小值 | 均值 | 中位数 | 标准差 | 观测值 |
|---|---|---|---|---|---|---|---|
| GTFP | 绿色全要素生产率 | 1.422 | 0.927 | 1.041 | 1.028 | 0.080 | 228 |
| TFP | 全要素生产率 | 15.580 | 0.975 | 3.135 | 2.347 | 2.289 | 228 |
| Upgrade | 产业结构高级化 | 0.343 | 0.109 | 0.192 | 0.186 | 0.044 | 228 |
| Primacy ratio | 城市首位度 | 0.807 | 0.109 | 0.356 | 0.209 | 0.179 | 228 |
| Popden | 人口密度 | | | | | | 228 |
| lnstructure | 第三产业就业人数与第二产业就业人数之比 | 1.056 | -0.602 | 1.616 | 0.199 | 0.329 | 228 |
| lngov | 政府财政支出 | 18.967 | 13.570 | 16.457 | 16.650 | 1.286 | 228 |
| lnpop | 总人口 | 9.850 | 5.533 | 8.072 | 8.364 | 1.205 | 228 |
| tertiary industry | 第三产业产值 | 11.080 | 5.284 | 8.320 | 8.573 | 1.348 | 228 |
| area | 建成区面积对数 | 8.782 | 5.327 | 7.015 | 7.223 | 0.949 | 228 |
| emp | 城镇从业人员对数 | 8.115 | 3.912 | 6.000 | 6.175 | 1.130 | 228 |
| road | 年末实有道路面积对数 | 11.611 | 7.423 | 9.493 | 9.654 | 1.080 | 228 |
| tec | 科技支出对数 | 15.870 | 6.740 | 12.054 | 11.922 | 1.780 | 228 |
| teacher | 教师数对数 | 14.322 | 10.324 | 1.070 | 12.822 | 1.070 | 228 |

### 6.4.2 测算结果与回归分析

#### 6.4.2.1 基本回归模型分析

本书通过双向固定效应非线性模型并通过 Robust 控制模型异方差问题，对中心城市产业结构与城市群生产率的关系展开估计分析，得到基本回归结果，具体结果见表 6 - 40。

表 6 - 40　　　　　　　　　　　　　　　基本回归结果

| 变量 | (1) | (2) | (3) | (4) |
|---|---|---|---|---|
| | TFP | TFP | GTFP | GTFP |
| lnUpgrade | -0.062 *** (0.005) | -0.178 *** (0.029) | -0.042 * (0.020) | -0.055 *** (0.006) |
| (lnUpgrade)$^2$ | 0.004 *** (0.001) | 0.013 *** (0.002) | 0.003 ** (0.001) | 0.004 *** (0.001) |
| Popden | | -0.503 ** (0.193) | | -0.136 *** (0.046) |
| lnstructure | | -0.179 ** (0.067) | | 0.087 *** (0.012) |
| lngov | | 0.113 ** (0.048) | | 0.032 *** (0.012) |
| lnpop | | 0.234 *** (0.061) | | 0.065 *** (0.021) |
| tertiary industry | | 0.133 ** (0.075) | | -0.147 *** (0.050) |
| 常数项 | 0.399 *** (0.030) | 0.319 (1.011) | 0.450 *** | 0.871 *** |
| 观测值 | 228 | 228 | 228 | 228 |
| R$^2$ | 0.586 | 0.662 | 0.682 | 0824 |
| 个体效应 | YES | | | |
| 时间效应 | YES | | | |

注：*** 、** 、* 分别表示在1%、5%、10%水平上显著，括号内为标准误差，下同。

对于中心城市城市规模与城市群生产率的关系，同样采用双向固定效应模型展开基本回归分析并通过 Robust 控制模型异方差问题得到基本回归结果，具体结果见表 6 - 41。

表 6 - 41　　　　　　　　　　　　　　　基本回归结果

| 变量 | (5) | (6) | (7) | (8) |
|---|---|---|---|---|
| | TFP | TFP | GTFP | GTFP |
| lnPrimacy ratio | 18.543 ** (7.024) | 3.101 ** (1.095) | 5.908 *** (2.020) | 5.015 ** (1.596) |

续表

| 变量 | (5) | (6) | (7) | (8) |
|---|---|---|---|---|
| | TFP | TFP | GTFP | GTFP |
| (lnPrimacy ratio)$^2$ | -9.305 ** <br> (4.998) | -2.366 ** <br> (1.002) | -3.862 ** <br> (1.099) | -3.370 ** <br> (1.221) |
| area | | 0.293 ** <br> (0.188) | | 0.129 *** <br> (0.076) |
| emp | | 0.400 ** <br> (0.097) | | -0.129 * <br> (0.064) |
| road | | 0.353 *** <br> (0.022) | | 0.177 * <br> (0.088) |
| tec | | 0.163 ** <br> (0.012) | | -0.067 *** <br> (0.019) |
| teacher | | -0.811 ** <br> (0.433) | | 0.447 <br> (0.212) |
| 常数项 | 6.010 *** <br> (1.022) | 8.319 ** <br> (3.507) | -1.272 *** <br> (0.322) | -5.879 *** <br> (2.649) |
| 观测值 | 228 | 228 | 228 | 228 |
| R$^2$ | 0.236 | 0.862 | 0.172 | 0.124 |
| 个体效应 | YES | YES | YES | YES |
| 时间效应 | YES | YES | YES | YES |

注：***、**、*分别表示在1%、5%、10%水平上显著，括号内为标准误差。

如表6-40所示，回归结果对研究假设a1进行了基本验证，中心城市产业结构高级化对城市群的生产率变化呈现出"U"形关系，中心城市的产业结构高级化水平提升对于城市群生产率的提升发展呈现出先劣化再优化的发展趋势。进一步对模型变量进行0.5%的上下缩尾，其结果基本形同，表明研究模型具备一定的稳健性。

如表6-41所示，回归结果对研究假设b1进行基本的验证，中心城市规模变量的一次项与二次项均在5%水平上显著，且二次项系数为负，验证了中心城市城市规模与城市群生产率之间也呈现出倒"U"形的关系，表明中心城市城市规模在一定的区间段内会对城市群的经济协调发展产生抑制作用，对于城市群而言，存在最有利于城市群生产率发展的最优中心城市规模。

### 6.4.2.2　内生性检验

由于在问题研究中是运用平方项对中心城市产业结构、城市规模与城市群生产率的非线性关系分别展开估计的，所以可能会存在内生性以及估计误差等的影响，因此，为解决可能存在的内生性问题，采用工具变量法进行两阶段GMM估计。

关于中心城市产业结构与城市群生产率，具体结果如表6-42所示。

表6-42　　　　　　　　　　　　两阶段 GMM 估计结果

| 变量 | (9) | (10) |
|---|---|---|
| | TFP | GTFP |
| lnUpgrade | -0.080 ***<br>(0.012) | -0.080 ***<br>(0.012) |
| (lnUpgrade)$^2$ | 0.003 ***<br>(0.001) | 0.004 ***<br>(0.001) |
| 控制变量 | YES | YES |
| 个体效应 | YES | YES |
| 常数项 | 0.249<br>(0.252) | 0.618 **<br>(0.259) |
| 观测值 | 209 | 209 |
| R$^2$ | 0.312 | 0.265 |

注：*** 、** 分别表示在1%、5%水平上显著，括号内为标准误差。

在本部分，笔者选用产业结构高级化、产业结构高级化平方项的滞后项、计算所得泰尔指数及其平方项作为工具变量进行内生性估计，在工具变量识别检验中，由表6-42可知，模型（9）、模型（10）中识别不足检验结果均为0.000，拒绝原假设，说明不存在识别不足的问题；而过度识别检验结果显示，不能拒绝原假设，说明模型达到过度识别的目的。模型（9）、模型（10）弱工具变量检验结果说明拒绝原假设，即不存在弱工具变量的干扰问题，内生性检验模型中工具变量的选择合理，说明中心城市产业结构高级化对城市群生产率呈现"U"形作用关系的研究结论保持较高的稳健性。

关于中心城市城市规模与城市群生产率，如表6-43所示。

表6-43　　　　　　　　　　　　两阶段 GMM 估计结果

| 变量 | (11) | (12) |
|---|---|---|
| | TFP | GTFP |
| lnPrimacy ratio | 2.643 ***<br>(0.513) | 1.014 ***<br>(0.305) |
| (lnPrimacy ratio)$^2$ | -2.206 ***<br>(0.493) | -0.863 ***<br>(0.269) |
| 控制变量 | YES | YES |
| 个体效应 | YES | YES |
| 常数项 | 12.169 ***<br>(0.920) | -1.458 ***<br>(0.540) |
| 观测值 | 209 | 209 |
| R$^2$ | 0.859 | 0.190 |

注：*** 表示在1%水平上显著。

在本部分，笔者选用首位度、首位度平方项的滞后项、以排序第一城市 GDP 与第二城市 GDP 之比计算的首位度及该计算所得首位度平方项作为工具变量进行内生性估计。为确定工具变量选取的合理性，对模型（11）和模型（12）分别进行识别不足检验、过度识别、弱工具变量检验。在模型（11）中，识别不足检定 P 值为 0.000，拒绝原假设，说明不存在识别不足的问题；Hansen 过度识别检定结果显示接受原假设，说明模型能够实现过度识别效应。弱工具变量检验结果说明拒绝原假设，不存在弱工具变量的干扰，表明工具变量的选取是合理的。在模型（12）中，识别不足检定 P 值为 0.000，拒绝原假设，说明不存在识别不足的问题，Hansen 过度识别检定结果显示接受原假设，说明模型能够实现过度识别效应。弱工具变量检验结果说明拒绝原假设，不存在弱工具变量的干扰，表明工具变量的选取是合理的。在对 TFP、GTFP 的两阶段 GMM 估计中，首位度的系数为正，首位度平方项的系数为负，且均在 1% 的水平上显著，与回归结果相符，说明研究结论具备较高的科学性与可信性。

### 6.4.2.3 门槛效应分析

表 6-40 的基本回归结果表明中心城市产业结构与城市群生产率呈现"U"形关系，说明存在着一个中心城市产业结构对城市群生产率影响的结构变化点。本书进一步通过门槛效应模型对中心城市产业结构的非线性结构变化进行分析；同样，表 6-41 的基本回归结果也表明中心城市城市规模与城市群生产率呈现倒"U"形关系，说明同样存在一个中心城市城市规模对城市群生产率影响的结构变化节点，本书同样进一步采用门槛效应模型对中心城市规模的非线性结构变化进行分析，对式（6-34）、式（6-35）进行改写：

$$\text{TFP} = \alpha_0 + \gamma_1 G(\ln\text{Upgrade}_{it} \leq \theta) + \gamma_2 G(\ln\text{Upgrade}_{it} > \theta) + \gamma_i \text{control} + u_{it} \qquad (6-36)$$

$$\text{TFP} = \alpha_1 + \rho_1 \ln\text{pgdp}(\ln\text{primacyratio}_{it} \leq \varepsilon) + \rho_2 \ln\text{pgdp}(\ln\text{primacyratio}_{it} > \varepsilon) + \rho_i \text{control} + u_{it}$$

$$(6-37)$$

其中，G 表示中心城市产业合理化指标，为计算所得泰尔指数，即产业合理性。中心城市的产业合理化作为城市群生产率提高发展的关键职能，与中心城市的产业结构之间存在着显著的关联性关系，因此，本书选取产业合理性指标数据作为中心城市产业结构的门槛变量进行验证。即通过门槛效应进行自抽样检验，对中心城市产业结构影响城市群生产率的结构变化点个数进行检验，得到门槛效应的检验结果；pgdp 为中心城市人均 GDP，与中心城市首位度之间存在着显著的关联性关系，因此，本书选取中心城市人均 GDP 的对数计算数据指标作为中心城市城市规模的门槛变量来进行验证。即通过门槛效应进行自抽样检验，对中心城市城市规模影响城市群生产率的结构变化点个数进行检验，得到门槛效应的检验结果。具体结果如表 6-44 所示。

**表 6-44**　　　　　　　　　　　　门槛效应检验结果

| Upgrade | F 值 | P 值 | 临界值 1% | 5% | 10% |
|---|---|---|---|---|---|
| 单一门槛检验 | 30.500 *** | 0.013 | 40.466 | 30.010 | 25.065 |
| 双重门槛检验 | 1.012 | 0.228 | 4.212 | 2.976 | 1.326 |
| 三重门槛检验 | 0.000 | 0.898 | 0.000 | 0.000 | 0.000 |
| lnPrimacy ratio | F 值 | P 值 | 临界值 1% | 5% | 10% |
| 单一门槛检验 | 1.811 *** | 0.000 | 18.979 | -4.208 | -7.501 |
| 双重门槛检验 | 26.980 | 0.099 | 42.998 | 32.977 | 28.794 |
| 三重门槛检验 | 0.000 | 0.075 | 0.000 | 0.000 | 0.000 |

注：P 值和临界值均采用"自抽样法"（Bootstrap）反复抽样 200 次得到的结果（下同），*** 表示在 1% 水平上显著。

表 6-44 的结果表明在 200 次自抽样检验下，中心城市产业结构、中心城市城市规模与城市群

生产率均保持在单一门槛时显著，在双重、三重门槛时不显著，说明中心城市产业结构、中心城市城市规模与城市群生产率均存在唯一的结构变化点。本书进一步建立中心城市产业结构与城市规模门槛值的虚拟变量，并将对应的虚拟变量分别与产业结构（Upgrade）和城市规模（lnPrimacy ratio）交乘，以对不同区间值时产业结构与城市规模城市群生产率的作用进行验证。结果见表6－45。

表6－45　　　　　　　　　　　　　　　　门槛效应回归结果

| 变量 | 系数 | 置信区间 |
|---|---|---|
| G（lnUpgrade$_{it}$≤θ） | －0.095**<br>（0.013） | ［－0.013，0.002］ |
| G（lnUpgrade$_{it}$＞θ） | 0.011***<br>（0.033） | ［0.006，0.015］ |
| 其余变量 | YES | |
| R$^2$ | 0.358 | |
| F值（P值） | 30.50<br>（0.000） | |
| θ | 门槛估计值<br>0.239 | |
| Glnpgdp（lnprimacyratio$_{it}$≤ε） | 0.171**<br>（0.004） | ［0.067，0.026］ |
| lnpgdp（lnprimacyratio$_{it}$＞ε） | 0.0250***<br>（0.033） | ［－1.692，－0.569］ |
| R$^2$ | 0.689 | |
| F值（P值） | 25.50<br>（0.000） | |
| θ | 变化门槛估计值<br>10.129 | |

注：P值采用"自抽样法"反复抽样200次得到的结果，***、**分别表示在1%、5%水平上显著。

对中心城市产业结构是否达到门槛值对城市群生产率的影响进行展开分析，由表6－45的结果表明，在中心城市产业结构未达到门槛值前，其对城市群生产率产生负向影响，在其超过门槛值后，呈现出对城市群生产率的正向作用。中心城市产业结构与城市群生产率的泰尔指数门槛值为0.239。本书进一步对2016～2018年十九大城市群中心城市泰尔指数均值与门槛值进行对比，由表6－46的分布表可以看到，东部地区城市群中心城市泰尔指数均越过门槛值，呈现出对城市群产业生产率提升的推动作用，而中西部地区城市群中心城市泰尔指数较多低于门槛值，对城市群生产率发展呈现抑制作用；对中心城市城市规模是否达到门槛值对城市群生产率的影响进行展开分析，由表6－45的结果表明在中心城市城市规模未达到门槛值前，其对城市群生产率产生正向影响，在其超过门槛值后，也呈现出对城市群生产率的正向作用。中心城市城市规模与城市群生产率的人均GDP对数门槛值为10.129。本书进一步对2016～2018年十九大城市群中心城市人均GDP对数均值与门槛值进行对比，由表6－46的分布表可以看到，大部分地区中心城市未越过门槛值，无法对城市群生产率提升起到促进作用。

表 6 - 46　　　　　　　　　　　　　　　　门槛值分布表

| 门槛值 | 门槛值分布区间 | 2016~2018 年城市群 |
|---|---|---|
| 0.239 | <0.239 | 北部湾（南宁）、滇中（昆明）、黔中（贵阳）、晋中（太原）、兰西（兰州）、天上北坡（乌鲁木齐）、宁夏沿黄（银川）、呼包鄂榆（呼和浩特） |
| | >0.239 | 京津冀（北京）、长三角（上海）、珠三角（广州）、山东半岛（青岛）、成渝（重庆）、长江中游（武汉）、关中平原（西安）、中原（郑州）、哈长（哈尔滨）、辽中南（沈阳）、粤闽浙沿海（福州） |
| 10.129 | <10.129 | 北部湾（南宁）、山东半岛（青岛）、成渝（重庆）、长江中游（武汉）、关中平原（西安）、中原（郑州）、滇中（昆明）、黔中（贵阳）、晋中（太原）、粤闽浙沿海（福州）、兰西（兰州）、天上北坡（乌鲁木齐）、宁夏沿黄（银川）、呼包鄂榆（呼和浩特） |
| | >10.129 | 京津冀（北京）、长三角（上海）、珠三角（广州）、哈长（哈尔滨）、辽中南（沈阳） |

#### 6.4.2.4　进一步机制分析

根据研究对象的特点，建立中心城市产业结构与城市规模交互项的中介效应分析模型，以考察其边际作用变化，具体结果见表 6 - 47。由表 6 - 47 可知，中心城市产业结构与城市规模的交互项在 5% 水平上显著，说明中心城市产业结构和城市规模对于城市群生产率发展具有协同推动作用。

表 6 - 47　　　　　　　　　　　　　　　　调节效应分析

| 变量 | TFP | GTFP |
|---|---|---|
| | (13) | (14) |
| lnUpgrade | - 0.178 *** (0.029) | - 0.055 *** (0.006) |
| $(\text{lnUpgrade})^2$ | 0.013 *** (0.002) | 0.004 *** (0.001) |
| lnPrimacy ratio | 2.643 *** (0.513) | 1.014 *** (0.305) |
| $(\text{lnPrimacy ratio})^2$ | - 2.206 *** (0.493) | - 0.863 *** (0.269) |
| lnUpgrade × lnPrimacy ratio | 0.007 *** (0.003) | 0.019 ** (0.003) |
| 控制变量 | YES | YES |
| 时间效应 | YES | YES |
| 个体效应 | YES | YES |
| 常数项 | 0.766 (0.112) | 0.129 *** (0.129) |
| 观测值 | 228 | 228 |
| $R^2$ | 0.529 | 0.577 |

注：***、** 分别表示在 1%、5% 水平上显著。

#### 6.4.2.5　异质性分析

首先，按地区划分城市群的异质性分析：

为进一步研究中心城市职能强度对不同地区城市群的影响程度，本书将中国城市群划分为东部地区城市群、中部地区城市群、西部地区城市群和东北地区城市群，其中，东部地区城市群包括京津冀城市群、山东半岛城市群、长三角城市群、粤闽浙沿海城市群、珠三角城市群；中部地区城市群包括晋中城市群、中原城市群、长江中游城市群、呼包鄂榆城市群、关中平原城市群；西部地区城市群包括成渝城市群、黔中城市群、滇中城市群、北部湾城市群、宁夏沿黄城市群、兰西城市群、天山北坡城市群；东北地区城市群包括辽中南城市群、哈长城市群。按地区划分城市群的异质性结果分见表6-48、表6-49。

表6-48　　　　　　　　　　按地区划分城市群的异质性回归结果

| 变量 | （1） | （2） | （3） | （4） |
|---|---|---|---|---|
| | 东部地区 | 中部地区 | 西部地区 | 东北地区 |
| lnUpgrade | -0.062<br>(0.051) | 0.024<br>(0.007) | 0.003<br>(0.011) | -0.011<br>(0.06) |
| （lnUpgrade）² | -0.052 **<br>(0.095) | -0.160 *<br>(0.070) | -0.142 *<br>(0.076) | -0.052 **<br>(0.015) |
| Popden | -0.052 **<br>(0.015) | -0.160 *<br>(0.070) | -0.142 *<br>(0.076) | -0.052 **<br>(0.019) |
| lnstructure | 0.024<br>(0.007) | 0.003<br>(0.011) | -0.011<br>(0.069) | 0.024<br>(0.037) |
| lngov | 0.002<br>(0.021) | -0.167 **<br>(0.024) | -0.130<br>(0.083) | 0.002<br>(0.021) |
| lnpop | 0.039<br>(0.074) | 0.021<br>(0.034) | -0.072 *<br>(0.037) | 0.039<br>(0.057) |
| tertiary industry | -0.052 **<br>(0.025) | -0.160 *<br>(0.060) | -0.142 *<br>(0.0763) | -0.052 **<br>(0.015) |
| 常数项 | -6.269 ***<br>(0.378) | -3.495 ***<br>(0.210) | -2.376 ***<br>(0.708) | -4.021 ***<br>(0.547) |
| 观测值 | 228 | 228 | 228 | 228 |
| R² | 0.965 | 0.997 | 0.390 | 0.799 |
| 个体效应 | YES | | | |
| 时间效应 | YES | | | |

注：***、**、*分别表示在1%、5%、10%水平上显著。

表6-49　　　　　　　　　　按地区划分城市群的异质性回归结果

| 变量 | （1） | （2） | （3） | （4） |
|---|---|---|---|---|
| | 东部地区 | 中部地区 | 西部地区 | 东北地区 |
| lnPrimacy ratio | 0.061 **<br>(0.021) | 0.024<br>(0.177) | -0.003 ***<br>(0.921) | -0.011<br>(0.060) |
| （lnPrimacy ratio）² | -0.052 **<br>(0.035) | -0.160 *<br>(0.160) | -0.142 *<br>(0.079) | -0.052 **<br>(0.175) |
| area | -0.052 **<br>(0.215) | -0.160 *<br>(0.090) | -0.142 *<br>(0.143) | -0.052 **<br>(0.235) |
| emp | 0.024<br>(0.017) | 0.003<br>(0.121) | -0.011<br>(0.029) | 0.024<br>(0.027) |
| road | 0.002<br>(0.311) | -0.167 **<br>(0.434) | -0.130<br>(0.103) | 0.002<br>(0.051) |

续表

| 变量 | (1) | (2) | (3) | (4) |
|---|---|---|---|---|
| | 东部地区 | 中部地区 | 西部地区 | 东北地区 |
| tec | 0.039 (0.454) | 0.021 (0.014) | −0.072* (0.277) | 0.039 (0.071) |
| teacher | −0.052** (0.225) | −0.160* (0.070) | −0.142* (0.043) | −0.052** (0.355) |
| 常数项 | −6.269*** (0.148) | −3.495*** (0.206) | −2.376*** (0.758) | −4.021*** (0.521) |
| 观测值 | 228 | 228 | 228 | 228 |
| $R^2$ | 0.945 | 0.947 | 0.300 | 0.729 |
| 个体效应 | YES | | | |
| 时间效应 | YES | | | |

注：***、**、*分别表示在1%、5%、10%水平上显著。

其次，按发展类型划分城市群的异质性分析：

为进一步研究中心城市职能强度对不同发展类型城市群的影响程度，本书将中国城市群划分为国家级城市群、区域级城市群和地区级城市群，其中，国家级城市群包括长三角城市群、珠三角城市群、京津冀城市群、长江中游城市群、成渝城市群；区域级城市群包括山东半岛城市群、粤闽浙沿海城市群、中原城市群、关中平原城市群、辽中南城市群、哈长城市群、北部湾城市群、天山北坡城市群；地区级城市群包括滇中城市群、黔中城市群、晋中城市群、兰西城市群、呼包鄂榆城市群、宁夏沿黄城市群。按发展类型划分城市群的异质性结果分见表6-50、表6-51。

表6-50　　　　　　　　　　　按发展类型划分城市群的异质性回归结果

| 变量 | (1) | (2) | (3) |
|---|---|---|---|
| | 国家级城市群 | 区域级城市群 | 地区级城市群 |
| lnUpgrade | −0.052** (0.0448) | 0.016 (0.096) | −0.064 (0.332) |
| $(lnUpgrade)^2$ | −0.067** (0.0274) | −0.073* (0.056) | 0.065 (0.064) |
| Popden | −0.052 (0.038) | 0.0246 (0.090) | −0.064 (0.072) |
| lnstructure | 0.018** (0.0307) | 0.003 (0.021) | −0.011 (0.108) |
| lngov | 0.024** (0.217) | 0.002 (0.022) | −0.167** (0.024) |
| lnpop | 0.026 (0.189) | 0.039 (0.174) | 0.021 (0.026) |
| tertiary industry | 0.022 (0.107) | 0.002 (0.0251) | −0.167** (0.144) |

续表

| 变量 | (1)<br>国家级城市群 | (2)<br>区域级城市群 | (3)<br>地区级城市群 |
|---|---|---|---|
| 常数项 | -3.003***<br>(0.245) | -3.343***<br>(0.319) | -2.657***<br>(0.421) |
| 观测值 | 228 | 228 | 228 |
| R² | 0.221 | 0.326 | 0.040 |
| 个体效应 | YES | | |
| 时间效应 | YES | | |

注：***、**、*分别表示在1%、5%、10%水平上显著。

表6-51　　　　　　　　　　按发展类型划分城市群的异质性回归结果

| 变量 | (1)<br>国家级城市群 | (2)<br>区域级城市群 | (3)<br>地区级城市群 |
|---|---|---|---|
| lnPrimacy ratio | -0.029<br>(0.038) | 0.056<br>(0.029) | 0.031**<br>(0.062) |
| (lnPrimacy ratio)² | -0.034**<br>(0.104) | -0.053*<br>(0.021) | 0.005<br>(0.055) |
| area | -0.052<br>(0.038) | 0.0246<br>(0.049) | -0.064<br>(0.182) |
| emp | 0.024***<br>(0.0307) | 0.003**<br>(0.0121) | -0.011***<br>(0.0699) |
| road | 0.024<br>(0.037) | 0.002<br>(0.151) | -0.167**<br>(0.194) |
| tec | 0.026<br>(0.089) | 0.039<br>(0.214) | 0.021<br>(0.004) |
| teacher | 0.024<br>(0.467) | 0.002<br>(0.023) | -0.167**<br>(0.094) |
| 常数项 | -3.573***<br>(0.321) | -3.343***<br>(0.379) | -2.657***<br>(0.466) |
| 观测值 | 228 | 228 | 228 |
| R² | 0.221 | 0.326 | 0.040 |
| 个体效应 | YES | | |
| 时间效应 | YES | | |

注：***、**、*分别表示在1%、5%、10%水平上显著。

## 6.4.3　研究发现与政策含义

### 6.4.3.1　研究发现

本书探讨了中心城市产业结构对城市群全要素生产率的影响，基于2007~2018年我国19个城市群的面板数据，通过双向固定效应模型检验中心城市产业结构对城市群全要素生产率的影响，结果表明，中心城市产业结构与城市群生产率之间存在着"U"形关系，且存在唯一结构变化点。主要发现如下：一是城市群中心城市产业结构高级化与城市群生产率之间存在着明显的非线性关系，在以城市群为单位建设区域经济时，要注意中心城市产业结构的重点建设，充分发挥中心点对区域的辐射带动作用和产业链条福利共享。二是与东部、中部地区城市群相比较而言，西部地区中心城市产业结构对城市群的生产率影响不够显著，这是因为西部地区中心城市产业结构级别较低，无法有效承担起核心带动的角色，因此，如果想要实现西部地区城市群区域高质量协调发展，就必须强调西部城市群中心城市产业结构优化，建设有效的产业带动中心和协调中心。三是从全国层面看，中心城市产业结构对于城市群生产率的影响是具有共性的，这表明在国家以城市群为单位进行区域协调发展建设时，重视中心城市产业发展，把中心城市作为布局和战略重点是正确的一招，中心城市都是城市群区域内具备最大优势的城市，其产业发展好坏与城市群系统内部能否实现以点带面全面协调发展有着不可忽视的关系。四是影响全要素生产率的传统因素依旧发挥着作用。进出口贸易、政府财政支持、人力资本的投入等常规因素和区域产业发展背景、自身资源禀赋以及国家政策等因素，仍存在较强的解释力。这一发现说明在大力优化中心城市产业结构的同时，也必须注重高质量的人才培养、有利于产业转型的环境和充足的政策支持要素补给，而对于西部城市群的评估结果来看，这一点对于目前发展境况不够良好、产业转型后劲不足、支撑不够的西部地区城市群来说尤其显著。

### 6.4.3.2　讨论

第一，城市群中心城市的产业结构高级化对生产率的影响，可以从现代经济增长理论和集聚经济理论进行解释。企业和劳动者在地理上的集中可以带来生产率的提高，而这正是中心城市产业结构高级化的一个直接结果（赵冉冉等，2019）。中心城市由于其对人才、技术和信息的集聚，常常会出现更高的生产率和更先进的产业结构。但这种关系并非线性，正如卢伟等（2014）在其研究中所指出，当某一产业或技术在一个地区过度集中时，可能会带来"负面的外部性"，如交通拥堵、房价上涨等，从而降低生产率。在构建区域经济时，中心城市与其周边的互动和协同是关键。中心城市的高级化产业结构可以通过产业链条向周边地区传递，形成生产网络和供应链的集聚。这不仅可以降低生产成本，还能为整个城市群创造更大的经济福利。但这也要求政策制定者对中心城市的产业结构给予足够的重视，并确保其与周边地区的良好互动。

第二，西部地区中心城市产业结构对城市群的生产率影响不够显著的主要原因可能是西部中心城市的辐射带动作用不强。首先，新技术的引进和应用能够显著提高生产率，但西部地区在技术创新和人才培养上与东部中心城市相比存在一定的差距。此外，西部地区的中心城市，相对于东部和中部的城市，尽管有着丰富的自然资源，但在基础设施建设、制度建设和市场化进程上仍然有待加强（王大磊，2019）。因此，虽然西部地区的中心城市已经在产业结构、基础设施和人才培养等方面取得了一定的进步，但与东部和中部地区相比，其对城市群整体生产率的影响尚不显著，这也是为什么在构建均衡、协调、可持续的区域发展策略时，更多的关注和支持仍然需要投向这些相对滞后的区域。

### 6.4.3.3　政策含义

本书通过对中国城市群中心城市的识别，以及对其产业结构和规模与城市群生产率的影响作用关系的评估，精准地判定中心城市点在城市群发展中的角色定位和功能作用，为国家重点建设中心城市提供了可靠的实证支撑。城市群高质量发展目标的实现必须依靠城市群层面的战略布局，在城市群全方位布局中，中心城市是重要着力点和协调发展的枢纽，所以，应明确中心城市工作重点和发力方式，推动城市群内部城市总体生产率"提质"发展，实现城市群发展质量持续性稳定性提升。中心城市发展规划制定时必须要考虑其在城市群中承担的发展责任，在实现发展的同时必须兼顾区域协调发展带头作用和帮扶作用，避免因为过度虹吸效应造成城市群内部"一头独大"的畸形发展格局，周边城市制定相关政策措施时必须将中心城市的相关政策作为重点考量因素，以更好地与中心城市形成互联互通的发展网络，更好地享受中心城市的规模效应和辐射福利效应。

本书经研究发现，区域内中心城市对城市群发展影响显著，但是对不同类的城市群发展的影响具有较为显著的差异，需要对城市群内部各城市的发展规模等级结构、产业空间布局结构的规划设立科学合理的衡量标准。城市群新发展格局的构建，要通过行政区划的调整，以优化区域协调发展水平测算体系的科学性，为城市群发展格局全局层面统筹调整提供科学合理的测算参考结果，对优化城市群全域资源要素的配置，提高各项资源的利用效率具有重要作用。本书可以为新的城市群产业发展格局的构建提供参考，帮助制定科学合理的发展标准，通过制定发展标准，有目的地引导各项因素的发展，科学指导区域生产率提升，优化区域产业结构和空间布局，提高产业要素和各类要素资源的利用效率。尤其是研究发现，中国东部地区、中部地区、西部地区以及东北部地区城市群中心城市对城市群生产率的影响效果存在明显差异，这与城市群总体发展水平有着很大关系，因此，要对城市群发展等级进行科学合理的划分，有针对性、特殊性地对不同的城市群发展提供科学合理的指导，实现中心城市发展有效带动区域发展质量提升，实现区域协调发展和全国范围内总体发展质量提升。此外，本书为中心城市规模的判定标准，也为城市群中心城市及内部各城市的发展等级确定和城市群内部城市发展差异提供了十分重要的理论依据和参考意义，推动城市群区域协调发展格局构建与优化。

## 6.5 西部中心城市和城市群产业的空间重构

### 6.5.1 研究目的与方法

#### 6.5.1.1 研究目的

中心城市和城市群产业的空间重构是对我国现有产业布局进行横向或纵向的调整。本节先在全国范围内探讨了制造业整体的产业空间结构演变，然后分别研究了东北部、中部、东部、西部城市群制造业整体、纺织服装业、黑色金属冶炼和压延加工业以及化学原料与化学制品制造业的空间重构的演变过程。通过研究，总结我国各大城市群产业空间重构的一般规律，其中，西部城市群产业空间重构的演变规律成为重点分析对象，并通过研究给出发展西部城市群的相关政策建议。

#### 6.5.1.2 研究方法

为了提升城市群在全球价值链中的作用，必须提升产业空间布局的合理性。一般情况下，那些处于全球价值链顶端的中心城市会与周边次级城市相联合，共同参与国际分工与合作，从而形成比较完善的产业链，这就形成了全球价值链角度下的城市群。由于全球化的进一步发展，城市群发育逐渐成熟。而全球价值链则通过产业空间重构来进一步完善。所以，城市群的扩展离不开产业空间的重构过程，其中包括两个方面：第一，全球价值链运用中心城市或者近海城市来进行升级；第二，产业格局通过对中心城市产业能级的提高，来实现对城市群内部产业的格局优化，进而使得产业进行重构，从而达到进一步发展城市群和提升综合竞争能力的目的。通过以上分析可以看出，全球化对于产业空间重构和城市群的进一步发展有至关重要的作用。因此，应当从国际和国内两个维度对产业空间重构进行分析，国际上，用外商直接投资（FDI）来表示国际之间的产业转移，国内对于产业的转移趋势则运用产业产值变动的方法。通常来讲，产业空间结构的演变运用某区域内产业法人单位个数的差值来表示，计算公式如下：

$$Y_i = Y_{i0} - Y_{it}$$

(6-38)

其中，$Y_i$ 指的是 i 城市中某产业法人单位个数的差值，$Y_{i0}$ 则表示 i 城市这一时期产业的法人单位个数，$Y_{it}$表示 i 城市第 t 期产业的法人单位个数。

### 6.5.1.3 数据来源

本书以十九大城市群为样本，尝试对其产业空间重构特征与驱动机制进行剖析。由于数据的可得性，将十九大城市群各地级市作为研究对象，在城市群内部产业空间重构方面，主要基于 2014 年与 2018 年全国经济普查公报数据库对十九大城市群进行研究。特别说明，本书的研究时间为 2014 和 2018 年，因此，涉及的国民经济行业分类标准分别采用《国民经济行业分类（GB/T4754—2011）》与《国民经济行业分类（GB/T4754—2017）》。

## 6.5.2 测算结果与空间分析

### 6.5.2.1 城市群产业重构的机制分析

所谓产业空间重构，重点强调的是一个动态演变的过程，也就是产业的集聚和扩散的动态演变的过程，以及随着这一过程变化而变化的生产组织关系以及产业集聚区位。迪肯认为，产业空间重构不仅仅是一个单纯的状态，而且是一个动态的过程。国内外有关产业空间重构的研究，通常分为 3 个角度，分别是以经典的区位论和贸易理论以及新经济理论为基础的产业集聚和扩散角度、以地方和全球生产网络理论为基础的生产组织角度，以及以演化经济地理学为基础的产业演化的角度。

首先，从集聚和扩散的角度分析，区位论是产业空间重构最重要的理论支撑，因为区位论实际上就是解释企业区位选择是由于产业的集聚与扩散的理论。随着全球化和市场化，产业区位的选择从原先只关注市场需求和要素供给等宏观角度，逐步转变为企业战略和行为等微观角度。区位论也从以 Weber 为代表的工业区位论发展到以 Losch 为代表的市场区位论，最后发展到以 Scott 为代表的结构区位论。而作为从集聚和扩散角度分析的另一个理论即贸易理论，实际上就是区位理论的另一面，将区位论和贸易论结合起来能更好解释产业空间重构的动态变化。从古典贸易理论即绝对优势理论、相对优势理论到新古典贸易理论，从"雁行"理论到产品生命周期理论、"边际扩张理论"再到普雷维什的"中心—外围论"和邓宁的国际生产折衷理论。以上这些理论除了"中心—外围论"以外都侧重于对西方资本主义国家的探讨，得出产业从发达国家转移到发展中国家是由于要素禀赋的差异和比较优势的影响。随着新经济地理学的发展，克鲁格曼考虑了空间因素对于产业空间重构的影响，认为产业的集聚与扩散大多解释为规模效益递增和不完全竞争、垄断竞争的双重结果。以新经济地理理论为依托，产业集聚主要取决于地方市场的需求因素、产业的规模经济以及产业的本土化；而产业的扩散主要取决于运输的成本和生产要素的流动性弱，以及市场的过度饱和等因素。随着经济的空间结构不同，研究的着重点也随之产生了变化。如今大多数学者越来越注重企业异质性对于产业空间集聚的作用。所谓企业异质性，就是指企业在生产率上的差异性，具体而言，就是在企业的规模结构、企业所有权、人力资本、组织方式以及技术选择方面存在的差异性。针对企业异质性的研究，不同的学者也提出了不同的结论。有学者将新经济地理学的模型和企业异质性相结合，探讨了产业的空间集聚和区位选择的问题；而有的学者则通过进一步探讨企业异质性的原因来分析产业集聚的原因和规律。埃利希（Ehrlich）等学者则认为，正是企业的异质性导致了经济活动在地理上的集聚。

其次，从生产组织的角度分析，新产业区理论和全球生产网络理论为产业空间重构提供了重要的理论基础，新产业区理论重点强调了产业空间重构的过程中地方、区域扮演的作用，其研究对象的生产组织方式是以本地中小企业为主，重点探讨了本土化制度和集聚经济等对于产业空间重构的影响。相关学者围绕生产组织的形式、产业的创新模式以及空间结构和功能 3 个方面探讨了新产业区位理论，进而探讨其对产业空间重构的作用；而全球生产网络理论则重点强调了产业空间重构过程中全球化带来的影响。该理论以权力、价值和嵌入为主要出发点来研究企业在全球范围内的作用、在互联网的背景下企业的权力分配以及政府机构和非政府组织等制度要素对于企业加入全球生产网络体系中的重要影响，全球生产网络理论为产业空间重构的动态演化提供了重要的理论基础，有利于分析不同的企业在参与全球生产活动时作出不同决策的原因，为研究产业空间重构提供了一条与区域发展相关的新的研究路径。

最后，从演化的角度分析，1980 年后，产业空间重构有了新的理论支撑，即重新兴起的演化思想，到 20 世纪 90 年代，经济学家和地理学者们才将区域经济与演化思想的理论相结合，之后才逐步建立起解释地方产业异质性和产业区产生和发展等问题的演化经济地理学的基本理论框架。其中，新经济地理学中对路径依赖的概念注重于规模报酬递减和历史的、偶然的因素，而演化经济地理学中对路径依赖的概念则侧重于非偶然因素和非外部因素的影响，认为路径依赖是解释地方产业空间重构的原因，新产业就从产业中衍生而来。演化经济地理学还认为经济发展是一个内生的过程，新产业的产生，创造出适应新产业的制度环境，又因为制度环境的完善，从而吸引了更多的企业在该区域集聚，进而推动要素的创新和流动，而基础设施和环境等早期优势可能会随着时间的推移对产业空间重构造成阻碍作用。相关学者以"MAR 外部性"和"Jacobs 外部性"为基础提出了解释产业空间重构的新概念，即"相关性多样化"。学者认为相关产业的多样化才能有效地提高区域创新能力，他们认为正是由于在技术上的相近才衍生出新的产业，而产业之间的技术相关性是新产业形成的前提条件。

除了从上述传统区位理论、规模报酬递增理论、全球生产网络理论等来探讨产业空间重构外，韦（Wei）等部分学者认为经济转型是全球化和市场化的结果，全球化和市场化的过程不仅影响着中国经济的转型，同时，改变了我国的城市空间结构。

从全球化的角度来看，由于跨国公司的兴起、国际上贸易关系的加强以及劳动力和资本等生产要素在世界范围内进行流动配置，产业从单一的制造业转变为产业集中的服务中心。1970 年末，西方资本主义国家的生产方式从"福特制"转变为更加个性的、生产逐渐分散的"后福特主义"。这种生产方式打破了传统的产业集聚的状态，认为相对分散的区域能更好地促进经济的发展，由此便产生了"生产郊区化"的概念。所以，全球化成为推动产业空间重构的重要动力因素，与此同时，由于互联网和现代信息技术的高速发展，距离因素对于产业区位的选择作用已经大大减小，同时全球化的发展也加速了企业外包等各种形式的国际分工模式。资本和劳动力等生产要素以及企业的搬迁在全球范围内流动也变得更加容易。然而，外围地区、郊区等地区由于成本的先天优势，成为企业的首选之地，进而使得资本和技术蜂拥而至，最终形成了新的制造业空间。

从市场化的角度来看，1978 年改革开放前，我国采取的是计划经济的经济制度，生产要素和资源的配置都是由国家政府来统一调配，企业也不需要考虑社会等其他风险，这样很难调动企业生产的积极性，产业的布局没有把区位的选择放在考虑的范围之内。1978 年改革开放之后，市场竞争机制的加入，使得原先被政府所控制支配的生产要素被相互竞争的市场机制所代替。因此，要想使得企业的利润最大化，就必须考虑成本和收益，因此生产郊区化的趋势也越来越明显。与此同时，随着我国市场经济制度的不断完善，产业空间重构也产生了巨大的变化。产业空间重构的另一个影响因素土地市场制度也扮演着重要的作用。改革开放之前，我国的土地制度是"无偿无期限"，土地的极差效益不能有效地发挥作用，从而影响了产业的空间分布，使得城市中心土地无法发挥最有效的作用。而改革开放之后，城市土地的价格由中心向外围依次递减，土地极差效益充分发挥了作用，成为影响产业空间布局的重要因素。而生产郊区化不仅可以使土地资源发挥更有效的作用，同时也可以减少对环境的污染。

### 6.5.2.2　分行业空间重构分析

基于上述研究方法对全国制造业空间格局演变进行分析。我国正处于经济转型发展的关键时刻，讨论制造业的空间结构演变对促进经济高质量协调发展和城市群一体化尤为重要。本书分别从东北部、中部、东部、西部城市群来探讨我国制造业的空间格局演变过程，分别选取2014年与2018年第三次、第四次经济普查中制造业占比数据、纺织服装业法人单位个数、黑色金属冶炼和压延加工业法人单位个数以及化学原料与化学制品制造业法人单位个数进行了时空演化分析，运用ArcGis中的Natural Breaks分级法将东北部、中部、东部以及西部城市群内部制造业占比进行分级。

（1）东北部城市群。根据表6-52可以看到，就空间格局演变而言，辽中南城市群在2014~2018年这一期间，制造业空间重构主要体现为制造业整体占比的上升，制造业迁出地主要为本溪市和营口市，而制造业迁入地则主要为沈阳市和葫芦岛市。辽中南城市群作为东北地区的经济核心区和工业地区，在制造业方面形成了具有竞争优势的产业集群。除葫芦岛市有超过10%的制造业占比增长之外，城市群内部其他城市的制造业占比变化都少于5%。从驱动机制而言，2018年抚顺市、葫芦岛市、营口市是辽中南城市群制造业的集聚地，其中，抚顺市煤炭资源丰富，带动电动挖掘机、电机车、生产火工产品等制造业的发展。沈阳市作为辽中南城市群的中心城市，2014~2018年期间制造业占比增加，其原因可能是自新中国成立以来，沈阳市就作为我国重要的综合性工业基地，特别是在制造业方面；另外还可以看到，2018年另一中心城市大连的制造业占比相对于2014年有所下降，这是向西部葫芦岛市转移所致。从整体来看，辽中南城市群的制造业大多集中在以沈阳市和大连市为中心的西部地区。

表6-52　　　　　　　　　　　辽中南城市群制造业占比分级

| 制造业占比分级区间 | 等级 | 2014年 | 2018年 |
|---|---|---|---|
| 0~0.05 | 低 | 铁岭市、沈阳市、辽阳市、鞍山市、丹东市、葫芦岛市 | 铁岭市、辽阳市、鞍山市、丹东市 |
| 0.06~0.16 | 较低 | 锦州市、盘锦市 | 沈阳市、锦州市、盘锦市、本溪市、大连市 |
| 0.17~0.20 | 中等 | 本溪市、大连市 | |
| 0.21~0.22 | 较高 | 抚顺市 | 抚顺市、营口市 |
| 0.23~0.26 | 高 | 营口市 | 葫芦岛市 |

根据表6-53可以看出，就空间格局演变而言，辽中南城市群在2014~2018年这一期间，纺织服装业空间重构主要体现为纺织服装业整体个数的增加，纺织服装业暂无明显的迁出地。纺织服装业主要迁入地为沈阳市、葫芦岛市和营口市。2014年纺织服装业法人单位个数前三名城市为大连市、抚顺市和锦州市，其中，大连市以超越其他城市15倍之多位于第一位。而2018年纺织服装业法人单位个数前三名城市为葫芦岛市、大连市和沈阳市。辽中南城市群相对于其他城市群来说，纺织服装业的法人单位个数较少。从整体来看，辽中南城市群纺织服装业从分散分布转变为向城市群西部城市集中。

表6-53　　　　　　　　　　　辽中南城市群纺织服装业分级

| 纺织服装业分级区间 | 等级 | 2014年 | 2018年 |
|---|---|---|---|
| 0~10.00 | 低 | 铁岭市、沈阳市、辽阳市、鞍山市、丹东市、营口市、葫芦岛市 | 铁岭市、辽阳市、鞍山市、丹东市 |
| 10.01~33.00 | 较低 | 本溪市 | 盘锦市 |

续表

| 纺织服装业<br>分级区间 | 等级 | 2014 年 | 2018 年 |
|---|---|---|---|
| 33.01~35.00 | 中等 | 盘锦市 | |
| 35.01~92.00 | 较高 | 抚顺市、锦州市 | 抚顺市、本溪市 |
| 92.01~1519.00 | 高 | 大连市 | 沈阳市、锦州市、营口市、葫芦岛市、大连市 |

根据表6-54可以看出，就空间格局演变而言，辽中南城市群在2014~2018年这一期间，黑色金属冶炼和压延加工业空间重构主要体现为黑色金属冶炼和压延加工业整体个数的增加，黑色金属冶炼和压延加工业主要迁出地为大连市、锦州市和抚顺市，黑色金属冶炼和压延加工业主要迁入地为沈阳市、本溪市、营口市和葫芦岛市。2014年黑色金属冶炼和压延加工业法人单位个数前三名城市为大连市、本溪市和锦州市，而2018年黑色金属冶炼和压延加工业法人单位个数前三名城市为本溪市、大连市和沈阳市。从整体来看，辽中南城市群黑色金属冶炼和压延加工业仍然集中在大连市和沈阳市以及周边地区。

表6-54　　　　　　　　　　　辽中南城市群黑色金属冶炼和压延加工业分级

| 黑色金属冶炼和压<br>延加工业分级区间 | 等级 | 2014 年 | 2018 年 |
|---|---|---|---|
| 0~10.00 | 低 | 铁岭市、沈阳市、辽阳市、盘锦市、鞍山市、丹东市、营口市、葫芦岛市 | 铁岭市、辽阳市、盘锦市、鞍山市、丹东市 |
| 10.01~30.00 | 较低 | | |
| 30.01~126.00 | 中等 | 抚顺市、锦州市 | 沈阳市、抚顺市、锦州市、葫芦岛市、营口市 |
| 126.01~161.00 | 较高 | 本溪市 | 大连市 |
| 161.01~678.00 | 高 | 大连市 | 本溪市 |

根据表6-55可以看出，就空间格局演变而言，辽中南城市群在2014~2018年这一期间，化学原料与化学制品制造业空间重构主要体现为化学原料与化学制品制造业整体个数的增加，化学原料与化学制品制造业主要迁出地为本溪市，化学原料与化学制品制造业主要迁入地为沈阳市、葫芦岛市和营口市。2014年化学原料与化学制品制造业法人单位个数前三名城市为大连市、抚顺市和盘锦市，而2018年化学原料与化学制品制造业法人单位个数前三名城市为大连市、沈阳市和营口市。从整体来看，辽中南城市群化学原料与化学制品制造业由大连市向北部中心城市及周边地区扩散，而化学原料与化学制品制造业集中在城市群的西部地区。

表6-55　　　　　　　　　　　辽中南城市群化学原料与化学制品制造业分级

| 化学原料与化学制<br>品制造业分级区间 | 等级 | 2014 年 | 2018 年 |
|---|---|---|---|
| 0~10.00 | 低 | 铁岭市、沈阳市、辽阳市、鞍山市、丹东市、营口市、葫芦岛市 | 铁岭市、辽阳市、鞍山市、丹东市 |
| 10.01~140.00 | 较低 | 本溪市 | 本溪市 |

续表

| 化学原料与化学制品制造业分级区间 | 等级 | 2014 年 | 2018 年 |
|---|---|---|---|
| 140.01~246.00 | 中等 | 锦州市、盘锦市 | 锦州市、盘锦市、葫芦岛市 |
| 246.01~407.00 | 较高 | 抚顺市 | 抚顺市、营口市 |
| 407.01~953.00 | 高 | 大连市 | 沈阳市、大连市 |

（2）中部城市群。根据表6-56可以看到，就空间格局演变而言，长江中游城市群在2014~2018年这一期间，制造业空间重构主要体现为制造业整体占比的下降，制造业迁出地主要为长沙市、孝感市、常德市、鄂州市、抚州市、株洲市以及益阳市，而制造业迁入地则主要为景德镇市以及吉安市、襄阳市、湘潭市、黄冈市、黄石市以及宜昌市；这一时期的制造业格局呈现出了分散分布的趋势。从制造业的分布格局来看，制造业大多还是集聚在中心城市武汉市、南昌市以及长沙市的周边。这种产业格局在2014年相对较为明显，到了2018年虽然制造业占比比重有所下降，但是仍然能够看出这种"中心—外围"的制造业的空间格局。株洲市、萍乡市以及抚州市的制造业向吉安市转移；上饶市、南昌市的制造业向景德镇市转移。从驱动机制而言，长江中游城市群制造业空间重构同样受到了制造业郊区化的驱动作用。经济增长的方式从粗放型转变为集约型，中心城市大多以发展现代服务业为核心，景德镇市、吉安市等是由于自然资源等区域特色而着重打造传统的制造业和地方特色产品加工的制造基地。以长沙市为中心的株洲市、湘潭市、萍乡市以及益阳市逐步形成了以汽车零部件为代表的产业集群。以武汉市为中心的黄石市、孝感市等则形成了纺织业产业集群。

表6-56　　　　　　　　　　　　　长江中游城市群制造业占比分级

| 制造业占比分级区间 | 等级 | 2014 年 | 2018 年 |
|---|---|---|---|
| 0~0.05 | 低 | 襄阳市、宜昌市、荆门市、天门市、荆州市、潜江市、仙桃市、咸宁市、岳阳市、黄石市、黄冈市、景德镇市、鹰潭市、宜春市、新余市、吉安市、湘潭市 | 荆门市、天门市、荆州市、潜江市、仙桃市、咸宁市、宜春市 |
| 0.06~0.14 | 较低 | 武汉市、娄底市、衡阳市 | 襄阳市、宜昌市、孝感市、武汉市、黄冈市、鄂州市、常德市、岳阳市、长沙市、娄底市、衡阳市、新余市、抚州市、鹰潭市、南昌市、上饶市 |
| 0.15~0.18 | 中等 | 长沙市、南昌市、上饶市 | 黄石市、九江市、益阳市、湘潭市、萍乡市、株洲市、吉安市 |
| 0.19~0.20 | 较高 | 常德市、益阳市、九江市、抚州市、孝感市、鄂州市 | 景德镇市 |
| 0.21~0.24 | 高 | 株洲市、萍乡市 | |

根据表6-57可以看出，就空间格局演变而言，长江中游城市群在2014~2018年这一期间，纺织服装业空间重构主要体现为纺织服装业整体个数的增加，纺织服装业主要迁出地为孝感市、衡阳市和抚州市。纺织服装业主要迁入地为襄阳市、宜昌市、益阳市、长沙市、吉安市、武汉市和黄冈市等。2014年纺织服装业法人单位个数前三名城市为南昌市、九江市和上饶市。而2018年纺织服装业法人单位个数前三名城市为九江市、南昌市和武汉市。长江中游城市群相对于其他城市群来说，纺织服装业的法人单位个数较少。从整体来看，长江中游城市群纺织服装业由东部向西部城市扩散。

表 6 - 57　　　　　　　　　　　　长江中游城市群纺织服装业分级

| 纺织服装业分级区间 | 等级 | 2014 年 | 2018 年 |
|---|---|---|---|
| 0 ~ 30.00 | 低 | 襄阳市、宜昌市、荆门市、天门市、荆州市、潜江市、仙桃市、咸宁市、岳阳市、武汉市、黄冈市、黄石市、宜春市、新余市、吉安市、鹰潭市、景德镇市、娄底市、湘潭市 | 荆门市、天门市、荆州市、潜江市、仙桃市、咸宁市、黄石市、孝感市、宜春市、景德镇市 |
| 30.01 ~ 138.00 | 较低 | 常德市、益阳市、长沙市、萍乡市、衡阳市、鄂州市 | 岳阳市、娄底市、湘潭市、衡阳市、萍乡市 |
| 138.01 ~ 194.00 | 中等 | 株洲市 | 宜昌市、常德市、新余市、鹰潭市、鄂州市 |
| 194.01 ~ 478.00 | 较高 | 孝感市、上饶市、抚州市 | 襄阳市、益阳市、长沙市、株洲市、吉安市、抚州市 |
| 478.01 ~ 908.00 | 高 | 九江市、南昌市 | 武汉市、黄冈市、九江市、南昌市、上饶市 |

根据表 6 - 58 可以看出，就空间格局演变而言，长江中游城市群在 2014 ~ 2018 年这一期间，黑色金属冶炼和压延加工业空间重构主要体现为黑色金属冶炼和压延加工业整体个数的减少，黑色金属冶炼和压延加工业主要迁出地为孝感市、鄂州市、长沙市、株洲市和衡阳市，黑色金属冶炼和压延加工业主要迁入地为宜昌市、襄阳市、武汉市、黄冈市、岳阳市、新余市、抚州市和吉安市。2014 年黑色金属冶炼和压延加工业法人单位个数前三名城市为长沙市、鄂州市和衡阳市，而 2018 年黑色金属冶炼和压延加工业法人单位个数前三名城市为武汉市、新余市和长沙市。从整体来看，长江中游城市群黑色金属冶炼和压延加工业由"点状"向"片状"发展，主要集中在武汉市、长沙市和南昌市周边。

表 6 - 58　　　　　　　长江中游城市群黑色金属冶炼和压延加工业分级表

| 黑色金属冶炼和压延加工业分级区间 | 等级 | 2014 年 | 2018 年 |
|---|---|---|---|
| 0 ~ 30.00 | 低 | 襄阳市、宜昌市、荆门市、天门市、荆州市、潜江市、仙桃市、咸宁市、岳阳市、武汉市、黄冈市、黄石市、宜春市、新余市、吉安市、鹰潭市、景德镇市、娄底市、湘潭市 | 荆门市、天门市、荆州市、潜江市、仙桃市、咸宁市、黄石市、孝感市、宜春市、萍乡市、景德镇市、鹰潭市、抚州市 |
| 30.01 ~ 138.00 | 较低 | 常德市、萍乡市、九江市、上饶市、抚州市 | 襄阳市、宜昌市、常德市、岳阳市、益阳市、衡阳市、株洲市、吉安市、上饶市、黄冈市 |
| 138.01 ~ 194.00 | 中等 | 孝感市、益阳市、株洲市、南昌市 | 鄂州市、九江市、南昌市、长沙市、娄底市、湘潭市 |
| 194.01 ~ 478.00 | 较高 | 衡阳市、鄂州市 |  |
| 478.01 ~ 908.00 | 高 | 长沙市 | 武汉市、新余市 |

根据表 6 - 59 可以看出，就空间格局演变而言，长江中游城市群在 2014 ~ 2018 年这一期间，化学原料与化学制品制造业空间重构主要体现为化学原料与化学制品制造业整体个数的增加，化学原料与化学制品制造业主要迁出地为孝感市和衡阳市，化学原料与化学制品制造业主要迁入地为襄阳市、宜昌市、武汉市、岳阳市、长沙市、娄底市、湘潭市、新余市、吉安市、鹰潭市、九江市、

黄冈市和南昌市。2014年化学原料与化学制品制造业法人单位个数前三名城市为萍乡市、株洲市和衡阳市，而2018年化学原料与化学制品制造业法人单位个数前三名城市为长沙市、武汉市和株洲市。从整体来看，长江中游城市群化学原料与化学制品制造业由"两中心"长沙市和南昌市向"三中心"长沙市、武汉市和南昌市转变。

表 6 – 59　　　　　　　　　　　长江中游城市群化学原料与化学制品制造业分级

| 化学原料与化学制品制造业分级区间 | 等级 | 2014 年 | 2018 年 |
|---|---|---|---|
| 0 ~ 54.00 | 低 | 襄阳市、宜昌市、荆门市、天门市、荆州市、潜江市、仙桃市、咸宁市、岳阳市、武汉市、黄冈市、鄂州市、黄石市、宜春市、新余市、吉安市、鹰潭市、景德镇市、娄底市、湘潭市 | 荆门市、天门市、荆州市、潜江市、仙桃市、咸宁市、黄石市、孝感市、宜春市 |
| 54.01 ~ 220.00 | 较低 | 孝感市、益阳市、长沙市 | 黄冈市、鄂州市、景德镇市、鹰潭市、新余市、衡阳市、娄底市、湘潭市、益阳市 |
| 220.01 ~ 311.00 | 中等 | 九江市、南昌市、上饶市 | 宜昌市、上饶市 |
| 311.01 ~ 403.00 | 较高 | 常德市、衡阳市、抚州市 | 常德市、九江市、南昌市、抚州市、吉安市 |
| 403.01 ~ 1056.00 | 高 | 株洲市、萍乡市 | 襄阳市、武汉市、岳阳市、长沙市、株洲市、萍乡市 |

根据表6-60可以看到，就空间格局演变而言，中原城市群在2014~2018年这一期间，制造业空间重构主要体现为制造业整体占比的上升，制造业迁出地主要为郑州市，而制造业迁入地则主要为以郑州市为中心的周边城市洛阳市、开封市、许昌市以及新乡市，形成了以郑州市为中心的制造业集聚格局。从驱动机制而言，郑州市着力发展生产性服务业，提高其服务业服务能力，因此其周边城市将承接制造业，使得制造业由郑州市迁往其周边城市；平顶山市拥有丰富的矿产资源，为开采矿产资源、冶金等制造业提供了便利的条件；新乡市由于紧邻中心城市郑州，将发挥其承接郑州制造业的功能，在制冷、医药、特色装备制造等战略产业的发展起到重要支柱作用，制造业占比相对于2014年提高了18%。焦作市以及鹤壁市的制造业占比比重变化不明显。

表 6 – 60　　　　　　　　　　　　中原城市群制造业占比分级

| 制造业占比分级区间 | 等级 | 2014 年 | 2018 年 |
|---|---|---|---|
| 0 ~ 0.05 | 低 | 济源市、洛阳市、新乡市、开封市、许昌市、漯河市、周口市、商丘市、亳州市 | 济源市、商丘市、周口市、亳州市、漯河市 |
| 0.06 ~ 0.09 | 中等 | 晋城市 | 晋城市、郑州市 |
| 0.10 ~ 0.15 | 较高 | 郑州市、平顶山市 | 洛阳市、平顶山市、开封市 |
| 0.16 ~ 0.27 | 高 | 焦作市、鹤壁市 | 鹤壁市、焦作市、新乡市、许昌市 |

根据表6-61可以看出，就空间格局演变而言，中原城市群在2014~2018年这一期间，纺织服装业空间重构主要体现为纺织服装业整体个数的增加，纺织服装业主要迁出地为焦作市。纺织服装业主要迁入地为新乡市、开封市、许昌市、洛阳市、鹤壁市、晋城市和平顶山市等。2014年纺织服装业法人单位个数前三名城市为郑州市、平顶山市和焦作市。而2018年纺织服装业法人单位

个数前三名城市为开封市、郑州市和新乡市。中原城市群相对于其他城市群来说，纺织服装业的法人单位个数较少。从整体来看，中原城市群纺织服装业由中心城市郑州市向周边外围城市扩散。

表 6 - 61　　　　　　　　　　　　　中原城市群纺织服装业分级

| 纺织服装业分级区间 | 等级 | 2014 年 | 2018 年 |
|---|---|---|---|
| 0 ~ 10.00 | 低 | 济源市、洛阳市、新乡市、开封市、许昌市、漯河市、周口市、商丘市、亳州市 | 济源市、焦作市、商丘市、周口市、亳州市、漯河市 |
| 10.01 ~ 34.00 | 较低 | 晋城市、鹤壁市 | |
| 34.01 ~ 50.00 | 中等 | 焦作市 | 晋城市 |
| 50.01 ~ 62.00 | 较高 | 平顶山市 | |
| 62.01 ~ 164.00 | 高 | 郑州市 | 鹤壁市、新乡市、郑州市、开封市、洛阳市、许昌市、平顶山市 |

根据表 6 - 62 可以看出，就空间格局演变而言，中原城市群在 2014 ~ 2018 年这一期间，黑色金属冶炼和压延加工业空间重构主要体现为黑色金属冶炼和压延加工业整体个数的增加，黑色金属冶炼和压延加工业主要迁出地为晋城市和焦作市，黑色金属冶炼和压延加工业主要迁入地为新乡市、洛阳市、开封市和许昌市。2014 年黑色金属冶炼和压延加工业法人单位个数前三名城市为晋城市、焦作市和郑州市，而 2018 年黑色金属冶炼和压延加工业法人单位个数前三名城市为许昌市、郑州市和新乡市。从整体来看，中原城市群黑色金属冶炼和压延加工业集中在城市群西部城市，以郑州市为中心向周边扩展。

表 6 - 62　　　　　　　　　中原城市群黑色金属冶炼和压延加工业分级

| 黑色金属冶炼和压延加工业分级区间 | 等级 | 2014 年 | 2018 年 |
|---|---|---|---|
| 0 ~ 10.00 | 低 | 济源市、洛阳市、新乡市、开封市、许昌市、漯河市、周口市、商丘市、亳州市 | 晋城市、济源市、焦作市、商丘市、周口市、亳州市、漯河市 |
| 10.01 ~ 38.00 | 较低 | 鹤壁市 | 鹤壁市、开封市 |
| 38.01 ~ 71.00 | 中等 | 平顶山市 | 平顶山市 |
| 71.01 ~ 122.00 | 较高 | 郑州市 | 洛阳市、郑州市、新乡市 |
| 122.01 ~ 165.00 | 高 | 晋城市、焦作市 | 许昌市 |

根据表 6 - 63 可以看出，就空间格局演变而言，中原城市群在 2014 ~ 2018 年这一期间，化学原料与化学制品制造业空间重构主要体现为化学原料与化学制品制造业整体个数的增加，化学原料与化学制品制造业主要迁出地为焦作市，化学原料与化学制品制造业主要迁入地为洛阳市、新乡市、开封市、许昌市、鹤壁市和平顶山市。2014 年化学原料与化学制品制造业法人单位个数前三名城市为郑州市、焦作市和平顶山市，而 2018 年化学原料与化学制品制造业法人单位个数前三名城市为郑州市、新乡市和洛阳市。从整体来看，中原城市群化学原料与化学制品制造业呈现出集中在中心城市郑州市向周边地区扩散的特征。

表 6 - 63　　　　　　　　　　　　中原城市群化学原料与化学制品制造业分级

| 化学原料与化学制品制造业分级区间 | 等级 | 2014 年 | 2018 年 |
|---|---|---|---|
| 0 ~ 30.00 | 低 | 济源市、洛阳市、新乡市、开封市、许昌市、漯河市、周口市、商丘市、亳州市 | 济源市、焦作市、商丘市、周口市、亳州市、漯河市 |
| 30.01 ~ 112.00 | 较低 | 鹤壁市、晋城市 | 晋城市 |
| 112.01 ~ 141.00 | 中等 | 平顶山市 | |
| 141.01 ~ 352.00 | 较高 | 焦作市 | 鹤壁市、许昌市、平顶山市 |
| 352.01 ~ 759.00 | 高 | 郑州市 | 新乡市、洛阳市、郑州市、开封市 |

　　根据表 6 - 64 可以看出，就空间格局演变而言，晋中城市群在 2014 ~ 2018 年这一期间，制造业空间重构主要体现为制造业整体占比的上升，制造业迁出地主要为太原市，制造业迁入地主要为吕梁市和忻州市。太原市作为晋中城市群的中心城市，制造业占比有所下降，从驱动机制看，主要是由于制造业郊区化，制造业由中心向外围转移。由于山西具有丰富的煤炭资源，丰富的自然资源也为晋中城市群以煤炭业为主的相关制造业发展提供了支撑，晋中市和阳泉市的制造业占比高于其他各市，相对于 2014 年的变化幅度不明显，而吕梁市成为承接太原市制造业的主要城市，制造业占比增加了 10% 左右。晋中城市群的产业重构也体现出了制造业郊区化的趋势。

表 6 - 64　　　　　　　　　　　　　晋中城市群制造业占比分级

| 制造业占比分级区间 | 等级 | 2014 年 | 2018 年 |
|---|---|---|---|
| 0 ~ 0.05 | 低 | 吕梁市 | 太原市 |
| 0.06 ~ 0.09 | 中等 | 忻州市、太原市、长治市 | 长治市 |
| 0.10 ~ 0.14 | 高 | 阳泉市、晋中市 | 忻州市、吕梁市、阳泉市、晋中市 |

　　根据表 6 - 65 可以看出，就空间格局演变而言，晋中城市群在 2014 ~ 2018 年这一期间，纺织服装业空间重构主要体现为纺织服装业整体个数的增加。纺织服装业的主要迁出地为阳泉市，纺织服装业主要迁入地为吕梁市、忻州市、晋中市和长治市。2014 年纺织服装业法人单位个数前三名城市为太原市、长治市和晋中市，2018 年纺织服装业法人单位个数前三名城市为太原市、长治市和晋中市，且城市群内部各市的纺织服装业个数都不超过 100 个。晋中城市群相对于其他城市群来说，纺织服装业的法人单位个数极少。从整体来看，晋中城市群纺织服装业分布较为集中均衡。

表 6 - 65　　　　　　　　　　　　　晋中城市群纺织服装业分级

| 纺织服装业分级区间 | 等级 | 2014 年 | 2018 年 |
|---|---|---|---|
| 0 ~ 3.00 | 低 | 吕梁市 | 阳泉市 |
| 3.01 ~ 9.00 | 中等 | 忻州市、阳泉市 | |
| 9.01 ~ 24.00 | 较高 | 晋中市、长治市 | |
| 24.01 ~ 35.00 | 高 | 太原市 | 忻州市、吕梁市、晋中市、长治市、太原市 |

　　根据表6-66可以看出,就空间格局演变而言,晋中城市群在2014~2018年这一期间,黑色金属冶炼和压延加工业空间重构主要体现为黑色金属冶炼和压延加工业整体个数的增加,黑色金属冶炼和压延加工业的主要迁出地为阳泉市、长治市和晋中市,黑色金属冶炼和压延加工业主要迁入地为吕梁市。2014年黑色金属冶炼和压延加工业法人单位个数前三名城市为晋中市、太原市和忻州市,而2018年黑色金属冶炼和压延加工业法人单位个数前三名城市为太原市、忻州市和吕梁市。从整体来看,晋中城市群黑色金属冶炼和压延加工业呈现出均匀分布的特征。

**表6-66　　　　　　　　　　　晋中城市群黑色金属冶炼和压延加工业分级**

| 黑色金属冶炼和压延加工业分级区间 | 等级 | 2014年 | 2018年 |
| --- | --- | --- | --- |
| 12.00~23.00 | 低 | 吕梁市 | 阳泉市、长治市 |
| 23.01~36.00 | 中等 | 长治市、阳泉市 | |
| 36.01~103.00 | 较高 | 太原市、忻州市 | 忻州市、吕梁市、晋中市、太原市 |
| 103.01~189.00 | 高 | 晋中市 | |

　　根据表6-67可以看出,就空间格局演变而言,晋中城市群在2014~2018年这一期间,化学原料与化学制品制造业空间重构主要体现为化学原料与化学制品制造业整体个数的增加,化学原料与化学制品制造业主要迁出地为阳泉市和忻州市,化学原料与化学制品制造业主要迁入地为吕梁市、晋中市和长治市。2014年化学原料与化学制品制造业法人单位个数前三名城市为太原市、长治市和晋中市,而2018年化学原料与化学制品制造业法人单位个数前三名城市为吕梁市、晋中市和太原市。相较于其他城市群,晋中城市群的化学原料与化学制品制造业法人单位个数较少。从整体来看,晋中城市群化学原料与化学制品制造业由城市群北部城市向南部地区转移。

**表6-67　　　　　　　　　　晋中城市群化学原料与化学制品制造业分级**

| 化学原料与化学制品制造业分级区间 | 等级 | 2014年 | 2018年 |
| --- | --- | --- | --- |
| 0~10.00 | 低 | 吕梁市 | 阳泉市、忻州市 |
| 10.01~39.00 | 中等 | 忻州市、阳泉市 | |
| 39.01~136.00 | 较高 | 晋中市、长治市 | |
| 136.01~173.00 | 高 | 太原市 | 长治市、吕梁市、晋中市、太原市 |

　　(3)东部城市群。根据表6-68可以看到,就空间格局演变而言,长三角城市群在2014~2018年这一期间,制造业空间重构主要体现为制造业整体占比的下降,2014年制造业占比在40%以上的城市为无锡市、常州市、南通市、泰州市、湖州市、嘉兴市、宁波市、绍兴市以及台州市9个地级行政区,然而到2018年制造业占比在30%以上的城市都所剩无几。2018年除池州市以外,长三角城市群内部各城市均出现制造业占比降低的情况,其中以中心城市上海市为圆心,无锡市、常州市、苏州市、南通市、宁波市、金华市等地级市都出现了10%左右的下降现象,成为制造业的主要迁出地,制造业由东部向西部逐渐转移。就驱动机制而言,2014年制造业大多集中在以扬州—杭州为中线为东的地区,以中心城市上海为圆心向外扩散,而中心城市上海的制造业比重无论2014年还是2018年都保持相对较低的比重,中心城市制造业比重虽然减少了,但是制造业的结构得到了优化。这是由制造业郊区化和全球化共同作用的结果,另一中心城市杭州市的制造业比重同

样如此，制造业大多集中在杭州市以东的地区。池州市制造业比重增加是由于该市矿产资源较为丰富致使制造业向其转移。

表 6 - 68　　　　　　　　　　　　　　长三角城市群制造业占比分级

| 制造业占比<br>分级区间 | 等级 | 2014 年 | 2018 年 |
|---|---|---|---|
| 0.09 ~ 0.15 | 低 | 合肥市、南京市、铜陵市、杭州市、池州市 | 合肥市、铜陵市、南京市、上海市、杭州市、舟山市 |
| 0.16 ~ 0.26 | 较低 | 马鞍山市、芜湖市、安庆市、上海市、舟山市 | 盐城市、滁州市、马鞍山市、芜湖市、安庆市、池州市、宣城市、金华市 |
| 0.27 ~ 0.34 | 中等 | 盐城市、滁州市、宣城市 | 绍兴市、宁波市、湖州市、苏州市、无锡市、镇江市、泰州市、南通市、扬州市 |
| 0.35 ~ 0.42 | 较高 | 扬州市、泰州市、苏州市、无锡市、镇江市、绍兴市、金华市 | 常州市、嘉兴市、台州市 |
| 0.43 ~ 0.52 | 高 | 南通市、常州市、湖州市、嘉兴市、宁波市、台州市 |  |

根据表 6 - 69 可以看出，就空间格局演变而言，长三角城市群在 2014 ~ 2018 年这一期间，纺织服装业空间重构主要体现为纺织服装业整体个数的增加，纺织服装业主要迁出地为宁波市、台州市、常州市和上海市，纺织服装业主要迁入地为杭州市、合肥市、苏州市、南通市、盐城市、嘉兴市和安庆市。以上纺织服装业的迁出迁入城市都有 1000 家及以上的增减。2014 年纺织服装业法人单位个数前三名城市为上海市、苏州市和宁波市，而 2018 年纺织服装业法人单位个数前三名城市为苏州市、嘉兴市和南通市。从整体来看，长三角城市群纺织服装业仍然集中在东部地区，但逐步向长三角西部地区转移的趋势。

表 6 - 69　　　　　　　　　　　　　　长三角城市群纺织服装业分级

| 纺织服装业<br>分级区间 | 等级 | 2014 年 | 2018 年 |
|---|---|---|---|
| 0 ~ 225.00 | 低 | 南京市、无锡市、铜陵市、池州市、宣城市、杭州市、舟山市 | 无锡市、宁波市、舟山市、台州市 |
| 225.01 ~ 668.00 | 较低 | 滁州市、马鞍山市、合肥市、芜湖市、安庆市 | 滁州市、马鞍山市、芜湖市、铜陵市、池州市、宣城市 |
| 668.01 ~ 1154.00 | 中等 | 盐城市、扬州市、台州市、泰州市、镇江市 | 合肥市、南京市、镇江市 |
| 1154.01 ~ 3650.00 | 较高 | 南通市、常州市、湖州市、绍兴市、金华市 | 盐城市、扬州市、泰州市、常州市、上海市、湖州市、金华市、安庆市 |
| 3650.01 ~ 6878.00 | 高 | 上海市、苏州市、嘉兴市、宁波市 | 南通市、苏州市、嘉兴市、杭州市、绍兴市 |

根据表 6 - 70 可以看出，就空间格局演变而言，长三角城市群在 2014 ~ 2018 年这一期间，黑色金属冶炼和压延加工业空间重构主要体现为黑色金属冶炼和压延加工业整体个数的减少，黑色金属冶炼和压延加工业主要迁出地为宁波市、台州市、盐城市、泰州市、宣城市、湖州市、绍兴市、芜湖市和上海市，黑色金属冶炼和压延加工业主要迁入地为常州市、南京市和杭州市。2014 年黑

色金属冶炼和压延加工业法人单位个数前三名城市为苏州市、宁波市和泰州市，而2018年黑色金属冶炼和压延加工业法人单位个数前三名城市为苏州市、常州市和上海市。从整体来看，长三角城市群黑色金属冶炼和压延加工业仍然集中在东部地区，但逐步向长三角西部地区转移的趋势。

表6-70　　　　　　　　　　　　　长三角城市群黑色金属冶炼和压延加工业分级

| 黑色金属冶炼和压延加工业分级区间 | 等级 | 2014年 | 2018年 |
|---|---|---|---|
| 0~53.00 | 低 | 滁州市、南京市、无锡市、安庆市、铜陵市、池州市、杭州市、舟山市 | 滁州市、芜湖市、铜陵市、安庆市、池州市、宣城市、无锡市、舟山市、宁波市、台州市 |
| 53.01~170.00 | 较低 | 合肥市、芜湖市、扬州市、南通市 | 盐城市、扬州市、镇江市、南京市、合肥市、马鞍山市、湖州市、绍兴市、南通市 |
| 170.01~371.00 | 中等 | 盐城市、镇江市、马鞍山市、宣城市、湖州市、嘉兴市、绍兴市、金华市 | 泰州市、上海市、嘉兴市、杭州市、金华市 |
| 371.01~634.00 | 较高 | 泰州市、常州市、上海市、台州市 | 常州市 |
| 634.01~1181.00 | 高 | 苏州市、宁波市 | 苏州市 |

根据表6-71可以看出，就空间格局演变而言，长三角城市群在2014~2018年这一期间，化学原料与化学制品制造业空间重构主要体现为化学原料与化学制品制造业整体个数的减少，化学原料与化学制品制造业主要迁出地为常州市、宁波市、台州市和泰州市，化学原料与化学制品制造业主要迁入地为南京市、杭州市、金华市和合肥市。2014年化学原料与化学制品制造业法人单位个数前三名城市为上海市、苏州市和常州市，而2018年化学原料与化学制品制造业法人单位个数前三名城市为苏州市、上海市和杭州市。相较于其他城市群，长三角城市群的化学原料与化学制品制造业法人单位个数较多。从整体来看，长三角城市群化学原料与化学制品制造业仍然集中在城市群的东部地区，但是呈现出由东部沿海地区向西部内陆地区转移的现象。

表6-71　　　　　　　　　　　　　长三角城市群化学原料与化学制品制造业分级

| 化学原料与化学制品制造业分级区间 | 等级 | 2014年 | 2018年 |
|---|---|---|---|
| 0~174.00 | 低 | 南京市、马鞍山市、铜陵市、池州市、杭州市、无锡市、舟山市 | 无锡市、铜陵市、池州市、舟山市、宁波市、台州市 |
| 174.01~486.00 | 较低 | 滁州市、合肥市、芜湖市、宣城市、安庆市 | 滁州市、泰州市、镇江市、马鞍山市、芜湖市、安庆市、宣城市 |
| 486.01~973.00 | 中等 | 盐城市、扬州市、泰州市、镇江市、湖州市、嘉兴市、绍兴市、金华市、台州市 | 盐城市、扬州市、南京市、合肥市、湖州市、嘉兴市、绍兴市 |
| 973.01~1616.00 | 较高 | 南通市、常州市、宁波市 | 南通市、常州市、金华市 |
| 1616.01~3252.00 | 高 | 苏州市、上海市 | 苏州市、上海市、杭州市 |

根据表6-72可以看到，就空间格局演变而言，珠三角城市群在2014~2018年这一期间，制造业空间重构主要体现为制造业整体占比的下降，2014年制造业占比在40%左右及以上的城市为佛山市、江门市、东莞市和中山市4个地级行政区，然而到2018年制造业占比均出现不同程度的下降，在40%左右的城市只剩下中山市和东莞市。2018年珠三角城市群内部各城市均出现制造业

占比降低的情况，其中占比降低最明显的城市为深圳市、佛山市，出现了10%左右的下降现象，成为制造业的主要迁出地。就驱动机制而言，2014年制造业大多集中在以中心城市广州以南的城市——佛山市、中山市、东莞市、江门市等地区，以中心城市广州为圆心向南扩散，而中心城市广州和深圳的制造业比重无论2014年还是2018年都保持相对较低的比重，中心城市制造业比重虽然减少了，但是制造业的结构得到了优化，这是由制造业郊区化和全球化共同作用的结果。东莞市的核心产业为IT制造业和服装，中山市的制造业聚集在家具灯饰，佛山市的制造业集聚在建筑、陶瓷业等，珠三角城市群的制造业发展由内外源共同来推动，一方面是内源型产业实现了市场的国际化，另一方面是外源型产业改善了"两头在外"的格局。

表6-72　　　　　　　　　　　　珠三角城市群制造业占比分级

| 制造业占比分级区间 | 等级 | 2014 年 | 2018 年 |
| --- | --- | --- | --- |
| 0.15~0.17 | 低 | 广州市、珠海市 | 肇庆市、广州市、深圳市、珠海市 |
| 0.18~0.21 | 较低 | 肇庆市、惠州市 | 惠州市 |
| 0.22~0.26 | 中等 | 深圳市 | |
| 0.27~0.40 | 较高 | 佛山市、江门市 | 佛山市、江门市、东莞市 |
| 0.41~0.52 | 高 | 东莞市、中山市 | 中山市 |

根据表6-73可以看出，就空间格局演变而言，珠三角城市群在2014~2018年这一期间，纺织服装业空间重构主要体现为纺织服装业整体个数的增加，纺织服装业无明显的迁出地。纺织服装业主要迁入地为广州市、深圳市、佛山市和东莞市。以上纺织服装业的迁出迁入城市都有2000家及以上的增加。2014年纺织服装业法人单位个数前三名城市为广州市、东莞市和中山市。而2018年纺织服装业法人单位个数前三名城市为广州市、东莞市和佛山市。其中，广州市和东莞市增加达到5000个以上。从整体来看，珠三角城市群纺织服装业仍然集中在中部地区，且有向中心城市集聚的趋势。

表6-73　　　　　　　　　　　　珠三角城市群纺织服装业分级

| 纺织服装业分级区间 | 等级 | 2014 年 | 2018 年 |
| --- | --- | --- | --- |
| 88.00~325.00 | 低 | 肇庆市、珠海市 | 肇庆市 |
| 325.01~636.00 | 较低 | 惠州市、江门市 | 珠海市 |
| 636.01~1727.00 | 中等 | 佛山市 | 江门市、惠州市 |
| 1727.01~3018.00 | 较高 | 东莞市、深圳市、中山市 | |
| 3018.01~10485.00 | 高 | 广州市 | 中山市、佛山市、广州市、东莞市、深圳市 |

根据表6-74可以看出，就空间格局演变而言，珠三角城市群在2014~2018年这一期间，黑色金属冶炼和压延加工业空间重构主要体现为黑色金属冶炼和压延加工业整体个数的增加，黑色金属冶炼和压延加工业无明显的迁出地，黑色金属冶炼和压延加工业主要迁入地为东莞市、深圳市和惠州市。2014年黑色金属冶炼和压延加工业法人单位个数前三名城市为佛山市、东莞市和广州市，而2018年黑色金属冶炼和压延加工业法人单位个数前三名城市为佛山市、东莞市和深圳市。从整体来看，珠三角城市群黑色金属冶炼和压延加工业仍然集中在中心城市广州市、深圳市附近，有向外扩散的趋势。

表 6 – 74　　　　　　　　珠三角城市群黑色金属冶炼和压延加工业分级

| 黑色金属冶炼和压延加工业分级区间 | 等级 | 2014 年 | 2018 年 |
|---|---|---|---|
| 23.00 ~ 35.00 | 低 | 肇庆市、惠州市、珠海市 | 肇庆市、珠海市 |
| 35.01 ~ 78.00 | 较低 | 中山市 | 惠州市、中山市 |
| 78.01 ~ 139.00 | 中等 | 江门市、深圳市 | 江门市 |
| 139.01 ~ 252.00 | 较高 | 东莞市、广州市 | 广州市 |
| 252.01 ~ 711.00 | 高 | 佛山市 | 佛山市、东莞市、深圳市 |

　　根据表 6 – 75 可以看出，就空间格局演变而言，珠三角城市群在 2014 ~ 2018 年这一期间，化学原料与化学制品制造业空间重构主要体现为化学原料与化学制品制造业整体个数的增加，化学原料与化学制品制造业主要迁出地为肇庆市，化学原料与化学制品制造业主要迁入地为广州市、惠州市、江门市和深圳市。其中增加最多的城市是广州市，增加了 4000 多个单位，其次是东莞市，增加了 1700 多个单位。2014 年化学原料与化学制品制造业法人单位个数前三名城市为东莞市、佛山市和深圳市，而 2018 年化学原料与化学制品制造业法人单位个数前三名城市为广州市、东莞市和佛山市。相较于其他城市群，珠三角城市群的化学原料与化学制品制造业法人单位个数较多。从整体来看，珠三角城市群化学原料与化学制品制造业分布由"点状"向"片状"发展，分布更加均衡。

表 6 – 75　　　　　　　　珠三角城市群化学原料与化学制品制造业分级

| 化学原料与化学制品制造业分级区间 | 等级 | 2014 年 | 2018 年 |
|---|---|---|---|
| 55.00 ~ 80.00 | 低 | 广州市 | 肇庆市 |
| 80.01 ~ 549.00 | 较低 | 肇庆市、惠州市、珠海市 | 珠海市 |
| 549.01 ~ 846.00 | 中等 | 江门市、中山市 | |
| 846.01 ~ 1100.00 | 较高 | 深圳市 | 江门市、中山市、惠州市 |
| 1100.01 ~ 4775.00 | 高 | 佛山市、东莞市 | 佛山市、东莞市、深圳市、广州市 |

　　根据表 6 – 76 可以看到，就空间格局演变而言，京津冀城市群在 2014 ~ 2018 年这一期间，制造业空间重构主要体现为制造业整体占比的下降，制造业空间重构强度与范围都显著增强，制造业迁出地主要为邢台市、石家庄市、唐山市、天津市、保定市以及沧州市，而制造业迁入地则主要为衡水市和张家口市；这一时期的制造业迁移主要集中在城市群的南部地区。京津冀城市群制造业形成了以北京市、天津市为中心，以唐山市和沧州市为两翼的空间格局，其中石家庄市也表现出了对制造业的吸引能力。与此同时，其他地区尤其是邢台市的制造业发展相对较为落后。一方面是在推动京津冀城市群加入全球化生产分工过程中发展的不平衡导致，另一方面则是由于资本、技术和管理等生产资源的配置从地位较高的中心城市向外围城市扩散，在成本、空间等影响因素下，产业能级较低的城市就会表现出相对的落后趋势。

表 6-76 京津冀城市群制造业占比分级

| 制造业占比分级区间 | 等级 | 2014 年 | 2018 年 |
|---|---|---|---|
| 0.05 ~ 0.09 | 低 | 北京市 | 承德市、北京市、沧州市、邢台市 |
| 0.10 ~ 0.15 | 中等 | 承德市、张家口市、秦皇岛市、邯郸市 | 秦皇岛市、唐山市、天津市、石家庄市、邯郸市 |
| 0.16 ~ 0.23 | 较高 | 唐山市、廊坊市、天津市、石家庄市 | 廊坊市、保定市 |
| 0.24 ~ 0.73 | 高 | 保定市、沧州市、衡水市、邢台市 | 张家口市、衡水市 |

　　根据表6-77可以看出，就空间格局演变而言，京津冀城市群在2014~2018年这一期间，纺织服装业空间重构主要体现为纺织服装业整体个数的增加，纺织服装业主要迁出地为北京市、邢台市和天津市。纺织服装业主要迁入地为石家庄市、承德市、衡水市、唐山市、秦皇岛市和保定市。2014年纺织服装业法人单位个数前三名城市为北京市、天津市和石家庄市，2018年纺织服装业法人单位个数前三名城市仍然为北京市、天津市和石家庄市。2014年北京市、天津市和石家庄市的纺织服装业法人单位个数相差较大，而2018年相差较小。从整体来看，京津冀城市群纺织服装业由中心城市向外围转移。

表 6-77 京津冀城市群纺织服装业分级

| 纺织服装业分级区间 | 等级 | 2014 年 | 2018 年 |
|---|---|---|---|
| 0 ~ 50.00 | 低 | 承德市、张家口市、保定市、廊坊市、秦皇岛市 | 张家口市、沧州市、邢台市 |
| 50.01 ~ 206.00 | 较低 | 唐山市、沧州市、衡水市、邯郸市 | 承德市、秦皇岛市、邯郸市 |
| 206.01 ~ 456.00 | 中等 | 石家庄市、邢台市 | 唐山市、廊坊市、衡水市 |
| 456.01 ~ 1477.00 | 较高 | 天津市 | 北京市、天津市、保定市、石家庄市 |
| 1477.01 ~ 2633.00 | 高 | 北京市 | |

　　根据表6-78可以看出，就空间格局演变而言，京津冀城市群在2014~2018年这一期间，黑色金属冶炼和压延加工业空间重构主要体现为黑色金属冶炼和压延加工业整体个数的减少，黑色金属冶炼和压延加工业主要迁出地为北京市、张家口市、秦皇岛市、沧州市、石家庄市和邢台市，黑色金属冶炼和压延加工业主要迁入地为廊坊市和承德市。2014年黑色金属冶炼和压延加工业法人单位个数前三名城市为天津市、沧州市和唐山市，而2018年黑色金属冶炼和压延加工业法人单位个数前三名城市为天津市、唐山市和廊坊市。从整体来看，京津冀城市群黑色金属冶炼和压延加工业由较为分散向集中在天津市周边地区转变。

表 6-78 京津冀城市群黑色金属冶炼和压延加工业分级

| 黑色金属冶炼和压延加工业分级区间 | 等级 | 2014 年 | 2018 年 |
|---|---|---|---|
| 0 ~ 30.00 | 低 | 承德市、保定市、廊坊市 | 张家口市、承德市、沧州市、邢台市 |
| 30.01 ~ 110.00 | 较低 | 张家口市、秦皇岛市、衡水市、邢台市 | 北京市、秦皇岛市、保定市、石家庄市、衡水市 |
| 110.01 ~ 389.00 | 中等 | 北京市、石家庄市、邯郸市 | 廊坊市、邯郸市 |

| 黑色金属冶炼和压延加工业分级区间 | 等级 | 2014 年 | 2018 年 |
|---|---|---|---|
| 389.01~854.00 | 较高 | 唐山市、沧州市 | 唐山市 |
| 854.01~1307.00 | 高 | 天津市 | 天津市 |

根据表 6-79 可以看出，就空间格局演变而言，京津冀城市群在 2014~2018 年这一期间，化学原料与化学制品制造业空间重构主要体现为化学原料与化学制品制造业整体个数的增加，化学原料与化学制品制造业主要迁出地为沧州市和邢台市，化学原料与化学制品制造业主要迁入地为承德市、秦皇岛市、唐山市、廊坊市、保定市和衡水市。2014 年化学原料与化学制品制造业法人单位个数前三名城市为天津市、北京市和石家庄市，而 2018 年化学原料与化学制品制造业法人单位个数前三名城市为石家庄市、天津市和北京市。从整体来看，京津冀城市群化学原料与化学制品制造业分布由北京市向石家庄市转移，由城市群中部地区向南部地区转移。

**表 6-79** 京津冀城市群化学原料与化学制品制造业分级

| 化学原料与化学制品制造业分级区间 | 等级 | 2014 年 | 2018 年 |
|---|---|---|---|
| 0~147.00 | 低 | 承德市、张家口市、秦皇岛市、保定市、廊坊市 | 张家口市、沧州市、邢台市 |
| 147.01~39700 | 较低 | 衡水市、邢台市 | 承德市、秦皇岛市 |
| 397.01~445.00 | 中等 | 唐山市、邯郸市 | 邯郸市 |
| 445.01~605.00 | 较高 | 沧州市 | 衡水市 |
| 605.01~2565.00 | 高 | 天津市、北京市、石家庄市 | 天津市、北京市、唐山市、廊坊市、保定市、石家庄市 |

根据表 6-80 可以看到，就空间格局演变而言，山东半岛城市群在 2014~2018 年这一期间，制造业空间重构主要体现为制造业整体占比的上升，制造业迁出地主要为潍坊市、淄博市以及威海市，而制造业迁入地则主要为聊城市、德州市、临沂市以及日照市。2014 年山东半岛城市群的制造业占比大多都在 10% 以下，而 2018 年山东半岛城市群的制造业占比大多都在 20% 左右。从驱动机制而言，由于中心—外围以及规模收益递增和运输成本的影响，作为山东半岛城市群的中心城市济南市和青岛市，制造业大多分布在中心城市周边，潍坊市和淄博市、青岛市的制造业向西南转移，承接制造业的城市主要为东营市、日照市、临沂市等地。

**表 6-80** 山东半岛城市群制造业占比分级

| 制造业占比分级区间 | 等级 | 2014 年 | 2018 年 |
|---|---|---|---|
| 0~0.05 | 低 | 滨州市、德州市、聊城市、济南市、泰安市、枣庄市、临沂市、日照市、烟台市 | 滨州市、烟台市、枣庄市 |
| 0.06~0.19 | 中等 | 东营市、济宁市 | 济南市、泰安市、济宁市、日照市、青岛市、威海市、东营市 |
| 0.20~0.23 | 较高 | 青岛市 | 德州市、菏泽市、淄博市、潍坊市 |
| 0.24~0.29 | 高 | 淄博市、潍坊市、威海市、菏泽市 | 聊城市、临沂市 |

根据表6-81可以看出，就空间格局演变而言，山东半岛城市群在2014~2018年这一期间，纺织服装业空间重构主要体现在纺织服装业整体个数的增加，纺织服装业暂无明显的迁出地。纺织服装业主要迁入地为青岛市、烟台市、菏泽市、德州市、聊城市、泰安市和临沂市等。2014年纺织服装业法人单位个数前三名城市为青岛市、潍坊市和威海市，其中青岛市和潍坊市比威海市法人单位个数高出1800多个。而2018年纺织服装业法人单位个数前三名城市为青岛市、烟台市和潍坊市。山东半岛城市群相对于其他城市群来说，纺织服装业的法人单位个数较多。从整体来看，山东半岛城市群纺织服装业从"点状"向"片状"发展。

表6-81 山东半岛城市群纺织服装业分级

| 纺织服装业分级区间 | 等级 | 2014年 | 2018年 |
|---|---|---|---|
| 0~40.00 | 低 | 东营市、滨州市、德州市、聊城市、济南市、泰安市、枣庄市、临沂市、日照市、烟台市 | 滨州市、枣庄市 |
| 40.01~243.00 | 较低 | 淄博市 | 东营市 |
| 243.01~244.00 | 中等 | 菏泽市 | |
| 244.01~739.00 | 较高 | 威海市、济宁市 | 德州市、聊城市、济南市、泰安市、淄博市、临沂市、日照市 |
| 739.01~4797.00 | 高 | 青岛市、潍坊市 | 威海市、烟台市、青岛市、潍坊市、济宁市、菏泽市 |

根据表6-82可以看出，就空间格局演变而言，山东半岛城市群在2014~2018年这一期间，黑色金属冶炼和压延加工业空间重构主要体现为黑色金属冶炼和压延加工业整体个数的增加，黑色金属冶炼和压延加工业主要迁出地为淄博市，黑色金属冶炼和压延加工业主要迁入地为德州市、聊城市、济南市、泰安市、临沂市、日照市和潍坊市。2014年黑色金属冶炼和压延加工业法人单位个数前三名城市为青岛市、淄博市和济宁市，而2018年黑色金属冶炼和压延加工业法人单位个数前三名城市为聊城市、青岛市和济南市。从整体来看，山东半岛城市群黑色金属冶炼和压延加工业由"单个中心"向"多个中心"发展，并且向周边地区扩散。

表6-82 山东半岛城市群黑色金属冶炼和压延加工业分级

| 黑色金属冶炼和压延加工业分级区间 | 等级 | 2014年 | 2018年 |
|---|---|---|---|
| 0~10.00 | 低 | 滨州市、德州市、聊城市、济南市、泰安市、枣庄市、临沂市、日照市、烟台市 | 滨州市、枣庄市、烟台市 |
| 10.01~30.00 | 较低 | 东营市、菏泽市 | 东营市、菏泽市、日照市 |
| 30.01~102.00 | 中等 | 威海市、潍坊市 | 德州市、泰安市、威海市 |
| 102.01~157.00 | 较高 | 济宁市 | 淄博市、潍坊市、临沂市、济宁市 |
| 157.01~497.00 | 高 | 青岛市、淄博市 | 聊城市、济南市、青岛市 |

根据表6-83可以看出，就空间格局演变而言，山东半岛城市群在2014~2018年这一期间，化学原料与化学制品制造业空间重构主要体现为化学原料与化学制品制造业整体个数的增加，化学原料与化学制品制造业暂无明显的迁出地，化学原料与化学制品制造业主要迁入地为烟台市、日照

市、临沂市、济宁市、泰安市、济南市、聊城市和德州市。2014 年化学原料与化学制品制造业法人单位个数前三名城市为潍坊市、淄博市和青岛市，而 2018 年化学原料与化学制品制造业法人单位个数前三名城市为潍坊市、青岛市和淄博市。相较于其他城市群，山东半岛城市群的化学原料与化学制品制造业法人单位个数较多。从整体来看，山东半岛城市群化学原料与化学制品制造业由城市群东部地区向西部地区扩散，分布较为均衡。

表 6 - 83　　　　　　　　　　　　　山东半岛城市群化学原料与化学制品制造业分级

| 化学原料与化学制品制造业分级区间 | 等级 | 2014 年 | 2018 年 |
| --- | --- | --- | --- |
| 0 ~ 30.00 | 低 | 滨州市、德州市、聊城市、济南市、泰安市、枣庄市、临沂市、日照市、烟台市 | 滨州市、枣庄市 |
| 30.01 ~ 292.00 | 较低 | 威海市 | 日照市 |
| 292.01 ~ 621.00 | 中等 | 东营市、济宁市、菏泽市 | 东营市、聊城市、泰安市、菏泽市、威海市 |
| 621.01 ~ 1300.00 | 较高 | 青岛市 | 德州市、济南市、济宁市、临沂市 |
| 1300.01 ~ 2034.00 | 高 | 潍坊市、淄博市 | 烟台市、青岛市、潍坊市、淄博市 |

根据表 6 - 84 可以看到，就空间格局演变而言，粤闽浙沿海城市群在 2014 ~ 2018 年这一期间，制造业空间重构主要体现为制造业整体占比变化不明显，制造业迁出地主要为漳州市和泉州市，而制造业迁入地则主要为潮州市。变化幅度在 10% 左右的城市有莆田市、泉州市和漳州市。泉州市的制造业占比从 38% 下降至 26%，下降了 12%，制造业向南转移。由于粤闽浙沿海城市群紧邻台湾海峡，与我国台湾地区隔海相望，有利于发展两岸合作关系，建立友好的贸易往来关系，因此，是我国一个重要的制造业发展基地，福州市和泉州市的制造业占比虽然下降了，但是其产业升级转型较为明显，专业化程度越来越高。作为主要迁入地的潮州市，主要发展不锈钢制品，有"中国不锈钢制品之乡"的美称，制造业占比增长了 15% 以上，是承接泉州市和漳州市制造业的重要地区。福州市的制造业占比有所下降，而其制造业大多向宁德市转移。

表 6 - 84　　　　　　　　　　　　　　粤闽浙沿海城市群制造业占比分级

| 制造业占比分级区间 | 等级 | 2014 年 | 2018 年 |
| --- | --- | --- | --- |
| 0 ~ 0.05 | 低 | 潮州市、汕尾市 | 汕尾市 |
| 0.06 ~ 0.19 | 较低 | 福州市、厦门市 | 福州市、莆田市、厦门市、漳州市 |
| 0.20 ~ 0.27 | 中等 | 宁德市、莆田市、漳州市 | 宁德市、泉州市、揭阳市、汕头市 |
| 0.28 ~ 0.34 | 较高 | 温州市、揭阳市、汕头市 | 潮州市、温州市 |
| 0.35 ~ 0.45 | 高 | 泉州市 | |

根据表 6 - 85 可以看出，就空间格局演变而言，粤闽浙沿海城市群在 2014 ~ 2018 年这一期间，纺织服装业空间重构主要体现为纺织服装业整体个数的增加，纺织服装业暂无明显的迁出地。纺织服装业主要迁入地为泉州市、汕头市和潮州市。2014 年纺织服装业法人单位个数前三名城市为泉州市、温州市和汕头市，其中，泉州市比温州市和汕头市高出 2000 个单位。而 2018 年纺织服装业法人单位个数前三名城市为泉州市、汕头市和温州市。粤闽浙沿海城市群相对于其他城市群来说，纺织服装业的法人单位个数较多。从整体来看，粤闽浙沿海城市群纺织服装业分布较为分散，以温州市、泉州市、汕头市为中心向外扩散。

表 6 - 85　　　　　　　　　　　　　　粤闽浙沿海城市群纺织服装业分级

| 纺织服装业分级区间 | 等级 | 2014 年 | 2018 年 |
|---|---|---|---|
| 0 ~ 76.00 | 低 | 宁德市、潮州市、汕尾市 | 宁德市、汕尾市 |
| 76.01 ~ 414.00 | 较低 | 福州市、莆田市、漳州市 | 莆田市、漳州市、潮州市 |
| 414.01 ~ 1126.00 | 中等 | 厦门市、揭阳市 | 福州市、厦门市、揭阳市 |
| 1126.01 ~ 2881.00 | 较高 | 温州市、汕头市 | 温州市 |
| 2881.01 ~ 5758.00 | 高 | 泉州市 | 泉州市、汕头市 |

根据表 6 - 86 可以看出，就空间格局演变而言，粤闽浙沿海城市群在 2014 ~ 2018 年这一期间，黑色金属冶炼和压延加工业空间重构主要体现为黑色金属冶炼和压延加工业整体个数基本不变，黑色金属冶炼和压延加工业主要迁出地为宁德市和泉州市，黑色金属冶炼和压延加工业主要迁入地为揭阳市和莆田市。2014 年黑色金属冶炼和压延加工业法人单位个数前三名城市为温州市、漳州市和泉州市，其中，温州市高出第二、三名 8 倍有余。而 2018 年黑色金属冶炼和压延加工业法人单位个数前三名城市为揭阳市、温州市和漳州市，其中，揭阳市和温州市的黑色金属冶炼和压延加工业的法人个数超过漳州市 7 倍之多。从整体来看，粤闽浙沿海城市群黑色金属冶炼和压延加工业形成了"头尾呼应"的格局，以温州市和揭阳市为主要产业地。

表 6 - 86　　　　　　　　　　　粤闽浙沿海城市群黑色金属冶炼和压延加工业分级

| 黑色金属冶炼和压延加工业分级区间 | 等级 | 2014 年 | 2018 年 |
|---|---|---|---|
| 0 ~ 29.00 | 低 | 莆田市、潮州市、汕头市、汕尾市 | 潮州市、汕头市、汕尾市 |
| 29.01 ~ 64.00 | 较低 | 厦门市 | 莆田市、泉州市、厦门市 |
| 64.01 ~ 127.00 | 中等 | 福州市、泉州市、漳州市、揭阳市 | 宁德市、福州市、漳州市 |
| 127.01 ~ 168.00 | 较高 | 宁德市 | |
| 168.01 ~ 951.00 | 高 | 温州市 | 温州市、揭阳市 |

根据表 6 - 87 可以看出，就空间格局演变而言，粤闽浙沿海城市群在 2014 ~ 2018 年这一期间，化学原料与化学制品制造业空间重构主要体现在化学原料与化学制品制造业整体个数无明显变化，化学原料与化学制品制造业暂无明显的迁出地，化学原料与化学制品制造业主要迁入地为泉州市、厦门市、潮州市和揭阳市。2014 年化学原料与化学制品制造业法人单位个数前三名城市为温州市、泉州市和厦门市，而 2018 年化学原料与化学制品制造业法人单位个数前三名城市为泉州市、温州市和厦门市。从整体来看，粤闽浙沿海城市群化学原料与化学制品制造业分布较均衡，以泉州市为中心向南北地区扩散。

表 6 - 87　　　　　　　　　　粤闽浙沿海城市群化学原料与化学制品制造业分级

| 化学原料与化学制品制造业分级区间 | 等级 | 2014 年 | 2018 年 |
|---|---|---|---|
| 0 ~ 30.00 | 低 | 潮州市、汕尾市 | 汕尾市 |
| 30.01 ~ 99.00 | 较低 | 宁德市、莆田市、揭阳市 | 宁德市、莆田市 |
| 99.01 ~ 394.00 | 中等 | 福州市、漳州市 | 福州市、漳州市、潮州市、揭阳市 |
| 394.01 ~ 530.00 | 较高 | 泉州市、厦门市、汕头市 | |
| 530.01 ~ 760.00 | 高 | 温州市 | 温州市、泉州市、厦门市、汕头市 |

（4）西部城市群。根据表 6-88 可以看到，就空间格局演变而言，成渝城市群在 2014~2018 年这一期间，制造业空间重构主要体现为制造业整体占比的下降，制造业迁出地主要为重庆市、成都市、绵阳市以及雅安市，而制造业迁入地则主要为德阳市；这一时期的制造业迁移主要集中在城市群的西部地区。由于受到了中心城市成都市产业转移的影响，临近中心城市成都市的德阳市成为制造业转移的首选之地。可以看出，由雅安市、乐山市和宜宾市为代表的西南部地区的制造业占比较低，可能是劳动力和制造业产业不匹配导致的结果。从 2018 年制造业占比分级表中可以看出，成渝城市群形成了南部以自贡市为代表，西部以德阳市为代表，北部以绵阳市为代表的制造业产业空间布局，体现了制造业由中心城市成都市、重庆市向外转移的趋势。从驱动机制而言，成渝城市群制造业空间重构主要表现为中心城市产业转型和制造业郊区化两方面的驱动作用。由于全球化的影响，成都市、重庆市两座中心城市的第三产业迅速发展，产业结构优化快速推进，再加上市场化的作用下制造业郊区化的影响，德阳市、自贡市等地区天然的区位优势就成为承接成渝城市群产业转移的重要城市。

表 6-88　　　　　　　　　　　　　　　成渝城市群制造业占比分级

| 制造业占比分级区间 | 等级 | 2014 年 | 2018 年 |
|---|---|---|---|
| 0~0.05 | 低 | 南充市、德阳市、眉山市、资阳市 | 广安市、资阳市、眉山市 |
| 0.06~0.09 | 较低 | 达州市、广安市、宜宾市 | 达州市、南充市、遂宁市、成都市、乐山市、宜宾市 |
| 0.10~0.12 | 中等 | 遂宁市、乐山市 | 绵阳市、雅安市、内江市、泸州市、重庆市 |
| 0.13~0.14 | 较高 | 绵阳市、内江市、泸州市 | 自贡市 |
| 0.15~0.20 | 高 | 成都市、雅安市、自贡市、重庆市 | 德阳市 |

根据表 6-89 可以看出，就空间格局演变而言，成渝城市群在 2014~2018 年这一期间，纺织服装业空间重构主要体现为纺织服装业整体个数的增加，纺织服装业主要迁出地为广安市。纺织服装业主要迁入地为宜宾市、重庆市、南充市、达州市和成都市。2014 年纺织服装业法人单位个数前三名城市为重庆市、成都市、广安市。而 2018 年纺织服装业法人单位个数前三名城市为重庆市、宜宾市和成都市。成渝城市群相对于其他城市群来说，纺织服装业的法人单位个数较少。从整体来看，成渝城市群纺织服装业由中心城市重庆市向西部城市转移。

表 6-89　　　　　　　　　　　　　　　成渝城市群纺织服装业分级

| 纺织服装业分级区间 | 等级 | 2014 年 | 2018 年 |
|---|---|---|---|
| 0~7.00 | 低 | 德阳市、雅安市、眉山市、乐山市、资阳市、泸州市、南充市、达州市 | 德阳市、雅安市、眉山市、广安市、资阳市 |
| 7.01~18.00 | 较低 | 遂宁市、内江市、自贡市 | 遂宁市、乐山市 |
| 18.01~35.00 | 中等 | 绵阳市、广安市、宜宾市 | 内江市、自贡市 |
| 35.01~243.00 | 较高 | 成都市 | 绵阳市、南充市、达州市、泸州市 |
| 243.01~1925.00 | 高 | 重庆市 | 成都市、宜宾市、重庆市 |

根据表 6-90 可以看出，就空间格局演变而言，成渝城市群在 2014~2018 年这一期间，黑色金属冶炼和压延加工业空间重构主要体现为黑色金属冶炼和压延加工业整体个数的减少，黑色金属

冶炼和压延加工业主要迁出地为乐山市、遂宁市、自贡市和广安市，黑色金属冶炼和压延加工业主要迁入地为宜宾市、泸州市、南充市和达州市。2014 年黑色金属冶炼和压延加工业法人单位个数前三名城市为重庆市、成都市和乐山市，而 2018 年黑色金属冶炼和压延加工业法人单位个数前三名城市为宜宾市、重庆市和成都市。从整体来看，成渝城市群黑色金属冶炼和压延加工业仍然集中在中心城市重庆市和成都市，但呈现出逐步向周边地区转移的趋势。

表 6 - 90 　　　　　　　　　　　　成渝城市群黑色金属冶炼和压延加工业分级

| 黑色金属冶炼和压延加工业分级区间 | 等级 | 2014 年 | 2018 年 |
| --- | --- | --- | --- |
| 0 ~ 7.00 | 低 | 德阳市、眉山市、资阳市、泸州市、南充市、达州市 | 德阳市、眉山市、遂宁市、广安市、资阳市、泸州市 |
| 7.01 ~ 26.00 | 较低 | 遂宁市、广安市、内江市、宜宾市 | 南充市、乐山市、内江市、自贡市 |
| 26.01 ~ 108.00 | 中等 | 绵阳市、雅安市、乐山市、自贡市 | 绵阳市、达州市、雅安市 |
| 108.01 ~ 201.00 | 较高 | 成都市 | 成都市 |
| 201.01 ~ 595.00 | 高 | 重庆市 | 宜宾市、重庆市 |

根据表 6 - 91 可以看出，就空间格局演变而言，成渝城市群在 2014 ~ 2018 年这一期间，化学原料与化学制品制造业空间重构主要体现为化学原料与化学制品制造业整体个数的增加，化学原料与化学制品制造业暂无明显的迁出地，化学原料与化学制品制造业主要迁入地为咸阳市、雅安市、宜宾市、泸州市、自贡市、南充市和达州市。2014 年化学原料与化学制品制造业法人单位个数前三名城市为重庆市、成都市和绵阳市，而 2018 年化学原料与化学制品制造业法人单位个数前三名城市为宜宾市、重庆市和成都。从整体来看，成渝城市群化学原料与化学制品制造业分布在中心城市重庆市和成都市以及周边地区，相关产业主要向南部宜宾市转移。

表 6 - 91 　　　　　　　　　　　　成渝城市群化学原料与化学制品制造业分级

| 化学原料与化学制品制造业分级区间 | 等级 | 2014 年 | 2018 年 |
| --- | --- | --- | --- |
| 0 ~ 26.00 | 低 | 德阳市、眉山市、资阳市、泸州市、南充市、达州市、广安市 | 德阳市、眉山市、广安市、资阳市 |
| 26.01 ~ 84.00 | 较低 | 遂宁市、雅安市、内江市、宜宾市 | 达州市、遂宁市、内江市 |
| 84.01 ~ 127.00 | 中等 | 乐山市、自贡市 | 南充市、雅安市、乐山市、泸州市 |
| 127.01 ~ 155.00 | 较高 | 绵阳市 | 自贡市 |
| 155.01 ~ 2976.00 | 高 | 成都市、重庆市 | 绵阳市、成都市、宜宾市、重庆市 |

根据表 6 - 92 可以看到，就空间格局演变而言，北部湾城市群在 2014 ~ 2018 年这一期间，制造业空间重构主要体现为制造业整体占比的下降，制造业迁出地主要为钦州市、茂名市、阳江市和湛江市，而从表中未看出明显的制造业迁入地。变化幅度在 10% 左右的城市有湛江市和阳江市，其余城市的制造业占比变化不明显，基本都在 5% 以内。北部湾城市群相对于其他城市群的制造业集聚和转移的空间重构效果在这时期不明显。其原因可能是在全球化的背景下，北部湾没有抓住全球生产网络从而使得城市群没有空间上的重组整合，中心城市没有很好地发挥扩散效应，各个城市之间不能实现产业联动。

新时代我国西部中心城市和城市群高质量协调发展战略研究

**表 6 - 92** 　　　　　　　　　　　　　　　　北部湾城市群制造业占比分级

| 制造业占比<br>分级区间 | 等级 | 2014 年 | 2018 年 |
|---|---|---|---|
| 0.05 ~ 0.06 | 低 | 崇左市、海口市 | 南宁市、防城港市、北海市、茂名市、海口市 |
| 0.07 ~ 0.09 | 较低 | 南宁市、防城港市、北海市 | 崇左市、钦州市、湛江市 |
| 0.10 ~ 0.11 | 中等 | 钦州市 | |
| 0.12 ~ 0.16 | 较高 | 玉林市、茂名市、湛江市 | 玉林市、阳江市 |
| 0.17 ~ 0.24 | 高 | 阳江市 | |

　　根据表 6 - 93 可以看出，就空间格局演变而言，北部湾城市群在 2014 ~ 2018 年这一期间，纺织服装业空间重构主要体现为纺织服装业整体个数的增加，纺织服装业暂无明显的迁出地。纺织服装业主要迁入地为湛江市、崇左市、北海市和玉林市。2014 年纺织服装业法人单位个数前三名城市为玉林市、阳江市和茂名市。而 2018 年纺织服装业法人单位个数前三名城市为玉林市、阳江市和南宁市。北部湾城市群相对于其他城市群来说，纺织服装业的法人单位个数较少。从整体来看，北部湾城市群纺织服装业分布集中在北部湾城市群东部地区，显示出由东部地区向西部城市转移的趋势。

**表 6 - 93** 　　　　　　　　　　　　　　　　北部湾城市群纺织服装业分级

| 纺织服装业<br>分级区间 | 等级 | 2014 年 | 2018 年 |
|---|---|---|---|
| 0 ~ 2.00 | 低 | 崇左市、防城港市、北海市 | 防城港市 |
| 2.01 ~ 30.00 | 较低 | 钦州市、湛江市 | 崇左市、北海市 |
| 30.01 ~ 94.00 | 中等 | 南宁市、茂名市、海口市 | 钦州市、海口市 |
| 94.01 ~ 169.00 | 较高 | 阳江市 | 南宁市、茂名市、湛江市 |
| 169.01 ~ 421.00 | 高 | 玉林市 | 玉林市、阳江市 |

　　根据表 6 - 94 可以看出，就空间格局演变而言，北部湾城市群在 2014 ~ 2018 年这一期间，黑色金属冶炼和压延加工业空间重构主要体现为黑色金属冶炼和压延加工业整体个数的减少，黑色金属冶炼和压延加工业主要迁出地为玉林市、南宁市和茂名市，黑色金属冶炼和压延加工业主要迁入地为崇左市、海口市和湛江市。2014 年黑色金属冶炼和压延加工业法人单位个数前三名城市为玉林市、茂名市和崇左市，并且其法人单位个数相差较小。而 2018 年黑色金属冶炼和压延加工业法人单位个数前三名城市为崇左市、南宁市和湛江市。从整体来看，北部湾城市群黑色金属冶炼和压延加工业分布较为均衡，由玉林市向周边地区转移。

**表 6 - 94** 　　　　　　　　　　　　　北部湾城市群黑色金属冶炼和压延加工业分级

| 黑色金属冶炼和压<br>延加工业分级区间 | 等级 | 2014 年 | 2018 年 |
|---|---|---|---|
| 0 ~ 2.00 | 低 | 北海市、湛江市 | 防城港市、北海市、玉林市 |
| 2.01 ~ 9.00 | 较低 | 防城港市、海口市 | 海口市 |
| 9.01 ~ 37.00 | 中等 | 钦州市、阳江市 | 南宁市、钦州市、湛江市、茂名市、阳江市 |
| 37.01 ~ 42.00 | 较高 | 南宁市、崇左市、茂名市 | |
| 42.01 ~ 51.00 | 高 | 玉林市 | 崇左市 |

根据表 6 - 95 可以看出,就空间格局演变而言,北部湾城市群在 2014 ~ 2018 年这一期间,化学原料与化学制品制造业空间重构主要体现为化学原料与化学制品制造业整体个数的增加,化学原料与化学制品制造业主要迁出地为防城港市,化学原料与化学制品制造业主要迁入地为北海市、玉林市、海口市和湛江市。2014 年化学原料与化学制品制造业法人单位个数前三名城市为南宁市、茂名市和玉林市,而 2018 年化学原料与化学制品制造业法人单位个数前三名城市为南宁市、茂名市和湛江市。相较于其他城市群,北部湾城市群的化学原料与化学制品制造业法人单位个数较少。从整体来看,北部湾城市群化学原料与化学制品制造业分布较为均衡,由中心城市南宁市向城市群东部地区湛江市等转移。

表 6 - 95　　　　　　　　　　北部湾城市群化学原料与化学制品制造业分级

| 化学原料与化学制品制造业分级区间 | 等级 | 2014 年 | 2018 年 |
|---|---|---|---|
| 0 ~ 10.00 | 低 | 北海市 | 防城港市 |
| 10.01 ~ 65.00 | 较低 | 崇左市、防城港市、海口市、阳江市 |  |
| 65.01 ~ 113.00 | 中等 | 钦州市、湛江市 | 崇左市、钦州市、北海市、海口市、阳江市 |
| 113.01 ~ 176.00 | 较高 | 玉林市 |  |
| 176.01 ~ 464.00 | 高 | 南宁市、茂名市 | 南宁市、玉林市、茂名市、湛江市 |

根据表 6 - 96 可以看到,就空间格局演变而言,呼包鄂榆城市群在 2014 ~ 2018 年这一期间,制造业空间重构主要体现为制造业整体占比的下降,制造业迁出地主要为包头市和呼和浩特市,而从表中未看出明显的制造业迁入地。从整体来看,呼包鄂榆城市群的制造业总产值规模相对于东部沿海地区来说规模较小,制造业占比在 10% 左右,包头市和榆林市的制造业占比相对于鄂尔多斯来说较高。2018 年呼和浩特制造业占比有所下降。呼包鄂榆城市群的制造业重构并没有发生显著的变化。

表 6 - 96　　　　　　　　　　呼包鄂榆城市群制造业占比分级

| 制造业占比分级区间 | 等级 | 2014 年 | 2018 年 |
|---|---|---|---|
| 0 ~ 0.03 | 低 | 鄂尔多斯市 | 鄂尔多斯市 |
| 0.04 ~ 0.09 | 中 | 呼和浩特市、榆林市 | 呼和浩特市、榆林市、包头市 |
| 0.10 ~ 0.12 | 高 | 包头市 |  |

根据表 6 - 97 可以看出,就空间格局演变而言,呼包鄂榆城市群在 2014 ~ 2018 年这一期间,纺织服装业空间重构主要体现为纺织服装业整体个数基本不变,纺织服装业暂无明显的迁出地和迁入地。2014 年和 2018 年纺织服装业法人单位个数前三名城市为榆林市、呼和浩特市和包头市,且城市群内部各市的纺织服装业个数都不超过 100 个。呼包鄂榆城市群相对于其他城市群来说,纺织服装业的法人单位个数极少。从整体来看,呼包鄂榆城市群纺织服装业分布较为分散。

表 6 - 97　　　　　　　　　　　　呼包鄂榆城市群纺织服装业分级

| 纺织服装业<br>分级区间 | 等级 | 2014 年 | 2018 年 |
|---|---|---|---|
| 0 ~ 10.00 | 低 | 鄂尔多斯市 | 鄂尔多斯市 |
| 10.01 ~ 53.00 | 中 | 包头市 | 包头市 |
| 53.01 ~ 107.00 | 高 | 呼和浩特市、榆林市 | 呼和浩特市、榆林市 |

根据表 6 - 98 可以看出，就空间格局演变而言，呼包鄂榆城市群在 2014 ~ 2018 年这一期间，黑色金属冶炼和压延加工业空间重构主要体现为黑色金属冶炼和压延加工业整体个数的少许增加，黑色金属冶炼和压延加工业暂无明显的迁出地，黑色金属冶炼和压延加工业主要迁入地为榆林市。2014 年和 2018 年黑色金属冶炼和压延加工业法人单位个数前三名城市为包头市、呼和浩特市和榆林市。从整体来看，呼包鄂榆城市群黑色金属冶炼和压延加工业相比于其他城市群的法人单位个数较少，且产业主要集中在"头"和"尾"，呈点状分布。

表 6 - 98　　　　　　　呼包鄂榆城市群黑色金属冶炼和压延加工业分级

| 黑色金属冶炼和压<br>延加工业分级区间 | 等级 | 2014 年 | 2018 年 |
|---|---|---|---|
| 0 ~ 11.00 | 低 | 鄂尔多斯市、呼和浩特市 | 鄂尔多斯市、呼和浩特市 |
| 11.01 ~ 52.00 | 中 | 榆林市 | |
| 52.01 ~ 204.00 | 高 | 包头市 | 包头市、榆林市 |

根据表 6 - 99 可以看出，就空间格局演变而言，呼包鄂榆城市群在 2014 ~ 2018 年这一期间，化学原料与化学制品制造业空间重构主要体现为化学原料与化学制品制造业整体个数的增加，化学原料与化学制品制造业暂无明显的迁出地，化学原料与化学制品制造业主要迁入地为呼和浩特市。2014 年和 2018 年化学原料与化学制品制造业法人单位个数前三名城市为包头市、榆林市和呼和浩特市。相较于其他城市群，呼包鄂榆城市群的化学原料与化学制品制造业法人单位个数极少。从整体来看，呼包鄂榆城市群化学原料与化学制品制造业呈现"头尾"分布格局。

表 6 - 99　　　　　　　呼包鄂榆城市群化学原料与化学制品制造业分级

| 化学原料与化学制<br>品制造业分级区间 | 等级 | 2014 年 | 2018 年 |
|---|---|---|---|
| 0 ~ 10.00 | 低 | 鄂尔多斯市 | 鄂尔多斯市 |
| 10.01 ~ 74.00 | 中 | 呼和浩特市 | |
| 74.01 ~ 176.00 | 高 | 包头市、榆林市 | 包头市、榆林市、呼和浩特市 |

根据表 6 - 100 可以看到，就空间格局演变而言，关中平原城市群在 2014 ~ 2018 年这一期间，制造业空间重构主要体现为制造业整体占比的下降，制造业迁出地主要为西安市和咸阳市，而制造业迁入地主要为运城市和铜川市。根据数据可知，西安市的制造业占比降低了 5%，其原因在于西安市的产业结构转型升级，制造业向北部铜川市迁移，铜川市有大量的煤炭等自然资源予以支撑。制造业整体水平相对于其他城市群来说相对较低。咸阳市的制造业也向西部铜川市和运城市转移。从整体来看，关中平原城市群制造业整体向东部转移。其余各市的制造业占比比重基本无明显变化，产业重构体现了由中心城市向外围城市转移的特征。

表 6 – 100 关中平原城市群制造业占比分级

| 制造业占比<br>分级区间 | 等级 | 2014 年 | 2018 年 |
|---|---|---|---|
| 0 ~ 0.05 | 低 | 天水市、运城市、商洛市 | 天水市、商洛市 |
| 0.06 ~ 0.10 | 中 | 庆阳市、平凉市、铜川市、渭南市、临汾市 | 庆阳市、平凉市、西安市、渭南市、临汾市 |
| 0.11 ~ 0.12 | 较高 | 西安市 | 咸阳市 |
| 0.13 ~ 0.18 | 高 | 宝鸡市、咸阳市 | 铜川市、宝鸡市、运城市 |

根据表 6 – 101 可以看出，就空间格局演变而言，关中平原城市群在 2014 ~ 2018 年这一期间，纺织服装业空间重构主要体现为纺织服装业整体个数的增加。纺织服装业暂无明显的迁出地，纺织服装业主要迁入地为运城市、临汾市、宝鸡市和渭南市。2014 年纺织服装业法人单位个数前三名城市为西安市、宝鸡市和咸阳市。2018 年纺织服装业法人单位个数前三名城市为西安市、运城市和宝鸡市，且城市群内部各市的纺织服装业个数都不超过 200 个。关中平原城市群相对于其他城市群来说，纺织服装业的法人单位个数较少。从整体来看，关中平原城市群纺织服装业的分布以西安市为中心向外扩散。

表 6 – 101 关中平原城市群纺织服装业分级

| 纺织服装业<br>分级区间 | 等级 | 2014 年 | 2018 年 |
|---|---|---|---|
| 0 ~ 8.00 | 低 | 庆阳市、平凉市、铜川市、天水市、运城市、商洛市 | 庆阳市、铜川市、天水市、商洛市 |
| 8.01 ~ 24.00 | 中 | 临汾市、渭南市 | 平凉市 |
| 24.01 ~ 49.00 | 较高 | 咸阳市、宝鸡市 | 咸阳市、渭南市 |
| 49.01 ~ 177.00 | 高 | 西安市 | 西安市、宝鸡市、运城市、临汾市 |

根据表 6 – 102 可以看出，就空间格局演变而言，关中平原城市群在 2014 ~ 2018 年这一期间，黑色金属冶炼和压延加工业空间重构主要体现为黑色金属冶炼和压延加工业整体个数的增加，黑色金属冶炼和压延加工业的主要迁出地为临汾市，黑色金属冶炼和压延加工业主要迁入地为平凉市和运城市。2014 年黑色金属冶炼和压延加工业法人单位个数前三名城市为西安市、临汾市和咸阳市，而 2018 年黑色金属冶炼和压延加工业法人单位个数前三名城市为西安市、运城市和临汾市。从整体来看，关中平原城市群黑色金属冶炼和压延加工业呈现出由中部向两边扩散的趋势。

表 6 – 102 关中平原城市群黑色金属冶炼和压延加工业分级

| 黑色金属冶炼和压<br>延加工业分级区间 | 等级 | 2014 年 | 2018 年 |
|---|---|---|---|
| 0 ~ 7.00 | 低 | 庆阳市、平凉市、铜川市、天水市、运城市、商洛市 | 庆阳市、铜川市、天水市、商洛市 |
| 7.01 ~ 32.00 | 中 | 渭南市 | 平凉市、渭南市 |
| 32.01 ~ 69.00 | 较高 | 咸阳市、宝鸡市 | 咸阳市、宝鸡市、运城市、临汾市 |
| 69.01 ~ 155.00 | 高 | 西安市、临汾市 | 西安市 |

　　根据表 6 - 103 可以看出，就空间格局演变而言，关中平原城市群在 2014～2018 年这一期间，化学原料与化学制品制造业空间重构主要体现为化学原料与化学制品制造业整体个数的增加，化学原料与化学制品制造业暂无明显的迁出地，化学原料与化学制品制造业主要迁入地为平凉市、宝鸡市、咸阳市、运城市和临汾市。2014 年化学原料与化学制品制造业法人单位个数前三名城市为西安市、渭南市和咸阳市，而 2018 年化学原料与化学制品制造业法人单位个数前三名城市为西安市、运城市和渭南市。其中，西安市和运城市的法人单位个数高出其他城市 5 倍之多。从整体来看，关中平原城市群化学原料与化学制品制造业以西安市为中心，扩散范围逐步增大。

表 6 - 103　　　　　　　　　　　关中平原城市群化学原料与化学制品制造业分级

| 化学原料与化学制品制造业分级区间 | 等级 | 2014 年 | 2018 年 |
|---|---|---|---|
| 0～14.00 | 低 | 庆阳市、平凉市、铜川市、天水市、运城市、商洛市 | 庆阳市、铜川市、天水市、商洛市 |
| 14.01～164.00 | 中 | 咸阳市、宝鸡市、临汾市 | 平凉市 |
| 164.01～282.00 | 较高 | 渭南市 | 咸阳市、宝鸡市、临汾市、渭南市 |
| 282.01～770.00 | 高 | 西安市 | 西安市、运城市 |

　　根据表 6 - 104 可以看到，就空间格局演变而言，宁夏沿黄城市群在 2014～2018 年这一期间，制造业空间重构主要体现为制造业整体占比的上升，制造业迁入地主要为中卫市和吴忠市。以银川市为中心城市的宁夏沿黄城市群的制造业占比在 10% 左右，相对于其他城市群而言，制造业占比较低。相对于 2014 年，2018 年该城市群的制造业占比分布相对均衡，除石嘴山市以外，其余的各地级市制造业比重都有所增加。就驱动机制而言，民族特色使得该中心城市银川市的产业结构向更加高级化发展，培育了大量的民族特色产业。作为西北地区重要的铁路交通枢纽的中卫市，利用其优势发挥好它的特色产业。具有回族文化和穆斯林文化的吴忠市以它独特的文化为特色，开发了以民族文化为特色的相关产业。而石嘴山市的制造业占比相对于其他各市较低，这可能是由于其丰富的自然资源没有得到合理的开发。整体来看，制造业的空间重构由中心向南部扩散。由于宁夏沿黄城市群数据缺失，因此不具体分析纺织服装业、黑色金属冶炼和压延加工业以及化学原料与化学制品制造业的产业重构。

表 6 - 104　　　　　　　　　　　　　宁夏沿黄城市群制造业占比分级

| 制造业占比分级区间 | 等级 | 2014 年 | 2018 年 |
|---|---|---|---|
| 0～0.03 | 低 | 石嘴山市、吴忠市、中卫市 | 石嘴山市 |
| 0.04～0.13 | 高 | 银川市 | 银川市、吴忠市、中卫市 |

　　根据表 6 - 105 可以看到，就空间格局演变而言，兰西城市群在 2014～2018 年这一期间，制造业空间重构主要体现为制造业整体占比的上升，制造业迁出地主要为西宁市，制造业迁入地主要为白银市。制造业占比均在 5% 左右变化，从表中可以看出制造业的空间重构从中部向东部转移。就驱动机制而言，作为中心城市的西宁市和兰州市制造业占比均发生了 5% 的下降，这主要是由于中心城市产业结构的转变，虽然其占比下降了，但是优化了中心城市的产业结构。而白银市制造业占比发生了 6% 的增加，其原因可能是承接了中心城市的制造业转移。

表 6 - 105　　　　　　　　　　　　　　兰西城市群制造业占比分级

| 制造业占比<br>分级区间 | 等级 | 2014 年 | 2018 年 |
|---|---|---|---|
| 0 ~ 0.03 | 低 | 海北藏族自治州、海南藏族自治州、黄南藏族自治州、临夏回族自治州、定西市、白银市 | 海北藏族自治州、海南藏族自治州、黄南藏族自治州、临夏回族自治州、定西市 |
| 0.04 ~ 0.11 | 高 | 西宁市、海东市、兰州市 | 西宁市、海东市、兰州市、白银市 |

　　根据表 6 - 106 可以看出，就空间格局演变而言，兰西城市群在 2014 ~ 2018 年这一期间，纺织服装业空间重构主要体现为纺织服装业整体个数的增加，纺织服装业暂无明显的迁出地，纺织服装业主要迁入地为白银市、海东市和西宁市，且城市群内部各市纺织服装业的法人单位个数都不超过60 个。2014 年纺织服装业法人单位个数前三名城市为兰州市、西宁市和海东市，2018 年纺织服装业法人单位个数前三名城市为兰州市、西宁市和海东市。从整体来看，兰西城市群纺织服装业仍然集中在以中心城市兰州市为核心的周边地区。

表 6 - 106　　　　　　　　　　　　　　兰西城市群纺织服装业分级

| 纺织服装业<br>分级区间 | 等级 | 2014 年 | 2018 年 |
|---|---|---|---|
| 0 ~ 6.00 | 低 | 海北藏族自治州、海南藏族自治州、黄南藏族自治州、临夏回族自治州、定西市、白银市 | 海北藏族自治州、海南藏族自治州、黄南藏族自治州、临夏回族自治州、定西市 |
| 6.01 ~ 17.00 | 中等 | 海东市 | 白银市 |
| 17.01 ~ 21.00 | 较高 | 西宁市 | 海东市 |
| 21.01 ~ 55.00 | 高 | 兰州市 | 西宁市、兰州市 |

　　根据表 6 - 107 可以看出，就空间格局演变而言，兰西城市群在 2014 ~ 2018 年这一期间，黑色金属冶炼和压延加工业空间重构主要体现为黑色金属冶炼和压延加工业整体个数的减少，黑色金属冶炼和压延加工业主要迁出地为兰州市，黑色金属冶炼和压延加工业主要迁入地为白银市。2014年黑色金属冶炼和压延加工业法人单位个数前三名城市为兰州市、西宁市和海东市，2018 年黑色金属冶炼和压延加工业法人单位个数前三名城市为兰州市、海东市和西宁市。从整体来看，兰西城市群黑色金属冶炼和压延加工业主要集中在城市群的中心城市兰州市以及周边城市。

表 6 - 107　　　　　　　　　　　兰西城市群黑色金属冶炼和压延加工业分级

| 黑色金属冶炼和压延加工业分级区间 | 等级 | 2014 年 | 2018 年 |
|---|---|---|---|
| 0 ~ 10.00 | 低 | 海北藏族自治州、海南藏族自治州、黄南藏族自治州、临夏回族自治州、定西市、白银市 | 海北藏族自治州、海南藏族自治州、黄南藏族自治州、临夏回族自治州、定西市、白银市 |
| 10.01 ~ 38.00 | 中等 | 海东市 | 西宁市、海东市 |
| 38.01 ~ 43.00 | 较高 | 西宁市 | 兰州市 |
| 43.01 ~ 94.00 | 高 | 兰州市 | |

　　根据表 6 - 108 可以看出，就空间格局演变而言，兰西城市群在 2014 ~ 2018 年这一期间，化学

原料与化学制品制造业空间重构主要体现为化学原料与化学制品制造业整体个数的增加，化学原料与化学制品制造业暂无明显的迁出地，化学原料与化学制品制造业主要迁入地为海东市和白银市。2014年化学原料与化学制品制造业法人单位个数前三名城市为兰州市、西宁市和海东市，而2018年化学原料与化学制品制造业法人单位个数前三名城市为兰州市、白银市和西宁市。从整体来看，兰西城市群化学原料与化学制品制造业集中分布在以兰州市为中心的城市群中部地区。

表6-108　　　　　　　　　　　兰西城市群化学原料与化学制品制造业分级

| 化学原料与化学制品制造业分级区间 | 等级 | 2014年 | 2018年 |
|---|---|---|---|
| 0~10.00 | 低 | 海北藏族自治州、海南藏族自治州、黄南藏族自治州、临夏回族自治州、定西市、白银市 | 海北藏族自治州、海南藏族自治州、黄南藏族自治州、临夏回族自治州、定西市 |
| 10.01~31.00 | 中等 | 海东市 | |
| 31.01~69.00 | 较高 | 西宁市 | 西宁市、海东市 |
| 69.01~230.00 | 高 | 兰州市 | 兰州市、白银市 |

根据表6-109可以看到，就空间格局演变而言，滇中城市群在2014~2018年这一期间，制造业空间重构主要体现为制造业整体占比基本无变化，而从表中看不出明显的制造业迁出地和迁入地。该城市群的制造业集中在中心城市昆明市，但与2014年相比，昆明市的制造业占比虽然仍处于该城市群的领先地位，但是其制造业的占比发生了下降。曲靖市和玉溪市即使有天然自然资源的优势，但是受到了中心城市的影响，这些城市的制造业占比低于昆明市，处于弱势地位。由于滇中城市群数据缺失，因此不具体分析纺织服装业、黑色金属冶炼和压延加工业以及化学原料与化学制品制造业的产业重构。

表6-109　　　　　　　　　　　　滇中城市群制造业占比分级

| 制造业占比分级区间 | 等级 | 2014年 | 2018年 |
|---|---|---|---|
| 0~0.03 | 低 | 楚雄彝族自治州、红河哈尼族彝族自治州、曲靖市、玉溪市 | 楚雄彝族自治州、红河哈尼族彝族自治州、曲靖市、玉溪市 |
| 0.04~0.09 | 高 | 昆明市 | 昆明市 |

根据表6-110可以看到，就空间格局演变而言，黔中城市群在2014~2018年这一期间，制造业空间重构主要体现为制造业整体占比的增加，制造业迁入地主要为黔南自治州。从整体来看，黔中城市群的制造业占比相对比较均衡，中心城市贵阳市的制造业占比从2014年的9%下降至2018年的6%，而承接制造业转移的可能是黔南自治州，其制造业占比从7%增加至16%，增加了9%，其余各市的制造业占比都在5%的范围内变化。就驱动机制而言，受到制造业郊区化的影响，中心城市贵阳市的制造业占比虽然减少了，但是其向更加专业化的方向发展；而黔南布依族苗族自治州由于其民族特色，可以充分发挥其民族特色的制造业。

表6-110　　　　　　　　　　　　黔中城市群制造业占比分级

| 制造业占比分级区间 | 等级 | 2014年 | 2018年 |
|---|---|---|---|
| 0.06~0.10 | 低 | 贵阳市、黔南布依族苗族自治州 | 贵阳市 |
| 0.11~0.15 | 中等 | 毕节市 | 毕节市、遵义市 |

| 制造业占比分级区间 | 等级 | 2014 年 | 2018 年 |
|---|---|---|---|
| 0.16 ~ 0.23 | 高 | 遵义市、安顺市、黔东南苗族侗族自治州 | 安顺市、黔东南苗族侗族自治州、黔南布依族苗族自治州 |

　　根据表 6 - 111 可以看出，就空间格局演变而言，黔中城市群在 2014 ~ 2018 年这一期间，纺织服装业空间重构主要体现为纺织服装业整体个数的增加，纺织服装业主要迁出地为贵阳市，纺织服装业主要迁入地为安顺市、黔南州和遵义市。2014 年纺织服装业法人单位个数前三名城市为黔东南州、毕节市和贵阳市，而 2018 年纺织服装业法人单位个数前三名城市为黔东南州、黔南州和毕节市。从整体来看，黔中城市群纺织服装业分布呈"去中心化"的趋势，除中心城市贵阳市以外，其他城市的纺织服装业分布都较为均衡。

表 6 - 111　　　　　　　　　　　　黔中城市群纺织服装业分级

| 纺织服装业分级区间 | 等级 | 2014 年 | 2018 年 |
|---|---|---|---|
| 26.00 ~ 28.00 | 低 | 安顺市、黔南布依族苗族自治州 | 贵阳市 |
| 28.01 ~ 33.00 | 较低 | 遵义市 | 安顺市 |
| 33.01 ~ 39.00 | 中等 | 贵阳市 | 遵义市 |
| 39.01 ~ 61.00 | 较高 | 毕节市 | 毕节市 |
| 61.01 ~ 159.00 | 高 | 黔东南苗族侗族自治州 | 黔南布依族苗族自治州、黔东南苗族侗族自治州 |

　　根据表 6 - 112 可以看出，就空间格局演变而言，黔中城市群在 2014 ~ 2018 年这一期间，黑色金属冶炼和压延加工业空间重构主要体现为黑色金属冶炼和压延加工业整体个数的减少，黑色金属冶炼和压延加工业主要迁出地为遵义市和黔东南州，黑色金属冶炼和压延加工业主要迁入地为黔南州。2014 年黑色金属冶炼和压延加工业法人单位个数前三名城市为黔东南州、贵阳市和遵义市，而 2018 年黑色金属冶炼和压延加工业法人单位个数前三名城市为黔南州、黔东南州和贵阳市。从整体来看，黔中城市群黑色金属冶炼和压延加工业向黔东南和黔南自治州聚集。

表 6 - 112　　　　　　　　　黔中城市群黑色金属冶炼和压延加工业分级

| 黑色金属冶炼和压延加工业分级区间 | 等级 | 2014 年 | 2018 年 |
|---|---|---|---|
| 15.00 ~ 23.00 | 低 | 毕节市 | 毕节市 |
| 23.01 ~ 31.00 | 较低 | 安顺市 | 安顺市、遵义市 |
| 31.01 ~ 44.00 | 中等 | 遵义市、黔南布依族苗族自治州 | |
| 44.01 ~ 60.00 | 较高 | 贵阳市 | 贵阳市、黔南布依族苗族自治州、黔东南苗族侗族自治州 |
| 60.01 ~ 69.00 | 高 | 黔东南苗族侗族自治州 | |

　　根据表 6 - 113 可以看出，就空间格局演变而言，黔中城市群在 2014 ~ 2018 年这一期间，化学

原料与化学制品制造业空间重构主要体现为化学原料与化学制品制造业整体个数的增加，化学原料与化学制品制造业暂无明显的迁出地，化学原料与化学制品制造业主要迁入地为安顺市、遵义市和黔东南州。2014 年化学原料与化学制品制造业法人单位个数前三名城市为黔南州、贵阳市和黔东南州，而 2018 年化学原料与化学制品制造业法人单位个数前三名城市为黔南州、贵阳市和遵义市。相较于其他城市群，黔中城市群的化学原料与化学制品制造业法人单位个数较少。从整体来看，黔中城市群化学原料与化学制品制造业集中分布在贵阳市以东地区，且分布相对较为均衡。

表 6 - 113　　　　　　　　　　黔中城市群化学原料与化学制品制造业分级

| 化学原料与化学制品制造业分级区间 | 等级 | 2014 年 | 2018 年 |
|---|---|---|---|
| 61.00 ~ 115.00 | 低 | 毕节市 | 毕节市 |
| 115.01 ~ 125.00 | 较低 | 安顺市 | 安顺市 |
| 125.01 ~ 136.00 | 中等 | 遵义市 | |
| 136.01 ~ 223.00 | 较高 | 黔东南苗族侗族自治州 | 黔东南苗族侗族自治州、遵义市 |
| 223.01 ~ 346.00 | 高 | 贵阳市、黔南布依族苗族自治州 | 贵阳市、黔南布依族苗族自治州 |

## 6.5.3　研究发现与政策含义

### 6.5.3.1　研究发现

第一，通过对中国城市群制造业空间重构分析可以得出，2014 ~ 2018 年，长三角城市群、珠三角城市群、京津冀城市群、成渝城市群、长江中游城市群、北部湾城市群、呼包鄂榆城市群和关中平原城市群制造业空间重构主要体现为制造业整体占比的下降；中原城市群、辽中南城市群、山东半岛城市群、晋中城市群、宁夏沿黄城市群、兰西城市群和黔中城市群制造业空间重构主要体现为制造业整体占比的增加；粤闽浙沿海城市群和滇中城市群制造业空间重构主要体现为制造业整体占比基本不变。

第二，通过对中国城市群纺织服装业空间重构分析可以得出，2014 ~ 2018 年，除呼包鄂榆城市群纺织服装业法人单位个数基本不变外，其他城市群纺织服装业空间重构主要体现为纺织服装业法人单位个数的增加，纺织业向城市群中心城市以及周边城市聚集。

第三，通过对中国城市群黑色金属冶炼和压延加工业空间重构分析可以得出，2014 ~ 2018 年，长三角城市群、京津冀城市群、成渝城市群、长江中游城市群、北部湾城市群、兰西城市群和黔中城市群黑色金属冶炼和压延加工业空间重构主要体现为黑色金属冶炼和压延加工业法人单位个数的减少；珠三角城市群、中原城市群、辽中南城市群、山东半岛城市群、呼包鄂榆城市群、晋中城市群、关中平原城市群黑色金属冶炼和压延加工业空间重构主要体现为黑色金属冶炼和压延加工业法人单位个数的增加；粤闽浙沿海城市群黑色金属冶炼和压延加工业空间重构主要体现为黑色金属冶炼和压延加工业法人单位个数的基本不变。

第四，通过对中国城市群化学原料与化学制品制造业空间重构分析可以得出，2014 ~ 2018 年，除长三角城市群化学原料与化学制品制造业法人单位个数减少以及粤闽浙沿海城市群化学原料与化学制品制造业法人单位个数基本不变以外，其他城市群化学原料与化学制品制造业空间重构主要体现为化学原料与化学制品制造业法人单位个数的增加。

### 6.5.3.2　讨论

第一，中国不同城市群制造业的空间重构可能受到地域、政策和经济结构的综合影响，这也再次印证了在全球化背景下，地方经济策略与国家宏观政策在推动城市经济发展中的重要性。首先，针对长三角和珠三角等经济发展较好的城市群，由于其产业升级的需求和环境压力，制造业比重下降与转型发展策略紧密相连。随着高端服务业和高科技产业的增长，这些地区逐渐从劳动密集型向技术和知识密集型转变（吴继英等，2023）。然而，像中原和辽中南这样的城市群，它们的经济基础和地理位置决定了其成为传统制造业转移的目的地，这些地区提供了相对低廉的劳动力和土地，吸引了外部制造业的入驻（史雅娟等，2017）。此外，各地资源禀赋也对制造业结构产生了影响，例如，晋中和宁夏沿黄城市群由于其资源型特点，加之国家对资源型城市转型的支持（冯超等，2022），制造业结构经历了相应的空间重构。

第二，劳动力成本的上升可能是推动中国城市群纺织服装业空间重构的核心动因，而中西部地区低廉的劳动力成本和优惠的政策环境为这种产业转移提供了有力的支撑。过去几十年中，中国沿海地区由于低劳动力成本、便捷的物流和政府的扶持政策，已成为全球纺织服装业的重要生产基地。但随着经济的快速增长和人口老龄化现象日益严重，这些地区的劳动力成本迅速上升，高昂的劳动力成本迫使许多纺织服装企业寻求转移至劳动力成本较低的内陆地区（潘文卿等，2019）。中西部地区，相较于东部沿海地区，具有明显的劳动力成本优势。而随着国家对中西部地区基础设施的大力投资和产业扶持政策，这些地区的投资环境和产业链得到了大幅提升。此外，中西部地区的政府为吸引企业投资，也提供了一系列的税收减免、融资支持和土地政策优惠。这使得纺织服装企业可以在保持生产成本低廉的同时，还能享受到更多的政策福利。随着这种产业转移的进行，城市群中心城市及其周边城市开始形成了新的纺织服装产业集群。这种集群效应不仅提高了生产效率，还吸引了更多相关产业的进驻，从而形成了完整的产业链。这也解释了为何在 2014～2018 年，除呼包鄂榆城市群外，其他城市群纺织服装业的法人单位个数都有所增加。

第三，影响中国城市群黑色金属冶炼和压延加工业空间重构的原因可能是其对环境保护压力的响应。近年来，中国对环境保护和治理的重视日益加强，对高污染和高耗能的行业如黑色金属冶炼和压延加工业实施了一系列严格的政策。由于空气和水污染治理的加强，许多在环境规范上不达标的企业被迫关闭或转移（张慧明等，2012）。这导致了如长三角、京津冀等地区的黑色金属冶炼企业数量减少。而在其他地区如珠三角、山东半岛，虽然企业数量有所增加，但这些新增的企业往往是技术先进、环保标准高的，能够满足更加严格的环保要求。因此，中国城市群黑色金属冶炼和压延加工业的空间重构是对环境治理政策的直接响应，同时也反映了中国经济发展中对环境和可持续性的高度重视。

第四，中国城市群化学原料与化学制品制造业空间重构结果可能与环境政策压力与产业迁移有关。特别是在 2014～2018 年，中国大力推进"蓝天保卫战"等环保行动，对化学原料与化学制品制造业中高污染、高排放的行业，实施了一系列严格的环境法规与准入门槛。此背景下，长三角地区作为中国经济最发达、人口最密集、环境压力最大的区域，面临最严厉的环境监管，导致该地区化学制品制造业的法人单位数量减少（王树华，2019）。然而，产业迁移理论指出，严格的环境法规不仅会抑制当地的高污染产业，还可能导致这些产业向法规较为宽松的地区迁移（姜怀宇，2012）。在上述背景下，其他非核心城市群，如中原城市群、辽中南城市群等，由于相对较低的生产成本、土地价格和更为宽松的环境政策，吸引了大量的化学原料与化学制品制造业。这种迁移不仅带来了企业数量的增加，也逐渐帮助这些城市群形成了化学产业集聚效应，进一步促使更多相关产业的迁入。而在环境政策与经济发展压力之间找到平衡成为各城市群未来发展的关键。

### 6.5.3.3　政策含义

通过以上对西部城市群制造业、纺织服装业、黑色金属冶炼和压延加工业以及化学原料与化学制品制造业空间重构的时空演变分析可以看出，中国具有明显的区域差异性，非均衡的发展战略加大了区域发展的差距，西部城市群在产业发展和产业转移中没有明显的变化，因此对于我国西部城市群发展产业集群，必须要从本地区的特色出发。

第一，滇中、黔中以及北部湾城市群应当发挥烟草、酿酒、新能源、民族文化与旅游等具有民族特色的优势产业，强调产业发展的民族性、生态性和外向性，努力发展成为区域甚至是全国经济发展和人口集聚的重要承接主体，带动西南城市群的外向经济发展。

第二，呼包鄂榆、兰西城市群等西北城市群对社会经济的发展也有重要的生态意义。西北地区有丰富的矿产资源、稀土资源和民族文化资源，铁路干线也发展得相对完善，因此该地区应该多发展能源与化工、冶金与建材等具有民族特色的产业，着力开发塞外边疆和大漠等具有鲜明特色的民族文化产业。

第三，成渝、关中平原城市群是目前西部城市群中发展相对较好的城市群，成都、重庆、西安等充分发挥了中心城市的带动作用，高新产业、装备制造以及机械工业产业等特色的优势产业发挥了龙头企业的带领作用，随着互联网时代信息的高速传播，成渝城市群的一些民族特色风情也被大众所熟知，因此可以发展旅游文化产业等，带动第三产业的发展。

## 6.6 西部城市群产业布局的时空演化与合理化机制研究

### 6.6.1 研究目的与方法

#### 6.6.1.1 研究目的

纵观中国经济近几十年的发展，产业空间格局的演化是备受瞩目的经济活动之一，我国产业在不同区域、不同行业的空间集聚与扩散表现出一定的复杂性。我国区域发展和产业基本格局曾受到自然因素的影响和决定，但经过我国产业结构的三次大调整，产业空间格局的重要考虑因素包含经济全球化、信息化及新的发展理念，地区内的产业空间格局合理化将更多考虑到城市化因素。城市是目前我国发展的主要空间载体，以城市群为核心的"两横三纵"城镇化格局的产业空间格局合理设计有助于促进区域间分工清晰化，加强区域经济协作，将地区资源的比较优势和绝对优势充分发挥出来，促进各地区经济社会的协调发展以及整个国民经济的协调、持续、快速发展。在此背景下，探究产业空间格局演化特征以及背后的因素，对比不同地区城市群的资源禀赋和比较优势，有助于更好地服务产业在国内的有序转移、推动区域协调发展和构建新发展格局。

建立合理的地区产业分工关系的过程即产业空间格局合理化，其本质是实现地区分工协作的合理化、资源地区配置和利用的合理化，实现产业的集聚经济效应。佩鲁提出的增长极理论认为，经济发展处于不均衡的状态，"增长中心"由区域资源集聚发展形成，其传导扩散作用可以带动其他地区经济发展。极大效应和扩散效应是增长极对城市群所在区域发展的作用机制，极大效应是增长极凭借优越的条件，迅速大量地吸纳城市群资源要素和经济活动主体，从而快速积累经济能量；扩散效应是通过整合资源要素和经济活动主体，增长极向其外围扩散，带动经济发展。弗里曼德提出的"核心—边缘"理论认为，任何一个区域都是由核心区域和边缘区域组成的，在区域经济增长过程中，核心区域与边缘区域会随着经济的发展而产生变化，中国城市群的产业发展也遵循着"核心—边缘"理论，在一个长时间段内，区域经济系统往往存在一个或几个核心地区，以核心区为顶点，沿着交通发展轴线自发地组织形成"核心—边缘"型并不断迭代的多层空间结构，从而促进中国城市群产业的长期发展。

目前，国内外关于产业空间格局的演化主要集中在工业、制造业、高新技术产业整体以及单个行业开展领域，研究内容主要包括产业空间集聚、产业地理分布、产业空间转移、地区产业结构变动等主题，蒋海兵等（2021）基于2000~2013年京津冀地区规模以上工业企业微观数据，探究京津冀地区制造业空间格局演化特征及其驱动因素。产业在空间上的格局决定要素在空间上的配置，而要素对产业的合理化格局具有重要的影响。对于产业空间格局的影响因素的研究，早期比较关注技术、市场、劳动力、原材料、土地、交通等因素。田（Tian，2017）提出加强技术与经济的结合，可以显著促进经济和社会的发展以及推动产业空间格局的发展；周海波等（2017）发现地区内的交通基础设施的发展有利于促进产业在当地的集聚。近年来，环保因素、环境规制要素逐渐成为关注的重要因子，严格的环境规制推动了地区的产业结构升级，李新等（2020）认为需要持续发挥环境政策引导作用，以环保倒逼产业布局与结构优化，加大环保节能技术研发投入，推动产业高质量发展。

综上所述，关于产业空间格局演化的研究发现了不同行业空间格局的差异性，以及不同行业空间格局影响因素的特殊性，然而，已有研究多从省域层面或者局部地区开展，但多数城市的产业发展已经没有明显的行政区划特征，而是按照产业自然发展的轨迹聚集形成，某个城市的延伸部分极可能是其他城市的发展区域，对中国城市群三次产业空间格局演化特征及其产业空间格局影响因素缺乏系统的研究与认识。有鉴于此，本书尝试探究中国城市群整体及其不同区域城市群不同时期的产业空间格局演化与影响因素，以期为促进中国城市群产业空间格局优化提供参考借鉴。

本书拟通过以下两个方面为探究中国城市群三次产业空间格局演化特征、产业空间格局影响因素奠定理论与现实基础：第一，采用地理集中度测算中国城市群整体以及城市群城市的产业空间格局演变、集聚扩散特征及其三次产业聚散的差异性；第二，基于空间自回归模型对中国城市群产业空间格局的影响因素进行回归分析。

### 6.6.1.2　研究方法

地理集中度模型：地理集中度，即一定范围内某要素的集中程度，利用地理集中度有利于分析中国城市群在区域空间的产业集聚程度。集中程度越高，单位面积人口或经济相对密度越大，要素越集聚；集中度值越小，表明集中程度越小、相对密度越小。地理集中度公式表达如下：

$$R_{X_i} = \frac{X_i \times \sum X_i}{T_i \times \sum T_i} \qquad (6-39)$$

其中，$R_{X_i}$表示相关时段所研究地区 i 的相关部门的相关产品的地理集中度，即中国城市群产业的地理集中度，$X_i$ 表示所研究地区 i 的产业的产值，$T_i$ 表示所研究地区 i 的区域面积。

空间自相关模型：空间自相关是指某一区域样本的观测值与另一区域的观测值相关，空间自相关性分析可以研究空间中某一变量的空间分布与邻近变量是否存在关联，也可以反映出局部区域中变量的集聚以及扩散特征，是空间自回归分析的基础，通过空间自相关统计量莫兰指数（Moran's I）来衡量空间自相关性的程度。在运用空间自回归模型进行分析时，一般用空间权重矩阵来表达空间相互作用。最初，通过二值矩阵来代表空间权重矩阵，即：

$$W_{ij} = \begin{cases} 1 & \text{当区域 i 和区域 j 相邻} \\ 0 & \text{当区域 i 和区域 j 不相邻} \end{cases} \qquad (6-40)$$

地理上的邻接矩阵作为考察空间相关性的起点，但产生空间效应的因素并非只有地理因素。在具体的问题中，仅仅使用地理上的距离有时候并不合适，现在区域与区域之间的经济联系已经不能单单由距离远近来决定，区域单元的经济发展水平等因素都会在空间单元之间进行交互影响，经济水平相似的空间单元则能更好地吸收与利用经济资源从而趋近规模收益递增状态。因此，在设定空间权重矩阵时，还可以考虑从经济属性角度设置空间权重矩阵。经济权重矩阵的构建是基于区域内产生空间效应的经济指标的绝对差异，其取值为区域间经济指标之差绝对值的倒数，即：

$$W_{ij} = \begin{cases} 1/|\overline{X}_i - \overline{X}_j|, & i \neq j \\ 0, & i = j \end{cases} \qquad (6-41)$$

其中，X 是经济权重矩阵的经济变量，常用的变量可以包括外商投资额、人力资本量、人均 GDP 或总量 GDP 等，在此选择中国各城市群城市的总量 GDP 作为空间矩阵元素的变量。

空间自回归模型：在分析过程中，空间自回归模型在进行分析时充分考虑到了空间自相关的影响，其计算模型为：

$$y = \rho w_1 y + x\beta + \lambda w_2 \mu + \varepsilon, \quad \varepsilon \sim N\ (0,\ \delta^2 I_n) \tag{6-42}$$

其中，y 为被解释变量；x 为解释变量；β 是参数变量；ρ 是空间滞后项 $w_1 y$ 的系数；λ 是空间误差项的回归系数；μ 为随机误差项；$w_1$、$w_2$ 是与被解释变量和残差的空间自回归过程相关的权重矩阵；$I_n$ 是残差空间自相关系数；ε 为服从均值为 0、方差为 $\delta^2$ 的随机误差。当 ρ≠0，ρ≠0，λ≠0 时为空间误差模型（SEM），空间误差模型能较好地解释城市群产业空间格局演化受到本地区解释变量的影响以及区域产业空间格局变化的影响，选择城市群的产业产值作为被解释变量。

### 6.6.1.3　指标选取与数据来源

（1）指标选取：区位因素是促使区位地理特性和功能的形成和变化的原因或条件，依据区位因素本身的性质和状态，可分为自然因素、社会经济因素和科学技术因素，区位因素主要对农业、工业、服务业产生各种制约。结合区位理论，根据经济指标的代表性和数据的可获得性，在此选择资源条件、地理区位、外商投资、科技投入、市场需求、环境规制等影响因素来解释中国城市群产业空间格局的演化（见表 6-114）。

表 6-114　　　　　　　　　　　　　影响因素选择与指标解释

| 解释变量 | 指标选择 | 指标解释 |
| --- | --- | --- |
| 资源条件 | 石油城市、煤炭城市 | 控制变量，石油或煤炭代表性城市赋值为 1，其他城市赋值为 0 |
| 地理区位 | 沿海城市、沿长江城市 | 控制变量，沿海或沿长江城市赋值为 1，其他城市赋值为 0 |
| 外商投资 | 外商投资占比/% | 城市单元产业产值中外商投资的占比份额，反映外商投资强度 |
| 港口条件 | 水运货运量/万吨 | 采用水运货运量表征该城市的港口交通区位条件和优势 |
| 科技投入 | 科学技术支出占财政支出比重/% | 科技投入对地区生产技术、环境污染防治技术具有正向作用，采用该项指标表征科学技术投入因子 |
| 市场需求 | 年末总人口/万人 | 市场需求依赖于消费需求，而消费需求依赖于人口规模，因此采用人口指标反映城市群产业的市场需求 |
| 环境规制 | 一般工业固体废物综合利用率/% | 反映地区的环境规制水平，可减少污染排放实现改善环境质量 |

（2）数据来源：本书的研究数据来源包含以下两个部分。一是社会经济数据。本书用于研究城市群产业布局的空间面板数据选择 2009 年和 2019 年两个时间节点，由于城市群样本中包含部分地级市代管的县级市或省直管的县级市，数据样本可能会出现重叠，因此予以剔除，加之部分城市数据缺失严重同样需要剔除，因此选取城市群样本区间包含全国 199 个地级市的数据。其中，地区生产总值（亿元）、第一产业增加值占 GDP 比重（%）、第二产业增加值占 GDP 比重（%）、第三产业增加值占 GDP 比重（%）、第一产业产值（亿元）、第二产业产值（亿元）、第三产业产值（亿元）、外商投资企业总产值（亿元）、水运货运量（万吨）、年末户籍人口（万人）、一般工业固体废物综合利用率（%）、行政区域土地面积（平方千米）、公共财政支出（万元）、科学技术支出（万元）等变量指标数据主要来源于 2010 年《中国城市统计年鉴》、2020 年《中国城市统计年鉴》和各城市 2009 年、2019 年的国民经济和社会发展统计公报。二是基础地理信息数据。本书借助 ArcGis 10.8 软件对中国城市群产业的空间格局进行分析，其中，矢量行政边界图来源于国家自然资源部提供的 1∶4800 万中国基础地理信息数据，矢量城市群边界图借助 ArcGis 10.8 软件在行政边界图的基础上对相应城市群范围进行合并。

## 6.6.2　测算结果与空间分析

### 6.6.2.1　产业空间格局演变特征与规律

一是基于全国整体：

通过地理集中度公式测算 2009 年和 2019 年中国城市群整体产业地理集中度，测算产业空间布局集聚扩散特征和各城市群的产业布局的集聚扩散规律的差异性（见表 6 - 115）。

表 6 - 115　　　　　　　　　　　中国城市群产业地理集中度

| 城市群 | 2009 年 | 2019 年 |
| --- | --- | --- |
| 长三角 | 0.0445 | 0.2158 |
| 珠三角 | 0.0726 | 0.3268 |
| 京津冀 | 0.0215 | 0.0898 |
| 长江中游 | 0.0104 | 0.0528 |
| 成渝 | 0.0099 | 0.0631 |
| 辽中南 | 0.0172 | 0.0462 |
| 山东半岛 | 0.0273 | 0.1104 |
| 粤闽浙沿海 | 0.0226 | 0.0690 |
| 哈长 | 0.0060 | 0.0167 |
| 中原 | 0.0181 | 0.0856 |
| 关中平原 | 0.0059 | 0.0108 |
| 北部湾 | 0.0074 | 0.0422 |
| 天山北坡 | 0.0084 | 0.0221 |
| 晋中 | 0.0063 | 0.0274 |
| 呼包鄂榆 | 0.0052 | 0.0065 |
| 滇中 | 0.0063 | 0.0340 |
| 黔中 | 0.0050 | 0.0409 |
| 兰西 | 0.0050 | 0.0151 |
| 宁夏沿黄 | 0.0029 | 0.0046 |

从表 6 - 115 可看出，大部分城市群产业地理集中度值变大，产业空间格局呈现集聚趋势；小部分城市群产业地理集中度值变小，产业空间格局呈现分散趋势。2009 年产业空间格局较集中的城市群有长三角城市群和珠三角城市群，宁夏沿黄城市群、兰西城市群、黔中城市群的产业空间格局较分散；2019 年长三角城市群、珠三角城市群、山东半岛城市群的产业空间格局集中程度较高，分别达到了 0.2158、0.3268 和 0.1104。产业空间格局集聚增幅较大的有黔中城市群、成渝城市群、北部湾城市群、滇中城市群、长江中游城市群；产业布局较分散的有关中平原城市群、呼包鄂榆城市群、宁夏沿黄城市群。

从分板块城市群来看，为进一步分析中国城市群产业空间格局演变特征，利用地理集中度公式测算 2009 年和 2019 年中国城市群分区域城市群，即东北部城市群、东部城市群、中部城市群和西部城市群的产业空间格局集聚扩散特征（见表 6 - 116）。

表 6 - 116　　　　　　　　　　　中国城市群产业地理集中度

| 城市群 | 2009 年 | 2019 年 |
|---|---|---|
| 东北部城市群 | 0.0093 | 0.0255 |
| 东部城市群 | 0.0332 | 0.1434 |
| 中部城市群 | 0.0112 | 0.0558 |
| 西部城市群 | 0.0099 | 0.0181 |

从表 6 - 116 可以发现，总体上各区域城市群产业地理集中度呈现上升趋势，产业集聚程度不断提高。2009 年东部城市群产业空间布局集聚程度最高，中部城市群较为集聚，西部城市群比东北部城市群集聚程度高，但差距较小；2019 年东部城市群集聚程度最高，西部城市群分布较分散，中部城市群集聚变化大，东北部城市群比西部城市群集聚程度高，差距逐渐扩大。由于东部城市群拥有技术、人才和资源优势，产业发展在区域中处于领头地位，产业集聚程度最高；东北部城市群早年以工业经济为主导的发展模式使得产业发展严重衰退，产业集聚程度位于最末，但随着东北部城市群工业基地振兴，产业集聚程度也不断提高；中、西部城市群承接东部城市群的转移产业，由此产业不断增加，随之出现产业集聚效应。

### 6.6.2.2　三次产业空间格局演变与集聚扩散规律

从全国整体来看，通过地理集中度公式测算 2009 年和 2019 年中国城市群三次产业的地理集中度，得出三次产业空间格局演变与集聚扩散的规律及其三次产业之间的差异性（见表 6 - 117）。

表 6 - 117　　　　　　　　　　　中国城市群三次产业地理集中度

| 城市群 | 2009 年 | | | 2019 年 | | |
|---|---|---|---|---|---|---|
| | 第一产业 | 第二产业 | 第三产业 | 第一产业 | 第二产业 | 第三产业 |
| 长三角 | 0.0015 | 0.1131 | 0.0845 | 0.0085 | 0.5386 | 0.9744 |
| 珠三角 | 0.0013 | 0.1738 | 0.1539 | 0.0106 | 0.5012 | 0.8322 |
| 京津冀 | 0.0011 | 0.0458 | 0.0464 | 0.0049 | 0.1402 | 0.4289 |
| 长江中游 | 0.0010 | 0.0255 | 0.0170 | 0.0057 | 0.1113 | 0.1902 |
| 成渝 | 0.0010 | 0.0247 | 0.0156 | 0.0063 | 0.1294 | 0.2366 |
| 辽中南 | 0.0010 | 0.0442 | 0.0297 | 0.0044 | 0.0973 | 0.1758 |
| 山东半岛 | 0.0018 | 0.0760 | 0.0414 | 0.0087 | 0.2351 | 0.3982 |
| 粤闽浙沿海 | 0.0013 | 0.0566 | 0.0407 | 0.0092 | 0.2546 | 0.3976 |
| 哈长 | 0.0006 | 0.0144 | 0.0099 | 0.0254 | 0.1065 | 0.0638 |
| 中原 | 0.0017 | 0.0511 | 0.0240 | 0.0079 | 0.2404 | 0.3736 |
| 关中平原 | 0.0005 | 0.0142 | 0.0104 | 0.0021 | 0.0260 | 0.0427 |
| 北部湾 | 0.0012 | 0.0146 | 0.0148 | 0.0057 | 0.1241 | 0.1698 |
| 天山北坡 | 0.0001 | 0.0231 | 0.0156 | 0.0018 | 0.0092 | 0.0374 |
| 晋中 | 0.0002 | 0.0162 | 0.0117 | 0.0013 | 0.0635 | 0.1027 |
| 呼包鄂榆 | 0.0001 | 0.0138 | 0.0094 | 0.0006 | 0.0286 | 0.0458 |
| 滇中 | 0.0005 | 0.0158 | 0.0107 | 0.0041 | 0.0559 | 0.1445 |
| 黔中 | 0.0004 | 0.0100 | 0.0106 | 0.0043 | 0.0877 | 0.1474 |
| 兰西 | 0.0002 | 0.0123 | 0.0099 | 0.0029 | 0.0724 | 0.0644 |
| 宁夏沿黄 | 0.0002 | 0.0076 | 0.0047 | 0.0023 | 0.0161 | 0.0335 |

中国城市群的三次产业具有不同的分布格局及演变特征。2009 年集聚指数最高的为第二产业，其次为第三产业，第一产业最低；2019 年集聚指数最高的为第三产业，其次为第二产业，第一产业最低。2009～2019 年，空间分布愈加集聚的产业是第三产业并且高于第二产业，第三产业已成为经济发展的主导产业部门，其对 GDP 增长的拉动作用已超过第二产业；第一产业受到自然禀赋的影响，空间聚集程度最低。

同时可以看出，2009 年中国城市群第一产业的分布较为分散，要素集聚程度较高的为山东半岛、中原、长三角、粤闽浙沿海、珠三角等城市群；其次是哈长、辽中南、京津冀、长江中游、北部湾和成渝城市群；分布较分散的有天山北坡、兰西、宁夏沿黄、呼包鄂榆、晋中、关中平原、滇中和黔中城市群；2019 年分布较为集聚，哈长、山东半岛、长三角、粤闽浙沿海、珠三角城市群的集聚程度高；天山北坡、兰西、宁夏沿黄、呼包鄂榆、晋中、关中平原城市群的集聚程度很低。整体来看，城市群第一产业的空间分布愈加集聚，但是集聚程度很低的城市群受地理位置以及自然条件等因素的影响，第一产业的发展落后于其他城市群，产业空间集聚程度也较低。

2009 年大部分城市群第二产业的空间集聚程度较低，产业分布分散，要素集聚程度较高的城市群有长三角、珠三角等沿海城市群；其次是辽中南、京津冀、山东半岛、中原、晋中、粤闽浙沿海城市群；分布分散的城市群有哈长、兰西、宁夏沿黄、呼包鄂榆、北部湾、关中平原、黔中、长江中游、成渝、滇中和天山北坡城市群；2019 年第二产业的空间分布集聚程度较高，中原、长三角、粤闽浙、珠三角城市群的集聚程度高；天山北坡、宁夏沿黄、呼包鄂榆、关中平原城市群的集聚程度很低。大部分城市群的第二产业的集聚程度大幅度提高，特别是长三角和珠三角城市群周围的城市群，如中原、粤闽浙、长江中游、成渝和北部湾城市群，从第二产业布局的演变可以看出，以长三角、珠三角城市群为主的第二产业转移的方向是周边城市群以及长江流域，如中原、粤闽浙沿海、长江中游、成渝和北部湾城市群产业集聚，第二产业比重明显增加。但小部分城市群的第二产业集聚程度仍然很低，如天山北坡、关中平原、宁夏沿黄、呼包鄂榆城市群。从 2009～2019 年中国城市群的第二产业布局的演变可以看出，以长三角、珠三角城市群为主的第二产业转移的方向是周边的城市群。

2009 年中国城市群第三产业的分布较为分散和均匀，2019 年中国城市群第三产业的分布较为集聚，京津冀、长三角、珠三角城市群的集聚程度高；山东半岛、中原、成渝、长江中游和粤闽浙沿海城市群的集聚程度较高；晋中、滇中、黔中、北部湾和辽中南城市群的第三产业的集聚程度较低。中国城市群第三产业的空间格局呈现集聚趋势，2009～2019 年第三产业的集聚程度大幅度提升，由于第三产业的发展是现代经济发展的必然趋势，在社会和经济中的地位以及作用愈发受到政府重视，逐渐成为主导产业部门，第三产业空间聚集度增大。

从分板块城市群来看，利用地理集中度公式测算 2009 年和 2019 年中国城市群分区域城市群，即东北部城市群、东部城市群、中部城市群和西部城市群三次产业空间格局演变与集聚扩散特征（见表 6 - 118）。

表 6 - 118　　　　　　　　　　中国城市群三次产业地理集中度

| 城市群 | 2009 年 | | | 2019 年 | | |
| --- | --- | --- | --- | --- | --- | --- |
| | 第一产业 | 第二产业 | 第三产业 | 第一产业 | 第二产业 | 第三产业 |
| 东北部城市群 | 0.0001 | 0.0023 | 0.0016 | 0.0003 | 0.0049 | 0.0097 |
| 东部城市群 | 0.0001 | 0.0082 | 0.0064 | 0.0010 | 0.0486 | 0.0925 |
| 中部城市群 | 0.0001 | 0.0029 | 0.0018 | 0.0005 | 0.0145 | 0.0225 |
| 西部城市群 | 0.0001 | 0.0019 | 0.0014 | 0.0004 | 0.0079 | 0.0144 |

从表 6 - 118 可以发现，东部城市群三次产业集聚指数变化最快，东北部城市群三次产业的集

聚程度呈现缓慢上升趋势。2009年各区域城市群第一产业的分布都较分散，集聚程度较低；东部城市群的第二、三产业的集聚程度较高，东北部、中部城市群第二、三产业集聚程度相近，西部城市群第二、三产业集聚程度最低；2019年东部城市群三次产业集聚程度最高，其次为中部、西部城市群，东北部城市群三次产业集聚程度最小。中、西部城市群不断承接东部城市群的转移产业，产业集聚程度不断提高，但东北部城市群主要以资源型产业和大中型企业为主，不利于发挥产业集聚效应。2009年东北部城市群、东部城市群、中部城市群和西部城市群的第一产业的分布都较分散，集聚程度较低，其中，东部城市群的第一产业集聚程度比西部城市群的集聚程度高一些；东部城市群的第二产业的集聚程度较高，东北部城市群和中部城市群的集聚程度相差较小，但中部城市群的第二产业的集聚程度高于东北部城市群，西部城市群的产业集聚程度最低；东部城市群的第三产业集聚指数最大，东北部城市群的第三产业集聚程度与中部城市群、西部城市群的集聚程度差距较小，但中部城市群集聚程度指数大于东北部城市群和西部城市群，西部城市群第三产业的集聚指数最小。2019年东部城市群第一产业集聚程度最高，西部城市群与中部城市群集聚程度相差较小，中部城市群第一产业集聚程度稍高于西部城市群，东北部城市群的第一产业的集聚程度最低；第二产业集聚程度最高的区域城市群是东部城市群，东北部城市群和西部城市群的集聚程度差距小，东北部城市群的集聚程度最低；第三产业集聚程度最高的城市群是东部城市群，其次是中部城市群和西部城市群，东北部城市群的集聚程度最低。从2009~2019年，东部城市群的第一、二、三产业的集聚程度都是最高的。

结合东北部城市群、东部城市群、中部城市群和西部城市群的区划尺度，进一步分析三次产业的空间格局演变（见表6-119）。东部城市群是产业产能主要分布区域，但比重呈现出下降趋势，由此反映产业转移由东部城市群到中西部城市群。东部城市群产能占比由2009年的60%下降到58.2%，东北部城市群下降4.1%；同时，中部城市群增长4.3%，西部城市群增长1.6%。通过各行业地区占比变化可知，东北部城市群、东部城市群向中部城市群、西部城市群转移的产业有第一产业、第二产业和第三产业；东北部城市群的第二产业占比下降4.4%，西部城市群的第二产业占比上升7%；东部城市群的第三产业下降1.7%，中部城市群第三产业增长6.2%。从中部城市群和西部城市群来看，西部城市群的第二产业增幅较大，中部城市群第三产业的增幅较大，即东北部城市群和东部城市群的第二产业主要向西部城市群转移，东部城市群的第三产业主要向中部城市群转移。行业结构变化显示，中国城市群的第一产业和第二产业占比下降，第三产业占比提升（12.3%），其中，中部城市群第三产业产能占中部城市群总产能比重提升16.4%，东北部城市群第三产业产能占东北部城市群总产能比重提升13.8%，东部城市群第三产业产能占东部城市群总产能比重提升12%，西部城市群第三产业产能占西部城市群总产能比重提升8.4%，进一步反映城市群大力发展第三产业的趋势。

表6-119　　　　　　　　　　各区域中国城市群产业产能分布及变化　　　　　　　　　单位：%

| 年份 | 城市群 | 各区域行业占比（区域内部行业结构） | | | | 各行业区域占比（行业内部区域分布） | | | |
|------|--------|-------|-------|-------|------|-------|-------|-------|------|
| | | 第一产业 | 第二产业 | 第三产业 | 总计 | 第一产业 | 第二产业 | 第三产业 | 总计 |
| 2009年 | 东北部城市群 | 10.1 | 50.1 | 39.8 | 100 | 12.4 | 9.2 | 8.7 | 9.4 |
| | 东部城市群 | 5.4 | 49.7 | 44.9 | 100 | 41.1 | 59.5 | 63.2 | 60.0 |
| | 中部城市群 | 11.6 | 51.7 | 36.7 | 100 | 21.8 | 15.1 | 11.6 | 14.6 |
| | 西部城市群 | 11.3 | 47.7 | 41.0 | 100 | 24.7 | 11.2 | 16.5 | 16.0 |
| | 总计 | 7.7 | 49.8 | 42.5 | 100 | 100 | 100 | 100 | 100 |
| 2019年 | 东北部城市群 | 10.7 | 35.7 | 53.6 | 100 | 10.2 | 4.8 | 5.2 | 5.3 |
| | 东部城市群 | 3.8 | 39.3 | 56.9 | 100 | 39.9 | 59.2 | 61.5 | 58.2 |

续表

| 年份 | 城市群 | 各区域行业占比（区域内部行业结构） | | | | 各行业区域占比（行业内部区域分布） | | | |
|---|---|---|---|---|---|---|---|---|---|
| | | 第一产业 | 第二产业 | 第三产业 | 总计 | 第一产业 | 第二产业 | 第三产业 | 总计 |
| 2019年 | 中部城市群 | 8.7 | 38.2 | 53.1 | 100 | 28.5 | 17.8 | 17.8 | 18.9 |
| | 西部城市群 | 8.9 | 41.7 | 49.4 | 100 | 21.4 | 18.2 | 15.5 | 17.6 |
| | 总计 | 5.7 | 39.5 | 54.8 | 100 | 100 | 100 | 100 | 100 |

### 6.6.2.3 产业空间演变的影响因素

首先，通过空间自相关性检验，可得到 2009 年因变量的 Moran's I 值为 0.231、2019 年因变量的 Moran's I 值为 0.290，经计算，Moran's I 值的 Z 值检验为 3.20，并在 1% 极显著水平上通过检验（Z > 2.58），说明产业产值变化在空间上的分布存在一定的空间正相关，聚集特征较为明显。因此，有必要借助空间自回归模型构建产业产值变化与其驱动因子间的回归关系，利用空间自回归模型对两个时间段的中国城市群和分区域城市群产业及各产业开展回归分析。2009 年和 2019 年中国城市群产业整体回归 $R^2$ 分别为 0.508 和 0.729，变量整体符合预期且显著性较好（见表 6-120），总体上具备较好的解释性；2009 年和 2019 年中国城市群三次产业回归 $R^2$ 分别为 0.710、0.653、0.426、0.647、0.502、0.729，除了 2009 年，中国城市群第二产业的回归 $R^2$ 都大于 0.5，解释性相对较好。

表 6-120 中国城市群产业回归分析结果

| 变量 | 整体 | | 东北部城市群 | | 东部城市群 | | 中部城市群 | | 西部城市群 | |
|---|---|---|---|---|---|---|---|---|---|---|
| | 2009 年 | 2019 年 | 2009 年 | 2019 年 | 2009 年 | 2019 年 | 2009 年 | 2019 年 | 2009 年 | 2019 年 |
| 外商投资 | 0.323 * <br>(1.710) | 0.770 *** <br>(3.060) | 0.155 <br>(0.250) | 0.482 <br>(1.400) | 0.031 <br>(0.150) | 2.419 *** <br>(4.300) | 0.382 *** <br>(2.820) | 0.308 <br>(1.000) | 1.603 <br>(2.170) | 0.180 <br>(1.120) |
| 市场需求 | 0.660 *** <br>(8.140) | 14.540 *** <br>(5.090) | 0.478 ** <br>(3.550) | 21.470 *** <br>(5.830) | 0.603 *** <br>(-1.040) | 16.398 *** <br>(10.360) | 0.556 *** <br>(6.940) | 16.973 *** <br>(5.080) | 0.727 <br>(6.010) | 12.795 *** <br>(6.120) |
| 资源条件 | -0.202 ** <br>(-2.130) | -0.129 * <br>(-1.690) | 0.480 <br>(2.480) | 0.202 <br>(1.300) | -0.172 <br>(-1.040) | -0.238 ** <br>(-1.990) | -0.033 <br>(0.260) | -0.058 <br>(-0.370) | -0.138 <br>(-0.930) | -0.163 <br>(-0.790) |
| 科技投入 | -0.067 <br>(-0.280) | 20.451 * <br>(10.350) | -0.704 <br>(-0.150) | 37.391 ** <br>(2.320) | -0.487 * <br>(-2.510) | 14.681 ** <br>(6.420) | 8.769 <br>(1.300) | 16.421 ** <br>(2.560) | -10.745 <br>(-1.200) | 25.202 *** <br>(5.080) |
| 环境规制 | 0.000 *** <br>(3.270) | -0.113 <br>(-1.460) | 0.000 *** <br>(6.610) | 0.000 <br>(1.490) | 0.000 ** <br>(1.860) | 0.000 ** <br>(1.200) | 0.000 *** <br>(2.880) | 0.000 <br>(0.180) | 0.000 <br>(1.220) | 0.000 <br>(0.620) |
| 地理区位 | 0.202 ** <br>(2.170) | 0.169 * <br>(2.200) | 0.139 <br>(0.890) | 0.347 * <br>(1.950) | 0.207 <br>(1.370) | 0.111 <br>(1.060) | -0.073 <br>(0.119) | 0.157 <br>(0.870) | -0.075 <br>(-0.360) | 0.198 * <br>(1.650) |
| 港口条件 | 0.000 *** <br>(3.540) | -0.000 <br>(-0.930) | 0.000 *** <br>(5.960) | 0.000 <br>(0.000) | 0.000 *** <br>(3.520) | -0.000 * <br>(-1.800) | 0.000 *** <br>(2.180) | -0.000 <br>(-0.900) | 0.000 <br>(0.820) | -0.000 ** <br>(-2.200) |

注：***、**、* 分别表示在 1%、5%、10% 水平上显著，括号内为 z 值。

从表 6-120 可以发现，外商投资变量整体上在 2009 年和 2019 年均表现出显著的正向影响，外商投资在中国城市群的产业发展中产生积极的影响，对产业发展的影响越来越显著，其中，东部城市群和中部城市群是最典型的外资指向性城市群。市场需求变量整体上在 2009 年和 2019 年均表现出显著的正向影响，回归系数上升，城市群的产业依赖市场消费，且经济的发展使得人们的收入水平提高和市场需求扩大。资源条件变量整体上影响负向显著，城市群的产业发展依靠本区域的资源优势形成特色的产业基地。科技投入变量整体上在 2019 年表现出正向显著变量，科学技术的不断投入促进科学技术以及产业技术的发展，但科技投入变量表现出不稳定的作用方向，说明科学技术的投入对促进产业的增长具有一定的滞后性；东部城市群从 2009~2019 年科技投入表现出显著的正向影响，东北部、中部以及西部城市群均与整体表现一致。环境规制变量整体上在 2009 年表现出显著的影响，但 2019 年未表现出显著的影响，环境规制与产业发展呈现反向关系，由于绿色发展理念全面落实还需一定时间，环境规制对产业的影响还未完全发挥效用；其中，环境规制对西部城市群产业发展未表现出显著影响。地理区位变量整体上在 2009 和 2019 年均表现出正向的显著影响，但地理区位的回归系数的变化反映了地理区位的影响有所下降，印证了中西部城市群承接东部城市群和东北部城市群的转移产业。港口条件变量整体上在 2009 年表现出显著影响，但 2019 年未表现出显著的影响，这可能与区域之间建成高密度的互联互通的交通网与全国交通网络的完善相关。

从表 6-121 可以发现，中国城市群第一产业的外商投资变量在 2009 年表现出显著的正向影响，但在 2019 年未表现出显著的影响，这是由于 2009 年政府对农业给予了极大重视，引进外商投资并向学习先进农业技术、资本和管理经验，因此外商投资对第一产业影响程度较强，但在 2019 年政府将重点发展转移到第二、三产业，导致外商投资对第一产业影响不明显。市场需求表现出显著的正向影响，回归系数增长，反映了农产品的消费对区域市场的依赖程度不断提高；资源条件变量表现出显著影响，反映了资源条件对第一产业产生显著影响但影响贡献呈现下降趋势；科技投入在 2009 年和 2019 年均表现出显著影响，表明政府对于第一产业的科技投入会促进其发展，但影响贡献呈现下降趋势。

表 6-121　　　　　　　　　　　　中国城市群第一产业回归分析结果

| 变量 | 2009 年 | | | | 2019 年 | | | |
|---|---|---|---|---|---|---|---|---|
| | 回归系数 | 标准差 | z 值 | p 值 | 回归系数 | 标准差 | z 值 | p 值 |
| 外商投资 | 0.335 | 0.152 | 2.210 | 0.027 | 0.095 | 0.208 | 0.460 | 0.647 |
| 市场需求 | 1.065 | 0.064 | 16.590 | 0.000 | 13.475 | 2.516 | 5.360 | 0.000 |
| 资源条件 | 0.552 | 0.234 | 2.360 | 0.018 | -0.201 | 0.096 | -2.090 | 0.036 |
| 科技投入 | 0.568 | 0.244 | 2.330 | 0.020 | -6.024 | 2.629 | -2.290 | 0.022 |
| 环境规制 | -0.186 | 0.095 | -1.960 | 0.050 | -0.000 | 0.000 | -0.180 | 0.860 |
| 地理区位 | 0.001 | 0.062 | 0.010 | 0.990 | 0.147 | 0.097 | 1.520 | 0.128 |
| 港口条件 | -0.000 | 0.000 | -2.190 | 0.029 | -0.000 | 0.000 | -0.880 | 0.377 |

从表 6-122 可以发现，外商投资表现出显著正向影响且回归系数上升，反映第二产业对外商投资的依赖程度上升；市场需求在 2009 年和 2019 年表现出显著的正向影响且回归系数上升幅度较大，反映第二产业受到市场需求的影响较深；科技投入在 2019 年表现出显著的正向影响，但 2009 年表现并不显著，这与政府进行科技投入后产生作用需要相应时间有关，回归系数的增长也反映了第二产业对技术的依赖度提升。环境规制表现出显著的影响，表明第二产业的发展受环境规制的影响较大，工业生产过程中对环境的污染影响较大，大量的废气、废水和固体排放物对环境造成极大危害，通过不断强化环境规制可以提高环境质量，因此，环境规制对第二产业的发展具有较深的影响力。港口条件在 2009 年表现出显著的影响作用，但 2019 年影响并不显著，港口条件对第二产业发展的影响呈现下降趋势。

**表 6 - 122**　　　　　　　　　　　　中国城市群第二产业回归分析结果

| 变量 | 2009 年 | | | | 2019 年 | | | |
|---|---|---|---|---|---|---|---|---|
| | 回归系数 | 标准差 | z 值 | p 值 | 回归系数 | 标准差 | z 值 | p 值 |
| 外商投资 | 0.398 | 0.211 | 1.890 | 0.059 | 0.716 | 0.267 | 2.690 | 0.007 |
| 市场需求 | 0.542 | 0.087 | 6.240 | 0.000 | 12.280 | 2.236 | 5.490 | 0.000 |
| 资源条件 | -0.169 | 0.109 | -1.550 | 0.121 | -0.093 | 0.096 | -0.970 | 0.331 |
| 科技投入 | 0.766 | 0.785 | 0.970 | 0.330 | 21.625 | 2.205 | 9.810 | 0.000 |
| 环境规制 | 0.000 | 0.000 | 3.790 | 0.000 | 0.000 | 0.000 | 1.680 | 0.093 |
| 地理区位 | -0.089 | 0.119 | -0.750 | 0.454 | 0.182 | 0.090 | 2.010 | 0.044 |
| 港口条件 | 0.000 | 0.000 | 3.200 | 0.001 | -0.000 | 0.000 | -0.620 | 0.537 |

从表 6 - 123 可以发现，外商投资在 2009 年和 2019 年都表现出显著的正向影响，但是回归系数下降，反映中国城市群第三产业发展对外商投资的依赖程度下降，第三产业在经济发展中的作用愈发重要，为优化经济结构和促进经济可持续发展，政府越来越注重对第三产业的投资，相应地，对外商投资的依赖度下降。市场需求呈现显著的正向影响作用，表明第三产业的产品和服务依赖于市场需求，市场需求的影响贡献呈现上升的趋势；科技投入在 2019 年表现出显著的正向影响，随着科技水平的提高，科技进步不断促进第三产业快速、深入发展。

**表 6 - 123**　　　　　　　　　　　　中国城市群第三产业回归分析结果

| 变量 | 2009 年 | | | | 2019 年 | | | |
|---|---|---|---|---|---|---|---|---|
| | 回归系数 | 标准差 | z 值 | p 值 | 回归系数 | 标准差 | z 值 | p 值 |
| 外商投资 | 4.173 | 0.611 | 6.830 | 0.000 | 0.853 | 0.263 | 3.240 | 0.001 |
| 市场需求 | 13.452 | 3.458 | 3.890 | 0.000 | 15.652 | 3.238 | 4.830 | 0.000 |
| 资源条件 | -0.303 | 0.108 | -2.800 | 0.005 | -0.143 | 0.080 | -1.800 | 0.071 |
| 科技投入 | -0.020 | 0.222 | -0.090 | 0.930 | 21.901 | 2.206 | 9.930 | 0.000 |
| 环境规制 | 0.000 | 0.000 | 3.120 | 0.002 | 0.000 | 0.000 | 1.370 | 0.169 |
| 地理区位 | -0.118 | 0.121 | -0.970 | 0.330 | 0.160 | 0.083 | 1.920 | 0.054 |
| 港口条件 | 0.000 | 0.000 | 3.800 | 0.000 | -0.000 | 0.000 | -0.820 | 0.411 |

综合来看，整体上港口条件、地理区位的影响贡献呈现下降趋势，而市场需求、科技投入、外商投资等因素的贡献上升，环境规制对产业空间格局的影响存在一定的滞后效应。不同区域城市群的影响因素并不相同，东北部城市群主要受到市场需求的影响，港口条件的影响贡献呈下降趋势，科技投入的影响贡献呈现上升趋势；东部城市群产业空间格局受到市场需求、科技投入、环境规制的影响较大；市场需求、科技投入对中部城市群的影响贡献较大，外商投资对中部城市群的影响贡献下降；市场需求、科技投入、港口条件对西部城市群产业的影响贡献上升。此外，不同产业关键因素具有一定差异，第一产业空间格局受到资源条件、科技投入和外商投资的影响较大；外商投资、市场需求和环境规制对第二产业的影响贡献上升；市场需求、科技投入对第三产业的影响贡献呈现上升趋势。

### 6.6.3　研究发现与政策含义

#### 6.6.3.1　研究发现
本书基于地理集中度模型研究中国城市群产业空间格局演化规律，进一步使用空间自回归模型探究中国城市群产业空间格局的合理化机制，在分析过程中得出以下研究发现：第一，中国城市群产业空间格局整体上呈现集聚的趋势。第二，中国城市群第三产业空间分布愈加集聚，第二产业空间分布变化较小，第一产业空间分布较为分散；东部城市群是产业产能主要分布的区域，但比重不断下降，中、西部城市群逐渐承接东部城市群的产业。第三，港口条件、地理区位对中国城市群的产业空间格局演变的影响呈下降趋势，而市场需求、科技投入、外商投资等因素影响力上升，环境规制对产业空间格局的影响存在一定的滞后效应。

#### 6.6.3.2　讨论
第一，研究发现中国城市群产业空间格局整体上呈现集聚的趋势。中国城市群产业集聚是有条件的，政府提出的产业政策以及提供的公共产品服务政策对产业集聚起到了重要的促进作用，各地通过推动战略性产业集群式发展有效发挥产业集聚效应，促进了区域产业集聚的进程（李世杰等，2017）；经济转型激化地方政府对于资源、投资和市场的竞争，导致地方保护主义和产业政策趋同，进而形成产业集聚（何则等，2020）。产业集聚意味着城市间产业功能分工的深化，做好全产业链的打造以及优化城市群间的产业分工可以使得各城市群的综合比较优势得到充分发挥，形成区域协调发展新格局，缩小城市群之间的差距。随着长三角和珠三角城市群产业空间布局集聚程度的不断提高，长三角、珠三角城市群产业集聚后资源扩散、产业转移到周边城市群以及中、西部城市群，促进其他城市群的经济发展和产业发展，有效提高资源利用效率，促进城市群之间的相互依存与合作，促使中国城市群产业空间格局不断集聚。

第二，研究发现中国城市群的不同产业具有不同的分布格局及演变特征，第三产业空间分布愈加集聚，第二产业空间分布变化较小，第一产业空间分布较为分散。第一产业的生产周期长且易受自然环境的限制，其产业空间分布较分散（赵璐，2021）；另外，第二、三产业的劳动生产率远高于第一产业，随着人们的收入和生活水平的提高，对第一产业的需求比重下降，对第二、三产业的产品提出更大需求且政府提出重点发展第三产业，其产业的空间分布格局愈发集聚。而产业发展面临着生产成本上升、环境污染等困境，通过促进产业升级可实现可持续发展，产业升级必然会进行产业转移（彭继增等，2020），中、西部城市群劳动力资源丰富，承接产业转移的空间巨大；东部城市群向中、西部城市群产业转移不仅满足了自身发展的需要，还为中国城市群平衡发展作贡献。

第三，从中国城市群产业发展整体来看，港口条件、地理区位的影响呈下降趋势，而市场需求、科技投入、外商投资等因素影响力上升，环境规制对产业空间格局的影响存在一定的滞后效应。由于港口条件和地理区位因素是城市群产业空间形成的原始决定因素，产业的最初空间格局必然考虑这些因素，尤其是地理区位因素（皮亚彬等，2019）。之后，随着科技的进步以及政府制度的变化，影响产业空间格局和发展的各因素也发生了变化，尤其是科技投入、外商投资和市场需求等因素（李在军等，2018）。产业健康发展就必须实现经济与环境的可持续发展，而环境问题具有很强的滞后效应，对生态环境的破坏和污染引起的后果并非立刻表现出来，而是要经过一定时间之后才会充分展示出来，环境规制也同样对产业空间格局存在一定的滞后效应（向云波等，2021），政府和各产业通过各种手段保护环境，其保护结果也具有滞后性。

#### 6.6.3.3　政策含义
通过对中国城市群三次产业空间格局的演化特征和影响因素的研究发现，为中国城市群产业在国内有序转移、推动区域协调发展和构建新发展格局提供了重要的理论与实证参考。

通过研究可以得到以下政策含义：第一，为中国城市群产业空间格局演化特征提供了实证支撑，为产业集聚、产业升级以及产业转移研究提供了新角度。第二，探究各区域城市群的三次产业的空间格局发展的差异性，为进一步推动区域协调发展和构建新发展格局提供了理论与实证参考。第三，研究中国城市群产业空间格局演化的影响因素，为政府根据城市群产业空间发展格局进行产业政策的制定和实施提供了参考借鉴。

# 第7章 新时代西部中心城市和城市群社会发展高质量协调发展研究

## 7.1 西部中心城市和城市群社会发展协调发展评估

### 7.1.1 研究目的与方法

#### 7.1.1.1 研究目的

党的第十六届三中全会提出了"五个统筹",即"统筹城乡发展、统筹区域发展、统筹经济社会发展、统筹国内发展和对外开放",以推动区域经济协调发展。协调发展是五大发展理念之一,党的十八届五中全会提出了绿色、创新、协调、开放、共享的新发展理念,把协调发展置于影响全局的重要位置,着力解决发展不平衡的问题,党的十九大报告更是将区域协调发展战略列为实现"四个全面"的重要战略之一。由此,全国各地方以"协调发展"为工作目标,在城乡协调、区域协调、经济、生态和文化协调等方面作出了巨大努力。由国家统计局数据得出,2020年农村居民人均可支配收入增长了6.9%,远超城镇居民人均可支配收入3.5%的增幅。近年来财政在生态环保方面的资金投入也在持续增加,2016~2018年,全国财政生态保护相关支出年均增长14.8%,增幅高于同期财政支出的增幅,以实际行动支持了"既要金山银山,也要绿水青山",让生态保护跟上经济、文化的发展。区域协调发展战略使我国各区域间的协调水平有所上升,但也让区域发展格局发生了变化,发展板块的划分由东、中、西变为东、中、西、东北,板块进一步分化,但地区间的发展差距难以在短期内缩小。各区域的经济发展质量参差不齐导致可持续性发展能力差距显著。此处提出的社会高质量协调发展实际上是希望实现社会福利的供给均衡,而社会福利与地区的经济、文化、基础设施、公共服务等的发展状况都分不开,任何一个部分的短板都对总体协调水平产生至关重要的影响。在政策的指导下,部分地区的协调发展水平有所上升,但仍然有许多地区限于各自短板,并且在政策递减效应的作用下总体社会协调发展水平停滞甚至下降,例如京津冀地区除了公共服务之外,其他指标的协调水平都在下降,总体协调水平呈下降态势。一方面,区域内核心城市为了自身社会协调发展水平的提升,不断联合周边城市整合周边城市社会资源的过程是城市群扩大协调发展范围,提高总体协调水平的过程;另一方面,社会发展协调化需要相应的社会经济的发展、基础设施的完善、社会福利保障制度的健全来保证与维持。可见,对城市群社会协调发展规律进行准确判断,分析社会资源的配置现状以及未来走势,找出各城市如何不断整合周边城市社会发展资源并在城市群内城市间形成流通的演化过程,成为新时代下兼具整体性和特殊性,提高我国社会发展水平、促进社会发展协调化以缓解地域间的矛盾,提高各地区可持续发展能力的关键途径,具有重要的现实意义。

　　国外学者对于协调发展的相关研究主要集中于对多个社会子系统相互发展关系的研究，考虑较多的子系统包括经济、资源、科技、人口等，由此对协调发展的状况进行评判，反映发展的可持续程度。有学者使用一套社会发展评价指标体系来研究社会发展的协调程度，一类是国际上权威机构如联合国发展委员会、欧洲环境局和世界银行等发布的一些可持续发展指标体系，另一类是学者自行整理制定的社会发展评价体系，如卡门（Kamen）就生活品质方面的研究重点制定了一套社会指标体系，包含了生活状况信息和政策效果。研究系统协调状况的方法比较多样，有的学者设定一个指数如可持续发展指数、人类发展指数等来衡量系统的协调性和稳定性，或者使用主观赋权法和客观赋权法等。国内学者对于社会发展评价一类的研究则集中于客观赋权法，比较典型的有灰色关联度模型，也有使用人类发展指数或将因子分析法与层次分析法相结合进行研究的。欧阳晓等（2021）使用灰色关联度模型研究了城市群城市用地扩张与生态环境保护之间的交互作用以寻求实现城市高质量发展的道路。张琪等（2019）通过熵权法、耦合协调发展模型和灰色关联系数从宏观角度研究了淮南市多维关系的协调发展。赵萌等（2014）建立两型社会综合评价模型、协调度模型和演进规律模型分析了河北地区两型社会的发展状况。任栋等（2021）创造性地在 HDI 指数中增加了民生和可持续发展维度，突出反映当前中国各地区人类发展水平，运用耦合协调度模型对各省份系统内各指标的协调度进行研究分析。

　　对社会发展相互关联的几个子系统或者是综合水平的研究，学者们多集中于省域、市域和县域等层次，而近年来，得益于城市化的推进，我国空间组织形式上的新型主体单元（城市群）逐步形成，城市群的建设成为国家发展重点对象。对于社会高质量协调发展的研究目前已取得许多成果，该领域目前的研究主要集中在将经济、社会、资源、人口、环境等其中几个子系统结合起来，以评价分析社会发展的协调程度，单个地区、城市群或城市范围内社会协调发展情况以及某个特殊时间段内特定政策条件下的社会协调发展水平等方面。姜晓艳等（2021）从生态、经济、社会 3 个维度对林业资源型城市复合系统的协调发展程度和主要影响因素进行了测定，发现社会子系统对林业资源型城市的可持续发展的障碍度最大，经济发展则是主要驱动力。王建康等（2021）同样重视经济系统的作用，认为城市经济高质量发展是中国经济高质量发展的重中之重，而经济、社会、环境三者的协调发展则是城市高质量发展的重要道路，中国城市想要协调发展，就必须重视集聚经济、区域发展战略和环境规制 3 个方面。单晨等（2020）将与民生息息相关的社会事业纳入协调发展的研究框架，定量分析了 2004～2017 年京津冀地区旅游产业、区域经济和社会事业的协调发展水平，并对其影响因素进行研究。姚鹏等（2019）评价了中国多年区域协调发展工作的效果，结果表明，中国区域协调发展的总体水平呈上升趋势，但城乡协调发展水平有小幅下降的趋势，这是因为近年来虽然城乡收入差距缩小，但城乡之间在基础设施、教育与卫生医疗等方面还存在较大差距，这也是中国当下社会协调发展普遍存在的客观问题，解决这个问题需要更深层次、更广范围、更多方位地贯彻乡村振兴战略。贾品荣（2016）构建了区域科技与社会协调发展指数模型，以北京为例比较分析了科技与社会协调发展，结果显示生态环境和生活质量分别是北京社会发展综合实力的第一和第二因子，这就要求政府关注环境质量和民生发展。陈妍等（2018）对 2000～2014 年东北地区资源型城市转型期间协调发展的时空格局进行分析。

　　综上所述，目前对于社会协调发展的研究较为成熟，但以中国十九大城市群作为研究视域探究社会发展协调发展规律和社会资源（尤其是与民生和社会福利相关的）集聚演化过程的相关研究较少。进入"十四五"时期，随着城市群社会资源集聚效应的增强，城市群已然成为我国深入推进以人为核心的城镇化道路，建立健全城市群一体化协调发展机制，促进高质量、可持续发展的重要空间载体，因此，基于时空演变视角探究中国城市群社会发展协调发展规律、社会资源的配置及其集聚演化过程具有重大的意义。

### 7.1.1.2 研究方法

本书没有按照研究社会协调发展的基本原则的 3 个角度对社会协调发展水平进行衡量。部分学者在研究时尤其强调经济子系统对于整个社会系统协调发展的重要性，本书虽然没有将经济子系统纳入研究体系中，但设置了物质基础层面的指标，选取了地区生产总值、地区工业总产值、地区财政收入、固定资产投资额等变量考察当地经济发展水平，虽然经济对于社会发展的各个方面来说都是坚实基础，但想要保证社会可持续发展，仅仅关注或过于强调经济是不可取的。在确定指标时，本书侧重考察民生状况，选取了交通公路客运量、高校在校学生数，财政教育经费支出比例、每万人拥有医疗床位数、就业人口比重、人均住房面积等指标，将交通、教育、医疗、就业、居住等问题均纳入研究体系。在绿色生态方面，选取了人均公园绿地面积、建成区绿化覆盖率、生活垃圾无害化处理率、生活污水处理率、工业固体废物综合利用率等指标，指标并非单单描述生态保护和发展情况，更多是衡量了生态人居环境以及生活工作中对污染物的处理。总的来说，指标选取以物质为基础，为社会协调发展提供强大动力，生活水平的提高为社会发展提供良好条件，公共服务和绿色福利为可持续发展保驾护航。关注人的问题，减少社会矛盾与阶级矛盾，发展的同时保护"绿水青山"，实现社会发展在"人"和"自然"两方面的可持续，确保社会协调发展，这是本书选取指标的基本思路。考虑到城乡发展的协调性，本书分别考察了农村居民和城市居民的人均可支配收入。表 7-1 为社会发展水平评价指标体系。

表 7-1　　　　　　　　　　　　　　社会发展水平评价指标体系

| A 系统层 | B 板块层 | C 结构层 | D 要素层 | E 指标属性 | F 权重 |
|---|---|---|---|---|---|
| 社会发展协调发展水平 | B₁ 社会融合 | C₁ 物质基础 | D₁ 地方财政收入 | 正 | 0.070734 |
| | | | D₂ 地区生产总值 | 正 | 0.048932 |
| | | | D₃ 第一产业总产值 | 正 | 0.000527 |
| | | | D₄ 工业总产值 | 正 | 0.047516 |
| | | | D₅ 第三产业占 GDP 比重 | 正 | 0.002924 |
| | | | D₆ 社会消费品零售总额 | 正 | 0.04665 |
| | | C₂ 社会网络 | D₇ 外商投资额 | 正 | 0.105624 |
| | | | D₈ 社会固定资产投资额 | 正 | 0.033067 |
| | | | D₉ 客运总量 | 正 | 0.042272 |
| | | | D₁₀ 移动电话年末用户数 | 正 | 0.038659 |
| | | | D₁₁ 卫生、社会保障 和社会福利业 从业人员数 | 正 | 0.021025 |
| | B₂ 社会福利 | C₃ 生活水平 | D₁₂ 人口密度 | 正 | 0.023804 |
| | | | D₁₃ 人口自然增长率 | 正 | 0.003003 |
| | | | D₁₄ 城市居民人均可支配收入 | 正 | 0.005173 |
| | | | D₁₅ 农村居民人均可支配收入 | 正 | 0.008562 |
| | | | D₁₆ 人均住房建筑面积 | 正 | 0.031646 |
| | | | D₁₇ 高等院校在校学生数 | 正 | 0.072368 |
| | | | D₁₈ 就业人员占总人口比重 | 正 | 0.031488 |
| | | C₄ 公共服务 | D₁₉ 财政教育支出 | 正 | 0.040296 |
| | | | D₂₀ 居民人均生活用水量 | 正 | 0.050456 |
| | | | D₂₁ 人均供水量 | 正 | 0.057691 |

续表

| A 系统层 | B 板块层 | C 结构层 | D 要素层 | E 指标属性 | F 权重 |
|---|---|---|---|---|---|
| 社会发展协调发展水平 | B₂ 社会福利 | C₄ 公共服务 | D₂₂ 交通公路客运量 | 正 | 0.041981 |
| | | | D₂₃ 人均道路面积 | 正 | 0.040586 |
| | | | D₂₄ 每万人拥有医疗床位数 | 正 | 0.013224 |
| | | C₆ 绿色福利 | D₂₅ 建成区绿化覆盖率 | 正 | 0.000451 |
| | | | D₂₆ 市辖区绿地面积 | 正 | 0.069124 |
| | | | D₂₇ 城镇生活污水处理率 | 正 | 0.000417 |
| | | | D₂₈ 工业固体废物综合利用率 | 正 | 0.00106 |
| | | | D₂₉ 生活垃圾无害化处理率 | 正 | 0.005375 |
| | | | D₃₀ 人均公园绿地面积 | 正 | 0.045366 |

出于研究需要，本书对原始数据进行了预处理，以提高模型计算的准确性与可靠性。第一，由于原始数据中各指标存在单位和数量差异，故使用离差标准化法对其进行无量纲化处理，使其具有可比性；第二，出于模型计算需要，对每项标准化后的数据增加 0.01，既不影响总体水平，也可避免出现零值影响最终结果。最后将处理过的数据投入模型运算。

耦合概念在经济学领域已经被广泛运用耦合度衡量了多重对象之间的相互影响，而协调度度量了系统或系统内部要素之间在发展过程中彼此和谐一致的程度，耦合协调度模型将二者结合，用于分析事物的协调发展水平，它既可以反映系统对整体是否具有正向作用，又可以反映系统之间的相互促进和相互制约关系。耦合协调度模型总共要进行 3 个指标值的计算，分别为耦合度 C 值、协调指数 T 值和耦合协调度 D 值，最终将耦合协调度 D 值根据协调等级划分标准进行分级，最终获得各项的耦合协调程度。

首先，对指标进行标准化处理，当 $X_{it}^k$ 为正向指标时，$X_{it}^{k'} = \dfrac{X_{it}^k - \min(X_{it}^k)}{\max(X_{it}^k) - \min(X_{it}^k)} + 0.01$；当 $X_{it}^k$ 为负向指标时，$X_{it}^{k'} = \dfrac{\max(X_{it}^k) - X_{it}^k}{\max(X_{it}^k) - \min(X_{it}^k)} + 0.01$。

其次，计算耦合度 C 值，具体表达式如下：

$$C_{it}^n = \sqrt[n]{\frac{X_{it}^{1'} \times X_{it}^{2'} \times X_{it}^{3'} \times \cdots \times X_{it}^{n'}}{\left(\dfrac{X_{it}^{1'} + X_{it}^{2'} + X_{it}^{3'} + \cdots + X_{it}^{n'}}{n}\right)^n}} \tag{7-1}$$

其中，$C_{it}^n$ 为计算的城市群 n 个城市之间的耦合度，$X_{it}^{1'}$、$X_{it}^{2'}$、$\cdots$、$X_{it}^{n'}$ 分别为 n 个城市第 i 个指标在第 t 年的标准化数值。

接着计算协调指数 $T_{it}^n$，$\gamma_n$ 为第 n 个城市在城市群综合指数测算中的权重，为避免同一城市群因城市权重不同产生误差，本书令 $\gamma_1 = \gamma_2 = \gamma_3 = \cdots \gamma_n = \dfrac{1}{n}$，公式如下：

$$T_{it}^n = \gamma_1 X_{it}^1 + \gamma_2 X_{it}^2 + \gamma_3 X_{it}^3 + \cdots + \gamma_n X_{it}^n \tag{7-2}$$

最后，计算单指标耦合协调度值 $D_{it}^n$，并将之加权求和得到城市综合耦合协调度指数 $D_t^n$，公式如下：

$$D_{it}^n = \sqrt{C_{it}^n \times T_{it}^n}$$
$$D_t^n = \delta_1 D_{1t}^n + \delta_2 D_{2t}^n + \delta_3 D_{3t}^n + \cdots + \delta_n D_{nt}^n \tag{7-3}$$

其中，$\gamma_1$、$\gamma_2$、$\gamma_3$、$\cdots$、$\gamma_n$ 为每个指标在计算综合耦合协调度指数时所占比重，为保证各指标权重选取的客观性，本书采用熵权法来确定各指标的 $\gamma$ 值。

社会发展资源的集聚强度是指社会发展资源在城市内各城市间互相吸引与整合利用的强度。其中，城市群社会发展资源集聚强度与城市的社会发展水平呈正相关，与城市之间的距离呈负相关。根据城市群社会协调发展水平的基础函数模型，构建城市间社会发展资源的集聚强度计算公式，具体表达式如下：

$$I_{ij} = \frac{\sqrt{P_i * P_j} * \sqrt{G_i * G_j}}{D_{ij}^2} \times 10 \qquad (7-4)$$

其中，$I_{ij}$ 为城市 i、城市 j 的社会发展资源空间集聚强度，$P_i$、$P_j$ 为城市 i、城市 j 的社会发展水平值，$G_i$、$G_j$ 为城市 i、城市 j 的地区生产总值，$D_{ij}^2$ 为城市 i 和城市 j 之间的距离。为了便于观察研究，本书对社会发展资源集聚强度值扩大 100 倍以更加直观地进行比较。

社会发展资源的整合门槛是指城市之间社会资源开始相互吸引和整合的临界值。城市之间由于社会福利均等化的需求，有相互交流融合、互补协助的趋势，即城市间的社会发展资源集聚强度，然而城市进入城市群进行联合并进行资源整理利用需要一定的发展条件，客观上存在一个资源整合的门槛值来判断城市是否具有联合新的城市整合其社会资源的资格。

本书借鉴方创琳（2020）门槛值的设置方法，根据本书研究对象的特征和社会资源整合规律，借鉴城市引力模型计算得出城市群内各城市间的社会资源集聚强度，以所有城市在研究年份内社会资源集聚强度均值作为衡量核心城市是否应当联合新城市整合其社会资源的资源整合门槛值，计算公式如下：

$$\lambda_{ij} = \frac{\sum\limits_{i=1}^{m} \sum\limits_{j=1}^{n} I_{ij}}{i \times j} \qquad (7-5)$$

其中，$\lambda_{ij}$ 表示城市群内各城市之间的社会协调发展的资源整合门槛值；$I_{ij}$ 表示社会协调发展资源空间集聚强度；i 表示评价年份数量，j 表示评价城市数量。

### 7.1.2　测算结果与数值模拟

#### 7.1.2.1　城市群社会协调发展水平测算结果

本书使用熵权法计算出了各项指标的权重，使用上面式（7-1）、式（7-2）和式（7-3）逐年分别计算出中国城市群 201 个城市的耦合度 C 值、协调指数 T 值和耦合协调度 D 值，最终得出 2010～2018 年城市群的社会协调发展水平值。最后对城市群社会协调发展水平值使用自然断点法进行分级。

首先，对东北部城市群整体社会协调发展水平进行分析，并将东北部城市群的历年社会协调发展水平水平得分进行算术平均得到城市群的整体社会协调发展水平得分并进行描述性统计（见表 7-2）。东北部地区有哈长、辽中南两个城市群。根据表 7-2 所呈现结果，可知中国东北部城市群间的社会协调发展水平差距不大，但城市群内其他城市与各城市群中心城市有一定的发展差距，哈长、辽中南城市群的社会协调发展水平在全国范围内基本上处于中等水平。

表 7-2　　　　　　　　　　东北部城市群社会协调发展水平描述统计

| 城市群 | 2012 年 | 2014 年 | 2016 年 | 2018 年 | 综合得分 | 分级 |
|---|---|---|---|---|---|---|
| 哈长 | 0.226 | 0.233 | 0.220 | 0.231 | 0.225 | 中等 |
| 辽中南 | 0.241 | 0.244 | 0.217 | 0.233 | 0.233 | 中等 |

对于东北部城市群内部城市，选取 2012～2018 年偶数年份进行分析，如表 7-3 所示。哈长城市群内有哈尔滨市、齐齐哈尔市、大庆市、牡丹江市、绥化市、长春市、吉林市等 11 个城市和地

区，哈尔滨市作为黑龙江省会城市，社会协调发展水平较高，并对周围的长春市、吉林市产生辐射带动作用，其中，长春市在 2012~2018 年逐渐超过哈尔滨市，成为哈长城市群社会协调发展水平最高的城市；此外，哈长城市群其他城市从 2012 年至今一直维持在低水平，未与周边发展较好城市或中心城市进行社会协调一体化的发展。辽中南城市群内有沈阳市、大连市、鞍山市、抚顺市、本溪市、丹东市、锦州市等 12 个城市，各城市之间的社会协调发展水平两极分化较大，其中，沈阳市作为辽宁省省会，其社会协调发展水平遥遥领先于辽中南城市群其他城市，说明在 2012~2014 年沈阳市未发挥自身辐射作用，未与周边城市进行充分的社会协调布局建设。

表 7-3　　　　　　　　　　　东北部城市群内部城市社会协调发展水平分级演化

| 城市群 | 城市 | 2012 年 | 2014 年 | 2016 年 | 2018 年 |
|---|---|---|---|---|---|
| 哈长 | 长春 | 0.133 | 0.147 | 0.146 | 0.163 |
| | 吉林 | 0.073 | 0.080 | 0.069 | 0.075 |
| | 四平 | 0.044 | 0.050 | 0.043 | 0.045 |
| | 辽源 | 0.042 | 0.044 | 0.041 | 0.043 |
| | 松原 | 0.044 | 0.045 | 0.044 | 0.046 |
| | 哈尔滨 | 0.135 | 0.146 | 0.142 | 0.150 |
| | 齐齐哈尔 | 0.050 | 0.052 | 0.047 | 0.055 |
| | 大庆 | 0.090 | 0.092 | 0.077 | 0.081 |
| | 牡丹江 | 0.053 | 0.056 | 0.050 | 0.053 |
| | 绥化 | 0.035 | 0.038 | 0.035 | 0.040 |
| 辽中南 | 沈阳 | 0.198 | 0.211 | 0.164 | 0.182 |
| | 大连 | 0.168 | 0.175 | 0.135 | 0.158 |
| | 鞍山 | 0.072 | 0.076 | 0.057 | 0.064 |
| | 抚顺 | 0.062 | 0.063 | 0.051 | 0.054 |
| | 本溪 | 0.066 | 0.070 | 0.064 | 0.064 |
| | 丹东 | 0.051 | 0.051 | 0.042 | 0.045 |
| | 锦州 | 0.058 | 0.063 | 0.051 | 0.056 |
| | 营口 | 0.061 | 0.061 | 0.051 | 0.061 |
| | 辽阳 | 0.058 | 0.059 | 0.048 | 0.054 |
| | 盘锦 | 0.059 | 0.064 | 0.054 | 0.065 |
| | 铁岭 | 0.046 | 0.042 | 0.036 | 0.043 |
| | 葫芦岛 | 0.041 | 0.042 | 0.039 | 0.044 |

其次，对东部城市群整体社会协调发展水平进行分析，并将东部城市群的历年社会协调发展水平得分进行算术平均得到城市群的整体社会协调发展水平得分并进行描述性统计（见表 7-4）。由表 7-4 可知东部城市群的社会协调发展水平普遍较高，高于其他地区的城市群，其中，珠三角的社会协调发展水平最高，只在 2014~2016 年有过跌落，但即使是珠三角城市群社会协调发展水平的最低值，也要高于其他城市群的最高值，是我国社会协调发展的最高水平。粤闽浙沿海城市群社会协调发展水平的起始值就低于其他东部城市群，故而总体水平要逊色一些。长三角城市群、山东半岛城市群和京津冀城市群的社会协调发展水平差距不大且均在 2016 年左右有过下降。东部城市群社会协调发展水平总体呈上升趋势。从东部城市群卓越的社会协调发展水平可以看出，雄厚的物质基础和完备的基础设施为社会福利提供了坚实的保障，进而促进了社会协调发展。

表 7 - 4　　　　　　　　　　　　　东部城市群社会协调发展水平描述统计

| 城市群 | 2012 年 | 2014 年 | 2016 年 | 2018 年 | 综合得分 | 分级 |
|---|---|---|---|---|---|---|
| 珠三角 | 0.378 | 0.385 | 0.362 | 0.406 | 0.380 | 高 |
| 长三角 | 0.292 | 0.303 | 0.290 | 0.318 | 0.296 | 较高 |
| 山东半岛 | 0.275 | 0.283 | 0.273 | 0.297 | 0.277 | 较高 |
| 京津冀 | 0.271 | 0.278 | 0.267 | 0.290 | 0.273 | 较高 |
| 粤闽浙沿海 | 0.242 | 0.248 | 0.242 | 0.264 | 0.245 | 中等 |

　　对于东部城市群内部城市，选取 2012～2018 年偶数年份进行分析，如表 7 - 5 所示。京津冀城市群内有北京市、天津市、石家庄市、唐山市、秦皇岛市、张家口市、保定市、承德市、沧州市等13 个城市，城市群内的北京市作为国家首都以及全国性的中心城市，其社会协调发展水平远高于周边其他城市乃至全国绝大多数城市；周边的天津市作为直辖市，其社会协调发展也处于较高水平上，在东部城市群内仅次于北京市；而京津冀城市群内的石家庄市作为河北省的省会，其社会协调发展水平在河北省内领先，但低于北京市和天津市这两大国家中心城市；其余城市如秦皇岛市、承德市、沧州市、德州市等城市的社会协调发展都处于较低水平；廊坊市和沧州市的社会协调发展水平从 2016 年开始逐步提高；同时，保定市、石家庄市、廊坊市的社会协调发展水平也逐步向北京市和天津市靠拢，其在 2018 年已达到中等水平。山东半岛城市群内有济南市、青岛市、淄博市、东营市、烟台市、潍坊市、威海市、日照市等 16 个城市，其中，济南市和青岛市的社会协调发展水平在 2012～2016 年始终在山东半岛城市群内保持领先；2018 年其周边的潍坊市、淄博市、临沂市、烟台市逐步与济南市和青岛市的社会协调发展水平逐步齐平；其余如枣庄、日照等城市在 2012～2018 年的社会协调发展水平未见较大变化，始终处于低位；威海市在 2016～2018 年社会协调有明显发展，从低发展水平逐步接近中等发展水平；泰安、济宁、菏泽等城市在 2016 年社会协调发展水平就开始有所提升，逐步与济南市、青岛市等山东半岛内发展较好城市的进行社会协调一体化布局统筹，因此其社会协调发展水平在此后几年间有了明显提升。长三角城市群内有上海、南京、苏州、合肥、杭州、无锡、宁波、安庆、温州等 26 个城市，其中，作为国家中心城市、超大城市的上海市，其社会协调发展水平多年来在东部地区乃至全国范围内都遥遥领先于其他城市，并给周边地区及整个长三角区域带来更多商机并产生辐射作用；苏州、无锡、常州形成苏锡常都市圈，与上海市形成功能互动和对接的局势，其社会发展虽没有上海市水平那么高，但从全国范围内来看，仍处于发展前列；南京市作为江苏省省会、中国东部地区重要的中心城市，其社会发展协调水平较高，正逐步追赶国际大都市上海市的社会协调发展水平，经过 2012～2018 年的发展，目前已接近上海市的社会协调发展水平；浙江省省会杭州市在 2012～2014 年，仍处于社会协调发展水平中等阶段，从 2016 年开始社会协调发展水平得到逐步提高，目前已提升至较高水准并对周边地区如绍兴、宁波、金华等城市产生辐射带动作用；滁州、池州、宣城、湖州等城市的社会协调发展始终处于较低水平，未充分地与周边社会协调发展水平较高的合肥、杭州、苏州等城市进行全局统筹布局。粤闽浙沿海城市群内有广州、深圳、中山、东莞、温州、福州、泉州等 11 个城市，其中，广州、深圳的社会协调发展水平较高，从 2012 年至今都处于西部地区乃至全国范围内的高水平；佛山、东莞、珠海、中山等位于广州市和深圳市周边地区的城市，其社会协调发展在 2012～2014 年还不够完善，但在 2016 年后受广州市、深圳市两大中心城市辐射影响，其社会协调发展水平有所提升；福州、厦门、泉州等城市形成厦门都市圈和福州都市圈，但其社会发展协调程度不够，还需要进一步对社会发展进行统筹规划；其余地区如肇庆、宁德、漳州等城市与城市群内

表 7 - 5　　　　　　　　　　东部城市群城市社会协调发展水平分级演化

| 城市群 | 城市 | 2012 年 | 2014 年 | 2016 年 | 2018 年 | 城市群 | 城市 | 2012 年 | 2014 年 | 2016 年 | 2018 年 |
|---|---|---|---|---|---|---|---|---|---|---|---|
| 粤闽浙沿海 | 温州 | 0.107 | 0.109 | 0.114 | 0.128 | 长三角 | 上海 | 0.500 | 0.550 | 0.518 | 0.613 |
| | 福州 | 0.133 | 0.146 | 0.141 | 0.165 | | 南京 | 0.283 | 0.306 | 0.286 | 0.325 |
| | 厦门 | 0.159 | 0.168 | 0.155 | 0.191 | | 无锡 | 0.180 | 0.181 | 0.169 | 0.200 |
| | 莆田 | 0.058 | 0.058 | 0.058 | 0.068 | | 常州 | 0.123 | 0.134 | 0.133 | 0.153 |
| | 泉州 | 0.112 | 0.123 | 0.118 | 0.138 | | 苏州 | 0.329 | 0.337 | 0.321 | 0.371 |
| | 漳州 | 0.057 | 0.065 | 0.065 | 0.073 | | 南通 | 0.123 | 0.134 | 0.135 | 0.152 |
| | 宁德 | 0.041 | 0.045 | 0.045 | 0.050 | | 盐城 | 0.079 | 0.091 | 0.096 | 0.108 |
| | 汕头 | 0.085 | 0.092 | 0.084 | 0.097 | | 扬州 | 0.089 | 0.099 | 0.098 | 0.112 |
| | 汕尾 | 0.041 | 0.038 | 0.036 | 0.041 | | 镇江 | 0.093 | 0.104 | 0.099 | 0.111 |
| | 潮州 | 0.044 | 0.047 | 0.045 | 0.049 | | 泰州 | 0.081 | 0.092 | 0.096 | 0.108 |
| | 揭阳 | 0.054 | 0.059 | 0.058 | 0.070 | | 杭州 | 0.207 | 0.225 | 0.213 | 0.265 |
| 京津冀 | 北京 | 0.435 | 0.458 | 0.441 | 0.510 | | 宁波 | 0.156 | 0.167 | 0.160 | 0.186 |
| | 天津 | 0.284 | 0.328 | 0.309 | 0.344 | | 嘉兴 | 0.092 | 0.102 | 0.096 | 0.112 |
| | 石家庄 | 0.124 | 0.135 | 0.134 | 0.155 | | 湖州 | 0.070 | 0.077 | 0.074 | 0.090 |
| | 唐山 | 0.110 | 0.111 | 0.108 | 0.125 | | 绍兴 | 0.094 | 0.110 | 0.105 | 0.122 |
| | 秦皇岛 | 0.069 | 0.078 | 0.065 | 0.074 | | 金华 | 0.088 | 0.087 | 0.086 | 0.103 |
| | 邯郸 | 0.086 | 0.084 | 0.081 | 0.090 | | 舟山 | 0.067 | 0.075 | 0.071 | 0.082 |
| | 邢台 | 0.057 | 0.059 | 0.058 | 0.065 | | 台州 | 0.088 | 0.085 | 0.084 | 0.098 |
| | 保定 | 0.080 | 0.085 | 0.090 | 0.101 | | 合肥 | 0.146 | 0.164 | 0.160 | 0.186 |
| | 张家口 | 0.047 | 0.051 | 0.047 | 0.056 | | 芜湖 | 0.083 | 0.087 | 0.087 | 0.097 |
| | 承德 | 0.047 | 0.048 | 0.046 | 0.051 | | 马鞍山 | 0.062 | 0.066 | 0.059 | 0.067 |
| | 沧州 | 0.066 | 0.073 | 0.073 | 0.081 | | 铜陵 | 0.068 | 0.072 | 0.052 | 0.058 |
| | 廊坊 | 0.065 | 0.070 | 0.073 | 0.081 | | 安庆 | 0.050 | 0.057 | 0.050 | 0.056 |
| | 衡水 | 0.041 | 0.046 | 0.043 | 0.051 | | 滁州 | 0.050 | 0.055 | 0.057 | 0.057 |
| 山东半岛 | 济南 | 0.156 | 0.171 | 0.162 | 0.181 | | 池州 | 0.039 | 0.040 | 0.037 | 0.040 |
| | 青岛 | 0.185 | 0.208 | 0.204 | 0.237 | | 宣城 | 0.042 | 0.044 | 0.043 | 0.048 |
| | 淄博 | 0.128 | 0.118 | 0.111 | 0.127 | 珠三角 | 广州 | 0.436 | 0.473 | 0.470 | 0.518 |
| | 枣庄 | 0.063 | 0.067 | 0.063 | 0.072 | | 深圳 | 0.505 | 0.476 | 0.389 | 0.455 |
| | 东营 | 0.086 | 0.096 | 0.090 | 0.104 | | 珠海 | 0.174 | 0.166 | 0.148 | 0.179 |
| | 烟台 | 0.152 | 0.157 | 0.157 | 0.177 | | 佛山 | 0.169 | 0.202 | 0.186 | 0.218 |
| | 潍坊 | 0.113 | 0.116 | 0.120 | 0.132 | | 江门 | 0.080 | 0.080 | 0.078 | 0.091 |
| | 济宁 | 0.083 | 0.096 | 0.089 | 0.100 | | 肇庆 | 0.059 | 0.064 | 0.063 | 0.074 |
| | 泰安 | 0.074 | 0.080 | 0.079 | 0.086 | | 惠州 | 0.102 | 0.114 | 0.109 | 0.125 |
| | 威海 | 0.094 | 0.101 | 0.096 | 0.109 | | 东莞 | 0.329 | 0.359 | 0.342 | 0.388 |
| | 日照 | 0.059 | 0.062 | 0.058 | 0.065 | | 中山 | 0.114 | 0.122 | 0.109 | 0.145 |
| | 临沂 | 0.097 | 0.103 | 0.099 | 0.115 | | | | | | |
| | 德州 | 0.069 | 0.079 | 0.078 | 0.085 | | | | | | |
| | 聊城 | 0.064 | 0.072 | 0.072 | 0.079 | | | | | | |
| | 滨州 | 0.066 | 0.072 | 0.067 | 0.075 | | | | | | |
| | 菏泽 | 0.063 | 0.069 | 0.070 | 0.081 | | | | | | |

中心城市或发达城市存在一定的地理距离限制，其社会发展受到一定的限制，与其他城市社会发展布局一体化水平较低，因此肇庆、宁德、漳州等城市的社会协调发展水平一直处于低水平状态。纵观整个东部城市群的社会协调发展水平，呈现"U"形变化趋势，但是总体可见在 2010～2018 年，东部地区社会协调发展水平总体上升，且城市间的水平差异缩小。

再次，对中部城市群整体社会协调发展水平进行分析，并将中部城市群的历年社会协调发展水平得分进行算术平均得到城市群的整体社会协调发展水平得分并进行描述性统计（见表 7-6）。中部城市群中长江中游城市群的社会协调发展状况要优于其他城市群，这可能与其地理位置靠近长三角城市群和粤闽浙沿海城市群有关，中原城市群与长江中游城市群的协调发展水平差距不大，二者在 2018 年时社会协调发展水平值基本要持平，晋中城市群社会协调发展水平较低，其经济对煤炭产业具有很强的依赖性，而煤炭产业产生的污染极大地不利于社会协调发展，其协调发展水平不断起伏且上升艰难。

表 7-6　　　　　　　　　　中部城市群社会协调发展水平描述统计

| 城市群 | 2012 年 | 2014 年 | 2016 年 | 2018 | 综合得分 | 分级 |
|---|---|---|---|---|---|---|
| 长江中游 | 0.221 | 0.231 | 0.226 | 0.241 | 0.226 | 中等 |
| 中原 | 0.218 | 0.226 | 0.222 | 0.241 | 0.223 | 较低 |
| 晋中 | 0.205 | 0.213 | 0.203 | 0.217 | 0.206 | 较低 |

对于中部城市群内部城市，选取 2012～2018 年偶数年份进行分析，如表 7-7 所示。中原城市群内有晋城市、亳州市、郑州市、开封市、洛阳市、平顶山市、鹤壁市、新乡市等 13 个城市，城市群内的郑州市是河南省省会、特大城市，是中原地区的核心城市，其社会协调发展水平在 2012～2018年始终处于较高水平，并且与其他城市相差较大，城市群内部各城市社会协调发展水平两极分化较大，除郑州和洛阳之外所有城市的社会协调发展水平均未超过 0.1 分，说明郑州市并未很好地发挥其中心城市在社会协调发展方面的辐射带动作用。晋中城市群内有太原市、晋中市、阳泉市、忻州市、长治市、吕梁市 6 个城市，与中原城市群类似，太原市作为山西省省会、太原都市圈核心城市，其社会协调发展水平始终领先于城市群内其他城市，但并未体现出较好的辐射带动作用。长江中游城市群内有南昌市、景德镇市、萍乡市、九江市、新余市、鹰潭市、吉安市、宜春市、抚州市、上饶市、武汉市、黄石市等 28 个城市，其中，武汉市在 2018 年之前，社会协调发展水平均远远领先于其他城市，但其社会协调发展水平在 2018 年有所下降，黄石市于当年超越武汉市成为长江中游城市群社会协调发展水平最高的城市。

表 7-7　　　　　　　　　　中部城市群城市社会协调发展水平分级演化

| 城市群 | 城市 | 2012 年 | 2014 年 | 2016 年 | 2018 年 | 城市群 | 城市 | 2012 年 | 2014 年 | 2016 年 | 2018 年 |
|---|---|---|---|---|---|---|---|---|---|---|---|
| 长江中游 | 南昌 | 0.124 | 0.141 | 0.134 | 0.068 | 晋中 | 太原 | 0.116 | 0.130 | 0.116 | 0.140 |
| | 景德镇 | 0.047 | 0.049 | 0.046 | 0.139 | | 阳泉 | 0.047 | 0.047 | 0.042 | 0.047 |
| | 萍乡 | 0.046 | 0.050 | 0.047 | 0.053 | | 长治 | 0.048 | 0.052 | 0.049 | 0.053 |
| | 九江 | 0.062 | 0.068 | 0.069 | 0.063 | | 晋中 | 0.045 | 0.054 | 0.055 | 0.062 |
| | 新余 | 0.055 | 0.059 | 0.053 | 0.067 | | 忻州 | 0.033 | 0.037 | 0.035 | 0.036 |
| | 鹰潭 | 0.039 | 0.042 | 0.038 | 0.058 | | 晋城 | 0.040 | 0.043 | 0.040 | 0.044 |
| | 吉安 | 0.041 | 0.050 | 0.049 | 0.048 | 中原 | 亳州 | 0.039 | 0.042 | 0.041 | 0.046 |
| | 宜春 | 0.046 | 0.053 | 0.053 | 0.056 | | 郑州 | 0.179 | 0.200 | 0.205 | 0.252 |

续表

| 城市群 | 城市 | 2012 年 | 2014 年 | 2016 年 | 2018 年 | 城市群 | 城市 | 2012 年 | 2014 年 | 2016 年 | 2018 年 |
|---|---|---|---|---|---|---|---|---|---|---|---|
| 长江中游 | 抚州 | 0.040 | 0.045 | 0.045 | 0.059 | 中原 | 开封 | 0.055 | 0.063 | 0.059 | 0.068 |
| | 上饶 | 0.052 | 0.053 | 0.055 | 0.055 | | 洛阳 | 0.085 | 0.091 | 0.093 | 0.104 |
| | 武汉 | 0.248 | 0.278 | 0.261 | 0.112 | | 平顶山 | 0.057 | 0.061 | 0.058 | 0.067 |
| | 黄石 | 0.056 | 0.062 | 0.055 | 0.257 | | 鹤壁 | 0.046 | 0.049 | 0.044 | 0.050 |
| | 宜昌 | 0.067 | 0.079 | 0.079 | 0.072 | | 新乡 | 0.067 | 0.072 | 0.072 | 0.082 |
| | 襄阳 | 0.068 | 0.075 | 0.078 | 0.090 | | 焦作 | 0.061 | 0.069 | 0.067 | 0.074 |
| | 鄂州 | 0.054 | 0.055 | 0.047 | 0.073 | | 许昌 | 0.055 | 0.062 | 0.062 | 0.078 |
| | 荆门 | 0.046 | 0.050 | 0.048 | 0.059 | | 漯河 | 0.047 | 0.052 | 0.048 | 0.055 |
| | 孝感 | 0.047 | 0.052 | 0.054 | 0.053 | | 商丘 | 0.057 | 0.060 | 0.062 | 0.073 |
| | 荆州 | 0.054 | 0.060 | 0.058 | 0.058 | | 周口 | 0.054 | 0.059 | 0.062 | 0.070 |
| | 黄冈 | 0.048 | 0.054 | 0.056 | 0.063 | | | | | | |
| | 咸宁 | 0.044 | 0.048 | 0.047 | 0.056 | | | | | | |
| | 长沙 | 0.169 | 0.182 | 0.178 | 0.082 | | | | | | |
| | 株洲 | 0.070 | 0.078 | 0.074 | 0.196 | | | | | | |
| | 湘潭 | 0.063 | 0.068 | 0.064 | 0.081 | | | | | | |
| | 衡阳 | 0.073 | 0.075 | 0.072 | 0.070 | | | | | | |
| | 岳阳 | 0.063 | 0.067 | 0.067 | 0.083 | | | | | | |
| | 常德 | 0.054 | 0.059 | 0.060 | 0.067 | | | | | | |
| | 益阳 | 0.045 | 0.050 | 0.047 | 0.053 | | | | | | |
| | 娄底 | 0.045 | 0.047 | 0.045 | 0.050 | | | | | | |

最后，对西部城市群整体社会协调发展水平进行分析，并将西部城市群的历年社会协调发展水平得分进行算术平均得到城市群的整体社会发展水平得分并进行描述性统计（见表7－8）。由表7－8可知西部各城市群社会协调发展水平差距较大，分布不均衡，其中，天山北坡城市群的社会协调发展水平远超其他西部城市群，大部分西部城市群的社会协调发展水平处于中低水平，但总体呈上升趋势，北部湾城市群等位于末四位的城市群社会协调发展水平增长明显慢于其他城市群。宁夏沿黄城市群的社会协调发展水平不仅在西部城市群中最低，在全国范围内也是最差的，且波动频繁，增长缓慢，社会协调发展状况亟待改善。总体来说，社会协调发展水平在西部诸多城市群呈现出多样化的特征，中偏北区域是低值集中区域。

表7－8　　　　　　　　西部城市群社会协调发展水平描述统计

| 城市群 | 2018 年 | 2016 年 | 2014 年 | 2012 年 | 综合得分 | 分级 |
|---|---|---|---|---|---|---|
| 天山北坡 | 0.262 | 0.280 | 0.262 | 0.304 | 0.272 | 较高 |
| 呼包鄂榆 | 0.246 | 0.257 | 0.242 | 0.266 | 0.247 | 中等 |
| 黔中 | 0.221 | 0.240 | 0.254 | 0.265 | 0.240 | 中等 |
| 滇中 | 0.223 | 0.231 | 0.233 | 0.247 | 0.228 | 中等 |
| 成渝 | 0.215 | 0.222 | 0.223 | 0.237 | 0.221 | 较低 |
| 北部湾 | 0.205 | 0.212 | 0.208 | 0.226 | 0.209 | 较低 |
| 兰西 | 0.199 | 0.206 | 0.199 | 0.209 | 0.200 | 低 |

续表

| 城市群 | 2018 年 | 2016 年 | 2014 年 | 2012 年 | 综合得分 | 分级 |
|---|---|---|---|---|---|---|
| 关中平原 | 0.196 | 0.199 | 0.194 | 0.207 | 0.196 | 低 |
| 宁夏沿黄 | 0.190 | 0.194 | 0.189 | 0.201 | 0.192 | 低 |

　　对于西部城市群内部城市，选取 2012～2018 年偶数年份进行分析，如表 7-9 所示。天山北坡城市群中的乌鲁木齐市作为新疆政治、经济、文化中心，其社会协调发展水平在西部地区中属较高水平，同时，克拉玛依市的社会协调发展水平也处于较高位置，并且发展相对稳定。呼包鄂榆城市

**表 7-9　　　　　　　　　　　西部城市群内部城市社会协调发展水平分级演化**

| 城市群 | 城市 | 2012 年 | 2014 年 | 2016 年 | 2018 年 | 城市群 | 城市 | 2012 年 | 2014 年 | 2016 年 | 2018 年 |
|---|---|---|---|---|---|---|---|---|---|---|---|
| 北部湾 | 湛江 | 0.065 | 0.065 | 0.068 | 0.076 | 关中平原 | 运城 | 0.045 | 0.048 | 0.047 | 0.051 |
| | 茂名 | 0.049 | 0.057 | 0.056 | 0.066 | | 临汾 | 0.044 | 0.047 | 0.044 | 0.048 |
| | 阳江 | 0.042 | 0.047 | 0.043 | 0.051 | | 西安 | 0.047 | 0.201 | 0.187 | 0.215 |
| | 南宁 | 0.117 | 0.127 | 0.124 | 0.147 | | 铜川 | 0.184 | 0.043 | 0.036 | 0.043 |
| | 北海 | 0.047 | 0.061 | 0.049 | 0.057 | | 宝鸡 | 0.041 | 0.055 | 0.056 | 0.063 |
| | 防城港 | 0.037 | 0.039 | 0.039 | 0.047 | | 咸阳 | 0.053 | 0.067 | 0.067 | 0.071 |
| | 钦州 | 0.037 | 0.039 | 0.043 | 0.047 | | 渭南 | 0.063 | 0.050 | 0.052 | 0.057 |
| | 玉林 | 0.046 | 0.048 | 0.045 | 0.052 | | 商洛 | 0.048 | 0.031 | 0.030 | 0.034 |
| | 崇左 | 0.029 | 0.033 | 0.034 | 0.037 | | 天水 | 0.029 | 0.037 | 0.036 | 0.040 |
| | 海口 | 0.109 | 0.103 | 0.091 | 0.108 | | 平凉 | 0.030 | 0.033 | 0.034 | 0.036 |
| 成渝 | 重庆 | 0.312 | 0.336 | 0.443 | 0.397 | | 庆阳 | 0.029 | 0.031 | 0.030 | 0.037 |
| | 成都 | 0.257 | 0.251 | 0.252 | 0.302 | 呼包鄂榆 | 呼和浩特 | 0.093 | 0.101 | 0.094 | 0.111 |
| | 自贡 | 0.052 | 0.054 | 0.050 | 0.058 | | 包头 | 0.090 | 0.093 | 0.085 | 0.096 |
| | 泸州 | 0.050 | 0.052 | 0.054 | 0.063 | | 鄂尔多斯 | 0.091 | 0.098 | 0.091 | 0.088 |
| | 德阳 | 0.053 | 0.056 | 0.057 | 0.064 | | 榆林 | 0.050 | 0.062 | 0.051 | 0.064 |
| | 绵阳 | 0.058 | 0.062 | 0.062 | 0.070 | 兰西 | 兰州 | 0.089 | 0.103 | 0.101 | 0.113 |
| | 遂宁 | 0.043 | 0.046 | 0.045 | 0.050 | | 白银 | 0.040 | 0.043 | 0.036 | 0.037 |
| | 内江 | 0.044 | 0.048 | 0.050 | 0.053 | | 定西 | 0.028 | 0.030 | 0.029 | 0.031 |
| | 乐山 | 0.045 | 0.048 | 0.046 | 0.054 | | 西宁 | 0.066 | 0.072 | 0.066 | 0.071 |
| | 南充 | 0.053 | 0.056 | 0.058 | 0.066 | 宁夏沿黄 | 银川 | 0.077 | 0.084 | 0.080 | 0.093 |
| | 眉山 | 0.040 | 0.043 | 0.055 | 0.074 | | 石嘴山 | 0.061 | 0.061 | 0.058 | 0.063 |
| | 宜宾 | 0.051 | 0.049 | 0.049 | 0.059 | | 吴忠 | 0.033 | 0.035 | 0.034 | 0.037 |
| | 广安 | 0.040 | 0.041 | 0.113 | 0.049 | | 中卫 | 0.031 | 0.031 | 0.029 | 0.030 |
| | 达州 | 0.040 | 0.044 | 0.045 | 0.053 | 黔中 | 贵阳 | 0.126 | 0.142 | 0.143 | 0.168 |
| | 雅安 | 0.036 | 0.036 | 0.035 | 0.040 | | 遵义 | 0.056 | 0.072 | 0.104 | 0.096 |
| | 资阳 | 0.039 | 0.042 | 0.036 | 0.040 | | 安顺 | 0.033 | 0.037 | 0.041 | 0.046 |
| 滇中 | 昆明 | 0.126 | 0.143 | 0.136 | 0.162 | 天山北坡 | 乌鲁木齐 | 0.115 | 0.128 | 0.116 | 0.153 |
| | 曲靖 | 0.045 | 0.047 | 0.049 | 0.056 | | 克拉玛依 | 0.084 | 0.100 | 0.099 | 0.123 |
| | 玉溪 | 0.039 | 0.042 | 0.057 | 0.046 | | | | | | |

群内有呼和浩特市、包头市、鄂尔多斯市、榆林市 4 个城市，4 个城市的社会协调发展水平相差较小，并且上升趋势并不明显。宁夏沿黄城市群内有银川市、吴忠市、石嘴山市、中卫市 4 个城市，其中的石中卫市社会协调发展水平相比于西部地区城市群内其他城市较为落后，银川市社会协调发展水平最高，在西部城市群所有城市中处于中上游。兰西城市群内有兰州市、白银市、定西市、临夏回族自治州、西宁市、海东市等 9 个城市或地区，就其有效的研究对象而言，总体水平较低，白银、定西两市社会协调发展水平处于西部城市群所有城市的下游。关中平原城市群内有运城市、临汾市、西安市、铜川市、宝鸡市、咸阳市等 11 个城市，其中仅咸阳市于 2018 年的社会协调发展水平超过 0.07，说明关中平原城市群在社会协调发展水平方面尚未出现明显的核心城市。成渝城市群内有重庆市、成都市、自贡市、泸州市、德阳市、绵阳市等 16 个城市，其内部的成都市和重庆市的社会协调发展水平远超其他城市，城市群内部各城市之间两极分化严重。黔中城市群内以贵阳为核心，形成了较为明显的核心，并且在贵阳的辐射作用下，遵义市在研究时间内上升趋势明显。滇中城市群中昆明市社会协调发展水平虽然较高，也逐渐形成核心，但其与黔中城市群的区别在于昆明周边的城市没有明显的上升趋势。北部湾城市群内有湛江市、茂名市、阳江市、南宁市、北海市、防城港市、钦州市等 10 个城市，其中的南宁市作为面向东盟的核心城市，其社会协调发展水平在广西以及整个北部湾城市群内都持续处于领先位置，海口次之。

### 7.1.2.2　社会协调发展水平最高与最低城市群的比较分析

为了更好地对比分析不同城市群间社会发展的差异，本书选取了社会协调发展水平最高城市群珠三角城市群和社会协调发展水平最低城市群宁夏沿黄城市群进行研究。

利用 STATA 对珠三角城市群和宁夏沿黄城市群城市社会协调发展水平进行描述性统计并分析制表（见表 7 - 10、表 7 - 11）。

表 7 - 10　　　　　　　　　珠三角城市群社会协调发展水平的描述分析

| 年份 | 样本量 | 发展水平得分均值 | 发展水平得分最小值 | 发展水平得分最小值城市 | 发展水平得分最大值 | 发展水平得分最大值城市 |
|---|---|---|---|---|---|---|
| 2010 | 9 | 0.1829 | 0.0517 | 肇庆市 | 0.4325 | 深圳 |
| 2011 | 9 | 0.2148 | 0.0591 | 肇庆市 | 0.4987 | 深圳 |
| 2012 | 9 | 0.2186 | 0.0585 | 肇庆市 | 0.5046 | 深圳 |
| 2013 | 9 | 0.2395 | 0.0648 | 肇庆市 | 0.5553 | 深圳 |
| 2014 | 9 | 0.2284 | 0.0639 | 肇庆市 | 0.4756 | 深圳 |
| 2015 | 9 | 0.2268 | 0.0670 | 肇庆市 | 0.5067 | 广州 |
| 2016 | 9 | 0.2106 | 0.0628 | 肇庆市 | 0.4701 | 广州 |
| 2017 | 9 | 0.2366 | 0.0671 | 肇庆市 | 0.5124 | 广州 |
| 2018 | 9 | 0.2436 | 0.0744 | 肇庆市 | 0.5179 | 广州 |

表 7 - 11　　　　　　　　　宁夏沿黄城市群社会协调发展水平的描述分析

| 年份 | 样本量 | 发展质量得分均值 | 发展质量得分最小值 | 发展质量得分最小值城市 | 发展质量得分最大值 | 发展质量得分最大值城市 |
|---|---|---|---|---|---|---|
| 2010 | 4 | 0.0469 | 0.0287 | 中卫市 | 0.0691 | 银川 |
| 2011 | 4 | 0.0493 | 0.0297 | 中卫市 | 0.0743 | 银川 |
| 2012 | 4 | 0.0505 | 0.0309 | 中卫市 | 0.0768 | 银川 |

续表

| 年份 | 样本量 | 发展质量得分均值 | 发展质量得分最小值 | 发展质量得分最小值城市 | 发展质量得分最大值 | 发展质量得分最大值城市 |
|---|---|---|---|---|---|---|
| 2013 | 4 | 0.0515 | 0.0322 | 中卫市 | 0.0824 | 银川 |
| 2014 | 4 | 0.0528 | 0.0314 | 中卫市 | 0.0838 | 银川 |
| 2015 | 4 | 0.0539 | 0.0314 | 中卫市 | 0.0852 | 银川 |
| 2016 | 4 | 0.0502 | 0.0288 | 中卫市 | 0.0801 | 银川 |
| 2017 | 4 | 0.0541 | 0.0320 | 中卫市 | 0.0871 | 银川 |
| 2018 | 4 | 0.0559 | 0.0304 | 中卫市 | 0.0931 | 银川 |

由表 7-10 可知，珠三角城市群社会协调发展水平较高，且该城市群总体社会协调发展水平排名第一，但是城市群中的城市社会协调发展水平高低不一，2010~2014 年深圳市蝉联榜首，在 2015 年广州市的社会协调发展水平反超深圳市，成为榜首并保持至今，珠三角城市群中有一半城市的社会协调发展处于中上水平，但佛山市、江门市、肇庆市、惠州市和中山市的社会协调发展水平则低于城市群的平均水平，佛山市和江门市的发展水平差强人意，肇庆市的社会协调发展水平自 2010 年开始接连垫底，城市社会协调发展水平较差；而宁夏沿黄城市群整体社会协调发展水平较低，位居中国城市群之末，其城市群内部各城市社会协调发展水平差距不大，银川市和石嘴山市的社会发展状况略优于吴忠市和中卫市，宁夏沿黄城市群内中心城市银川市的社会协调发展水平还达不到珠三角城市群社会协调发展的均值水平，与肇庆市的社会协调发展水平相近，说明宁夏沿黄城市群的社会协调发展水平亟待提升。

利用 ArcGis10.2 将珠三角城市群和宁夏沿黄城市群的各城市财政可持续性发展质量进行分级，如表 7-12 所示，从时间序列来看，珠三角城市群和宁夏沿黄城市群的社会协调发展水平随时间变动差异不大；从空间演化格局来看，珠三角城市群社会协调发展的高水平地区主要集中在深圳市、广州市周边，囊括珠海、东莞等几个城市，城市群边缘地带的肇庆市、江门市和惠州市社会协调发展水平都相对较差。整体来看，珠三角城市群的社会协调发展水平整体较高，位于中国南部沿海，有经济特区深圳坐镇，与香港、澳门两大特别行政区毗邻，有显著的区位优势，经济发展又快又好，同时亚热带气候适宜城市群内部动植物的生长，生态环境优异，但仍存在城市群内部间社会协调发展水平不均衡的问题，特大城市深圳市和广州市发展优势凸显，其他城市群与之存在着较大差距。而宁夏沿黄城市群社会协调发展的高水平地区主要集中在银川市，其他城市社会协调发展水平

表 7-12 **珠三角城市群和宁夏沿黄城市群社会协调发展水平分级**

| 城市群 | 城市 | 2012 年 | 2014 年 | 2016 年 | 2018 年 | 城市群 | 城市 | 2012 年 | 2014 年 | 2016 年 | 2018 年 |
|---|---|---|---|---|---|---|---|---|---|---|---|
| 珠三角 | 肇庆 | 低 | 低 | 低 | 低 | 宁夏沿黄 | 石嘴山 | 较低 | 较低 | 低 | 较低 |
| | 佛山 | 高 | 高 | 高 | 高 | | 银川 | 中等 | 中等 | 中等 | 中等 |
| | 广州 | 高 | 高 | 高 | 高 | | 中卫 | 低 | 低 | 低 | 低 |
| | 惠州 | 较高 | 较高 | 较高 | 较高 | | 吴忠 | 低 | 低 | 低 | 低 |
| | 东莞 | 高 | 高 | 高 | 高 | | | | | | |
| | 深圳 | 高 | 高 | 高 | 高 | | | | | | |
| | 中山 | 较高 | 较高 | 较高 | 高 | | | | | | |
| | 江门 | 中等 | 中等 | 中等 | 中等 | | | | | | |
| | 珠海 | 高 | 高 | 高 | 高 | | | | | | |

都处于低位。整体来看，宁夏沿黄城市群的社会协调发展状况整体较差，在城市群中处于底端，虽然宁夏地区在西部大开发实施后，经济有所发展，但经济发展的后劲不足，还遗留了不少的环境问题。宁夏沿黄地区位于生态环境脆弱的黄河流域上游，自身在发展中较好保持了产业竞争力优势，应当以此为基础，以严守生态红线为前提，联合黄河流域各区域城市，力求优势互补，完善产业分工与布局。

对比分析两城市群的社会协调发展水平，可以发现珠三角城市群包含了诸多较高社会协调发展水平的城市，而宁夏沿黄城市群中的社会协调发展水平则普遍较差，其中心城市银川市只有珠三角城市群的中游水平。整体来看，宁夏沿黄城市群的社会协调发展水平与珠三角城市群存在着极大差距，这也是我国区域社会协调发展水平差距的最大值，区域社会发展不平衡性再次凸显。

### 7.1.2.3　城市群社会发展资源集聚强度与整合门槛计算结果分析

根据上面社会发展资源集聚强度的计算原理，利用城市社会发展水平值计算出中国城市群所辖城市的社会发展资源集聚强度，并根据社会发展资源整合门槛的计算原理，分别计算出西部地区、东部地区、中部地区和东北部地区 4 类城市群的社会发展资源整合门槛值。其中，同一演化图中不同颜色的曲线代表不同的城市群，同一颜色不同节点的曲线则表示同一城市群内的不同城市，由于篇幅和图像空间限制，本书仅展示了城市群社会发展资源集聚强度高于整合门槛值的城市以及四大地区城市群内部分城市的集聚强度演化分析（见图 7 - 1）。

从图 7 - 1 可以发现，东北部城市群、东部城市群、中部城市群和西部城市群的社会发展的整合门槛值分别为 0.293、3.088、0.671 和 0.304。其中，东北部城市群中超过门槛值的城市只有 16 个，整体水平和门槛值都要低于其他地区的城市群，处于劣势；东部城市群中超过门槛值的城市有 24 个，且整体水平和门槛值都处于最高水平；中部城市群中超过门槛值的城市有 24 个，整体水平和门槛值虽然远低于东部城市群，但比西部城市群的势头要强劲，存在很大的提升空间；西部城市群中超过社会发展资源整合门槛值的城市虽然有 33 个，但是整体水平和门槛值的都处于较低水平。从时间序列来看，四大地区城市群的社会发展资源集聚强度变化都表现出一定的波动且微弱的上升，自 2015 年始有明显上升的趋势，除了 2017 年各城市群因重大战略调整导致集聚强度值出现异常波动之外，其他年份的基本都遵循这一演化趋势。此外，从图中可以看出我国城市群在当前阶段处于拮抗期后的上升阶段，城市都呈现出比较强劲的发展势头，城市群社会协调发展水平有望得到进一步提升。

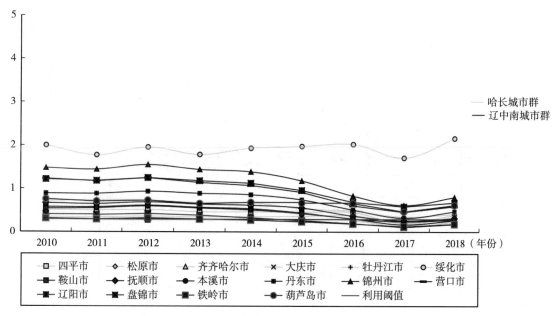

（a）

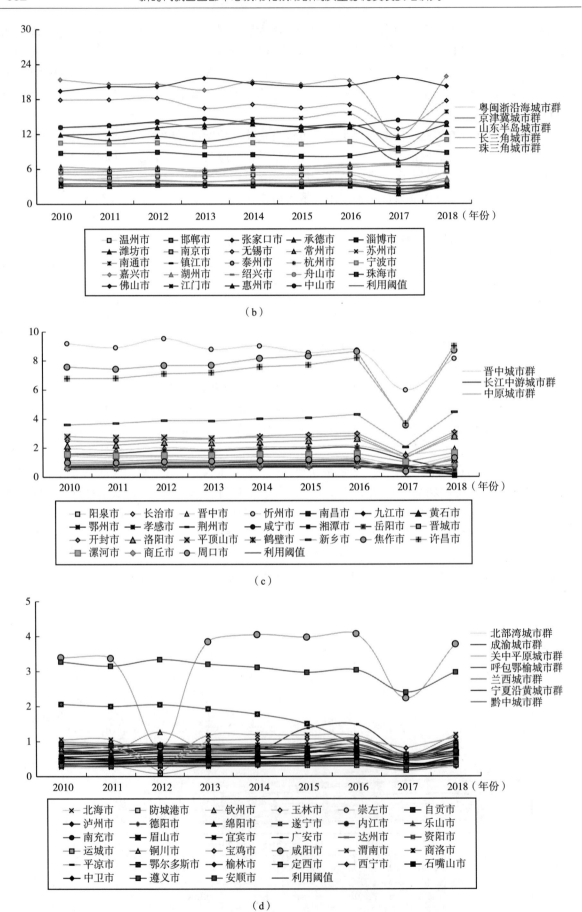

图 7－1　2010～2018 年中国城市群社会发展资源集聚强度演化

### 7.1.2.4　中心城市和城市群社会协调发展曲线的定量模拟与验证

社会发展是指构成社会的各种要素前进的、上升的变迁过程，社会协调发展则是指在社会发展的过程中，各个方面如经济、科技、环境、民生、资源等步调一致，相互协调发展。当下学者在致力于推动社会前进的同时，愈发关注发展的可持续性，协调是可持续发展的要求。发展与协调是合一的，以人为本是科学发展观的核心，也是协调的准则。本书基于城市集中发展理论、社会福利原理、中心地理论和演化经济地理理论，深入剖析城市群社会协调发展的攀升规律。

城市集中发展理论认为，经济活动的集聚会带动人口集聚，使城市的中心优势进一步体现，即人口会往经济发达的城市流动集中，城市群中的人口会流向经济比较发达的中心城市及其周边，一方面凸显城市中心优势，但另一方面会造成城市拥挤。人们期盼通过技术手段建造大量的高层建筑以提高密度和建立高效率的城市交通系统来解决城市拥挤问题，但当下的实际情况是大型及特大城市人口爆炸，人口承载严重过量，而边缘和边远城市缺少劳动人口，无法发展，这就需要促进人口就近城镇化，减少当地人口流失，降低城市群中心城市压力的同时促进边缘城市的发展，以提高城市群整体的社会协调发展水平。

社会福利原理认为，人们在进行社会经济活动时，应当致力于提高全社会的社会福利水平，本书对社会协调发展的研究正是侧重于公共服务和社会福利供给的均衡化，希望城市间广泛深入融合。在社会福利原理指导下，社会发展应当先创造尽可能多的社会财富，总量上富有了，个体才能尽可能多获益；接着要按照供求关系或社会系统的具体情况将人们分成多类人群，制定合理的规范来分配财富，使不同阶层和类型的人能享受发展成果，以保证社会福利不断提高。社会福利原理强调社会可持续发展需要维护各阶层的协调关系，不可在社会财富分配过程中过分维护某一部分人而损害其他人的正常需求，这就要求社会在发展过程中保证民众的基本公共服务要求和福利保障。那么促进社会福利均等化就是促进人口就近城镇化的合理途径。全国范围内各城市的物质基础、文化发展、公共服务、生活水平仍然参差不齐，国家东西区域之间、南北区域之间、城乡之间等差距较大，区域内人口向中心城市集中是因为社会福利分配不均衡，人们为了享受更好的报酬和福利而去往经济发达的大城市。近年来，总体社会协调发展水平呈现波动上升趋势，但在社会资源汇集整合到一定程度时，社会协调发展水平会有短暂的停滞甚至微弱的下降，当下这一问题在众多城市普遍存在，通过对这一发展规律的探究，有利于寻求社会高质量协调发展的有效路径。本书基于集聚效应和短板理论对城市群社会协调发展水平的攀升规律进行分析。

在集聚效应的作用下，城市群社会协调发展水平不断上升。中心地理论将中心地定义为区域内在交通网络上处于最关键位置的、能提供很广泛的商品和服务的地区，中心城市即为城市群的中心地，在中心地集聚的作用下，社会发展的物质资源、人力资源、能源资源都向中心城市集中，以期受益于中心城市的"技术溢出"和规模效应，使周边城市的发展水平在相对较短的时间内能有显著的提高。集聚效应和规模效应减少了区域发展的成本与时间，推动了整个城市群区域的社会发展。同时，周边城市向中心城市集聚加强了区域内城市间的联系与融合，加深了区域一体化的程度。对城市群内部城市来说，城市间的联合使得资源在城市群范围内流动，一方面，各城市能够取得自己发展所需却缺的资源，经济与科技水平的发展必然使得基础设施和公共服务改善，产业结构趋于合理化，地方财政能够有足够的底气进行生态保护；另一方面，其他城市也可抓住区域内城市的发展机遇，使得城市内原本不发达的产业行业得到发展，由此形成社会协调发展，人民生活各个方面都能提高。中心城市的辐射范围随着城市群的发展不断扩大，当现有城市群内资源的整合与利用达到瓶颈时，经过一段时间调整，城市群就会开始下一阶段的联合。集聚效应和规模效应在城市群范围内发挥作用，提高了城市群的社会协调发展水平，但这一过程并非平稳向上的，受制于资源的有限性，该上升过程存在波动与个体差异性。

在资源有限性和短板效应的作用下，城市群社会协调发展水平出现拮抗现象。城市的资源具有有限性，每个城市都有自己的"短板"，当区域内城市集聚，城市发展到一定程度时，必然会出现资源的短缺，从"短板"开始，部分资源不能跟上发展的需求，使得社会某一方面或几方面发展停滞，社会协调发展水平下降。简而言之，就是城市群内部中心城市发展壮大，辐射周边城市的同时吸引周边城市的各类发展资源，这些社会发展资源被整合与利用，服务于整个城市群的社会发展。资源在城市群内顺畅流通，提高了协调发展的水平。但是受各城市先天条件制约，且现有城市群范围内资源有限，两方面共同作用下，城市发展阻滞，社会协调发展水平随之受到影响，会产生停滞甚至是后退，这段时期就是城市群社会协调发展的拮抗期，如此，在城市联合中，城市群的社会协调发展水平是波动上升而非平稳前进的。社会发展的任何一个方面受到制约都会影响整体社会发展协调性，人口、生态、经济、基础设施等都与福利和公共服务密切相关，协调与发展是民生的关键。

根据上文中对城市群社会协调发展水平攀升规律的讨论，提出城市群社会协调发展水平呈波浪式攀升的规律，并由此建立基础函数模型（见图7-2）。关于城市群发展规律的探讨，方创琳（2020）提出城市群可持续发展的爬升机理，随之创建了城市群的可持续爬升函数曲线呈现城市群可持续爬升能力的动态演变过程。主体同样是城市群，但与之有所区别的是，本书探讨的攀升规律是根据城市群的社会协调发展状况和特征得到的结果，通过研究这一发展规律，城市群社会发展的可持续性和稳定性都会有明显的改善，实现高质量的、兼具公平和效率的发展。

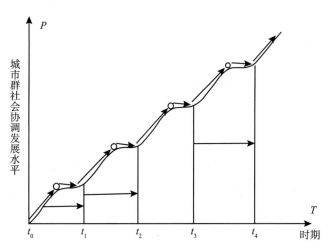

图7-2　城市群社会协调发展水平的演变规律基础函数模型

由图7-2可知，城市群在扩张的同时，会对周边城市的社会发展资源形成"虹吸效应"，这是城市群内部社会资源重新配置与利用的过程，由此促进社会福利均等化，但在拮抗期，社会协调发展水平受制会出现停滞甚至短暂倒退，故该趋势呈现出波浪式的上升。具体来说，就是城市群在形成中，当联合第N-1个城市的社会发展资源进行整合利用却不能使社会协调发展水平再有提升时，自然会联合第N个城市，吸收整合其社会发展资源以图提高自身协调发展能力；但在整合第N个城市的社会资源并发展一段时间后，城市群的社会协调发展水平仍可能在短期内无法再得到提升甚至略微下降，当一段时间后新的城市加入，新的资源进入区域补给，整个城市群的社会协调发展水平才会继续有显著提高。城市间不断联合，随着城市群规模的扩大，城市群的社会协调发展水平随时间推移呈现出波浪式攀升的态势。在城市融入早期，城市群的社会协调发展水平因为得到了资源补给逐渐上升；在后期，部分资源的供给跟不上总体的发展需求，社会协调发展疲乏，出现停滞甚至是下降的情况，类似一个个波浪在攀升向上，这就是城市群发育形成过程中社会协调发展水平所遵循的攀升规律。

城市群社会协调发展水平波浪式攀升曲线是一条随着时间推移和城市群规模扩大而形成的非线性复合型攀升曲线，展现了城市群社会协调发展水平波浪式攀升潜能的动态演变过程。根据波浪式攀升原理，将攀升曲线公式表达为：

$$C_t = kt + e^{|\alpha\sin(\beta t)|} \qquad (7-6)$$

其中，$C_t$ 表示 t 时期下城市群社会协调发展水平值；k 是线性函数斜率，即攀升率，表示城市群社会协调发展水平攀升潜力的变化率，且 $k = \Delta P/\Delta t$，$\Delta t$ 是函数的波动周期，且 $\Delta t = \pi/\beta$；$\alpha$ 是三角函数的振幅，表示城市群社会协调发展水平的阻滞系数；$\beta$ 表示城市群社会协调发展水平的周期系数，其中 $\pi/\beta$ 为三角函数频率。

城市群核心城市在发展的初期具有一定的社会协调发展水平，并非从 0 开始，故对核心城市分别赋予社会协调发展初始时间 $t_0$ 和社会协调发展水平的初始值 $C_0$，则优化后的公式具体表达为：

$$C_t = C_0 + k(t-t_0) + \{e^{|\alpha\sin[\beta(t-t_0)]|} - 1\} \qquad (7-7)$$

其中，$t_0$ 表示核心城市社会协调发展的初始时间，$C_0$ 表示核心城市社会协调发展水平的初始值，公式整体表示初期时间和初期城市群社会协调发展水平潜力指数值。

在攀升曲线中，攀升率表示城市群社会发展资源配置的整合速度。通过对上述曲线公式进行求导得到攀升曲线的攀升率，具体表达式如下：

$$C'_t = \begin{cases} k + \alpha\beta\cos[\beta(t-t_0)]e^{\alpha\sin[\beta(t-t_0)]}, & t \in \left[\dfrac{2k\pi+\beta t_0}{\beta}, \dfrac{\pi+2k\pi+\beta t_0}{\beta}\right] \\ k - \alpha\beta\cos[\beta(t-t_0)]e^{-\alpha\sin[\beta(t-t_0)]}, & t \in \left[\dfrac{\pi+2k\pi+\beta t_0}{\beta}, \dfrac{2\pi+2k\pi+\beta t_0}{\beta}\right] \end{cases} \qquad (7-8)$$

其中，$C'_t$ 表示攀升曲线的攀升率，是 $C_t$ 求导后所得，其大小表示城市群社会发展资源配置整合速度。

通过优化后的公式可得城市群社会协调发展水平波浪式攀升曲线模拟图（见图 7-3）。

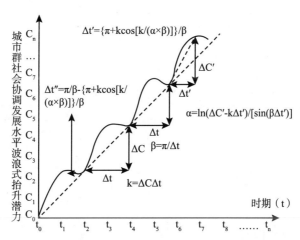

**图 7-3　城市群社会协调发展水平波浪式攀升曲线的定量解析图**

根据 2010~2018 年中国城市群社会发展水平的时间序列指数值，对中国城市社会协调发展水平波浪式攀升函数 $C_t = C_0 + k(t-t_0) + \{e^{|\alpha\sin[\beta(t-t_0)]|} - 1\}$ 进行多次曲线拟合，拟合所用程序代码如下：

```
t = [t_0; t_1; t_2; t_3; …; t_n];
y = [y_0; y_1; y_2; y_3; …; y_n];
c = fittype('y_0 + a * (t - t_0) + (exp(abs(b * sin(c * (t - t_0)))) - 1)', 'independent', 't');
```

```
plot(f,t,y);
f = fit(t,y,c);
cfun = fit(t,y,c)
```

通过运用 Matlab 软件对中国城市群社会协调发展水平攀升函数进行多次拟合，得到各城市群社会协调发展水平攀升曲线的最优函数公式，并据此绘制中国城市群社会发展水平攀升曲线拟合图（见表 7－13、图 7－4）。

表 7－13　　　　　　　　　中国城市群社会协调发展水平攀升曲线最优函数表达式

| 分类 | 城市群 | 最优函数表达式 |
|---|---|---|
| 重点建设国家级城市群 | 长三角 | $y_t = -9.019 - 0.0008846(t+42.4) + \{e^{\lvert 0.4164\sin(0.00453(t+42.4))\rvert} - 1\}$ |
| | 珠三角 | $y_t = -6.622 + 0.01388(t-19.46) + \{e^{\lvert 0.8686\sin(0.003505(t-19.46))\rvert} - 1\}$ |
| | 京津冀 | $y_t = -3.824 + 0.01645(t-3.586) + \{e^{\lvert 0.9614\sin(0.002032(t-3.586))\rvert} - 1\}$ |
| | 长江中游 | $y_t = -5.905 + 0.00539(t+90.02) + \{e^{\lvert 0.6457\sin(0.002913(t+90.02))\rvert} - 1\}$ |
| | 成渝 | $y_t = -5.553 + 0.01043(t-233.2) + \{e^{\lvert 0.9247\sin(0.003239(t-233.2))\rvert} - 1\}$ |
| 稳步建设区域级城市群 | 辽中南 | $y_t = 3.725 + 0.009963(t-394.1) + \{e^{\lvert 0.8597\sin(-0.00216(t-394.1))\rvert} - 1\}$ |
| | 山东半岛 | $y_t = -6.644 + 0.01501(t+597.3) + \{e^{\lvert 0.5757\sin(0.002647(t+597.3))\rvert} - 1\}$ |
| | 粤闽浙沿海 | $y_t = -6.719 + 0.01766(t-199.7) + \{e^{\lvert 0.4891\sin(0.003141(t-199.7))\rvert} - 1\}$ |
| | 哈长 | $y_t = -2.318 + 0.02843(t-367.9) + \{e^{\lvert 0.3733\sin(0.001534(t-367.9))\rvert} - 1\}$ |
| | 中原 | $y_t = -4.314 + 0.08275(t-464.8) + \{e^{\lvert 0.3031\sin(0.002889(t-464.8))\rvert} - 1\}$ |
| | 关中平原 | $y_t = -3.395 + 0.009016(t+149.9) + \{e^{\lvert 0.5452\sin(0.001657(t+149.9))\rvert} - 1\}$ |
| | 北部湾 | $y_t = -5.815 + 0.006743(t+233.3) + \{e^{\lvert 0.5712\sin(0.002679(t+233.3))\rvert} - 1\}$ |
| | 天山北坡 | $y_t = -9.155 + 0.01606(t-244.7) + \{e^{\lvert 1.064\sin(0.005322(t-244.7))\rvert} - 1\}$ |
| 引导培育地区级城市群 | 晋中 | $y_t = -6.356 + 0.01245(t+106.3) + \{e^{\lvert 0.3447\sin(0.003091(t+106.3))\rvert} - 1\}$ |
| | 呼包鄂榆 | $y_t = -3.361 + 0.01272(t-137.1) + \{e^{\lvert 0.9545\sin(0.001918(t-137.1))\rvert} - 1\}$ |
| | 滇中 | $y_t = -4.801 + 0.004155(t-288.2) + \{e^{\lvert 0.6763\sin(0.002913(t-288.2))\rvert} - 1\}$ |
| | 黔中 | $y_t = -17.57 + 0.01116(t+206) + \{e^{\lvert 0.4775\sin(0.00802(t+206))\rvert} - 1\}$ |
| | 兰西 | $y_t = -4.549 + 0.01173(t+261.7) + \{e^{\lvert 0.615\sin(0.002083(t+261.7))\rvert} - 1\}$ |
| | 宁夏沿黄 | $y_t = -5.13 + 0.06501(t+199.4) + \{e^{\lvert 0.1999\sin(0.002388(t+199.4))\rvert} - 1\}$ |

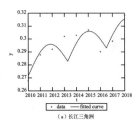 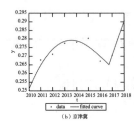 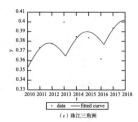 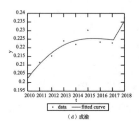

（a）长江三角洲　　　（b）京津冀　　　（c）珠三角洲　　　（d）成渝

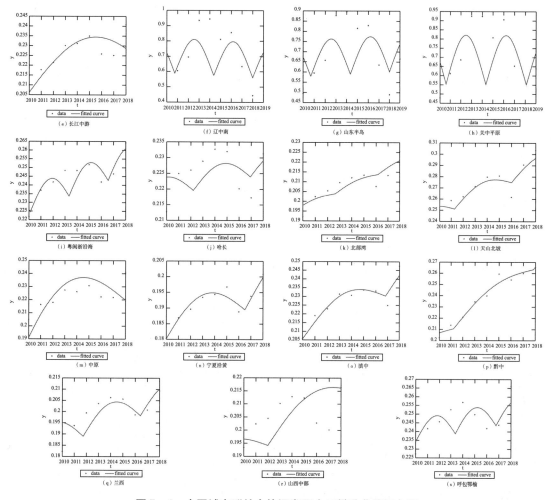

**图 7-4 中国城市群社会协调发展水平攀升曲线拟合图**

从图 7-4 可以发现，中国城市群社会协调发展水平拟合图的演化态势与中国城市群社会协调发展水平演化规律的基本原理图具有较大的相似性，中国城市群社会协调发展水平演化曲线的拟合效果较好，反映出了城市群社会协调发展水平呈波浪式攀升的发展态势。通过拟合，中国城市群社会协调发展水平演化规律得到了模拟验证，在城市群发展中具有普遍适用性，可采用中国城市群社会协调发展水平演化规律模型分析预测城市群社会协调发展水平的演化趋势。

### 7.1.3 研究发现与政策含义

#### 7.1.3.1 研究发现

本书基于耦合度模型探究中国城市群社会协调发展水平的演化规律，使用模拟验证的方法对中国城市群社会协调发展水平的演化规律进行全面识别把握，得出以下研究发现：

第一，中国城市群社会协调发展水平呈波浪式攀升的增长趋势。城市群社会协调发展水平的演化过程伴随着城市群的形成发育过程，并表现为伴随着城市群社会发展资源的集聚利用和城市群内部社会发展资源的整合优化和再配置，中国城市群社会协调发展水平呈波浪式爬升的增长趋势。城市集中发展理论表明，经济活动的集聚带动人口向中心城市集聚，现阶段许多中心城市尤其是特大城市人口爆炸，出现了中心城市人口承载过量而周边城市特别是边缘城市劳动人口过少的现象，促进城市群社会协调发展水平提升能缓解该现象，这就要求中心城市联合周边城市进行发展，推动区域社会福利均等化以加强人口就近城镇化。中心城市发挥集聚效应将周边城市的社会发展资源联合起来并通过整合优化再配置以促进城市群整体协调发展水平的提升，但是资源在重新配置与整合过程中，不同城市有着不同的先天条件和发展基础，短板效应使得城市群无法继续依赖现有城市进行协调水平提升，这一时期被称为拮抗期。为了挣脱拮抗期，中心城市寻求周边城市进行联合，这就是城市群社会协调发展水平的基本演化规律，通过对这一规律进行几何推理，并进一步测算城市群历年社会协调发展水平的增长值、历年攀升速度、平均攀升速度以及城市群历年社会发展资源集聚强度值和整合门槛值，可以确定城市群发育过程中中心城市对社会发展资源集聚—扩散效应的演化趋势。

第二，中国城市群的社会协调发展水平在空间上具有不均衡性。从整体上看，城市群之间与城市群内部诸城市之间的社会协调发展水平都存在较大差距，胡焕庸线准确地隔开了不同水平的地区，胡焕庸线以东地区城市群的社会协调发展水平明显优于以西地区城市群。此外，国家级城市群的社会协调发展水平都相对较高，远超区域级和地区级城市群，区域级城市群优于地区级城市群，但两类差距不大。综合来说，高协调度区域由国家级城市群逐步向区域级城市群和地区级城市群延伸，出现这种现象的原因可能是不同城市群区位条件不同，经济发展水平对社会协调发展的作用力水平不一，国家战略高度的城市群规划政策比地方政府批示的城市群规划政策对城市群发展的扶植力度大等。但是，部分经济欠发达地区城市群的社会协调发展水平超过经济发达地区的城市群，出现这一现象的原因可能有两点：一是西部欠发达地区虽然经济落后，但是城市群包含城市的数量较少，且地广人稀，资源较为丰富，人均有优势，城市群内社会发展资源在各城市之间整合配置，社会更容易协调发展，因此相较于城市较多且资源竞争激烈的东部地区，西部地区反而社会发展资源配置效率更高；二是西部各地区在发展时受到政府不同程度的政策倾斜以及东部地区的援助和溢出，使得该地区协调发展的推动力较大。

第三，本书运用熵权法和耦合协调度模型计算得出中国城市群的社会发展水平和社会协调发展水平并对之进行描述性统计。中国城市群的社会发展水平虽然有小幅波动，但总体呈增长趋势。城市群中心城市尤其是特大城市的社会发展水平远超其他城市，并且城市群中城市社会发展水平的变化以中心城市为圆心向周边城市递减。社会协调发展水平等级分布与社会发展水平等级分布基本一致，部分城市群如天山北坡和呼包鄂榆等城市群的社会发展水平不高，但是其社会协调发展水平较高，甚至超过了大部分城市群。国家级城市群的社会协调发展水平最高，区域级城市群次之，地区级城市群最末，珠三角城市群稳居榜首，宁夏沿黄城市群和关中平原城市群位于最末，社会协调发展水平总体上呈现出波浪式攀升的趋势。

第四，中国城市群社会协调发展水平攀升函数曲线得到了实践验证。通过构建城市间社会发展资源集聚强度模型，进一步探究了城市群内部社会发展资源的优化再配置过程，引入城市引力模型计算城市间的社会发展资源集聚强度和整合门槛值，并通过对 2010～2018 年中国城市群社会发展资源配置效率演化趋势进行了多次拟合验证。通过对中国城市群社会协调发展水平攀升函数曲线的构建和拟合验证发现，城市群之间的拟合曲线相似性较大，并且与各城市的社会发展资源集聚强度发展趋势相近，说明中国城市群社会协调发展水平攀升规律与社会协调发展水平攀升函数模型基本一致，在城市群发展中具有普遍适用性。中国城市群社会协调发展水平攀升曲线是一条随着时间推移和城市间联合发展而变动的波浪式攀升曲线，可采用社会协调发展水平攀升规律的函数模型来分析预测中国城市群社会协调发展水平的未来演化态势，以提升中国城市群社会协调发展水平，改善城市群的社会发展环境和条件，使人民生活质量和福利保障与社会发展水平同步提升，优化城市群发展的质量。

### 7.1.3.2 讨论

本书对社会发展协调发展的评估为探究如何使不同地区的人民共享发展成果、如何保障和提升人民生活水平、探究城镇化前进的科学方向及城市群社会发展资源集结利用存在什么规律方面提供了重要的理论与实证参考。根据前面的研究发现可以进行如下讨论：

第一，东部地区作为全国社会协调发展高水平区，有其独有的发展特性。东部、中部、西部地区的发展失衡是一直存在的，首先，东部地区多平原河流，自古人口喜欢集中在该区域，使得东部具备了区域发展所需的劳动力资源，其次，东部地区土地肥沃意味着东部农作物产量高，该地区相对富裕，资本比其他地区雄厚。东西部地区发展积累差距巨大，中央政策颁布后东部地区可以迅速反应，及时跟上，西部地区则会由于各种软硬件条件的欠缺无法贯彻，当其条件具备时早已错过政策的红利，东西部地区差距会进一步拉大。但随着科技的进步，自然条件不应当再成为发展的束缚，各地都应该发挥其禀赋优势，西部资源型企业的崛起很好体现了这点（宋哲等），西部地区拥有具备各自特征和优势的区域，应当挣脱固有思维观念的束缚，在新的技术条件下寻求发展的独特道路。

第二，与东部地区相比，西部地区的对外开放程度和外向性相对较低。东部地区拥有辽阔的海岸线和便利的地理位置，为对外贸易提供了天然的地理优势。特别是在上海、深圳等经济发达的沿海城市，已经形成了成熟而完善的外贸产业体系，成为我国的对外经济交往的重要窗口。而相较之下，西部地区由于其地理位置的特点，与海外市场的直接交往较少，外贸经验也相对缺乏。但这并不意味着西部地区在外贸方面没有优势。事实上，西部地区与多个邻国接壤，例如与印度、尼泊尔的交界地带以及西南部与缅甸、老挝的接壤地区。这为其提供了与这些国家开展陆上边境贸易的独特机会。为了发挥这一地理优势，中国政府已经明确提出发展边界贸易的策略，并在西部地区大力推进铁路建设。中国与老挝的跨国铁路于 2021 年底正式开通运营，这条铁路不仅具有运输量大、成本低的特点，而且在运输过程中受到的气象和季节影响也相对较小。因此，这将为西部地区的外向型经济发展提供了重要的物流支撑。同时，随着兴边富民行动的持续推进，西部地区的经济社会发展也进入了一个新的快速增长阶段。因此，西部地区应当抓住当前的有利时机，加快提升自身的外向型经济发展水平，从而逐步缩小与东部地区在经济发展上的差距。

第三，西部地区拥有广袤的土地面积，各城市之间的距离相对较远，这样的地理特点使得城市之间的紧密协作和联合发展变得更为困难。与经济更加集中的东部地区相比，西部的城市规模往往较小，这自然限制了它们的经济辐射范围和影响力。此外，由于西部地区基础设施的建设成本较高，同时，社会保障如教育、医疗的覆盖面也相对较小。这导致了学校、医院、公园等公共设施在各个区域间的共享难度增大。事实上，西部地区在经济结构上的第一产业比重长期高于其他地区，这样的产业结构特点不仅拖慢了当地的城镇化进程（苏建平等，2015），而且制约了社会福利和生活质量的进一步提升。面对这种局面，西部地区亟待进行产业结构的调整，寻求在科技、服务等高附加值产业上的突破，从而推动本地人口实现就近的城镇化。此外，应促进西部各城市之间的联动和互补，以便更有效地共享和利用各种资源和设施，提高整体的经济效益和居民生活水平。

第四，自从中部崛起政策的实施，中部地区已经展现出显著的经济增长和进步。这一政策不仅刺激了该地区的经济活动，而且加速了其现代化进程。然而，本书深入探究发现，虽然经济上呈现积极态势，但在社会协同发展方面，中部地区仍有待加强。尤其值得注意的是，中部地区对能源的依赖十分显著，这种依赖不仅导致了能源的供需失衡，还带来了一系列的可持续性问题（张文彬等，2020）。为确保中部地区未来的持续、稳定发展，必须重新审视其能源策略。这意味着中部地区需要深入开展能源革命，转向更为清洁和高效的能源消费模式。为此，除了淘汰那些高能耗且低产值的传统企业外，还应大力支持和鼓励新能源产业的发展和创新，从而确保中部地区在未来走上一条真正可持续的发展之路。

### 7.1.3.3　政策含义

通过对中心城市和城市群的社会发展水平进行测算，为全面了解城市群社会发展状况和协调发展水平提供了实证证据。我国西部中心城市和城市群实现高质量协调发展要增强发展的协调性，在地广人稀的客观条件下，增强中心城市的集聚和辐射能力、范围，实现区域协调发展，同时关注发展的方方面面，经济、社会、生态三方面发展要同步进行，实现整体的可持续发展。

第一，实现西部中心城市和城市群高质量协调发展要增强西部各地区基础设施建设和生态环境保护。本书对城市群社会协调发展水平进行分析时，发现西部大多城市群的社会协调发展水平处于中等及以下水平，即西部城市群存在社会发展结构不合理的问题，同时，西部城市群的社会协调发展存在空间不均衡性。西部地广人稀，生态环境脆弱，限制了经济的发展。这需要加大基础设施的建设强度与建设密度，并在此基础上提高各地区间的互通性和可达性，扩大中心城市的辐射半径。生态系统是西部地区的生命系统，其休整与保护是西部需要重视的长期工作任务，对它的保护力度应当随着地区经济发展而相应提升。

第二，实现西部中心城市和城市群高质量协调发展要提高西部地区发展的外向性。东部地区与西部地区距离太远，其互动有着地理障碍和时间劣势，西部地区自身的条件使得它必然要走与东部地区迥异的发展道路。中部地区与西部相邻，但其社会协调发展水平也不高，无法助力西部。在此情况下，西部要寻求发展的动力，就需要向外延伸，从哈萨克斯坦、印度、尼泊尔、老挝等国家获得发展资源，建立起贯穿南北、连接东西的商路，成为我国西部一扇对外打开的窗户，依靠自身的区位优势实现发展。

## 7.2　基于 POI 大数据的西部城市群社会发展空间分布特征及影响因素研究

### 7.2.1　研究目的与方法

#### 7.2.1.1　研究目的

"十四五"规划和 2035 年远景目标纲要提出："坚持走中国特色新型城镇化道路，深入推进以人为核心的新型城镇化战略，以城市群、都市圈为依托促进大中小城市和小城镇协调联动、特色化发展，使更多人民群众享有更高品质的城市生活。"城市是人民参与社会融合，享受社会福利的重要空间主体单元。近年来，我国城市社会发展取得了积极进展，城市的物质基础、文化发展、公共服务、生活水平都有了长足进步，但城市群社会协调发展仍面临许多问题。首先，不同城市的社会发展差距不断扩大，导致社会矛盾在经济发展过程中不断累积、挤压，不利于国家及地区长期稳定健康的经济社会发展形势；其次，城市群公共服务供给极不均衡、缺乏广泛的社会参与表达诉求的体制机制、社会治理手段单一，效率较低。面对我国经济发展下社会矛盾增多、阻力加大、结构失衡等日益严重的社会问题，我国需要以城市群为关键节点，探索城市群社会发展模式，从而对城市群社会发展空间格局进行优化，建立城市群内部较为均衡的公共服务供给体系，协调不同城市间的发展利益。一方面，通过利益补偿机制缩小各城市的发展差距，有助于避免城市群发展的结构失衡；另一方面，优化城市群社会融合与社会服务空间格局，形成城市群内部的资源有效利用和公共服务效益的最大化，有助于以社会发展差距为基础打破地区间、城乡间的社会隔阂。因此，准确把握城市群社会发展空间分异特征及影响因素，找准城市群社会发展模式，针对性地优化城市群社会发展格局，对于缩小城市间发展差距，推动不同地区人民共享发展成果，实现共同富裕具有重要的现实意义。

国内外在城市群社会发展领域的相关研究非常少，但在社会发展领域的研究十分丰富，基于指标衡量视角，俄罗斯学者（Бобылев et al.，2017）认为人类发展指数是用于评估社会发展的最常见的指标之一，因此采用人力资本、社会健康指数、人均收入、平均生活成本和地理规模指数作为指标体系，研究俄罗斯联邦各地区的社会发展现状。基于原理视角，邓（Deng，2019）认为社会认知科学极大地丰富和发展了社会发展的理论、观点和研究方法，两学科的融合是研究社会发展的一个重要发展方向。基于建设视角，瑞贝罗（Ribeiro，2017）认为小企业和企业家精神在经济和社会发展中发挥着重要作用。国内对社会发展的研究较为丰富，可追溯到 1998 年，张建等（1998）以 21 世纪研究生为研究对象，认为素质教育是中国社会发展需要之本，通过培养和提升研究生素质教育，使其能创造经济、政治和精神价值，促进社会发展的全面建设。随着研究的不断深入，目前该领域的研究主要集中在社会发展趋势和经济社会发展方面，如：马明清等（2019）基于"一带一路"的政策背景，运用无监督方法和监督方法构建了社会稳定度量模型来研究"一带一路"沿线 25 个国家的社会发展态势；左其亭（2021）运用 Super – SBM 模型研究黄河流域水资源利用效率及其时序特征和空间分布特征，并结合 Tapio 脱钩理论构建了探究水资源利用水平与经济发展、社会发展的关系。

可以看出，目前针对城市群社会发展的相关研究稀少，对城市群社会发展的整体评价和研究更为稀缺且存在一定局限性：一方面，以往研究忽视了社会发展空间分布对城市群发展的重要作用，缺少对城市群的社会发展空间特征的系统整理与空间分异性研究；另一方面，研究方法多为传统的计量分析，缺少 GIS 空间分析与现代大数据方法的结合。为此，本书运用大数据、GIS 空间分析以及地理探测器等方法研究我国 19 个城市群的社会发展空间分布特征及影响因素。其中，大数据快速、高效的特点使其能够避免传统官方数据更新较慢、易缺失等问题，提高研究精度；地理探测器与传统计量方法相比，能够有效探测空间分异性，并解释其背后驱动力。综上，基于 POI 大数据分析中国城市群社会发展空间分布特征，并运用地理探测器分析其影响因素，具有重要理论意义。

### 7.2.1.2　研究方法

平均最近邻：根据平均最近邻算法得到的最近邻指数（NNI，Nearest Neighbor Indicator）可以用来判断要素在某区域内是否聚集，不同要素在同一区域的聚集程度如何。

平均预期距离：

$$\overline{D}_E = \frac{0.5}{\sqrt{n/S}} \qquad (7-9)$$

其中，$\overline{D}_E$ 是平均预期距离，样本量为 n，研究区域面积为 S。平均预期距离是计算观测距离前计算的假设要素是随机分布时的平均距离。

实际平均观测距离：

$$\overline{D}_O = \frac{\sum\limits_{i=1}^{n} d_i}{n} \qquad (7-10)$$

其中，$\overline{D}_O$ 是实际平均观测距离，$d_i$ 表示第 i 个要素与其最近要素质心之间的距离。

平均最近邻指数：

$$NNI = \frac{\overline{D}_O}{\overline{D}_E} \qquad (7-11)$$

若 NNI < 1，就表示要素在空间上是聚集的；若 NNI > 1，则表示要素在空间上是离散的。NNI 越接近 1，表示要素在空间上越是随机分布的；NNI 越接近 0，则表示要素的聚集程度越高，聚集现象越明显。

核密度分析：运用核密度分析工具计算要素在其周围邻域中的密度，探析要素在空间的聚集规律，判断其空间结构类型。计算公式如下：

$$H_n(x) = \frac{1}{nr} \sum\limits_{i=1}^{n} f\left(\frac{x - x_i}{r}\right) \qquad (7-12)$$

其中，x 表示要素的位置，n 为样本个数，r 表示以要素 x 为圆心形成的圆形区域的半径，$x_i$ 则表示圆形区域内的要素位置，f 为核函数。

标准差椭圆：标准差椭圆是依据要素坐标位置计算出的圆心、旋转角度和 x、y 轴长度计算得出的一个椭圆。运用标准差椭圆度量要素的分布趋势和方向，椭圆的短半轴表示要素分布的范围，长半轴表示要素的分布方向，短半轴越短，表示要素的向心力越强；同时，长半轴与短半轴的差越大，说明要素的方向性越显著，反之则不显著。

旋转角度：

$$\tan\theta = \frac{(\sum_{i=1}^{n} \Delta x_i^2 - \sum_{i=1}^{n} \Delta y_i^2) + \sqrt{(\sum_{i=1}^{n} \Delta x_i^2 - \sum_{i=1}^{n} \Delta y_i^2)^2 + 4(\sum_{i=1}^{n} \Delta x_i \Delta y_i)^2}}{2\sum_{i=1}^{n} \Delta x_i \Delta y_i} \tag{7-13}$$

其中，$\theta$ 表示旋转角度，$\Delta x_i$、$\Delta y_i$ 表示圆心与第 i 个要素的坐标差。

圆心坐标：

$$SDE_x = \sqrt{\frac{\sum_{i=1}^{n} (x_i - \overline{X})^2}{n}} \tag{7-14}$$

$$SDE_y = \sqrt{\frac{\sum_{i=1}^{n} (y_i - \overline{Y})^2}{n}} \tag{7-15}$$

其中，$SDE_x$ 与 $SDE_y$ 分别代表了圆心的横坐标与纵坐标，$x_i$、$y_i$ 表示第 i 个要素的横坐标与纵坐标，$\overline{X}$、$\overline{Y}$ 是算术平均中心。

x、y 轴长：

$$\sigma_x = \sqrt{2}\sqrt{\frac{\sum_{i=1}^{n} (\tilde{x}_i\cos\theta - \tilde{y}_i\sin\theta)^2}{n}} \tag{7-16}$$

$$\sigma_y = \sqrt{2}\sqrt{\frac{\sum_{i=1}^{n} (\tilde{x}_i\sin\theta + \tilde{y}_i\cos\theta)^2}{n}} \tag{7-17}$$

其中，$\tilde{x}_i$、$\tilde{y}_i$ 是平均中心和 x、y 坐标的差。

局部莫兰指数：局部莫兰指数可以探析要素在空间上的具体聚集现象，判断相邻区域的空间联系形式。主要有 4 种空间联系形式，分别为：高观测值区域单元被高值区域包围、高观测值区域单元被低观测值包围、低观测值区域单元被高值区域包围和低观测值区域单元被低值区域包围。其计算公式如下：

$$I = Z_i \sum_{j \neq 1}^{n} W_{ij} Z_j \tag{7-18}$$

其中，I 表示局部莫兰指数，$Z_i$、$Z_j$ 表示各区域标准化后的观测值，$W_{ij}$ 表示要素 i 与要素 j 的空间权重。

地理探测器：地理探测器是基于统计学原理探测因变量与自变量间空间关系的一种新分析工具，由分异及因子探测、交互作用探测、风险区探测和生态探测 4 部分组成。其中，分异及因子探测主要用于探测因变量的空间分异性及自变量对因变量空间分异性的解释能力程度；交互作用探测主要用于探测不同自变量间的共同作用是否会改变对因变量空间分异性的解释能力；风险区探测主要用于判断两个子区域间的属性是否存在明显差异；生态探测主要用于比较不同自变量对因变量空间分布的影响是否有显著的差异。

本书重点研究分异及因子探测和交互作用探测，这两种探测器均使用 q 值来度量。其计算步骤为，先将因变量 Y 与自变量 X 分为 h 层（h = 1，…，l），计算层 h 和全区的 Y 值的方差 $\sigma_h^2$ 和 $\sigma^2$，最后计算 q 值来度量自变量 Y 的空间分异性，其表达式为：

$$q = 1 - \frac{\sum_{h=1}^{L} N_h \sigma_h^2}{N \sigma^2} = 1 - \frac{SSW}{SST} \tag{7-19}$$

其中，$q \in [0, 1]$，SSW 是层内方差之和，SST 是全区总方差，q 值越大则表示因变量 Y 的空间分异性越明显，自变量 X 对 Y 的空间分异性的解释能力越强。

交互作用探测首先需要计算两个不同自变量的 q 值，即 $q(X_1)$ 和 $q(X_2)$，再计算它们交互时的 q 值，即 $q(X_1 \cap X_2)$，通过比较 $q(X_1)$、$q(X_2)$ 和 $q(X_1 \cap X_2)$ 来识别不同自变量之间的交互作用，交互作用类型如表 7 – 14 所示。

表 7 – 14　　　　　　　　　　　两个自变量对因变量的交互作用类型

| 判断依据 | 交互作用 |
| --- | --- |
| $q(X_1 \cap X_2) < \text{Min}(q(X_1), q(X_2))$ | 非线性减弱 |
| $\text{Min}(q(X_1), q(X_2)) < q(X_1 \cap X_2) < \text{Max}(q(X_1), q(X_2))$ | 单因子非线性减弱 |
| $q(X_1 \cap X_2) > \text{Max}(q(X_1), q(X_2))$ | 双因子增强 |
| $q(X_1 \cap X_2) = q(X_1) + q(X_2)$ | 独立 |
| $q(X_1 \cap X_2) > q(X_1) + q(X_2)$ | 非线性增强 |

#### 7.2.1.3　数据来源与预处理

社会发展 POI 大数据：通过分析与社会发展相关的现有文献，结合 POI 数据特性，将社会发展分为社会福利和社会融合两种类型来衡量城市群的社会发展，社会福利在广义上是指改善人们物质和文化生活的一切措施，狭义上是指向困难群体提供的带有福利性的社会支持，本书重点研究带有福利性的社会支持，因此将社会福利进一步分解为养老服务设施，儿童、残障人士福利设施，保险服务设施和医疗保险服务设施 4 个方面。社会融合这一概念，不同的学者有不同的理解，主要表现在两个方面：一是融合程度，即个人或群体间的差距和不平等情况；二是融合方式，即社会联系、互动和纽带的建设情况。本书将社会融合进一步分解为交通设施、科教文化设施、移民管理设施和民族服务设施 4 个方面，并根据此指标体系，从百度地图上抓取 2021 年 10 月份的 POI 数据，通过筛选、去重和清洗等数据处理，最终选用以下 POI 类型作为社会发展的衡量指标，可用数据共计299.5 万条，如表 7 – 15 所示。

表 7 – 15　　　　　　　　　　　社会发展 POI 评价指标体系

| 目标层 | 社会发展类型 | 社会发展要素 | POI 类型 |
| --- | --- | --- | --- |
| 社会发展 | 社会福利 | 养老服务设施 | 福利院、疗养院、养老院、老年活动中心 |
| | | 儿童、残障人士福利设施 | 孤儿院、残疾人康复中心、慈善机构、残联 |
| | | 保险服务设施 | 劳动保险、社会保险等政府机关、社保局 |
| | | 医疗服务设施 | 综合医院、专科医院、诊所、药房、疗养院、急救中心、疾控中心等 |
| | 社会融合 | 交通设施 | 机场、火车站、汽车站、地铁站、港口、公交车站等 |
| | | 科教文化设施 | 幼儿园、小学、中学、高等院校、职业技术学校、文化宫 |
| | | 移民管理设施 | 移民管理局、移民安置办公室等政府机关、移民安置小区 |
| | | 民族服务设施 | 民族学校、民族宗教事务局、民族事务委员会、民族事务办公室等政府机关 |

影响因素数据：研究各城市群社会发展空间分异性的相关文献较少，因此在梳理了近年来研究我国社会发展影响因素的相关文献后，结合前人的研究，将影响社会发展空间分布的因素分为两个方面，分别是人口因素和社会经济因素，并选定了 5 个代理变量，分别为人口规模、人口流动情况、经济发展水平、财政能力和产业结构，其中，人口规模用人口密度来衡量，人口流动情况用人口密度年差值来衡量，即 2020 年人口密度与 2019 年人口密度之差，经济发展水平用 GDP 来衡量，

财政能力用地方政府一般预算支出来衡量,产业结构用第三产业产值占比来衡量,如图7-5所示。

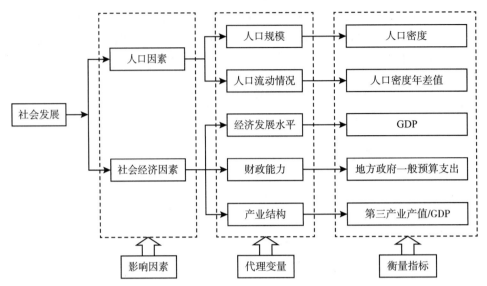

图7-5　社会发展空间分布的影响因素及其代理变量

人口与社会发展之间的关系一直是学术界中研究的热点,人口密度大的城市群,具有较大的生产力水平,经济得到快速发展,进而提升社会福利水平,同时,人口密度大的城市群也对其社会融合工作带来一定挑战;人口流动情况可以反映出城市群中人们对该城市群社会、生活和文化的认同感,此外,人口流动大的城市群需要花费更多的财力、物力来提升社会融合水平,增加了其社会融合的难度,是影响城市群社会融合的重要因素。本书用2020年人口密度和人口流动情况来表示影响城市群社会发展空间分布的人口因素,数据来源于Worldpop平台、各市国民经济和社会发展统计公报及政府网站公布的数据。

社会经济因素是社会发展的重要影响因素,经济发展水平和财政能力是提升社会福利的经济基础,拥有较好的经济基础可以提升对各种基础设施和民生工程的投入力度,提供更好的产品和服务,提升城市群间的社会联系和互动,缩小人们文化和生活水平的差距,进而提升城市群的社会发展水平。第三产业主要是服务业,服务业与人们的日常生活息息相关,能够为人们提供生活和工作上的便利,其涉及范围广,劳动力需求大,也因此能够吸纳较多的就业人口,提升了社会福利水平,但也加大了促进社会融合工作的难度。本书用2020年GDP、地方政府一般预算支出和第三产业产值占比来表示社会经济因素,数据来源于中国科学院、各市国民经济和社会发展统计公报及政府网站公布的数据。

由于目前没有城市群相关的官方统计数据,因此,城市群的相关数据用该城市群中各城市和的均值来表示,需要特别说明的是,由于数据的可得性,城市群基础设施空间分异性影响因素的研究数据中不包含县区级行政区、香港特别行政区和澳门特别行政区。

## 7.2.2　测算结果与空间分析

### 7.2.2.1　城市群社会发展空间分布的基本模式

首先,对城市群社会发展聚散特征及宏观分布格局进行分析。

城市群各社会发展类型是否聚集、在空间上的聚集程度如何,是研究城市群社会发展空间布局的前提,运用平均最近邻算法和核密度分析,计算各城市群社会福利和社会融合的最近邻指数和核密度。平均最近邻算法结果显示,各城市群社会福利和社会融合的NNI均小于1,如表7-16所示，说明社会福利和社会融合在各城市群中都存在着聚集现象；各个城市群的社会福利 NNI 指数普遍高于社会融合 NNI 指数，表明各城市群社会福利的聚集程度均高于社会融合的聚集程度。天山北坡城市群社会福利和社会融合的 NNI 均远小于 1，说明各产业在该城市群的聚集程度较高，这与其地理位置有较强的关联，天山北坡城市群地广人稀，社会发展聚集区多集中于人口密度较大、资源丰富的地区，这也是导致社会发展空间聚集现象形成的因素之一。

表 7 – 16　　　　　　　　　　　　　中国城市群社会发展平均最近邻比率

| 社会福利平均最近邻比率 | | 社会融合平均最近邻比率 | |
| --- | --- | --- | --- |
| 取值范围 | 城市群 | 取值范围 | 城市群 |
| 0.088 ~ 0.101 | 天山北坡、哈长 | 0.130 ~ 0.146 | 天山北坡、呼包鄂榆 |
| 0.102 ~ 0.148 | 兰西、宁夏沿黄、呼包鄂榆、辽中南、滇中、黔中、北部湾 | 0.147 ~ 0.186 | 兰西、宁夏沿黄、哈长 |
| 0.149 ~ 0.176 | 晋中、关中平原、成渝、珠三角 | 0.187 ~ 0.234 | 晋中、关中平原、辽中南、成渝、滇中、黔中、北部湾 |
| 0.177 ~ 0.200 | 京津冀、长江中游、粤闽浙沿海 | 0.235 ~ 0.269 | 京津冀、长江中游、珠三角、长三角 |
| 0.201 ~ 0.246 | 山东半岛、中原、长三角 | 0.270 ~ 0.315 | 山东半岛、中原、长三角 |

其次，对城市群社会发展空间分布模式进行分类。

运用 ArcGis 软件，计算各城市群三类产业在其范围内的核密度，采用自然间断法将核密度划分为 1 ~ 8 级，结合河流、铁路干线和国道分布特征分析各城市群的社会发展空间分布规律和模式，并进行分类讨论和研究。通过研究发现，城市群社会发展空间布局的分布模式主要呈现连片集簇、多极核组团、带状分布和放射扩展类型，由此将社会发展空间分布划分为 4 种布局类型：集中团块型、分散组合型、线型和放射型。

从表 7 – 17 中可以看出，长三角、珠三角、京津冀的社会发展空间结构均为集中团块型，这类城市群均是沿海城市群，其高密度区多分布于沿海城市，且经济发展水平较高，铁路干线、国道、河流分布较多。山东半岛、长江中游、粤闽浙沿海城市群均符合分散组合型的社会发展空间分布模型，如长江中游在空间上呈现特殊的"三角形"状分布，山东半岛拥有 6 个城市中心，是所有城市群中高密度区最多的城市群。宁夏沿黄、天山北坡和关中平原等城市群的社会发展空间分布模式均属于线型分布模式。该类城市群只有一个高密度区，均位于铁路干线与国道的交会中心，且该类城市群均属于西部城市群。滇中是典型的一点多线的放射扩散模式，成渝、中原则是典型的多点多线的放射扩散模式，同属于放射型的城市群还有哈长、晋中、呼包鄂榆、黔中、兰西、辽中南和北部湾。

表 7 – 17　　　　　　　　　　　　　中国城市群社会发展空间分布类型

| 分布类型 | 空间分布模式特征 | 城市群 |
| --- | --- | --- |
| 集中团块型 | 连片集簇：高密度区较多，密度区分布较密集，呈块状分布 | 长三角、珠三角、京津冀 |
| 分散组合型 | 多极核组团：拥有 3 个或 3 个以上的高密度区 | 山东半岛、长江中游、粤闽浙沿海 |
| 线型 | 带状分布：密度区多集于铁路干线、河流两侧，呈带状分布 | 宁夏沿黄、天山北坡、关中平原 |
| 放射型 | 放射扩展：密度区沿着铁路干线和国道两侧分布，其他区域密度区较少且分布较为离散，总体呈现一点多线或多点多线的放射扩散模式 | 滇中、成渝、中原、哈长、晋中、呼包鄂榆、黔中、兰西、北部湾、辽中南 |

总体来看，社会发展空间分布类型中属于放射型分布模式的城市群最多。放射型和线型分布模式的密度团块数量普遍少于分散组合型和集中团块型。从地理位置的角度看，西部城市群的社会发展空间布局类型均属于线型或放射型分布，且均只有一个高密度区，高密度区多位于铁路、国道和河流交会处，社会发展空间分布多依赖于路网体系和河流；东部城市群均属于集中团块型或分散组合型的社会发展空间分布类型，具有多个高密度区，且高密度区数量较多。从经济发展的角度看，经济发展水平较高的城市群均为集中团块型或分散组合型，其社会发展分布范围广、分布密度较大、路网体系十分成熟。经济发展水平较低的城市群的社会发展空间分布类型多属于线型或放射型，该类城市群社会发展聚集的程度较低。此外，单中心城市群的社会发展空间分布只有一个高密度区，双中心城市群的社会发展空间分布有多个高密度区，城市群的社会发展空间分布与城市群的空间结构划分保持一致。

#### 7.2.2.2 城市群社会发展空间分布的构成特征

根据城市群社会发展空间分布模式的分类结果，在每种类型中选取最符合分类特征的城市群进一步分析其社会发展要素的空间分布特征。结合标准差椭圆和局部莫兰指数等方法，选择社会福利中的儿童、残障人士福利设施，养老服务设施和社会融合中的科教文化设施和移民管理设施来探究社会发展要素的集聚分布和发展方向。

第一，集中团块型城市群社会发展空间分布特征。

集中团块型的代表城市群是珠三角城市群。珠三角城市群是全国经济发展的重要引擎，是我国人口集聚最多、创新能力最强、综合实力最强的城市群之一，该城市群同属一个省管辖，一体化发展位于前列，是我国重点建设的城市群。总体来看，珠江三角洲的部分社会发展要素的空间分布类型与该城市群整体的空间分布类型一致；各社会发展要素的空间向心力和发展方向有所差异；整体呈现"中间高，两边低"的空间集聚模式。如表7-18所示。

表7-18　　　　　　　　　　珠三角城市群社会发展空间分布特征

| 分布特征 | 社会福利 | 儿童、残障人士福利设施 | 养老服务设施 | 社会融合 | 科教文化设施 | 移民管理设施 |
|---|---|---|---|---|---|---|
| 高高聚集 | 深圳、东莞、香港特别行政区 | 佛山、东莞 | 佛山 | 广州、深圳、佛山、东莞 | 佛山、东莞、香港特别行政区 | 深圳、惠州、香港特别行政区 |
| 高低聚集 | 广州 | 广州、深圳 | 广州、深圳 | — | 广州、深圳 | 广州 |
| 低高聚集 | 惠州 | 肇庆、惠州、中山、香港特别行政区 | 肇庆、惠州、东莞、中山、香港特别行政区 | 肇庆、惠州、香港特别行政区 | 肇庆、惠州、中山 | 东莞 |
| 低低聚集 | 珠海、佛山、江门、肇庆、中山、澳门特别行政区 | 珠海、江门、澳门特别行政区 | 珠海、江门、澳门特别行政区 | 珠海、江门、中山、澳门特别行政区 | 珠海、江门、澳门特别行政区 | 珠海、佛山、江门、肇庆、中山、澳门特别行政区 |
| 空间分布类型 | 集中团块型 | 集中团块型 | 放射型 | 集中团块型 | 集中团块型 | 放射型 |
| 极核中心 | 香港特别行政区 | 广州 | 广州 | 广州、深圳、香港特别行政区 | 广州、深圳、香港特别行政区 | 广州、惠州、香港特别行政区 |
| 标准差椭圆空间格局 | 东（略偏南）—西（略偏北） | 东（略偏南）—西（略偏北） | 东（略偏南）—西（略偏北） | 东（略偏南）—西（略偏北） | 东（略偏南）—西（略偏北） | 东（略偏北）—西（略偏南） |

具体来看，珠三角城市群社会发展要素空间分布特征主要表现在以下几个方面：一是社会福利只有一个城市中心，社会融合有多个城市中心；社会福利的城市中心为香港，社会融合的城市中心

为广州、深圳和香港，表明这些城市对该城市群的社会发展具有重要的影响和带动作用。二是养老服务与移民管理设施的空间分布模式为放射型，与该城市群整体的空间分布类型不一致，其中，养老服务设施的城市中心为广州市，密度团块沿着国道向周围扩散，移民管理设施的城市中心为广州、香港和惠州，密度团块沿着国道和河流向周围扩散。三是社会福利与社会融合的向心力与分布方向相似，但其要素有较大差异，其中移民管理设施的向心力最弱，分布方向为东偏北方向，表明该城市群的移民管理分布不够集中。四是广州是社会发展聚集的绝对高值区域，但其辐射带动周边城市提高社会福利水平的能力还有待提升。

第二，分散组合型城市群社会发展空间分布特征。

分散组合型的代表城市群是山东半岛城市群。山东半岛城市群城市密集，综合交通网络发达，产业基础雄厚，经济发展水平较高，城镇体系较为完善，又是沿海城市，是东北亚区域合作的前沿阵地，这些特征，也让山东半岛城市群中产生了多个高密度区。总体来看，山东半岛城市群大部分社会发展要素具有多个高密度区；各社会发展要素的向心力大致相同，分布方向均与该城市群整体区域形状吻合；整体空间分布呈"左低右高"的聚集模式，如表7－19所示。

表7－19　　　　　　　　　　　　山东半岛城市群社会发展空间分布特征

| 分布特征 | 社会福利 | 儿童、残障人士福利设施 | 养老服务设施 | 社会融合 | 科教文化设施 | 移民管理设施 |
|---|---|---|---|---|---|---|
| 高高聚集 | 青岛、烟台、潍坊 | 青岛、烟台 | 烟台 | 青岛、烟台、潍坊 | 潍坊、济宁、聊城、菏泽 | — |
| 高低聚集 | 济南、济宁、临沂 | 济南、潍坊、济宁、临沂 | 济南、青岛、淄博、泰安 | 济南、济宁、临沂 | 济南、青岛、临沂 | 济南、青岛、泰安、德州、菏泽 |
| 低高聚集 | 淄博、枣庄、东营、泰安、威海、日照、德州、聊城、菏泽 | 淄博、枣庄、泰安、威海、日照、德州、聊城、滨州、菏泽 | 潍坊、威海、日照、聊城 | 淄博、枣庄、泰安、威海、日照、聊城、滨州、菏泽 | 淄博、枣庄、烟台、泰安、日照、德州 | 淄博、烟台、济宁、日照、聊城、滨州 |
| 低低聚集 | 滨州 | 东营 | 枣庄、东营、济宁、临沂、德州、滨州、菏泽 | 东营、德州 | 东营、威海、滨州 | 枣庄、东营、潍坊、威海、临沂 |
| 空间分布类型 | 分散组合型 | 放射型 | 放射型 | 分散组合型 | 分散组合型 | 放射型 |
| 极核中心 | 济南、青岛、烟台、潍坊、淄博、临沂、济宁和泰安 | 济南、青岛 | 青岛、泰安 | 济南、青岛、潍坊、临沂、济宁、日照 | 济南、泰安、聊城、济宁、潍坊、青岛、临沂 | 济南、泰安 |
| 标准差椭圆空间格局 | 东北—西南 | 东北—西南 | 东北—西南 | 东北—西南 | 东北—西南 | 东北—西南 |

具体来看，山东半岛城市群各社会发展要素空间分布特征主要表现在以下几个方面：一是社会福利和社会融合均有多个城市中心，社会福利的城市中心为济南、青岛、烟台、潍坊、淄博、临沂、济宁和泰安，社会融合的城市中心为济南、青岛、潍坊、临沂、济宁和日照，表明这些城市对该城市群的社会发展具有重要的影响和辐射带动作用，其中，济南和青岛是该城市群社会发展的第一城市中心，说明济南和青岛对该城市群社会发展的作用力最大。二是科教文化设施的空间分布模式与城市群整体空间分布类型一致，但养老服务设施，儿童、残障人士福利设施和移民管理设施均为放射型，密度团块沿着国道向周围扩散。三是社会发展各要素的向心力差异较小，分布方向为东北方向，与城市群的整体区域形状吻合，其中移民管理设施的方向性最显著。四是济南和青岛是社会发展聚集的绝对高值区域，相较于济南，青岛的辐射带动力更强，但仍然需要进一步提升，以便

更大程度带动周边城市提升社会发展水平。

第三，线型城市群社会发展空间分布特征。

线型代表城市群为宁夏沿黄城市群，宁夏沿黄城市群是西部城市群中的重点建设城市群之一，是全国重要的能源化工、新材料基地，但其目前经济发展在所有城市群中还处于落后阶段。总体来看，宁夏沿黄各社会发展要素的空间分布类型均与该城市群整体的空间分布类型一致，密度团块沿着河流和铁路干线向周围扩散；各社会发展要素间向心力差异较大，分布方向大部分与城市群整体区域形状吻合；整体空间分布呈"上高下低"的聚集模式，如表7-20所示。

表7-20　　　　　　　　　　宁夏沿黄城市群社会发展空间分布特征

| 分布特征 | 社会福利 | 儿童、残障人士福利设施 | 养老服务设施 | 社会融合 | 科教文化设施 | 移民管理设施 |
|---|---|---|---|---|---|---|
| 高高聚集 | | | 石嘴山 | | | |
| 高低聚集 | 银川 | 银川 | 银川 | 银川 | 银川 | 石嘴山 |
| 低高聚集 | 石嘴山、吴忠 | 石嘴山、吴忠 | 吴忠 | 石嘴山、吴忠 | 石嘴山、吴忠 | 银川 |
| 低低聚集 | 中卫 | 中卫 | 中卫 | 中卫 | 中卫 | 吴忠、中卫 |
| 空间分布类型 | 线型 | 线型 | 线型 | 线型 | 线型 | 线型 |
| 极核中心 | 银川 | 银川 | 银川 | 银川、石嘴山 | 银川 | 石嘴山 |
| 标准差椭圆空间格局 | 南（略偏西）—北（略偏东） | 南（略偏西）—北（略偏东） | 南（略偏西）—北（略偏东） | 南（略偏西）—北（略偏东） | 南（略偏西）—北（略偏东） | 东北—西南 |

具体来看，宁夏沿黄城市群各社会发展要素空间分布特征主要表现在以下几个方面：一是社会融合有两个城市中心，分别为银川和石嘴山，社会福利仅有一个城市中心——银川，表明这些城市对该城市群的社会发展具有重要的影响和辐射带动作用，其中，银川是该城市群社会发展的第一城市中心，说明银川对该城市群社会发展的作用力最大。二是移民管理设施的城市中心为石嘴山，其他社会发展要素的城市中心均为银川，说明移民管理设施主要集中在石嘴山。三是各社会发展要素的向心力差距较大，分布方向有所差异，其中养老服务设施和移民管理设施的向心力最大，除移民管理设施外的社会发展要素分布方向均为北偏东方向，与城市群整体区域形状吻合。四是城市中心的辐射带动力较弱，除城市中心为高低集聚模式外，其他城市均为低低（高）集聚模式，需要注重城市中心的社会发展水平建设，并提升城市中心对周边城市的辐射带动作用。

第四，放射型城市群社会发展空间分布特征。

放射型代表城市群为成渝城市群，成渝城市群是西部城市群中的国家级城市群之一，是全国"两横三纵"的重要交会地带，交通网络发达，交通体系完善，是西部大开发的重要平台。总体来看，社会发展要素多集中于城市群中部地区，以重庆和成都为城市中心向中部扩散；各社会发展要素的向心力和分布方向大致相同；社会发展空间分布整体呈现"两边高，中间低"的聚集模式。如表7-21所示。

具体来看，成渝城市群各社会发展要素空间分布特征主要表现在以下几个方面：一是成都是成渝城市群的第一城市中心，在其周围形成了一个较大的密集团块状区域，重庆是第二城市中心，沿着国道形成多个小型极核在两侧分布，表明这些城市对该城市群的社会发展具有重要的影响和辐射带动作用，而成都对该城市群社会发展的作用力最大。二是各社会发展要素均呈放射型结构，与城市群整体社会发展空间分布形状吻合，对城市群整体社会发展空间结构的贡献较大。三是移民管理设施的分布方向与城市群整体区域形状吻合，其他社会发展要素分布方向为西北方向，与重庆和成都两市的连线方向吻合。四是城市中心的辐射带动力较弱，除城市中心为高高（低）集聚模式外，其他城市均为低低（高）集聚模式，需要注重城市中心的社会发展水平建设，并提升城市中心对周边城市的辐射带动作用。

表 7 –21 成渝城市群社会发展空间分布特征

| 分布特征 | 社会福利 | 儿童、残障人士福利设施 | 养老服务设施 | 社会融合 | 科教文化设施 | 移民管理设施 |
|---|---|---|---|---|---|---|
| 高高聚集 | | | 德阳 | | | |
| 高低聚集 | 重庆、成都 | 重庆、成都、南充 | 重庆、成都、绵阳 | 重庆、成都 | 重庆、成都 | 重庆、成都 |
| 低高聚集 | 泸州、德阳、遂宁、内江、广安、达州、雅安、资阳 | 泸州、德阳、遂宁、眉山、广安、达州、雅安、资阳 | 泸州、遂宁、内江、广安、达州、雅安、资阳 | 泸州、德阳、遂宁、内江、眉山、广安、达州、雅安、资阳 | 泸州、德阳、遂宁、内江、广安、达州、雅安、资阳 | 泸州、遂宁、内江、广安、达州、资阳 |
| 低低聚集 | 自贡、绵阳、乐山、南充、眉山、宜宾 | 自贡、绵阳、内江、乐山、宜宾 | 自贡、乐山、南充、眉山、宜宾 | 自贡、绵阳、乐山、南充、宜宾 | 自贡、绵阳、乐山、南充、眉山、宜宾 | 自贡、德阳、绵阳、乐山、南充、眉山、宜宾、雅安 |
| 空间分布类型 | 放射型 | 放射型 | 放射型 | 放射型 | 放射型 | 放射型 |
| 极核中心 | 成都、重庆 | 成都、重庆 | 成都、重庆 | 成都、重庆 | 成都、重庆 | 重庆 |
| 标准差椭圆空间格局 | 东（略偏南）—西（略偏北） | 东（略偏南）—西（略偏北） | 东（略偏南）—西（略偏北） | 东（略偏南）—西（略偏北） | 东—西 | 东（略偏北）—西（略偏南） |

### 7.2.2.3 城市群社会发展空间分布的影响因素探测

在前文研究中，详细探讨了城市群的社会发展空间分布特征，将 19 个城市群分为 4 种空间分布类型，并结合河流、铁路干线、国道等信息分析城市群的社会发展空间分布特点，分析可知，城市群社会发展空间分布具有空间分异性。通过使用地理探测器方法，可以深入探析各因素与社会发展空间分异性的关系，以及识别哪些因素对社会发展空间分异性影响较大，从而有针对性地为社会发展空间结构的优化提供有效参考。

在进行地理探测器计算前，先要将各影响因子进行离散化处理，本书运用 SPSS 25 软件，采用系统聚类法将各影响因子进行客观科学的分类，将人口规模分为 4 类、人口流动情况分为 3 类、经济发展水平分为 3 类、财政能力分为 5 类、产业结构分为 3 类，再用地理探测器软件探测社会发展的空间分异性，进而提高空间分异探测结果的可靠性。

首先，进行社会发展空间分布的单因子探测。

分别统计出各城市群社会福利和社会融合的点数量，结合 5 种影响因子对其进行单因子分析，得到了各影响因子对各社会发展空间分异的解释能力 q 值，如表 7 –22 所示。

表 7 –22 单因子探测结果

| 影响因子 | 社会福利 | | 社会融合 | |
|---|---|---|---|---|
| | q 值 | P 值 | q 值 | P 值 |
| 人口规模 | 0.6600 | 0.0390 * | 0.5644 | 0.0844 |
| 人口流动情况 | 0.2810 | 0.5994 | 0.4434 | 0.2270 |
| 经济发展水平 | 0.5752 | 0.0317 * | 0.6691 | 0.0087 * |
| 财政能力 | 0.7395 | 0.0177 * | 0.7213 | 0.0174 * |
| 产业结构 | 0.1072 | 0.5827 | 0.1609 | 0.3962 |

注：* 表示在 10% 水平上显著。

对于社会福利而言，对其分布的空间分异解释力最大的是财政能力（0.7395），解释力最弱的是产业结构（0.1072），解释力由大至小的排序为：财政能力（0.7395）>人口规模（0.6600）>经济发展水平（0.5752）>人口流动情况（0.2810）>产业结构（0.1072）。其中，人口规模、经济发展水平、财政能力通过了5%的显著性检验，且对社会福利空间分异性的解释率均超过50%，由此可知，人口规模、经济发展水平、财政能力是社会福利空间分异的主影响因子，而人口流动情况和产业结构对社会福利空间分异性的影响较弱。

对于社会融合而言，对其分布的空间分异解释力最大的是财政能力（0.7213），解释力最弱的是产业结构（0.1609），解释力由大至小的排序为：财政能力（0.7213）>经济发展水平（0.6691）>人口规模（0.5644）>人口流动情况（0.4434）>产业结构（0.1609）。其中，经济发展水平和财政能力通过了5%的显著性检验，且解释率均超过50%，由此可知，经济发展水平和财政能力是社会融合空间分异的主影响因子，人口规模是社会融合空间分异的重要影响因子，而人口流动情况和产业结构对社会融合空间分异性的影响较弱。

由以上结果可知，财政能力和经济发展水平既是社会福利的主影响因子，也是社会融合的主影响因子，因此，影响社会发展的主要影响因素是财政能力和经济发展水平，产业结构和人口流动情况对社会发展的影响较小。财政能力和经济发展水平均属于社会经济发展因素，由此可以看出经济基础和经济实力对城市群社会发展的影响十分显著。本书用政府一般预算支出来衡量财政能力，政府预算支出一定程度上代表着政府对城市群社会发展的支持和投入力度，预算支出大则能够向困难群体提供更大的、带有福利性的物质支持和服务支持，进一步改善人们的物质生活和文化生活，缩小个人或群体间的差距和不平等情况，提升人们的生活幸福感，从而吸引更多人才流入，提升城市群的经济和社会发展。经济发展水平用GDP来衡量，经济发展水平高的城市群一方面会吸引周边城市更多人员流入，加大该城市群社会发展建设难度，另一方面良好的经济基础是社会发展建设的基本保障，经济发展水平高的城市群可以最大限度满足人们日益增长的物质需求和精神需求，更容易促进城市之间的联系和互动，使社会融合得到稳步发展。除此之外，人口规模也是影响社会发展的重要影响因素，本书用人口密度来衡量人口规模，人口密度小的城市群，劳动力少，产业不发达，经济相对落后，催生为改善这一现象的福利政策，使得该城市群的社会福利水平得到提升。

其次，进行社会发展空间分布的因子交互探测。

交互作用探测是探测不同影响因子间的共同作用是否会改变对各社会发展分布空间分异性的解释能力，又或是这些影响因子对社会发展分布空间分异性的影响是否是相互独立的，各探测结果如表7-23所示。

表7-23　　　　　因子交互作用探测结果

| 产业类型 | 影响因子 | 人口规模 | 人口流动情况 | 经济发展水平 | 财政能力 | 产业结构 |
|---|---|---|---|---|---|---|
| 社会福利 | 人口规模 | 0.6600 | | | | |
| | 人口流动情况 | 0.6947↗ | 0.2810 | | | |
| | 经济发展水平 | 0.8695↗ | 0.6158↗ | 0.5752 | | |
| | 财政能力 | 0.9307↗ | 0.7627↗ | 0.7627↗ | 0.7395 | |
| | 产业结构 | 0.9178↖ | 0.4625↗ | 0.6689↗ | 0.7642↗ | 0.1072 |
| 社会融合 | 人口规模 | 0.5644 | | | | |
| | 人口流动情况 | 0.6679↗ | 0.4434 | | | |
| | 经济发展水平 | 0.9533↗ | 0.7272↗ | 0.6691 | | |
| | 财政能力 | 0.9864↗ | 0.7791↗ | 0.7497↗ | 0.7213 | |
| | 产业结构 | 0.8561↖ | 0.7496↖ | 0.7614↗ | 0.7880↗ | 0.1609 |

注："↖"表示非线性增强关系；"↗"表示双因子增强关系。

由表 7-23 可知，社会福利和社会融合中两种因子交互作用均比原来单因子的影响作用强，即两影响因子的共同作用增强了对社会福利和社会融合分布空间分异性的解释能力，两因子间的交互作用类型大部分属于双因子增强型，少部分属于非线性增强型，说明各社会福利和社会融合分布的空间分异性不是受单一因子的影响，而是多因子共同作用的结果，即社会福利和社会融合的空间分异性同时受到人口因素和社会经济因素的共同作用。

其中，社会福利中人口规模与财政能力的交互作用最强，对社会福利分布空间分异性的解释能力最大，q 值为 0.9307，其次是人口规模与产业结构的交互作用，q 值为 0.9178，即它们对社会福利分布空间分异性解释能力分别为 93.07%、91.78%。其中，人口规模与产业结构的交互作用探测结果为非线性增强关系，而产业结构单因子解释力较低，说明交互作用大幅度增加了对社会福利分布空间分异性的解释能力。人口规模和其他因子的交互作用 q 值大部分超过 0.8，这充分说明了人口规模与其他因素结合是影响社会福利分布空间分异性的重要因素。其他人口因素与社会经济因素的交互作用也都显著增强了对社会福利分布空间分异性的解释能力，增大了对社会福利分布的影响，进一步表明社会福利分布的空间分异性不是单因子作用的结果，而是人口因素与社会经济因素共同作用的结果。

社会融合中人口规模与财政能力的交互作用最强，对社会融合分布空间分异性的解释能力最大，q 值为 0.9864，其次是人口规模与经济发展水平的交互作用，q 值为 0.9533，即它们对社会融合分布空间分异性解释能力分别为 98.64% 和 95.33%。其中，人口规模与产业结构的交互作用探测结果为非线性增强关系，而产业结构单因子解释力较低，说明交互作用大幅度增加了对社会福利分布空间分异性的解释能力，同样是非线性增强关系的还有人口流动情况和产业结构。人口规模和其他因子的交互作用 q 值大部分超过 0.8，这充分说明了人口规模与其他因素结合是影响社会融合分布空间分异性的重要因素。其他人口因素与社会经济因素的交互作用也都显著增强了对社会融合分布空间分异性的解释能力，增大了对社会融合分布的影响，进一步表明社会融合分布的空间分异性不是单因子作用的结果，而是人口因素与社会经济因素共同作用的结果。

## 7.2.3　研究发现与政策含义

### 7.2.3.1　研究发现

本书运用平均最近邻、核密度分析、标准差椭圆、局部莫兰指数和地理探测器来研究分析中国 19 个城市群的社会发展空间分布特征及空间分异性的影响因素，从多个角度探讨城市群社会发展的空间分布特征，为城市群社会发展的空间结构优化提供新的思路，得出以下 4 个研究发现。

第一，社会福利和社会融合在城市群中均存在空间聚集现象，整体分布格局呈 "东高西低" 的发展趋势。高密度区集中在东部城市群，中密度区集中在中部、东北和西部部分城市群，低密度区则主要集中在西部城市群，其中，珠三角城市群是核密度值最高的城市群，社会发展聚集程度在全国处于领先水平，珠三角城市群人口密度大，经济发展水平高，且所属城市均同属一个省管辖，为该城市群社会发展创造了有利条件。

第二，城市群社会发展空间分布特征主要有集中团块型、分散组合型、线型和放射型 4 种类型。东部城市群均属于集中团块型或分散组合型的社会发展空间分布类型，具有多个高密度区；西部城市群的社会发展空间分布类型均属于线型或放射型分布，且均只有一个高密度区；这与城市群的经济发展密切相关，社会经济条件好的城市群社会发展分布范围广、密度较大、路网体系十分成熟，因此多呈现集中团块或分散组团的社会发展分布类型，而社会经济发展较为缓慢的城市群的社会发展分布往往依靠河流或铁路干线进行放射分布，因此其社会发展分布类型多为放射型或线型。

第三，省会城市是城市群社会发展的城市中心，但辐射扩散能力还有待加强。珠三角和山东半岛城市群的中心城市能够有效影响周边城市的社会发展，这类城市群的城市中心的扩散能力较强，能够带动城市中心周边城市的社会发展进一步提升，而宁夏沿黄和成渝城市群的中心城市的空间影响力相对较弱；除线型城市群（宁夏沿黄）外的城市群均有多个城市中心来共同推进城市群社会发展的全面建设；成渝城市群各社会发展要素的向心力最不明显，宁夏沿黄各社会发展要素间的向心力差异较大；集中团块型（珠三角城市群）、分散组合型（山东半岛城市群）和线型（宁夏沿黄城市群）社会发展要素的分布方向均与城市群整体形状吻合，而放射型（成渝城市群）的分布方向是与两城市中心连线的延伸方向保持一致，两城市中心的联系度较强。

第四，城市群社会发展的空间分布是人口因素和社会经济因素共同作用的结果。由单因子和因子交互作用的探测结果可知，双因子的共同作用均显著增强了影响因素对城市群社会发展空间分异性的解释能力，表明城市群社会发展的空间分异性不是单一因子作用的结果，而是多因子共同作用的结果。所选5种影响因素中，财政能力和经济发展水平是影响各城市群社会发展空间分布的主影响因子，此外，人口规模是影响社会福利空间分布的主影响因子，是影响社会融合空间分布的重要影响因子。

### 7.2.3.2　讨论

第一，城市群中社会发展要素的集聚和该地区经济发展之间存在着深刻的联系和相互影响。观察我国的城市群，我们可以明显地看到社会发展要素的分布与经济实力的分布是高度一致的，这种一致性在全国范围内呈现"东高西低"的鲜明特点。东部地区的城市群，凭借其坚实的经济基石，不仅能够更大规模地加强社会福利的投入，还促进了城市间的紧密联系与交流，进一步加速了社会融合的步伐。东部城市群拥有丰富的水资源和人才储备，这为其高速的经济增长提供了有力支持。相比之下，西部城市群面临着水资源短缺的挑战，同时还受到了严重的人才外流压力，这些都导致其经济发展远不如东部地区。正因为如此，城市群在社会发展要素的集聚上也展现出了同样的"东高西低"的格局。

第二，城市群的社会发展空间分布形态与经济发展水平存在着显著的关联性。以东部城市群为例，它们往往在经济和社会方面的发展都表现出较高的活跃度，这样的情况下，它们的社会发展空间结构大多是集中团块型或分散组合型。这不仅反映了这些城市群经济上的强势地位，还表明其内部有着完善的交通和信息流动网络，这使得社会资源能够高度集中，形成发展核心区。相对地，西部城市群在经济发展上稍显滞后，它们的社会发展空间结构更多的是线型或放射型。这样的分布模式往往与河流、道路或铁路干线紧密相关，因为这些交通干道是推动社会经济发展的关键因素。当一个城市群的经济基础相对薄弱时，它更有可能沿着这些主要交通路线进行社会发展扩张，形成放射或线性的空间分布模式。

第三，对于城市群的整体社会进步，省会城市无疑起到了关键的作用。作为城市群中的重要节点，省会城市不仅在经济上领先，更是社会发展的风向标。它们经常处于城市发展的前沿，拥有丰富的资源、集中的人口和大量的劳动力资源。这使得省会城市具有强大的集聚效应和对周边地区的辐射能力。因此，为了整体提高城市群的社会发展水平，应特别关注和重视省会城市的社会建设，包括完善其社会福利制度、加强社区建设和促进不同社群的融合。这样，当省会城市的社会发展达到一定高度时，其对周边地区的影响和带动作用将更加显著，从而为整个城市群的社会进步奠定坚实基础。

### 7.2.3.3　政策含义

针对城市间社会发展差距不断扩大，城市群公共服务供给不均衡等现实问题，本书从多个角度研究了城市群社会发展的空间分布特征，并有针对性地研究了4种不同类型城市群社会发展要素的空间分布格局，同时选取了5个影响因子来进一步分析社会发展分布的空间分异性，既分析了目前我国城市群社会发展分布的现状，又客观合理探析了影响城市群社会发展分布的影响因素，通过找准城市群社会发展分布模式，有针对性地优化城市群社会发展体系，优化社会发展空间格局，为我国城市群社会发展优化提供了有利参考。

第一，西部城市群的社会发展与东部城市群差异较大，仍需坚持做好西部大开发等缩小东西部差距的相关政策。我国城市群社会发展分布特征与经济发展分级特征保持一致，呈现"东高西低"的发展趋势，东高西低是我国经济发展面临的长期难题，国家推行了许多政策，使其虽有逐渐好转的趋势，但东高西低的现象依然十分严峻，说明西部大开发等重大举措能有效缩小东西部差距，但仍需坚持做好相关工作，同时也对缩小东西差距提出了更高的要求。

第二，要充分发挥城市中心的作用，借助城市中心的辐射能力带动周边城市的社会发展，优化城市群社会融合与社会服务空间格局，进而促进城市群社会协调发展。城市中心往往存在于省会城市和直辖市中，其经济发展水平相对较高，资源丰富，社会发展水平处于领先水平，因此要充分利用城市的集聚功能和辐射功能，发挥"火车头"的作用，打破地区间、城乡间的社会隔阂，解决城市群发展结构失衡等现实问题，优化社会发展空间格局。

第三，可以以各社会发展要素的主要影响因子为参考来调整和优化城市群社会发展格局。财政能力和经济发展水平是影响各城市群社会发展空间分布的主影响因子，此外，人口规模是影响社会福利空间分布的主影响因子，是影响社会融合空间分布的重要影响因子。因此，在进行社会发展结构优化时要充分考虑人口因素和经济因素对社会发展的影响，对经济发展水平较低的城市群要加大社会福利的投入力度和政府的支持力度，对人口密度大、人口流动大的城市群应积极推进流动人口服务管理和社会融合工作，使流动人口在流入地获得均等的生存和发展机会，公平公正地享受公共资源和社会福利。

## 7.3　基于社会网络分析的西部城市群人口迁移及演化研究

### 7.3.1　研究目的与方法

#### 7.3.1.1　研究目的

人是社会的基础，人口迁移则是研究城市形成与发展的重要切入点，也是研究各城市之间联系与发展的重要依据。"十四五"规划中提出要"统筹推进户籍制度改革和城镇基本公共服务常住人口全覆盖""加快推动农业转移人口全面融入城市"，这充分体现了党对人口迁移及其后续安置问题的重视。改革开放以来，中国人口流动呈现又多又强的特点，即数量多，强度高，到 2020 年，人口流动规模已增至 37582 万人，流动率高达 26.62%。目前，我国人口迁移的大方向是从中部省份流向东部沿海和西部新疆地区，形成了"中部空缺"，京津冀城市群、长三角城市群和珠三角城市群是人口迁移的热门地区。人口持续向少数特大城市和核心城市集聚，如上海、北京、深圳、成都、广州等，部分由新行业新风潮带起的城市如杭州、长沙、重庆等城市也是人口迁移的重要终点。国家统计局数据显示，近 10 年以来，一线城市人口年均增速为 2.37%，人口流入增速在放缓；二线城市人口的年均增速为 1.91% 且增速在缓慢上升；三、四线城市的人口年均增速分别为 0.43% 和 -0.49%，人口正在不断流出。人口流动一般指的是人口在不同地理空间上的移动，这种移动可以是以差旅、学习等为目的的暂时性移动，也可以是以生活居住为目的的永久性移动，但是只有永久性地由迁出地到迁入地的移动才可以称为人口迁移。大规模人口迁移对社会历史进展有重大影响，重大的社会历史事件也会影响人口迁移，国内外对于古代、近代和现代人口迁移的研究数量繁多。引起人口迁移的因素是多种多样的，可能是自然环境因素，如气候、淡水、自然灾害等，也可能是社会经济因素，如交通、教育、婚姻、家庭和文化环境等，政策因素也是大规模人口移动的重要原因之一，历史上战争引起人口流动屡见不鲜。

国外对人口迁移的研究历史悠久，在研究模型与方法方面较为丰富，如人口流动的重力模型、刘易斯模型、托达罗模型、费景汉—拉尼斯模型和空间网络模型等，对人口迁移的诱因也作出了合理的推测分析，认为不同人群、国家、种族甚至性别的人发生迁移现象的原因大不相同。在以家庭为单位进行迁移时，职业机会、家庭需求、社区和生活方式都是互相竞争的因素，世界上大多国家都有着移民人口，美国的移民人口甚至占其总人口1/5。这些移民人口有的是历史原因被动造成的，有的是为追求更好的工作生活主动形成的，随着移民活动成熟化，诸国的移民政策也不断进行相应调整。鲁可瑞祖（Lucrezio Monticelli G，1992）整理了1989～1991年意大利移民政策的改变及近期趋势，从移民的空间分布、移民原因、原籍国和移民的宗教等角度进行了分析。欧洲许多国家的移民趋势在近几十年有分散的迹象，迈瑞（Mare Ainsaar，2005）以爱沙尼亚为例研究了这种移民反向现象的原因。国内学者大多从人口迁移动因、模式、流向和迁出迁入地几个角度进行研究。刘晏伶等（2014）基于第六次全国人口普查数据，研究得出迁移流动人群中男性多于女性，"务工经商"是大部分迁移发生的原因；就省内迁移而言，"学习培训""拆迁搬家""随迁家属""婚姻嫁娶"等原因也比较突出。东部沿海及西部部分地区省份人口迁入率较高，前者是经济原因诱致，西部省份的高迁入率则是政策作用的结果。蔡少燕（2021）整理了国内家庭式迁移相关研究，作为现阶段中国人口迁移的主要模式，家庭式迁移有利于流动人口市民化的发展，在新的形势下，有必要以家庭为单位设计政策，逐渐实现"人的城镇化"。古恒宇等（2021）基于2017年流动人口动态监测数据，以市际为尺度构建流动人口居留意愿网络，东部的三大城市群居留意愿强度较其他地区要高，市际流动人口居留意愿网络呈现出层级分布特征，预计未来，流动人口将集中于少数特大城市，中小城市正面临劳动力外流的窘境。

当下人口迁移的研究视域，学者们较多基于国别、省域和市域等视角进行探究。庞丽华（2018）梳理了国际上关于国际迁移的定义、各国国际迁移统计的常用标准，在考虑数据可比性基础上探讨了中国国际人口迁入和迁出的趋势，发现自1990年以来中国国际迁出的增量要远超国际迁入。王化波等（2009）按照户籍人口净流入和非户籍人口净流入的正负将全国31个省、市、自治区分成4类，根据各类的实际情况研究省际间人口迁移流动及原因。王春超等（2021）认为城市公共教育扩张和子女接受公共教育机会是流动人口，特别是高技能人口迁入城市的关键决定因素，各城市可以此为依据制定政策来吸引外部人才定居。近年来随着城市化的进程，涌现了一部分以城市群为尺度的人口迁移研究，但多是针对单个或者几个城市群的。董春（2004）系统地考察了长三角地区人口迁移的空间模式及其特征，发现迁入热点集中在地区高层次的中心城市，如上海、南京、杭州等，苏、浙、沪之间存在一定规模的双向人口迁移流。曹广忠等（2021）讨论了空气质量对人口迁移影响的总体特征、作用模式和变动趋势，发现空气质量差、污染严重的地区人口迁出更多。肖周燕等（2021）将人口迁移研究与互联网大数据结合，利用网络用户搜索数据，构造人口迁移倾向指标，分析中国三大城市群城际人口迁移倾向概率和方向，并利用马尔科夫链作出预测，判断城市群未来城际人口迁移态势。中国的人口迁移范围扩大，以城市为尺度的人口迁移研究已经不能贴合当下的实际情况，城市群的兴起使得人口迁移研究有了新的视角，由上文可以看出随着网络信息技术的发展，人口迁移研究也不再局限于固有属性和数据，开始与新的主体需求和实时数据结合，但是仍旧没有总结出关于中国城市群人口迁移的网络模式，因此，需要引入新的研究方法和视角。社会网络分析是在个人和组织层面考察组织内部和组织之间的横向和纵向联系，它侧重个人、组织或国家实体之间交流、商品交换或工作等行为的关系模式，不独立看待单个行为，弥补了普通数据信息不全面的不足，为研究人口迁移网络提供了更全面的方法。社会网络分析以整体关系以及内部复杂关系为研究基础，观察人口流动中不同地区的流量、流向，并据此建立关系分析网络，从而描绘出人口迁移的动态过程。

伴随着城镇化和社会主义现代化的进程，人口流动网络化趋势日益显露。人口流动带来了资本、指数、信息、技术等各要素的跨区流动，这不仅提高了要素的配置和使用效率，还使得各区域间的经济和社会关系日益紧密。在城市群中，人口迁移以个人或组织利益为导向在各城市间展开。

因此，本书基于人口迁移网络的含义、特征和现有研究，借助重力模型构建人口迁移的关系数据，采用网络分析法，分西部、中部、东部和东北部 4 个区域对共 19 个城市群的 4 个时点的人口流动进行实证分析；接着讨论了城市群人口迁移网络的作用机理，并以此为基础，提出人口迁移网络模式空间模式的演化假设，旨在为城市群的形成发展提供新的研究视角。

### 7.3.1.2　研究方法

人口迁移是人口移动的一种方式，一般是指长期性或永久性从迁出地搬至迁入地。人是多种复杂关系的节点，附带各种社会属性，进行迁移活动后，会带动技能、资本、人际等随之变动，旧有社会关系发生改变的同时产生新的社会联系。城镇化背景下的人口迁移有更多特征和规律，成为新时代下推进新型城镇化和现代化建设的重要依据。本书基于社会网络理论和人口迁移理论深入研究城市群人口迁移及演化。

社会网络理论。社会网络理论起始于 20 世纪 30 年代，20 世纪 70 年代趋于成熟，是一种新型的、重要的社会结构研究方式。社会网络是由部分个体、群体或组织间的社会关系组成的更加复杂的并且相对稳定的系统，系统中原有简单社会关系会随着功能的变化不断拓展，社会网络理论将社会网络系统作为一个整体来解释社会行为，能最大限度降低分析的片面性，在系统达到平衡的前提下分析方方面面。城市群间各城市间密切联系，本书构建人口迁移网络是以城市群为范围，以城市群内各城市为节点，出于各种动机和原因，人口在城市群内部发生迁移行为，人口迁移的流量和流向表现着各城市间的关系。可从 3 个层次分析城市群人口迁移的结构，即认知层、物理层和关系层。从认知层看，人口迁移存在相同文化、历史和认知的区位聚集，使得城市群中不同城市迁入者有不同的迁移偏好；从物理层面看，经济条件、交通的可达性等客观条件也影响人口的迁移活动，人口要有前往迁入城市并且在该地定居的能力，才能真正实现迁移，并且在新城市中站稳脚跟，开始正常生活；从关系层看，人口在稳定的社会系统内进行活动，如工作、交友、娱乐等，形成包括亲缘、朋友等人际关系和与物质生活相关生活关系，这些关系共同组成的社会空间灵活性较强。城市群内部各城市间人口迁移及演化的差异大体产生于以上 3 个层面，本书也以此展开分析。

人口迁移理论。1885 年拉文斯坦发表"迁移规律"，打开人口迁移理论系统研究的开端，拉式理论至今仍是研究人口迁移理论的始点。拉式"迁移规律"被埃弗雷特·李归纳为 7 点。

第一，迁移与距离。地区移民数量与地区到移民中心的距离成反比，若发生长距离迁移，那么迁移者会倾向迁去大工商业中心。在本书中，我们预期的移民中心为城市群的中心城市，迁移者大多愿意去往中心城市定居，距离中心城市越远的城市，其移民的数量越少。

第二，迁移呈阶梯性。普通的人口转移在吸收移民的大工商业中心会形成一般迁移流。原有农村人口被城镇吸引迁移时，空缺会由更远地区的居民迁入补足，直到大城市的吸引力波及国家最偏远的地区，人口分散过程与之具有同样特征。人口迁移的这个特点符合城镇化的发展规律，人口迁移促进各个地方的城市化建设，带动城市人口增加推动了城镇化进程。城市群人口迁移受到新型城镇化战略影响，在当下城镇化深入条件下，人口迁移的反流向流量可能会增大。

第三，流向与反流向。人口迁移都有主流向，同时也有与之相反的反流向。当下前往大城市是大多数人的迁移选择，但也有与之相反的迁移流向，出于对舒适生活环境的独特追求和缓解压力的需要，有部分人往乡镇农村地区迁移。

第四，迁移倾向有城乡差异。城镇居民的迁移倾向比乡村居民小。城镇居民生活便利度与安逸度及经济水平要高于乡村居民，故其迁移的倾向一般较小，但物质水平和交通条件达到一定程度时，结果可能会不一样。

第五，妇女在短距离迁移中更具优势。

第六，技术发展与人口迁移存在关系。技术的进步能促进人口迁移增加。道路通达、交通便利的地区为迁移者带来了巨大的便利，而工商业革新带来的就业岗位增加和收入水平提高无疑会吸引大量迁移者。

第七，迁移以经济动机为主。政策、气候、人际关系等都会产生迁移流，但这些动机带来的迁移量均无法同由改善经济条件和物质生活水平动机造成的迁移量相比。该理论已经被实际强力验证，上海、北京、广州等特大城市以其发达的经济和高昂的收入吸引了国内绝大多数迁移者，中国人本身有安土重迁的观念，气候和政策等原因无法鼓动大量人口进行迁移。

从中国现实情况来看，拉式"迁移规律"的许多前提假设已经被破坏，中国各城市群的地理、文化、风俗、经济等存在巨大差异，人们的迁移观念也从安土重迁、单向追逐物质条件转变得更加多样。本书会在拉式"迁移规律"的基础上，结合中国城市群各城市的发展情况及当下的国家战略、国家政策研究城市群的人口迁移及演化。

本书在王珏等构建的改进的人口重力模型的基础上，假设迁入地与迁出地经济水平和迁移人口吸引力成正比，与距离成反比，将城市 i 对城市 j 的人口引力表示为：

$$A_{ij} = k \frac{\sqrt{P_i \times G_i} \times \sqrt{P_j \times G_j}}{D_{ij}^m}, \quad k = \frac{G_i}{G_i + G_j} \quad (i \neq j, \; i = 1, \, 2, \, \cdots, \, n, \; j = 1, \, 2, \, \cdots, \, n) \tag{7-20}$$

其中，$A_{ij}$ 为城市 i 对城市 j 的引力值；$P_i$ 和 $P_j$ 分别代表城市 i 和城市 j 的城市规模（以人口规模衡量）；式中的距离本书采用了经济距离，主要受交通进步和设施改进的影响，与本书研究内容更加契合，k 值则沿用了原有定义，用以区分城市经济结构差异导致的引力贡献差异；m 为距离衰减系数，本书中 m = 2。

人口迁移网络构建步骤如下：使用公式（7-20）计算出 2012 年、2014 年、2016 年和 2018 年 4 个年份 19 个城市群任意两个城市间的人口引力大小，得到 76 个 n × n（n 为城市群中城市的数量）的初始矩阵。将剔除异常值后的矩阵引力均值作为二值化的切分点，超出引力均值记为 1，低于引力均值记为 0，等到二值化矩阵，从而建立全国 19 个城市群人口迁移网络。

建立城市群人口迁移网络，计算以下指标：

（1）人口迁移网络密度。人口迁移网络密度是测度人口迁移网络中各个节点之间联系的密切程度的指标，其值的大小等于所建网络实际的关系系数比上理论上网络的关系系数，网络密度值越大，各城市之间的人口流动越密切，它同时反映了流量和流向信息。计算公式表示为：

$$D = \frac{R}{u(u-1)} \tag{7-21}$$

其中，R 为人口迁移网络中的人口迁移实际关系系数，u 为人口迁移网络中节点数目，本书中指各城市群的城市数量。

（2）人口迁移网络的中心性和中心势。网络中心性是衡量个人或组织在网络中控制力和影响力大小的指标，相当于"权力"，本书衡量了城市群内某城市在人口迁移网络中的掌控能力；程度中心性衡量网络中各节点的重要程度，节点的程度中心性越高，表示其与网络中较多行动个体有关系。程度中心性可以分为内向程度中心性和外向程度中心性，内向程度中心性和外向程度中心性的区别是认知主体不同，二者都是认定行动者们之间存在联系，但内向中心性是以其他行动者为主体的认知，外向中心性则是以行动者自身为主体的认知，相比较之下，内向程度中心性更为客观；经常与中心性混淆的一个指标是中心势，中心势可以理解为系统整体的中心性，中心势越高，则代表网络中控制力越集中，即控制中心的掌控力越大，那么网络就失衡了，本书中如果存在过高的中心势，就代表城市群内部有个别城市吸引了绝大多数人流或者说其对人口迁移具有极大影响。中心性和中心势的计算公式分别如下：

$$C_{D,in}(n_i) = \sum_{j=1}^{1} r_{ij,in}, \, C_{D,out}(n_i) = \sum_{j=1}^{1} r_{ij,out} \tag{7-22}$$

$$C_D = \frac{\left[ \sum_{i=1}^{u} C_D(n^*) - C_D(n_i) \right]}{\max \sum_{i=1}^{u} \left[ C_D(n^*) - C_D(n_i) \right]} \tag{7-23}$$

其中，$C_{D,in}(n_i)$ 和 $C_{D,out}(n_i)$ 分别为内向程度中心性和外向程度中心性；$r_{ij,in}$ 表示从城市 i 到城市 j 存在着有向联系，而 $r_{ij,out}$ 表示从城市 j 到城市 i 存在着有向联系；$C_D(n^*)$ 为人口迁移网络中最大的程度中心度。

（3）关联度和聚类系数。在网络中是通过"可达性"来测量各节点的关联程度的，关联度的大小就是网络的通达程度，聚类系数衡量网络的聚集程度，本书采用整体聚类系数，其值为各节点个体网络密度系数的均值。关联度公式为：

$$C = 1 - \left[ \frac{V}{N(N-1)/2} \right] \qquad (7-24)$$

其中，V 是该网络中不可达的点对数量，N 为网络规模。

（4）数据来源与预处理。本书研究数据来源包含 2 个部分：①社会统计数据。本书在构建人口迁移网络时，用到的 GDP、人均 GDP、人口规模等数据均来自 2012 年、2014 年、2016 年和 2018 年的《中国城市统计年鉴》，一些缺漏数据来自中国统计局国家数据库，个别缺失数据由平滑处理补充，数据缺失过多的城市予以剔除。以上数据单位与年鉴一致，部分年份年鉴数据单位有所变化已经后期计算修正。②基础地理信息数据。本书借助 ArcGis 10.8 软件对人口迁移引力的空间格局进行可视化处理，其中，矢量行政边界图由 2017 年国家基础地理信息中心提供的 1∶100 万中国基础地理信息数据中获得，矢量城市群边界图借助 ArcGis 10.8 软件在行政边界图的基础上对相应城市群范围进行合并。

### 7.3.2　测算结果与空间分析

#### 7.3.2.1　东北部城市群人口迁移特征分析

对于东北部城市群人口迁移特征的分析：

一是关于结构变化。

根据上述方法，对东北部地区 2 个城市群的人口迁移网络分别进行计算，计算结果如表 7-24 所示。

表 7-24　　　　　　　　　　　东北部城市群人口迁移网络结构变化

| 辽中南城市群 | | 2012 年 | 2014 年 | 2016 年 | 2018 年 |
|---|---|---|---|---|---|
| 密度 | | 0.303 | 0.3106 | 0.2727 | 0.303 |
| 中心势 | 外向度数中心势 | 0.4628 | 0.3554 | 0.3967 | 0.3636 |
| | 内向度数中心势 | 0.4628 | 0.3554 | 0.3967 | 0.3636 |
| 关联度 | | 1 | 1 | 1 | 1 |
| 聚类系数 | | 0.177 | 0 | 0 | 0 |
| 哈长城市群 | | 2012 年 | 2014 年 | 2016 年 | 2018 年 |
| 密度 | | 0.0889 | 0.0889 | 0.1 | 0.1778 |
| 中心势 | 外向度数中心势 | 0.3951 | 0.3951 | 0.3827 | 0.4198 |
| | 内向度数中心势 | 0.1482 | 0.1482 | 0.2593 | 0.4198 |
| 关联度 | | 0.3333 | 0.3333 | 0.3333 | 0.8 |
| 聚类系数 | | 0 | 0 | 0.278 | 0.229 |

东北部城市群人口迁移网络总体上人口流动性较强，辽中南城市群人口迁移网络的关联度一直处于较高水平，而哈长城市群人口迁移网络的关联度也上升了 0.4667，表明东北部城市群的人口

迁移网络流通条件良好。哈长城市群人口迁移网络的密度上升，表明各城市节点间关系密切程度加强，网络聚类系数上升表明集聚程度加深，其外向程度中心性在2012～2016年大于内向程度中心性，人口迁移流分散化，在2018年时二者相等，网络结构趋于稳定。辽中南城市群人口迁移网络的结构稳定性较强，但集聚程度较低。

使用UCINET6.0对东北部2个城市群在2012年、2014年、2016年和2018年的拓扑结构变化进行可视化分析，为简化图形，便于分析，2012年、2014年按照该两年引力值的均值进行切分，2016年和2018年则相应按照二者均值进行切分；城市节点圆圈大小表示其点度中心性大小，箭头表示人口引力的方向，线条粗细表示连接强度的大小，即"亲密度"，如图7-6和图7-7所示。

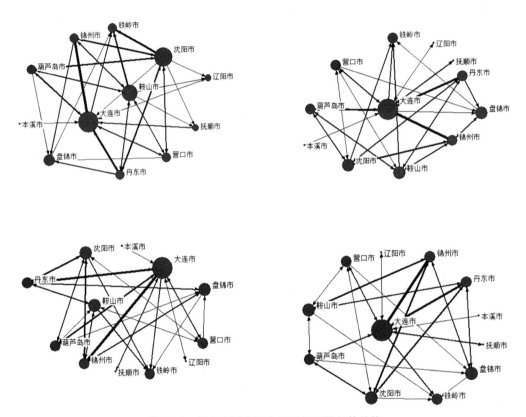

**图7-6    辽中南城市群人口迁移网络拓扑结构**

辽中南城市群人口迁移网络有从多中心结构向单中心结构转变的趋势，大连市作为引力中心，在研究时间区域内在网络中始终保持较强的影响力，聚类系数下降，拓扑图中的网络结构出现了明显的简化。辽中南城市群人口迁移网络中孤立节点数量少，除抚顺市、辽阳市和本溪市外，其余城市都至少与3个不同的城市有着亲密关系，中心势的下降表明网络整体控制力的下降，表现为网络呈现出松散化的趋势。

哈长城市群人口迁移网络密度上升，网络中节点增加，节点联系增强，且网络趋于复杂化，表明人口流量相应增加，流向丰富化，多个节点的人口迁移引力增强，有向多中心人口迁移网络结构发展的倾向；聚类系数增加，网络整体集聚程度增强，外向度数中心势高于内向程度中心势，关系网络分散化，表明人口迁移流不再集中于大庆市和齐齐哈尔市等几个城市，2018年人口迁移网络空间结构趋于合理化，除辽源市外不存在孤立节点。

二是关于口迁移网络连接度。

为了分析东北部城市群中城市的内向度数中心性和外向度数中心性变化与其城市规模的关系，对城市群的相关数据进行可视化分析，如图7-8和图7-9所示。

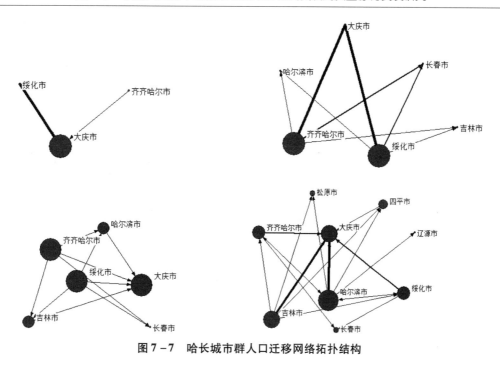

图 7 - 7　哈长城市群人口迁移网络拓扑结构

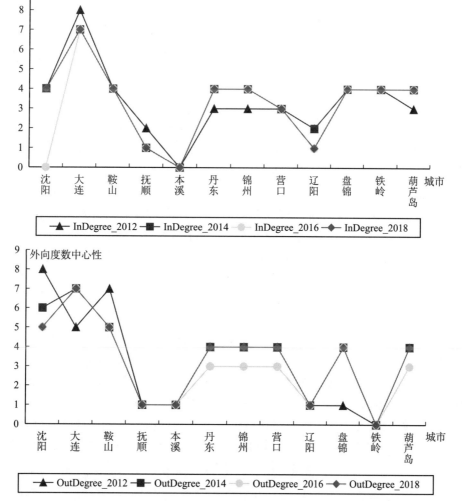

图 7 - 8　辽中南城市群人口迁移网络内向中心性、外向中心性

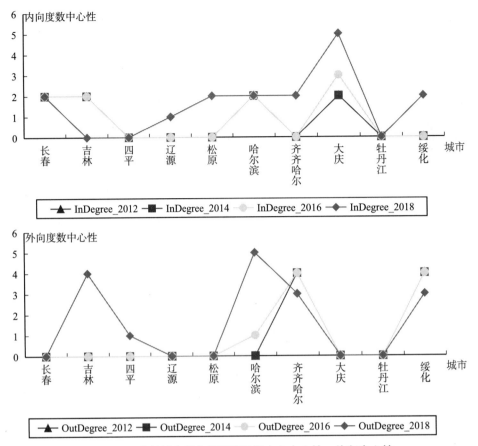

图7-9　哈长城市群人口迁移网络内向中心性、外向中心性

在辽中南城市群人口迁移网络中，人口流向了沈阳市、大连市等，其内向度数中心性与城市经济规模有一定的正相关关系。从时间上看，大规模城市影响力有下降趋势，而中小城市的人口引力在明显上升，这有助于人口迁移网络空间结构均衡化。从空间上看，城市群中心城市周边的城市影响力在上升，成为人口迁移的重要去处，城市群东部城市的发展要缓慢一些。

在哈长城市群人口迁移网络中，人口流向了大庆市、哈尔滨市和齐齐哈尔市等，其内向度数中心性与城市经济规模有一定的正相关关系。从时空上看，城市群南部和北部边缘地区如四平市和牡丹江市等随着时间推移出现了人口扩散，城市群西北部地区则与之相反，在网络中的作用越来越重要。这是因为长春市和哈尔滨市本身交通就便捷，黑龙江也正在推进"哈尔滨—大庆—齐齐哈尔"一条线的城市群建设。

按照4个时点上城市群的个体网络关系数，作东北部城市群的人口迁移网络连接度曲线（见图7-10）。

观察图7-10可知，辽中南城市群人口迁移网络的连接度要远高于哈长城市群，在研究的4个时点上皆是如此。从时间上看，哈长城市群人口迁移网络连接度有上升趋势，辽中南城市群则是小幅下降又回升。辽中南地区交通便利，有哈大线和沈丹线两线联系南北和东西，历史原因使得辽中南地区工业基础雄厚，在国家政策的大力扶持下，辽中南地区治理环境污染，大力发展新兴产业，后续发展动力足。哈长城市群包含黑龙江省和吉林省的部分，两地各有中心圈，边缘城市难以受到中心地区的辐射影响，但目前，在以城市群为单位的发展规划下，二省合作发展有望。

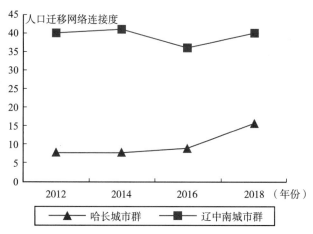

图 7 - 10　东北部城市群人口迁移网络连接度对比

三是关于人口迁移网络层级结构。

对东北部各城市群人口迁移网络进一步划分，构建各城市群人口迁移网络层级结构，如表 7 - 25 和表 7 - 26 所示。

表 7 - 25　　　　　　　　　辽中南城市群人口迁移网络层级结构

| 层级 | 网络中心性 | 城市目录 |
| --- | --- | --- |
| 网络联系核心 | >5 | 大连 |
| 网络联系副中心 | 4 ~ 5 | 沈阳、鞍山 |
| 次区域网络联系中心 | 3 ~ 4 | 丹东、锦州、盘锦、铁岭、葫芦岛 |
| 地方网络联系节点 | <3 | 抚顺、本溪、营口、辽阳 |

表 7 - 26　　　　　　　　　哈长城市群人口迁移网络层级结构

| 层级 | 网络中心性 | 城市目录 |
| --- | --- | --- |
| 网络联系核心 | >4 | 齐齐哈尔、大庆 |
| 网络联系副中心 | 3 ~ 4 | 哈尔滨 |
| 次区域网络联系中心 | 2 ~ 3 | 长春、松原、绥化 |
| 地方网络联系节点 | <2 | 吉林、四平、辽源、牡丹江 |

大连的网络中心性 >5，是辽中南城市群人口迁移网络的核心，在网络中控制力最强，与其他城市节点有最密切、最广泛的联系，大多都建立了双向流通关系；沈阳和鞍山的网络中心性 >4，为网络联系的副中心，较大程度上分散了核心节点的人流；丹东、锦州、盘锦等 5 个城市，网络中心性 >3，是城市群内人口迁移网络的联通枢纽，承担地方性交互功能；其余城市为网络中的普通节点，作用有限。

齐齐哈尔和大庆的网络中心性 >4，是哈长城市群人口迁移网络的核心，居于主导地位，与其他城市节点有极其紧密的联系；哈尔滨的网络中心性 >3，为网络联系的副中心，在网络中起重要的协调和控制作用；长春、松原和绥化，网络中心性 >2，是城市群内人口迁移网络的枢纽，承担地方性交互功能，在网络中局部区域的影响力较高；其余城市在网络中影响力较低，是一般节点。

#### 7.3.2.2　东部城市群人口迁移特征分析

对于东部城市群人口迁移特征的分析：

一是关于结构变化。

东部城市群的人口迁移网络总体上人口的流动性在增强，表7－27显示，除珠三角城市群外，其余城市群的网络密度都有所增加，增加幅度分别为0.1832、0.0875、0.0257、0.0272，各城市群网络趋于紧凑，长三角城市群与京津冀城市群的关联度和聚类系数同样有增长，说明这两个城市群的人口迁移渠道增加，互动更加频繁。山东半岛城市群与粤闽浙沿海城市群的关联度分别增加了0.35、0.1637，表明其拓展了迁移渠道，内部流通性增强，但二者聚类系数都小幅下降，集聚程度下降。珠三角城市群人口迁移网络的密度下降了0.0972，网络略有分散，其内向程度中心性在2012年、2014年和2016年时都大于其外向程度中心性，处于向内部集聚的状态，但这种状态在2018年时发生改变，外向程度中心势增加，内向程度中心势减小，出现了向外扩散的趋势。京津冀城市群和粤闽浙沿海城市群的人口迁移网络城市吸纳效应显著，人口不断集聚，京津冀城市群人口迁移网络的整体控制力度在东部城市群中最强，长三角城市群和山东半岛城市群在2018年时内向程度中心势与外向程度中心势持平，达到一定程度的稳定。

表7－27　　　　　　　　　　　　　东部城市群人口迁移网络结构变化

| 珠三角城市群 | | 2012 年 | 2014 年 | 2016 年 | 2018 年 |
|---|---|---|---|---|---|
| 密度 | | 0.2361 | 0.2083 | 0.1806 | 0.1389 |
| 中心势 | 外向度数中心势 | 0.2969 | 0.3281 | 0.3594 | 0.5469 |
| | 内向度数中心势 | 0.7188 | 0.6094 | 0.6406 | 0.2656 |
| 关联度 | | 1 | 0.7778 | 0.7778 | 0.7778 |
| 聚类系数 | | 0.374 | 0.324 | 0.324 | 0 |
| 长三角城市群 | | 2012 年 | 2014 年 | 2016 年 | 2018 年 |
| 密度 | | 0.0938 | 0.2215 | 0.1862 | 0.2769 |
| 中心势 | 外向度数中心势 | 0.6928 | 0.4768 | 0.4304 | 0.5024 |
| | 内向度数中心势 | 0.4016 | 0.56 | 0.4304 | 0.5024 |
| 关联度 | | 0.7785 | 1 | 0.7785 | 0.8492 |
| 聚类系数 | | 0.301 | 0.349 | 0.361 | 0.413 |
| 山东半岛城市群 | | 2012 年 | 2014 年 | 2016 年 | 2018 年 |
| 密度 | | 0.0792 | 0.0583 | 0.1042 | 0.1667 |
| 中心势 | 外向度数中心势 | 0.5556 | 0.4356 | 0.3156 | 0.3911 |
| | 内向度数中心势 | 0.2711 | 0.08 | 0.4578 | 0.3911 |
| 关联度 | | 0.65 | 0.3 | 0.7583 | 1 |
| 聚类系数 | | 0.113 | 0 | 0 | 0 |
| 京津冀城市群 | | 2012 年 | 2014 年 | 2016 年 | 2018 年 |
| 密度 | | 0.1346 | 0.1538 | 0.1538 | 0.1603 |
| 中心势 | 外向度数中心势 | 0.3056 | 0.1944 | 0.1042 | 0.1875 |
| | 内向度数中心势 | 0.6667 | 0.7361 | 0.7361 | 0.7292 |

续表

| 京津冀城市群 | | 2012 年 | 2014 年 | 2016 年 | 2018 年 |
|---|---|---|---|---|---|
| 关联度 | | 0.8462 | 1 | 1 | 1 |
| 聚类系数 | | 0.212 | 0.088 | 0 | 0.097 |
| 粤闽浙沿海城市群 | | 2012 年 | 2014 年 | 2016 年 | 2018 年 |
| 密度 | | 0.1273 | 0.1182 | 0.1182 | 0.1545 |
| 中心势 | 外向度数中心势 | 0.3 | 0.42 | 0.42 | 0.27 |
| | 内向度数中心势 | 0.52 | 0.2 | 0.2 | 0.6 |
| 关联度 | | 0.6545 | 0.5091 | 0.5091 | 0.8182 |
| 聚类系数 | | 0.162 | 0 | 0 | 0.137 |

使用 UCINET6.0 对东部 5 个城市群在 2012 年、2014 年、2016 年和 2018 年的拓扑结构变化进行可视化分析，为简化图形，便于分析，2012 年、2014 年按照该两年引力值的均值进行切分，2016 年和 2018 年则相应按照二者均值进行切分；城市节点圆圈大小表示其点度中心性大小，箭头表示人口引力的方向，线条粗细表示连接强度的大小，即"亲密度"，如图 7 - 11 至图 7 - 15 所示。

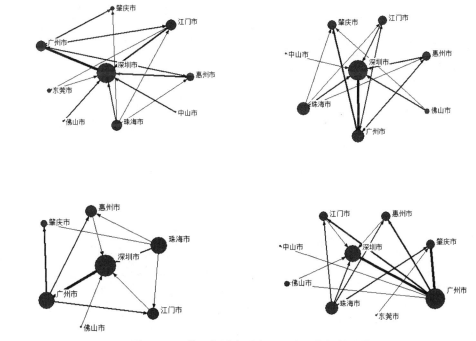

图 7 - 11　珠三角城市群人口迁移网络拓扑结构

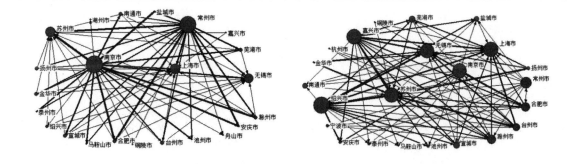

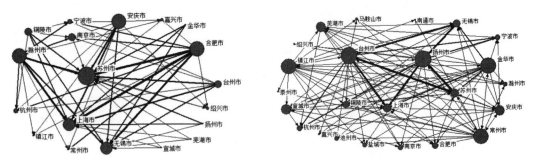

图7-12　长三角城市群人口迁移网络拓扑结构

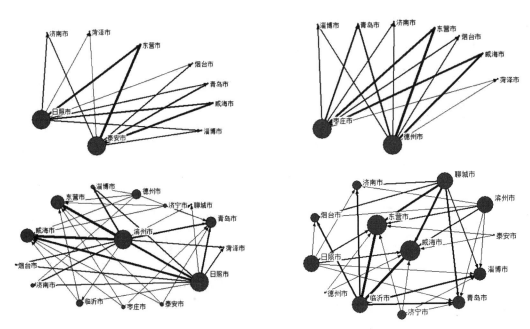

图7-13　山东半岛城市群人口迁移网络拓扑结构

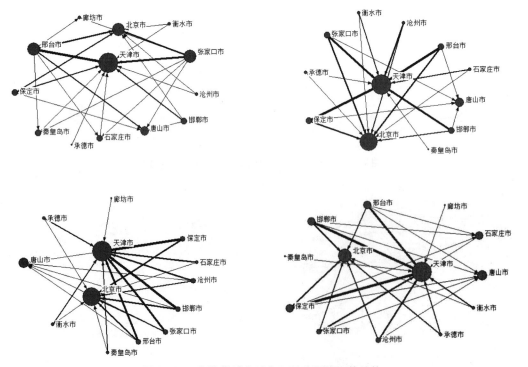

图7-14　京津冀城市群人口迁移网络拓扑结构

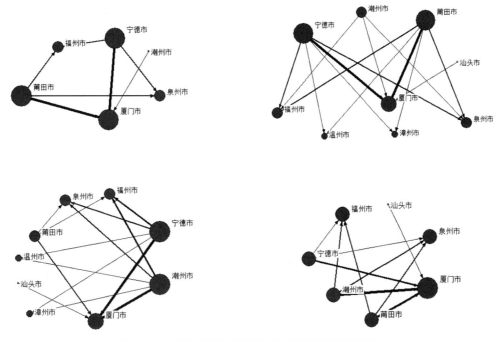

**图 7 - 15　粤闽浙沿海城市群人口迁移网络拓扑结构**

　　珠三角城市群的人口迁移网络在 2012 年和 2014 年时以深圳市为中心进行人口迁移交流，图 7 - 11 显示该网络内部空间分布较均衡，孤立节点少，只有中山市持续单向连接，在拓扑结构图的变化中可以发现，有许多城市的重要性在增加，深圳市和广州市基本形成了稳定的引力中心，二者关系密切稳定，珠海市有望成为珠三角城市群人口迁移网络的第三极。总体来看，网络内部交流渠道多，可达性有保证，迁移网络发展成熟，前期集聚已经完成，现在有向多中心扩散的趋势。

　　长三角城市群人口迁移网络内部节点众多，2012~2018 年内部关系趋于复杂，多个节点的点度中心性显著增加，表明其在网络中的影响力和重要性增强，使得人口迁移流变向多样。从图 7 - 12 线条粗线的变化可以发现，人口迁移从原来的集中流向南京市、上海市、常州市和苏州市等较为发达的城市转变为向大城市及其周边发展较好城市迁移，人口迁移流被分散了，增强了长三角城市群人口网络的空间均衡性，内部集聚程度增强，网络结构趋于稳定。

　　山东半岛城市人口迁移网络中城市节点的影响力普遍增强，除了德州市和泰安市还处在较低水平，其余节点对比图 7 - 13 中 2012 年和 2018 年两年的状态，都有显著变化。其内部城市的连接也密切了很多，在 2012 年时大多城市仅与日照市和泰安市建立了密切关系，到 2018 年时已经大不一样，单线或双线联系在网络中已经极少，网络连通性极大提高，网络关联度达到新高度。拓扑图中网络趋于紧凑，与数据结果中网络密度上升相符，其内向程度中心性与外向程度中心性在 2018 年达到相等，形成了具有一定稳定性的人口迁移网络。

　　京津冀城市群人口迁移网络是明显的双中心人口迁移网络，其以北京市和天津市为网络引力中心，随着时间的推移，部分节点在网络中的影响力在减弱，但网络的复杂度上升，城市群网络内部节点联系趋于多向和密切，仅有秦皇岛市和廊坊市单线与天津市交流。京津冀城市群网络密度增加也可从图 7 - 14 中反映出来，拓扑结构图在 4 个时点变化中变得紧凑，有明显的集聚效应，人口迁移流的流量与流向都增加了。

　　粤闽浙沿海城市群人口迁移网络的密度上升，反映为网络节点在图 7 - 15 的 4 个拓扑结构图的变化中显著增加，且部分城市节点的引力增强，其孤立的节点减少，到 2018 年除汕头市外，每个城市节点都与其他 3 个城市相连，网络中影响力最强的城市是厦门市，在 4 个时点的拓扑图中一直是人口迁移流量较大的方向。粤闽浙沿海城市群人口迁移网络内部有集聚趋势，但是网络中的人口迁移流有在内部多方向扩散的现象。

二是关于人口迁移网络连接度。

为了分析东部城市群中城市的内向度数中心性和外向度数中心性变化与其城市规模的关系，对城市群的相关数据进行可视化分析，如图 7 – 16 至图 7 – 20 所示。

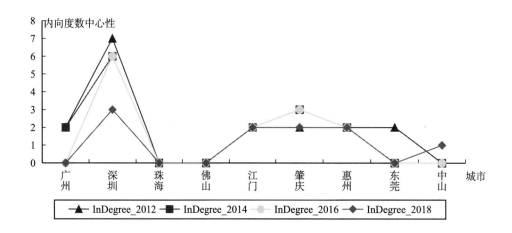

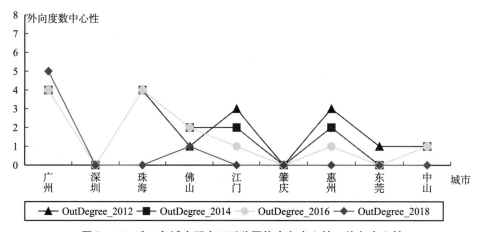

图 7 – 16　珠三角城市群人口迁移网络内向中心性、外向中心性

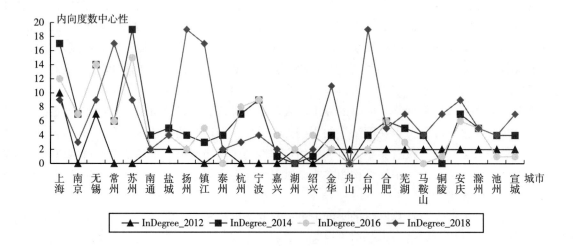

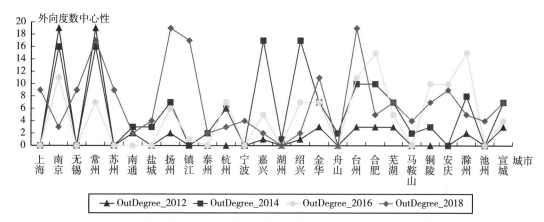

图 7 - 17　长三角城市群人口迁移网络内向中心性、外向中心性

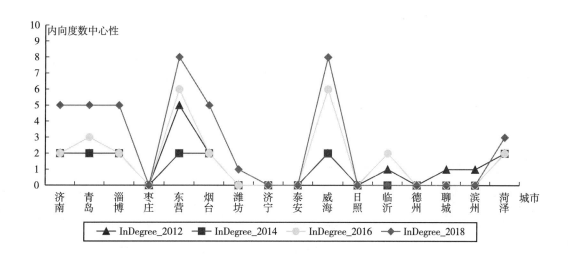

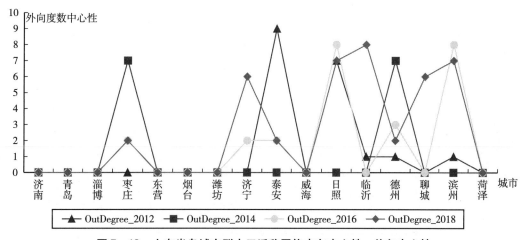

图 7 - 18　山东半岛城市群人口迁移网络内向中心性、外向中心性

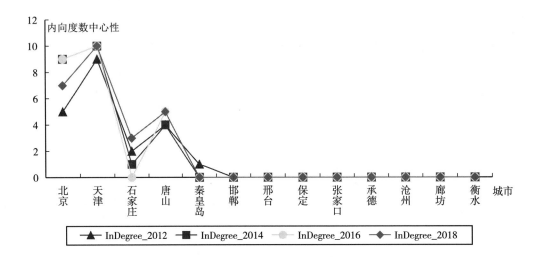

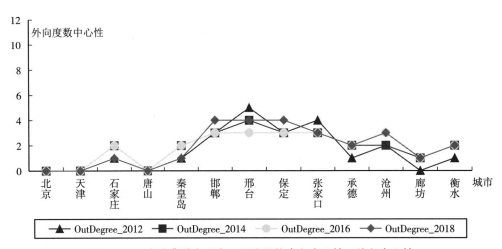

图 7 - 19　京津冀城市群人口迁移网络内向中心性、外向中心性

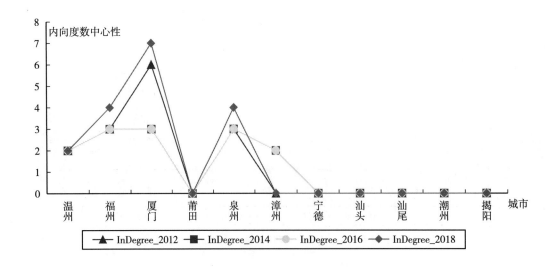

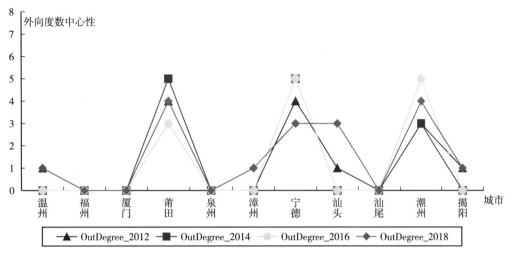

图 7 - 20　粤闽浙沿海城市群人口迁移网络内向中心性、外向中心性

在珠三角人口迁移网络中，人口流向有两个趋向，一个是大城市，如深圳市，但其人口流入正在减弱；另一个是城市群内经济规模排名靠后的城市，如中山市、惠州市等。在广州市和珠海市等核心城市已经出现人口扩散现象。出现这种现象的原因是珠三角城市群的发展已经非常成熟，整体各方面的设施水平都很高，在这种情况下，一方面，中心城市人口已经过度聚集且工作生活的压力极大；另一方面，在中心城市的辐射作用下，周边城市的经济都有不错的发展，也带动了生活和就业各方面的改善，因此，城市群内人口的迁移可以称作人口的分散转移，是人口迁移网络成熟的表现。人口从中心城市外迁，在缓解中心城市人口压力的同时，为周边城市带来了发展所需的劳动力。从空间上看，城市群边缘城市正在成为主要人口迁入地，均衡的人口迁移网络空间结构正在逐渐形成。

在长三角城市群人口迁移网络中，人口流向上海市、常州市等核心城市，人口迁移网络的内向度数中心性与经济规模有一定的正向关系。从时间上看，随着时间的推移，核心城市人口迁入有减弱趋势，而扬州市、台州市、合肥市等宜居或经济发展基础好、经济上升势头良好的城市也是重要的人口迁入地。从空间上看，人口有从沿海城市向内陆城市迁移的趋势。目前上海市、南京市等特大城市人口拥挤，人口外迁有助于缓解城市人口承载压力。

在山东半岛城市群人口迁移网络中，人口流向了济南市、青岛市、威海市等经济规模较大的城市，人口迁移存在显著的经济导向，人口扩散主要出现在离中心城市较远的城市如德州市、聊城市或者较为落后的小城市如枣庄市等。从时间上看，迁入地城市的人口引力还在随时间推移而增强，小城市人口不断迁出。从空间上看，沿海的城市如滨州市、东营市、潍坊市、烟台市等港口众多，经济发展基础和前景良好，也是人口迁移的主要目的地，在人口迁移网络内部有重要影响。

京津冀城市群人口迁移网络中的人口主要流向了北京市和天津市两个特大城市，层次清晰。人口迁移网络内向度数中心性与城市经济规模大体呈正相关关系，唐山市和石家庄市的经济规模排名靠前，也是人口迁移的主要目的地。从时间上看，其余城市都从 2012 年起就存在人口扩散，人口在不断向中心城市聚集。从空间上看，人口主要向城市群中部迁移，部分迁往了城市群西南部的石家庄市。

粤闽浙沿海城市群人口迁移网络中的人口流向了厦门市、福州市和泉州市等大城市，尤其是厦门市，人口引力居于榜首且还在不断扩大，人口迁移显然与城市经济规模密切相关。从时间上看，人口还在持续流入厦门市等大城市，中小城市的迁入现象存在已久。从空间上看，人口流入的主要区域与经济发展较好的区域吻合，在城市群的东部沿海地区，人口外迁寻求更好的发展机会和物质生活，但迁入与迁出地在空间上相互交错分布，城市区的中心城市没有很好带动周边城市的发展，人口迁移网络空间分布不均。

按照 4 个时点上城市群的个体网络关系数，作东部城市群的人口迁移网络连接度曲线（见图 7 -21）。

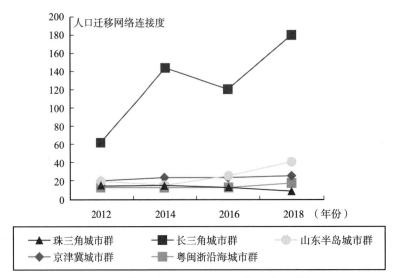

图 7 -21    东部城市群人口迁移网络连接度对比图

观察图 7 -21 可知，长三角城市群的人口迁移网络连接度在 2012～2018 年都是最高的，且远高于其他东部城市群，京津冀城市群次之，山东半岛城市群的人口迁移网络连接度落后于京津冀城市群，但在 2018 年后来居上。长三角城市群人口迁移网络包含城市节点多，且内部经济发达，各城市节点往来频繁，建立了较为密切的关系网络，是东部城市群人口迁移的枢纽，功能强大。从时间上来看，京津冀城市群和粤闽浙沿海城市群的人口迁移网络连接度变化不大，山东半岛城市群的人口迁移网络连接度自 2014 年起不断上升。山东半岛城市群不断强化城市群经济圈的区域合作并通过半岛城市群之间基础设施的对接增强内部关联，同时，山东半岛交通网也随时间推移不断完善。

三是关于人口迁移网络层级结构。

对东部各城市群人口迁移网络进一步划分，构建各城市群人口迁移网络层级结构，如表 7 -28、表 7 -29、表 7 -30、表 7 -31 和表 7 -32 所示。

表 7 -28    珠三角城市群人口迁移网络层级结构

| 层级 | 网络中心性 | 城市目录 |
| --- | --- | --- |
| 网络联系核心 | >5 | 深圳、广州 |
| 网络联系副中心 | 4～5 | 珠海、惠州 |
| 次区域网络联系中心 | 2～4 | 江门、肇庆 |
| 地方网络联系节点 | <2 | 佛山、中山、东莞 |

表 7 -29    长三角城市群人口迁移网络层级结构

| 层级 | 网络中心性 | 城市目录 |
| --- | --- | --- |
| 网络联系核心 | >15 | 上海、苏州 |
| 网络联系副中心 | 10～15 | 无锡、常州、南京、杭州、宁波 |
| 次区域网络联系中心 | 4～10 | 南通、扬州、镇江、泰州、金华、台州、安庆、合肥、芜湖 |
| 地方网络联系节点 | <4 | 盐城、嘉兴、舟山、湖州、绍兴、马鞍山、铜陵、滁州、池州、宣城 |

表 7 – 30　　　　　　　　　　　　山东半岛城市群人口迁移网络层级结构

| 层级 | 网络中心性 | 城市目录 |
| --- | --- | --- |
| 网络联系核心 | >5 | 青岛、济南 |
| 网络联系副中心 | 4~5 | 东营、威海、烟台、菏泽 |
| 次区域网络联系中心 | 1~4 | 淄博、潍坊、滨州、日照 |
| 地方网络联系节点 | <1 | 泰安、临沂、枣庄、济宁、德州、聊城 |

表 7 – 31　　　　　　　　　　　　京津冀城市群人口迁移网络层级结构

| 层级 | 网络中心性 | 城市目录 |
| --- | --- | --- |
| 网络联系核心 | >6 | 北京、天津 |
| 网络联系副中心 | 3~6 | 唐山、石家庄 |
| 次区域网络联系中心 | 1~3 | 邯郸、邢台、保定、张家口 |
| 地方网络联系节点 | <1 | 秦皇岛、承德、沧州、廊坊、衡水 |

表 7 – 32　　　　　　　　　　　　粤闽浙沿海城市群人口迁移网络层级结构

| 层级 | 网络中心性 | 城市目录 |
| --- | --- | --- |
| 网络联系核心 | >5 | 厦门 |
| 网络联系副中心 | 3~5 | 福州、泉州 |
| 次区域网络联系中心 | 1~3 | 温州、莆田、宁德 |
| 地方网络联系节点 | <1 | 漳州、汕头、汕尾、潮州、揭阳 |

深圳和广州的网络中心性 >5，稳定占据珠三角人口迁移网络的核心地位，与其他城市节点有最密切、最广泛的联系；珠海和惠州的网络中心性 >4，为网络联系的副中心，极大程度分担了网络核心节点的压力；江门和肇庆网络中心性 >2，是区域内人口迁移网络的枢纽，承担地方性交互功能，在珠三角城市群人口迁移网络中的重要性不断增加；其余城市为网络中的一般节点，影响力与网络中其他节点相比较低，但差距不大。

上海和苏州的网络中心性 >15，是长三角城市群人口迁移网络联系的核心，与其他城市节点有最密切、最广泛的联系；无锡、常州、南京等 5 个城市的网络中心性 >10，为网络联系的副中心，在网络中影响力仅次于上海和苏州；南通、扬州、镇江等 9 个城市网络中心性 >4，是区域内人口迁移网络的枢纽，在长三角城市群复杂的人口迁移网络中承担地方性交互功能，是人口迁移网络联通的重要基础；其余城市为网络中的一般节点，影响力在网络中相对较低。

青岛和济南网络中心性 >5，是山东半岛城市群人口迁移网络的核心，与网络中其他城市节点有最密切、最广泛的联系；东营、威海、烟台等 4 个城市的网络中心性 >4，为网络联系的副中心，在网络中的影响力在不断扩大，推动网络向多中心结构转变；淄博、潍坊日照等 4 个城市的网络中心性 >1，是区域内人口迁移网络的枢纽，承担地方性交互功能，其余城市为网络中的普通节点，在网络中影响力较低。

北京和天津的网络中心性 >6，这两个特大城市是京津冀城市群人口迁移网络的核心，与网络中其他城市节点有最密切、最广泛的联系，起总领带动作用；眉山和石家庄的网络中心性 >3，为网络联系的副中心，一定程度上分散了网络联系中心的人口压力；邯郸、邢台、保定等 4 个城市网络中心性 >1，是区域内人口迁移网络的枢纽，承担地方性交互功能，是区域网络发挥作用的基础；其余城市在网络中的作用不强。

厦门的网络中心性＞5，是粤闽浙沿海城市群人口迁移网络的核心，与其他城市节点有最密切、最广泛的联系；福州和泉州的网络中心性＞3，是网络联系的副中心，在网络中的作用越来越重要，正在向网络联系中心转变；温州、莆田和宁德网络中心性＞1，是区域内人口迁移网络的中介节点，承担地方性交互功能；其余城市在网络中影响力较低，是普通节点。

### 7.3.2.3　中部城市群人口迁移特征分析

对于中部城市群人口迁移特征的分析：

一是关于结构变化。

表7-33显示，中部城市群的人口迁移网络流动性在2012～2018年中略微上升，长江中游城市群和晋中城市群的人口迁移网络密度分别增加了0.0552、0.05，说明网络内部各城市节点的关系变得更加复杂，二者网络内部连通性优异，且集聚程度不断增强，长江中游城市群人口迁移网络内部的城市对人口有显著的吸纳效应；晋中城市群的外向度数中心势在2018年赶上了内向度数中心势，其人口迁移网络趋于成熟。中原城市群人口迁移网络密度下降了0.0257，说明网络有轻微的松散，但其内向度数中心势远高于外向度数中心势，聚类系数在7年间上升了0.358，内部存在集聚倾向，关联度的下降可能是导致网络出现轻微松散的原因，其网络可达性下降不利于人口迁移网络的成熟化。

**表7-33　中部城市群人口迁移网络结构变化**

| 长江中游城市群 | | 2012 年 | 2014 年 | 2016 年 | 2018 年 |
|---|---|---|---|---|---|
| 密度 | | 0.1578 | 0.0582 | 0.2169 | 0.213 |
| 中心势 | 外向度数中心势 | 0.5268 | 0.5926 | 0.3512 | 0.4705 |
| | 内向度数中心势 | 0.7572 | 0.1701 | 0.7737 | 0.5473 |
| 关联度 | | 1 | 0.5026 | 1 | 1 |
| 聚类系数 | | 0.443 | 0.225 | 0.364 | 0.214 |
| 中原城市群 | | 2012 年 | 2014 年 | 2016 年 | 2018 年 |
| 密度 | | 0.2885 | 0.2436 | 0.2308 | 0.2628 |
| 中心势 | 外向度数中心势 | 0.2292 | 0.4583 | 0.3819 | 0.4375 |
| | 内向度数中心势 | 0.4097 | 0.6389 | 0.7431 | 0.7083 |
| 关联度 | | 1 | 1 | 0.8462 | 0.8462 |
| 聚类系数 | | 0.196 | 0.514 | 0.633 | 0.554 |
| 晋中城市群 | | 2012 年 | 2014 年 | 2016 年 | 2018 年 |
| 密度 | | 0.35 | 0.35 | 0.35 | 0.4 |
| 中心势 | 外向度数中心势 | 0.1875 | 0.1875 | 0.1875 | 0.4375 |
| | 内向度数中心势 | 0.5 | 0.5 | 0.5 | 0.4375 |
| 关联度 | | 1 | 1 | 1 | 1 |
| 聚类系数 | | 0.556 | 0.556 | 0.556 | 0.556 |

使用UCINET6.0对中部3个城市群在2012年、2014年、2016年和2018年的拓扑结构变化进行可视化分析，为简化图形，便于分析，2012年、2014年按照该两年引力值的均值进行切分，2016年和2018年则相应按照二者均值进行切分；城市节点圆圈大小表示其点度中心性大小，箭头表示人口引力的方向，线条粗细表示连接强度的大小，即"亲密度"，如图7-22至图7-24所示。

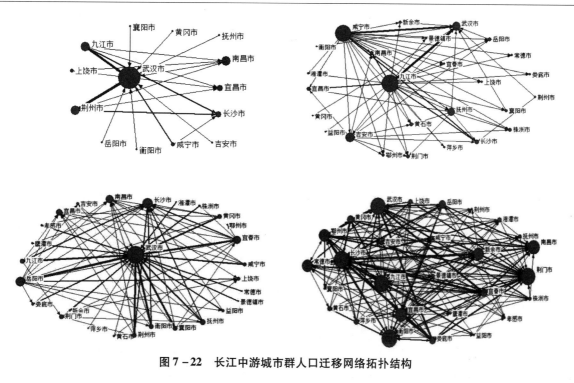

图 7-22　长江中游城市群人口迁移网络拓扑结构

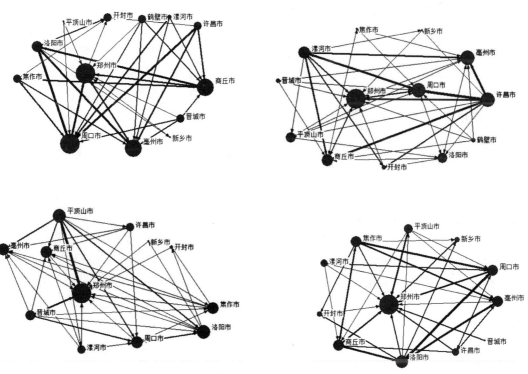

图 7-23　中原城市群人口迁移网络拓扑结构

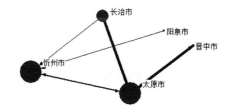
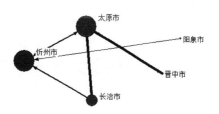

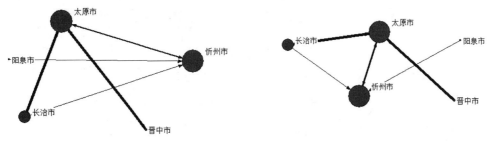

**图7-24　晋中城市群人口迁移网络拓扑结构**

长江中游城市群人口迁移网络拓扑结构图变化明显，网络密度上升，网络节点数量大量增加且各节点引力强度大幅增强，其连接线条复杂化，表明人口迁移网络成熟化。图7-22显示，在2012年、2014年和2016年，长江中游城市群人口迁移网络还是以武汉市为引力中心的单中心网络结构；到2018年，武汉市人口吸引力依旧强劲，但迁移网络内部出现多个引力中心，聚类系数下降，内部人口迁移流分散扩张，但整体网络集聚倾向较2012年增加明显，长江中游城市群人口迁移网络逐步成熟。

中原城市群人口迁移网络中的节点数量没有明显变化，但是其网络结构有从多中心向单一中心演变的趋势，随着时间的推移，郑州市的引力中心地位逐渐凸显，周边城市的网络影响力下降，关联度下降，在图7-23中表现为关系网络简化，线条减少且变细，部分城市之间的关联解除。其人口迁移网络的内向度数中心势大幅高于外向度数中心势，聚类系数上升，表明其仍然存在集聚的倾向，只是网络可达性降低了，使得网络结构均衡性变差。

晋中城市群的人口迁移网络在2012~2018年变化不显著，其在2018年时内向程度中心势小幅下降，外向程度中心势上升，二者持平，网络结构趋于稳定。阳泉市在7年间都是孤立的节点，与忻州市单线相连，不与周边城市建立人口迁移关系，太原市与晋中市和长治市间则有着稳定并且较大的人口迁移流，晋中城市群人口迁移网络内部的通达性较优，有良好的迁移条件，数据中网络密度上升表示网络内部关系在变得更加密切。

二是关于人口迁移网络连接度。

为了分析中部城市群中城市的内向度数中心性和外向度数中心性变化与其城市规模的关系，对城市群的相关数据进行可视化分析，如图7-25、图7-26和图7-27所示。

长江中游城市群人口迁移网络中人口流向了武汉市、长沙市、南昌市等GDP较高的城市，从图7-25中可以明显看出人口迁移网络内向中心性与城市经济规模呈正相关关系。长江中游城市群人口迁移网络目前的引力中心还在武汉市和长沙市，从时间上看，网络空间结构正在向多中心结构发展，特大城市武汉市在2018年时人口引力稍有下降，其他迁入城市的人口引力还在上升阶段，萍乡市、鹰潭市等发展较为落后的城市人口还在持续迁出，但部分城市迁出有减弱的趋势。从空间上看，虽然长江中游城市群存在多个人口迁移中心，但人口迁入和迁出无明显空间偏好。

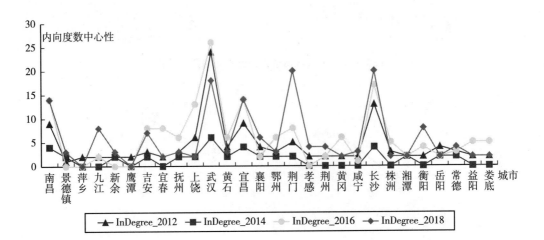

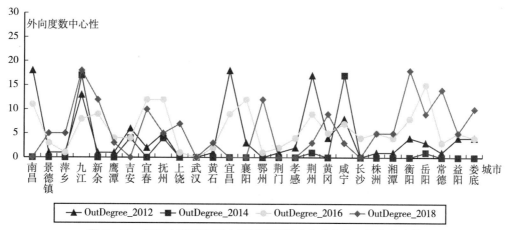

图 7 - 25　长江中游城市群人口迁移网络内向中心性、外向中心性

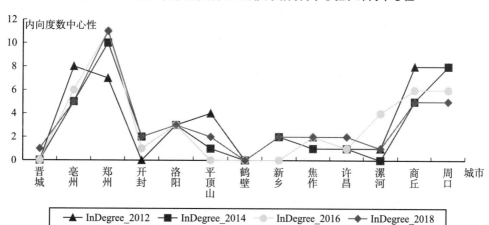

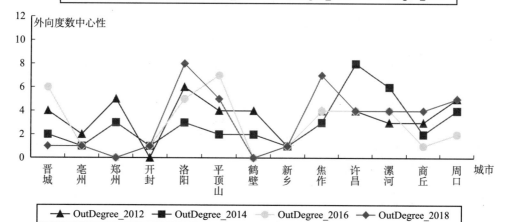

图 7 - 26　中原城市群人口迁移网络内向中心性、外向中心性

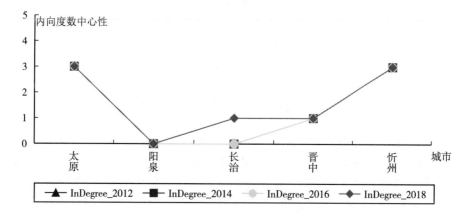

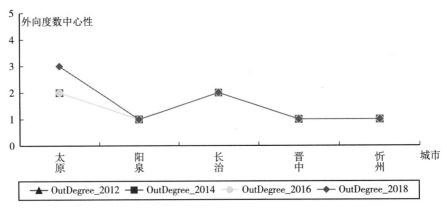

图 7 - 27 晋中城市群人口迁移网络内向中心性、外向中心性

在中原城市群人口迁移网络中，图 7 - 26 显示郑州市无疑是网络的引力中心，且该网络目前是单中心结构，中原城市群中人口迁移的流动导向和多数城市群一样以经济规模为主，除郑州市以外的城市群内经济发展较好的城市如洛阳市和周口市等网络引力较高，但随着时间推移人口引力在断层下降，而焦作市、新乡市等规模不那么大的城市也成为人口迁入的几个目的地。从空间上看，人口在往以郑州市为圆心的四周迁移，城市群边缘城市存在人口迁出，而郑州市及其周围城市则不断吸纳迁入人口。

在晋中城市群人口迁移网络中，部分城市已经被切分掉，在剩余 5 个城市中，人口主要流向了太原市和忻州市。太原市经济规模是晋中城市群中最大的，而忻州市经济规模比较小，但发展前景比较乐观，目前国家发展改革委关于雄忻高铁可行性研究报告的批复已经发布，雄忻高铁一旦建成，忻州市将会和京津冀城市群联系加强，得到极大的发展机遇。中心城市太原市在 2012~2016 年有人口迁入，到 2018 年放缓停滞，其余城市中，阳泉市一直有人口迁出，长治市的人口引力在 2018 年略微上升，逆转了人口扩散的情况。

按照 4 个时点上城市群的个体网络关系数，作中部城市群的人口迁移网络连接度曲线（见图 7 - 28）。

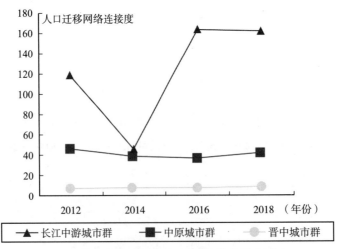

图 7 - 28 中部城市群人口迁移网络连接度对比

观察图 7 - 28 可知，长江中游城市群人口迁移网络连接度最高，且与中原城市群和晋中城市群差距较大。从时间上看，中部城市群人口迁移网络连接度的排序一直稳定，长江中游城市群网络连接度大于中原城市群网络连接度大于晋中城市群网络连接度。长江中游城市群的人口迁移网络连接度在 2014 年有过下降，但因其包含城市众多，人口迁移网络连接度并未降至其他城市群以下。值

得注意的是，在图 7－28 中，长江中游城市群的人口迁移网络连接度要远高于中原和晋中城市群，原因在于其发展水平和基建水平较高，城市群内部城市交往便利，通达顺畅，且城市普遍发展水平较优。从空间上看，内部腹地区域更受迁移者欢迎，连接度自中部向北部方向降低，这也说明城市群网络连接度受周边城市群影响。

三是关于人口迁移网络层级结构。

选择中部两个较为复杂的城市群人口迁移网络进行进一步划分，构建各城市群人口迁移网络层级结构，如表 7－34 和表 7－35 所示。

表7－34　　　　　　　　　　　中原城市群人口迁移网络层级结构

| 层级 | 网络中心性 | 城市目录 |
| --- | --- | --- |
| 网络联系核心 | >6 | 郑州 |
| 网络联系副中心 | 4～6 | 亳州、周口、商丘 |
| 次区域网络联系中心 | 2～4 | 洛阳 |
| 地方网络联系节点 | <2 | 晋城、开封、平顶山、新乡、焦作、许昌、漯河、鹤壁 |

表7－35　　　　　　　　　　长江中游城市群人口迁移网络层级结构

| 层级 | 网络中心性 | 城市目录 |
| --- | --- | --- |
| 网络联系核心 | >15 | 武汉、长沙 |
| 网络联系副中心 | 10～15 | 南昌、宜昌、荆门 |
| 次区域网络联系中心 | 5～10 | 九江、吉安、襄阳、鄂州、衡阳、宜春、抚州、上饶、黄石、黄冈 |
| 地方网络联系节点 | <5 | 景德镇、萍乡、新余、鹰潭、孝感、荆州、咸宁、株洲、湘潭、岳阳、常德、益阳、娄底 |

郑州的网络中心性＞6，是中原城市群人口迁移网络唯一的联系核心，与网络中其他城市节点有最密切、最广泛的联系；亳州、周口和商丘的网络中心性＞4，为网络联系的副中心；洛阳的网络中心性＞2，是城市群内人口迁移网络的枢纽，承担地方性交互功能，连通上下；其余城市为网络中的普通节点，连接度较低，影响力不大。

武汉和长沙的网络中心性＞15，是长江中游城市群人口迁移网络的核心，在区域内引领和带动其他城市，控制力较强，与其他城市节点有最密切、最广泛的联系；南昌、宜昌和荆门的网络中心性＞10，为网络联系的副中心，长江中游城市群范围较大，包含众多城市，副中心起着连接与分散作用；九江、吉安、襄阳等 10 个城市网络中心性＞5，是区域内人口迁移网络的枢纽，支撑着人口迁移网络的完整结构，承担地方性交互功能；其余城市为长江中游城市群人口迁移网络中的普通节点，对网络整体的影响力较低。

### 7.3.2.4　西部城市群人口迁移特征分析

对于西部城市群人口迁移特征的分析：

一是关于结构变化。

表 7－36 中数据显示，西部城市群中滇中城市群、黔中城市群、兰西城市群和呼包鄂榆城市群人口迁移网络在 2002～2018 年 7 年间没有明显变化，迁移网络比较稳定；滇中、黔中和兰西城市群的密度趋于一致，处于较高水平，一方面是因为研究区域网络节点个数少，另一方面是研究区域面积小，使得网络很容易对行动对象产生影响。滇中和黔中城市群的内向度数中心势皆高于外向度数中心势，城市对人口具有明显的吸纳效应，城市之间关联度较高，交通可达性较好。网络发生明

显变化的几个城市群中，除宁夏沿黄城市群外，其余城市群的网络密度均有不同程度的下降，北部湾城市群波动最强，且北部湾城市群的外向度数中心势在2018年超过了其内向度数中心势，说明该地区溢出关系多于受益关系，出现了网络空间趋势扩散的迹象，集聚程度也降低，但内部城市的关联度仍然较高。成渝城市和关中平原城市群的网络密度从2012～2018年分别下降了0.0542、0.0091，下降幅度较小，二者的内向程度中心势都高于外向程度中心势，有空间集聚的趋势，成渝城市群的集聚程度较高。宁夏沿黄城市群的网络密度增加了0.0833，表明其内部城市联系随着时间推移越发密切；内向度数中心势明显高于外向度数中心势，关联度上升了0.5，说明随着交通条件的改善，集聚趋势显著增强，但其集聚程度仍旧很低。

**表 7 - 36　　　　　　　　　　　西部城市群人口迁移网络结构变化**

| 北部湾城市群 | | 2012 年 | 2014 年 | 2016 年 | 2018 年 |
| --- | --- | --- | --- | --- | --- |
| 密度 | | 0.1889 | 0.3 | 0.2444 | 0.1333 |
| 中心势 | 外向度数中心势 | 0.4074 | 0.284 | 0.4691 | 0.5926 |
| | 内向度数中心势 | 0.5309 | 0.7778 | 0.5926 | 0.0988 |
| 关联度 | | 0.8 | 1 | 0.8 | 0.6222 |
| 聚类系数 | | 0.529 | 0.564 | 0.686 | 0 |
| 滇中城市群 | | 2012 年 | 2014 年 | 2016 年 | 2018 年 |
| 密度 | | 0.3333 | 0.3333 | 0.3333 | 0.3333 |
| 中心势 | 外向度数中心势 | 0.25 | 0.25 | 0.25 | 0.25 |
| | 内向度数中心势 | 1 | 1 | 1 | 1 |
| 关联度 | | 1 | 1 | 1 | 1 |
| 聚类系数 | | 0 | 0 | 0 | 0 |
| 黔中城市群 | | 2012 年 | 2014 年 | 2016 年 | 2018 年 |
| 密度 | | 0.3333 | 0.3333 | 0.3333 | 0.3333 |
| 中心势 | 外向度数中心势 | 0.25 | 0.25 | 0.25 | 0.25 |
| | 内向度数中心势 | 1 | 1 | 1 | 1 |
| 关联度 | | 1 | 1 | 1 | 1 |
| 聚类系数 | | 0 | 0 | 0 | 0 |
| 成渝城市群 | | 2012 年 | 2014 年 | 2016 年 | 2018 年 |
| 密度 | | 0.1667 | 0.125 | 0.125 | 0.1125 |
| 中心势 | 外向度数中心势 | 0.5333 | 0.2933 | 0.1511 | 0.52 |
| | 内向度数中心势 | 0.8178 | 0.8622 | 0.8622 | 0.6622 |
| 关联度 | | 1 | 1 | 1 | 1 |
| 聚类系数 | | 0.463 | 0.363 | 0.507 | 0.279 |
| 兰西城市群 | | 2012 年 | 2014 年 | 2016 年 | 2018 年 |
| 密度 | | 0.3333 | 0.3333 | 0.3333 | 0.3333 |
| 中心势 | 外向度数中心势 | 0.4444 | 0.4444 | 0.4444 | 0.4444 |
| | 内向度数中心势 | 0.4444 | 0.4444 | 0.4444 | 0.4444 |
| 关联度 | | 1 | 1 | 1 | 1 |
| 聚类系数 | | 0.778 | 0.778 | 0.778 | 0.778 |

续表

| 关中平原城市群 | | 2012 年 | 2014 年 | 2016 年 | 2018 年 |
|---|---|---|---|---|---|
| 密度 | | 0.1 | 0.1 | 0.1 | 0.0909 |
| 中心势 | 外向度数中心势 | 0.22 | 0.44 | 0.22 | 0.45 |
| | 内向度数中心势 | 0.44 | 0.22 | 0.44 | 0.12 |
| 关联度 | | 0.5091 | 0.5091 | 0.5091 | 0.3818 |
| 聚类系数 | | 0 | 0 | 0 | 0 |
| 宁夏沿黄城市群 | | 2012 年 | 2014 年 | 2016 年 | 2018 年 |
| 密度 | | 0.1667 | 0.1667 | 0.25 | 0.25 |
| 中心势 | 外向度数中心势 | 0.2222 | 0.2222 | 0.1111 | 0.1111 |
| | 内向度数中心势 | 0.6667 | 0.6667 | 1 | 1 |
| 关联度 | | 0.5 | 0.5 | 1 | 1 |
| 聚类系数 | | 0 | 0 | 0 | 0 |
| 呼包鄂榆城市群 | | 2012 年 | 2014 年 | 2016 年 | 2018 年 |
| 密度 | | 0.1667 | 0.1667 | 0.1667 | 0.1667 |
| 中心势 | 外向度数中心势 | 0.2222 | 0.2222 | 0.2222 | 0.2222 |
| | 内向度数中心势 | 0.6667 | 0.6667 | 0.6667 | 0.6667 |
| 关联度 | | 0.5 | 0.5 | 0.5 | 0.5 |
| 聚类系数 | | 0 | 0 | 0 | 0 |

　　使用 UCINET6.0 对西部 8 个城市群在 2012 年、2014 年、2016 年和 2018 年的拓扑结构变化进行可视化分析，为简化图形，便于分析，2012 年、2014 年按照该两年引力值的均值进行切分；2016 年和 2018 年则相应按照二者均值进行切分，城市节点圆圈大小表示其点度中心性大小，箭头表示人口引力的方向，线条粗细表示连接强度的大小，即"亲密度"，如图 7 - 29 至图 7 - 36 所示。

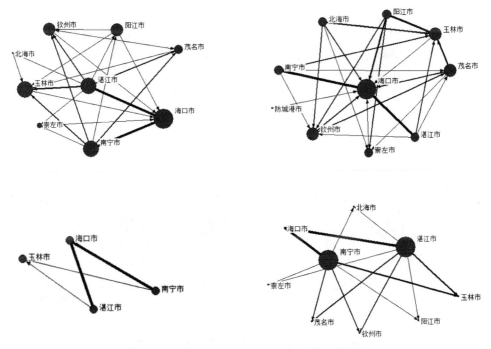

**图 7 - 29　北部湾城市群人口迁移网络拓扑结构**

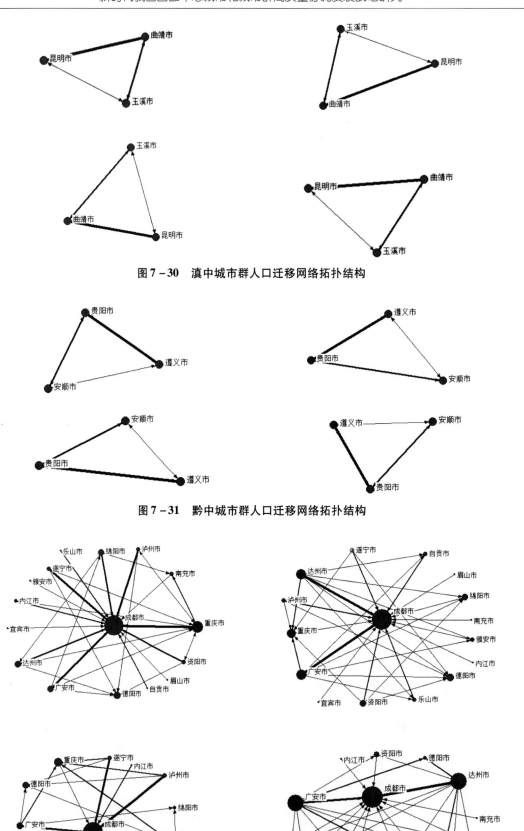

图 7 – 30　滇中城市群人口迁移网络拓扑结构

图 7 – 31　黔中城市群人口迁移网络拓扑结构

图 7 – 32　成渝城市群人口迁移网络拓扑结构

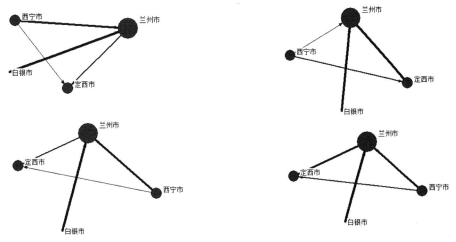

图 7 - 33　兰西城市群人口迁移网络拓扑结构

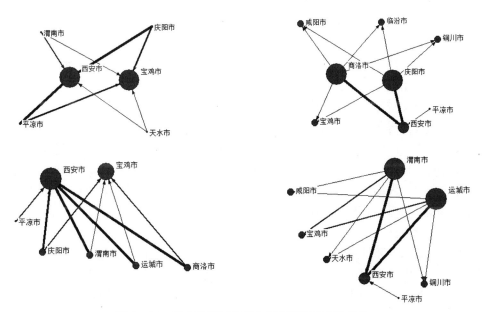

图 7 - 34　关中平原城市群人口迁移网络拓扑结构

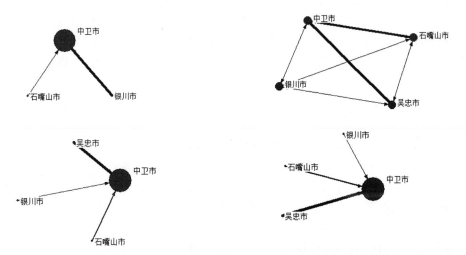

图 7 - 35　宁夏沿黄城市群人口迁移网络拓扑结构

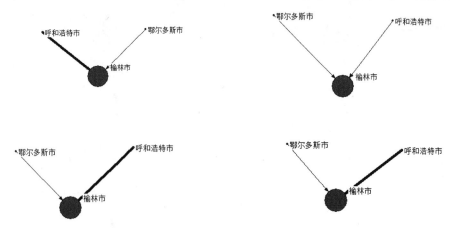

图 7-36　呼包鄂榆城市群人口迁移网络拓扑结构

北部湾城市群自 2012～2018 年核心节点数量先减少再增加，在 2012 年时有 9 个节点，到 2016 年时只有 4 个，在 2018 年又恢复为 9 个网络节点；各节点等级分明，高点度中心性的节点在减少；除南宁市和湛江市外，其余城市在网络中重要性降低，原本连接强度较大的海口市在 2018 年强度依旧较大，但是人口来源减少，引力值下降，中心城市南宁市的引力增强，上述特征符合前文对于北部湾城市群网络空间趋势扩散的推断。

滇中城市群如上文叙述，在 4 年中无明显变化，内部发展缓慢，大多城市节点在进行按均值切分时已被移除，剩余城市节点少，城市群区域面积小，且各节点的引力大小差距不大。在滇中城市群的人口迁移网络中，昆明市和曲靖市之间亲密度最高，但和玉溪市之间连接程度不强。

黔中城市群的人口迁移网络情况与滇中城市群相似，无明显变化，在移除部分节点后，剩余节点数量少，各节点引力大小相当，都较低。贵阳市与遵义市之间关系较为密切，安顺市与遵义市、贵阳市之间连接强度相近，都较弱，3 个城市在黔中城市群内部的影响力小，但各城市间可达性强，网络仍在集聚阶段。

成渝城市群在 2012 年时存在较多孤立的城市节点，单向与成都市相连，随着集聚程度的增强，孤立节点减少，点度中心性较小的城市也逐渐对其他城市产生人口引力。城市群本身网络密度较高，各城市间联系密切，7 年间的引力中心一直是成都市，单中心结构稳定，但在 2018 年成都市与遂宁市、泸州市、重庆市等市的亲密度下降；同时，广安市和达州市在人口迁移网络中的影响力和重要性增强，有向多中心发展的趋势，内部集聚增强，与数据结果一致。

兰西城市群 7 年间结构比较稳定，网络拓扑结构呈"伞状"，兰州市作为中心城市在城市群内影响力最大，有稳定较大规模的人口迁移流，在 2018 年时已经与城市群内其他城市产生一定强度的联系。但白银市始终单向与兰州市相连，处于孤立状态，这造成兰西城市群的人口迁移网络存在空间分布的不均衡，但不均衡的程度较轻，城市群内部其他城市之间联系密切，内部集聚程度高。其内向程度中心势与外向程度中心势相等，再次表明兰西城市群人口迁移网络的稳定性较强。

关中平原城市群人口迁移网络节点在 2012 年时只有 6 个，在 2018 年时已经增至 8 个，空间流动性增强，但空间结构不平衡，大多节点仅与一两个影响力最大的城市形成了一定强度的人口迁移流，节点等级性强，同等级节点无交流，其中平凉市仅与西安市连通。网络引力中心变换频繁，西安市和宝鸡市的影响力受限，内部集聚程度不强，但是关中平原城市群有着集聚的趋势，有可能出现多中心的网络结构。

宁夏沿黄城市群节点数目同样在这几年有所增加，网络密度提高了 0.0833，宁夏沿黄城市群人口迁移网络的连通性在 2014 年最强，信封状结构使得网络内各节点均与其他城市有一定的亲密关系。从 4 年的变化来看，宁夏沿黄城市群人口迁移网络总的来说是以中卫市为引力中心的单中心结构网络，形成了"爪形"的网络结构，其中，中卫市与吴忠市连接强度最高。网络的内向程度中心势远高于外向程度中心势，集聚趋势较强。

呼包鄂榆城市群中的城市节点原本就只有4个，经过均值切分后剩余3个城市节点，形成了以榆林市为引力中心的人口迁移网络。呼和浩特市与榆林市联系最密切，呼和浩特市与鄂尔多斯市之间没有形成亲密关系，这种"树权形"结构在7年间一直稳定保持。

二是关于人口迁移网络连接度。

为了分析西部城市群中城市的内向度数中心性和外向度数中心性变化与其城市规模的关系，选取部分城市群的数据进行可视化分析，如图7-37、图7-38、图7-39和图7-40所示。

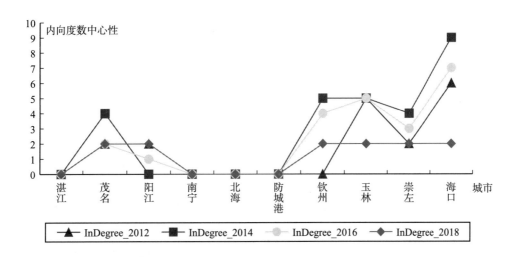

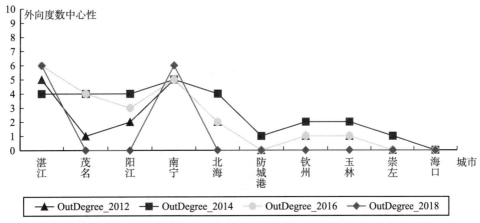

图7-37　北部湾城市群人口迁移网络内向中心性、外向中心性

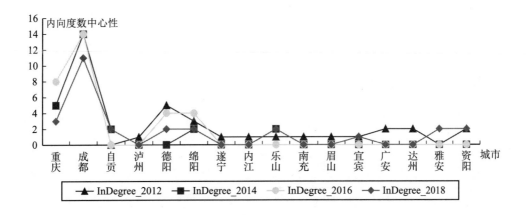

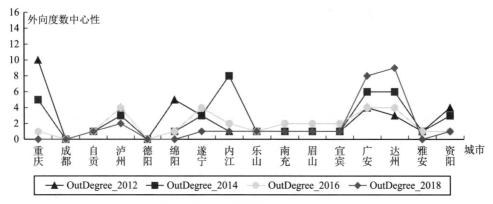

图 7-38　成渝城市群人口迁移网络内向中心性、外向中心性

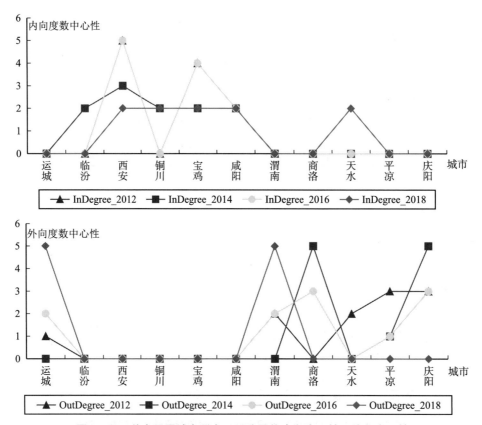

图 7-39　关中平原城市群人口迁移网络内向中心性、外向中心性

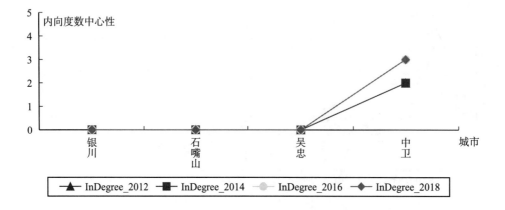

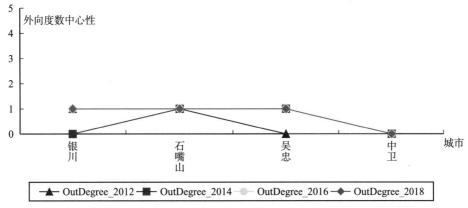

图 7 -40　宁夏沿黄城市群人口迁移网络内向中心性、外向中心性

人口流向海口、茂名、玉林等 GDP 总量较高的城市，有明显的流动趋向。如图 7 -43 所示，人口迁移网络的内向度数中心性与城市规模与发展有一定的正相关性，但并不完全相关，如南宁市。崇左市作为一个环境优美的旅游城市，也是人口迁移的重要迁入地。而人口扩散出现在两类城市：一类是规模最大、经济发展排名前列的城市；另一类是比较落后，经济和各方面基础设施条件较差的城市。第一类如南宁市、湛江市等大型城市，随着时间推移，南宁市和湛江市的人口外迁现象加深；第二类如防城港市、北海市等城市，人口外迁现象一直存在。阳江市的人口外迁现象在旅游业和房产业发展起来后有所逆转，在 2016 年时在网络中已经有一定影响力。总的来说，基本上形成了"橄榄型"的迁移格局，经济规模处于中上水平的城市是迁移的热点。

在成渝城市群的人口迁移网络中，人口流向了成都市、重庆市等核心城市，层次明显，人口迁移网络内向度数中心性与城市经济规模呈一定正相关关系。人口主要流向了成都市、重庆市、绵阳市等 GDP 较高的大城市，且随着时间推移人口迁入有扩大趋势。从空间上来看，人口有向城市群西北部集中的趋势，人口外迁主要集中在城市群东部，尤其是达州市、广安市、南充市等城市，都在 2014 年时内向度数中心性就已降到谷底。总体上来看，西北部城市发展水平优于其他地区，成都市是人口迁移的引力中心，重庆市次之，成都市周边的城市也是主要的人口迁入地。

在关中平原城市群人口迁移网络中，人口流向西安市、宝鸡市、咸阳市等较为发达的城市，人口流向有明显的经济导向。如图 7 -49 所示，人口迁移网络内向度数中心性与城市 GDP 呈一定程度正相关关系。从时间上看，西安市、宝鸡市等城市人口迁入有所减缓，运城市、渭南市的人口扩散在增强。从空间上看，人口是由城市群四周向中心方向迁移的，东部的迁出现象较为严重，但是随着时间推移有所缓解，这个人口迁移结构展示出了西安市作为中心城市的辐射作用，人口聚集在辐射区较小范围内。

在宁夏沿黄城市群的人口迁移网络中，人口非常明显地流向了中卫市，并非像前几个西部城市群一样流向了经济规模较大的银川市，相反，银川市、石嘴山市和吴忠市都存在人口扩散。从时间上来看，石嘴山市、银川市和吴忠市的人口外迁早从 2012 年就已经存在。从空间上看，城市群的人口扩散出现在中部和北部，南部一直有人口迁入。据此来看，宁夏沿黄城市群人口迁移网络中城市的人口外迁可能是由于地理位置，靠近内陆的城市迁入量较大，而石嘴山市等城市一直有人口外迁。

按照 4 个时点上城市群的个体网络关系数，作西部部分城市群的人口迁移网络连接度曲线（见图 7 -41）。

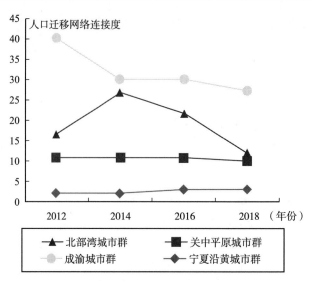

图 7－41　西部城市群人口迁移网络连接度对比

网络连接度是表示网络内部行动者相互关联的指标，由图 7－41 可知，西部几个城市群中，人口迁移网络连接度最高的是成渝城市群，显然，成渝城市群是西部城市群人口迁移网络的核心。2012～2018 年，虽然各城市群人口迁移网络连接度的高低有变化，但是排名始终不变，成渝城市群稳坐榜首，宁夏沿黄城市群的网络连接度最低。从空间上来看，中部地区人口迁移网络的连接度要优于南北两端，而位于南端的北部湾城市群又要优于位于北端的关中平原城市群。中部地区由于交通条件优越和地理位置的便利，可达性较强，在网络中的作用更重要。

三是关于人口迁移网络层级结构：

选择西部 3 个较为复杂的城市群人口迁移网络进一步划分，构建各城市群人口迁移网络层级结构，如表 7－37、表 7－38 和表 7－39 所示。

表 7－37　　　　　　　　　北部湾城市群人口迁移网络层级结构

| 层级 | 网络中心性 | 城市目录 |
| --- | --- | --- |
| 网络联系核心 | >4 | 南宁、湛江、海口 |
| 网络联系副中心 | 2～4 | 茂名、阳江 |
| 次区域网络联系中心 | 1～2 | 北海、钦州、玉林 |
| 地方网络联系节点 | <1 | 防城港、崇左 |

表 7－38　　　　　　　　　成渝城市群人口迁移网络层级结构

| 层级 | 网络中心性 | 城市目录 |
| --- | --- | --- |
| 网络联系核心 | >10 | 成都 |
| 网络联系副中心 | 5～10 | 重庆、德阳 |
| 次区域网络联系中心 | 2～5 | 绵阳、广安、达州、资阳 |
| 地方网络联系节点 | <2 | 自贡、泸州、遂宁、内江、乐山、南充、眉山、宜宾、雅安 |

**表 7 - 39**　　　　　　　　　　　　　　关中平原城市群人口迁移网络层级结构

| 层级 | 网络中心性 | 城市目录 |
|---|---|---|
| 网络联系核心 | >5 | 西安 |
| 网络联系副中心 | 4 ~ 5 | 宝鸡 |
| 次区域网络联系中心 | 2 ~ 4 | 咸阳、渭南、运城 |
| 地方网络联系节点 | <2 | 天水、临汾、铜川、商洛、平凉、庆阳 |

南宁、湛江、海口的网络中心性 >4，是人口迁移网络的核心，与其他城市节点有最密切、最广泛的联系；茂名和阳江的网络中心性 >2，为网络联系的副中心，在网络中的重要性仅次于核心城市；北海、钦州和玉林的网络中心性 >1，是区域内人口迁移网络的枢纽，承担地方性交互功能，起连接中介作用；其余城市为网络中的一般节点，影响力较低。

成都的网络中心性 >10，是成渝城市群人口迁移网络唯一的核心，与其他城市节点有最密切、最广泛的联系；重庆和德阳的网络中心性 >5，为网络联系的副中心，有从网络副中心向网络中心发展的趋势；绵阳、广安、达州和资阳的网络中心性 >2，是区域内人口迁移网络的枢纽，与网络内有限节点连通，承担地方性交互功能；其余城市为网络中的一般节点，影响力较低。

西安的网络中心性 >5，是关中平原城市群人口迁移网络的核心，与其他城市节点有最密切、最广泛的联系；宝鸡的网络中心性 >4，为网络联系的副中心，分担了网络中心的部分职责；咸阳、渭南和运城的网络中心性 >2，是区域内人口迁移网络的枢纽，承担地方性交互功能，是网络中心和副中心对外联系的主要窗口；其余城市为网络中的一般节点，影响力较低。

## 7.3.3　研究发现与讨论

### 7.3.3.1　研究发现

基于社会网络分析模型探究中国城市群人口的迁移和演化规律，在人口重力模型的基础上构建人口迁移网络，对中国城市群人口迁移的时空特征进行全面的识别把握，最终得出以下研究发现：

第一，中国城市群人口迁移网络中，各城市群人口迁移网络形成阶段各不相同，其中，东部城市群的人口迁移网络较为成熟，其余地区中，地理位置上靠近东部城市群的区域人口迁移网络发展比其他区域好。模型结果显示，珠三角城市群和长三角等东部城市群人口迁移网络内部联系复杂，几乎不存在孤立节点，这是网络成熟化的体现。而中部城市群中，网络连接度最高的是长江中游城市群，一方面，是因为其内部节点多且密集，为人口迁移网络形成提供了条件；另一方面，是其受东部和东南部城市群影响，经济发展比其他中部地区好，尤其是武汉市，是长江中游城市群的网络联系核心。同样，西部城市群中部的成渝城市群人口迁移网络发展水平远高于同地区其他城市群，而东北部城市群中，辽中南城市群与京津冀城市群接壤，其网络发展水平超前于哈长城市群。从空间上来看，除去东北部地区，在其他区域中人口迁移网络连接度最高的城市群都处于同一水平线上，从西往东依次为成渝城市群、长江中游城市群和长三角城市群；其网络联系中心亦是如此，从西往东是成都、武汉和上海，城市群的网络联系中心或副中心基本与长江流线一致。总体来说，人口迁移网络发展水平从东部沿海向西降低，人口迁移向长江流域靠拢，且城市群之间存在互相影响。

第二，中国城市群的人口迁移网络结构存在不均衡特征。从整体上看，城市群之间的人口迁移网络情况与城市群内部各节点在网络中的引力都存在较大差距。东部沿海地区城市群人口迁移网络发展程度要深于其他地区，网络密集程度较高。西部地区地广人稀，城市节点少且分散，地形地貌造成一定的交通不便，这一点在近些年有所改善，但其网络内部城市的交通可达性与东部地区仍有差距。中部地区在近年来仍然是我国人口的净迁出地，主要动机是寻求就业机会。以中部地区山西各市为例，其产业结构严重畸形，以能源原材料为主，资源开发强度高，地方经济发展缓慢，环境代价高但效益低，这就会形成以经济导向为原因的人口迁出流。东北部城市群中，辽中南城市群隔开了哈长城市群与外部的交流，其迁移网络发展优于哈长城市群。从各城市群内部来看，大多数城市群的人口迁移网络是以经济导向为主的，尤其是在人口迁移网络发展初期和中期。以京津冀城市群为例，引力中心是经济规模最大、发展最完备的北京和天津，人口迁移网络中城市群内部其他城市大多与这两个城市有联系，城市群内人口流向引力中心，而其他城市间的联系较少，只有较小的人口流量。纵观全局，长江流域是我国经济重心，流域内部交通运输体系完善，该地区城市如上海、南京、武汉等的人口引力都是较强的。

第三，本书中各城市群人口迁移网络拓扑结构变化显示，现阶段许多城市群的人口迁移网络结构正由单中心结构向双中心或者多中心转变。在人口迁移网络形成初期，人口基本向经济发展和居住环境最好的节点迁移，城市吸纳效应明显，随着其他城市节点发展水平提升和基础设施完善，人口流动性增强。在 2016 年和 2018 年的城市群人口迁移网络拓扑结构图中，部分原本引力较小的城市影响力扩大，吸引了城市群内外人口迁入，但一般这种后发城市的人口流量小、流向少，还无法与引力中心相比。总的来说，人口迁移网络结构多中心化是网络结构逐步均衡的体现。

第四，中国城市群人口迁移网络发展有一定规律，各城市群处在人口迁移网络发展的不同阶段。根据人口迁移网络的演化过程，可将其发展分为 3 个阶段：①萌芽期。在此阶段，人口迁移网络比较松散，内部节点少，网络一般为单中心或双中心结构，各城市节点间关系不密切，如 2012 年的成渝城市群，引力中心为成都市，其余城市节点大多与成都市有亲密关系，但互相之间关联较少，且不紧密。②发展期。在此阶段，人口迁移网络更加集中，有集聚趋势，网络内部节点增多，各节点间关系复杂化，人口迁移流量增大，但流向还是比较集中，依旧是单中心或双中心结构，如 2016 年的关中平原城市群，引力中心依旧是西安市和宝鸡市，但节点增多了，节点间关系更加紧密，引力中心流量增大。③成熟期。在此阶段，人口迁移网络呈现均衡化的松散状态，网络内部节点增加，且关系复杂化、亲密化，但会出现多个引力中心，人口从集中流向单个或两个引力中心变为流向多个中心，呈现人口流动分散多向的特征，这是人口迁移网络趋于均衡和科学的体现，如 2018 年的长三角城市群和长江中游城市群，最突出的特征是涌现了多个引力中心，分散了原有引力中心的人流，为网络内多个区域注入了劳动力，有助于地区发展，同时缓解了旧引力中心的人口压力和资源紧缺。

### 7.3.3.2　讨论

第一，大多数城市群的人口迁移模式主要受到经济发展驱动，为了构建一个高效、科学的人口迁移网络，我们需要对区域经济发展进行均衡和策略性的引导。从当前的趋势来看，大量的人口正流向东部地区，而在特定的城市群内，中心城市似乎成为主要的人口吸引中心。为了平衡这一情况，经济较为发达的地区不应仅满足于自身的发展，而是应当主动拓展其影响力，尤其在技术、资本等关键领域提供援助，促进其邻近城市的经济崛起。随着时间的推移，随着人口的平稳流动，这些城市可以依靠人口网络自我持续发展，而不再过分依赖外部援助。为了更高效地实现这一目标，发达地区在发挥其辐射作用时应当有策略地分层、分类，确保每一次的投入都能带来最大的回报。宏观上，我们可以以长江流域为主轴，向南北两翼扩散；中观上，以东部繁荣的地区为起始点，向中西部地区逐步扩展；微观上，则是以城市群的核心城市为中心，辐射至其周围的城市。此外，鉴于当前的中小城市在人口网络中与核心城市的联系较为紧密，但彼此之间的联系却相对稀疏，我们应当鼓励并支持这些城市建立更紧密的合作关系，创建一个中小城市间的互动网络，这将为我们的目标——建立一个完整、科学的人口迁移网络——打下坚实的基础。

第二，目前的人口流动情况呈现一个显著的特点，那就是大量的人口都倾向于流向核心城市或核心地带，这使得这些区域的人口承压过大，而与此同时，其他非核心或周边地区则面临着严重的人力资源短缺问题。当一个地区的人口大量外流，它所带来的影响是多方面的：生产力和消费力都会受到打击，资金流向外部，劳动力的供应量缺乏，企业和产业面临停滞，政府的社会保障负担加大，地方基础设施建设落后，经济增长乏力（柳如眉，2021）。这种背景下，当地可能会陷入一个负性循环，即由于发展受阻，无法吸引新的人口流入。为了打破这种循环，政府的角色显得尤为关键。它需要采取措施，诱导人口回流，以此来刺激地方经济的复苏。这包括为那些愿意回流的人群，特别是高学历或有技术背景的人才提供一系列优惠政策。这些政策可以包括资金支持，税务减免，以及鼓励他们在当地创业和创新。此外，根据当地的实际条件和企业需求，政府还应该努力培育一些具有竞争力的支柱产业，使地方经济重焕活力。而对于那些人口持续涌入的核心地带，由于其城市人口密度过大、土地和资源日益紧张，以及基础设施供应面临挑战，有必要采取适度控制措施，合理调配人口。不是单纯地限制人口流入，而是更加精准地筛选和吸引那些真正能为当地发展作出贡献的人才。同时，将一些过剩的资源，如资金和技术，转移到其他需要的地区，尤其是那些经济相对落后的地区。这样的策略，既能有效地缓解核心地带的人口压力，又能为边缘地区带来发展的机会，从而实现区域整体协同发展。

第三，本书深入探讨了中国城市群人口迁移网络的构建与演变，利用社会网络分析法对其形成和发展的内在规律进行了细致研究，并据此总结出人口迁移网络形成的三个明确的发展阶段。对于每一个城市群，了解并认清自己的人口迁移网络所处的发展阶段是至关重要的，因为这决定了他们应采取的策略方向。在初级阶段，也就是萌芽期，城市群首先需要重视并加强已有的网络联系中心，这是网络发展的基石。此外，已有的城市节点，特别是那些功能明确、具有一定引力的城市，应当得到相应的关注和支持。同时，城市群还应探索和挖掘更多的潜在节点，以便为后续的网络发展提供更为坚实的基础，使得网络在这一阶段能够逐渐丰富和完善。进入第二个阶段，即发展期，城市群的焦点应当转向那些尚未充分融入网络的孤立节点，以及与其他城市关系尚浅的节点。此时，建设和完善交通运输体系是关键，它能够大大增强城市之间的连接性，使人口流动更为便捷，进而使得人口迁移网络变得更为紧密、联系更为频繁。当人口迁移网络发展到成熟期，城市群则应该留意新兴的网络中心，这些中心往往具有更大的吸引力，能够带来更多的人口流入。为了使网络保持活力和可持续性，城市群应当努力分散人口流动，使其更为均匀地分布在各个城市节点之间，以此实现人口迁移的多元化和多向化。这不仅能够帮助各城市根据自身需求获取所需的人力资源，还能确保区域内的均衡发展，使每一个城市都能充分发挥其潜在价值。

### 7.3.3.3　政策含义

通过对城市群人口迁移网络密度、网络中心势、关联度和聚类系数等指标的计算，为建立科学的城市群人口迁移网络提供了实证证据。我国西部中心城市和城市群实现高质量协调发展要提高西部城市群人口迁移网络的密度，采取措施吸引足量人口迁移流，让其均衡化分散，充分发挥中心城市在人口迁移网络中的影响力，以人带动技术、资源、资金等要素的流动配置和共享，形成经济发展均衡、人口合理分布的城市群人口分布网络。

第一，实现西部中心城市和城市群高质量协调发展要正确研判城市群的发展方位和障碍。在对城市群的人口迁移网络进行分析时，要明晰不同城市群处在人口迁移网络形成的不同阶段，且各城市群具体情况有所差异，面临着不同的资源需求，应当遵循人口迁移网络形成的规律，制定合理的阶段目标，对目前城市群人口迁移网络作出调整，推动城市群人口迁移网络顺利朝着成熟阶段演化，进而以人为载体实现不同要素在网络中的流通。

第二，实现西部中心城市和城市群高质量协调发展要"化整为零"，提高西部城市群人口迁移网络的密度。在西部地区广阔的土地上，网络节点的数量稀少，这说明西部地区各城市间联系松散，大多数城市在网络中不具有影响力或者说影响力微小，稀疏的网络结构阻碍人口迁移网络向成熟阶段进化，同时稀少的节点使得人口迁移选择受限，人口更倾向于由西部地区流出，不利于长期发展。只有对西部地区进行精细化划分，增强各城市在网络中的影响力和控制力，增加西部地区人口迁移网络节点数量，才能提高整个西部地区的影响力，带来新的发展契机。

## 7.4　西部中心城市社会服务质量对城市群人口流动的影响

### 7.4.1　研究目的与方法

#### 7.4.1.1　研究目的

自改革开放以来，户籍制度的改革和新型城镇化建设的推进，带来大规模的人口流动。2021年全国第七次人口普查结果显示全国流动人口达到 4.93 亿人，约占全国总人口的 34%，流动人口比 2010 年增长了 88.52%，并且继续呈现出向东部沿海城市集聚的特征。但是人口流动的地域特征随着城市的发展而发生了局部性的变化，在流动人口趋向东部沿海地区的大趋势下，众多城市群的中心城市也吸引了大规模的流动人口。根据《国家新型城镇化规划（2014～2020 年）》和《国务院关于深入推进新型城镇化建设的若干意见》，国务院积极应对我国人口趋势性变化，为流动人口在城市的落户不断健全配套政策体系，并提出以城市群为主体形态促进大中小城市和小城镇协调发展，优化提升东部地区城市群，培育发展中西部地区城市群，推动人口合理集聚，而促进流动人口向城市集聚的重点在于破除户籍迁移壁垒和提升配套公共服务质量。因此，中心城市作为城市群的人口集聚区，深入探究其社会服务质量对城市群内部人口流动的影响，进而科学地评估社会服务质量对人口流动的空间集聚作用，对于提升城市公共服务质量、吸引流动人口集聚具有重要现实意义。

社会服务质量能否以及如何影响人口流动是近年来的研究焦点之一，根据影响方向，对其的研究可以分为以下 3 类：一是社会服务质量对人口流动呈正向影响，即社会服务质量越高，所吸引的流动人口越多，如弗里德曼（Friedman，1981）等；二是社会服务质量对人口流动呈负向影响，社会服务质量并不能成为吸引流动人口的砝码；三是社会服务质量对人口流动并不存在影响。此外，利用人口普查数据或省级面板数据（张耀军，2014），从社会服务供需角度（侯慧丽，2016）等方面的研究也逐渐增多，但鲜有文献聚焦中心城市社会服务质量对城市群人口流动的影响。值得一提的是，学者们对于社会服务质量的内涵定义和衡量标准也不尽相同，综合来看分为制度和基础设施两个方面：一方面是以就业、教育、社会保障和住房等制度保障措施为主的衡量体系（杜旻，2013；李晓霞，2014；陈丰，2012）。另一方面是以交通、水电、通信、文旅和医疗等基础设施为主的衡量体系（李拓、李斌，2015）。本书将借鉴《国家新型城镇化规划（2014～2020 年）》中城市基本公共服务的内容，并结合制度和基础设施两个方面，从教育、医疗、交通、能源和环境 5 个方面对社会服务质量进行衡量。

对中心城市的社会服务质量进行量化评估一直是这一领域中的难点，因此通过公民权理论，即按权利主体和内容对社会服务进行结构性分类可以更加明确选取变量进行评估的方向。英国社会学家马歇尔所创建的制度主义视域开启了现代西方公民身份理论，提出"工业公民资格"这一概念，将以工人为代表的公民团体赋予包括集体谈判权、工业行为权和团结权等在内的民事权，相对应的"社会公民资格"则更加突出公民的权利平等，表达出公民生存的基本权利。虽然这两种公民资格的划分是社会发展不同阶段的产物，但是这一理论为研究社会服务提供了不同的视角，借用这一理论可以将社会服务划分为基于工业公民资格获得的社会服务和基于社会公民资格获得的社会服务。从当前的社会环境来看，是否具备就业资格而享有的社会服务成为划分社会服务类型的关键因素，其中工业公民资格与劳动保障和市场制度紧密联系，社会公民资格则更加重视市场制度以外的公平和基础权利。

我国幅员辽阔，各地区和城市群之间的经济发展水平、基础设施建设水平、社会保障和福利制度等存在较大的区域差异，同样，不同地区和类型城市群中心城市的社会服务质量也参差不齐。城市群的人口流动不仅取决于城市群自身的特征变量和生产要素，还受到产业集聚和社会服务便利等外部性的影响，而且需要考虑其他城市群的影响力。在马歇尔集聚经济的空间效应下，城市群对流动人口的吸引力以中心城市为核心，随着空间范围的扩大而不断衰减，也就是说，社会服务质量较高的中心城市所带来的外部性将突破城市界限并延伸到城市群中的其他城市，但城市间存在的边界效应将导致空间外溢的强度逐渐减弱，从而影响城市群之间的人口流动。在此背景下，对不同地区和类型城市群进行细分，是理解中心城市社会服务质量对城市群流动人口吸引力的一个重要视角。

本节试图对既有文献进行以下拓展：①基于社会服务质量和城市群人口流动，构建融制度和基础设施为一体的社会服务质量研究框架，摆脱地方行政区划设置等人为划分束缚，使用城市群的人口流动变化数据揭示中心城市社会服务质量对城市群人口流动的影响效应与作用机制。②在社会服务质量衡量标准繁杂众多的情况下，选取第一主成分得分值最高的 5 个方面作为切入点来衡量社会服务质量，基于集聚效应和规模效应识别中心城市社会服务质量影响城市群人口流动的内在机理。③基于地区发展差异和城市群划分类型，通过异质性分析探究中心城市社会服务质量对不同区域和类型城市群人口流动的影响，为城市群制定精准化的人口发展规划和流动人口在城市落户等政策体系设计提供理论支持。

基于以上分析，本节提出以下假说：

假说 1：中心城市社会服务质量越高，对城市群流动人口的拉力越大。

假说 2：不同类型的社会服务质量对城市群人口流动的影响存在差异。

假说 3：中心城市的社会服务质量对城市群人口流动的影响存在区域差异和城市群类型差异，且东部地区或国家级城市群的中心城市社会服务质量较高，对城市群人口流动影响较大。

### 7.4.1.2　研究方法

人口流动对于城市的发展至关重要，推拉理论将吸引人口流入的因素划分为人口流动的拉力，将其不利因素列为推力，在两者力量的作用下形成人口流动。相对而言，每个城市都同时具有拉力和推力，但不可否认的是，流入城市和流出城市之间存在阻碍流动的中间因素。中心城市是指在一定省份区域内和全国社会经济活动中处于重要地位、具有综合功能或多种主导功能、起着枢纽作用的大城市、特大城市和超大城市，包括直辖市、省会城市、计划单列市、重要节点城市等，在城市群范围内发挥着带动、服务和示范作用。中心城市因其地理位置的优越和经济发展水平的领先同时带动社会服务质量的提升，成为吸引人口流入的核心拉力地，从而推动城市群之间的人口流动。社会服务作为衡量城市整体生活质量的重要指标之一，其质量的高低会成为城市人口流动的吸引力或排斥力，在市场经济和人口自由流动的前提下，城市基础设施的完善性、交通的便利性、教育的公平性、医疗的发达性以及社会保障的全面性等因素都会对流动人口形成比较明显的拉力。

### 7.4.1.3　数据来源与预处理

考虑到城市群的发展历程和数据的可得性与连续性，本书选择以 2010～2019 年作为考察期，其中具体的研究数据来源包含以下两个部分：①社会经济数据。本书用于研究中心城市社会服务质量影响城市群人口流动的空间面板数据介于 2010～2019 年，其中流动人口数据采用我国第七次全国人口普查将流动人口定义为人户分离人口中扣除市辖区内人户分离的人口，考虑到全国人口普查数据或抽样调查数据存在时间差，时序性上不能满足面板数据的要求，因此本书选取《中国城市建设统计年鉴》中城市市区暂住人口作为替代，此处城市市区暂住人口是指离开常住户口地的市区或乡镇到本市居住半年以上的人员。此外，人均地区生产总值（元），公共财政支出（万元），普通高等学校师生比（人/万人），普通中学师生比（人/万人），公共图书馆图书藏量（万册），医院、卫生院数（个），医院、卫生院床位数（张），公共汽、电车营运车辆数（辆）等变量指标数据主要来源于 2011～2020 年《中国城市统计年鉴》和各地区 2010～2019 年的国民经济和社会发展统计公报；市政公用设施建设固定资产投资（万元），城市道路长度（千米），城市绿地面积（平方千米），城市总面积（平方千米），城市供水管道密度（千米/平方千米），居民人均天然气使用量（立方米/人），居民人均液化石油气使用量（吨/人），建成区路网密度（千米/平方千米），建成区人均道路面积（平方米），人均公园绿地面积（平方米），建成区绿化覆盖率（%），生活垃圾处理率（%）等变量指标数据主要来源于 2011～2020 年《中国城市建设统计年鉴》；部分数据来自 2011～2020 年各省统计年鉴，些许漏缺来源于中国统计局官网以及各省市统计局官网，极个别数据缺失通过平滑处理进行补充。②基础地理信息数据。本书借助 ArcGis 10.8 软件对科技创新资源配置效率的空间格局进行展示，其中矢量行政边界图来源于 2017 年国家基础地理信息中心提供的 1∶100 万中国基础地理信息数据，矢量城市群边界图借助 ArcGis 10.8 软件在行政边界图的基础上对相应城市群范围进行合并。

　　本书根据各城市群中心城市的数据构建中心城市社会服务质量的综合指标体系（见表7-40），鉴于多种代理变量可能存在多重共线性，本书进一步通过主成分分析法对各城市群中心城市的社会服务质量综合水平进行评估，得分值越高则表示其社会服务质量越好。

表 7-40　　　　　　　　　　　中心城市社会服务质量指标体系

| 社会服务类型 | 要素层 |
| --- | --- |
| 教育服务质量 | 普通高等学校师生比（人/万人） |
| | 普通中学师生比（人/万人） |
| | 公共图书馆图书藏量（万册） |
| 医疗服务质量 | 每万人医院、卫生院数（个/万人） |
| | 每万人医院、卫生院床位数（张/万人） |
| | 每万人医生数（人/万人） |
| 能源服务质量 | 城市供水管道密度（千米/平方千米） |
| | 城市居民人均天然气使用量（立方米/人） |
| | 城市居民人均液化石油气使用量（吨/人） |
| 交通服务质量 | 城市建成区路网密度（千米/平方千米） |
| | 城市建成区人均道路面积（平方米） |
| | 每万人拥有公共汽、电车数（辆/万人） |
| 环境服务质量 | 人均公园绿地面积（平方米） |
| | 城市建成区绿化覆盖率（%） |
| | 生活垃圾处理率（%） |

　　根据变量选取的特点和以往的研究，本书选择经济发展水平（ED）、基础设施建设水平（ID）、交通通达度（TA）、地方财政支出（FE）和城市生活质量（LQ）5 个变量作为控制变量。其中，各控制变量的代理变量分别为人均 GDP、市政公用设施建设固定资产投资、城市道路长度、公共财政支出和城市绿地面积与城市总面积之比（绿地率）。变量的描述性统计结果如表 7-41 所示。

**表 7 - 41　　　　　　　　变量的统计性描述**

| 变量 | 最大值 | 最小值 | 均值 | 中位数 | 标准差 | 观测值 |
|---|---|---|---|---|---|---|
| Population | 638. 11 | 8. 5 | 168. 7565 | 124. 46 | 150. 1125 | 323 |
| Service | 1. 07e + 09 | 377150. 6 | 1. 05e + 08 | 17764328. 88 | 2. 03e + 08 | 323 |
| Education | 2978075 | 18211 | 447253 | 297808 | 457856. 2 | 323 |
| Medical | 0. 4366684 | 0. 0613079 | 0. 1439236 | 0. 134838214 | 0. 049432 | 323 |
| Energy | 0. 9097507 | 0. 0203616 | 0. 1815606 | 0. 142422182 | 0. 151275 | 323 |
| Traffic | 2. 756 | 0. 428 | 1. 052 | 0. 8379 | 0. 540 | 323 |
| Environment | 4. 026 | 0. 224 | 1. 054 | 0. 7195 | 0. 781 | 323 |
| ED | 1. 422228 | 0. 9272295 | 1. 036808 | 1. 02411 | 0. 0759019 | 323 |
| ID | 0. 7254995 | 0. 0037148 | 0. 0968991 | 0. 053428118 | 0. 1257798 | 323 |
| TA | 2. 756 | 0. 428 | 1. 052 | 0. 8379 | 0. 540 | 323 |
| FE | 4. 026 | 0. 224 | 1. 054 | 0. 7195 | 0. 781 | 323 |
| LQ | 2. 740 | 0. 197 | 0. 996 | 0. 8207 | 0. 588 | 323 |

## 7.4.2　测算结果与回归分析

### 7.4.2.1　基本回归模型分析

结合上述理论基础与研究假设，建立中心城市社会服务质量对城市群人口流动影响的动态面板模型：

$$Population_{i,t} = \alpha_0 + \beta_1 Population_{i,t-1} + \beta_2 Service_{j,t} + \beta_i Control + u_{i,t} \qquad (7-25)$$

$$Population_{i,t} = \alpha_0 + \beta_3 Population_{i,t-1} + \beta_4 Education_{j,t} + \beta_5 Medical_{j,t} + \beta_6 Energy_{j,t}$$
$$+ \beta_7 Traffic_{j,t} + \beta_8 Environment_{j,t} + \beta_i Control + u_{i,t} \qquad (7-26)$$

其中，$Population_{i,t}$ 表示城市群流动人口数量，$Service_{j,t}$ 表示中心城市的社会服务质量，Control 为控制变量，$u_{i,t}$ 表示随机项，$\alpha$、$\beta$ 为待估计系数。i 表示城市群，j 表示中心城市，t 表示年份。

为了进一步探究中心城市不同类型的社会服务质量对城市群流动人口的影响，本书将其进行进一步细分。其中，$Education_{j,t}$ 表示中心城市的教育服务质量，$Medical_{j,t}$ 表示中心城市的医疗服务质量，$Energy_{j,t}$ 表示中心城市的能源服务质量，$Traffic_{j,t}$ 表示中心城市的交通服务质量，$Environment_{j,t}$ 表示中心城市的环境服务质量。

本书通过系统 GMM 估计模型对面板数据进行分析，通过 Wald 检验对原方程进行估计，并采取 AR（1）检验和 AR（2）检验对系统 GMM 估计模型的有效性进行检验，得到基本回归结果（见表 7 - 42）。其中，基准模型（1）为中心城市社会服务质量综合得分测度所得，模型（2）同时将经济发展水平（ED）纳入测度所得，模型（3）加入其他控制变量。

**表 7 - 42　　　　　中心城市社会服务质量对城市群人口流动的影响效应**

| 变量 | 城市群流动人口数量 | | |
|---|---|---|---|
| | （1） | （2） | （3） |
| L. Population | 0. 305 * <br> (0. 1778) | 0. 003 <br> (0. 0121) | 0. 305 * <br> (0. 1778) |
| ED | | - 0. 002 * <br> (0. 1730) | 0. 040 <br> (0. 1111) |

续表

| 变量 | 城市群流动人口数量 | | |
|---|---|---|---|
| | （1） | （2） | （3） |
| ID | | | 0.040<br>（0.1111） |
| TA | | | -0.121**<br>（0.0599） |
| FE | | | 0.246*<br>（0.1459） |
| LQ | | | 0.039<br>（0.0574） |
| 常数项 | -16.432***<br>（0.8655） | -3.445***<br>（0.1212） | -4.066***<br>（0.8156） |
| 观测值 | 323 | 323 | 323 |
| Wald$\chi^2$ | 620.56 | 865.62 | 661.00 |
| AR（1）检验 | -2.750 | -2.628 | -2.616 |
| AR（2）检验 | -0.784 | -0.993 | -0.922 |

注：***、**、*分别表示在1%、5%、10%水平上显著，括号内为标准误差。

通过基本回归结果可以看到，集聚经济和扩散理论有利于中国城市群的人口流动，对中心城市的社会服务质量和经济高质量发展也会起到一定的推动作用。其中，中心城市社会服务质量越高，对城市群流动人口的拉力越大，尤其是西部城市群，而且不同类型的社会服务质量对城市群人口流动的影响存在差异，医疗服务质量、交通服务质量和教育服务质量对城市群人口流动存在比较明显的影响，而能源服务质量和环境服务质量对城市群人口流动的影响则相对没有那么明显。

### 7.4.2.2 稳健性检验

为了检验结论的可靠性，本书通过滞后期变化、核心变量替换、样本剔除等方式对实证结果进行稳健性检验，检验结果表明，主要研究结论没有发生显著变化，如表7-43所示。

表7-43 中心城市社会服务质量对城市群人口流动影响的稳健性分析

| 变量 | 城市群流动人口数量 | | |
|---|---|---|---|
| | （21） | （22） | （23） |
| L. Population | 0.039<br>（0.0574） | 0.065<br>（0.0685） | 0.246*<br>（0.1459） |
| Service | 0.003<br>（0.0121） | -0.002*<br>（0.1730） | 0.039<br>（0.0574） |
| Education | 0.444**<br>（0.2224） | -0.094***<br>（0.0247） | 0.246*<br>（0.1459） |
| Medical | 0.003<br>（0.0121） | -0.002*<br>（0.1730） | 0.039<br>（0.0574） |

续表

| 变量 | 城市群流动人口数量 | | |
|---|---|---|---|
| | （21） | （22） | （23） |
| Energy | 0.444 ** (0.2224) | -0.094 *** (0.0247) | 0.246 * (0.1459) |
| Traffic | 0.003 (0.0121) | -0.002 * (0.1730) | 0.039 (0.0574) |
| Environment | 0.305 * (0.1778) | -0.121 ** (0.0599) | -0.011 (0.0699) |
| ED | | 0.246 * (0.1459) | 0.305 * (0.1778) |
| ID | | | 0.357 * (0.1824) |
| TA | | | -0.386 ** (0.1500) |
| FE | | | -0.062 (0.0561) |
| LQ | | | -0.011 (0.0699) |
| 常数项 | -6.269 *** (0.3348) | -3.495 *** (0.2166) | -2.376 *** (0.7858) |
| 观测值 | 323 | 323 | 323 |
| Wald $\chi^2$ | 865.62 | 765.23 | 846.13 |
| AR（1）检验 | -2.498 | -2.750 | -2.628 |
| AR（2）检验 | -0.798 | -0.784 | -0.993 |

注：***、**、*分别表示在1%、5%、10%水平上显著，括号内为标准误差。

其中，模型（21）是将变量滞后一期；模型（22）是替换核心解释变量，并以教育和医疗的主成分分析结果作为中心城市社会服务质量的替换变量，以群中各城市城区人口作为城市群流动人口的替换变量；模型（23）则是剔除了北京市、天津市、上海市和重庆市等直辖市的样本变量。从表7-42中可以检验上述结论的可靠性。

### 7.4.2.3　内生性检验

由于模型存在共线性等内部问题，因此，本书通过工具变量估计重新识别中心城市社会服务质量对城市群人口流动的影响效应。本书通过搜集整理《明朝驿站考》相关资料，对曾经是明朝驿站的中心城市进行重新回归，以排除中心城市变化所带来的内生性，检验结果见表7-44。

其中，模型（24）以城市群中各城市市区暂住人口作为城市群流动人口的替代变量，模型（25）以城市群中各城市市区人口作为城市群流动人口的替代变量。从表7-44中可以看出，中国城市群的人口流动受到中心城市社会服务质量的影响，不同中心城市的社会服务质量给不同城市群的人口规模和流动模式带来差异。

表 7 - 44　　　　　　　　内生性检验：排除潜在内生性的子样本

| 变量 | 城市群流动人口数量 | |
|---|---|---|
| | （24） | （25） |
| L. Population | -0.062<br>(0.0561) | 0.040<br>(0.1111) |
| Service | 0.003<br>(0.0121) | -0.121**<br>(0.0599) |
| Education | 0.305*<br>(0.1778) | 0.246*<br>(0.1459) |
| Medical | 0.357*<br>(0.1824) | 0.039<br>(0.0574) |
| Energy | 0.039<br>(0.0574) | 0.357*<br>(0.1824) |
| Traffic | 0.444**<br>(0.2224) | 0.065<br>(0.0685) |
| Environment | 0.003<br>(0.0121) | 0.040<br>(0.1111) |
| 常数项 | 1.154***<br>(0.0938) | -0.121**<br>(0.0599) |
| 观测值 | 323 | 323 |
| R² | 0.9625 | 0.9397 |
| 控制变量 | YES | |
| 个体效应 | YES | |
| 时间效应 | YES | |

注：***、**、*分别表示在1%、5%、10%水平上显著，括号内为标准误差。

　　由于模型存在共线性等内部问题，因此通过 durbin-wu-husman 进行内生性检验，得到 P 值为0.000，拒绝原假设，说明模型存在内生性问题。

　　中心城市的建立受地理环境的影响，地理坡度越高，城市基础设施的建设难度就越高，整体发展水平受限，对于流动人口的吸引力就越弱，因此选取地理环境视角作为工具变量之一。除此之外，中心城市社会服务质量的提高对于城市群人口流动的影响通常具有一定的滞后性，而这一滞后的时限性具有不确定性，因此，分别选取中心城市社会服务质量滞后一期和二期作为另一个工具变量。研究发现，放松解释变量与误差项独立的条件后，工具变量估计结果依然显示显著（见表 7 - 45）。

表 7 - 45　　　　　　　　内生性检验：两阶段 GMM 估计结果

| 变量 | 城市群流动人口数量 | |
|---|---|---|
| | （26） | （27） |
| L. Population | -0.052<br>(0.0448) | 0.0246<br>(0.0296) |

续表

| 变量 | 城市群流动人口数量 | |
| --- | --- | --- |
| | (26) | (27) |
| Service | - 0.067 ** <br> (0.0274) | - 0.073 * <br> (0.0377) |
| Education | - 0.052 <br> (0.0448) | 0.0246 <br> (0.0296) |
| Medical | 0.024 <br> (0.0307) | 0.003 <br> (0.0121) |
| Energy | 0.024 <br> (0.0307) | 0.002 <br> (0.0251) |
| Traffic | 0.024 <br> (0.0307) | 0.002 <br> (0.0251) |
| Environment | 0.026 <br> (0.0309) | 0.039 <br> (0.0574) |
| 弱识别检验 | - 0.067 ** <br> (0.0274) | - 0.073 * <br> (0.0377) |
| 常数项 | - 3.573 *** <br> (0.3445) | - 3.343 *** <br> (0.3269) |
| 观测值 | 323 | 323 |
| $R^2$ | 0.221 | 0.326 |
| 控制变量 | YES | |
| 个体效应 | YES | |
| 时间效应 | YES | |

注：*** 、** 、* 分别表示在1%、5%、10% 水平上显著，括号内为标准误差。

同样，模型（26）以城市群中各城市市区暂住人口作为城市群流动人口的替代变量，模型（27）以城市群中各城市市区人口作为城市群流动人口的替代变量。从表 7 - 45 中可以看出，内生性检验结果显著，论证了研究结论的合理性。为了进一步证明工具变量选取的合理性，进一步对模型进行识别不足检验和弱工具变量检验，所有模型的识别不足鉴定均为 0.000，拒绝原假设，说明不存在识别不足的问题。除此之外，对模型的弱工具变量检验 Cragg - DonaldWaldF 的值大于 10% 的临界值，说明拒绝原假设，所选工具变量合理。同时，Hansen - J 统计量的检验结果均在 10% 水平上，接受原假设，进一步验证所选模型可以通过过度识别检验。

### 7.4.2.4　细分社会服务质量类型的动态面板数据模型

为了进一步探究中心城市不同类型社会服务质量对城市群人口流动的影响路径，本书从中心城市的教育服务质量（Education）、医疗服务质量（Medical）、能源服务质量（Energy）、交通服务质量（Traffic）和环境服务质量（Environment）5 个方面进行分类探究。其中，模型（4）为中心城市不同类型的社会服务质量测度所得，模型（5）在模型（4）的基础上控制了经济发展水平（ED），模型（6）则加入其他控制变量，见表 7 - 46。

通过基本回归结果可以看到，在城市社会服务质量的代理变量中，城市社会服务总体质量的系数均为正且系数值与显著性水平均逐渐增加，说明中心城市的社会服务质量对城市群人口流动的影响存在区域差异和城市群类型差异，且东部地区或国家级城市群的中心城市社会服务质量较高，对城市群人口流动影响较大。不同级别城市群中心城市的社会服务总体质量对城市群人口流动的影响存在差异，从城市社会服务质量类型来看，国家级城市群的中心城市的医疗服务质量则对人口流动有显著正向影响。区域级城市群的中心城市中，各项社会服务质量对人口流动的影响均不显著；地区级城市群的中心城市中，交通服务质量则对人口流动有显著正向影响。控制变量中，100 万及以下人口城市的工资收入水平和地方财政支出对人口流动具有显著的正向影响；但地方财政支出对100 万~200 万人口城市的人口流动反而有显著的负向影响。

表 7 - 46　　　　　　　　　　不同类型社会服务质量对城市群人口流动的作用机制

| 变量 | 城市群流动人口数量 | | |
|---|---|---|---|
| | (4) | (5) | (6) |
| L. Population | 0. 444 ** (0. 2224) | − 0. 094 *** (0. 0247) | 0. 246 * (0. 1459) |
| Service | 0. 003 (0. 0121) | − 0. 002 * (0. 1730) | 0. 039 (0. 0574) |
| Education | 1. 154 *** (0. 0938) | 0. 305 * (0. 1778) | 0. 357 * (0. 1824) |
| Medical | − 0. 199 *** (0. 0371) | − 0. 011 (0. 0699) | 0. 065 (0. 0685) |
| Energy | 0. 362 *** (0. 1179) | 0. 040 (0. 1111) | − 0. 002 * (0. 1730) |
| Traffic | 0. 444 ** (0. 2224) | − 0. 121 ** (0. 0599) | 0. 305 * (0. 1778) |
| Environment | 0. 003 (0. 0121) | 0. 246 * (0. 1459) | − 0. 011 (0. 0699) |
| ED | | 0. 039 (0. 0574) | 0. 305 * (0. 1778) |
| ID | | | 0. 357 * (0. 1824) |
| TA | | | − 0. 386 ** (0. 1500) |
| FE | | | − 0. 062 (0. 0561) |
| LQ | | | 0. 003 (0. 0121) |
| 常数项 | − 16. 432 *** (0. 8655) | − 3. 445 *** (0. 1212) | − 4. 066 *** (0. 8156) |
| 观测值 | 323 | 323 | 323 |
| Wald $\chi^2$ | 765. 23 | 846. 13 | 733. 36 |
| AR (1) 检验 | − 2. 335 | − 2. 336 | − 2. 498 |
| AR (2) 检验 | − 0. 864 | − 0. 688 | − 0. 798 |

注： *** 、 ** 、 * 分别表示在 1% 、5% 、10% 水平上显著，括号内为标准误差。

### 7.4.2.5　异质性分析

我国不同区域之间经济发展水平差异大，因而各区域中心城市的社会服务质量也存在差异。为了更好地体现中心城市社会服务质量的区域特征和区域差异，本书将全国划分为东部、中部、西部、东北四大区域进行分析（见表 7 - 47）。

**表 7 - 47**　　　　　　　不同地区中心城市社会服务质量对城市群人口流动的回归结果

| 变量 | 东部地区 | | 中部地区 | | 西部地区 | | 东北地区 | |
|---|---|---|---|---|---|---|---|---|
| | （7） | （8） | （9） | （10） | （11） | （12） | （13） | （14） |
| L. Population | 0.024<br>（0.0307） | 0.003<br>（0.0121） | -0.011<br>（0.0699） | -0.142*<br>（0.0763） | -0.062<br>（0.0561） | 0.024<br>（0.0307） | -0.052**<br>（0.0195） | -0.160*<br>（0.0760） |
| Service | -0.160*<br>（0.0760） | -0.142*<br>（0.0763） | -0.052**<br>（0.0195） | -0.142*<br>（0.0763） | -0.052**<br>（0.0195） | -0.160*<br>（0.0760） | 0.024<br>（0.0307） | 0.003<br>（0.0121） |
| Education | -0.160*<br>（0.0760） | -0.142*<br>（0.0763） | -0.052**<br>（0.0195） | -0.011<br>（0.0699） | -0.052**<br>（0.0195） | -0.160*<br>（0.0760） | -0.062<br>（0.0561） | 0.024<br>（0.0307） |
| Medical | 0.003<br>（0.0121） | -0.011<br>（0.0699） | 0.024<br>（0.0307） | -0.130<br>（0.0803） | 0.024<br>（0.0307） | 0.003<br>（0.0121） | -0.052**<br>（0.0195） | -0.160*<br>（0.0760） |
| Energy | -0.167**<br>（0.0724） | -0.130<br>（0.0803） | 0.002<br>（0.0251） | -0.072*<br>（0.0377） | 0.002<br>（0.0251） | -0.167**<br>（0.0724） | -0.052**<br>（0.0195） | -0.160*<br>（0.0760） |
| Traffic | 0.021<br>（0.0304） | -0.072*<br>（0.0377） | 0.039<br>（0.0574） | -0.052**<br>（0.0195） | 0.039<br>（0.0574） | 0.021<br>（0.0304） | 0.024<br>（0.0307） | 0.003<br>（0.0121） |
| Environment | -0.160*<br>（0.0760） | -0.142*<br>（0.0763） | -0.052**<br>（0.0195） | 0.024<br>（0.0307） | -0.052**<br>（0.0195） | -0.160*<br>（0.0760） | 0.002<br>（0.0251） | -0.167**<br>（0.0724） |
| ED | 0.003<br>（0.0121） | -0.011<br>（0.0699） | 0.024<br>（0.0307） | 0.002<br>（0.0251） | 0.024<br>（0.0307） | 0.003<br>（0.0121） | 0.039<br>（0.0574） | 0.021<br>（0.0304） |
| ID | 0.024<br>（0.0307） | 0.003<br>（0.0121） | -0.011<br>（0.0699） | 0.039<br>（0.0574） | -0.062<br>（0.0561） | 0.024<br>（0.0307） | -0.052**<br>（0.0195） | -0.160*<br>（0.0760） |
| TA | -0.160*<br>（0.0760） | -0.142*<br>（0.0763） | -0.052**<br>（0.0195） | -0.052**<br>（0.0195） | -0.052**<br>（0.0195） | -0.160*<br>（0.0760） | 0.024<br>（0.0307） | 0.003<br>（0.0121） |
| FE | -0.160*<br>（0.0760） | -0.142*<br>（0.0763） | -0.052**<br>（0.0195） | 0.024<br>（0.0307） | -0.052**<br>（0.0195） | -0.160*<br>（0.0760） | -0.062<br>（0.0561） | 0.024<br>（0.0307） |
| LQ | 0.003<br>（0.0121） | -0.011<br>（0.0699） | 0.024<br>（0.0307） | 0.002<br>（0.0251） | 0.024<br>（0.0307） | 0.003<br>（0.0121） | -0.052**<br>（0.0195） | -0.160*<br>（0.0760） |
| 常数项 | -3.573***<br>（0.3445） | -3.343***<br>（0.3269） | -2.657***<br>（0.4717） | -3.495***<br>（0.2166） | -2.376***<br>（0.7858） | -4.021***<br>（0.5677） | -3.495***<br>（0.2166） | -6.269***<br>（0.3348） |
| 观测值 | 323 | 323 | 323 | 323 | 323 | 323 | 323 | 323 |
| Wald χ² | 865.62 | 765.23 | 846.13 | 865.62 | 765.23 | 765.23 | 846.13 | 733.36 |
| AR（1）检验 | -2.498 | -2.750 | -2.628 | -2.498 | -2.750 | -2.335 | -2.336 | -2.498 |
| AR（2）检验 | -0.798 | -0.784 | -0.993 | -0.798 | -0.784 | -0.864 | -0.688 | -0.798 |

注：***、**、*分别表示在1%、5%、10%水平上显著，括号内为标准误差。

系统 GMM 估计检验和 Wald 检验的回归结果表明回归系数整体显著，其中 AR（2）检验结果表明模型残差序列不存在二阶自相关，因此，系统 GMM 估计检验对面板数据模型的估计有效。从表 7 - 47 中可以看出，中心城市社会服务质量对城市群人口流动的影响在时空互动维度上受到"双推—拉力"的作用，呈现出流动人口不断向中心城市、城市群集聚的现象。此外，与东部、中部和东北部的城市群相比，西部城市群具有明显的异质性。

## 7.4.3　研究发现与政策含义

### 7.4.3.1　研究发现

本书通过对社会服务质量和城市群人口流动的研究，构建了一个将制度和基础设施整合的研究框架，超越了传统的地方行政区划等人为划分的束缚，并利用城市群的人口流动数据来探讨中心城市社会服务质量对城市群人口流动的影响，得出以下研究发现：

第一，中心城市社会服务质量越高对城市群流动人口的拉力越大，尤其是西部城市群，而且不同类型的社会服务质量对城市群人口流动的影响存在差异，医疗服务质量、交通服务质量和教育服务质量对城市群人口流动存在比较明显的影响，而能源服务质量和环境服务质量对城市群人口流动的影响则相对没有那么明显。

第二，中心城市的社会服务质量对城市群人口流动的影响存在区域差异和城市群类型差异，且东部地区或国家级城市群的中心城市社会服务质量较高，对城市群人口流动影响较大。中心城市社会服务质量对城市群人口流动的影响在时空互动维度上受到"双推—拉力"的作用，呈现流动人口不断向中心城市、城市群集聚的现象。此外，与东部、中部和东北部的城市群相比，西部城市群具有明显的异质性。

### 7.4.3.2　讨论

第一，基于效用最大化的原理，中心城市的优质社会服务，尤其是医疗、交通和教育，已经成为吸引和留住流动人口的关键因素。在经济学中，效用最大化是消费者行为的基本驱动因素，而在人口流动的语境中，这意味着人们会向那些使他们生活满意度最大化的地方迁移（林赛南等，2023）。其中，医疗服务质量、交通服务质量和教育服务质量为主要的决策变量，因为它们直接关系到个人和家庭的生活质量、工作、学习机会，以及长期的发展潜力，特别是在中国，教育机会不平衡问题已经成为一个长期的社会问题（杨奇明等，2013）。因此，对于有子女的家庭来说，高质量的教育服务成为其迁移决策的首要因素。同时，优质的医疗服务和交通服务分别关系到家庭的健康和日常生活的便利性。而对于西部城市群，由于其相对滞后的发展背景，高质量的社会服务成为一种策略性的"利器"来吸引和留住人才，促进区域经济的快速增长（龙立军，2018）。然而，与此相比，能源服务和环境服务质量对人口流动的影响并不那么直接和明显，这可能是因为在短期内，这些服务并不直接影响人们的日常生活和工作决策，但它们对于长期的生活满意度和福利具有深远意义。

第二，中心城市的社会服务质量对城市群人口流动的区域差异和城市群类型差异可以从新经济地理学的"累积效应"进行解读。在新经济地理学中，累积效应理论指出，一旦某地区开始发展并具有某种优势，那么这种优势会逐渐加强，吸引更多的资源并促进该地区的进一步发展（Krugman P，1991）。这在中国的城镇化进程中得到了明显的体现，特别是东部地区和国家级城市群。东部地区早期的工业化和开放策略为其提供了先发优势，吸引大量的投资和技术，从而提高了社会服务质量，这一优势进一步吸引了大量的人口流入。这种"双推—拉力"在时空互动中表现为人口不断向中心城市或城市群集聚的现象。相比之下，西部地区由于历史、地理和政策等多种原因，其发展相对滞后，使得该地区在社会服务质量上与东部地区存在明显的异质性（任喜萍等，2019）。虽然国家推动了许多西部大开发等政策，但由于累积效应的存在，使得西部地区在短期内难以与东部地区的中心城市竞争。总的来说，新经济地理学中的累积效应为我们提供了一个有力的理论框架，解释了为什么东部地区或国家级城市群的中心城市在社会服务质量上较高，并对人口流动产生更大的影响。

### 7.4.3.3　政策含义

中心城市社会服务质量的提升会对城市群人口流动产生深刻影响，而提升社会服务高质量发展的关键，是加快形成与之相适应、相配套的体制机制，加快营造与高效、公平和可持续发展目标相契合的体制政策环境。

第一，各城市群应针对性地落实城市群发展规划，充分发挥比较优势，优化构建城市群发展模式，提升城市群的综合竞争力。发挥中心城市带动作用，释放城市群发展活力。在区域协调发展的过程中，区域内各自城市群的发展阶段、区位条件存在着较大差异，也就使得城市群的建设一方面可以由宏观层面以区域的协调发展为目标；另一方面，政府应当以提升首位城市发展水平为抓手，通过城市群的产业升级、经济互联，提升城市群综合竞争力。以京津冀、长三角、珠三角城市群为核心建立中国三大世界级城市群，推动中国区域经济健康稳定可持续发展。而且，政府应当针对中西部地区城市群着重发挥中心城市的职能，不断提升其公共服务水平。

第二，中心城市的发展在某种程度上来说是直接影响着城市群整体发展的。随着城市群内部的铁路网公路网完善，人口的流动更为密集且活跃，一方面呈现出首位城市的人口规模扩大，另一方面也使得中小城市出现人力资源不足的困境。在城市群新型城镇格局优化过程中要促进人口的流动，释放城市群发展活力。首先，政府应当提升首位城市的承载能力与资源配置能力。首位城市在集聚效应的作用下，呈现出对要素资源的吸引能力。政府应当在城市群规划过程中给予首位城市发展空间，将要素流动与区域经济发展的大趋势相协同。在人口流动过程中推动人口市民化的体制机制调整，充分发挥中心城市的经济增长极作用。其次，政府应当通过产业转移促进中小城镇加快发展，首位城市将过剩的人力资源向人力资源不足的地区转移。

综上所述，在目前以国内大循环为主体的"双循环"新发展格局下，明确西部地区中心城市和城市群社会发展现状及发现问题所在，是巩固、发展、稳定边疆，推动"双循环"顺利运行的重要前提。我国西部地区在当前我国整体发展中处于相对落后的地位。因此，国家已经实施了一系列举措，旨在促进西部地区的经济和社会发展，以西部的健康、可持续发展促进全国的整体发展。因此，如何通过提升中心城市社会服务质量推动西部中心城市和城市群人口流动，是双循环发展格局下的首要难题。

## 7.5　西部城市群城市流动人口市民化的时空演化及影响因素研究

### 7.5.1　研究目的与方法

#### 7.5.1.1　研究目的

在研究流动人口的理论之中，推拉理论是其中一个重要理论。雷文斯坦（E. Ravenstein）是最早研究该理论的学者之一。他认为流动人口主要是向工商业发达地区的短距离迁移，此外，若出现长距离迁移，通常情况是向大城市进行迁移。并且各地流动人口迁移的方式是相近的，即大部分均为农村向城市的迁移。因此，城市流动人口相较于农村流动人口数量较少。巴格内（D. J. Bagne）则认为影响人口流动的因素大体上可以划分为"拉力"和"推力"两个部分。其中"拉力"指的是人们为了改善目前的生活水平，而自愿迁到新的地区；"推力"指的是人们为了避免原本居住地的缺点而选择迁出该地区。此后更多学者在此领域进行了研究，包括麦德尔（G. Mydal）等人。但此前的推拉理论无法解释人口流动过程中存在的阻力，其只考虑了流出地区和流入地区所产生的影响。因此，美国学者李约瑟（E. S. Lee）在20世纪60年代系统地完善了推拉理论（即人口迁移理论）。他认为，中间障碍因素也影响着流动人口的选择，其中，中间障碍因素包含了距离长短、物质障碍和文化的不同，本土居民对于外来者的认同程度也极其重要。因此，人口流动受到以上三方面因素的影响。结合我国的情况，农村人口占我国流动人口的比例较大，因此，对于我国农村人口而言，城市中所包含的社会资源、经济资源等是推拉理论中的"拉力"，而农村中所包含的较低的生活水平和狭窄就业发展空间以及稀缺的土地资源是推拉理论中的"推力"。在两股如此强大的力量之下，我国流动人口急速增加。

随着城市化的发展，中国流动人口呈现以下特点：首先，年轻一代流动人口较多，青年人大多愿意流入大城市寻找工作机会，享受更高的生活水平；其次，年轻一代流动人口在流动过程中会带上自己的配偶，在条件允许的情况下，他们也会带上自己的父母，即老人也会随子女流动；最后，在全家人共同流动的情况下，这种流动是长期的，因此流动人口有在流入地定居的意愿。但与此同时，受到户籍政策限制，部分随子女迁入的老人及小孩未能享受到流入地的医疗保障、教育保障、养老保障以及一些基本医疗公共服务。因此，城市人口管理出现新的矛盾，中国城市群城市流动人口市民化问题亟待解决。

目前，许多学者针对中国流动人口市民化问题作出了许多研究，其中包含两个大方向：针对流动人口市民化的界定与测算、针对流动人口市民化的影响因素进行探究。针对流动人口市民化的界定与测算问题，将地区常住人口定义为流动人口的方法较为粗略，朱宇等人认为流动人口具备以下特征：居住地不同于户籍地；离开户籍地 6 个月以上；以县和县级市作为流动界定范围，范围以内不算作流动，范围以外认定为流动人口。可见对于离开居住地的时间以及市内和县内流动是否算作流动人口存在一些分歧。王春超和菜文鑫认为流动人口市民化可定义为在三个层面：首先，使得流动人口与城市居民拥有同等经济水平；其次，流动人口与城市人口拥有同等社会权利；再次，流动人口与城市人口拥有同样的公共服务和设施和社会福利待遇；最后，流动人口在城市要有认同感和归属感，参与城市建设，共享城市成果。宁光杰等认为居住条件、相对收入和社会保障对于流动人口市民化的衡量起决定性作用。对于测算的选取，王春超和菜文鑫构建了如下指标体系：经济发展、社会文化、福利保障、心理因素和自我价值。针对流动人口市民化的影响因素进行探究，何鑫等人认为家庭成员与收支情况、就业情况、基本公共卫生和计划生育服务、老年人医疗卫生服务都会影响到流动人口市民化的效率。上述研究从各个角度对于流动人口市民化的效率作出了研究，而本书从城市群的角度去研究流动人口的市民化，并且建立完整的体系对流动人口进行界定，使用模型对流动人口市民化的效率进行测算，以城市群为考察单位，测算各城市群流动人口市民化效率，为制定、引导中国流动人口市民化问题提供参考。

### 7.5.1.2　研究方法

（1）数据包络分析模型。数据包络分析法是一种用于评价具有可比性的同类型决策单元的相对有效性的数量分析方法。根据投入和产出指标，运用线性规划的方法进行比较。该方法由美国运筹学家查恩斯和库伯提出。1978 年，查恩斯等提出 CCR 模型，该模型用于计算规模报酬不变情况下的资源配置效率。但是 CCR 模型具有局限性，即其使用前提是规模报酬不变。然而，随着科技的发展，科学技术创新带来的规模报酬打破了这一设定，因此班克尔等人在此基础上进行了拓展，提出 BCC 模型。该模型可适用于规模报酬可变的情况。然而，CCR 模型和 BCC 模型只能用于比较同一时间点的相对有效性。为了比较各个时期的相对有效性，求出连续时段的决策单元的效率，费尔等提出了动态 DEA 模型，同时考虑到投入产出的松弛性问题，汤恩提出的非径向非导向的 SBM 模型是一个很好的选择。基于非径向非导向的 SBM 方法构建群组前沿和共同前沿下的效率测度模型，该模型同时将投入、产出的松弛变量纳入考虑，其结果更贴合现实情况。

模型对该变量进行了分类：积极变量、消极变量、自由变量、固定变量。其中 T 表示周期，每个周期有对应的 n 个决策集，每个决策集合包含有相应的产出和投入数据，z 表示一个周期到下一个周期周转的结果。结转用式（7-27）表示。

$$\sum_{j=1}^{n} z_{ijt}^{\alpha} \lambda_{j}^{t} = \sum_{j=1}^{n} z_{ijt}^{\alpha} \lambda_{j}^{t+1} \quad (\forall; t=1, \cdots, T-1) \tag{7-27}$$

其中，$\alpha$ 表示变量的类型。

非导向型总效率（$\delta^*$）用式（7-28）计算，$w_t$ 和 $w_i$ 分别是第 t 项和投入项的权重，表示如下。

$$\delta^* = \frac{\frac{1}{T}\sum_{t=1}^{T} w_t \left[ 1 - \frac{1}{m+nbad}\left( \sum_{i=1}^{m} \frac{w_i^- s_{ij}^-}{x_{ijt}} + \sum_{i=1}^{nbad} \frac{s_{it}^{bad}}{z_{iot}^{bad}} \right) \right]}{\frac{1}{T}\sum_{t=1}^{T} w_t \left[ 1 - \frac{1}{s+ngood}\left( \sum_{i=1}^{s} \frac{w_i^+ s_{ij}^+}{y_{iot}} + \sum_{i=1}^{ngood} \frac{s_{it}^{good}}{z_{iot}^{good}} \right) \right]} \tag{7-28}$$

非导向型各项指标的效率（$\rho*$）表示如下：

$$\rho^* = \frac{1 - \dfrac{1}{m + nbad}\left( \sum\limits_{i=1}^{m} \dfrac{w_i^- s_{iot}^{-*}}{x_{iot}} + \sum\limits_{i=1}^{nbad} \dfrac{s_{iot}^{bad*}}{z_{iot}^{bad}} \right)}{1 - \dfrac{1}{s + ngood}\left( \sum\limits_{i=1}^{s} \dfrac{w_i^+ s_{iot}^+}{y_{iot}} + \sum\limits_{i=1}^{n\,good} \dfrac{s_{iot}^{good*}}{Z_{iot}^{good}} \right)} \tag{7-29}$$

对各个城市 2010～2019 年的 5 个指标数据进行了流动人口市民化效率测算。本书选取了 5 个指标对 2010～2019 年中国 19 个城市群的流动人口市民化效率进行测算，其中，投入指标 3 个（医疗、收入和资本），产出指标 2 个（就业人口和流动人口）。具体数据来源如表 7-48 所示。

表 7-48　　　　　　　　　　　　　　　　指标说明

| 指标 | 变量 | 变量说明 | 数据来源 |
|---|---|---|---|
| 投入指标 | 医疗投入 | 每人拥有执业（助理）医师数 | 《中国城市统计年鉴（2010～2019 年）》 |
| | 收入水平 | 在岗职工平均工资 | 《中国城市统计年鉴（2010～2019 年）》 |
| | 资本投入 | 固定资产资本存量 | 《中国城市统计年鉴（2010～2019 年）》 |
| 产出指标 | 就业人口 | 年末单位从业人员数 | 《中国城市统计年鉴（2010～2019 年）》 |
| | 流动人口 | 市区暂住人口 | 《中国城市统计年鉴（2010～2019 年）》 |

市民化这一概念，更加侧重于流动人口在生活品质上的提升。因此，反映市民化的指标应侧重于流动人口的收入水平、就业质量、居住环境等方面。王晓丽将市民化水平基础指标划分为市民意愿化、市民能力化、市民行为化和基本公共服务市民化 4 个方向，并逐一设立分项指标。苏丽锋认为市民化指标体系可以从身份、居住、消费、社保、收入和就业这 6 个方面来考虑。本书参考并结合以上定义方式，进行了拆分与融合，最终确定了 5 个指标，其中包括 3 个投入指标和 2 个产出指标。

第一，医疗投入：本书将医疗水平作为计算流动人口市民化的投入指标。本书选取每人拥有执业（助理）医师数来衡量医疗投入。医疗资源很大程度上保障了市民的正常生活，因而该指标直接反映市民化水平，即每人拥有执业（助理）医师数与市民所能享受的医疗资源成正比。

第二，收入水平：本书将收入水平作为计算流动人口市民化的投入指标。本书选取在岗职工平均工资来衡量收入水平。收入是流动人口在城市生活的保障条件。只有拥有足够的收入水平，才能够在城市安定地生活，才能算得上真正意义上的市民化。因此，当流动人口的收入水平处在较高的位置时，流动人口市民化的概率才更大。

第三，资本存量：本书将资本存量作为计算流动人口市民化的投入指标。资本存量是指在一定时点上所积存的实物资本，它通常可反映一个经济体现有的生产经营规模和技术水平，进而反映出该经济体是否有长久发展的潜力，因此，如果资本存量越多，流动人口实现市民化的可能性就越大。

第四，就业人口：本书将年末单位从业人员数作为计算流动人口市民化的产出指标。收入是流动人口市民化的关键因素，而就业是收入的来源，因此人口就业数量是反映流动人口市民化的重要指标，因此，就业人口越多的区域，流动人口市民化的可能性越大。

第五，流动人口：本书将市区暂住人口数作为计算流动人口市民化的产出指标。市区暂住人口直观地反映了流动人口的数量。

（2）空间自相关分析法。空间自相关描述了这样一种关系，即各变量在某一分布范围内的观测数据之间潜在的相互依赖性。在空间这一维度上，事物之间都存在相关性，距离与相关性呈现负相关。根据要素位置和要素值来分析要素在空间上是否存在空间上的相关性，该工具用于评估要素是聚类模式、离散模式或是随机模式。该工具通过计算莫兰指数的值、z 得分和 P 值来对该指数的显著性进行评估。为研究空间单元之间的相关程度和差异程度，我们使用局部莫兰指数和全局莫兰指数对其进行反映。

全局空间自相关用以描述流动人口市民化效率值的空间相关性，反映要素以随机、聚集或离散的形式分布在空间上。其计算公式为：

$$I = \frac{\sum\limits_{i=1}^{n} \sum\limits_{j=1}^{n} w_{ij}(x_i - \bar{x})(x_j - \bar{x})}{s^2 \sum\limits_{i=1}^{n} \sum\limits_{j=1}^{n} w_{ij}} \tag{7-30}$$

其中，$I$ 为全局空间自相关系数，$s^2 = \frac{1}{n} \sum\limits_{i=1}^{n} x_i - \bar{x}$，$w_{ij}$ 表示空间权重，$x_i$ 和 $x_j$ 分别表示第 $i$ 个和第 $j$ 个观测值，$x_i$ 和 $x_j$ 分别表示第 $i$ 个地级市和第 $j$ 个地级市流动人口市民化效率值。根据其结果判断空间相关性，$I \in [0, 1]$，即意味着流动人口市民化效率水平测算值在邻近区域具有相似性，$I$ 越接近于 1，则邻近区域的流动人口市民化测算值越相近。反之，如果 $I \in [-1, 0]$，即意味着流动人口市民化效率水平测算值在邻近区域区存在差异性，$I$ 越接近于 -1，则邻近区域的流动人口市民化测算值差异越大。

在分析全局空间相关性与差异性的基础上，对流动人口市民化综合效率的局部莫兰指数进行测算，分析了其局部空间的相关性以及差异性。

局部莫兰指数的计算公式是：

$$I = \frac{(x_i - \bar{x})}{s^2} \sum\limits_{i \neq j}^{n} w_{ij}(x_j - \bar{x}) \tag{7-31}$$

其中的指标含义与计算全局莫兰指数公式的指标含义相同，在既定显著性范围，如果 $I > 0$，即意味着指定区域和邻近区域空间相似程度较低；如果 $I < 0$，即意味着指定区域和邻近区域空间相似程度较高。

（3）数据来源。本节数据包含每人拥有执业（助理）医师数、在岗职工平均工资、固定资产资本存量、年末单位从业人员数、市区暂住人口，均来源于中国城市统计年鉴，对于缺失值采用插值法补全。

### 7.5.2　测算结果与回归分析

#### 7.5.2.1　市民化治理效率的评估与空间分异格局

关于流动人口市民化的治理效率：基于 SBM 模型对中国城市群各个城市 2010~2019 年的共同前沿流动人口市民化效率和群组前沿流动人口市民化效率进行测算，结果如表 7-49、表 7-50 所示。

表 7-49　　　2010~2019 年中国城市群共同前沿（MFTZ）和群组前沿（GFTZ）流动人口市民化效率

| 城市群 | | 2010 年 | | 2011 年 | | 2012 年 | | 2013 年 | | 2014 年 | |
|---|---|---|---|---|---|---|---|---|---|---|---|
| | | MFTE | GFTE | MFTE | GFTE | MFTE | GFTE | MFTE | GFTE | MFTE | GFTE |
| 东北 | 辽中南 | 0.044 | 0.312 | 0.102 | 0.535 | 0.102 | 0.552 | 0.117 | 0.557 | 0.110 | 0.549 |
| | 哈长 | 0.077 | 0.377 | 0.107 | 0.506 | 0.111 | 0.418 | 0.097 | 0.397 | 0.113 | 0.397 |
| 东部 | 京津冀 | 0.140 | 0.230 | 0.178 | 0.254 | 0.174 | 0.258 | 0.189 | 0.290 | 0.182 | 0.227 |
| | 山东半岛 | 0.133 | 0.696 | 0.155 | 0.693 | 0.155 | 0.772 | 0.168 | 0.678 | 0.151 | 0.707 |
| | 长三角 | 0.150 | 0.153 | 0.150 | 0.178 | 0.185 | 0.195 | 0.219 | 0.240 | 0.228 | 0.239 |

续表

| 城市群 | | 2010 年 | | 2011 年 | | 2012 年 | | 2013 年 | | 2014 年 | |
|---|---|---|---|---|---|---|---|---|---|---|---|
| | | MFTE | GFTE | MFTE | GFTE | MFTE | GFTE | MFTE | GFTE | MFTE | GFTE |
| 东部 | 粤闽浙沿海 | 0.101 | 0.591 | 0.171 | 0.528 | 0.223 | 0.571 | 0.213 | 0.567 | 0.239 | 0.540 |
| | 珠三角 | 0.246 | 0.427 | 0.369 | 0.493 | 0.366 | 0.505 | 0.511 | 0.652 | 0.574 | 0.631 |
| 中部 | 晋中 | 0.064 | 0.600 | 0.133 | 0.565 | 0.127 | 0.560 | 0.119 | 0.534 | 0.087 | 0.623 |
| | 中原 | 0.093 | 0.247 | 0.143 | 0.290 | 0.157 | 0.252 | 0.132 | 0.256 | 0.118 | 0.266 |
| | 长江中游 | 0.048 | 0.247 | 0.094 | 0.370 | 0.110 | 0.326 | 0.114 | 0.336 | 0.107 | 0.269 |
| 西部 | 呼包鄂榆 | 0.065 | 0.899 | 0.095 | 0.877 | 0.111 | 0.847 | 0.171 | 0.834 | 0.137 | 0.856 |
| | 成渝 | 0.101 | 0.113 | 0.146 | 0.259 | 0.193 | 0.284 | 0.192 | 0.312 | 0.220 | 0.337 |
| | 黔中 | 0.112 | 1.000 | 0.363 | 1.000 | 0.329 | 1.000 | 0.329 | 1.000 | 0.161 | 1.000 |
| | 滇中 | 0.193 | 1.000 | 0.258 | 1.000 | 0.322 | 1.000 | 0.322 | 1.000 | 0.157 | 1.000 |
| | 关中平原 | 0.069 | 0.311 | 0.155 | 0.495 | 0.157 | 0.505 | 0.170 | 0.553 | 0.123 | 0.747 |
| | 北部湾 | 0.059 | 0.526 | 0.080 | 0.553 | 0.131 | 0.583 | 0.123 | 0.644 | 0.158 | 0.629 |
| | 宁夏沿黄 | 0.021 | 0.454 | 0.111 | 0.573 | 0.150 | 0.571 | 0.204 | 0.513 | 0.118 | 0.587 |
| | 兰西 | 0.058 | 0.835 | 0.178 | 0.904 | 0.167 | 0.787 | 0.159 | 0.964 | 0.152 | 0.917 |
| | 天山北坡 | 0.118 | 0.804 | 0.429 | 0.695 | 0.475 | 0.661 | 0.457 | 0.697 | 0.190 | 0.500 |

| 城市群 | | 2015 年 | | 2016 年 | | 2017 年 | | 2018 年 | | 2019 年 | |
|---|---|---|---|---|---|---|---|---|---|---|---|
| | | MFTE | GFTE | MFTE | GFTE | MFTE | GFTE | MFTE | GFTE | MFTE | GFTE |
| 东北 | 辽中南 | 0.114 | 0.553 | 0.123 | 0.514 | 0.136 | 0.397 | 0.171 | 0.373 | 0.214 | 0.386 |
| | 哈长 | 0.178 | 0.446 | 0.176 | 0.473 | 0.165 | 0.408 | 0.168 | 0.417 | 0.184 | 0.445 |
| 东部 | 京津冀 | 0.252 | 0.262 | 0.248 | 0.289 | 0.239 | 0.327 | 0.276 | 0.274 | 0.273 | 0.270 |
| | 山东半岛 | 0.168 | 0.688 | 0.177 | 0.732 | 0.155 | 0.721 | 0.217 | 0.710 | 0.000 | 0.926 |
| | 长三角 | 0.260 | 0.244 | 0.293 | 0.270 | 0.215 | 0.441 | 0.309 | 0.276 | 0.331 | 0.283 |
| | 粤闽浙沿海 | 0.247 | 0.531 | 0.264 | 0.550 | 0.260 | 0.589 | 0.272 | 0.530 | 0.308 | 0.528 |
| | 珠三角 | 0.546 | 0.581 | 0.623 | 0.610 | 0.123 | 0.662 | 0.553 | 0.557 | 0.828 | 0.641 |
| 中部 | 晋中 | 0.097 | 0.614 | 0.116 | 0.673 | 0.124 | 0.669 | 0.188 | 0.623 | 0.272 | 0.605 |
| | 中原 | 0.124 | 0.265 | 0.124 | 0.295 | 0.087 | 0.340 | 0.103 | 0.346 | 0.108 | 0.286 |
| | 长江中游 | 0.127 | 0.261 | 0.130 | 0.250 | 0.123 | 0.247 | 0.160 | 0.252 | 0.176 | 0.283 |
| 西部 | 呼包鄂榆 | 0.145 | 0.873 | 0.231 | 0.901 | 0.265 | 0.900 | 0.293 | 0.879 | 0.366 | 0.887 |
| | 成渝 | 0.278 | 0.357 | 0.311 | 0.357 | 0.281 | 0.445 | 0.333 | 0.381 | 0.339 | 0.479 |
| | 黔中 | 0.235 | 1.000 | 0.226 | 1.000 | 0.109 | 1.000 | 0.235 | 1.000 | 0.248 | 0.801 |
| | 滇中 | 0.190 | 1.000 | 0.143 | 1.000 | 0.142 | 1.000 | 0.162 | 1.000 | 0.128 | 1.000 |
| | 关中平原 | 0.150 | 0.627 | 0.159 | 0.476 | 0.135 | 0.458 | 0.143 | 0.538 | 0.202 | 0.523 |
| | 北部湾 | 0.206 | 0.624 | 0.185 | 0.570 | 0.214 | 0.570 | 0.240 | 0.557 | 0.345 | 0.498 |
| | 宁夏沿黄 | 0.040 | 0.561 | 0.134 | 0.384 | 0.158 | 0.434 | 0.180 | 0.413 | 0.210 | 0.394 |
| | 兰西 | 0.439 | 0.805 | 0.235 | 0.520 | 0.459 | 0.694 | 0.142 | 0.470 | 0.210 | 0.436 |
| | 天山北坡 | 0.000 | 1.000 | 0.503 | 1.000 | 0.437 | 0.670 | 0.473 | 0.719 | 0.822 | 0.675 |

表 7 - 50　　　　　　　　　　　效率指数汇总

| 分区 | MFTE 历年均值 | GFTE 历年均值 |
|---|---|---|
| 东北部城市群 | 0. 130403975 | 0. 330915649 |
| 东部城市群 | 0. 260147058 | 0. 364194999 |
| 中部城市群 | 0. 123446407 | 0. 253736024 |
| 西部城市群 | 0. 214092345 | 0. 617090123 |
| 均值 | 0. 182022446 | 0. 391484199 |

　　从东北部城市群各城市群群组前沿效率和共同前沿效率来看，辽中南城市群流动人口市民化效率较高，哈长城市群流动人口市民化效率较为落后，共同前沿和群组前沿流动人口市民化效率较低。

　　从东部城市群来看，珠三角城市群共同前沿人口市民化效率和群组前沿流动人口市民化效率较高，京津冀城市群和长三角城市群流动人口市民化效率较为落后，共同前沿和群组前沿流动人口市民化效率较低。

　　从中部城市群来看，晋中城市群群组前沿效率较高，中原城市群共同前沿效率较高。

　　从西部城市群来看，黔中城市群和滇中城市群群组前沿效率较高，接近于 1，成渝城市群、宁夏沿黄城市群和天山北坡城市群群组前沿效率较低。

　　在群组前沿和共同前沿下，不同城市群的流动人口市民化效率均呈现出差异化。在共同前沿下，4 个区域的平均值从高到低分别为东部、西部、东北部和中部，其数值分别为 0. 26、0. 21、0. 13、0. 12；在群组前沿下，4 个区域的平均值从高到低分别为西部、东部、东北部和中部，其数值分别为 0. 62、0. 36、0. 33、0. 25。

　　关于市民化治理效率的空间差异性：根据效率测算模型得出的我国流动人口市民化效率值，运用空间自相关分析法计量我国流动人口市民化综合效率值的空间差异性。

　　空间自相关（Global Moran's I）是根据要素位置和要素值来分析要素在空间上是否存在空间上的相关性，该工具用于评估要素是聚类模式、离散模式或是随机模式。该工具通过计算莫兰指数的值、z 得分和 P 值来对该指数的显著性进行评估，反映的是相邻的两个或多个空间单元的相关性，我们可以用它来研究空间单元之间的相关程度与差异程度，其计算公式为：

$$I = \frac{\sum_{i=1}^{n} \sum_{j=1}^{n} w_{ij} (x_i - \bar{x})(x_j - \bar{x})}{s^2 \sum_{i=1}^{n} \sum_{j=1}^{n} w_{ij}} \tag{7 - 32}$$

其中，I 为全局空间自相关系数，$s^2 = \frac{1}{n} \sum_{i=1}^{n} x_i - \bar{x}$，$w_{ij}$ 为空间权重矩阵 W 中的元素，$x_i$ 和 $x_j$ 分别表示第 i 个和第 j 个观测值，表示观测值的平均值。这里 $x_i$ 和 $x_j$ 分别表示第 i 个地级市和第 j 个地级市流动人口市民化效率值。若全局莫兰指数处于 [0，1] 的区间上，则表示流动人口市民化效率水平相似的区域在空间上集聚，并且其与 1 越接近，则相似区域的空间差异性越小。反之，若全局莫兰指数处于 [-1，0] 的区间上，则表示流动人口市民化效率水平相似的区域在空间上存在差异，并且其与 -1 越接近，则相似区域的空间差异性越大。

　　根据图 7 - 42 流动人口市民化效率全局空间自相关系数的测算值，我国流动人口市民化综合效率的全局空间自相关系数均大于零，说明 2010 ~ 2019 年我国流动人口市民化效率测算值在邻近地区的特征为显著空间集聚。

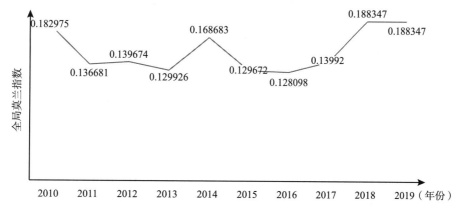

**图 7－42　2010～2019 年我国 19 个城市群所含城市的流动人口市民化效率的全局空间自相关系数**

2010～2011 年流动人口市民化效率的全局 I 值呈现下降趋势，由 2010 年的 0.182975 降为 2011 年的 0.136681，即空间集聚程度下降，各区域流动人口市民化效率差异增大。这是由于我国在推进流动人口市民化过程中，全国流动人口市民化政策均进一步开放，流动人口市民化效率在各个区域均有所提高。

2013～2015 年流动人口市民化效率的全局 I 值先上升后下降，其中，2013～2014 年大幅上升，由 2013 年的 0.129926 上升到 2014 年的 0.168683；2014～2015 年大幅下降，从 2014 年的 0.168683 下降到 2015 年的 0.129672。这是因为在社会发展过程中，各区域经济呈现差异化增长，因此各区域政府对于流动人口市民化的政策有所区别，并且由于区域经济发展差异，流动人口对于不同区域市民化意愿呈现差异，而随着新型城镇化和公共服务均等化的进程，流动人口市民化的区域和意愿广泛分布。

2017～2018 年流动人口市民化效率的全局空间自相关系数呈现上升趋势，流动人口市民化效率的空间差异性缩小。

#### 7.5.2.2　市民化治理效率的影响机制分析

（1）东北部城市群。模型自变量选取与具体操作化：根据测算得出的中国东北部城市群流动人口市民化效率，进一步研究影响东北部城市群流动人口市民化效率的因素，本书将各个城市的群组前沿市民化效率作为因变量，居民生活水平、经济发展水平、工业发展水平、环境质量水平、文化业发展水平作为自变量，构建回归模型。具体变量以及描述性统计如表 7－51 所示。

表 7－51　　　　　　　　城市群流动人口市民化效率影响因素变量与描述性统计

| 影响因素 | 变量 | 变量单位 | 变量符号 | 数据来源 |
|---|---|---|---|---|
| 居民生活水平 | 恩格尔系数 | % | EGX | 中国城市统计年鉴 |
| 经济发展水平 | 地区生产总值 | 万元 | GDP | 中国城市统计年鉴 |
| 工业发展水平 | 全社会用电量 | 万千瓦时 | SDL | 中国城市统计年鉴 |
| | 一般工业固体废物综合利用率 | % | GFL | |
| 环境质量水平 | 污水处理厂集中处理率 | % | WJC | 中国城市统计年鉴 |
| | 公园绿地面积 | 公顷 | GLM | 中国城市统计年鉴 |
| 文化业发展水平 | 公共图书馆图书藏量 | 千册 | TCL | 中国城市统计年鉴 |

$$GFTE_{it} = C + C_1 EGX + C_2 \ln GDP + C_3 \ln SDL + C_4 GFL + C_5 WJC + C_6 \ln GLM + C_7 \ln TCL + \varepsilon_{it}$$

$$(7-33)$$

其中，$GFTE_{it}$表示 t 时期 i 城市的群组前沿技术效率，C 为常数项，$C_1$、$C_2$、$C_3$、$C_4$、$C_5$、$C_6$ 和 $C_7$ 分别是每个变量的待估参数，$\varepsilon_{it}$ 是随机干扰项。

采用 STATA16 得到中国东北部城市群流动人口市民化效率影响因素回归结果，见表 7-52。

表 7-52　　　　　　　　　　东北部城市群流动人口市民化效率影响因素回归结果

| gfte | Coef. | St. Err. | t-value | p-value | 95% Conf | Interval | Sig |
|---|---|---|---|---|---|---|---|
| gfl | -0.001 | 0 | -2.75 | 0.007 | -0.002 | 0 | *** |
| egx | -0.957 | 0.305 | -3.14 | 0.002 | -1.559 | -0.355 | *** |
| lntcl | 0.009 | 0.021 | 0.43 | 0.671 | -0.033 | 0.051 | |
| lngdp | 0.172 | 0.048 | 3.58 | 0 | 0.077 | 0.267 | *** |
| wjc | 0.002 | 0.001 | 3.08 | 0.002 | 0.001 | 0.003 | *** |
| lnsdl | -0.061 | 0.026 | -2.34 | 0.02 | -0.112 | -0.009 | ** |
| lnglm | 0.221 | 0.053 | 4.19 | 0 | 0.117 | 0.325 | *** |
| Constant | -1.352 | 0.272 | -4.96 | 0 | -1.89 | -0.815 | *** |
| var | 0.03 | 0.003 | . b | . b | 0.025 | 0.037 | |
| Mean dependent var | 0.473 | | | SD dependent var | | 0.331 | |
| Pseudo r-squared | 2.070 | | | Number of obs | | 187 | |
| Chi-square | 240.093 | | | Prob > chi2 | | 0.000 | |
| Akaike crit. (AIC) | -106.116 | | | Bayesian crit. (BIC) | | -77.036 | |

注：***、**、*分别表示在1%、5%、10%水平上显著。

模型回归结果及其解释：

第一，居民生活水平的影响。

恩格尔系数反映了居民生活水平。由模型结果可知，流动人口市民化的效率与恩格尔系数显著相关。恩格尔系数与流动人口市民化呈现负相关，恩格尔系数每提高1%，流动人口市民化效率就降低95.7%。恩格尔系数的计算方法是食物支出金额÷家庭收入总额，当家庭收入总额增加时，其花费在食物上的支出就越少，即恩格尔系数越小，一个家庭或地区的经济就越富裕。恩格尔系数背后反映的是居民生活水平，本书回归结果表明，在中国东北部城市群中，生活水平越高的地方，流动人口市民化的效率就越高。该结论反映了人们对于生活水平的追求，而且这种追求是可以实现的。

第二，经济发展水平的影响。

地区生产总值反映了经济发展水平。由模型结果可知，流动人口市民化的效率与地区生产总值显著相关。地区生产总值与流动人口市民化呈现正相关，地区生产总值每提高10000元，流动人口市民化效率就提高17.2%。地区生产总值背后反映的是经济发展水平，即地区经济发展水平越高，流动人口市民化效率就越高。经济发展水平较高的地方能给人们提供更多高质量的就业机会以及更有保障的薪水，因此流动人口市民化效率更高。

第三，工业发展水平的影响。

一般工业固体废物综合利用率和全社会用电量反映了地区工业发展的水平。由模型结果可知，流动人口市民化的效率与一般工业固体废物综合利用率显著相关。一般工业固体废物综合利用率与流动人口市民化效率呈现负相关。一般工业固体废物综合利用率每提高1%，流动人口市民化效率就降低0.1%。由模型结果可知，全社会用电量与流动人口市民化呈现负相关，全社会用电量每提高10000千瓦时，流动人口市民化效率就降低6.1%。一般工业固体废物综合利用率与全社会用电量背后反映的是工业发展水平，也即地区工业越发达，流动人口市民化效率就越低。事实上，随着第三产业的发展，流动人口更倾向于从事具有创新性的工作，随着科技的发展，工业发达意味着智能化越发达，劳动力岗位则因此减少，流动人口市民化的难度因此提高，从而导致东北部城市群的工业越发达，流动人口市民化的效率越低。

第四，环境质量水平的影响。

污水处理厂集中处理率和公园绿地面积反映了地区环境质量水平。由模型结果可知，流动人口市民化的效率与污水处理厂集中处理率显著相关。污水处理厂集中处理率与流动人口市民化呈现正相关，污水处理厂集中处理率每提高 1%，流动人口市民化效率就提升 0.2%。流动人口市民化的效率与公园绿地面积显著相关。由模型结果可知，公园绿地面积对流动人口市民化呈现正相关，公园绿地面积每增加 1 公顷，流动人口市民化效率就提升 22.1%。污水处理厂集中处理率和公园绿地面积背后反映的是地区环境质量水平，即环境质量水平越高的地方，流动人口市民化的效率就越高。流动人口在市民化的过程中，对于环境因素也有所考虑。

第五，文化业发展水平的影响。

公共图书馆图书藏量反映了文化业发展水平。

由模型结果可知，东北部地区流动人口市民化的效率与公共图书馆图书藏量相关性不显著。其原因可能是东北部地区在基于对以上 4 个因素考虑得更多的情况下，忽略了对于文化发展水平的考虑。

（2）中部城市群。表 7－53 为中部城市群流动人口市民化效率影响因素回归结果。

表 7－53　　　　　　　中部城市群流动人口市民化效率影响因素回归结果

| gfte | Coef. | St. Err. | t-value | p-value | 95% Conf | Interval | Sig |
|---|---|---|---|---|---|---|---|
| gfl | −0.001 | 0.001 | −1.54 | 0.124 | −0.002 | 0 | |
| egx | −1.001 | 0.255 | −3.92 | 0 | −1.503 | −0.498 | *** |
| lntcl | 0.052 | 0.021 | 2.42 | 0.016 | 0.01 | 0.094 | ** |
| lngdp | 0.139 | 0.041 | 3.35 | 0.001 | 0.057 | 0.221 | *** |
| wjc | −0.002 | 0.001 | −1.77 | 0.078 | −0.004 | 0 | * |
| lnsdl | −0.081 | 0.023 | −3.53 | 0 | −0.127 | −0.036 | *** |
| lnglm | 0.094 | 0.041 | 2.29 | 0.023 | 0.013 | 0.176 | ** |
| Constant | −0.048 | 0.255 | −0.19 | 0.852 | −0.55 | 0.455 | |
| var | 0.068 | 0.005 | . b | . b | 0.058 | 0.08 | |
| Mean dependent var | | 0.334 | | SD dependent var | | 0.310 | |
| Pseudo r－squared | | 0.693 | | Number of obs | | 312 | |
| Chi－square | | 106.491 | | Prob > chi2 | | 0.000 | |
| Akaike crit.（AIC） | | 65.131 | | Bayesian crit.（BIC） | | 98.818 | |

注：***、**、* 分别表示 1%、5%、10% 水平上显著。

根据回归结果可以看出：

第一，居民生活水平的影响。

恩格尔系数反映了居民生活水平。由模型结果可知，流动人口市民化的效率与恩格尔系数显著相关。恩格尔系数与流动人口市民化呈现负相关，恩格尔系数每提高 1%，流动人口市民化效率就降低 100.1%。恩格尔系数的计算方法是食物支出金额÷家庭收入总额，当家庭收入总额增加时，其花费在食物上的支出就越少，即恩格尔系数越小，一个家庭或地区的经济就越富裕。恩格尔系数背后反映的是居民生活水平，本书回归结果表明，在中国中部城市群中，生活水平越高的地方，流动人口市民化的效率就越高。该结论反映了人们对于生活水平的追求，而且这种追求是可实现的。

第二，经济发展水平的影响。

地区生产总值反映了经济发展水平。由模型结果可知，流动人口市民化的效率与地区生产总值显著相关。地区生产总值与流动人口市民化呈现正相关，地区生产总值每提高10000元，流动人口市民化效率就提高13.9%。地区生产总值背后反映的是经济发展水平，即地区经济发展水平越高，流动人口市民化效率就越高。经济发展水平较高的地方能给人们提供更多高质量的就业机会以及更有保障的薪水，因此流动人口市民化效率更高。

第三，工业发展水平的影响。

一般工业固体废物综合利用率和全社会用电量反映了地区工业发展的水平。由模型结果可知，流动人口市民化的效率与一般工业固体废物综合利用率相关性不明显。由模型结果可知，全社会用电量与流动人口市民化呈现负相关，全社会用电量每提高10000千瓦时，流动人口市民化效率就降低8.1%。全社会用电量背后反映的是工业发展水平，即地区工业越发达，流动人口市民化效率就越低。事实上，随着第三产业的发展，流动人口更倾向于从事具有创新性的工作，随着科技的发展，工业发达意味着智能化越发达，劳动力岗位则因此减少，流动人口市民化的难度因此提高，从而导致中部城市群的工业越发达，流动人口市民化的效率越低。

第四，环境质量水平的影响。

污水处理厂集中处理率和公园绿地面积反映了地区环境质量水平。由模型结果可知，流动人口市民化的效率与污水处理厂集中处理率显著相关。污水处理厂集中处理率与流动人口市民化呈现负相关，污水处理厂集中处理率每提高1%，流动人口市民化效率就降低0.2%。流动人口市民化的效率与公园绿地面积显著相关。由模型结果可知，公园绿地面积与流动人口市民化呈现正相关，公园绿地面积每增加1公顷，流动人口市民化效率就提升9.4%。污水处理厂集中处理率和公园绿地面积背后反映的是地区环境质量水平，即环境质量水平越高的地方，流动人口市民化的效率就越高。流动人口在市民化的过程中，对于环境因素也有所考虑。

第五，文化业发展水平的影响。

公共图书馆图书藏量反映了文化业发展水平。由模型结果可知，中部地区流动人口市民化的效率与公共图书馆图书藏量显著相关。公共图书馆图书藏量与流动人口市民化呈现正相关。公共图书馆藏书量每增加1000册，流动人口市民化效率就提升5.2%。随着社会日益发展，人民对于城市文化水平提出了更高要求，流动人口对于文化水平发达地区有更强烈的市民化意愿。

（3）东部城市群。表7-54为东部城市群流动人口市民化效率影响因素回归结果。

表7-54　　　　　　　　　东部城市群流动人口市民化效率影响因素回归结果

| gfte | Coef. | St. Err. | t-value | p-value | 95% Conf | Interval | Sig |
|---|---|---|---|---|---|---|---|
| gfl | 0.001 | 0 | 3.00 | 0.003 | 0 | 0.002 | *** |
| egx | −0.339 | 0.177 | −1.92 | 0.056 | −0.687 | 0.008 | * |
| lntcl | 0.001 | 0.019 | 0.05 | 0.959 | −0.035 | 0.037 | |
| lngdp | 0.092 | 0.037 | 2.44 | 0.015 | 0.018 | 0.165 | ** |
| wjc | 0.001 | 0.001 | 1.64 | 0.102 | 0 | 0.003 | |
| lnsdl | −0.066 | 0.025 | −2.68 | 0.008 | −0.114 | −0.018 | *** |
| lnglm | 0.188 | 0.026 | 7.10 | 0 | 0.136 | 0.24 | *** |
| Constant | −0.925 | 0.222 | −4.17 | 0 | −1.361 | −0.489 | *** |

续表

| gfte | Coef. | St. Err. | t-value | p-value | 95% Conf | Interval | Sig |
|------|-------|----------|---------|---------|----------|----------|-----|
| var | 0.081 | 0.005 | . b | . b | 0.072 | 0.091 | |
| Mean dependent var | | 0.417 | | SD dependent var | | 0.351 | |
| Pseudo r – squared | | 0.568 | | Number of obs | | 542 | |
| Chi – square | | 227.411 | | Prob > chi2 | | 0.000 | |
| Akaike crit. （AIC） | | 191.285 | | Bayesian crit. （BIC） | | 229.943 | |

注: *** 、** 、* 分别表示在 1%、5%、10% 水平上显著。

根据回归结果可以看出:

第一,居民生活水平的影响。恩格尔系数反映了居民生活水平。由模型结果可知,流动人口市民化的效率与恩格尔系数显著相关。恩格尔系数与流动人口市民化呈现负相关,恩格尔系数每提高1%,流动人口市民化效率就降低33.9%。恩格尔系数的计算方法是食物支出金额÷家庭收入总额,当家庭收入总额增加时,其花费在食物上的支出就越少,即恩格尔系数越小,一个家庭或地区的经济就越富裕。恩格尔系数背后反映的是居民生活水平,本书回归结果表明,在中国东部城市群中,生活水平越高的地方,流动人口市民化的效率就越高。该结论反映了人们对于生活水平的追求,而且这种追求是可实现的。

第二,经济发展水平的影响。地区生产总值反映了经济发展水平。由模型结果可知,流动人口市民化的效率与地区生产总值显著相关。地区生产总值与流动人口市民化呈现正相关,地区生产总值每提高10000元,流动人口市民化效率就提高9.2%。地区生产总值背后反映的是经济发展水平,即地区经济发展水平越高,流动人口市民化效率就越高。经济发展水平较高的地方能给人们提供更多高质量的就业机会以及更有保障的薪水,因此流动人口市民化效率更高。

第三,工业发展水平的影响。一般工业固体废物综合利用率和全社会用电量反映了地区工业发展的水平。由模型结果可知,流动人口市民化的效率与一般工业固体废物综合利用率显著相关。一般工业固体废物综合利用率与流动人口市民化效率呈现负相关。一般工业固体废物综合利用率每提高1%,流动人口市民化效率就降低0.1%。由模型结果可知,全社会用电量与流动人口市民化呈现负相关,全社会用电量每提高10000千瓦时,流动人口市民化效率就降低2.6%。一般工业固体废物综合利用率与全社会用电量背后反映的是工业发展水平,即地区工业越发达,流动人口市民化效率就越低。事实上,随着第三产业的发展,流动人口更倾向于从事具有创新性的工作,随着科技的发展,工业发达意味着智能化越发达,劳动力岗位则因此减少,流动人口市民化的难度因此提高,从而导致东部城市群的工业越发达,流动人口市民化的效率越低。

第四,环境质量水平的影响。污水处理厂集中处理率和公园绿地面积反映了地区环境质量水平。由模型结果可知,流动人口市民化的效率与污水处理厂集中处理率相关性不显著。由模型结果可知,公园绿地面积与流动人口市民化呈现正相关,公园绿地面积每增加1公顷,流动人口市民化效率就提升18.8%。污水处理厂集中处理率和公园绿地面积背后反映的是地区环境质量水平,即环境质量水平越高的地方,流动人口市民化的效率就越高。流动人口在市民化的过程中,对于环境因素也有所考虑。

第五,文化业发展水平的影响。

公共图书馆图书藏量反映了文化业发展水平。

由模型结果可知,东部地区流动人口市民化的效率与公共图书馆图书藏量相关性不显著。其原因可能是东部地区在基于对以上因素考虑得更多的情况下,忽略了对于文化发展水平的考虑。

(4) 西部城市群。表 7-55 为西部城市群流动人口市民化效率影响因素回归结果。

表 7 - 55　　　　　　　　　西部城市群流动人口市民化效率影响因素回归结果

| gfte | Coef. | St. Err. | t-value | p-value | 95% Conf | Interval | Sig |
|---|---|---|---|---|---|---|---|
| gfl | − 0.001 | 0 | − 1.59 | 0.111 | − 0.002 | 0 | |
| egx | − 0.777 | 0.219 | − 3.55 | 0 | − 1.207 | − 0.346 | *** |
| lntcl | 0.044 | 0.018 | 2.53 | 0.012 | 0.01 | 0.079 | ** |
| lngdp | 0.036 | 0.03 | 1.19 | 0.233 | − 0.023 | 0.095 | ** |
| wjc | 0 | 0.001 | 0.64 | 0.523 | − 0.001 | 0.001 | |
| lnsdl | 0.047 | 0.017 | 2.79 | 0.006 | 0.014 | 0.08 | *** |
| lnglm | 0.074 | 0.027 | 2.76 | 0.006 | 0.021 | 0.127 | *** |
| Constant | − 0.823 | 0.219 | − 3.76 | 0 | − 1.253 | − 0.393 | *** |
| var | 0.09 | 0.006 | . b | . b | 0.08 | 0.102 | |
| Mean dependent var | | 0.573 | | SD dependent var | | 0.365 | |
| Pseudo r − squared | | 0.471 | | Number of obs | | 507 | |
| Chi − square | | 196.299 | | Prob > chi2 | | 0.000 | |
| Akaike crit. （AIC） | | 238.518 | | Bayesian crit. （BIC） | | 276.575 | |

注：***、** 分别表示在 1%、5% 水平上显著。

根据回归结果可以看出：

第一，居民生活水平的影响。

恩格尔系数反映了居民生活水平。由模型结果可知，流动人口市民化的效率与恩格尔系数显著相关。恩格尔系数与流动人口市民化呈现负相关，恩格尔系数每提高 1%，流动人口市民化效率就降低 77.7%。恩格尔系数的计算方法是食物支出金额÷家庭收入总额，当家庭收入总额增加时，其花费在食物上的支出就越少，即恩格尔系数越小，一个家庭或地区的经济就越富裕。恩格尔系数背后反映的是居民生活水平，本书回归结果表明，在中国西部城市群中，生活水平越高的地方，流动人口市民化的效率就越高。该结论反映了人们对于生活水平的追求，而且这种追求是可实现的。

第二，经济发展水平的影响。

地区生产总值反映了经济发展水平。由模型结果可知，流动人口市民化的效率与地区生产总值显著相关。地区生产总值与流动人口市民化呈现正相关，地区生产总值每提高 10000 元，流动人口市民化效率就提高 3.6%。地区生产总值背后反映的是经济发展水平，即地区经济发展水平越高，流动人口市民化效率就越高。经济发展水平较高的地方能给人们提供更多高质量的就业机会以及更有保障的薪水，因此流动人口市民化效率更高。

第三，工业发展水平的影响。

一般工业固体废物综合利用率和全社会用电量反映了地区工业发展的水平。由模型结果可知，流动人口市民化的效率与一般工业固体废物综合利用率相关性不显著。由模型结果可知，全社会用电量与流动人口市民化呈现负相关，全社会用电量每提高 10000 千瓦时，流动人口市民化效率就降低 4.7%。一般工业固体废物综合利用率与全社会用电量背后反映的是工业发展水平，也即地区工业越发达，流动人口市民化效率就越低。事实上，随着第三产业的发展，流动人口更倾向于从事具有创新性的工作，随着科技的发展，工业发达意味着智能化越发达，劳动力岗位则因此减少，流动人口市民化的难度因此提高，从而导致西部城市群的工业发达程度与流动人口市民化的效率呈现负相关性。

第四，环境质量水平的影响。

污水处理厂集中处理率和公园绿地面积反映了地区环境质量水平。由模型结果可知，流动人口市民化的效率与污水处理厂集中处理率相关性不显著。由模型结果可知，公园绿地面积对流动人口市民化呈正相关，公园绿地面积每增加 1 公顷，流动人口市民化效率就提升 7.4%。污水处理厂集中处理率和公园绿地面积背后反映的是地区环境质量水平，即环境质量水平越高的地方，流动人口市民化的效率就越高。流动人口在市民化的过程中，对于环境因素也有所考虑。

第五，文化业发展水平的影响。

公共图书馆图书藏量反映了文化业发展水平。由模型结果可知，西部地区流动人口市民化的效率与公共图书馆图书藏量显著相关。公共图书馆图书藏量与流动人口市民化呈现正相关。公共图书馆藏书量每增加 1000 册，流动人口市民化效率就提升 4.4%。随着社会日益发展，人民对于城市文化水平提出了更高要求，流动人口对于文化水平发达地区有更强烈的市民化意愿。

## 7.5.3　研究发现与政策含义

### 7.5.3.1　研究发现

本节以中国十九大城市群作为研究对象，先构建了流动人口市民化效率评价体系，分析了十九大城市群流动人口市民化的效率，然后对其空间分布特征进行分析，得到如下研究发现：

第一，不同城市群的流动人口市民化效率存在显著差异。例如，辽中南城市群、珠三角城市群、晋中城市群、黔中城市群和滇中城市群的效率较高，而哈长城市群、京津冀城市群、山东半岛城市群、成渝城市群、宁夏沿黄城市群和天山北坡城市群的效率相对较低。

第二，流动人口市民化效率受到多重因素影响，包括教育程度、职业状况、社会保障、经济发展水平、社会发展水平和城市环境等。其中，地区生产总值、公园绿地面积、全社会用电量为最显著的影响因素。受教育程度更高的流动人口市民化意愿和能力更强，但由于户籍政策等原因，他们在市民化过程中面临各种挑战。

### 7.5.3.2　讨论

第一，流动人口市民化效率在不同城市群中的显著差异，可以归因于区域内的人口吸引力与凝聚力差异。具体来说，一些城市群的市民化效率较高是因为其特有的区域性特色为外来人口提供了特定的价值和吸引力。以珠三角城市群为例，珠三角由于其丰富的文化资源和历史积淀，结合现代化设施，为流动人口创造了一个相对完整的"家"的感觉。这种深厚的区域认同感让流动人口更容易融入当地生活，从而提高市民化效率。而对于效率相对较低的城市群，如京津冀城市群，其高度的现代化和快速的发展速度可能使得一些流动人口在短时间内难以适应和融入，从而影响其市民化进程。这种基于区域性特色的人口凝聚力和吸引力对于流动人口的市民化过程起到了至关重要的作用，从而解释了不同城市群中流动人口市民化效率的显著差异。

第二，尽管高 GDP 地区为流动人口提供了良好的经济和社会条件，但户籍政策仍然是制约其市民化效率的关键因素。地区生产总值在经济学上被视为区域经济活力和发展水平的体现。按照索洛的增长模型，经济增长与资本积累、劳动力和技术进步紧密相关。GDP 较高地区往往意味着该地区具有更好的产业结构和高技术含量的产业，这为流动人口提供了更多的就业机会（梁海艳，2019）。此外，这些地区往往能够提供更好的公共服务和社会保障，进一步吸引流动人口并促进其市民化。然而，户籍政策限制了流动人口享有与本地居民相同的权利，尽管近年来中国已经进行了一系列的户籍制度改革，流动人口在享有公共服务、如教育、医疗和住房等方面仍然存在显著的不平衡（王丽莉等，2019）。

### 7.5.3.3　政策含义

通过对中国城市群流动人口市民化效率及其影响因素的研究，全面了解流动人口市民化的基本情况，为流动人口市民化政策决议提供了实证证据。通过了解流动人口在市民化过程中遇到的各项问题，以及影响流动人口市民化的因素，为政策制定者提供思路。

第一，在提高流动人口市民化的效率的问题上，要注重农村人口和城镇化的问题。政府可以通过创建城乡一体化的流动人口信息管理平台，利用综合信息资源，为缩小流动人口与城市居民之间的差距做好数据支持，利用现代科学技术提升流动人口信息管理平台的管理效率，以期提高流动人口市民化的效率。

第二，在制定流动人口市民化政策的过程中，要因地制宜，政府可以通过针对不同城市实行差异化的经济发展，制定针对性的经济改革政策，对于中心城市，要抓住发展机遇，提升经济发展水平，完善产业体系，促进产业体系升级。对于中小型城市，要抓住自身发展优势，挖掘城市地理位置、产业结构、社会文化等方面的优势，提升城市经济发展水平。

## 7.6 西部中心城市和城市群人口优化布局研究

### 7.6.1 研究目的与方法

#### 7.6.1.1 研究目的

21世纪以来，随着"西部大开发""中原崛起""东北振兴"等一系列区域发展规划的实施，我国人口流动日渐频繁，导致人口空间格局发生变化。经济社会发展的一个重要现象就是大规模的人口流动，由此产生的人口容量在城市的空间布局也成为人口迁移流动的重要研究方向。人口作为经济社会活动的主体，分配劳动力、扩大市场规模以及增强经济活力在很大程度上受到空间分布的影响。近些年来，为推动新型城镇化战略实施，对人口空间分布的研究有着重要的意义。随着经济发展，城市也在不断发展，中心城市和若干不同规模、类型和等级的城市共同组成了空间布局紧凑、经济活动紧密的城市群，这类城市的资金、物流和人才通过交通、网络、通信等基础设施建设加强了紧密连接和流动。多城市集合的城市群结构体系是承载中国经济、人口集聚的主要地域形态。人口向城市群流动的主体以劳动力为主，并通过集聚趋势与空间分布影响着不同城市群的经济增长和未来城镇化趋势。当前中国城镇化发展处于核心城市发展带动城市群整体发展，从而带动区域经济发展的新阶段。城市群不仅是进一步提高城镇化的重要载体，同时也是流动人口集聚的重要去处，流动人口不断向大城市及城市群聚集，一方面彰显了区域经济发展的变迁，另一方面也会决定社会经济的发展格局。因此，城市群的人口优化布局研究对于中国宏观经济决策十分重要。

#### 7.6.1.2 测度方法

一是人口增长预测。人口的不断增长使得区域人口规模逐渐趋于饱和，该区域的人口容量在进行人口增长预测时应当首先考虑到。人口增长的一个重要影响因素就是外来人口，其变化规律与户籍人口不同，要对外来人口单独进行预测。

第一，基于可利用土地资源的城市群人口容量。在生态中位理论的基础之上，结合最小生态用地保有量推算剩余土地面积上可以用于城镇建设的土地规模，依据各城市群的相关标准并且结合该城市群的实际用地情况，判断未来相对合理的人均城乡建设用地面积，据此计算2035年城市群可承载的最大人口数量。

第二，基于趋势拟合的城市群总人口增长预测。依据往年户籍人口所得出的统计数据，采用曲线拟合的方法，预测2035年的户籍人口规模；再根据各区域城市群的常住人口增长变化趋势，预测2035年的常住人口；最后根据户籍人口和常住人口的预测结果，进一步确定研究区域的常住人口预测结果。

$$P = P_h + P_m \qquad (7-34)$$

其中，P、$P_h$、$P_m$ 分别为城市群总人口、户籍人口和外来常住人口。

二是人口分布及演化特征。人口分布主要分析人口在不同区域的分布和演化，主要采用人口密度与不均衡指数法、人口流动趋势分析法、人口分布重心法等研究方法。

第一，人口密度与不均衡指数法。人口密度可以表示城市群人口总体的分布情况，使用单位土地面积人口数量表示；另外，不均衡指数则可以进一步反映该区域中人口空间分布的差异性，其公式如下：

$$V = \sqrt{\frac{\sum_{i=1}^{n} \left[ \frac{\sqrt{2}}{2} \left( \frac{P_i}{P} - \frac{S_i}{S} \right) \right]^2}{n}} \qquad (7-35)$$

其中，n 为区域城市群的数目；$P_i$、$S_i$ 分别为第 i 区域城市群的人口和面积；P、S 分别为各区域城市群的人口和面积总和；V 为该区域城市群的人口分布不均衡指数。V 的数值越大，表明人口分布越集中，数值越小则越分散。

第二，人口流动趋势分析法。人口流动趋势分析法可以体现人口的吸引程度，因为人口流动趋势在一定程度上反映该区域对于人口的吸引程度，特别是对外来人口来说，其公式如下：

$$U = \frac{P_i}{P_{hi}} \qquad (7-36)$$

其中，U 为常住人口与户籍人口的比值，U 值越大，表示人口流入趋势越强；$P_{hi}$ 为各行政区户籍人口总量；$P_i$ 为各行政区常住人口总量。

三是人口空间布局优化。在新时期中国城市群发展情景下进行区域人口空间优化布局研究，就是要在区域层面统筹各城市群的人口分布，对于经济潜力大的城市群或城市，应可以承载更多的人口数量，而对于生态环境相对脆弱的城市群或城市，应尽量减少人口分布，减轻人口对生态空间的压力。

第一，基于区域城市群人口空间布局优化方法：针对城市群的人口布局，由于空间单元相对来说较大，进行人口分配应该更侧重于考虑区域经济增长的潜力和人口分布现状等因素。根据生产函数模型，城市群投入的劳动力、固定资产以及全要素生产率都会对经济增长产生很大的影响。而全要素生产率又会受到科学技术水平、产业规模效率等因素的影响，实际上反映了该区域发展潜力。

$$Y = AK^\alpha L^\beta \qquad (7-37)$$

其中，A 为全要素生产率，Y 为 GDP，K 为固定资产投资，L 为劳动力规模。

劳动、资本要素对经济增长的贡献度越高，相应的城市群的全要素生产率越高，该城市群就更有利于人口大规模的集聚；另外，城市群当前的人口规模越大，与社会发展相关的基础设施配套产生的效益越高，该城市群也越适于集聚人口。但是过度集聚的人口会造成一系列的社会问题，因此控制合理的人口密度才能避免过多人口问题的发生。其人口优化分配系数公式如下：

$$C = \frac{t_i A_i \dfrac{P_i}{P}}{\sum_{i=1}^{m} t_i A_i \dfrac{P_i}{P}} \qquad (7-38)$$

其中，C 为人口优化分配系数；$P_i$ 为各城市群现状人口规模；P 为现状区域总人口规模；m 为区域内城市群个数；$t_i$ 为人口密度调控系数。

第二，基于各城市群人口空间布局优化方法。各区域城市群的各城市群人口优化布局，主要表示人口分布将会受到自然生态属性的约束性以及经济社会因素的促进性，人口优化布局公式如下：

$$P_{ij} = P_i \times \frac{F_{ij}}{\sum_{i=1}^{n} F_{ij}} \qquad (7-39)$$

其中，$P_{ij}$指第 i 城市群第 j 市的人口分配数量；$P_i$指第 i 城市群人口分布结果；$F_{ij}$指第 i 城市群第 j 市的人口分布适宜性综合指数；n 为第 i 城市群所辖城市单元数。

$$F_{ij} = \sum_{k=1}^{n} W_k X_{ijk} \tag{7-40}$$

其中，$X_{ijk}$为第 i 城市群第 j 市人口分布适宜性第 k 指标值，$W_k$为第 k 指标的权重。

人口分布适宜性评价指标体系及指标权重见表 7-56。

表 7-56　　　　　　　　　　　　　人口分布适宜性评价指标体系及指标权重

| 目标 | 作用 | 指标 | 指标项 |
|---|---|---|---|
| 人口分部约束性（0.4） | 反映该区域的自然生态环境对人口发展规模的约束作用 | 灾害风险性（0.5） | 地面沉降、滑坡、泥石流、洪涝、台风 |
| | | 生态重要性（0.5） | 水源地、山地、湿地、河湖、森林、自然保护区 |
| 人口分布促进性（0.6） | 反映经济社会因素对人口发展规模的促进作用 | 居住适宜度（0.4） | 森林绿地面积、水网密度 |
| | | 生活水准度（0.3） | 居民人均收入 |
| | | 交通便捷度（0.3） | 综合交通可达性 |

### 7.6.1.3　数据来源

本书涉及大量基础数据，包括总人口（万人）、常住人口（万人）、年末户籍人口（万人）、就业人口（万人）、行政面积（平方千米）、地区生产总值（亿元）、人均地区生产总值（亿元）、森林面积（千公顷）、绿地面积（千公顷）、居民人均收入（元）等，主要整理自 2006~2020 年的《中国城市统计年鉴》《中国统计年鉴》《中国环境统计年鉴》《中国环境统计公报》等统计资料。

## 7.6.2　测算结果与空间分析

### 7.6.2.1　人口增长预测

基于可利用土地资源的城市群人口容量以及趋势拟合得出城市群总人口增长预测。

关于东北部城市群：东北部城市群的总面积为 39.75 万平方千米，除去山坡、森林以及湖泊外，约剩余 24.23 万平方千米土地面积，根据生态逾渗理论，建设用地的总量极限不应超过剩余土地的 50%，即 12.12 万平方千米。人均城镇建设用地标准为 60~120 平方米，人均村镇建设用地为 50~150 平方米标准，结合东北部城市群的实际状况，人均城镇建设用地应控制在 120 平方米以内，人均农村建设用地应调整到 150 平方米以内，按照人均综合城乡建设用地 130 平方米标准，东北部城市群可承载的人口容量为 9323.07 万人左右。

自 2005 年以来，东北部城市群户籍人口总量呈现先持续快速增长后又下降的特点。2005~2019 年人口年均增长率为 -0.09%。2005~2019 年，东北部城市群常住人口年均增长率达到 0.11%。利用趋势拟合进行东北部城市群人口增长预测，采用线性模型、乘幂模型和指数增长模型预测 2035 年东北部城市群的户籍人口规模分别为 7908.49 万人、7092.93 万人和 7744.18 万人，采用线性模型、指数增长和乘幂模型方法预测的常住人口分别为 8510.18 万人、8508.36 万人和 8915.97 万人。最终可得常住人口的预测结果：2035 年可达到约 8644.84 万人，其中户籍人口 6581.87 万人。

关于东部城市群：东部城市群总面积为 49.27 万平方千米，除去山坡、森林以及湖泊外，约剩余 29.56 万平方千米土地面积，根据生态逾渗理论，东部城市群建设用地总量极限为 14.78 万平方千米。人均城镇建设用地标准为 60~120 平方米，人均村镇建设用地为 50~150 平方米标准，结合东部城市群的实际状况，人均城镇建设用地应控制在 120 平方米以内，人均农村建设用地应调整到

150平方米以内，按照人均综合城乡建设用地130平方米标准，东部城市群可承载的人口容量为113700万人左右。

自2005年以来，东部城市群户籍人口总量呈现持续的快速增长特点。2005~2019年人口年均增长率达0.89%。2005~2019年，东部城市群常住人口年均增长率达到1.44%，常住人口所占比重也是逐年上升。利用趋势拟合的方法进行东部城市群人口增长预测，采用线性模型、乘幂模型和指数增长模型预测2035年东部城市群的户籍人口规模分别为48821.95万人、54065.63万人和56030.65万人，采用线性模型、指数增长和乘幂模型方法预测常住人口分别为65794.35万人、60124.46万人和65203.78万人。最终可得常住人口的预测结果：2035年可达到约63707.53万人，其中户籍人口52972.74万人。

关于中部城市群：中部城市群总面积为50.94万平方千米，除去山坡、森林以及湖泊外，约剩余30.59万平方千米土地面积，根据生态逾渗理论，中部城市群建设用地总量极限为15.30万平方千米。人均城镇建设用地标准为60~120平方米，人均村镇建设用地为50~150平方米标准，结合中部城市群的实际状况，人均城镇建设用地应控制在120平方米以内，人均农村建设用地应调整到150平方米以内，按照人均综合城乡建设用地130平方米标准，中部城市群可承载的人口容量为117692.31万人左右。

自2005年以来，中部城市群户籍人口总量呈现持续的快速增长特点。2005~2019年人口年均增长率达0.74%。2005~2019年，中部城市群常住人口年均增长率达到0.47%。利用趋势拟合的方法进行中部城市群的人口增长预测，采用线性模型、指数增长和乘幂模型方法预测2035年中部城市群户籍人口规模分别为24911.25万人、28596.78万人和26182.25万人，采用线性模型、指数增长和乘幂模型方法预测常住人口分别为22513.62万人、22510.74万人和21987.91万人。最终可得常住人口的预测结果：2035年可达到约22337.42万人，其中户籍人口26563.43万人。

关于西部城市群：西部城市群总面积为91.50万平方千米，除去山坡、森林以及湖泊外，约剩余36.6万平方千米土地面积，根据生态逾渗理论，西部城市群建设用地总量极限为18.30万平方千米。人均城镇建设用地标准为60~120平方米，人均村镇建设用地为50~150平方米标准，结合西部城市群的实际状况，人均城镇建设用地应控制在120平方米以内，人均农村建设用地应调整到150平方米以内，按照人均综合城乡建设用地130平方米标准，西部城市群可承载的人口容量为140769.23万人左右。

自2005年以来，西部城市群户籍人口总量呈现持续的快速增长特点。2005~2019年人口年均增长率达0.67%。2005~2019年，西部城市群常住人口年均增长率达到0.83%。利用趋势拟合的方法进行西部城市群的人口增长预测，采用线性模型、指数增长和乘幂模型方法预测2035年西部城市群户籍人口规模分别为28290.10万人、25941.12万人和25914.51万人，采用线性模型、指数增长和乘幂模型方法预测常住人口分别为25758.69万人、25439.04万人和24970.36万人。最终可得常住人口的预测结果：2035年可达到约25389.36万人，其中户籍人口26715.24万人。

### 7.6.2.2 人口空间布局及演化特征

根据人口密度与不均衡指数法和人口流动趋势分析法来探究各区域城市群的人口空间布局及演化特征。

（1）关于东北部城市群。

第一，东北部城市群总体上是人口流入地区，内部人口集聚反映出明显的区域差异。

2005年以来，东北部城市群人口增长了121万人，其中2.26%是从外部流入的。由表7-57可以看出，辽中南城市群常住人口与户籍人口比值最高，属于较强人口流入地区，而哈长城市群的比值在0.99左右，人口集聚度小于1的地区为人口净流出，属于人口净流出地区。由此，可以看出东北部城市群各城市群的人口集聚的趋势存在明显的差异。

表7-57　　　　　　　　　2005～2019年中国城市群常住人口与户籍人口之比

| 城市群 | 2005 年 | 2010 年 | 2015 年 | 2019 年 |
|---|---|---|---|---|
| 辽中南 | 0.998 | 1.041 | 1.057 | 1.058 |
| 哈长 | 0.993 | 0.994 | 1.000 | 0.994 |
| 京津冀 | 1.044 | 1.073 | 1.095 | 1.100 |
| 山东半岛 | 0.999 | 0.997 | 0.999 | 0.991 |
| 长三角 | 1.037 | 1.151 | 1.168 | 1.167 |
| 粤闽浙沿海 | 1.018 | 1.021 | 1.033 | 1.020 |
| 珠三角 | 1.327 | 1.583 | 1.790 | 1.688 |
| 晋中 | 1.009 | 0.988 | 1.051 | 1.057 |
| 长江中游 | 0.976 | 0.947 | 0.960 | 0.967 |
| 中原 | 0.968 | 0.867 | 0.874 | 0.867 |
| 呼包鄂榆 | 1.034 | 1.061 | 1.132 | 1.127 |
| 成渝 | 0.917 | 0.872 | 0.892 | 0.912 |
| 黔中 | 1.018 | 0.922 | 0.882 | 0.873 |
| 滇中 | 1.063 | 1.003 | 1.065 | 1.054 |
| 关中平原 | 1.196 | 0.980 | 0.972 | 0.989 |
| 北部湾 | 0.958 | 0.892 | 0.866 | 0.861 |
| 宁夏沿黄 | 0.991 | 1.035 | 1.055 | 1.050 |
| 兰西 | 0.995 | 0.994 | 1.092 | 1.092 |
| 天山北坡 | 1.180 | 1.317 | 1.355 | 1.567 |

第二，人口空间分布总体的趋势是先分散后集聚。

依据不均衡指数公式，分别计算2005～2019年东北部城市群的不均衡指数，从图7-43中可以看出，东北部城市群人口分布先是逐渐分散，随后集中，并在2013年达到集聚峰值，之后再次下降，最后又逐渐开始走向集中，近年来趋于稳定并略有集中趋势。

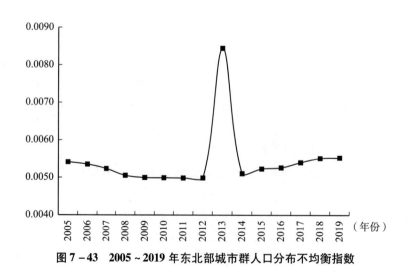

图7-43　2005～2019年东北部城市群人口分布不均衡指数

（2）关于东部城市群。

第一，东部城市群总体上是人口流入地区，但其内部人口集聚呈现明显的区域差异。

2005 年以来，东部城市群人口增长了 8922 万人，其中 11. 95 % 是从外部流入的。珠三角、长三角城市群常住人口与户籍人口比值最高，分别为 1. 69 和 1. 17，属于强人口流入地区，而京津冀和粤闽浙沿海等城市群比值为 1. 10 和 1. 02，属于较强人口流入地区，山东半岛城市群的比值为 0. 99，属于人口净流出地区。因此，可以看出东部城市群各城市群人口集聚的趋势存在明显的差异。

第二，人口空间分布总体的趋势是不断集中。

依据不均衡指数公式，分别计算 2005～2019 年东部城市群的不均衡指数，从图 7 - 44 中可以看出，东部城市群人口分布不断集聚，不均衡指数不断上升，近年来趋于稳定并略有集中趋势。

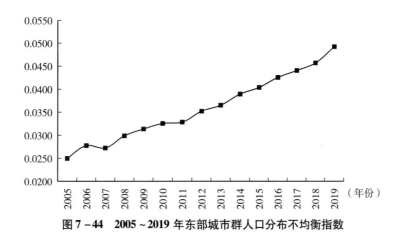

图 7 - 44　2005～2019 年东部城市群人口分布不均衡指数

（3）关于中部城市群。

第一，中部城市群总体上是人口流出地区，但其内部人口集聚呈现一定的区域差异。

2005 年以来，中部城市群人口增长了 419 万人。常住人口与户籍人口比值最高的是晋中城市群，属于较强人口流入地区，而长江中游和中原等城市群比值分别为 0. 97 和 0. 87，属于人口净流出地区。由此，可以看出中部城市群各城市群人口集聚的趋势存在一定的差异。

第二，人口空间分布总体的趋势是不断集聚。

依据不均衡指数公式，分别计算 2005～2019 年中部城市群的不均衡指数，从图 7 - 45 中可以看出，中部城市群在 2005～2010 年的人口分布先是逐渐集中，之后逐渐开始走向波动集中，近年来趋于稳定并略有集中趋势。

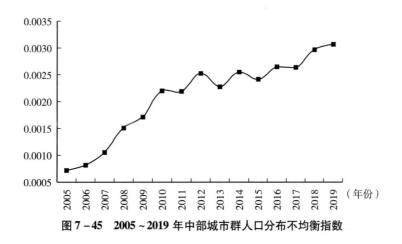

图 7 - 45　2005～2019 年中部城市群人口分布不均衡指数

（4）关于西部城市群。

第一，西部城市群总体上是人口流入地区，但其内部人口集聚呈现一定的区域差异。

2005 年以来，西部城市群人口减少了 2292 万人，其中 5. 8% 是向外部流出。天山北坡城市群常住人口与户籍人口比值最高，为1.57，属于强人口流入地区，而呼包鄂榆、滇中、宁夏沿黄和兰西等城市群比值，属于较强人口流入地区，成渝、黔中、关中平原、晋中和北部湾城市群，属于人口净流出地区。由此，可以看出西部城市群各城市群的人口集聚的趋势具有一定的差异性。

第二，人口空间分布总体的趋势呈现不断分散。

依据不均衡指数公式，分别计算2005~2019年西部城市群的不均衡指数，从图7-46中看出，西部城市群的人口分布不断走向分散，近年来趋于稳定并略有分散趋势。

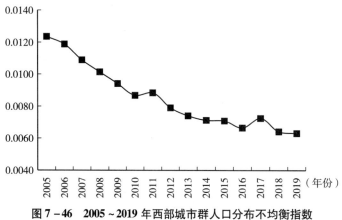

图7-46　2005~2019年西部城市群人口分布不均衡指数

### 7.6.2.3　人口分布适宜性评价

人居约束性主要从生态重要性、灾害风险性两方面进行评价，主要反映城市群的自然生态基础和环境质量对人口集聚效应的约束程度，如在生态环境脆弱的地域，密集的人口会破坏其生态环境并且难以恢复，因此不适合大量人口居住。其中，灾害风险性反映区域发生各种自然灾害的可能性大小、损害程度，选取地面沉降、滑坡、泥石流、洪涝、台风的空间分布进行评价。生态重要性反映城市群在生态环境保护等方面的重要性程度，这里选取水源地、山地、湿地、河湖、森林、自然保护区等分布情况进行评价。

根据式（7-40）以及表7-56的权重设置，计算得到城市群人口分布适宜性评价，如表7-58所示，从表7-58中的城市群人口分布约束性空间分布来看，中国城市群约束性最高的地区分布在西部城市群。其中，宁夏沿黄城市群的约束性最高，其次为呼包鄂榆、兰西、成渝、黔中、滇中城市群，这些地区由于生态保护价值较高，多为水源地，自然灾害风险较大，不适宜人口的大规模集聚。中国城市群约束性最低的地区分布在京津冀、山东半岛、中原、粤闽浙沿海等城市群，这些地区的自然灾害风险较小，且大多位于东部沿海地区，地处平原，适宜人口大规模集聚。总的来看，西部城市群的人口分布约束性评价最高，最不适宜人口大规模集聚；东部城市群的人口分布约束性评价最低，适宜人口大规模集聚；东北部城市群以及中部城市群的人口分布约束性评价居中，较适宜人口大规模集聚。

表7-58　　　　　　　　　　　中国城市群人口分布适宜性评价

| 城市群 | 人口分布约束性 | 人口分布促进性 | 人口分布综合适宜性 |
|---|---|---|---|
| 辽中南 | 0.250 | 0.472 | 0.472 |
| 哈长 | 0.300 | 0.463 | 0.463 |
| 京津冀 | 0.150 | 0.522 | 0.522 |
| 山东半岛 | 0.175 | 0.536 | 0.536 |
| 长三角 | 0.225 | 0.510 | 0.510 |

| 城市群 | 人口分布约束性 | 人口分布促进性 | 人口分布综合适宜性 |
|---|---|---|---|
| 粤闽浙沿海 | 0.200 | 0.512 | 0.512 |
| 珠三角 | 0.275 | 0.542 | 0.542 |
| 晋中 | 0.275 | 0.440 | 0.440 |
| 长江中游 | 0.275 | 0.476 | 0.476 |
| 中原 | 0.150 | 0.411 | 0.411 |
| 呼包鄂榆 | 0.475 | 0.499 | 0.499 |
| 成渝 | 0.440 | 0.542 | 0.542 |
| 黔中 | 0.425 | 0.472 | 0.472 |
| 滇中 | 0.500 | 0.527 | 0.527 |
| 关中平原 | 0.400 | 0.454 | 0.454 |
| 北部湾 | 0.375 | 0.417 | 0.417 |
| 宁夏沿黄 | 0.600 | 0.516 | 0.516 |
| 兰西 | 0.475 | 0.474 | 0.474 |
| 天山北坡 | 0.350 | 0.476 | 0.476 |

　　人口分布促进性从环境宜居度、生活水准度、交通便捷度等方面来评价，反映区域社会经济以及环境是否适宜人居。环境宜居度可以利用森林绿地面积比例、水网密度来反映，森林绿地可以净化空气和美化生态环境，水资源是生产生活中不可或缺的一部分，森林绿地覆盖程度较高和优质丰富的水资源能为人们提供舒适的生产生活环境。生活水准度通过人均 GDP 进行描述，人均 GDP 值越高意味着经济发展水平越高，该区域的经济发展基础越好，发展需求越大，是未来建设和集聚的首选区域，也是城镇化、人口集聚的重要载体。

　　从城市群人口分布促进性空间分布来看，京津冀、山东半岛、长三角、粤闽浙沿海及其珠三角等城市群的人口分布促进性最高，是人口增长的潜力地区，长江中游、中原、成渝及辽中南大部分城市群也相对较高，而兰西以及北部湾城市群等地，交通区位优势一般，人口分布的促进性相对较低。总的来看，东部城市群的人口分布促进性评价最高，最利于人口分布居住；西部城市群中的兰西以及北部湾城市群的促进性相对较低；东北部城市群以及中部城市群的人口分布促进性评价居中。

　　根据人口居住的约束性和适宜性评价获得人口居住综合适宜性评价，从表 7 - 58 中的城市群人口居住综合适宜性空间分布来看，人口居住综合适宜性普遍较高的是东部城市群地区，人口居住综合适宜性相对较低的是中部城市群。山东半岛及成渝、滇中、珠三角等城市群的人口分布综合适宜性最高，适宜人口集聚，但是由于珠三角以及山东半岛等城市群目前人口密度已非常高，因此，人口规模增长的空间有限。而哈长、辽中南、黔中、兰西等大部分城市群的人口分布综合适宜性也相对较高，目前人口密度还较低，因此可以作为未来人口增长的主要区域。晋中、北部湾城市群的人口分布的综合适宜性相对较低，晋中城市群属于人口高密度区域，不适宜人口过多集聚，北部湾城市群属于人口净流出区域，与其他城市群相比，在发展中人口并未形成大规模集聚。

### 7.6.2.4　人口优化布局与分区

　　在 2005~2018 年统计数据的基础上，根据生产函数模型、回归分析的方法，计算中国城市群各城市群的全要素生产率 A 及人口优化分配系数 C，并结合 2035 年预测的区域总人口规模增长量，确定各城市群人口的优化分配数值（见表 7 - 59）。

表 7－59　　　　　　　　　　　　　中国城市群人口优化分布结果

| 城市群 | A | $R^2$ | C | 2035 年人口增长预测（万人） |
|---|---|---|---|---|
| 辽中南 | 3.336 | 0.998 | 0.034 | 4068 |
| 哈长 | 3.601 | 0.999 | 0.038 | 4576 |
| 京津冀 | 6.976 | 0.998 | 0.122 | 14667 |
| 山东半岛 | 7.961 | 0.990 | 0.109 | 13069 |
| 长三角 | 9.895 | 0.990 | 0.167 | 20109 |
| 粤闽浙沿海 | 5.132 | 0.999 | 0.063 | 7580 |
| 珠三角 | 8.981 | 0.996 | 0.069 | 8282 |
| 晋中 | 2.465 | 0.971 | 0.018 | 2167 |
| 长江中游 | 5.289 | 0.994 | 0.107 | 12895 |
| 中原 | 5.448 | 0.998 | 0.061 | 7275 |
| 呼包鄂榆 | 1.657 | 0.989 | 0.010 | 1206 |
| 成渝 | 5.132 | 0.997 | 0.087 | 10505 |
| 黔中 | 1.943 | 0.943 | 0.012 | 1420 |
| 滇中 | 2.058 | 0.994 | 0.013 | 1617 |
| 关中平原 | 3.429 | 0.999 | 0.039 | 4637 |
| 北部湾 | 3.097 | 0.992 | 0.035 | 4165 |
| 宁夏沿黄 | 1.814 | 0.990 | 0.005 | 593 |
| 兰西 | 2.427 | 0.999 | 0.007 | 825 |
| 天山北坡 | 2.169 | 0.998 | 0.004 | 423 |

可以看出，长三角 、京津冀、山东半岛和长江中游等城市群的人口规模仍然位列前四，人口规模分别为20109万人 、14667万人、13069万人和10505万人；人口规模在4638万～10504万人的分别有中原、成渝、粤闽浙沿海及珠三角等城市群；人口规模在2168万～4637万人的有4个城市群，其中东北部城市群占2个，即辽中南、哈长城市群，此外还有北部湾城市群、关中平原城市群，均为西部城市群；人口规模在825万～2167万人的有4个城市群，即呼包鄂榆、晋中、黔中以及滇中城市群，其中西部城市群占3个，中部城市群占1个；人口规模在422万～824万人的城市群有3个，分别是天山北坡、兰西和宁夏沿黄城市群。

根据中国城市群人口优化布局结果与2019年中国城市群的现状、人口分布进行分析，中国城市群可划分为4个区域，即人口优化增长区、快速增长区、较快增长区和限制增长区。

优化增长区：包括京津冀、长三角、珠三角等城市群。这些城市群经济实力和产业基础好，现状人均GDP很高，交通条件优越、生活条件好，仍然保持了较快的增长速度。这些区域的人口吸引力高，但现状人口密度非常高，近期人口仍可以保持一定的增长态势，但增速应逐步放缓，改善人口结构、提高人口质量方面是这些区域人口管理的重点。快速增长区：包括山东半岛、粤闽浙沿海、中原、长江中游以及成渝城市群等。这些区域位于沿海或平原的周边地区，社会经济发展的态势迅猛，人口集聚潜力较大，属于城市群人口增长的重点区域。较快增长区：哈长、辽中南、北部湾、呼包鄂榆、晋中、关中平原等城市群空间上集中在东北部以及西部城市群，这些区域近期人口集聚能力较弱，是城市群区域内的人口较快增长区。限制增长区：包括天山北坡、兰西、宁夏沿黄、滇中以及黔中等城市群，在中国城市群整个区域层面具备较高的生态重要性，或者生态环境较为敏感，对于未来人口的增长应保持适度，以减轻生态环境压力。

### 7.6.3　研究发现与政策含义

#### 7.6.3.1　研究发现

利用统计数据和 GIS 空间分析方法，采用多种模型对各区域城市群的人口规模进行预测与人口空间分布特征进行分析，并在人口预测与人口分布适宜性评价的基础上对城市群的人口布局进行优化，在分析过程中得出以下研究发现：

第一，中国城市群在 2035 年人口预测可达到 120079 万人，其中东部城市群的人口规模最大，东北部城市群的人口规模较小。

第二，中国城市群的人口密度不断提高，城市群整体上属于人口流入地区，但各区域城市群的内部人口集聚呈现明显差异。

第三，东部城市群在今后较长时间内，仍然担负着吸纳人口的职责；中部城市群以及东北部城市群有较大的人口集聚潜力，是城市群人口增长的重点区域；西部城市群的自然生态环境与其他区域城市群相比较更敏感，因此，对于未来人口的增长速度要保持适度，减轻人口增长对自然生态空间的压力。

#### 7.6.3.2　讨论

第一，中国城市群在 2035 年人口预测达到 120079 万人的背后，东部城市群人口规模之所以最大，主要受到地理条件、基础设施建设、政策偏好和人口自然增长等多种因素的驱动。首先，从地理条件来看，东部沿海地区具有良好的自然港湾，促进了国际贸易和对外开放，这一观点在袁朱（2016）的研究中得到了验证。其次，基础设施建设如高铁、高速公路和国际机场在东部城市群得到了快速发展，为人口流入提供了便利条件（胡晨光等，2023）。此外，政策偏好也是重要的驱动力之一。例如，近年来的自贸区、经济特区等优惠政策更多地集中在东部城市群，吸引了大量的企业和投资。与此同时，东北部城市群，由于其长时间的人口外流和较低的生育率，导致其人口规模增长缓慢。王晗等（2021）的研究也指出，东北地区的人口结构老化，对其未来的人口增长产生了压制效应。

第二，中国城市群人口密度的不断提高及其内部集聚的明显差异可能是由于劳动力市场的结构性变化和技能升级，使城市群的内部人口集聚呈现显著的差异，其中一些城市成为高技能劳动力的汇聚中心，而其他城市则更多地吸引低技能劳动力。首先，由于技能升级和劳动生产率的提高，劳动力市场对于高技能劳动力的需求持续增长。城市群中心城市由于其在知识和技术产业方面的领先地位，成为高技能劳动力的首选目的地，从而这些城市人口集聚程度显著提高（刘乃全等，2018）。然后，低技能劳动力由于其与高技能劳动力的替代性，更有可能流向那些对高技能劳动力需求相对较低的城市，这种内部的劳动力分流效应便可能导致城市群内部人口集聚呈现明显差异（綦建红等，2022）。最后，随着技术的迅速发展，那些具有更多高等教育机构和研发机构的城市，更有可能吸引高技能劳动力，从而形成人口集聚（李志远等，2022）。

第三，各城市群的人口吸纳能力和经济增长潜力是由其经济状况、政策扶持和生态容纳能力共同决定的。西部城市群，受制于其脆弱的生态环境，需要对人口增长进行适度的控制，西部城市群的自然环境对人口和工业活动的快速增长非常敏感，这也需要对其未来的人口策略进行审慎规划。东部城市群吸纳人口的核心动因在于其持续的经济竞争力，经济增长、就业机会和薪资待遇对于劳动力流动具有直接的正相关影响。东部城市群已建立起完善的产业链，为大量劳动力提供广泛的就业机会。而中部城市群和东北部城市群的人口集聚潜力则与其产业升级和政策扶持密切相关。东北部城市群，尽管过去受到工业衰退的影响，但政府加强了对其的扶持，新的产业布局和政策激励为人口增长创造了有利条件。

### 7.6.3.3　政策含义

通过统计数据以及 GIS 空间分析方法，运用多种模型对各区域城市群进行人口规模预测和对人口空间分布特征进行分析，并在人口预测与人口分布适宜性评价的基础上优化各城市群的人口空间布局，为中国城市群的人口优化布局提供了重要的理论与实证参考。

通过研究可以得到以下政策含义：第一，研究为中国城市群人口空间布局及演化特征提供了实证支撑，为人口规模预测研究提供了新角度。第二，探究各区域城市群的人口分布的空间格局发展的差异性，为进一步推动人口协调发展和构建新发展格局提供了理论与实证参考。第三，研究中国城市群人口优化布局与分区，为政府根据城市群人口分布适宜性指数进行人口政策的制定和实施提供了参考借鉴。

# 第 8 章　新时代西部城市群基础设施、产业布局与社会发展高质量协调研究

## 8.1　基于基础设施视角的西部城市群高质量协调发展研究

### 8.1.1　研究目的与方法

#### 8.1.1.1　研究目的

要破解城市群"内卷"困境难题，促进区域经济发展，除探究基础设施系统、产业布局系统及社会发展系统内部的协调外，更要从全局把握基础设施协调、产业布局协调及社会发展协调三大系统的相互协调关系。

城市群是新型城镇化主体形态，是在区域尺度协调发展，在全国尺度支撑经济增长，在全球尺度参与国际竞争合作的重要平台，是立足新发展阶段，贯彻新发展理念，构建以国内大循环为主体、国内国际双循环新发展格局的重要着手及落脚点。而在当下城市群经济发展中，西部城市群的"内卷化"成为重要议题。

所谓"内卷"，最早是来自社会学中的概念，其指一个社会或者组织在长期中的运转只是低层次的简单重复，而无突变或者渐进式的增长或发展。在区域经济学视角及城市群经济场景下，西部城市群的"内卷困境"则是指随着城镇化进度的不断推进，本应当留存在西部城市群并推动西部城市群协调发展的大量优质人力及资本流失到东部，西部大开发等战略在西部建设的大量基础设施不但没能产生资源留存及聚集，反而作为通道加速了西部资源向东部的流失，人力、资本等资源的流失使得产业布局及社会发展也成了一句空谈，最终造成基础设施、产业布局、社会发展的互不协调，而这又进一步地削弱了产业布局的优化、社会发展的质量，弱化了西部城市群对于资源的吸引及留存能力，形成了"内卷式"的恶性循环。

认识到西部城市群正在"内卷化"后，要想破解西部城市群的这种"内卷困境"，一要问为何，问历史的合理性；二要定方向，定未来的落脚点。而造成这种"内卷"的关键则在于"流失"，西部城市群或者说整个西部地区由于历史、环境等在过去并未能形成强大的增长极，不能在整个区域形成一股聚集作用，因此过往的开发战略并未取得理想的效果，大量的投资只是将西部塑造成十分畅通的"通道"，将西部的大量资源带去东部，而非一个或若干个带动区域经济发展的"枢纽"。而要破除西部城市群的这种"内卷困境"，关键是要统筹基础设施协调、产业布局协调及社会发展协调三大战略，以重塑西部城市群经济增长枢纽，建立区域经济增长极，培育若干个具有强吸引作用的中心城市。具体来说，既要在基础设施系统、产业布局系统及社会发展系统内部研究好内部协调发展策略，也要在基础设施系统、产业布局系统及社会发展系统外部研究好三大系统的相互协调作用关系，以此建立基础设施、产业布局与社会发展高质量协调发展的路径，将西部城市群的通道功能转化为枢纽作用，破除"内卷"，向上发展。关于基础设施系统、产业布局系统及社

会发展系统内部的协调，本书之前已经进行了相应的探索及讨论，本章则将以全局视角，把握基础设施协调、产业布局协调及社会发展协调三大系统的相互协调关系。

本节将基础设施作为被影响的对象，探讨城市群产业布局协调水平和社会发展协调水平对城市群基础设施协调水平的影响进行研究。即本节的核心问题是"城市群产业布局的协调水平是否影响基础设施的协调水平？若存在，通过什么机制产生何种影响？""城市群社会发展的协调水平是否影响基础设施的协调水平？若存在，通过何种机制产生何种影响？""城市群产业布局协调水平和社会发展协调水平的交互作用是否能够影响基础设施的协调水平？"要回答这些问题，则首先要对基础设施、产业布局及社会发展的相关理论进行梳理。

在基础设施方面。首先，基础设施的概念向前可以追溯至1943年，罗森斯坦·罗丹根据投资的来源将一个地区或者国家的社会总投资分为"私人资本"及"社会分摊资本"。"私人资本"在后来被赫尔希曼称为"直接生产性活动"，而"社会分摊资本"则是"基础设施"概念的前身。基础设施是一种经济项目，这种经济项目对生产水平或生产效率具有一定程度的正向的作用，作用的机制可以是直接的，也可以是间接的，存在的形式既可以是物理实存的，也可以是非物理非实存的，实存如道路、桥梁、铁路等交通运输系统，煤炭发电厂、水力发电厂等发电设施，移动网络、无线通信等通信设施，银行等金融设施，小学、初中、高中等教育设施，医院、养老院、休养所、防疫站等卫生设施；非实存如维持一个国家的经济、健康、社会、环境和文化标准的相关机构，也包含政治层面的政府和政治体制。至此这个概念已与当前的共识相差无几。笔者认为，基础设施是这样一种体系或系统，它为国家、城市或地区、区域提供基础性服务，这种基础性服务对经济运作具有稳定和促进作用，同时也具备一定程度的福利作用。它既包含对社会生产和居民公共生活起到基础性作用的物理实存的物质工程设施，也包含非物理实存的内容如维持一个国家的经济、健康、社会、环境和文化标准的相关机构，以及政治层面的政府和政治体制。在抽象维度上，基础设施被分为"社会性基础设施"及"经济性基础设施"，电网、通信、供水、交通等公共设施一般被认为是"经济性基础设施"，医疗卫生、教育、文化娱乐、体育健康、科技等社会事业则一般被认为是"社会性基础设施"。在具体维度上，基础设施包括能源系统、通信系统、安全系统、交通系统、科教文化与休闲建设系统、环保系统、医疗卫生系统等。能源系统通过各式发电厂和水、电、油、气运输系统，为民生和经济发展提供支持；通信系统通过邮政、电话、无线网络等为信息传输提供通路；安全系统通过实体防御和网络防御系统为地区安全提供保障；交通系统通过公路、铁路、机场、港口等为资源运输提供渠道；科教文化与休闲建设系统通过学校、研究机构、公园、美术馆、博物馆等提高人口素质，促进居民生活质量；环保系统通过绿化植被、垃圾场、焚化炉等为地区资源再循环提供支撑；医疗卫生系统通过医院、防疫站、养老院为居民提供医疗服务及保健服务。

其次，基础设施的形成靠基础设施投资，而由于基础设施的准公共品属性以及建设周期长、建设风险大、沉没成本高等特征，因此，基础设施投资的决定问题一方面受到经济体的发展水平和发展特征的影响，另一方面又在很大程度上是一个有关政府决策视角的问题。特别是当政府在公共基础设施生产中的重要性达到一定程度时，经常被称为"发展型政府"或者"有为政府"，解释政府行为如何影响基础设施的生产，又是什么影响了政府行为是至关重要的。中国、新加坡、韩国一般被认为是"发展型政府"的典例。在中国的语境下，讨论基础设施的决定问题，大致上就是在其基础设施的主要提供者为发展型政府的前提下，讨论各级政府作为主体的决策理论及其影响因素。根据已有文献，这一般被认为是受到政治环境及政治组织形式的影响的结果，具体来讲，在中国则是受到分权财政与政治体制的影响，这种体制影响了各级政府行为的动机和约束集，引起了政府的良性竞争特别是招商引资方面的竞争，使得中国的基础设施建设得到了快速的发展。

最后，基础设施在理论和实证中被验证有相当的外部性。理论上，基础设施对经济发展的影响同时具有增长效应以及福利效应。在增长效应上，一方面，基础设施投资作为政府或者其他生产主体的直接投资，通过乘数效应提高资本存量并直接拉动总需求以推动经济增长；另一方面，基础设施具有一定的生产性，换句话说，其能够作为生产中的中介部分、中间部分，以提高要素生产率、降低企业成本以及提高交易效率，从而提高生产效率，促进经济增长。在福利效应上，基础设施的建设可以直接促进居民福利的增长，医疗卫生基础设施的建设可以直接增加一个地区的医疗负载能力，明显地减少婴幼儿死亡率及发病率，增加预期寿命等；科教文化与休闲建设系统、环保系统基础设施的建设可以大大提高一个地区的居民生活质量及生活满意度，提高入学率、人才留存率等指标；交通设施为联结各个地区提供了可能性，快速便捷的交通基础设施能够大大减少资源在空间之间转移的成本，对地区发展的改善几乎是全方面的；能源系统基础设施的建设则是其他所有系统运行良好的基础，特别是环保能源基础设施的建设可以有效改善能源利用效率以及对环境的友好度，促进绿色发展及碳中和。在实证上，关于基础设施的研究主要集中在其对经济发展的重要性及贡献度上，尽管基础设施研究领域的复杂性等使得经验分析的结果不尽相同，一部分既有文献认为基础设施与经济发展存在正相关关系的，另一部分既有文献认为其关系不显著甚至为负相关的，但不论结论如何，基础设施的重要性已经成为学界的共识。

在产业布局方面。一方面，一些文献认为，产业布局是这样一种经济现象，即产业在一定空间范围内按照一定规律的分布及组合。在静态层面上，产业布局是产业及其内容在空间地域上的格局、态势、组合，产业的内容是指产业的各部门、各要素以及各生产链、生产环节。在动态层面上，产业布局则是产业及企业在收益最大化框架下的，资源、生产要素、生产区位在空间层面上的流动、转移、重新组合及再配置过程。但笔者认为，此定义的侧重在于"局"，称为产业格局或者产业态势可能更为贴切。产业布局概念的另一个层次在于"布"，"布局"是一个动词，意味着布局是一个动作、一个行为，而这个行为的主体经常是政府。据此，笔者结合产业布局两个层次的含义，认为产业格局是产业在空间上的分布，这种分布受制于自然禀赋、要素储备、技术水平、网络可达性及政策设计。产业布局包含产业格局的概念，但特别强调政策影响产业格局的主观能动性作用，通过政策设计改变影响产业格局因素的内在结构，从而使得产业格局发生变化；产业布局是静态上产业的一种空间分布形态，在动态上是资源的一种有序或无序的流动配置。具体而言，产业布局涉及产业发展及产城融合两个层面，包括产业优化、产业结构、产业空间分布、产城职能规划四个维度。产业优化代表产业本身的发展能力及潜力，包括产业开放水平、产业创新能力等；产业结构代表产业内部的结构状态，第一、二、三产业占比是否满足合理化和高度化的要求等；产业空间分布代表产业在一个地区的集聚离散等属性；城市职能规划代表产业与城市规划的内在协调属性。

另一方面，产业布局的规划根据行政主体的差异及不同尺度可以分为3个层级，分别是国家层级、区域层级以及城市层级。影响国家层级产业布局的因素主要包括自然条件、技术水平、发展阶段和国家战略；影响区域层级产业布局的因素主要包括第一自然、第二自然、第三自然及区域政策；影响城市层级产业布局的因素主要包括经济是否聚集及产城融合等维度。合理的产业布局是对空间资源的合理利用，这不仅意味着空间拥挤性的调整，即产业发展需要适度的空间，还意味着空间关联性的变更，即地区与地区之间能否降低交易成本，促进人力、物力、财力和时间的节约，发挥比较优势，提高经济效益，甚至也包括一部分国家及区域安全方面的议题。合理的产业布局有利于节约企业成本及交易成本，提高企业效率，有利于促进资源配置效率，促进人才、技术及资本的再配置及良性竞争，适配空间承载力，促进空间利用最优化，促进绿色发展，促进社会公平、保障国家安全。

在社会发展方面。一般来说，社会发展是一个较为抽象的概念，指一定时空范畴下各种社会现象及社会现实的程度变化的总和。具体来说，社会发展是指一个地区或国家在一段时间内社会的动态变化，其内涵包括教育、媒体、城市化、社会阶层、社会互动等多种议题及概念，涉及经济、文化、政治、社会、生态等诸多方面，其本质是人的自由发展，延伸出个人的发展、家庭的发展、集体的发展及其需求的满足。其中较为值得关注的包括社会结构、收入分配结构、公共服务及社会治理状况等。由于社会发展这个概念是一个过于复杂的系统，目前文献中尚无成体系的社会发展影响因素相关理论，在后续讨论中我们将进一步细化社会发展的含义，并分别讨论社会发展的影响因素及作用机制。具体来讲，社会发展良好意味着居民生活质量良好、人均可支配收入高、恩格尔系数低，科技教育发展好、科研教育投入及产出高，失业率及通胀率低、医疗卫生资源较为丰富、生态环境好等。

因此，当一个城市群的产业布局协调水平得到提升，从政府视角来看，可以增强城市群内的区际竞争，增加财政预算，以及提高行政效率。合理的产业布局意味着其产业优化、创新、开放能力的增强，产业结构的合理化、高度化、绿色化的发展，以及产业空间分布和城市功能规划的优化。当上述正向变化出现在某一城市群时，该城市群会吸引大量的人力和金融资本流入，进一步促进产业布局的协调发展。为此，地方政府之间可能会通过政策激励或增加基础设施投资以降低企业成本和提高交易效率来相互竞争。同时，产业布局协调水平的提升也会带动地区生产总值的增长，带来更高的财政税收和更多的政府可支配资金，从而加强政府的竞争力和能力。在协调的产业布局中，产业必定充满活力，有助于政府和企业之间的信息交流和需求响应，能够为政府未来的基础设施建设提供保障。从市场角度看，产业布局协调水平的提升使得基础设施建设逐渐从政府转移到企业，在自由市场的条件下，这将更可能实现基础设施供给的效率均衡，而不仅仅依赖政府。除上述因素外，还有其他因素可能影响产业布局协调水平对基础设施的作用，例如基础设施的建设和维护、其性质是经济性还是社会性等。本书主要针对产业布局对经济性基础设施的影响进行分析，较少涉及社会性基础设施。而在具体建设中，如何选择项目、选择何处进行建设都是需要考虑的问题。

一个城市群的社会发展协调水平提升可以提高区域内的行政效率，进而影响城市群基础设施协调水平。在社会发展协调水平较高的地区，由于居民生活质量较高且生活压力较低，生产力得以释放。这样的环境有助于提高政府的决策效率和优化水平。

综合以上理论，提出研究假设：

H1：城市群社会发展协调水平的提升可以促进基础设施协调水平的提升。

H2：城市群产业布局协调水平的提升可以促进基础设施协调水平的提升。

H3：城市群产业布局协调与社会发展协调的交互作用可以促进基础设施协调水平的提升。

### 8.1.1.2　测度方法

分析西部城市群的问题不应仅从其自身发展情况出发，而应将其放入全部城市群中，基于西部城市群与其他城市群在产业布局、社会发展、基础设施等方面表现出的差异性特征，分析西部城市群的发展规律。因此本节在实证设计中并未仅限于对于西部城市群的研究，而是以一个更加广泛的视角对研究进行设计。通过双向固定效应模型控制样本固定效应及时间固定效应以减少内生性，引入交互项并分析其边际作用，通过二阶段 GMM 法检验模型内生性，然后进行异质性分组回归探究影响规律，最后进行稳健性检验确保结论的稳健。

首先，对于双向固定效应的模型设定。双向固定效应模型即同时控制时间固定效应及个体固定效应的面板数据模型。个体固定效应可以通过捕捉不随时间变化的个体之间的差异以克服遗漏变量的问题，时间固定效应可以通过控制不随个体变化但随着时间而变化的变量以解决遗漏变量问题。

为研究产业布局协调水平、社会发展协调水平及其交互项对基础设施协调水平的影响，设定以下模型：

$$Y_i = \alpha_0 + \alpha_1 sc_i + \alpha_2 dc_i + \alpha_3 sc_i \times dc_i + \beta \, \text{Control} + \varepsilon_i \qquad (8-1)$$

其中，被解释变量 $Y_i$ 为 i 城市的基础设施协调水平，核心解释变量为 i 城市的社会发展协调水平 $sc_i$ 和产业布局耦合协调水平 $dc_i$ 以及二者的中心化交互项 $sc_i \times dc_i$，控制变量通过 pdslasso 命令筛选后，使用居民人均储蓄存款余额取对数及社会消费品零售总额以控制金融因素和市场活跃因素对回归结果的影响。

其次，对于内生性检验。为排除模型的内生性因素，并控制异方差或自相关的情况，我们使用二阶段 GMM 法对模型进行内生性检验。

再次，对于稳健性检验。为排除回归结果的随机性，我们使用变量替换、截尾处理来进行稳健性检验。将被解释变量耦合协调度替换为发展水平，由于耦合协调度的分布大部分属于正态右侧长尾，因此选择0~95%水平的截尾处理对模型进行再回归。

最后，对于异质性检验。为检验产业布局协调与社会发展协调及其交互项对基础设施协调的影响在不同城市群子样本下的差异，以探索相关规律，研究政策路径，我们首先对全国城市群分为东北部城市群、东部城市群、中部城市群、西部城市群并分别检验其异质性作用，再将西部城市群分为国家中心城市群与非国家中心城市群、边疆城市群与内陆城市群、西南城市群与西北城市群对西部城市群进行分类型异质性检验。具体分类方式如表8-1、表8-2所示。

表8-1　　　　　　　　按照东北部、东部、中部、西部为分类标准的城市群划分

| 区域 | 城市群 | 城市群包含地级市 |
|---|---|---|
| 东北部 | 辽中南城市群 | 沈阳市、大连市、鞍山市、抚顺市、本溪市、丹东市、锦州市、营口市、辽阳市、盘锦市、铁岭市、葫芦岛市 |
| | 哈长城市群 | 哈尔滨市、齐齐哈尔市、大庆市、牡丹江市、绥化市、长春市、吉林市、四平市、辽源市、松原市 |
| 东部 | 京津冀城市群 | 北京市、天津市、石家庄市、唐山市、秦皇岛市、保定市、张家口市、承德市、沧州市、廊坊市、邢台市、邯郸市、衡水市 |
| | 山东半岛城市群 | 济南市、青岛市、淄博市、东营市、烟台市、潍坊市、威海市、日照市、枣庄市、济宁市、泰安市、滨州市、德州市、聊城市、临沂市、菏泽市 |
| | 长三角城市群 | 上海市、南京市、无锡市、常州市、苏州市、南通市、盐城市、扬州市、镇江市、泰州市、杭州市、宁波市、嘉兴市、湖州市、绍兴市、金华市、舟山市、台州市、合肥市、芜湖市、马鞍山市、铜陵市、安庆市、滁州市、池州市、宣城市 |
| | 粤闽浙沿海城市群 | 福州市、厦门市、莆田市、泉州市、漳州市、宁德市、温州市、汕头市、潮州市、揭阳市、汕尾市 |
| | 珠三角城市群 | 广州市、深圳市、珠海市、佛山市、江门市、肇庆市、惠州市、东莞市、中山市 |
| 中部 | 晋中城市群 | 太原市、晋中市、阳泉市、忻州市、长治市 |
| | 中原城市群 | 晋城市、亳州市、郑州市、开封市、洛阳市、平顶山市、鹤壁市、新乡市、焦作市、许昌市、漯河市、商丘市、周口市 |
| | 长江中游城市群 | 南昌市、景德镇市、萍乡市、九江市、新余市、鹰潭市、吉安市、宜春市、抚州市、上饶市、武汉市、黄石市、宜昌市、襄阳市、鄂州市、荆门市、孝感市、荆州市、黄冈市、咸宁市、长沙市、株洲市、湘潭市、衡阳市、岳阳市、常德市、益阳市、娄底市 |
| 西部 | 呼包鄂榆城市群 | 呼和浩特市、包头市、鄂尔多斯市、榆林市 |
| | 成渝城市群 | 重庆市、成都市、自贡市、泸州市、德阳市、绵阳市、遂宁市、内江市、乐山市、南充市、眉山市、宜宾市、广安市、达州市、雅安市、资阳市 |
| | 黔中城市群 | 贵阳市、遵义市、安顺市 |
| | 滇中城市群 | 昆明市、曲靖市、玉溪市 |
| | 关中平原城市群 | 运城市、临汾市、西安市、铜川市、宝鸡市、咸阳市、渭南市、商洛市、天水市、平凉市 |
| | 北部湾城市群 | 湛江市、茂名市、阳江市、南宁市、北海市、防城港市、钦州市、玉林市、崇左市、海口市 |
| | 宁夏沿黄城市群 | 银川市、吴忠市、石嘴山市、中卫市 |
| | 兰西城市群 | 兰州市、白银市、定西市、西宁市 |
| | 天山北坡城市群 | 乌鲁木齐市、克拉玛依市 |

**表 8 - 2**　　　　　　　　　　**按属性细分的西部城市群划分**

| 城市群 | 中心城市 | 中心城市属性 | 所含城市 | 属内疆 | 属南北 |
|---|---|---|---|---|---|
| 成渝 | 重庆、成都 | 双国家中心 | 重庆市、成都市、自贡市、泸州市、德阳市、绵阳市、遂宁市、内江市、乐山市、南充市、眉山市、宜宾市、广安市、达州市、雅安市、资阳市 | 内陆 | 西南 |
| 关中平原 | 西安 | 单国家中心 | 运城市、临汾市、西安市、铜川市、宝鸡市、咸阳市、渭南市、商洛市、天水市、平凉市、庆阳市 | 内陆 | 西北 |
| 北部湾 | 南宁 | 省会 | 湛江市、茂名市、阳江市、南宁市、北海市、防城港市、钦州市、玉林市、崇左市、海口市 | 边疆 | 西南 |
| 呼包鄂榆 | 呼和浩特 | 省会 | 呼和浩特市、包头市、鄂尔多斯市、榆林市 | 边疆 | 西北 |
| 宁夏沿黄 | 银川 | 省会 | 银川市、石嘴山市、吴忠市、中卫市 | 内陆 | 西北 |
| 兰西 | 兰州 | 省会 | 兰州市、白银市、定西市、西宁市 | 内陆 | 西北 |
| 黔中 | 贵阳 | 省会 | 贵阳市、遵义市、安顺市 | 内陆 | 西南 |
| 滇中 | 昆明 | 省会 | 昆明市、曲靖市、玉溪市 | 边疆 | 西南 |
| 天山北坡 | 乌鲁木齐 | 省会 | 乌鲁木齐市、克拉玛依市 | 边疆 | 西北 |

## 8.1.2　测算结果与回归分析

### 8.1.2.1　基准回归

为研究全部城市群中产业布局协调水平与社会发展协调水平对基础设施协调水平的影响及二者交互作用对基础设施协调水平的影响，使用包含交互项的双重固定效应模型对其进行回归分析，结果如表 8 - 3 所示。

**表 8 - 3**　　　　**全部城市群中产业布局协调与社会发展协调对基础设施协调的影响**

| 变量 | fc | | | |
|---|---|---|---|---|
| sc | 0.602 *** (0.000) | 0.608 *** (0.000) | 0.576 *** (0.000) | 0.579 *** (0.000) |
| dc | 0.357 *** (0.000) | 0.372 *** (0.000) | 0.358 *** (0.000) | 0.374 *** (0.000) |
| central_scxdc | | | 0.695 (0.164) | 0.792 (0.126) |
| 居民人均储蓄存款余额取对数 | | 0.057 ** (0.021) | | 0.057 ** (0.019) |
| 社会消费品零售总额取对数 | | - 0.030 (0.340) | | - 0.025 (0.424) |
| _cons | - 0.033 * (0.057) | - 0.369 (0.101) | - 0.029 * (0.089) | - 0.420 * (0.056) |
| year | Yes | Yes | Yes | Yes |
| id | Yes | Yes | Yes | Yes |
| N | 171 | 171 | 171 | 171 |
| Adj. R - Square | 0.855 | 0.859 | 0.855 | 0.859 |

注：***、**、*分别表示在1%、5%、10%水平上显著。

由表 8 - 3 可知，在全国城市群样本中，包括辽中南城市群、哈长城市群、京津冀城市群、山东半岛城城市群、长三角城市群、粤闽浙沿海城市群、珠三角城市群、晋中城市群、中原城市群、长江中游城市群、呼包鄂榆城市群、成渝城市群、黔中城市群、滇中城市群、关中平原城市群、北部湾城市群、宁夏沿黄城市群、兰西城市群、天山北坡城市群 19 个城市群，其社会发展协调水平与基础设施协调水平呈正相关关系，产业布局协调水平与基础设施协调水平呈正相关关系，社会发展协调水平与产业布局协调水平交互作用对基础设施协调水平影响的调节作用不显著。说明在城市群尺度中，总体来讲，社会发展协调水平与产业布局协调水平均对基础设施协调存在促进作用，但社会发展协调水平与产业布局协调水平交互作用对基础设施协调水平的促进作用相对独立，不存在显著的拮抗或协同关系。

### 8.1.2.2　内生性检验

由于模型存在共线性等内部问题，因此本书通过内生性检验得到 P 值为 0.0102，拒绝原假设，说明模型存在内生性问题。

根据本书对象的特点和反复尝试，选取社会发展水平、产业布局发展水平、社会发展与产业布局发展水平的中心化交互项、人均居民储蓄余额取对数项、社会消费品零售总额取对数项作为社会发展协调水平、产业布局协调水平、二者中心化交互项的工具变量。为验证式（8 - 1）具备一定的科学性和合理性，本书进一步对上述模型进行内生性检验，结果见表 8 - 4。

表 8 - 4　　　　　　　　　基于基础设施视角的城市群高质量协调发展内生性检验

| 变量 | 基准回归 | 两阶段 GMM |
|---|---|---|
| sc | 0.579 \*\*\* <br> (0.000) | 0.511 \*\*\* <br> (0.000) |
| dc | 0.374 \*\*\* <br> (0.000) | 0.431 \*\*\* <br> (0.000) |
| central_scxdc | 0.792 <br> (0.126) | - 0.323 <br> (0.536) |
| 居民人均储蓄存款余额取对数 | 0.057 \*\* <br> (0.019) | 0.00414 <br> (0.476) |
| 社会消费品零售总额取对数 | - 0.025 <br> (0.424) | - 0.000864 <br> (0.871) |
| _cons | - 0.420 \* <br> (0.056) | - 0.0569 \* <br> (0.058) |
| N | 171 | 171 |
| Adj. R - Square | 0.8590 | 0.8335 |

注：\*\*\*、\*\*、\* 分别表示在 1%、5%、10% 水平上显著。

根据表 8 - 4 可知内生性检验结果显著，论证了研究结论的合理性。为了进一步证明工具变量选取的合理性，进一步对式（8 - 1）进行识别不足检验和弱工具变量检验，其中式（8 - 1）的识别不足鉴定均为 0.000，拒绝原假设，说明不存在识别不足的问题。对式（8 - 1）的弱工具变量检验 Cragg - Donald F 的值大于 5% 的临界值，因此说明拒绝原假设，所选工具变量合理。同时，Hansen - J 统计量的检验结果为 54.82%，接受原假设，进一步验证所选模型可以通过过度识别检验。

### 8.1.2.3　稳健性检验

为排除回归结果的随机性，我们分别使用变量替换和截尾处理的方法来进行稳健性检验。对于变量替换的方法，本书将被解释变量基础设施协调水平替换为基础设施发展水平进行检验；对于截尾处理的方法，因为衡量协调水平所用数据（耦合协调度）的分布大部分属于正态右侧长尾，因此选择0~95%水平的截尾处理对模型进行再回归。稳健性结果表明模型通过稳健性检验，说明了基本回归结果的合理性，即城市群产业布局协调水平与社会发展协调水平的提升可以促进基础设施协调水平的提升，但是产业布局协调与社会发展协调的交互作用不能显著促进基础设施水平的提升。因此，研究假设H1、H2能够通过检验，研究假设H3不能通过检验。表8-5为变量替换的稳健性检验，表8-6为0~95%截尾的稳健性检验。

表8-5　　　　　　　　　　　　　　　　变量替换的稳健性检验

| 变量 | 耦合协调度作为被解释变量 | 发展水平作为被解释变量 |
|---|---|---|
| sc | 0.579 *** <br> (0.000) | 0.635979 *** <br> (0.000) |
| dc | 0.374 *** <br> (0.000) | 0.082900 ** <br> (0.016) |
| central_scxdc | 0.792 <br> (0.126) | 0.943582 <br> (0.176) |
| 居民人均储蓄存款余额取对数 | 0.057 ** <br> (0.019) | 0.040780 ** <br> (0.022) |
| 社会消费品零售总额取对数 | -0.025 <br> (0.424) | -0.017598 <br> (0.417) |
| _cons | -0.420 * <br> (0.056) | -0.294475 ** <br> (0.030) |
| N | 171 | 171 |
| Adj. R - Square | 0.8590 | 0.894 |

注：*** 、** 、* 分别表示在1%、5%、10%水平上显著。

表8-6　　　　　　　　　　　　　　　　0~95%截尾的稳健性检验

| 变量 | 基准回归 | 0~95%截尾 |
|---|---|---|
| sc | 0.579 *** <br> (0.000) | 0.542 *** <br> (0.000) |
| dc | 0.374 *** <br> (0.000) | 0.381 *** <br> (0.000) |
| central_scxdc | 0.792 <br> (0.126) | -0.494 <br> (0.674) |
| 居民人均储蓄存款余额取对数 | 0.057 ** <br> (0.019) | 0.0543 ** <br> (0.024) |
| 社会消费品零售总额取对数 | -0.025 <br> (0.424) | -0.0204 <br> (0.504) |
| _cons | -0.420 * <br> (0.056) | -0.424 * <br> (0.066) |
| N | 171 | 163 |
| Adj. R - Square | 0.8590 | 0.771 |

注：*** 、** 、* 分别表示在1%、5%、10%水平上显著。

### 8.1.2.4　异质性检验

为探究产业布局协调水平与社会发展协调水平对基础设施协调水平的影响在不同城市群样本中的差异，首先对东北城市群、东部城市群、中部城市群、西部城市群进行异质性检验，其次对西部城市群进行不同空间构型下的异质性检验，包括西部国家中心城市群与西部非国家中心城市群、西部边疆城市群与西部内陆城市群、西部西南城市群与西部西北城市群。

首先对东北城市群、东部城市群、中部城市群、西部城市群进行异质性检验，检验结果如表 8-7 至表 8-10 所示。

表 8-7　　　　　　　　　　　　　　东北城市群异质性检验

| 变量 | fc | | | |
|---|---|---|---|---|
| sc | 1.132 **<br>(0.018) | 0.634<br>(0.382) | 0.820 **<br>(0.021) | -1.152<br>(0.195) |
| dc | 0.274<br>(0.127) | 0.610<br>(0.143) | 0.660 *<br>(0.056) | 2.166 **<br>(0.028) |
| central_scxdc | | | -4.675<br>(0.179) | -11.042 **<br>(0.037) |
| 居民人均储蓄存款余额取对数 | | 0.094<br>(0.788) | | 0.659 *<br>(0.075) |
| 社会消费品零售总额取对数 | | 0.271 *<br>(0.097) | | 0.094<br>(0.608) |
| _cons | -0.176 *<br>(0.077) | -3.745<br>(0.260) | -0.186 *<br>(0.065) | -7.832 **<br>(0.039) |
| year | Yes | Yes | Yes | Yes |
| id | Yes | Yes | Yes | Yes |
| N | 18 | 18 | 18 | 18 |
| Adj. R - Square | 0.756 | 0.817 | 0.742 | 0.923 |

注：**、*分别表示在5%、10%水平上显著。

表 8-8　　　　　　　　　　　　　　东部城市群异质性检验

| 变量 | fc | | | |
|---|---|---|---|---|
| sc | 0.685 ***<br>(0.000) | 0.666 ***<br>(0.000) | 0.686 ***<br>(0.000) | 0.650 ***<br>(0.001) |
| dc | 0.250 **<br>(0.011) | 0.214 **<br>(0.041) | 0.251 **<br>(0.011) | 0.209 *<br>(0.053) |
| central_scxdc | | | -0.252<br>(0.917) | 1.813<br>(0.520) |
| 居民人均储蓄存款余额取对数 | | -0.099 *<br>(0.061) | | -0.106 *<br>(0.053) |
| 社会消费品零售总额取对数 | | 0.209 **<br>(0.014) | | 0.238 **<br>(0.018) |

续表

| 变量 | fc | | | |
|---|---|---|---|---|
| _cons | −0.022<br>(0.553) | −1.099*<br>(0.062) | −0.023<br>(0.548) | −1.324*<br>(0.064) |
| year | Yes | Yes | Yes | Yes |
| id | Yes | Yes | Yes | Yes |
| N | 45 | 45 | 45 | 45 |
| Adj. R − Square | 0.854 | 0.865 | 0.849 | 0.863 |

注：***、**、*分别表示在1%、5%、10%水平上显著。

表8－9　　　　　　　　　　　　　中部城市群异质性检验

| 变量 | fc | | | |
|---|---|---|---|---|
| sc | 0.782**<br>(0.019) | 0.678**<br>(0.014) | 0.605*<br>(0.097) | 0.695**<br>(0.043) |
| dc | 0.323*<br>(0.071) | 0.475**<br>(0.018) | 0.378*<br>(0.051) | 0.472**<br>(0.034) |
| central_scxdc | | | 2.761<br>(0.386) | −0.296<br>(0.936) |
| 居民人均储蓄存款余额取对数 | | 0.293**<br>(0.017) | | 0.299*<br>(0.053) |
| 社会消费品零售总额取对数 | | −0.278*<br>(0.066) | | −0.282*<br>(0.090) |
| _cons | −0.106<br>(0.114) | −0.421<br>(0.641) | −0.089<br>(0.222) | −0.438<br>(0.661) |
| year | Yes | Yes | Yes | Yes |
| id | Yes | Yes | Yes | Yes |
| N | 27 | 27 | 27 | 27 |
| Adj. R − Square | 0.855 | 0.859 | 0.855 | 0.859 |

注：**、*分别表示在5%、10%水平上显著。

表8－10　　　　　　　　　　　　　西部城市群异质性检验

| 变量 | fc | | | |
|---|---|---|---|---|
| sc | 0.524***<br>(0.000) | 0.531***<br>(0.000) | 0.515***<br>(0.000) | 0.529***<br>(0.000) |
| dc | 0.370***<br>(0.000) | 0.385***<br>(0.000) | 0.369***<br>(0.000) | 0.385***<br>(0.000) |
| central_scxdc | | | 0.325<br>(0.653) | 0.068<br>(0.922) |
| 居民人均储蓄存款余额取对数 | | 0.069**<br>(0.022) | | 0.068**<br>(0.021) |

续表

| 变量 | fc | | | |
|---|---|---|---|---|
| 社会消费品零售总额取对数 | | −0.033<br>（0.287） | | −0.033<br>（0.303） |
| _cons | −0.013<br>（0.599） | −0.433<br>（0.152） | −0.013<br>（0.603） | −0.431<br>（0.151） |
| year | Yes | Yes | Yes | Yes |
| id | Yes | Yes | Yes | Yes |
| N | 81 | 81 | 81 | 81 |
| Adj. R – Square | 0.905 | 0.909 | 0.904 | 0.907 |

注：***、** 分别表示在 1%、5% 水平上显著。

由表 8 −7 可知，在东北部城市群样本中，包括辽中南城市群及哈长城市群 2 个城市群，其社会发展协调水平与基础设施协调水平无显著相关关系，产业布局协调水平与基础设施协调水平呈正相关关系，社会发展协调水平与产业布局协调水平对基础设施协调水平影响的调节作用具有显著的负向调节、即拮抗作用关系。这说明在东北城市群中，社会发展协调水平对基础设施协调水平没有显著的关系，产业布局协调水平的提升则可能对基础设施协调水平具有正向作用，社会发展协调水平对基础设施协调水平的影响与产业布局协调水平对基础设施协调水平的影响是相互拮抗的。

由表 8 −8 可知，在东部城市群样本中，包括京津冀城市群、山东半岛城市群、长三角城市群、粤闽浙沿海城市群、珠三角城市群 5 个城市群，其社会发展协调水平与基础设施协调水平呈正相关关系，产业布局协调水平与基础设施协调水平呈正相关关系，社会发展协调水平与产业布局协调水平对基础设施协调水平影响的调节作用不显著。

由表 8 −9 可知，在中部城市群样本中，包括晋中城市群、中原城市群、长江中游城市群 3 个城市群，其社会发展协调水平与基础设施协调水平呈正相关关系，产业布局协调水平与基础设施协调水平呈正相关关系，社会发展协调水平与产业布局协调水平对基础设施协调水平影响的调节作用不显著。

由表 8 −10 可知，在西部城市群样本中，包括呼包鄂榆城市群、成渝城市群、黔中城市群、滇中城市群、关中平原城市群、北部湾城市群、宁夏沿黄城市群、兰西城市群、天山北坡城市群 9 个城市群，其社会发展协调水平与基础设施协调水平呈正相关关系，产业布局协调水平与基础设施协调水平呈正相关关系，社会发展协调水平与产业布局协调水平对基础设施协调水平影响的调节作用不显著。

综上所述，对全样本和分地区城市群样本的异质性检验进行对比，如表 8 −11 所示。

表 8 −11　　　　　　　全样本、东北部、东部、中部、西部异质性检验的回归对比

| 变量 | 全样本 | 东北部 | 东部 | 中部 | 西部 |
|---|---|---|---|---|---|
| sc | 0.579 ***<br>（0.000） | −1.152<br>（0.195） | 0.650 ***<br>（0.001） | 0.695 **<br>（0.043） | 0.529 ***<br>（0.000） |
| dc | 0.374 ***<br>（0.000） | 2.166 **<br>（0.028） | 0.209 *<br>（0.053） | 0.472 **<br>（0.034） | 0.385 ***<br>（0.000） |
| central_scxdc | 0.792<br>（0.126） | −11.042 **<br>（0.037） | 1.813<br>（0.520） | −0.296<br>（0.936） | 0.068<br>（0.922） |

续表

| 变量 | 全样本 | 东北部 | 东部 | 中部 | 西部 |
|---|---|---|---|---|---|
| 居民人均储蓄存款余额取对数 | 0.057 **<br>(0.019) | 0.659 *<br>(0.075) | − 0.106 *<br>(0.053) | 0.299 *<br>(0.053) | 0.068 **<br>(0.021) |
| 社会消费品零售总额取对数 | − 0.025<br>(0.424) | 0.094<br>(0.608) | 0.238 **<br>(0.018) | − 0.282 *<br>(0.090) | − 0.033<br>(0.303) |
| _cons | − 0.420 *<br>(0.056) | − 7.832 **<br>(0.039) | − 1.324 *<br>(0.064) | − 0.438<br>(0.661) | − 0.431<br>(0.151) |
| Year | Yes | Yes | Yes | Yes | Yes |
| id | Yes | Yes | Yes | Yes | Yes |
| N | 171 | 18 | 45 | 27 | 81 |
| Adj. R − Square | 0.859 | 0.923 | 0.863 | 0.775 | 0.907 |

注：*** 、** 、* 分别表示在1%、5%、10%水平上显著。

由表 8–11 可知，除东北部城市群之外，无论从全样本还是分样本的角度来看，产业布局协调水平与社会发展协调水平两个核心解释变量对被解释变量基础设施协调水平的促进作用均通过显著性检验，不同地区城市群产业布局协调水平与社会发展协调水平对基础设施协调水平的作用系数大小不同。对于社会发展协调水平的作用，中部城市群社会发展协调水平对基础设施协调水平的作用系数最大，为 0.695；东部城市群次之，为 0.650；西部城市群最小，为 0.529，东北部城市群不显著。这说明中部城市群基础设施协调水平受到社会发展协调水平的影响程度最大，西部城市群最小，东北部城市群的影响不明显。对于产业布局协调水平的作用，东北部城市群产业布局协调水平对基础设施协调水平的作用系数最大，为 2.166；中部城市群次之，为 0.472；西部城市群再次之，为 0.385；东部城市群最小，为 0.209。这说明东北部城市群基础设施协调水平受到产业布局协调水平的影响程度最大，东部城市群最小。

其次，根据国家中心城市群、非国家中心城市群、边疆城市群、内陆城市群、西南城市群、西北城市群等空间构型对西部城市群样本进行异质性检验，检验结果如表 8–12 所示。

表 8–12　　　　　　　　　西部城市群分类型异质性检验对比

| 变量 | 西部城市群 | 国家中心城市群 | 非国家中心城市群 | 边疆城市群 | 内陆城市群 | 西南城市群 | 西北城市群 |
|---|---|---|---|---|---|---|---|
| sc | 0.529 ***<br>(0.000) | 0.850 ***<br>(0.001) | 0.408 ***<br>(0.000) | 0.292 **<br>(0.020) | 0.569 ***<br>(0.000) | 0.718 ***<br>(0.000) | 0.370 ***<br>(0.001) |
| dc | 0.385 ***<br>(0.000) | 0.118<br>(0.479) | 0.437 ***<br>(0.000) | 0.273 ***<br>(0.003) | 0.322 **<br>(0.017) | 0.357 **<br>(0.012) | 0.459 ***<br>(0.001) |
| central_scxdc | 0.068<br>(0.922) | 0.733<br>(0.531) | 0.302<br>(0.679) | − 6.995 ***<br>(0.000) | 0.387<br>(0.668) | 0.792<br>(0.612) | 0.530<br>(0.522) |
| 居民人均储蓄存款余额取对数 | 0.068 **<br>(0.021) | − 0.165<br>(0.237) | 0.066 **<br>(0.019) | 0.056<br>(0.180) | 0.138 *<br>(0.054) | 0.127 ***<br>(0.004) | 0.022<br>(0.683) |
| 社会消费品零售总额取对数 | − 0.033<br>(0.303) | − 0.454 **<br>(0.014) | − 0.022<br>(0.449) | − 0.011<br>(0.750) | − 0.081<br>(0.243) | − 0.084 *<br>(0.093) | 0.019<br>(0.673) |

续表

| 变量 | 西部城市群 | 国家中心城市群 | 非国家中心城市群 | 边疆城市群 | 内陆城市群 | 西南城市群 | 西北城市群 |
|---|---|---|---|---|---|---|---|
| _cons | -0.431<br>(0.151) | 5.654 **<br>(0.033) | -0.479 *<br>(0.062) | -0.286<br>(0.655) | -0.628 *<br>(0.064) | -0.570<br>(0.127) | -0.435<br>(0.560) |
| Year | Yes | Yes | Yes | Yes | Yes | Yes | Yes |
| id | Yes | Yes | Yes | Yes | Yes | Yes | Yes |
| N | 81 | 18 | 63 | 36 | 45 | 36 | 45 |
| Adj. R – Square | 0.907 | 0.933 | 0.937 | 0.964 | 0.883 | 0.906 | 0.902 |

注：***、**、* 分别表示在1%、5%、10%水平上显著。

由表 8 - 12 可知，在西部国家中心城市群样本中，包括成渝城市群和关中平原城市群 2 个城市群，其社会发展协调水平与基础设施协调水平呈正相关关系，产业布局协调水平与基础设施协调水平无显著相关关系，社会发展协调水平与产业布局协调水平对基础设施协调水平影响的调节作用不显著。这说明在西部国家中心城市群中，社会发展协调对基础设施协调存在各自的正向关系，但产业布局协调对基础设施协调不存在显著的关系，社会发展协调与产业布局协调对基础设施协调的正向关系也相对独立，不存在显著的拮抗或协同关系。产业布局协调及社会发展协调可能分别通过在政府视角增强区际竞争、扩张财政预算、提高行政效率对基础设施协调产生作用，而这种协调作用可能相对均衡，使得产业布局协调对基础设施协调未表现出显著关系即极化作用与发展作用相抵消，同时极化作用与发展水平的上升没有使得基础协调水平表现出显著的变动。

纵向来看，在西部非国家中心城市群样本中，包括呼包鄂榆城市群、黔中城市群、滇中城市群、北部湾城市群、宁夏沿黄城市群、兰西城市群、天山北坡城市群 7 个城市群，其社会发展协调水平与基础设施协调水平呈正相关关系，产业布局协调水平与基础设施协调水平呈正相关关系，社会发展协调水平与产业布局协调水平对基础设施协调水平影响的调节作用不显著。在西部边疆城市群样本中，包括北部湾城市群、呼包鄂榆城市群、滇中城市群、天山北坡城市群 4 个城市群，其社会发展协调水平与基础设施协调水平呈正相关关系，产业布局协调水平与基础设施协调水平呈正相关关系，社会发展协调水平与产业布局协调水平对基础设施协调水平影响的调节作用显著为负，即社会发展协调水平与产业布局协调水平对基础设施协调水平影响的调节作用为拮抗作用。在西部内陆城市群样本中，包括成渝城市群、黔中城市群、关中平原城市群、宁夏沿黄城市群、兰西城市群 5 个城市群，其社会发展协调水平与基础设施协调水平呈正相关关系，产业布局协调水平与基础设施协调水平呈正相关关系，社会发展协调水平与产业布局协调水平对基础设施协调水平影响的调节作用不显著。在西部西南城市群样本中，包括成渝城市群、北部湾城市群、黔中城市群、滇中城市群 4 个城市群，其社会发展协调水平与基础设施协调水平呈正相关关系，产业布局协调水平与基础设施协调水平呈正相关关系，社会发展协调水平与产业布局协调水平对基础设施协调水平影响的调节作用不显著。在西部西北城市群样本中，包括呼包鄂榆城市群、关中平原城市群、宁夏沿黄城市群、兰西城市群、天山北坡城市群 5 个城市群，其社会发展协调水平与基础设施协调水平呈正相关关系，产业布局协调水平与基础设施协调水平呈正相关关系，社会发展协调水平与产业布局协调水平对基础设施协调水平影响的调节作用不显著。

横向来看，西部城市群中，除国家中心城市群之外，无论从全样本还是从分样本的角度来看，产业布局协调水平与社会发展协调水平两个核心解释变量对被解释变量基础设施协调水平的促进作用均通过显著性检验，不同空间构型的城市群产业布局协调水平与社会发展协调水平对基础设施协调水平的作用系数大小不同。对于社会发展协调水平的作用，国家中心城市群社会发展水平对基础设施协调水平的作用系数最大，为 0.850；西南城市群次之，为 0.718；边疆城市群最小，为

0.292。这说明西部城市群中，西南城市群基础设施协调水平受到社会发展协调水平的影响程度最大，边疆城市群最小。对于产业布局协调水平的作用，西北部城市群产业布局协调水平对基础设施协调水平的作用系数最大，为 0.459；非国家中心城市群次之，为 0.437；边疆城市群最小，为 0.273，国家中心城市的作用不显著。这说明西部城市群中，西北城市群基础设施协调水平受到产业布局协调水平的影响程度最大，边疆城市群最小。

### 8.1.3　研究发现与政策含义

#### 8.1.3.1　研究发现

本节基于产业布局、社会发展以及基础设施的相关理论，提出了"城市群产业布局协调水平的提升可以促进基础设施协调水平的提升""城市群产业布局协调水平的提升可以促进基础设施协调水平的提升""城市群产业布局协调与社会发展协调的交互作用可以促进基础设施协调水平的提升"三个研究假设，构建双向固定效应模型，对城市群产业布局协调水平、社会发展协调水平及其交互项对基础设施协调水平的影响进行了检验，并根据区域经济板块以及西部城市群空间构型分别对全部城市群和西部城市群内部进行异质性检验，得出以下研究发现。

第一，城市群产业布局协调水平与社会发展协调水平的提升可以促进基础设施协调水平的提升，但是产业布局协调与社会发展协调的交互作用不能显著促进基础设施水平的提升。城市群全样本的基本回归模型通过了稳健性检验，说明了基本回归结果的合理性。根据基本回归结果显示，城市群社会发展协调水平对基础设施协调水平具有显著的促进作用；城市群产业布局协调水平对基础设施协调水平具有显著的促进作用；城市群社会发展协调水平和产业布局协调水平的交互项对基础设施协调水平没有显著促进作用，说明社会发展协调水平和产业布局协调水平对基础设施协调水平的作用相对独立。

第二，根据区域经济板块的异质性检验结果显示，除东北部城市群之外，产业布局协调水平与社会发展协调水平对基础设施协调水平的促进作用均通过显著性检验，且不同地区城市群的作用系数大小不同。在东北部城市群样本中，包括辽中南城市群及哈长城市群两个城市群，其社会发展协调水平与基础设施协调水平无显著相关关系，产业布局协调水平与基础设施协调水平呈正相关关系，社会发展协调水平与产业布局协调水平对基础设施协调水平影响的调节作用具有显著的负向调节，即拮抗作用关系。这说明在东北城市群中，社会发展协调水平对基础设施协调水平没有显著的关系，产业布局协调水平的提升则可能对基础设施协调水平具有正向作用，社会发展协调水平对基础设施协调水平的影响与产业布局协调水平对基础设施协调水平的影响是相互拮抗的。在东部城市群样本中，包括京津冀城市群、山东半岛城城市群、长三角城市群、粤闽浙沿海城市群、珠三角城市群 5 个城市群，其社会发展协调水平与基础设施协调水平呈正相关关系，产业布局协调水平与基础设施协调水平呈正相关关系，社会发展协调水平与产业布局协调水平对基础设施协调水平影响的调节作用不显著。在中部城市群样本中，包括晋中城市群、中原城市群、长江中游城市群 3 个城市群，其社会发展协调水平与基础设施协调水平呈正相关关系，产业布局协调水平与基础设施协调水平呈正相关关系，社会发展协调水平与产业布局协调水平对基础设施协调水平影响的调节作用不显著。在西部城市群样本中，包括呼包鄂榆城市群、成渝城市群、黔中城市群、滇中城市群、关中平原城市群、北部湾城市群、宁夏沿黄城市群、兰西城市群、天山北坡城市群 9 个城市群，其社会发展协调水平与基础设施协调水平呈正相关关系，产业布局协调水平与基础设施协调水平呈正相关关系，社会发展协调水平与产业布局协调水平对基础设施协调水平影响的调节作用不显著。从不同样本间横向对比的角度来看，对于产业布局协调水平的作用，中部城市群产业协调水平对基础设施协调水平的作用系数最大，东部城市群次之，西部城市群最小，东北部城市群不显著。说明中部城市群基础设施协调水平受到产业布局协调水平的影响程度最大，西部城市群最小，东北部城市群的影响不明显。对于社会发展协调水平的作用，东北部城市群社会发展协调水平对基础设施协调水平的作用系数最大，中部城市群次之，西部城市群再次之，东部城市群最小。这说明东北部城市群基础设施协调水平受到社会发展协调水平的影响程度最大，东部城市群最小。

第三，根据西部城市群样本内部的异质性检验结果显示，西部城市群中，除国家中心城市群之外，产业布局协调水平与社会发展协调水平对基础设施协调水平的促进作用均通过显著性检验，不同空间构型的作用系数大小不同。纵向来看，在西部非国家中心城市群样本中，社会发展协调水平与基础设施协调水平呈正相关关系，产业布局协调水平与基础设施协调水平呈正相关关系，社会发展协调水平与产业布局协调水平对基础设施协调水平影响的调节作用不显著。在西部边疆城市群样本中，社会发展协调水平与基础设施协调水平呈正相关关系，产业布局协调水平与基础设施协调水平呈正相关关系，社会发展协调水平与产业布局协调水平对基础设施协调水平影响的调节作用显著为负，即社会发展协调水平与产业布局协调水平对基础设施协调水平影响的调节作用为拮抗作用。在西部内陆城市群样本中，社会发展协调水平与基础设施协调水平呈正相关关系，产业布局协调水平与基础设施协调水平呈正相关关系，社会发展协调水平与产业布局协调水平对基础设施协调水平影响的调节作用不显著。在西部西南城市群样本中，其社会发展协调水平与基础设施协调水平呈正相关关系，产业布局协调水平与基础设施协调水平呈正相关关系，社会发展协调水平与产业布局协调水平对基础设施协调水平影响的调节作用不显著。在西部西北城市群样本中，其社会发展协调水平与基础设施协调水平呈正相关关系，产业布局协调水平与基础设施协调水平呈正相关关系，社会发展协调水平与产业布局协调水平对基础设施协调水平影响的调节作用不显著。横向来看，对于社会发展协调水平的作用，国家中心城市群社会发展水平对基础设施协调水平的作用系数最大，西南城市群次之，边疆城市群最小，这说明西部城市群中，西南城市群基础设施协调水平受到社会发展协调水平的影响程度最大，边疆城市群最小。对于产业布局协调水平的作用，西北部城市群产业布局协调水平对基础设施协调水平的作用系数最大，非国家中心城市群次之，边疆城市群最小，国家中心城市的作用不显著，这说明西部城市群中，西北城市群基础设施协调水平受到产业布局协调水平的影响程度最大，边疆城市群最小。

### 8.1.3.2　关于研究发现的进一步讨论

第一，虽然城市群的产业布局和社会发展各自都有助于基础设施协调水平的提升，但两者之间的交互可能涉及更为复杂的经济和社会动态过程，这样的动态过程可能不总是能够对基础设施产生正面效应。具体来看，当产业布局在城市群内得到协调和优化，它促进了产业的专业化和分工。这样的专业化和分工可以带来规模经济，即当产量增加时，单位成本降低。规模经济可能会导致更高的经济活动密度和生产力，这需要更高效的基础设施来支持，如更好的交通连接和能源供应。社会发展的协调涉及教育、医疗、公共服务等领域的均衡发展。当这些领域得到平衡发展，人口的流动性可能增加，因为人们会寻找最佳的生活和工作机会。随着人口流动性增加，对基础设施如住房、公共交通、公共服务的需求也会增加。尽管产业布局和社会发展各自都与基础设施有正向作用，但两者之间的交互可能涉及更复杂的动态。例如，一个高度协调的产业布局可能吸引了大量的劳动力，但如果社会服务（如教育、医疗）未能跟上，这可能导致社会压力，反过来可能抑制对某些基础设施的投资。这种交互作用的复杂性解释了为什么产业布局和社会发展的交互作用不能显著促进基础设施的协调，特定的产业布局可能需要特定的社会发展模式来补充，而这种配对并不总是自然发生的。

第二，不同区域经济板块的城市群在产业布局协调、社会发展协调对基础设施协调的促进作用存在差异，可能是由于不同区域经济板块独特的经济、社会、文化和政策背景所导致的。具体来看，首先，城市群内部的产业布局协调，意味着不同城市之间的产业结构更加互补，而非完全竞争，从而使得城市间的交流和合作更加频繁。而社会发展的协调意味着城市群内部各城市在教育、医疗、文化等方面发展水平相对接近。这两个因素会促进基础设施的共建和协调。例如，互补的产业布局需要更好的交通、信息和物流网络来连接各个城市，而教育和医疗资源的共享也需要便捷的交通网络和通信设施。迪朗东（2015）在其研究中提到，城市之间的经济关联和互补性，需要依靠高效的基础设施网络进行支撑，这也说明了产业布局协调和社会发展协调与基础设施协调的关联。其次，东北地区与其他地区存在明显的经济和社会差异。过去几十年中，东北地区经历了从老工业基地到面临许多经济困难的转变。尽管东北地区也进行了一系列的改革，但与东部和中部地区相比，其改革步伐较慢，导致其社会经济发展落后。这种情况下，东北的城市群可能在产业布局和社会发展方面存在较大的差异，从而影响到基础设施协调的发展。德斯梅特（2017）在他们的研究中指出，地区之间的经济和社会差异，尤其是那些曾经是工业重镇但现在经济较为落后的地区，往往在基础设施建设和协调方面存在挑战。最后，不同地区城市群的作用系数大小不同，可能是由于这些城市群在地理、经济、文化和政策背景方面存在显著差异。例如，长三角、珠三角和京津冀地区由于其经济活力、政策支持和地理位置，可能在产业布局协调、社会发展协调和基础设施协调方面表现得更为出色。而像中西部地区的城市群，由于其地理位置偏远、经济基础较弱和政策支持相对较少，可能在这些方面的发展会有所滞后。正如高伯特（2018）强调，不同地区的经济和社会背景对其产业布局、社会发展和基础设施的影响是不同的，需要因地制宜地制定政策。

第三，西部非国家中心城市群在追赶国家中心城市群的过程中，其产业布局和社会发展都对基础设施提出了新的需求，不同的空间构型进一步加剧了这种差异。具体来看，首先，中国西部尤其是非国家中心城市群，相对于东部和沿海地区来说，经济发展起步较晚，其发展模式和速度也与国家中心城市群存在差异。基于藤田宏（2011）等的城市系统模型，一些城市因为其地理位置和资源禀赋容易成为经济增长的核心地带。国家中心城市群由于其特殊的地理位置和政策倾斜，已经建立起比较完善的产业链和基础设施。其次，当产业布局更协调，也意味着各产业间的连接和依赖更为紧密，对于高效、现代化的基础设施需求也随之增加，非国家中心城市群在追赶国家中心城市群的过程中，需要更加注重产业布局与基础设施之间的协同（张健等，2018）。再次，社会发展与基础设施之间的关系在经济学中有广泛的讨论。例如，良好的社会发展需要适当的医疗、教育、交通等基础设施支持。杜兰顿与普加（2020）指出，城市的扩张和社会发展对基础设施的需求是巨大的，这也反映在西部非国家中心城市群的快速发展中。最后，西部地区由于其独特的地理条件和历史背景，使其空间布局与东部城市群存在显著差异。空间构型和基础设施的建设紧密相关（刘伟等，2019）。

### 8.1.3.3　政策含义

本节通过建构基础设施视角的城市群高质量协调发展理论框架，将基础设施、产业布局及社会发展协调水平作为核心变量，对城市群产业布局协调水平与社会发展协调水平对基础设施协调水平是否存在影响进行了实证分析，并设计了内生性检验、稳健性检验以及大量的异质性分析以验证和细化实证结果。通过上述分析，得出产业布局协调水平与社会发展协调水平对基础设施协调水平存在促进作用，因此，通过政策提升产业布局协调水平和社会发展协调水平以促进基础设施协调水平的提升是可能的，通过促进城市群高质量协调发展破解城市群内卷困境，特别是西部城市群的内卷困境是可能的。

第一，通过提升城市群产业布局协调促进城市群基础设施协调。从国家层级、区域层级以及城市层级三个层级做好产业布局顶层设计，节约企业成本及交易成本，提高企业效率，促进资源配置效率，提高空间承载力，促进空间利用最优化，促进绿色发展，从而通过促进产业布局协调强化城市群区际竞争、扩张财政预算、提效行政系统，促进城市群基础设施协调。政府同时要发挥主观能动性，做有为政府，主动提高行政效率。

第二，通过提升城市群社会发展协调促进城市群基础设施协调。坚持提高居民生活质量、提高居民人均可支配收入、降低地区恩格尔系数，促进科技教育的发展、降低失业率、合理扩展与配置医疗卫生资源、提高生态文明建设对基础设施协调产生作用。

第三，针对城市群的不同类型设计不同的路径。对于东北城市群，除了要关注产业布局协调对基础设施协调的作用外，还要特别控制社会发展协调的程度，保持城市群极化水平在可控范围内，合理促进城市群整体的耦合协调水平，推动城市群到高水平高协调区间；对于中部城市群、东部城市群及西部城市群，这三类城市群情况类似，要尽可能产业布局协调与社会发展协调共同促进，并发掘未被验证但依旧可能的交互作用，促进基础设施协调。对于西部城市群其子类城市群，同样要尽可能使得产业布局协调与社会发展协调共同促进，并发掘未被验证但依旧可能的交互作用，特别的西部边疆城市群中产业布局协调与社会发展协调存在拮抗作用，要发掘拮抗机制，并控制极化与发展水平；对西部国家中心城市群，要继续促进社会发展协调对基础设施协调的增进作用，发掘产业布局协调对基础设施协调的细化作用机制，保持适当的极化水平，促进耦合协调度的整体提升。

## 8.2　基于产业布局视角的西部城市群高质量协调发展研究

### 8.2.1　研究目的与方法

#### 8.2.1.1　研究目的

本节将产业布局作为被影响的对象，探讨城市群基础设施协调水平和社会发展协调水平对城市群产业布局协调水平的影响。即本节的核心问题是"城市群基础设施的协调水平是否影响产业布局的协调水平？若存在，通过什么机制产生何种影响？""城市群社会发展的协调水平是否影响产业布局的协调水平？若存在，通过何种机制产生何种影响？""城市群基础设施协调水平和社会发展协调水平的交互作用是否能够影响产业布局的协调水平？"要回答这些问题，首先要对社会发展协调水平与基础设施发展协调水平对产业布局协调水平的影响进行理论分析。

在社会发展方面，社会发展可以通过扩大和差异化市场、增强行政反馈信号、促进政企互通来影响产业布局。一方面，开放的社会风气，足够的社会支持，使得居民的消费呈现多样、差异化而扩大的趋势，这就为产业发展提供了市场需求基础，产业布局就有了基础动力，因此社会发展协调可以通过扩大和差异化市场需求的路径从动力层面上影响产业布局的协调。另一方面，产业格局是产业在空间上的分布，这种分布受制于自然禀赋、要素储备、技术水平、网络可达性及政策设计，其中特别强调政策影响产业格局的主观能动性作用，政府可以通过政策设计改变影响产业格局因素的内在结构，从而使得产业格局发生变化。这就意味着产业布局协调受到政府是否有产业布局规划决策及其相关决策的水平。社会发展又能通过增强行政反馈信号、促进政企互通来影响产业布局。

在基础设施方面，基础设施特别是经济型基础设施通过提高要素生产率、降低企业成本以及提高交易效率，提高企业生产效率来影响产业布局。能源基础设施包括各式发电厂、输电网络、变电所、自来水管、油管及天然气管等输送管线为产业发展供应水、电等能源；通信基础设施包括邮政系统、电话线路、互联网等为产业布局提供信息线路；交通基础设施包括飞机场、港口、公共道路、停车场、铁路基础设施、大众运输系统等为产业布局提供资源运送渠道；科技教育基础设施为产业提供创新能力、技术支持和人才供应。即便是文化基础设施、环保基础设施等福利性、社会性基础设施也能通过借由良好的社会风气及足够的社会支撑促进企业员工的工作效率以促进产业布局的发展、协调。

综合以上理论，提出研究假设：

H1：城市群社会发展协调水平的提升可以促进产业布局协调水平的提升。

H2：城市群基础设施协调水平的提升可以促进产业布局协调水平的提升。

H3：城市群基础设施协调与社会发展协调的交互作用可以促进产业布局协调水平的提升。

#### 8.2.1.2 测度方法

分析西部城市群的问题不应仅从其自身发展情况出发，还应将其放入全部城市群中，基于西部城市群与其他城市群在产业布局、社会发展、基础设施等方面表现出的差异性特征，分析西部城市群的发展规律。因此本节在实证设计中并未仅限于对于西部城市群的研究，而是以一个更加广泛的视角对研究进行设计。通过双向固定效应模型控制样本固定效应及时间固定效应以减少内生性，引入交互项并分析其边际作用，通过二阶段 GMM 法检验模型内生性，再进行异质性分组回归探究影响规律，最后进行稳健性检验确保结论的稳健。

首先，对于双向固定效应的模型设定。双向固定效应模型即同时控制时间固定效应及个体固定效应的面板数据模型。个体固定效应可以通过捕捉不随时间变化的个体之间的差异以克服遗漏变量的问题，时间固定效应可以通过控制不随个体变化但随着时间而变化的变量以解决遗漏变量问题。

为研究基础设施协调水平、社会发展协调水平及其交互项对产业布局协调水平的影响，设定以下模型：

$$Y_i = \alpha_0 + \alpha_1 sc_i + \alpha_2 fc_i + \alpha_3 sc_i \times fc_i + \beta\, Control + \varepsilon_i \qquad (8-2)$$

其中，被解释变量 $Y_i$ 为 i 城市的产业布局协调水平（所用数据为本书第 6 章第 1 小节测算得到的基础设施耦合协调度），核心解释变量为 i 城市的社会发展协调水平 $sc_i$ 和基础设施耦合协调水平 $fc_i$ 以及二者的中心化交互项 $sc_i \times fc_i$，控制变量通过 pdslasso 命令筛选后，使用社会消费品零售总额以控制金融因素和市场活跃因素对回归结果的影响。

其次，对于内生性检验。为排除模型的内生性因素，并控制异方差或自相关的情况，我们使用二阶段 GMM 法对模型进行内生性检验。

再次，对于稳健性检验。为排除回归结果的随机性，我们使用变量替换、截尾处理来进行稳健性检验。将被解释变量耦合协调度替换为发展水平；以及由于耦合协调度的分布大部分属于正态右侧长尾，因此选择 0~95% 水平的截尾处理对模型进行再回归。

最后，对于异质性检验。为检验社会发展协调与基础设施协调及其交互项对产业布局协调的影响在不同城市群子样本下的差异，以探索相关规律，研究政策路径，我们首先对全国城市群分为东北部城市群、东部城市群、中部城市群、西部城市群并分别检验其异质性作用，再将西部城市群分为国家中心城市群与非国家中心城市群、边疆城市群与内陆城市群、西南城市群与西北城市群对西部城市群进行分类型异质性检验。

### 8.2.2 测算结果与回归分析

#### 8.2.2.1 基准回归

为研究全部城市群中基础设施协调水平与社会发展协调水平对产业布局协调水平的影响及二者交互作用对产业布局协调水平的影响，使用包含交互项的双重固定效应模型对其进行回归分析，结果如表 8-13 所示。

由表 8-13 可知，在全国城市群样本中，包括辽中南城市群、哈长城市群、京津冀城市群、山东半岛城城市群、长三角城市群、粤闽浙沿海城市群、珠三角城市群、晋中城市群、中原城市群、长江中游城市群、呼包鄂榆城市群、成渝城市群、黔中城市群、滇中城市群、关中平原城市群、北部湾城市群、宁夏沿黄城市群、兰西城市群、天山北坡城市群 19 个城市群，其社会发展协调水平与产业布局协调水平呈正相关关系，基础设施协调水平与产业布局协调水平呈正相关关系，社会发展协调水平与基础设施协调水平对产业布局协调水平影响的调节作用不显著。总体来讲，在全国城市群中，社会发展协调水平与基础设施协调水平均对产业布局协调存在促进作用，但社会发展协调水平与基础设施协调水平对产业布局协调水平的促进作用相对独立，不存在显著的拮抗或协同关系。

表 8-13　　　　　全部城市群中社会发展协调与基础设施协调对产业布局协调的影响

| 变量 | dc | | | |
|---|---|---|---|---|
| sc | 0. 188481 **<br>(0. 0384) | 0. 188139 **<br>(0. 0083) | 0. 224762 **<br>(0. 0211) | 0. 226704 **<br>(0. 0217) |
| fc | 0. 581609 ***<br>(0. 000) | 0. 582126<br>(0. 4211) | 0. 600625 ***<br>(0. 000) | 0. 598977 ***<br>(0. 000) |
| central_scxfc | | | - 1. 096126<br>(0. 1348) | - 1. 115267<br>(0. 1347) |
| 社会零售总额取对数 | | 0. 00155992<br>(0. 9464) | | - 0. 00597592<br>(0. 8079) |
| _cons | 0. 100084 ***<br>(0. 000) | 0. 0696806<br>(0. 8775) | 0. 0908642 ***<br>(0. 000) | 0. 207176<br>(0. 6653) |
| Year | Yes | Yes | Yes | Yes |
| id | Yes | Yes | Yes | Yes |
| N | 171 | 171 | 171 | 171 |
| Adj. R - Square | 0. 760 | 0. 758 | 0. 763 | 0. 761 |

注：***、**分别表示在 1%、5% 水平上显著。

#### 8.2.2.2　内生性检验

由于模型存在共线性等内部问题，因此通过内生性检验得到 P 值为 0.0764，拒绝原假设，说明模型存在内生性问题。

根据本书对象的特点和反复尝试，本书选取社会发展水平、基础设施发展水平、社会发展与基础设施发展水平中心化交互项作为社会发展协调水平、基础设施协调水平、二者中心化交互项的工具变量。为验证式（8-2）具备一定的科学性和合理性，研究进一步对上述模型进行内生性检验，结果见表 8-14。

表 8-14　　　　　基于产业布局视角的城市群高质量协调发展内生性检验

| 变量 | 基准回归 | 2 阶段 GMM |
|---|---|---|
| sc | 0. 226704 **<br>(0. 0217) | 0. 484526 ***<br>(0. 000) |
| fc | 0. 598977 ***<br>(0. 000) | 0. 273711 **<br>(0. 020) |
| central_scxfc | - 1. 115267<br>(0. 1347) | 0. 122311<br>(0. 844) |

续表

| 变量 | 基准回归 | 2 阶段 GMM |
|---|---|---|
| 社会零售总额取对数 | -0.00597592<br>(0.8079) | 0.000095<br>(0.939) |
| _cons | 0.207176<br>(0.6653) | 0.103355***<br>(0.000) |
| N | 171 | 171 |
| Adj. R - Square | 0.7610 | 0.7420 |

注：***、** 分别表示在1%、5%水平上显著。

　　根据表 8 - 14 可知内生性检验结果显著，论证了研究结论的合理性。为了进一步证明工具变量选取的合理性，进一步对式（8 -2）进行识别不足检验和弱工具变量检验，其中式（8 -2）的识别不足鉴定均为 0.000，拒绝原假设，说明不存在识别不足的问题。对式（8 -2）的弱工具变量检验 Cragg - Donald F 的值大于 5% 的临界值，因此说明拒绝原假设，所选工具变量合理。

### 8.2.2.3　稳健性检验

　　为排除回归结果的随机性，我们分别使用变量替换和截尾处理的方法来进行稳健性检验。对于变量替换的方法，本书将被解释变量产业布局协调水平替换为产业布局发展水平进行检验；对于截尾处理的方法，因为衡量协调水平所用数据（耦合协调度）的分布大部分属于正态右侧长尾，因此选择 0 ~95% 水平的截尾处理对模型进行再回归。稳健性结果表明模型通过稳健性检验，说明了基本回归结果的合理性，即城市群基础设施协调水平与社会发展协调水平的提升可以促进产业布局协调水平的提升，但是基础设施协调与社会发展协调的交互作用不能显著促进产业布局水平的提升。因此，研究假设 H1、H2 能够通过检验，研究假设 H3 不能通过检验。表 8 - 15 为变量替换的稳健性检验，表 8 - 16 为 0 ~95% 截尾的稳健性检验。

表 8 -15　　　　　　　　　　　　变量替换的稳健性检验

| 变量 | 耦合协调度作为被解释变量 | 发展水平作为被解释变量 |
|---|---|---|
| sc | 0.226704**<br>(0.0217) | 0.307**<br>(0.0377) |
| fc | 0.598977***<br>(0.000) | 0.706***<br>(0.000) |
| central_scxfc | -1.115267<br>(0.1347) | -5.007<br>(0.1347) |
| 社会零售总额取对数 | -0.00597592<br>(0.8079) | -0.015<br>(0.5517) |
| _cons | 0.207176<br>(0.6653) | 0.413<br>(0.3951) |
| N | 171 | 171 |
| Adj. R - Square | 0.7610 | 0.7831 |

注：***、** 分别表示在1%、5%水平上显著。

表 8 - 16　　　　　　　　　　　　　0 ~ 95% 截尾的稳健性检验

| 变量 | 基准回归 | 0 ~ 95% 缩尾 |
|---|---|---|
| sc | 0. 226704 **<br>(0. 0217) | 0. 227000 **<br>(0. 0217) |
| fc | 0. 598977 ***<br>(0. 000) | 0. 599000 ***<br>(0. 000) |
| central_scxfc | − 1. 115267<br>(0. 1347) | − 1. 115000<br>(0. 1347) |
| 社会零售总额取对数 | − 0. 00597592<br>(0. 8079) | − 0. 006000<br>(0. 8079) |
| _cons | 0. 207176<br>(0. 6653) | 0. 207000<br>(0. 6653) |
| N | 171 | 171 |
| Adj. R - Square | 0. 7610 | 0. 7607 |

注：***、** 分别表示在 1%、5% 水平上显著。

#### 8. 2. 2. 4　异质性检验

为探究基础设施协调水平与社会发展协调水平对产业布局协调水平的影响在不同城市群样本中的差异，首先对东北城市群、东部城市群、中部城市群、西部城市群进行异质性检验，其次对西部城市群进行不同空间构型下的异质性检验，包括西部国家中心城市群与西部非国家中心城市群、西部边疆城市群与西部内陆城市群、西部西南城市群与西部西北城市群。

首先对东北城市群、东部城市群、中部城市群、西部城市群进行异质性检验，检验结果如表 8 - 17 至表 8 - 20 所示。

表 8 - 17　　　　　　　　　　　　　东北城市群异质性检验

| 变量 | dc | | | |
|---|---|---|---|---|
| sc | 0. 448615<br>(0. 4135) | 0. 245938<br>(0. 7720) | 0. 142107<br>(0. 7766) | 0. 00457110<br>(0. 9937) |
| fc | 0. 559550<br>(0. 1241) | 0. 676459<br>(0. 3262) | 0. 572254 *<br>(0. 0687) | 0. 659960<br>(0. 1267) |
| central_scxfc | | | 11. 74574 **<br>(0. 0349) | 11. 14649 **<br>(0. 0370) |
| 社会零售总额取对数 | | − 0. 305507<br>(0. 283) | | − 0. 230887<br>(0. 1677) |
| _cons | 0. 0618985<br>(0. 3638) | 5. 807254<br>(0. 3239) | 0. 110712 *<br>(0. 0980) | 4. 450279<br>(0. 1634) |
| Year | Yes | Yes | Yes | Yes |
| id | Yes | Yes | Yes | Yes |
| N | 18 | 18 | 18 | 18 |
| Adj. R - Square | 0. 711 | 0. 703 | 0. 884 | 0. 894 |

注：**、* 分别表示在 5%、10% 水平上显著。

　　由表 8 - 17 可知，在东北部城市群样本中，包括辽中南城市群及哈长城市群 2 个城市群，其社会发展协调水平与产业布局协调水平无显著相关关系，产业布局协调水平与基础设施协调水平无显著相关关系，社会发展协调水平与产业布局协调水平的交互作用对基础设施协调水平具有显著正向作用。说明在东北城市群中，社会发展协调与基础设施协调对产业布局协调均不存在显著的相关关系，但二者交互作用对产业布局协调存在显著的正向关系，即社会发展协调与基础设施协调需协同对产业布局协调产生影响。

表 8 - 18　　　　　　　　　　　　　东部城市群异质性检验

| 变量 | dc | | | |
|---|---|---|---|---|
| sc | 0. 407507 *<br>(0. 0982) | 0. 355710<br>(0. 1384) | 0. 408389<br>(0. 1023) | 0. 345067<br>(0. 1520) |
| fc | 0. 482587 **<br>(0. 0411) | 0. 541475 **<br>(0. 0346) | 0. 479995 **<br>(0. 0478) | 0. 558704 **<br>(0. 0416) |
| central_scxfc | | | 0. 332793<br>(0. 9189) | - 1. 073691<br>(0. 7906) |
| 社会零售总额取对数 | | - 0. 135327<br>(0. 1670) | | - 0. 155702<br>(0. 2596) |
| _cons | 0. 0728050 **<br>(0. 0333) | 2. 707751<br>(0. 1550) | 0. 0724077 **<br>(0. 0332) | 3. 105744<br>(0. 2478) |
| Year | Yes | Yes | Yes | Yes |
| id | Yes | Yes | Yes | Yes |
| N | 45 | 45 | 45 | 45 |
| Adj. R - Square | 0. 717 | 0. 715 | 0. 706 | 0. 704 |

注：** 、* 分别表示在 5% 、10% 水平上显著。

　　由表 8 - 18 可知，在东部城市群样本中，包括京津冀城市群、山东半岛城城市群、长三角城市群、粤闽浙沿海城市群、珠三角城市群 5 个城市群，其社会发展协调水平与产业布局协调水平无显著相关关系，产业布局协调水平与基础设施协调水平呈正相关关系，社会发展协调水平与产业布局协调水平的交互项对基础设施协调水平的作用不显著。

表 8 - 19　　　　　　　　　　　　　中部城市群异质性检验

| 变量 | dc | | | |
|---|---|---|---|---|
| sc | 0. 374100<br>(0. 3275) | 0. 467409<br>(0. 2324) | 0. 544006<br>(0. 2005) | 0. 693497<br>(0. 1107) |
| fc | 0. 527068 **<br>(0. 0760) | 0. 465487 *<br>(0. 1112) | 0. 672377 **<br>(0. 0220) | 0. 603202 **<br>(0. 0311) |
| central_scxfc | | | - 4. 498082 *<br>(0. 0925) | - 5. 013243<br>(0. 1176) |
| 社会零售总额取对数 | | 0. 136847<br>(0. 3044) | | 0. 190703<br>(0. 1873) |
| _cons | 0. 100336 *<br>(0. 1062) | - 2. 477298<br>(0. 3226) | 0. 0448319<br>(0. 4266) | - 3. 553591<br>(0. 1928) |

续表

| 变量 | dc | | | |
|---|---|---|---|---|
| Year | Yes | Yes | Yes | Yes |
| id | Yes | Yes | Yes | Yes |
| N | 27 | 27 | 27 | 27 |
| Adj. R – Square | 0.636 | 0.619 | 0.673 | 0.673 |

注：** 、* 分别表示在 5%、10% 水平上显著。

由表 8 - 19 可知，在中部城市群样本中，包括晋中城市群、中原城市群、长江中游城市群 3 个城市群，其社会发展协调水平与产业布局协调水平无显著相关关系，产业布局协调水平与基础设施协调水平呈正相关关系，社会发展协调水平与产业布局协调水平交互项对基础设施协调水平的影响不显著。

表 8 - 20　　　　　　　　　　　　西部城市群异质性检验

| 变量 | dc | | | |
|---|---|---|---|---|
| sc | 0.0193921<br>(0.8670) | 0.0150658<br>(0.9011) | 0.0486398<br>(0.6932) | 0.0450975<br>(0.7299) |
| fc | 0.699079 ***<br>(0.000) | 0.704361 ***<br>(0.000) | 0.710911 ***<br>(0.000) | 0.715065 ***<br>(0.000) |
| central_scxfc | | | -0.818337<br>(0.494) | -0.815395<br>(0.5190) |
| 社会零售总额取对数 | | 0.00434045<br>(0.8927) | | 0.00344833<br>(0.9152) |
| _cons | 0.125616 ***<br>(0.000) | 0.0539248<br>(0.9182) | 0.119897 ***<br>(0.000) | 0.0629610<br>(0.9049) |
| Year | Yes | Yes | Yes | Yes |
| id | Yes | Yes | Yes | Yes |
| N | 81 | 81 | 81 | 81 |
| Adj. R – Square | 0.781 | 0.777 | 0.779 | 0.775 |

注：*** 表示在 1% 水平上显著。

由表 8 - 20 可知，在西部城市群样本中，包括呼包鄂榆城市群、成渝城市群、黔中城市群、滇中城市群、关中平原城市群、北部湾城市群、宁夏沿黄城市群、兰西城市群、天山北坡城市群 9 个城市群，其社会发展协调水平与产业布局协调水平无显著相关关系，产业布局协调水平与基础设施协调水平呈正相关关系，社会发展协调水平与产业布局协调水平交互项对基础设施协调水平没有显著影响。

综上所述，对全样本和分地区城市群样本的异质性检验进行对比，如表 8 - 21 所示。

表 8 - 21　　　　　　　全样本、东北部、东部、中部、西部异质性检验的回归对比

| 变量 | 全样本 | 东北部 | 东部 | 中部 | 西部 |
|---|---|---|---|---|---|
| sc | 0.226704 **<br>(0.0217) | 0.00457110<br>(0.9937) | 0.345067<br>(0.1520) | 0.693497<br>(0.1107) | 0.0450975<br>(0.7299) |

续表

| 变量 | 全样本 | 东北部 | 东部 | 中部 | 西部 |
|---|---|---|---|---|---|
| fc | 0.598977 *** (0.000) | 0.659960 (0.1267) | 0.558704 ** (0.0416) | 0.603202 ** (0.0311) | 0.715065 *** (0.000) |
| central_scxfc | −1.115267 (0.1347) | 11.14649 ** (0.0370) | −1.073691 (0.7906) | −5.013243 (0.1176) | −0.815395 (0.5190) |
| 社会零售总额取对数 | −0.00597592 (0.8079) | −0.230887 (0.1677) | −0.155702 (0.2596) | 0.190703 (0.1873) | 0.00344833 (0.9152) |
| _cons | 0.207176 (0.6653) | 4.450279 (0.1634) | 3.105744 (0.2478) | −3.553591 (0.1928) | 0.0629610 (0.9049) |
| Year | 171 | Yes | Yes | Yes | Yes |
| id | 0.7610 | Yes | Yes | Yes | Yes |
| N | 171 | 18 | 45 | 27 | 81 |
| Adj. R – Square | 0.761 | 0.894 | 0.704 | 0.673 | 0.775 |

注：*** 、** 分别表示在1%、5%水平上显著。

由表8-21可知，虽然全样本下社会发展协调水平和基础设施协调水平均对产业布局协调水平具有显著正向影响，但是在按照区域经济板块进行分样本异质性检验时，社会发展协调水平对产业布局协调水平的影响均未通过显著性检验，除东北部城市群之外，其他分样本基础设施协调水平对产业布局协调水平存在显著的正向作用。然而只有东北城市群中基础设施协调水平和社会发展协调水平的交互作用对产业布局协调水平具有显著正向作用。对于产业布局协调水平的作用，不同地区城市群的作用系数大小不同。西部城市群基础设施协调水平对产业布局协调水平的作用系数最大，为0.715065；中部城市群次之，为0.603202；东部城市群最小，为0.558704，东北部城市群不显著，这说明西部城市群产业布局协调水平受到基础设施协调水平的影响程度最大，东部城市群最小，东北部城市群的影响不明显。

其次，根据国家中心城市群、非国家中心城市群、边疆城市群、内陆城市群、西南城市群、西北城市群等空间构型对西部城市群样本进行异质性检验，检验结果如表8-22所示。

表8-22　　　　　　　　西部城市群分类型异质性检验对比

| 变量 | 西部城市群 | 国家中心城市群 | 非国家中心城市群 | 边疆城市群 | 内陆城市群 | 西南城市群 | 西北城市群 |
|---|---|---|---|---|---|---|---|
| sc | 0.0450975 (0.7299) | 0.154302 (0.8257) | −0.00308924 (0.9839) | −0.106587 (0.6719) | 0.203237 (0.3693) | −0.100874 (0.6275) | 0.0528491 (0.8061) |
| fc | 0.715065 *** (0.000) | 0.454065 (0.5443) | 0.963074 *** (0.000) | 1.113722 ** (0.0152) | 0.465573 * (0.0787) | 0.740182 *** (0.0015) | 0.805793 *** (0.0012) |
| central_scxfc | −0.815395 (0.5190) | −1.474158 (0.7310) | −0.937424 (0.4345) | 0.182855 (0.9827) | 0.755870 (0.6134) | −2.656869 (0.2686) | 0.102423 (0.9383) |
| 社会零售总额取对数 | 0.00344833 (0.9152) | 0.106091 (0.7969) | −0.000265350 (0.9954) | −0.0363551 (0.5179) | 0.0220412 (0.7142) | 0.0150499 (0.7008) | −0.0502741 (0.4000) |
| _cons | 0.0629610 (0.9049) | −1.805213 (0.8122) | 0.0905638 (0.9049) | 0.670251 (0.4606) | −0.233947 (0.8165) | −0.109854 (0.8626) | 0.936208 (0.3481) |
| Year | Yes | Yes | Yes | Yes | Yes | Yes | Yes |
| id | Yes | Yes | Yes | Yes | Yes | Yes | Yes |
| N | 81 | 18 | 63 | 36 | 45 | 36 | 45 |
| Adj. R – Square | 0.775 | 0.568 | 0.803 | 0.787 | 0.760 | 0.762 | 0.782 |

注：*** 、** 、* 分别表示在1%、5%、10%水平上显著。

由表 8 – 22 可知，在西部城市群样本中，包括呼包鄂榆城市群、成渝城市群、黔中城市群、滇中城市群、关中平原城市群、北部湾城市群、宁夏沿黄城市群、兰西城市群、天山北坡城市群 9 个城市群，其社会发展协调水平与产业布局协调水平无显著相关关系，产业布局协调水平与基础设施协调水平呈正相关关系，社会发展协调水平与产业布局协调水平对基础设施协调水平影响的调节作用不显著。总体来讲，在西部城市群中，社会发展协调与产业布局协调不存在显著的相关关系，基础设施协调对产业布局协调存在显著的正向关系，社会发展协调与基础设施协调对产业布局协调的正向作用相对独立，不存在显著的拮抗或协同关系。理论上社会发展协调及产业布局协调可能分别通过扩大和差异化市场、增强行政反馈信号、提高企业生产效率来对产业布局协调产生作用。而且这种协调作用相对均衡，极化作用与发展水平的上升没有使得基础协调水平表现出显著的变动。

纵向来看，在西部国家中心城市群样本中，包括成渝城市群和关中平原城市群 2 个城市群，其社会发展协调水平与产业布局协调水平无显著相关关系，产业布局协调水平与基础设施协调水平无显著相关关系，社会发展协调水平与产业布局协调水平对基础设施协调水平影响的调节作用不显著。在西部非国家中心城市群样本中，包括呼包鄂榆城市群、黔中城市群、滇中城市群、北部湾城市群、宁夏沿黄城市群、兰西城市群、天山北坡城市群 7 个城市群，其社会发展协调水平与产业布局协调水平无显著相关关系，产业布局协调水平与基础设施协调水平呈正相关关系，社会发展协调水平与产业布局协调水平对基础设施协调水平影响的调节作用不显著。在西部边疆城市群样本中，包括北部湾城市群、呼包鄂榆城市群、滇中城市群、天山北坡城市群 4 个城市群，其社会发展协调水平与产业布局协调水平无显著相关关系，产业布局协调水平与基础设施协调水平呈正相关关系，社会发展协调水平与产业布局协调水平对基础设施协调水平影响的调节作用不显著。在西部内陆城市群样本中，包括成渝城市群、黔中城市群、关中平原城市群、宁夏沿黄城市群、兰西城市群 5 个城市群，其社会发展协调水平与产业布局协调水平无显著相关关系，产业布局协调水平与基础设施协调水平呈正相关关系，社会发展协调水平与产业布局协调水平对基础设施协调水平影响的调节作用不显著。在西部西南城市群样本中，包括成渝城市群、北部湾城市群、黔中城市群、滇中城市群 4 个城市群，其社会发展协调水平与产业布局协调水平无显著相关关系，产业布局协调水平与基础设施协调水平呈正相关关系，社会发展协调水平与产业布局协调水平对基础设施协调水平影响的调节作用不显著。在西部西北城市群样本中，包括呼包鄂榆城市群、关中平原城市群、宁夏沿黄城市群、兰西城市群、天山北坡城市群 5 个城市群，其社会发展协调水平与产业布局协调水平无显著相关关系，产业布局协调水平与基础设施协调水平呈正相关关系，社会发展协调水平与产业布局协调水平对基础设施协调水平影响的调节作用不显著。

横向来看，由表 8 – 21 可知，西部城市群中，对于社会发展协调水平的作用，无论从全样本还是分样本的角度来看，社会发展协调水平均未对产业布局协调水平产生显著影响。对于基础设施协调水平的作用，除了国家中心城市群之外，无论从全样本还是分样本的角度来看，基础设施协调水平对产业布局协调水平均具有显著的正向作用，并且不同空间构型城市群的作用系数大小不同。其中，边疆城市群基础设施水平对产业布局协调水平的作用系数最大，为 1. 113722；非国家中心城市群次之，为 0. 963074；西部内陆城市群最小，为 0. 465573，这说明西部城市群中，边疆城市群产业布局协调水平受到基础设施协调水平的影响程度最大，西部内陆城市群最小，这可能是由于越发达的城市群基础设施相对更加完善，因此基础设施建设的边际效应降低。

## 8.2.3　研究发现与政策含义

### 8.2.3.1　研究发现

本节基于产业布局、社会发展以及基础设施的相关理论，提出了"城市群社会发展协调水平的提升可以促进产业布局协调水平的提升""城市群基础设施协调水平的提升可以促进产业布局协调水平的提升""城市群基础设施协调与社会发展协调的交互作用可以促进产业布局协调水平的提升"三个研究假设，构建双向固定效应模型，对城市群产业布局协调水平、社会发展协调水平及其交互项对基础设施协调水平的影响进行了检验，并根据区域经济板块以及西部城市群空间构型分别对全部城市群和西部城市群内部进行异质性检验，得出以下研究发现：

第一，城市群基础设施协调水平与社会发展协调水平的提升可以促进产业布局协调水平的提升，但是基础设施协调与社会发展协调的交互作用不能显著促进产业布局水平的提升。城市群全样本的基本回归模型通过了稳健性检验，说明了基本回归结果的合理性。根据基本回归结果显示，城市群社会发展协调水平对产业布局协调水平具有显著的促进作用；城市群基础设施协调水平对产业布局协调水平具有显著的促进作用；城市群社会发展协调水平和基础设施协调水平的交互项对产业布局协调水平没有显著促进作用，说明社会发展协调水平和基础设施协调水平对产业布局协调水平的作用相对独立。

第二，根据区域经济板块的异质性检验结果显示，东北部、东部、中部、西部城市群分样本的社会发展协调水平对产业布局协调水平的影响均不显著，西部城市群分样本的基础设施协调水平对产业布局协调水平的影响最大，东部最小，东北部不显著。在东北部城市群样本中，社会发展协调水平与产业布局协调水平无显著相关关系，产业布局协调水平与基础设施协调水平无显著相关关系，社会发展协调水平与产业布局协调水平的交互作用对基础设施协调水平具有显著正向作用。这说明在东北城市群中，社会发展协调与基础设施协调对产业布局协调均不存在显著的相关关系，但二者交互作用对产业布局协调存在显著的正向关系，即社会发展协调与基础设施协调需协同对产业布局协调产生影响。在东部城市群样本中，社会发展协调水平与产业布局协调水平无显著相关关系，产业布局协调水平与基础设施协调水平呈正相关关系，社会发展协调水平与产业布局协调水平的交互项对基础设施协调水平的作用不显著。在中部城市群样本中，社会发展协调水平与产业布局协调水平无显著相关关系，产业布局协调水平与基础设施协调水平呈正相关关系，社会发展协调水平与产业布局协调水平交互项对基础设施协调水平的影响不显著。在西部城市群样本中，社会发展协调水平与产业布局协调水平无显著相关关系，产业布局协调水平与基础设施协调水平呈正相关关系，社会发展协调水平与产业布局协调水平交互项对基础设施协调水平没有显著影响。虽然全样本下社会发展协调水平和基础设施协调水平均对产业布局协调水平具有显著正向影响，但是在按照区域经济板块进行分样本异质性检验时，社会发展协调水平对产业布局协调水平的影响均未通过显著性检验，除东北部城市群之外，其他分样本基础设施协调水平对产业布局协调水平存在显著的正向作用。然而只有东北城市群中基础设施协调水平和社会发展协调水平的交互作用对产业布局协调水平具有显著正向作用。对于产业布局协调水平的作用，不同地区城市群的作用系数大小不同。西部城市群基础设施协调水平对产业布局协调水平的作用系数最大，中部城市群次之，东部城市群最小，东北部城市群不显著。这说明西部城市群产业布局协调水平受到基础设施协调水平的影响程度最大，东部城市群最小，东北部城市群的影响不明显。

第三，根据西部城市群样本内部的异质性检验结果显示，西部城市群中，所有空间构型的城市群社会发展协调水平对产业布局协调水平均没有显著影响，除国家中心城市群外，基础设施协调水平对产业布局协调水平的促进作用均通过显著性检验，且不同空间构型的作用系数大小不同。纵向来看，在西部国家中心城市群样本中，社会发展协调水平与产业布局协调水平无显著相关关系，产业布局协调水平与基础设施协调水平无显著相关关系，社会发展协调水平与产业布局协调水平对基础设施协调水平影响的调节作用不显著。在西部非国家中心城市群样本中，社会发展协调水平与产业布局协调水平无显著相关关系，产业布局协调水平与基础设施协调水平呈正相关关系，社会发展协调水平与产业布局协调水平对基础设施协调水平影响的调节作用不显著。在西部边疆城市群样本中，社会发展协调水平与产业布局协调水平无显著相关关系，产业布局协调水平与基础设施协调水平呈正相关关系，社会发展协调水平与产业布局协调水平对基础设施协调水平影响的调节作用不显著。在西部内陆城市群样本中，社会发展协调水平与产业布局协调水平无显著相关关系，产业布局协调水平与基础设施协调水平呈正相关关系，社会发展协调水平与产业布局协调水平对基础设施协调水平影响的调节作用不显著。在西部西南城市群样本中，社会发展协调水平与产业布局协调水平无显著相关关系，产业布局协调水平与基础设施协调水平呈正相关关系，社会发展协调水平与产业布局协调水平对基础设施协调水平影响的调节作用不显著。在西部西北城市群样本中，社会发展协调水平与产业布局协调水平无显著相关关系，产业布局协调水平与基础设施协调水平呈正相关关系，社会发展协调水平与产业布局协调水平对基础设施协调水平影响的调节作用不显著。横向来看，边疆城市群基础设施水平对产业布局协调水平的作用系数最大，非国家中心城市群次之，国家中心城市群最小，这说明西部城市群中，边疆城市群产业布局协调水平受到基础设施协调水平的影响程度最大，国家中心城市群最小。这可能是由于越发达的城市群基础设施相对更加完善，因此基础设施建设的边际效应降低。

### 8.2.3.2　关于研究发现的进一步讨论

第一，城市群的基础设施和社会发展在某种程度上都可以对产业布局产生积极影响。然而，当我们考虑它们的交互作用时，其对产业布局的影响则相对有限。具体来看，优质的基础设施是产业布局协调的先决条件。一个完善的交通、通信和物流系统可以有效地支持生产、分销和消费的各个环节，从而使得产业得以在更大的地域范围内均衡分布。基础设施投资可以促进区域间和区域内的经济一体化，进而影响产业布局的形成和演变。社会发展的协调水平，包括教育、健康和社区服务等，为企业提供了一个稳定和高效的劳动力市场，从而可以吸引更多的产业投资。高水平的社会发展还能带来更好的生活质量，这也是许多高新技术和创新型企业选择入驻的一个重要因素。虽然基础设施和社会发展在某种程度上都对产业布局有正面影响，但它们之间的交互作用对产业布局的影响则相对有限。这是因为基础设施和社会发展的协调发展，很大程度上是并行的，它们对产业布局的影响更多是各自独立而非相互促进。例如，良好的教育系统可能吸引高技术企业，但如果没有相应的交通和物流支持，其影响将会大打折扣。

第二，各区域经济板块的异质性主要受其历史背景、地理位置、产业结构和政府政策的影响。虽然社会发展对产业布局的协调水平有一定的影响，但这一影响在不同地区是不同的。特别是对于西部地区，由于其独特的地理和经济背景，基础设施的协调水平对产业布局的协调性产生了显著的促进作用。而对于东部地区，由于其经济规模和产业链的完整性，基础设施对产业布局的协调性的影响相对较小。具体来看，东北部是中国早期的工业基地，主要依赖大型国有企业和资源型产业，如煤炭、钢铁和机械制造等。随着经济全球化和中国经济的转型，这些传统产业逐渐丧失了竞争力。虽然东北部地区尝试进行产业转型和升级，但由于受制于历史因素和制度束缚，其进展相对缓慢。因此，即使其社会发展协调水平相对较高，但对产业布局协调水平的影响也不显著。东部地区，尤其是沿海城市，由于其地理位置和早期的改革开放政策，迅速成为中国的经济发展引擎。这些城市集中了大量的高附加值产业，如电子、信息技术和金融等。由于东部地区的经济规模和发展速度，其对基础设施的需求也相对较高。但与此同时，由于产业链的完整性和经济规模的效应，基础设施的协调水平对产业布局协调水平的影响相对较小。中部地区过去被视为中国的"后发地区"，但在近年来，由于国家的发展战略和政策调整，这一地区逐渐崭露头角。尽管中部地区在社会发展和基础设施方面做出了显著的努力，但由于其产业结构仍然相对偏向传统产业，其对产业布局的协调性影响也相对有限。

第三，边疆城市群和非国家中心城市群，由于其独特的地理、经济和文化背景，基础设施的改善可能会显著促进产业布局的协调性，而对于经济相对发达的国家中心城市群，由于其基础设施已经相对完善，进一步的基础设施投资可能不会显著影响其产业布局。具体来看，在许多情况下，社会发展协调水平如教育、健康和社区服务等能够吸引企业投资，并影响产业布局。但在西部城市群，由于发展滞后和边疆的特殊性，即使社会发展达到了较高的协调水平，由于产业基础较弱，可能不足以显著影响其产业布局。基础设施是支持经济活动的重要因素。在内陆和边疆地区，基础设施的改善可能会对产业布局产生更大的影响。这是因为，在这些地区，交通、通信和物流可能是限制经济发展的主要瓶颈。因此，当基础设施得到改善时，产业布局的协调性可能会得到显著的提高。边疆地区由于其地理位置、政治和文化背景，长期以来其基础设施相对薄弱。为了促进边疆地区的经济发展，中国政府在基础设施建设上做出了大量投资。这些投资在短期内可能会导致基础设施对产业布局的显著影响。因此，边疆城市群的基础设施对产业布局的影响最为显著。非国家中心城市群可能包括许多中小城市。在这些城市，由于市场规模较小，经济活动可能受到基础设施的限制。因此，基础设施的改善可能会显著影响这些城市的产业布局。国家中心城市群可能包括许多经济发达、产业链完整的大城市。在这些城市，基础设施可能已经相对发达，因此其对产业布局的进一步影响可能较小。

### 8.2.3.3　政策含义

本节通过建构产业布局视角的城市群高质量协调发展理论框架，将基础设施、产业布局及社会发展协调水平作为核心变量，对城市群中社会发展协调与基础设施协调对产业布局协调是否存在影响及协调作用进行了实证分析，并设计了内生性检验、稳健性检验以及大量的异质性分析以验证和细化实证结果。通过上述分析，得出基础设施协调水平与社会发展协调水平对产业布局协调水平存在促进作用，因此，通过政策提升基础设施协调水平和社会发展协调水平以促进产业布局协调水平的提升是可能的。

第一，通过提升城市群社会发展协调促进城市群产业布局协调。坚持提高居民生活质量、扩大和差异化市场、增强行政反馈信号、促进政企互通来影响产业布局。

第二，通过提升城市群基础设施协调促进城市群产业布局协调。坚持改革顶层设计，优化分权财政，优先建设关键基础设施、瓶颈基础设施并做好基础设施的维护工作，通过提高要素生产率、降低企业成本以及提高交易效率来影响产业布局。

第三，要针对城市群的不同类型设计不同的路径。对于东北城市群，未探测到社会发展协调与基础设施协调对产业布局协调的独立作用，但存在社会发展协调与基础设施协调对产业布局协调的协调作用，要进一步探明机制，发掘从低水平协调到低水平极化、高水平极化到高水平协调的通路；对于中部城市群、东部城市群及西部城市群，这三类城市群情况类似，以促进高质量协调为目的要首先重视发展基础设施协调，并发掘社会发展协调与产业布局协调的内在机制。对于西部城市群其子类城市群，同样要尽可能以促进高质量协调为目的，首先重视发展基础设施协调，并发掘社会发展协调与产业布局协调的内在机制，特别地，对于西部国家中心城市群，未探测到明确的协调关系，这可能是由于过度极化导致的极化水平与发展水平相互抵消，从而使得耦合协调度落于低点，应当保持适当的极化水平，逐渐实现从高水平极化到高水平协调的过渡。

## 8.3　基于社会发展视角的西部城市群高质量协调发展研究

### 8.3.1　研究目的与政策含义

#### 8.3.1.1　研究目的

本节将社会发展作为被影响的对象，探讨城市群基础设施协调水平和产业布局协调水平对城市群社会发展协调水平的影响。即本节的核心问题是"城市群基础设施的协调水平是否影响社会发展的协调水平？若存在，通过什么机制产生何种影响？""城市群产业布局的协调水平是否影响社会发展的协调水平？若存在，通过何种机制产生何种影响？""城市群基础设施协调水平和产业布局协调水平的交互作用是否能够影响社会发展的协调水平?"要回答这些问题,则首先要对产业布局协调水平与基础设施发展协调水平对社会发展协调水平的影响进行理论分析。

在基础设施方面,基础设施分别通过社会性基础设施、经济性基础设施或直接或间接地对社会发展产生影响。社会性基础设施包括教育、科技、医疗卫生、文化及体育、环境保护等社会事业。其中教育基础设施,包括幼儿园、中小学、职业学校、高等院校等,为居民家庭提供孩童子女社会化渠道及各种教育机会;科技基础设施,包括研究机构、实验室等,通过技术创新提高居民生活质量,同时具有一部分经济性基础设施的性质,为企业产品迭代提供技术支撑;医疗卫生基础设施,包括医院、防疫站、养老院等提供医疗保健服务的场所,保障居民的生活健康及生活质量;文化及体育基础设施,包括公园、美术馆、博物馆、运动馆等,为居民提供丰富的文化娱乐服务,以供其休闲娱乐,增进生活品质;环保基础设施,包括废弃物掩埋场、垃圾场、焚化炉、绿化覆盖等,能够维护城市系统的绿色运转,并保障居民的生活健康及生活质量。经济性基础设施包括能源基础设施、通信基础设施、交通基础设施等。能源基础设施,包括输电网络、自来水管、油管及天然气管等输送管线等,除了能为企业提供基础的能源供应,更是居民生活的基础,因此对居民的生活也举足轻重;通信基础设施,包括邮政系统、电话线路、互联网等,也毫无疑问是当代居民生活的基础部分;交通基础设施,包括飞机场、港口、公共道路、停车场、铁路基础设施、大众运输系统等,为居民提供日常的出行渠道。综上,无论是社会性基础设施还是经济型基础设施,都与社会发展紧密相关,甚至可以说没有基础设施,就没有社会发展,因此理论上基础设施协调水平的提升对社会发展协调水平具有促进作用。

在产业布局方面,当城市群中的产业布局处于高度协调状态时,每个城市都能够依据其资源、技能和技术的比较优势进行发展,从而使得整个城市群的资源得到最佳使用效率。例如,一些城市可能因为技术研发能力而成为技术创新中心,而其他城市可能因其地理位置和资源禀赋成为制造或农业中心。这种基于比较优势的产业布局有助于提高生产效率和创造更多的经济价值。当城市群的产业布局协调水平提升,可以为各类人才提供更广泛的就业机会。这不仅提高了城市群的整体就业率,还可以帮助缩小地区间的收入差距。更高的就业率和收入平等性可以带来更高的社会满意度和社会稳定性。产业布局的协调性可以促进技术创新。各城市的产业可以在技术和创新方面互相学习和合作,形成技术创新的合力。技术创新不仅可以提高经济效益,更重要的是,它可以带来社会进步,提高人们的生活水平和生活质量。城市群内部的互动和合作可以加强文化交流,增进各城市之间的了解。这不仅有利于吸引人才、投资和旅游,还可以促进文化的传播和创新,从而丰富社会文化生活。总之,产业布局协调水平的提升可以带来更多的经济机会,促进技术创新,提高就业机会,缩小地区间的差距,促进文化交流,从而推动社会的整体和谐与进步。

综合以上理论,提出研究假设:

H1:城市群基础设施协调水平的提升可以促进社会发展协调水平的提升。

H2:城市群产业布局协调水平的提升可以促进社会发展协调水平的提升。

H3:城市群基础设施协调与产业布局协调的交互作用可以促进社会发展协调水平的提升。

### 8.3.1.2　测度方法

分析西部城市群的问题不应仅从其自身发展情况出发,应将其放入全部城市群中,基于西部城市群与其他城市群在产业布局、社会发展、基础设施等方面表现出的差异性特征,分析西部城市群的发展规律。因此本节在实证设计中并未仅限于西部城市群的研究,而是以一个更加广泛的视角对研究进行设计。先通过双向固定效应模型控制样本固定效应及时间固定效应以减少内生性,引入交互项并分析其边际作用,通过二阶段 GMM 法检验模型内生性,再进行异质性分组回归探究影响规律,最后进行稳健性检验确保结论的稳健。

首先,对于双向固定效应的模型设定。双向固定效应模型即同时控制时间固定效应及个体固定效应的面板数据模型。个体固定效应可以通过捕捉不随时间变化的个体之间的差异以克服遗漏变量的问题,时间固定效应可以通过控制不随个体变化但随着时间而变化的变量以解决遗漏变量问题。

为研究产业布局协调水平、基础设施协调水平及其交互项对社会发展协调水平的影响，设定以下模型：

$$Y_i = \alpha_0 + \alpha_1 fc_i + \alpha_2 dc_i + \alpha_3 fc_i \times dc_i + \beta\, Control + \varepsilon_i \qquad (8-3)$$

其中，被解释变量 $Y_i$ 为 i 城市的社会发展协调水平，核心解释变量为 i 城市的基础设施协调水平$fc_i$ 和产业布局协调水平 $dc_i$ 以及二者的中心化交互项$fc_i \times dc_i$，控制变量通过 pdslasso 命令筛选后，使用人均地区生产总值取对数及居民人均存款余额取对数控制支付转移及金融因素对回归结果的影响。

其次，对于内生性检验。为排除模型的内生性因素，并控制异方差或自相关的情况，我们使用二阶段 GMM 法对模型进行内生性检验。

再次，对于稳健性检验。为排除回归结果的随机性，我们使用变量替换、截尾处理来进行稳健性检验。将被解释变量耦合协调度替换为发展水平；以及由于耦合协调度的分布大部分属于正态右侧长尾，因此选择 0～95% 水平的截尾处理对模型进行再回归。

最后，对于异质性检验。为检验产业布局协调与基础设施协调及其交互项对社会发展协调的影响在不同城市群子样本下的差异，以探索相关规律，研究政策路径，我们首先将全国城市群分为东北部城市群、东部城市群、中部城市群、西部城市群并分别检验其异质性作用，再将西部城市群分为国家中心城市群与非国家中心城市群、边疆城市群与内陆城市群、西南城市群与西北城市群对西部城市群进行分类型异质性检验。

### 8.3.2　测算结果与回归分析

#### 8.3.2.1　基准回归

为研究全部城市群中基础设施协调水平与产业布局协调水平对社会发展协调水平的影响及二者交互作用对社会发展协调水平的影响，使用包含交互项的双重固定效应模型对其进行回归分析，结果如表 8-23 所示。

表 8-23　　全部城市群中产业布局协调与基础设施协调对社会发展协调的影响

| 变量 | sc | | | |
|---|---|---|---|---|
| fc | 0.727387 *** <br> (0.000) | 0.739469 *** <br> (0.000) | 0.663030 *** <br> (0.000) | 0.677628 *** <br> (0.0000) |
| dc | 0.140046 ** <br> (0.0468) | 0.116238 <br> (0.1357) | 0.147462 ** <br> (0.0366) | 0.128706 <br> (0.1037) |
| central_fcxdc | | | 1.832317 ** <br> (0.0189) | 1.669341 ** <br> (0.0493) |
| lnPerGDP | | 0.00836778 <br> (0.6251) | | 0.00931638 <br> (0.5919) |
| lnPerS | | -0.0430995 ** <br> (0.0816) | | -0.0353163 <br> (0.1800) |
| _cons | 0.0317165 ** <br> (0.0106) | 0.532578 ** <br> (0.0630) | 0.0397822 *** <br> (0.0011) | 0.441527 <br> (0.1464) |
| year | Yes | Yes | Yes | Yes |
| id | Yes | Yes | Yes | Yes |
| N | 171 | 152 | 171 | 152 |
| Adj. R-sq | 0.880 | 0.881 | 0.885 | 0.885 |

注：***、** 分别表示在 1%、5% 水平上显著。

由表8-23可知，在全国城市群样本中，包括辽中南城市群、哈长城市群、京津冀城市群、山东半岛城市群、长三角城市群、粤闽浙沿海城市群、珠三角城市群、晋中城市群、中原城市群、长江中游城市群、呼包鄂榆城市群、成渝城市群、黔中城市群、滇中城市群、关中平原城市群、北部湾城市群、宁夏沿黄城市群、兰西城市群、天山北坡城市群十九大城市群，其基础设施协调水平与社会发展协调水平呈正相关关系，产业布局协调水平与社会发展协调水平无显著相关关系，基础设施协调水平与产业布局协调水平的交互作用对社会发展协调水平具有显著正向作用，即基础设施协调水平与产业布局协调水平对社会发展协调水平影响的调节作用为协同作用。

### 8.3.2.2 内生性检验

由于模型存在共线性等内部问题，因此通过内生性检验得到P值为0.001，拒绝原假设，说明模型存在内生性问题。

根据本书对象的特点和反复尝试，本书选取基础设施发展水平、产业布局发展水平、基础设施产业布局发展水平中心化交互项、人均居民储蓄余额取对数项、人均地区生产总值取对数项作为基础设施耦合协调度、产业布局耦合协调度、基础设施产业布局耦合协调度中心化交互项的工具变量。为验证式（8-3）具备一定的科学性和合理性，研究进一步对上述模型进行内生性检验，结果见表8-24。

表8-24　　　　　　　　　　基于社会发展视角的城市群高质量协调发展内生性检验

| 变量 | 基准回归 | 2阶段GMM |
| --- | --- | --- |
| fc | 0.677628 *** <br> (0.0000) | 1.125201 *** <br> (0.000) |
| dc | 0.128706 <br> (0.1037) | -0.149224 <br> (0.166) |
| central_fcxdc | 1.669341 ** <br> (0.0493) | 1.330485 * <br> (0.096) |
| lnPerGDP | 0.00931638 <br> (0.5919) | -0.001454 <br> (0.827) |
| lnPerS | -0.0353163 <br> (0.1800) | -0.002747 <br> (0.698) |
| _cons | 0.441527 <br> (0.1464) | 0.062412 <br> (0.365) |
| N | 152 | 152 |
| Adj. R - Square | 0.8850 | 0.8145 |

注：*** 、** 、* 分别表示在1%、5%、10%水平上显著。

根据表8-24可知内生性检验结果显著，论证了研究结论的合理性。为了进一步证明工具变量选取的合理性，进一步对式（8-3）进行识别不足检验和弱工具变量检验，其中式（8-3）的识别不足鉴定均为0.000，拒绝原假设，说明不存在识别不足的问题。对式（8-3）的弱工具变量检验Cragg-Donald Wald F的值大于5%的临界值，因此说明拒绝原假设，所选工具变量合理。同时，Hansen-J统计量的检验结果高于10%，接受原假设，进一步验证所选模型可以通过过度识别检验。

### 8.3.2.3 稳健性检验

为排除回归结果的随机性，我们分别使用变量替换和截尾处理的方法来进行稳健性检验。对于变量替换的方法，本书将被解释变量社会发展协调水平替换为社会发展水平进行检验；对于截尾处理的方法，因为衡量协调水平所用数据（耦合协调度）的分布大部分属于正态右侧长尾，因此选择 0 ~ 95% 水平的截尾处理对模型进行再回归。稳健性结果表明模型通过稳健性检验，说明了基本回归结果的合理性，即城市群基础设施协调水平的提升可以促进基础设施协调水平的提升，但是产业布局协调水平的提升不能显著促进社会发展协调水平的提升，需要与基础设施协调产生交互作用进而促进社会发展水平的提升。因此，研究假设 H1、H3 能够通过检验，研究假设 H2 不能通过检验。表 8 - 25 为变量替换的稳健性检验，表 8 - 26 为 0 ~ 95% 截尾的稳健性检验。

表 8 - 25　　　　　　　　　　　　变量替换的稳健性检验

| 变量 | 耦合协调度作为被解释变量 | 发展水平作为被解释变量 |
|---|---|---|
| fc | 0.677628 ***<br>(0.0000) | 0.530800 ***<br>(0.000) |
| dc | 0.128706<br>(0.1037) | 0.078019<br>(0.241) |
| central_fcxdc | 1.669341 **<br>(0.0493) | 3.747440 ***<br>(0.000) |
| lnPerGDP | 0.00931638<br>(0.5919) | 0.007308<br>(0.570) |
| lnPerS | - 0.0353163<br>(0.1800) | - 0.024642<br>(0.234) |
| _cons | 0.441527<br>(0.1464) | 0.213162<br>(0.366) |
| N | 152 | 152 |
| Adj. R - Square | 0.8850 | 0.910 |

注：*** 、** 分别表示在1% 、5%水平上显著。

表 8 - 26　　　　　　　　　　　　0 ~ 95% 截尾的稳健性检验

| 变量 | 基准回归 | 0 ~ 95% 截尾 |
|---|---|---|
| fc | 0.677628 ***<br>(0.0000) | 0.531 ***<br>(0.000) |
| dc | 0.128706<br>(0.1037) | 0.078<br>(0.2468) |
| central_fcxdc | 1.669341 **<br>(0.0493) | 3.747 ***<br>(0.000) |
| lnPerGDP | 0.00931638<br>(0.5919) | - 0.007<br>(0.5779) |
| lnPerS | - 0.0353163<br>(0.1800) | - 0.0025<br>(0.2437) |
| _cons | 0.441527<br>(0.1464) | 0.213<br>(0.3744) |
| N | 152 | 152 |
| Adj. R - Square | 0.8850 | 0.9097 |

注：*** 、** 分别表示在1% 、5%水平上显著。

### 8.3.2.4 异质性检验

为探究基础设施协调水平与产业布局协调水平对社会发展协调水平的影响在不同城市群样本中的差异，首先对东北城市群、东部城市群、中部城市群、西部城市群进行异质性检验；其次对西部城市群进行不同空间构型下的异质性检验，包括西部国家中心城市群与西部非国家中心城市群、西部边疆城市群与西部内陆城市群、西部西南城市群与西部西北城市群。

首先对东北城市群、东部城市群、中部城市群、西部城市群进行异质性检验，检验结果如表8-27至表8-30所示。

表8-27　　　　　　　　　　　　　　东北城市群异质性检验

| 变量 | sc | | | |
|---|---|---|---|---|
| fc | 0.480641 ** <br> (0.0166) | 0.176596 <br> (0.5393) | 0.405610 <br> (0.1679) | −0.519152 *** <br> (0.0085) |
| dc | 0.125405 <br> (0.6207) | 0.441543 <br> (0.2945) | 0.264057 <br> (0.5849) | 1.442070 *** <br> (0.0022) |
| central_fcxdc | | | −1.824416 <br> (0.7488) | −8.648300 *** <br> (0.0035) |
| lnPerGDP | | −0.0694273 *** <br> (0.2632) | | −0.0468280 <br> (0.1232) |
| lnPerS | | 0.400297 *** <br> (0.1167) | | 0.595941 *** <br> (0.0100) |
| _cons | 0.0753728 ** <br> (0.1528) | −4.321548 *** <br> (0.1184) | 0.0542021 <br> (0.4701) | −6.694071 *** <br> (0.0080) |
| Year | Yes | Yes | Yes | Yes |
| id | Yes | Yes | Yes | Yes |
| N | 18 | 16 | 18 | 16 |
| Adj. R - sq | 0.928 | 0.937 | 0.914 | 0.999 |

注：*** 、** 分别表示在1%、5%水平上显著。

由表8-27可知，在东北部城市群样本中，包括辽中南城市群及哈长城市群两个城市群，其基础设施协调水平与社会发展协调水平呈负相关关系，产业布局协调水平与社会发展协调水平呈正相关关系，基础设施协调水平与产业布局协调水平的交互项对社会发展协调水平具有显著抑制作用，即基础设施协调水平与产业布局协调水平对社会发展协调水平影响的调节作用为拮抗作用。

表8-28　　　　　　　　　　　　　　东部城市群异质性检验

| 变量 | sc | | | |
|---|---|---|---|---|
| fc | 0.572689 *** <br> (0.000) | 0.580285 *** <br> (0.0007) | 0.565313 *** <br> (0.000) | 0.559358 *** <br> (0.0016) |
| dc | 0.230646 ** <br> (0.0428) | 0.240147 <br> (0.1210) | 0.229703 ** <br> (0.0462) | 0.242930 <br> (0.1205) |

续表

| 变量 | sc | | | |
|---|---|---|---|---|
| central_fcxdc | | | 0.887445<br>(0.6039) | 1.382562<br>(0.6077) |
| lnPerGDP | | −0.0210654<br>(0.8024) | | 0.00952375<br>(0.9282) |
| lnPerS | | 0.0321835<br>(0.4841) | | 0.0373104<br>(0.4699) |
| _cons | 0.0442488 *<br>(0.0601) | −0.281199<br>(0.6168) | 0.0443252 *<br>(0.0642) | −0.438666<br>(0.5553) |
| Year | Yes | Yes | Yes | Yes |
| id | Yes | Yes | Yes | Yes |
| N | 45 | 40 | 45 | 40 |
| Adj. R−sq | 0.868 | 0.860 | 0.864 | 0.856 |

注：*** 、** 、* 分别表示在1%、5%、10%水平上显著。

由表 8－28 可知，在东部城市群样本中，包括京津冀城市群、山东半岛城市群、长三角城市群、粤闽浙沿海城市群、珠三角城市群 5 个城市群，其基础设施协调水平与社会发展协调水平呈正相关关系，产业布局协调水平与社会发展协调水平无显著相关关系，基础设施协调水平与产业布局协调水平对社会发展协调水平影响的调节作用不显著。

表 8 – 29　　　　　　　　　　　　中部城市群异质性检验

| 变量 | sc | | | |
|---|---|---|---|---|
| fc | 0.483903 **<br>(0.0130) | 0.566681 **<br>(0.0317) | 0.267638<br>(0.1547) | 0.243600<br>(0.2473) |
| dc | 0.132009<br>(0.3731) | 0.0448972<br>(0.7828) | 0.235730<br>(0.1197) | 0.187250<br>(0.2646) |
| central_fcxdc | | | 4.183176 **<br>(0.0837) | 5.636169 *<br>(0.0509) |
| lnPerGDP | | −0.0357680<br>(0.8720) | | −0.169379<br>(0.3058) |
| lnPerS | | −0.0642350<br>(0.6936) | | 0.0374822<br>(0.8110) |
| _cons | 0.0759041 **<br>(0.0211) | 0.811599<br>(0.5594) | 0.0836090 ***<br>(0.0134) | −0.0214810<br>(0.9880) |
| Year | Yes | Yes | Yes | Yes |
| id | Yes | Yes | Yes | Yes |
| N | 27 | 24 | 27 | 24 |
| Adj. R−sq | 0.891 | 0.887 | 0.911 | 0.927 |

注：*** 、** 、* 分别表示在1%、5%、10%水平上显著。

由表 8 - 29 可知，在中部城市群样本中，包括晋中城市群、中原城市群、长江中游城市群 3 个城市群，其基础设施协调水平与社会发展协调水平无显著相关关系，产业布局协调水平与社会发展协调水平无显著相关关系，基础设施协调水平与产业布局协调水平的交互项对社会发展协调水平影响为显著正相关，即基础设施协调水平与产业布局协调水平对社会发展协调水平影响的调节作用为协同作用。

表 8 - 30　　　　　　　　　　　　　　　　西部城市群异质性检验

| 变量 | sc | | | |
|---|---|---|---|---|
| fc | 0. 884457 *** (0. 000) | 0. 904285 *** (0. 000) | 0. 832838 *** (0. 000) | 0. 851771 *** (0. 000) |
| dc | 0. 0157304 (0. 8643) | - 0. 0115585 (0. 9115) | 0. 0147716 (0. 8750) | - 0. 0109133 (0. 9175) |
| central_fcxdc | | | 1. 911324 (0. 1441) | 1. 894384 (0. 1701) |
| lnPerGDP | | 0. 0103841 (0. 7027) | | 0. 0117353 (0. 6667) |
| lnPerS | | - 0. 0479897 (0. 3143) | | - 0. 0477882 (0. 3299) |
| _cons | 0. 0365160 * (0. 0791) | 0. 572973 (0. 2697) | 0. 0425881 ** (0. 0152) | 0. 572820 (0. 2800) |
| Year | Yes | Yes | Yes | Yes |
| id | Yes | Yes | Yes | Yes |
| N | 81 | 72 | 81 | 72 |
| Adj. R - sq | 0. 899 | 0. 897 | 0. 901 | 0. 899 |

注: *** 、** 、* 分别表示在 1%、5%、10% 水平上显著。

由表 8 - 30 可知，在西部城市群样本中，包括呼包鄂榆城市群、成渝城市群、黔中城市群、滇中城市群、关中平原城市群、北部湾城市群、宁夏沿黄城市群、兰西城市群、天山北坡城市群 9 个城市群，其基础设施协调水平与社会发展协调水平呈正相关关系，产业布局协调水平与社会发展协调水平无显著相关关系，基础设施协调水平与产业布局协调水平交互项对社会发展协调水平没有显著影响。

综上所述，对全样本和分地区城市群样本的异质性检验进行对比，如表 8 - 31 所示。

表 8 - 31　　　　　全样本、东北部、东部、中部、西部异质性检验的回归对比

| 变量 | 全样本 | 东北部 | 东部 | 中部 | 西部 |
|---|---|---|---|---|---|
| fc | 0. 677628 *** (0. 0000) | - 0. 519152 *** (0. 0085) | 0. 559358 *** (0. 0016) | 0. 243600 (0. 2473) | 0. 851771 *** (0. 000) |
| dc | 0. 128706 (0. 1037) | 1. 442070 *** (0. 0022) | 0. 242930 (0. 1205) | 0. 187250 (0. 2646) | - 0. 0109133 (0. 9175) |
| central_fcxdc | 1. 669341 ** (0. 0493) | - 8. 648300 *** (0. 0035) | 1. 382562 (0. 6077) | 5. 636169 * (0. 0509) | 1. 894384 (0. 1701) |
| lnPerGDP | 0. 00931638 (0. 5919) | - 0. 0468280 (0. 1232) | 0. 00952375 (0. 9282) | - 0. 169379 (0. 3058) | 0. 0117353 (0. 6667) |

续表

| 变量 | 全样本 | 东北部 | 东部 | 中部 | 西部 |
|---|---|---|---|---|---|
| lnPerS | − 0. 0353163<br>（0. 1800） | 0. 595941 ***<br>（0. 0100） | 0. 0373104<br>（0. 4699） | 0. 0374822<br>（0. 8110） | − 0. 0477882<br>（0. 3299） |
| _cons | 0. 441527<br>（0. 1464） | − 6. 694071 ***<br>（0. 0080） | − 0. 438666<br>（0. 5553） | − 0. 0214810<br>（0. 9880） | 0. 572820<br>（0. 2800） |
| Year | Yes | Yes | Yes | Yes | Yes |
| id | Yes | Yes | Yes | Yes | Yes |
| N | 152 | 16 | 40 | 24 | 72 |
| Adj. R − sq | 0. 885 | 0. 999 | 0. 856 | 0. 927 | 0. 899 |

注：***、**、*分别表示在1%、5%、10%水平上显著。

由表 8 - 31 可知，按照区域经济板块进行分样本异质性检验的结果差异较大，在基础设施协调水平的作用方面，除了中部城市群之外，其他城市群基础设施协调水平均对社会发展协调水平有显著影响，但是东北部城市群的基础设施协调水平显著抑制社会发展协调水平，作用系数为 − 0. 519152，东部城市群与西部城市群则对社会发展协调水平具有显著的正向作用，其中西部城市群的作用系数大于东部城市群，说明西部城市群社会发展协调水平受到基础设施协调水平的影响程度大于东部城市群。在产业布局协调水平的作用方面，仅有东北部城市群的产业布局协调水平对社会发展协调水平存在显著的正向作用，作用系数为 1. 442070。

其次，根据国家中心城市群、非国家中心城市群、边疆城市群、内陆城市群、西南城市群、西北城市群等空间构型对西部城市群样本进行异质性检验，检验结果如表 8 - 32 所示。

**表 8 - 32　　　　　　　　　　西部城市群分类型异质性检验对比**

| 变量 | 西部城市群 | 国家中心<br>城市群 | 非国家中心<br>城市群 | 边疆城市群 | 内陆城市群 | 西南城市群 | 西北城市群 |
|---|---|---|---|---|---|---|---|
| fc | 0. 851771 ***<br>（0. 000） | 0. 735895 **<br>（0. 0422） | 0. 828888 ***<br>（0. 0019） | 0. 474797<br>（0. 1999） | 0. 860886 ***<br>（0. 0006） | 0. 644342 ***<br>（0. 0064） | 0. 724670 **<br>（0. 0164） |
| dc | − 0. 0109133<br>（0. 9175） | 0. 571128<br>（0. 1266） | − 0. 0768524<br>（0. 6219） | − 0. 0857200<br>（0. 6616） | 0. 142316<br>（0. 4211） | 0. 0823857<br>（0. 6856） | 0. 167104<br>（0. 4535） |
| central_fcxdc | 1. 894384<br>（0. 1701） | 7. 885984<br>（0. 1553） | 2. 620992<br>（0. 2084） | − 5. 257037<br>（0. 4027） | 1. 188880<br>（0. 3992） | 4. 130405<br>（0. 1651） | 2. 692744<br>（0. 2878） |
| lnPerGDP | 0. 0117353<br>（0. 6667） | 0. 949755 *<br>（0. 0573） | − 0. 00260168<br>（0. 9214） | 0. 00474498<br>（0. 9029） | 0. 0281546<br>（0. 6387） | 0. 151862<br>（0. 1268） | − 0. 0260681<br>（0. 6422） |
| lnPerS | − 0. 0477882<br>（0. 3299） | − 0. 969289 *<br>（0. 0995） | − 0. 0221524<br>（0. 6583） | − 0. 0707681<br>（0. 2577） | − 0. 0599391<br>（0. 5415） | − 0. 266035 **<br>（0. 0228） | 0. 153380<br>（0. 1177） |
| _cons | 0. 572820<br>（0. 2800） | 8. 872091<br>（0. 1098） | 0. 329139<br>（0. 5497） | 0. 956140<br>（0. 1982） | 0. 592570<br>（0. 5396） | 2. 625991 **<br>（0. 0151） | − 1. 704499<br>（0. 1346） |
| Year | Yes | Yes | Yes | Yes | Yes | Yes | Yes |
| id | Yes | Yes | Yes | Yes | Yes | Yes | Yes |
| N | 72 | 16 | 56 | 32 | 40 | 32 | 40 |
| Adj. R − sq | 0. 899 | 0. 979 | 0. 904 | 0. 921 | 0. 895 | 0. 918 | 0. 887 |

注：***、**、*分别表示在1%、5%、10%水平上显著。

由表 8 - 32 可知，在西部城市群样本中，包括呼包鄂榆城市群、成渝城市群、黔中城市群、滇中城市群、关中平原城市群、北部湾城市群、宁夏沿黄城市群、兰西城市群、天山北坡城市群 9 个城市群，其基础设施协调水平与社会发展协调水平呈正相关关系，产业布局协调水平与社会发展协调水平无显著相关关系，基础设施协调水平与产业布局协调水平交互项对社会发展协调水平的影响不显著。总体来讲，在西部城市群中，基础设施协调对社会发展协调存在正向关系，产业布局协调对社会发展协调不存在显著相关关系，基础设施协调与产业布局协调对社会发展协调水平不存在显著的拮抗或协同关系。基础设施协调水平及产业布局协调水平可能分别通过社会性基础设施、经济性基础设施的属性、居民的工作收入、改变恩格尔系数、影响收入差距、失业率、通胀率等因素对社会发展协调产生作用，而且这种协调作用相对均衡，极化作用与发展水平的上升没有使得基础协调水平表现出显著的变动。

纵向来看，在西部国家中心城市群样本中，包括成渝城市群和关中平原城市群 2 个城市群，其基础设施协调水平与社会发展协调水平呈正相关关系，产业布局协调水平与社会发展协调水平无显著相关关系，基础设施协调水平与产业布局协调水平对社会发展协调水平影响的调节作用不显著。在西部非国家中心城市群样本中，包括呼包鄂榆城市群、黔中城市群、滇中城市群、北部湾城市群、宁夏沿黄城市群、兰西城市群、天山北坡城市群 7 个城市群，其基础设施协调水平与社会发展协调水平呈正相关关系，产业布局协调水平与社会发展协调水平无显著相关关系，基础设施协调水平与产业布局协调水平对社会发展协调水平影响的调节作用不显著。在西部边疆城市群样本中，包括北部湾城市群、呼包鄂榆城市群、滇中城市群、天山北坡城市群 4 个城市群，其基础设施协调水平与社会发展协调水平无显著相关关系，产业布局协调水平与社会发展协调水平无显著相关关系，基础设施协调水平与产业布局协调水平对社会发展协调水平影响的调节作用不显著。在西部内陆城市群样本中，包括成渝城市群、黔中城市群、关中平原城市群、宁夏沿黄城市群、兰西城市群 5 个城市群，其基础设施协调水平与社会发展协调水平呈正相关关系，产业布局协调水平与社会发展协调水平无显著相关关系，基础设施协调水平与产业布局协调水平对社会发展协调水平影响的调节作用不显著。在西部西南城市群样本中，包括成渝城市群、北部湾城市群、黔中城市群、滇中城市群 4 个城市群，其基础设施协调水平与社会发展协调水平呈正相关关系，产业布局协调水平与社会发展协调水平无显著相关关系，基础设施协调水平与产业布局协调水平对社会发展协调水平影响的调节作用不显著。在西部西北城市群样本中，包括呼包鄂榆城市群、关中平原城市群、宁夏沿黄城市群、兰西城市群、天山北坡城市群 5 个城市群，其基础设施协调水平与社会发展协调水平呈正相关关系，产业布局协调水平与社会发展协调水平无显著相关关系，基础设施协调水平与产业布局协调水平对社会发展协调水平影响的调节作用不显著。

横向来看，西部城市群中，对于基础设施协调水平的作用，除边疆城市群外，无论从全样本还是分样本的角度来看，城市群基础设施协调水平均对城市群社会发展协调水平具有显著的正向作用。其中，内陆城市群的作用系数最大，为 0.860886；非国家中心城市群次之，为 0.828888；西南城市群最小，为 0.644342。说明西部城市群中，内陆城市群的社会发展协调水平受到基础设施协调水平的影响程度最大，非国家中心城市群次之，西南城市群最小。对于产业布局协调水平的作用，无论从全样本还是分样本的角度来看，产业布局协调水平对社会发展协调水平均没有显著影响。

## 8.3.3 研究发现与政策含义

### 8.3.3.1 研究发现

本节基于产业布局、社会发展以及基础设施的相关理论，提出了"城市群产业布局协调水平的提升可以促进社会发展协调水平的提升""城市群基础设施协调水平的提升可以促进社会发展协调水平的提升""城市群基础设施协调与产业布局协调的交互作用可以促进社会发展协调水平的提升"三个研究假设，构建双向固定效应模型，对城市群产业布局协调水平、基础设施协调水平及其交互项对社会发展协调水平的影响进行了检验，并根据区域经济板块以及西部城市群空间构型分别对全部城市群和西部城市群内部进行异质性检验，得出以下研究发现。

第一，城市群基础设施协调水平的提升可以促进社会发展协调水平的提升，但是产业布局协调水平的提升不能显著促进社会发展协调水平的提升，需要与基础设施协调产生交互作用进而促进社会发展水平的提升。城市群全样本的基本回归模型通过了稳健性检验，说明了基本回归结果的合理性。根据基本回归结果显示，城市群基础设施协调水平对社会发展协调水平具有显著的促进作用；城市群产业布局协调水平对社会发展协调水平没有显著影响；城市群产业布局协调水平和基础设施协调水平的交互项对社会发展协调水平具有显著促进作用，说明社会发展协调水平和基础设施协调水平对产业布局协调水平的作用并不独立，产业布局需要与基础设施协同才可对社会发展协调水平产生影响。

第二，根据区域经济板块的异质性检验结果显示，按照区域经济板块进行分样本异质性检验的结果差异较大，在基础设施协调水平的作用方面，除了中部城市群之外，其他城市群基础设施协调水平均对产业布局协调水平有显著影响，在产业布局协调水平的作用方面，仅有东北部城市群的产业布局协调水平对社会发展协调水平存在显著的正向作用。纵向来看，在东北部城市群样本中，基础设施协调水平与社会发展协调水平呈负相关关系，产业布局协调水平与社会发展协调水平呈正相关关系，基础设施协调水平与产业布局协调水平的交互项对社会发展协调水平具有显著抑制作用，即基础设施协调水平与产业布局协调水平对社会发展协调水平影响的调节作用为拮抗作用。在东部城市群样本中，基础设施协调水平与社会发展协调水平呈正相关关系，产业布局协调水平与社会发展协调水平无显著相关关系，基础设施协调水平与产业布局协调水平对社会发展协调水平影响的调节作用不显著。在中部城市群样本中，基础设施协调水平与社会发展协调水平无显著相关关系，产业布局协调水平与社会发展协调水平无显著相关关系，基础设施协调水平与产业布局协调水平的交互项对社会发展协调水平影响为显著正相关，即基础设施协调水平与产业布局协调水平对社会发展协调水平影响的调节作用为协同作用。在西部城市群样本中，基础设施协调水平与社会发展协调水平呈正相关关系，产业布局协调水平与社会发展协调水平无显著相关关系，基础设施协调水平与产业布局协调水平交互项对社会发展协调水平没有显著影响。横向来看，在基础设施协调水平的作用方面，除了中部城市群之外，其他城市群基础设施协调水平均对产业布局协调水平有显著影响，但是东北部城市群的基础设施协调水平显著抑制产业布局协调水平，东部城市群与西部城市群则对产业布局协调水平具有显著的正向作用，其中西部城市群的作用系数大于东部城市群，说明西部城市群产业布局协调水平受到基础设施协调水平的影响程度大于东部城市群。在产业布局协调水平的作用方面，仅有东北部城市群的产业布局协调水平对社会发展协调水平存在显著的正向作用。

第三，根据西部城市群样本内部的异质性检验结果显示，西部城市群中，所有空间构型的城市群产业布局协调水平对社会发展协调水平均没有显著影响，除边疆城市群外，基础设施协调水平对社会发展协调水平的促进作用均通过显著性检验，且不同空间构型的作用系数大小不同。纵向来看，在西部国家中心城市群样本中，基础设施协调水平与社会发展协调水平呈正相关关系，产业布局协调水平与社会发展协调水平无显著相关关系，基础设施协调水平与产业布局协调水平对社会发展协调水平影响的调节作用不显著。在西部非国家中心城市群样本中，基础设施协调水平与社会发展协调水平呈正相关关系，产业布局协调水平与社会发展协调水平无显著相关关系，基础设施协调水平与产业布局协调水平对社会发展协调水平影响的调节作用不显著。在西部边疆城市群样本中，基础设施协调水平与社会发展协调水平无显著相关关系，产业布局协调水平与社会发展协调水平无显著相关关系，基础设施协调水平与产业布局协调水平对社会发展协调水平影响的调节作用不显著。在西部内陆城市群样本中，基础设施协调水平与社会发展协调水平呈正相关关系，产业布局协调水平与社会发展协调水平无显著相关关系，基础设施协调水平与产业布局协调水平对社会发展协调水平影响的调节作用不显著。在西部西南城市群样本中，基础设施协调水平与社会发展协调水平呈正相关关系，产业布局协调水平与社会发展协调水平无显著相关关系，基础设施协调水平与产业布局协调水平对社会发展协调水平影响的调节作用不显著。在西部西北城市群样本中，基础设施协调水平与社会发展协调水平呈正相关关系，产业布局协调水平与社会发展协调水平无显著相关关系，基础设施协调水平与产业布局协调水平对社会发展协调水平影响的调节作用不显著。横向来看，西部城市群中，对于基础设施协调水平的作用，除边疆城市群外，无论从全样本还是从分样本的角度来看，城市群基础设施协调水平均对城市群社会发展协调水平具有显著的正向作用。西部城市群中，内陆城市群的社会发展协调水平受到基础设施协调水平的影响程度最大，非国家中心城市群次之，边疆城市群最小。对于产业布局协调水平的作用，无论从全样本还是从分样本的角度来看，产业布局协调水平对社会发展协调水平均没有显著影响。

### 8.3.3.2　关于研究发现的进一步讨论

第一，基础设施的协调发展直接促进社会发展的和谐，而产业布局的协调性虽对经济增长有利，但对社会和谐的影响复杂，需与基础设施交互作用才能最大化地推动社会的协调进步。具体来看，基础设施是经济社会发展的基础。这包括公路、铁路、机场、水利、电力、通信等基础设施。在中国，特别是近年来的"一带一路"倡议，强调了基础设施建设对于经济和社会发展的重要性。良好的基础设施可以促进货物和人员的流动，提供基本的生活保障，从而提高人民的生活水平和质量。基础设施的完善直接关系到教育和健康服务的提供。例如，道路的建设和维护可以确保孩子顺利上学，医疗资源可以及时到达偏远地区。产业布局协调是指在城市群中，不同城市之间的产业发展和布局达到一个均衡和协调的状态。这意味着不同城市能够根据自己的优势和资源进行特定产业的发展。从经济学的角度看，协调的产业布局可以提高生产效率和产出。但这并不意味着它会直接促进社会发展的协调。例如，某些产业可能会导致环境污染或劳动力的过度开发，这可能会影响社会的和谐和稳定。协调的产业布局可以提供更多的就业机会，但可能并不确保收入的公平分配。特定产业的集中可能会导致收入差距加大，从而影响社会的协调发展。基础设施与产业布局之间存在深厚的联系。良好的基础设施可以支持产业的发展，而产业的发展又需要基础设施的支持。当基础设施和产业布局同时得到协调的发展，它们可以相互补充，为社会发展创造更大的价值。例如，良好的交通网络可以支持制造业的发展，而制造业的增长又可以为基础设施建设提供资金。在一定条件下，基础设施和产业布局的协调发展可以放大其对社会发展的正面影响。例如，当一个地区有了完善的基础设施，并且产业布局得当，这可以吸引更多的投资，促进技术创新和人才流动，从而加速社会发展的协调。

第二，城市群基础设施协调水平与产业布局协调水平对社会发展协调水平的作用受多种因素影响，各区域经济板块因其特有的历史背景、地理条件、政策导向和发展战略表现出不同的特性。具体来看，首先，中部城市群基于其地理位置和历史发展进程，逐渐形成了综合性的产业链条，使得基础设施与产业布局之间的相互作用相对平衡，故基础设施协调水平对其产业布局协调水平的影响较小。其次，东北部城市群作为国家的传统工业基地，曾经在早期的经济发展中扮演了"领头羊"的角色，但由于近年来经济结构的调整，其产业布局开始出现一定程度的失衡，导致基础设施投资相对过剩，而这些投资并未得到产业链的完整支撑，从而使基础设施协调水平对产业布局协调水平的作用系数为负。再次，西部城市群因其广大的地理面积、资源丰富和国家的西部大开发政策，基础设施建设得到了迅速的推进，而其产业布局受益于这些新建的基础设施，故其作用系数大于东部城市群。最后是东部城市群，尽管其是国家的经济中心，但其基础设施建设已相对成熟，因此，新的基础设施投资对其产业布局的拉动作用有限。另外，仅东北部城市群的产业布局协调水平对社会发展协调水平表现出显著的正向作用，这也与其经济结构调整、产业转型和政府政策的积极介入有关，旨在通过产业布局的优化和重组，恢复其社会经济的活力，并努力寻求经济增长与社会稳定之间的平衡。

第三，在西部城市群中，所有空间构型的城市群产业布局协调水平对社会发展协调水平均没有显著影响的主要原因可能是西部城市群的产业布局还处于相对原始和初级的阶段，缺乏高度的产业链完整性和产业互补性，因此其对社会发展的直接影响力相对较小。具体来看，基础设施作为经济发展的基石，在西部城市群中占据了至关重要的地位。内陆城市群由于其地理位置相对集中，与东部经济发达地区的连接性较强，因此，随着基础设施的完善，可以更好地吸引外部投资，促进内部产业升级，从而推动社会发展。这也是为什么内陆城市群的基础设施协调水平对社会发展协调水平的作用系数最大的主要原因。非国家中心城市群，作为新兴的经济增长极，虽然其经济规模和影响力不及国家中心城市，但其基础设施建设和升级速度迅猛，为其经济发展和社会稳定提供了有力支持。边疆城市群，由于其特有的地理位置和历史背景，其基础设施建设相对滞后，尽管国家为此投入了大量资源，但由于地理、气候和文化等多种因素的制约，其基础设施对社会发展的推动作用相对较小。此外，边疆地区的特殊性也决定了其产业布局和社会发展的复杂性，其产业布局与社会发展之间的直接关联性相对较弱。

### 8.3.3.3　政策含义

本节通过建构社会发展视角的城市群高质量协调发展理论框架，将基础设施、产业布局及社会发展协调水平作为核心变量，对城市群中基础设施协调水平与产业布局协调水平对社会发展协调是否存在影响及协调作用进行了实证分析，并设计了内生性检验、稳健性检验以及大量的异质性分析以验证和细化实证结果。通过上述分析，得出基础设施协调与产业布局协调对社会发展协调存在各自作用与协调作用的可能，因此，通过政策影响基础设施协调和社会发展协调以促进基础设施协调是可能的，通过促进城市群高质量协调发展促进破解城市群内卷，特别是西部城市群内卷困境是可能的。

第一，通过提升城市群基础设施协调促进城市群社会发展协调。增加对基础设施的投资，并着重关注基础设施的质量属性，优先建设关键基础设施、瓶颈基础设施并做好基础设施的维护工作，以通过各类基础设施为居民家庭提供孩童子女社会化渠道及各种教育机会、促进技术创新提高居民生活质量、促进为企业产品迭代提供技术支撑、保障居民的生活健康及生活质量、为居民提供丰富的文化娱乐服务、为居民提供日常的出行渠道等路径促进城市群社会发展协调。

第二，通过提升城市群产业布局协调促进城市群社会发展协调。从各个层级做好基础设施与产业布局的协调来促进城市群社会发展协调。首先，通过产业布局的调整和优化，来推动基础设施的高质量协调发展。其次，在支持城市群发展的资金布局和科技项目选择上，要更加重视产业布局的协调性，确保资金和技术能够在最关键的领域得到有效应用，从而实现对基础设施的高质量协调发展的支持。最后，地方政府在制定区域发展计划、引导企业投资布局、调整产业结构等方面，都需要考虑其对基础设施的影响，确保产业布局与基础设施发展之间形成良好的互动，共同促进区域经济的高质量发展。

第三，针对城市群的不同类型设计不同的路径。对于东北城市群，除了要关注产业布局协调对社会发展协调的作用外，还要对基础设施协调对社会发展协调的负向作用做进一步发掘和探究，保持城市群极化水平在可控范围内，合理促进城市群整体的耦合协调水平，推动城市群到高水平高协调区间；对于中部城市群，未探测出明显的协调关系，但由于样本量的限制，这样的结论可能还不够稳健，应进一步发掘形成这种关系的内在机制，再采取相应的对策。东部城市群及西部城市群，这两类城市群情况相似，强化已经探测到的基础设施协调对社会发展的作用路径，发掘产业布局协调对社会发展协调的可能机制，解明城市群高质量协调发展系统的内在逻辑。对于西部城市群其子类城市群，同样要尽可能强化已经探测到的基础设施协调对社会发展的作用路径，发掘产业布局协调对社会发展协调的可能机制，解明城市群高质量协调发展系统的内在逻辑。特别地，对于西部边疆城市群，以社会发展为视角未探测到明显的协调关系，要对其进行进一步的深度挖掘，验证其内部是否存在关系，而由于极化与发展的抵消使得耦合协调度落于低点。

# 第9章　新时代我国西部中心城市和城市群高质量协调发展战略的政策机制

## 9.1　新时代我国西部中心城市和城市群高质量协调发展战略的政策机制规划

### 9.1.1　新时代我国西部中心城市和城市群高质量协调发展的总体规划

自党的十九大以来，我国生产规划格局有所转变，逐步由沿海地区向内陆腹地延伸拓展，旨在加速推进中西部地区开发建设步伐。但现实证明，中国区域发展格局并没有得到显著改善，东西部地区之间的经济发展水平和产业结构规模的差异依旧存在，横亘在东部与西部之间的边缘沟壑仍待消除。可见各地区之间发展不平衡成为中国经济转型过程中的一个典型特征。随着中国经济发展的空间结构不断发生着深刻变化，中心城市和城市群演变成为承载发展要素的主要空间形式，区域协调发展战略也已上升为国家战略。城市群是中国经济发展的引擎和连接东向西向开放的重要纽带，发展城市群建设是实现区域协调发展的核心措施。对于常规城市群而言，核心城市是其所在城市群发展的动力来源，具备国家级中心城市作为核心城市的城市群相比常规城市群具备更强大的发展动力。可见，认真研判国家级中心城市与城市群互动机制是构建城市群高质量协调发展机制的有效支撑。因此，以实现西部中心城市和城市群高质量协调发展为切入点对于继续做好西部大开发工作、缩小东西地区发展差异具有重要现实意义。从经济学分层视角对高质量发展内涵进行解读可分为微观、中观和宏观三个层面。本书主要从中观和宏观的视角对高质量发展进行剖析。从中观层面来说，高质量发展仅对产业层级的发展效益提出要求，追求合理的产业体系、优化的产业格局以及不间断的产业换挡提速；从宏观层面来说，高质量发展对国民经济整体发展均提出要求，追求经济水平稳定提升，基础设施配备齐全，让经济发展成果最大程度惠及全体人民。显然，能否实现中心城市和城市群在基础设施、产业布局以及社会发展三个领域的高质量协调发展是决定我国西部地区城市群高质量协调发展的关键因素。

基于区域经济协调发展理论与新经济地理学理论，基础设施、产业布局以及社会发展三者联系紧密，相辅相成。但是长久以来，西部地区基础设施、产业布局以及社会发展之间形成的"内卷化"现象严重。虽然诸如公路、铁路以及机场等在西部中心城市和城市群之间互动联系中起到重要连接作用的基础设施已经相对完善，但西部地区落后的产业发展使其对基础设施的实际需求与逐步完善的基础设施建设之间不适配，造成基础设施浪费，多数处于低效运行状态。与此同时，由于发达的东部地区对人才、资本等发展要素起着强吸引作用，西部地区外部和内部的发展要素大量流入东部地区，导致西部地区产业布局缺乏要素支撑，产业水平低下抑制了各城市建设能力，即社会发展动力不足。这一结果直接导致通过扶植政策引进的人才与资本难以在西部地区形成长期稳定的可持续发展，进而反作用于产业发展，"内卷化"的恶性循环由此产生。

故本书提出基础设施、产业布局以及社会发展三个模块实现高质量协调发展的总体规划思路，为后文规划适用于西部地区基础设施、产业布局以及社会发展高质量协调的发展模式提供支撑。

### 9.1.1.1 新时代我国西部中心城市和城市群基础设施高质量协调发展的总体思路

基础设施是服务于产业生产和居民生活的公共工程设施，可以维持国家或地区的正常经济活动和社会发展，是社会发展的基本物质条件。在信息化时代，互联网技术的蓬勃发展为我国基础设施注入新的内涵，因此针对基础设施展开研究需以传统和新型两种类型进行划分。基础设施发展作为城市运行和进步的基础要素，与社会经济的发展息息相关，布局完善、规划合理的基础设施是推动社会经济活动加速并使其空间分布形态趋向高级化的前提保障，对于提高城市管理能效、服务水平和经济发展质量具有奠基性作用。通过基础设施的发展升级，可以提升对人力资源、产业、资本等各类生产要素的吸引能力，为城市内的所有居民和各类生产单位提供更高质量的公共服务。传统基础设施主要由"铁水公空"等交通运输设施和"水电燃煤"等公共服务设施以及通信基础设施构成。在第四次工业革命的时代背景下，以5G、物联网、工业互联网为代表的通信网络基础设施和以人工智能、云计算、区块链为代表的新技术基础设施等为核心技术的新型基础设施纷纷涌现，上述两种类型的基础设施共同构成狭义的新型基础设施。广义"新基建"既包括狭义的"新基建"，还包括融入新兴数字信息技术的传统基础设施，即数字化改造后的传统基础设施。

高质量的基础设施建设体现在以人民的需求和满意作为基本出发点和落脚点，将建设过程中所涉及的要素进行综合整合，实现周期内协同发展和链条畅通；以深化供给侧结构性改革为发展逻辑，在建设过程中注重质量发展和效益提升优化、技术创新升级，致力于实现成果惠及全体人民；将存量和增量基础设施、传统和新型基础设施发展统一统筹规划，以高效、绿色、安全为价值取向，集中生产要素进行基础设施体系建设，为维护社会平稳运行、经济持续发展以及建设现代化经济体系提供强有力的支撑。由此可见，基础设施建设是否符合高质量标准的关键不在于投资规模大小，而在于其传统与新型基础设施构成比例和区域布局是否合理，是否符合人民群众的现实需求，是否能为社会发展提供应有的促进作用，因此基础设施高质量协调发展的机制分析围绕着传统基础设施和新型基础设施展开。

首先，优化西部地区传统基础设施，为实现城市群基础设施高质量协调发展提供可能性。随着新经济地理学和空间计量模型的发展，学界肯定了以交通基础设施为主要代表的传统基础设施建设对城市群产业发展的贡献，交通基础设施是社会经济发展的先行资本，为提高区域经济发展水平提供必要基础。当前，西部地区城市群的交通基础设施建设已趋于完善，较为充分地发挥了对区域经济的积极效果，对区域产业创新水平的提升具有显著的正向促进效应。对西部城市群整体而言，交通基础设施建设能有效改善较为狭窄的城市空间的外延性和贫瘠的内涵性，改变城市的布局形式与空间结构，从而吸引一批有可能向西部地区流动的资金、劳动力和技术等产业资源，加速西部地区产业资本的聚集与流动，为实现产业合理布局提供可能性，从而为基础设施提供经济支撑，从源头上解决西部地区基础设施建设和投资方面存在的资金不足问题。产品的销售运输离不开交通基础设施，完善的交通基础设施有助于形成高效的物流运输通道，降低企业用于运输和仓储方面的费用，进而为企业腾出新的资金空间开展生产技术创新，满足消费者日益增长的需求，实现新产品量产。随着交通基础设施的改善升级和交通工具数量及质量增加，城市之间的空间距离相对缩短，城市人口和固定资产投资等经济要素流转和流通愈发活跃，促进区域之间的贸易往来，扩大市场规模，继而影响西部产业转移规划及实施成效。对于中心城市而言，充足的交通基础设施能为商品运输和生产要素流通提供畅通的通道，有助于促进与城市群内其他等级城市的合作交流，极大地推动经济增长。对于城市群内偏远城市而言，交通基础设施产生的经济影响较为复杂。由于西部地区经济发展水平较低，内部生产要素较为稀缺，随着落后地区交通基础设施得到一定改善，既能吸引外部生产要素流入城市内部，又可能导致中心城市对落后城市的各类生产要素的"虹吸"效应加剧。由此可见，根据不同城市各自的经济体量和生产水平，对传统基础设施建设的规模进行控制，可以影响地区产业发展水平，应以全局化和系统化为指导思想对传统基础设施统筹布局。

对于西部地区中经济发达程度不高但传统基础设施规模超过最优规模的地区，应注重其与经济总量的匹配，缩小基础设施的投资规模，将多余的资金用于其他领域。交通基础设施的建设会产生空间溢出效应，对周边城市的经济要素聚集带来正向的影响。长期以来，传统基础设施建设以中央政府为主导，以一般国债、长期建设国债为主要融资手段，导致过量的传统基础设施投资无法被经济发展及时消化，对社会金融体系产生负担，反而对经济增长产生负面影响。对于经济发达程度不高但传统基础设施建设缺口较大的城市，应进行适当的建设投资，充分发挥其对经济增长的正向作用。随着西部地区城市群交通运输规模逐步趋向合理范围，内部城市连接程度得到改善。中心城市的集聚效应逐渐减弱，扩散效应逐步加强，中心城市不再是城市群中仅有的经济联系点，中小城市陆续成为区域内经济联系的节点。生产要素的流通路径不再局限于从周边城市向中心城市单向流动，而是转变为在各级别城市之间双向流动。中心城市对于城市群的影响和辐射带动作用效果愈发显著，城市群中不同级别的城市之间的联系和合作得到加强，人员流动、经济合作和产业关联得到提升，助力劳动力人口规模聚集，提升产业投资性价比和产业发展水平，为传统基础设施高质量协调发展提供经济基础。

其次，提高西部地区新型基础设施投资比重，为实现城市群基础设施高质量协调发展提供新动力。新型基础设施建设可赋予传统基础设施建设新的内涵。一方面，新型基础设施建设中包含 5G 基站建设、特高压、城际高速铁路和城市轨道交通、新能源汽车充电桩、大数据中心、人工智能、工业互联网等目前西部地区较为缺乏的基建项目，加大新型基础设施建设能有效改变布局失衡的传统基础设施建设结构，同时，将传统基建与新型基建相融合，能创造出兼具二者优点的新一代基础设施，从而更好满足人民群众的社会生活需要，为西部地区基础设施发展注入新动能。另一方面，目前西部地区经济下行压力加大，处于新旧动能转换期，传统基础设施发展至一定阶段后出现边际效用递减的现象，对社会经济增长产生的乘数效应逐渐减少，而新基建活力较大，具有弥补传统基建短板的积极作用，能够给产业发展带来新的需求。新型基础设施在建设过程中会对 5G 基站设备、特种钢铁材料、高档电线电缆等新产品产生需求缺口，从而有效带动一批与新型基建相关的产业链兴起发展，充实西部地区产业种类，改善单一僵化的产业结构。

以数字技术为核心的新型基建的出现，不可避免会淘汰部分落后行业，显著撬动产业转移发挥创新效应，倒逼传统产业链条内的企业重视技术研发，为实现技术升级投入资本，使企业进入创新驱动发展轨道，实现各产业结构转型升级。与传统基建相比，尽管新型基建在整个固定资产投资中占比较小，短期内直接拉动 GDP 的驱动力有限，但其科技特征鲜明、成长性和创新性突出、乘数效应显著等鲜明的特点必将会对构建数字经济时代的关键基础，以及推动整个社会的数字化转型产生深远的影响。因此，在新一轮西部大开发的建设中，应以地区区位优势为发展导向，持续加强对西部地区新型基础设施的投资建设，补短板强优势，优化基础设施投资布局，建设与地区经济发展相匹配的基础设施配套体系，使基础设施对经济发展产生显著的推动作用。除此之外，根据新型基础设施建设的特点助力西部地区产业科学规划布局及实施，推动中心城市第三产业升级，第一、二产业逐步向其他等级城市转移；增强其他等级城市承接转型产业的实力，并依托新型基建对第一、二产业结构转型升级，最终培育壮大整个城市群的新兴产业，加快产业与经济的活跃发展速度，从而打破西部地区城市群基础设施未能充分利用的恶性循环，使基础设施建设所产生的经济效益大于投入成本。

最后，完善西部地区基础设施网络构建，为实现城市群基础设施高质量协调发展提供支撑。由于西部地区经济产业发展起步较晚，仍有部分地区基础设施布局存在缺漏且地区财政资金有限，进行基础设施构建规划时既有广阔的地域空间发挥，又需考虑建设资金不足的问题，需要通过严格的基础设施投资项目的技术研究，论证其可行性：以前期规划，后期建设为主要实施原则；综合考虑中心城市和城市群的经济、文化、交通等特点，分析基础设施分工与协调发展情况和目前存在的关键性问题，以科学的视角进行预测和规划；实现多方案多角度择优建设，扭转地方政府对经济发展的短视和对新基建潮流的盲目追随，偏离实际发展需求地开展基建投资，造成地方债务危机，挤压其他领域投资。令基础设施建设以可持续、促协调为基本方针，其规模和种类处于合理的区间范围内才能将原有的恶性循环扭转为良性循环，使基础设施实现高质量协调发展，真正发挥对西部地区经济的促进作用。除此之外，以科学的角度对产业发展阶段进行判定，不同的产业发展阶段存在不同的基础设施需求，以此作为基础设施更迭升级的依据。中心城市的产业发展阶段较为高级，经济发展条件较好，当地居民应将新型基础设施和以中心城市优势产业作为主要关注点，发掘具有资源禀赋的优势产业，或具有人力、经济等成本优势的区域，提升中心城市经济带动能力，进而增强城市群内城市区域间的联合，优化城市群产业结构与产业发展水平，消除产业发展与基础设施建设脱节的不良影响。最终，依靠产业发展为基础设施建设提供资金支持和发展动力，推动城市群总体建设和资源开发程度，构建一系列的基础设施网络建设，形成网格化高质量协调发展。

### 9.1.1.2 新时代我国西部中心城市和城市群产业布局高质量协调发展的总体思路

产业布局研究。产业布局是城市发展的重要组成部分，与经济、社会、环境与安全密不可分。生产行业和劳动要素在空间上不同的排列形态和地域上的不同选择对城市的发展均会产生影响，引发产业结构的变化和影响具有地方特色的产业发展。合理的产业布局，有利于促进节约人力、物力、财力和时间成本，提升经济效益；有利于促进人才流动、技术示范与技术竞争，促进创新创业；有利于发挥各地区比较优势，缩小区域差异，促进社会公平公正。传统产业布局规划多以"产业"为核心脉络，以产业经济理论为产业发展研究的立足点，通过判断区域处于经济发展的何种阶段和产业组成结构，分析全球贸易格局、国家战略和区域基础设施布局，最终确定主导和配套产业类型，对产业进行空间布局。

当今世界正处于百年未有之大变局，国内外局势发生重大变化，国际上的竞争也变得愈发激烈。在新发展理念和新发展格局为政策指引和新时代背景下，"构建以国内大循环为主体、国内国际双循环相互促进的新发展格局"的指导思想对我国产业提出了新的高质量协调发展的方向。产业高质量发展是动态发展的过程，需要立足国内外发展实情，实事求是；需要以市场需求为导向，将市场资源优化配置作用与政府对市场失灵的补充作用有机结合，遵循产业自身发展规律推动产业高质量发展。伴随产业发展环境、发展理念和发展形态均发生转变，传统理论中影响产业布局的要素亦发生巨大改变，产业布局产生新的内涵，高质量产业布局由此产生。技术创新、政策法规和人力资源供给等新要素成为更具影响力的影响因素，需要从空间供给需求这一新的视角对产业进行布局规划，应沿着这一视角对新时代下西部中心城市与城市群产业布局高质量协调发展机制展开分析。

首先，从空间供给需求视角对产业再分类，为提升城市群产业布局提供科学路径。传统产业对象分类主要依靠产业特点和规律进行，忽视了可持续的产业发展应与城市发展处于统一轨道，导致产业布局与城市发展进度无法协同进步，即产业与城市存在空间割裂、脱节甚至互相违背；忽略了产业发展在空间层面上的需求，未能结合空间供给对各类产业进行统筹布局，尤其无法为空间资源短缺的区域提供切实可行的、节约利用土地的产业布局策略。西部地区多以山地、高原和盆地为主，在产业生产方面的土地可利用率较低，这一不利影响无法依靠传统产业布局规划解决。因此，需要以空间视角将产业对象进行新的分类以优化西部地区城市产业布局。将全口径产业围绕科技、服务、成本、特色资源以及生态资源等要素的需求差异进行分类，依据所归纳的要素类型与数量确定城市的空间类型，归纳适合在各类空间进行发展的具有相似要素需求的产业，进而判断不同类型产业的空间指向。

在产业布局方案中将产业需求与空间供给相匹配，由此将城市功能区划分为中心区、过渡区、产业园区、特色资源区和生态保护区。其中，潜在客户群规模和聚集程度最高的区域为城市中心区；具有便捷的交通、兼具服务要素和成本要素支撑，但服务要素不及中心区发达且与中心区相毗邻的区域命名为过渡区；兼具成本和科技创新要素并建设于城市开发早期的工业园区命名为产业园区；依托特殊产业扶持政策、交通设施供给和历史文化等形成的城市功能区命名为特色资源区；城市内部承载生态压力的大型廊道命名为生态保护区。通过对西部地区城市群内各城市进行空间功能划分，发掘不同类型产业分区在产业增长方向上的动力，将产业布局规划与城市规划对接协同，确保各类分区各司其职、高效合作，以城市促进产业结构升级、以产业推动城市转型，达成产业布局高质量发展这一目标。

其次，提升西部地区承接产业转移的有效性，为提升城市群产业布局奠定基础。产业的转移与承接是实现区域均衡发展的有效手段，生产要素在区域间流动能够弥补区域资源差距和优化资源配置，同时产业转移还能够打破固有的行政地理边界，最大效率地实现不同区域间的资源配置，形成产业关联的演化和区域间产业结构升级。最优产业结构内的剩余要素禀赋及以其为基础的比较优势可推动区域产业水平提升，有效利用区域的比较优势是实现该地区产业升级的有效路径，因此欠发达的西部地区吸收发达的东部地区的经济剩余积累及由此带来的要素禀赋结构升级是实现自身产业结构升级的高效路径。西部地区城市群具有比较优势的产品，大部分是处于价值链低端的原材料及其初加工产品，长时间内此类传统产业持续保持比较优势并产生路径依赖，未能向更高级的产业升级，主导着城市群内部产业发展水平处于相对低端的层次。对于西部地区而言，承接发达地区的产业在本地仍具有比较优势，得益于新技术设备和新组织形式的持续注入，新的配套产业项目将会产生，产业链技术含量提升，引导本地区产业升级，最终形成更具竞争力的主导产业和支柱产业。

最后，推动西部地区内部城市特色产业蓬勃发展，为提升城市群产业布局提供动力。在我国高质量协调发展政策支撑机制下，基础设施的高质量协调发展得以实现，推动产业向拥有资源优势、劳动要素优势的地方迁移，形成特色产业。特色产业遵循城市的资源优势和发展阶段选取产业并扩大发展，能够合理开发自然资源，充分发挥比较优势，有效避免城市群发展过程中的资源浪费以及环境牺牲，解决各城市间产业结构无序趋同和产业同质化过度竞争的问题，消除雷同产业扩张所带来的城市空间组织混乱、重复建设以及资源浪费等乱象，最终实现城市群内各城市错位发展，各级别的城市的质量和发展规模均得到提升。除此之外，技术进步与创新多数集中在新兴特色产业中。在增长极理论中，将具有此类特征的产业称为推进型产业。经济联系是推进型和被推进型产业的纽带，能够形成非竞争性联合体。通过后向、前向连锁效应带动区域的发展，最终促进劳动力和资本等生产要素有序流动，优化资源配置，实现城市产业结构升级。产业结构升级与经济增长质量具有同向变动关系，其表现形式为农业剩余劳动力向城市非农产业转移，由此形成第二、三产业蓬勃发展的新格局，有效推动城市形成多元化经济结构，提升技术利用效率。依靠技术改进可以有效改善城市产业经济发展资源要素不足的局面，实现城市规模高速扩张。与此同时，城市规模大小和功能层级多寡共同决定城市的产业层级。基于资本逐利的性质，高精尖等优质企业和相关产业会被发展日趋完善的城市所吸引集聚，进而为城市提供新一轮的经济要素，推动城市经济和城市空间规模进一步扩张，形成良性发展循环。得益于不断完善的城市交通体系提供运输基础，在这一过程中，资源要素能够畅通地在各城市之间转移，由于空间距离过大以及联系成本过高所导致的缺乏竞争力的生产职能将加速向外转移扩散，最终逐步使城市群整体产业布局更为合理。

由此可见，随着产业承接有效性的提高，西部地区经济发展水平和经济区位均有所提升，从而强化了产业的聚集水平，进一步对人才、资金和技术产生吸引力，优化企业投资环境，改善市场需求和提升市场竞争力，最终调整区级产业布局的规模和结构，促进产业布局优化。不同区域特有的资源禀赋支撑着特定的产业选择和布局，应结合当地区位优势、资源禀赋和综合发展需求，发掘一批符合区域发展战略的新兴特色产业，其巨大的市场需求和优越的产业基础能力将带动经济形成新的增长态势的产业，赋予西部地区产业合理布局能力，激发整个西部地区城市群新一轮的经济发展活力。

### 9.1.1.3　新时代我国西部中心城市和城市群社会高质量协调发展的总体思路

社会发展是指构成社会的各种要素前进的、上升的变迁过程。社会发展以物质资料的生产为基础和前提，因此物质生产资料充足与否曾是衡量社会发展水平的金标准。但随着我国经济实力不断增强，社会主要矛盾已从"人民日益增长的物质文化需要同落后的社会生产之间的矛盾"转化为

"人民日益增长的美好生活需要和不平衡不充分的发展之间的矛盾",对社会发展随之提出更高的要求,高质量发展这一概念应运而生。新发展理念认为,社会高质量协调发展的内涵为供给体系质量高、效率高、稳定性高的发展模式,可具体阐述为重新制定衡量社会发展质量的指标体系,将创新、协调、绿色、开放、共享的新发展理念融入社会发展过程中,改变过去以经济发展速度论成败的陈旧观念,寻求满足经济、政治、文化和社会多重约束下的最优解,保质保量地实现全面现代化。伴随新发展理念的践行,高质量发展成为我国迈向社会主义现代化建设新征程中的主旋律,我国西部地区的发展逐步在量的累积与质的飞跃间阶梯式前进,呈现出高质量发展的趋势,但距离达到优化的经济结构、高效的资源配置、完善的市场机制、稳定的经济增长、协调的区域发展、优质的产品服务等一系列高质量社会发展的目标仍存在一定差距。

基于区域经济协调发展理论与新经济地理学理论,社会发展与基础设施和产业布局的推动密不可分。我国西部地区以内陆城市为主,缺少东部沿海地区区位优势,需要着重依靠基础设施建设带动经济发展。社会经济发展与基础设施发展同向变动,基础设施对经济发展与社会发展发挥着较大的作用。基础设施是国民经济与社会发展的基石,为城市经济建设提供增长动力,为城市持续发展提供物质基础。基础设施建设作为城市系统中开放性公共资源,能够改善城市空间形态,为社会经济活动及相关要素在空间上提供吸引力与推动力。一个地区内存量基础设施数量的充裕程度和质量的优劣水平决定着该区域对人口和产业的吸纳能力,呈现正相关关系,因此基础设施质与量的不足将直接或间接地对社会发展中的子系统水平提升产生不良影响。产业布局对社会发展的影响主要表现在影响产业结构和产业发展方面,产业结构升级会促进经济总量的增长,产业发展是支撑经济和就业增长的核心力量,与社会发展密不可分。可见基础设施和产业布局的不良发展均会对西部地区社会高质量发展造成负面影响。相较于东部地区而言,西部地区基础设施、产业布局等发展要素均存在不足之处,出现"内卷化"的现象。在社会发展的过程中,此类要素并没有线性地进化发展,没有为经济发展提供应有的增长动力,而是陷入"没有发展的增长"之中,出现停滞、退化和复旧伴随数量增长的现象。因此,完善基础设施和产业布局是社会高质量协调发展机制分析中的关键。

一方面,完善西部地区基础设施建设,为推动城市群社会高质量发展奠定基础。基础设施完善程度是西部地区经济高质量发展前景和潜力的重要因素之一,基础设施高质量发展对劳动就业与经济增长带来积极的作用。基础设施水平的高低决定一个地区贸易成本的大小,区域内部和区域之间的贸易成本差异又对产业的空间分布产生影响,进而影响各地社会发展水平。西部地区城市群内部落后城市的基础设施总量不足,通过加大基础设施投入,可提升其绝对福利水平,对社会发展具有正向促进作用。交通设施网络的构建有助于落后城市与外部城市的联系渠道,提升交通廊道的建设和城市机动性,进一步推动城市空间的合理化开发和属性的效用化运用。完善的基础设施能够为西部地区吸引更多的投资和优质企业入驻,加速形成合理的产业分工体系和产业链条,带动产业结构转型升级,由此改善城市群中心城市极化作用过大的不良趋势,有利于实现区域一体化协调发展。新型基础设施一是使传统基础设施数字化,赋予其发展新动能,更适应产业发展、居民生活、公共服务和社会治理等方面的新要求;二是挖掘新兴产业,扩大西部地区就业岗位数量,改善就业结构和经济结构,有效解决民生短板问题,创造稳定的社会环境,以此实现西部地区中心城市与城市群社会高质量协调发展。

另一方面,优化西部地区产业布局,为实现城市群社会高质量发展提供经济支撑和发展动力。合理的产业布局需要有大局意识,不能仅考虑局部地区的利益,应以实现城市群乃至整个西部地区整体综合利益最优为考量。在产业布局的过程中,统筹兼顾使产业分布合理化,根据不同地区的不同条件,横向比较分析确定各地区的专业化方向,明确其在全国经济的角色和地位,以此促进该地区形成独具特色的产业格局,有效吸引同类生产要素迁移和聚集,促进产业结构更迭升级和特色产业的发展。产业结构改革是对本地经济发展换挡增速引擎的升级,强化了中心城市对城市群经济发展的带动作用。在逐步扩大的人才缺口和成熟的产业发展双重刺激效应下,城市对人口聚集的吸引力提升，带动人口随产业进行迁移，抑制西部地区城市群人才流出，推动人口就近城镇化。特色产业能够提供独具特色的产业或服务，具有较强的市场竞争力和辐射带动力，能够成为西部地区产业发展的突破口，为区域经济发展夯实基础。综上所述，通过产业布局的优化进步，可以促进产业结构更迭升级和特色产业发展，由此产生的要素禀赋和专业化生产水平差异将进一步引发比较利益，有效推动区域分工与合作形成。产业结构更迭升级和特色产业发展将合力形成具有城市群特色的产业优势，吸引各类生产要素迁移和聚集，从而提升西部城市群劳动生产率、推动经济模式转型。产业布局改革有助于西部城市群中心城市升级本地经济发展换挡增速的引擎，强化中心城市对城市群经济发展的带动作用；有助于其余欠发达城市摆脱产业结构单一、产品附加值低、规模附加值不明显等劣势，提升经济发展水平。此外，在逐步扩大的人才缺口和成熟的产业发展双重刺激效应下，城市群对人口聚集的吸引力提升，带动人口随产业进行迁移，抑制西部地区城市群人才流出，推动人口就近城镇化，有效地减缓伴随着人口迁出而引起的人力资本流失对当地经济的负面影响和缓解社会矛盾，实现西部地区中心城市与城市群高质量协调发展。

## 9.1.2 新时代我国西部中心城市和城市群高质量协调发展的经济模式规划

### 9.1.2.1 西部中心城市和城市群基础设施高质量协调发展模式

基础设施是社会赖以生存发展的一般物质条件，经济学中将基础设施分为以公路、铁路、机场、通信、水电煤气等公共设施为主的经济性基础设施和以教育、科技、医疗卫生、体育、文化等社会事业为主的社会性基础设施。经济性基础设施是为社会主体参与经济活动和财富积累创造活动以及维系经济市场平稳运作提供必要保障的基础设施，能够为企业、居民和其他服务对象提供直接的物质性的经济福利。城市正常运转离不开经济性基础设施，其属于城市生产和发展的最低要求，服务于参与社会经济活动的各类主体，能够有效改善经济性公共服务供给的质量和效率。社会性基础设施不同于经济性基础设施，其服务对象不是具体的某一个体，而是抽象的事物，社会目标和社会发展是社会性基础设施的服务对象。通常而言，社会性基础设施是城市发展的"上层建筑"，为促进社会发展、提高社会福利与改善生活质量创造社会条件，为经济社会协调发展营造适宜的社会环境，具有社会性、公共性和社会服务取向的性质，旨在促进社会公平与社会平等，改善城市居民生活质量。这两种不同类型的基础设施在价值理念、城市的时间和空间分布模式和优化升级的模式方面均截然不同，因此对西部中心城市和城市群基础设施高质量发展模式的分析，应分成经济性基础设施和社会性基础设施两个不同的模块进行。

改革开放以来，我国积极借鉴国际上相关基础设施市场化的成熟经验，并将社会资本引入基础设施投资建设。实践证明，借用市场运行机制可以充分发挥私有资本在专业技能、管理经验、专家人才等方面的优势，从而解决由政府部门独自提供基础设施及公共服务所产生的信息不对称、贪污腐败、成本高企、效率低下等问题。如何推动有效市场和有为政府相结合是国家治理体系现代化的重要议题，政府作用和市场作用成为我国基础设施发展过程中主要的影响因素。因此，两种类型的基础设施均从政府作用和市场作用下剖析协调发展模式。在西部大开发战略中，出台关于促进基础设施建设的政策数量最多，大幅度推动了西部地区基础设施建设。但就现阶段的形势而言，在中央政府财政倾斜和有关优惠政策的趋势下，西部地区基础设施建设并未对经济发展起到相应促进作用，西部地区经济发展的绝对差距和相对差距均呈现进一步扩大的趋势，且西部地区内部经济发展的差距不断扩大。东部地区的产业发展阶段与基础设施建设成果相适应，有助于吸引生产要素持续流入东部地区，进一步提升基础设施投资从而推动基础设施建设，最终形成良性循环，对经济发展产生正向促进作用。反观西部地区，基础设施投资与经济总量并不适应，当地过度依赖通过基础设施建设产生的效应乘数所带来的经济提升，过量的基础设施投资挤占其他产业类型的投资和消费，造成区域内产业结构单一僵化，产业发展潜力不足，对劳动力、资本、技术等生产要素缺乏吸引力，导致城市产业生产力低下，缺少资金支持基础设施的优化升级，逐渐形成恶性循环。因此，为改变固有的基础设施发展路径，对新时代我国西部地区城市群基础设施高质量协调发展机制进行分析。

第一，关于经济性基础设施协调发展的模式。一是在政府作用下，以政府为引导，决定经济性基础设施中的资金投资方向。政府在经济性基础设施投资中决定资金投资方向。由于经济性基础设施的发展对社会发展中的物质生活、经济生活和物质财富层面起到积极的作用，能够促进社会发展、社会进步和生活质量的提高，在社会公众的日常生活中存在感和体验感较为明显。此外，随着经济性基础设施的建成，通过收取使用费用可以弥补建设过程中耗费的成本和运营过程中产生的维护费用，并且还能够创造出额外的财富效应，所以社会公众对经济型基础设施建设具有较强烈的投资意愿。因此，政府财政避免在经济性基础设施投资方面的过度介入，只需推动经济性基础设施市场化供给，减少"搭便车"的行为，实现经济型基础设施高效发展。面临资本市场对经济性基础设施投资意愿强烈的局面，政府可缩减对基础设施实体建设方面的资金投资力度。加大对技术创新人才教育和项目研发领域的投入，以科技创新能力提高和技术水平进步减缓边际效用零点的到来，为社会资金投入创造更多的盈利空间。同时需要牢牢把控"一带一路"倡议和双循环格局为西部地区营造的开放平台，坚持对外开放，积极发挥对外贸易对边疆地区经济性基础设施投资回报率的强刺激作用，加快推动新一轮机遇下经济性基础设施快速发展。

二是以政府为监管，制定公共服务价格收费制度。发挥政府在公共服务领域的监督职能，重视公共服务价格收费制度，适度介入公共物品定价环节，确保价格总水平在合理区间运行。基础设施产业供给主体较为单一且缺乏价格弹性，极易形成垄断或寡头垄断市场，任由市场机制发挥定价作用将使得公共服务价格远超居民所能承担的水平。因此，政府在把控参与尺度的前提下，以"市场监督者"的身份加强对公共物品的定价监管，健全相关法律制度。避免依旧由政府代替市场，扭曲公共物品价格机制的行为；避免企业经营者任意提高价格，获取垄断利润损害公共利益的行为。最终，充分发挥政府优势，推动公共服务领域市场化改革，实现公共资源有效供给，构建以效率与公平为核心的经济型基础设施协调发展模式。

三是在市场因素下，依靠市场化运营提高经济性基础设施的建设和运营效率。在市场经济条件下，经济性基础设施不应单独依赖于政府部门投资建设，原因在于缺乏市场参与者对提供基础设施服务的权利竞争导致了垄断行为产生，建设和运营效率低下。开放经济型基础设施建设领域，使政府部门与社会部门达成合作，建立多元合作的机制，使经济性基础设施建设和运营在市场机制中实现效率提升。得益于西部大开发战略部署，西部地区城市化进程快速推进，城镇居民收入水平日益提高，由此形成对公用产品和服务的旺盛需求。市场通过价格机制、供求机制、竞争机制和风险机制，提高配置资源的效率与能力，促进生产要素优化配置，提高商品生产者的经营理念和生产技术，最终优化资源配置。市场刺激引发经济性基础设施所属产业之间的竞争、融合和替代，为产业结构升级注入动力，将大幅度提升基础设施配置效率，满足社会公众的需求。

四是发挥市场的作用，建立基于市场化的项目投资回报机制，大力发展市场化融资手段。西部地区经济基础较为薄弱，政府财政资金和融资能力有限，市场介入能在一定程度上缓解地方政府基础设施投资缺口压力。经济性基础设施产业自身具备一定的盈利能力，对社会资本有较强的吸引力，因此在市场推动下，经济性基础设施建设能突破政府运用财政收入投资资金的限制。在充分利用社会资本的情况下，政府自身无力建设的经济性基础设施能够顺利完成，并且得益于社会资本在市场运营和管理方面的特长，它们将有效促进经济性基础设施为社会公众提供的整体福利。最终，依托市场发挥资源配置优化作用，提升经济性基础设施的数量和质量，从而更好为产业和社会发展提供服务。

综上所述，在政府因素和市场因素的双重促进下，西部地区中心城市和城市群经济型基础设施应基于第二代PPP（政府和社会资本合作）理念框架发展。在第二代PPP框架中，私营部门通过使用者付费和必要的政府财政补贴获取项目建设的投资资金并寻求投资回报。依靠自身能力不能在市场生存的基础设施项目则主要依赖于财政资金予以补贴，但政府不会为其规避公共服务市场化所带来的风险，需要其自行承担。即在基础设施发展过程中，以市场行为为主导，政府干预为辅助。避免政府的过度介入，政府财政仅在部分特殊的基础设施领域给予资金扶持，充分尊重市场，发挥市场的资源配置作用。随着西部大开发政策的落实和推进，相较于东部地区而言，西部地区城市群经济性基础设施数量和质量落后程度已不太明显。但在社会发展进程中，优质资本和产业受发达的东部地区吸引，均朝东部地区聚集，因此西部地区城市群中的经济型基础设施并没有得到充分利用，造成公共资源的浪费和效率低下。该模式激发出经济型基础设施所属产业追求项目投资回报的机制，撬动社会资源开展投资活动，一方面减少政府对西部地区城市群经济型基础设施财政支持力度，将投资方向朝社会性基础设施建设转移，改善财政资金使用结构；另一方面利用市场机制激活基础设施使用效率，促进当地经济跨越式发展。

第二，关于社会性基础设施协调发展模式。随着西部大开发战略的实施，城市群内部城镇规模快速扩张，随之而来的是不断扩大的区域发展差异，社会性基础设施出现众多问题。一是社会性基础设施空间分布不均。社会性基础设施大多集中在数量稀少的发达的中心城市或发展层级较高的其他等级城市，而更多欠发达的边缘城市覆盖程度较低，暴露出与科教文卫公共事业相配套的社会性基础设施发展不足的矛盾，社会性基础设施服务未能实现区域均衡化发展。二是社会性基础设施配置水平较低。随着经济发展，社会公众拥有更殷实的经济基础，产生更多元化的物质和精神需求，对社会性基础设施的需求受此影响变得愈发多元化。西部地区整体产业水平不高，现存的社会性基础设施功能单一、配置水平低下，已经无法满足人民群众日益增长的需求。三是社会性基础设施投资总量不足。社会性基础设施旨在实现社会公平与社会平等的特点意味着盈利能力低下，对社会公共资金缺少吸引力，因此社会性基础设施的协调发展需要政府资金大力扶持。即西部地区大部分社会性基础设施建设水平受制于所在地的财政、税收、投资等方面的政策和机制，各城市间经济基础各不相同，难以在城市群内形成规模统一的基础设施布局。四是社会性基础设施缺乏合理有效的布局规划。各类基础设施由不同的部门规划、建设以及运营，部分部门各自为政，缺乏统筹协调机制，导致基础设施建设与城市总体规划或土地利用规划未充分衔接，区域内部分地区基础设施过多，部分地区则严重缺乏。

在政府作用下，以城市群为单位统筹规划社会性基础设施建设。首先，在区域协调发展战略的背景下，各城市之间要素流通渠道数量增加，物质、信息、人才、资金等要素流动性增强，打破了城市间社会性基础设施建设各自为政的僵化思维，公共设施资源在城市群范围内实现一定规模的共享。因此，社会性基础设施的规划从城市群的角度进行整合，加强配套基础设施的统筹规划，有利于实现西部地区城市群基础设施协调发展。政府应充分发挥在社会性基础设施建设过程的主导作用，根据中心城市和城市群常住人口增长趋势和空间分布对社会性基础设施进行布局建设。扭转单纯就城市规模大小和位置进行布局的做法，避免社会性基础设施分布不均衡的现象，改善当前中心城市存量基础设施过多且增长趋势显著，但欠发达的边缘城市资源稀缺且缺少增长势能的局面。将各项设施的功能需求、土地使用情况以及空间布局与城市群统筹规划资源配置相结合，加快推进社会性基础设施供给制度改革，逐步建立适应公共财政要求和居民需求的新型现代社会性基础设施供给制度，从而实现社会性基础设施区域一体化协调发展。通过政府拨款，统筹协调医疗、教育、体育社区等社会性基础设施的配套建设。

其次，保证社会性基础设施项目的建设和运营。城市建设的过程不是一蹴而就的，而是随着社会进步不断调整动态发展的，因此城市各类基础设施的需求数量以及内容伴随着城市建设发生转变。政府按照统一规划、分期实施的方式对社会性基础设施的建设用地进行调整，使之符合城乡发展进程，配套推动城乡建设。将社会性基础设施建设按照改造或建成的难易程度划分先后顺序，优化推进成熟建成区的基础设施建设，为新建城区提供运行效果参考，为其提供更为科学的建设指南。除此之外，社会性基础设施正外部性显著，私有产业部门出于逐利的目的对其缺乏投资欲望，政府成为确保社会性基础设施运营的关键主体。通过财政支出为此类基础设施的投资、建设和运营提供资金，可以避免社会公众为使用社会性基础设施进行二次付费，并保障公众的最根本权益。

最后，动员社会资本提升社会性基础设施运营活力。尽管私有产业部门出于逐利目的未有较强的意愿进行社会性基础设施投资，但单纯由政府部门提供公共服务必然会造成资源效率低下的问题，实现社会性基础设施高质量发展仍需引入社会公众资金，依靠市场机制提升运行效率。同时，由于西部地区经济发展水平仍较为落后，单纯依靠财政收入以及政府债务难以长期维持社会性基础设施的建设和运营，不利于基础设施和社会可持续发展，需要依靠社会公众资金支持。因此，在创新改革的过程中，除充分挖掘投资社会性基础设施本身的潜在利益外，政府还应采取如免征收特定范围和用途内的土地、进口设施、重要原材料的相关税费，为私有企业提供启动资金且投资回收完全归私人所有等财政优惠政策。同时，可将经济性和社会性基础设施绑定招标，如将高速公路与沿途公共绿化、公共服务站进行打包；或是让渡社会性基础设施增值业务使用权，如市政道路在投入使用后无收费项目获取资金回报，可将道路沿线的广告业务、商铺以及后续道路养护等增值项目使用权让渡给私人投资者，弥补前期资金投入，通过此类措施为私有资金进行社会性基础设施投资营造宽松的政治、经济环境和完善的法律保障制度，同时创新优惠的财政征收手段提升，提升社会性基础设施投资对社会公众资金的吸引力。

一方面，在市场因素下，引入市场投资者，与政府共担责任及风险。当政府完全负责社会性基础设施供给的供应时，基础设施建设过程中的投融资风险只能由政府部门独自承担。通过引入市场投资者，可以建立多元合作关系，改变角色单一的投资现象，降低政府投融资风险。除此之外，相较于政府评估而言，多边合作下运用市场机制能够更全面而准确地把握和评估项目投资风险，比政府单方面决策更科学、安全和可靠。

另一方面，充分利用市场机制，避免社会性基础设施无效供给。我国经济发展要求已从高速增长转向高质量发展，相对应的经济体系也需要从传统经济体系转向现代化经济体系，建设现代化经济体系是社会高质量发展的必然要求。社会性基础设施作为社会高质量发展的构成部分，信息化、智能化、绿色化等现代化建设的标准也成为其高质量发展的方向和要求。所以要充分利用市场机制，推进社会性基础设施供给侧结构性改革，进行基础设施创新，促进数字经济、智能经济和绿色经济的发展从而更好满足居民生活和生产等日常活动需求，提高政府公共服务水平。

综上所述，在政府因素和市场因素的双重促进下，西部地区中心城市和城市群经济型基础设施基于第一代PPP理念框架发展。在第一代PPP框架中，基础设施建设的投融资由私营部门完成，政府不直接参与基础设施建设，只需要评估私营部门关于基础设施建设和公共服务提供的完成度并据此付费，这笔资金构成了私营部门投融资的初始回报。私营部门不承担市场需求风险。即在基础设施发展过程中，以政府干预为主导，市场行为为辅助，着力于改善政府采购公共服务质量和效率。西部地区城市群社会性基础设施的发展水平与发达地区相比存在不小的差距，补短板、促发展的客观需求在一定时期内较为明显。同时，社会性基础设施盈利性较弱，对市场缺乏吸引力，因此单纯依靠市场所产生的推动作用有限。此时，需要充分明确政府的责任与职能，通过政府付费的方式、政府规划与经济性基础设施捆绑融资、附加增值业务使用权让渡等方式保证此类基础设施项目的建设和运营，令财政资金发挥撬动和牵引作用，吸引社会资本广泛参与，加大西部地区社会性基础设施建设的资金投入。该模式能加快推进民生保障领域的重大工程项目建设，杜绝可能出现的公众二次付费，保障公众的最根本权益，提升社会性基础设施均等化水平，促进社会性基础设施协调发展。

### 9.1.2.2　西部中心城市和城市群产业布局高质量协调发展模式

产业布局是指对某一区域产业的空间分布进行引导和调控，具体表现为不同的资源、生产要素为发挥最佳产业推动效用不断地在空间地域中流动，最终使得所处企业以及产业形成最佳区位选择。基于产业布局的规划需求，可将产业布局分为国家、区域和城市三个层级。从空间范围来看，国家层级对应国家级行政区范围；区域层级对应省、市、县三种行政单元及其组合；城市层级是城市（城乡）规划的范围区域。区域和城市层级是本书主要的讨论对象。高质量协调发展的区域产业布局，要求充分发挥比较优势与聚集经济，积极发挥区域政策优势。高质量协调发展的城市产业布局则以创造有序的城市生产生活空间为要求，即根据特定地区产业的经济技术特性以及综合条件对产业的空间分布进行引导和调控，并以此促进和保障城市群各主体功能区建设。当前我国西部地区产业分布不合理主要表现在以下两方面：一是区域内产业布局的极化现象，价值链上的高端产业与低端产业源源不断地向西部中心城市聚集，未能在城市群内实现产业转移；二是城市间产业结构同质化程度较高，过度分散的结构使得相同类型的产业无法形成产业集群效应获取规模报酬，反而导致产业同质化恶性竞争愈演愈烈，产业结构体系趋同和产业恶性竞争阻碍了城市群协调发展。

　　产业发展理论中将产业发展定义为产业的产生、成长和进化过程，不仅包括某一产业所涵盖的企业数量以及企业生产产品和服务数量的变化，还包括产业结构调整和更迭等质量的变化。上述变化由资源和生产要素推动完成。因此产城融合表现为产业和城市的发展处于同向轨道上，推动产业发展的资源和要素也在推动城市发展，二者相辅相成，为彼此的发展提供动力，是地区人口、产业与城市空间协调发展的集中体现。通过对西部城市群产业空间与城市功能协同关系的研究发现，产业转型升级与城市功能提升相互促进产城融合，产业发展与产城融合相互促进提升产业空间布局合理性。城市群内部城市间的产业依据各自的比较优势而建立，通过合理的分工与相互协作，实现城市间产业的相互依存、有序运行、良性循环和共同进步的目标，从而促进城市群协调发展。由此可见，产业发展和产城融合二者顺利发展将促进城市群产业布局高质量发展。因此，本书分别从产业发展和产城融合两个层次制定西部中心城市和城市群产业布局高质量协调发展模式。两种层次下的产业布局与规划高质量协调发展均须合理协调政府与市场关系，既要把握市场思维，尊重市场规律，提高资源配置能力；又要体现底线思维和实现社会公平公正，解决市场失灵的问题。对发展中国家而言，政府在推动产业布局优化方面扮演关键的角色。在中国，依托财政支持，地方政府有能力引导公共资源和生产要素流动，促进本辖区产业发展。新地理经济学认为，应充分利用本地市场效应、价格指数效应及其循环因果规律，尊重市场的主导作用，引导相关产业区位聚集，实现聚集效益。因此，在中长期供给侧结构性改革与短期需求侧管理并重的情况下，推动产业发展和产城融合进步均需要政府与市场的促进作用。

　　长期以来，东部地区属于我国经济发展的先发地区，聚集着大量优质生产资源和生产要素。在经历一轮产业发展之后，东部地区率先进入工业化中后期，追求更进一步的产业结构升级，优质资源和要素大量涌向现代产业部门，失去要素支撑的传统产业部门向中西部地区转移。西部地区具有丰富的自然资源，基于自然资源禀赋优势，主动承接的来自东部地区的转移产业多以资源密集型产业为主，这势必进一步提升资源型产业占比，加剧产业结构僵化的趋势。剩余来自东部地区转移的产业大量转入中部地区，西部地区最终未能通过承接产业转移扩大当地产业基础，转变单一的产业布局劣势，反而大幅依靠中央政府转移支付和产业转移政策驱动西部地区产业结构升级和产业多元化发展，此类政策作用有限且不具有可持续性，难以解决西部地区产业布局的困境。产业发展对经济发展起着巨大的推动作用，产城融合理念契合城市产业空间格局与社会空间布局耦合协调发展的内在要求，二者是实现中心城市与城市群产业布局高质量协调发展中不可或缺的重要环节。因此，本书从实现产业发展和产城融合两个体系的协调发展入手，探寻转变西部地区产业布局劣势的发展模式如下：

　　第一，关于产业发展协调发展模式。

　　一是在政府作用下，对区域的发展定位与产业选择进行判断。首先，区域产业政策能够有效促进区域协调发展，产业协调发展模式以调控政策指向为主导，在充分发挥区域比较优势和区域政策优势的基础上，明确产业选择方向与发展趋势。区域的发展定位决定着产业发展的主要类型与经济效益，是缓解产业同质化和产能过剩的重要途径，区域发展定位分析是政府实现产业高质量发展的首要工作。新时代推进西部大开发形成新格局指导意见出台、"一带一路"倡议实施、"十四五"规划与 2035 远景目标确定、全球进入后疫情时代、国际国内分工深刻调整以及新兴产业的快速发展等形势改变了西部地区区域发展的外部环境。同时,科学技术水平的高速发展和西部地区人民群众日益增长的美好生活需要对生产产品的需求升级。各区域有其自身独特的区位条件、资源禀赋、经济基础、产业结构、人才科技和历史文化等条件,影响着区域产业发展的方向和前景。政府通过结合区域外部环境与内部条件,纵向与横向比较区域发展,研判与明确城市产业发展的劣势与优势,最终以将区域优势最大化为原则明确各城市在城市群发展过程中的功能定位和各城市产业发展方向。政府应当强化首位城市的极化功能,确保不同层次的增长极之间功能互补,加强城市间产业规模的协调对接,推动各区域错位发展,进而促进整个城市群区域经济社会的共同发展。西部地区属于国内经济发展的后进地区,而产业转移是优化生产力空间布局和产业结构调整的有效途径,因此应为承接东部地区产业转移做好准备,令西部地区在承接中不断发展。西部地区是我国连接中亚、南亚、东南亚、俄罗斯以及蒙古国等国家地区的重要通道,政府应重视与周边国家产业合作与贸易往来,加强区域间经济技术交流与合作,选择出有利于多边合作的产业扩大发展。同时,西部地区具有丰富的能源资源和矿产资源,政府应加强能源资源和矿产资源的调查评价和勘探工作,以"绿水金山就是金山银山"为价值导向,统筹规划资源开发利用工作。摒弃高能耗、高污染、高排放的粗放型产业生产模式,依托资源优势,发展开发合理有序、规模效益明显、加工链条延长、资源利用率提高、产品种类繁多的优势资源产业群。对于中心城市而言,产业结构优化已初具雏形,资本密集型产业逐步代替资源密集型产业成为城市的支柱产业,政府可以适时将创新导向型产业作为新的发展方向,实现产业结构进一步升级;加快发展关联性强、具备良好发展潜力和效益的产业集群,适当引导首位城市人口、产业、设施和功能向周边地区疏散,促进劳动密集型产业、中低端产业以及中高端产业的加工制造环节向周边城市和小城镇转移和集聚,以不断扩大产业集群规模,推动产业城镇化与人口城镇化协同发展,更好地发挥首位城市的扩散效应。对于城市群内中小城市而言,由于科学技术发展不充分,产业单位产值对自然资源的依赖度居高不下,城市支柱产业仍以资源密集型为主。一方面,政府深入挖掘各区域自身独特的优势,延长产业链条,形成特色品牌经济,避免对资源开发产业产生路径依赖,夯实中小城市的产业发展基础;另一方面,加强资源保护与制度管理,核算资源开发总成本,倒逼资源型产业进行改革。

其次,通过招商引资调整产业空间。政府作用下的产业政策能够有效促进区域经济协调发展,能够对产业布局产生直接的引导作用。对于城市发展而言,农业是基础动力,工业是根本动力,服务业是后续动力,城市的发展规模和发展阶段决定了何种产业能成为实现城市高质量发展的助推力。因此,地方政府应突破三次产业的固有划分,结合当地的产业发展基础、技术和人力资本等资源禀赋条件,调整产业政策,优化资源配置,选取适合的产业推动城市发展,令产业政策发展与区域市场化取向的经济改革进程相适应,加强产业规划和空间规划的有机衔接,并以此作为招商引资的产业选择标准。西部地区产业发展水平较为滞后,通过政府招商引资引入的企业多数携带优越的技术资本或人才资本。若引进的企业科技水平远超本土企业,将对本土产业造成冲击,可能使本土企业过度依赖于新引入的技术,又或是令本土企业置于价值链低端锁定的局面,这两种情况均会令本土企业丧失自主研发创新的欲望,呈现路径依赖的趋势,未能达到推动本地同类型产业技术进步的预期效果。政府在招商引资的过程中应选择技术发展水平与城市生产资料和生产方式相契合的产业,促进生产要素的合理流动与优化组合,避免过于超前的技术限制本土企业的自主创新能力,促进该地区本土相关产业资本积累与要素禀赋结构提升,协同产业提质增效,打造出具有集中度和显示度高等特征的特色产业集聚区,从而推动经济高质量的发展。

最后,提高地方政府的财政自主权并制定切实可行的财政政策。随着政府财政自主权的提高,当地经济性支出也有所提升。一方面,短期内经济性支出的提高能显著影响资源配置,促进地方技术进步,从而实现产业结构升级。另一方面,财政自主权影响地方政府所获得的转移支付力度,进而影响对财政资金有所需求的产业政策力度,如产业迁移。与此同时,西部地区经济发展水平较弱,政府财政自主权所能提升的财政收入有限,因此需结合金融支持、税收优惠等非直接财政资金投入的产业政策共同推进城市群内各产业协同发展。最终通过以上政策形成西部中心城市与其他城市间的产业互补合作关系。

二是在市场因素下，首先，保持传统优势产业的稳定发展，促进实体经济与金融良性互动。随着西部大开发战略的实施，西部地区能源及化工、重要矿产开发及加工、特色农牧业及加工、重大装备制造、高技术产业和旅游业等六大特色优势产业快速发展。同时，扎实推进为西部边疆地区与"一带一路"沿线国家提供新的合作平台，为传统优势产业提供更广阔的发展空间。通过保持传统产业的稳定发展，可圆满完成工业 2.0 与工业 3.0 的任务，以此为推进西部地区工业化和城镇化的有效动力。同时，结合区域内产业发展现状，以工业 4.0 战略部署为政策指引，以传统产业优势作为发展基础，加快发展新兴产业，超前部署未来产业，以此实现充分发挥传统优势产业对产业发展的支撑作用。不同比例的产业结构会产生不同的投融资需求，同时投资于该产业所产生的风险也有所转变，这决定了产业发展对金融市场的依存程度。西部城市群中心城市产业发达程度较高，对领先技术的需求十分明显，需要技术创新作为产业持续发展和开拓新市场的支撑，项目成功与否的不确定性较高，因此金融市场是企业重要甚至是唯一的资金来源，能够为企业创新提供有效支撑。城市群中其他等级的城市发达程度较低，主导产业大多未达到中心城市的技术水平，后发优势显著，可从中心城市引进成熟的技术产品进行模仿创新，使产业发展的风险达到最小化，对金融市场的需求略微下降。总体而言，合理运用金融市场对实体经济的支撑作用，为产业发展营造良好的外部环境，为产业进步增加后劲。

其次，规范市场机制以强化其产业技术创新的正向作用。科技创新水平是产业结构升级和产业水平提高的第一动力，是驱动产业高质量发展的关键。政府在技术创新的干预过程中较难把控好控制尺度，极易产生过度干预的行为，区域创新协调政策推广过程中政府存在缺位和失灵的现象。发挥市场的资源配置作用能减少政府不当干预，在分配运用创新资源、激励激发创新主体、畅通创新要素流动、促进创新成果落地量产等方面发挥引领作用，从而充分调动高技术产业科技创新积极性，强化区域创新协调的正向调节影响，消除负向的扭曲现象。围绕城市群市场实际需求对产业创新环境提出改善，出台激励企业科技创新的相关政策，为科技资金和人才的顺畅流动营造良好环境。在市场机制的作用下，技术需求方可将技术视为一种特殊的商品，通过市场手段购入所需技术产品。市场机制下技术的需求与供给目标明确而具体，有利于提高技术获取效率，从而缩短技术创新周期。技术创新是科技和经济紧密结合的一体化活动，技术创新是经济发展的内在动力，在需求拉动机制的影响下促进科技创新和产业创新二者的完善，为产业升级与竞争力提升提供动力。

最后，良好的市场机制决定产业结构朝合理的方向调整。产业结构是否合理的关键在于资源是否按需在各行各业中分配以发挥最佳效果，善用市场机制是解决该问题的最优方案。一个发育充分和竞争格局开放的市场体系，企业会随着价格变动调整发展计划，选择进入需求、收入和技术含量较高但却不需要花费过多的成本、费用的领域，缺乏市场需求和技术含量且成本较高的行业逐步萎缩。除此之外，产能过剩、需求不足以及生产成本较高的行业和企业在市场竞争中会被逐步淘汰，需求旺盛和生产成本较低的企业能够获取更多的资源，最终实现行业内资源优化配置。尽管由市场机制主导形成的产业结构调整势必会剥夺部分生产部门的生产能力，甚至可能导致短期就业水平下降，但是过剩产能实质上无法真正推动社会经济的发展，是对社会资源的虚耗、人力劳动的浪费。通过充分发挥市场机制对产业结构的调整作用，能够实现资本在市场机制下的流动，在产业间实现资源配置优化，使产业生产要素效率提升，能够将资源集中于技术先进、低耗能和满足人民群众需求的行业及企业，意味着既定资源能够满足社会成员更大的需要，推进产业结构实质性优化升级。

综上所述，正确处理政府与市场的关系是引导产业发展新常态下的突破口。政府在产业发展的过程中能有效填补市场体系不完善、市场规则不统一、市场秩序不规范、市场竞争不充分的问题，弥补仅凭私人部门提供下可能出现的公共产品和服务供给的不足的问题，使城市产业功能、生产环境与经济发展水平相协调。在产业转型升级的过程中，市场通过价值规律、竞争规律、供求规律等在资源配置中起决定性作用，能充分发挥市场参与主体的主观能动性，通过避免地方政府以及部门间由于行政区域壁垒和地方政绩需求而产生的越位、缺位、错位等问题，最终得以实现城市群产业高质量协调发展。

第二，关于产城融合协调发展模式。

一是在政府作用下，政府构建顶层政策设计，规划适宜的思路与方法以实现产城融合。产城融合的核心理念是"工业化和城镇化良性互动"和"推进以人为核心的城镇化建设，产业和城镇融合发展"。一方面，在政策制定的过程中，应不断增强经济承载力，协同推进城市发展与产业转型升级相结合。摒弃就产业论产业、脱离城市进行产业布局的旧模式，向以城市为产业投放核心要素、以产业带动城市转型的互促模式转变，将实现产业和城市发展平衡作为出发点进行新时代下的产业布局空间规划。城市群的发展过程实质上是城市群内各城市协调发展的过程，得益于西部大开发战略支撑，西部地区各城市短期内保持较快的扩张速度，但产业发展成果则需要较长的时间。在增强中心城市发展活力的同时，也会推动经济持续、适度快速和协调增长。通过产业转型升级增强城市的发展能力，强化城市群对人力资本的集聚吸引能力，充分利用产业结构的优化升级来带动高质量的就业，最终有助于城市空间规模和能级在扩张过程中获得产业支撑，避免"空城"出现；产业布局以城市为依托，避免产业"空转"，令产业布局与城市空间拓展方向保持一致。以政府为核心主导，对高新产业发展进行引导，打造新兴产业生态，使城市规划与产业发展相互匹配，协调发展，为城市发展增添动力。在此过程中，由于产业发展与城市功能提升相互协调，服务设施和社会保障愈发完善，社会民众的生活体验得到提升，真正达成产城融合的最优水平。

另一方面，政府应提供完善城市功能和配套设施建设以实现产城融合。完善的基础设施是产城融合的重要保障，是连接产业功能和城市功能协调发展的纽带。政府在推动城市功能建设方面起举足轻重的作用，通过政府作用完善城市公共服务设施、市政基础设施以及城市商业服务设施有助于构建多层次、多元化和网络化的设施体系。将基础设施延伸至产业园区建设中，补强产业园区的服务功能，实现新旧城区、产业园区和城市基础设施的衔接，缓解城市功能与产业功能割裂的问题。除此之外，还能消除行政等级设置对资源配置的不良影响，促进城市发展机会平等。政府根据行政级别进行资源配置是产业发展的常态，中心城市规模较大且增速较快，产城融合度较高；反之，行政级别较低的城市规模较小且增速较慢，产城融合度较低，任其继续发展将造成城市群内城市间产城融合差异加大，不利于城市群整体协调发展。政府不再将行政等级设置作为资源配置的依据，将决定权交于市场，在不错位、不越位的前提下调整产业政策，在各城市承载范围内以恰当的产业支撑中小城市的发展后劲，抑制中心城市出现"城市病"的趋势。

二是在市场因素下，通过市场机制的运行提升产业发展力度。产城融合协调发展的出发点和最终目标是将产业、城市以及人三大要素紧密融合，相互促进从而实现可持续协调发展。产业和城市是产城融合的两大主体，追求产城融合协调发展离不开对产业发展提出要求，否则在产城融合发展过程中会频繁出现城市发展超前配置但缺乏产业发展支撑而导致"空城"现象。一方面，现阶段下，西部城市群中心城市已获得大量产业优惠政策扶持，为当地产业发展提供了诸多如资金、技术、优质企业引进等外源性支持，为使产业发展动力达到最优水平，企业应逐步取代政府成为市场主要参与者。因此，以市场机制为导向，尊重市场规律，优化资源配置，有利于产业规模化形成，继而吸引人口聚集以及发展动力，对于促进产城融合协调度提升意义重大。同时，随着西部地区现代化经济程度不断提高，社会分工日益细密，产品种类繁多，居民消费偏好多种多样，技术创新处于加速状态，社会需求结构与供给结构呈现出前所未有的复杂形态。市场机制能够自发调节生产与消费、供给与需求和产业结构，从而更合理地配置社会资源，由此转变西部地区产业结构，第一产业比重逐步下降，第二、三产业占比有所提升。第二、三产业具备更大的吸纳劳动力的能力，就业水平提高能够增加居民收入、促进消费以及有利于社会和谐发展，以上三点实质上就是产城融合协调发展的重要出发点和最终目标，即在市场机制运行之下，西部地区产业结构转变最终可优化产城融合。

另一方面，通过市场机制的力量推动城市发展规模。除政府调控之外，市场机制也能对城市发展规模产生影响，该影响在中、小城市中作用更为显著。西部地区城市群中、小城市所占比重较大，因此市场机制对西部地区城市发展规模的影响高于东、中部地区。特大及大城市往往具有更高的财政级别，即拥有更高的财政权力，能够获取更多的资金为社会成员提供更多的基础设施和公共产品，因此各类社会成员倾向于向特大及大城市聚集，由此推动城市规模扩大。中小城市财政级别和财政权力较低，所能够提供的基础设施和公共产品能力有限，因此需要市场机制作为补充，以提供更充分的基础设施和公共产品，以市场力量突破行政界限调节资本和劳动力要素合理配置。由此搭建城市发展规模与产业发展水平相适配的发展体系，得以实现西部地区产城融合协调发展。

综上所述，以坚持和补充社会主义基本经济制度为基本前提，充分发挥市场与政府在资源配置中的关键性作用是新时代下构建高水平产业布局的必要要求和有效发展模式。政府应明确定位自身职能，解决过度干预和监督不力等问题，在充分尊重市场经济规律的基础上实行宏观调控从而弥补市场失灵。二者有机统一，推动有效市场和有为政府更好结合，从而推动城市功能建设和产业功能升级，实现西部地区产业布局高质量协调发展。

### 9.1.2.3　西部中心城市和城市群社会发展高质量协调发展模式

社会高质量协调发展模式摒弃片面追求经济发展为核心内容的社会发展观，倡导建立以民主、平等、团结、和谐为核心价值的"可持续发展的福利社会"，以谋求全体社会成员的共同福祉，强调经济政策与社会政策平衡发展的公民社会的重要性。社会融合的过程是一个消除具有风险和社会排斥的群体和常规群体（通常指流动人口与本地人口）之间的壁垒并促使二者产生融合的过程，前者能够获得必要的机会和资源，使其拥有与常规群体相同的基本社会权利，从而实现全体社会人员在获取社会资源方面上的平等，最终融入城市社会。社会融合可划分为经济、社会和心理三个层面的融合。经济层面融合指流动人口在流入地的经济收入、工作状况、居住环境等方面的融入情况，是衡量流动人口社会融合程度的首要指标。社会层面融合主要以流动人口子女受教育、社会交往与社会支持等方面的融合情况为衡量标准。心理层面的融合包含流动人口所感知的社会态度和身份认同程度，是社会融合的关键一步，反映着社会融合最深层次的内涵。广义的社会福利是指能够改善全体社会成员物质和精神生活的所有措施，狭义的社会福利多指向特定群体（如困难群体）专属提供的福利性的社会支持，二者共同构成完整的社会福利。总而言之，社会福利是实现人民美好幸福生活的重要支撑之一。由此可见，社会高质协调发展实质上是社会融合与社会福利协调发展的集中体现。随着经济社会的发展，人民对美好生活的要求日益多样化，对社会融合和社会福利方面提出更高层次的要求。政府作用和市场因素是影响二者发展模式的重要因素，因此均以政府作用和市场因素为切入点，对社会融合和社会福利协调发展模式进行分析。

第一，关于社会融合协调发展模式。

一是在政府作用下，通过推进户籍制度改革，推进外来人口市民化，促进流动人口社会层面的融合。国际经验显示，移民的社会融入存在一定困难，即使已经在城市获得法律许可身份的一代或二代移民，仍然难以被本地居民完全接纳，甚至可能成为影响社会治安稳定的不良因素。尽管我国的社会制度和国情与国外国家有所不同，但不可否认流动人口在社会融入的过程中面临诸多障碍和隐藏的潜在风险。此外，我国经济建设取得的伟大成就与劳动力转移密不可分，流动人口是中国经济高速增长的基础，因此实现西部地区城市群高质量发展需重视流动人口社会融入的问题。欠发达地区人口大规模向发达地区流动和聚集是城市发展过程中一个十分显著的现象。受到户籍制度影响，许多进城务工的外来农业转移人口未获得城市户籍，在子女教育、社会保险、文化适应和身份认同等方面与城市本地居民存在着不小的差异，不能与城市居民享受同等的公共服务，在城市内部形成新的二元结构，阻碍城市融合进程。西部地区城市人口规模较小，不属于超大城市行列，对农业转移人口实行有序开放不会导致"城市病"。中央出台"推进农业转移人口市民化，逐步把符合条件的农业转移人口转为城镇居民""健全财政转移支付同农业转移人口市民化挂钩机制，建立城镇建设用地增加规模同吸纳农业转移人口落户数量挂钩机制"等顶层制度为西部地区推动流动人口融入城市社会提供了行动路线图。一方面，地方政府应依照宏观政策开展户籍制度改革，放宽农业转移人口落户条件，通过将外来人口转化为本地户口改善其受教育权利、就业机会和待遇、社会保障方面不平等的现状，促使外来人口与城市人口相融合。具体而言，通过持续深化户籍体制改革，促进在城镇中有稳定生活能力且有意愿长期生活的农业转移人口携带家人进城落户，流动人口子女进入城市公办学校接受义务教育逐步实现，与城市居民享受同等待遇；实施居住证制度，努力实现基本公共服务常住人口全覆盖，保障了流动人口在城市的生存和发展权利，最终推进以人为核心的新型城镇化建设，使全体人民共同享受社会发展的成果。

另一方面，通过重视文化教育，加强外来人口对城市生活的适应程度，促进流动人口心理层面融合。人口随着经济要素的发展而流动，多数情况下是由欠发达地区向发达地区流动，外来人口的现代化意识和现代化技能与本地城市居民存在不小的差距，制约了外来人口对自身身份的认同进度，影响其对下一代的教育程度，进而影响社会融合高质量发展水平。政府应向流动人口提供教育政策倾斜，提升该群体以及其后代的教育程度和文化素质。应鼓励流动人口参与教育、技能等方面培训，多渠道提升自身人力资本；鼓励社区就关系协调、行为和心理矫正、观念和学习调整、情绪的疏导等方面为流动人口提供服务，这有助于重塑价值观念，提升自我认同程度，拓展新的社交网络，进而适应城市生活方式，为其家庭融入城市社区生活提供可能性，有助于促进全体社会成员相互融合接纳，实现社会融合中最高层次的心理融合，最大程度提升外来人口的获得感、公平感、安全感和幸福感。

二是在市场因素下，以市场机制为动力，缓解结构性就业矛盾。一方面，就业是最大的民生，是经济发展最基本的支撑，同时也是帮助外来流动人员实现经济层面社会融合的重要环节。为适应暗潮汹涌的国际形势、艰巨复杂的国内改革以及新冠肺炎的多重影响，我国的经济发展模式变化为以国内大循环为主体、国内国际双循环相互促进的新格局，西部地区经济结构与人口结构发生深度调整，承接东部地区产业转移与发掘特色产业优势相并进，实现产业结构升级和技术进步，因此劳动力供求两侧均出现较大变化，对劳动者技能素质提出了更高要求。应坚持以市场需求和社会需求对就业方向进行引导，帮助减轻阻碍人员就业的体制机制障碍，使市场得以在劳动力资源配置方面发挥应有作用，为促进就业提供强有力经济支撑。由此引发对口专业人才培养培训需求，以适应不断变化的就业岗位需求，进一步提升人力资源质量，匹配产业转型升级和高质量发展；更大程度地促进大众创业、万众创新，促进政府颁布更为完善的创业政策服务体系，从而依靠创业发掘更多的就业岗位，优化就业环境，带动就业动能释放。

另一方面，以市场机制为动力，缩小居民收入差距。区域间各类生产要素自由流动有利于提高资源配置效率，促进利润率均等化。在市场机制的引导下，明确了可参与分配的生产要素种类和分配标准，将资本、土地等有形要素和劳动、知识、技术、管理等无形要素均纳入报酬决定机制进行绩效考核；应进一步完善劳动报酬分配制度，坚持以按劳分配为主体，多种分配方式并存的分配机制，提高劳动报酬在初次分配中的比重，提升劳动人口对于劳动分配制度的认同度。这在一定程度上打破了城乡分割、区域分割等不良现象，缩小城市与乡镇居民、本地居民与外来人口之间收入差距，使居民收入均等化，实现社会融合。

综上所述，市场机制有助于提升外来人口的经济水平，便于实现经济层面的社会融合，政府政策能够有效改善外来人口的社会福利水平，从而促进社会层面和心理层面的社会融合，二者各自发挥着不可替代的作用，进而形成互补互利、灵活多变的发展模式，共同实现西部地区狭义和广义概念上的高质量社会发展。

第二，关于社会福利协调发展模式。

一是在政府作用下，更新福利治理理念，合理定位政府在社会福利供给中所处位置。当政府作为唯一的社会福利服务提供者时，会出现"政府失灵"和福利依赖的现象，因此政府不应垄断福利提供，应根据区域经济发展水平的差异，采取不同形式下放福利权责。西部地区城市群中心城市经济发展水平较高，税收收入较为充裕，足以支持社会基本公共服务投入，因此，将原先政府独自承担的社会福利资源和服务责任向社会力量转移；城市群内经济发展水平较为落后的区域，仅依靠税收收入无法维系社会基本公共服务运转，因此需保留提供资助的政府机构，维持政策控制和部分社会福利支出，再将剩余的服务生产和日常责任交由社会力量。由此，政府不是单纯的社会福利提供者，更大程度上转变为社会福利服务责任的规划者和监督者，以目标和问题为导向，完善信息统计搜集和需求反馈机制，优化社会福利提供结构，提升社会福利供给效率。

制定并落实更为公平的社会政策。政府制定和实施的社会政策目标是直接影响社会福利水平的重要因素。随着西部大开发战略的推进和落实，西部地区的经济与社会发展取得较大进步，民众在健康、教育、就业、住房等方面的需求不断提高，尤其是对各项社会服务质量和均等化的要求不断提高。政府应通过强化和优化社会政策，使其与人口老龄化、城市化和人口政策变化等复杂的社会现实相适应。同时，打破僵化的行政区划制度，推动以城市群作为单位，依托中心城市提升边缘城市的社会福利水平的社会政策，统筹运用城市群内各领域各基层公共资源，向落后地区、薄弱环节、贫困人群倾斜，从而达到消除城乡差距的目标；推进科学布局、均衡配置和优化整合，提升包括医疗、养老、公共租赁房等公共服务的质量水平和均等化程度，充分发挥社会保障再分配功能，改善区域之间社会福利发展不均衡的现象，切实改善社会公众的社会福利水平。

二是在市场因素下，企业承担政府转移的部分社会福利供给责任。政府为实现社会福利供给结构的优化配置，应以政策制定者和监管者的身份向企业转移部分社会福利供给责任。具体而言，企业严格遵守国家相关法律法规的规定，为公司员工提供基本的劳动条件、薪资报酬以及劳动保护，并依法为劳动者提供社会保障服务。这实际上是企业在日常运营的过程中已承担的社会福利的供给责任，企业社保缴纳能力能大幅度提升社会福利覆盖的深度与广度。

提供更多元化的资金筹资渠道以进行城市建设。传统模式下，地方政府多数依赖发行地方债券的方式进行城市建设资金筹措，城投债规模体量逐步达到峰值，兑付风险增大，信用危机影响政府运行。在此情况下，私营资本为城市基础设施建设提供新的筹资渠道。与此同时，出于逐利的目的，相较于政府投资而言，私营资本对于城市建设的投资回报率要求更高，能够从根本上推进城市基础设施的运营体制、收费标准改革进步，变相为城市福利提供更充裕的资金基础。

综上所述，应划清政府与市场之间的界限，深化简政放权、放管结合、优化服务改革以达到转变政府职能的目的，给予市场充分空间发挥自身作用。通过明确职责主体，合理划分政府财政事权和支出责任，增强政府执政与施政能力，提高政府提供公共服务，从而为充分发挥市场机制营造良好的政策环境和社会氛围。通过引入市场机制，支持各类主体拥有平等的机会参与城市建设投资和服务提供，形成扩大供给合力，从而拓宽社会融合和社会福利所需资金来源，稳定基本公共服务投入，缩小区域内社会福利差距，最终实现城市群一体化建设，不断推动社会高质量发展迈上新台阶。

### 9.1.3　新时代我国西部中心城市和城市群高质量协调发展的空间模式规划

在西部大开发战略的宏观背景下，为推进西部地区城市群的培育速度，国家相继出台了一系列具有针对性的个性化扶持政策和指导意见，走出因地制宜、扬长补短的适合本地区实际的高质量发展之路，探索出如何使不同地区、不同类型和不同培育程度的城市群共同实现高质量协调发展。基于前文对西部中心城市和城市群之间的关系分析，将西部地区城市群空间构型分为 4 类，即双国家中心城市为核心型、单国家中心城市为核心型、内陆省会城市为核心型、边疆省会城市为核心型，根据这 4 类城市群的特点归纳其发展的内在逻辑并规划出高质量协调发展的空间模式。

#### 9.1.3.1　"双国家中心城市为核心型城市群"的高质量协调发展模式

成渝城市群是西部地区中唯一一个双国家中心城市为核心的城市群，重庆市和成都市既是国家级中心城市，同时也是成渝城市群的中心城市。成渝城市群位于长江上游区域，自然地理基础、交通区位条件以及资源环境承载力在西部地区均较为优越。我国在新时代推进西部大开发形成新格局的过程中，致力于将重庆市和成都市建设为国际门户枢纽城市，作为引领成渝城市群乃至西部地区开发的核心引擎，进而将成渝城市群打造为西部大开发的重要平台、长江经济带的战略支撑、内陆开放型经济战略高地等具有重要先行示范意义的城市群。当前，成渝城市群已发展为西部地区最大的城市群。但重庆、成都两个核心城市协调合作机制仍需健全，两大中心城市之间地理距离较远，既有川西的成都平原，也有川东平行岭谷，还有川中丘陵横亘在二者之间。平行岭谷和丘陵形成了两大中心城市联系的地理屏障，导致成渝两地倾向于"背向发展"。川东平行岭谷限制了重庆向西发展的便利性，转而更倾向于向东拓展。川中丘陵则限制成都向东发展的空间，导致四川空间发展的重点主要是南北走向的"成德绵眉乐发展轴"。除此之外，两大中心城市之间空间格局层面上的发展战略缺乏合作共赢的理念，政策制定以实现自身发展为首要考虑目标，发展平台规划和建设竞争较多而合作较少，产业分工缺乏协同合作，实际上两地并未形成紧密合作的经济共同圈。在国家政策的倾斜作用下，重庆和成都成为我国超大城市和特大城市，是成渝城市群中基础设施、生产要素最为集中的地区，成渝城市群依靠重庆和成都作为城市群的经济增长引擎，带动城市群整体发展。但由于二者缺乏合作机制，对周边城市产生的辐射作用或是不足或是重叠，影响中心城市对城市群其余城市的带动作用，反而呈现出中心城市极化作用过度发展的趋势，抢占了周边城市的发展资源。成渝城市群中部分城市属于老工业基地和资源型城市，开发强度过大，致使大气污染严重、部分支流水环境恶化，整体环境质量不容乐观；城市建设扩张过程中出现侵占耕地的现象，水资源、土地资源以及能矿资源利用效率不容乐观，生态系统退化趋势尚未得到根本遏制，自然灾害易发频发。也就是说，这些城市面临规划布局不合理、基础设施老化落后、环境保护和安全生产压力大、资源环境约束日趋加剧等一系列发展难题。其余地级城市发展相对缓慢，人口经济集聚能力不强，部分区位条件好、资源环境承载能力强的城市发展潜力亟待挖掘，公共服务水平存在很大进步空间，产业布局和社会发展水平有待提高。除此之外，城市群内部与外界的交通连接通道有待完善。重庆、成都与其他城市缺少快速轨道交通，城际高速网络仍在建设当中；沿江港口布局分散，缺乏统筹规划，致使三峡枢纽无法为日常船只航运提供足量支撑，以重庆、成都等城市为始发站的中欧班次列车仍需增加。因此，短期内中心城市、老工业基地、资源枯竭型地区以及其他城市之间难以形成一体化的发展格局，地方保护和市场分割现象严重，行政壁垒未完全破除，要素流动不畅，区域内统一市场和信用体系建设滞后，城市群一体化发展成本共担和利益共享机制尚未破题。总体而言，除中心城市以外，成渝城市群中其余城市规模不大，缺乏人口超百万的大城市为核心城市分担经济辐射带动的职能，因此与成渝中心城市联系较为疏远的中小城市和小城镇发展不足，城市群一体化协同发展成本较高。

该类受双核复合驱动的城市群，通常具有优越的地理优势和资源禀赋优势，因而经济发展具备先发优势。中心城市极化作用十分显著，但城市群内部一体化程度有限，因此双国家中心城市群内部城市发展程度和强度差距明显，实现城市群一体化协同发展是实现其高质量协调发展的必由之路，政策支撑应以此来制定目标。基于增长极理论的区域研究和规划政策，不论是整体城市群还是城市群中的中心城市，所能获得的国家扶持政策均优于其他的城市群和城市。所以该类城市群的发育程度、对外开放程度和产业结构层次均明显高于同地区其他类型的城市群。但由于该类城市群拥有两个国家中心城市作为城市群的中心城市，极化作用较为明显，首位城市垄断地位较强，导致城市等级规模分布较不均衡：超大、特大城市人口规模极大，大城市实力偏弱并出现断层，中小城市发展严重不足。此外，各级城市之间中心性强度差异较大，表现出明显的梯度性；城市中心性强度具备明显的地区分异规律和行政等级差异，地理位置越靠近"双核"城市、行政等级越高的城市，其中心性越强。

综上所述，内部城市间发展差异较大是双国家中心城市为核心型城市群面临的首要问题，这已成为制约此类城市群高质量协调发展的关键因素。从政府角度而言，应侧重引导优化社会发展在协调模式中的作用。政府应积极调整完善政府治理体系及模式，梳理社会结构失调的问题，有序解决城市群核心城市基础设施过度集中、产业投资过度旺盛、公共服务过度聚集的问题，合理降低土地开发强度和居住人口密度。坚持产城融合，完善郊区新城功能，实现多中心、组团式发展，缩小各地区、城市、城乡间的发展差距，避免社会矛盾激化，优化公共服务，形成完整的社会网络及共建模式，推动人口就近城镇化。从市场角度而言，应以扩大内需、刺激国内市场为侧重点，通过市场促进区域经济一体化的实现，提升城市群整体社会发展水平，避免社会矛盾的激增，推进社会融合，实现更为广泛的社会福利供给。最终通过政府和市场的双重作用建立城市群城市间互联关系，建立广泛互联的城市群城市间市场关系，充分发挥国家中心城市首位度高、辐射能力强的优势，提高辐射半径，刺激更广泛的城市发展。同时加速次核心城市培育，从而促进城市群城市间的相互影响带动作用，实现发达地区对欠发达地区的反哺。

### 9.1.3.2　"单国家中心城市为核心型城市群"的高质量协调发展模式

关中平原城市群是西部地区中唯一一个单国家中心城市为核心的城市群，华夏文明由此孕育，"丝绸之路"由此出发，由陕西大部分城市以及山西、甘肃部分城市组成。西安市既是国家级中心城市，同时也是关中平原城市群的核心城市。该城市群位于中国中西部内陆的中心，具有显著的区位交通优势，是西部地区连接东中部地区的重要门户，西部地区的南北通道和新亚欧大陆桥交会于此；现代产业体系完备，具有完整的工业体系和高度聚集的产业支撑，集装备制造业、高新技术产业和国防科技工业等重要工业，为西部地区第二大城市群，综合实力仅次于成渝城市群。"十四五"规划和2035年远景目标纲要中提出将关中平原城市群作为促进西北与西南地区联动合作的枢纽，将其定位为西北地区主要制造业中心。关中平原城市群城市规模分布呈现明显的梯度特征，西安市为城市规模高密度区的核心，城市规模朝外部逐步以密度环状降低。城市群中部属于较大规模城市密集区，东部与西部有零星的节点城市分布，由于数量稀少且地理距离较远，无法形成聚集区，因此城市规模密度呈现出单核心多层级的形态。除此之外，城市群中发展规模较小的城市在数量和占地面积上均占城市群大部分比重，体现出该城市群实质上是依靠国家中心城市西安为载体，形成经济辐射带动能力。但城市群内仅有咸阳市与西安市保持强联系，其余城市与中心城市联系并不紧密，制约着中心城市所产生的辐射带动作用，辐射带动作用有限且城市辐射范围重叠度高。且该城市群城市数量总体不足，整体对外开放程度较低，大城市数量少而较为集中，城市间相互联系较弱，发育成熟度较低，远未形成协同发展的格局。各城市间政策协调性较弱，未形成共赢开放的格局，开放合作层次不高，体制机制障碍尚未完全破除。得益于"一带一路"建设，西部地区由开放发展的落后地区转变为前沿地区，各城市产业分工错位发展格局初步形成，但该城市群内大部分城市自然资源禀赋相似程度较高，因此多为能源原材料的主要产地或传统优势产业为重化工业，地区产业结构层次较低，产业同质化较为严重，资源环境压力较大，是"内陆粗放的松散发展型城市群"。

在当前的发展战略制定过程中，单国家中心城市为核心型城市群中部分城市仍仅以自然资源为导向，将资源优势定位为产业优势，忽视市场经济的本质要求和特征，与市场经济运行轨道和发展规律相背离，未能真正发挥产业优势。除此之外，单核心意味着仅存在一个极化中心，而一个城市群的发展形成通常需要1~3个核心城市才能较为充分地发挥辐射带动作用，进而围绕核心城市形成包括大中小城市和小城镇在内的城镇体系。由于属于此类城市群的国家中心城市在经济总量和人均水平方面均落后于东部地区的国家中心城市，且城市群内经济密度较低，因此仅凭一个核心城市作为引擎维持此类城市群高质量协同发展较为困难，需要发掘新的核心或副核心城市，协助原有的核心城市共同发挥作用。若副核心城市发展较为缓慢，当现有的核心城市发展至一定阶段时，就会受到外围城市发展迟缓而拖累发展进度，无法形成后续经济带动作用，逐步影响整个城市群的发展速度。

综上所述，产业结构层次较低、产业同质化较为严重是单国家中心城市为核心型城市群面临的首要问题，这亦成为制约此类城市群协调发展的关键因素。从政府角度而言，应侧重引导产业布局优化在协调模式中的作用。完善区域性产业规划政策的制定及实施，针对城市群内部各城市的产业发展状况进行优化协调，全面梳理区域内主导产业和可培育增长点产业清单，积极引导形成城市群整体产业网络结构；运用行政区划设置调整产业空间布局，引导产业转移发展方向，构建梯度化的城市群产业发展结构。引导核心城市大力发展现代服务业和高端制造业，以实现高度产业化，将资源依赖型和劳动密集型等低端产业逐步向外转移；引导城市群中其余城市主动承接核心城市产业转移和功能疏解过程中向外转移的产业，同时优化以市政公用设施为代表的社会性基础设施布局和功能，为产业转移过程中发生的人口迁移提供物质基础。从市场角度而言，应重视扩大内需，以国内市场为重点关注对象。通过发挥市场机制培育城市群城市层级体系，提升城市群内个体城市的产业发展水平，形成城市群完整的城市职能规划布局及产业分工设计，建立广泛互联的城市群城市间市场关系，促进城市群城市间的相互影响带动作用，优化产业空间分布，实现城市群内部各城市产业错位发展，保持城市群整体产业发展的稳定健康。

### 9.1.3.3　"内陆省会城市为核心型城市群"的高质量协调发展模式

黔中、宁夏沿黄和兰西城市群均为西部地区中以内陆省会城市为核心的城市群，分别位于贵州省中部、宁夏平原中部、甘肃和青海等内陆地区。贵阳、银川以及兰州分别为黔中、宁夏和兰西城市群的核心城市，同时也是其所在省份的省会城市。黔中城市群承担着建设西部地区新经济增长极、山地特色新型城镇化先行示范区、内陆开放型经济新高地、绿色生态宜居城市群等区域发展使命，是贵州经济实力最强的区域，经济发展速度在西部地区中名列前茅，贵安新区、贵州科学城和中关村贵阳科技园等平台促进优势要素朝黔中城市群聚集，使之成为引领贵州转型跨越发展和全方位对外开放的"领头羊"。但贵阳市经济发展总量欠缺，发展方式较为粗放，产业结构层次较低，传统产业占比仍较大；城镇体系结构欠佳，贵阳市承担着省会和黔中城市群核心城市的重任，但城市综合实力较弱，尚处于城镇化发展阶段。宁夏沿黄城市群承担着"丝绸之路"经济带战略支点和中阿国际合作桥头堡、国家重要的现代能源化工基地、先进技术和产业转移承接地以及西部新型城镇化和生态宜居示范区等重大历史责任使命。城市群地理位置优越，宁夏绝大部分平原地带聚集于此，且黄河穿流而过，经济社会活动相对活跃，是宁夏经济和城市发展的战略高地。但城市群内各城市处于"各自为政"的发展建设阶段，基础设施不互联不共享，招商引资建设重复、投资规模小，产业发展水平处于低水平同构阶段。兰西城市群承担着支撑国土安全和生态安全格局、维护西北地区繁荣稳定的重要使命，城市群属于西北地区中水土资源组合条件较为优越的地区，石油化工、盐湖资源综合利用、装备制造等优势产业体系基本形成，新能源和循环经济等新兴产业建设逐步完善。兰州、西宁人口规模较大，科技力量较强，但经济总量偏小，人均平均水平较低，兰州、西宁城市功能和综合承载能力不足，作为核心城市而言带动能力不强。

总体而言，此类城市群具有明显的区位和地缘优势，位于西部地区的中部，是横贯东西、联系南北的重要枢纽，环境承载力较强，承担着国家"一带一路"建设、民族团结与融合以及黄河流域生态保护和高质量发展的重担，在国家战略发展格局中占据重要地位，发展潜力和发展空间巨大。但存在以下发展缺陷：一是城市群整体经济规模与人口规模较小，城市数量较少，大型城市数量稀少，中等城市缺位，小城市和小城镇数量占比较大；核心城市综合实力不强，经济带动能力较弱，辐射效用不明显，与其他等级城市之间的联系较弱，与周边小城市和小城镇的合作层次较低。二是部分城市分布在山间和盆地附近，受到土地资源短缺的限制，城市建设面积有限，基础设施和公共服务配套欠佳，人口与产业集聚能力有限，需要进一步培育和扶持，处于发展初级阶段。三是产业结构层次较低，传统产业比重偏大，新兴产业规模较小，产业发展同质化现象普遍，要素市场体系建设滞后，无强大的特色产业对地方经济形成有效支撑。产业布局水平低下使得产业发展对经济增长的贡献有限，吸纳就业能力不强，科技投入相对不足，各子系统发展不协调，城乡发展差距明显，二元结构矛盾突出，城市群总体发展速度较为缓慢。四是行政壁垒和地方保护的存在导致市场恶性竞争突出和产业发展同质化现象比比皆是。

综上所述，产业布局水平较低和社会发展较为落后共同制约了内陆省会城市为核心型城市群的高质量协调发展。从政府角度而言，应着重引导产业布局优化以及社会发展在协调模式中的作用。政府应协调各城市间的职能规划及产业分工，避免城市群内部城市产业发展恶性竞争，提升城市群城市层级体系产业高质量发展的均衡化发展，进一步推动城市群朝双中心或多中心方向发展。除加大对省会城市的政策扶持力度之外，还应给予重要节点城市、区域性中心城市以及有产业实质的中小城市一定的政策倾斜，促进大中小城市网络化建设，强化其对周边地区的支撑和服务功能。与此同时，充分利用政策及财政支撑实现社会发展的均衡化，扩大社会福利的供给覆盖范围；利用地区行政权力网络形成区域性的社会发展高质量发展模式，避免社会资源的浪费或发展不均衡导致的社会矛盾激增，从而推进城乡一体化建设，实现城乡融合均衡的高质量社会发展。从市场角度而言，应以扩大内需，刺激国内市场为主。此类城市群应统筹平衡城市群内各城市的经济发展阶段，充分发挥城市群内核心城市的引导带动作用，构建城市群产业布局网络化结构，实现产业科学均衡布局。以生产原材料为主的传统产业为基础，加快新型高端新材料发展，促进新能源及新能源高端装备制造业，构建高效益配套产业体系。

### 9.1.3.4　"边疆省会城市为核心型城市群"的高质量协调发展模式

呼包鄂榆、北部湾、滇中和天山北坡城市群均为以边疆省会城市为核心的城市群，涵盖内蒙古自治区、陕西省、广西壮族自治区、广东省、海南省、云南省和新疆维吾尔自治区等省份，其中，内蒙古自治区、广西壮族自治区、云南省和新疆维吾尔自治区等少数民族居住地分别为各城市群中覆盖面积最大的省份。呼包鄂榆城市群位于全国"两横三纵"城市化战略格局包昆通道纵轴的北段，是推进形成西部大开发新格局、新型城镇化建设和完善沿边开发开放布局中的重要区域。城市群中城市与城镇协同发展态势良好，城乡二元结构不甚明显。以能源、化工、冶金、新材料等产业为主的工业体系基本构成。但城市间协同发展体制机制建设仍处于起步阶段，城市基础设施互联互通建设债务较重，公共服务共建共享水平有待提高。北部湾城市群东联港澳，南接东盟，背靠西南、中南腹地，位于全国"两横三纵"城镇化战略格局中沿海纵轴最南端，是我国与东南亚、非洲、欧洲、大洋洲之间海上航运距离最短的对外门户，是 21 世纪"海上丝绸之路"重要港口群和陆海新通道出海口，更是中国乃至全球最具成长性的城市群与沿海经济带。近年来城市群经济增速高于全国平均水平，海洋经济、休闲旅游等特色产业和临港型工业集群正逐步形成，人力资源较为丰富。但人口密度和经济密度低于相邻国家的部分区域，传统产业转型困难突出。城市群内缺乏特大城市为城市群提供经济辐射带动作用，城市数量少且缺乏联系，基础设施投入不足、欠账较多。滇中城市群是全国"两横三纵"城镇化战略格局中不可或缺的重要部分，处于西部大开发的核心地带，成为我国依托长江建设中国经济新支撑带的重要增长极，承担着面向南亚、东南亚，辐射中心的核心区，通达东亚、东南亚及印度洋的综合枢纽的关键作用。云南省坝区多数集中于城市群内，综合自然地理条件和资源禀赋较为优越，产业门类相对齐全，烟草、有色金属冶炼和装备制造业为主要经济增长点，具有较强的区域竞争力。但基础设施互联互通、共建共享水平不足，限制了与周边国家及地区的交通和物流体系对接，此外，水利设施体系建设落后，水资源短缺的局面未能得到解决。天山北坡城市群是新疆维吾尔自治区中自然资源和区域发展条件优越的地区，城市间联系密切，是新疆最具经济发展潜力和发展活力的地区，将成为经济发达的综合示范区和带动新疆两翼地区快速发展的新引擎。但相较于东部发达地区而言，城市群资源丰裕程度和经济发展水平不匹配，经济发展较为滞后，产业体系完整程度低，难以维系基础设施建设和支持社会进步。

此类城市群均位于国家边疆地区，是我国对外开放的重要门户，同时也是少数民族聚居地区，同时具备两种地理位置的特点。西部少数民族地区特殊的地形地貌和历史条件决定其经济社会发展较为落后，经济发展水平总体不高，整体城镇化水平较低，处于发育低级阶段。城市群内部缺乏有力辐射带动作用的特大城市，此类城市群的核心城市所产生的经济辐射作用多以对外开放为起点，但其聚集和辐射效应仍存在较大的提升空间，对外开放的枢纽作用尚待增强。民族地区地域面积广阔，城市群内部城市数量较少，城市分布较为稀疏，基础设施提供难度较大，各城市之间缺乏高效便捷的交通通道，联系较为松散，无法形成紧凑型发展格局。除此之外，基础设施和公共服务水平不能满足人口增长的需要。尽管沿边沿疆这一独特的地理区位优势有利于发展对外贸易和吸引外商投资，可以形成促进经济发展的动力，但在基础设施数量和质量不足的制约下，中心城市增长极的作用有限，此类城市群未能发挥应有的经济增长潜力。

综上所述，基础设施发展不足是边疆省会城市为核心型城市群亟须解决的首要问题。从政府角度而言，应注重引导基础设施建设在协调模式中的作用，强化基础设施支撑和保障能力。首先，完善政府区域性战略发展规划的制定与实施，协调各地区、城市以及城乡之间的基础设施建设发展阶段，以此为动力培育城市群内次级中心城市发展，增强城市群增长极动力。其次，科学设置地区行政级别结构，将乌鲁木齐、南宁、昆明和呼和浩特等边疆省会城市提升至国际门户枢纽城市的级别，给予对外贸易优惠政策，以此提升边疆省会地区面向毗邻国家对外贸易支撑能力，进而以产业发展带动基础设施可持续发展。再次，在巩固边疆的基础上，构建城市群整体基础设施网络格局，以全面对外开放、合作共赢的发展模式不断增强与相邻国家的联系，逐步完善陆路口岸、跨境运输和信息通道等基础设施，实现互惠互利。最后提升政府政策及财政投入效率及均衡化发展，充分利用政府政策及财政支持力度扩大对边疆城市的基础设施建设范围及水平，不仅可以提高边境城镇化效率，还有助于面向国际市场的相关产业向边疆城市群靠拢。从市场角度而言，应以国内大循环为主，应对国际市场压力。所以，应协调城市群内各城市的经济发展阶段，提升城市群内核心城市的引导带动作用，从而推动城市群基础设施建设的均衡化发展；强化城市群内经济联系强度，扩大城市群整体的城市互联体系；结合城市群区位特征及优势进行基础设施系高质量发展的构建，针对性分析各城市群的边疆区位特征，因地制宜地进行城市群基础设施高质量发展。

## 9.2　新时代我国西部中心城市和城市群高质量协调发展战略的政策机制设计

以中心城市为发展动力核心的城市群建设，就是打破行政框架，将资源要素跨越单一城市，在更广泛的空间范围内进行聚集与配置。该发展模式不是将一片相邻城市简单的集合规划，而是根据城市发展规模和经济水平赋予其不同的功能，在特定区域内进行分工与协作，进而形成具有紧密联系的一体化区域。因此，推动一体化建设是城市群高质量协调发展的内在要求，是实现其高质量协调发展的潜力所在。一体化的本质和核心是资源要素跨壁自由流动和实现城市间多方面开放合作，可见推动西部地区城市群高质量协调发展应当围绕如何跨壁自由流动和实现城市间各方面开放合作展开，以国家中心城市为发展引擎，在城市群中逐步建立健全各种支撑协调机制。政策支撑是各种支撑机制的顶层设计，统领全局，政策支撑机制建立对于形成新时代下西部中心城市和城市群的差异性结构互补、多元化生产要素流动、扩大经济发展潜力、实现西部中心城市和城市群综合竞争力发展具有重要价值，是构建高质量协调发展模式的根本保障。基于前文对不同类型城市群高质量协调发展模式的分析，得出适合不同类型城市群构型的政策支撑机制。

### 9.2.1　"双国家中心城市为核心型城市群"的高质量协调发展的政策支撑机制

双国家中心城市为核心型城市群在西部地区中属于城镇化水平最高的城市群，基础设施和产业布局成熟度相对较高。此类城市群不同于培育单个增长极实现城市群非均衡增长，而是强调通过两个国家中心城市作为极点，构造出星罗棋布的城市增长极，培育和形成若干个等级不同的城市带动城市群统筹协调发展。当前形势下，双国家中心城市为核心型城市群的核心城市极化作用过于显著，过量生产要素和社会资源被核心城市吸引，导致城市群内部一体化协同发展程度较低。因此，在基础设施、产业布局和社会发展这三个发展维度中，改善社会发展不足能最大程度推进此类城市群实现高质量协调发展，故优化社会发展是实现双国家中心城市为核心型城市群高质量协调发展的首要任务，政策支撑机制亦应由此角度展开。

以优化社会发展为城市群建设重点，目的是缩小城市群内各等级城市之间的发展差距，充分发挥出城市群内部大中小城市、小城镇与中心城市协调发展的作用，最终实现城市群发展协调性明显增强，区域发展差距和居民生活水平差距显著缩小的目标。为实现这一目标，一方面，需通过产业扩散带动中心城市非行政功能疏解和人口疏解，将过于拥挤的发展要素扩散至其他城市，缓解"城市病"，进而发挥不同规模城市之间的功能互补的作用；另一方面，需加强城市群内部城市之间的有机联系，强化区域性特点，打造与城市资源禀赋和发展模式适配的经济增长点。在双国家中心城市为核心型城市群实现社会高质量发展的过程中，存在公共服务供给体制、户籍制度、技术体制、教育体制和兜底机制等体制改革难度较大，财政投入不足，推进绿色经济和循环经济建设能力有限等问题，总体而言，体制性障碍、物质基础匮乏、发展可持续性不足等障碍制约着社会发展程度，因此，应分别针对以上问题规划设计出去除障碍政策、支持政策、激励政策和补贴政策以支撑双国家中心城市为核心型城市群协调发展。

### 9.2.1.1　从消除体制性阻碍的角度，提出社会发展的去除障碍政策

首先，在西部城市群各城市间建立社会服务供给的统一通道政策，推动政策体系协同。核心城市作为国家中心城市，可获得更多的国家政策倾斜，在社会服务供给数量、质量和渠道方面均存在巨大优势，由此对城市群乃至整个西部地区的人口产生巨大的虹吸作用，不利于区域一体化协调发展。在城市群其余城市，配置与核心城市趋同的社会供给服务政策。尤其是在毗邻区域推进统一事项无差别受理、同标准办理的相关措施，鼓励非毗邻但互补性强的地区间建立合作关系，突破社会服务在规划统筹、政策协调、协同创新、共建共享等方面的桎梏，促进城市群社会供给的统一度和协同度，增强欠发达地区对人口的吸引力，将被外地优越的社会服务吸引的外流人员留在本地区，推动人口就近城镇化进而提高社会发展政策效率。

其次，降低返乡创业门槛，减少外地务工人员数量。第一，加强区域特色产业建设。以城市经济发展为依托，以核心城市为动力枢纽，加快中小城市和城镇建设，强调以产业为导向，鼓励因地制宜地发展特色产业，避免城市群产业布局"内卷化"，为创业人群提供更丰富的项目选择。第二，加深对创新创业的资源倾斜力度。加大基础设施投资力度，完善水、电、路、住房等硬件设施，打造良好的农村就业创业条件，建设一批返乡创业园，深入开展农民工返乡创业试点，建设西部农民工返乡创业示范区。第三，加大创业资金扶持。创新针对返乡创业人员的金融、财税等政策支持方式，完善信用评价机制，扩大抵押物范围，探索将土地经营权等纳入抵押范畴，降低创业担保贷款门槛，提高贷款额度，延长贷款期限，调动农民工返乡创业积极性，以此顺畅劳动力水平流动。

最后，改善户籍制度，给予外来流动人口同等福利。第一，创建城乡一体化的流动人口信息管理平台。善用互联网科技，跨区域、跨部门进行信息资源整合，创造城乡一体化的流动人口信息管理平台，依托此类资源为缩小流动人口与城市居民之间的差距提供数据支持，利用现代科学技术提升流动人口信息管理平台的管理效率。第二，以城市为尺度制定差异化户籍政策。参照各城市发展进度、发展规模以及流动人口落户意愿衡量城镇落户限制的严格程度，全面放开市区人口低于300万人城市的入户限制，放宽300万～500万市区人口城市的户口限制，完善超大城市积分入户政策，鼓励农业转移人口和其他常住人口落户城镇。第三，充分保障随迁子女的社会福利水平。取消社会保障、义务教育等方面限制，夯实社会保障制度，推进教育优先发展，保障起点公平，使其享受更平等的社会经济条件，减少对于流动人口子女异地教育的阻碍，以此消除劳动力向上流动的先赋性障碍。

**9.2.1.2　从物质基础的角度，提出社会发展的支持政策**

首先，建立现代财税金融体制，提高社会发展的资金充裕程度。第一，统筹规划城市群财政资源。探索建立内部产业转移项目输出地与承接地的税收分成机制，将产业项目合作所获得的税收收入按一定比例在合作城市间共享，发挥核心城市辐射带动作用。第二，完善不同种类预算机制。重视协调不同主体的预算机制，实现政府性基金、社保基金以及一般公共预算机制的衔接融合，实现不同主体的预算之间功能互补，逐步建立制定标准科学、覆盖面合理、运行规范透明的财政制度，提升地方政府对重大战略任务实施的承担程度。第三，加强风险防控水平。推进政府债务管理制度创新，强化财政与金融制度衔接，健全金融监管机制，依靠专业化的金融制度保障政府募集与投资。

其次，加大环境保护财政投入，以实现社会可持续发展。第一，推进交通运输节能。加大电动汽车补贴，积极发展纯电动汽车和插电式混合动力汽车，发展多种形式的公共交通特色服务，为缓解能源危机、改善大气环境和完成节能减排提供支持。第二，提高水资源集约节约水平。为工业、农业以及城镇等领域节水改造和技术推广提供资金支持，以灌区节水改造为重点，实现农业领域节水提效；以高耗水产业为重点，加强工业领域用水的全过程管理；以城市供水管道改造和节水器具普及为重点，大力推动生活用水领域节水降损工作，全面推进节水型社会建设。第三，规范水功能区纳污红线管理，严格控制入河湖排污总量，开展水环境综合治理，加强水生态环境保护，加大对构建水利协作平台的资金支持，以完善上下游协调机制，形成共同保护和开发利用水资源的管理机制，实现水资源保护与水污染防治，建设人与自然和谐共生的社会发展机制。

再次，加快推进医疗、教育、社保等公共服务对接，建立覆盖面更广、持续性更强的多种类公共服务保障体系。第一，健全社会保险制度。加强宣传以提高社会公众参保意识，扩大社会民众参保数量，对接全国统一的社保公共服务平台，持续扩大跨省异地结算范围，为人口在城市群内自由流动提供便利。第二，完善社会救助体系。根据城市经济进步水平逐步扩大需求者生活救助范围，明确救助保障救助范围，建立健全科学有效的救助机制，在合适的地区建立低保、特困等需求救助群体的改革试点，扩大对危急困难的社会群体救助的资金投入，建立起以乡镇或街道为单位的临时救助储备金制度。第三，完善城镇住房保障体系。增加住房提供的主体种类和保障渠道，加快租购并举、租售同权等房产权利改革，切实解决新市民、青年群体等住房问题，实现全体市民住有所居，得以实现城市群内基础条件好、发展潜力大、经济联系比较紧密的省际交界地区高质量融合发展。

最后，加大城市建设财政投入，持续推进城市群一体化城市建设。第一，探索持续性更强的城市发展模式。将核心城市冗余的基建投资转向边缘城市，为边缘城市提供更充裕的资金支持，补短板强弱项，实现城市群建设成本共担、利益共享，为城市群全体居民创造舒心怡人的居住环境。第二，持续提升城市品质。以生产、生活、生态、安全为导向，建立完善国土空间规划体系，推动城市发展由外延扩张向内涵提升转变，完善关键基建设施、支柱型产业和公共服务资源布局，优化现代城市功能。第三，重视农业转移人口切实需求。就业技能缺乏和文化水平不足是制约农业转移人口获得就业岗位的重要因素，针对上述缺陷开展技能培训，加速农业转移人口综合素质提高，提升该群体的社会融入能力，从根本上实现其就业稳定、生活富足。

**9.2.1.3　从可持续发展的角度，提出社会发展的激励政策**

首先，打造产学研融合创新平台，加快创新力量培育。第一，鼓励核心城市率先承接国家重大科研试点项目。依靠重庆和成都两个国家中心城市所获取的政策福利积极争取国家（重点）实验室布局建设，为城市群基础研究注入国家战略科技力量，提升现有重点实验室创新能力。围绕城市群产业布局技术需求，力争创建与高端装备制造业和新型材料等领域相关的创新平台。

第二，以市场需求为导向，开展产学研用深度融合的科技创新体系。以行业领军企业牵头领导产业集群化发展，建设有助于推动全行业共同发展的前沿和基础技术科研站点，构建集科技成果、技术开发、人才培养于一体的创新机制。第三，加大国家科研平台以及相应科研成果向企业开放的力度。鼓励企业向政府申请科研成果使用资格，审核通过的企业能够使用由政府投资形成的科研成果，发挥科研平台的带动作用，最终推动城市群不同规模和不同种类的企业实现融通创新、协同发展。

其次，聚焦企业全生命周期服务，持续优化营商环境。第一，加快推动政府职能转变。明确政府职责并优化政府职能机构设置，解除市场主体身上不必要的束缚和简化政府背负的多余责任，依托互联网、大数据和人工智能等科技手段，精简事务办理行政审批事项和环节，为企业从申请经营到结束退出制定出一套标准而高效的流程。第二，优化涉企公共服务。持续减少市场主体办理政务过程中的环节、时间和费用，将群众满意度加入水、电、气等企事业单位绩效评价体制中，使市场主体得以享受更为稳定、便捷和平价的服务。第三，完善社会信用监管体系。推行企业信用信息多平台共享试用试点，将公共信用信息与金融信息以及政府部门、企业、个人等市场主体公共信用信息联动整合于一个平台，达到信息应用便利化的目的。

最后，完善金融支持创新体系，充分发挥其对实体经济的支撑力度。第一，鼓励金融机构创新新型贷款质押模式。对有贡献于社会发展的企业单位进行资金激励或贷款担保等优惠政策，新增以知识产权作为担保申请质押融资和科技保险等新型科技金融产品，并建立相应的风险补偿试点以防范科技成果转化风险。第二，打通新兴科技型企业融资渠道。以新兴科技企业科技含量高、发展前景可观作为宣传点，吸引国内外知名金融、创业投资、保险等机构进行投资，为科技型企业初期发展和技术创新募集资金，切实解决科创企业融资难的问题。第三，建设专业化、市场化金融机构和经理人队伍。减少科技企业上市难度，为拟上市科技企业打造行动计划，推出知识价值信用贷款项目试点，从而更好地发挥创业投资引导基金和私募股权基金的作用，有利于持续降低轻资产科技型企业融资门槛。

### 9.2.1.4　从社会发展推动产业发展的角度，提出社会发展的补贴政策

首先，增强区域经济实力，改善社会发展环境。第一，切实提高城市群经济发展水平。依托新一轮的西部大开发战略支持，将政策倾斜和国家补贴运用至富有生命力、竞争力和吸引力的产业，以此作为更有效的经济增长点，提振经济增长速度。第二，依托城市特色增加就业岗位。充分利用各城市自身独特的自然资源和社会资源优势，创造大量对高级人才具有强大吸引力的就业岗位和创业机会，改善部分高层次人才无法找到与自身专业相关的就业岗位的尴尬现象，从而以先进的技术和资本继续推动当地经济发展；搭建更为广阔的创业平台，提高高素质稀缺人才回流积极性，最终以高端人才反哺有效促进产业结构转型升级，实现社会环境优化。

其次，完善人才引进机制，为产业发展提供人才储备。第一，加大人才引进补贴力度。以经济结构与人才结构发展升级为契机，以新兴经济增长点的人才需求为标准，针对具备创新能力和高级技术运用能力的人才提供经济补贴，提升城市群对高水平工程师和高技能人才的吸引力。第二，提升社会文化氛围。优化人文生态环境，加大对民众教育程度的资金投入，提升社会公众文化修养，营造优越的人才回流外部条件，促使人才进一步提升流入城市群的意愿。第三，健全外籍来华专业人才的福利供给体系。为外籍专业人士来华工作以及科研交流提供便利，探索建立技术移民制度，健全薪酬福利、社会保障、税收优惠等制度，构建全过程、专业化、一站式人才服务体系，解决其子女就学、配偶就业、医疗保障等实际问题，提升城市群争取来华科学家的国际竞争力。

最后，实行人才管理创新试点建设，打造人才聚集高地。第一，建立健全人才评价体系。建立健全以创新能力和质量、科研成果对实体经济的促进效果为导向的科技人才评价体系，构建充分体现知识、技术等创新要素价值的收益分配机制，加大优秀人才奖励力度，健全激励各类人才创新创业政策举措，针对为城市群发展作出贡献的人才分等级发放补贴。第二，重视基础学科研究。鼓励

研究型大学建设，为基础研究构建长期而稳定的人才培养机制，坚持有效利用，不浪费不消费高端人才，优化人才配置，完善高端人才对青年人才的引领机制，充分发挥高端人才科技创新的主观能动性。第三，促进人才队伍年轻化。依托重大科技项目和创新基地挖掘一批具有强大潜力的青年科技人才，支持企业设立切实符合产业发展方向的博士后站点，打造具有国际竞争力的人才后备军。

### 9.2.2　"单国家中心城市为核心型城市群"的高质量协调发展的政策支撑机制

单国家中心城市为核心型城市群在西部地区中属于城镇化水平较高的城市群，基础设施建设与社会发展已初具规模。此类城市群依靠培育单个增长极，发展模式高度集中，产业集约化程度高，人口与生产要素均大规模集中在核心城市。其余等级城市与核心城市相比通常只在廉价劳动力和自然资源方面占据优势，多数以劳动密集型和资源输出型产业作为支柱性产业，城市群产业布局并不均衡。与此同时，大部分城市所处地理位置趋同，蕴藏着丰富的矿产资源，产业结构高度趋同、产业布局高度相似，均以资源密集型产业为支柱产业，大气环境污染情况严峻，重污染天气频发，环境容量接近极限。因此，在基础设施、产业布局和社会发展这三个发展维度中，改善产业布局缺陷能最大程度推进此类城市群实现高质量协调发展，故优化产业布局是实现单国家中心城市为核心型城市群高质量协调发展的首要任务，政策支撑机制亦应由此角度展开。

以优化产业布局为城市群建设重点，目的是解决城市群内部人口经济与资源环境空间错配和国土空间开发利用效率不高等问题，是为了加强城市合作、减少不良竞争，推动城市群产业协同发展。为实现这一目标，应以城市群发展定位为考量，以国家中心城市为城市群核心，将空间发展格局指定为链条形式。扩大区域分工的空间范围，从而提升资源在城市群内部的配置效率并进一步促进其与城市职能有机组合。在单国家中心城市为核心型城市群实现产业布局高质量发展的过程中，存在地方过度竞争、政府过度干预、行政审批制度僵化和科技创新能力不足等问题。因此，分别针对以上问题规划设计去除障碍政策、辅助政策、支持政策和激励政策以支撑单国家中心城市为核心型城市群协调发展。

#### 9.2.2.1　从消除体制性阻碍的角度，提出产业布局的去除障碍政策

首先，打破制度桎梏，优化企业营商环境。第一，精准把握产业政策的功能定位。厘清政府与市场的边界，转变认知局限性和激励机制扭曲，将市场资源配置功能与政府行为有机结合，避免"大水漫灌"式强刺激政策，追求"精准滴灌"式有效政策，承担起国家调控与培育市场的重任，推动城市群产业结构跨越式发展。第二，精准把握产业政策的制定方向。把控适应和引领经济发展新常态的大逻辑，深化供给侧结构性改革，以市场客观规律为出发点，解放全区域的思想，不断消除不适应市场经济运行和阻碍产业布局优化的思想障碍，转变各种落后的政府政策设计，将改善供给结构作为制定产业政策的根本方向，将培育新动能作为实施产业政策的根本指引，以综合措施激励创新模式形成，为产业创造良好的发展环境。第三，精准把握产业政策的作用方式。深入学习全面深化改革的指导思想并以此作为产业发展和布局总体要求，制定和实施的产业政策应当有利于发挥市场主导作用，实现高效资源配置，从而营造良好公平的市场竞争环境，使所有市场主体均等享受改革红利。

其次，打破行政壁垒，强化城市之间协作协同。第一，建立强有力的省市间议事协调机制。明确城市定位和各阶段重点任务，协调城市群内不同城市地位差异较大、政治地位不对等的问题，达成地区间关于产业布局的统一共识，减少群内城市互相博弈、徒劳内耗的现象。第二，建立城市群产业一体化发展基金。以城市群建设实际需求为导向，鼓励各城市研究筹建以社会资本为主导、市场化方式运作的发展基金，积极引入各类社会资本并进行统筹规划，追求更为高效的产业布局模式。第三，建立产业投资成本共担和利益共享机制。将投资成本与利益根据不同城市之间的生产投入、技术支撑和环境牺牲等方面确认分成比例，提升其产业合作意愿，真正实现产业规模效应。

最后，以生产要素互联互通为目标，升级区域软硬实力。第一，提升硬件设施。加大各城市交通基础设施建设，支持跨区域基建、科技资源共享平台搭建，为城市间经济资源自由流动搭建渠道，降低生产要素转移成本，提升生产要素空间转移效率，为产业协同发展搭建基本框架。第二，适配软件措施。推进市场一体化建设，实现生产要素在特定区域内自由流动，修改阻碍市场公平、公正和统一的地方政策法规，培育服务于城市群整体的市场，建立完善的监督管理体系，维护生产者和消费者的正当合法权益，建设统一开放的市场体系，大力促进区域一体化发展。

### 9.2.2.2　从间接带动产业布局优化角度，提出产业布局的辅助政策

首先，深化行政审批制度改革，加强市场、政府、法制三者之间的改革协调程度。一是完善法律法规。针对缺失和落后的行政法规进行查缺补漏，为开展行政审批制度创新提供更切合实际的法律基础，依靠法律明确与事项审批有关的权力、责任、监管主体目标和分工，推进涉企事项清单梳理工作，以"事项、事权、事责、监管"新模式取代"事项、事权"旧模式，激励各部门之间加强交流合作，充分保障事项、权力、监管以及责任协同共进，实现涉及企业的事项改革快速落地。二是以产业发展较为成熟的城市为先行试点，制定标准而规范的政务服务建设。按照审批流程编制规范标准的办事指南，若审批流程发生变化则及时更新；根据实际情况分批推动各办理事项的名称、编码等基本要素统一于国家标准，并逐步推广，从而提高政府办理企业审批事项的效率，减少企业生产和经营成本，进而提升全行业的竞争力。

其次，依托信息技术赋能保障，完善配套服务供给。第一，重视互联网技术对政府服务工作的支撑作用。提高网络支撑在政府服务资源中的地位，尤其是统筹规划基层政府服务部门基础信息设施建设，解决不同地区间互联网发展均衡度不同所导致的服务提供能力参差的问题。第二，新增符合新发展格局下的网络监管渠道。依靠网络信息留痕特点建立起便于监督管理的体系，对政务服务事前、事中以及事后进行网络监管，建立参与主体多样化的政务服务评价体系，建设廉洁透明的政府服务部门。第三，探索不同行政级别的政务服务平台相互对接。推进省级、市级以及县级的政务服务平台相互对接，不断推进行政审批制度改革，形成一体化服务平台，降低同省份不同地市的企业申请行政审批时的成本。第四，推动线上线下政务服务平台深度融合。依托现有网络服务平台，统筹规划服务资源，制定统一规范的服务标准，整合重组业务服务系统，实现功能互补的新型服务平台。

再次，提高涉企服务能力，激发区域市场主体活力。一是扩大涉企服务覆盖面。企业是市场的主体，以企业需求为导向，提升相关服务的覆盖面，从不同层次和渠道对企业办理路径进行优化，从而为企业提供审批效率更高的服务。二是善于利用互联网提升服务平台综合能力。以互联网和大数据作为技术支撑，构建多功能企业服务平台，设置不同类型的窗口以接受企业需求、监督和投诉，约束各部门加大对不同规模、类型和发展阶段的企业需求。三是加强政府对企业合法经营的保护能力。完善投诉维权机制，推动政府部门以优化营商环境作为目标，以不同激励模式使有需求的企业敢于发声，加强对中小企业合法权益的维护，实现企业保护自身权益的合法需求。

最后，加大行政审批创新力度，引导地方产业布局方向。通过借鉴东部发达地区的行政审批改革方案，并根据城市群现状加以更改优化，创造出一条有利于优化营商环境、提高产业发展质量以及产业布局科学度的改革思路。如探索新形式的生产用地模式，减少新兴产业和绿色产业的用地审批流程；推行新形式的金融模式，扩大新兴产业和绿色产业的贷款规模并延长还款期限和降低贷款利息，新增技术改造升级专用贷款。

### 9.2.2.3　从物质基础的角度，提出产业布局的支持政策

首先，丰富对战略性新兴产业的财政补贴方式与形式。一是健全完善财政补贴奖惩制度。在现行事前补贴与事后奖励制度统一的基础上，将传统的先审批、后拨款再一次性事前拨付大额补贴转变为事前、事中、事后多次发放。同时不定期抽取补贴收益企业考核评估其研发进度，有效考核企业申报项目的真实性和有效性，适当奖励研发进度与资金利用率相一致的企业，有骗取补贴嫌疑的

企业一经查实则收回补贴资金同时处以罚款，从而确保企业合理使用财政补贴。二是增加财政补贴形式。直接投入实物补贴和现金等直接补贴形式与资助国家或民间科研机构等间接补贴形式相结合，后者通过科技研发为企业提供专业指导与技术支持，从源头上推动产业结构转型升级。三是建立健全财税激励政策效果评估机制。以有效的评估手段使得补贴资金后续使用情况和具体流向透明化，以便政府能够及时掌握并做出相应调整，对于预期效果较好或激励效果超出预期的补贴优惠政策进行推广实施，反之，予以取消或降低政策力度。

其次，补充当前税收优惠补贴政策。第一，给予企业补充人力资本的优惠政策。为企业制定新的税前扣除标准，与人力资本有关的支出可适当提高抵扣标准，加大对科技研发人员工资发放的税收优惠力度，提高企业进行人才引进的积极性，提升行业内高端技术人才保有量，推动知识与信息快速传播。第二，提高给予战略性产业开展创新活动的政策福利。在企业创新研发的全过程中都给予政策帮扶，形成从区域到产业全方位覆盖的税收优惠政策体系，对战略创新型产业提供精准的税收优惠政策。第三，提高针对研发前期投入的财税激励政策幅度，扩大企业研发前期关键环节的税收优惠覆盖面，注重前期研发投入的资金支持，避免巨大的前期投入得不到支持而拖垮具备发展潜力的科研项目落地。

最后，拓宽税收优惠政策的覆盖范围。第一，适当放宽与战略性新兴产业有关的税收优惠范围。以此为动力推动城市群产业结构更迭，激励高端装备制造业、高新技术和军转民、民参军等行业，孕育种类更为丰富的优势产业，增强产业竞争力。第二，适当扩大企业所得税中"三免三减半"所覆盖范围，将绿色清洁、节能环保领域尽可能囊括其中，对研发周期较长、产品推广初期市场需求较低的产业，延长其亏损弥补时间，鼓励企业自主研发。

### 9.2.2.4　从可持续发展的角度，提出产业布局的激励政策

首先，激励绿色技术创新，强调科技创新在优化产业结构过程中的核心作用。第一，大力鼓励和激发科技工作者开展绿色技术创新的积极性。鼓励开展绿色技术改革创新的团队或个人以多种渠道取得技术创新收益，包括持有股权或股利分红的方式。第二，强化城市群整体科技创新能力。在符合相关法律法规的前提下，将不同领域和类型的专业绿色科研团体组成联盟，凝聚整个城市群的科技创新能力，着力挖掘创新潜力和解决科技成果就地转化水平不高的问题。第三，促进城市群内部城市间科技交流。其他等级城市积极借鉴核心城市中高水平、高技术含量的绿色产业开展科技创新的相关经验，加强与核心城市技术交流与互动合作，依托西部地区主动承接东中部地区产业转移的红利，因地制宜地重点培育一批当地能够有效带动区域整体技术创新的头部企业。

其次，以激发技术市场需求为突破口，完善对产业发展的有效科技供给。第一，对产业发展方向适时作出调控。遵循市场规律并制定与之相符的顶层政策，通过政策偏向及时对与市场需求不符的产业做减法，对高新技术产业、高端装备制造业等市场稀缺产业做加法。第二，建立长期有效的科技创新需求征集机制。密切关注国内外政策变化和市场需求，以此为导向进行科技创新需求征集，同时对搜集到的需求谨慎考察，以实际效益、现存技术成熟度以及市场可推广性建立考评体系，并以此设定科研项目的立项、验收和评价标准，提升城市群产业科技含量。

最后，完善政策统筹协调机制，发挥产业政策对产业结构升级的综合作用。将国家和各级政府出台的产业布局激励政策进行协调，依靠核心城市自身的工业和制造业优势，充分发挥产业联动作用，进一步促进城市群绿色健康和可持续发展，避免单项政策与其他政策不协调等短板问题。以产业升级为主线，优化产业布局，做大产业集群，拓展优势领域，培育和发展高端产业聚集，延长优化产业链条，推动城市群产业结构优化升级，形成产业科学布局、产业发展可持续的鲜明特点。

### 9.2.3　"内陆省会城市为核心型城市群"的高质量协调发展的政策支撑机制

内陆省会城市为核心型城市群属于西部地区中发展较为落后的城市群，对外开放起步相对较

晚，产业布局与社会发展均存在较大缺陷。此类城市群产业发展模式较为粗放，产业结构层次偏低，传统产业占比较大，新兴产业规模较小，经济增长质量和效益尚存在较大进步空间；城市发展协调性较差，相较于其他等级城市而言，省会城市在基本服务供给、居民福利等方面优势巨大，城乡发展差距明显，二元结构矛盾突出，社会发展动力不足。因此，在基础设施、产业布局和社会发展这三个发展维度中，需要将产业布局和社会发展同时作为优化目标，才能最大程度推进此类城市群实现高质量协调发展，故优化产业布局和社会发展是实现单国家中心城市为核心型城市群高质量协调发展的首要任务，政策支撑机制亦应由此角度展开。

以优化产业布局和社会发展为城市群建设重点，目的是通过优化城市行政职能及产业分工规划，缓解城市产业布局与城市发展定位错配的现象，同时利用区域行政权力网络推动各地市协调发展，为人民群众谋求更公平、更均等的社会福利，避免社会资源浪费，推动社会高质量发展。为实现这一目标，在内陆省会城市为核心型城市群实现产业布局和社会高质量发展的过程中，需解决行政壁垒和地方保护主义普遍、低水平产业竞争激烈、生态系统退化、基本公共服务供给不均等和人口流失严重等问题。因此，分别针对以上问题规划设计去除障碍政策、辅助政策、支持政策和激励政策以支撑内陆省会城市为核心型城市群协调发展。

**9.2.3.1　从消除体制性阻碍的角度，提出产业布局和社会发展的去除障碍政策**

一方面，积极探索合作机制，扩大对内对外开放水平。第一，鼓励建立产业发展联盟或更高合作层面的产业合作平台，统筹规划产业布局以及资源发掘，推动城市群内各省市在基础设施建设、产业布局等方面开展多方面合作。第二，构建合理有序的产业转移承接机制。打造中、上游产业有序向有条件承接的下游产业梯度转移，为中、上游产业"腾笼换鸟"的科学通道，实现各级产业链高效联动，创造传统产业与战略性新兴产业共同发展的区域产业合作新模式。第三，以西部大开发、"一带一路"倡议的实施为契机，依托政策倾斜、地理区位优势和原有发展基础，形成本土企业与外资企业互惠互利、双向共赢、陆海经济深层次联动的区域产业发展新格局。

另一方面，落实户籍制度改革，推进基本公共服务均等化。第一，建立新型的人口管理模式。在城市群内建立全新模式的系统以更好管理常住人口，转变原先依托户籍进行划分管理的原则，为以户籍人口为管理对象向以常住人口为管理对象转轨进行充分准备。第二，打破行政桎梏导致的生产要素垄断。以产业布局引导城市布局，实现更为科学的城市布局，从而不断缩小城市群内部发展差异，解决农业转移人口过度聚集于核心城市的问题。第三，改善社会福利与户籍绑定的现状。将衡量社会公众能否享受社会福利以及公共服务保障的标准从户籍所在转变为常住地所在，更能切实符合当前人口大规模流动的城市群发展现状。第四，提高财政部门对基本公共服务的资金投入。统筹规划城市群财政资金使用，以人口规模作为基本公共服务资金分配的主要标准，保障外来人口和城市居民均可享受同等权利。

**9.2.3.2　从间接带动产业布局优化，人口就近城镇化的角度，提出产业布局和社会发展的辅助政策**

首先，科学引导城市群内部产业转移。第一，制定切合实际的产业发展政策。根据各城市区位优势和传统产业优势制定科学可行的产业转移指导目录，增强欠发达城市产业配套能力，提升低层级城市的企业承接产业的能力。相对于发达地区而言，资源和劳动的成本优势是欠发达地区的传统优势，引导此类产业从发达地区向欠发达地区转移，同时也需要将市场稀缺资本和技术密集型产业向欠发达城市转移，双管齐下共同推动核心城市对低层级城市发挥产业带动作用。第二，提升低层级城市农业转移人口就业能力。加大对农业转移人口上岗就业培训的财政支持力度，拨付专项资金配合政策实施，并为调动培训参与方积极性制定相对应的补偿或是激励措施，提高农业转移人口对于转移产业，尤其是第三产业的业务技能，实现流动人口就业不迷茫，企业用人不发愁的良性循环和稳定结构。第三，加大对技能培训学校的投资力度。为职业培训提供充足的师资力量和教学设施，城市群迈向高质量发展阶段做好充分的人才储备。以农业转移人口的不同就业需求为导向，采取灵活、多样化的培训方式，科学合理地安排培训内容，提高培训的实效性，拓宽未来就业渠道，为承接产业转移做好人才补充。

其次，统筹乡村基础设施与公共服务建设，提高农村地区生活环境。第一，加快乡村基础设施服务建设。提高农村基础设施建设和管理水平，解决基础设施进村、入户的"最后一公里"问题。以农村生活垃圾治理、生活污水治理、村庄绿化提升、乡村道路畅通、安全用水、安全用电及光明等工程为重点，着力改善农村生产生活条件。第二，推进公共服务体系建设。加快建立和完善县、乡、村三级学校教育网络，加强农村基本医疗设施、公共卫生服务能力和乡村医生队伍建设，加强农村社会救助工作，建立健全农村留守儿童和妇女、老人关爱体系，加快文化体育服务设施建设，加强农村邮政普遍服务网点运营保障，推进农村商业服务设施和金融服务网点建设，构建基本功能完善的农村公共服务体系。第三，改善农村人居环境。全面实施农村人居环境综合整治行动，加快乡村改厨、改厕、改圈及庭院硬化工程建设，加大村庄垃圾和污水无害化处理力度，引导农民培养文明生活习惯，鼓励农民积极参与人居环境建设，共同创造干净整洁农村生活环境。实施农房改造、风貌提升工程，引导和帮助农民建设美观、实用、具有地方和民族特色的民居。加强农村传统村落保护建设。

最后，完善社会融合机制，提高农业转移人口的归属感。第一，善用信息媒介宣传文明生活方式。充分以信息传播媒介作为宣传手段，使农业转移人口通过收听广播、观看电视、浏览网页等方式了解城市生活习惯，帮助其快速养成良好的生活习惯。第二，设置社区宣传栏作为宣传方式的补充渠道。通过社区工作人员上门宣传的方式，避免部分农业转移人口缺乏信息传播渠道了解城市政策或生活方式，填补了可能存在的信息缺失，保证其稳步融入城市生活，从而更好地增强城市归属感。第三，促进当地市民与农业转移人口包容相处。通过多种渠道向市民宣传农业转移人口对城市建设所作的贡献和就近城镇化的重要意义，逐步摘除该群体对农业转移人口的有色眼镜，增强农业转移人口就近城镇化的意愿。

### 9.2.3.3　从物质基础的角度，提出产业布局和社会发展的支持政策

首先，打通开放通道，解决内陆地区产业布局和社会发展的交通制约。第一，加大交通基础设施建设。结合陆路、航空、内河与沿海形成运输网络，扩大对外开放的经济格局，改善内陆地区缺乏直接出海口，相较沿海地区而言开放发展的先天条件不足的问题。第二，打造具有区域特色的物流枢纽。借助区域航空、铁路等运输条件，探索建设空港、陆港等物流枢纽，打通开放发展的交通物流通道，扭转对外开放发展的劣势，从开放发展的末梢变为开放发展的前沿。

其次，加强技术市场建设，增强产业布局和社会发展的动力。第一，加大对技术市场建设的资金投入，促进技术转移和扩散，形成高效的技术交易网络。提高技术成果产业化转化率，以此为目标完善有助于成果转化的政策引导、投入以及激励机制，大力发展创业投资、天使投资等风险投资，为科技成果顺利、成功转化提供保障。第二，增加与知识产权相关的政策，鼓励城市群内部开展技术创新。搭建平台便于各地区企业之间进行知识产权授权以及转让，或是发布专利信息、产业技术需求、交流合作意向等资讯，从而提高技术创新的效率。第三，积极发展知识产权交易市场，促进知识产权密集型产品和产业发展。构建相互开放的科技服务市场，鼓励科学技术人员相互交流，注重专业人才队伍建设，鼓励不同地区间的科学技术人员跨省市进行各类技术和科研成果的宣传。

最后，完善投融资体制，提供产业布局和社会发展的资金支持。第一，加快提升各地区金融机构实力。落实金融体制改革，加快推动地方性商业银行、民营银行以及保险公司等金融机构创新改革，充分发挥国家政策性金融机构和开发性金融机构的综合金融服务优势。第二，适时适度降低金融行业对外开放门槛。以此为契机引进一批境外银行、券商、保险等金融机构进入城市群设立运营机构，从而激发本地金融市场新的活力。第三，加快发展非银金融机构。构建以互联网金融为基础

的新兴交易服务平台；鼓励不同类型的投融资主体根据自身实际需求设立信托、融资租赁以及小额贷款等金融机构；鼓励各类非银金融机构将分支机构延伸至中小城市、小城镇以丰富当地企业融资渠道。

### 9.2.3.4　从可持续发展的角度，提出产业布局和社会发展的激励政策

首先，构筑区域生态安全格局，实现产业和社会绿色可持续发展。第一，坚持各城市群之间和城市群内部城市间进行生态环境联合建设，将环境保护意识贯穿产业布局和社会发展的各个阶段。加快推进具有重要承载力的功能区建设，积极搭建完善的自然保护生态湿地体系，加大国家自然保护区保护力度，推动黄河流域生态修复，共筑生态屏障。第二，构建城市群生态廊道，保护流域水生态空间。控制重点流域周边城市与产业布局，根据生态廊道承载水平有序引导城市与产业拓展开发，逐步将重点水源涵养区附近的工业企业迁出。第三，坚决遵守国家规划的主体功能区开发标准，加强生态环境空间管制，严格遵守生态保护底线、严格保护永久基本农田，划定城镇开发边界。建立健全自然保护地体系，加强各级各类自然保护地生态建设和修复，维护生物多样性，共同维护重要生态空间。

其次，依据资源环境承载能力实施土地资源分类管控。第一，对已经超出土地资源承载力的地区，除特殊情况外不得再增设用地指标，严格执行城镇规划建设用地零增长政策，严格控制城市面积规模，谨慎评估新城区和开发区的可行性；对耕地和草地资源过度开垦的地区以及严格管控土壤污染情况的地区，探索轮流耕作和定期禁止放牧制度，使土地获得休养生息的时间，禁止将耕地和草原用于除耕种放牧以外的其他途径，除此之外还需要严格监管农业化肥以及畜牧粪便对土地可能产生的污染情况。第二，对处于资源承载力临界超载地区，制定严格的审核机制，加强对建设用地申请的审批，有目的性地提高未开采土地留存比例，可适当对基础设施和社会公益项目用地申请进行额外土地供给批复。严格限制将耕地和草原用于除耕种放牧以外的其他途径。第三，对尚未超载的地区，鼓励开发存量用地以推动社会进步和产业发展，同时通过科学技术手段巩固提升耕种用地的质量。第四，加强水资源承载能力监测预警并强化管控，严格限制新增取用水，在临界超载地区，控制发展高耗水产业。

最后，引导人口稳定增长和适度集聚。第一，保持人口稳定增长。高度关注和重视城市群人口增长缓慢问题，着眼长远和大局，进一步优化调整户籍、社会保障等政策，通过发展特色产业、强化就业创业、增加城镇就业容纳能力、加快城乡基本公共服务均等化等措施，不断增强对人口的吸引力，留住和引进专业人才、技能人才，减缓本地人口外流，吸引外出农民工返乡创业就业，吸引周边重点生态功能区人口转移就业。第二，优化人口空间分布。加快治理城市群布局不合理、交通拥堵严重、大气污染问题较为突出的"城市病"、提高城市宜居度，进一步集聚人口。加强中心城市与中小城市、卫星城镇互联互通，推进优质教育、医疗等资源向中小城市和条件较好的县城倾斜布局，提高人口承载能力。创新公共服务提供方式，通过远程服务、流动服务等，稳住小城镇、农牧区居民点人口，为均衡开发和维护国土安全提供人口基础。

### 9.2.4　"边疆省会城市为核心型城市群"的高质量协调发展的政策支撑机制

边疆省会城市为核心型城市群在西部地区中发展起步较晚、土地面积广袤，基础设施投入存在巨大缺口。尽管此类城市群国土开发利用潜力较为充足，环境承载能力强，具有独特的区位优势条件，国家对其开发开放的关注度与建设力持续提升，逐步由"边疆前沿"转变为对外开放的区域性支点和前沿性窗口，依靠边境口岸为支撑形成对外开放通道，成为"一带一路"有机衔接重要门户，但边疆地区地处偏远，自然条件、公共服务配套、人口密度均远低于其他地区，集中体现在基础设施数量不充足、条件不完备方面。因此，在基础设施、产业布局和社会发展这三个发展维度中，加大基础设施建设投资能最大程度推进此类城市群实现高质量协调发展，故推进基础设施是实

现边疆省会城市为核心型城市群高质量协调发展的首要任务，政策支撑机制亦应由此角度展开。

以优化基础设施为城市群建设重点，目的是贯彻落实国内国际双循环相互促进的方针战略，以解决全球疫情的持续影响、贸易保护主义抬头等国际环境的不确定因素对城市群贸易经济造成的冲击。但在以边疆省会城市为核心型城市群实现基础设施高质量发展的过程中，存在地方政府欠账过多、经济长期封闭、地理环境恶劣和发展基础薄弱等问题。因此，分别针对以上问题规划设计去除障碍政策、辅助政策、支持政策和激励政策以支撑边疆省会城市为核心型城市群协调发展。

### 9.2.4.1　从消除体制性阻碍的角度，提出基础设施的去除障碍政策

首先，完善基础设施顶层设计，提高规划建设统筹协调力度。第一，提升基础设施建设相关主体对于城市群基础设施统筹规划建设的战略性认识，加强不同主体对战略定位侧重、市区职能分解和政企权益联动的理解，出台基础设施整体发展规划和实施方案，并进一步明确相应的组织架构、制度安排和动态调整机制。第二，在城市发展空间战略中，适当超前制定基础设施规划设计，尤其是规划"新基建"项目的空间预留，为今后优化城市群内城市连接和拓展规模做好准备，加强多个战略之间的衔接度。第三，查缺补漏，完善城市群基础设施联动机制，避免资源错配，防止核心城市基础设施重复建设、产能闲置而边缘城市基础设施短缺、供给不足的风险。

其次，科学把握发展规律，探索基础设施建设支撑体系。第一，强化数据治理体系建设，推动与《数据安全法》《个人信息保护法》相适配的规定，明确数据分级分类、安全审查等具体制度和要求，推进不同城市、不同类型的基础设施之间的数据资源共享和开放，促进数据高效且有序流动。第二，强化标准体系建设，提出合理布局基础设施重点领域标准，积极开展设施互联互通标准建设，加强信息基础设施和传统基础设施的标准融合和统一，促进设施的互联互通和共享复用。第三，推动绿色节能发展，通过制度建设，加强基础设施之间的协同和合作，强化新型基础设施能耗管理，推进先进节能低碳技术的应用推广。第四，加强安全保障制度建设，提出建立安全评估评测机制、可靠性保障机制、完善安全保障责任制度等措施，把安全发展贯穿新型基础设施建设全过程，防范和化解潜在风险，确保基础设施安全稳定运行。

最后，加快与"一带一路"沿线国家及东中部地区基础设施连通，打通国内外贸易通道。第一，在全球疫情严峻形势下依旧持续挖掘边疆地区与"一带一路"共建国家的合作潜力，促进双方在基础设施建设领域的有效协作，尤其是增强与疫情防控相关的基础设施建设，将疫情对国际贸易的不良影响降低。第二，设置沿边重点开发开放示范区，完善更新顺利承接产业转移和招商引资所需的基础设施建设，破除西部地区与东、中部地区之间的地理沟壑和空间障碍，实现跨区域产业分工合作，推动国内大循环畅通。

### 9.2.4.2　从间接带动产业布局优化的角度，提出基础设施建设的辅助政策

首先，建立边疆区域经济支撑产业。第一，积极发展实体经济。支持边境线沿边中小企业借鉴自贸试验区创新经验，提供创业担保贷款，鼓励边民自主创业。第二，结合沿边地区资源优势培育新兴主导产业，加快推动二、三产业发展，以新一代电子信息和通信产业为实体经济高质量发展的强力辅助，以此融合出边疆地区的优质主导产业。第三，鼓励边疆地区开展全产业链发展模式。充分发挥边疆地区地处边境的地理优势和独具特色的文化优势，因地制宜地构建全产业链发展模式。依托边疆资源优势，以相邻国家为主要服务目标，大力发展跨国服务产业链，优化跨境旅游、国际贸易以及电子商务等产业格局。

其次，疏通口岸地区基础设施网络。第一，加快口岸开展服务于社会公众的基础设施和产业园区发展的基础设施建设。依托信息化基础设施建设加快口岸通关速度，为货物运输和人员往来提供便利，有利于提升口岸服务效率。第二，加快完善口岸功能。将联合检查大楼、货运仓库、停车场以及验货场等硬件设施作为重点升级对象，为其配套相应的信息化、现代化基础设施，完善口岸用水用电、垃圾设施处理以及交通道路规划，为特种货运和客运车辆规划专用通道。第三，加快公

路、铁路、航空等交通运输网络的建设，同时增加车站、码头以及机场的规划布局，为边境贸易构建畅通完整的物流通道，以边境口岸为依托，整合清点现存的物流资源，在物流资源数量稀少或服务能力不足的口岸补充新的物流通道，将边疆地区城市群口岸打造为国际性的物流枢纽中心。

最后，强化新兴技术引领，加强信息基础设施建设。第一，顺应信息技术发展趋势，重视以数据要素为核心的信息通信产业布局，为基础设施提供感知、连接、存储、计算、处理等综合数字能力，加快原有基础设施换代升级的步伐，使移动通信网络从4G向5G升级、固定接入网络从百兆向千兆升级，加快下一代互联网规模应用。第二，依托新兴技术产业需求，为基础设施发展指明方向，使基础设施建设适应智能社会发展需求，推动数据中心体系向多层次、体系化算力供给体系演进，适应数据流量增长和流向变化趋势，优化网络架构，推进云网协同和算网融合发展。

### 9.2.4.3　从物质基础的角度，提出基础设施建设的支持政策

首先，提升城市管网改造力度。第一，提升城市地下管网建设改造。检查城市供水、污水排水、燃气、供暖以及通信等各类地下管道的完整情况，对老旧管网展开修补，优先改造年久失修、破损严重的老旧管网，严格按照国家漏损标准进行设施修缮。第二，加大对水类管道的投资改建力度。对城市群内供水进行统筹规划，增加供水管道建设，使水资源丰沛的区域能高效为水资源稀缺的区域开展用水调度；合理利用水资源，增加饮用水源头的保护设施以及监测饮用水标准的基础设施，切实保障居民获得清洁、安全、卫生的城市供水。第三，完善城市电网建设。增加城乡整体规划的覆盖面，将配电网建设和发展纳入城乡整体规划，为城市配电网建设提供政策倾斜和财政支持，从而更好应对用电高峰时期的严峻挑战；依托互联网技术实施智慧电网建设，为广泛普及新能源充电桩提供物质保障，同时切实满足分布式光伏发电并网的基本需求，为实现碳排放和碳中和目标奠定基础。

其次，加强城市道路交通基础设施建设。第一，加强公共交通基础设施建设。鼓励城市按照自身经济和产业发展水平，有条不紊地开展道路基础设施规划，推进地铁、轻轨等城市轨道交通系统建设，鼓励公共交通出行，减轻城市道路拥堵的问题；在旧城区改造和新城市规划中，充分考虑交通工具换乘、新能源汽车充电桩以及公共停车场等基本民生项目的规划建设。第二，推进城市道路、桥梁建设改造。加快完善城市道路网络系统，提升道路网络密度，提高城市道路网络连通性和可达性。加强城市桥梁安全检测和加固改造，限期整改安全隐患。加快推进城市桥梁信息系统建设，严格落实桥梁安全管理制度，保障城市路桥的运行安全。第三，构建完善的城市步行和骑行交通系统。现有的道路规划以实现汽车驾驶便利为考量重点，缺乏对步行和骑行人士的出行安全进行考虑，行人过街天桥、非机动车停车场以及路灯照明等基础设施较为缺乏，应将此类设施作为主要增加设施；在社会公众申请驾驶执照和后期巩固学习的过程中，加大对行人优先的理念的普及和宣传，改善居民出行环境，保障出行安全，增强其选择步行和骑行的意愿，扭转市民过度依赖汽车出行的心态。

最后，加快污水和垃圾处理设施建设。第一，提高城市污水处理设施建设投入。优先升级改造落后设施，以污水处理设施能够满足城市污水处理最低要求为改造标准，确保经过城市污水处理厂净化排放的水质达到最新的国家环保排放要求；提高缺乏水资源和水质较差的地区重复利用污水的能力，加快建设一批能够净化建筑中水和污水的设施，从资源再利用的角度提高城市水资源充裕度，有助于修复城市内部水生态和水环境。第二，提高城市生活垃圾处理设施建设投入。大中城市人口规模较大，因此大中城市成为生活垃圾制造的重灾区，通过建设生活垃圾分类示范城市（区）和生活垃圾存量治理示范项目形成积极的表率作用。与此同时，加大处理设施建设力度，提升生活垃圾处理能力，从根本上扭转城市生活垃圾过度的局面。

### 9.2.4.4　从可持续发展的角度，提出基础设施建设的激励政策

一方面，完善基础设施多元化投资体系。第一，扩大专项债覆盖类型，将专项债发行覆盖范围

由传统基础设施加大至"新基建"领域，尤其是加强对信息基础设施和融合基础设施项目的专项债投资，二者是提升基础设施效率的有效保障。第二，放宽民营资本对基础设施投资的准入限制，在明晰基础设施负面清单的基础上创新投资运营模式，充分发挥不同投资主体作用，激发以具备资金和竞争优势的民营资本为代表的非国有社会资本投资活力。

另一方面，推动建设开放型人才支撑体系。第一，制定完善的开放型人才引进培育政策和打造先行试点，在平台建设、人才管理、待遇分配、创业基金和服务保障等方面加大财政补贴。第二，提高边疆偏远地区公务员和事业单位工作人员的补贴。边疆地区往往地处偏远，生活条件和工作环境较为艰苦，通过工资津贴补贴提高体制内工作人员支援边疆地区的意愿。第三，结合产业发展需求建设边疆国际学校，培养为边疆开放发展提供助力的专业人才。大力发展职业教育，开展技能培训，提高当地劳动力的市场价值；在边疆地区引进职业教育和培训机构，建立面向周边国家的国际教育中心，鼓励周边地区国家的学生到边疆地区就读，提高劳动力素质，培养其相关就业技能。

## 9.3　新时代我国西部中心城市和城市群高质量协调发展战略的政策实现路径

### 9.3.1　新时代西部中心城市和城市群高质量协调发展的路径规划

1999 年末，我国正式将西部大开发确定为国家层面的发展战略，将推动西部区域经济加速发展作为长期方针。西部大开发总体上对西部地区经济高质量发展具有正向促进作用，通过基础设施建设带动地区经济发展、新兴产业兴起、生产要素流动，从而提高经济发展质量。自西部大开发战略实施以来，西部地区在我国经济发展全局中主要发挥四个作用，分别为打破资源桎梏、扩大国内需求、实现东西部经济互补、为生产要素向西向北输送提供通道。经历几十年的发展，西部地区GDP 已取得长足的进步，经济实现快速增长，基础设施显著改善，产业结构不断升级，社会事业全面进步。尽管从经济总量方面而言，西部地区与东部地区之间差距不断缩小，但是财政收入、对外贸易水平、居民收入水平以及社会固定投资等指标的差距仍在不断拉大。随着经济环境发生变化，西部地区经济总量和发展水平进入新阶段，早期的西部大开发战略所产生的正面促进作用逐渐减弱，负面影响日益显现。首先，我国形成了由西部地区向沿海地区提供生产资源，由中部地区向沿海地区提供劳动力，最终在沿海地区进行生产加工并对外销售的区域分工模式，使得西部地区的资金、资源和劳动力等生产资源均被转移至东部地区，西部地区始终被锁定至价值链的低端，产业自我发展能力受到抑制。其次，受到比较优势理论、贸易分工理论等传统对外贸易理论束缚，西部地区竞争力未能充分发挥，沿边沿疆的口岸优势被埋没，面临明显的"开放短板"。最后，在西部大开发战略的早期，主要围绕基础设施建设对西部地区建设提供支持，该发展模式已无法继续维持西部地区高质量发展，反而挤占制度变革、科技创新和人力资本等驱动经济长期增长的发展要素，产生基础设施过剩、产业结构失调等问题。这些最终导致西部地区发展内生动力不足、缺乏自身发展能力，降低社会发展质量。

党的十九大以来，中国区域发展战略的指向性和精准化越发明确和全面，提出以中心城市引领城市群发展、城市群带动区域融合发展形成新的区域增长极的新发展理念，为维持西部地区高质量发展提供了新的行动指南，为推进西部大开发形成新格局提供了理论支撑。中心城市职能强度的提升将有效推动城市群的经济高质量发展，而转向高质量发展的关键，是加快形成与之相适应、相配套的体制机制，加快营造与高效、公平和可持续发展目标相契合的体制政策环境。为解决西部大开发战略实施过程中出现的实际问题，更好促进西部地区经济和社会高质量发展，缩小东中西部地区发展差距，为新时代下西部大开发战略调整提供思路，本书从基础设施、产业布局、社会发展三个领域进行发展路径规划。

### 9.3.1.1　新时代西部中心城市和城市群基础设施高质量协调发展的路径规划

推动基础设施高质量发展，应坚持以人民满意为根本出发点和落脚点，以全要素整合、全周期协同、全方位融合、全链条畅通为导向，以深化供给侧结构性改革为主线，聚焦提质增效、优化升级、绿色安全、融合共享、改革创新五大着力点，统筹存量和增量、传统和新型基础设施发展，加快构建形成集约高效、经济适用、智能绿色、安全可靠的现代化基础设施体系，为把疫情影响降到最低、保持经济平稳运行和社会和谐稳定、建设现代化经济体系提供强有力的支撑。

首先，以提升发展质量和效益为发展目标。质量和效益是新时代经济和社会发展的重要组成部分，也是深化供给侧结构性改革和推动经济高质量发展的重要途径。新时期推动基础设施高质量发展，要以提高基础设施建设质量和效益为目标，坚持巩固现有基础设施建设成果、增强基础设施建设规模、提升基础设施服务水平的方针，完善基础设施建设布局。第一，不断增强对基础设施规模优势的关注，着重完善存在缺陷的基础设施网络体系，补短板、强弱项，不断推进城市群基础设施一体化发展，更深层次地发挥规模效益。第二，明确基础设施对于产业布局和经济发展的战略支撑和乘数放大作用，引领西部地区在"一带一路"建设中找准自身定位，进一步发掘西部地区潜在的产业竞争优势。第三，致力于延长基础设施的服务周期和质量水平，统筹基础设施规划、设计、建设、运营、维护、更新等各环节，加强项目全生命周期管理，提升基础设施产业全链条质量水平。第四，以畅通资源要素配置为着力点，挖掘现有设施潜能，优化新增资源配置，着力提升基础设施资源综合利用效率和系统运行效率。

其次，以优化升级为发展手段。优化升级是推动基础设施高质量发展的主要手段，以此对基础设施"去粗取精"。摒弃以往单纯强调数量至上、规模为先的粗放式发展路径，转向保质保量的内涵式发展模式，通过精简规模、集约节约、协同发展的系统优化方式实现基础设施高质量发展，转变我国基础设施建设擅长做增量但不适应优存量的老套路。新时期推动基础设施高质量发展，既需要精准放大有效供给的叠加效应、乘数效应和共振效应，还需要节约集约基础设施资源，双管齐下共同推动基础设施高质量发展。在信息技术革命的背景下，利用先进技术把握基础设施建设、运营、维护以及升级等环节中的关键问题，精准发力对症下药，对经济社会发展过程中不断更新的需求采取及时的响应措施。除此之外，加大对基础设施短板领域和薄弱环节的重视程度，加强细节管理和规范化、标准化建设；精诚服务，强调以人为本，加强基本公共服务设施建设，着力提升基础设施人性化服务水平。基础设施精细化发展的关键在于存量更新，通过闲散资源盘活、老旧设施更新、低效设施改造、传统设施升级，加快推动基础设施由表及里、由量向质、由大而全向精而专转变。

再次，以绿色安全为发展底线。绿色安全是新时代社会主义建设征程中赋予基础设施发展的新内涵，缺少绿色安全作为支撑的基础设施，将无法实现更新意义上的高质量发展。要在新时期下实现基础设施高质量协同发展，需要将绿色安全理念作为指导思想之一，始终以"生命至上、安全第一"为基本准则，守住基础设施发展的底色和底线。一是以生态环境保护设定为基础设施发展的先决条件，强化对生态保护的重视程度，将污染防治提升至环境保护的重要位置，推进形成集约节约型社会，大力发展绿色科技基础设施建设，彻底转变粗放型传统发展模式。跟随新一轮科技变革和产业革命趋势，强调人工智能技术在基础设施领域中的应用，加快形成符合智能经济和智能社会需要的现代化基础设施体系。二是要时刻保持警醒，具备底线思维和红线意识，从各个方面提升基础设施应对突发意外和紧急事故时的防御能力。基础设施是应对突发事件的基本物质依托，是国外恐怖势力和国内不法分子扰乱社会的首要攻击目标。从基础设施建设生产和运营维护中的各个环节加强风险管控，强化基础设施日常运转的抗风险能力，采用信息监测手段预判可能存在的损害，以坚实可靠的基础设施维护国家战略安全和社会和谐稳定，真正做到为人民群众的生命财产安全保驾护航。

最后，以改革创新为发展动力。改革开放和创新驱动是大踏步实现现代化经济体系的重要法宝，实现高质量发展的动力来源于此。科技创新应始终作为实现基础设施高质量协调发展的第一动力，从科技、制度以及组织管理层面开展创新，加大为重点民生领域和关键产业发展提供支撑的基础设施创新力度，为激发西部地区基础设施长期向好发展提供新生动力和蓬勃活力。具体而言，要实现基础设施管理保护体制改革，就需要将长期维持基础设施服务能力作为政策制定出发点，建立起相应的体制机制；要实现完善的基础设施投资融资机制创新，就需要建立符合西部城市群经济发展趋势的财政信贷机制；以基础设施寿命作为资金运转体系的时间约束，探索出风险可防可控的资金使用机制。始终牢记科学技术是第一生产力，科技创新是实现基础设施高质量发展的首要动力，基础设施规划建设期间需要具备一定的前瞻性，运用现行新兴科学技术适当超前地进行基础设施建设，根据城市发展阶段选择建设传统基础设施或是新型基础设施，旨在与未来智能社会发展方向相契合。在实现基础设施高质量发展的过程中，科学规划政府和市场的定位尤为重要，一方面，需要政府在适当的时机对基础设施建设进行宏观调控和全流程监督管理，推进"放管服"改革，大力提升政府治理能力和服务水平，为推动基础设施建设市场化营造良好的市场环境；另一方面，需要着力发挥市场决定性作用，吸引不同类型的市场主体加入经济型基础设施投资建设中，以公开投标的方式确保公平公正，从而提升经济性基础设施运营效率，实现依靠改革引领基础设施高质量协调发展。

### 9.3.1.2　新时代西部中心城市和城市群产业布局高质量协调发展的路径规划

首先，以创新作为产业布局高质量发展的有效动力。第一，体制创新推动形成现代化产业体系。坚持高质量发展，发挥国家对外开放的重要支点作用，实施创新驱动发展战略，以"两型三化"为核心，以产业集群化、产城一体化发展促进产业转型升级。结合西部地区自身地理优势和产业优势，创新技术和传统技能两手抓，为产业规模化聚集创造前提条件，依靠信息技术产业推动传统产业完成转型升级，从而为现代产业体系增添新的竞争力和创造力。第二，构建区域产业发展新动能。劳动、资本投入和科技进步共同推动经济增长。西部地区过度依靠投资和劳动要素驱动经济发展，自然资源所承载的压力过大，导致资源枯竭和环境恶化，与高质量协调发展模式背道而驰。新时代下西部地区的发展目标是在较长的时间内维持理想且稳定的发展态势，因此应坚持以科技和创新为动力实现产业高质量发展。着重培育城市群内中心城市的创造能力。第三，打造种类繁多、层次丰富以及覆盖领域广阔的创新引擎。充分考虑国家战略布局、市场实际需求以及未来产业发展方向，鼓励企业与产业探索出一套符合自身发展需求的创新升级模式，实现产业链与知识链的高度融合，加速科技成果完成产业转化。以国家大力推动创新体系建设为助力，大力推动产学研用平台深度耦合，互促发展，将创新思想融入产业和企业建设的各个环节，致力于打造具有国际影响力和竞争力的创新生态系统。

其次，以协调作为产业布局高质量发展的催化剂。第一，实现产业规模与产业质量相协调。中国是人口大国且经济持续高速增长，蕴含巨大的内在需求，以需求为导向，通过扩大生产规模、实现规模经济以满足不同层次和不同维度的需求者日益增长的产品需求。在足够数量规模的累计下，量变朝着质变的方向发展，可见能否在产品质量有所突破是实现产业由大转强的关键，应当将追求质量突破作为重点发展路线，以提质增效作为产业转型升级的行动指南，最终实现量中有质，质中有量，量质互动。第二，实现国内产业与国际产业相协调。中国拥有以人口为首的众多优势生产要素，有助于形成巨大的产业规模，产业发展溢出效应显著，随着经济实力不断提升，不少产业在国际上拥有强大的影响力。在双循环战略背景下和经济全球化发展趋势下，应当深入洞察国际产业波动趋势，精准把控产业格局调整方向，把资源配置的范围由城市群逐步向整个中国再向国际拓展。产业中蕴含的科技含量和所属国家的国际话语权决定了该产业在全球价值链处于何处，根据不同产业在全球价值链中的位置以及主要需求国的实际需要不断调整产业升级战略，做到动态协调发展。第三，实现传统发展引擎与新兴发展引擎相协调。产业类型、生产力水平、发展阶段以及不同层面的需求共同决定何为适合新时期下产业发展的新引擎，可以看出在经济蓬勃发展的今天，为实现产业多元化、可持续发展，需要从不同角度吸收发展动力。不能将传统产业和新兴产业割裂研究，这两类产业实质上在发展过程中已经逐步融合，因此要将要素驱动、投资驱动以及创新驱动有机结合，创造出符合产业发展实际需求的动力机制。第四，实现产业与社会相协调。社会发展离不开产业发展所创造的经济效益，产业发展能够为社会公民创造就业岗位、提高劳动工作者收入，创造高效率的收入分配机制，是推动社会进步发展的经济支撑。产业发展则离不开社会发展过程中创造的人口红利，社会发展能够为产业升级提供足够的劳动力资源和优质的人才结构，同时还能为企业创造良好的营商环境。

再次，以绿色作为产业布局高质量发展的底线要求。第一，构建适应资源环境承载能力的产业布局。根据资源环境承载力、自然地形地貌特征优化产业布局和产业结构，大力发展绿色经济，将生态环境建设和产业结构调整充分融合，大幅提高资源利用效率，推进生态环境共保共治，构建环境友好的生产模式，走绿色低碳循环发展之路。第二，将绿色、环保、可循环的先进理念作为产业发展的指导思想。将节约资源、保护环境的绿色理念与产业发展的初期规划、中期运营、后期评价等环节相结合。将产业绿色化与绿色产业紧密结合，统筹推动全产业链绿色化发展，使企业降低污染排放、降低能源消耗，建设集约节约的清洁产业发展模式。第三，产业发展与生态环境保护相协调。不能以破坏生态环境为代价换取产业发展，提高对节能减排技术的财政倾斜和资金投入力度，提高节能减排技术的使用效率。同时，生态保护环境的政策制定应从促进产业升级的角度出发，将产业发展朝绿色方向推进，布局绿色清洁的产业体系。

最后，以全方位对外开放战略作为产业布局高质量发展的有力保障。第一，建立自由贸易试验区。根据不同地区、不同城市的优势条件，建立陆地、空港、海港等不同性质的自由贸易试验区，充分发挥我国超大规模市场优势，挖掘消费潜力，促进国内大循环格局形成。这有利于加强与东、中部地区的经济联系，开展产业分工协作，承接中、东部地区的产业转移，以此为动力促进西部地区产业结构升级，提升对周边欠发达地区的辐射带动能力。第二，充分利用"一带一路"倡议带动作用。伴随"一带一路"倡议实施，国内市场和国际市场得到有效联系，"一带一路"沿线国家的生产协作、经贸合作和人员深入交流，从而积极拓展了各国各民族优势互补的新空间。以"共商共建共享"为原则，将发展成果公平惠及"一带一路"沿线国家和人民，促进资本、技术、资金等要素在全球范围内畅通流动，有利于推动我国西部地区构建国际大循环格局，从而充分利用国际国内两个市场、两种资源，扩展与欧亚、南亚、东南亚市场的经贸往来，扩大对外开放领域。第三，打造中国特色自由贸易港。相较自由贸易试验区而言，自由贸易港在关税政策、出境签证、注册审批等方面更具开放性和自由性，是自由贸易试验区的升级版。西部地区包含诸多边疆城市，应充分利用独特的地理优势条件，打造具有中国特色的自由贸易港，更进一步在遵循统一规则的基础上发挥比较优势，创造良好的营商环境，使国内外企业形成集聚效应，极大程度促进贸易投资和产业升级，有效推动地区与地区的经济、人员交流。

### 9.3.1.3　新时代西部中心城市和城市群社会发展高质量协调发展的路径规划

首先，贯彻以人民为中心的发展思想。第一，提升城乡居民收入。收入是民生之源，不断拓宽城乡居民增收渠道，形成工资性、经营性、财产性、转移性收入等不同来源的收入组合以及比例合理适中的多元化收入结构，提升抵御外部风险因素影响的能力，实现收入稳定持续增长。激发重点群体增收活力，稳定工资性收入预期，完善个人所得税制度，切实保障居民可支配收入合理提高，实现社会深层次融合。第二，坚持就业优先战略。就业是民生之本，是保障和改善人民群众生活的基本前提，与百姓生活、事业发展乃至社会和谐稳定都息息相关。应将就业政策置于宏观政策层面，注重解决结构性就业矛盾，量体裁衣加强居民就业指导，多措并举扩大岗位需求，稳步提升就业率。第三，坚持教育优先发展。教育是立国之本，是民族兴旺的标志，推动城乡义务教育一体化发展，有助于实现消解城乡教育二元结构。应推动城乡统一、重点扶持农村义务教育经费保障和使用机制，优化城乡义务教育教师资源配置、重点支持乡村教师队伍建设，以实现教育资源均衡配置，使教育真正惠及全国人民。

其次，以创新引领社会发展。第一，坚持理论创新。马克思主义思想是我国立党立国、兴党强国的根本指导思想，在不断的理论创新中，形成习近平新时代中国特色社会主义思想，推动我国取得一个又一个举世瞩目的成就。在社会发展的进程中，应结合新的实践不断推进理论创新，善于运用理论创新指导新的实践，推进社会高质量发展。第二，坚持制度创新。制度建设是维系社会发展的重要保障和关键环节。在考虑社会发展现状和制度建设水平的基础上坚持制度创新，能够最大程度发挥社会自身能动性进而优化关键环节、重点领域和重要层面的制度和规则，破除社会发展进程中与发展相违背的体制机制障碍，规划社会发展建设方向和重点。第三，坚持文化创新。文化是社会持续发展和长期积淀的结果，文化创新是社会实践发展的必然要求。以文化创新激发观念创新、制度创新以及技术创新等多个层面的创新需求，可以形成内生驱动力推进社会发展新模式和产业发展新业态形成，为实现社会高质量发展注入源源不断的精神动力。

最后，社会发展协调。第一，以中国特色社会主义事业总体布局为指引。在"四个全面"这一根本性战略部署和顶层设计的引领下，坚持"五位一体"总体布局，将经济、政治、文化、社会以及生态文明领域进行有机统一，从而准确把握社会发展的过程中出现的不同阶段和层面上的矛盾并加以解决，在各个方面和环节上有效快速推进社会主义现代化建设，将社会协调发展带上新台阶。第二，协调改革、发展与稳定的关系。改革、发展与稳定三者相互依存、相互制约、相辅相成，把握三者的平衡点，能够找准社会发展的发力点。在改革发展稳定之间谋协调，增强改革措施、发展措施、稳定措施的均衡性，获取稳增长、调结构、惠民生、促改革之间的平衡点，实现我国社会发展行稳致远。第三，协调城乡关系。乡村振兴是推进城乡一体化的重要保障。应推进新型城乡关系，促进城乡融合发展，打破城乡二元壁垒扎实推进乡村振兴，坚持农业农村优先发展，建立健全城乡融合发展体制机制和政策体系，加快推进农业农村现代化，形成工业与农业相互促进、城市与乡村相互补充的协调化新型工农城乡关系，从而实现社会高质量发展。

## 9.3.2　新时代西部中心城市和城市群高质量协调发展的路径实施

### 9.3.2.1　新时代西部中心城市和城市群基础设施高质量协调发展的路径实施

新时代推动西部中心城市和城市群基础设施高质量协调发展以统筹推动综合交通网、能源网、水网、互联网、物流网基础设施现代化建设为目标，促进传统和新型基础设施建设共同发展，致力于构建符合当代产业发展和居民需求的现代化基础设施体系，提升基础设施互联互通和现代化服务水平。

首先，挖掘西部地区国际综合交通枢纽功能，主动服务与融入国家交通体系，构建便捷畅通的运输通道。第一，加快铁路网络建设。坚持落实国家完善高铁交通网的建设方案，以"米"字形作为高铁布局模板，推动西部地区高铁网络与国家级高铁主通道融合，实现与京津冀、长三角、珠三角等发达城市群高铁通道对接；推进普通铁路成环成网，改扩建承载功能不足的老旧火车站，在城市扩张中产生运输需求的区域建设新火车站，强化对外货运铁路通道。第二，加快完善公路网络。以内部畅通、外部连接为顶层设计构建西部地区高速公路网，实施射线高速公路扩能改造，尤其是毗邻省份之间的高速公路通道；完善城市群内部快速公路交通网络，帮助相邻地区互联互通，搭建城市快速路网和高速公路入城道路，搭建内外共生道路网格化体系；加速国道、省道升级换代，更新维护老旧国省道，有条件的地区可进行道路扩建，实现相邻区县间连接公路高等级化，加快实现核心城市与周边重要城镇之间以铁路为骨干、公路为基础的畅通综合交通网，助力生产要素和人流自由流动。第三，加快建设沿江沿海地区航运网络。形成畅通无阻的高级别航运主干道，通联海河两种运输线路，形成标准级别的航运网格体系，以长江沿线为主要通路、分支流域为辅助、中大型港口为休憩点。在航运港口的分工调控上集中管理，铺开发展成为各具特色又功能齐全的港口群。利用数字信息助力智慧航道、智慧港口建设，大力发展"铁路""公路""水路"三路联合的运输网格体系，以航运港口为主要枢纽，解决在运输过程中"最后一公里"的难题。第四，打造航空枢纽体系，完善"铁路＋公路＋航空＋管道"等立体交通运输方式。加快完善民用机场体系，在通用机场建设中加大资金投入，把支线机场的建设纳入政府计划中，利用民用机场的运输能力，搭配各类型通用机场，建立起航运网格化体系；在国际航运路线上，大力建设并建成国际化机场，提高国际航运能力。

其次，完善城市交通路网系统。第一，提高城市道路网密度，优化城市道路网级配结构，提高道路网承载能力，增强城市道路网连通性；公平、科学、合理分配道路时空通行权，加强城市道路网、交通设施之间的协调、匹配和衔接，全面提升交通一体化、精细化水平。第二，针对特大和大型城市持续实施城市轨道交通成网计划，推进轨道交通项目建设，连接城市内部轨道交通快速成型，形成"点—面"的多类型结合城市交通网络，对轨道站点进行高质高量的建设。第三，大力推进城市停车场的建设，以交通信号灯为出发点，公共交通汽车为受力点，优先在城市道路中通行，进一步提高城市私家车的停车便利性，平衡私家车出行和公共交通出行的需求，提高公共出行的便利性，优化公共交通效率。第四，提升道路基础设施智能化水平，积极发挥规划引领作用，推动感知网络、通信系统、云控平台等智能化要素与基础设施同步规划。结合交通强国建设试点工作等，先行先试打造融合高效的智慧交通基础设施，及时总结经验，科学推进基础设施数字转型、智能升级，并选择条件成熟的区域或典型场景，组织实施自动驾驶先导应用示范工程。各省级交通运输主管部门要积极组织试点示范，探索形成自动驾驶技术行业应用方案。

最后，形成能源保障体系。第一，对能源供给的资源结构进行优化，以在 2030 年前碳排放达峰为目标，全力开发清洁能源，降低对化石能源的开发和利用程度，在全社会铺开清洁能源的供给网络，提升使用清洁能源的便利性。第二，提高可再生能源和清洁能源的供给能力，加强寻找国内外市场清洁能源的供应渠道，与此同时，对国内的煤炭、石油、电力等资源消耗型产业进行优化升级，淘汰污染程度大、安全性低的产业。加大政府对清洁能源企业的援助力度，在市场上营造新能源的研究氛围和市场环境，提高市场新活力。第三，形成畅通无阻的内外多层次能源输送渠道，提升能源输入能力，巩固本地新能源布局，统筹城市群用电规划，以发电资源丰富的城市辅助发电资源稀缺城市，按照城市经济产业创造能力进行电量配给。推进国家天然气管道和城市管网互联互通，为天然气输送搭建完善的输气干线，形成以城市间管网为骨干、城市内部管网为辐射的蜘蛛网状燃气管道格局。第四，创建可调节性强、服务效用高的电力储备体系。统筹规划水泵式发电站的发电工作要求，根据旱季和雨季、用电高峰和用电低谷等因素做好电力储备工作，同时将天然气发电和煤炭火力发电加入电力储备体系中，打造多元化电力储备体系，更大程度增强电力系统运行调节水平，从而更好地服务于城市群发展建设。

### 9.3.2.2　新时代西部中心城市和城市群产业布局高质量协调发展的路径实施

新时代推动西部中心城市和城市群产业布局高质量协调发展以构建现代产业体系为出发点，着力推动经济体系优化升级，淘汰落后产业，改造传统产业，发展优势产业。构建特色创新产业格局，应强化分工协作，加快打造战略性新兴产业策源地，建设现代服务业聚集区和传统产业转型升级示范区，培育具有国际竞争力的战略性新兴产业集群和先进制造业集群，巩固壮大实体经济根基，提升产业竞争力和辐射带动力。

首先，构建特色创新产业格局，构建科学分工体系。第一，理清创新产业发展思路。坚持以高质量发展为指导思想，发挥国家对外开放的重要支点作用，以创新驱动发展战略为指导方针，以战略性新兴产业为发展目标，推动产业向创新化、集群化、绿色化、信息化、高端化方向转型发展。第二，构建特色产业发展格局。围绕全球科技革命和产业变革方向，强化内外承接发展导向，优先培育支柱型和先行型产业，以其作为引领新兴产业高速发展的强大引擎。将优势资源集中投放至以高端装备制造业和大数据信息技术等产业为首的新一代国家重点扶持领域，加速培育出具有战略性新兴产业升级示范区。第三，构建适度协同的分工体系。加强统筹协调和政策引导，共建产业协同合作平台，构建有重点、分层次的可持续发展产业分工体系，促进各级城市产业适度协同发展，建设绿色可持续发展的城市群。第四，以互联网、人工智能、大数据等现代信息产业作为技术支撑，推动其与各类产业深度融合，使原先的产业拥有更为强大的创新能力，培育出新兴的产品和创造出新兴的发展模式；加快推动前沿、创新以及颠覆性的科学研究转化为有利于产业发展的技术要素，积极搭建适用性广泛的技术应用场景平台，以尚未发展成熟、极具发展潜力的新兴领域实现产业化以及商业化，抢占同类型产业发展先机。

其次，提升服务业发展水平。第一，联动发展大旅游业。以传统民族、民俗文化以及自然风光景色作为特色宣传点，以资金和品牌作为桥梁加快城市群旅游资源整合，将风景观光、文化体验、农家娱乐以及工业参观等不同形式的旅游方式有机结合；建设完善高铁站区和航空口岸旅游服务体系，构建方便快捷、开放共享的国际化旅游环境，积极开拓高铁沿线和"一带一路"国家旅游市场；依托互联网深入构建智慧旅游体系，以科技智能作为新一轮宣传点，打造智慧旅游城市和景区，推进旅游服务一体化，构建"快旅慢游"服务体系；加强旅游服务设施建设，完善旅游综合性服务中心布点，打造若干旅游精品，以重庆、成都、西安等同时具备文化特色和地理中枢特点的城市为中心，根据不同的游客需求打造一批独具特色的旅游路线；依托现代高效农业示范园区，积极发展观光农业、休闲农业、体验农业、科普农业、创意农业，配套建设一批农特产品售卖中心。第二，大力发展现代化物流业。围绕海港、陆港以及空港，着力打造功能多样、载运强大、智慧智能、面向国际的物流产业体系；升级服务于电商平台的物流服务系统，为不同种类的市场物流配套相应设施，以线上平台为线下商贸活动提供后备支持；构建冷链配套服务，提升冷链设施的质量并适时扩大网点布局，延长冷链物流的服务范围和运输效率；完善乡镇以及村一级的邮政服务水平，使农村人口与城市人口享受同等服务质量和效率。第三，推动先进制造业和现代服务业融合发展。引导制造企业分别向研发设计、售后等产业链前后端延伸，提高全产业链的科技含量和服务水平；鼓励服务业与制造业跨界联动，取长补短，将具有代表性的重点行业和企业作为融合试点，最终作为全行业的参考对象，使两类产业都得到进一步提升；提升区域间人力资源质量和服务水平，人力资源充足的地区可发展专业化的产业园以提供人力资源服务支持。

最后，推动数字经济和实体经济深度融合。第一，大力推动数字经济向产业化发展。加快重点数字信息产业培育发展，加快建设和发展与网络信息安全密切相关的产业园区、科技创新项目，致力于打造具有重大国内外影响力的产业集群；大力支持开展与人工智能相关的关键技术、理论研究、知识产权等方面的研发和服务平台、人才高创新高地建设，抓紧时间引进国外尖端人工智能企业入驻城市群，培育具有独立自主专利技术的科研成果，避免关键领域和关键技术被"卡脖子"；激发与数字产业相关的文化创新产业的发展动力，围绕数字产业构造出完备的上下游产业链条。第二，深入推进数字化与产业发展融合程度。充分发挥数字技术对传统产业的促进作用，从而全方面提升第一、二、三产业的核心竞争力。深入了解制约传统行业提升发展质量的因素，详细把握限制中小企业做大做强的桎梏，依靠数字技术打破枷锁，实现传统行业和中小企业数字化转型升级，获取新的发展势能；以数字信息推动工业互联网蓬勃创新发展，打造一批集特色和专业于一身的工业互联网平台，为实现数字互联互通示范平台和智能产业园区奠定良好的技术基础。第三，加速运用数字化赋能各个场景。科技发展的最终目的是服务于人类生活，在数字经济的大力推动下，构造出便利快捷的数字化生活。以大数据作为技术支撑，实现政府政务服务线上平台建设，扩大企业和个人的业务办理渠道；以5G作为技术支撑，实现高铁大幅提速和无人驾驶技术更具可行性和安全性。新数字产业对社会公众更高层次需求的拓展和满足是新时代下产业高质量发展的有力体现。

### 9.3.2.3　新时代西部中心城市和城市群社会发展高质量协调发展的路径实施

新时代推动西部中心城市和城市群社会发展高质量协调发展需要正确处理好核心城市先发带动

城市群整体高质量发展的关系，引领城市群加快推进健全公共服务体系，推动基本公共服务一体化建设。

第一，深化户籍体制改革。一是强调地方政府在推动农业转移人口就地城镇化和市民化方面的主体责任。鼓励有能力且有意愿在城市就业生活的农业转移人口落户，使其能够与本地居民享受同样的权利，但也需要履行相同的义务。二是全面放开落户限制，支持各省市加快制定完善非户籍人口落户方案。强化城市间人才市场的合作沟通机制，整合城市群就业岗位信息，建立覆盖面广、信息准确的人力资源信息和就业岗位需求库，实时监测市场上人才供给和需求状况。三是建立健全人才引进机制。以完善的人才补贴机制吸引各层次人才，覆盖更广泛的职业资格认定、工作职称评定、社会保险应收应缴以及劳动争议仲裁等机制。

第二，促进收入结构优化。一是促进城市居民就业水平提升。建立可持续的工资正常增长机制，扩大工作性收入在收入分配中的占比；推动创新创业工程，降低创业门槛，促进小微企业健康发展，增强经营性收入；以居民动产和不动产投资作为补充收入手段，拓宽投资渠道，扩大居民利息、股息红利、租金等财产性收入增收渠道；建立健全社会保障体系，增加居民转移性收入。二是以脱贫攻坚、全面推进乡村振兴战略为契机，深化农村产权制度改革以增加农村居民财产性收入。确认土地、宅基地、林地等集体产权所有权，激活各项未开发的农村资源财产；打通生态产品价值转换通道，将绿水青山转变为金山银山，实现农民到股民、资源到资产的身份转换；以大力发展农业现代化提升农村及居民的经营性收入，夯实并巩固农业的基础性地位，不断推进第一、二、三产业深度融合发展。

第三，落实基本公共服务对农业转移人口的覆盖度。一是扩大基础教育对常住人口的覆盖度，以人口基数为主要衡量标准统筹规划学校数量和教师编制，充分保障农业转移人口的子女能够就地完成义务教育，有意愿的随迁子女就地参加中考和高考。二是加大专业技术人才的培养力度，扩大职业教育培训的覆盖力度，只要有意愿进行培训的人员均可申请就业技能和创业培训，并按照学习成果给予补贴，对通过技能鉴定的人员给予额外奖励；若是农业转移人口有意愿进行就业创业，则根据国家和地方政策为其提供服务。三是推进城市房屋居住保障经常居住人口全覆盖，使得农业转移人口通过多样化的方式纳入住房保障体系覆盖人群。维持进城务工的农民依然享有农村老家的土地权利，提高农民进城落户的积极性。加快建立财政转移支付、城镇建设用地新增指标、基础设施建设投资安排与农业转移人口市民化"三挂钩"机制。

第四，推进基础设施与公共服务共享。一是扩大城市群基础设施和公共服务的覆盖面。切实提升城市群提供基础设施和公共服务的水平，积极推进一体化区域和核心经济圈区域基础设施和公共服务资源共享。二是推进城市群教育资源共享力度。在各省市间积极开展联合办学，实现学生跨校选课、教师跨校聘用以及共同进行学科建设等形式多样的交流活动。三是推动跨院区医疗会诊和急救抢救合作，搭建患者信息互通的服务平台。四是统筹规划居民异地享受社会保障措施的办理措施。完善异地居民申请社会保险关系转移、接续的制度，加快基本医疗保险跨省市就医结算平台，减少流动人口享受社会保险的困难程度。五是统筹布局养老服务机构，鼓励发展一批品牌医联体或跨区办医。六是加强城市群内部公共文化资源和体育资源共享力度。建立成熟的网络共享平台以实现公共图书资源和文献资源共享，联合不同城市共同举办重要的大型文化庆典、文艺演出、博览展会、大规模竞技体育以及群体性体育等活动。

第五，推动公共事务协同治理。一是积极应对城市群人口经济活动高度集聚可能带来的社会风险，构建公共事务协同治理机制。强化城市间突发事件出现时的管理合作机制，共同建设关于食品药品监督、灾难虫害防治、安全生产、救援物资等领域的保障体系，建立重大传染疾病疫情和突发公共卫生事件联防联控机制，构建信息决策指挥平台和信息监测通报系统。二是建立健全完备妥善的社会治安治理防控体系，精准打击跨省市违法犯罪活动。完善跨市域矛盾纠纷排查化解机制、群体性事件通报及协作处置机制，妥善解决接壤地区各类社会矛盾纠纷。加强接壤地区社会治安综合治理，建立和完善跨市案情通报、联合办案等协作制度。

# 结　　论

本书以我国西部中心城市和城市群高质量协调发展为研究对象，通过对西部中心城市和城市群高质量协调发展模式进行文献分析、现实研判，构建西部中心城市和城市群高质量协调发展的理论框架，模拟西部中心城市和城市群高质量协调发展所存在的内在关系以及作用机理。本书进一步以实证检验的方式对西部中心城市和城市群经济空间格局评估、西部中心城市和城市群"基础设施"高质量协调发展（电信基础设施、交通基础设施、基本公共服务、环境基础设施建设）、西部中心城市和城市群"产业布局"高质量协调发展（产业发展、产业结构）、西部中心城市和城市群"社会发展"高质量协调发展（人口迁移、人口流动、人口市民化）以及基础设施、产业布局与社会发展高质量协调发展展开研究，得到一个多元实证分析框架。通过实证分析得出结论，提出我国西部中心城市和城市群高质量协调发展模式实现路径的对策建议。本书所进行的创新性工作和所得出的主要结论如下：

首先，在明晰我国西部中心城市和城市群高质量协调发展的内涵、特征、构成维度、必要性和可行性的基础上，通过对我国西部中心城市和城市群高质量协调发展模式的空间格局及发展趋势的分析，从基础设施高质量协调、产业布局高质量协调、社会发展高质量协调三个维度对我国西部中心城市和城市群高质量协调发展模式的影响机制展开了分析。按照"基础设施→电信基础设施、交通基础设施、公共服务基础设施、环境保护基础设施→城市高质量发展，产业布局→产业基础、政策基础、环境基础、经济基础→城市高质量发展，社会发展→资源基础、技术基础、制度供给、经济基础→城市高质量发展"的思路构建了我国西部中心城市和城市群高质量协调发展模式的作用机理的分析框架。

其次，构建了我国西部中心城市和城市群高质量协调发展的演化过程、作用机制模型。本书将西部中心城市和城市群划分为"单国家中心城市为核心型西部城市群""双国家中心城市为核心型西部城市群""边疆地区省会城市为核心型西部城市群"以及"内陆地区省会城市为核心型西部城市群"等四大类型城市群。根据对各个类型进行的实证检验可以获得各个类型城市群的发展特点，因此，在构建政策支持机制时应在三大协调互动关联基本模式的基础上，对不同类型城市群的政策支持机制有所侧重，进而构建出"一个目标—两个循环—三个层级—四种类型"为基本架构的新时代西部中心城市和城市群高质量协调发展战略"最终模式"。

再次，构建了我国西部中心城市和城市群高质量协调发展的多元分析实证模型，通过对西部中心城市和城市群经济空间格局评估、西部中心城市和城市群"基础设施"高质量协调发展（电信基础设施、交通基础设施、基本公共服务、环境基础设施建设）、西部中心城市和城市群"产业布局"高质量协调发展（产业发展、产业结构）、西部中心城市和城市群"社会发展"高质量协调发展（人口迁移、人口流动、人口市民化）展开测度研究，全方位、多角度地分析我国西部中心城市和城市群高质量协调发展模式的主要影响因素及发展过程中的突出问题。本书对我国西部中心城市和城市群基础设施协调现状与问题进行分析，将西部中心城市和城市群的基础设施高质量协调分为经济性基础设施（电信基础设施、交通基础设施）和社会性基础设施（公共服务基础设施、环境保护基础设施），对中心城市和城市群基础设施协调发展状况、空间分异特征进行评估，发现中国城市群城市基础设施网络建设水平的变化过程基本遵循波浪式攀升规律。西部城市群内城市通信基础设施建设水平的提升对城市关联度具有正负波动式的冲击效应；交通基础设施建设水平的提升对其始终具有负的冲击效应，且负冲击效应在逐渐减弱；能源基础设施建设水平的提升对城市关联度具有持续为正的冲击效应，且冲击效应在逐渐增强；公共服务基础设施建设水平的提升对城市关联度具有正负波动式的冲击效应，且负效应在逐步增强；环境保护基础设施建设水平的提升对其具有正的冲击效应，且冲击效应的强弱不定。本书对我国西部中心城市和城市群的产业布局协调现状与问题进行分析，将西部中心城市和城市群的产业布局协调分为产业发展（产业结构优化、产业结构升级）与产城融合（产业空间分布、城市职能规划），对中心城市和城市群产业布局协调发展状况、空间分异特征进行评估，发现中国城市群产业空间格局整体上呈现集聚的趋势，中国城市群的产业布局协调发展水平在空间上具有差异性。从全国城市群总体来看，东部、中部、西部以及东北部城市群间存在着差异，东部城市群是产业产能主要分布的区域，但比重不断下降，中西部城市群逐渐承接东部城市群的产业。本书对我国西部中心城市和城市群的社会发展协调现状与问题进行分析，将西部中心城市和城市群的社会发展高质量协调分为社会融合（社会结构、社会网络）与社会福利（社会服务、社会保障），对中心城市和城市群协调发展状况、空间分异特征进行评估，发现中国城市群的社会发展水平虽然有小幅波动，但总体呈增长趋势。城市群中心城市尤其是特大城市的社会发展水平远超其他城市，并且城市群中城市社会发展水平的变化以中心城市为圆心向周边城市递减。

最后，规划了我国西部中心城市和城市群高质量协调发展的制度顶层设计，提出促进我国西部中心城市和城市群高质量协调发展的政策建议。从政治、经济、社会、文化等层面对政府任务进行分析，提出政府的动员、组织、规范、协调四项职能。从纵向的上下级政府间关系、横向的地方政府间关系、不同层级政府之间的斜向关系三个维度建立西部中心城市和城市群高质量协调发展战略实施中不同层级、不同部门政府的府际互动机制。基于西部中心城市和城市群基础设施协调、产业布局协调以及社会发展协调的研究结果，从完善多元主体参与机制，促进区域治理科学有效、中心城市与城市群建设共进，实现以国内大循环为主体，国内国际双循环的经济发展格局，共同促进西部中心城市与城市群高质量协调发展，调动中央和地方积极性、构建西部中心城市和城市群协调发展机制。

还可以做进一步的研究工作：

一方面，由于我国西部中心城市和城市群地理、要素、经济结构复杂，影响我国西部中心城市和城市群高质量协调发展的要素很多，本书通过建立"新时代我国西部中心城市和城市群高质量协调发展"的理论框架、实证分析、系统政策设计，但依旧具有一定的局限性。还可以通过田野调查与实证分析相结合，在宏、中、微观三个维度扩展调查研究范围、调查研究深度、调查研究时间，进一步提升研究的准确性。

另一方面，由于《中国城市统计年鉴》上关于中国城市群地级及以上城市的数据年份以及指标体系有限，因此本书对我国西部中心城市和城市群空间的评估受到了客观数据的限制。今后的研究中可以进一步通过对县域数据的搜集，建立中国城市群市县数据库，从而形成对省—市—县完整行政区划维度下空间格局的分析。

# 参 考 文 献

[1] 埃弗雷特·李，廖莉琼，温应乾. 人口迁移理论 [J]. 南方人口，1987 (02)：34 - 38.

[2] 艾琳，于轩. 提升城市承载力　推动新型城镇化可持续发展 [J]. 宏观经济管理，2021 (03)：54 - 60.

[3] 安江林. 现代化区域增长极体系建设：高质量发展的重要战略途径 [J]. 甘肃社会科学，2021 (04)：131 - 139.

[4] 白永秀，吴振磊. 深入推进西部大开发战略的思考 [J]. 理论视野，2009 (10)：36 - 39.

[5] 步晓宁，张天华，张少华. 通向繁荣之路：中国高速公路建设的资源配置效率研究 [J]. 管理世界，2019，35 (05)：44 - 63.

[6] 蔡少燕. 中国人口家庭式迁移研究的知识图谱分析 [J/OL]. 世界地理研究：1 - 14. http：//kns. cnki. net/kcms/detail/31. 1626. p. 20210915. 1828. 006. html，2021 - 10 - 17.

[7] 蔡昱，龚刚. "看不见的手" 与中国增长奇迹：激励机制还是资源配置机制？[J]. 现代财经（天津财经大学学报），2020，40 (02)：3 - 14.

[8] 蔡悦灵，吴功亮，林汉川. 产业结构升级对中国城市群城市化影响机制的实证检验 [J]. 统计与决策，2019，35 (20)：125 - 129.

[9] 蔡之兵. 高质量发展的区域经济布局的形成路径：基于区域优势互补的视角 [J]. 改革，2020 (08)：132 - 146.

[10] 曹广忠，陈思创，刘涛. 中国五大城市群人口流入的空间模式及变动趋势 [J]. 地理学报，2021，76 (06)：1334 - 1349.

[11] 曹广忠，刘嘉杰，刘涛. 空气质量对中国人口迁移的影响 [J]. 地理研究，2021，40 (01)：199 - 212.

[12] 陈碧琼，宋先超，陈春玲. 西部城市化的现状及发展道路 [J]. 统计与决策，2006 (21)：115 - 116.

[13] 陈超，胡彬. 城市郊区化机制探究——以杭州市为例 [J]. 城市问题，2007 (10)：56 - 62.

[14] 陈丰. 流动人口社会管理与公共服务一体化研究 [J]. 人口与经济，2012 (06)：59 - 64.

[15] 陈海威. 中国基本公共服务体系研究 [J]. 科学社会主义，2007 (03)：98 - 100.

[16] 陈恒，李文硕. 全球化时代的中心城市转型及其路径 [J]. 中国社会科学，2017 (12)：72 - 93，206 - 207.

[17] 陈历幸，徐澜波. 产业布局法若干基本问题研究 [J]. 南京社会科学，2009 (11)：129 - 135.

[18] 陈明华，郝国彩. 中国人口老龄化地区差异分解及影响因素研究 [J]. 中国人口·资源与环境，2014，24 (04)：136 - 141.

[19] 陈培阳，朱喜钢. 基于不同尺度的中国区域经济差异 [J]. 地理学报，2012，67 (08)：1085 - 1097.

[20] 陈诗一，陈登科. 雾霾污染、政府治理与经济高质量发展 [J]. 经济研究，2018，53 (02)：20 - 34.

［21］陈世民，曹惠民．幸福的双维模型理论视角下国民幸福指标体系构建［J］．统计与管理，2021，36（06）：122－128．

［22］陈妍，梅林．东北地区资源型城市转型过程中社会—经济—环境协调演化特征［J］．地理研究，2018，37（02）：307－318．

［23］陈秧分，刘玉，李裕瑞．中国乡村振兴背景下的农业发展状态与产业兴旺途径［J］．地理研究，2019，38（03）：632－642．

［24］谌莹，张捷．碳排放、绿色全要素生产率和经济增长［J］．数量经济技术经济研究，2016，33（08）：47－63．

［25］成庆．"内卷化"与意义世界的重建——兼与徐英瑾教授商榷［J］．探索与争鸣，2021（07）：90－98，178．

［26］程晨，张毅，陈丹玲．城市集聚对经济发展质量的影响——以长江经济带为例［J］．城市问题，2020（04）：4－13．

［27］迟瑶，王艳慧，房娜．连片特困区贫困县农村基本公共服务与县域经济时空格局演变关系研究［J］．地理研究，2016，35（07）：1243－1258．

［28］迟瑶，王艳慧．武陵山片区扶贫重点县农村基本公共服务均衡化差异分析［J］．地球信息科学学报，2016，18（03）：298－306．

［29］崔和瑞，王娣．基于VAR模型的我国能源－经济－环境（3E）系统研究［J］．北京理工大学学报（社会科学版），2010，12（01）：23－28．

［30］单晨，陈艺丹．京津冀旅游产业－区域经济－社会事业协调发展差异研究［J］．经济与管理，2020，34（03）：1－11．

［31］单豪杰．中国资本存量K的再估算：1952～2006年［J］．数量经济技术经济研究，2008，25（10）：17－31．

［32］邓茗尹，张继刚．新型城镇化背景下城乡社会性基础设施的规划策略［J］．农村经济，2016（02）：108－111．

［33］邓涛涛，王丹丹，程少勇．高速铁路对城市服务业集聚的影响［J］．财经研究，2017，43（07）：119－132．

［34］邓翔，袁满，李双强．西部大开发二十年基础设施建设效果评估［J］．西南民族大学学报（人文社会科学版），2021，42（06）：141－151．

［35］丁金宏，刘振宇，程丹明，等．中国人口迁移的区域差异与流场特征［J］．地理学报，2005（01）：106－114．

［36］丁兆君．地方政府公共基础设施投融资管理体制研究［J］．财经问题研究，2014（12）：79－83．

［37］董艳梅，朱英明．高铁建设能否重塑中国的经济空间布局——基于就业、工资和经济增长的区域异质性视角［J］．中国工业经济，2016（10）：92－108．

［38］杜旻．我国流动人口的变化趋势、社会融合及其管理体制创新［J］．改革，2013（08）：147－156．

［39］杜雨霈，王文举，杨波．西部城市发展质量评价及影响因素研究［J］．宏观质量研究，2022，10（04）：107－117．

［40］段学军，虞孝感，陆大道，等．克鲁格曼的新经济地理研究及其意义［J］．地理学报，2010，65（02）：131－138．

［41］段亚明，刘勇，刘秀华，等．基于POI大数据的重庆主城区多中心识别［J］．自然资源学报，2018，33（05）：788－800．

［42］段妍婷，胡斌，余良，等．物联网环境下环卫组织变革研究——以深圳智慧环卫建设为例［J］．管理世界，2021，37（08）：207－225．

［43］范德成，方璘，宋志龙．智慧城市建设的产业结构升级效应及作用机制研究［J］．科技进步与对策，2021，38（17）：61－68.

［44］范黎波，刘佳，尚铎．基层治理的困境及对策——基于内卷化的研究视角［J］．行政管理改革，2021（11）：55－64.

［45］范庆泉，储成君，高佳宁．环境规制、产业结构升级对经济高质量发展的影响［J］．中国人口·资源与环境，2020，30（06）：84－94.

［46］范欣，尹秋舒．数字金融提升了绿色全要素生产率吗？［J］．山西大学学报（哲学社会科学版），2021，44（04）：109－119.

［47］范子英，赵仁杰．法治强化能够促进污染治理吗？——来自环保法庭设立的证据［J］．经济研究，2019，54（03）：21－37.

［48］方创琳，梁龙武，王振波．京津冀城市群可持续爬升规律的定量模拟及验证［J］．中国科学：地球科学，2020，50（01）：104－121.

［49］方创琳，王振波，马海涛．中国城市群形成发育规律的理论认知与地理学贡献［J］．地理学报，2018，73（04）：651－665.

［50］方创琳．中国新型城镇化高质量发展的规律性与重点方向［J］．地理研究，2019，38（01）：13－22.

［51］方福前，田鸽，肖寒．基础设施对中国经济增长的影响及机制研究——基于扩展的 Barro 增长模型［J］．经济理论与经济管理，2020（12）：13－27.

［52］方远平，毕斗斗，陈宏洋，等．知识密集型服务业集聚对城市群旅游创新影响的空间效应［J］．地理学报，2021，76（06）：1521－1536.

［53］冯德显，贾晶，乔旭宁．区域性中心城市辐射力及其评价——以郑州市为例［J］．地理科学，2006（03）：266－272.

［54］付丽娜，彭真善，张爱群．新型城镇化与产业结构的交互影响——以环长株潭城市群为例［J］．经济地理，2020，40（11）：95－104.

［55］傅晓东．县级政府推动特色产业发展的政策执行优化研究［D］．武汉：湖北工业大学，2020.

［56］高菠阳，刘卫东，Glen Norcliffe，等．土地制度对北京制造业空间分布的影响［J］．地理科学进展，2010，29（07）：878－886.

［57］高桂爱，刘刚，杜曙光．论高质量发展阶段的政治经济学基础：基于生产方式的二维视角［J］．经济纵横，2021（06）：58－65.

［58］高同彪，刘云达．东北地区城市群高质量发展研究［J］．社会科学战线，2020（11）：245－250.

［59］高翔，龙小宁，杨广亮．交通基础设施与服务业发展——来自县级高速公路和第二次经济普查企业数据的证据［J］．管理世界，2015（08）：81－96.

［60］高新才，魏丽华．新时代西部大开发的新格局［J］．甘肃社会科学，2020（01）：90－96.

［61］高煜，张雪凯．政策冲击、产业集聚与产业升级——丝绸之路经济带建设与西部地区承接产业转移研究［J］．经济问题，2016（01）：1－7.

［62］古恒宇，杨健，艾国炬，等．中国市际流动人口居留意愿网络特征分析［J］．经济地理，2021，41（08）：89－96.

［63］顾朝林，曹根榕，顾江，等．中国面向高质量发展的基础设施空间布局研究［J］．经济地理，2020，40（05）：1－9.

［64］关信平．当前我国社会政策的目标及总体福利水平分析［J］．中国社会科学，2017（06）：91－101.

［65］郭晨，张卫东．产业结构升级背景下新型城镇化建设对区域经济发展质量的影响——基

于 PSM – DID 经验证据 [J]. 产业经济研究，2018（05）：78 – 88.

[66] 郭付友，陈才，刘继生. 1990 年以来长春市工业空间扩展的驱动力分析 [J]. 人文地理，2014，29（06）：88 – 94.

[67] 郭广珍，刘瑞国，黄宗晔. 交通基础设施影响消费的经济增长模型 [J]. 经济研究，2019，54（03）：166 – 180.

[68] 郭凯明，杭静，颜色. 中国改革开放以来产业结构转型的影响因素 [J]. 经济研究，2017，52（03）：32 – 46.

[69] 郭显光. 改进的熵值法及其在经济效益评价中的应用 [J]. 系统工程理论与实践，1998（12）：99 – 103.

[70] 郭轶舟，冯华. 我国战略性产业的地理集中度系数及其要素贡献度测算 [J]. 统计与决策，2018，34（21）：126 – 130.

[71] 韩峰，李玉双. 产业集聚、公共服务供给与城市规模扩张 [J]. 经济研究，2019，54（11）：149 – 164.

[72] 韩会然，杨成凤. 北京都市区居住与产业用地空间格局演化及其对居民通勤行为的影响 [J]. 经济地理，2019，39（05）：65 – 75.

[73] 韩艳红，陆玉麒. 基于时间可达性的城市吸引范围演变研究——以南京都市圈为例 [J]. 人文地理，2014，29（06）：95 – 103.

[74] 郝凤霞，张诗葭. 长三角城市群交通基础设施、经济联系和集聚——基于空间视角的分析 [J]. 经济问题探索，2021（03）：80 – 91.

[75] 浩飞龙，施响，白雪，等. 多样性视角下的城市复合功能特征及成因探测——以长春市为例 [J]. 地理研究，2019，38（02）：247 – 258.

[76] 何继善，傅春，龙妍. 能源革命推动中部地区崛起的理论分析与实施路径 [J]. 中国工程科学，2021，23（01）：60 – 67.

[77] 何靖. 延付高管薪酬对银行风险承担的政策效应——基于银行盈余管理动机视角的 PSM – DID 分析 [J]. 中国工业经济，2016（11）：126 – 143.

[78] 何荣天. 论我国 45 年来产业布局的演进 [J]. 福建师范大学学报（哲学社会科学版），1995（02）：1 – 7.

[79] 何鑫，邹瑜，田丽慧，等. 农业转移人口市民化决策的影响因素分析——基于湖南省6091 名农村流动人口的调查 [J]. 中国农业资源与区划，2021，42（02）：158 – 166.

[80] 何宇强，毛保华，陈团生，等. 高速客运专线客流分担率模型及其应用研究 [J]. 铁道学报，2006（03）：18 – 21.

[81] 何则，杨宇，刘毅，等. 面向转型升级发展的开发区主导产业分布及其空间集聚研究 [J]. 地理研究，2020，39（02）：337 – 353.

[82] 贺灿飞，刘作丽，王亮. 经济转型与中国省区产业结构趋同研究 [J]. 地理学报，2008（08）：807 – 819.

[83] 贺传皎，王旭，邹兵. 由"产城互促"到"产城融合"——深圳市产业布局规划的思路与方法 [J]. 城市规划学刊，2012（05）：30 – 36.

[84] 侯慧丽. 城市公共服务的供给差异及其对人口流动的影响 [J]. 中国人口科学，2016（01）：118 – 125，128.

[85] 胡安俊，孙久文. 空间层级与产业布局 [J]. 财贸经济，2018，39（10）：131 – 144.

[86] 胡安俊. 中国的产业布局：演变逻辑、成就经验与未来方向 [J]. 中国软科学，2020（12）：45 – 55.

[87] 胡家昱，刘丙军. 基于空间自回归和地理加权回归模型的佛山市中心城区河网水系演变驱动分析 [J]. 水文，2019，39（02）：7 – 13.

［88］胡森林，曾刚，刘海猛，等．中国省级以上开发区产业集聚的多尺度分析［J］．地理科学，2021，41（03）：407－415.

［89］胡森林，曾刚，滕堂伟，等．长江经济带产业的集聚与演化——基于开发区的视角［J］．地理研究，2020，39（03）：611－626.

［90］胡万达，张立．成渝地区双城经济圈物流一体化发展的现实逻辑与实现路径［J］．经济体制改革，2021（03）：187－192.

［91］胡雪萍，许佩.FDI质量特征对中国经济高质量发展的影响研究［J］．国际贸易问题，2020（10）：31－50.

［92］胡艳，胡子文．长三角一体化战略背景下合肥都市圈一体化水平研究［J］．山东财经大学学报，2021，33（01）：36－48.

［93］胡志高，曹建华．再述城市化与经济增长：理论脉络、现实拓展及问题指向［J］．经济问题探索，2018（06）：182－190.

［94］胡祖光．基尼系数理论最佳值及其简易计算公式研究［J］．经济研究，2004（09）：60－69.

［95］黄定轩．基于客观信息熵的多因素权重分配方法［J］．系统工程理论方法应用，2003（04）：321－324.

［96］黄寰，秦思露，刘玉邦，等．环境规制约束下资源型城市产业转型升级研究［J］．华中师范大学学报（自然科学版），2020，54（04）：576－586.

［97］黄金川，陈守强．中国城市群等级类型综合划分［J］．地理科学进展，2015，34（03）：290－301.

［98］黄庆华，刘敏，胡江峰．贸易开放、环境规制与绿色全要素生产率——基于长江经济带的实证检验［J］．西南大学学报（自然科学版），2021，43（07）：118－129.

［99］黄新飞，舒元．中国省际贸易开放与经济增长的内生性研究［J］．管理世界，2010（07）：56－65.

［100］霍露萍，张燕．环境污染与城市发展质量——基于面板联立方程模型的实证分析［J］．软科学，2020，34（11）：27－32，45.

［101］贾品荣．区域科技与社会协调发展评价［J］．中国管理科学，2016，24（S1）：785－795.

［102］贾卓，陈兴鹏，王鹏．中国西部城市群产业结构测度及产业升级路径选择——以兰白西城市群为例［J］．重庆大学学报（社会科学版），2014，20（05）：1－8.

［103］姜晓艳，吴相利．林业资源型城市生态－经济－社会协调发展的定量测度——以黑龙江省伊春市为例［J/OL］．生态学报，http：//kns.cnki.net/kcms/detail/11.2031.Q.20210705.1452.014.html，2021－09－10.

［104］蒋海兵，李业锦．京津冀地区制造业空间格局演化及其驱动因素［J］．地理科学进展，2021，40（05）：721－735.

［105］蒋海兵，张文忠，祁毅，等．区域交通基础设施可达性研究进展［J］．地理科学进展，2013，32（05）：807－817.

［106］蒋娅娜．城市新区空间优化布局的挑战与对策——以重庆市南川区为例［J］．西南师范大学学报（自然科学版），2018，43（05）：127－130.

［107］靳春平，廖涛．西部大开发对地区经济发展的影响——以四川为例［J］．财经科学，2006（06）：102－110.

［108］经济增长前沿课题组．经济增长、结构调整的累积效应与资本形成——当前经济增长态势分析［J］．经济研究，2003（08）：3－12，27－90.

［109］柯善咨，向娟．1996—2009年中国城市固定资本存量估算［J］．统计研究，2012，29（07）：19－24.

[110] 雷雨若, 王浦劬. 西方国家福利治理与政府社会福利责任定位 [J]. 国家行政学院学报, 2016 (02): 133 – 138.

[111] 李二玲, 崔之珍. 中国区域创新能力与经济发展水平的耦合协调分析 [J]. 地理科学, 2018, 38 (09): 1412 – 1421.

[112] 李光龙, 范贤贤. 财政支出、科技创新与经济高质量发展——基于长江经济带 108 个城市的实证检验 [J]. 上海经济研究, 2019 (10): 46 – 60.

[113] 李涵, 唐丽淼. 交通基础设施投资、空间溢出效应与企业库存 [J]. 管理世界, 2015 (04): 126 – 136.

[114] 李健, 王尧, 王颖. 京津冀区域经济发展与资源环境的脱钩状态及驱动因素 [J]. 经济地理, 2019, 39 (04): 43 – 49.

[115] 李开孟, 伍迪. PPP 的层次划分、基本特征及中国实践 [J]. 北京交通大学学报 (社会科学版), 2017, 16 (03): 1 – 12.

[116] 李铭, 易晓峰, 刘宏波, 等. 作为增长极的省会城市经济、人口和用地的集聚机制分析及对策建议 [J]. 城市发展研究, 2021, 28 (08): 2, 70 – 76.

[117] 李平, 王春晖, 于国才. 基础设施与经济发展的文献综述 [J]. 世界经济, 2011, 34 (05): 93 – 116.

[118] 李强. 影响中国城乡流动人口的推力与拉力因素分析 [J]. 中国社会科学, 2003 (01) 125 – 136, 207.

[119] 李汝资, 刘耀彬, 王文刚, 等. 长江经济带城市绿色全要素生产率时空分异及区域问题识别 [J]. 地理科学, 2018, 38 (09): 1475 – 1482.

[120] 李胜会, 宗洁. 经济发展、社会保障财政支出与居民健康——兼对逆向选择行为的检验 [J]. 宏观经济研究, 2018 (11): 26 – 43.

[121] 李世杰, 宦梅丽, 韦开蕾. 公共政策影响中国地区工业集聚了吗?——来自省级数据的证据 [J]. 科学决策, 2017 (02): 1 – 25.

[122] 李拓, 李斌. 中国跨地区人口流动的影响因素——基于 286 个城市面板数据的空间计量检验 [J]. 中国人口科学, 2015 (02): 73 – 83, 127.

[123] 李伟. 高质量发展有六大内涵 [J]. 中国总会计师, 2018 (02): 9.

[124] 李小建. 新产业区与经济活动全球化的地理研究 [J]. 地理科学进展, 1997 (03): 18 – 25.

[125] 李晓霞. 融合与发展：流动人口基本公共服务均等化的思考 [J]. 华东理工大学学报 (社会科学版), 2014, 29 (02): 110 – 116.

[126] 李新光, 黄安民. 高铁对县域经济增长溢出效应的影响研究——以福建省为例 [J]. 地理科学, 2018, 38 (02): 233 – 241.

[127] 李新, 杨丽阎, 穆献中, 等. 生态环保推引钢铁行业高质量发展的路径机制研究 [J]. 环境保护, 2020, 48 (Z2): 90 – 95.

[128] 李旭辉, 张胜宝, 孙畅. 高端产业发展动态测度及空间集聚演化——以京津冀城市群为例 [J]. 统计与决策, 2020, 36 (11): 106 – 109.

[129] 李旭辉, 朱启贵, 夏万军, 等. 基于五大发展理念的经济社会发展评价体系研究——基于二次加权因子分析法 [J]. 数理统计与管理, 2019, 38 (03): 506 – 518.

[130] 李在军, 胡美娟, 周年兴. 中国地级市工业生态效率空间格局及影响因素 [J]. 经济地理, 2018, 38 (12): 126 – 134.

[131] 李忠民, 姚宇, 庆东瑞. 产业发展、GDP 增长与二氧化碳排放脱钩关系研究 [J]. 统计与决策, 2010 (11): 108 – 111.

[132] 梁双陆, 梁巧玲. 交通基础设施的产业创新效应研究——基于中国省域空间面板模型

的分析 [J]. 山西财经大学学报, 2016, 38 (07): 60 - 72.

[133] 廖茂林, 许召元, 胡翠, 等. 基础设施投资是否还能促进经济增长? ——基于1994~ 2016年省际面板数据的实证检验 [J]. 管理世界, 2018, 34 (05): 63 - 73.

[134] 林柯. 兰州—西宁工业产业分工协同体系构建——基于兰西城市群建设视角 [J]. 甘肃社会科学, 2021 (05): 213 - 221.

[135] 林赛南, 冯馨, 王雨. 流动人口再流动的空间选择特征及影响因素 [J]. 地理科学, 2023, 43 (09): 1537 - 1547.

[136] 刘秉镰, 孙鹏博. 新发展格局下中国城市高质量发展的重大问题展望 [J]. 西安交通大学学报 (社会科学版), 2021, 41 (03): 1 - 8.

[137] 刘秉镰, 武鹏, 刘玉海. 交通基础设施与中国全要素生产率增长——基于省域数据的空间面板计量分析 [J]. 中国工业经济, 2010 (03): 54 - 64.

[138] 刘晨冉, 刘冲, 牛逸婕. 强大国内市场与经济增长极培育——基于市场一体化视角的分析 [J]. 产业经济评论, 2021 (04): 73 - 88.

[139] 刘成坤, 林明裕. 人口老龄化、人力资本积累与经济高质量发展 [J]. 经济问题探索, 2020 (07): 168 - 179.

[140] 刘承良, 余瑞林, 熊剑平, 等. 武汉都市圈经济联系的空间结构 [J]. 地理研究, 2007 (01): 197 - 209.

[141] 刘大海, 欧阳慧敏, 李晓璇, 等. 基于人口规模的沿海沿江城市群发展规律及对策研究 [J]. 中国人口·资源与环境, 2016, 26 (S2): 119 - 123.

[142] 刘锋, 刘贤腾, 余忠. 协同区域产业发展空间布局初探——以沿淮城市群为例 [J]. 城市规划, 2009, 33 (06): 88 - 92.

[143] 刘国斌, 王达. 新型城镇化与信息化融合发展研究 [J]. 情报科学, 2020, 38 (01): 132 - 139.

[144] 刘汉初, 樊杰, 周道静, 等. 2000年以来中国高耗能产业的空间格局演化及其成因 [J]. 经济地理, 2019, 39 (05): 110 - 118.

[145] 刘宏曼, 郎郸妮. 京津冀协同背景下制造业产业集聚的影响因素分析 [J]. 河北经贸大学学报, 2016, 37 (04): 104 - 109.

[146] 刘华军, 李超, 彭莹. 中国绿色全要素生产率的地区差距及区域协同提升研究 [J]. 中国人口科学, 2018 (04): 30 - 41, 126.

[147] 刘辉, 申玉铭, 孟丹, 等. 基于交通可达性的京津冀城市网络集中性及空间结构研究 [J]. 经济地理, 2013, 33 (08): 37 - 45.

[148] 刘军, 陈亚欣. 市场一体化能否推动区域经济高质量发展? ——基于长三角城市群的空间计量分析 [J]. 金融与经济, 2021 (10): 47 - 53.

[149] 刘倩倩, 张文忠, 王少剑, 等. 中国城市市政基础设施投资效率及对经济增长的影响 [J]. 地理研究, 2017, 36 (09): 1627 - 1640.

[150] 刘生龙, 胡鞍钢. 基础设施的外部性在中国的检验: 1988~2007 [J]. 经济研究, 2010, 45 (03): 4 - 15.

[151] 刘生龙, 胡鞍钢. 交通基础设施与中国区域经济一体化 [J]. 经济研究, 2011, 46 (03): 72 - 82.

[152] 刘石俊, 薛亮. 利用夜间灯光数据探究陕西经济发展时空变化 [J]. 遥感信息, 2021, 36 (03): 113 - 121.

[153] 刘士林. 改革开放以来中国城市群的发展历程与未来愿景 [J]. 甘肃社会科学, 2018 (05): 1 - 9.

[154] 刘舜佳, 王耀中. 基础设施对县域经济全要素生产率影响的空间计量检验 [J]. 统计与

信息论坛, 2013, 28 (02): 54 - 60.

[155] 刘晓光, 张勋, 方文全. 基础设施的城乡收入分配效应: 基于劳动力转移的视角 [J]. 世界经济, 2015, 38 (03): 145 - 170.

[156] 刘晓红, 李国平. 区域经济增长的城市效应与产业效应——关于西部经济发展的路径探索 [J]. 统计与决策, 2005 (22): 34 - 36.

[157] 刘新智, 张鹏飞, 史晓宇. 产业集聚、技术创新与经济高质量发展——基于我国五大城市群的实证研究 [J]. 改革, 2022 (04): 68 - 87.

[158] 刘艳军. 区域产业结构演变城市化响应形态的演化规律 [J]. 人文地理, 2011, 26 (03): 65 - 70.

[159] 刘晏伶, 冯健. 中国人口迁移特征及其影响因素——基于第六次人口普查数据的分析 [J]. 人文地理, 2014, 29 (02): 129 - 137.

[160] 刘耀彬, 熊瑶. 环境规制对区域经济发展质量的差异影响——基于 HDI 分区的比较 [J]. 经济经纬, 2020, 37 (03): 1 - 10.

[161] 刘怡君, 王丽, 牛文元. 中国城市经济发展与能源消耗的脱钩分析 [J]. 中国人口·资源与环境, 2011, 21 (01): 70 - 77.

[162] 刘志彪, 凌永辉. 结构转换、全要素生产率与高质量发展 [J]. 管理世界, 2020, 36 (07): 15 - 29.

[163] 刘志高, 尹贻梅, 孙静. 产业集群形成的演化经济地理学研究评述 [J]. 地理科学进展, 2011, 30 (06): 652 - 657.

[164] 刘志高, 张薇. 演化经济地理学视角下的产业结构演替与分叉研究评述 [J]. 经济地理, 2016, 36 (12): 218 - 223, 232.

[165] 刘志高, 张薇. 中国大都市区高新技术产业分叉过程及动力机制——以武汉生物产业为例 [J]. 地理研究, 2018, 37 (07): 1349 - 1363.

[166] 柳如眉, 刘淑娜, 柳清瑞. 人口变动对东北地区经济增长的影响研究 [J]. 中国人口科学, 2021 (05): 63 - 76, 127.

[167] 龙飞, 刘家明, 朱鹤, 等. 长三角地区民宿的空间分布及影响因素 [J]. 地理研究, 2019, 38 (04): 950 - 960.

[168] 陆化普, 王继峰, 张永波. 城市交通规划中交通可达性模型及其应用 [J]. 清华大学学报 (自然科学版), 2009, 49 (06): 781 - 785.

[169] 路爱国. 转轨国家的经济波动与社会发展 [J]. 世界经济与政治, 2003 (03): 17 - 22, 77.

[170] 吕丹, 汪文瑜. 中国城乡一体化与经济发展水平的协调发展研究 [J]. 中国软科学, 2018 (05): 179 - 192.

[171] 吕拉昌, 魏也华. 新产业区的形成、特征及高级化途径 [J]. 经济地理, 2006 (03): 359 - 363, 368.

[172] 罗珉, 张晟义. 《西部地区资源型高成长企业发展模式及培育途径研究》评介 [J]. 中国工业经济, 2010 (06): 159.

[173] 罗知, 齐博成. 环境规制的产业转移升级效应与银行协同发展效应——来自长江流域水污染治理的证据 [J]. 经济研究, 2021, 56 (02): 174 - 189.

[174] 马宝林, 王一寒, 张煜, 等. 国家财政、产业创新与区域协调发展研究——来自有调节的多重中介效应模型的证据 [J]. 宏观经济研究, 2021 (09): 99 - 110.

[175] 马草原, 朱玉飞, 李廷瑞. 地方政府竞争下的区域产业布局 [J]. 经济研究, 2021, 56 (02): 141 - 156.

[176] 马明清, 袁武, 葛全胜, 等. "一带一路"若干区域社会发展态势大数据分析 [J]. 地

理科学进展，2019，38（07）：1009 - 1020.

[177] 马荣，郭立宏，李梦欣. 新时代我国新型基础设施建设模式及路径研究 [J]. 经济学家，2019（10）：58 - 65.

[178] 马淑燕，赵祚翔，王桂玲. 中国国家高新技术产业开发区时空格局特征及影响因素 [J]. 经济地理，2022，42（08）：95 - 102，239.

[179] 马双，曾刚. 网络视角下中国十大城市群区域创新模式研究 [J]. 地理科学，2019，39（06）：905 - 911.

[180] 马雪彬，谢恒. 基础设施市场化供给中的政府角色探析 [J]. 石家庄经济学院学报，2011，34（05）：90 - 93.

[181] 缪仕国，蔡笑. 基础设施投资对社会其他部门投资影响效应 [J]. 经济地理，2006（05）：786 - 791.

[182] 聂春祺，谷人旭，王春萌，等. 城市空间自相关特征及腹地空间格局研究——以福建省为例 [J]. 经济地理，2017，37（10）：74 - 81.

[183] 聂亚珍，王睿远. 新结构经济学视角下鄂东经济一体化发展策略 [J]. 华中师范大学学报（自然科学版），2021，55（05）：828 - 837.

[184] 宁光杰，李瑞. 城乡一体化进程中农民工流动范围与市民化差异 [J]. 中国人口科学，2016（4）：37 - 47，126 - 127.

[185] 宁越敏，杨传开. 新型城镇化背景下城市外来人口的社会融合 [J]. 地理研究，2019，38（01）：23 - 32.

[186] 欧阳晓，李勇辉，徐帆，等. 城市用地扩张与生态环境保护的交互作用研究——以长株潭城市群为例 [J]. 经济地理，2021，41（07）：193 - 201.

[187] 潘海生，翁幸. 我国高等职业教育与经济社会发展的耦合关系研究——2006～2018 年 31 个省份面板数据 [J]. 高校教育管理，2021，14（02）：12 - 23.

[188] 庞丽华. 国际人口迁移的概念和测量——兼论中国国际人口迁移趋势 [J]. 人口与发展，2018，24（01）：54 - 63，84.

[189] 彭继增，邓梨红，曾荣平. 长江中上游地区承接东部地区产业转移的实证分析 [J]. 经济地理，2017，37（01）：129 - 133，141.

[190] 彭继增，邓千千，钟丽. 中国对外直接投资与产业结构升级对绿色经济发展的影响——基于省际面板数据的空间溢出分析 [J]. 江西社会科学，2020，40（04）：48 - 60.

[191] 彭建，魏海，李贵才，等. 基于城市群的国家级新区区位选择 [J]. 地理研究，2015，34（01）：3 - 14.

[192] 彭文英，王瑞娟，刘丹丹. 城市群区际生态贡献与生态补偿研究 [J]. 地理科学，2020，40（06）：980 - 988.

[193] 皮亚彬，陈耀. 大国内部经济空间布局：区位、禀赋与一体化 [J]. 经济学（季刊），2019，18（04）：1289 - 1310.

[194] 蒲英霞，马荣华，马晓冬，等. 长江三角洲地区城市规模分布的时空演变特征 [J]. 地理研究，2009，28（01）：161 - 172.

[195] 綦建红，付晶晶. "机器换人"时代低技能劳动力何去何从？——基于中国劳动力动态调查数据的检验 [J]. 人口研究，2022，46（04）：114 - 128.

[196] 乔彬，张蕊，雷春. 高铁效应、生产性服务业集聚与制造业升级 [J]. 经济评论，2019（06）：80 - 96.

[197] 秦佳，李建民. 中国人口城镇化的空间差异与影响因素 [J]. 人口研究，2013（2）：25 - 40.

[198] 邱斌，杨帅，辛培江. FDI 技术溢出渠道与中国制造业生产率增长研究：基于面板数据

的分析 [J]. 世界经济, 2008 (08): 20 - 31.

[199] 邱灵, 方创琳. 城市产业结构优化的纵向测度与横向诊断模型及应用——以北京市为例 [J]. 地理研究, 2010, 29 (02): 327 - 337.

[200] 任保平, 文丰安. 新时代中国高质量发展的判断标准、决定因素与实现途径 [J]. 改革, 2018 (04): 5 - 16.

[201] 任栋, 曹改改, 龙思瑞. 基于人类发展指数框架的中国各地社会发展协调度分析 [J]. 数量经济技术经济研究, 2021, 38 (06): 88 - 106.

[202] 任强. 中国省际公共服务水平差异的变化: 运用基尼系数的测度方法 [J]. 中央财经大学学报, 2009 (11): 5 - 9.

[203] 任喜萍, 殷仲义. 中国省域人口集聚、公共资源配置与服务业发展时空耦合及驱动因素 [J]. 中国人口·资源与环境, 2019, 29 (12): 77 - 86.

[204] 邵帅, 李欣, 曹建华. 中国的城市化推进与雾霾治理 [J]. 经济研究, 2019, 54 (02): 148 - 165.

[205] 申洋, 郭俊华, 朱彦. 智慧城市建设对地区绿色全要素生产率影响研究 [J]. 中南大学学报 (社会科学版), 2021, 27 (02): 140 - 152.

[206] 沈坤荣, 孙占. 新型基础设施建设与我国产业转型升级 [J]. 中国特色社会主义研究, 2021 (01): 52 - 57.

[207] 沈中健, 曾坚. 厦门市热岛强度与相关地表因素的空间关系研究 [J]. 地理科学, 2020, 40 (05): 842 - 852.

[208] 石碧华. 长三角城市群产业联动协同转型的机制与对策 [J]. 南京社会科学, 2014 (11): 9 - 16.

[209] 石大千, 丁海, 卫平, 等. 智慧城市建设能否降低环境污染 [J]. 中国工业经济, 2018 (06): 117 - 135.

[210] 石瑾, 尚海洋. 兰白经济区新型城镇化发展模式研究 [J]. 西北人口, 2014 (3): 118 - 122, 128.

[211] 史雅娟, 朱永彬, 黄金川. 中原城市群产业分工格局演变与功能定位研究 [J]. 经济地理, 2017, 37 (11): 84 - 91.

[212] 宋哲, 于克信. 动态能力、董事会社会资本与战略变革——以西部资源型企业为例 [J]. 云南师范大学学报 (哲学社会科学版), 2020, 52 (02): 133 - 142.

[213] 苏建军, 徐璋勇. 西部地区产业结构演变及转型发展研究 [J]. 宁夏社会科学, 2015 (01): 69 - 78.

[214] 苏丽锋. 我国转型期各地就业质量的测算与决定机制研究 [J]. 经济科学, 2013 (04): 41 - 45.

[215] 苏雪串, 舒银燕. 我国城市群发展的差异化战略分析 [J]. 中央财经大学学报, 2012 (08): 44 - 55.

[216] 孙红玲. 组建长沙特大中心城市的构想分析 [J]. 经济地理, 2011 (3): 420 - 425, 482.

[217] 孙久文, 苏玺鉴. 新时代区域高质量发展的理论创新和实践探索 [J]. 经济纵横, 2020 (02): 2 - 14.

[218] 孙久文, 张可云, 安虎森, 等. "建立更加有效的区域协调发展新机制" 笔谈 [J]. 中国工业经济, 2017 (11): 26 - 61.

[219] 孙钰, 王坤岩, 姚晓东. 基于 DEA 交叉效率模型的城市公共基础设施经济效益评价 [J]. 中国软科学, 2015 (01): 172 - 183.

[220] 孙政宇, 龚刚敏. 土地财政、基础设施建设与产业多样化 [J]. 浙江社会科学, 2021

（09）：33－41，156.

［221］2016·太阳岛论坛暨东北振兴论坛东北四城市太阳岛宣言［J］.中国经济周刊，2016（34）：96－97.

［222］谭锐.湾区城市群产业分工：一个比较研究［J］.中国软科学，2020（11）：87－99.

［223］唐承丽，陈伟杨，吴佳敏，等.长江经济带开发区空间分布与产业集聚特征研究［J］.地理科学，2020，40（04）：657－664.

［224］唐锦玥，张维阳，王逸飞.长三角城际日常人口移动网络的格局与影响机制［J］.地理研究，2020，39（05）：1166－1181.

［225］唐升，李红昌，郝璐璐，等.交通基础设施与区域经济增长：基于多种运输方式的分析［J］.中国软科学，2021，365（05）：145－157.

［226］唐世芳.产城融合发展的测度及路径优化——以广西为例［J］.商业经济研究，2020（08）：158－161.

［227］唐昭沛，吴威，郭嘉颖，等.基于城市产业结构特征的高铁生产性服务业集散效应——以长三角城市群为例［J］.地理研究，2021，40（08）：2188－2203.

［228］滕堂伟，林利剑.基本公共服务水平与区域经济发展水平的相关性分析——基于江苏省13个市的实证研究［J］.当代经济管理，2012，34（03）：61－66.

［229］田明，樊杰.新产业区的形成机制及其与传统空间组织理论的关系［J］.地理科学进展，2003（02）：186－194.

［230］童鑫.财政自主权与产业协同发展——基于京津冀城市群数据的实证分析［J］.首都经济贸易大学学报，2020，22（05）：36－45.

［231］万陆，翟少轩.中心城市创新集聚与城市群协调发展［J］.学术研究，2021（07）：106－113.

［232］万庆，吴传清，曾菊新.中国城市群城市化效率及影响因素研究［J］.中国人口·资源与环境，2015，25（02）：66－74.

［233］汪建康，肖久灵.基于内向程度中心性的企业知识管理能力测度指标甄选研究［J］.科技管理研究，2013，33（02）：128－131.

［234］汪宇明.核心—边缘理论在区域旅游规划中的运用［J］.经济地理，2002（03）：372－375.

［235］汪珠，吴扬，金永洪.基于GIS的城市影响腹地划分及特征分析——以长江三角洲城市区域为例［J］.城市规划，2010，34（S1）：40－43.

［236］王保乾，李含琳.如何科学理解基础设施概念［J］.甘肃社会科学，2002（02）：62－64.

［237］王成新，郝兆印，姚士谋，等.城市群时代中心城市的影响腹地界定研究——以济南市为例［J］.人文地理，2012，27（04）：78－82.

［238］王春超，叶蓓.城市如何吸引高技能人才？——基于教育制度改革的视角［J］.经济研究，2021，56（06）：191－208.

［239］王桂新，董春.中国长三角地区人口迁移空间模式研究［J］.人口与经济，2006（03）：55－60.

［240］王桂新.中国人口流动与城镇化新动向的考察——基于第七次人口普查公布数据的初步解读［J］.人口与经济，2021（05）：36－55.

［241］王国刚.城镇化：中国经济发展方式转变的重心所在［J］.经济研究，2010，45（12）：70－81，148.

［242］王国霞.中部地区人口迁移与区域经济发展——基于"五普"与"六普"的分析［J］.经济问题，2017（05）：123－129.

［243］王海荣.空间理论视阈下当代中国城市治理研究［D］.长春：吉林大学，2019.

［244］王化波，C. Cindy Fan. 省际间人口迁移流动及原因探析［J］. 人口学刊，2009（05）：50－53.

［245］王佳宁，罗重谱，白静. 成渝城市群定位考量与趋势判断［J］. 重庆社会科学，2016（04）：5－12.

［246］王建康，韩倩. 中国城市经济—社会—环境耦合协调的时空格局［J］. 经济地理，2021，41（05）：193－203.

［247］王娟娟. 中国区域经济发展百年历程——基于合理和效率关系的梳理［J/OL］. 当代经济管理，http：//kns. cnki. net/kcms/detail/13. 1356. f. 20210630. 1713. 002. html，2021－09－06.

［248］王珏，陈雯，袁丰. 基于社会网络分析的长三角地区人口迁移及演化［J］. 地理研究，2014，33（02）：385－400.

［249］王坤. 新型城镇化背景下民族地区公共服务供给研究［J］. 中国行政管理，2015（02）：34－37.

［250］王磊，李成丽. 我国中部地区城市群多中心结构的增长效应［J］. 长江流域资源与环境，2018，27（10）：2231－2240.

［251］王录仓，武荣伟，李巍. 中国城市群人口老龄化时空格局［J］. 地理学报，2017，72（06）：1001－1016.

［252］王少平，欧阳志刚. 我国城乡收入差距的度量及其对经济增长的效应［J］. 经济研究，2007，42（10）：44－55.

［253］王威. 西部经济中心及城市群建设必要性及实现路径［J］. 经济研究导刊，2016（30）：65－66.

［254］王维国，李秀军，李宏. 我国社会福利总体水平测度与评价研究［J］. 财经问题研究，2018（09）：28－34.

［255］王伟，孔繁利. 交通基础设施建设、互联网发展对区域市场分割的影响研究［J］. 云南财经大学学报，2020，v. 36；No. 219（07）：3－16.

［256］王贤彬，张莉，徐现祥. 地方政府土地出让、基础设施投资与地方经济增长［J］. 中国工业经济，2014（07）：31－43.

［257］王晓红，冯严超. 雾霾污染对中国城市发展质量的影响［J］. 中国人口·资源与环境，2019，29（08）：1－11.

［258］王晓丽. 从市民化角度修正中国城镇化水平［J］. 中国人口科学，2013（05）：87－95，128.

［259］王晓玲. 我国省区基本公共服务水平及其区域差异分析［J］. 中南财经政法大学学报，2013（03）：23－29，158－159.

［260］王新生，郭庆胜，姜友华. 一种用于界定经济客体空间影响范围的方法——Voronoi 图［J］. 地理研究，2000（03）：311－315.

［261］王新生，李全，郭庆胜，等. Voronoi 图的扩展、生成及其应用于界定城市空间影响范围［J］. 华中师范大学学报（自然科学版），2002（01）：107－111.

［262］王新贤，高向东. 中国流动人口分布演变及其对城镇化的影响——基于省际、省内流动的对比分析［J］. 地理科学，2019，39（12）：1866－1874.

［263］王艳华，赵建吉，刘娅娜，等. 中国金融产业集聚空间格局与影响因素——基于地理探测器模型的研究［J］. 经济地理，2020，40（04）：125－133.

［264］王业强. 中国区域经济增长格局演变与国家增长极体系建设［J］. 当代经济科学，2014，36（01）：39－45，125.

［265］王一飞，肖久灵，汪建康. 企业技术创新能力测度——社会网络分析的视角［J］. 科技进步与对策，2011，28（15）：77－81.

［266］王贻芳，白云翔．发展国家重大科技基础设施　引领国际科技创新［J］．管理世界，2020，36（05）：17-188.

［267］王玉柱．区域协同发展战略下产业结构调整问题研究［J］．理论学刊，2014（09）：59-63.

［268］王元，孔伟艳．未来30年中国社会发展趋势及促进共享发展的建议［J］．宏观经济研究，2019（05）：5-32.

［269］王元亮．中国东中西部城市群高质量发展评价及比较研究［J］．区域经济评论，2021（06）：148-156.

［270］王玥，杜建国．城市智慧建设水平对绿色发展效率的影响［J］．统计与决策，2021，37（16）：175-179.

［271］王泽宇，王焱熙，赵莉，等．中国制造业全要素生产率时空演变及影响因素［J］．地理学报，2021，76（12）：3061-3075.

［272］王振华，李萌萌，江金启．交通可达性对城市经济高质量发展的异质性影响［J］．经济与管理研究，2020，41（02）：98-111.

［273］王振坡，朱丹，王丽艳．成渝城市群城市规模分布及演进特征研究［J］．西北人口，2018，39（01）：8-14.

［274］王自锋，孙浦阳，张伯伟，等．基础设施规模与利用效率对技术进步的影响：基于中国区域的实证分析［J］．南开经济研究，2014（02）：118-135.

［275］韦娌．北部湾产业布局优化的区域合作制度安排［J］．学术论坛，2012，35（06）：138-143，175.

［276］魏际刚．中国产业高质量发展的战略与路径［N］．中国经济时报，2020-08-25（004）.

［277］魏丽华，李瀚林．中国区域协调发展水平的回顾与展望——基于京津冀与长三角对比的视角［J］．技术经济与管理研究，2021（08）：119-123.

［278］魏敏，李书昊．新时代中国经济高质量发展水平的测度研究［J］．数量经济技术经济研究，2018，35（11）：3-20.

［279］魏亚．高等教育层次结构与区域经济发展水平相关关系实证研究［J］．高教学刊，2020（04）：191-193.

［280］吴传清，万庆．长江经济带城镇化发展的时空格局与驱动机制研究——基于九大城市群2004-2013年数据的实证分析［J］．武汉大学学报（哲学社会科学版），2015，68（05）：44-51.

［281］吴福象，蔡悦．中国产业布局调整的福利经济学分析［J］．中国社会科学，2014（02）：96-115，206.

［282］吴昊，吕晓婷．经济治理现代化与产业政策转型［J］．吉林大学社会科学学报，2021，61（05）：19-29，235.

［283］吴晶．长三角城市群基本公共服务的区域差异及空间演变研究［J］．上海经济，2017（06）：46-58.

［284］吴朋，李玉刚，管程程，等．基于ESDA-GIS的成渝城市群人居环境质量测度与时空格局分异研究［J］．中国软科学，2018（10）：93-108.

［285］吴群锋，刘冲，刘青．国内市场一体化与企业出口行为——基于市场可达性视角的研究［J］．经济学（季刊），2021，21（05）：1639-1660.

［286］吴涛，李同昇，芮旸，等．陕西省城乡关联发展与基础设施建设动态关系分析［J］．经济地理，2011，31（12）：2021-2027.

［287］吴志强，何睿，徐浩文，等．论新型基础设施建设的迭代规律［J］．城市规划，2021，45（03）：9-14.

[288] 武永超. 智慧城市建设能够提升城市韧性吗?——一项准自然实验 [J]. 公共行政评论, 2021, 14 (04): 25 – 196.

[289] 郗恩崇, 徐智鹏, 张丹. 中国基础设施投资的全要素生产率效应研究 [J]. 统计与决策, 2013 (23): 137 – 140.

[290] 夏昊翔, 王众托. 从系统视角对智慧城市的若干思考 [J]. 中国软科学, 2017 (07): 66 – 80.

[291] 夏凉, 朱莲美, 王晓栋. 环境规制、财政分权与绿色全要素生产率 [J]. 统计与决策, 2021, 37 (13): 131 – 135.

[292] 向云波, 王圣云, 邓楚雄. 长江经济带化工产业绿色发展效率的空间分异及驱动因素 [J]. 经济地理, 2021, 41 (04): 108 – 117.

[293] 肖金成, 马燕坤. 西部地区区域性中心城市高质量发展研究 [J]. 兰州大学学报 (社会科学版), 2020, 48 (05): 20 – 27.

[294] 肖良武, 黄臻, 罗玲玲. 省域经济增长极选择及培育路径研究 [J]. 经济问题, 2017 (05): 117 – 122.

[295] 肖小龙, 姚慧琴, 常建新. 中国西部城市群全要素生产率研究: 2001 ~ 2010 [J]. 西北大学学报 (哲学社会科学版), 2012, 42 (05): 85 – 90.

[296] 肖周燕, 李慧慧. 中国主要城市群人口迁移倾向研究——基于百度指数的应用 [J]. 人口与经济, 2021 (04): 22 – 36.

[297] 肖周燕. 政府调控、市场机制与城市发展 [J]. 中国人口·资源与环境, 2016, 26 (04): 40 – 47.

[298] 肖子华, 徐水源, 刘金伟. 中国城市流动人口社会融合评估——以 50 个主要人口流入地城市为对象 [J]. 人口研究, 2019, 43 (05): 96 – 112.

[299] 谢剑. 基础设施建设与中国区域全要素生产率——基于 285 个地级市的空间计量分析 [J]. 科学决策, 2018 (04): 71 – 94.

[300] 辛冲冲, 陈志勇. 中国基本公共服务供给水平分布动态、地区差异及收敛性 [J]. 数量经济技术经济研究, 2019, 36 (08): 52 – 71.

[301] 徐换歌. 新能源示范城市与地区经济增长 [J]. 华东经济管理, 2021, 35 (01): 76 – 85.

[302] 徐瑾, 潘俊宇. 交通基础设施促进经济增长的时空差异与机制分析——基于双向固定效应模型的研究 [J]. 经济问题探索, 2019 (12): 29 – 42.

[303] 徐露. 基于增长极理论的乡村旅游资源深度利用研究 [J]. 农业经济, 2017 (08): 88 – 90.

[304] 徐英瑾. 数字拜物教: “内卷化” 的本质 [J]. 探索与争鸣, 2021 (03): 57 – 178.

[305] 许宪春, 唐雅, 胡亚茹. “十四五” 规划纲要经济社会发展主要指标研究 [J]. 中共中央党校 (国家行政学院) 学报, 2021, 25 (04): 90 – 99.

[306] 闫东升, 孙伟, 孙晓露. 长江三角洲人口时空格局演变及驱动因素研究 [J]. 地理科学, 2020, 40 (08): 1285 – 1292.

[307] 闫先东, 朱迪星. 基础设施投资的经济效率: 一个文献综述 [J]. 金融评论, 2017, 9 (06): 109 – 126.

[308] 闫玉科, 张萌, 章政. 广东新型城镇化发展路径研究——基于制度创新视角 [J]. 农业经济问题, 2016 (3): 51 – 60, 111.

[309] 严成樑. 通货膨胀的产业结构变迁效应与社会福利损失 [J]. 世界经济, 2020, 43 (02): 49 – 73.

[310] 杨成荣, 张屹山, 张鹤. 基础教育公平与经济社会发展 [J]. 管理世界, 2021, 37 (10): 152 – 166.

[311] 杨高, 周春山. 深圳不同类型农民工聚居区的社会融合及影响因素 [J]. 地理研究, 2019, 38 (02): 297 - 312.

[312] 杨慧. 基于耦合协调度模型的京津冀13市基础设施一体化研究 [J]. 经济与管理, 2020, 34 (02): 15 - 24.

[313] 杨军. 推进安徽新型城镇化建设 [J]. 宏观经济管理, 2013 (6): 75 - 76.

[314] 杨艳, 罗霄. 论西部地区基础设施的经济增长效应 [J]. 经济问题探索, 2009 (05): 11 - 15.

[315] 杨永春, 张旭东, 穆焱杰, 等. 黄河上游生态保护与高质量发展的基本逻辑及关键对策 [J]. 经济地理, 2020, 40 (06): 9 - 20.

[316] 姚鹏, 叶振宇. 中国区域协调发展指数构建及优化路径分析 [J]. 财经问题研究, 2019 (09): 80 - 87.

[317] 姚云云, 张文喜. 社会发展质量诉求与我国社会政策价值导向——基于社会质量理论的回应 [J]. 北京工业大学学报 (社会科学版), 2013, 13 (01): 12 - 17.

[318] 姚作林, 涂建军, 牛慧敏, 等. 成渝经济区城市群空间结构要素特征分析 [J]. 经济地理, 2017, 37 (01): 82 - 89.

[319] 殷醒民. 高质量发展指标体系的五个维度 [N]. 文汇报, 2018 - 02 - 06 (012).

[320] 尹德挺, 史毅. 人口分布、增长极与世界级城市群孵化——基于美国东北部城市群和京津冀城市群的比较 [J]. 人口研究, 2016, 40 (06): 87 - 98.

[321] 尹境悦, 马晓冬. 江苏省城乡公共服务区域差异的调查分析 [J]. 人文地理, 2015, 30 (06): 40 - 44, 105.

[322] 于鲁平. 生态保护红线法律制度建设时空主要矛盾解析 [J]. 政法论丛, 2019 (06): 138 - 148.

[323] 于婷婷, 宋玉祥, 阿荣, 等. 东北地区人口结构与经济发展耦合关系研究 [J]. 地理科学, 2018, 38 (01): 114 - 121.

[324] 袁丹, 欧向军, 唐兆琪. 东部沿海人口城镇化与公共服务协调发展的空间特征及影响因素 [J]. 经济地理, 2017, 37 (03): 32 - 39.

[325] 袁冬梅, 魏后凯, 于斌. 中国地区经济差距与产业布局的空间关联性——基于Moran指数的解释 [J]. 中国软科学, 2012 (12): 90 - 102.

[326] 约瑟夫·熊彼特. 经济发展理论 [M]. 郭武军, 吕阳, 译. 北京: 华夏出版社, 2015: 242.

[327] 岳利萍, 白永秀. 从东西部地区差距评价西部大开发战略实施绩效——基于主成分分析法的视角 [J]. 科研管理, 2008 (05): 84 - 88, 92.

[328] 曾鹏, 李洪涛. 城市行政级别、贸易开放度对区域收入的影响及其空间效应 [J]. 云南师范大学学报 (哲学社会科学版), 2020, 52 (02): 111 - 122.

[329] 翟文华. 城市基础设施的特点及其效益特性 [J]. 城乡建设, 2000 (12): 35 - 36.

[330] 张粲东. 新基建的历史发展轨迹及与传统基建的比较分析 [J]. 地方财政研究, 2020 (06): 83 - 89.

[331] 张萃. 生产性服务业集聚对中国城市生产率增长的影响——基于城市等级体系视角的分析 [J]. 城市问题, 2016 (06): 61 - 69.

[332] 张东敏, 杨佳, 刘座铭. 异质性环境政策对企业技术创新能力影响实证分析——基于双向固定效应模型 [J]. 商业研究, 2021 (04): 68 - 74.

[333] 张峰, 任仕佳, 殷秀清. 高技术产业绿色技术创新效率及其规模质量门槛效应 [J]. 科技进步与对策, 2020, 37 (07): 59 - 68.

[334] 张国俊, 黄婉玲, 周春山, 等. 城市群视角下中国人口分布演变特征 [J]. 地理学报,

2018，73（08）：1513 – 1525.

[335] 张建，蔡子安．加强素质教育——21 世纪研究生教育适应社会发展需要之本 [J]．学位与研究生教育，1998（01）：19 – 21.

[336] 张建清，沈姊文．长江中游城市群产城融合度评价 [J]．上海经济研究，2017（03）：109 – 114.

[337] 张杰，付奎．信息网络基础设施建设能驱动城市创新水平提升吗？——基于"宽带中国"战略试点的准自然试验 [J]．产业经济研究，2021（05）：1 – 127.

[338] 张军，高远，傅勇，等．中国为什么拥有了良好的基础设施？[J]．经济研究，2007（03）：4 – 19.

[339] 张军，吴桂英，张吉鹏．中国省际物质资本存量估算：1952—2000 [J]．经济研究，2004（10）：35 – 44.

[340] 张龙鹏，钟易霖，汤志伟．智慧城市建设对城市创新能力的影响研究——基于中国智慧城市试点的准自然试验 [J]．软科学，2020，34（01）：83 – 89.

[341] 张茂榆，冯豪．城市群政策助推经济高质量发展的机制研究——基于四个国家级城市群的经验证据 [J]．经济问题探索，2021（09）：87 – 102.

[342] 张培丽，陈畅．经济增长框架下的基础设施投资研究——一个国外的文献综述 [J]．经济学家，2015（03）：93 – 104.

[343] 张琪，郑刘根，刘辉，等．煤炭资源型城市生态 – 经济 – 社会协调发展分析——以淮南市为例 [J]．应用生态学报，2019，30（12）：4313 – 4322.

[344] 张琦，郑瑶，孔东民．地区环境治理压力、高管经历与企业环保投资——一项基于《环境空气质量标准（2012）》的准自然实验 [J]．经济研究，2019，54（06）：183 – 198.

[345] 张文彬，郝佳馨．中国能源足迹的测度及区域差异分析 [J]．统计与决策，2020，36（08）：93 – 97.

[346] 张祥建，唐炎华，徐晋．长江三角洲城市群空间结构演化的产业机理 [J]．经济理论与经济管理，2003（10）：65 – 69.

[347] 张效莉，宗传宏，李娜，等．长三角地区海洋经济优化布局及实现路径设计 [J]．学术论坛，2012，35（08）：171 – 174.

[348] 张学良．中国交通基础设施促进了区域经济增长吗——兼论交通基础设施的空间溢出效应 [J]．中国社会科学，2012（03）：60 – 206.

[349] 张勋，王旭，万广华，等．交通基础设施促进经济增长的一个综合框架 [J]．经济研究，2018，53（01）：50 – 64.

[350] 张彦伟．我国 PPP 投融资项目的市场审思与完善路径 [J]．山东社会科学，2017（06）：135 – 139，147.

[351] 张彦．新发展理念在新发展阶段的"新发展"[J]．人民论坛·学术前沿，2021（13）：44 – 50.

[352] 张耀军，岑俏．中国人口空间流动格局与省际流动影响因素研究 [J]．人口研究，2014，38（05）：54 – 71.

[353] 张耀军，王小玺．城市群视角下中国人口空间分布研究 [J]．人口与经济，2020（03）：1 – 13.

[354] 张玉周．新型城镇化的区域空间布局优化研究——基于河南的实证分析 [J]．中州学刊，2015（3）：32 – 36.

[355] 张治栋，秦淑悦．产业集聚对城市绿色效率的影响——以长江经济带 108 个城市为例 [J]．城市问题，2018（07）：48 – 54.

[356] 张治河，金云鹤，郭晓红，等．中国西部创新增长极选择与培育研究 [J]．科研管理，

2021，42（07）：1－10.

［357］赵晨，薛晔，牛冲槐，等．我国科技人才空间聚集及时空异质性研究［J］．统计与决策，2020，36（14）：60－64.

［358］赵吉．城市支点、协调发展与长江经济带城市群走向［J］．重庆社会科学，2017（02）：42－49.

［359］赵建吉，王艳华，吕可文，等．内陆区域中心城市金融产业集聚的演化机理——以郑东新区为例［J］．地理学报，2017，72（08）：1392－1407.

［360］赵建军，贾鑫晶．智慧城市建设能否推动城市产业结构转型升级？——基于中国285个地级市的"准自然实验"［J］．产经评论，2019，10（05）：46－60.

［361］赵金丽，张落成．基于"核心—边缘"理论的泛长三角制造业产业转移［J］．中国科学院大学学报，2015，32（03）：317－324.

［362］赵璐．中国产业空间格局演化与空间转型发展态势［J］．地理科学，2021，41（03）：387－396.

［363］赵萌，陈亚男，沈哲．两型社会动态评价模型及其应用——基于熵权法－相对熵集结模型的组合赋权［J］．技术经济，2014，33（11）：103－109.

［364］赵鹏．交通基础设施对区域一体化影响研究［J］．经济问题探索，2018，428（03）：75－82.

［365］赵万民，冯矛，李云燕，等．生态文明视角下山地城市绿色基础设施规划研究——以重庆市九龙坡区新城为例［J］．城市规划，2021，45（07）：91－103.

［366］赵伟，余峥．中国城市群集聚辐射效应测度［J］．城市问题，2017（10）：13－24.

［367］赵雪雁，江进德，张丽，等．皖江城市带城市经济联系与中心城市辐射范围分析［J］．经济地理，2011，31（02）：218－223.

［368］赵勇，魏后凯．政府干预、城市群空间功能分工与地区差距——兼论中国区域政策的有效性［J］．管理世界，2015（08）：14－187.

［369］甄峰，席广亮，秦萧．基于地理视角的智慧城市规划与建设的理论思考［J］．地理科学进展，2015，34（04）：402－409.

［370］郑风田，陈思宇．获得感是社会发展最优衡量标准——兼评其与幸福感、包容性发展的区别与联系［J］．人民论坛·学术前沿，2017（02）：6－17.

［371］郑思齐，孙伟增，吴璟，等．"以地生财，以财养地"——中国特色城市建设投融资模式研究［J］．经济研究，2014，49（08）：14－27.

［372］郑小碧，庞春，刘俊哲．数字经济时代的外包转型与经济高质量发展——分工演进的超边际分析［J］．中国工业经济，2020（07）：117－135.

［373］郑晓舟，郭晗，卢山冰．环境规制、要素区际流动与城市群产业结构调整［J］．资源科学，2021，43（08）：1522－1533.

［374］郑艳婷，王韶菲，戴荔珠，等．长江中游地区制造业企业时空演化格局［J］．经济地理，2018，38（05）：117－125.

［375］《中国公路学报》编辑部．中国交通工程学术研究综述·2016［J］．中国公路学报，2016，29（06）：1－161.

［376］中国社会科学院宏观经济研究中心课题组．未来15年中国经济增长潜力与"十四五"时期经济社会发展主要目标及指标研究［J］．中国工业经济，2020（04）：5－22.

［377］中华人民共和国国民经济和社会发展第十四个五年规划和2035年远景目标纲要［N］．人民日报，2021－03－13（001）.

［378］仲昭成，沈丽珍，汪侠．长三角智慧产业空间演化特征及影响因素［J］．经济地理，2021，41（11）：106－117.

［379］周海波，胡汉辉，谢呈阳. 交通基础设施、产业布局与地区收入——基于中国省级面板数据的空间计量分析［J］. 经济问题探索，2017（02）：1 – 11.

［380］周宏浩，谷国锋. 资源型城市可持续发展政策的污染减排效应评估——基于 PSM – DID 自然实验的证据［J］. 干旱区资源与环境，2020，34（10）：50 – 57.

［381］周小敏，李连友. 智慧城市建设能否成为经济增长新动能？［J］. 经济经纬，2020，37（06）：10 – 17.

［382］周玉龙，杨继东，黄阳华，等. 高铁对城市地价的影响及其机制研究——来自微观土地交易的证据［J］. 中国工业经济，2018（05）：118 – 136.

［383］周元，孙新章. 中国城镇化道路的反思与对策［J］. 中国人口. 资源与环境，2012（04）：56 – 59.

［384］朱彬. 中国经济高质量发展水平的综合测度［J］. 统计与决策，2020，36（15）：9 – 13.

［385］朱华华，闫浩文，李玉龙. 基于 Voronoi 图的公共服务设施布局优化方法［J］. 测绘科学，2008（02）：72 – 74.

［386］朱江丽，李子联. 长三角城市群产业 – 人口 – 空间耦合协调发展研究［J］. 中国人口·资源与环境，2015（02）：75 – 82.

［387］朱孟珏，李芳.1985—2015 年中国省际人口迁移网络特征［J］. 地理科学进展，2017，36（11）：1368 – 1379.

［388］朱晟君，王翀. 制造业重构背景下的中国经济地理研究转向［J］. 地理科学进展，2018，37（07）：865 – 879.

［389］朱宇，林李月，柯文前. 国内人口迁移流动的演变趋势：国际经验及其对中国的启示［J］. 人口研究，2016，40（05）：50 – 60.

［390］朱宇，林李月. 流动人口的流迁模式与社会保护：从"城市融入"到"社会融入"［J］. 地理科学，2011，31（03）：264 – 271.

［391］邹华，徐玢玢，杨朔. 基于熵值法的我国区域创新能力评价研究［J］. 科技管理研究，2013，33（23）：56 – 61.

［392］邹辉，段学军. 中国化工产业布局演变与影响机理研究［J］. 地理科学，2020，40（10）：1646 – 1653.

［393］左其亭，张志卓，马军霞. 黄河流域水资源利用水平与经济社会发展的关系［J］. 中国人口·资源与环境，2021，31（10）：29 – 38.

［394］Aguirre M，Ibikunle G. Determinants of renewable energy growth：A global sample analysis［J］. Energy Policy，2014，69：374 – 384.

［395］Ankan A T，Schilling M A. Structure and Governance in Industrial Districts：Implications for Competitive Advantage［J］. Journal of Management Studies，2011，48（4）：772 – 803.

［396］Atack J，Bateman F，Haines M，et al. Did Railroads Induce Or Follow Economic Growth？Urbanization And Population Growth In The American Midwest，1850 – 60［J］. Social Science History，2009，34（dp – 178）：171 – 197.

［397］Baum – Snow N，Brandt L，Henderson J V，et al. Highways，Market Access and Urban Growth in China［J］. Serc Discussion Papers，2016.

［398］Boschma R A，Frenken K. Why is economic geography not an evolutionary science？Towards an evolutionary economic geography［J］. Papers in Evolutionary Economic Geography，2006，6（3）：273 – 302.

［399］Cainelii G，Lacobucci D. Agglomeration，Related Variety，and Vertical Integration［J］. Economic Geography，2012，88（3）：255 – 277.

［400］Carlo Giupponi. Decision Support Systems for implementing the European Water Framework Directive: The MULINO approach [J]. Environmental Modelling and Software, 2007, 22 (2).

[401] Catalano M T, Leize T L, Pfaff T J. Measuring resource inequality: The Gini coefficient [J]. Numeracy, 2009, 2 (2): 1 – 22.

[402] Charles S. Kamen. "Quality of Life" Research at the Israel Central Bureau of Statistics: Social Indicators and Social Surveys [J]. Social Indicators Research, 2002, 58 (1 – 3).

[403] Cojanu V. Beyond the Core – Periphery Model: Policies for Development in a Multi – Dimensional Space: Case Studies and Lessons from Eastern and Southern Europe [M]. Berlin: Springer, 2017.

[404] Damjan Krajnc, Peter Glavi. A model for integrated assessment of sustainable development [J]. Resources, Conservation & Recycling, 2004, 43 (2).

[405] D Donaldson, Hornbcck R. Railroads and American Economic Growth: A "Market Access" Approach [J]. Working Paper, 2013 (19213): a1 – a2, 1 – 45.

[406] D Donaldson. Railroads of the Raj: Estimating the Impact of Transportation Infrastructure [J]. Lse Research Online Documents on Economics, 2010, 32 (2): 16487.

[407] Deng Y. Construction of ideal model of social development under the political background of mind philosophy [J]. Cognitive Systems Research, 2019, 57 (OCT.): 1 – 10.

[408] Dicken P. Global Shift: Reshaping The Global Economic Map In The 21st Century [M]. 4th Ed, 2003.

[409] Durlauf S N, Kourtellos A, Minkin A. The local Solow growth model [J]. European Economic Review, 2001, 45 (4 – 6): 928 – 940.

[410] Eberts R W, McMillen D P. Agglomeration economies and urban public infrastructure [J]. Handbook of Regional and Urban Economics, 1999, 3: 1455 – 1495.

[411] Fei, J C and Ranis, G. A Theory of Economic Development [J]. The American Economic Review, 1961, 51 (4): 533 – 565.

[412] Friedman J. A Conditional Logit Model of the Role of Local Public Services in Residential Choice [J]. Ur-ban Studies, 1981, 18 (3): 347 – 358.

[413] Friedman J R. Regional development policy: a case study of Venezuela [M]. Cambridge: MIT Press, 1966.

[414] Frischknecht R. LCI modelling approaches applied on recycling of materials in view of environmental sustainability, risk perception and eco-efficiency [J]. International Journal of Life Cycle Assessment, 2010, 15 (7): 666 – 671.

[415] Fujita M, Krugman P. The new economic geography: Past, present and the future [J]. Fifty Years of Regional Science, 2004: 139 – 164.

[416] Geurs K T, Wee B V. Accessibility evaluation of land-use and transport strategies: review and research directions [J]. Journal of Transport Geography, 2004, 12 (2): 127 – 140.

[417] He L, Meng P, Chen D, et al. Analysis of socio-economic spatial structure of urban agglomeration in China based on spatial gradient and clustering [J]. Oeconomia Copernicana, 2021, 12 (3): 789 – 819.

[418] Henderson J, Dicken P, Hess M, et al. Global production networks and the analysis of economic development [J]. Review of International Political Economy, 2002, 9 (3): 436 – 464.

[419] Henderson J V. Cities and development [J]. Journal of Regional Science, 2010, 50 (1): 515 – 540.

[420] Hersak E, Mesic M. The migration world of Yugoslavia: a history of Yugoslav migration [J]. Revue Europeenne des Migrations Internationales, 1990, 6 (2).

[421] H. Xu, X. Wang, G. Xiao. A remote sensing and GIS integrated study on urbanization with its

impact on arable lands: Fuqing City, Fujian Province, China [J]. Land Degradation & Development, 2000, 11 (4).

[422] Isard W. Location and space-economy [M]. New York: McGraw – Hill, 1956.

[423] Бобылев С Н, Тикунов В С, Черешня О Ю. Оценки социального развития регионов Российской Федерации [J]. Вестник Московского Университета, 2017, 5 (1).

[424] Jacoby H G, Minten B. On measuring the benefits of lower transport costs [J]. Journal of Development Economics, 2009, 89 (1), 28 – 38.

[425] Jin F, Chen L, Yang Y, et al. The differentiation and evolutionary models of industrial bases in China [J]. Journal of Geographical Sciences, 2018, 28 (12): 24.

[426] Jing Z, Wang J. Sustainable development evaluation of the society-economy-environment in a resource-based city of China: A complex network approach [J]. Journal of Cleaner Production, 2020, 263: 121510.

[427] J Wang, Wang K, Wei Y M. How to balance China's sustainable development goals through industrial restructuring: A multi-regional input-output optimization of the employment-energy-water-emissions nexus [J]. Environmental Research Letters, 2019, 15 (3).

[428] Kang L, Liu Y. Characteristics of industrial structure evolution and isomorphism in Central Asia [J]. Journal of Geographical Sciences, 2020, 30 (11): 1781 –1801.

[429] Kerstin Jantke, Uwe Andreas Schneider. Multiple-species conservation planning for European wetlands with different degrees of coordination [J]. Biological Conservation, 2010 (7).

[430] Konstantinos Bithas, Peter Nijkamp. Environmental – Economic Modeling with Semantic Insufficiency and Factual Uncertainty [J]. Journal of Environmental Systems, 1996.

[431] Krugman P. Geography and trade [M]. Leuven: Leuven University Press, 1991.

[432] Krugman P. Increasing returns and economic geography [J]. Journal of Political Economy, 1991, 99 (3): 483 –499.

[433] Kwang, Sik, Kim. High-speed rail developments and spatial restructuring: A case study of the Capital region in South Korea [J]. Cities, 2000.

[434] Lewis W A. Economic Development with Unlimited Supplies of Labor [J]. Manchester School of Economics and Social Studies, 1954.

[435] Lifeng, Whalleyjason, Williamshoward. Between Physical and Electronic Spaces: The Implications for Organisations in the Networked Economy [J]. Environment and Planning A, 2001, 33 (4): 699 –716.

[436] Liu Y, Mao J. How Do Tax Incentives Affect Investment and Productivity? Firm – Level Evidence from China [J]. American Economic Journal: Economic Policy, 2019, 11 (3): 261 –291.

[437] Liu Y, Shi F, He H, et al. Study on the Matching Degree between Land Resources Carrying Capacity and Industrial Development in Main Cities of Xinjiang, China [J]. Sustainability, 2021, 13 (19): 10568.

[438] Liu Y, Wang W, Li X, et al. Eco-efficiency of urban material metabolism: a case study in Xiamen, China [J]. International Journal of Sustainable Development & World Ecology, 2010, 17 (2): 142 –148.

[439] Li X, Fong P S W, Dai S, et al. Towards sustainable smart cities: An empirical comparative assessment and development pattern optimization in China [J]. Journal of Cleaner Production, 2019, 215: 730 –743.

[440] Losch A. The economics of location [M]. new Haven, CT: Yale University Press, 1939.

[441] Lucrezio Monticelli G. Immigrants in Italy [J]. Affari Sociali Internazionali, 1992, 20 (3).

［442］Lundvall B Å. National innovation systems and globalization ［J］. The Learning Economy and the Economics of Hope, 2016, 351.

［443］Luvisi A, Lorenzini G. RFID – plants in the smart city: Applications and outlook for urban green management ［J］. Urban Forestry & Urban Greening, 2014, 13（4）: 630 – 637.

［444］Manzini R B, Luiz D S C. Cluster identification: A joint application of industry concentration analysis and exploratory spatial data analysis（ESDA）［J］. Competitiveness Review, 2019, 29（4）: 401 – 415.

［445］Marc Barthélemy. Spatial networks ［J］. Physics Reports, 2010（1）.

［446］Mare Ainsaar. Reasons for Migration Reverse in Estonia ［J］. Finnish Yearbook of Population Research, 2005, 41.

［447］Markusen A. Sticky places in slippery space: A typology of industrial districts ［J］. Economic Geography, 1996, 72（3）: 293 – 313.

［448］Marshall A. Industry and trade ［M］. London: Macmillan, 1919.

［449］Marshall T H. Citizenship and Social Class ［M］. Marshall T. H. and Bottomore T.（eds.）, London and Concord: Pluto Press, 1950.

［450］Martin R, Sunley P. Path dependence and regional economic evolution ［J］. Papers in Evolutionary Economic Geography, 2006, 6（6）: 395 – 437.

［451］Maximilian, von, Ehrlich, et al. More similar firms – More similar regions? On the role of firm heterogeneity for agglomeration ［J］. Regional Science and Urban Economics, 2013.

［452］Michael P. Todaro. A Model of Labor Migration and Urban Unemployment in Less Developed Countries ［J］. The American Economic Review, 1969, 59（1）.

［453］Nuno L, Venables A J. Infrastructure, Geographical Disadvantage, Transport Costs, and Trade ［J］. World Bank Economic Review, 2001（3）: 451 – 479.

［454］Ohlin B. Interregional and international trade ［M］. Cambridge: Harvard University Press, 1957.

［455］Ottaviano G I P. 'New' new economic geography: firm heterogeneity and agglomeration economies ［J］. Journal of Economic Geography, 2011, 11（2）: 231 – 240.

［456］Park J, Wood I, Jing E, et al. Global labor flow network reveals the hierarchical organization and dynamics of geo-industrial clusters in the world economy ［J］. Nature Communications, 2019.

［457］Pooler J A. The use of spatial separation in the measurement of transportation accessibility ［J］. Transportation Research Part A Policy & Practice, 1995, 29（6）: 421 – 427.

［458］Prasanta Kumar Dey. Integrated project evaluation and selection using multiple-attribute decision-making technique ［J］. International Journal of Production Economics, 2004, 103（1）.

［459］Ravi S. Behara, Sunil Babbar, Philip Andrew Smart. Leadership in OM research: a social network analysis of European researchers ［J］. International Journal of Operations & Production Management, 2014, 34（12）: 1537 – 1563.

［460］Redding S J, Turner M A. Chapter 20 – Transportation Costs and the Spatial Organization of Economic Activity ［M］. Elsevier B. V, 2015.

［461］Ribeiro – Soriano D. Small business and entrepreneurship: their role in economic and social development ［J］. Entrepreneurship & Regional Development, 2017, 29（1 – 2）: 1 – 3.

［462］Richard E, Baldwin, et al. Heterogeneous firms, agglomeration and economic geography: spatial selection and sorting ［J］. J Econ Geogr, 2006.

［463］Rosenbaum P R, Rubin D B. The Central Role of the Propensity Score in Observational Studies for Causal Effects ［J］. Biometrika, 1983, 70（1）: 41 – 55.

[464] Sassen S. The Global City: New York, London, Tokyo [M]. Princeton, NJ: Princeton University Press, 2001.

[465] Science: New Population Science Study Findings Have Been Reported by Investigators at California State University (Interpreting Migration Through the Prism of Reasons for Moves) [J]. Science Letter, 2015.

[466] Scott A J. Industrial organization and location: Division of labor, the firm, and spatial process [J]. Economic Geography, 1986, 62 (3): 215 – 231.

[467] Sergio, Petralia, Pierre – Alexandre, et al. Climbing the ladder of technological development [J]. Research Policy, 2017.

[468] Stephen Castles. Guestworkers in Europe: A Resurrection? [J]. International Migration Review, 2006, 40 (4).

[469] Technical progress and pollution abatement: an economic view of selected technologies and practices [J]. Environment and Development Economics, 2001, 6 (3).

[470] Thacker S, Adshead D, Fay M, et al. Infrastructure for sustainable development [J]. Nature Sustainability, 2019, 2 (4): 324 – 331.

[471] Tian, Haiqing. Urban Area Multi – Scale Planning Based on Science and Technology Finance [J]. Open House International, 2016, 41 (3): 107 – 112.

[472] Van Nes A. Centrality and economic development in the Rijnland region [C]//Proceedings, 6th International Space Syntax Symposium, stanbul, 2007.

[473] Vanolo A. Smartmentality: The smart city as disciplinary strategy [J]. Urban Studies, 2014, 51 (5): 883 – 898.

[474] Wang Y. The impacts of improvements in the unified economic and environmental efficiency of transportation infrastructure on industrial structure transformation and upgrade from the perspective of resource factors [J]. PLoS One, 2022, 17 (12): e0278722.

[475] Weber A, Friedrich C J. Theory of the Location of Industries [J]. (No Title), 1929.

[476] Weber A. Theory of the location of industries [M]. University of Chicago Press, 1929.

[477] Weidong, Cao, Yingying, et al. Location patterns of urban industry in Shanghai and implications for sustainability [J]. Journal of Geographical Sciences, 2017, 27 (7): 857 – 878.

[478] Wei M A, Wang Y H, Liu S L. Transportation Infrastructure and Population Migration in China: An Analysis Based on Gravity Model [J]. China Soft Science, 2012.

[479] Wei Y D. Decentralization, marketization, and globalization: The triple processes underlying regional development in China [J]. Asian Geographer, 2001, 20 (1 – 2): 7 – 23.

[480] Wei Y D, Leung C K, Luo J. Globalizing Shanghai: Foreign investment and urban restructuring [J]. Habitat International, 2006, 30 (2): 231 – 244.

[481] Wei Y D. Regional Development in China: States, Globalization and Inequality [M]. London and New York: Routledge, 2000.

[482] Xu B, Lin B. Assessing the development of China's new energy industry [J]. Energy Economics, 2018, 70: 116 – 131.

[483] Yeung H W C, Coe N M. Toward a dynamic theory of global production networks [J]. Economic Geography, 2015, 91 (1): 29 – 58.

[484] Zipf G K. The P1 P2/D hypothesis: On the intercity movement of persons [J]. American Sociological Review, 1946.

[485] Zuo J, JIN X H, McDonald M. Challenges to Infrastructure Delivery During the Economic Downturn-a Qualitative Analysis [D]. University of Melbourne, 2010.

# 后　　记

习近平总书记在《推动形成优势互补高质量发展的区域经济布局》中指出："经济发展的空间结构正在发生深刻变化，中心城市和城市群正在成为承载发展要素的主要空间形式。我们必须适应新形势，谋划区域协调发展新思路。"对于西部地区中心城市及城市群协调发展，要推动成渝地区双城经济圈建设，在西部形成高质量发展的重要增长极，要加大西部开放力度，推动西部地区高质量发展。新时代我国西部中心城市和城市群的高质量协调发展战略在推进国家社会主义现代化和城市高质量发展方面具有重要意义。因此，构建"我国西部中心城市和城市群高质量协调发展"模式，破解中国不平衡不充分的发展，有效缩小城乡收入差距，协调东西部产业和经济发展。

本书是我主持的 2020 年国家社会科学基金重大项目《新时代我国西部中心城市和城市群高质量协调发展战略研究》（20&ZD157）的主要研究成果。该课题于 2020 年 11 月获得立项。

本书是我的博士生和硕士生研究团队共同努力的研究成果，从选题到确定写作提纲，从实地调研到论文撰写，从数据处理到理论分析，既有艰辛和不易，也有快乐和成就。

在本书即将付梓之际，我的政治经济学专业博士生导师、著名经济学家、中国社会科学院学部委员、中国社会科学院大学首席教授程恩富教授、我的理论经济学专业博士后合作导师、著名经济学家、长江学者、山东大学经济研究院院长黄少安教授和我的技术经济及管理专业博士生导师、著名经济学家、哈尔滨工业大学发展战略研究中心主任于渤教授等三位老师欣然为本书作序。在此，谨向指导我学习和成长的程恩富老师、黄少安老师和于渤老师表示我最衷心的感谢。

我还要对广西民族大学卞成林书记表示最衷心的感谢，不是卞成林书记给我创造的良好的科研环境和条件，本书难以付梓；感谢陈铭彬副书记、黄晓娟副校长、简金宝副校长、社科处刘金林处长、民族学与社会学学院郝国强院长、研究生院胡良人书记、黄焕汉副院长、郑慧副院长及研究生院的其他各位同志，是他们在工作上点点滴滴的支持和帮助，使我在繁忙的工作中能够静下心来深入思考，最终完成本书的撰写，对他们的付出，我心怀感激；感谢经济科学出版社的李晓杰师妹对本书出版所付出的辛勤劳动，感谢在本书的校对和出版过程中所有付出心血的朋友们。

曾　鹏

2023 年 12 月